U0596269

廣雅疏證

（點校本）

上册

〔清〕王念孫 著

張其昀 點校

中華書局

圖書在版編目(CIP)數據

廣雅疏證:點校本/(清)王念孫著;張其昀點校. —北京:中華書局,2019.6
ISBN 978-7-101-13848-1

Ⅰ.廣…　Ⅱ.①王…②張…　Ⅲ.《廣雅》-研究　Ⅳ.H131.4

中國版本圖書館 CIP 數據核字(2019)第 063201 號

書　　名	廣雅疏證(點校本)(全二册)
著　　者	〔清〕王念孫
點 校 者	張其昀
出版發行	中華書局
	(北京市豐臺區太平橋西里 38 號　100073)
	http://www.zhbc.com.cn
	E-mail:zhbc@ zhbc.com.cn
印　　刷	北京瑞古冠中印刷廠
版　　次	2019 年 6 月北京第 1 版
	2019 年 6 月北京第 1 次印刷
規　　格	開本/710×1000 毫米　1/16
	印張 73　插頁 4　字數 1226 千字
印　　數	1-3000 册
國際書號	ISBN 978-7-101-13848-1
定　　價	228.00 元

出版説明

《廣雅》是魏張揖所作的一部解釋詞義的書。揖字稚讓，清河（今河北清河縣東）人，明帝太和中博士。《廣雅》的體例和篇目與《爾雅》相同，始於《釋詁》，終於《釋嘼》，分爲上中下三篇，唐以後的傳本則分爲十卷。其中所收録的詞語都是在《爾雅》以外的，故名《廣雅》，凡先秦兩漢經傳子史詩賦醫書字書所有而不見於《爾雅》的字大都搜羅在内，是一部重要的訓詁專著。

隋曹憲作音釋四卷，名《博雅音》。稱《廣雅》爲《博雅》，是爲了避隋煬帝諱。《博雅音》除依字注音外，間或説明字體，略有詮解。原書已無單行本，明刻本《廣雅》即附曹憲音於正文之下。

《廣雅疏證》作者王念孫（1744—1832），字懷祖，號石臞，江蘇高郵人。乾隆進士，官至永定河道。撰有《讀書雜志》等，與其子王引之（1766—1834）著有《經義述聞》《經傳釋詞》等，被世人稱爲“高郵二王”。

王念孫注《廣雅》，歷經十年，三易其稿。其中，第十卷稿出其子引之之手。他們的工作主要有：一、校定明刻本《廣雅》和《博雅音》的譌誤錯亂，恢復其隋唐以前的面目；二、博考羣書，探求原書每字義訓的憑據；三、舉出音同字異或聲近義同之字，比其義類，相互證發。

王氏擅長校勘古書。他既以各種明刻本《廣雅》互校，又采用影宋本以正明本之失，並旁考《説文》《方言》《玉篇》《衆經音義》（即玄應《一切經音義》）以及《太平御覽》《集韻》等書以正唐宋以後傳寫之誤。所校明本譌誤錯亂脱奪的正文達千餘處，隨條補正，大都精確可信。在闡發訓詁方面，王氏長於比證，貫穿羣書而不泥於舊注，即音以考字，因文以尋義，往往能獨創新解。書中凡言“解者多失之”的地方，都别具心裁，值得注意。王氏不拘礙於字形，以音爲綱，就古音以求古義，引伸觸類，常常綜合排比出具有親緣關係的字詞系列，於詞義的探討上别闢一條途徑，對後來的訓詁學研究影響極大。

《廣雅疏證》成書於嘉慶元年（1796），不久即有刻本問世，先後有家刻、《皇清經解》、淮南書局、《畿輔叢書》等刊本。刊成以後，王氏又對其作了補正，補正細書於刊本之上，或别籤夾入書中。這個稿本先由清河汪汲收藏，後爲淮安黄海長購得，後轉至羅振玉之手。羅氏將補正文字單獨抄爲一書，名之爲《廣雅疏證補正》，刊入《殷禮在斯堂叢書》中。《補正》對《疏證》的改正多達五百餘處，其中有新補充的書證，也有對原引文譌誤的糾正，還有一些是將原《疏證》文加以重新改寫。

當然，《廣雅疏證》的缺點還是有的。就體例而言，未能詳舉原書編制的闕失；疏解中缺乏明確的有關訓詁條例的説明；不能解釋的和能解釋而省去解釋的往往没有分别清楚；有些解釋失於渾籠和牽强附會，個别解釋又不免流於玄虚，本末倒置。這些地方，讀者當細加辨析。

中華書局 1983 年以嘉慶年間王氏家刻本爲底本影印出版了《廣雅疏證》，並對原書的句讀做了補充與統一的工作，又爲原來没有斷開的正文加上了句讀，還根據淮南書局和《畿輔叢書》刊本改正了個别版刻殘缺與漫漶不清的字。同時將《廣雅疏證補正》作爲附録，一併刊出，並對《補正》全文加了斷句。

張其昀先生這次整理，即以中華書局 1983 年影印本爲工作底本。我們另行編製了索引，以方便讀者使用。

中華書局編輯部

2015 年 7 月

目　録

序

我在《音韻問題答梅祖麟》(《音韻學方法論討論集》38 頁)中曾説:“《廣雅疏證》是王念孫在訓詁方面的代表作,也是乾嘉時代訓詁方面成就最高的著作,與段玉裁《説文解字注》堪稱乾嘉時代文字、訓詁著作中的雙璧。成書後就爲當時學者所推崇,兩百多年來,中外學人,交口讚譽,鮮有異議。”可是上個世紀 50 年代以後,中國在極左路線統治下,人類社會創造的學術文化成果動輒被掃進“封資修的垃圾堆”;此後進入中國語言學研究領域的新人,很少認真讀過這部具有里程碑意義的著作,一般也讀不懂。在本世紀初的古音學大辯論中,才會鬧出有人竟然全面否定《廣雅疏證》的笑話。

古音學大辯論之後,我們出版了《中國語言學》輯刊,在發刊辭中提出的宗旨是:“以中國語言學的優良傳統爲根,取世界語言學的精華而融通之,堅定地走自主創新之路,爲繁榮中國語言學而奮鬥。”這就是説,搞中國語言學必須首先繼承我們自己幾千年來的優良傳統;世界各國語言學的先進理論方法當然要吸取,但是不要頂禮膜拜,必須把它融會貫通到中國語言實際之中,爲我所用。也就是説,“不崇洋,不排外”,視野古今中外,立足自主創新。這應該是中國語言學的方向。既然如此,搞中國語言學的人總不能連《廣韻》的注釋都讀不懂,總得讀幾本中國傳統語言學的經典之作。王念孫的《廣雅疏證》當然是這種應讀的著作之一。

《廣雅》是繼《爾雅》之後一部解釋詞義的書,也就是一部近義詞彙釋。它把先秦兩漢經傳子史、醫書、字書中所出現而不見於《爾雅》的音義有關的“近義詞”大多收羅在内,内容龐雜,關係複雜。王念孫注疏《廣雅》,一要校勘文字,正今本之譌誤,補脱落,删衍文;二要援引典籍,探求《廣雅》所收義訓的根據;三要對各條所收字詞的音義關係進行分析,有古今、地域之異,有同源、關涉之殊。由於《廣雅》所收的字和訓釋來源都很複雜,加以清代以前又無注本;若非對古代典籍無所不窺的博學,誰敢問津?我們知道,即使是王念孫,也經過十年努力,三易其稿,才完成這部名著。只就校勘來説,《疏證》校訂原書的譌誤、錯亂、脱奪處就達一千三百餘條(據《廣雅疏證・自序》)。至於在疏證詞義、闡發訓詁方面,更能貫穿羣書,援引精確,從多方面來疏通古訓,指陳所注疏的字詞的音義關係。《廣雅》原書不到兩萬字,《疏證》卻有五十萬字左右,不但具體考釋、疏證的成績無與倫比,而且在理論方法方面也給人許多啟示,這就是王念孫的"就古音以求古義,引伸觸類,不限形體"的解決多類型詞語音義關係的方法。正如段玉裁在《廣雅疏證・序》中所説的:"小學有形,有音,有義;三者互相求,舉一可得其二;有古形、有今形,有古音、有今音,有古義、有今義;六者互相求,舉一可得其五。""懷祖氏能以三者互求,以六者互求,尤能以古音得經義,蓋天下一人而已矣。假《廣雅》以證其所得,其注之精粹,再有子雲,必能知之。"

從事中國語言學的研究者都應該讀一讀《廣雅疏證》,對它有所瞭解,便於批判繼承;可是世易時移,20世紀古籍閱讀水準整個不斷下降,對今人來説,通讀《廣雅疏證》,並非易事。中華書局有見於此,1983年出版了點校本;三十年過去,又籌備出版整理本,確定邀張其昀教授負責此項工作。我認爲,這是最佳人選。因爲張其昀教授治學嚴謹,長期研究王念孫的訓詁著作,耗時近十年,編寫出版了《〈廣雅疏證〉導讀》《〈讀書雜志〉研究》。《導讀》獲得北京大學王力語言學獎。他受邀負責此項工作後,既發揮己長,又吸收《廣雅疏證》各種版本之長。不但重新全面、徹底校勘;認真進行新式標點斷句,充分發揮新式標點的表達作用;特别是還將疏證條目,按内容酌情分節。這三者都對讀者理解原著很有幫助。去年10月,張其昀教授將《廣雅疏證》整理本的整理説明和樣條寄我,並索序。我深感難以推辭,只得寫下以上的一些認識,以表示我對出版整理本的贊許,並希望它早日面世。

郭錫良

2015年1月15日於海口市守拙居

凡　例

這次的《廣雅疏證》整理，以中華書局1983年據王氏家刻本影印本（全一册）爲工作底本。傳世的《廣雅疏證》刊本，除王氏家刻本外，先後還有《皇清經解》（即《學海堂經解》）、淮南書局、《畿輔叢書》《萬有文庫》等本。這些刊本中，以王氏家刻本爲精。

中華書局本對祖本的錯誤有所修正，例如："㵐也"（卷二下《釋詁》）條疏證部分"其㵐字下'亡本反'之音"，其"下"字祖本近似於"不"，"下"字之形當由剜去一撇而成。"䍜也"（卷三上《釋詁》）條疏證部分謂"䍜"字"各本譌作罷"，其"罷"字由祖本"䍜"剜改而成。"葆也"（卷五下《釋言》）條疏證部分引《漢書·律曆志》"冒茆於卯"，其"卯"字爲就祖本"茆"字剜去"艸"頭而成。"嘶也"（同上附載）條疏證部分引《方言》"嗑"字，其右上部"艸"頭爲就祖本"嗑"字補加。"巢也"（卷七上《釋宫》）條疏證部分引《説文》"鳥在木上曰巢"，祖本"木"字譌作"本"。"褷袚謂之襬"（卷七下《釋器》）條疏證部分引《曲禮》"天子視不上於袷"，祖本"視"字譌作"親"。"帶也"（同上）條疏證部分述《易·訟》上九馬融注，祖本"馬"字譌作"焉"。"黑也"（卷八上《釋器》）條疏證部分引《廣韻》"黦音於勿、於月二切"，祖本"於月"誤作"於目"。"秈，稉也"（卷十上《釋草》）條疏證部分引《説文》："穬，稻紫莖不黏者。"祖本"穬"字譌從示。"穄也"（同上）條疏證部分"則是以黏者爲黍，不黏爲稷也"，後一"黏"字乃剜去祖本"者"字後補加。"華也"（同上）條疏證部分"菁，又爲䪥、韭、蕎三種華之稱"，祖本作"菁，又爲韭、蕎三種種華之稱"，脱一字衍一字。"有鱗曰蛟龍"（卷十下《釋魚》）條疏證部分"欲大，則藏於天下"，"則"字前有一墨釘，祖本亦爲"則"字。兩"則"連文，當有一衍；此雖未删其衍，但改施墨釘，表示有所置疑。該鋟版所作的勘正雖爲數不多，然而畢竟是個進步。中華書局本"盡也"（卷六上《釋訓》）條疏證部分"故曰町町（頓點）"下殆因印刷障礙而脱去一字，其字後僅存一頓點。第348頁顛倒了上下欄。是爲缺陷。

中華書局本業經鍾宇訊點校而有了一定的基础,因而此次點校以之爲工作底本。鍾氏之校勘及句讀,自有相當成績,然其疏漏和錯誤之處仍存。且其校勘只限於正文,而未涉及附録的《博雅音》《廣雅疏證補正》等。

這次的整理範圍,包括《廣雅疏證》正文與附録。整理工作包含:標點、校勘、將疏證部分分節、調整内容、改動字形,凡五事。

一、關於標點

參照現行規範和和古籍整理通例,進行點句和施加標點符號,其中驚歎號、分號儘量少用,而以句號、逗號代替。頓號可省者亦不用。《廣雅》原文部分,只用逗號、句號和頓號以及分號,其他符號不用。

(一)關於引號

(1)凡自作一讀的字詞,無論是一個還是幾個,皆不加號,如:

櫱,與"萌、芽"同義。　　將,讀"將帥"之"將"。

仰、印,聲義並同。　　攄,一本作"臚"。

陟履、竹几、豬几,並與"丁几"同音。

(2)屬引文中之内容者,原當用的引號酌省,特别是用於單字的引號。通常須標多層引號者,在不致誤解的情況下,一般只酌標兩層,如:

《坤》釋文云:"坤,本又作巛。"

《楚語》:"武丁於是作書曰:以余正四方,余恐德之不類。"

《考工記》"槷",鄭注云:"槷,古文臬,假借字。"

閻氏百詩《尚書古文疏證》云:"《爾雅·釋詁》篇'鬱陶、繇,喜也',邢昺疏引《孟子》趙氏注云:'象見舜正在牀鼓琴,愕然反,辭曰:我鬱陶思君,故來。'爾,辭也,忸怩而慚,是其情也。"("我鬱陶思君,故來"不再標引號)

(二)關於書名號

(1)書籍統稱加書名號,例如:《五經》《三禮》。書名、篇名簡稱或簡而合稱照加書名號,例如:《齊魯韓詩》《韓子·忠孝》(《韓子》即《韓非子》)。書名與多個篇名連稱,其篇名以頓號間隔後與書名共用書名號,例如:《史記·秦始皇紀、律書》《文選·西征賦、文賦》。多個書名與同一篇名連稱,其書名以頓號間隔後與篇名共用書名號,例如:《漢書、續漢書·天文志》。

(2)除了本非用於指篇目的“篇”字外,如《倉頡篇》《晏子春秋·外篇》,作爲書籍内容之一般單位名稱的“篇”字不入書名號,例如:《吕氏春秋·大樂》篇、《莊子·天地》篇、《魯頌·閟宫》篇。即便本屬於或可視爲篇名的“篇”字也不入書名號,例如:《荀子·彊國篇》標作《荀子·彊國》篇;《老子》之某章、《九章算術》之某章,“章”字亦不入書名號。作爲書籍内容之一般單位而小於篇者通常亦不加或不入書名號,例如:《易·履》九四。

(3)指書、篇的一些變通稱呼,書名號如何使用酌情而定。以《左傳》爲例,如:左氏《傳》、《春秋》左氏《傳》、左氏成五年《傳》、襄十四年《左傳》、《左》襄三十年注。即便有其他内容穿插其中或分屬兩句,亦大致如是標,例如:左氏《春秋》隱六年“鄭人來渝平”,《傳》云:“更成也。”

(4)表示解釋語之“傳、注、箋、疏”及“音、音義”等一般不用書名號,例如:《魯頌·泮水》傳、《大雅·桑柔》箋、《小雅·南山有臺》義疏、王逸《九章》注、《左傳》桓十三年正義、《孟子·滕文公》篇音義、《史記·五帝紀》索隱、《漢書·揚雄傳》劉德注、《水經·湘水》注。惟以專書行世或通常視之爲專書者可使用書名號,例如:《尚書大傳》、《韓詩章句》、徐邈《禮記音》、酈道元《水經注》、戴震《方言疏證》。被間接引述時亦可酌用,例如:《史記》集解引《漢書音義》云云;《齊民要術》引陸機《詩義疏》云云。

二、關於校勘

此次點校以中華書局本爲工作底本,主要參校上海古籍出版社 1983 年影印本(滬本)和江蘇古籍出版社 1984 年影印本(蘇本)。另外,《畿輔叢書》本是據王氏家刻本翻刻,只是未載《段序》,該刊本乃據淮南書局本影印補入,對祖本進行了比較全面的校勘,然因其祖本不及王氏家刻本,故精善不及中華書局本。

(1)文字譌、脱、衍、倒類錯誤,徑改,並出校記。

(2)明顯的文字版刻錯誤或存古現象(包括用作偏旁者),如“太大、曰日、市巿、已己巳、氏氐、皃兒、朩本”,則徑改而不出校記;誤正兩似者,如“朿束、七匕、士上、民氏、千干”等,徑取其正。

(3)句讀方面,我們堅持自己的做法,對他人的標點不作評判。

(4)屬祖本原始性問題而於語義無大礙者,一般不納入校改範圍,例如:“老也”(卷一上《釋詁》)條疏證部分引朱子云:“‘十年曰幼’爲句,‘學’字自爲句。下至‘百年曰期’,皆然。”今案:朱子語出明胡廣等《禮記大全》卷一,原“‘十年曰幼’爲句”下復有一“絶”字(表示斷句),自爲一讀;“‘學’字自爲句”之“句”前另有“一”字。“丹蔘也”(卷十上《釋草》)條疏證部分所述惟有“丹参”而無“丹蔘”,只不過雖未述及“丹参”即“丹蔘”,然“參、蔘”二字之通用不難明了。這些問題皆不予計較,以免枝蔓。祖本所引文獻内容與今所見傳世文獻不符,这或是由於版本之不同,例如:“巵也”(卷七下《釋器》)條疏證部分引《(山海經)·海外西經》:“女蔑操角觛,女祭操俎。”今《海外西經》作:“女祭女戚在其(指奇肱之國)北……戚操魚䱇(注曰“䱇,魚屬”),祭操俎(注曰“肉几”)”,未記“女蔑”。而《大荒西經》作“寒荒之國有二人,女祭女薎(注曰:“或持觶,或持俎。”薎,與“蔑”同)”。此類問題,亦不予注意。

三、關於疏證部分的分節

底本所有條目疏證之内容皆渾然一段而不分節,今則大多酌情予以分節。

(1)凡《廣雅》原文爲以一詞訓多詞者,疏證部分基本上逐一按被訓詞分節(數詞一併疏證者視同一詞)。若於訓詞亦作疏證,疏證内容亦獨立成節。

(2)疏證部分凡就《廣雅》原文整條或其中一批詞所作的總括性表述、所有案語性表述,凡可獨立出來者,亦自成一節。

(3)屬其他情况而疏證内容篇幅過大者,可酌分節則分節。

另,對《廣雅》原文整條或其中有的詞未作疏證者(王氏自注“未詳”者除外)和在《補正》中補出疏證者,或對其詞只作校勘者,皆以“昫案”予以説明。“昫案”自成節,一律置於整個條目最後。

四、關於調整内容

爲便於省覽,今對底本的内容進行了調整。

(1)《廣雅疏證》正文增補《廣雅》的訓詞或附於訓詞的“也”字居後,增補的被訓詞按其原次第補入。若增補的被訓詞原次第難定,《廣雅疏證》將之附於《廣雅》條目之末,即訓詞之後;今則將之移置於被訓詞之末,即訓詞之前(後加上標的星號“*”表示。若不止一詞,則按原順序移置)。《廣雅疏證》正文增補和篇後附列的内容原皆用小字，增補《廣雅》原文者且旁列以别之；今則不用小字，不旁列，而加六角括號〔　〕標明。兹以《廣雅》原文示意如下（小字表示旁列）：

聆、聽、自、言、仍，從也。循→聆、聽、自、言、仍、〔循*〕，從也。（卷一上《釋詁》）

殗、餘，盈也。→殗、餘，盈〔也〕。（卷四上《釋詁》）

貰，賒也。→貰，〔賒〕也。（卷五上《釋言》）

（2）參照原圈識，將附録《廣雅疏證補正》以尾注形式逐條依次標注於相應之處，序號標以圓括號（　）。條内若包含多項，則依次以“-1、-2”等標明。

五、關於改動字形

基本保持底本文字原貌，但是也有所改動，以省造字之勞。

（1）異形字（含古體隸定字），非被釋字酌情改用正字和通用字，如（含以此爲構件之字）：“㤅、敫、栢、褎、保、㬥、粥、別、賔、竝、䒷、差、乗、穿、埀、湊、脃、逹、㝵、攙、斷、對、桹、叓、乖、灮、貴、盇、徂、矦、蕐、昬、欵、狂、敎、截、㮚、厤、耶、刿、粦、畱、劉、栁、履、丣、貿、貇、眉、毎、覔、畝、那、旁、㮽、僕璞、譜、气、北、冄、散、喪、突、食、首、壽、死、肆、叟、宿、粟、退、亾、罒、枉、往、尾、冐、尉、昷、汙、希、昔、細、僊、限、亯、屑、荆、形、虛、巽、要、宜、兪、責、展、贅、摠”分别寫作“愛、敖、柏、褒、保、暴、粥、别、賓、並、曹、差、乘、穿、垂、湊、脆、達、导、攙、斷、對、根、更、乖、光、貴、盍、很、侯、華、昏、款、狂、教、截、栗、曆歷、聊、列、粦、留、劉、柳、履、卯、貿、貌、眉、每、覓、畝、那、旁、票、僕璞、譜、乞、丘、冉、散、喪、罙、食、首、壽、死、肆、叟、宿、粟、退、亡、罒、枉、往、尾、胃、尉、昷、汙、希、昔、細、僊、限、享、屑、刑、形、虛、巽、腰、宜、俞、責、展、贅、總”。若兩字形並現時，則不改，如“往也”（卷一上《釋詁》）條疏證部分：“㫺或作昔。”前一字形不改。“續也”條（卷二上《釋詁》）原文有“㮚”字，《博雅音》以“粟”注“㮚”，《廣雅》原文不改。《廣雅》原文多古體，今參酌疏證部分改用今體，如“遠也”（卷一上《釋詁》）條《廣雅》原文之“迃”字，疏證部分作“迂”，今則將《廣雅》原文改用“迂”。

（2）避諱字，徑改。

（3）異體字一般改用通行字，如“譌訛、隸隸、略畧、胸胷、藝蓺”等儘量加以統一。

序

小學有形，有音，有義，三者互相求，舉一可得其二；有古形、有今形，有古音、有今音，有古義、有今義，六者互相求，舉一可得其五。古今者，不定之名也。三代爲古，則漢爲今；漢魏晉爲古，則唐宋以下爲今。聖人之制字，有義而後有音，有音而後有形。學者之考字，因形以得其音，因音以得其義。治經莫重於得義，得義莫切於得音。《周官》六書，指事、象形、形聲、會意四者，形也；轉注、假借二者，馭形者也，音與義也。三代小學之書不傳。今之存者，形書，《説文》爲之首，《玉篇》以下次之；音書，《廣韻》爲之首，《集韻》以下次之；義書，《爾雅》爲之首，《方言》《釋名》《廣雅》以下次之。《爾雅》《方言》《釋名》《廣雅》者，轉注、假借之條目也。義屬於形，是爲轉注；義屬於聲，是爲假借。稚讓爲魏博士，作《廣雅》。蓋魏以前經傳謡俗之形音義，彙綷於是。不孰於古形古音古義，則其説之存者，無由甄綜；其説之已亡者，無由比例推測。形失，則謂《説文》之外，字皆可廢；音失，則惑於字母七音，猶治絲棼之；義失，則梏於《説文》所説之本義而廢其假借，又或言假借而昧其古音，是皆無與於小學者也。懷祖氏能以三者互求，以六者互求，尤能以古音得經義，蓋天下一人而已矣。假《廣雅》以證其所得，其注之精粹，再有子雲，必能知之。敢以是質於懷祖氏，並質諸天下後世言小學者。

乾隆辛亥八月

金壇段玉裁序

序

昔者周公制禮作樂，爰箸《爾雅》。其後七十子之徒、漢初綴學之士，遞有補益。作者之聖、述者之明，卓乎六蓺羣書之鈐鍵矣。至於舊書雅記，詁訓未能悉備。網羅放失，將有待於來者。魏太和中，博士張君稚讓，繼兩漢諸儒後，參攷往籍，徧記所聞，分别部居，依乎《爾雅》，凡所不載，悉箸於篇。其自《易》《書》《詩》《三禮》《三傳》經師之訓，《論語》《孟子》《鴻烈》《法言》之注，《楚辭》、漢賦之解，讖緯之記，《倉頡》《訓纂》《滂喜》《方言》《説文》之説，靡不兼載。蓋周秦兩漢古義之存者，可據以證其得失；其散逸不傳者，可藉以闚其端緒，則其書之爲功於詁訓也大矣！

念孫不揣檮昧，爲之疏證，殫精極慮，十年於兹。竊以詁訓之旨，本於聲音。故有聲同字異，聲近義同，雖或類聚羣分，實亦同條共貫。譬如振裘必提其領，舉網必挈其綱，故曰本立而道生，知天下之至賾而不可亂也。此之不寤，則有字别爲音，音别爲義，或望文虚造而違古義，或墨守成訓而尟會通。易簡之理既失，而大道多歧矣。今則就古音以求古義，引伸觸類，不限形體。苟可以發明前訓，斯淩雜之譏，亦所不辭。其或張君誤采，博攷以證其失；先儒誤説，參酌而寤其非。以燕石之瑜，補荆璞之瑕，適不知量者之用心云爾。

張君進表，《廣雅》分爲上、中、下，是以《隋書·經籍志》作三卷。而又云梁有四卷，不知所析何篇。隋曹憲《音釋》，《隋志》作四卷，《唐志》作十卷。今所傳十卷之本，《音》與正文相次。然《館閣書目》云今逸，但存《音》三卷，是《音》與《廣雅》别行之證，較然甚明，特後人合之耳。又憲避煬帝諱，始稱《博雅》。今則仍名《廣雅》，而退《音釋》於後，從其朔也。

憲所傳本既有舛誤,故《音》内多據誤字作音。《集韻》《類篇》《太平御覽》諸書所引,其誤亦或與今本同,蓋是書之譌脱久矣。今據耳目所及,旁攷諸書以校此本。凡字之譌者五百八十(1-1),脱者四百九十(1-2),衍者三十九,先後錯亂者百二十三,正文誤入《音》内者十九,《音》内字誤入正文者五十七,輒復隨條補正,詳舉所由。《廣雅》諸刻本,以明畢效欽本爲最善。凡諸本皆誤,而畢本未誤者,不在補正之列。最後一卷,子引之嘗習其義,亦即存其説。竊放范氏《穀梁傳集解》子弟列名之例,博訪通人,載稽前典。義或易曉,略而不論;於所不知,蓋闕如也。後有好學深思之士,匡所不及,企而望之。

嘉慶元年正月

高郵王念孫敘

上《廣雅》表

博士臣揖言:魏江式表云:"魏初,博士清河張揖箸《廣雅》。"唐顔師古《漢書敘例》云:"張揖,字稚讓,清河人,一云河閒人,魏太和中爲博士。"臣聞昔在周公,纘述唐虞,宗翼文武,克定四海,勤相成王,踐阼理政,阼,各本譌作"祚",惟影宋本不譌。日昃不食,坐而待旦,德化宣流,越裳倈貢,嘉禾貫桑,六年制禮,以導天下,箸《廣雅》一篇,以釋其意義,各本脱"意"字,邢昺《爾雅》疏引此已然,《蓺文類聚》則引作"釋其意義"。案:《神仙傳》云:"噴墨皆成文字,滿紙各有意義。"又云:"小小作文,皆有意義。"[2-1]是"意義"連文之證,今據補。傳于後孯,歷載五百,墳典散鬠,惟《爾雅》恆存。《禮·三朝記》:《蜀志·秦宓傳》注引劉向《七略》云:"孔子三見哀公,作《三朝記》七篇,今在《大戴禮》。"案:《大戴禮》,《千乘》《四代》《虞戴德》《誥志》《小辨》《用兵》《少閒》七篇是也。下文出《小辨》篇。"哀公曰:'寡人欲學小辫,以觀於政,其可乎?'孔子曰:'爾雅以觀於古,足以辯言矣。'"《大戴禮》盧辯注云:"爾,近也,謂依於《雅》《頌》。孔子曰:《詩》,可以言,可以怨,邇之事父,遠之事君,多識鳥獸草木之名也。"是盧氏不以"爾雅"爲書名。案:彼文云:"徇弦以觀於樂,爾雅以觀於古。"謂徇乎弦,爾乎雅也。盧説爲長。《春秋元命包》言:"子夏問:'夫子作《春秋》,不以初、哉、首、基爲始何?'"《春秋元命包》,《春秋》讖也。後漢張衡以爲漢世虚僞之徒所作,《張衡傳》載之詳矣。云"作《春秋》,不以初、哉、首、基爲始"者,當是釋《春秋》"元年"之義。《公羊傳》云:"元年者何?君之始年也。"《爾雅》云:"初、哉、首、基、元,始也。"《春秋》不以"初、哉、首、基"等字爲始,而獨以"元"爲始,故釋之與!是以知周公所造也。率斯以降,超絶六國,越踰秦楚,各本作"越秦踰楚",《爾雅》疏引作"越踰秦楚"。案:"超絶、越踰",相對爲文,疏所引者是也。今據以訂正。爰暨帝劉。魯人叔孫通撰置《禮記》,文不違古。《後漢書·曹褒傳》有班固所上叔孫通《漢儀》十二篇[2-2]。今俗所傳三篇《爾雅》,或言仲尼所增,或言子夏所益,或言叔孫通所補,或言郝郡梁文所考,陸德明《經典釋文·敘録》云:"《釋詁》一篇,蓋周公所作;《釋言》以下,或言仲尼所增,子夏所足,叔孫通所益，梁文所補，張揖論之詳矣。”邵氏二雲曰：“《漢書·藝文志》，《爾雅》三卷二十篇。張揖謂周公箸《廣雅》一篇，今所傳三篇爲後人增補。”是張揖所謂篇，即《漢書》所謂卷，猶云周公所作衹一卷，後人增補乃有三卷耳。陸氏乃以周公所作爲二十篇之一，殆考之不審，以致斯誤。郙，各本譌作“制”，今據《説文》訂正。考，《爾雅》疏引作“箸”。疑本作“箸”，譌作“者”，又譌作“考”也。《直齋書録解題》引此作“考”，則南宋本已譌。皆解家所説，先師口傳，既無正譣，聖人所言，是故疑不能明也。

夫《爾雅》之爲書也，文約而義固；其敶道也，精研而無誤，真七經之檢度、學問之階路、儒林之楷素也。鄭注《士喪禮》云：“形法定爲素。”若其包羅天地，綱紀人事，權揆制度，發百家之訓詁，未能悉備也。臣揖體質蒙蔽，學淺詞頑，言無足取，竊以所識，擇撢羣蓺；《説文》云：“撢，探也。”文同義異、音轉失讀、八方殊語、庶物易名，不在《爾雅》者，詳録品覈，以箸于篇。《説文》云：“覈，實也。”凡萬八千一百五十文，今本《廣雅》凡萬六千九百一十三文，删衍文九十六，補脱文五百九，共文萬七千三百二十六，較表内原數少八百二十四。分爲上、中、下，以頴方徠俊哲洪秀偉彦之倫，扣其兩端，摘其過謬，令得用諝，《説文》云：“諝，知也。”亦所企想也。

臣揖誠惶誠恐，頓首頓首，死罪死罪

廣雅疏證　卷第一上

高郵王念孫學

釋　詁

古、昔[①]、先、創、方、作、造、朔、萌、芽、本、根、櫱、鼃、菶、昌、孟、鼻、業，始也。

作者，《魯頌·駉》篇"思馬斯作"，毛傳云："作，始也。"作之言乍也；乍，亦始也。《皋陶謨》"烝民乃粒，萬邦作乂"，"作"與"乃"相對成文，言烝民乃粒，萬邦始乂也。《禹貢》"萊夷作牧"，言萊夷水退始放牧也；"沱潛既道，雲夢土作乂"，"作"與"既"相對成文，言沱潛之水既道，雲夢之土始乂也。《夏本紀》皆以"爲"字代之，於文義稍疏矣。

造者，高誘注《吕氏春秋·大樂》篇云："造，始也。"《孟子·萬章》篇引《伊訓》云："天誅造攻自牧宫。"

朔者，《禮運》云"皆從其初""皆從其朔"。

櫱，與"萌、芽"同義。《盤庚》云："若顛木之有由櫱。"芽米謂之櫱，災始生謂之孽，義並與"櫱"同。

鼃、菶者，《方言》"鼃、律，始也"，律，與"菶"通。《説文》："肁，始開也；從户、聿。"聿，亦始也，聲與"菶"近而義同。凡事之始，即爲事之法。故始謂之方，亦謂之律；法謂之律，亦謂之方矣。

昌，讀爲"倡和"之"倡"。王逸注《九章》云："倡，始也。"《周官·樂師》"教愷歌，遂倡之"，鄭注云："故書倡爲昌。"是"昌"與"倡"通。

鼻之言自也。《説文》："自，始也；讀若鼻。"[②]今俗以始生子爲鼻子是。《方

---

① 昔，原作"昝"。

② 昀案：今本作："自，鼻也；象鼻形。"

言》:"鼻,始也。"畜之初生謂之鼻,人之初生謂之首。《莊子·天地》篇"誰其比憂",比,司馬彪本作"鼻",云:"始也。"《漢書·揚雄傳》"或鼻祖於汾隅",劉德注亦云:"鼻,始也。"

業,與"基"同義,故亦訓爲始。《齊語》"擇其善者而業用之",韋昭注云:"業,猶創也。"(3)《史記·太史公自序》云:"項梁業之,子羽接之。"

昀案:古、昔、先、創、方、萌、芽、本、根、孟未作疏證。

乾、官、元、首、主、上、伯、子、男、卿、大夫、令、長、龍、嫡、郎、將、日、正,君也。

乾者,《説卦傳》云:"乾爲君。"

官,各本譌作"宫",惟影宋本不譌。官,與"長"同義,故皆訓爲君。

伯、子、男、卿、大夫者,《爾雅》:"王、公、侯,君也。"公、侯而下,則爲伯、子、男及卿、大夫之有地者。《喪服》云:"公、士、大夫之衆臣爲其君,傳曰:君,謂有地者也。"

令者,《吕氏春秋·去私》篇"南陽有令",高誘注云:"令,君也。"(4-1)

長者,《周語》"古之長民者",韋昭注云:"長,猶君也。"

龍者,《賈子·容經》篇云:"龍也者,人主之譬也。"(4-2)

嫡者,《喪服》"妾爲女君",鄭注云:"女君,君適妻也。"適,與"嫡"通。《歸妹》六五云:"其君之袂,不如其娣之袂良。"君,亦謂嫡也。

郎之言良也。《少儀》"負良綏",鄭注云:"良綏,君綏也。""良"與"郎",聲之侈弇耳,猶古者婦稱夫曰良,而今謂之郎也。

將,讀"將帥"之"將"。《吕氏春秋·執一》篇注云:"將,主也。"

日者,《祭法》"王宫,祭日也",注云:"王宫,日壇也。王,君也。"

正者,《爾雅》:"正,長也。"《楚語》:"武丁於是作書曰:以余正四方,余恐德之不類。"

昀案:元、首、主、上未作疏證。

道、天、地、王、皇、亶、裖、博、殷、粗、兄、㐬、沛、祏、齡、衍、臨、巨、佳、方、夸、䧺、凱、般、張、覺、封、奘、太、賢、胡、废、廣、旁、奄、〔𠠾〕、㔜、朴、魁、訏、沈、岑、奯、誧、䉳、顤、䪻、䰀、龘、敦、芋、𤟵、袞、䫜、萬、䲂、驐、都、〔浩浩*〕①,大也。

---

① 訏、敦、䫜,原作"訝、敦、䫜",《疏證》作"訏、敦、䫜"。

道、天、地、王、皇者,《老子》云:“有物渾成,先天地生,吾不知其名,字之曰道,强爲之名曰大。故道大,天大,地大,王亦大。域中有四大,而王居其一焉。”《爾雅·釋詁》疏引《尸子·廣澤》篇云:“天、帝、皇、后、辟、公,皆大也。”《説文》:“天,顛也,至高無上;從一、大。”是“天”與“大”同義。《孟子·滕文公》篇引《書》云:“惟臣附于大邑周。”《多士》云:“肆予敢求爾于天邑商。”天邑,猶大邑也。《禮》謂“大父”爲“王父”,是“王”與“大”,亦同義。

寷,通作“豐”。《豐·彖傳》云:“豐,大也。”《説文》:“寷,大屋也。”

㚊者,《説文》:“恢,大也。”襄四年《左傳》云:“用不恢于夏家。”文十五年《公羊傳》云:“郛者何?恢廓也。”恢,與“㚊”通。

殷者,《喪大記》“主人具殷奠之禮”,鄭注云:“殷,猶大也。”《莊子·秋水》篇云“夫精,小之微也;垺,大之殷也”;微,亦小也;殷,亦大也。《山木》篇云:“翼殷不逝,目大不覩。”《楚辭·九歎》“帶隱虹之逶虵”,王逸注云:“隱,大也。”“隱”與“殷”,聲近而義同。

粗,曹憲音在户反。《管子·水地》篇云:“非特知於麤粗也,察於微眇。”《春秋繁露·俞序》篇云:“始於麤粗,終於精微。”《論衡·正説》篇云:“略正題目麤粗之説,以照篇中微妙之文。”粗,字亦作“觕”。《説文》:“觕,角長皃;從角,爿聲;讀若麤觕。”《淮南子·氾論訓》云:“風氣者,陰陽麤觕者也。”《漢書·藝文志》云:“庶得麤觕。”隱元年《公羊傳》注云:“用心尚麤觕。”《晏子春秋·問》篇云:“縵密不能,麤苴學者詘。”《論衡·量知》篇云:“夫竹木,麤苴之物也。”並與“麤、粗”同。麤,倉胡反;粗,在户反。二字義同而音異,故《廣雅》以“麤、粗”並列。《管子》《晏子》《淮南子》《春秋繁露》《漢書》《論衡》諸書,皆以“麤、粗”連文,後人亂之久矣。

兄者,《釋名》:“兄,荒也。荒,大也,故青徐人謂兄爲荒也。”

巟,通作“荒”。《晉語》云:“在《周頌》曰:‘天作高山,大王荒之。’荒,大之也。”《説文》“巟,水廣也”,引《泰》九二:“包巟用馮河。”今本作“荒”。

沛者,文十四年《公羊傳》云:“力沛若有餘。”《漢書·五行志》云:“沛然自大。”

袥之言碩大也。袥,曹憲音託。各本譌作“祏”,惟影宋本不譌。《説文繫傳》引《字書》云:“袥,張衣令大也。”《玉篇》:“袥,廣大也。”《太玄·玄瑩》云:“天地開闢,宇宙袥坦。”漢《白石神君碑》云:“開袥舊兆。”《文選·魏都賦》注引《倉頡篇》

云:“斥,大也。”《莊子·田子方》篇“揮斥八極”,李軌音託。《漢書·楊雄傳》云:“拓迹開統。”拓、斥,並與“袥”通。《魯頌·閟宮》篇“松桷有舄”,毛傳云:“舄,大貌。”徐邈音託,義亦與“袥”同。

齡者,《表記》“君子不矜而莊”,鄭注云:“矜,謂自尊大也。”僖九年《公羊傳》“矜之者何?猶曰莫若我也”,何休注云:“色自美大之貌。”矜,與“齡”通。齡,曹憲音矜。各本“齡”字並譌作“穪”。《集韻》《類篇》穪,居陵切,引《廣雅》:“穪、衍,大也。”則宋時《廣雅》本已譌作“穪”。案:字從鹵聲者,不得有矜音。故《説文》《玉篇》《廣韻》皆無“穪”字。《爾雅》“矜,苦也”,釋文作“齡”。《廣雅》:“齡,哀也。”是“矜、齡”古多通用,今據以訂正。

衍者,《楚辭·天問》“其衍幾何”,王逸注云:“衍,廣大也。”《漢書·郊祀志》“德星昭衍”,顔師古注云:“衍,大也。”

臨者,《序卦傳》云:“臨者,大也。”《靈樞經·通天》篇云:“太陰之人,其狀臨臨然長大。”文十八年《左傳》:“高陽氏有才子八人:蒼舒、隤敳、檮戭、大臨、尨降、庭堅、仲容、叔達。”自“庭堅”以上,皆以二字爲名。《爾雅》:“厖、洪,大也。”“洪”與“降”,古同聲。大、臨,尨、降,或皆取廣大之義與!臨之言隆也。《説文》:“隆,豐大也。”“隆”與“臨”,古亦同聲。故《大雅·皇矣》篇“與爾臨衝”,《韓詩》作“隆衝”;《漢書·地理志》“隆慮”,《荀子·彊國》篇作“臨慮”矣。

佳者,善之大也。《中山策》“佳麗人之所出”,高誘注云:“佳,大;麗,美也。”《大雅·桑柔》箋云:“善,猶大也。”故善謂之佳,亦謂之介;大謂之介,亦謂之佳。佳、介,語之轉耳。

方者,《堯典》云:“共工方鳩僝功。”“湯湯洪水方割。”皆大之義也(5-1)。《晉語》“今晉國之方”,韋昭注云:“方,大也。”(5-2)

夸者,《説文》:“夸,奢也;從大,于聲。”《方言》:“于,大也。”夸、訏、芋,並從于聲,其義同也。

凱者,《吕氏春秋·不屈》篇云:“《詩》曰‘愷悌君子’,愷者,大也;悌者,長也。”愷,與“凱”通。

般者,《方言》“般,大也”,郭璞音“盤桓”之“盤”;《大學》“心廣體胖”,鄭注云:“胖,猶大也。”《士冠禮》注云:“弁名出於槃。槃,大也,言所以自光大也。”槃、胖,並與“般”通。《説文》:“幋,覆衣大巾也。”“鞶,大帶也。”《訟》上九“或錫之鞶帶”,

馬融注云："鞶，大也。"《文選·嘯賦》注引《聲類》云："磐，大石也。"義並與"般"同。《説文》："伴，大皃。""伴"與"般"，亦聲近義同。凡人憂則氣斂，樂則氣舒。故樂謂之般，亦謂之凱；大謂之凱，亦謂之般，義相因也。

覺者，《小雅·斯干》篇"有覺其楹"，毛傳云："有覺，言高大也。"《緇衣》引《詩》"有梏德行"，鄭注云："梏，大也，直也。"梏，與"覺"通。

封之言豐也。《商頌·殷武》傳云："封，大也。"《堯典》云："封十有二山。"封、墳，語之轉。故大謂之封，亦謂之墳；冢謂之墳，亦謂之封。冢，亦大也。

奰者，《説文》"奰，大也；從大，弗聲"，《玉篇》作"奰"。《周頌·敬之》篇"佛時仔肩"，毛傳云："佛，大也。"佛，與"奰"通。《爾雅》"紼，繂也"，孫炎以爲大索。《緇衣》"王言如絲，其出如綸；王言如綸，其出如綍"，鄭注云："言言出彌大。"義與"奰"同也。《爾雅》"廢，大也"，郭璞引《小雅·四月》篇："廢爲殘賊。""廢"與"奰"，亦聲近義同。

太者，《白虎通義》云："十二月律謂之大吕何？大者，大也。正月律謂之太蔟何？太，亦大也。"

賢，亦善之大也。《白虎通義》引《禮别名記》云："千人曰英，倍英曰賢。"《考工記·輪人》"五分其轂之長，去一以爲賢，去三以爲軹"，鄭衆注云："賢，大穿；軹，小穿。"《説文》："掔，大皃；讀若賢。"又云："臤，大目也。"義並與"賢"同。

胡者，《逸周書·謚法解》云："胡，大也。"僖二十二年《左傳》"雖及胡耇"，杜預注云："胡耇，元老之稱。"《説文》："湖，大陂也。"《爾雅》"壺棗"，郭璞注云："今江東呼棗大而鋭上者爲壺。"《方言》："䥯大而蜜者，燕趙之閒謂之壺䥯。"義並與"胡"同。《賈子·容經》篇云："祜，大福也。""祜"與"胡"，亦聲近義同。

庈，通作"侈"。《説文》："庈，廣也。"鄭注《雜記》云："侈，猶大也。"

旁者，廣之大也。《説文》："旁，溥也。"《爾雅》："溥，大也。"《逸周書·大匡解》云："旁匡於衆，無敢有違。"旁匡，即大匡也。"旁"與"方"，古聲義並同(5-3)。

奄者，《説文》："奄，大有餘也；從大、申。申，展也。"《大雅·皇矣》篇"奄有四方"，毛傳云："奄，大也。"《説文》："俺，大也。""俺"與"奄"，亦聲近義同。大則無所不覆，無所不有，故大謂之幠，亦謂之奄；覆謂之奄，亦謂之幠；有謂之幠，亦謂之撫，亦謂之奄；矜憐謂之撫掩，義並相因也。

朴者，《楚辭·天問》"焉得夫朴牛"，王逸注云："朴，大也。"《九章》"材朴委積兮",注云:"條直爲材,壯大爲朴。"

魁者,《吕氏春秋·勸學》篇"不疾學而能爲魁士名人者,未之嘗有也",高誘注云:"魁大之士,名德之人。"《史記·孟嘗君傳》云:"始以薛公爲魁然也;今視之,乃眇小丈夫耳。"

訏,與下"芋"字同。《爾雅》:"訏,大也。"《方言》云"中齊西楚之閒曰訏";又云"芋,大也",郭璞注云:"芋,猶訏耳。"《大雅·生民》篇"寔覃寔訏",《小雅·斯干》篇"君子攸芋",毛傳並云:"大也。"凡字訓已見《爾雅》,而此復載入者,蓋偶未檢也。後皆放此。芋,又音王遇反,其義亦爲大。《説文》云:"芋,大葉實根駭人,故謂之芋。"是也。

沈,讀若覃。《方言》:"沈,大也。"《漢書·陳勝傳》"夥!涉之爲王沈沈者",應劭注云:"沈沈,宫室深邃之貌也。"音長含反。張衡《西京賦》云:"大廈耽耽。"《玉篇》:"譚,大也。"譚、耽,並與"沈"通。

岑、夤者,《方言》:"岑、夤,大也。"《淮南子·地形訓》"九州之外,乃有八夤",高誘注云:"夤,猶遠也。"遠,亦大也。

誧者,《説文》:"誧,大也。"《玉篇》滂古切,義與"溥"通。

奲者,《説文》:"奲,富奲奲皃;從奢,單聲。"《玉篇》丁可、充者二切,云:"大寬也。"《説文》:"哆,張口也。"《小雅·巷伯》篇"哆兮侈兮",毛傳云:"哆,大貌。"釋文:"昌者反。"義與"奲"同。

顧者,《玉篇》:"顧,大頭也。"

頟者,《説文》:"頟,大頭也;讀若魁。"

頯者,《廣韻》:"頯,大頭也。"《莊子·大宗師》篇"其顙頯",向秀本作"頯",注云:"頯然大朴貌。"頟、頯、魁,古並同聲。

敦者,《方言》:"敦,大也。陳鄭之閒曰敦。"《爾雅》"太歲在午曰敦牂",孫炎注云:"敦,盛;牂,壯也。"是大之義也。敦,又音徒昆反,其義亦爲大。《漢書》"敦煌郡",應劭注云:"敦,大也。煌,盛也。"《周語》"敦厖純固",韋注云:"敦,厚也。厖,大也。"《商頌·長發》傳云:"厖,厚也。"《墨子·經》篇云:"厚,有所大也。"厚,與"大"同義,故厚謂之敦,亦謂之厖;大謂之厖,亦謂之敦矣。

衮之言渾也。曹大家注《幽通賦》云:"渾,大也。"《後漢書》"馮緄",字鴻卿,緄,與"衮"通(5-4)。《説文》:"睔,目大也。"《爾雅》"百羽謂之緷",釋文引《埤倉》

云:"緷,大束也。"《玉篇》:"鯀,大魚也。"睔、緷、鯀,並音古本反,義與"衮"同也。

頵者,《玉篇》引《倉頡篇》云:"頵,頭大也。"《説文》同。《集韻》《類篇》引《廣雅》作"奔"。

萬者,閔元年《左傳》云:"萬,盈數也。"《邶風·簡兮》篇"方將萬舞",《初學記》引《韓詩》云:"萬,大舞也。"

觰之言奢也。《説文》:"觰,下奢也。"

驁者,《莊子·德充符》篇云:"謷乎大哉!"謷,與"驁"通。《説文》:"驁,駿馬也。"《爾雅》:"狗四尺爲獒。"《楚辭·天問》"鼇戴山抃",王逸注云:"鼇,大龜。"義並同也。

都者,《漢書·五行志》"豕出圂,壞都竈",顏師古注云:"都竈,烝炊之大竈也。"《武五子傳》"將軍都郎羽林",注云:"都,大也。"僖十六年《穀梁傳》云:"民所居曰都。"亦大之義也。

浩溔者,王逸注《九歌》云:"浩,大也。"《堯典》云:"浩浩滔天。"《淮南子·覽冥訓》云:"水浩溔而不息。"浩,字亦作"灝",又作"晧",司馬相如《上林賦》"灝溔潢漾",郭璞注云:"皆水無涯際貌。"《文選·魏都賦》"河汾浩涆而晧溔",李善注引《廣雅》:"浩溔,大也。"今本皆脱"浩溔"二字。

凡諸書引《廣雅》而今本脱去者,若與上下文并引,即可依次補入。如下文"楷、模、品、式,灋也",脱去"模、品"二字,據《衆經音義》所引補入,是也。若不與上下文并引,則次第無徵,但附載於本節之末,如此條"浩溔"二字是也。凡補入之字,皆旁列以别之。後放此。

昀案:博、巨、匯、張、廣、㔙、㔸、矗、㺯未作疏證。芋並見於訏。

仁、蘢、或、員、虞、方、云、撫,有也。

"蘢、或、員、方、云"爲"有無"之有,"仁、虞、撫"爲"相親有"之有,而其義又相通。古者謂相親曰有。昭六年《左傳》"宋向戌謂華亥曰'女喪而宗室,於人何有?人亦於女何有'",杜注云:"言人亦不能愛女也。"二十年《傳》"是不有寡君也",注云:"有,相親有也。"宣十五年《公羊傳》云:"潞子離於狄而未能合於中國,晉師伐之,中國不救,狄人不有,是以亡也。"《王風·葛藟》篇云:"謂他人母,亦莫我有。"皆謂相親有也。有,猶友也。故《釋名》云:"友,有也,相保有也。"

仁者,《經解》云:"上下相親謂之仁,言相親有也。"仁,各本譌作"仜"。《釋草》篇"竺,竹也","竺"字譌作"竺",正與此同。今訂正[6-1]。

龖者,《説文》:"龖,兼有也;從有,龍聲。"《史記·平準書》:"盡籠天下之貨物。"籠,與"龖"通。《爾雅》:"厖,有也。""厖"與"龖",聲亦相近。《説卦傳》"震爲龍",虞翻、干寶"龍"作"駹"。《考工記·玉人》"上公用龍",鄭衆讀"龍"爲"尨"。是其例矣。

或者,《微子》"殷其弗或亂正四方",《史記·宋世家》作"殷不有治政,不治四方";《洪範》"無有作好",《吕氏春秋·貴公》篇作"無或作好",高誘注云:"或,有也。"《小雅·天保》篇"無不爾或承",鄭箋云:"或之言有也。"或,即"邦域"之"域"。《説文》:"或,邦也;從口,戈以守一;一,地也。或從土,作域。"域、有,一聲之轉。故《商頌·玄鳥》篇"正域彼四方",毛傳云:"域,有也。"

員,與下"云"字通。《玄鳥》箋云:"員,古文作云。"《文選·陸機〈荅賈長淵詩〉》注引應劭《漢書注》曰:"云,有也。"《晉語》"其誰云弗從",韋昭注云:"誰有弗從。"是"云"爲有也。《秦誓》"日月逾邁,若弗員來",言若弗或來也。或,亦有也;"雖則員然",言雖則有然也。《大雅·桑柔》篇"民有肅心,荓云不逮",言使有不逮也;"爲民不利,如云不克",言如有不克也。解者多失之。云,又爲"相親有"之有。《小雅·正月》篇"洽比其鄰,昏姻孔云",鄭箋:"云,猶友也。言尹氏與兄弟相親友。"襄二十九年《左傳》"晉不鄰矣,其誰云之",言誰與相親友也。

虞者,《大雅·雲漢》五章云:"羣公先正,則不我聞。"六章云:"昊天上帝,則不我虞。"聞,猶恤問也;虞,猶撫有也。則不我虞,猶言亦莫我有也;則不我聞,猶言亦莫我聞也。其三章云:"昊天上帝,則不我遺。"四章云:"羣公先正,則不我助。"遺,猶問也;助,猶虞也。故《廣雅》又云:"虞,助也。"解者亦失之[6-2]。

方者,《召南·鵲巢》篇"維鳩方之",毛傳云:"方,有之也。"

撫者,《爾雅》:"憮、敉,撫也。"又云:"矜憐,撫掩之也。""撫"爲相親有,故或謂之撫有。昭元年《左傳》"君辱貺寡大夫圍,謂圍將使豐氏撫有而室",二年《傳》"若惠顧敝邑,撫有晉國,賜之内主",皆是也。撫,又爲"奄有"之有。成十一年《左傳》"使諸侯撫封",杜注云:"各撫有其封内之地。"《文王世子》"西方有九國焉,君王其終撫諸",鄭注云:"撫,猶有也。"撫、方,一聲之轉。方之言荒,撫之言幠也。《爾雅》"幠,有也",郭注引《詩》:"遂幠大東。"今本"幠"作"荒",毛傳云:"荒,有也。""有"與"大",義相近。故有謂之厖,亦謂之方,亦謂之荒,亦謂之幠,亦謂之虞;大謂之厖,亦謂之方,亦謂之荒,亦謂之幠,亦謂之吳。吳、虞,古同聲。

昀案:云並見於員。

假、及、軫、礙、〔艾〕、括、致、惆、摰、岠、摵、會、抵、薄、察、往、薦、周、望、腆[①]、緊,至也。

假者,《説文》:"假,至也。"《爾雅》作"格",《方言》作"佫",並同。

軫、礙,皆止之至也。《説文》:"軫,礙也。""礙,止也。"《管子·輕重甲》篇"弓弩多匡軫者",尹知章注云:"軫,礙也。"

各本俱脱"艾"字。考曹憲音釋,此處有"五害反;又刈"五字,乃"艾"字之音,非"礙"字之音。"礙"字在《廣韻》十九代,音五溉切。"艾"字在十四泰,音五蓋切;又入二十廢,音刈。"艾、蓋、害"三字並在十四泰,五蓋切即五害切,今據以訂正。《説文》:"岠,止也。""礙,止也。"《小爾雅》:"艾,止也。"《大雅·抑》傳云:"止,至也。""止"與"至"同義,故"岠、礙、艾"三字訓爲止,又訓爲至也。

括者,《王風·君子于役》篇"羊牛下括",毛傳云:"括,至也。"又"曷其有佸",《韓詩》云:"佸,至也。"毛云:"佸,會也。"會,亦至也。首章言"曷至",次章言"曷其有佸",其義一也。括、佸、會,古聲義並同,故《廣雅》"括、會"俱訓爲至也。

致者,鄭注《禮器》云:"致之言至也。"

惆,當作"悃"。悃,亦致也。《孟子·滕文公》篇音義引《埤倉》云:"悃,㑁也。"㑁,與"致"通。《大雅·既醉》篇"其類維何? 室家之壼",鄭箋云:"壼之言悃也。室家先以相悃致,已乃及於天下。"韋昭《周語》注云:"孝子之行,先於室家族類以相悃致,乃及於天下也。"《唐風·鴇羽》箋云:"稹者,根相迫迮悃致。"義亦同也。

摰,亦致也。《説文》:"摰,刺之財至也。"《廣韻》豬几、陟利二切。《方言》:"摰,到也。"《漢書·揚雄傳》"摰北極之嶟嶟",應劭注云:"摰,至也。"《説文》:"夂,從後至也;象人兩脛,後有致之者;讀若黹。"義與"摰"通。"摰、摵"二字並從手,各本譌從木,今訂正。

岠者,《漢書·食貨志》"元龜岠冉長尺二寸",孟康注云:"岠,至也。"《皋陶謨》"予決九川,距四海",《史記·夏紀》"距"作"致"。距,與"岠"通。岠,各本譌作"岠",今訂正。

① 腆,原作"腆",《疏證》作"腆"。

摵者,《方言》:"摵,到也。"摵之言造也。造,亦至也。"造"與"摵",古同聲。《孟子》"舜見瞽瞍,其容有蹙",《韓子·忠孝》篇作"其容造焉"。《大戴禮·保傅》篇"靈公造然失容",造然,即"蹙然"。是其例矣。

抵者,《説文》:"氐,至也。從氏下箸一;一,地也。"《史記·秦始皇紀》"道九原,抵雲陽",抵,與"氐"通(7-1);《律書》云:"氐者,言萬物皆至也。"《漢書·文帝紀》"至邸而議之",顔師古注云:"郡國朝宿之舍在京師者,率名邸。邸,至也,言所歸至也。"義並與"抵"通(7-2)。"致、會、抵"三字同義。《方言》:"抵、傚,會也。雍梁之閒曰抵,秦晉亦曰抵,凡會物謂之傚。"

薄者,《皋陶謨》云:"外薄四海。"《楚策》云:"七日而薄秦王之朝。"薄之言傅也。《小雅·菀柳》篇"有鳥高飛,亦傅于天",鄭箋云:"傅,至也。"

察者,《書大傳》云:"祭之爲言察也。察者,至也。人事至,然後祭。"《中庸》云:"《詩》云'鳶飛戾天,魚躍于淵',言其上下察也。"此引《詩》以明君子之道之大,上至於天,下至於地也。故下文云:"君子之道,造端乎夫婦。及其至也,察乎天地。"《管子·内業》篇云:"上察於天,下極於地。"《淮南子·原道訓》"高不可際",高誘注云:"際,至也。""際"與"察",古亦同聲,故《原道訓》"施四海,際天地",《文子·道原》篇作"施於四海,察於天地"。

薦者,《爾雅》:"薦,臻也。"郭璞注云:"薦,進也,故爲臻。臻,至也。"(7-3)《説文》:"瀳,水至也。"義亦與"薦"同。

周者,《逸周書·謚法解》云:"周,至也。"《小雅·鹿鳴》篇"示我周行",毛傳云:"周,至也。"《論語·堯曰》篇云:"雖有周親。"

腆者,《大誥》"殷小腆",馬融注云:"腆,至也。"

昀案:及、往、望、緊未作疏證。會並見於括、抵。

乃、昝、遂、邁、行、徂、歸、迋,往也。

乃者,《衆經音義》卷十八引《倉頡篇》云:"迺,往也。"《説文》:"鹵,往也。"迺、鹵,並與"乃"同。《趙策》:"蘇秦謂趙王曰:'秦乃者過柱山。'"《漢書·曹參傳》"乃者我使諫君也",顔師古注云:"乃者,猶言曩者。"是"乃"爲往也(8-1)。

昝,各本譌作"朁"。昝,或作"昔",遂譌而爲"朁"。下文"惜,愛也","惜"字譌作"憯";卷二内"賃、荼、差、且、假、貸,借也","借"字譌作"僭";卷三内"錯,磨也”,“鐕”字譌作“鏳”,並與此同。趙岐注《孟子·離婁》篇云:“簮者,往也。”《玉篇》《廣韻》俱云:“簮,往也。”今據以訂正。

遂者,《楚辭·天問》“遂古之初”,王逸注云:“遂,往也。”《淮南子·要略》篇“攬掇遂事之蹤,追觀往古之跡”,遂事之蹤,即往古之跡也。《論語·八佾》篇“成事不説,遂事不諫,既往不咎”,成事、遂事,即既往也。《逸周書·史記解》“取遂事之要戒”,亦謂往事也。

邁、行者,《爾雅》:“邁,行也。”《秦風·無衣》傳云:“行,往也。”

徂者,《説文》:“彶,遠行也。”《漢書·楊雄傳》“因江潭而徂記兮”,鄧展注云:“徂,往也。”徂,與“彶”同。

歸者,隱二年《公羊傳》云:“婦人謂嫁曰歸。”《爾雅》:“嫁,往也。”莊二年《穀梁傳》云:“王者,民之所歸往也。”

迋者,《説文》:“迋,往也。”襄二十八年《左傳》“君使子展迋勞於東門之外”,杜預注與《説文》同。《漢書·五行志》“迋”作“往”。往、迋、徂,聲並相近(8-2)。

休、祥、衷、佳、忓、禄、吉、慶、良、㦗、時、竫、黨、適、賴、惢、愿、嗀、温、長、婧、姝、孆、馴、孎、睩、戾、靈,善也。

衷者,《皋陶謨》“同寅協恭和衷哉”,傳云:“衷,善也。”成十三年《左傳》“民受天地之中以生”,中,與“衷”通。

忓者,《方言》:“自關而西,秦晉之故都,謂好曰忓。”

禄者,《周官·天府》注云:“禄之言穀也。”《爾雅》:“穀,善也。”

吉者,《召南·摽有梅》傳云:“吉,善也。”

慶者,《大雅·皇矣》傳云:“慶,善也。”

㦗者,王逸《九章》注云:“謹,善也。”謹,與“㦗”通。㦗,各本譌作“揰”。《玉篇》:“㦗,善也。”今據以訂正。

時者,《小雅·頍弁》篇“爾殽既時”,毛傳云:“時,善也。”“爾肴既時”,猶言“爾殽既嘉”也;“維其時矣”,猶言“維其嘉矣”也;“威儀孔時”,猶言“飲酒孔嘉,維其令儀”也。他若“孔惠孔時”“以奏爾時”“胡臭亶時”,及《士冠禮》之“嘉薦亶時”,皆謂善也。《既濟·象傳》“東鄰殺牛,不如西鄰之時也”,言不如西鄰之善也。《雜卦傳》“大畜,時也;無妄,災也”,時,與“災”相對,亦謂善也。《内則》云“母某敢用時日”,謂善日也。春秋曹公子欣時字子臧,是其義也。解者多失之。

竫者,《藝文類聚》引《韓詩》曰:“東門之栗,有靜家室。”靜,善也。《史記·秦紀》云:“賜謚爲竫公。”襄十年《左傳》云:“單靖公爲卿士。”《逸周書·謚法解》云:“柔德考衆曰靜,恭己鮮言曰靜,寬樂令終曰靜。”竫、靜、靖,並通。靜,與“善”同義,故《堯典》“靜言庸違”,《史記·五帝紀》作“善言”。《盤庚》“自作弗靖”,亦謂弗善也;傳訓“靖”爲謀,失之。

黨者,《逸周書·祭公解》云:“王拜手稽首黨言。”漢《張平子碑》云:“黨言允諧。”《孟子·公孫丑》篇“禹聞善言則拜”,趙岐注引《臯陶謨》“禹拜讜言”,今本作“昌言”,《史記·夏紀》作“美言”。黨、讜、昌,聲近義同(9-1)。

適者,《吕氏春秋·適音》篇云:“衷也者,適也。”《管子·宙合》篇云:“夫焉有不適善。”

賴者,《孟子·告子》篇“富歲子弟多賴”,趙岐注云:“賴,善也。”《衛策》云:“爲魏則善,爲秦則不賴矣。”

愿、殻者,鄭注《論語·泰伯》篇云:“愿,善也。”殻,與“愨”同。《説文》:“愨,謹也。”(9-2)《檀弓》釋文云:“愨,本又作殻。”

温者,《儒行》云:“温良者,仁之本也。”

婧者,《説文》:“婧,齊也。”

婕者,《説文》:“婕,謹也;讀若‘謹敕數數’。”《史記·申屠嘉傳》“娖娖廉謹”,《漢書》作“齪齪”,顔師古注云:“齪齪,持整之貌也。”《史記·貨殖傳》云:“故其民齪齪。”並字異而義同。

犪、馴者,《説文》:“犪,牛柔謹也。”“馴,馬順也。”《玉篇》“犪”字注云:“《尚書》‘犪而毅’,字如此。”《周官·太宰》“以擾萬民”,鄭注云:“擾,猶馴也。”擾,與“犪”通。《大雅·烝民》篇“柔嘉維則”,“柔”與“犪”,亦聲近義同。故《史記·夏紀》“擾而毅”,集解引徐廣音義云:“擾,一作柔。”犪,各本譌作“㹛”,今訂正。

嬺者,《説文》:“嬺,謹也;讀若‘人不孫爲不嬺’。”

睩者,《説文》:“睩,目睞謹也。”《楚辭·招魂》云:“娥眉曼睩。”《説文》:“逯,行謹逯逯也。”《鹽鐵論·未通》篇云:“録民數創於惡吏。”義並與“睩”通。“睩”與“禄”,義亦通也。

戾者,《小雅·采菽》篇“優哉游哉,亦是戾矣”,毛傳云:“戾,至也。”正義云:

“明王之德能如此，亦是至美矣。”鄭注《粊誓》云：“至，猶善也。”是“戾”與“善”同義。又鄭注《大學》云：“戾之言利也。”“利”與“善”，義亦相近。故利謂之戾，亦謂之賴；善謂之賴，亦謂之戾。戾、賴，語之轉耳。

靈者，《多士》云：“丕靈承帝事。”《多方》云：“不克靈承于旅。”皆謂善也。《鄘風·定之方中》篇“靈雨既零”，鄭箋云：“靈，善也。”又《盤庚》“弔由靈”，傳云：“靈，善也。”正義以爲《爾雅·釋詁》文。今《爾雅》“靈”作“令”，則“靈、令”同聲同義。《莊子·逍遥遊》篇：“夫列子御風而行，泠然善也。”靈、泠，義亦相近。

昀案：休、祥、佳、良、惢、長未作疏證。

㰺、養、娛、悰、歡、甛、比，樂也。

㰺之言衎衎也。《方言》“㰺，樂也”，郭璞注云：“㰺㰺，歡貌。”《集韻》“㰺”或作“嘕”，丘虔、虚延二切，引《廣雅》：“嘕，樂也。”《釋訓》篇云：“嘕嘕，喜也。”《楚辭·大招》“宜笑嘕只”，王逸注云：“嘕，笑貌。”義並與“㰺”同。

養者，《韓詩外傳》云：“聞其角聲，使人惻隱而愛仁；聞其徵聲，使人樂養而好施。”《白虎通義》“樂養”作“喜養”。嵇康《琴賦》云：“怡養悦悆。”是“養”爲樂也。養之言陽陽也。《王風·君子陽陽》篇云：“君子陽陽，其樂只且。”“陽”與“養”，古同聲，故孫陽字伯樂矣。

娛，各本譌作“娱”，今訂正。

悰者，《説文》：“悰，樂也。”《漢書·廣陵厲王傳》“出入無悰爲樂亟”，韋昭注云：“悰，亦樂也。”悰，各本譌作“悰”，今訂正。

甛者，《説文》：“甛，樂酒也。”《酒誥》“在今後嗣王甛身”，傳云：“甛樂其身。”甛，各本譌作“醋”。《集韻》“甛”或作“甘”。唐釋玄應《衆經音義》卷二及二十三並引《廣雅》：“甘，樂也。”今據以訂正。

比者，《雜卦傳》“比樂師憂”，言親比則樂，動衆則憂，非訓“比”爲樂、“師”爲憂也。此云“比，樂也”，下云“師，憂也”，皆失其義耳。

昀案：娛只作校勘，歡未作疏證。

聆、聽、自、言、仍、〔循*〕，從也。

聆，古通作“令”(10-1)。《吕氏春秋·爲欲》篇(10-2)“古之聖王，審順其天而以行欲，則民無不令矣，功無不立矣”，令，謂聽從也。

仍者,《楚辭·九章》"觀炎氣之相仍兮",王逸注云:"相仍者,相從也。"

循者,《爾雅》:"循、從,自也。"《文選·陸雲〈荅張士然詩〉》注引《廣雅》:"循,從也。"今本脱"循"字。

昀案:聽、自、言未作疏證。

巛、巽、娓、隨、理、猷、訓、悌、婉、揗、勑、倫、揗、摩,順也。

巛、順,聲相近。《繫辭傳》云:"夫坤,天下之至順也。"《説卦傳》云:"坤,順也。"《坤》釋文云:"坤,本又作巛。"

巽、順,聲亦相近。《説文》"愻,順也",引《唐書》"五品不愻",今本作"遜"。字或作"孫",又作"巽"。並同。

娓者,《説文》:"娓,順也;讀若媚。"

理者,《説文》:"順,理也。"《説卦傳》云:"和順於道德而理於義。"《考工記·匠人》云:"水屬不理孫,謂之不行。"

訓、順,古同聲。《法言·問神》篇云:"事得其序之謂訓。"《洪范》"于帝其訓",《史記·宋世家》作"順"。《顧命》"皇天用訓厥道",傳云:"用順其道。"字亦作"馴"。《史記·五帝紀》"能明馴德",索隱云:"《史記》馴字,徐廣皆讀曰訓。訓,順也。"

悌者,《白虎通義》云:"弟者,悌也,心順行篤也。"《孝經》云:(11-1)"教民禮順,莫善於悌。"《釋名》云:"悌,弟也。"又云:"弟,第也,相次第而生也。"皆順之義也。

婉者,《邶風·新台》篇"燕婉之求",昭二十六年《左傳》"婦聽而婉",毛傳、杜注並云:"婉,順也。"

揗者,卷四云:"揗,循也。"《説文》:"揗,摩也。"摩、循,皆順也。揗,各本譌作"梧",今訂正。

勑者,卷二云:"敕,理也。"理,亦順也。敕,與"勑"通。

倫、順,聲相近。《考工記·弓人》"析幹必倫",鄭注云:"順其理也。"《禮器》"天地之祭,宗廟之事,父子之道,君臣之義,倫也",鄭注云:"倫之言順也。"(11-2)《魏風·伐檀》釋文引《韓詩》云:"順流而風曰淪。"義與"倫"相近。各本"勑、倫"二字誤入曹憲音内,今訂正。

揗、摩者,《説文》:"揗,摩也。"揗、摩、揗,皆同義。《説文》:"循,行順也。"

“馴，馬順也。”《釋名》：“順，循也，循其理也。”義並與“揗”同。循、順，古亦同聲，故《大射儀》注云：“今文順爲循。”

昀案：隨、猷未作疏證。訓並見於理。

閑、埻、楷、〔模〕、〔品〕、式、祖、棖、肖、容、拱、捄、術、臬、井、括、鳫、類、楥、略，灋也。

閑者，《論語·子張》篇“大德不踰閑”，孔傳云：“閑，猶法也。”

埻，與“臬”同意，故皆訓爲法。《説文》：“㙇，射臬也；從土，𦎧聲；讀若準。”隸變作“埻”。《周官·司裘》注云：“侯者，以虎熊豹麋之皮飾其側，又方制之以爲𦎧，謂之鵠，著于侯中。”釋文：“𦎧，本亦作準。”《漢書·律曆志》云：“準者，所以揆平取正也。”《吕氏春秋·君守》篇注云：“準，法也。”《周官·内宰》“出其度量淳制”，杜子春注云：“淳，謂幅廣；制，謂匹長。”義並與“埻”同。埻，各本譌作“桲”。凡從“𦎧”之字，隸變作“享”，或作“孛”，故譌而爲“孛”。漢《韓勑碑》兩側題名，“淳于”字作“浡”；《曹全碑》“敦煌”字作“敦”，皆其證也。其左畔“土”字譌而爲“木”，則因下文“楷、模、棖、楥”諸字而誤，今訂正。

楷、模、品、式者，《説文》：“模，法也。”“程，品也。”《逸周書·謚法解》云：“式，法也。”《老子》云：“知此兩者亦楷式。”《漢書·宣帝紀》云：“品式備具。”各本皆脱“模、品”二字。《衆經音義》卷二十四引《廣雅》：“楷、模、品、式，法也。”今據以補正。

祖者，《鄉飲酒義》“祖陽氣之發於東方也”，鄭注云：“祖，猶法也。”

棖者，《方言》“棖，法也”，郭璞注云：“救傾之法。”《説文》：“棖，杖也。一曰法也。”字亦作“堂”。《考工記·弓人》“維角堂之”，鄭衆注云：“堂，讀如‘牚距’之牚、‘車牚’之牚。”疏云：“牚距、車牚，皆取其正也。”即郭注所云“救傾之法”也。《爾雅》“棖謂之楔”，郭注云：“門兩旁木。”義亦相近也。

肖者，《方言》：“肖，法也，西楚梁益之閒曰肖。”

容者，象之法也。《考工記·函人》“凡爲甲，必先爲容，然後制革”，鄭衆注云：“容，謂象式。”《老子》“孔德之容”，鍾會注云：“容，法也。”《吕氏春秋·士容論》：“此國士之容也”，高誘注與鍾會同(12-1)。《説文》：“鎔，冶器法也。”《漢書·食貨志》“冶鎔炊炭”，應劭注云：“鎔，形容也，作錢模也。”義亦與“容”同。貌謂之形，亦謂之容；常謂之刑，亦謂之庸；法謂之刑，亦謂之容，義並相近也。

拱、捄者(12-2),長子引之云:《商頌·長發》"受小球大球,受小共大共",傳云:"球,玉也;共,法也。"案:球、共,皆法也。球,讀爲捄;共,讀爲拱。《廣雅》:"拱、捄,法也。"《書序》"帝釐下土,方設居方,别生分類,作《汨作》、《九共》九篇、《稾飫》",馬融、王肅並云:"共,法也。"高誘注《淮南·本經訓》云:"蛩,讀《詩》'受小拱'之拱。"則《詩》"共"字,古本或作"拱"。"拱、捄"二字皆從手,而訓亦同。其從玉作"球",假借字耳。此承上文"帝命式于九圍"言之,言受小事之法、大事之法於上帝,故能爲下國綴旒,爲下國駿厖,所謂"式于九圍"也。《荀子·榮辱》篇云:"先王案爲之制禮義以分之,使有貴賤之等、長幼之差,知賢愚能不能之分;皆使人載其事而各得其宜,然後使愨禄多少厚薄之稱。是夫羣居和一之道也,故曰:'斬而齊,枉而順,不同而一。'《詩》曰:'受小共大共,爲下國駿蒙。'此之謂也。"《臣道》篇云:"傳曰:'斬而齊,枉而順,不同而壹。'《詩》曰:'受小球大球,爲下國綴旒。'此之謂也。"然則"小球大球、小共大共",謂所受法制有小大之差耳。傳解"球"爲玉,已與"共"字殊義;箋復謂"共"爲執玉,迂回而難通矣。《廣雅》"拱、捄"並訓爲法,殆本諸《齊魯韓詩》與!

臬者,《説文》:"臬,射準旳也。"《漢書·司馬相如傳》"弦矢分,蓺殪仆",文穎注云:"所射準的爲蓺。"蓺,與"臬"通。《康誥》"女陳時臬",《多方》"爾罔不克臬",傳皆以"臬"爲法。《考工記》"匠人建國,置槷以縣,眡以景",鄭注云:"槷,古文臬,假借字。於所平之地中央,樹八尺之臬,以縣正之。眡之以其景,將以正四方也。"《玉藻》"公事自闑西,私事自闑東",正義云:"闑,謂門之中央所豎短木也。"是凡言"臬"者,皆樹之中央,取準則之義也。文六年《左傳》"陳之藝極",杜預注云:"藝,準也。""藝"與"臬"古聲義並同。

井者,《説文》:"荆,罰辠也;從刀井。《易》曰:井,法也。""刱,造法刱業也;從井,刅聲。"《越絶書·記地傳》云:"井者,法也。"井,訓爲法,故作事有法謂之井井。《荀子·儒效》篇"井井兮其有理",是也。

括者,《法言·脩身》篇"其爲外也肅括",李軌注云:"括,法也。"《説文》:"桰,檃也。"《荀子·性惡》篇"故枸木必將待檃桰烝矯然後直",楊倞注云:"檃桰,正曲木之木。"義與"括"同。

廌者,《説文》:"廌,解廌獸也,佀山牛,一角。古者決訟,令觸不直者。""灋,荆也;平之如水,從水,廌所以觸不直者,去之①。"是"廌"與"灋"同意。灋,亦作"法";廌,亦作"豸"。《獨斷》云:"法冠,一曰柱後惠文冠。秦制,執法服之。今御史廷尉監平服之,謂之解豸。"

類者,《方言》:"類,法也,齊曰類。"《緇衣》"身不正,言不信,則義不壹,行無類也",鄭注云:"類,謂比式。"釋文云:"比方法式也。"《楚辭·九章》"吾將以爲類兮",王逸注云:"類,法也。"《荀子·儒效》篇云:"其言有類,其行有禮。"類之言律也。律,亦法也。《樂記》"律小大之稱",《史記·樂書》作"類",是"類"與"律"聲義同。相似謂之類,亦謂之肖;法謂之肖,亦謂之類,義亦相近也(12-3)。

楦者,《説文》:"楥,履法也。"《玉篇》吁萬切。今人削木置履中以爲模範,謂之楥頭,是也(12-4)。

略者,《説文》:"略,經略土地也。"成二年《左傳》"侵敗王略",杜預注云:"略,經略法度。"定四年《傳》云:"吾子欲復文武之略。"

昀案:術未作疏證。

商、甬、經、長,常也。

商者,《説苑·脩文》篇云:"商者,常也;夏者,大也。"常、商,聲相近,故《淮南子·繆稱訓》"老子學商容,見舌而知守柔矣",《説苑·敬慎》篇載其事,"商容"作"常摐"。《韓策》"西有宜陽、常阪之塞",《史記·蘇秦傳》"常"作"商"。

甬之言庸也。《爾雅》:"庸,常也。"

長者,《大雅·文王》箋云:"長,猶常也。"常、長,聲相近,故漢京兆尹長安,王莽曰常安矣。

昀案:經未作疏證。

眉、棃、僂、艾、耆、長、耇、耆、期、頤,老也。

眉、棃者,《方言》:"眉、棃,老也。東齊曰眉,燕代之北鄙曰棃。"《豳風·七月》篇"以介眉壽",毛傳云:"眉壽,豪眉也。"正義云:"人年老者,必有豪毛秀出。"《小雅·南山有臺》傳云:"眉壽,秀眉也。"《釋名》:"耇,垢也,皮色驪悴,恆如有垢者也。或曰凍棃,皮有班黑如凍棃色也。"《吳語》"播棄黎老",韋昭注云:"黎,凍棃,

① 去之,原譌作"去聲"。鍾宇訊《點校説明》已指出。

壽徵也。"《墨子·明鬼》篇云:"昔者殷王紂播棄黎老。"黎,與"棃"通。

傻、艾、耆、長者,《方言》:"傻、艾,老也。東齊魯衛之閒,凡尊老謂之傻,或謂之艾。"傻,與"叟"同。《曲禮》云:"五十曰艾,六十曰耆。"《爾雅》云:"耆、艾,長也。"

𦒞者,《玉篇》"年九十曰𦒞",《廣韻》作"𦒞",同。

耇者,《説文》:"耇,老人面如點也。"

期、頤,二字皆訓爲老,蓋本於《禮》注也。《曲禮》"百年曰期頤",鄭注云:"期,猶要也;頤,養也。不知衣服食味,孝子要盡養道而已。"(13)案:期之言極也。《詩》言"思無期""萬壽無期";《左傳》言"貪惏無厭,忿纇無期",皆是究極之義。百年爲年數之極,故曰百年曰期。當此之時,事事皆待於養,故曰頤。"期、頤"二字不連讀。《射義》云:"旄期稱道不亂。"是其證。朱子云:"'十年曰幼'爲句,'學'字自爲句。下至'百年曰期',皆然。"此説是也。

苟、款、實、信,誠也。

款者,《衆經音義》卷四引《倉頡篇》云:"款、誠,重也。"(14)《楚辭·卜居》云:"吾寧悃悃款款,朴以忠乎。"款,與"款"同。

昀案:苟、實、信未作疏證。

軫、㚒、榘、隒、厓、厲,方也。

軫、㚒者,《考工記·輈人》云:"軫之方也,以象地也。"《楚辭·九章》"軫石崴嵬",王逸注云:"軫,方也。"《廣韻》"㚒、域"同音。《商頌·玄鳥》篇云:"正域彼四方。"《莊子·秋水》篇云:"泛泛乎若四方之無窮,其無所畛域。"此云"軫、㚒,方也",軫,與"畛"通;㚒,與"域"通。

隒、厓、厲,皆在旁之名,故訓爲方。方,猶旁也。《説文》:"隒,厓也。"《爾雅》"重甗,隒",孫炎注云:"山基有重岸也。"張衡《西京賦》云:"設切厓隒。"隒之言廉也。《鄉飲酒禮》"設席于堂廉",鄭注云:"側邊曰廉。"《説文》:"厓,山邊也。"《秦風·蒹葭》篇云"在水一方";又云"在水之湄""在水之涘"。毛傳云:"湄,水隒也。""涘,厓也。"即經所云"水一方"也。故蘇武詩云:"各在天一方。"古詩云:"各在天一涯。"李善注引《廣雅》:"涯,方也。"涯,與"厓"通。厲,亦廉也,語之轉耳。《衛風·有狐》篇"在彼淇厲",毛傳云:"厲,深可厲之旁。"案:厲,謂水厓也。厲之言浖也。《廣雅·釋邱》云:"隒、浖,厓也。"此云:"隒、厓、厲,方也。""厲"與"浖",

聲近義同。次章言“淇厲”，三章言“淇側”，其義一也[15]。傳以“厲”爲水旁，得之；而云“深可厲之旁”，則於義轉迂矣。

眴案：榘未作疏證。

端、直、鑈、危、質、敵、公、方、閑、諫、刑、政、貞、榦、集、殷、矢，正也。

鑈者，《方言》“鑈，正也”，郭璞注云：“謂堅正也。”

危者，《論語·憲問》篇云：“邦有道，危言危行。”是“危”爲正也。

質者，《士冠禮》“質明行事”，《月令》“莫不質良”，鄭注並云：“質，正也。”

敵，讀爲適。《大雅·大明》篇“天位殷適”，毛傳云：“紂居天位而殷之正適也。”《士喪禮》注云：“適室，正寢之室也。”隱元年《公羊傳》“立適以長”，何休注云：“適，謂適夫人之子，尊無與敵也。”《雜記》“大夫訃于同國適者”，鄭注云：“適，讀爲‘匹敵’之敵。”敵、適，義相近，古多通用。

諫者，《説文》：“諫，証也。”《周官·司諫》注云：“諫，猶正也，以道正人行。”正，與“証”通。

刑者，《大雅·思齊》篇“刑于寡妻”，韓傳云：“刑，正也。”《周官·大司寇》“以佐王刑邦國”，鄭注云：“刑，正人之灋也。”亦通作“形”。《淮南子·原道訓》“宫立而五音形矣”，高誘注云：“形，正也。”

貞、榦者，《師·彖傳》云：“貞，正也。”[16-1]《蠱》初六“榦父之蠱”，虞翻注云[16-2]：“榦，正也。”《大雅·韓奕》篇“榦不庭方”，鄭箋云：“作楨榦而正之。”《乾·文言》云：“貞者，事之榦也。”《爾雅》：“楨，榦也。”《粊誓》正義引舍人注云：“楨，正也，築牆所立兩木也；榦，所以當牆兩邊障土者。”皆正之義也。

諸書無訓“集”爲正者。集，當爲“準”字之誤也。《考工記》“栗氏爲量，權之，然後準之”，鄭注云：“準，擊平正之。”《漢書·律曆志》云：“準者，所以揆平取正也。”《説文》：“埻，射臬也；讀若準。”埻，或作“準”；臬，或作“藝”。《大雅·行葦》傳“已均中藝”，鄭箋云：“藝，質也。”《周官·司弓矢》“射甲革椹質”，鄭注云：“質，正也，樹椹以爲射正。”“質”與“準”同物，皆取中正之義；準、質、正，又一聲之轉，故“準、質”二字俱訓爲正也。陳氏觀樓曰：“集，或爲臬字之譌，形亦相近。”

殷者，《爾雅》：“殷，中也。”《堯典》“以殷仲春”，傳云：“殷，正也。”《史記·天官書》云：“衡殷南斗。”

矢者，《説文》"短"字注云："有所長短，以矢爲正；從矢，豆聲。"又云："巨，規巨也，從工，象手持之形；或從木、矢作榘。矢者，其中正也。"《盤庚》"出矢言"，傳云："出正直之言。"

昀案：端、直、公、方、閑、政未作疏證。

弸、愾、憑、愊、充、牣、臣、愊、窒、塞、盈、屯、飽、饐、餱、臆、溢、穌、豐、〔填*〕，滿也。

弸者，《法言·君子》篇"以其弸中而彪外也"，李軌注云："弸，滿也。"《太玄·養》云："陰弸于野。"漢《司隸校尉魯峻碑》云："弸中獨斷，目效其節。"

愾，音口代、許氣二反(17-1)，謂氣滿也。《玉篇》引《廣雅》作"慨"(17-2)。《説文》"鎎，怒戰也"，引文四年《左傳》"諸侯敵王所鎎"，今本作"愾"，杜預注云："愾，恨怒也。"《説文》"忼慨，壯士不得志於心也"，徐鍇傳云："内自高亢憤激也。"義並與"愾"同。《方言》："𩜾、饐，飽也。""𩜾"與"愾"，亦同義，故《廣雅》"愾、饐、飽"三字同訓爲滿矣。

憑者，《方言》"馮，怒也。楚曰馮"，郭璞注云："馮，恚盛貌。"昭五年《左傳》"今君奮焉，震電馮怒"，杜預注云："馮，盛也。"《楚辭·離騷》"憑不猒乎求索"，王逸注云："憑，滿也。楚人名滿曰憑。"憑，與"馮"同。戴先生《毛鄭詩考正》曰："《卷阿》五章'有馮有翼'，傳云：'道可馮依以爲輔翼。'箋云：'馮，馮几也。翼，助也。'震案：馮，滿也，謂忠誠滿於内；翼，盛也，謂威儀盛於外。馮、翼二字，古人多連舉。《楚辭·天問》云：'馮翼惟象。'《淮南·天文訓》云：'馮馮翼翼。'皆指氣化充滿盛作，然後有形與物。"謹案：翼，通作"翊"。《韓詩外傳》云："《關雎》之事大矣哉！馮馮翊翊，自東自西，自南自北，無思不服。"《漢書·禮樂志·安世房中歌》云："馮馮翼翼，承天之則。"皆言德之盛滿也。

愊、愊者，《方言》"愊、愊，滿也。凡以器盛而滿謂之愊，腹滿曰愊"，郭璞注云："愊，言涌出也。愊，言勑偪也。"《説文》："畐，滿也。"《玉篇》普逼、扶六二切，云："腹滿謂之涌，腸滿謂之畐。"愊、涌，愊、畐，並通。《漢書·陳湯傳》"策慮愊億"，顔師古注云："愊億，憤怒之貌也。"《玉篇》云："餢，飽也。"又云："稫稄，滿皃。"義並與"愊"同。愊，各本譌作"幅"，今訂正。

牣者，《説文》："牣，牣滿也。"《大雅·靈臺》篇"於牣魚躍"，毛傳云："牣，滿也。"

《海外北經》"禹厥之,三仞三沮",郭璞注云:"掘塞之而土三沮陷也。"《史記·殷紀》"充仞宫室",《淮南子·本經訓》"德交歸焉而莫之充忍也",並字異而義同。

匡者,《楚辭·九歎》"筐澤瀉目豹鞹兮",王逸注云:"筐,滿也。"筐,與"匡"通。

塞,各本譌作"寒",惟影宋本不譌。

屯者,《序卦傳》云:"盈天地之間者唯萬物,故受之以《屯》。"屯者,盈也。又《屯·彖傳》云:"雷雨之動滿盈。"是"屯"爲盈滿之義,不當讀爲"屯田"之"屯"。曹憲音大村反,失之。屯,各本譌作"乇"。屯,隸或作"乇",故譌而爲"乇",今訂正。

饎者,《方言》:"饎,飽也。"

䭬,亦饎也。《玉篇》作"鞅",同。

臆者,《説文》:"意,滿也。"《方言》"臆,滿也",郭璞注云:"愊臆,氣滿也。"凡怒而氣滿謂之愊臆,《漢書》"策慮愊億"是也;哀而氣滿亦謂之愊臆,《史記·扁鵲傳》"嘘唏服億,悲不能自止",服億,即"愊臆",《問喪》云"悲哀志懣氣盛"是也;憂而心懣亦謂之愊臆,馮衍《顯志賦》云"心愊憶而紛紜"是也。"臆、臆、憶、億、意"五字並通。司馬相如《長門賦》"心憑噫而不舒兮",李善注云:"憑噫,氣滿貌。"憑噫,即"愊臆"之轉[(17-3)]。《説文》"十萬曰意",《玉篇》云:"今作億。"億,亦盈數之名也,故《小雅·楚茨》篇云:"我倉既盈,我庾維億。"《易林·乾之師》云:"倉盈庾億。"

盈、億,亦語之轉也。襄二十五《左傳》"今陳介恃楚衆以馮陵我鄙邑,不可億逞","逞"與"盈"通,言其欲不可滿盈也。文十八年《傳》云:"侵欲崇侈,不可盈厭。"意與此同。"盈"與"逞",古同聲而通用。昭四年《左傳》"逞其心以厚其毒",《新序·善謀》篇"逞"作"盈";《史記》"欒盈"作"欒逞",是其證。杜注訓"億"爲度、"逞"爲盡,皆失之。

《衆經音義》卷二、卷五、卷十、卷二十二並引《廣雅》"填,滿也",今本脱"填"字。

昀案:充、室、飽、溢、稣、豐未作疏證。塞只作校勘。

邈、逷、迦、離、釗、曠、云、極、遼、遥、迂①、敻、超、踰、逴、越、袓、崈、征、遾、高、荒、裔、〔務*〕,遠也。

---

① 迂,原作"迃",《疏證》作"迂"。

邈、迦、離者,《方言》"侚、邈,離也。楚謂之越,或謂之遠;吴越曰侚",郭璞注云:"離,謂乖離也。"《楚辭·離騷》"神高馳之邈邈",王逸注云:"邈邈,遠貌。"《九章》云:"邈而不可慕。"迦,與"侚"同。《玉篇》"迦"音勿,又音忽。《楚辭·九歌》云:"平原忽兮路超遠。"《荀子·賦》篇云:"忽兮其極之遠也。"迦、忽,古亦通用。

逿者,《爾雅》:"逿,遠也。"《牧誓》云:"逿矣西土之人。"僖二十八年《左傳》云:"糾逖王慝。"逖,與"逿"同。

釗者,《方言》:"釗,遠也。燕之北郊曰釗。"

曠者,《方言》"廣,遠也",廣,與"曠"同。《漢書·五行志》"師出過時,兹謂廣",李奇音曠。《趙策》云:"曠遠於趙而近於大國。"

云者,《爾雅》"仍孫之子爲雲孫",謂遠孫也。雲、云,古同字,説者以爲輕遠如浮雲,則於義迂矣。

極、荒者,《楚辭·九歌》"望涔陽兮極浦",王注云:"極,遠也。"(18)《爾雅》"東至於泰遠,西至於邠國,南至於濮鉛,北至於祝栗,謂之四極",郭璞注云:"皆四方極遠之國。""觚竹、北户、西王母、日下,謂之四荒",注云:"皆四方昏荒之國,次四極者。"案:極、荒,皆遠也。《離騷》云"覽相觀於四極";又云"將往觀乎四荒",王注:"荒,遠也。"四極、四荒,猶言八極、八荒,故《廣雅》"極、荒"俱訓爲遠也。要服之外,謂之荒服,亦其義也。凡"遠"與"大"同義,遠謂之荒,猶大謂之荒也;遠謂之遐,猶大謂之假也;遠謂之迂,猶大謂之訏也。

遥,各本譌作"逢",今訂正。

迂者,《論語·子路》篇"有是哉,子之迂也",包咸注云:"迂,猶遠也。"

敻之言迥也。曹大家注《幽通賦》云:"敻,遠邈也。"字或作"洵"。《邶風·擊鼓》篇"于嗟洵兮",毛傳云:"洵,遠也。"釋文:"洵,呼縣反。《韓詩》作敻。"文十四年《穀梁傳》"敻入千乘之國",范甯注云:"敻,猶遠也。"

超之言迢也。《方言》:"超,遠也。東齊曰超。"《九歌》云:"平原忽兮路超遠。"《祭法》"遠廟爲祧",鄭注云:"祧之言超也。超,上去意也。"義亦同矣。

踰者,《投壺》"毋踰言",鄭注云:"踰言,遠談語也。"《漢書·趙充國傳》"兵難隃度”，鄭氏注云：“隃，遥也。三輔言也。”隃，與“踰”同①。

逴，亦超也。方俗語有輕重耳。《説文》：“逴，遠也。”《玉篇》敕角切。《集韻》又音卓。《史記·衞青霍去病傳》云：“逴行殊遠。”《貨殖傳》云：“上谷至遼東地踔遠。”《楚辭·九章》云：“道卓遠而日忘兮。”逴、踔、卓，並通。

越之言闊也。《爾雅》：“闊，遠也。”襄十四年《左傳》“越在他竟”，杜預注云：“越，遠也。”《周語》云：“聽聲越遠。”

高者，哀二十一年《左傳》“使我高蹈”，注云：“高蹈，猶遠行也。”

裔者，文十八年《傳》“投諸四裔”，襄十四年《傳》“是四嶽之裔胄也”，注並云：“裔，遠也。”四裔、四荒、四極，其義一也。“裔”與“邃”，聲相近。遠謂之裔，亦謂之邃；水邊謂之滋，亦謂之裔，義相近也。

《文選·謝靈運〈酬從弟惠連〉詩》“務協華京想”，李善注引《廣雅》：“務，遠也。”今本脱“務”字。

昀案：遼、祖、崈、征、荒未作疏證。遥、務只作校勘。邃並見於裔。

虞、宴、鎮、撫、慰、蛄、懕、寋、宓、毒、嘆、湛、抑、倓、便、寱、眯、俫、斡、焉、媞、尼、靖、澹、隱、集、息，安也。

虞者，《中孚》初九“虞吉”，荀爽注云：“虞，安也。”鄭注《士虞禮》云：“虞，猶安也。士既葬其父母，迎精而反，日中而祭之於殯宫以安之之禮。”《釋名》：“既葬還祭於殯宫曰虞，謂虞樂安神，使還此也。”

鎮、撫者，《周官·大宗伯》“王執鎮圭”，鄭注云：“鎮，安也，所以安四方。”《説文》：“撫，安也。”桓十三年《左傳》云：“夫固謂君訓衆而好鎮撫之。”

蛄者，卷四云：“怗，静也。”怗，與“蛄”同。《説文》：“耵，安也。”《玉篇》音丁篋切。“耵”與“蛄”，亦聲近義同。

懕、寋者，《方言》“猒、塞，安也”，郭璞注云：“物足則定。”猒，與“懕”通；塞，與“寋”通。懕，曹憲音一占反。《爾雅》：“懕懕，安也。”《秦風·小戎》篇“厭厭良人”，毛傳云：“厭厭，安静也。”《小雅·湛露》篇“厭厭夜飲”，《韓詩》作“愔愔”。昭十二年《左傳》“祈招之愔愔”，杜預注云：“愔愔，安和貌。”宋玉《神女賦》“澹清静其愔嫕兮”，王褒《洞簫賦》作“厭瘱”。並字異而義同。

① 踰，原譌作“隃”。

宓者,《説文》:"宓,安也。"《玉篇》云:"今作密。"《爾雅》:"密,靜也。"《大雅·公劉》篇"止旅迺密",毛傳云:"密,安也。"《周頌·昊天有成命》篇"夙夜基命宥密",《周語》引此詩而釋之曰:"密,寧也。"

嗼者,《爾雅》"貉、嗼、安,定也",郭璞注云:"皆靜定。"《大雅·皇矣》篇"求民之莫",毛傳云:"莫,定也。"又,"貊其德音",傳云:"貊,靜也。"昭二十八年《左傳》引《詩》作"莫",云:"德正應和曰莫。"《吕氏春秋·胥時》篇云:"飢馬盈廄嗼然,未見芻也。"並字異而義同。

湛者,《方言》"湛,安也",郭璞注云:"湛然,安貌。"

抑者,《方言》:"抑,安也。"《爾雅》:"抑抑,密也。"《大雅·抑》篇正義引舍人注云:"威儀靜密也。"《方言》:"譩,審也,諟也。"與"抑"聲近而義同。故《大雅·抑》篇,《楚語》謂之"懿戒"矣。

倓,與下"澹"字通。《説文》:"倓,安也。"又云:"憺,安也。"《荀子·仲尼》篇"倓然見管仲之能足以託國也",楊倞注云:"倓,安也,安然不疑也。"《楚辭·九歌》"蹇將憺兮壽宫",王逸注云:"憺,安也。"《神女賦》云:"澹清靜其愔嫕兮。"《莊子·胠篋》篇云:"恬惔無爲。"《天道》篇云:"虚靜恬淡。"並字異而義同。

寱者,《玉篇》:"寐不覺曰寱。"《廣韻》云:"熟寐也。"

侎者,《爾雅》:"敉,撫也。"《洛誥》:"亦未克敉公功。"《周官·小祝》疏引鄭注云:"敉,安也。"《小祝》"彌烖兵",《男巫》"春招弭以除疾病",鄭注並讀爲敉,云:"安也。"《説文》:"敉,或作侎。"並字異而義同。"侎"與"寱、眯",義亦相近也。眯,各本譌作"眜",今訂正。

媞者,《説文》:"媞,諦也。"《爾雅》"媞媞,安也",孫炎注云:"行步之安也。"《魏風·葛屨》篇"好人提提",毛傳云:"提提,安諦也。"《檀弓》"吉事欲其折折爾",鄭注云:"安舒貌。"並字異而義同。媞,曹憲又音之移、上支二反。《玉篇》禔,之移切,又音匙。《坎》六五"祗既平",祗,京房作"禔",虞翻注云:"禔,安也。"亦字異而義同。

尼者,《爾雅》:"尼,定也。"

隱者,《説文》:"㥯,所依據也;讀與隱同。"《方言》:"隱、據,定也。"(19)隱,與"㥯"通。今俗語言"安穩"者,"隱"聲之轉也。

集者,昭十七年《左傳》"辰不集于房",杜預注云:"集,安也。"

昀案：宴、慰、毒、便、幹、焉、靖、息未作疏證。眯並見於侎。澹並見於倓。

賓、陳、佾、布、併、羅，列也。

賓者，《楚辭·天問》"啟棘賓商"，王逸注云："賓，列也。"《小雅·常棣》篇"儐爾籩豆"，毛傳云："儐，陳也。""儐"與"賓"，聲近義同。

佾之言秩秩然也。《白虎通義》云："佾者，列也。"《祭統》"八佾以舞大夏"，鄭注云："佾，猶列也。"

併、羅者，併，曹憲音步憐反。《管子·四稱》篇云："入則乘等，出則黨駢。"駢，與"併"通。《楚辭·九歌》云："羅生兮堂下。"揚雄《甘泉賦》云："駢羅列布鱗以雜沓兮。"

昀案：陳、布未作疏證。

昶、達、聖、明、泰、菅、疏、亨、徹，通也。

昶者，《文選·琴賦》"固以和昶而足躭矣"，李善注引《廣雅》："昶，通也。"昶之言暢也。暢，亦通也。《琴賦》"雅昶唐堯"，注云："昶，與暢同。"

聖、明者，《書大傳》注云："孔子説休徵曰：聖者，通也。"《白虎通義》云："聖者，通也，明也，聲也；道無所不通，明無所不照，聞聲知情也。"

《莊子·外物》篇云："目徹爲明，耳徹爲聰。"

"泰"與"達"，聲相近。《序卦傳》云："泰者，通也。"

昀案：達、菅、疏、亨未作疏證。

虔、畏、賓、齋、亟、憼、懔、浚、悛、誠、信、高、尊，敬也。

虔者，《商頌·殷武》傳云："虔，敬也。"《大雅·韓奕》云："虔共爾位。"

畏者(20-1)，《大學》云："之其所畏敬而辟焉。"《表記》云："大人之器威敬。"威，與"畏"通。

賓者，《説文》："賓，所敬也。"《周官·鄉大夫》"以禮禮賓之"，鄭衆注云："賓，敬也。"《禮運》"山川，所以儐鬼神也"，釋文："儐，皇音賓，敬也。"儐，與"賓"通。

齋者，《召南·采蘋》篇"有齊季女"，毛傳云："齊，敬也。"齊，與"齋"通。

亟者，《説文》："敬，肅也；從攴苟。""苟，自急敕也；從羊省，從包省，從口。口，猶慎言也；從羊，與義、善、美同意。"《玉篇》苟，居力切；"亦作亟"。《説文》："悈，謹重皃。"(20-2)苟、亟、悈(20-3)，並同義。

憼者，《説文》："憼，敬也。"《大雅·常武》箋云："敬之言警也。"敬、警、憼，聲近而義同。

懔、浚者,《方言》:"稟,浚,敬也。秦晉之閒曰稟,齊曰浚,吳楚之閒自敬曰稟。"稟,與"懔"通。

悛者,《説文》:"恮,謹也。"恮,與"悛"通。悛,亦浚也。《論語・鄉黨》篇"恂恂如也,似不能言者",王肅注云:"恂恂,温恭之貌。"《史記・李將軍傳》云:"悛悛如鄙人,口不能道辭。"並聲近而義同。

誠、信者,《祭統》云:"誠信之謂盡;盡之謂敬。"

昀案:高、尊未作疏證。

拌、墩、捐、振、覂、投、委、撱、〔撥*〕,棄也。

拌、墩者,《方言》:"拌,棄也。楚凡揮棄物謂之拌,或謂之敲。"拌之言播棄也。《吳語》云:"播棄黎老。"是也。"播"與"拌",古聲相近。《士虞禮》:"尸飯,播餘于篚。"古文"播"爲"半";半,即古"拌"字,謂棄餘飯于篚也。敲,與"墩"通。"拌、捐"字並從手,各本譌從木,今訂正。

振者,昭十八年《左傳》"振除火災",杜預注云:"振,弃也。"弃,與"棄"同。

覂,謂敗棄之也。《漢書・武帝紀》云:"泛駕之馬。"泛,與"覂"通。《莊子・天地》篇(21-1)"子往矣,無乏吾事",釋文云:"乏,廢也。"(21-2)"乏"與"覂",亦聲近義同。

投者,《方言》:"淮汝之閒謂棄曰投。"

撱之言墮也;《玉篇》音他果切。《方言》:"揄、撱,脱也。"揄撱,猶言揄棄。枚乘《七發》云:"揄弃恬怠。"是也。

撥者,《史記・太史公自序》:"秦撥去古文,焚滅詩書。"撥,猶棄也。《衆經音義》卷十四、十五、十七並引《廣雅》:"撥,棄也。"今本脱"撥"字。

昀案:委未作疏證。捐只作校勘,並見於拌、墩。

抗、㺬[①]、憮、磔、彀、𢊍、披、摅、邀、瞋,張也。

抗者,《考工記・梓人》"祭侯辭"云:"故抗而射女。"鄭注云:"抗,舉也,張也。"《小雅・賓之初筵》篇"大侯既抗,弓矢斯張",鄭箋云:"大侯張而弓矢亦張節也。"《爾雅》"守宫槐,葉晝聶宵炕"[②],《齊民要術》引孫炎注云:"炕,張也。"炕,與

① 㺬,原作"㺬",《疏證》作"㺬"。

② "晝聶"當連讀,"晝聶"與"宵炕"相對成文。

“抗”通。抗,各本譌作“杭”,今訂正。

弙者,《説文》:“弙,滿弓有所鄉也。”《大荒南經》云:“有人方扜弓射黄蛇。”《韓非子·説林》篇云:“羿子扜弓。”《淮南子·原道訓》“射者扜烏號之弓”,高誘注云:“扜,張也。”扜,與“弙”通。《説文》:“盱,張目也。”“盱”與“弙”,亦同義。

憮,亦弙也,方俗語有侈弇耳。《爾雅》:“憮,大也。”《小雅·六月》傳云:“張,大也。”是“憮”與“張”同義。憮,各本譌作“憮”。《玉篇》:“憮,大也,張也。”今據以訂正。凡“張”與“大”同義。張謂之憮,亦謂之扜,猶大謂之憮,亦謂之訏也;張謂之磔,猶大謂之袥也;張謂之彉,猶大謂之廓也。

磔者,《爾雅》“祭風曰磔”,僖三十一年《公羊傳》疏引孫炎注云:“既祭,披磔其牲,似風散也。”磔之言開拓也。《衆經音義》卷十四引《通俗文》云:“張申曰磔。”顔師古注《漢書·景帝紀》云:“磔,謂張其尸也。”

彀者,《説文》:“彀,張弩也。”《大雅·行葦》篇“敦弓既句”,句,與“彀”通。

彉者,《説文》:“彉,滿弩也。”《孫子·兵勢》篇云:“勢如彍弩。”《太平御覽》引《尸子》云:“扜弓鞹弩。”《漢書·吾邱壽王傳》“十賊彍弩”,顔師古注云:“引滿曰彍。”並字異而義同。《孟子·公孫丑》篇“知皆擴而充之矣”,趙岐注云:“擴,廓也。”《方言》:“張小使大謂之廓。”義亦與“彉”同。

攄者,卷四云:“攄,舒也。”舒,亦張也。《楚辭·九章》:“據青冥而攄虹兮。”《史記·司馬相如傳》“攄之無窮”,攄,一本作“臚”。《方言》:“攎,張也。”攄、攎、臚,聲並相近。攄、舒,聲亦相近。“攄”與“攎”之同訓爲張,猶“舒”與“臚”之同訓爲敘也。

遬者,《方言》:“遬,張也。”

瞋者,《説文》:“瞋,張目也。”《莊子·秋水》篇云:“瞋目而不見邱山。”《説文》:“瞋,起也。”“瘨,腹張也。”《太玄·爭》次六“股腳瞋如”,釋文:“瞋,肉脹起也。”義亦與“瞋”同。

昀案:披未作疏證。

躔、歷、逝、去、趨、徥、流、步、遵、邍、蹠、遂、般、從、逯、轉、隨、巡、充、略、將、進、由、駕、帶、貫、躲、逌、道、踚、遡、吉、〔趕*〕、〔蹈*〕,行也。

躔者,《方言》:“躔,行也。日運爲躔,月運爲逡。”郭璞注云:“運,猶行也。”《吕氏春秋·圜道》篇云:“月躔二十八宿。”

徥者,《方言》:"徥,行也。朝鮮洌水之閒或曰徥。"《説文》:"徥徥,行皃。"

遵、遃者,《方言》:"遵、遃,行也。"郭璞注云:"遃遃,行貌也。"

蹠者,履也。義見下文"蹠,履也"下。

遂者,《晉語》"夫二國士之所圖,無不遂也",韋昭注云:"遂,行也。"

服者,《盤庚》"先王有服"、《康誥》"子弗祗服厥父事",傳並訓"服"爲行。文十八年《左傳》"服讒蒐慝",注亦云:"服,行也。"服,各本譌作"般"。服,本作"𦨈",故譌而爲"般"。卷二内"服,任也"、卷五内"懾,服也","服"字並譌作"般",今俱訂正(22-1)。

逯者,《方言》:"逯,行也。"《説文》云:"行謹逯逯也。"《淮南子·精神訓》云:"逯然而往。"(22-2)

略者,隱五年《左傳》"吾將略地焉",杜預注云:"略,總攝巡行之名。"宣十一年《傳》"略基趾",注云:"略,行也。"《漢書·高帝紀》注云:"凡言略地者,皆謂行而取之。"《方言》:"搜、略,求也;就室曰搜,於道曰略。"義亦同也。

將者,《周頌·敬之》篇"日就月將",毛傳云:"將,行也。"

進者,《周官·大司馬》"徒銜枚而進",鄭注云:"進,行也。"

駕者(22-3),《法言·學行》篇云:"仲尼,駕説者也,如將復駕其所説,則莫若使諸儒金口而木舌。"(22-4)是"駕"爲行也。

帶者,《方言》"帶,行也",郭璞注云:"隨人行也。"案:帶,當讀爲遰。《説文》:"遰,去也。"《夏小正》"九月,遰鴻鴈",傳云:"遰,往也。"去、往,皆行也。《史記·屈原傳》"鳳漂漂其高遰兮",《漢書》作"逝"。逝,亦行也。《鄭氏易·大有》"明辯遰也",陸績作"逝"。帶、遰、逝,古聲並相近。

貫者,《論語·衛靈公》篇:"子貢問曰:'有一言而可以終身行之者乎?'子曰:'其恕乎!'"《里仁》篇:"子曰:'吾道一以貫之。'""曾子曰:'夫子之道,忠恕而已矣。'"一以貫之,即一以行之也。《荀子·王制》篇云:"爲之貫之。"貫,亦爲也。《漢書·谷永傳》云:"以次貫行,固執無違。"《後漢書·光武十王傳》云:"奉承貫行。"貫,亦行也。顔師古訓"貫"爲聯續,失之。《爾雅》:"貫,事也。""事"與"行",義相近。故事謂之貫,亦謂之服;行謂之服,亦謂之貫矣。

躭者,《楚辭·天問》"皆歸躭篘而無害厥躬",王逸注云:"躭,行也。"

逭、逭者,《方言》"逭、逭,轉也""逭、逭,步也",皆謂行也。

踚者,《玉篇》《廣韻》並云:"踚,行也;音倫。"《方言》"踚,行也",郭璞注云:"言跳踚也;音藥。"《説文》:"䠯,趠䠯也。"《廣韻》云:"趠䠯,行皃。"趠䠯、跳踚,聲相近。《廣雅》之訓,多本《方言》,疑"踚"爲"踚"之譌也。下文云:"踚,履也。"履,亦行也。

遡者,《方言》:"遡,行也。"《爾雅》:"逆流而上曰泝洄,順流而下曰泝游。"是也。泝,與"遡"同。

諸書無訓"吉"爲行者,吉,當爲"佶"。《廣韻》:"佶,許吉切;行也。"《集韻》:"佶,行皃。"

赳者,《説文》:"赴,趨也。""䠓,疾也。"《玉篇》:"赳,疾也,及期也。亦作赴。"《衆經音義》卷八引《少儀》"無赳往",今本"赳"作"報",鄭注云:"報,讀爲'赴疾'之赴。"赳、赴、䠓、報,並通。

蹈者,《説文》:"蹈,踐也。"哀二十一年《左傳》"使我高蹈",杜注云:"高蹈,猶遠行也。"《衆經音義》卷七、卷八、卷十三並引《廣雅》:"赳,行也。"卷九引《廣雅》:"蹈,行也。"今本脱"赳、蹈"二字。

昀案:歷、逝、去、趨、流、步、從、轉、隨、巡、充、由未作疏證。

齡、齒、稔、稘,年也。

稔者,僖二年《左傳》"不可以五稔",杜預注云:"稔,熟也。"襄二十七年《傳》"不及五稔",注云:"稔,年也。"釋文云:"穀一熟,故爲一年。"

稘者,《説文》"稘,復其時也",引《唐書》"稘三百有六旬"。今本作"朞",《禮》作"期"。並同。

昀案:齡、齒未作疏證。

㱪、瀛、殨、殑、殙、殟、殜殗、疛[①]、疥、疫、梗、邛、暱、殇、痿、瘑、瘚、瘁、痼、瘦、疛、疝、齲、疿、瞖、瘍、癎、痳、瘧、痿、瘯、痔、瘀、瘵、疠、痾、疧、痟瘍、奸、疱、疦、瘤、痒、尶、疢、疰、痕、〔痔[*]〕,病也。

㱪者,《説文》:"戰見血曰傷,亂或爲惽,死而復生爲㱪。"㱪,各本譌作"欳",今訂正。

瀛之言羸也。《説文》:"瀛,畜産疫病也。"又云:"羸[②],瘦也。""瘟,㿲中病

① 疛,原作"疠",《疏證》作"疛"。
② 羸,原譌作"羸"。

也。”三字並力臥反，義相近也。

殰、殏者，《周官・蜡氏》注引《曲禮》：“四足死者曰殰。”今本作“漬”，注云“漬，謂相瀸汙而死也”，引《春秋傳》：“大災者何？大漬也。”莊二十年《公羊傳》“大災者何？大瘠也。大瘠者何？痢也”，何休注云：“瘠，病也，齊人語也。痢者，民病疫也。”釋文：“瘠，一本作漬。”《吕氏春秋・順民》篇“視孤寡老弱之漬病”，高誘注云：“漬，亦病也。”《漢書・鼂錯傳》云：“起兵而不知其埶，戰則爲人禽，屯則卒積死。”殰、漬、積、瘠，並通。痢，即“殏”字也，讀若厲。《周官・疾醫》“四時皆有癘疾”，鄭注云：“癘疾，氣不和之疾。”襄三十一年《左傳》云：“夭厲不戒。”《釋名》：“癘，厲也，病氣流行中人，如磨厲傷物也。”殏、痢，癘、厲，並通。

“死”字從歺，“殲、殰、殏”等字亦從歺。“病”與“死”，義相近，故字之訓爲死者亦訓爲病也。

殙者，《説文》：“殙，瞀也。”即所云“亂或爲惛”也。惛，與“殙”通，亦通作“昏”，見卷三“殙，死也”下。

殟者，《衆經音義》卷七引《説文》云：“殟，暴無知也。”又引《聲類》云：“殟，欲死也。”《楚辭・九思》云：“悒殟絶兮咶復蘇。”

殜殗者，《方言》“自關而西，秦晉之閒，凡病而不甚曰殗殜”，郭璞注云：“病半臥半起也。”殜，各本譌作“殜”，蓋因曹憲音内“葉”字而誤。考《方言》《玉篇》《廣韻》《集韻》《類篇》俱作“殜”，不作“殜”，今訂正。

疛者，《小雅・何人斯》篇“云何其盱”，《都人士》篇“云何盱矣”，鄭箋並云：“盱，病也。”盱，與“疛”通。

疥[23-1]，讀爲痎。《説文》：“痎，二日一發瘧也。”《素問・生氣通天論》云：“夏傷於暑，秋爲痎瘧。”昭二十年《左傳》“齊侯疥，遂痁”，梁元帝讀“疥”爲痎，正義引袁狎説云：“痎是小瘧，痁是大瘧。”則“疥”與“痎”通。“疥癬”之“疥”在下條，此“疥”字當讀爲痎。曹憲音介，失之也。

痠者，《説文》：“民皆病曰疫。”疫，與“痠”同。

梗者，《大雅・桑柔》篇“至今爲梗”，毛傳云：“梗，病也。”

邛者，《小雅・小旻》篇“亦孔之邛”[23-2]、《巧言》篇“維王之邛”，毛傳[23-3]、鄭箋並云：“邛，病也。”[23-4]

暱者，《小雅・菀柳》篇：“上帝甚蹈，無自暱焉。”暱，病也；言幽王暴虐，慎毋往朝以自取病也。下章云:“無自瘵焉。”瘵,亦病也。《廣雅》訓“暱”爲病,當本之《齊魯韓詩》。毛傳訓爲近,非其義也。

痿者,《説文》:“痿,病也。”字亦作“萎”。《檀弓》“哲人其萎乎”,鄭注云:“萎,病也,草木枯死謂之萎。”義亦同也。

𤺺者,《説文》:“𤺺,臥驚病也。”

痵者,《説文》:“痵,氣不定也。”《漢書·田延年傳》“使我至今病悸”,韋昭注云:“心中喘息曰悸。”悸,與“痵”通。《説文》:“悸,心動也。”義亦相近。

𤵸者,《周官·内饔》“牛夜鳴則庮”,鄭衆注云:“庮,朽木臭也。”釋文引干寶注云:“庮,病也。”庮,與“𤵸”通。

癭者,《説文》:“癭,頸瘤也。”《西山經》云:“食之已癭。”《吕氏春秋·盡數》篇“輕水所多秃與癭人”,高誘注云:“癭,咽疾也。”《釋名》:“癭,嬰也,在頸嬰喉也。”

疛,音肘。《説文》:“疛[23-5],小腹痛也。”《玉篇》云:“心腹疾也。”《小雅·小弁》篇“我心憂傷,惄焉如擣”,毛傳云:“擣,心疾也。”釋文:“擣,《韓詩》作疛。”《吕氏春秋·盡數》篇“鬱處腹則爲張爲疛”,高誘注云:“疛,跳動也。”各本“疛”字譌作“疾”。曹憲音内“肘”字又譌作“曹”。考《説文》《玉篇》《廣韻》《集韻》《類篇》,俱無“疾”字。《説文》云:“疛,讀若紂。”《玉篇》《廣韻》《集韻》及《詩》釋文“疛”字並與“肘”同音。《集韻》引《廣雅》:“疛,病也。”今據以訂正[23-6]。

疝者,《説文》:“疝,腹痛也。”《素問·長刺節論》云:“病在少腹,腹痛不得大小便,病名曰疝。”《釋名》:“心痛曰疝;疝,詵也,氣詵詵然上而痛也。”“陰腫曰疝,亦言詵也,詵詵引小腹急痛也。”

齲者,《説文》:“𤘒,齒蠹也;或作齲。”《史記·倉公傳》云:“齊中大夫病齲齒。”《淮南子·説山訓》云:“䖟散積血,斲木愈齲。”《釋名》:“齲,朽也,蟲齧之齒缺朽也。”

痳者,《説文》:“痳,瘕病也。”“瘕,女病也。”[23-7]痳之言秭也。下文云:“秭,積也。”

腎者,《玉篇》:“腎,腰痛也。”

瘍,謂狂病也。説見卷三“瘍,癡也”下。

癇者,《説文》:“癇,風病也。”《衆經音義》卷十引《聲類》云:“今謂小兒顛曰癇。”《素問·大奇論》云:“心脈滿大,癇瘛筋攣。”《西山經》云:“可以已癇。”

痳者,《説文》:"痳,疝病也。"《釋名》:"痳,懍也,小便難懍懍然也。"

㾓者,《玉篇》:"㾓,痠㾓也。"《廣韻》:"痠㾓,疼痛也。"《周官·疾醫》"春時有痟首疾",鄭注云:"痟,酸削也。"酸削猶痠㾓,語之轉耳。

痿、㵐者,《説文》:"痿,痹疾也。"《素問·痿論》引《本病》曰:"大經空虚,發爲飢痹,傳爲脈痿。"《吕氏春秋·重己》篇"多陰則蹷,多陽則痿",高誘注云:"蹷,逆寒疾也。痿,躄不能行也。"《説文》:"㵐,逆氣也;或省作欮。"徐鍇傳云:"屰,逆也;欠,氣也。"《中山經》云:"服者不厥。"《素問·厥論》云:"陽氣衰於下,則爲寒厥;陰氣衰於下,則爲熱厥。"《釋名》:"厥,逆氣從下厥起,上行入心脇也。"並字異而義同。

痔者,《説文》:"痔,後病也。"《素問·生氣通天論》云:"因而飽食,筋脈横解,腸澼爲痔。"

瘀、瘵者,《楚辭·九辯》"形銷鑠而瘀傷",王逸注云:"身體燋枯,被病久也。"《衆經音義》卷四引《三倉》云:"鑠,病消瘵也。"瘵,與"鑠"通。《太玄·玄數》"八爲疾瘀",范望注云:"瘀,疾也。"《説文》:"瘀,積血病也。"

痾者,《説文》"疴,病也",引《五行傳》曰:"時即有口疴。"《漢書·五行志》云:"痾,病貌也。"《管子·小問》篇:"除君苛疾。"痾、苛,並與"疴"同。

疕者,《玉篇》:"疕,瘡病也。"

痟瘍者,《玉篇》:"痟,痟瘍病也。"《素問·脈要精微論》云:"癉成爲消中。"《奇病論》云:"肥者令人内熱,甘者令人中滿,故其氣上溢,轉爲消渴。"《史記·司馬相如傳》:"常有消渴疾。"《釋名》:"消㵎、㵎,渴也,腎氣不周於胸,胃中津潤消渴,故欲得水也。"並與"痟瘍"同。瘍,又音於發反,傷暑也。字亦作"暍",與"痟瘍"之"瘍"異義。《廣雅》以"痟、瘍"連文,則"瘍"當讀爲渴。曹憲音"於發反",失之也。

皯者,《説文》:"皯,面黑氣也。"《列子·黄帝》篇云:"燋然肌色皯黣。"《楚辭·漁父》"顔色憔悴",王逸注云:"皯黴,黑也。"皯黴,與"皯黣"同。

皰者,《説文》:"皰,面生氣也。"《淮南子·説林訓》"潰小皰而發痤疽",高誘注云:"皰,面氣也。"

皵者,《廣韻》:"皵,皮病也。"

瘤者,《説文》:"瘤,腫也。"《釋名》:"瘤,流也,血流聚所生瘤腫也。"

痒者,《爾雅》:"痒,病也。"舍人注云:"心憂憊之病也。"《小雅·正月》篇"癙憂以痒"、《大雅·桑柔》篇"稼穡卒痒",毛傳、鄭箋並與《爾雅》同。

鼽者,《說文》:"鼽,病寒鼻窒也。"《月令》"民多鼽嚏",《吕氏春秋》作"鼽窒",高誘注云:"鼽窒,鼻不通也。"《素問·金匱真言論》云:"春善病鼽衄。"

疢者,《說文》:"疢,熱病也。"《小雅·小弁》篇"疢如疾首",鄭注云:"疢,猶病也。"《小宛》釋文引《韓詩》云:"疹,苦也。"《越語》云:"疾疹貧病。"疹,與"疢"同。

疰者,鄭注《周官·瘍醫》云:"注,讀如注病之注。"《釋名》:"注病,一人死,一人復得,氣相灌注也。"注,與"疰"通。

痮者,成十年《左傳》"將食,張",杜預注云:"張,腹滿也。"《靈樞經·脹論》云:"夫脹者,皆在於藏府之外,排藏府而郭胸脇,張皮膚,故命曰脹。"痮、脹、張,並通。

府者(23-8),《玉篇》疛,附俱、扶禹二切,"腫也"。《西山經》"可以已胕",郭璞注云:"治胕腫也。"《素問·水熱穴論》云:"胕腫者,聚水而生病也。"《吕氏春秋·情欲》篇云:"身盡府種。"疛、胕、府,並通。《集韻》引《廣雅》:"疛,病也。"今本脱"疛"字。

昀案:殗、㱩、疠未作疏證。

痂、瘃、疥、瘙、瘖、瘍、癬、㾓、𤺄、傷、瘥、胗、痁、瘍,創也。

痂者,《說文》:"痂,乾瘍也。"《急就篇》"痂疕疥𤸷癡聾盲",顔師古注云:"痂,創上甲也。"

瘃者,《說文》:"瘃,中寒腫覈也。"《漢書·趙充國傳》"將軍士寒,手足皸瘃",文穎注云:"瘃,寒創也。"

疥、瘙者,《說文》:"疥,搔也。"《周官·疾醫》云:"夏時有痒疥疾。"《衆經音義》卷十五引《倉頡篇》云:"瘙,疥也。"《管子·地員》篇云:"五沃之土,其人堅勁,寡有疥騷。"《春秋繁露·五行順逆》篇云:"民病疥搔。"《後漢書·鮮卑傳》云:"夫邊垂之患,手足之蚧搔。"並與"疥、瘙"同。

瘖者,《玉篇》:"瘖,牛頭瘡也,"瘡,與"創"同。

瘍者,《說文》:"瘍,頭創也。"案:《曲禮》云"身有瘍則浴",襄十九年《左傳》云"生瘍於頭",《爾雅》云"骭瘍爲微",則創在頭身四肢,皆謂之瘍矣。

癬者,《說文》:"癬,乾瘍也。"《吴語》"譬諸疾,疥癬也",《史記·越世家》作

"㾞",同。

瘯者,《衆經音義》卷十四引《通俗文》云:"皮起曰瘯。"

傷者,《月令》"命理瞻傷察創",鄭注云:"創之淺者曰傷。"此對文也,散文則創亦謂之傷。故《説文》云:"傷,創也。"僖二十二年《左傳》"君子不重傷",文十一年《穀梁傳》作"不重創",其義一也。

瘱者,《玉篇》:"瘱,羊蹄閒瘱疾也。"字通作"挾"。《齊民要術》有"治羊挾蹄方"。

胗者,《説文》"胗,脣傷也",籀文作"疹"。宋玉《風賦》云:"中脣爲胗。"

痞者,《廣雅·釋言》:"痞,痂也。"

瘍者,《説文》:"瘍,蝕創也。"

昀案:瘸未作疏證。

㮚、蜀、壹,弌也。

(24-1)蜀者,《方言》:"蜀,一也。南楚謂之獨。"郭璞注云:"蜀,猶獨耳。"《爾雅·釋山》云:"獨者蜀。"《説文》"蜀,葵中蠶也",引《豳風·東山》篇:"蜎蜎者蜀。"今本作"蠋",正義引郭璞《爾雅注》云:"大蟲如指,似蠶。"案:凡物之大者,皆有獨義。蠋,獨行無羣匹,故《詩》以比敦然獨宿者。鄭箋云:"蠋蜎蜎然特行。"是也。《爾雅》:"雞大者蜀。"義亦同也。卷三云:"介,獨也。"獨謂之蜀,亦謂之介;大謂之介,亦謂之蜀,義相因也(24-2)。《管子·形勢》篇"抱蜀不言而廟堂既循",惠氏定宇《周易述》云:"抱蜀,即《老子》'抱一'也。"

《説文》:"弌,古文一字。"各本譌作"弍",今訂正。

昀案:"㮚"見《補正》。壹未作疏證。

高、亯、庠、將、牧、穀、頤、陶、畜、旅、充,養也。

亯者,《説文》:"亯,獻也;從高省,曰象進孰物形。篆文作亯。"隸作"享"。《鼎·彖傳》云:"聖人亨以享上帝,而大亨以養聖賢。"《祭義》云:"君子生則敬養,死則敬享。"享、養,義相近也。《爾雅》:"享,孝也。""孝"與"養",義亦相近。

庠,各本作"痒",蓋因上文"痒"字而誤。《孟子·滕文公》篇:"庠者,養也。校者,教也。序者,射也。"《廣雅》卷四云:"校,教也。"卷五云:"序,射也。"皆本《孟子》。今據以訂正。引之云:《説文》:"庠,禮官養老也。"《王制》"有虞氏養國老於上庠”，鄭注云：“庠之言養也。”趙岐注《孟子》云：“養者，養耆老。射者，三耦四矢以達物導氣。”此皆緣辭生訓，非經文本意也。“養國老於上庠”，謂在庠中養老，非謂庠以養老名也。《州長》職云：“春秋以禮會民而射於州序。”謂在序中習射，非謂序以習射名也[①]。《王制》：“耆老皆朝於庠，元日習射上功。”而庠之名獨取義於養老，何也？《文王世子》：“適東序，養老。”而序之名獨取義於習射，何也？庠序學校，皆爲教學而設。養老、習射，偶一行之，不得專命名之義。庠，訓爲養；序，訓爲射，皆是教導之名，初無別異也。《文王世子》“立大傅少傅以養之，欲其知父子君臣之道也”，鄭注云：“養，猶教也。言養者，積浸養成之。”《保氏》職云：“掌養國子以道。”此“庠”訓爲養之説也。射、繹，古字通。《爾雅》云：“繹，陳也。”《周語》云：“無射，所以宣布哲人之令德，示民軌儀也。”則射者，陳列而宣示之，所謂“謹庠序之教，申之以孝弟之義”也。此“序”訓爲射之説也。養、射，皆教也。教之爲父子，教之爲君臣，教之爲長幼，故曰“皆所以明人倫”也。徹者，徹也。助者，藉也。庠者，養也。校者，教也。序者，射也。皆因本事以立訓，豈嘗別指一事以明之哉！

將者，《小雅·四牡》篇“不遑將父”、《大雅·桑柔》篇“天不我將”，毛傳、鄭箋並云：“將，養也。”(25-1)《淮南子·原道訓》云：“聖人將養其神。”今俗語猶云“將養”，或云“將息”矣。

牧者，《説文》：“牧，養牛人也。”《謙·象傳》“卑以自牧也”，鄭注云：“牧，養也。”

穀者，《爾雅》：“穀，生也。”《小雅·小弁》篇“民莫不穀”、《甫田》篇“以穀我士女”，鄭箋並云：“穀，養也。”《爾雅》“東風謂之谷風”，孫炎注云：“谷風者，生長之風。”義與“穀”同也。《老子》“谷神不死”，河上本作“浴”，注云：“浴，養也。”“浴”與“谷”，古聲義亦同。

頤者，《序卦傳》云：“頤者，養也。”《方言》“台，養也。晉衞燕魏曰台”，郭璞注云：“台，猶頤也。”頷謂之頤，室東北隅謂之宧，皆養之義也。《釋名·釋形體》篇云：“頤，養也；動於下，止於上，上下咀物以養人也。”《説文》“養，從食，羊聲”；又云：“宧，養也；室之東北隅，食所居也。”

陶者，《方言》：“陶，養也。秦曰陶。”(25-2)

---

① 序，原譌作“庠”。鍾宇訊已正。

充者,《方言》:"充,養也。"《周官》"牧人、充人",皆養牲之官。鄭注云:"牧人,養牲於野田者。""充,猶肥也,養繫牲而肥之。"

昀案:高、畜、旅未作疏證。

薀、祟、委、冣、嗇、茨、壘、穦、寖、殖、揲、秭、稓、穜、貯,積也。

薀、祟者,《説文》"薀,積也",引昭十年《左傳》:"薀利生孼。"今本作"蘊"。《方言》:"蘊,祟也,積也。"隱六年《左傳》"芟夷蘊祟之",杜預注云:"蘊,積也。祟,聚也。"《爾雅》:"祟,重也。"《大雅·鳧鷖》篇:"福禄來祟。"皆積之義也。

委,亦薀也,語之轉耳。《大戴禮·四代》篇云:"委利生孼。"

冣者,《説文》:"冣,積也。"經傳通作"聚"。

嗇者,《方言》:"嗇,積也。"郭璞注云:"嗇者貪,故爲積。"《魏風·伐檀》傳云:"種之曰稼,斂之曰穡。"是其義也。

茨者,《小雅·甫田》篇"曾孫之稼,如茨如梁",毛傳云:"茨,積也。"鄭箋云:"茨,屋蓋也。"《釋名》:"屋以草蓋曰茨。茨,次也,次比草爲之也。"是積之義也。《瞻彼洛矣》篇云:"福禄如茨。"其義同也。《説文》:"薋,草多皃。""垐,以土增大道上也。"義並與"茨"同。《周官·籩人》"糗餌粉餈",鄭注云:"此二物皆粉稻米、黍米爲之。合蒸曰餌,餅之曰餈。"《釋名》:"餈,漬也,烝糝屑使相潤漬餅之也。""餈"與"茨","漬"與"積",義亦相近。

穦者,《説文》"穦,積禾也",引《周頌·良耜》篇:"穦之秩秩。"今本作"積之栗栗"。"穦"與"茨",義亦同也。

寖者,《臨·彖傳》云:"剛浸而長。"《文王世子》"立大傅、少傅以養之",鄭注云:"養者,積浸養成之。"是"浸"爲積也。浸,與"寖"同。《論語·顔淵》篇"浸潤之譖",鄭注云:"譖人之言,如水之浸潤,漸以成之。"義亦同也。

殖者,《晉語》"同姓不婚,惡不殖也",韋昭注云:"殖,蕃也。"《周語》云:"財用蕃殖。"皆積之義也。興生財利謂之貨殖,義亦同也。

揲者,《淮南子·俶真訓》云:"横廓六合,揲貫萬物。"王逸注《離騷》云:"貫,累也。"揲貫,猶言積累。《原道訓》云:"大渾而爲一,葉累而無根。"《主術訓》云:"葉貫萬世而不壅。"葉,與"揲"通。《本經訓》"積牒璇石,以純脩碕",高誘注云:"牒,累也。""牒"與"揲",聲亦相近。

秭者,《爾雅》:"秭,數也。"《周頌·豐年》篇"萬億及秭",毛傳云:"數億至萬曰秭。"是"秭"爲積也。"秭"與"穦",聲亦相近。秭,各本譌作"秭",今訂正。

穃者,《玉篇》:"穃,禾積也。"各本"穃"字誤入曹憲音内,今訂正。

穜者,《玉篇》:"穜,小積也。"

昀案:壘、貯未作疏證。

慜、惜、翳、慖、憮、俺、款、牟、震,愛也。

"慜、惜"諸字爲"親愛"之愛,"翳"爲"隱愛"之愛。

惜,各本譌作"憯"。《文選·曹植〈贈丁儀〉詩》注、韋昭《博弈論》注並引《廣雅》:"惜,愛也。"今據以訂正。

翳者,《爾雅·釋木》"蔽者翳",郭璞注云:"樹蔭翳覆地者。"《方言》"掩、翳,薆也",郭注云"謂薆蔽也",引《邶風·靜女篇》:"薆而不見。"今本作"愛"。《爾雅》:"薆,隱也。"注云:"謂隱蔽。"《大雅·烝民》篇:"愛莫助之。"毛傳云:"愛,隱也。"掩、翳、愛、隱,一聲之轉。愛,與"薆"通。

慖、憮、俺者,慖,亦作"亟"。《方言》:"亟、憮、俺,愛也。東齊海岱之閒曰亟;自關而西,秦晉之閒,凡相敬愛謂亟;宋衛邠陶之閒曰憮,或曰俺。"又云:"韓鄭曰憮,晉衛曰俺。"《爾雅》"煤,愛也""憮,撫也",注云:"憮,愛撫也。"憮,與"煤"通。又"矜憐,撫掩之也",注云:"撫掩,猶撫拍,謂慰恤也。""撫掩"與"憮俺",聲近義同。俺、愛,一聲之轉。"愛"之轉爲"俺",猶"薆"之轉爲"掩"矣。

款者,《說文》:"款,意有所欲也。"款,與"欵"同。

牟,亦煤也,語之轉耳。《方言》:"牟,愛也。宋魯之閒曰牟。"

昀案:慜、震未作疏證。惜只作校勘。

悛、憮、齡、悼、憐、悥,哀也。

悛、憮、齡、悼、憐者,《方言》:"悛、憮、矜、悼、憐,哀也。齊魯之閒曰矜;陳楚之閒曰悼;趙魏燕代之閒曰悛;自楚之北郊曰憮;秦晉之閒或曰矜,或曰悼。"矜,與"齡"通;哀,與"愛"聲義相近。故"憮、憐"既訓爲愛,而又訓爲哀。《吕氏春秋·報更》篇"人主胡可以不務哀士",高誘注云:"哀,愛也。"(26)《檀弓》云:"哭而起,則愛父也。"愛,猶哀也。

悥者,《逸周書·謚法解》云:"隱,哀之方也。"《檀弓》云:"拜稽顙,哀戚之至隱也。"《孟子·梁惠王》篇云:"王若隱其無罪而就死地。"隱,與"悫"通。悫、哀,一聲之轉。"哀"之轉爲"悫",猶"薆"之轉爲"隱"矣。

龕、岑、資、敓、采、掇、搴、摭、芼、集、摡、扱、抳、摘、府、擥、索、撈、撟、穌、賴、攎、摷、撩、探、扭、收、斂、捕、㨨、汲、有、撤、挺、摻、銛、拼、攟、掩、竊、略、剌、剿、摓、捊,取也。

龕者,《法言·重黎》篇"劉龕南陽",李軌注云:"龕,取也。"字或作"戡"。《竹書紀年》"帝辛三十四年,周師取耆",即《商書》"西伯戡黎"也。

岑,訓爲取,未見所出。疑當作"㞢"。《説文》《玉篇》並云:"㞢,取也。"

資者,《乾·彖傳》"萬物資始",鄭注云:"資,取也。"

敓者,《説文》"敓,强取也",引《吕刑》:"敓攘矯虔。"今本作"奪",同。

掇者,《説文》:"掇,拾取也。"

搴、摭者,《方言》:"攓、摭,取也。南楚曰攓,陳宋之閒曰摭。"《説文》"𢹄,拔取也",引《離騷》:"朝𢹄阰之木蘭。"今本作"搴"。《莊子·至樂》篇云:"攓蓬而指之。"搴、𢹄、攓,並通。《説文》:"拓,拾也。"《禮器》"有順而摭也",正義云:"摭,猶拾取也。"《少牢》下篇云:"乃摭于魚腊俎。"摭,與"拓"同。

芼者,《爾雅》:"芼,搴也。"郭璞注云:"謂拔取菜。"《周南·關雎》篇云:"左右芼之。"

摡者,《玉篇》摡,許氣切,引《召南·摽有梅》篇:"頃筐摡之。"今本作"塈",毛傳云:"塈,取也。"宣十二年《左傳》"董澤之蒲,可勝既乎",杜預注云:"既,盡也。"案:既,亦與"摡"通;言董澤之蒲,不可勝取也。

扱者,《説文》:"扱,收也。"《士昏禮記》云:"祭醴,始扱一祭,又扱再祭。"扱之爲言挹取之也。《少牢》下篇"二手執桃匕枋以挹湆",鄭注云:"今文挹爲扱。"扱、挹,聲相近,故古或通用。取水於井謂之汲,聲與"扱"亦相近也。

抳者,《説文》:"搤,捉也。"揚雄《長楊賦》"搤熊羆",搤,與"抳"通。

擥者,《説文》:"擥,撮持也。"《管子·弟子職》篇云:"飯必奉擥。"《楚辭·離騷》:"夕擥洲之宿莽。"《釋名》:"擥,斂也,斂置手中也。"擥,與"擥"同。

索者,《方言》:"索,取也。自關而西曰索。"經傳通作"索"。

撈者,《方言》:"撈,取也。"郭璞注云:"謂鉤撈也。"《衆經音義》卷五引《通俗文》云:"沈取曰撈。"今俗呼入水取物爲撈,是其義也。撈,通作"勞"。《齊語》"犧牲不略,則牛羊遂",《管子·小匡》篇作"犧牲不勞,則牛羊育"。勞、略,一聲之轉,皆謂奪取也。尹知章注云:"過用謂之勞。"失之。

撟者,《方言》:"撟捎,選也。自關而西,秦晉之閒,凡取物之上謂之撟捎。"《説文》同。《淮南子·要略》篇"覽取撟掇",高誘注云:"撟,取也。"(27-1)

穌者,《説文》:"穌,把取禾若也。"徐鍇傳云:"穌,猶部斂之也。"(27-2)《楚辭·離騷》"蘇糞壤以充幃兮",王逸注云:"蘇,取也。"《淮南子·脩務訓》"蘇援世事",高注云:"蘇,猶索也。"索,亦取也(27-3)。《史記·淮陰侯傳》"樵蘇後爨",集解引《漢書音義》云:"蘇,取草也。"蘇,與"穌"通。

賴者,《方言》:"賴,取也。"《莊子·讓王》篇云:"若伯夷叔齊者,其於富貴也,苟可得已,則必不賴。"

攎,與下"担"字同。《方言》:"担、攎,取也。南楚之閒,凡取物溝泥中謂之担,或謂之攎。"《説文》:"担,挹也。""𪐩,叉取也。"《釋名》:"攎,叉也,五指俱往叉取也。"今俗語猶呼五指取物曰"攎"(27-4)。張衡《西京賦》"攎狒猬,批窳狻",薛綜注云:"攎、批,皆謂戟撮之。"攎、𪐩、担,並同。担,各本譌作"担",今據曹憲音訂正。

摷之言勦也。《衆經音義》卷四引《通俗文》云:"浮取曰摷。"《西京賦》"摷鯤鮞,殄水族",薛綜注云:"摷、殄,言盡取之。摷,責交反。"

撩,亦撈也,方俗語有侈弇耳。《小雅·南有嘉魚》箋云:"橑者,今之撩罟也。"《爾雅》"罺謂之汕",郭注與鄭箋同。釋文云:"撩,取也。""罺"與"橑",聲義亦同。

揥者,《説文》:"揥,撮取也。或作禁。"又云:"𥰭,上摘山巖空青珊瑚墮之。《周禮》有𥰭蔟氏。""𥰭"與"禁",聲近義同。

有者,《周南·芣苢》篇云:"采采芣苢,薄言采之。采采芣苢,薄言有之。采采芣苢,薄言掇之。采采芣苢,薄言捋之。采采芣苢,薄言袺之。采采芣苢,薄言襭之。"毛傳云:"采,取也。有,藏之也。掇,拾也。捋,取也。袺,執衽也。扱衽曰襭。"案:《詩》之用詞,不嫌於複。有,亦取也。首章泛言取之,次則言其取之之事,卒乃言既取而盛之以歸耳。若首章既言藏之,而次章復言掇之、捋之,則非其次矣。《大雅·瞻卬》篇云:"人有土田,女反有之。人有民人,女覆奪之。"是"有"爲取也。

撤者,《孟子·公孫丑》篇引《詩》"徹彼桑土",趙岐注云:"徹,取也。"《滕文公》篇"徹者,徹也",注云:"徹,猶人徹取物也。"徹,與"撤"通。

挻者,《方言》:"挻,取也。自關而西,秦晉之閒,凡取物而逆謂之篡,楚部或謂之挻。"

摻者,《鄭風·遵大路》正義引《説文》云:"摻,斂也。"

銛者,《方言》:"銛,取也。"注云:"謂挑取也。"《孟子·盡心》篇"是以言餂之也",趙岐注云:"餂,取也。"丁公著音義云:"《字書》及諸書並無此餂字,當作銛。"

抍者,《方言》:"抍,拔也。出休爲抍。"《艮》六二"不拯其隨",虞翻注云:"拯,取也。"拯,與"抍"同。《莊子·達生》篇"見痀僂者承蜩,猶掇之也",承,亦與"抍"同。《艮》釋文"拯"作"承",是其證矣(27-5)。

擴者,《方言》:"攈,摭取也。"《魯語》"收擴而烝",《衆經音義》卷十三引賈逵注云:"擴,拾穗也。"《墨子·貴義》篇云:"是猶舍穫而攈粟也。"《史記·十二諸侯年表》云:"各往往捃摭《春秋》之文以著書。"擴、攈、捃,並同。

掩者,《方言》:"掩,取也。自關而東曰掩。"《説文》作"揜",同。《曲禮》云:"大夫不掩羣。"

略者,《方言》:"略,强取也。"宣十五年《左傳》"晉侯治兵于稷,以略狄土",杜預注云:"略,取也。"襄四年《傳》"季孫曰略",注云:"不以道取曰略。"《齊語》"犧牲不略",韋昭注云:"略,奪也。"

剥者,《夏小正》"八月剥棗",傳云:"剥也者,取也。"

剿者,《説文》:"鈔,叉取也。"鄭注《周官·射鳥氏》云:"烏鳶善鈔盜。"《曲禮》"毋勦説",鄭注云:"勦,猶擥也,謂取人之説以爲己説。"剿、勦、鈔,並通,又與"摷"聲相近也。

撏者,《方言》:"撏,取也。衛魯揚徐荆衡之郊曰撏。"

捊者,《説文》"捊,引聚也",引《小雅·常棣》篇:"原隰捊矣。"今本作"裒",毛傳云:"裒,聚也。"《謙·象傳》"君子以裒多益寡",釋文:"裒,鄭、荀、董、蜀才作捊,云:取也。"《禮運》"汙尊而抔飲",鄭注云:"抔飲,手掬之也。"《説文》:"今鹽官入水取鹽曰掊。"義並與"捊"同。《爾雅》:"俘,取也。"義亦與"捊"同。凡與之義近於"散",取之義近於"聚"。聚、取,聲又相近,故聚謂之收,亦謂之斂,亦謂之集,亦謂之府;取謂之府,亦謂之集,亦謂之斂,亦謂之收。取謂之捊,猶聚謂之裒也;取謂之掇,猶聚謂之綴也;取謂之捃,猶聚謂之羣也。

各本"收、有、撤"三字重出,今删。

昀案：采、集、摘、府、探、收、斂、捕、竊未作疏證。担、汲並見於攎、扱。

殢、㱍、困、憋、殃、殀、𣩣、殊、㱩、殟、歺、亢、疲、羸、劵、倦、𢿙、窮、乎、終、憊，極也。

(28) 殢，《說文》作“殢”，云：“極也。一曰困劣也。”字或作“帶”。揚雄《豫州牧箴》：“降及周微，帶蔽屏營。”帶，與“殢”同；蔽，與“敝”同，謂困劣也。

㱍者，《方言》：“㱍，傍也。”傍，與“倦”同。又云：“瘃，極也。”郭璞注云：“今江東呼極爲瘃。”“倦”聲之轉也。《大雅·緜》篇“維其喙矣”，毛傳云：“喙，困也。”《晉語》“余病喙矣”，韋昭注云：“喙，短氣貌。”皆謂困極也。㱍、瘃、喙，並通。

憋者，《說文》：“憋，憊也。”《爾雅》“罄，盡也”，郭注云：“今江東呼厭極爲罄。”義亦相近也。

殃，各本譌作“怏”。殀，各本譌作“殀”。《玉篇》：“殀殃，困極也。”《集韻》《類篇》並引《廣雅》：“殃，極也。”“殀，極也。”今據以訂正。“殀”與“殢”，聲義同也。

“𣩣、殊、㱩、殟、歺”五字，說見上文“㱩、殟，病也”及卷三“𣩣殊、㱩、歺，死也”下。殊，各本譌作“䘑”。《集韻》《類篇》並引《廣雅》：“𣩣殊，極也。”今據以訂正。

亢者，《乾·文言》云：“亢龍有悔，與時偕極。”宣三年《左傳》“可以亢寵”，杜預注云：“亢，極也。”《漢書·五行志》云：“兵革抗極。”抗，與“亢”通。《衆經音義》卷三引《倉頡篇》云：“炕，乾極也。”義與“亢”亦相近。

劵者，《考工記·輈人》注云：“劵，今倦字也。”

倦者，《趙策》云：“恐太后玉體之有所郤也。”《史記·趙世家》“郤”作“苦”。司馬相如《子虛賦》“徼𢊁受詘”，郭璞注云：“𢊁，疲極也。”《上林賦》“與其窮極倦𢊁”，郭注云：“窮極倦𢊁，疲憊者也。”《方言》：“倦，傍也。”《說文》：“倦，徼倦受屈也。”“倦，勞也。”並字異而義同。窮、極、倦、𢊁，一聲之轉也。《爾雅·釋詁》釋文引《廣雅》：“憋，勮也。”勮，亦與“倦”同。《史記·平準書》云：“作業勮而財匱。”是也。

乎，訓爲極，義無所取，蓋“卒”字之誤。卒，隸或作“卆”，因誤而爲“乎”。凡從卒之字，亦有誤爲“乎”者。《士冠禮》注云：“古文啐爲呼。”是也。《爾雅》：“卒，終也。”“窮、卒、終”三字相承，皆極之義也。

憊者，《說文》：“憊，憋也。”《遯·象傳》“有疾憊也”，鄭注云：“憊，困也。”憊，與“憊”同。憊，各本譌作“𢙀”，今訂正。

昀案:困、疲、羸、歿未作疏證。窮、終並見於乎。

慇、師、慛、噬、醮、悴、愁、〔患〕、慼、桓、慎、怛、惴、怮、悺①、忦、慸、愓、恪、慁、愁、瞖、濟、愵、溼,憂也。

師,訓爲憂,誤也。辨見上文"比,樂也"下。

慛之言摧也。《晉》初六"晉如摧如",虞翻注云:"摧,憂愁也。"摧,與"慛"通。六二云:"晉如愁如。"愁、慛,語之轉耳。

噬者,《方言》:"噬,憂也。"

醮、悴者,《文選·歎逝賦》注引《倉頡篇》云:"悴,憂也。"《説文》:"醮,面焦枯小也。""顇,醮顇也。"《小雅·雨無正》篇云:"憯憯日瘁。"《吳語》云:"日以憔悴。"並字異而義同。

各本俱脱"患"字。《衆經音義》卷十二引《廣雅》:"憔、悴、愁、患,憂也。"今據以補正。

桓,各本譌作"栢"。"桓"字影宋本避諱作"桓",後遂譌而爲"栢"。《方言》:"桓,憂也。"

慎者,《方言》:"慎,憂也。宋衞謂之慎。"《楚辭·七諫》"哀子胥之慎事",王逸注云:"死不忘國,故言慎事。"是"慎"爲憂也。

怛者,《檜風·匪風》篇"中心怛兮",毛傳云:"怛,傷也。"重言之則曰"怛怛",義見《釋訓》。

惴者,《説文》:"惴,憂懼也。"《秦風·黄鳥》篇云:"惴惴其慄。"

怮者,《説文》:"怮,憂皃。"又云:"慾,愁皃。"慾,與"怮"同(29-1)。

悺者,《説文》:"悹,憂也。"《玉篇》云:"悹悹,憂無告也。"《説文》"懽"字注引《爾雅》:"懽懽愮愮,憂無告也。"今本作"灌灌",並字異而義同。悹,又音管。《爾雅》"痯痯,病也",郭璞注云:"賢人失志,懷憂病也。"《大雅·板》篇作"管管",亦字異而義同。凡"病"與"憂",義相近,故鄭注《樂記》云:"病,猶憂也。"

忦者,《説文》:"忦,憂也。"

慸者,《説文》:"辡,憂也。"辡,與"慸"同。慸,曹憲音辨,又音婢典反。各本音内"辨"字誤入正文。《集韻》:"慸,音辨,又音婢善切。"今據以訂正。

① 悺,原譌作"悺"。

愓者,《説文》:"愓,憂也。"經傳通作"傷"。

惂者,《説文》:"惂,憂困也。"《楚辭·哀時命》"欿愁悴而委惰兮",王逸注云:"欿,愁貌也。"(29-2)欿,與"惂"通(29-3)。

慁之言患也。《説文》:"慁,憂也。"昭五年《左傳》"主不慁賓",杜預注云:"慁,患也。"

慭者,《方言》:"慭,傷也。楚潁之閒謂之慭。"

瘔、濟、惄、溼者,《方言》:"濟、瘔、惄、溼,憂也。宋衛曰瘔;陳楚或曰溼,或曰濟;自關而西,秦晉之閒,或曰惄,或曰溼;自關而西,秦晉之閒,凡志而不得,欲而不獲,高而有墜,得而中亡,謂之溼,或謂之惄。"郭璞注云:"瘔者,憂而不動也。溼者,失意潛沮之名。"《玉篇》瘔,音潛。瘔之言潛也,即郭所云"失意潛沮"也。《爾雅》:"慘,憂也。""慘"與"瘔",聲近義同。卷四云:"懠,愁也。""懠"與"濟",聲近義同。《爾雅》:"惄,思也。"舍人注云:"志而不得之思也。""思"與"憂",義相近,故《爾雅》云:"憂,思也。"《小雅·小弁》篇云:"我心憂傷,惄焉如擣。"王褒《洞簫賦》"憤伊鬱而酷䎡",李善注引《倉頡篇》云:"䎡,憂皃。"《玉篇》音奴旳切。䎡,與"惄"同。《荀子·不苟》篇"小人通則驕而偏,窮則弃而儑",楊倞注云"儑,當爲濕",引《方言》:"濕,憂也。"濕,與"溼"通。

昀案:慜、愁、慼未作疏證。患惟作校補。

剖、判、嚳、劈、〔擘〕、裂、參、離、墳、析、斯、坼(30-1)、筡、㓝、異、劆、㓷、刻、斑,分也。

嚳,曹憲音口沃反。《説文》:"觷,治角也。"《玉篇》音口角反;又音學。《爾雅》"象謂之鵠,角謂之觷",釋文:"鵠,胡酷、古毒二反;本亦作𩑶,《廣雅》作䚛。觷,五角反,沈音學。"此雖有治角、治象之不同,而同爲分析之義,其聲亦相近也。馬融《廣成頌》"散毛族,梏羽羣","梏"與"嚳",亦同義。説見卷二"㓡,裂也"下。

各本皆脱"擘"字。其"劈"字下有普狄、普革二切。案:"普革"當爲"補革",乃"擘"字之音,非"劈"字之音。高誘注《淮南子·要略》篇云:"擘,分也。"《玉篇》擘,補革切。《衆經音義》卷九及卷十一、十三、十四、二十二並引《廣雅》:"擘,分也;音補革反。"今據以補正。《内則》云:"塗皆乾,擘之。"《考工記·旊人》"髻墾薜暴",鄭注云:"薜,破裂也。"《喪大記》"絞一幅爲三,不辟",正義云:"古字假借,讀辟爲擘。”並字異而義同。

参者,《方言》:“参、蠡,分也。齊曰参,楚曰蠡,秦晋曰離。”案:参者,閒廁之名,故爲分也。《曲禮》云:“離坐離立,毋往参焉。”是其義也。

墳、分,聲相近。《楚辭·天問》“地方九則,何以墳之”,王逸注云:“墳,分也。”《釋名》云:“三墳,墳,分也;論三才分天地人之始,其體有三也。”《衆經音義》卷十六引《廣雅》作“坋”,義同。《爾雅》“水自汝出爲濆”,郭璞注云:“大水溢出别爲小水之名。”義與“墳”亦相近也。

斯者,《爾雅》:“斯,離也。”《方言》云:“齊陳曰斯。”《陳風·墓門》篇“斧以斯之”,毛傳云:“斯,析也。”《莊子·則陽》篇云:“斯而析之。”《史記·河渠書》“乃廝二渠以引其河”,集解引《漢書音義》云:“廝,分也。”廝,與“斯”通。今俗語猶呼手裂物爲“斯”。《楚辭·九歌》“流澌紛兮將來下”,王逸注云:“澌,解冰也。”《方言》:“㽄,散也。東齊聲散曰㽄;秦晋聲變曰㽄;器破而不殊,其音亦謂之㽄。”《集韻》引《字林》云:“㽋,甕破也。”義並與“斯”通(30-2)。

㡯,各本譌作“折”。《説文》:“㡯,裂也。”《解》釋文引《廣雅》:“㡯,分也。”《衆經音義》卷一、卷六、卷十七引《廣雅》並與釋文同。今據以訂正。

箓者,《方言》:“箓,析也,析竹謂之箓。”郭璞注云:“今江東呼篾竹裹爲箓。”《説文》:“箓,析竹筤也。”“筤,竹膚也。”

剫者,《説文》:“剫,判也。”《爾雅》“木謂之剫”,郭注引隱十一年《左傳》:“山有木,工則剫之。”今本作“度”。邵氏二雲《爾雅正義》引《魯頌·閟宫》篇:“是斵是度。”度,與“剫”通。

㓷者,《説文》“攽,分也”,引《洛誥》:“乃惟孺子攽。”今本作“頒”。鄭注訓“頒”爲分,徐邈音甫云反。《玉篇》攽,悲貧切。㓷、攽、頒,聲近義同。《論語·雍也》篇“文質彬彬”,包咸注云:“彬彬,文質相半之貌。”亦分之義也。

斑者,《説文》:“班,分瑞玉;從玨刀。”班,與“斑”通(30-3)。

昀案:剖、判、劈、裂、離、析、𠛱(别)、異、刻未作疏證。

隓、敗、屠、徹、破、碎、崩、隤、陁、阤、陊、殆、𪎭、𪏆,壞也。

隓之言虧也。《方言》:“隓,壞也。”《臯陶謨》“萬事墮哉”,墮,與“隓”同。

屠者,《逸周書·周祝解》“國孤國屠”,孔晁注云:“屠,謂爲人所分裂也。”《管子·版法解》"則必有崩阤堵壞之心","堵"與"屠",聲近義同。

徹者,《小雅·十月之交》篇"徹我牆屋",鄭箋云:"徹毁我牆屋。"《楚辭·天問》"何令徹彼岐社",王逸注云:"徹,壞也。"

"陁"與"阤",一字也。《方言》:"阤,壞也。"《周語》"聚不阤崩",《後漢書·蔡邕傳》注引賈逵注云:"小崩曰陁。"《説文》:"阤,小崩也。"《淮南子·繆稱訓》云:"岸峭者必陀。"劉昌宗《考工記音》讀"阤"爲"陀"。阤、陁、陀,三字並通。《魯語》"文公欲弛孟文子之宅",韋昭注云:"弛,毁也。""弛"與"阤",亦聲近義同。

陊,亦陀也,方俗語有輕重耳。《説文》:"陊,落也。"張衡《西京賦》云:"期不陁陊。"《荀子·富國》篇云:"徙壞隨落。"隨,與"陊"通。

殆者,《方言》:"怠,壞也。"怠,與"殆"通。

爢、㪚者,《説文》:"爢,爛也。"《孟子·盡心》篇:"糜爛其民而戰之。"《越語》"靡王躬身",韋昭注云:"靡,損也。"[31]爢、靡、糜,並通。《説文》:"㪚,飛㪚也。""㪚,分離也。""散,雜肉也。"散,隸作"散",與"㪚、㪚"並通。《楚辭·招魂》"爢散而不可止些",王逸注云:"爢,碎也。"《九歎》"名靡散而不彰",注云:"靡散,猶消滅也。"並與"爢㪚"同。

昀案:敗、破、碎、崩、隤未作疏證。

揨、撞、鈌、挃、剸、𥞊、𤝕、搗、㓒、抌、築、𠟭、〔撽〕、抵、拯、掙、鍼,刺也。

揨者,《説文》:"朾,撞也。"朾,與"揨"同。"揨、撞、挃、搗"四字並從手,各本譌從木,今訂正。

撞者,《説文》:"撞,丮擣也。"《秦策》"迫則杖戟相撞",高誘注云:"撞,刺也。"

鈌者,《説文》:"鈌,刺也。"如淳注《漢書·天文志》云:"有氣刺日爲鐍。鐍,抉傷也。"鈌、鐍,並音古穴反,其義同也。

挃者,《淮南子·兵略訓》"夫五指之更彈,不若捲手之一挃",高誘注云:"挃,擣也。"《釋名》云:"殳矛,殳,殊也;長丈二尺而無刃,有所撞挃於車上,使殊離也。"《史記·淮陰侯傳》:"孟賁之狐疑,不如庸夫之必至也。"至,與"挃"通。故《説文》云:"摯,至也。"

剸,亦撞也。《楚策》云:"臣請爲君剸其胸殺之。"《吕氏春秋·貴卒》篇云:"所擊無不碎,所衝無不陷。"剸、剸、衝,並通。《集韻》《類篇》引《廣雅》作"剸"。

䂼者,《説文》:"䂼,刺也。"

𥏼者,《玉篇》:"𥏼,刺矛也。"

擖者,《説文》:"擖,手椎也。一曰築也。"

刉者,《説文》:"刉,刲傷也。""刲,刺也。"《周官·士師》"凡刉珥,則奉犬牲",鄭注云:"珥,讀爲衈。用牲毛者曰刉,羽者曰衈。"

抌者,《説文》:"抌,深擊也。"《列子·黄帝》篇云:"攩拯挨抌。"《燕策》云:"臣左手把其袖而右手揕抗其胸。"《史記·荆軻傳》作"右手揕其胸",集解云:"徐廣曰:揕,一作抗。"索隱云:"揕,謂以劒刺其胸也。抗,拒也。其義非。"案:"抗"乃"抌"字之譌。《集韻》《類篇》"揕、抌"並音陟甚切,故"揕"字或作"抌"。俗書從冘之字作"冗",從亢之字作"亢",二形相似,故"抌"字譌而爲"抗"。《燕策》作"揕抗其胸",抗,亦"抌"字之譌;且亦是一本作"揕",一本作"抗",而後人誤合之耳。姚宏校本云:"一無抗字。"是其證矣。《説文》:"戡,刺也。"戡、揕,並從甚聲,義亦同也。

築者,《説文》:"築,擣也。"

撴者,《説文》:"撴,刺也。一曰刺之財至也。"又云:"敳,刺也。"撴、敳,並音豬几反,其義同也。《玉篇》:"撴,挃也。""挃"與"撴",亦聲近義同。撴,曹憲音丁几反。各本脱去"撴"字,其丁几反之音遂誤入"劃"字下。"几"字又誤作"凡"。宋祁校《漢書·揚雄傳》,引《字書》:"撴,竹几反。"《廣韻》音豬几切。上文"撴,至也",曹憲音陟履反。陟履、竹几、豬几,並與丁几同音。《集韻》引《廣雅》:"撴,刺也。"今據以補正。

扺、拯者,《方言》:"扺、拯,刺也。"《説文》:"牴,觸也。"扺、牴,義相近。"拯"字,説見卷三"拯,擊也"下。

㨖,亦擣也,方俗語有輕重耳。

鍼者,《文王世子》"其刑罪則纖剸",鄭注云:"纖,讀爲鍼;鍼,刺也。剸,割也。"鍼,字亦作"箴",同。

昀案:劃未作疏證。

刵、劊、刓、剸、割、剺、刌、切、殊、絶、劁、斮、截、剸、刖、祝、斬、剫、刅、刎、剝、剩、剬、銛、劕、剒、斵、刈、劖、劂、劓,斷也。

刵者,《説文》:"刵,斷耳也。"《康誥》云:"劓刵人。"《吕刑》云:"爰始淫爲刵劓劉黥。"《周官·山虞》"致禽而珥焉",鄭衆注云:"珥者,取禽左耳以効功也。"《雜記》"其衈皆于屋下",鄭注云:"衈,謂將刲割牲以釁,先滅耳旁毛薦之。"則"珥、衈"義相近。

劊者,《説文》:"劊,斷也。"《困》九五"劓刖",京房"刖"作"劊"。《説文》:"膾,細切肉也。"《少儀》云:"牛與羊魚之腥,聶而切之爲膾。"義與"劊"同也。

刓者,《説文》:"刓,剸也。"《楚辭·九章》"刓方以爲圜兮",王逸注云:"刓,削也。"《莊子·天下》篇"椎拍輐斷",王叔之義疏云:"椎拍輐斷,皆刑截者所用。""輐"與"刓",亦同義。

剸者,《説文》:"剸,滅也。"

剎者,《廣韻》云:"剎,割也,斷也。出《埤倉》。"

刌者,《説文》:"刌,切也。"《士虞禮》:"刌茅長五寸。"《特牲饋食禮》"刌肺三",鄭注云:"今文刌爲切。"《漢書·元帝紀》"分刌節度",韋昭注云:"刌,切也。"《玉藻》"瓜祭上環",鄭注云:"上環,頭忖也。"忖,與"刌"通。

殊者,昭二十三年《左傳》云:"斷其後之木而弗殊。"《莊子·在宥》篇"今世殊死者相枕也",釋文引《廣雅》:"殊,斷也。"

刜者,《説文》:"刜,擊也。"昭二十六年《左傳》"苑子刜林雍,斷其足",正義云:"今江南猶謂刀擊爲刜。"《齊語》云:"刜令支,斬孤竹。"《説苑·雜言》篇云:"干將鏌鋣,拂鐘不錚。"拂,與"刜"通。

斮者,《説文》:"斮,斬也。"《爾雅》云:"魚曰斮之。"成二年《公羊傳》:"郤克曰:'欺三軍者,其法奈何?'曰:'法斮。'"

剸,與下"𣃔"字同。《説文》:"𣃔,截也;或作剸。"《文王世子》"其刑罪則纖剸",鄭注云:"剸,割也。"《淮南子·脩務訓》云:"水斷龍舟,陸剸犀甲。"《説文》:"膞,切肉也。"義亦與"剸"同。

刖者,《説文》:"刖,絶也。""跀,斷足也;或作趴。"跀、趴,並與"刖"通。

祝者,哀十四年《公羊傳》"天祝予"、十三年《穀梁傳》"祝髮文身",何休、范甯注並云:"祝,斷也。"

劕之言絶也。卷四云:"劕,截也。"《集韻》《類篇》引《廣雅》作"劕"。

刏者,《玉篇》:"刏,斷取也。"《説文》:"釗,刓也。""釗"與"刏",聲近義同。

剶者,《集韻》引《字林》云:"剶,細斷也。"

𠝤者,《説文》:"𠝤,斷齊也。""𠝤"與"剸",聲亦相近。

銽,亦劊也,語有緩急耳。《説文》:"銽,斷也;從金,昏聲。"隸省作"銛"。《玉篇》《廣韻》並音古活切。又,《説文》:"銛,臿屬也;從金,舌聲。"《玉篇》音思廉切,《廣韻》音息廉、他玷二切。《廣雅》"銛"訓爲斷,當音古活反;曹憲音他點、息廉二反,誤也。

劁者,《釋言》云:"劁,刈也。"經傳通作"樵"。

劖者,《説文》:"劖,斷也。一曰剟也。"

劗者,《玉篇》:"劗,減削也。"

剸者,《説文》:"剸,刖鼻也;或作劓。"案:剸、刖,一聲之轉,皆謂割斷也。《説文》:"刖,絶也。"《盤庚》"我乃劓殄滅之,無遺育",傳云:"劓,割也。"《多方》云:"劓割夏邑。"是凡有所割斷者,通謂之劓刖。斷鼻爲劓,斷足爲刖,名異而實同也。

昀案:割、切、絶、㦰、斬、刎、剽、剬、刈未作疏證。𣃔並見於剸。

敏、逞、侚、儳、趨、頛、儵、𨒪、倢、䟭、蹂、躁、駃、獧、挑、摇、㢑、拊、舞、勯、〔䡖〕、汩、𠈤、颮、䞘、鶩、䟳、越、齊、〔暴*〕、〔騰*〕、〔偈*〕,疾也。

逞者,《方言》:"逞,疾也。楚曰逞。"《説文》云:"楚謂疾行爲逞。"疾驅謂之騁,義與"逞"同。文十七年《左傳》"鋌而走險,急何能擇",杜預注云:"鋌,疾走貌。""鋌"與"逞",亦聲近義同。

侚者,《説文》:"侚,疾也。"(32-1)《史記·五帝紀》"幼而徇齊",集解云:"徇,急;齊,速也。言聖德幼而疾速也。"索隱云:"《孔子家語》及《大戴禮》並作'叡齊',《史記》舊本亦作'濬齊'。"並聲近而義同。《爾雅》"迅,疾也""駿,速也",郭璞注云:"駿,猶迅也。"亦與"侚"聲近義同。《商子·弱民》篇"齊疾而均速","均"與"侚",亦聲近義同。鄭注《内則》云:"旬當爲均,聲之誤。"是其例也。

儳者,《玉篇》音仕咸、仕鑒二切。《周語》云:"冒没輕儳。"《後漢書·何進傳》"進驚馳從儳道歸營",李賢注引《廣雅》:"儳,疾也。"《小雅·巧言》篇"躍躍毚兔",毛傳云:"毚兔,狡兔也。"義與"儳"相近。

趨者,《説文》:"趣,疾也。"《周官·縣正》"趨其稼事",釋文云:"趨,本又作趣。"

頛,各本譌作"頳"。《玉篇》引《廣雅》:"頛,疾也。"今據以訂正。

儵,與下"篴、儵"二字同。《説文》:"篴,疾也。""倏,犬走疾也。"《玉篇》:"儵,疾也。"《莊子·應帝王》篇"南海之帝爲儵,北海之帝爲忽",梁簡文帝注云:"儵、忽,取神速爲名。"《楚辭·九歌》云:"儵而來兮忽而逝。"篴、倏、儵、儵,並通。《大畜》九三"良馬逐",姚信作"良馬逐逐",云:"逐逐,疾並驅之貌。""逐"與"篴"古亦同聲。故《頤》六四"其欲逐逐",劉表作"篴篴"矣。儵,各本譌作"儵",今訂正。

倢者,《説文》:"疌,疾也。"疌,與"倢"同,亦作"捷"。

朓者,《太平御覽》引《書大傳》云:"晦而月見西方謂之朓。"鄭注云:"朓,條也,條達行疾貌。"《漢書·五行志》"晦而月見西方謂之朓",劉向以爲:"朓者,疾也。"孟康注云:"朓者,月行疾在日前,故早見。"朓,各本譌作"眺",今訂正。

駛者,《衆經音義》卷二引《倉頡篇》云:"駛,疾也。"

獧、挑,《方言》作"儇、佻",云:"儇、佻,疾也。"郭璞注云:"謂輕疾也。"《齊風·還》傳云:"儇,利也。"《荀子·非相》篇"鄉曲之儇子",楊倞注引《方言》:"儇,疾也,慧也。"《不苟》篇"小人喜則輕而翾",《韓詩外傳》"翾"作"快"。《説文》:"趯,疾也。"儇、趯、翾,並通。《方言》注云:"佻,音糶。"《韓子·詭使》篇云:"躁佻反覆謂之智。"成十六年《左傳》"楚師輕窕",窕,與"佻"通。《史記·荆燕世家》"遂跳驅至長安",跳驅,謂疾驅也,義亦與"佻"同。"佻"與"朓",聲義又相近也。

摇、扇者,《方言》:"摇、扇,疾也。燕之外鄙、朝鮮洌水之閒曰摇扇。"又云:"遥,疾行也。"《楚辭·九章》(32-2):"願摇起而横奔兮。"(32-3)《爾雅》"蠅醜,扇",郭璞注云:"好摇翅。"是"摇、扇"皆有疾義也。摇,與"遥"通。

拊、舞者,《方言》"拊、憮,疾也",注云:"謂急疾也。"憮,與"舞"通。《説文》:"駙,疾也。""駙"與"拊",亦聲近義同。

勮者,唐釋慧苑《華嚴經》卷六十三音義引賈逵《國語》注云:"遽,疾也。"遽,與"勮"通。

各本俱脱"輙"字,其"勮"字下有去力、其御二音。考《玉篇》《廣韻》《集韻》,"勮"字俱音其御切,不音去力切。《説文》:"輙,急也。"《廣韻》音邱力切。邱力與去力同音,是去力乃"輙"字之音,非"勮"字之音①,今據以補正。《玉篇》輙,居力切。《爾雅》:"亟,疾也。"《大雅·靈台》篇"經始勿亟",亟,與"輙"通。

① 勮,原誤作"劇"。

汩者,《方言》:"汩,疾行也。南楚之外曰汩。"注云:"汩汩,急貌也。"《説文》:"昳,水流也。"《楚辭·離騷》"汩余若將不及兮",王逸注云:"汩,去貌,疾若水流也。"《九章》云:"分流汩兮。"汩,與"昳"同。

颮者,《説文》:"奉,疾也。"莊十一年《左傳》"其亡也忽焉",杜預注云:"忽,速貌。"颮、忽、奉,並通。《説文》:"颮,疾風也。"《淮南子·覽冥訓》云:"縱矢躡風,追猋歸忽。"《説文》:"欻,有所吹起也;讀若忽飛。"[①]義並同也。《漢書·禮樂記》"卉汩臚",顏師古注云:"卉汩,疾意也。""卉"與"颮",亦聲近義同。

趹者,《説文》:"趹,踶也。"高誘注《淮南子·脩務訓》云:"踶,趍走也。"《説文》:"趹,馬行皃。"《史記·張儀傳》"探前趹後",索隱云:"言馬之走勢疾也。""趹"與"趹"同義。《莊子·逍遥遊》篇"我決起而飛",李頤注云:"決,疾貌。""決"與"趹",亦聲近義同。

鬵,訓爲疾,未見所出。《豫》九四"朋盍簪",釋文:"簪,徐側林反。子夏傳云:'疾也。'鄭云:'速也。'《埤倉》同。"簪、鬵,聲近義同,古或通用也。《墨子·明鬼》篇云:"鬼神之誅,若此之憯遬也。""憯"與"鬵",亦聲近義同。

越之言發越也。《説文》:"越,輕足也。"《禮運》"麟以爲畜,故獸不狘",鄭注云:"狘,走貌也。"《玉篇》:"䶩䶩,飛皃。"越、狘、䶩,聲義並同。

越者,《漢書·李尋傳》"太白發越犯庫",張晏注云:"發越,疾貌也。"

齊者,《爾雅》:"齊,疾也。"《荀子·君道》篇云:"齊給便捷而不惑。"《史記·五帝紀》索隱云:"《尚書大傳》曰:'多聞而齊給。'鄭注云:'齊,疾也。'"《説苑·敬慎》篇"資給疾速",資,與"齊"通。春秋衞世叔齊字疾,是其義也。

暴者,《説文》:"暴,疾有所趣也。"《大戴禮·保傅》篇"何殷周有道之長而秦無道之暴",盧辯注云:"暴,卒疾也。"《説文》"瀑,疾雨也",引《邶風》:"終風且瀑。"今本作"暴",毛傳云:"暴,疾也。"暴、暴、瀑,並通。

騰者,《釋宮》篇云:"騰,奔也。"《考工記·弓人》注云:"奔,猶疾也。"

偈者,《檜風·匪風》篇"匪車偈兮",毛傳云:"偈偈疾驅。"宋玉《高唐賦》云:"偈兮若駕駟馬,建羽旗。"

《衆經音義》卷十一引《廣雅》"暴,疾也",卷十八引《廣雅》"騰,疾也"。《集

① "飛"字疑誤衍。

韻》《類篇》並引《廣雅》:"偈,疾也。"今本脱"暴、騰、偈"三字。

昀案:敏、蹂、躁未作疏證。篭、傪並見於儵。

腆、嬒、醇、㽞、臉、貼、䐶、膻、醑、皇、翼、滑、黨、賁、膚、熹、琇、甘、珍、旨、甛、蒸、將、英、暟、娥、媛、豔、珇、〔沃*〕,美也。

腆者,《邶風·新臺》篇"籧篨不殄",鄭箋云:"殄,當作腆。腆,善也。"《燕禮》云:"寡君有不腆之酒。"

嬒者,《説文》:"㜺,好也。"又"嬒"字注引《陳風·澤陂》篇"碩大且嬒",今本作"儼",並聲近而義同。

醇,經傳通作"純",亦作"醇"。

㽞者,《小雅·賓之初筵》篇"烝衎烈祖",鄭箋云:"烈,美也。"烈,與"㽞"通。

臉、貼、䐶者,《玉篇》:"臉,初減切;臉臉,羹也。""貼,徒兼切,大羹也。""䐶,子含切,腤䐶也。""腤,於含切,煮魚肉也。"皆美之義也。《齊民要術》有"作臉臉法",又有"腤雞腤豬腤魚法"。

膻者,《玉篇》:"膻,食味美也。"《説文》:"醰,甛長味也。"甛,與"甜"同。《文選·洞簫賦》云"良醰醰而有味";《魏都賦》"宅心醰粹",李善注云:"醰,美也。"膻、醰,聲義並同。

醑者,《廣韻》"醑,小甜也;子朕、七稔二切。"高誘注《淮南子·覽冥訓》云:"噆,味長美也。"䐶、醑、噆,義並相近。

皇者,《爾雅》:"皇皇,美也。"《白虎通義》云:"皇,君也,美也,大也,天人之摠、美大之稱也。"《周頌·執競》篇云:"上帝是皇。"

翼者,《毛鄭詩考正》云:"《卷阿》五章'有馮有翼',馮,滿也,謂忠誠滿於内;翼,盛也,謂威儀盛於外。"盛,亦美也。别見《釋訓》"翼翼,盛也"下。

滑者,《周官·食醫》云:"調以滑甘。"《内則》云:"旨甘柔滑。"是"滑"爲美也。

黨,訓爲美,義見上文"黨,善也"下。

賁者,《序卦傳》云:"賁者,飾也。"《小雅·白駒》篇"皎皎白駒,賁然來思",毛傳云:"賁,飾也。"皆美之義也。《盤庚》"用宏茲賁",謂用大此美績也,即上文所云"嘉績于朕邦"也。《大誥》"敷賁",亦謂敷布文武之美功也。

膚者,《豳風·狼跋》篇"公孫碩膚"、《大雅·文王》篇"殷士膚敏",毛傳並云:

“膚,美也。”馬融注《噬嗑》卦云:“柔脆肥美曰膚。”

熹,通作“熙”。《堯典》“有能奮庸熙帝之載”,《史記·五帝紀》作“美堯之事”。

琇,通作“秀”。

蒸者,《魯頌·泮水》篇“烝烝皇皇”,毛傳云:“烝烝,厚也。皇皇,美也。”厚,亦美也。《大雅·文王有聲》篇“文王烝哉”,韓傳云:“烝,美也。”烝,與“蒸”通。《逸周書·小開解》“登登皇皇”,登,亦與“蒸”通。

將者,《豳風·破斧》首章“亦孔之將”,毛傳云:“將,大也。”大,亦美也。二章云“亦孔之嘉”,三章云“亦孔之休”,將、嘉、休,皆美也。將、臧,聲相近。“亦孔之將”,猶言“亦孔之臧”耳。“美”從大,與“大”同意。故大謂之將,亦謂之皇;美謂之皇,亦謂之將。美謂之賁,猶大謂之墳也;美謂之膚,猶大謂之甫也。

英者,《白虎通義》引《禮別名記》云:“百人曰俊,千人曰英。”《鄭風·有女同車》傳云:“英,猶華也。”《魏風·汾沮洳》云:“美如英。”《説文》:“瑛,玉光也。”《齊風·著》篇“尚之以瓊英乎而”,傳云:“瓊英,美石似玉。”義並同也。

瞪者,《方言》:“瞪,美也。”郭璞注云:“瞪瞪,美德也。”

娥者,《方言》:“娃、娥,美也。故吳有館娃之宫,秦有楱娥之臺。秦晉之閒,美貌謂之娥。”注云:“言娥娥也。”《列子·周穆王》篇云:“簡鄭衞之處子,娥媌靡曼者。”《史記·外戚世家》云:“邢夫人號娙娥。”《説文》:“娥,帝堯之女、舜妻娥皇字也。秦晉謂好曰娙娥。”《列女傳》云:“帝堯之二女,長曰娥皇,次曰女英。”《玉篇》:“媖,女人美稱也。”則“英”與“娥”同義。

媛者,《爾雅》:“美女爲媛。”《鄘風·君子偕老》篇云:“邦之媛也。”

珇者,《方言》:“珇,美也。”《晏子春秋·諫》篇云:“今君之服駔華。”《法言·吾子》篇云:“霧縠之組麗。”組、駔,並與“珇”通。

沃者,《衛風·氓》篇“其葉沃若”,毛傳云:“沃若,猶沃沃然。”《魯語》“沃土之民不材”,韋昭注云:“沃,肥美也。”《晉語》“雖獲沃田而勤易之”,注云:“沃,美也。”(33)《衆經音義》卷十三引《廣雅》:“沃,美也。”今本脱“沃”字。

昀案:甘、珍、旨、甛、豔未作疏證。

同、儕、等、〔黈〕、比、倫、匹、臺、敵、讎,輩也。

同,各本譌作“周”。《廣韻》:“同,輩也。”《衆經音義》卷六引《廣雅》:“同,輩也。”今據以訂正。

䵮之言班也。各本並脱此字。《衆經音義》卷七“䵮”,補單反,引《字林》云:“䵮,部也。”卷六引《廣雅》:“等、䵮,輩也。”《集韻》《類篇》並引《廣雅》:“䵮,輩也。”今據以訂正。

臺、敵、讎者,臺之言相等也,故斗魁下六星兩兩而比者曰三台,“台”與“臺”同義。《方言》:“臺、敵,匹也。東齊海岱之閒曰臺;自關而西,秦晉之閒,物力同者謂之臺。”(34)敵,耦也,《爾雅》:“讎、敵,匹也。”郭璞注云:“讎,猶儔也。”成二年《左傳》云:“若以匹敵。”《召誥》云:“敢以王之讎民百君子。”《説文》:“雔,雙鳥也;從二隹;讀若醻。”雔,與“讎”通。

昀案:儕、等、比、倫、匹未作疏證。

挴、赧、怍、惧、脙、䀝、瞢、㥾、𢙈怩、㥲咨、恧,慙也。

挴、赧、㥾者,《方言》:“挴、㥾、赧,愧也。晉曰挴,或曰㥾;秦晉之閒,凡愧而見上謂之赧;梁宋曰㥾。”郭璞注云:“敕㥾,亦慙貌也。”《説文》:“赧,面慙赤也。”《孟子・滕文公》篇云:“觀其色赧赧然。”《小爾雅》:“面慙曰戁。”戁,與“赧”通。

怍者,《説文》:“怍,慙也。”《論語・憲問》篇云“其言之不怍”,《荀子・儒效》篇“無所疑怎”(35),《説苑・臣術》篇“翟黄迮然而慙”,並與“怍”同。

惧者,《方言》:“惧,慙也。荆揚青徐之閒曰惧,若梁益秦晉之閒言心内慙矣。”左思《魏都賦》:“惧墨而謝。”惧、墨,皆慙也。“墨”與“挴”,聲相近。

䀝者,《方言》:“趙魏之閒謂慙曰䀝。”

瞢者,《小爾雅》:“瞢,慙也。”襄十四年《左傳》云:“不與於會,亦無瞢焉。”《晉語》“臣得其志而使君瞢”,韋昭注云:“瞢,慙也。”《魏都賦》云:“有靦瞢容。”“瞢”與“挴”,聲相近。《釋器》篇云:“鋂、鏝,鐶也。”“鋂、鏝”之同爲“鐶”,猶“挴、瞢”之同爲“慙”也。《釋草》篇云:“夢,櫱也。”《周官・媒氏》注云:“今齊人名麴櫱曰媒。”媒,亦夢也。《爾雅》:“夢夢,亂也。”“儚儚,惽也。”《莊子・胠篋》篇“故天下每每大亂”,李頤注云:“猶昏昏。”每每,亦夢夢也。聲相近,故義相同矣。

𢙈怩、㥲咨者,《方言》:“忸怩,慙歰也。楚郢江湘之閒謂之忸怩,或謂之㥲咨。”《晉語》“君忸怩顔”,韋昭注云:“忸怩,慙貌。”《孟子・萬章》篇云:“象曰:‘鬱陶思君耳。’忸怩。”忸,與“𢙈”同。“𢙈”字從心,衄聲。各本譌作“㲻”,今訂正。

愍咨，各本譌作“感恣”。《集韻》《類篇》並引《廣雅》：“感，慙也。”則宋時《廣雅》本已譌。《釋訓》篇：“忸怩，愍咨也。”“愍”字亦譌作“感”，惟“咨”字不譌。考《方言》《玉篇》《廣韻》並作“愍咨”，《離》釋文亦云：“愍咨，慙也。”今據以訂正。忸怩、愍咨，皆局縮不伸之貌也。愍咨，倒言之則曰“資戚”。《太玄・親》初一云：“其志齟齬。”次二云：“其志資戚。”資戚，猶“齟齬”，謂志不伸也。范望注訓“資”爲用，“戚”爲親，皆失之。卷三云：“側匿、蹴，縮也。”《釋言》云：“衄，縮也。”“縮”與“慙”，義相近。縮謂之側匿，猶慙謂之愜也；縮謂之衄，又謂之蹴，猶慙謂之忸怩，又謂之愍咨也。

恧者，《方言》：“恧，慙也。山之東西自愧曰恧。”《小爾雅》云：“心慙曰恧。”司馬相如《封禪文》云：“不亦恧乎！”《太玄・睟》次二云：“聏于中。”聏，與“恧”同。

昀案：跧未作疏證。

廣雅疏證　卷第一下

高郵王念孫學

釋　詁

誕、肆、果、睦、䛏、惇，信也。

誕者，《文選·陸雲〈大將軍讌會〉詩》“誕隆駿命”，李善注引薛君《韓詩章句》云：“誕，信也。”《爾雅》：“亶，信也。”“亶”與“誕”，聲近義同。

果，各本譌作“杲”。《賈子·道術》篇云：“期果言當謂之信。”《玉篇》：“果，信也。”今據以訂正。

睦者，《方言》：“穆，信也。西甌毒屋黄石野之閒曰穆。”《逸周書·謚法解》云：“中情見貌曰穆。”穆，與“睦”通。《史記·司馬相如傳》“旼旼睦睦”，《漢書》作“穆穆”，是其證也。

䛏者，《檀弓》云：“頎乎其至也。”《吕氏春秋·下賢》篇云：“豤乎其誠自有也。”頎、豤，並與“䛏”通。字或作“懇”，又作“貇”。義見《釋訓》“懇懇，誠也”下。

惇者，《方言》：“惇，信也。燕曰惇。”《大戴禮·王言》篇云：“士信民敦，工璞商愨。”敦，與“惇”通。

昀案：肆未作疏證。

爲、已、知、瘥、蠲、除、慧、閒、瘳，瘉也。

爲、已者，成十年《左傳》云：“疾不可爲也。”《列子·周穆王》篇云：“疾可已也。”《南山經》云：“旋龜可以爲底，虎蛟可以已痔。”是“爲、已”皆愈也。

知、瘥、蠲、除、慧、閒、瘳者，瘥，通作“差”，《方言》：“差、閒、知，愈也。南楚病愈者謂之差，或謂之閒，或謂之知。知，通語也。或謂之慧，或謂之憭，或謂之瘳，或謂之蠲，或謂之除。”郭璞注云：“閒，言有閒隙也。慧、憭，皆意精明也。蠲，亦除也。”《素問・刺瘧》篇云:"一刺則衰,二刺則知,三刺則已。"《藏氣法時論》篇云:"肝病者,平旦慧,下晡甚,夜半静。"《論語・子罕》篇"病閒",孔傳云:"少差曰閒。"《説文》:"瘉,病瘳也。"《漢書・高祖紀》"漢王疾瘉",顏師古注云:"瘉,與愈同。"瘉,各本譌作"癒",自宋時本已然。是以《集韻》"瘉、癒"二字兼收,而《類篇》以下諸書悉仍其誤。考《説文》《玉篇》《廣韻》,俱無"癒"字,今訂正。

食閻、慫慂、勵,勸也。

食閻、慫慂者,《方言》:"食閻、慫慂,勸也。南楚凡己不欲喜而旁人説之,不欲怒而旁人怒之,謂之食閻,或謂之慫慂。"《漢書・衡山王傳》"日夜縱臾王謀反事",顏師古注云:"縱臾,謂奬勸也。"《史記》作"從容",《汲黯傳》"從諛承意",並與"慫慂"同。案:慫慂,疊韻也,單言之則謂之聳。《方言》云:"自關而西,秦晉之閒,相勸曰聳,或曰將;中心不欲而由旁人之勸語,亦曰聳。"昭六年《左傳》"誨之以忠,聳之以行",杜預注云:"聳,懼也。"《漢書・刑法志》"聳"作"雙",顏師古注云:"雙,謂奬也。"案:顏説是也。"聳之以行",謂舉善行以奬勸之。故《楚語》"教之《春秋》,而爲之聳善而抑惡焉,以戒勸其心",韋昭注云:"聳,奬也。"(36) 又案:慫慂者,從旁動之也。因而物之自動者,亦謂之聳慂。《漢書・司馬相如傳》"紛鴻溶而上厲",張注云:"鴻溶,竦踊也。"竦踊、鴻溶,又語之轉矣。

勵者,《聘義》云:"諸侯相厲以禮。"厲,與"勵"通。

有司、股肱、陪①、儓、皁、隸、牧、圉,臣也。

陪、儓、皁、隸、牧、圉者,昭七年《左傳》云:"是無陪臺也。"又云:"士臣皁,皁臣輿,輿臣隸,隸臣僚,僚臣僕,僕臣臺。"服虔注云:"皁,造也,造成事也。輿,衆也,佐皁舉衆事也。隸,隸屬於吏也。僚,勞也,共勞事也。僕,僕豎主藏者也。臺,給臺下微名也。"(37) 韋昭注《楚語》云:"臣之臣爲陪。"《曲禮》"列國之大夫入天子之國,自稱曰陪臣某",鄭注云:"陪,重也。"《論語・季氏》篇"陪臣執國命",馬融注云:"陪,重也,謂家臣也。"《方言》:"南楚,凡罵庸賤,謂之田儓。"《孟子・萬章》篇"蓋自是臺無餽也",趙岐注云:"臺,賤官主使令者。"臺,與"儓"通。

昀案:有司、股肱未作疏證。

---

① 陪,原作"陪",《疏證》作"陪"。

婘、嬴、娃、嫷、孌、孉、姚、娧、純、珇、眊、娟、宊、窈窕、妦、忏、妧、媌、婩、嫧、鮮、頔、嫿、麗、佳、嫮、鈔、嫽、姣、袾、齌、媉、顏、瞴、嬮、姝、姽、〔㚬〕、嬧、嬻、婍、妍、婽、嬥、嫙、娙、蘚、褿、袓、𧜀、妙、嫇、媨、姂、𡠟、嫈、嬰、覒、婥約、嫵媚、嬛、姍①,好也。

婘,與下“孉”字同。《玉篇》:“婘,好皃;或作孉。”《齊風・還》首章“揖我謂我儇兮”,毛傳云:“儇,利也。”釋文:“儇,《韓詩》作婘;好貌。”案:二章云“揖我謂我好兮”,三章云“揖我謂我臧兮”,屬辭比事,則韓義爲長。《澤陂》二章云:“有美一人,碩大且卷。”毛傳:“卷,好貌。”釋文云:“卷,本又作婘。”是其證也。《説文》“鬈,髮好也”,引《盧令》篇:“其人美且鬈。”《檀弓》:“執女手之卷然。”正義云:“卷卷然柔弱。”義並相近也。

嬴者,《方言》:“嬴,好也。宋魏之閒謂之嬴。字亦作嬴,又作盈。”《史記・趙世家》:“吳廣女名娃嬴。”餘見後《釋訓》“嬴嬴,容也”下。嬴,各本譌作“孆”,惟影宋本不譌。

娃、嫷者,《方言》:“娃、嫷,美也。吳楚衡淮之閒曰娃,南楚之外曰嫷。”故吳有館娃之宮。娃,猶佳也。《楚辭・九章》“妬佳冶之芬芳兮”,佳,一作“娃”。左思《吳都賦》“幸乎館娃之宮”,劉逵注云:“吳俗謂好女爲娃。”枚乘《七發》云:“使先施、徵舒、陽文、段干、吳娃、閭娵、傅子之徒。”《方言》注云:“嫷,言婑嫷也。”字亦作“婧”。《列子・楊朱》篇云:“皆擇稚齒婑婧者以盈之。”宋玉《神女賦》“嫷被服”,李善注引《方言》:“嫷,美也。”嫷,各本譌作“隋”,今訂正。

孌者,《邶風・泉水》篇“孌彼諸姬”,毛傳云:“孌,好貌。”《齊風・甫田》篇“婉兮孌兮”,傳云:“婉孌,少好貌。”《説文》作“嫋”,同;又云:“覶,好視也。”“覶”與“嫋”,亦聲近義同。

姚、娧者,《方言》:“姚、娧,好也。”《荀子・非相》篇“莫不美麗姚冶”,楊倞注引《説文》云:“姚,美好貌。”《禮論》篇“故其立文飾也,不至於窕冶”,窕,與“姚”通。《説文》:“瑶,石之美者。”亦與“姚”同義。故《大雅・公劉》篇“維玉及瑶”,毛傳云:“瑶,言有美德也。”《方言》注云:“娧,謂妦娧也。”《神女賦》“倪薄裝”,李善注云:“倪,與娧同。”春秋宋公子説字好父,説,亦與“娧”同。《廣韻》“娧”,他外

① 嬴、媚,原作“嬴、媢”,《疏證》文同。嫧、褿,原作“嬻、襩”,《疏證》作“嫧、褿”。

切,又音悦;云:"姚娧,美好也。"《楚辭·九辯》"心摇悦而日幸兮",王逸注云:"意中私喜。""摇悦"爲喜,故人之美好可喜者,謂之姚娧矣。

純者,《方言》:"純,好也。"《漢書·地理志》"織作冰紈綺繡純麗之物",顏師古注云:"純,精好也。"

珇者,《方言》:"珇,好也。"《法言·吾子》篇云:"霧縠之組麗。"組麗,猶純麗也。組,與"珇"通。餘見上文"珇,美也"下。

眊者,《方言》"毣,好也",注云:"毣毣,小好貌也。"司馬相如《上林賦》"長眉連娟,微睇緜藐",郭璞注云:"緜藐,遠視貌。"張衡《西京賦》"眳藐流眄,一顧傾城",薛綜注云:"眳,眉睫之閒;藐,好視容也。"案:眳藐,即"緜藐",皆好視貌也。郭注以"緜藐"爲遠視,薛注以"眳"爲眉睫之閒,皆失之也。《爾雅》:"藐藐,美也。"《大雅·崧高》篇"既成藐藐",毛傳云:"藐藐,美貌。"《説文》:"𧢨,美也。"《廣韻》"毣、眊、藐、𧢨"四字並莫角切,其義同也。

娟之言娟娟也。《説文》:"娟,體德好也。"《太平御覽》引《通俗文》云:"容美曰娟。"

宊,當作"妖"。今作"宊"者,蓋因下文"窈"字而誤。考《玉篇》,"宊"爲"窔"之俗體,諸書亦無訓爲好者。《衆經音義》卷一引《三倉》云:"妖,妍也。"《楚辭·九歌》"靈偃蹇兮姣服",姣,一作"妖"。《神女賦》云:"近之既妖,遠之有望。"皆謂美好也。"妖"字不須音釋,故曹憲無音;若"宊"字,則當有音。以是知"宊"爲"妖"之譌也。

窈窕者,《爾雅》:"窕,閒也。"《方言》:"窕,美也。陳楚周南之閒曰窕;自關而西,秦晉之閒,凡美色或謂之好,或謂之窕。"又云:"美狀爲窕,美心爲窈。"《周南·關雎》傳云:"窈窕,幽閒也。"

妦,音丰。各本"妦"譌作"姅",曹憲音内"丰"字又譌作"半"。《方言》:"趙魏燕代之閒謂好曰姝,或曰妦。"注云:"言妦容也;音蜂。"今據以訂正。《鄭風·丰》篇"子之丰兮",毛傳云:"丰,豐滿也。"丰,與"妦"通。《方言》注云:"娧,謂妦娧也。"《廣韻》:"丰茸,美好也。"妦娧、妦容、丰茸,皆語之轉耳。

忓者,《方言》:"自關而西,秦晉之故都,謂好曰忓。"

妧者,《集韻》引《字林》云:"妧,好皃。"寶器謂之玩好,義與此同也。

媌之言妙也。《方言》:"自關而東,河濟之閒,謂好曰媌。"注云:"今關西人亦呼好爲媌。《説文》:"媌,目裏好也。"《列子·周穆王》篇"閒鄭衞之處子娥媌靡曼者",張湛注云:"娥媌,妖好也。"

嫔、嫧、鲜者,《方言》:"嫔、嫧、鮮,好也。南楚之外通語也。"《説文》:"嫧,齊也。"卷四云:"嫔、嫧,齊也。"皆好之義也。"嫔"與"忏",聲近而義同。《廣韻》:"嫧,淨也。"義與"嫧"亦相近。

嬸者,《説文》:"嬸,媚也。"孟康注《漢書·張敞傳》云:"北方人謂媚好爲詡畜。"畜,與"嬸"通。《説文》:"媚,説也。"故媚好謂之畜,相悦亦謂之畜,又謂之好。《孟子·梁惠王》篇"畜君者,好君也",本承上"君臣相説"而言,故趙岐注云:"言臣説君謂之好君。"好、畜,古聲相近;畜君何尤,即好君何尤(38-1)。《祭統》云:"孝者,畜也,順於道,不逆於倫,是之謂畜。"《孔子閒居》及《坊記》注並云:"畜,孝也。"《釋名》云:"孝,好也,愛好父母,如所悦好也。"畜、孝、好,聲並相近。"畜君者,好君也""洚水者,洪水也",皆取聲近之字爲訓。後世聲轉義乖,而古訓遂不可通矣。

嫮者,《楚辭·大招》"朱脣皓齒,嫭以姱只",王逸注云:"嫭,好貌也。"《漢書·外戚傳》"美連娟以脩嫮兮",嫮,與"嫭"同。

釥、嫽者,《方言》:"釥、嫽,好也。青徐海岱之閒曰釥,或謂之嫽。"注云:"今通呼小姣潔喜好者爲釥嫽。"釥,猶小也。凡"小"與"好"義相近,故孟喜注《中孚》卦云:"好,小也。"《陳風·月出》篇"佼人僚兮",毛傳云:"僚,好貌。"傅毅《舞賦》"貌嫽妙以妖蠱兮",嫽,與"僚"同。《玉篇》:"釥,美金也。"《爾雅》:"白金謂之銀,其美者謂之鐐。"是金之美者謂之釥,亦謂之鐐,義與"釥、嫽"同也。

姣,與《詩》"佼人"之"佼"同。《方言》:"自關而東,河濟之閒,或謂好曰姣。"

袾,與下"姝"字同。《邶風》"靜女其姝",毛傳云:"姝,美色也。"《説文》"袾,好佳也",引《詩》"靜女其袾";又云"㚣,好也",引《詩》"靜女其㚣";又云:"姝,好也。"並字異而義同。袾、禮、祖、祴,四字並從衣,各本譌從示,今訂正。

嫧者,《玉篇》音阻皆、子奚二切。《廣韻》又音齊,云:"好皃。"《説卦傳》云:"齊也者,言萬物之絜齊也。""齊"與"嫧",義相近。

娓者,《釋訓》篇云:"娓娓,容也。"

嬴者,《玉篇》:"嬴,美容皃。"《衞風·淇奧》篇"綠竹猗猗",毛傳云:"猗猗,美盛貌。"又"猗嗟昌兮、猗與漆沮、猗與那與",皆歎美之辭,義相近也。

瞴者,《説文》:"瞴婁,微視也。"《玉篇》《廣韻》並作"瞴瞜"。"瞴"與"嫵媚"

之“嫵”，聲義同也。

嬮之言豔也。《説文》：“嬮，好也。”《楚辭·大招》：“靨輔奇牙，宜笑嗎只。”《淮南子·脩務訓》“奇牙出， 䣋酺摇”，高誘注云：“䣋酺，頰邊文，婦人之媚也。”嬮、靨、䣋，並同義。

姽者，《説文》：“姽，閑體行姽姽也。”《神女賦》云：“素質幹之醲實兮，志解泰而體閑。既姽嫿於幽静兮，又婆娑乎人閒。”《説文》：“頠，頭閑習也。”義與“姽”同。

各本俱脱“娞”字。其“姽”字下有牛委、牛果二音。考《玉篇》《廣韻》《集韻》“姽”字俱無牛果切之音。《説文》：“娞，婐娞也。一曰弱也；從女，厄聲。”徐鍇傳云：“厄，音一果反。”《玉篇》《廣韻》《集韻》“娞”字並乃果、五果二切。《廣韻》云：“娞，好皃。”又“婐”字注云：“婐娞，身弱好皃。”《太平御覽》引《通俗文》云：“肥體柔弱曰婐娞。”五果切即牛果切，是牛果乃“娞”字之音，非“姽”字之音。今據以補正。

嫿者，《説文》：“嫿，静好也。”即《神女賦》所云“姽嫿於幽静”也。嵇康《琴賦》云“明嫿瞭惠”，義亦相近也。

嬻者，《説文》：“嬻，白好也。”《衆經音義》卷七引《聲類》云：“嬻，綺也。”又引《通俗文》云：“服飾鮮盛謂之嫧嬻。”《玉篇》：“鬢，髮光澤也。”皆好之義也。

婍之言綺麗也。《説文》：“綺，文繒也。”義與“婍”同。

嬥，説見《釋訓》“嬥嬥，好也”下。“嬥”與“窈窕”之“窕”，聲相近也。

嫙者，《説文》：“嫙，好也。”《齊風·還》首章“子之還兮”，毛傳云：“還，便捷之貌。”《韓詩》作“嫙”，云：“好貌。”案：此亦《韓詩》是也。二章“子之茂兮”，毛傳云：“茂，美也。”三章“子之昌兮”，毛傳云：“昌，盛也。”鄭箋云：“佼好貌。”“昌、茂”皆好，則“還”亦好也。嫙、還，字異而義同。美玉謂之璿，義亦同也。

娙者，《説文》：“娙，長好也。”又云：“秦晉謂好曰娙娥。”《史記·外戚世家》云：“邢夫人號娙娥。”《漢書》云：“武帝制倢伃、娙娥、傛華、充依，各有爵位。”

蘣，曹憲音託陋反；《玉篇》《廣韻》並他口切，云：“好皃。”字從艸，黈聲。黈，他口反；字從黄，主聲。又《説文》“蘳，黄華也”；《玉篇》呼規切，《廣韻》又胡瓦切；字從艸，黊聲。黊，户圭反；字從黄，圭聲。《後漢書·馬融傳》“蓶扈蘳熒”，李賢注云：“蘳，音胡瓦反；字從圭。《説文》云‘蘳，黄華也’；《廣雅》曰‘好色也’。”與曹憲所見本異，未知孰是。

襀者，即《通俗文》所云“服飾鮮盛謂之嫧嬻”也。嫧，與“襀”通。《集韻》《類篇》引《廣雅》,並作"嫱"。

祖者,《説文》:"祖,事好也。""祖"與"珇",聲近義同。

䘸者,《廣韻》音子六、創舉二切。子六切注云"好衣皃";創舉切注云:"《埤倉》云:'鲜也。一曰美好皃。'"

嫙者,《説文》:"嫙,好皃。"

媨,與"䘸"同聲。《文選·荅賓戲》注引應劭注云:"遒,好也。""遒"與"媨",亦聲近義同。

妰者,《説文》:"妰,婦人皃。"

嫈者,《廣韻》:"嫈嫇,新婦皃。"

嫢者,《方言》:"自關而西,秦晉之閒,凡細而有容謂之嫢。"《説文》:"嫢,媞也(38-2)。秦晉謂細要曰嫢。"皆好之義也。

覣,曹憲音於皮反。各本"覣"譌作"魏"。案:諸書無訓"魏"爲好者,且"魏"字亦無於皮反之音。《説文》:"覣,好視也。"《玉篇》《廣韻》《集韻》並音逶,正與於皮反之音相合。今據以訂正。《爾雅》:"委委佗佗,美也。"義亦與"覣"同。

婥約者,《楚辭·大招》云:"滂心綽態,姣麗施只。"是"綽"爲好也。《吴語》云:"婉約其辭。"是"約"爲好也。合言之,則曰"綽約"。綽,與"婥"通。字或作"淖",又作"汋"。《莊子·逍遥遊》篇"淖約如處子",《楚辭·九章》"外承歡之汋約兮",王逸、司馬彪注並云:"好貌。"凡"好"與"柔"義相近,故柔貌亦謂之綽約。《莊子·在宥》篇云:"淖約柔乎剛强。"是也。

嫵媚者,《説文》:"嫵,媚也。"《漢書·張敞傳》云:"長安中傳張京兆眉憮。"憮,與"嫵"通。合言之,則曰"嫵媚"也。

嬽,即今"娟"字也。《説文》:"嬽,好也。"《釋訓》篇云:"嬽嬽,容也。"《上林賦》云:"靚莊刻飾,便嬛綽約。柔橈嬽嬽,嫵媚孅弱。"故此釋之也。郭璞注云:"綽約,婉約也。柔橈嬽嬽,皆骨體耎弱長豔貌也。"李善注引《埤倉》云:"嫵媚,悦也。"

昀案:孋、皭、麗、佳、妍、嘏、妙、嫪、姗未作疏證。孋、姝並見於娩、袾。

㭫、耑、標、顛、杓、緒、杪、流、苗、裔、㦬,末也。

㭫者,《玉篇》:"㭫,木上也。"兵耑謂之鋒,山耑謂之峯,義並同也。

耑者,《方言》:"末,緒也。南楚或曰端,或曰末。"端,與"耑"通。

標者,《説文》:"標,木標末也。"各本譌作"摽",今訂正。

顛者,《方言》:"顛,上也。"《楚辭·九章》云:"處雌蜺之標顛。"

杓,猶標也。《説文》:"杓,枓柄也。"《漢書·律曆志》"玉衡杓建",如淳注云:"杓,斗端星也。"

緒者,《説文》:"緒,絲耑也。"義見卷三"緒,餘也"下。

流者,水本曰原,末曰流。

苗、裔者,禾之始生曰苗;對本言之,則爲末也。苗,猶杪也。《説文》:"裔,衣裾。"徐鍇傳云:"裾,衣邊也,故謂四裔。"《方言》:"裔,末也。"《晉語》"延及寡君之紹續昆裔",韋昭注云:"裔,末也。"《楚辭·離騷》:"帝高陽之苗裔兮。"

懱之言微末也。《顧命》云:"眇眇予末小子。"《漢書·韋玄成傳》云:"於蔑小子。"是"蔑"即末也。蔑,與"懱"通。

昀案:杪未作疏證。

聥、㥄、寱、愕、逴、猲、犳、怛、透、趯、駭、憚、〔聒*〕,驚也。

聥者,《説文》:"聥,張耳有所聞也。"《玉篇》引《倉頡篇》云:"聥,驚也。"

㥄者,《衆經音義》卷十一引《倉頡篇》云:"㥄,驚也。"《魏策》云:"秦王懼然。"班固《東都賦》云:"西都賓矍然失容。"並字異而義同。《説文》:"瞿,視遽皃也。""矆,大視也。"義亦與"㥄"通。

寱者,《説文》:"寱,瞑言也。"亦作"囈"。《列子·周穆王》篇"眠中啽囈呻呼",謂夢中驚語也。

逴、猲、透者,《方言》:"逴、猲、透,驚也。宋衛南楚,凡相驚曰猲,或曰透。"郭璞注云:"皆驚貌也。"《説文》:"猲,犬猲猲不附人也;讀若'南楚相驚曰猲'。"徐鍇傳云:"犬畏人也。"左思《吳都賦》"驚透沸亂",劉逵注引《方言》:"透,驚也。"《賈子·容經》篇云:"其始動也,穆如驚倏。"倏,與"透"通。

犳者,《方言》"犳,驚也",注云:"猶云恐犳也。"《風俗通義·十反》篇云:"人數恐犳。"犳,與"犳"通。

怛者,《莊子·大宗師》篇"無怛化",釋文云:"怛,驚也。"

趯,亦逴也,方俗語有侈弇耳。

憚,曹憲讀如字。《考工記·矢人》"則雖有疾風,亦弗之能憚矣",鄭注云:"故書憚或作怛，鄭司農云：讀當爲‘憚之以威’之憚，謂風不能驚憚箭也。”釋文：“憚，音怛，李直旦反。”《楚辭·招魂》“君王親發兮憚青兕”，王逸注云：“憚，驚也。”《漢書·司馬相如傳》“驚憚讋伏”，顏師古注音丁曷反，李善《文選》注同。憚、怛，聲相近，故“憚”又讀爲怛矣。

聒者，《衆經音義》卷十七及卷二十並引《倉頡篇》云：“聒，擾耳孔也。”又引《廣雅》：“聒，驚也。”今本脱“聒”字。

昀案：愕、駭未作疏證。

紓、摯、蕆、呈、俙、屬、蜕、毨、毻、劆、劙、袒，解也。

紓、摯、蕆、呈者，《方言》：“抒、㥿，解也。”莊三十年《左傳》“紓楚國之難”，紓，與“抒”通；亦作“舒”。摯，即《方言》“㥿”字也。《玉篇》㥿，音尺世、胡計二切。“摯”與“瘈、掣”同，音充世切。充世即尺世，是“摯”與“㥿”同音。《方言》：“抒、㥿，解也。”“蕆、逞，解也。”《廣雅》：“紓、摯、蕆、呈，解也。”是“摯”與“㥿”同義。又案：“摯、摯”二字，音義各别。摯，音充世反，與“掣”同，引也，又解也；字從手，埶聲。摯，音至，又音貞二反，握持也；字從手，執聲。《廣雅》“摯”訓爲解，當音充世反。曹憲音貞二反，又音至，皆失之也。《集韻》《類篇》“摯”音至，引《説文》“握持也”；又陟利切，引《廣雅》“解也”；又尺制切，與“掣”同。是直不辨“摯、摯”之爲二字矣。考《玉篇》，“摯”從執，音至；“摯”從埶，音充世切，與“掣”同。今據以辨正。《方言》注云：“蕆，音展。”蕆，亦展也。隱九年《左傳》“乃可以逞”，杜預注云：“逞，解也。”《論語·鄉黨》篇云：“逞顏色。”僖二十三年《左傳》釋文云：“呈，敕景反；本或作逞。”是“呈”與“逞”通。枚乘《七發》云：“雖有金石之堅，猶將銷鑠而挺解也。”“挺”與“逞”，亦聲近義同。《吕氏春秋·仲夏紀》“挺衆囚，益其食”，高誘注云：“挺，緩也。”緩，亦解也。故《序卦傳》云：“解者，緩也。”

蜕之言脱也。《説文》：“蜕，蛇蟬所解皮也。”《莊子·寓言》篇云：“予蜩甲也，蛇蜕也。”今俗語猶謂蟲解皮爲蜕皮矣。

毨者，《廣韻》：“毨，毛解也。”《淮南子·人閒訓》云：“夫鴻鵠之未孚於卵也，一指蔑之，則靡而無形矣。”《衆經音義》卷二引《通俗文》云：“卵化曰孚。”亦解之義也。

毻，亦蜕也。《方言》：“毻，易也。”郭璞注云：“謂解毻也。”《廣韻》：“毻，鳥易毛也。”郭璞《江賦》“産毻積羽”，李善注云：“《字書》曰：毤，落毛也。”毤，與“毻”同。《管子·輕重》篇云：“請文皮毤服而以爲幣。”今俗語猶謂鳥獸解毛爲毤毛(39-1)。毻、毤、蜕，並同義。《方言》：“隋，易也。”“撱，脱也。”(39-2)義亦與“毻”同。又案：“毻”字從毛，隋省聲。《方言》注音他臥反，《玉篇》音湯果切，《廣韻》音湯臥、他外二切。曹憲欲改“毻”爲“毷”，音門悼反。非也。《集韻》三十七号内有“毷”字，引《廣雅》：“毷，解也。”即承曹憲之誤。考《江賦》及《方言》《玉篇》《廣韻》，俱作“毻”，不作“毷”。今據以辨正。

劆、劙者，《方言》：“劆、劙，解也。”注云：“劆，音廓。劙，音儷。”劆，亦作“劐”。卷二云：“劐，裂也。”《荀子·議兵》篇“霍焉離耳”，“霍”與“劆”，亦聲近義同。《荀子·彊國》篇“劙盤盂，刎牛馬”，楊倞注云：“劙，割也。”《方言》：“蠡，分也。楚曰蠡，秦晉曰離。”離、蠡、劙，亦聲近義同。

袒，各本譌作“袓”。案：袒，音除鴈反，即今“綻”字也。《説文》：“袒，衣縫解也。”《玉篇》音除鴈切。今據以訂正。《内則》“衣裳綻裂”，鄭注云：“綻，猶解也。”綻之言閒也。《文選·長笛賦》注引服虔《漢書》注“衣服解閒，音士莧切”，聲與“綻”相近。

昀案：俙、屬未作疏證。

躡、蹬、跂、踚、跈、蹀、踕、蹈、踐、蹂、蹋、跐、蹠①，履也。

躡、蹬、跂、踚者，《方言》：“躡、跂、踚，登也。自關而西，秦晉之閒曰躡，梁益之閒曰跂。”登、蹬，聲相近。《集韻》“登”又音丁鄧切，“履也。或作蹬”。今人猶謂足跐物爲蹬，又謂馬鞍兩旁足所跐爲鐙，其義一也。《史記·天官書》“兵相駘藉”，集解：“蘇林曰：‘駘，登躡也。’”“駘”與“登”，聲亦相近，猶“瞪目”之“瞪”或作“眙”矣。

跈者，《説文》：“撚，蹂也。”《淮南子·兵略訓》“前後不相撚”，高誘注云：“撚，蹂蹈也。”《莊子·外物》篇“哽而不止則跈”，釋文引《廣雅》：“跈，履也。”跈，與“撚”同。

蹀者，《説文》“楚，楚足也”，徐鍇傳云：“足躞楚然連蹋也。”《文選·魏都賦》注引《聲類》云：“蹀，躡也。”《列子·黄帝》篇云：“宋康王蹀足謦欬疾言。”《淮南

① 踕、蹠，原作“踕、蹶”，《疏證》作“踕、蹠”。

子・俶真訓》云:"足蹀陽阿之舞。"蹀,與"蹀"同。字亦作"跕"。《漢書・地理志》"女子彈弦跕躧",如淳注云:"跕,音'蹀足'之'蹀'。"

蹍者,《莊子・庚桑楚》篇"蹍市人之足",司馬彪注云:"蹍,蹈也。"字亦作"蹑"。《淮南子・原道訓》"先者踰下,則後者蹑之",高誘注云:"蹑,履也。"張衡《西京賦》"當足見蹍,值輪被轢",薛綜注云:"足所蹈爲蹍,車所加爲轢。"案:此對文也,散文則車亦謂之"蹍"。《莊子・天下》篇云:"輪不蹍地。"是也。

蹂者,《説文》:"内,獸足蹂地也。"《爾雅》"貍狐貒貈醜,其足蹯,其跡内",郭璞注云:"内,指頭處。"《衆經音義》卷九引《倉頡篇》云:"蹂,踐也。"蹂,與"内"同。

蹋者,《説文》:"蹋,踐也。"

跐,亦蹋也。義見卷二"跐,蹋也"下。

蹠者,《衆經音義》卷五引《倉頡篇》云:"蹠,躡也。"《楚辭・九章》"眇不知其所蹠",王逸注云:"蹠,踐也。"《韓策》云:"被堅甲,蹠勁弩。"

昀案:蹈、踐未作疏證。

䟡、勁、堅、剛、耆、䡠、鬤、㢐、勄、莫、憚憸、摛、鈔、倞、悖、怏,强也。

此條"强"字有二義:一爲"剛强"之强,《説文》作"彊",云:"弓有力也。"一爲"勉强"之强,《説文》作"勥",云:"迫也。"《集韻》《類篇》引《廣雅》,並作"勥"。强、勥、彊,古多通用。《爾雅》:"競、逐,彊也。"郭璞注云:"皆自勉彊。"是"勉强"之强與"剛强"之强,義本相通也。

䟡者,《説文》:"䟡,馬彊也。"《玉篇》音巨支切,又巨企切,與"翨"同音。《説文》:"翨,鳥之彊羽猛者。"義與"䟡"同也(40)。

勁,各本譌作"剄"。凡隸書從力、從刀之字,往往譌溷。曹憲音古鼎反,則所見本已譌作"剄"。案:諸書無訓"剄"爲强者。《説文》《玉篇》並云:"勁,彊也。"今據以訂正。

耆者,《逸周書・謚法解》云:"耆,彊也。"昭二十三年《左傳》"不懦不耆",杜預注云:"耆,彊也。"

㢐者,《説文》:"㢐,勥也。"《漢書・陸賈傳》"屈强於此",顔師古注云:"屈强,謂不柔服也。""屈"與"㢐",古同聲。左氏《春秋》文十年"楚子、蔡侯次於厥貉",公羊作"屈貉"。是其例矣。

㧾、莫者，《方言》："侔、莫，强也。北燕之外郊，凡勞而相勉若言努力者，謂之侔莫。"侔，與"㧾"通。《淮南子·繆稱訓》"猶未之莫與"，高誘注云："莫，勉之也。"案：㧾之言茂也。《爾雅》："茂，勉也。"莫之言慔也。《爾雅》："慔慔，勉也。"合言之，則曰"㧾莫"矣。

憚憸者，《方言》："皮傅、彈憸，强也。秦晉言非其事謂之皮傅，東齊陳宋江淮之閒曰彈憸。"郭璞注云："謂强語也。"彈，與"憚"通。

擄、鈔者，《方言》："虜、鈔，强也。"注云："皆强取物也。"虜，與"擄"通。虜、鈔、略，同義，故《方言》又云："略，强取也。"

倞者，《說文》："倞，彊也。"《爾雅》："競，彊也。"競，與"倞"通。倞、競、强，聲並相近。强取謂之掠，音力向反，聲與"倞"亦相近也。

悖、快者，《方言》："鞅、倖，强也。"注云："謂强戾也。"悖、倖，快、鞅，並通。快，各本譌作"快"，惟影宋本不譌。

昀案：堅、剛、韇、鬟未作疏證。

幾、矜、隉、厲、阽、刖、殑、傒醯、冄鎌，危也。

幾者，《爾雅》："幾，危也。"《顧命》云："疾大漸，惟幾。"《大雅·瞻卬》篇云："天之降罔，維其幾矣。"

矜者，《小雅·菀柳》篇"居以凶矜"，毛傳云："矜，危也。"

隉者，《說文》"隉，危也"，引《秦誓》："邦之阢隉。"今本作"杌隉"①。又《說文》"槷鼿，不安也"，引《困》九五："槷鼿困于赤芾。"今本作"劓刖"，釋文："荀、陸、王肅本'劓刖'作'臲卼'，云：'不安貌。'鄭云：'劓刖，當爲倪伍。'"李鼎祚集解引虞翻注云："割鼻曰劓，斷足曰刖。"《周易述》云："九五人君，不當有劓刖之象，當從鄭讀爲'倪伍'。五無據無應，故倪伍不安。"案：此説是也。此與上六"困于臲卼"同義。困于臲卼，則凡事不能得志，故《象傳》曰："臲卼，志未得也。"作"劓刖"者，假借字耳。《乾鑿度》云："至於九五，劓刖不安。"是也。若割鼻斷足，則非其義矣。槷鼿、臲卼、倪伍、劓刖，古皆通用。倒言之，則曰"杌隉"，其實一也。

阽者，《說文》："阽，壁危也。"《楚辭·離騷》"阽余身而危死兮"，王逸注云："阽，猶危也。"《漢書·文帝紀》"或阽於死亡"，孟康注云："阽，音'屋檐'之檐。"如

① 杌，原譌作"杭"。蘇本、滬本作"杌"。

淳云："阽，近邊欲墮之意。"《小爾雅》："疾甚謂之阽。"義亦同也。

刖者，《説文》："扤，動也。"《玉篇》音虞厥、午骨二切。《方言》："僞謂之扤。扤，不安也。"《釋名》："危，阢也，阢阢不固之言也。"《小雅·正月》篇云："天之扤我，如不我克。"《晉語》云："故不可抈也。"刖、抈、扤、阢，並與"杌隉"之"杌"同義。《説文》："舠，船行不安也；從舟，刖省聲。"義亦同也。

殆者，《孟子·萬章》篇云："天下殆哉，岌岌乎！"《墨子·非儒》篇、《莊子·天地》篇並作"圾"，《列御寇》篇作"汲"。皆字異而義同。

徯醯、冉鐮者，《方言》："徯醯、冉鐮，危也。東齊掎物而危謂之徯醯，僞物謂之冉鐮。"僞物，即所云"僞謂之扤"也。鐮，與"鎌"同。

昀案：厲未作疏證。

漻、淑、湜、洌、澂、濘、瀓、淦、潚、〔溓〕、潒，清也。

漻者，《説文》："漻，清深也。"《莊子·天地》篇云："漻乎其清也。"《楚辭·九辯》云："泬寥兮天高而氣清，宋廖兮收潦而水清。"是凡言漻者皆清之貌也。李軌《莊子音》讀"漻"爲"劉"。《鄭風·溱洧》篇"瀏其清矣"，《文選·南都賦》注引《韓詩》作"漻"。漻、瀏，聲義亦同。

淑者，《説文》："淑，清湛也。"《管子·白心》篇云："淑然自清。"《淮南子·本經訓》云："日月淑清而揚光。""淑"與"漻"之同訓爲清，猶"寂"與"寥"之同訓爲靜也。

湜者，《説文》"湜，水清見底也"，引《邶風·谷風》篇："湜湜其沚。"

洌者，《説文》"洌，水清也"，引《井》九五："井洌寒泉食。"

澂者，《方言》："澂，清也。"字或作"澄"，同。

瀓者，《方言》："瀓，清也。"

潚者，《説文》："潚，清深也。"《廣韻》息逐、蘇彫二切。息逐切注云"清深也"；蘇彫切注云"水名"。《玉篇》作"瀟"。案：《水經·湘水》注云："瀟者，水清深也。《湘中記》曰：湘川清照五六丈。"是納"瀟湘"之名矣。是"瀟湘"之"瀟"，亦取清深之義。後人以瀟、湘爲二水者，非也。

溓，曹憲音廉。各本脱去"溓"字，其音内"廉"字遂誤入正文。《玉篇》溓，音里兼、里忝二切。《集韻》又音廉。《王風·葛藟》釋文引《廣雅》："溓，清也。"今據以訂正。

昀案:濘、潝、澫未作疏證。

穌、秳、字、乳、腹、轂、孺、興、育、孚,生也。

穌者,鄭注《樂記》云:"更息曰蘇。"《孟子·梁惠王》篇引《書》:"后來其蘇。"蘇,與"穌"通。

秳,通作"活"。

字者,《説文》:"字,乳也。"《堯典》"鳥獸孳尾",傳云:"乳化曰孳。"《史記·五帝紀》作"字"。《説文序》云:"形聲相益謂之字。字者,孳乳而寖多也。"亦生之義也。引之云:《屯》六二:"女子貞不字,十年乃字。"虞翻訓"字"爲妊娠,後人多不用其説。今案:《廣雅》:"字,生也。"《墨子·節用》篇:"十年若純,三年而字,子生可以二三年矣。"《太玄·事》次四"男女事,不代之字",范望注云:"男而女事,猶爲不宜,況於字育,故不代也。"《中山經》"苦山有木,名曰黄棘,其實如蘭,食之不字",郭璞注云"字,生也",引《易》:"女子貞不字。"然則不生謂之不字。必不孕而後不生,故"不字"亦兼不孕言之。"女子貞不字,十年乃字"者,猶言"婦三歲不孕"也。"貞"與"貞疾恒不死"之"貞"同。貞,固也;固,久也。鄭注《月令》云:"固疾,久疾也。"韋昭注《晉語》云:"固,久也。"久疾謂之貞疾,久不字謂之貞不字。久而未變,故曰屯邅。當以虞、郭二家之訓爲是。而京房《易傳》"女子貞不字",陸績注云:"字,愛也。"孔氏正義亦云:"女子守正,不受初九之愛。"揆之文義,頗爲不安。宋耿南仲乃解之以《曲禮》"女子許嫁,笄而字",云:"貞不字者,未許嫁也。"案:《曲禮》:"男子二十,冠而字;女子許嫁,笄而字。"則"字"爲"名字"之"字"。《士昏禮記》云:"女子許嫁,笄而醴之,稱字。"僖九年《公羊傳》云:"婦人許嫁,字而笄之。"是也。許嫁而後字,字非即許嫁明矣。徧考經傳及唐以前書,無以"字"爲"許嫁"者,甚矣其謬也。然其説之所以多誤者,蓋有二焉:一曰,女子未嫁之稱,可言"受愛",可言"許嫁",不可言"孕妊"也。案:《内則》云:"道路,男子由右,女子由左。"《大戴禮·本命》篇:"男子謂之丈夫,女子謂之婦人。"是婦人未嘗不稱"女子"也。一曰,上曰"昏媾",故以爲"受愛",又以爲"許嫁"也。案:一爻數象,類相近而事則殊。《賁》六四云:"匪寇昏媾。"而其上云:"白馬翰如。"《睽》上九云:"匪寇昏媾。"而其下云:"往遇雨則吉。"不必皆爲一事也。自解者以此二句承"昏媾"言之,而其義始不可通矣。

乳者,《衆經音義》卷二引《倉頡篇》云:“乳,字也。”《説文》:“人及鳥生子曰乳,獸曰産。”《月令》云:“雉雊,雞乳。”

腹者,《樂記》云:“煦嫗覆育萬物。”覆,與“腹”通。孳生謂之覆育,化生亦謂之覆育。《釋蟲》篇云:“蝮蛸,蜕也。”《論衡·無形》篇云:“蠐螬化而爲復育,復育轉而爲蟬。”是也。

㝅者,《説文》:“㝅,乳也。”《玉篇》奴豆、公豆二切。宣四年《左傳》云:“楚人謂乳㝅。”㝅、㝅、穀,並通。《王風·大車》篇“穀則異室”,毛傳云:“穀,生也。”是“穀”讀入聲,亦訓爲生也。

𥡴,猶乳也。《説文》:“𥡴,乳子也。”《莊子·天運》篇“烏鵲孺”,李頤注云:“孚乳而生也。”(41)

興,各本譌作“與”。《楚辭·離騷》“各興心而嫉妬”,王逸注云:“興,生也。”今據以訂正。“興”與“生”,古同義。故《中庸》“其言足以興”,《大戴禮·衛將軍文子》篇作“足以生”。“天地不交而萬物不興”,謂不生也;“藜莠蓬蒿並興”,謂並生也;“妖由人興”,謂由人生也。

孚者,《夏小正》“雞桴粥”,傳云:“桴,嫗伏也。粥①,養也。”桴粥,即孚育;孚育,猶覆育耳。伏卵謂之孚,卵化亦謂之孚。《説文》:“孚,卵孚也。”《方言》:“北燕朝鮮洌水之間,雞伏卵而未孚始化之時,謂之涅。”《淮南子·人間訓》云:“夫鴻鵠之未孚於卵也,一指蔑之,則靡而無形矣。”孚之言剖也。《淮南子·泰族訓》“蛟龍伏寢於淵而卵剖於陵”,唐瞿曇悉達《開元占經·龍魚蟲蛇占》篇引此,“剖”作“孚”;又引許慎注云:“孚,謂卵自孚者也。”《太玄·迎》次二云:“蛟潛於淵,陵卵化之。”《衆經音義》卷二引《通俗文》云:“卵化曰孚。”孚,各本譌作“乳”,與上“乳”字相複。《衆經音義》卷二、卷六及唐釋湛然《法華文句記》卷六並引《廣雅》:“孚,生也。”今據以訂正。

昀案:育未作疏證。

貳、福、蓮、倅、憤,盈也。

貳,各本譌作“貸”。案:諸書無訓“貸”爲盈者。“貸”字或作“貣”,與“貳”字相亂。“貳”譌作“貣”,又譌作“貸”耳。《説文》:“貳,副益也。”《周官·小宰》“掌

---

① 粥,原譌作“育”。

邦之六典、八灋、八則之貳”，鄭衆注云：“貳，副也。”又《戎僕》“掌王倅車之政”，鄭注云：“倅，副也。”《道僕》“掌貳車之政令”，鄭注云：“貳，亦副也。”張衡《西京賦》“屬車之蓲”，薛綜注云：“蓲，副也。”貳車、倅車、蓲車，皆謂副車也。副，與“褔”同。貳、褔、蓲、倅，皆取充備之義，故皆訓爲盈。今訂正。

褔，各本譌作“福”。顏師古《匡謬正俗》云：“副貳之字本爲褔，字從衣，畐聲。今俗呼一襲爲一褔衣，蓋取其充備之言①。書史假借，遂以副字代之。張平子《西京賦》云‘仰福帝居’，《東京賦》云‘順時服而設褔’，並爲‘副貳’。傳寫譌舛，衣轉爲示，讀者便呼爲‘福祿’之福，失之遠矣。”今據顏說訂正。《史記·龜策傳》“邦福重寶”，徐廣注云：“福，音副；藏也。”“藏”即充備之義。字當從衣，今本從示，亦傳寫誤也(42)。漢《尹宙碑》“位不褔德”，魏《上尊號奏》“以褔海内欣戴之望”，字並從衣，不從示。

蓲者，昭十一年《左傳》“僖子使助薳氏之蓲”，杜預注云：“蓲，副倅也。”副倅，即充備之意。《列女傳》云：“趙簡子將渡河，用楫者少一人。津女娟攘卷操楫而請曰：‘妾願備持楫。’簡子蓲之。”是也。蓲，各本譌作“簉”。凡從艸從竹之字，隸書往往譌溷。故今本《左傳》《文選》《廣雅》“蓲”字皆譌作“簉”。《左傳》釋文云：“《說文》蓲從艸。”今據以訂正。《淮南子·氾論訓》云：“今夫僦載者，爲轅軸之折也，又加轅軸其上以爲造。”造，與“蓲”通。薛綜注《東京賦》云：“造舟，以舟相比次爲橋也。”與副倅之義亦相近。

倅者，《周官·諸子》“掌國子之倅”，鄭注云：“故書倅作卒。鄭司農云：卒，讀如‘物有副倅’之倅。”《車僕》“掌戎路之萃”，並與“倅”同。

憤者，《方言》：“憤，盈也。”《樂記》“粗厲猛起奮末廣賁之音作”，鄭注云：“賁，讀爲憤。憤，怒氣充實也。”《周語》“陽癉憤盈”，韋昭注云：“憤，積也。盈，滿也。”

營、量、商、揣、硂、擬、泚、測、圖、謜、稱、挍、揆、䕶、隱，度也。

硂者，《文選·文賦》注引《倉頡篇》云：“銓，稱也。”《吳語》云：“無以銓度天下之衆寡。”銓，與“硂”同。

泚之言訾也。《列子·說符》篇釋文引賈逵《國語》注云：“訾，量也。”

測，各本譌作“側”，今訂正。

謜，通作“原”。宋玉《神女賦》云：“志未可乎得原。”(43-1)

---

① “言”字似爲“意”之譌。蘇本、瀘本作“義”。

䕏者,《説文》"規蒦,商也。一曰度也;或作䕏",引《離騷》:"求榘䕏之所同。"今本作"矱"。《漢書·律曆志》云:"寸者,忖也。尺者,蒦也。"䕏、矱、蒦,並同。

隱者,《文選·座右銘》(43-2)"隱心而後動",李善引劉熙《孟子》注云:"隱,度也。"《爾雅》"隱,占也"(43-3),郭璞注亦云:"隱,度。"隱之言意也。《禮運》云:"聖人耐以天下爲一家,以中國爲一人者,非意之也。"意、隱,古同聲,故左氏《春秋經》"季孫意如",公羊作"隱如"矣。

昀案:營、量、商、揣、擬、圖、稱、挍、揆未作疏證。測只作校勘。

叢、〔湊〕、莔、趣、〔務〕、矜,遽也。

湊,曹憲七候反。各本脱去"湊"字,其七候反之音遂誤入"叢"字下。《玉篇》:"湊,競進也。"昭三十一年《公羊傳》云:"賊至,湊公寢而弑之。"《燕策》"士爭湊燕",《史記·燕世家》"湊"作"趨"。趨,與"趣"同。王逸注《大招》云:"遽,趣也。"是"趣、湊"皆爲遽也。今補正。

莔者,《方言》"茫,遽也。吴揚曰茫",郭璞注云:"今北方通然也。"《衆經音義》卷十五引《通俗文》云:"時務曰茫。"茫,與"莔"通。《月令》"盲風至",鄭注云:"盲風,疾風也。"義與"莔"亦相近。

趣,曹憲音趨,又音娶。《周官·縣正》"趨其稼事",釋文:"趨,如字;李倉苟反。本又作趣,音促。"《月令》"乃命有司趣民收斂",釋文:"趣,七住反。本又作趨。又七緑反。"

各本俱脱"務"字。其"趣"字音内有"趍趣無在"四字。案:"趍"乃"趨"字之譌,"趣"乃"娶"字之譌,"無在"乃"無住"之譌。"無住"則"務"字之音也。《説文》:"務,趣也。""勮,務也。"《廣韻》:"務,遽也。"遽,與"勮"通。《衆經音義》卷六引《廣雅》:"務,遽也。"今據以補正。

矜者,《方言》:"矜,遽也。秦晉或曰矜,或曰遽。"

昀案:叢未作疏證。

仄、陋、褊、䌌、迫、隘、窄,陿也。

䌌者,《漢書·揚雄傳》"何文肆而質䜌",應劭注云:"䜌,狹也。"䜌,與"䌌"通;狹,與"陿"通。

昀案:仄、陋、褊、迫、隘、窄未作疏證。

教、導、指、揥、敕、告、復、白、謏、眡，語也。

指者，《楚辭·離騷》“指九天以爲正兮”，王逸注云：“指，語也。”(44)

復者，《曲禮》“少閒，願有復也”，鄭注云：“復，白也。”

謏者，卷三云：“謏，告也。”

眡者，王逸注《九章》云：“示，語也。”示，與“眡”通。

昀案：教、導、揥、敕、告、白未作疏證。

蔚[①]、薈、扆、隱，翳也。

蔚、薈者，《吕氏春秋·長利》篇云：“燕爵所求者，瓦之閒隙、屋之翳蔚也。”《文選·西都賦》注引《倉頡篇》云：“蔚，草木盛貌。”《説文》：“薈，草多皃。”《孫子·行軍》篇云：“軍行有險阻潢井葭葦山林翳薈者。”《曹風·候人》篇“薈兮蔚兮”，毛傳云：“薈、蔚，雲興貌。”皆謂隱翳也。

扆，猶隱也，語之轉耳。卷四云：“扆，藏也。”扆，與“扆”通。《衆經音義》卷十四引《通俗文》云：“奥内曰扆。”《覲禮》“天子設斧依于户牖之閒”，鄭注云：“依，如今綈素屏風也。”皆隱蔽之意也。《爾雅》“容謂之防”，郭璞注云：“形如今牀頭小曲屏風，唱射者所以自防隱。”亦是也。襄二十三年《左傳》“踰隱而待之”，杜預注云：“隱，短牆也。”短牆謂之隱，屏風謂之依，其義一也。

昀案：隱並見於扆。

頑、嚚、怐愗、儒輸、娍、戇、惷、〔庸*〕，愚也。

怐愗者，《説文》：“穀，穀瞀也。”又云：“佝，瞀也。”《楚辭·九辯》云：“直怐愗以自苦。”《荀子·非十二子》篇云：“世俗之溝猶瞀儒嚾嚾然不知其所非也。”《儒效》篇云：“愚陋溝瞀。”《漢書·五行志》云：“不敬而傋霿之所致也。”又云：“區霿無識。”並字異而義同。《説文》：“婁務，愚也。”婁務又“怐愗”之轉矣。

儒輸者，《方言》“儒輸，愚也”，郭璞注云：“儒輸，猶懦撰也。”案：儒輸，倒言之則曰“輸儒”。《荀子·脩身》篇云：“偷懦憚事。”偷懦，即“輸儒”。鄭玄注《玉藻》云：“舒懦者所畏在前也。”《漢書·西南夷傳》云：“恐議者選耎。”舒懦、選耎，並“輸儒”之轉耳。

戇者，《衆經音義》卷二十二引《三倉》云：“戇，愚無所知也。”《大戴禮·文王官

---

① 蔚，原作“蔚”，《疏證》作“蔚”。

人》篇云:"愚戇者也。"戇,各本譌作"戅",今訂正。

惷,亦戇也,方俗語有輕重耳。《説文》:"惷,愚也。"《士昏禮記》云:"某之子惷愚。"

唐釋湛然《止觀輔行傳宏決》卷八之二引《廣雅》:"庸,愚也。"今本脱"庸"字。

昀案:頑、嚚、娍未作疏證。

罷、券、煩、㣁、賢、犒、勩、屑、祕、往,勞也。

"罷、券、煩、㣁"諸字爲"勞苦"之勞,"犒"爲"慰勞"之勞。《周官·大行人》"三問三勞",鄭注云:"勞,謂苦倦之也。"僖二十六年《左傳》"公使展喜犒師",服虔注云:"以師枯槁,故饋之飲食。"勞苦謂之勞也,是"慰勞"之"勞",即取勞苦之義也。罷,與"疲"同;券,與"倦"同。"罷、倦"爲"勞苦"之勞,亦爲"慰勞"之勞。《法言·脩身》篇云:"刲羊刺豕,罷賓犒師。"《大行人》注云:"勞謂苦倦之。"皆是也。

㣁,義見上文"㣁,極也"下。

賢者,《小雅·北山》篇"我從事獨賢",《孟子·萬章》篇引此詩而釋之曰:"此莫非王事,我獨賢勞也。"賢,亦勞也。賢勞,猶言劬勞,故毛傳云:"賢,勞也。"《鹽鐵論·地廣》篇亦云:"《詩》云:'莫非王事,而我獨勞。'刺不均也。"鄭箋、趙注並以"賢"爲賢才,失其義也。

勩者,《説文》:"勩,勞也。"宣十二年《左傳》"無及於鄭而勩民",杜預注與《説文》同。

屑、往者,《説文》:"屑,動作切切也。"《方言》"屑屑,不安也",郭璞注云:"往來之貌也。"又"屑,往勞也",注云:"屑屑往來。"皆劬勞也。昭五年《左傳》云:"屑屑焉習儀以亟。"《漢書·董仲舒傳》云:"凡所爲屑屑夙興夜寐,務法上古者。"《後漢書·王良傳》云:"何其往來屑屑不憚煩也。"《爾雅》云:"來,勤也。""往"之爲"勞",猶"來"之爲"勤"也。《孟子·萬章》篇"舜往于田",往者,勞也,即下文所云"竭力耕田"也。往,各本譌作"佳"。往,篆作𢓸,隸或省作徍,故譌而爲"佳"。今據《方言》訂正。

祕者,《大誥》"無毖于恤",傳云:"無勞于憂。"(45)祕,與"毖"通。

昀案:犒未作疏證。

潛、丞、沈、溺、涅、湮、湨、淪,没也。

潛者,《方言》:"潛,沈也。楚郢以南曰潛。"

涅者,《方言》:"涅,休也。"休,與"溺"通。

湨者,《説文》:"湨,没也。"

昀案:丞、沈、溺、湮、淪未作疏證。

數、諑、讁、怒、詰、讓、爽、譴、誅、過、訟,責也[①]。

怒者,鄭注《書大傳》云:"怒,責也。"《小雅·小明》篇云:"畏此譴怒。"

詰者,昭十四年《左傳》"詰姦慝",杜預注云:"詰,責問也。"

過者,《吕氏春秋·適威》篇"煩爲教而過不識,數爲令而非不從",高誘注云:"過,責也。"《趙策》云:"唯大王有意督過之也。"(46)

訟者,《論語·公冶長》篇"吾未見能見其過而内自訟者也",包咸注云:"訟,猶責也。"

昀案:數、諑、讁、讓、爽、譴、誅未作疏證。

題、睎、望、目、略、睋、瞭、窺、覘、覩、睍、闞、盻、觀、窺、覹、脈、睨、晚、覵、覗、看、覔、睮、覞[②]、瞡睨、眄、睞、瞰、睇、瞂、眂、睸、矕、睃、睴、矎、瞍、瞀、眑、占、省、覷、睼、診、覭、〔眝*〕、〔盼*〕,視也。

題者,《説文》:"題,迎視也。"《小雅·小宛》篇"題彼脊令",毛傳云:"題,視也。"班固《東都賦》云:"弦不睼禽。"題、睼、題,並通。

睎者,《方言》:"睎,眄也。東齊青徐之閒曰睎。"《説文》:"睎,望也。"《吕氏春秋·不屈》篇云:"或操表掇以善睎望。"

目者,高誘注《淮南子·脩務訓》云:"目,視也。"(47-1)《史記·項羽紀》云:"范增數目項王。"

略者,《方言》:"略,視也。吴揚曰略。"郭璞注云:"略,音略。今中國亦云'目略'也。"宋玉《神女賦》"目略微眄",略,與"略"通。

瞭之言察也。《説文》:"瞭,察也。"左思《魏都賦》云:"有瞭吕梁。"

覘者,《方言》:"貼,視也。凡相竊視,南楚或謂之貼,自江而北謂之貼。"《説文》:"覘,窺視也。"《晉語》"公使覘之",韋昭注云:"覘,微視也。"覘,與"貼"同。

覩,《玉篇》《廣韻》音者,曹憲音時。各本"覩"譌作"覩",郎奎金本又改音内"時"字爲"睹"字,其謬滋甚。惟影宋本作"覩"。《玉篇》《廣韻》並云:"覩,視也。"

① 責,原作"責",《疏證》作"責"。
② 覞,原作"覞",《疏證》作"覞"。

《集韻》《類篇》"覩"又音時,引《廣雅》:"覩,視也。"《釋言》篇云:"時,伺也。"《論語·陽貨》篇:"孔子時其亡也,而往拜之。"義與"覩"同。

睍者,《廣韻》:"睍,邪視也。"

闞,與下"瞰"字同,字亦作"矙"。《説文》:"闞,望也。"《孟子·滕文公》篇"陽貨矙孔子之亡",趙岐注云:"矙,視也。"

盻者,《説文》:"盻,恨視也。"《魏志·許褚傳》云:"褚瞋目盻之。"

窺者,《説文》:"窺,正視也。"《後漢書·章帝八王傳》"使御者偵伺得失",偵,與"窺"通。

覵之言閒也。卷三云:"閒,覗也。"《方言》:"瞯,眄也。吴揚江淮之閒曰瞯。"《孟子·離婁》篇"王使人瞯夫子",注云:"瞯,視也。"瞯,與"覵"同。

䀎,與下"䁎"同。《爾雅》:"䀎,相也。"《説文》:"䀎,目財視也。""䀎,衺視也;籀文作䁎。"《周語》"古者大史順時䀎土",韋昭注云:"䀎,視也。"《魏策》云:"前䀎地形之險阻。"重言之,則曰"䀎䀎",義見《釋訓》。

晚者,《説文》:"晚,瞖目視皃也。"《釋訓》云:"晚晚,視也。"

䁥者,《集韻》引《埤倉》云:"䁥,眇視皃。"《荀子·非十二子》篇"䁥䁥然",楊倞注云:"小見之貌。""䁥"與"窺",聲義相近也。

覗者,《方言》:"覗,視也。自江而北或謂之覗。"字或作"伺",通作"司"。

睩者,《方言》:"凡相竊視,南楚或謂之䂃。"注云:"亦言騾也。"䂃、騾,語之轉。《玉篇》:"騾,視也。"《廣韻》作"矂"。字並與"睩"同。睩,各本譌作"睩",今訂正。

覩,音七亦反。字從責,與"私覿"之"覿"從賣者異。曹憲音狄,非也。《集韻》《類篇》覩,七迹切,"又音狄;見也。與覿同",並踵曹憲之誤。考《玉篇》覿,達寂切,"見也";覩,七亦切,"觀也"。今據以辨正。

睥睨者,哀十三年《左傳》"余與褐之父睨之",杜預注云:"睨,視也。"《説文》:"睨,衺視也。""覞,旁視也。"《史記·信陵君傳》"俾倪",《灌夫傳》"辟倪兩宫閒",索隱引《埤倉》云"睥睨,邪視也",並字異而義同。卷二云:"頓倪,衺也。"義亦與"睥睨"同。

眄者,《衆經音義》卷一引《倉頡篇》云:"眄,旁視也。"《説文》:"眄,衺視也。"《方言》云:"自關而西,秦晉之閒曰眄。"《燕策》云:"眄視指使。"

睞者,《衆經音義》卷六引《倉頡篇》云:"内視曰睞。"古詩云:"眄睞以適意。"《説文》:"䚕,内視也。"䚕,與"睞"同。

睇者,《方言》:"睇,眄也。陳楚之閒、南楚之外曰睇。"《説文》:"睇,目小衺視也。"《明夷》六二"夷于左股",夷,鄭、陸並作"睇",注云:"旁視曰睇。"《夏小正》"來降燕乃睇",傳云:"睇者,眄也。眄者,視可爲室者也。"《内則》"不敢睇視",鄭注云:"睇,傾視也。"

眡者,《説文》:"眡,視皃也。"《玉篇》音上支切。《廣韻》云:"眡眡役目。"《文選·馬融〈長笛賦〉》"特麏昏髟",李善注云:"昏,視也。"昏,與"眡"同。

鴡者,《説文》:"鴡,目孰視也。"

矕者,《説文》:"矕,目矕矕也。"《漢書·敘傳》"矕龍虎之文",晉灼注云:"矕,視也。"馬融《長笛賦》云:"長矕遠引。"《廣成頌》云:"右矕三塗。"

睃,亦小視之名。睃之言葰也。卷二云:"葰,小也。"《方言》:"凡相竊視,南楚或謂之睃。"王延壽《王孫賦》云:"眙晥睃而脈睗。"

瞜者,《方言》:"瞜,視也。東齊曰瞜。凡以目相戲曰瞜。"

矆者,《説文》:"矍,視遽皃也。""矆,大視也。"《東都賦》云:"西都賓矍然失容。"矍、矆,並與"矆"同。重言之則曰"矍矍",義見《釋訓》。

瞋者,《玉篇》:"瞋,直視也。"重言之則曰"瞋瞋",亦見《釋訓》。

晵者,《説文》:"晵,省視也。"《釋言》篇云:"晵,窺也。"古通作"啟"。《論語·泰伯》篇:"曾子有疾,召門弟子曰:啟予足,啟予手。"啟者,視也。鄭注訓"啟"爲開,失之。

眏者,《説文》:"眏,直視也。"

占者,《方言》:"凡相竊視,南楚或謂之占。"占,猶瞻也。《説文》:"占,視兆問也。"義亦同。

覷者,《説文》:"䚁覷,窺觀也。"蔡邕《漢律賦》云:"覷朝宗之形兆。"《文選·西征賦》注引《倉頡篇》云:"狙,伺候也。"《管子·七臣七主》篇云:"從狙而好小察。"《史記·留侯世家》"狙擊秦皇帝博浪沙中",集解引服虔《漢書》注云:"狙,伺候也。"並與"覷"同。《周官·小司徒》"以比追胥",鄭注云:"追,逐寇也。胥,伺捕盜賊也。""胥"與"覷",亦聲近義同。《説文》覷,從見,虘聲。各本譌作"覰",今訂正。

睻者,《説文》:"䢋,相顧視而行也。"䢋,與"睻"同。

診者,《説文》:"診,視也。"(47-2)《史記·扁鵲傳》云:"以診脈爲名。"

覭者,《廣韻》:"覭,笑視也。"

眝者,《説文》:"眙,直視也。""眝,長眙也。"《楚辭·九章》云:"思美人兮擥涕而竚眙。"竚,與"眝"通。眝之言佇也。《爾雅》:"佇,久也。"

盼者,馬融注《論語·八佾》篇云:"盼,動目貌。"《太玄·沈》次八云:"盼得藥。"《文選·弔魏武帝文》注引《廣雅》:"眝,視也。"《衆經音義》卷十引《廣雅》:"盼,視也。"今本脱"眝、盼"二字。

昀案:望、㦰、窺、觀、晲、看、䁥、省未作疏證。瞰並見於闞,覔並見於脈。

枉、橈、折、盭、蟠、冤、觠、骫、傴、僂、觠、結、詰、詘、迟,曲也。

盭者,《説文》:"戾,曲也。""盭,弼戾也;讀若戾。"《荀子·脩身》篇"行而俯項,非擊戾也",楊倞注云:"擊戾,謂項曲戾不能仰者也。"《吕氏春秋·遇合》篇云:"陳有惡人焉,曰敦洽讎麋,長肘而盭。"盭,與"戾"通。

觠者,《説文》:"觠,曲角也。"《爾雅》"羊,角三觠羷",郭璞注云:"觠角三帀。""觠"有權、捲二音,並通作"卷"。《邶風·柏舟》篇云:"不可卷也。"《大雅·卷阿》篇云:"有卷者阿。"皆謂屈曲也。

骫之言委曲也。《文選·舞賦》注引《倉頡篇》云:"骫,曲也。"《説文》:"骫,骨耑骫奊也。"《吕氏春秋·必己》篇"直則骫",高誘注云:"骫,曲也。"《漢書·淮南厲王傳》"皇帝骫天下正法而許大王",顔師古注云:"骫,古委字也。"

傴、僂者,《説文》:"傴,僂也。""僂,尪也。"昭七年《左傳》云:"一命而傴,再命而僂。"《莊子·達生》篇云:"見痀僂者。"痀,與"傴"同。

"觠、結、詘"三字,義見卷四"觠、結,詘也"下。"觠"與"觠",聲相近也。

迟,《玉篇》音邱戟切。《説文》:"迟,曲行也。"又云:"乚,匿也,象迟曲隱蔽形。"《莊子·人閒世》篇"吾行郤曲,無傷吾足",釋文:"郤,《字書》作迟。"郤曲,即迟曲也。《説文》:"谷,口上阿也。""谷"與"郤",聲近義同。《明堂位》"俎,殷以椇",鄭注云:"椇之言枳椇也,謂曲橈之也。"宋玉《風賦》"枳句來巢,空穴來風","枳句"與"迟曲",亦聲近義同(48)。

昀案:枉、橈、折、蟠、冤、詰未作疏證。

剝、剳、剃,剔也。

剝者,《玉篇》:"剝,去枝也。"

剳者,《説文》:"鉻,鬍也。"《衆經音義》卷十一引《通俗文》云:"去骨曰剔,去節曰刎。"刎,與"鉻"同;剔,與"鬄"同。凡剔去毛髮爪甲,亦謂之刎。《吳子·治兵》篇説畜馬之法云:"刻剔毛鬣,謹落四下。"《莊子·馬蹄》篇云:"燒之剔之,刻之雒之。"落、雒,並與"刎"同。司馬彪注《莊子》,以"雒"爲羈絡其頭,非也。下文"連之以羈馽,編之以早棧",乃始言羈絡耳。

剃者,《説文》:"鬀,鬄髮也。大人曰髡,小兒曰鬀,盡及身毛曰鬄。"《淮南子·齊俗訓》云:"屠牛坦一朝解九牛而刀可以剃毛。"剃,與"鬀"同。《周官·薙氏》注云:"薙,讀如'鬀小兒頭'之鬀;翦草也。"義亦與"剃"同。今俗語猶云"剃頭"矣。

緶、緝、襀,緁也。

緶者,《説文》:"緶,緁衣也。"

緝,亦"緁"字也,通作"緝"。《説文》:"緁,緶衣也;或作緝。"《釋名》:"緝下,橫縫緝其下也。"《漢書·賈誼傳》"緁以偏諸",顔師古注云:"謂以偏諸緶著之也。"

襀,一作"齎",通作"齊"。《説文》:"齎,緶也。"《喪服傳》云:"齊者何?緝也。"《釋名》云:"齎,齊也。"

高、厲、竦、踊、騰、躍、陞、跳、搖、祖、濬、貢、顛、頂、弼、尚、訾①,上也。

厲者,《説文》:"巁,巍高也;讀若厲。"《淮南子·脩務訓》云:"故君子厲節亢高以絶世俗。"厲,與"巁"通。厲,訓爲上,故自下而上亦謂之厲。《楚辭·遠遊》篇云:"徐弭節而高厲。"司馬相如《大人賦》云:"紛鴻溶而上厲。"是也。

搖、祖者,搖,亦躍也,方俗語有輕重耳。《楚辭·九章》云:"願搖起而橫奔兮。"《漢書·禮樂志》"將搖舉,誰與期",顔師古注云:"言當奮搖高舉,不可與期也。"班固《西都賦》云:"遂乃風舉雲搖。"是"搖"爲上也。《方言》:"踰,跳也。"《爾雅》"扶搖謂之猋",李巡注云:"暴風從下升上。"《説文》:"沖,涌搖也。"《管子·君臣》篇云:"夫水,波而上,盡其搖而復下。"義並同也。《爾雅》:"祖,始也。"《説文》:"祖,始廟也。"是"祖"爲上也。其自下而上,亦謂之祖。《方言》:"搖、祖,上也。祖,搖也。祖,轉也。"郭璞注云:"動搖即轉矣。"然則祖者,旋轉上起之意。《説文》:"瑑,圭璧上起兆瑑也。""珇,琮玉之瑑也。""珇"與"祖",義亦相近(49)。

弼者,《爾雅》:"弼、崇,重也。"《方言》:"弼,高也。""上,重也。"是"弼"爲上也。

① 騰,原作"騰"。弼,原作"弻",《疏證》作"彌"。

昀案:高、竦、踊、騰、躍、陞、跳、濳、貢、顛、頂、尚、謍未作疏證。

壅、障、巠、否、拘,隔也。

巠者,褚少孫《續滑稽傳》"十二渠經絶馳道","經"与"巠"通。《爾雅》"山絶陘",郭璞注云:"連山中斷絶。""陘"与"巠"義亦相近。

拘之言拘礙也。《莊子・秋水》篇云:"井鼃不可以語於海者,拘於虚也。"

昀案:壅、障、否未作疏證。

誂、誀、詸、謏,誘也。

誂者,《説文》:"誂,相呼誘也。"《列子・楊朱》篇"媒而挑之",釋文引《倉頡篇》云:"挑,招呼也。"挑,與"誂"通。

誀,古通作"餌"。

詸、謏者,《説文》:"詸,誘也。"《管子・心術》篇云:"君子不怵乎好,不迫乎惡。"《魏策》云:"横人詸王外交强虎狼之秦。"《漢書・武帝紀》"怵於邪説",如淳注云:"見誘怵於邪説也。"顔師古注云:"怵,或體詸字耳。今俗猶云相謏詸。"《晉語》"吾請爲子鉥",韋昭注云:"鉥,導也。""鉥"與"詸",義亦相近。詸,各本譌作"訹",今訂正。

嬹、悦、忥愉、忔①、欯、謳、婺、歡、欣、休、禔、紛怡,喜也。

嬹者,《説文》:"嬹,説也。"《學記》"不興其藝,不能樂學",鄭注云:"興之言喜也,歆也。"正義引《爾雅》云:"歆、喜,興也。"興,與"嬹"通。

忥愉者,《方言》:"忥愉,悦也。"郭璞注云:"忥愉,猶呴喻也。"

忔、欯者,《説文》:"欯,喜也。"《釋訓》篇云:"忥忥、欯欯,喜也。"忥,與"忔"同。

謳者,《釋訓》云:"嘔嘔、喻喻,喜也。"《文選・聖主得賢臣頌》"是以嘔喻受之",李善引應劭注云:"嘔喻,和悦貌。"嘔,與"謳"同。嘔喻、呴喻、忥愉,皆語之轉耳。

婺者,《説文》:"婺,婺娭也。""娭,得志娭娭也。"

休者,《周語》"爲晉休戚",韋昭注云:"休,喜也。"(50-1)《小雅・菁菁者莪》篇云"我心則喜""我心則休"。休,亦喜也。釋文、正義並訓"休"爲美,失之(50-2)。

禔者,《方言》:"禔,福也。禔,喜也。"注云:"有福即喜。"

---

① 忔,原作"忾",《疏證》作"忔"。

紛怡者,《方言》:"紛怡,喜也。湘潭之閒曰紛怡。"《後漢書·延篤傳》云:"紛紛欣欣兮其獨樂也。"《爾雅》:"怡,樂也。"

昀案:悦、歡、欣未作疏證。

譸、吁、欸、醫、唯、諾、然、誇,譍也。

譸、吁者,《方言》:"譸、吁,然也。"郭璞注云:"皆應聲也。"應,與"譍"通。

欸、醫、誇者,《方言》:"欸、醫,然也。南楚凡言然者曰欸,或曰醫。"《衆經音義》卷十二引《倉頡篇》云:"唉,誇也。"《説文》:"誒,然也。""唉,應也。"《莊子·知北遊》篇"狂屈曰唉",李軌注云:"唉,應聲也。"誒、唉,並與"欸"同。《管子·小問》篇"管仲曰:'國必有聖人。'桓公曰:'然'",《吕氏春秋·重言》篇"然"作"譆",《説苑·權謀》篇作"歖"。"譆、歖"與"欸",亦聲近而義同。欸,各本譌作"欵",惟影宋本不譌。

昀案:唯、諾、然未作疏證。

睎、睢、燧、虞、闞、候,望也。

睎者,《説文》:"睎,望也。"《吕氏春秋·不屈》篇云:"或操表掇以善睎望。"(51-1)《莊子·讓王》篇"希世而行",司馬彪注云:"希,望也。"希,與"睎"通。

睢,各本譌作"瞻"。《玉篇》《廣韻》並云:"睢,望也。"《集韻》《類篇》並引《廣雅》:"睢,望也。"今據以訂正。

燧、虞、候者,《方言》:"燧、虞,望也。"郭璞注云:"今云烽火是也。"《説文》:"燧,燧候表也,邊有警則舉火。"烽,與"燧"同。虞,亦候望也。桓十一年《左傳》"且日虞四邑之至也",杜預注云:"虞,度也。"案:虞,望也,言日望四邑之至也(51-2)。"虞、候"皆訓爲望,故古守藪之官謂之虞候。昭二十年《左傳》"藪之薪蒸,虞候守之",正義云:"立官使之候望,故以'虞候'爲名。"是也。昭六年《左傳》"始吾有虞於子,今則已矣",杜注:"虞,度也,言準度子産以爲己法。"案:虞,望也,言昔也吾有望於子,今則無望矣。

闞者,《説文》:"闞,望也。"揚雄《羽獵賦》云:"東瞰目盡。"瞰,與"闞"同。

粈、糅、糅、殽,雜也。

糅之言擾也。《説文》:"粈,雜飯也。"又云:"鈕,雜飯也。"《鄉射禮記》"以白羽與朱羽糅",鄭注云:"糅者,雜也。"粈、鈕、糅,並同。《樂記》"及優侏儒獶雜子女，不知父子"，謂俳優侏儒之人糅雜於男女之中，不復知有父子尊卑之等也。獶，與"糅"通。鄭氏訓"獶"爲獮猴，謂舞者如獮猴戲，殆非也。《楚語》"民神雜糅"，《史記·曆書》作"雜擾"。擾，亦與"糅"通。糅、穰，語之轉。

穰，通作"釀"。《内則》"鶉羹、雞羹、駕釀之蓼"，鄭注云："釀，謂切雜之也。"《説文》："䍜，亂也；讀若穰。"又云："孃，煩擾也。"並與"穰"聲近義同。

糲者，《玉篇》："糲，雜糅食也。""糲"與"沙礫"之"礫"，聲義並同。

殽者，《説文》："殽，相雜錯也。"《周語》云："重之以不殽。"殽，各本譌作"敽"，今訂正。

媮、約、䯶、䁾、險、磷、襌、褊、菲、移、沾，襮也。

媮者，《説文》："媮，薄也。"《周官·大司徒》云："以俗教安，則民不愉。"《論語·泰伯》篇作"偷"。襄三十年《左傳》："晉未可媮也。"並字異而義同。

䯶者，《説文》："涼，薄也。"又云"䯶，事有不善言䯶也"，引《爾雅》："䯶，薄也。"《玉篇》"䯶、涼"並音良，又音諒。《大雅·桑柔》篇"職涼善背"，莊三十二年《左傳》"虢多涼德"，毛傳、杜注並云："涼，薄也。"涼，與"䯶"同。䯶，各本譌作"䛢"，今訂正。

䁾者，《漢書·嚴助傳》"越人䁾力薄材"，孟康注云："䁾，音滅；薄力也。"

險者，《爾雅》"蜠，大而險"，郭璞注云："險，謂汙薄也。"

磷者，《論語·陽貨》篇"磨而不磷"，孔傳云："磷，薄也。"《考工記·鮑人》"雖敝不甐"，鄭注云："甐，故書或作鄰。鄭司農云：鄰，讀爲'磨而不磷'之磷。"磷、甐、鄰，並通。

襌者，《説文》："襌，衣不重也。"通作"單"。"襌、褊、襮"三字並從衣，各本譌從示，今訂正。

沾者，《漢書·魏其傳》"沾沾自喜"，顏師古注云："沾沾，輕薄也。今俗言'薄沾沾'也。"案：《楚辭·大招》"吳酸蒿蔞，不沾薄只"，言羹味之厚也。王逸注以"沾"爲多汁，失之。《説文》："姑，女輕薄善走也；讀若占。""姑"與"沾"，亦聲近義同。

襮，各本譌作"禣"，今訂正。經傳皆通作"薄"。

昀案：約、褊、菲、移未作疏證。

絅、獧、慓、疾、陖、陗、怦、窘、𨑨、迫、迺、蹷、矜、苦[①]、拪、亟、緊、清、躡、

① 據曹憲音，"苦"字當作"笘"形。

〔糾*〕①,急也。

絅者,《説文》:"絅,引急也。"

獧者,《説文》:"獧,疾跳也。一曰急也。"又云:"懁,急也。"《莊子·列御寇》篇釋文引《三倉》云:"懁,急腹也。"《楚語》云:"其心又狷而不潔。"《史記·貨殖傳》云:"民俗懁急。"並字異而義同。

慓者,《玉篇》匹姚、蒲小二切。《廣韻》又匹妙切。《説文》"嘌,疾也",引《檜風·匪風》篇:"匪車嘌兮。"《考工記·弓人》"則其爲獸必剽",鄭注云:"剽,疾也。"《史記·高祖紀》"項羽爲人僄悍猾賊",《漢書》作"慓"。司馬相如《上林賦》云:"汩潝漂疾。"並字異而義同。

陖、陗者,《史記·鼂錯傳》"錯爲人陗直刻深",集解:"瓚曰:陗,峻也。"(52-1)《鹽鐵論·周秦》篇云:"趙高以峻文決罪於内,百官以峭法斷割於外。"(52-2)王褒《四子講德論》云:"宰相刻峭,大理峻法。"峻、峭,與"陖、陗"同。

怦者,《玉篇》:"怦,心急也。"《楚辭·九辯》云:"心怦怦兮諒直。"

𨀗,與"促"同。

遒者,《説文》:"遒,迫也。或作逎。"《楚辭·招魂》云:"逎相迫些。"《荀子·議兵》篇云:"鰌之以刑罰。"《釋名》:"秋,緧也,緧迫品物,使時成也。"鰌、緧,並與"遒"通。《漢書·刑法志》引《荀子》,作"道之以刑罰"。道,即"遒"之譌。顔師古讀"道"爲導,失之。

蹙,亦遒也,語之轉耳。《小雅·小明》篇"政事愈蹙",毛傳云:"蹙,促也。"《考工記》"無以爲戚速也",鄭注云"齊人有名疾爲戚者",引莊三十年《公羊傳》:"蓋以操之爲已戚矣。"今本作"蹙",同。

矜者,《荀子·議兵》篇"矜糾收繚之屬爲之化而調",矜糾收繚,皆急戾之意,故與"調和"相反。楊倞注以"矜"爲夸汏,失之。《方言》:"矜,遽也。"遽,亦急也。

苦者,《文選·廣絶交論》注引《説文》云:"苦,急也。"《莊子·天道》篇云:"斲輪徐則甘而不固,疾則苦而不入。"《淮南子·道應訓》與《莊子》同,高誘注云:"苦,急意也。甘,緩意也。"《方言》:"苦,快也。""快"與"急",亦同義。今俗語猶謂急爲快矣。

揯者,《説文》:"縆,急也。"又云:"揯,引急也。"徐鍇傳云:"揯,猶亙也,横亙之

① 慓,揯,原作"慄、揰",《疏證》作"慓、揯"。

也。"《楚辭・九歌》"緪瑟兮交鼓",王逸注云:"緪,急張弦也。"《淮南子・繆稱訓》"治國辟若張瑟,大弦絙,則小弦絶矣",高誘注云:"絙,急也。"馬融《長笛賦》云:"若絙瑟促柱。"揯、緪、絙,並通。

緊者,《説文》:"緊,纏絲急也。"《釋言》篇云:"緊,糾也。"傅毅《舞賦》云:"弛緊急之弦張。"

清、躡者,《方言》:"清、躡,急也。"又云:"激,清也。"(52-3)《後漢書・趙壹傳》"捷懾逐物",懾,與"躡"同,言急於趨時也。李賢注:"懾,懼也。"失之。《説文》:"踂,馬行疾也。"義亦與"躡"同。

糾者,《説文》:"糾,繩三合也。"《玉篇》《廣韻》並云:"糾,急也。"《荀子》云:"矜糾收繚之屬。"《魯頌・泮水》篇"角弓其觩",鄭箋云:"觩,持弦急也。"《説文》:"疝,腹中急痛也。"並與"糾"聲近義同。《衆經音義》卷二十三引《廣雅》:"糾,急也。"今本脱"糾"字。

昀案:疾、窘、迫、亟未作疏證。

捏、掄、撟、捎、擢、虞、撨[①]、揀、選,擇也。

掄者,《説文》:"掄,擇也。"《周官・山虞》云:"凡邦工入山林而掄材。"《少牢饋食禮》"雍人倫膚九",鄭注云:"倫,擇也。"《齊語》"論比協材",韋昭注云:"論,擇也。"掄、倫、論,並通。

撟、捎者,《方言》:"撟、捎,選也。自關而西,秦晉之閒,凡取物之上,謂之撟捎。"郭璞注云:"此妙擇積聚者也。"《説文》與《方言》同。

擢者,《楚辭・招魂》"稻粢穱麥",王逸注云:"穱,擇也。"穱,與"擢"通。捎、擢、撨,聲並相近。

昀案:捏、虞、揀、選未作疏證。撨並見於擢。

摳、掀、抗、揚、擎、舉、翻、翥、翹、仰、印、發、扛、偁、搴、㚖、糾、拼、勝、檐、輿、揭、尚、興、鬻、舁、〔扣*〕,舉也。

摳者,《玉篇》:"摳,挈衣也。"《曲禮》云:"摳衣趨隅。"

掀者,《説文》:"掀,舉出也。"成十六年《左傳》"乃掀公以出於淖",杜預注云:

---

① 撨,原作"攜",《疏證》作"撨"。

“掀,舉也。”

抗者,《小雅·賓之初筵》篇“大侯既抗”,《士喪禮》下篇“甸人抗重”,毛傳、鄭注並云:“抗,舉也。”僖十六年《穀梁傳》“則王道不亢矣”,亢,與“抗”通。

挐者,《漢書·王莽傳》“挐茵輿行”,顏師古注云:“謂坐茵褥之上,而令四人對舉茵之四角,輿而行也。”

翷、翥者,卷三云:“翷、翥,飛也。”飛,亦舉也。《楚辭·九歌》“翾飛兮翠曾”,王逸注云:“曾,舉也。”曾,與“翷”通。《方言》:“翥,舉也。楚謂之翥。”郭璞注云:“謂軒翥也。”《説文》:“翥,飛舉也。”《爾雅·釋蟲》云:“翥醜,罅。”《楚辭·遠遊》云:“鸞鳥軒翥而翔飛。”

翹者,《莊子·馬蹄》篇云:“齕草飲水,翹足而陸。”翹足,謂舉足也。《周語》“好盡言以招人過”,韋昭注云:“招,舉也。”《列子·説符》篇:“孔子之勁,能招國門之關。”招,並與“翹”通。

仰、卬,聲義並同。《説文》:“仰,舉也。”

扛者,《説文》:“扛,横關對舉也。”《吳子·料敵》篇云:“力輕扛鼎。”今俗語猶呼對舉物爲扛。《説文》:“舩,舉角也。”義亦與“扛”同。扛,各本譌作“杠”,今訂正。

偁者,《爾雅》:“偁,舉也。”通作“稱”。

搴者,《説文》:“攐,摳衣也。”《鄭風·褰裳》篇云:“褰裳涉溱。”《莊子·山木》篇云:“褰裳躩步。”並與“搴”通。

梮者,《説文》:“梮,舉食者。”徐鍇傳云:“如食牀,兩頭有柄,二人對舉之。”《周語》“倚而畚挶”,注云:“挶,舁土之器。”《史記·夏紀》“山行乘檋”,《漢書·溝洫志》作“山行則梮”,韋昭注云:“梮,木器,如今輿牀,人舉以行也。”義並與“梮”通。梮,各本譌作“梟”,今訂正。

糾者[53-1],昭六年《左傳》“糾之以政”,注云:“糾,舉也。”

拼,義見卷三“拼,拔也”下。

勝者,《周語》“耳之察清濁也,不過一人之所勝”,注云:“勝,舉也。”

檐者,《説文》:“儋,何也。”[53-2]《管子·七法》篇云:“猶立朝夕於運均之上,檐竿而欲定其末。”《秦策》云:“負書擔囊。”儋、擔、檐,並通。

輿,與下“舉、舁”二字同。《衆經音義》引《倉頡篇》云:“舉,舉也;對舉曰舉。”《説文》:“舉,對舉也。”“舁,共舉也。”並字異而義同。

揭,音居列、去列、渠列三反,又居謁、渠謁二反。《説文》:“揭,高舉也。”《小雅·大東》篇云:“西柄之揭。”《莊子·胠篋》篇云:“脣竭則齒寒。”竭,與“揭”通。凡物之上舉者皆謂之揭。《説文》:“楬,禾舉出苗也。”《衞風·碩人》篇“葭菼揭揭”,毛傳云:“揭揭,長也。”《説文》:“碣,特立之石也。”義並與“揭”通。舉物謂之揭,負物亦謂之揭。《説文》:“竭,負舉也;從立,曷聲。”《禮運》“五行之動,迭相竭也”,鄭注云:“竭,猶負戴也。”成二年《左傳》“桀石以投人”,杜預注云:“桀,擔也。”《莊子·胠篋》篇云:“負匱揭篋擔囊而趨。”竭、揭、桀,並通。揭,與“擔”同義,故並訓爲舉也。揭,又音去例反。《邶風·匏有苦葉》篇“淺則揭”,毛傳云:“揭,褰衣也。”揭、褰、摳,一聲之轉,故亦並訓爲舉也。又案:舁者,對舉也,故所以舉棺者謂之輁軸。《士喪禮》下篇“遷于祖,用軸”,鄭注云:“軸,輁軸也。輁,狀如長牀,穿桯,前後著金而關軸焉。”是也。扛者,橫關對舉也,故牀前橫木謂之杠。《説文》:“杠,牀前横木也。”徐鍇傳云:“今人謂之牀桯。”是也。槑者,亦對舉也,故輿牀謂之梮。輿者,共舉也,故車所以舉物者謂之輿。《釋名》云:“自古制器立象,名之於實,各有義類。”斯之謂矣。

尚者,《王制》“上賢以崇德”,上賢,謂舉賢也。上,與“尚”通。

輿者,《周官·大司徒》“以鄉三物教萬民而賓興之”,鄭注云:“興,猶舉也。”

扣者,《論語·子罕》篇“我叩其兩端而竭焉”,孔傳訓“叩”爲發。發,與“舉”同義;叩,與“扣”通。《衆經音義》卷九引《廣雅》:“扣,舉也。”今本脱“扣”字。

昀案:揚、擎、發未作疏證。舉、舁並見於輿。

句、降、窪、窆、窊、埕、埝、窾、墜、隤、折、按,下也。

窪者,《説文》:“窪,窊也。”《老子》“窪則盈”,顧懽注云:“窪,洿也。”《莊子·齊物論》篇云:“似洼者,似汙者。”《説文》:“洼,深也。”義並與“窪”同。

窆,音方驗、方鄧二反。《周官·遂師》“及窆”,鄭衆注云:“窆,謂葬下棺也。”《檀弓》“縣棺而封”,鄭注云:“封,當爲窆。窆,下棺也。”昭十二年《左傳》“毁之則朝而堋”,杜預注云:“堋,下棺也。”《説文》作“堋”。並聲近而義同。

窊者,《説文》:“窊,汙衺下也。”《漢書·禮樂志》“窅窊桂華”,蘇林注云:“窅,音‘窅眰’之窅。窊,音‘窊下’之窊。”《孟子·公孫丑》篇“汙不至阿其所好”,趙岐注云:“汙,下也。”汙,與“窊”通。鑿地爲尊謂之“汙尊”,義亦同也。

埕、埝、竁者,《方言》:"埕、墊,下也。凡柱而下曰埕,屋而下曰墊。"又云:"埝,下也。"郭璞注云:"謂陷下也。"《靈樞經·通天》篇云:"太陰之人,其狀念然下意。"念,與"埝"通。卷三云:"㘝,深也。""㘝"與"埝",義亦相近。《説文》:"竁,屋傾下也。"又云:"墊,下也。"《臯陶謨》"下民昏墊",鄭注云:"昏,没也。墊,陷也。"《莊子·外物》篇"廁足而墊之至黄泉",司馬彪注云:"墊,下也。"墊,與"竁"同。墊,訓爲下,故居下地而病困者,謂之墊隘。成六年《左傳》云:"郇瑕氏土薄水淺,其惡易覯。易覯則民愁,民愁則墊隘。於是乎有沈溺重膇之疾。"是也。

垤,音蟄。《説文》:"㙷,下入也。"㙷,與"垤"同。《釋名》云:"下溼曰隰。隰,蟄也。"《荀子·脩身》篇"卑濕重遲貪利,則抗之以高志",楊倞注云:"濕,亦謂自卑下,如地之下濕然也。"《論衡·氣壽》篇云:"兒生號啼之聲,鴻朗高暢者壽,嘶喝濕下者夭。"義並與"垤"同。《方言》云:"凡高而有墜,得而中亡,謂之溼。"義亦相近也。

昀案:句、降、隤、折、按未作疏證。

賆、貤、附、助、坿、埤、陪①、貱、賢、賭、饒、羸、隅、貳、斟、酌、俞、潤、沾、潼,益也。

賆者,增多之意,故爲益也。《莊子·駢拇》篇云:"此皆多駢旁枝之道。"駢,與"賆"通(54-1)。

貤之言移也,移此以益彼也。《漢書·武帝紀》"受封賞而欲移賣者,無所流貤"②,應劭注云:"言無所移與也。"《大雅·皇矣》篇云:"既受帝祉,施于孫子。"(54-2)義與"貤"同。

附,與下"坿"字同。《説文》:"坿,益也。"

助者,《論語·先進》篇"回也,非助我者也",孔傳云:"助,益也。"

埤者,《説文》:"埤,增也。""朇,益也。""裨,接益也。"埤、朇、裨,並通。

陪者,鄭注《曲禮》云:"陪,重也。"又注《中庸》云:"培,益也。"培,與"陪"通。

貱之言被也,以物相被及也,故卷二云:"益、被,加也。"《堯典》"光被四表",傳訓"被"爲溢,義相近也。"貱"與"貤",疊韻也。《説文》:"貱,移與也。"《玉篇》:"貤,貱也。"《鄘風·君子偕老》篇"不屑髢也",鄭箋云:"髢,髮也。"正義引《説文》

① 陪,原作"陪",《疏證》作"陪"。
② 武帝,原譌作"五帝"。

云："髲，益髮也。"《釋名》云："髲，被也，髮少者得以被助其髮也。""髲、髢"與"貱、貤"，聲相近，皆附益之意也。凡物之有次第者，亦謂之貱貤。《周官·追師》"掌王后之首飾，爲副編次"，鄭注云："次者，次第髮長短爲之，所謂髲髢也。"《説文》："貤，重次弟物也。"《集韻》："貱貤，次第也。"案：貱貤，猶言陂陀，故岸之重次第謂之陂陀，髮之重次第謂之髲髢。《説文》以"貤"爲"重次弟物"，《周官》注以"髲髢"爲"次第髮長短"，其義一也。物之次第相重，則相附益，故"貱貤"又爲益也。

賢者，卷三云："賢，拏也。"紛拏，亦多益之意。

饒者，《説文》："益，饒也。"

贏者，《説文》："贏，賈有餘利也。"

陌者，《方言》："陌，益也。"郭璞注云："謂增益也。"《爾雅》"是類是禡，師祭也。"《周官·肆師》"凡四時之大甸獵，祭表貉，則爲位"，鄭注云："貉，師祭也。貉，讀爲'十百'之'百'；於所立表之處爲師祭，祭造軍灋者，禱氣勢之增倍也。"釋文："貉，莫駕反。"《甸祝》"掌四時之田表貉之祝號"，杜子春注云："貉，讀爲'百爾所思'之'百'。書亦或爲禡。禡，兵祭也。"鄭注云："禡者，禱氣勢之十百而多獲。""貉、禡"與"陌"同聲，皆增益之意，故又讀爲"十百"之"百"也。《漢書·律曆志》云："數紀於一，協於十，長於百，大於千，衍於萬。"長，即增益之意。

貳者，《説文》："貳，副益也。"《坎》六四"尊酒簋貳，用缶"，虞翻注云："貳，副也。"《周官·酒正》"凡祭祀，以灋，共五齊三酒，以實八尊。大祭三貳，中祭再貳，小祭壹貳"，鄭衆注云："貳，益副之也。"《弟子職》"周還而貳"，尹知章注云："貳，謂再益也。"

斟、酌者，《方言》："斟，益也。南楚凡相益而又少，謂之不斟；凡病少愈而加劇，亦謂之不斟，或謂之何斟。"注云："斟，言斟酌益之也。"王逸注《招魂》云："勺，沾也。"勺，與"酌"通。

俞者，《小雅·小明》篇"政事愈蹙"，鄭箋云："愈，猶益也。"愈，與"俞"通。

潤者，《大學》云："富潤屋，德潤身。"是"潤"爲益也。餘分之月謂之閏，義亦同也。

沾者，《説文》："沾，益也。"今俗作"添"，同。

昀案：坿並見於附。賭、潼未作疏證。

沮、潤、漸、浥、漸、洳、溽、淖、〔沃*〕，溼也。

沮、漸、洳者，沮洳，猶言漸洳。漸，義見卷二"漸，漬也"下。《衆經音義》卷十引《倉頡篇》云:"沮,漸也。"《王制》"山川沮澤",何氏《隱義》云:"沮澤,下溼地也。"《説文》:"澤,漸溼也。"澤,與"洳"同。《魏風》"彼汾沮洳",毛傳云:"沮洳,其漸洳者。"《漢書·東方朔傳》"塗者,漸洳徑也",顏師古注云:"漸洳,浸溼也。"

湆者,《説文》:"湆,幽溼也。"徐鍇傳云:"今人多言浥湆也。"

浥者,《説文》:"浥,溼也。"《召南·行露》篇"厭浥行露",毛傳云:"厭浥,溼意也。"

溽之言濡溼也。《説文》:"溽,溼暑也。"《月令》"土潤溽暑",鄭注云:"潤溽,謂塗溼也。"

淖者,《爾雅·釋言》釋文引《字林》云:"淖,濡甚也。"《荀子·脩身》篇云:"非漬淖也。"

《衆經音義》卷十三引《廣雅》:"沃,溼也。"今本脱"沃"字。

昀案:潤未作疏證。沃只作校補。

頡、傪、振、訊、搖、抏、盪、慂、奮、勬、撼、孩、擡揌、掉捎、扮、揮、揣、摷、抗、搈、衝、俅、賦、蝡、東、風,動也。

頡、傪者,《説文》"頡,低頭也",引襄二十六年《左傳》:"迎于門,頡之而已。"今本作"頷",杜預注云:"頷,摇其頭也。"《列子·湯問》篇云:"頡其頤則歌合律。"頡,與"頷"通。《玉篇》頷,桑感切,"動頭也"。《廣韻》:"頡頷,摇頭皃。"《衆經音義》卷五云:"今江南謂領納摇頭爲頡傪。"傪,與"頷"同。

抏之言杌隉也。《説文》:"抏,動也。"《玉篇》虞厥、午骨二切。《方言》:"僞謂之抏。抏,不安也。"郭璞注云:"船動摇之貌也。"《小雅·正月》篇"天之抏我",毛傳云:"抏,動也。"《考工記·輪人》云:"則是以大抏,雖有良工,莫之能固。"《晉語》"故不可抈也",韋昭注云:"抈,動也。"傅毅《舞賦》云:"兀動赴度,指顧應聲。"抈、兀,並與"抏"通。

盪,與下"勬"字同。經傳通作"盪",又作"蕩"。

慂,通作"涌",又作"踊"。

撼者,《説文》:"摵,摇也。"摵,與"撼"同。司馬相如《長門賦》云:"擠玉户以撼金鋪兮。"撼之言感也。《召南·野有死麕》篇"無感我帨兮",毛傳云:"感,動也。"釋文:"感,如字;又胡坎反。"是"感、撼"同聲同義。

孩者,《玉篇》胡改切,"撼動也"。高誘注《淮南子·俶真訓》云:"駭,動也。""駭"與"孩",聲近義同。

擡揌者,《玉篇》:"擡,振動也。""揌,擡揌也。"

掉捎者,《釋訓》篇云:"掉撨,振訊也。"掉撨,與"掉捎"同。《楚語》"大能掉小,則變而不勸",《文選·長楊賦》注引賈逵注云:"掉,搖也。"(55-1)《釋訓》云:"揣抁,搖捎也。"搖捎,猶掉捎也。一作"搖消"。《淮南子·俶真訓》云:"搖消掉捎,仁義禮樂。"《文選·舞賦》"簡惰跳踃,般紛挐兮",李善注引《埤倉》云:"踃,跳也。"吕向注云:"跳踃,動足貌。"掉捎、跳踃、搖捎,並聲近而義同。

扮,亦奮也,方俗語有輕重耳。

揮者,《乾·文言》"六爻發揮",釋文引《廣雅》:"揮,動也。"揮,與"奮"同義。《曲禮》"奮衣由右上",鄭注云:"奮,振去塵也。"又"飲玉爵者弗揮",何氏《隱義》云:"振去餘酒曰揮。"《爾雅》"鷹隼醜,其飛也翬",翬,即奮迅之意;又云"雉絶有力,奮""羊絶有力,奮""雞絶有力,奮";又云"魚有力者,徽",徽,亦奮也。揮、翬、徽,並同義。故《説文》云:"翬,大飛也。""奮,翬也。""揮,奮也。"

揣、抁者,揣音喘,抁音弋選反。《釋訓》云:"揣抁,搖捎也。""揣抁"之轉爲"喘耎",《莊子·胠篋》篇"喘耎之蟲",崔譔注云:"動蟲也。一云無足蟲。"《荀子·勸學》篇"端而言,蝡而動",《臣道》篇作"喘而言,臑而動"。喘耎、端蝡、喘臑,古字通用,皆謂動貌也。凡蟲之無足者,其動喘耎然。故蚯蚓謂之蠢蝡。高誘注《淮南子·時則訓》云:"蚯螾,蠢蝡也。""蠢蝡"又"喘耎"之轉矣。《廣韻》揣,又音丁果切;"搖也"。或通作"朵"。《頤》初九"觀我朵頤",鄭注云:"朵,動也。"京房作"揣"。

搈之言踊也。《説文》:"搈,動搈也。"《楚辭·九章》云:"悲秋風之動容兮。"《韓子·揚搉》篇云:"動之溶之。"溶、搈、溶①,並通。《説文》:"傛,不安也。"義與"搈"亦相近。

衝、俶者,《方言》:"衝、俶,動也。"衝、俶,與"衝、俶"同。衝,亦動也,方俗語有輕重耳(55-2)。《釋訓》云:"衝衝,行也。"《説文》:"憧,意不定也。"《咸》九四:"憧憧往來。"皆動貌也(55-3)。聲轉爲"俶"。《爾雅》:"動、俶,作也。"是"俶"與"動"同

---

① 兩"溶"字當有一爲"容"字之譌。依文例,三字之序似爲"搈、容、溶"。

義。《説文》:“埱,氣出於土也。”義亦與“俶”同。《孟子·梁惠王》篇“於我心有戚戚焉”,趙岐注云:“戚戚然心有動也。”“戚”與“俶”,亦聲近義同。

賦者,《方言》:“賦,動也。”

蝡者,《説文》:“蝡,動也。”《鬼谷子·揣》篇云:“蜎飛蝡動。”《史記·匈奴傳》“跂行喙息蝡動之類”,索隱引《三倉》云:“蝡蝡,動貌。”馬融《廣成頌》云:“蝡蝡蟫蟫。”“蝡”與“喘耎”之“耎”,一字也。《説文》:“耎,稍前大也。”義亦與“蝡”同。《説文》:“瞤,目動也。”“瞤”與“蝡”,亦聲近義同。

東、動,聲相近。《書大傳》云:“東方者何也? 動方也,物之動也。”《漢書·律曆志》云:“少陽者,東方。東,動也,陽氣動物。”

風者,《釋名》云:“風,兖豫司冀横口合脣言之。風,氾也,其氣博氾而動物也。青徐言風,踧口開脣推氣言之。風,放也,氣放散也。”《詩序》云:“風,風也,教也;風以動之,教以化之。”是凡言“風”者,皆動之義也。

昀案:振、訊、擛未作疏證。勭並見於盪,揺並見於掉捎,奮並見於揮。

摧、挫、搚、踒、擸、抈、詘、曲、罰、搚、制、夭,折也。

搚,曹憲音力合反,義與下“搚”字同。《説文》:“搚,敗也。”“拹,搚也。”“拉,摧也。”莊元年《公羊傳》“搚幹而殺之”,何休注云:“搚,折聲也。”釋文作“拹”,《史記·齊世家》作“拉”,《魯世家》作“搚”。《范雎傳》“折脅搚齒”,《鄒陽傳》作“搚脅折齒”,《漢書》作“拉脅折齒”。並字異而義同。《説文》:“柆,折木也。”張衡《西京賦》“梗林爲之靡拉”,義亦與“搚”同。搚,各本譌作“擠”,今訂正。

踒者,《衆經音義》卷十三引《倉頡篇》云:“挫足爲踒。”又引《通俗文》云:“足跌傷曰踒。”《韓非子·説林》篇云:“此其爲馬也,踒肩而腫足。”《易林·蒙之隨》云:“猿墮高木,不踒手足。”

擸,音獵。舊本譌作“擖”。“擸”之譌“擖”,猶“臘”之譌“臈”。擖,音公八反;《説文》:“刮也。一曰撻也。”皆非摧折之義。《玉篇》“擖”字亦不訓爲折。曹憲不知“擖”爲“擸”之譌,遂誤音公八反。《廣韻》:“擖,刮聲也;又折也。”《集韻》《類篇》引《廣雅》:“擖,折也。”並沿曹憲之誤。考《説文》:“邋,搚也。”《公羊》注云“搚,折聲也”,搚,與“拉”同;邋,與“擸”同。拉、擸,疊韻字也。《文選·吴都賦》“菈擸雷硠,崩巒弛岑”,李善注云:“菈擸雷硠,崩弛之聲也。”五臣本“菈”作“拉”,

吕延濟注云："拉攂，木摧傷之聲也。"並與《公羊》注"折聲"之義同。又《洞簫賦》"攂若枚折"，李善注云"攂，折聲也"，引《廣雅》："攂，折也。"則唐時《廣雅》本尚有不誤者。今據以訂正。《太玄·止》次七云："車纍其俷，馬獵其蹄。"獵，亦與"攂"通。

抈者，《説文》："抈，折也。"《太玄·羨》上九"車軸折，其衡抈"，范望注與《説文》同。《楚辭·九思》"車軏折兮馬虺穨"，軏，與"抈"通。

制者，《文選·張協〈雜詩〉》注引李奇《漢書》注云："制，折也。"《大戴禮·保傅》篇"不中於制獄"，制獄，即折獄也(56-1)。《論語·爲政》篇(56-2)"片言可以折獄者"，魯讀"折"爲制。《莊子·庚桑楚》篇"夫尋常之溝，巨魚無所還其體，而鯢鰌爲之制"，釋文引《廣雅》："制，折也。"謂小魚得曲折也。折、制，古同聲，故"制"有折義。《史記·項羽紀》"渡浙江"，索隱云："浙江在今錢塘，蓋其流曲折。《莊子》所謂制河，即其水也。"《玉篇》"筣"音制。《方言》云："自關而西，謂篕曰筣。"亦取曲折之義也。

夭者，昭十九年《左傳》賈逵注云："短折曰夭。"

旳案：摧、挫、詘、曲、罰未作疏證。撌並見於摺。

虔、辯、謾、黠、儇、憭、譎、慧、譎、詖、曉、捷、鬼，慧也。

虔者，《方言》："虔，謾也。"又云："虔，慧也。"

辯者，《大戴禮·小辨》篇"寡人欲學小辨以觀於政"，盧辯注云："小辨，謂小辨給也。"《晉語》云："巧文辯惠則賢。"辯、辨，慧、惠，並通。

謾者，《方言》："秦謂慧曰謾。"郭璞注云："言謾詑也。"義見卷二"謾，欺也"下。

黠者，《方言》："趙魏之閒，謂慧曰黠。"

儇者，《方言》："儇，謾也。"又云："儇，慧也。"《楚辭·九章》："忘儇媚以背衆兮。"《淮南子·主術訓》"辯慧懁給"，懁，與"儇"通。

憭者，《説文》："憭，慧也。"《方言》注云："慧、憭，皆意精明也。"《後漢書·孔融傳》云："小而聰了，大未必奇。"了，與"憭"通。

譎者，《方言》："楚謂慧曰譎。"字或作"詑"，又作"訑"。義見卷二"詑，欺也"下。

𢡟者,《方言》:"晉謂慧曰𢡟。"

譎者,卷三云:"憰,𣢋也。"憰,與"譎"同。

詖者,《文選·顏延之〈和謝監靈運〉詩》注引《倉頡篇》云:"詖,佞諂也。"《荀子·成相》篇云:"讒人罔極,險陂傾側。"《詩序》云:"内有進賢之志,而無險詖私謁之心。"詖,與"陂"通。

曉者,《方言》:"曉,知也。"

捷者,《方言》:"宋楚之閒,謂慧曰捷。"注云:"言便倢也。"倢,與"捷"通。

鬼者,《方言》:"趙魏之閒,或謂慧曰鬼。"注云:"言鬼脈也。"

欸、咍、唏、𠴰、谷、听、嗞、哂、莞、唹、嗔、嗢、啁、咦、矤、訑、啞、〔㖭*〕、〔䶘*〕,笑也。

欸,與"咍"同。《楚辭·九章》"又衆兆之所咍",王逸注云:"咍,笑也。楚人謂相啁笑曰咍。"左思《吴都賦》云:"東吴王孫,囅然而咍。"

唏者,《説文》:"唏,笑也。"《釋訓》云:"唏唏,笑也。"

𠴰,與"谷"同,字本作"噱"。《説文》:"噱,大笑也。"《漢書·敘傳》"談矣大噱",顏師古注云:"噱噱,笑聲也。"谷,各本譌作"谷",惟影宋本不譌。

听者,《説文》:"听,笑皃。"司馬相如《上林賦》云:"亡是公听然而笑。"字亦作"欣"。《史記·孔子世家》云:"孔子欣然笑。"《集韻》《類篇》引《廣雅》作"齗"。《後漢書·張衡傳》注引《字詁》云:"齗,笑貌也。听之别體也。"《思玄賦》"戴勝慭其既歡兮",舊注云:"慭,笑貌。"並字異而義同。

哂,與下"矤"字同。微笑謂之哂,大笑亦謂之哂。《説文》:"笑不壞顏曰弞。"《論語·先進》篇:"夫子哂之。"是"哂"爲微笑也。《曲禮》"笑不至矧",鄭注云:"齒本曰矧,大笑則見。"釋文:"矧,本又作哂。"是"哂"爲大笑也。哂、矤、弞、矧,並通。

莞者,《論語·陽貨》篇"夫子莞爾而笑",何晏注云:"莞爾,小笑貌。"莞,各本作"莧",乃隸書之譌。今訂正。

嗔者,《玉篇》:"嗔,大笑也。"

嗢者,《廣韻》:"嗢噱,笑不止也。"《文選·琴賦》"嗢噱終日",李善注引《通俗文》云:"樂不勝謂之嗢噱。"

嘲者,《玉篇》:"嘲,大笑也。"《釋訓》云:"嘲嘲,笑也。"

咦,亦"唏"也,方俗語有緩急耳。

詉者,《釋訓》云:"詉詉,笑也。"

啞者,《説文》:"啞,笑也。"《震・象辭》"笑言啞啞",馬融注云:"啞啞,笑聲也。"《列子・周穆王》篇云:"同行者啞然大笑。"

㬅、䶫者,《玉篇》《廣韻》並云:"㬅,笑皃。"《集韻》引《廣雅》:"㬅,笑也。""䶫,笑也。"今本脱"㬅、䶫"二字。

昀案:嗞、哷未作疏證。咍並見於欬,㕲並見於哂。

誅、罰、剹、虔、伐、肆[①]、刈,殺也。

誅,《集韻》《類篇》引《廣雅》並作"𢧵"。

虔者,《方言》:"虔,殺也。青徐淮楚之閒曰虔。"又云:"秦晉之北鄙、燕之北郊、翟縣之郊,謂賊爲虔。"賊,亦殺也。莊三十二年《左傳》:"共仲使圉人犖賊子般於黨氏。"是也。成十三年《傳》"虔劉我邊陲",杜預注云:"虔、劉,皆殺也。"

肆者,《夏小正》"狸子肇肆",傳云:"肇,始也。肆,遂也,言其始遂也;或曰:肆,殺也。"

昀案:罰、剹、伐、刈未作疏證。

廝、徒、牧、圉、侍、御、僕、從、扈、養、任、甬、辯、令、保、庸、童、役、謂、命,使也。

圉,各本譌作"閨"。案:上文云:"牧、圉,臣也。""臣"與"使"同義,故"牧、圉"又爲使也。僖十七年《左傳》云:"將生一男一女,男爲人臣,女爲人妾。故名男曰圉,女曰妾。"是"圉"爲使也。《廣韻》"牧,使也",《玉篇》"圉,使也",並本《廣雅》。今據以訂正。

扈、養者,宣十二年《公羊傳》"廝役扈養",何休注云:"艾草爲防者曰廝,汲水漿者曰役,養馬者曰扈,炊烹者曰養。"《韓策》云:"卒不過三十萬,而廝徒負養在其中矣。"

任、甬、保、庸者,《説文》:"任,保也。"徐鍇傳云:"信於朋友曰任。任者,可保任也。"亦言可任用也。《説文》:"賃,庸也。"賃,亦任也;庸,亦用也。《方言》:"自

① 肆,原作"肆",《疏證》作"肆"。

關而東,陳魏宋楚之閒,保庸謂之甬。"甬,亦庸也。《楚辭·九章》"固庸態也",王逸注云:"庸,厮賤之人也。"《史記·欒布傳》"賃傭於齊,爲酒人保",集解引《漢書音義》云:"可保信,故謂之保。"傭,與"庸"通。

辯者,《酒誥》"勿辯乃司民湎于酒",傳云:"辯,使也。"辯之言俾也。俾,亦使也。《書序》"王俾榮伯作賄肅慎之命",馬融本"俾"作"辯"。是"辯、俾"同聲同義。

役,古文"役"字也。

謂者,《小雅·出車》篇云:"自天子所,謂我來矣。"

昀案:厮、徒、牧、侍、御、僕、從、令、童、命未作疏證。

嬸、嫉、嫪、嫭、妎、娼,妬也。

嫉,各本譌作"嫉",今訂正。

嫪、嫭者,《説文》:"嫪,婟也。""婟,嫪也。"婟,與"嫭"同。嫪嫭,猶牢固也。《爾雅·釋鳥》釋文引《聲類》云:"婟嫪,戀惜也。"《廣韻》:"嫪,吝物也。"義與"妬"並相近。

妎者,《説文》:"妎,妒也。"妒,與"妬"同。

娼者,《秦誓》"冒疾以惡之",《大學》作"娼疾",鄭注云:"娼,妬也。"娼、冒,嫉、疾,並通(57)。

昀案:嬸未作疏證。嫉惟作校勘。

夸、蒸①、通、媱、窕、㑁婸、報,婬也。

夸、蒸、通、報者,《方言》:"夸、烝,婬也。"烝,與"蒸"通。夸,訓爲婬,與下"媱、窕、㑁、婸"同義,皆謂淫泆無度也。夸、淫,皆過度之義,故上文云:"夸,大也。"《爾雅》云:"淫,大也。"淫,與"婬"通。夸,各本譌作"夻",自宋時本已然。故《集韻》《類篇》並云:"夸,或作夻。"案:"夸"字,隸或作"夸",故譌而爲"夻"。考《説文》《玉篇》《廣韻》,俱無"夻"字。今訂正。《邶風·雄雉》正義云:"桓十六年《左傳》曰:'衛宣公烝於夷姜。'服虔云:'上淫曰烝。'則烝,進也,自下進上而與之淫也。十八年《傳》曰:'文姜如齊,齊侯通焉。'服虔云:'傍淫曰通。言傍者,非其妻妾,傍與之淫,上下通名也。'《牆有茨》云'公子頑通於君母',《左傳》曰'孔悝之母,與其

① 蒸,原作"羙",《疏證》作"蒸"。

豎渾良夫通’,皆上淫也;‘齊莊公通於崔杼之妻’‘蔡景侯爲太子般娶於楚,通焉’,皆下淫也。以此知‘通’者總名。故服虔又云:‘凡淫曰通。’是也。宣三年《傳》曰:‘文公報鄭子之妃。’服虔云:‘鄭子,文公叔父子儀也。報,復也,淫親屬之妻曰報。漢律,淫季父之妻曰報。”案:報者,進也。《樂記》“禮減而不進則銷,樂盈而不反則放,故禮有報而樂有反”,鄭注云:“報,讀爲褒。褒,猶進也。”“報”與“烝”皆訓爲進。上淫曰烝,淫季父之妻曰報,其義一也。

媱、窕者,《方言》:“遥、窕,淫也。九疑荆郊之鄙,謂淫曰遥。沅湘之閒,謂之窕。”郭璞注云:“遥,言心摇盪也。”遥,與“媱”通。《方言》又云:“江沅之閒,謂戲曰媱。”“戲”與“婬”,亦同義。媱,各本譌作“婬”,今訂正。

劮婸者,《方言》:“佚惕,婬也。”又云:“江沅之閒,或謂戲曰惕。”佚,與“劮”通,字或作“逸”,又作“泆”;惕,與“婸”通,字或作“蕩”。

襲、馺、逮、纍,及也。

襲者,《楚辭·九歌》“芳菲菲兮襲予”,王逸注云:“襲,及也。”

馺、及,聲相近。《説文》:“馺,馬行相及也。”揚雄《甘泉賦》云:“輕先疾雷而馺遺風。”

纍,各本譌作“縈”。《玉篇》纍,力僞切,“延及也。或省作累”。桓二年《公羊傳》云:“及者何?累也。”今據以訂正。

昀案:逮未作疏證。

輡、礥、侹、固、攻、䃰、賢、良、磑、鍇、鏳、鞕、臣、牢、鑒,〔堅〕也。

各本“鑒”下俱脱“堅”字。《集韻》《類篇》“輡、礥、侹、磑、鏳、鞕”六字注並引《廣雅》“鑒也”;又“鑒”字注引《廣雅》:“固、䃰,鑒也。”則宋時《廣雅》本已脱去“堅”字。今考《玉篇》引《廣雅》:“臣,堅也。”《衆經音義》卷二十四引《廣雅》:“䃰,堅也。”又“輡、礥”以下十五字,諸書並訓爲堅。今據以補正。

輡者,曹憲音苦耕反。《説文》:“鞕,車堅也。”鞕,與“輡”同。《釋訓》篇云:“輡輡,堅也。”輡輡,猶硜硜。凡堅貌謂之硜,堅聲亦謂之硜。《論語·子路》篇“言必信,行必果,硜硜然小人哉”,皇侃疏云:“硜硜,堅正難移之貌也。”《樂記》“石聲磬,磬以立辨,辨以致死”,《史記·樂書》“磬”作“硜”,集解引王肅注云:“硜,聲果勁也。”《釋名》:“磬,罄也,其聲罄罄然堅緻也。”並聲近而義同。

蕡者，《玉篇》："蕡，堅也。"

侹之言堅緻也。《玉篇》："侹，牢也，堅也。"《廣韻》同。

攻之言鞏固也。《小雅・車攻》篇"我車既攻"，毛傳云："攻，堅也。"《齊語》"辨其功苦"，韋昭注云："功，牢也。苦，脆也。"《月令》"必功致爲上"，《淮南子・時則訓》作"堅致"。堅、功，一聲之轉。功，與"攻"通。

礭者，《説文》："塙，堅不可拔也。"《繫辭傳》"確然示人易矣"，馬融注云："確，剛貌。"《乾・文言》"確乎其不可拔"，鄭注云："確，堅高之貌。"確、礭，並與"塙"同。

賢者，《太平御覽》引《風俗通》云："賢，堅也。"

艮、磑者，《方言》："艮、磑，堅也。"《説卦傳》云："艮爲山，爲小石。"皆堅之義也。今俗語猶謂物堅不可拔曰艮。艮，各本譌作"良"，惟影宋本不譌。《文選・高唐賦》"振陳磑磑"，《思玄賦》"行積冰之磑磑兮"，李善注並引《方言》："磑，堅也。"《釋名》云："鎧，猶塏也。塏，堅重之言也。"並與"磑"聲近義同。

鍇、鏅者，《方言》："鍇、鏅，堅也。自關而西，秦晉之間曰鍇，吴揚江淮之間曰鏅。"鍇、鏅，聲相近，方俗語轉耳。《人物志・體別》篇云："彊楷堅勁。"楷，與"鍇"通。《説文》："九江謂鐵曰鍇。"亦堅之義也。

鞕者，《玉篇》[①]："鞕，堅也。"《廣韻》同。

臣者，《太平御覽》引《孝經説》云："臣者，堅也，守節明度，循義奉職也。"《白虎通義》云："臣者，繵也，堅也，屬志自堅固也。"

鋻者，《玉篇》鋻，口閒切，"堅也"。《説文》："臤，堅也。"《爾雅》"掔，固也"，郭璞注云："掔然牢固。"鋻、掔、臤，並通。公羊氏《春秋》成四年"鄭伯臤卒"，疏云："左氏作堅字，穀梁作賢字。"《玉篇》緊，古千切，引成公四年"鄭伯緊卒"。《説文》"堅、賢"並從臤聲，"臤"從臣聲。《廣雅》："蕡、賢、臣、鋻，堅也。""堅、緊、賢、蕡、鋻、掔、臤、臣"八字，並聲近而義同。

昀案：固、牢未作疏證。

挺、秀、觻、拔、攄、擢、涌、溢、蠢、蝨[②]、茁、矞、生、〔鬱*〕，出也。

挺者，《説文》："挺，拔也。"《魏策》云："挺劍而起。"

---

① 玉篇，原譌作"王篇"。

② 蝨，原作"蟿"，《疏證》作"蝨"。

秀者,《齊語》云:“秀出於衆。”

“拔、揠、擢”三字,義見卷三“揠、擢,拔也”下。

蠢者,《説文》:“𡿨,古文蠢字。”《考工記·梓人》“則春以功”,鄭注云:“春,讀爲蠢。蠢,作也,出也。”春、蠢,皆有出義,故《鄉飲酒義》云:“春之爲言蠢也,產萬物者也。”《書大傳》云:“春,出也,物之出也。”春、蠢、出,一聲之轉耳。

“䓫、茁、矞、出”四字,聲並相近。

䓫者,《廣韻》引《音譜》云:“䓫,草子甲也。”《集韻》云:“草孚甲出也。”

茁、出,聲相近。《説文》:“茁,草初出地皃。”《召南·騶虞》篇“彼茁者葭”,毛傳云:“茁,出也。”

矞,各本譌作“裔”。《説文》:“矞,滿有所出也。”《玉篇》:“矞,出也。”今據以訂正。矞,字亦作“繘”。《廣韻》:“繘,繘出也。”繘出,猶言“溢出”。溢、涌、矞,一聲之轉,故皆訓爲出也。凡物之鋭出者,亦謂之矞。《説文》“矞”字注又云:“以錐有所穿也。”又“聿”字注云:“所以書也。楚謂之聿,秦謂之筆。”《玉篇》云:“銉,針也。”皆鋭出之義也。《説文》:“潏,涌出也。”“潏”與“矞”,亦聲近義同。

生者,《説卦傳》“萬物出乎震”,虞翻注云:“出,生也。”《文選·魏都賦》注引劉瓛《周易義》云:“自無出有曰生。”

鬱者,班固《西都賦》“神明鬱其特起”,鬱,高出之貌也。《文選·曹植〈贈徐幹〉詩》“文昌鬱雲興”,李善注引《廣雅》:“鬱,出也。”今本脱“鬱”字。

昀案:𧊒未作疏證。涌、溢並見於矞。

殫、索、既、渴、滲、𣹟、涸、急、汔、熇、湫、澌、涖、𨣧、殲、糞、寫、𩬊、稍、煎、鋌、央①,盡也。

殫者,《説文》:“殫,殛盡也。”《祭義》云:“歲既單矣。”單,與“殫”通。

索者,《衆經音義》卷三引《倉頡解詁》云:“索,盡也。”《牧誓》云:“惟家之索。”卷三云:“素,空也。”《爾雅》:“空,盡也。”“素”與“索”,亦聲近義同。

渴,今通作“竭”。

滲、𣹟者,《説文》:“滲,下漉也。”滲,曹憲音所蔭反。各本“所蔭”二字誤入正文,在“滲”字上。《衆經音義》卷十“滲,所蔭反”,引《廣雅》:“滲,盡也。”今據以訂

① 汔、煎,原作“汽、㷔”,《疏證》作“汔、煎”。

正。《説文》:“漉,水下皃也。”《爾雅》:“盝,竭也。”《方言》“逯,涸也”“漉,極也”,郭璞注云:“滲漉極盡也。”司馬相如《封禪文》云:“滋液滲漉。”《考工記·㡛氏》云:“清其灰而盝之。”《月令》云:“毋竭川澤,毋漉陂池。”逯、盝、漉,並通。《淮南子·本經訓》“竭澤而魚”,高誘注云:“竭澤,漏池也。”漏池,即所謂“漉陂池”也。漉、漏,聲相近,故“滲漉”或謂之滲漏。卷二云:“歇、漏,泄也。”泄謂之漏,猶盡謂之漉也;泄謂之歇,猶盡謂之竭也。

汔之言訖也。《説文》:“汔,水涸也。”《井·彖辭》“汔至”,荀爽注云:“陰來居初,下至汔竟也。”竟,亦盡也。《吕氏春秋·聽言》篇云:“壯狡汔盡窮屈。”“汔”與“既”,聲亦相近也。

焪之言窮也。卷二云:“焪,乾也。”乾,亦盡也。

湫,讀爲遒。《玉篇》《廣韻》並云:“遒,盡也。”《廣韻》“湫、遒”並即由切。《爾雅》:“酋,終也。”《大雅·卷阿》篇“似先公酋矣”,毛傳云:“酋,終也。”正義作“遒”。《楚辭·九辯》云:“歲忽忽而遒盡兮。”《淮南子·俶真訓》云:“精有湫盡而神無窮極。”並字異而義同。

澌者,《説文》:“澌,水索也。”曹憲音斯。《玉篇》《廣韻》並音賜。《方言》:“澌,盡也。”鄭注《曲禮》云:“死之言澌也,精神澌盡也。”正義云:“今俗呼盡爲澌,即舊語有存者也。”《金縢》“大木斯拔”,《史記·魯世家》作“盡拔”。《鄉飲酒禮》“尊兩壺于房户閒,斯禁”,鄭注云:“斯盡,禁切地無足者。”疏云:“斯,澌也,澌盡之名也。”《文選·西征賦》“若循環之無賜”,李善注引《方言》:“賜,盡也。”《史記·李斯傳》云:“吾願賜志廣欲。”澌、斯、賜,並通。《繫辭傳》“故君子之道鮮矣”,釋文:“師説云:鮮,盡也。”“鮮”與“斯”,亦聲近義同。故《小雅·瓠葉》箋云:“今俗語‘斯白’之字作鮮。齊魯之閒,聲近斯矣。”

涖者,《玉篇》力二、力計二切。《廣韻》:“涖,汔也。”汔即涸也。又《廣韻》“潥”字注引《埤倉》云:“渧潥,漉也。”漉,即“滲漉”之“漉”。潥,與“涖”同聲,皆涸竭之意也。

釂者,《説文》:“釂,飲酒盡也。”又云:“㰂,盡酒也。”《曲禮》“長者舉未釂”,鄭注云:“盡爵曰釂。”《荀子·禮論》篇云:“利爵之不醮也。”《史記·游俠傳》云:“與人飲,使之嚼。”並字異而義同。凡言醮者,皆盡之義。鄭注《昏義》云:“酌而無酬酢曰醮。”正義云:“直盡爵而已,故稱醮也。”《曲禮》“庶人僬僬”,正義云:“單盡之貌也。"《説文》:"潐,水盡也。"《爾雅》"水醮曰厬",郭璞注云:"謂水醮盡。"今江淮間謂人財盡曰"醮",亦其義也。《周南·卷耳》正義引《五經異義》云:"《韓詩説》,一升曰爵;爵,盡也,足也。"《白虎通義》云:"爵者,盡也,各量其職,盡其才也。""爵"與"釂",亦聲近義同。

烕者,《小雅·正月》篇"赫赫宗周,褒姒烕之",毛傳云:"烕,滅也。"《説文》:"烕,從火,戌聲。火死於戌,陽氣至戌而盡。"烕,與"烕"通。

糞、寫,皆除之盡也。義見卷三"糞、寫,除也"下。

髳者,落之盡。

稍者,尾之盡也。《方言》:"髳、尾、梢,盡也。尾,梢也。"注云:"髳,毛漸落去之名。"梢,與"稍"通。

煎者,《方言》:"煎,盡也。"又云:"煎,火乾也。凡有汁而乾,謂之煎。"成二年《左傳》"余姑翦滅此而朝食",杜預注云:"翦,盡也。""翦"與"煎",聲近義同。

鋌者,《方言》:"鋌,盡也。南楚,凡物空盡者曰鋌。"《釋訓》篇云:"廷廷,盡也。"廷,與"鋌"通。《文選·思玄賦》注引《字林》云:"逞,盡也。""逞"與"鋌",聲近義同。

央者,《小雅·庭燎》篇"夜未央",鄭箋云:"猶云夜未渠央也。"《楚辭·離騷》"時亦猶其未央",王逸注云:"央,盡也。"《九歌》"爛昭昭兮未央",注云:"央,已也。"已,亦盡也。

昀案:既、涸、急未作疏證。

軥、輗、牽、輓、攀、援、摯、扽、拕、抯、攎、扔、扱、據、掮、攎、捈、揄、擢、控、抓、彎、〔神*〕、〔翕*〕、〔曳*〕,引也。

軥、輗,皆罥名,所以引取鳥獸者也。説見《釋器》"軥謂之輗"下。

摯,音充世反,即"掣"字也。《説文》云:"引而縱曰瘳。"《玉篇》"摯、掣"並與"瘳"同。《爾雅》:"甹、夆、掣,曳也。"郭璞注云:"謂牽拕。"案:"摯、摯"二字音義各别。摯,音充世反,與"瘳、掣"同,引也;字從手,埶聲。摯,音至,握持也;字從手,執聲。《廣雅》"摯"訓爲引,當音充世反。曹憲音至,誤也。《集韻》《類篇》"摯"音至,引《説文》:"握持也;又尺制切,與掣同。"溷"摯、摯"爲一字,其誤滋甚。考《玉篇》,摯,從執,音至;摯,從埶,音充世切,與"瘳、掣"同。今據以辨正。

扽者,《玉篇》:"扽,引也,撼也。"古通作"頓"。《荀子·勸學》篇云:"若挈裘領,詘五指而頓之,順者不可勝數也。"楊倞注云:"頓,挈也。"案:頓者,振引也;言挈裘領者,詘五指而振引之,則全裘之毛皆順也。《釋名》云:"掣,制也,制頓之使順己也。"義與此同。《鹽鐵論·散不足》篇云:"吏捕索掣頓,不以道理。"褚少孫《續滑稽傳》云:"當道掣頓人車馬。"頓,與"掣"同義,故皆訓爲引。今江淮閒猶謂引繩曰頓矣。

拕者,《説文》:"拕,曳也。"《少儀》云:"僕者負良綏,申之面,拖諸幦。"《論語·鄉黨》篇"加朝服拖紳",《漢書·龔勝傳》作"拕",同。

抿者,《廣韻》:"抿,急引也。"《釋名》云:"痕,抿也,急相抿引也。"《史記·灌夫傳》:"魏其侯失勢,亦欲倚灌夫引繩批抿生平慕之後棄之者。"《漢書》"批抿"作"排抿",孟康注云:"抿者,抿挌引繩以抨彈之也。"顔師古注云:"言嬰與夫共排退之,譬如相對挽繩而抿挌之也。"今吴楚俗猶謂牽引前卻爲抿挌[58]。

攎者,《方言》:"攎,張也。"張,亦引也,故引弓謂之張弓。

扔者,《廣韻》:"扔,强牽引也。"《老子》"攘臂而扔之",釋文云:"扔,引也。"

擄者,《文選·鄒陽〈上吴王書〉》"連從兵之據",揚雄《羽獵賦》"據黿鼉",李善注並引《廣雅》:"據,引也。"

摍者,《説文》:"摍,蹴引也。"《小雅·巷伯》傳"摍屋而繼之",正義云:"摍,抽也。"抽,亦引也。《周語》"縮取備物",韋昭注云:"縮,引也。"《秦策》云:"淖齒縮閔王之筋。"《漢書·賈誼傳》"夫固自引而遠去",《史記》作"自縮"。縮,與"摍"通。

搄者,急引也。義見上文"搄,急也"下。

捈者,《説文》:"捈,臥引也。"《法言·問神》篇"捈中心之所欲",宋咸注云:"捈,引也。"各本"捈"字誤入曹憲音内。《集韻》引《廣雅》:"捈,引也。"今據以訂正。

揄者,《説文》:"揄,引也。"《韓非子·飾邪》篇云:"龐援揄兵而南。"《韓詩外傳》:"子夏曰:齊君重鞇而坐,我揄其一鞇而去之。"《漢書·禮樂志》"神之揄",顔師古注云:"揄,引也。"

擢者,《説文》:"擢,引也。"《燕策》云:"擢之乎賓客之中。"

控者,《説文》:"控,引也。"《鄘風·載馳》篇"控于大邦",襄八年《左傳》"無所控告",毛傳、杜注並云:"控,引也。"其引弓亦謂之控。《史記·劉敬傳》云:"控弦三十萬。"是也。《鄭風·大叔于田》篇"抑磬控忌",毛傳云:"止馬曰控。"亦引之義也。

抓之言弙也。《説文》:"弙,滿弓有所鄉也。"字亦作"扜"。《吕氏春秋·壅塞》篇"扜弓而射之",高誘注云:"扜,引也。"古聲並與"抓"同。

彎,亦抓也,語之轉耳。《説文》:"彎,持弓關矢也。"昭二十一年《左傳》"豹則關矣",杜預注云:"關,引弓也。"《史記・陳涉世家》"士不敢貫弓而報怨",《漢書》作"彎"。彎、關、貫,並通。

神者,《説文》:"神,天神,引出萬物者也。"鄭注《禮運》云:"神者,引物而出。"《風俗通》引傳曰:"神者,申也。"申,亦引也。神、申、引,聲並相近,故"神"或讀爲引。《周官・馮相氏》疏引《易通卦驗》云:"冬至日置八神,樹八尺之表,日中視其景。"神,讀爲引。

翕者,《説文》:"吸,内息也。""歙,縮鼻也。"《小雅・大東》篇"載翕其舌",鄭箋云:"翕,猶引也。"《楚辭・九章》"吸湛露之浮涼",揚雄《甘泉賦》"噏青雲之流瑕",並字異而義同。

曳者,《説文》:"束縛捽抴爲臾。"又云:"曳,臾曳也。"又云:"抴,捈也。"又云:"丿,抴也;象抴引之形。"《士相見禮》"舉前曳踵",鄭注云:"古文曳作抴。"並字異而義同。

《玉篇》引《廣雅》:"神,引也。"《衆經音義》卷四引《廣雅》:"翕,引也。"卷十九引《廣雅》:"曳,引也。"今本脱"神、翕、曳"三字。

昀案:牽、輓、攀、援、扱未作疏證。

柔、耎、伴、戹、闒、劣、懦、恁、婹、嬈、脆、集、〔鉅〕、愞、偄、軜,弱也。

耎,與下"戹"字同。《説文》:"戹,柔皮也。"又云:"甍,柔革也。古文作仄,籀文作夐。"《衆經音義》卷一引《三倉》云:"耎,弱也。"《考工記》"攻皮之工,函鮑韗韋裘",鄭衆注云:"鮑,書或爲鞄。《倉頡篇》有'鞄甍'";又"鮑人之事,革欲其柔滑而腥脂之,則需",鄭衆讀"需"爲"柔需"之"需"。釋文音人兗反。鮑人之"需",即《倉頡篇》所謂"鞄甍"也。《莊子・天下》篇"以濡弱謙下爲表",釋文:"濡,如兗反。"《楚策》云:"鄭魏者,楚之耎國也。"又云:"李園,軟弱人也。"並字異而義同。

闒之言疲苶也。《説文》:"闒,智力少劣也。"

懦,與下"愞、偄"二字同。各本譌作"懦",今訂正。

恁,與下"集"字同。《説文》:"恁,下齎也。"齎,與"資"同,謂下劣之資也。又云:"集,弱皃。"《小雅・巧言》篇"荏染柔木",毛傳云:"荏染,柔意也。"《論語・陽貨》篇:"色厲而内荏。"恁、栠、荏,並通。

媆者,曹憲音女寸、而兗二反,即今"嫩"字也。各本皆作"羨",蓋因下文"羨"字而誤。考《玉篇》《廣韻》:"媆,與嫩同,弱也。"又《玉篇》"媆"音如臠、奴困二切,與曹憲音同。今據以訂正。

嬈、弱,聲相近。《大過・彖傳》云:"棟橈,木末弱也。"《大戴禮・四代》篇云:"撓弱不立。"《管子・水地》篇云:"夫水淖弱以清。"義並與"嬈"同。

脆者,《説文》:"脆,小耎易斷也。"又云:"膬,耎易破也。"《考工記・弓人》云:"是故脆。"《管子・霸言》篇云:"釋堅而攻膬。"《荀子・議兵》篇云:"事小敵毳。"脆、膬、毳,並通。

銋,曹憲音如深反。各本脱去"銋"字,其如深反之音遂誤入"栠"字下。考《玉篇》《廣韻》《集韻》,"栠"字俱不音如深反。卷四云:"銋,韏也。""韏,詘也。"詘,即耎弱之義。《集韻》引《字林》云:"銋,濡也。""濡"與"弱",義亦相近。又《玉篇》《廣韻》《集韻》,"銋"字並音壬,正與如深反之音相合。是如深乃"銋"字之音,非"栠"字之音。今據以補正。

鞇者,《玉篇》:"鞇,鞇耎也。"《楚辭・九歎》"衣納納而掩露",王逸注云:"納納,濡溼貌也。"義與"鞇"相近。

各本"媆、嬈、脆、栠、愞、偄、鞇"七字誤在"弱也"二字下,遂與下條相連。今訂正。

昀案:柔、佯、劣未作疏證。㬮並見於耎,愞、偄並見於懦,栠並見於恁。

欿、羨、顑、貪、歛、欲、將、闓,欲也。

欿者,《説文》:"欿,欲得也。"

顑,與"顲"同。

歛者,《廣韻》:"貼,戲乞人物也。或作歛。"

欲者,《玉篇》:"欲,貪欲也。"欿、歛、欲,聲並相近。

闓之言覬覦也。桓二年《左傳》云:"下無覬覦。"覬、闓,覦、欲,聲相近。《漢書・武五子傳》"廣陵王胥見上年少無子,有覬欲心",即"覬覦"也。《説文》:"豈,欲也。"豈、闓,聲亦相近。

昀案:羨、貪、將未作疏證。

廣雅疏證　卷第二上

高郵王念孫學

釋　詁

㥏、挬、悔、忨、𢡡、饕餮、𪏆、嗇、歁、歙、欲、婪、利、遴[①]、茹、嗜、𪐱、惨、餽，貪也。

㥏者，汙之貪也。《吕氏春秋·離俗覽》云："不漫於利。"漫，與"㥏"通。

悔者，《方言》："悔，貪也。"《楚辭·天問》"穆王巧悔"，王逸注云："悔，貪也。"《莊子·人閒世》篇"無門無毒"，毒，崔譔本作"每"，云："貪也。"《漢書·賈誼傳》"品庶每生"，孟康注云："每，貪也。"每，與"悔"通。昭十四年《左傳》云："貪以敗官爲墨。""墨"與"悔"，亦聲近義同。

忨者，《爾雅》："㥏，忨也。""愒，貪也。"《説文》："忨，貪也。"昭元年《左傳》"翫歲而愒日"，杜預注云："翫、愒，皆貪也。"《晉語》作"忨日而潵歲"。昭二十六年《左傳》"玩求無度"，服虔注云："玩，貪也。"忨、翫、玩，並通。

饕餮者，《説文》："饕，貪也。"《多方》云："有夏之民叨懫。"叨，與"饕"同。《説文》"餮，貪也"，引文十八年《左傳》："謂之饕餮。"今本"餮"作"飻"，賈逵、服虔、杜預注並云："貪財爲饕，貪食爲飻。"案：《傳》云："貪于飲食，冒于貨賄。侵欲崇侈，不可盈厭。聚斂積實，不知紀極。天下之民，謂之饕飻。"是貪財貪食，總謂之饕飻。饕、飻，一聲之轉，不得分貪財爲"饕"，貪食爲"飻"也。《吕氏春秋·先識》篇云："周鼎著饕飻，有首無身，食人未咽，害及其身。"蓋"饕飻"本貪食之名，故其字從食，因謂貪欲無厭者爲"饕飻"也。

𪏆、嗇者，《方言》："𪏆、嗇，貪也。荆汝江湘之郊，凡貪而不施謂之𪏆，或謂之

① 遴，原作"遴"，《疏證》作"遴"。

嗇。”襄二十六年《左傳》“小人之性嗇於禍”,杜預注云:“嗇,貪也。”

歁,與下“欿”字通。《方言》:“南楚江湘之閒,謂貪曰歁。”郭璞注云:“言歁琳難猒也。”《説文》:“歁,食不滿也。”“欿,欲得也。”又云:“脂,食肉不猒也。”並聲近而義同。

婪者,《説文》:“婪,貪也。”又云:“河内之北,謂貪曰惏。”惏,與“婪”同。僖二十四年《左傳》“狄固貪惏”,釋文、正義並引《方言》云:“殺人而取其財曰惏。”《楚辭·離騷》“衆皆競進以貪婪兮”,王逸注云:“愛財曰貪,愛食曰婪。”案:貪婪,亦愛財、愛食之通稱,不宜分訓也。

遴者,《方言》:“荆汝江湘之郊,凡貪而不施或謂之㤆。㤆,恨也。”《説文》:“吝,恨惜也。”遴、吝、㤆,並通。

茹者,《方言》:“吳越之閒,凡貪飲食者謂之茹。”注云:“今俗呼能麤食者爲茹。”

螯者,《方言》:“螯,貪也。”螯,各本譌作“䵅”。今訂正。

慘者,《説文》:“嫪,婪也。”嫪,與“慘”通。

昀案:搿、懆、欲、利、嗜、餽未作疏證。欲並見於歁。

踽、膂、㹾、劤、威,力也。

踽、膂者,《方言》:“踽、膂,力也。東齊曰踽,宋魯曰膂。膂,田力也。”郭璞注云:“律踽,多力貌。田力,謂耕墾也。”《漢書·陸賈傳》“屈强於此”,顏師古注云:“屈强,謂不柔服也。”屈,與“踽”通。戴先生《方言疏證》曰:“膂,通作旅。《詩·小雅》‘旅力方剛’,是也。毛傳‘旅,衆也’,失之。”謹案:《大雅·桑柔》篇云:“靡有旅力。”《秦誓》云:“番番良士,旅力既愆。”《周語》云:“四軍之帥,旅力方剛。”義並與“膂”同。膂、力,一聲之轉。今人猶呼力爲膂力,是古之遺語也。舊訓“旅”爲衆,皆失之。

㹾者,《方言》:“墾,力也。”注云:“耕墾用力也。”墾,與“㹾”同。

劤,《玉篇》音靳,引《埤倉》云:“劤,多力也。”今北方猶謂力爲劤。《釋名》云:“筋,靳也;肉中之力,靳固於身形也。”“筋”與“劤”,聲義亦相近。

昀案:威未作疏證。

何、詰、譏、咨[59-1]、偵、質、言、訣、誂、稽、考、〔訊*〕、〔請*〕,問也。

何者,《史記·秦始皇紀》“陳利兵而誰何”,集解引如淳《漢書注》云:“何,猶問也。”《周官·射人》“不敬者苛罰之”,鄭注云:“苛,謂詰問之。”苛,與“何”通。

譏者,《王制》“關執禁以譏”,鄭注云:“譏,苛察也。”《周官·宮正》云:“幾其出入。”幾，與“譏”通(59-2)。

咨，各本譌作“資”，今訂正。

偵，讀爲貞。《説文》：“貞，卜問也。”《周官·天府》“陳玉以貞來歲之媺惡”，《大卜》“凡國大貞”，鄭衆注並云：“貞，問也。”《吴語》云：“請貞於陽卜。”《緇衣》引《易》“恆其德偵”，鄭注云：“偵，問也。”今《易》作“貞”。是“偵”與“貞”同。曹憲讀爲“偵伺”之“偵”，失之。

言者，《爾雅》“訊，言也”，郭璞注云：“相問訊也。”《周官·冢人》“言鸞車象人”，鄭衆注云：“言，言問其不如灋度者。”《聘禮》“若有言，則以束帛，如享禮”，鄭注云：“有言，有所告請，若有所問也。”《曲禮》“君言不宿於家”，注云：“言，謂有故所問也。”昭二十五年《穀梁傳》云：“弔失國曰唁。”唁，亦問也。唁、言，古同聲。

《莊子·徐無鬼》篇釋文及《文選·西征賦、文賦》注並引《廣雅》：“訊，問也。”《衆經音義》卷七引《廣雅》：“請，問也。”今本脱“訊、請”二字。

昀案：詰、質、訬、詵、稽、考未作疏證。咨只作校勘。

何、服①、能，任也。

服，各本譌作“般”。案：諸書無訓“般”爲任者。《爾雅》：“服，事也。”《周官·大司馬》注云：“任，猶事也。”是“服”與“任”同義。又卷一内“服，形也”，卷五内“懾，服也”，“服”字並譌作“般”，正與此同。今訂正。

昀案：何、能未作疏證。

超、越、踰、踙、杭、絶、騰②、過、跨、涉，渡也。

踙，或作“踬”。義見下文“踬，跳也”下。

杭者，《衛風·河廣》篇“一葦杭之”，毛傳云：“杭，渡也。”《楚辭·九章》云：“魂中道而無杭。”《説文》：“斻，方舟也。”《淮南子·主術訓》“大者以爲舟航柱梁”，高誘注云：“方兩小船並與共濟爲航。”《爾雅》：“兔，其跡迒。”《釋名》：“鹿、兔之道曰亢，行不由正，亢陌山谷草野而過也。”義並與“杭”同。杭，各本譌作“抗”。今訂正。

絶者，高誘注《淮南子·地形訓》云：“絶，猶過也。”《爾雅》“正絶流曰亂”，《大雅·公劉》正義引孫炎注云：“直横渡也。”

昀案：超、越、踰、騰、過、跨、涉未作疏證。

---

① 服，原作“般”，《疏證》作“服”。

② 騰，原作“驣”。

招、命、靚、召,呼也。

靚者,《説文》:"靚,召也。"《史記》《漢書》並通作"請"。

昀案:招、命、召未作疏證。

詾、鬩、〔譟〕、讙、譊、號咷、嗃、𧬄、訆、㹠、犳、吰、𩿝、評、噭、嘹、鼓①、嘑、〔咆*〕,鳴也。

詾者,《爾雅》"訩,訟也",郭璞注云:"言訩譊也。"《説文》作"詾",或作"説"。《魯頌·泮水》篇"不告于訩",鄭箋云:"訩,訟也。"《易林·履之蒙》云:"訟爭凶凶。"僖二十八年《左傳》"曹人兇懼",杜預注云:"兇兇,恐懼聲。"《荀子·天論》篇"君子不爲小人匈匈也輟行",楊倞注云:"匈匈,喧譁之聲。"《解蔽》篇云:"掩耳而聽者,聽漠漠而以爲哅哅。"並字異而義同。《楚辭·九章》云:"聽波聲之洶洶。"揚雄《羽獵賦》"洶洶旭旭",李善注云:"鼓動之聲也。"義並與"詾"同。

鬩者,《説文》"鬩,恆訟也",引《小雅·常棣》篇:"兄弟鬩于牆。"

譟者,《方言》:"譟,音也。"《説文》:"譟,擾聒也。"《周官·大司馬》"車徒皆譟",鄭注云:"譟,讙也。《書》曰:前師乃鼓䥖譟。"各本皆脱"譟"字。《衆經音義》卷二十引《廣雅》:"譟、讙,鳴也。"今據以補正。

讙者,《玉篇》音虚元、呼丸二切。《説文》:"吅,驚嘑也。""讙,譁也。"讙,與"吅"通,亦作"諠"。

譊者,《説文》:"譊,恚呼也。"《衆經音義》卷二十引《倉頡篇》云:"譊,訟聲也。"《法言·寡見》篇云:"譊譊者,天下皆訟也。"小鉦謂之鐃,義亦相近,故《釋名》云:"鐃,聲譊譊也。"

號咷者,《同人》九五"先號咷而後笑",釋文云:"號咷,啼呼也。"《説文》:"楚謂兒泣不止曰噭咷。""噭咷"與"號咷",亦同義。哭聲謂之噭咷,歌聲亦謂之噭咷。《漢書·韓延壽傳》云:"噭咷楚歌。"是也。

嗃者,李善注《長笛賦》引《埤倉》云:"嗃,大呼也;音呼交切。"《莊子·齊物論》篇"激者、謞者",司馬彪注云:"謞,若讙謞聲也。"《則陽》篇云:"夫吹管也,猶有嗃也。"《北山經》"其鳴自詨",郭璞注云:"今吳人謂叫呼爲詨,音呼交反。"嗃、謞、詨,並同義。《玉篇》髇,呼交切,"髇箭也"。《莊子·在宥》篇"焉知曾史之不爲

① 鼓,原作"鼔",《疏證》作"鼓"。

桀蹠嚆矢也”，向秀注云：“嚆矢，矢之鳴者也。”義亦與“嗃”同。

讙者，《説文》：“讙，呼也。”今作“唤”，同。

訆者，《説文》：“訆，大呼也。”“叫，嘑也。”“嘂，大呼也。”訆、叫、嘂，並同。

獋者，《説文》：“嘷，咆也。譚長説從犬作獋。”襄十四年《左傳》云：“豺狼所嘷。”《周官・大祝》“令皋舞”，鄭注云：“皋，讀爲‘卒嘷呼’之嘷。”獋、嘷、皋，並通。

㺉者，李善注《江賦》引《聲類》云：“呴，嘷也。”《爾雅・釋畜》釋文引《字林》云：“㺉，牛鳴也。”《燕策》云：“呴籍叱咄。”《後漢書・童恢傳》云：“其一虎視恢鳴吼。”㺉、呴、吼，並同。《吴語》“三軍皆譁釦以振旅”，《衆經音義》卷十九引作“譁呴”，又引賈逵注云：“呴，謼也。”《説文》：“吽，厚怒聲也。”義並與“㺉”通。

雊者，《説文》：“雊，雄雉鳴也。雷始動，雉鳴而句其頸。”《高宗肜日》云：“越有雊雉。”《夏小正》“雉震呴”，傳云：“呴也者，鳴也。”呴，與“雊”同。

謼，與下“嘑”字同。《説文》：“虖，哮虖也。”“嘑，號也。”“謼，評也。”虖、嘑、謼、評，並通，亦通作“呼”。

嗷者，《説文》：“嗷，吼也。一曰：嗷，呼也。”又云：“謷，痛呼也。”謷，與“嗷”同。《曲禮》“毋嗷應”，鄭注云：“嗷，號呼之聲也。”昭二十五年《公羊傳》云：“昭公於是嗷然而哭。”《説文》引作“嘂然”，則“嘂”亦與“嗷”通。

嘹者，《廣韻》：“嘹，病呼也。”

鼓者，《周官・小師》“掌教鼓鼗柷敔塤簫管弦歌”，鄭注云：“出音曰鼓。”《楚辭・離騷》“吕望之鼓刀兮”，王逸注云：“鼓，鳴也。”

咆者，《説文》：“咆，嘷也。”《楚辭・招隱士》云：“虎豹鬭兮熊羆咆。”《淮南子・覽冥訓》云：“虎豹襲穴而不敢咆。”《衆經音義》卷二十三引《廣雅》：“咆，鳴也。”今本脱“咆”字。

昀案：吠未作疏證。嘑並見於評。

嗟[①]、嘆、呻，吟也。

嗟、嘆者，《釋名》云：“嗟，佐也，言之不足以盡意，故發此聲以自佐也。”《文選・蘇武詩》注引《倉頡篇》云：“吟，嘆也。”《説文》：“歎，吟也。”鄭注《檀弓》云：“歎，吟息也。”歎，與“嘆”同。《樂記》“長言之不足，故嗟歎之”，鄭注云：“嗟歎，和續之也。”是古謂吟爲“嗟嘆”也。

---

① 嗟，原作“嗟”，《疏證》作“嗟”。

昀案:呻未作疏證。

鬵、衮、膶、熠、煠、湯,爚也。

鬵者,《説文》:"䰝,於湯中爚肉也。或從炙㓹聲作鬵。"《少牢》下篇"乃䰝尸俎",鄭注云:"䰝,温也。"《禮器》"三獻爓",鄭注云:"爓,沈肉於湯也。"《楚辭·大招》"炙鴰烝鳧,煔鶉敶只",王逸注云:"煔,爚也。"鬵、䰝、煔、爓,並通。鬵,各本譌作"鍨",今訂正。

衮之言温也。《説文》:"衮,炮炙也,以微火温肉也。"

膶者,《玉篇》:"膶,膶瀹也,生熟半也。"《郊特牲》"血腥爓祭",鄭注云:"爓,或爲膶。"

熠,亦爚也。方俗語有緩急耳。

湯者,沈肉於湯謂之爚,故又謂爚爲湯。鄭注《祭義》云:"湯肉曰爓。"是也。

爚者,《説文》:"鬻,内肉及菜湯中薄出之。"《士喪禮記》"菅筲三,其實皆瀹"[①],鄭注云:"米麥皆湛之湯也。"爚、瀹、鬻,並通。

昀案:煠未作疏證。

供、奉、獻、御、奏、晉、漸、躍、前、陞、敕、奮、揖、饛、薦、許[②],進也。

御者,《小雅·六月》篇"飲御諸友",毛傳云:"御,進也。"《獨斷》云:"御者,進也。凡衣服加於身,飲食入於口,妃妾接於寢,皆曰御。"

奏者,《説文》:"奏,進也。"《堯典》云:"敷奏以言。"

晉者,《晉·彖傳》及《爾雅》並云:"晉,進也。"

漸者,《漸·彖傳》云:"漸之進也。"《顧命》云:"疾大漸。"

揖,謂揖而進之也。《士冠禮》云:"賓揖將冠者即筵。"

許者,《大雅·下武》篇"昭茲來許",毛傳云:"許,進也。"許,猶御也。劉昭注《續漢書·祭祀志》引謝沈《書》作"昭哉來御"。

昀案:供、奉、獻、躍、前、陞、敕、奮、饛、薦未作疏證。

旁、闊、幠、衍、藐、素[③]、慮,廣也。

旁者,《説文》:"旁,溥也。"《洛誥》云:"旁作穆穆。"《周官·男巫》云:"旁招以茅。"

---

① 此引文出處非《士喪禮記》,乃《既夕禮記》。

② 奏,原作"𡗜",《疏證》作"奏"。前,原作"𣴎"。

③ 素,原作"縈",《疏證》作"素"。

《月令》云:“命有司大難,旁磔。”皆廣之義也。古通作“方”,義見卷一“方、旁,大也”下。

幎者,廣覆之意。《淮南子·原道訓》“舒之幎於六合”,高誘注云:“幎,覆也,言滿天地閒也。”幎,各本譌作“幎”,惟影宋本、皇甫録本不譌。《集韻》引《廣雅》作“幎”,即“幎”之譌也。

衍者,《楚辭·天問》“其衍幾何”,王逸注云:“衍,廣大也。”司馬相如《上林賦》云:“離靡廣衍。”《周官·大司徒》“辨其山林川澤邱陵墳衍原隰之名物”,鄭注云:“下平曰衍。”《小爾雅》云:“澤之廣者謂之衍。”義並同也。

藐、素者,《方言》“藐、素,廣也”,郭璞注云:“藐藐,曠遠貌。”《大雅·瞻卬》篇云:“藐藐昊天。”《楚辭·九章》云:“藐蔓蔓之不可量兮。”卷四云:“素,博也。”博,亦廣也。

昀案:闊、慮未作疏證。

焈、燥、熯、焟、晞、𤎩、煎、𤈦、炕、暵、𥟿、𦿡、𨧫、𤒎、焇、焚、𦙶、殨、燔、㵟、𤇾、㸅、炌、〔燎*〕①,乾〔也〕。

各本“乾”下脱去“也”字,遂與下文“㬎、膊、昲、炕、煬、烈、晒、暩、曬,曝也”合爲一條。《集韻》《類篇》“焇、㸅”二字注並云“曝也”,又“焈、焟、𤒎、𦙶、殨、㵟、𤇾”七字注並引《廣雅》云“曝也”,則宋時《廣雅》本已脱去“也”字。案:本條及下條俱有“炕”字,一訓爲乾,一訓爲曝。若合爲一條,則兩“炕”字重出。又考《衆經音義》卷十三引《廣雅》:“燔,乾也。”《廣韻》“𤒎”字注引《廣雅》:“火乾物也。”《集韻》“㵟”字又音求於切,引《廣雅》:“乾也。”則宋本尚有未脱“也”字者。又“燥、熯、焟、晞、熬、煎、𤈦、炕、暵、𥟿、𦿡、𤒎、焇、𦙶、殨、㵟、㸅、炌”十八字,諸書並訓爲乾。今據以補正。

焈者,《説文》:“焈,束炭也。”焈,與“焈”同。

熯,與下“暵”字通。《説文》“熯,乾皃”;又云“暵,乾也”,引《説卦傳》:“燥萬物者莫暵乎火。”今本作“熯”。

焟者,《説文》:“昔,乾肉也;從殘肉,日以晞之;籀文從肉作𦠉。”隸作“腊”。昔、𦠉、腊、焟,並同。《釋名》:“腊,乾昔也。”《噬嗑》六三“噬腊肉”,馬融注云:“晞於陽而煬於火曰腊肉。”《周官》“腊人掌乾肉”,《檀弓》有“陳乾昔”,義取諸此與!

晞者,《方言》:“晞,燥也。”《説文》:“晞,乾也。”《小雅·湛露》篇“匪陽不晞”,《玉藻》“髮晞用象櫛”,毛傳、鄭注並與《説文》同。晞,亦暵也,語之轉耳。暵,與

① 煎、𤈦、𥟿,原作“𤊵、𤈦、𥟿”,《疏證》作“煎、𤈦、𥟿”。

“罕”同聲；晞，與“希”同聲。“晞”之轉爲“暵”，猶“希”之轉爲“罕”矣。

熬、煎、㷄、𦠆者，《方言》：“熬、聚、煎、㸑，火乾也。凡以火而乾五穀之類，自山而東，齊楚以往，謂之熬；關西隴冀以往，謂之㸑；秦晉之閒，或謂之聚；凡有汁而乾，謂之煎。”《説文》：“熬，乾煎也。或作𩱠。”《内則》云：“煎醢加于陸稻上，沃之以膏曰淳熬。”《説文》：“煎，熬也。”又云：“鬻，熬也。”《楚辭·九思》“我心兮煎熬”，一本作“熬𩰫”。郭璞注《方言》云：“聚，即𩰫字也。”又注《爾雅·釋草》云：“豨首，可以㷅蠶蛹。”釋文引《三倉》云：“㷅，熬也。”《衆經音義》卷一云：“崔寔《四民月令》作炒，古文奇字作㶤。”並字異而義同。今俗語猶呼乾煎曰炒矣。《説文》：“𦠆，以火乾肉也。”《周官·籩人》注云：“鮑者，於糒室中糗乾之。”𦠆、糒，並與“㸑”同。《説文》：“糒，乾飯也。”“糒”與“㸑”，亦聲近義同。

炕者，《衆經音義》卷三引《倉頡篇》云：“炕，乾極也。”《説文》：“炕，乾也。”《漢書·五行志》“炕陽而暴虐”，顔師古注云：“炕陽者，枯涸之意。”今俗語猶呼火乾曰炕矣。

曊者，《説文》：“曊，暴乾也。”《漢書·賈誼傳》云：“日中必曊。”曊，各本譌作“慧”，今訂正。

鐰，亦燥也。故《釋言》云：“鐰，燥也。”

燩者，《玉篇》：“燩，火乾物也。”

焇，亦燥也，方俗語有侈弇耳。《玉篇》：“焇，乾也。”《漢書·董仲舒傳》云“猶火之銷膏而人不見也”，銷，與“焇”通。

焚者，灼之乾也。《莊子·齊物論》云：“大澤焚而不能熱。”

殆，各本譌作“胋”。《集韻》《類篇》引《廣雅》並作“胋”，則宋時本已譌。考《説文》《玉篇》《廣韻》俱無“胋”字。《説文》：“殆，枯也。”《玉篇》：“殆，枯乾也。”《廣韻》：“殆，枯瘁也。”今據以訂正。《説文》：“枯，槀也。”枯，與“殆”通。

殦者，《周官·庖人》“凡其死生鱻薨之物”，鄭衆注云：“薨，謂乾肉。”《曲禮》云：“槀魚曰商祭。”《説文》：“槀，木枯也。”殦、薨、槀，並通。

燔者，燎之乾也。《大雅·生民》篇“載燔載烈”，毛傳云：“傅火曰燔。”

濾之言枯也。《玉篇》：“濾，乾濾也。”《廣韻》云：“乾水也。”《周官·庖人》“夏行腒鱐”，鄭衆注云：“腒，乾雉也。”“腒”與“濾”，亦同義。

烼者，《玉篇》：“烼，煴也；烼炢，火熼也。”卷四云：“㷉，煴也。”㷉，與“烼”同。

焭者，《玉篇》：“焭，乾也。”《廣韻》云：“火乾物也。”《方言》：“鞏，火乾也。凡有汁而乾,東齊謂之雜。"“雜”與“焙”,聲近義同。

炕之言槁也。《玉篇》:“炕,乾也。”《廣韻》同。

燎者,《説文》:“𤎅,炙也。”𤎅,與“燎”同。《衆經音義》卷八引《廣雅》:“燎,乾也。”今本脱“燎”字。

昀案:燥未作疏證。暵並見於熯。

㬤、膊、晞、炕、焬、烈、晒、𤏙[①]、曬,曝也。

㬤者,《玉篇》㬤,邱立切,“欲乾也”。《衆經音義》卷二十二引《通俗文》云:“欲燥曰㬤。”引之云:《王風・中谷有蓷》篇“中谷有蓷,暵其乾矣”“中谷有蓷,暵其脩矣”“中谷有蓷,暵其濕矣”,傳云:“脩,且乾也。鵻遇水則濕。”箋云:“鵻之傷於水,始則濕,中而脩,久而乾。”案:濕,當讀爲㬤。㬤,亦且乾也。“㬤”與“濕”聲近,故通。“暵其乾矣、暵其脩矣、暵其濕矣”,三章同義。草乾謂之脩,亦謂之濕,猶肉乾謂之脩,亦謂之𦠆。《釋名》:“脯,搏也,乾燥相搏著也。”又曰:“脩,脩縮也,乾燥而縮也。”《玉篇》𦠆,邱及切,“朐脯也”。

膊,各本譌作“晦”,自宋時本已然,故《集韻》《類篇》並云:“晦,暴也。”考《説文》《玉篇》《廣韻》俱無“晦”字。《方言》:“膊,暴也。燕之外郊,朝鮮洌水之間,凡暴肉、發人之私、披牛羊之五藏,謂之膊。”今據以訂正。暴,與“曝”同。《説文》:“膊,薄脯膊之屋上也。”成二年《左傳》云:“殺而膊諸城上。”《釋名》:“膊,迫也,薄豚肉迫著物,使燥也。”又云:“脯,搏也,乾燥相搏著也。”“脯”與“膊”,聲相近;“膊”與“曝”,聲之轉也。《漢書・宣帝紀》“爲取暴室嗇夫許廣漢女”,應劭曰:“暴室,宫人獄也,今曰薄室。”師古曰:“暴室者,掖庭主織作染練之署。故謂之暴室,取暴曬爲名耳。或云薄室者,薄,亦暴也。今俗語亦云‘薄曬’。”

晞、𤏙、曬者,《方言》“晞、曬,乾物也。揚楚通語也”,郭璞注云:“亦皆北方常語耳。或云𤏙也。”《列子・周穆王》篇云:“酒未清,肴未晞。”《淮南子・地形訓》云“日之所𦢊”,𦢊,與“晞”同。《玉篇》:“𤏙,置風日中令乾也。”《方言》又云:“曬,暴也。凡暴五穀之類,秦晉之間謂之曬。”

焬、烈者,《方言》:“焬,炙也;焬、烈,暴也。”《説文》:“焬,炙燥也。”《淮南子・齊俗訓》“冬則短褐不掩形而焬竈口”,高誘注云:“焬,炙也。”

① 𤏙,原作“㬥”,《疏證》作“𤏙”。

晐者,《玉篇》晐,古鄧切,"乾燥也"。《説卦傳》"日以晅之",釋文:"晅,本又作晐。徐邈音古鄧反。"

昀案:炕未作疏證。

閒、誣、誃、益、增、被、匱、尚,加也。

閒,與"讕"同。《説文》:"讕,詆讕也。或作譋。"《玉篇》音落干、力但二切,云:"誣言相加被也。"《春秋繁露·深察名號》篇云:"詰其名實,觀其離合,則是非之情不可以相讕已。"《漢書·文三王傳》"抵讕置辭",顔師古注云:"抵,距也。讕,誣諱也。"《谷永傳》"滿讕誣天",蕭該音義云:"滿,或音漫。"《史記·孝文紀》索隱引韋昭云:"謾,相抵闌也。"闌,亦與"讕"同。案:今人謂以罪誣人曰"賴",即"讕"之轉也;又謂以己罪加於他人曰"抵賴",即"抵讕"之轉也。"讕"爲誣加之義,而字或作"譋"。《廣雅》"閒、誣"同訓爲加,是"閒"即"譋"也。

誣者,《説文》:"誣,加言也。"

誃之言移也,移加之也。《趙策》云:"知伯來請地不與,必加兵於韓矣。"《韓子·十過》篇"加"作"移"。是"移"與"誃"同義。《玉篇》"誃"音與紙、與支二切,《集韻》又他可切。《小雅·小弁》篇"舍彼有罪,予之佗矣",毛傳云:"佗,加也。""佗"與"誃",亦聲近義同。

諸書無訓"匱"爲加者。匱,當作"遺",字之誤也。遺,音唯季反。《邶風·北門》篇"政事一埤遺我",毛傳云:"遺,加也。"成十二年《左傳》"無亦唯是一矢以相加遺",釋文並唯季反。

昀案:益、增、被、尚未作疏證。

甀、罅、瑕、璺、斯、坼、䏶[①]、捂、振、捇、睚眦、隙、斬、裁、剅、掝、扣、劈、揩、𠟊、瘽、㓷,裂也。

甀者,《爾雅》:"康瓠謂之甀。"《説文》"甀,康瓠,破罌也",徐鍇傳云:"康之言空也。破則空也。"《揚子·先知》篇"甄陶天下者,其在和乎!剛則甀,柔則坯",宋咸注云:"甀,破也,言陶法太剛則破裂也。"

罅、瑕,聲相近。《説文》:"𡍼,坼也。""罅,裂也。"《鬼谷子·抵巇》篇云:"巇

① 䏶,原作"脾",《疏證》作"䏶"。

者，罅也。罅者，𡾋也。𡾋者，成隙也。"《爾雅》"𪇰醜，罅"，郭璞注云："剖母背而生。"《淮南子·覽冥訓》云："植社槁而罅裂。"應劭注《漢書·高帝紀》云："殺牲以血塗鼓釁呼爲釁。"顏師古云："呼，音火亞反。"罅、墟、呼，並通。

璺之言釁也。《方言》："秦晉器破而未離謂之璺。"《周官·大卜》"掌三兆之灋：一曰玉兆，二曰瓦兆，三曰原兆"，鄭注云："其象似玉瓦原之璺罅，是用名之焉。"沈重注云："璺，玉之坼也。"《素問·六元正紀大論》篇"厥陰所至，爲風府，爲璺啟"，王冰注云："璺，微裂也。啟，開坼也。"案：今人猶呼器破而未離曰璺。"璺"字，蓋從玉，釁省聲。"釁"與"璺"，聲相近，故《周官》釋文"璺"作"璺"。璺，即"釁"之變體也。璺，各本譌作"璺"。今訂正。

斯，義見卷一"斯，分也"下。

𤮔，各本譌作"弾"。《説文》："𤮔，别也。"《集韻》《類篇》並引《廣雅》："𤮔，裂也。"今據以訂正。《鬼谷子·捭闔》篇云："捭之者開也，闔之者閉也。"捭，與"𤮔"同。

㼌，各本譌作"抓"。《淮南子·主術訓》云："人莫㼌玉石而㼌瓜瓠。"《集韻》《類篇》並引《廣雅》："㼌，裂也。"今據以訂正。㼌之言劈也。《方言》："鋠、摫，裁也。梁益之閒，裁木爲器曰鋠，裂帛爲衣曰摫。"《漢書·藝文志》"鉤鋠析亂"，顏師古注云："鋠，破也。"義與"㼌"同。

捇者，《説文》："捇，裂也。"《莊子·養生主》篇云："動刀甚微，謋然已解。"謋，與"捇"同。宣六年《公羊傳》"則赫然死人也"，何休注云："赫然，已支解之貌。"《續漢書·禮儀志》"赫女軀，拉女幹，節解女肉"，"赫"與"捇"，亦聲近義同。

睚眦者，《韓策》云："賢者以感忿睚眦之意。"《文選·長楊賦》注引晉灼云："睚眦，瞋目貌也。"凡人之瞋目者，必裂其目際，故"睚眦"訓爲裂也。

刌者，《玉篇》："刌，小裂也。"《後漢書·馬融傳·廣成頌》："刌完羝，撝介鮮，散毛族，梏羽羣。"刌、撝，皆裂也；散、梏，皆分也。故卷一云："嚳，分也。"《説文》云："撝，裂也。"梏，與"嚳"通；脰，與"刌"通。李賢注訓"脰"爲頸，讀"梏"爲"攪擾"之"攪"，皆失之。

掝，《玉篇》音胡麥切。《集韻》又音洫。《樂記》"卵生者不殈"，鄭注云："殈，裂也。"徐邈音洫。殈，與"掝"通。"殈"之通作"掝"，猶溝洫之通作"淢"矣[(60-1)]。

劐者，《玉篇》作"𠠓"，與"𠜾"同。《方言》："𠜾，解也。"《釋名》云："矟，矛長九尺者也。矟，霍也，所中霍然即破裂也。"[(60-2)]"霍"與"劐"，亦聲近義同。

瘸者,《説文》:"瘸,創裂也。"

剫,亦劃也。捇、劃、剫,聲並相近。

昀案:坼、䂳、隙、靳、裁、扣、劈、揩未作疏證。

鬜、鬝䯻、䫋[1]、〔瘌*〕,秃也。

鬜者,《説文》:"鬜,鬢秃也。"又云:"顅,頭鬢少髪也。"《考工記·梓人》"數目顅脰",鄭注云:"故書顅或作牼。鄭司農云:牼,讀爲'鬜,頭無髪'之鬜。"釋文:"鬜,劉苦顔反;或苦瞎反。"《明堂位》"夏后氏以楬豆",鄭注云:"楬,無異物之飾也。齊人謂無髪爲秃楬。"釋文:"楬,苦瞎反。"《士喪禮》"毼豆兩",鄭注云:"毼,白也。"釋文:"毼,苦瞎反。"案:秃者頭白,故亦謂之毼。《釋名》云:"秃或曰毼。"是也。鬜、顅、楬、毼,並通。

鬝䯻者,《玉篇》:"䯻鬝,秃也。"䯻鬝,猶鬝䯻,疊韻之轉耳。

䫋者,《説文》:"䫋,秃也。"《衆經音義》卷六引《三倉》云:"䫋,頭秃無毛也。"又引《通俗文》云:"白秃曰䫋。"《淮南子·齊俗訓》云:"親母爲其子治扢秃而血流至耳。"扢,與"䫋"通。《玉篇》"䫋"音口本、口没二切。《説文》:"顝,無髪也。"《玉篇》音苦昆、苦鈍二切。又《説文》:"髡,剔髪也。"髡、顝、䫋,一聲之轉,義並相近。

《集韻》《類篇》"瘌",居例切,引《廣雅》:"瘌,秃也。"今本脱"瘌"字。

爰、喛、愠、愁,〔恚〕也。

各本"愁"下俱脱"恚"字,自宋時本已然,故《集韻》《類篇》"喛"字注並云:"一曰愁也。"案:卷四云:"愵、慅、秋,愁也。""愁"義自見卷四,不當於此卷内重出。考《衆經音義》卷九引《廣雅》:"愠,恚也。"又"爰、喛、愠"三字,諸書皆訓爲恚。今據以補正。

爰、喛者,《方言》"爰、喛,恚也。楚曰爰,秦晉曰喛,皆不欲譍而强畣之意也",郭璞注云:"謂悲恚也。"又"爰、喛,哀也",注云:"喛,哀而恚也。"《廣韻》:"喛,恚也。"《玉篇》:"愋,恨也。"愋,與"喛"同。引之云:"《楚辭·九章》'曾傷爰哀,永歎喟兮',爰哀,猶曾傷,謂哀而不止也。"《方言》云:"凡哀泣而不止曰咺。"爰、喛、咺,古同聲而通用。《齊策》"狐咺",《漢書·古今人表》作"狐爰"。是其證。王逸注訓"爰"爲於,失之。

愠者,《玉篇》云:"愠,恚也。"《衆經音義》卷五引《倉頡篇》云:"愠,恨也。"《大雅·緜》篇"肆不殄厥愠",毛傳云:"愠,恚也。"

---

[1] 䫋,原作"頌",《疏證》作"䫋"。

愁者,《秦策》云:"上下相愁,民無所聊。"謂上下相恚也[61]。《方言》云:"愁恚憒憒,毒而不發。"

馮、齘、苛、嫳、嫢盈、戲、憚、忿、愠、謓、怖、漢、赫、䫜、悖、恚、㑞、嬽、怴、訮、訶、㹚、嗷、譇、訬、詌、唓、喤、譴、讀①,怒也。

馮、齘、苛者,《方言》:"馮、齘、苛,怒也。楚曰馮,小怒曰齘,陳謂之苛。"郭璞注云:"馮,恚盛貌。齘,言噤齘也。苛,相苛責也。"昭五年《左傳》"今君奮焉,震電馮怒",杜預注云:"馮,盛也。"《列子·湯問》篇"帝馮怒",張湛注云:"馮,大也。"《楚辭·天問》篇云:"康回馮怒。"《吳語》云:"請王厲士以奮其朋勢。"朋,與"馮"通,猶淜河之"淜"通作"馮"也[62]。韋昭注訓"朋"爲羣,失之。《説文》:"齘,齒相切也。"《玉篇》云:"噤齘,切齒怒也。"《周官·世婦》"不敬者而苛罰之",鄭注云:"苛,譴也。"《爾雅》:"苛,妎也。"妎,與"齘"同。苛、妎,皆怒也。郭璞注以爲"煩苛者多嫉妎",失之。苛、妎,一聲之轉。《内則》"疾痛苛癢",鄭注云:"苛,疥也。"苛癢之"苛"轉爲"疥",猶苛怒之"苛"轉爲"妎"矣。

嫳者,《説文》:"嫳,易使怒也。"《方言》"憋,惡也",注云:"憋忕,急性也。"《列子·力命》篇云:"嘽咺憋懯。"懯,與"忕"同;憋,與"嫳"同。

嫢盈者,《方言》:"嫢盈,怒也。燕之外郊,朝鮮洌水之閒,凡言呵叱者,謂之嫢盈。"注:"嫢,音羌箠反。"嫢,舊本作"䙳",曹憲音於危反。《方言疏證》云:"《玉篇》云:'嫢,盛貌。'則'嫢盈'爲盛氣呵叱,如馮之訓滿、訓怒也。"《廣雅》:"䙳、盈,怒也。"曹憲不察"䙳"爲"嫢"之譌,音於危反,殊失之。今據以訂正。

戲、憚者,《方言》:"戲、憚,怒也。齊曰戲,楚曰憚。"戲,讀當爲"赫戲"之"戲"。《楚辭·離騷》"陟陞皇之赫戲兮",王逸注云:"赫戲,光明貌。"張衡《西京賦》"叛赫戲以煇煌",薛綜注云:"赫戲,炎盛也。"盛光謂之赫戲,盛怒亦謂之赫戲,故《廣雅》"赫、戲"並訓爲怒也。憚,亦盛怒貌也。《大雅·桑柔》篇云:"逢天僤怒。"僤,與"憚"通"。《秦策》云:"王之威亦憚矣。"憚,亦威之盛,義與"僤怒"之"僤"相近。高誘注以"憚"爲難,失之。《史記·春申君傳》"憚"作"單",古字假借耳。司馬貞以"單"爲盡,亦失之。《周語》"陽癉憤盈",舊音引《方言》:"楚謂怒爲癉。""癉"與"憚",古亦通用。

---

① 譴、讀,原作"譴、讀",《疏證》作"譴、讀"。

謓者,《説文》:"謓,恚也。"字亦作"嗔",又作"瞋"。

怫之言勃然也。《説文》"怫,很怒也",引《小雅·白華》篇:"視我怫怫。"今本作"邁邁",毛傳云:"邁邁,不説也。"釋文:"《韓詩》作'怫怫',云:意不説好也。"韓、毛、許,義並相近,古今字異耳。

漠、赫者,《方言》:"漠、赫,怒也。"《大雅·皇矣》篇"王赫斯怒",鄭箋云:"赫,怒意也。"《桑柔》篇"反予來赫",釋文:"赫,毛許白反,炙也。與'王赫斯怒'同義。本亦作嚇。鄭許嫁反,口距人也。"正義云:"嚇是張口瞋怒之貌。"《莊子·秋水》篇"鴟得腐鼠,鵷鶵過之,仰而視之曰:嚇",釋文:"嚇,許嫁反,又許白反。司馬云:嚇怒其聲,恐其奪己也。"《素問·風論》云:"心風之狀善怒嚇。"嚇,與"赫"通。

顭者,《方言》:"顭,怒也。"注云:"顭顭,恚貌也。"《廣韻》:"顭,切齒怒也。"義與"噤齘"之"噤"同。

倿者,《論語·陽貨》篇云:"今之矜也忿戾。"戾,與"倿"通。

娺者,《説文》:"娺,疾悍也。"

詽者,《説文》:"詽,諍語詽詽也。"《玉篇》云:"訶也。"

訶者,《説文》:"訶,大言而怒也。"字亦作"呵"。

虩者,《玉篇》:"虩,虎怒皃。"《大雅·常武》篇"闞如虓虎",鄭箋云:"闞然如虎之怒。""闞"與"虩",聲近義同。

嗷者,《玉篇》:"嗷,訶也。"

諸者,《玉篇》:"諸,怒訶也。"《大雅·皇矣》篇"上帝耆之",毛傳云:"耆,惡也。"正義引王肅云:"惡桀紂之不德也。""耆"與"諸",聲義相近。

訦者,《玉篇》:"訦,怒訶也。"

訒者,《玉篇》:"訒,怒訶也。"

哻者,《廣韻》:"哻,呵也。"

譴者,《衆經音義》卷三引《倉頡篇》云:"譴,呵也。"《小雅·小明》篇云:"畏此譴怒。"

讀者,卷一云:"怒,責也。"責,與"讀"通。

昀案:忿、慍、悖、恚、怴、嗅未作疏證。

惜、恫、忚、怛、哀、愓、痨、〔荼〕、毒、憯、蛆、慄、瘌、藴、蓋、疼、恩、悲、愍、殷、惄、瘦、讟、桐、〔惆悵*〕、〔悏*〕,痛也。

惜者,李善注《歎逝賦》引賈逵《國語》注云:"惜,痛也。"《説文》同。《楚辭·九章》"惜誦以致愍兮",戴先生注云:"惜誦,悼惜而誦言之也。"

恫者,《爾雅》:"恫,痛也。"《盤庚》云:"乃奉其恫。"《大雅·思齊》篇云:"神罔時恫。"

忉、怛者,《方言》:"忉、怛,痛也。"《後漢書·楚王英傳》云:"懷用悼灼。"灼,與"忉"通。《檜風·匪風》篇"中心怛兮",毛傳云:"怛,傷也。"

癆、荼、毒、瘌者,《方言》:"凡飲藥傅藥而毒,南楚之外,謂之瘌;北燕朝鮮之閒,謂之癆;自關而西,謂之毒。瘌,痛也。"郭璞注云:"癆、瘌,皆辛螫也。"各本皆脱"荼"字。《衆經音義》卷十二引《廣雅》:"荼,痛也。"卷二十五引《廣雅》:"荼、毒,痛也。"今據以補正。《大雅·桑柔》篇"寧爲荼毒",鄭箋以"荼毒"爲苦毒。陸機《豪士賦序》:"身猒荼毒之痛。"是"荼、毒"皆痛也。《爾雅》云:"荼,苦菜。"《邶風·谷風》篇"誰謂荼苦?其甘如薺",鄭箋云:"荼誠苦矣,而君子於己之苦毒,又甚於荼。"則苦菜之"荼"與荼毒之"荼",義亦相近。《周官·醫師》"聚毒藥以共醫事",鄭注云:"毒藥,藥之辛苦者。"《小雅·小明》篇"其毒大苦",鄭箋云:"憂之甚,心中如有藥毒。"皆痛之義也。《方言》又云:"剌,痛也。"《衆經音義》卷八引《通俗文》云:"辛甚曰辢。"左思《魏都賦》云:"蔡莽螫剌,昆蟲毒噬。"瘌、剌、辢,並通。辢之言烈也。《吕氏春秋·本味》篇"辛而不烈","烈"與"辢",聲近義同。

憯者,《説文》:"慘,毒也。""憯,痛也。"《表記》云:"中心憯怛。"《漢書·谷永傳》"搒箠瘮於炮烙",顔師古注云:"瘮,痛也。"憯、慘、瘮,並通。

蛆者,《玉篇》蜇,陟列切,"蟲螫也。又作蛆"。《衆經音義》卷十引《字林》云:"蛆,螫也。"僖二十二年《左傳》正義引《通俗文》云:"蠍毒傷人曰蛆。"《列子·楊朱》篇"蜇於口,慘於腹",張湛注云:"慘、蜇,痛也。"

悚者,《方言》:"悚,痛也。自關而西,秦晉之閒,或曰悚。"注云:"憯、悚,小痛也。"《方言》:"凡草木刺人者,北燕朝鮮之閒,謂之茦。"義與"悚"亦相近。

蠚、螫,一字也。《説文》:"螫,蟲行毒也。""蠚,螫也。"《西山經》云:"蠚鳥獸則死,蠚木則枯。"《韓非子·用人》篇云:"聖人極有刑罰而死無毒螫。"並字異而義同。螫,與"瘌"同義。《方言》:"飲藥傅藥而毒謂之瘌。"郭璞以"瘌"爲辛螫,是也。字或作"剌"。草木毒傷人謂之剌,亦謂之螫。《史記·龜策傳》云:"獸無虎狼,草無毒螫。"《魏都賦》云:"蔡莽螫剌,昆蟲毒噬。"是也。蠭蠆毒傷人謂之螫。螫,亦剌也。

《廣雅》云:"蠆蛪,蠍也。"蛪,與"刺"同音。刺者,毒傷也,故蠍又謂之蛪矣。

疼者,《説文》:"痋,動痛也。"《釋名》:"疼,痹氣疼疼然煩也。"《易通卦驗》云:"多病疪疼腰痛。"疼,與"痋"同。今俗語言"疼"聲如"騰"。《衆經音義》卷十四云:"疼,下里間音騰。"則唐時已有此音。

㥛,與"惻"同。

殷者,《説文》:"慇,痛也。"《小雅·正月》篇"憂心慇慇",毛傳云:"慇慇然痛也。"《邶風·北門》篇作"殷",釋文:"殷,又音隱。"《邶風·柏舟》篇"如有隱憂",毛傳云:"隱,痛也。""隱"與"殷",聲近義同。

惄者,《方言》:"齊宋之間,或謂痛爲惄。"《小雅·小弁》篇云:"我心憂傷,惄焉如擣。"

痠者,《玉篇》:"痠,疼痠也。"《素問·刺熱》篇云:"腎熱病者,先腰痛䯒痠。"字通作"酸"。宋玉《高唐賦》云:"寒心酸鼻。"今俗語猶云"酸痛"矣。

讟者,《方言》:"讟,痛也。"《説文》云:"痛怨也。"宣十二年《左傳》云:"君無怨讟。"

桐,亦恫也。《喪服傳》《喪服小記》並云:"苴杖,竹也。削杖,桐也。"《白虎通義》云:"所以杖竹桐何?取其名也。竹者,感也。桐者,痛也。"恫、桐、痛,聲義並相近。

惆悵者,《玉篇》云:"惆悵,悲愁也。"《方言》"菲、惄,悵也",郭璞注云:"謂惋惆也。"《荀子·禮論》篇云:"惆然不嗛。"《問喪》云:"心悵焉愴焉。"《楚辭·九辯》云:"惆悵兮而私自憐。"

恀者,《説文》:"恀,苦也。"《衆經音義》卷十二引《通俗文》云:"患愁曰恀。"《文選·歎逝賦》注引《廣雅》:"惆,痛也。"《衆經音義》卷二引《廣雅》:"惆悵,痛也。"卷二十引《廣雅》:"恀,痛也。"今本脱"惆悵、恀"三字。

昀案:哀、愓、悲、愍未作疏證。

喘、喙、呬、憩、欬欭、歌、奄、𩴾、〔餢*〕,息也。

此條"息"字有二義。"喘、喙、呬、欬欭、歌"爲喘息之息,"憩、奄、𩴾"爲休息之息。

喙者,《方言》:"喙,息也。自關而西,秦晉之閒,或曰喙。"《漢書·匈奴傳》"跂行喙息、蝡動之類",顔師古注云:"跂行,凡有足而行者。喙息,凡以口出氣者。蝡蝡,動貌。"案:跂者,行貌也。高誘注《淮南子·原道訓》云:"跂跂,行也。"《漢書·

東方朔傳》云:“跂跂脈脈善緣壁。”喙者,息貌也。謂跂跂而行,喙喙而息,蝡蝡而動也。《廣雅》“喘、喙”俱訓爲息。喙息,猶喘息也。《新語·道基》篇云:“跂行喘息、蜎飛蝡動之類。”王褒《洞簫賦》云:“蟋蟀蚸蠖,跂行喘息。”是其證也。顔注以爲“口喙”之“喙”,失之。《逸周書·周祝解》云:“跂動噦息。”《淮南子·俶真訓》云:“蚑行噲息。”跂、蚑,古通用;喙、噦、噲,古通用。凡病而短氣,亦謂之喙。《晉語》“余病喙矣”,韋昭注云:“喙,短氣貌。”是也。懼而短氣,亦謂之喙。宋玉《高唐賦》云:“虎豹豺兕,失氣恐喙。”是也。義與喙息之“喙”並相近。

“咶”與“喙”,古亦同聲。《廣韻》:“咶,息聲也。”王逸《九思》云:“仰長歎兮氣餶結,悒殟絶兮咶復蘇。”

忥者,《爾雅》:“忥,靜也。”靜,即休息之意。《邶風·谷風》篇“伊余來塈”,《大雅·假樂》篇“民之攸塈”,毛傳並云:“塈,息也。”塈,與“忥”通。

欬欪者,曹憲音釋:“欬,虎夾反。欪,漢佳反。”各本“欪”譌作“欱”,“漢佳”譌作“漢家”。《集韻》《類篇》欱,虚加切,引《廣雅》:“欱,息也。”虚加與漢家同音,則宋時《廣雅》本已誤。考《説文》《玉篇》《廣韻》,俱無“欱”字。《玉篇》《廣韻》並云:“欬欪,氣逆也。”《廣韻》欪,火佳切。火佳與漢佳同音。今據以訂正。

奄者,《方言》:“奄,息也。”《漢書·司馬相如傳》“奄息葱極”,張注云:“奄然休息也。”枚乘《七發》“掩青蘋”,李善注引《方言》:“掩,息也。”掩,與“奄”通。《秦風》有“子車奄息”,義取諸此與!

鮎者,《檀弓》云:“細人之愛人也以姑息。”姑,與“鮎”通。《爾雅》:“苦,息也。”“苦”與“鮎”,亦聲近義同。鮎,各本譌作“鮎”,今訂正[(63)]。

餽者,《方言》:“餽,息也。周鄭宋沛之閒曰餽;自關而西,秦晉之閒,或曰餽。”《集韻》《類篇》並引《廣雅》:“餽,息也。”今本脱“餽”字。

昀案:喘、歌未作疏證。

炎、灼、烔、焯、煦、炘、煆、焥、爆、煉、燒、炳、爇、炙、煬、烈、爚、炎、爟,爇也[①]。

炎者,《玉篇》音徒甘切。《説文》“炎,小熱也”,引《小雅·節南山》篇:“憂心炎炎。”今本作“憂心如惔”,毛傳云:“惔,燔也。”釋文:“惔,《韓詩》作炎。”又《後漢

① 煦、烈、爇,原作“煦、烮、爇”,《疏證》作“煦、烈、爇”。

書·章帝紀》注引《韓詩·大雅·雲漢》篇“如炎如焚”,今本作“惔”。天、惔、炎,並聲近義同。“熱”與“爇”,亦聲近義同,故《釋名》云:“熱,爇也,如火所燒爇也。”

灼者,《説文》:“灼,灸也。”《洛誥》云:“厥攸灼。”

烔者,《衆經音義》卷四引《埤倉》云:“烔烔,熱皃也。”《廣韻》引《字林》云:“熱氣烔烔。”《爾雅》“爞爞,熏也”,郭璞注云:“旱熱熏炙人。”《大雅·雲漢》篇“蘊隆蟲蟲”,毛傳云:“蟲蟲而熱。”釋文:“蟲,《韓詩》作烔。”烔、爞、蟲,並聲近義同。

焯者,《廣韻》:“焯,火氣也。”“焯”與“灼”,亦聲近義同。

煦、煆者,《方言》:“煦、煆,熱也。吴越曰煦煆。”《説文》:“煦,烝也。”“昫,日出温也。”煦、昫,義相近。

炘者,《玉篇》與“焮”同:“許勤、許靳二切;炙也;又熱也。”昭十八年《左傳》“行火所焮”,杜預注云:“焮,炙也。”《説文》“昕,旦明日將出也”,徐鍇傳云:“昕,猶焮也,日炙物之皃。”炘、昕,義亦相近。

焕者,《玉篇》烏來切,“熱也”。《素問·藏氣法時論》云:“病在腎,禁犯焠焕熱食温炙衣。”《廣韻》:“焕,又許其切;火盛也。”《説文》:“熹,炙也。”襄三十年《左傳》“譆譆出出”,杜預注云:“譆譆,熱也。”《易林·噬嗑之兑》云:“火起我後,熹炙吾廬。”焕、熹、譆,並通。

爆者,《説文》:“爆,灼也。”《墨子·親士》篇云:“靈龜近灼,神蛇近暴。”暴,與“爆”通。《説文》:“暴,晞乾也。”義亦相近。

煉,讀爲爛。《集韻》云:“爛,或作煉。”《衆經音義》卷七引《廣雅》作“爛”。《大雅·生民》篇“載燔載烈”,鄭箋云:“烈之言爛也。”定三年《左傳》云:“廢于鑪炭,爛,遂卒。”《易林·大壯之遯》云:“火爛銷金。”

焫,即“爇”字也。《衆經音義》卷七引《倉頡篇》云:“爇,燒也,然也。”《周官·華氏》云:“以明火爇燋。”《郊特牲》云:“然後焫蕭合羶薌。”《列子·黄帝》篇云:“入水不溺,入火不熱。”爇、熱、焫,並通。

蘸者,《説文》:“然,燒也。或作蘸。”《漢書·五行志》云:“見巢難。”然、蘸、難,並同。

炙、煬、烈、熗者,《方言》:“煬、翕,炙也。”“煬、烈,暴也。”《説文》:“煬,炙燥也。”《方言》注云:“今江東呼火熾猛爲煬。”《管子·禁藏》篇云:“夏日之不煬,非愛火也。”《莊子·盜跖》篇云:“冬則煬之。”煬之言揚也。《周官·卜師》“揚火以作䵻",鄭注云:"揚猶熾也。"即郭所云"火熾猛"也(64)。《説文》:"烈,火猛也。"《商頌·長發》篇云:"如火烈烈。"又《大雅·生民》篇"載燔載烈",毛傳云:"貫之加于火曰烈。"烈,各本譌作"裂"。《衆經音義》卷七、卷十七並引《廣雅》:"烈,熱也。"今據以訂正。《方言》又云:"翕,熾也。"揚雄《甘泉賦》"翕赫曶霍",李善注云:"翕赫,盛皃。"翕,與"熻"通。

灸,各本譌作"炙",與上"炙"字相複。惟影宋本不譌。《莊子·盜跖》篇云:"所謂無病而自灸也。"《説文》:"灸,灼也。"《玉篇》云:"爇也。"

爟者,《説文》:"舉火曰爟。"《周官》"司爟",鄭注云:"爟,讀如'予若觀火'之觀。今燕俗名湯熱爲觀。"則"爟火"謂熱火與!《吕氏春秋·本味》篇云:"爝以爟火。"《漢書·郊祀志》"通權火",如淳注云:"權,舉也。"爟、觀、權,並通。

昀案:燒未作疏證。

周、帀、辨、接、選、延,徧也。

辨者,《鄉飲酒禮》"衆賓辯有脯醢",鄭注云:"今文辯皆作徧。"《樂記》"其治辯者其禮具",鄭注云:"辯,徧也。"定八年《左傳》"子言辨舍爵於季氏之廟而出",杜預注云:"辨,猶周徧也。"辨、辯、徧,並通。

選、延者,《方言》:"選、延,徧也。"選之言宣也。《爾雅》:"宣,徧也。"(65)《吕刑》云:"延及于平民,罔不寇賊。"

昀案:周、帀、接未作疏證。

里、㐬、閭、衖、䢐、閈、圹、宇、尉、廛、在、於、処、所、邱、墟、宙、鄗、聚、落①,凥也。

里者,《周官·遂人》:"五家爲鄰,五鄰爲里。"《廣韻》引《風俗通義》云:"里者,止也,共居止也。"《爾雅》:"里,邑也。"《鄭風·將仲子》篇傳云:"里,居也。"《漢書·食貨志》云:"在壄曰廬,在邑曰里。"居,《方言》《説文》《廣雅》作"凥"。經傳皆作"居",古字假借耳。

㐬,《集韻》《類篇》引《廣雅》作"宂"。

閭者,《周官·大司徒》:"五家爲比,五比爲閭。"《説文》:"閭,侣也,二十五家

① 尉,原作"㷉",《疏證》作"尉"。墟,原作"墟",《疏證》同。

相羣侶也。"又云:"閭,里門也。"案:閭、里,一聲之轉。鄉謂之閭,遂謂之里,其義一也。二十五家謂之閭,故其門亦謂之閭也。

衖者,《鄭風·叔于田》傳云:"巷,里塗也。"《爾雅》作"衖"。《莊子·讓王》篇"顔闔守陋閭,苴布之衣而自飯牛",陋閭,即《論語》所謂"陋巷"。故《廣雅》"閭、衖"同訓爲居也。

壼者,《説文》"壼,宫中道;從囗,象宫垣道上之形",引《大雅·既醉》篇:"室家之壼。"《爾雅》"宫中衖謂之壼",孫炎注云:"衖,舍閒道也。"《小雅·巷伯》箋云:"奄官掌王后之命,於宫中爲近,故謂之巷伯。"壼,各本譌作"蜀",今訂正。

閈者,《説文》:"閈,閭也。汝南平輿里門曰閈。"《漢書·敘傳》"綰自同閈",應劭注云:"盧綰與高祖同里。楚名里門爲閈。"《楚辭·招魂》"去君之恒幹",王逸注云:"或曰'去君之恒閈'。閈,里也,楚人名里曰閈。"《廣雅·釋宫》篇亦云:"閈,里也。"里謂之閈,故里門亦謂之閈。《管子·立政》篇云:"審閭閈。"是也。此篇云:"閈,居也。"居謂之閈,故館門亦謂之閈。襄三十一年《左傳》云:"完客所館,高其閈閎,厚其牆垣。"是也。

字書無"圹"字,疑是"广、土"二字之合譌也。《説文》:"广,因厂爲屋也。"《釋名》:"衾,广也,其下廣大,如广受人也。"《大雅·緜》篇"自土沮漆",毛傳云:"土,居也。"是"广、土"皆爲居也。

宇者,《大雅·緜》篇"聿來胥宇",《魯頌·閟宫》篇序"頌僖公能復周公之宇",《周語》"使各有寧宇",毛傳、鄭箋、韋注並云:"宇,居也。"

尉、廛者,《方言》:"尉、廛,尻也。江淮青徐之閒曰尉,東齊海岱之閒曰廛。"《大雅·緜》篇述大王遷岐之事云:"迺尉迺止。"是"尉"爲居也。《説文》:"廛,二畝半,一家之居;從广、里、八、土。"《魏風·伐檀》篇"胡取禾三百廛兮",毛傳云:"一夫之居曰廛。"《周官·載師》"以廛里任國中之地",鄭注云:"廛里者,若今云'邑里居'矣。廛,民居之區域也。里,居也。"《王制》"市廛而不稅",鄭注云:"廛,市物邸舍也。"是凡言"廛"者,皆居之義也。

於,亦在也。若《曲禮》云"於外曰公,於其國曰君"之類,是也[66-1]。"於"與"居",聲相近。《荀子·儒效》篇"隱於窮閻陋屋",《韓詩外傳》"於"作"居";《君道篇》"其居鄉里也",《韓詩外傳》"居"作"於"。

邱、墟者,《説文》云:"古者九夫爲井,四井爲邑,四邑爲邱。邱謂之虚。"虚,與

“墟”同。《釋名》云:“四邑爲邱。邱,聚也。”僖十五年《左傳》“敗于宗邱”,杜預注云:“邱,猶邑也。”正義云:“土之高者曰邱,衆之所聚爲邑,故邱猶邑也。”《檀弓》“狐死正邱首”,正義以“邱”爲狐窟。是凡言“邱”者,皆聚之義也。墟,猶邱也,語之轉耳。《莊子·秋水》篇“井鼃不可以語於海者,拘於虚也”,言井鼃囿於所居也。崔譔注以“虚”爲空,失之。《風俗通義》云:“今故廬居處高下者名爲墟。”李善注《西征賦》引《聲類》云:“墟,故所居也。”邱、墟皆故所居之地。若傳稱“帝邱、商邱、夏虚、殷虚、少皞之虚、大皞之虚、祝融之虚、顓頊之虚”之類,皆是也。

宙,與“宇”義相近。《説文》:“宇,屋邊也。”“宙,舟輿所極覆也。”徐鍇傳云:“《淮南子》:往古來今謂之宙,四方上下謂之宇。”凡天地之居萬物,猶室居之遷貿而不覺也。《莊子·庚桑楚》篇云:“有實而無乎處者,宇也;有長而無本剽者,宙也。”《淮南子·覽冥訓》“鳳皇之翔至德也,燕雀佼之,以爲不能與之爭於宇宙之閒”,高誘注云:“宇,屋簷也;宙,棟梁也。”是凡言“宇宙”者,皆居之義也。

鄬,古通作“黨”。《大司徒》:“四閭爲族,五族爲黨。”閭、族、黨,皆聚居之義。《唐風·葛生》篇云:“歸于其居。”《齊策》云:“歸於何黨。”黨,亦居也。《淮南子·道應訓》云:“我南游乎罔㝗之野,北息乎沈墨之鄉,西窮冥冥之黨。”

聚、落者,《説文》:“邑落曰聚。”《衆經音義》卷十四引韋昭《漢書注》云:“小鄉曰聚。”《逸周書·大聚解》云:“來遠賓,廉近者,道別其陰陽之利,相土地之宜、水土之便,營邑制,命之曰大聚。”《史記·五帝紀》云:“一年而所居成聚,二年成邑,三年成都。”(66-2)落,亦聚也。《鹽鐵論·散不足》篇云:“田野不辟而飾亭落。”《漢書·溝洫志》云:“稍築室宅,遂成聚落。”今人亦云“聚落、邨落、院落”,落之言聯絡也。籬謂之落,義亦相近也。

昀案:在、處、所未作疏證。

懈、慢、慸、緰、紿、遲、繟、譠謾、挻、縩、弛、退、甘、韜,緩也。

慸者,《説文》:“慸,肆也。”《小爾雅》云:“肆,緩也。”慸、退,並音他内反,其義同也。《墨子·非儒》篇“立命而怠事”,《晏子春秋·外篇》“怠”作“逮”。逮,即“慸”字也。

緰者,《説文》:“緰,緩也。”《玉篇》音他丁切。《集韻》又音盈。《大雅·雲漢》篇“大夫君子,昭假無贏”,鄭箋訓“贏”爲緩,義與“緰”同。《月令》“天地始肅,不可以贏”,鄭注云:“贏,猶解也。”義亦與“縕”同。

紿,與“怠”同。

繟者,《説文》:“繟,帶緩也。”《釋訓》篇云:“繟繟,緩也。”《樂記》“其聲嘽以緩”,注云:“嘽,寬綽貌。”又“嘽諧慢易、繁文簡節之音作”,《史記·樂書》“嘽諧”作“嘽緩”。王褒《四子講德論》云:“嘽緩舒繹。”馬融《長笛賦》云:“從容闡緩。”嘽、闡,並與“繟”通。《列子·力命》篇“嘽咺憋懯”,張湛注以“嘽咺”爲迂緩,“憋懯”爲急速。“嘽咺”與“嘽緩”,古亦同聲。繟,曹憲音闡。各本“闡”字誤入正文,惟影宋本、皇甫本不誤。

讀謾,或作“僤僈”。《賈子·勸學》篇“舜僶俛而加志,我僤僈而弗省”,僤僈,謂怠緩也。《淮南子·脩務訓》作“誕謾”。並字異而義同。王褒《洞簫賦》云:“其奏歡娱,則莫不憚漫衍凱,阿那腲腇。”憚漫,亦舒緩之意,猶言樂心感者,其聲嘽以緩也。

諸書無訓“挻”爲緩者。“挻”當爲“挺”,字之誤也。《吳語》“王安挺志”,韋昭注云:“挺,寬也。”《吕氏春秋·仲夏紀》“挺衆囚,益其食”,高誘注云:“挺,緩也。”《勿躬篇》“百官慎職而莫敢愉綎”,注云:“愉,解也;綎,緩也。”綎,與“挺”通。《後漢書·臧宫傳》“宜小挺緩,令得逃亡”,《傅燮傳》“賊得寬挺”,李賢注並云:“挺,解也。”解,亦緩也,故《序卦傳》云:“解者,緩也。”(67)

緣者,《説文》:“緣,偏緩也。”《釋訓》篇云:“緣緣,緩也。”繟、緣,並音昌善反,其義同也。

弛,本作弛。《説文》:“弛,弓解也。”《周官·大司徒》云:“四曰弛力。”

退者,《説文》:“復,卻也。一曰行遲也。古文作退。”《方言》:“退,緩也。”

甘者,《莊子·天道》篇云:“斲輪徐則甘而不固,疾則苦而不入。”《淮南子·道應訓》與《莊子》同,高誘注云:“苦,急意也。甘,緩意也。”

韜者,卷三云:“韜,寬也。”《説文》:“牰,牛徐行也;讀若滔。”義亦與“韜”同。

昀案:懈、慢、遲未作疏證。

儋、由、胥、輔、佐、佑、虞、護、勸、救、吹、扇、埤、役、賻,助也。

儋者,《玉篇》:“贍,周也,假助也。”《集韻》“贍”或作“儋”。亦通作“澹”。

由、胥者,《方言》“胥、由,輔也。吳越曰胥,燕之北鄙曰由”,郭璞注云:“胥,相也。由,正也。皆謂輔持也。”案:由之言道也。《爾雅》:“道、助,勴也。”

虞者,《大雅·雲漢》六章云"昊天上帝,則不我虞",鄭箋:"虞,度也。"案:虞者,助也。四章云:"羣公先正,則不我助。"意與此同。詳見卷一"虞,有也"下。虞、護,聲相近,故皆爲助也。

勸者,《盤庚》云:"女誕勸憂。"《君奭》云:"在昔上帝割,申勸寧王之德。"皆助之義也。

吹、扇者,《方言》"吹、扇,助也",注云:"吹嘘扇拂,皆相佐助也。"

埤者,《説文》:"埤,增也。""𩞀,益也。""裨,接益也。"埤、𩞀、裨,並通。

役者(68-1),《少儀》云(68-2):"怠則張而相之,廢則埽而更之,謂之社稷之役。"鄭注云:(68-3)"役,爲也。"正義云:"爲謂助爲也。"

賻者,《士喪禮》下篇云:"知死者贈,知生者賻。"《荀子·大略》篇云:"貨財曰賻,輿馬曰賵,衣服曰襚,玩好曰贈,玉貝曰唅①。賻、賵所以佐生也;贈、襚所以送死也。"《太平御覽》引《春秋説題辭》云:"賻之爲言助也。"《士喪禮》下篇注云:"賻之言補也,助也。"

昀案:輔、佐、佑、救未作疏證。護並見於虞。

裝、𧝓、賁、容、潤、養、文、字,飾也。

裝者,《説文》:"妝,飾也。"宋玉《登徒子好色賦》云:"不待飾裝。"《漢書·司馬相如傳》云:"靚莊刻飾。"裝、妝、裝、莊,並通。

𧝓者,《釋言》云:"裝,𧝓也。"《説文》:"𧝓,飾也。"《玉篇》似丈切,云:"首飾也。"《急就篇》"𧝓飾刻畫無等雙",顏師古注云:"𧝓飾,盛服飾也。"《漢書·外戚傳》"𧝓飾",顏注云:"盛飾也。一曰首飾,在兩耳後,刻鏤而爲之。"惠氏定宇《毛詩古義》云:"'象服是宜'傳云:'象服,尊者所以爲飾。'象,與'𧝓'同。正義以爲象骨飾服,失之。"

賁者,《序卦傳》云:"賁者,飾也。"《小雅·白駒》篇"皎皎白駒,賁然來思",毛傳云:"賁,飾也。"

潤者,《論語·憲問》篇云:"東里子產潤色之。"

字者,《説文·序》云:"形聲相益謂之字。字者,孳乳而寖多也。"《廣韻》引《春秋説題辭》云:"字者,飾也。"

各本"容"字重出。今删。

---

① 唅,原譌作"晗"。

昀案:養、文未作疏證。

捈、搯、掏、舀、戽、𤔲、挹、枓、斞,抒也。

《説文》:"抒,挹也。"《大雅·生民》釋文引《倉頡篇》云:"抒,取出也。"《管子·禁藏》篇云:"抒井易水。"

捈者,引之抒也。卷一云:"捈,引也。"《法言·問神》篇云:"捈中心之所欲。"

搯、掏,一字也。《説文》:"搯,搯捾也。"《衆經音義》卷七引《通俗文》云:"捾出曰掏。"《潛夫論·救邊》篇云:"若排糠障風,掏沙雍河。"今俗語猶呼捾取物爲掏矣。

舀,亦搯也。《玉篇》音翼珠、弋周、以沼三切。今俗語云"舀水"是也。《説文》"舀,抒臼也",引《大雅·生民》篇"或簸或舀",今本作"或舂或揄",毛傳云:"揄,抒臼也。"正義云:"謂抒米出臼也。"《説文》"舀"或作"抌、耽"。《周官·舂人》"女舂抌二人",鄭注云"抌,抒臼也",引《詩》:"或舂或抌。"《少牢》下篇"二手執挑匕枋以挹湆",鄭注云:"挑謂之歃;讀如'或舂或抌'之抌。字或作挑者,秦人語也。挑,長枋,可以抒物於器中者。""舀、抌、耽、揄、挑"五字並聲近義同。《少牢》下篇釋文:"挑,又音他羔反。""挑"與"搯、掏",聲亦相近也。

戽者,《太平御覽》引《纂文》云:"淭斗,抒水斗也。"《釋器》篇云:"淭斗謂之柜。"淭,與"戽"同。今俗語猶云"戽水"矣。

𤔲者,《説文》:"𤔲,抒滿也。"《衆經音義》卷四引《通俗文》云:"汲取曰𤔲。"

挹者,《説文》:"挹,抒也。"《小雅·大東》篇"不可以挹酒漿",毛傳云:"挹,斞也。"

枓者,《玉篇》呼活、烏活二切,"抒也"。《廣韻》云:"舀水也。"《説文》"斡,蠡柄也",徐鍇傳云:"蠡,所以抌也。"又《説文》:"捾,搯捾也。"義並與"枓"同。枓,各本作"斘",乃隸書之譌,今訂正。

斞者,《説文》:"斞,挹也。"《小雅·賓之初筵》篇"賓載手仇",鄭箋讀"仇"爲"斞",謂"手挹酒也"。張衡《思玄賦》云:"斞白水以爲漿。"《喪大記》釋文云"斞,水斗也",引何氏《隱義》云:"容四升。"斞,各本譌作"斢",今訂正。

黜、闕、虧、缺、拂、發、桀、除、祛、離、朅、遯、放、逸、走、往、遜、行、抾莫、謝、渡,去也①。

① 祛、朅、去,本作"祛、竭、厺",《疏證》作"祛、朅、去"。走,原作"赱"。

闕者,《周官·稾人》“亡者闕之”,鄭注云:“闕,猶除也。”

拂,亦除也。義見卷三“拂,除也”下。

諸書無訓“桀”爲去者。桀,蓋“栞”字之誤。栞,字亦作“刊”。《禹貢》“隨山刊木”,鄭注訓“刊”爲除,《史記·夏本紀》及《漢書·地理志》並作“栞”;又“九山刊旅”,《史記》《漢書》亦作“栞”。栞,與“除”同義,故俱訓爲去也。

祛、去,古同聲。祛,各本譌作“裕”。卷三内“祛,開也”,“祛”字譌作“裕”,正與此同。《文選·殷仲文〈南州桓公九井〉詩》注引薛君《韓詩章句》云:“祛,去也。”《衆經音義》卷十引《廣雅》:“祛、除,去也。”今據以訂正。

朅者,《説文》:“朅,去也;從去,曷聲。”《楚辭·九辯》云:“車既駕兮朅而歸。”《吕氏春秋·士容論》云:“富貴弗就而貧賤弗朅。”朅,各本譌作“諤”,今訂正。

遜,與“遯”聲相近。《爾雅》“遜,遯也”,郭璞注云:“謂逃去也。”《微子》云:“吾家耄遜于荒。”《春秋》莊元年“夫人孫于齊”,孫,與“遜”通。

抾莫者,《方言》:“抾摸,去也。齊趙之總語也。”抾摸,猶言持去也。摸,與“莫”通。揚雄《羽獵賦》“抾靈蠵”,韋昭注云:“抾,捧也。”即持去之義也。抾,各本譌作“怯”。今訂正。

謝者,《説文》:“謝,辭去也。”《楚辭·九章》“願歲并謝”,王逸注云:“謝,去也。”

渡者,《九歎》“年忽忽而日度”,注云:“度,去也。”度,與“渡”通。

各本“去”字譌作“谷”,“谷”下又有“去”字。案:“去”字篆作𠫓,隸作去,又作厺,故譌而爲“谷”。上文“祛”譌作“裕”,“朅”譌作“諤”,正與此同。其下一“去”字,則曹憲之音誤入正文者耳。今訂正。

昀案:黜、虧、缺、發、除、離、放、逸、走、往、行未作疏證。遯即遯,並見於遜。

斬、割、鋠、裂、摫,裁也。

鋠、摫者,《方言》“鋠、摫,裁也。梁益之閒,裁木爲器曰鋠,裂帛爲衣曰摫”,郭璞注:“鋠,音‘劈歷’之‘劈’;摫,音規。”鋠之言劈,摫之言刲也。《漢書·藝文志》“鉤鋠析亂”,顔師古注云:“鋠,破也。”左思《蜀都賦》云:“鋠摫兼呈。”謝靈運《山居賦》云:“鋠摫之端。”鋠,各本譌作“鋠”。今訂正。

昀案:斬、割、裂未作疏證。

揞、戢、箴、扱,插也。

揞者,《鄉射禮》"揞三而挾一个",鄭注云:"揞,插也。"《士喪禮》"揞笏",鄭注云:"揞,捷也。"《内則》"揞笏",鄭注云:"揞,猶扱也。"《周官·典瑞》"王晉大圭",鄭衆注云:"晉,讀爲'揞紳'之'揞',謂臿於紳帶之閒。"《荀子·禮論》篇云:"縉紳而無鉤帶。"《喪大記》云:"徒跣扱衽。"(69-1)《管子·小匡》篇云:"管仲詘纓插衽。"(69-2) 揞、縉、晉,古通用。插、臿、扱、捷(69-3),古通用。晉,訓爲插,故殳矛柄所插亦謂之晉。《考工記·廬人》"凡爲殳,參分其圍,去一以爲晉圍。凡爲酋矛,五分其圍,去一以爲晉圍",鄭注云:"晉,讀如'王揞大圭'之揞,矜所插也。"又案:揞之言進也。進笏於紳帶之閒,故曰"揞紳"。《史記·五帝紀》作"薦紳"。《爾雅》曰:"薦,進也。"《易》曰:"晉,進也。"《周官》作"晉",《史記》作"薦",其義一也。徐邈《禮記音》讀"揞"爲"箭"。《釋名》云:"矢謂之箭。箭,進也。"義亦同矣。

戢者,《小雅·鴛鴦》篇"戢其左翼",《韓詩》云:"戢,捷也,捷其噣於左也。"

箴,或作"鍼"。《文王世子》"其刑罪則纖剸",鄭注云:"纖,讀爲鍼。鍼,刺也。"《說文》:"插,刺入也。"是"箴"與"插"同義。

昀案:"扱"並見於"揞"。

膎、膢、僇、泡、偯、膞、韡、㸌①、蘊、茂、昆、渾、昌、阜、溢、腯、肥、沓、浡,盛也。

膎者,《玉篇》:"膎,肥美也。"

膢、僇、泡、偯、膞者,《方言》:"偯、膞、膢、僇、泡,盛也。偯,自關而西,秦晉之閒語也;陳宋之閒曰僇;江淮之閒曰泡;秦晉或曰膢。梁益之閒,凡人言盛,及其所愛,偉其肥晠,謂之膢。"晠,與"盛"同。郭璞注云:"膢,音壤,肥膢多肉也。"《釋訓》篇云:"膢膢,肥也。"《說文》:"孃,肥大也。"《淮南子·原道訓》云:"田者爭處墝埆,以封壤肥饒相讓。"《後漢書·馬援傳》云:"其田土肥壤。"《漢書·張敞傳》"長安中浩穰",顏師古注云:"穰,盛也;音人掌反。"膢、孃、壤、穰,並通。《集韻》"膢"又音如陽切。凡《詩》言"降福穰穰、豐年穰穰、零露瀼瀼",皆盛多之意,義與"膢"

① 㸌,原譌作"焊"。

相近也。

𦡀,亦腬也,語之轉耳。《説文》。"壤,柔土也。"又云:"畩,和田也。"鄭注《大司徒》云:"壤,和緩之貌。""腬"之轉爲"𦡀",猶"畩"之轉爲"壤"矣。《方言》注云:"僇佯,麤大貌。""泡肥,洪張貌。"《西山經》"其源渾渾泡泡",郭璞注云:"水濆涌之聲也。"《文選·洞簫賦》"又似流波,泡溲泛㳕",李善注云:"泡溲,盛多皃。"義並相近也。《方言》注云:"傀,言瓌瑋也。"《説文》:"傀,偉也。"《莊子·列御寇》篇"達生之情者傀",郭象注云:"傀然大。"司馬相如《子虛賦》云:"俶儻瑰瑋。"傀、傀、瑰、瓌,並通。《玉篇》:"𦞦,盛肥也。"《方言》注云:"𦞦呬,充壯也。"《説文》:"奰,壯大也。亦作奰。"《大雅·蕩》篇"内奰于中國",毛傳云:"不醉而怒曰奰。"正義云:"奰者,怒而作氣之貌。"張衡《西京賦》"巨靈贔屓",薛綜注云:"贔屓,作力之貌也。"贔屓,與"𦞦呬"通。

韡者,《説文》"萼,盛也",引《小雅·常棣》篇:"鄂不萼萼。"今本作"韡",毛傳云:"韡韡,光明也。"萼、韡、韡,並同。《釋訓》篇云:"煒煒,盛也。"《説文》:"偉,奇也。""煒,盛赤也。"義並與"韡"同。

蘊者,《方言》"蘊,晠也",注云:"蘊藹,茂貌。"蘊,與"薀"同。《大雅·雲漢》篇云:"旱既大甚,蘊隆蟲蟲。"是盛之義也。釋文:"蘊,《韓詩》作鬱。"《秦風·晨風》篇云:"鬱彼北林。"亦盛之義也。蘊、鬱,語之轉耳[70]。

昆,讀爲焜。《方言》"焜,晠也",注云:"焜煌,晠貌也。"《説文》:"焜,煌也。"昭三年《左傳》"焜燿寡人之望",服虔注云:"焜,明也。燿,照也。"釋文:"焜,胡本反,又音昆。"鄭注《王制》云:"昆,明也。"司馬相如《封禪文》云:"焕炳煇煌。"《急就篇》云:"靳靷鞊粘色焜煌。"焜、昆、煇,並通。

渾,與"昆"聲相近。《方言》:"渾,盛也。"《説文》:"混,豐流也。""渾,混流聲也。"《荀子·富國》篇云:"財貨渾渾如泉源。"皆盛之義也。渾,與"混"通。

阜者,《鄭風·大叔于田》篇"火烈具阜",《周官·太宰》"阜通貨賄",毛傳、鄭注並云:"阜,盛也。"阜、茂,聲相近,故《風俗通義》云:"阜者,茂也。"

腯者,《方言》"腯,晠也",注云:"腯腯,肥充也。"《説文》:"牛羊曰肥,豕曰腯。"字或作"腞"。《曲禮》"豚曰腯肥",鄭注云:"腞,亦肥也。"桓六年《左傳》"吾牲牷肥腯",杜預注與鄭同。正義云:"重言'肥腯'者,古人自有複語耳。服虔云:'牛羊曰肥,豕曰腯。'案:《禮記》豚亦稱'肥',非獨牛羊也。"今案:《傳》云:"備腯咸有”,則“腯”亦不專屬豕。孔説是也。

䏰者,《玉篇》引《埤倉》云:“䏰,肥大也。”《釋訓》篇云:“䏰䏰,肥也。”

浡者,《爾雅》“浡,作也”,郭璞注云:“浡然,興作貌。”莊十一年《左傳》“其興也浡焉”,杜預注云:“浡,盛貌。”《論語·鄉黨》篇“勃如戰色”,亦謂盛氣貌也。《釋訓》篇云:“勃勃,盛也。”勃,與“浡”通。

昀案:爆、茂、昌、溢、肥未作疏證。

嫢、笙、揫、摻、精、糳、稗、細、纖、微、䌲、紗、麽、㦒、私、萊、葼、尛、莜、杪、肖、尐、區、眇、藐、鄙、〔耑[*]〕,小也。

嫢、笙、揫、摻者,《方言》“嫢、笙、揫、摻,細也。自關而西,秦晉之閒,凡細而有容,謂之嫢;凡細貌,謂之笙;斂物而細,謂之揫,或曰摻”,郭璞注云:“嫢嫢,小成貌。”嫢嫢,猶規規也。《莊子·秋水》篇云:“子乃規規然而求之以察,索之以辯,不亦小乎!”《説文》:“頍,小頭頍頍也;讀若規。”義並同也[(71-1)]。《説文》:“秦晉謂細要曰嫢。”《廣韻》:“纗,細繩也。”嫢、纗,並音姊宜反,義亦同也。笙之言星星也。《周官·内饔》“豕盲眡而交睫,腥”,鄭注云:“腥,當爲星,肉有如米者似星。”“星”與“笙”,聲近義同。《鄉飲酒義》“秋之爲言愁也”,鄭注云:“愁,讀爲揫。揫,斂也。”《漢書·律曆志》云:“秋,𩏂也,物𩏂斂乃成孰。”《説文》云:“𩏂,收束也;從韋,樵聲。或從手,秋聲,作揫。”又云:“樵,小也。”樵,訓爲小;𩏂、揫,訓爲斂。物斂則小,故《方言》云:“斂物而細,謂之揫。”揫、𩏂、樵,並聲近義同。《説文》:“啾,小兒聲也。”字亦作“噍”。《三年問》云:“小者至於燕雀,猶有啁噍之頃焉。”《吕氏春秋·求人》篇“啁噍巢於林,不過一枝”,高誘注云:“啁噍,小鳥也。”《方言》云:“雞雛,徐魯之閒,謂之秋子。”揫、啾、秋,並音即由反,義亦同也。揫,各本作“揫”,乃隸書之譌。今訂正。《鄭風·遵大路》篇“摻執子之袪兮”,正義引《説文》云:“摻,斂也。”故斂物而細,或謂之摻。摻之言纖也。《魏風·葛屨》篇“摻摻女手”,毛傳云:“摻摻,猶纖纖也。”古詩云:“纖纖出素手。”“纖”與“摻”,聲近義同。

精、糳、稗,皆米之細者也。糳,通作“鑿”。桓二年《左傳》“粢食不鑿”,《淮南子·主術訓》作“糳”,高誘注云:“糳,細也。”《楚辭·離騷》“精瓊靡以爲粻”,王逸注云:“精,鑿也。”《九章》云:“糳中椒以爲糧。”精、糳,語之轉耳。《大雅·召旻》篇“彼疏斯粺”,毛傳云:“彼宜食疏,今反食精粺。”《鹽鐵論·國病》篇云:“婢妾衣紈履絲,匹庶粺飯肉食。"粺,與"稗"通。《漢書·藝文志》"小説家者流,蓋出於稗官",如淳注云:"《九章》:'細米爲稗。'街談巷説,甚細碎之言也。王者欲知閭巷風俗,故立稗官,使稱説之。"義亦同也。《説文》云:"糲米一斛,舂爲九斗,曰糳。""粺,毇也。毇,糲米一斛,舂爲八斗也。"糲,或作"糲"。《召旻》箋云:"米之率,糲十,粺九,鑿八,侍御七。"正義云:"《九章·粟米之法》云:'粟率五十,糲米三十,粺二十七,鑿二十四,御二十一。言粟五升,爲糲米三升;以下則米漸細,故數益少也。"案:鄭箋言"粺九,糳八";《九章算術》言"粺二十七,糳二十四",皆是糳細於粺。《説文》以"糲米一斛舂九斗爲糳,八斗爲粺",則是粺細於糳。未知孰是。

緜者,《説文》:"緜,聯微也。"《大雅·緜》篇"緜緜瓜瓞",鄭箋云:"緜緜然若將無長大時。"《逸周書·和寤解》云:"緜緜不絶,蔓蔓若何?"《小雅·緜蠻》篇"緜蠻黄鳥",毛傳云:"緜蠻,小鳥貌。"義並同也。

紗麽,與"幺麽"同。紗,各本譌作"紗",自宋時本已然。故《集韻》《類篇》"紗"字,並音師加切,引《廣雅》:"紗,小也。"案:《説文》《玉篇》《廣韻》俱無"紗"字。《集韻》師加切之音未詳所據。《説文》:"幺,小也。"《漢書·食貨志》云:"次七分三銖曰幺錢。"《爾雅》"豕子,豬;幺,幼",郭璞注云:"最後生者,俗呼爲幺豚。"《衆經音義》卷七引《三倉》云:"麽,微也。"《列子·湯問》篇"江浦之閒有麽蟲",張湛注云:"麽,細也。"麽之言靡也。張注《上林賦》云:"靡,細也。"靡、麽,古同聲。《尉繚子·守權》篇云:"幺麽毁瘠者并於後。"《鶡冠子·道端》篇云:"任用幺麽。"《漢書·敘傳》"又況幺䴢尚不及數子",鄭氏注云:"䴢,小也。"《文選》作"麽",李善注引《通俗文》云:"不長曰幺,細小曰麽。"《玉篇》紗,"尪小皃也",音乙肖切。《集韻》又音幺,云:"小意也。"是"紗"與"幺"同。"紗、麽"俱訓爲小。《廣雅》"紗"字在"麽"字上,明是"紗"字之譌。《集韻》音師加切,非是。今訂正。

懱、私、茦、蕿者,《方言》:"私、茦,小也。自關而西,秦晉之郊,梁益之閒,凡物小者謂之私;江淮陳楚之内,謂木細枝爲蔑;青齊兖冀之閒,謂之蕿;燕之北鄙、朝鮮洌水之閒,謂之茦。"蔑,與"懱"同"。郭璞注云:"蔑,小貌也。"《法言·學行》篇云:"視日月而知衆星之蔑也,仰聖人而知衆説之小也。"又《君奭》"茲迪彝教文王蔑德",鄭注云:"蔑,小也。"正義云:"小,謂精微也。"《逸周書·祭公解》"追學於文武之蔑",孔晁注云:"言追學文武之微德也。"《説文》:"懱,輕易也。"輕易,亦小也,今人猶謂輕視人爲蔑視。《周語》"鄭未失周典,王而蔑之,是不明賢也",韋昭注云:"蔑,小也。"蔑,與"懱"同。又《廣韻》"紡"莫結切,引《倉頡篇》云:"紡,細也。"《玉篇》:"𪏗,面小也。"《説文》:"𥿋,紨也。"《衆經音義》卷十引《埤倉》云:"篾,析竹膚也。"字通作"蔑"。《顧命》"敷重蔑席",鄭注云:"蔑,析竹之次青者。"《玉篇》:"䳈,䳈雀也。"字亦通作"懱"。《方言》"桑飛,自關而西,或謂之懱爵",注云:"即鷦鷯也。"懱,言懱截也。《廣韻》:"𪏗尐,小也。"𪏗尐,與"懱截"同。《荀子·勸學》篇"南方有鳥焉,名曰蒙鳩",楊倞注云:"蒙鳩,鷦鷯也。"蒙鳩,猶言蔑雀。蔑、蒙,語之轉耳。《爾雅》:"蠓,蠛蠓。"李善注《甘泉賦》引孫炎注云:"蟲,小於蚊。"是凡言"蔑"者,皆小之義也。私,亦細也,方俗語有緩急耳。《方言》引傳曰:"慈母之怒子也,雖折葼笞之,其惠存焉。"左思《魏都賦》"弱葼係實",張載注云:"葼,木之細枝者也。"案:葼者,細密之貌。《爾雅》"緵罟謂之九罭。九罭,魚罔也",注云:"今之百囊罟是也。"《説文》:"布之八十縷爲稯。"《玉篇》:"騣,馬鬣也。"皆細密之義也。《豳風·七月》篇"言私其豵,獻豣于公",毛傳云:"豕一歲曰豵,三歲曰豣。大獸公之,小獸私之。"義亦同也。卷三云:"㚇,聚也。"《説文》:"㚇,斂足也。"《爾雅》:"揫、斂,聚也。""揫"與"㚇",一聲之轉;"斂"與"小",義相近。故小謂之葼,亦謂之揫;聚斂謂之揫,亦謂之㚇矣。

㴽之言蔽也。《説文》:"蔽蔽,小草也。"《召南·甘棠》篇"蔽芾甘棠",毛傳云:"蔽芾,小貌。""蔽"與"㴽",聲近義同。㴽,各本譌作"淅"。今訂正。

莌、杪者,《方言》"莌、杪,小也。凡草生而初達謂之莌,木細枝謂之杪",注云:"莌,音鋭;鋒萌始出也。"左思《吴都賦》云:"欝兮莌茂。"莌之言鋭也。昭十六年《左傳》"不亦鋭乎",杜預注云:"鋭,細小也。"《説文》:"鋭,芒也。"《爾雅》"再成鋭上爲融邱",注云:"鑯頂者。"義並與"莌"同。《説文》:"餟,小餟也。""餟"與"莌",亦聲近義同。《方言》注云:"杪,言杪梢也。"《説文》:"杪,木標末也。"《漢書·敘傳》"造計秒忽",劉德注云:"秒,禾芒也。忽,蜘蛛網細者也。"秒,與"杪"同義。下文"眇、藐"二字,義亦同也。凡物之鋭者,皆有小義,故小謂之㜸。《釋器》篇又云:"石鍼謂之柴。"《廣韻》"㜸、柴"並音姊宜切,其義同也。小謂之纖,故利亦謂之銛,臿屬亦謂之銛。《漢書·賈誼傳》"莫邪爲鈍兮,鉛刀爲銛",晉灼注云:"世俗謂利爲銛徹。"《説文》云:"銛,臿屬也。"小謂之茦,故刺亦謂之茦。《爾雅》:"茦,刺",注云:"草刺針也。"《方言》:"凡草木刺人者,北燕朝鮮之閒,謂之茦。"小謂之鋭,故兵芒亦謂之鋭,草初生亦謂之莌。小謂之眇,故木末亦謂之杪,禾芒亦謂之秒。是凡物之鋭者,皆與"小"同義也。

肖者,《方言》:"肖,小也。"《莊子·列御寇》篇"達生之情者傀,達於知者肖",傀者,大也;肖者,小也。"肖"與"傀"正相反。郭象注以"傀"爲大,是也;其以"肖"爲失散,則非。肖,猶宵也。《學記》"《宵雅》肄三",鄭注云:"宵之言小也。"宵、肖,古同聲,故《漢書·刑法志》"肖"字通作"宵"。《史記·太史公自序》"申吕肖矣",徐廣注云:"肖,音痟。痟,猶衰微。"義並同也。

𡭴者,《説文》:"𡭴,少也;從小,乀聲。"物多則大,少則小。故《方言》云:"𡭴,小也。"《廣韻》"䃉𡭴,小也",《方言》注作"懱截"。《孟子·告子》篇"力不能勝一匹雛",趙岐注云:"言我力不能勝一小雛。"孫奭音義云:"匹,丁作疋。《方言》:'𡭴,小也。'蓋與疋字相似,後人傳寫誤耳。"案:孫説是也。《玉篇》:"𪂷,小雞也。"𪂷,與"𡭴"通。小雞謂之𪂷,猶小蟬謂之䗫。《爾雅》"䗫,茅蜩",注云:"江東呼爲茅䗫,似蟬而小。"《説文》:"鬒,束髮少小也。"(71-2)張衡《西京賦》云:"朱鬘鬒髽。"𡭴、𪂷、䗫、鬒,並音姊列反,其義同也。方言謂小雞爲䅘子。䅘、𪂷,一聲之轉。《廣韻》吣,姊列切;"嗚吣吣也"。吣吣,猶啾啾。啾、吣,亦一聲之轉也。

區之言區區也。義見《釋訓》"區區,小也"下。

鄙者,《論語·憲問》篇云:"鄙哉硜硜乎!"《吕氏春秋·尊師》篇"子張,魯之鄙家也",注云:"鄙,小也。"《釋名》云:"鄙,否也,小邑不能遠通也。"《説文》:"啚,嗇也。"義與"鄙"同。

耑者,《説文》:"耑,物初生之題也。"《方言》:"末,緒也。南楚或曰端,或曰末。"皆小之義也。端,與"耑"通。《書大傳》"以朝乘車輲輪送至于家",鄭注云:"言輲輪,明其小也。"《小雅·小宛》篇云:"惴惴小心。"《齊策》云:"安平君以惴惴之即墨,三里之城,五里之郭,敝卒七千,禽其司馬,而反千里之齊。"《潛夫論·救邊》篇云:"昔樂毅以慱慱之小燕,破滅彊齊。"並與"耑"聲近義同。《玉篇》引《廣雅》:"耑,小也。"今本脱"耑"字。

昀案:細、纖、微未作疏證。眇、藐並見於稅、杪。

鬱、配、倓、儠、橄、箭、櫛、矧、吕、僓、迒、暘、從、挺、鏇、抒、隑、脩、敻、繹、覃、尋、將、枚、衺、〔曼*〕,長也。

鬱、配者,《方言》"鬱、配,長也",郭璞注云:"謂壯大也。"《小雅·正月》篇"有菀其特",鄭箋云:"菀然茂特。"司馬相如《長門賦》云:"正殿塊以造天兮,鬱並起而穹崇。"班固《西都賦》云:"神明鬱其特起。"皆高出之貌,義與"長"相近也。鬱,與"菀"通。

倰者,《玉篇》:"倰僜,長皃。"

儠者,《説文》"儠,長壯儠儠也",引昭七年《左傳》:"長儠者相之。"今《傳》作"鬣",所見本異也。《説文》:"鬣,髮鬣鬣也。"《爾雅》"犣牛",郭璞注云:"旄牛也。髀、膝、尾皆有長毛。"義並與"儠"同。

橄者,《爾雅·釋木》"梢,梢擢",注云:"謂木無枝柯、梢擢長而殺者。"又"無枝爲檄",注云:"檄擢直上。"是"檄"爲長也。

筩者,狹長也。《説文》:"筩,斷竹也。"《史記·三王世家·廣陵王策》云:"毋侗好佚。"褚少孫釋之云:"毋長好佚樂也。"《論衡·齊世》篇云:"上世之人,侗長佼好。"義並與"筩"同。《釋名》云:"山旁隴閒曰涌。"涌,猶桶。桶狹而長也,亦與"筩"聲近義同。

橢,亦狹長也。《爾雅》"蟦,小而橢",注云:"橢,謂狹而長。"《楚辭·天問》篇云:"南北順橢,其衍幾何?"《豳風·破斧》傳云:"隋銎曰斧,方銎曰斨。"隋,與"橢"通。《説文》:"橢,車笭中橢橢器也。"又云:"隓,山之隓隓者。"《爾雅》"巒,山墮",注云"謂山形長狹者",引《周頌·般》篇:"墮山喬嶽。"義並與"橢"同。

矧、吕者,《方言》"矤、吕,長也。東齊曰矤,宋魯曰吕",注云:"矤,古矧字。"矧之言引也。《爾雅》:"引,長也。"

僨者,《説文》:"僨,長皃。"《玉篇》云:"長好皃。"

远者,《方言》:"远,長也。"《玉篇》云:"長道也。"張衡《西京賦》云:"远杜蹊塞。"

暘、長,聲相近。鄭注《月令》云:"暢,猶充也。"《説文》:"充,長也。"《秦風·小戎》篇"文茵暢轂",毛傳云:"暢轂,長轂也。"暢,與"暘"通。

從者,東西曰横,南北曰從。横爲廣,從爲長也。

挻之言延也。《説文》:"挻,長也。"《商頌·殷武》篇"松桷有梴",毛傳云:"梴,長貌。"義與"挻"同。

鑑,亦挻也。《廣韻》云:"鑑物令長也。"《釋訓》篇云:"搌揞,展極也。"《玉篇》云:"搌揞,醜長皃。"《説文》:"蚩,蟲曳行也。"鑑、蚩、搌,並音恥輦反,其義同也。

抒,或作"杼"。《方言》云:"《燕記》曰:'豐人杼首。'杼首,長首也。燕謂之抒。"左思《魏都賦》云:"巷無杼首。""長"與"久"同義,故長謂之杼,久謂之佇。

《爾雅》："佇，久也。"《邶風·燕燕》篇"佇立以泣"，毛傳云："佇立，久立也。"《説文》："眝，長眙也。"通作"竚"。《楚辭·九章》云："思美人兮，擥涕而竚眙。"抒、佇、眝，並音直吕反，其義同也。

隑者，《漢書·司馬相如傳》"臨曲江之隑州兮"，張注云："隑，長也。"

敻者，文十四年《穀梁傳》"敻入千乘之國"，范甯注云："敻，猶遠也。"《説文》："長，久遠也。""遠"與"長"，亦同義。

繹者，《方言》："繹，長也。"《説文》："繹，抽絲也。"《爾雅》："繹，又祭也。周曰繹，商曰肜。"《高宗肜日》正義引孫炎注云："繹，祭之明日尋繹復祭也。肜者，亦相尋不絶之意。"何休注宣八年《公羊傳》云："繹者，繼昨日事。肜者，肜肜不絶。"肜、繹，一聲之轉，皆長之義也。《爾雅·釋山》"屬者，嶧"，注云："言絡繹相連屬。"《廣雅·釋器》云："襗，長襦也。"義並與"繹"同。

覃者，《爾雅》"覃，延也"，注云："謂蔓延相被及。"《大雅·生民》篇"實覃實訏"，毛傳云："覃，長也。"《説文》："覃，長味也。"又云："醰，甛長味也。"王褒《洞簫賦》云："良醰醰而有味。"義並同也。

尋，亦覃也。《方言》："尋，長也。海岱大野之閒曰尋；自關而西，秦晉梁益之閒，凡物長謂之尋。"(72)《淮南子·齊俗訓》云："峻木尋枝。"《大荒北經》"有岳之山，尋竹生焉"，郭璞注云："尋，大竹名。"《説文》："尋，繹理也。度人之兩臂爲尋，八尺也。"《方言》云："《周官》之法，度廣爲尋，幅廣爲充。"皆長之義也。凡對文則"廣"與"長"異，散文則"廣"亦"長"也。故廣謂之充，亦謂之尋；長謂之尋，亦謂之充。《説文》訓"充"爲長，是其證矣。

將者，《商頌·烈祖》篇"我受命溥將"，將，長也，即《卷阿》所云"爾受命長"也。鄭箋訓"將"爲助，失之。《楚辭·九辯》"恐余壽之弗將"，王逸注云："將，長也。"

袤者，《小爾雅》："袤，長也。"《説文》："南北曰袤，東西曰廣。"案：對文則横長謂之廣，從長謂之袤。《墨子·備城門》篇："廣九尺，袤十二尺。"是也。散文則横長亦謂之袤，周長亦謂之袤。《史記·蒙恬傳》云："起臨洮至遼東，延袤萬餘里。"《漢書·揚雄傳》云："周袤數百里。"是也。

曼者，《説文》："曼，引也。"引，亦長也。《魯頌·閟宫》篇"孔曼且碩"，毛傳云："曼，長也。"字通作"蔓"。《鄭風·野有蔓草》傳云："蔓，延也。"延，亦長也。《衆經音義》卷六、卷十四並引《廣雅》："曼，長也。"今本脱"曼"字。

昀案：脩、枚未作疏證。

乾、倢、蹻、狢、犺、㛹、魈、猛、壯、𤠔[①]、武、狡、偈、怒、驍，健也。

乾者，《繫辭傳》云："夫乾，天下之至健也。夫坤，天下之至順也。"《説卦傳》云："乾，健也。坤，順也。""乾、健"同聲；"坤、順"同聲。"天行健""地勢坤"，健，即"乾"也；坤，即"順"也，互文見義耳。

倢者，《説文》："疌，疾也。"《大雅·烝民》篇云："征夫捷捷。"《漢書·東方朔傳》云："捷若慶忌。"皆健之義也。倢、捷、疌，並通。

蹻，讀爲趫。《説文》："趫，善緣木之才。"《玉篇》音去驕切。《吕氏春秋·悔過》篇"氣之趫與力之盛"，高誘注云："趫，壯也。"張衡《西京賦》云："非都盧之輕趫，孰能超而究升！"顏延之《赭白馬賦》"捷趫夫之敏手"，李善注引《廣雅》："蹻，健也。"蹻，與"趫"通。《衛風·碩人》篇"四牡有驕"，毛傳云："驕，壯貌。"釋文音起橋反。"驕"與"趫"，亦同義。《中庸》"强哉矯"，鄭注云："矯，强貌。""矯"與"趫"，亦聲近義同。

狢，各本譌作"狢"。《集韻》《類篇》並引《廣雅》："狢、犺，健也。"今據以訂正。

犺者，《説文》："健，伉也。"又云："犺，健犬也。"《漢書·宣帝紀》"伉健習騎射"，顏師古注云："伉，强也。"《公羊傳》宣十五年注云："辨護伉健者爲里正。"伉，與"犺"通(73-1)。

魈者，《玉篇》音仕交切，云："剽輕爲害之鬼也。"《衆經音義》卷十二引《聲類》云："魈，疾也。"《廣韻》又楚交切，云："疾皃。"字亦作"訬"。《玉篇》："訬，健也，疾也。"《淮南子·脩務訓》"越人有重遲者而人謂之訬"，高誘注云："訬，輕秒急疾也。"魈，曹憲音巢。各本"巢"字誤入正文，惟影宋本、皇甫本不誤。凡"健"與"疾"，義相近。故疾謂之捷，亦謂之魈，亦謂之壯，亦謂之偈；健謂之偈，亦謂之壯，亦謂之魈，亦謂之捷。健謂之㛹，猶疾謂之咸也；健謂之武，猶疾謂之舞也。卷一云："舞、偈，疾也。"《爾雅》云："疾，壯也。"《雜卦傳》云："咸，速也。"是其證矣。

𤠔者，《説文》"𤠔，健也"，引《齊風》："盧𤠔𤠔。"今《詩》"𤠔"作"令"，所見本異也。

狡者，《大戴禮·千乘》篇云："壯狡用力。"《吕氏春秋·仲夏紀》"養壯狡"，高誘注云："壯狡，多力之士。"《月令》"狡"作"佼"，古字假借耳。《吕氏春秋·禁塞》

① 𤠔，原作"𤡟"，《疏證》作"𤠔"。

篇云“老幼壯佼”，是也。正義以“佼”爲形容佼好，失之。

偈者，《玉篇》音近烈切，“武皃”，引《衞風·伯兮》篇：“伯兮偈兮。”今《詩》作“朅”，毛傳云：“朅，武貌。”又《碩人》篇“庶士有朅”，毛傳云：“朅，武壯貌。”釋文：“朅，《韓詩》作桀，云：健也。”《太玄·閿》次八“其人暉且偈”，釋文云：“偈，武也。”偈、朅、桀，並通。《詩·伯兮》傳云：“桀，特立也。”特立，即健之義，故人之特立者謂之傑，木之特立者謂之楬，石之特立者謂之碣，義並同也。

怒者，《莊子·逍遥遊》篇云“怒而飛，其翼若垂天之雲”；《人閒世》篇云“怒其臂以當車轍”(73-2)。《後漢書·第五倫傳》“鮮車怒馬”，李賢注云：“怒馬，謂馬之肥壯，其氣憤盈也。”皆健之義也。凡人怒則其氣憤盈，故喜怒之“怒”亦有健義。又《廣韻》：“努，努力也。”《釋名》：“弩，怒也，有勢怒也。”怒、努、弩，義並相近。

驍者，《玉篇》：“驍，勇急捷也。”《史記·留侯世家》云：“九江王黥布，楚梟將。”梟，與“驍”通。

昀案：猛、壯、武未作疏證。㝩並見於魑。

䞈、閣、堪、輂、加、輿，載也。

“䞈、閣”二字，義見卷三“載、閣，䞈也”下。

堪、輂者，《方言》：“堪、輂，載也。”又云“龕，受也。揚越曰龕。受，盛也，猶秦晉言容盛也”，郭璞注云：“今云‘龕囊’，依此名也。”“龕”與“堪”，同聲；“盛”與“載”，義相近。郭注又云：“輂，輿載物者也。”《説文》：“輂，大車駕馬也。”《周官·鄉師》“與其輂輦”，鄭注云：“輂，駕馬；輦，人輓行，所以載任器也。”《管子·海王》篇云：“行服連軺輂者，必有一斤一鋸一錐一鑿，若其事立。”《史記·夏本紀》“山行乘欙”，《漢書·溝洫志》作“山行則梮”，韋昭注云：“梮，木器，如今輿牀，人舉以行也。”梮，與“欙”同。欙，亦有載義，故《書》言“予乘四載”也。襄九年《左傳》“陳畚挶”，《漢書·五行志》作“輂”，應劭注云：“輂，所以輿土也。”《説文》“梮，舉食者”，徐鍇傳云：“如今食牀，兩頭有柄，二人對舉之。”是凡言“輂”者，皆載之義也。

昀案：加、輿未作疏證。

緢、剿、接、撚、未、連、似、㯥、屬、結、〔絣*〕，續也。

緢、剿者，《方言》：“緢、剿，續也。秦晉續析木謂之緢，繩索謂之剿。”《淮南子·氾論訓》云“綫麻索縷”；《人閒訓》云“婦人不得剡麻考縷”。綫、剡，並與“緢”通。高誘注訓"緂"爲鋭,失之。《説文》:"緁,緶衣也。"《漢書·賈誼傳》"緁以偏諸",晉灼注云:"以偏諸緁著衣也。"《廣韻》:"緁,連緁也。"剿、緁,並音且葉反,義相近也。

撚、未者,《方言》:"撚、未,續也。"《衆經音義》卷十四引《方言》而釋之云:"撚,謂兩指索之相接續也。"《逸周書·大武解》"後動撚之",孔晁注云:"撚,從也。"從,亦相續之意。"未"與"續",義不相近。《方言》《廣雅》"未"字,疑皆"末"字之譌。《方言》:"末,隨也。"隨,亦相續之意。

似者,《小雅·斯干》篇"似續妣祖",《周頌·良耜》篇"以似以續",毛傳並云:"似,嗣也。"《説文》:"祀,祭無已也。"《爾雅》"水決復入爲汜",郭璞注云:"水出去復還。"皆續之義也。

粟者,《太平御覽》引《春秋説題辭》云"粟,助陽扶性。粟之爲言續也";又引宋均注云:"續,謂續陽生長也。"(74)

絣者,縫之續也。義見下文"繿、絀、絽、縶,絣也"下。《後漢書·班固傳》注引《廣雅》:"絣,續也。"今本脱"絣"字。

眗案:接、連、結未作疏證。屬疏證見《補正》。

癰、癥、痤、疽,癰也。

癰者,《説文》:"癰,癰也。"

痤者,《説文》:"痤,小腫也。"《管子·法法》篇云:"毋赦者,痤雎之礦石也。"雎,與"疽"同。《中山經》"可以已痤",郭璞注云:"癰痤也。"《素問·生氣通天論》"勞汗當風,寒薄爲皶,鬱乃痤",王冰注云:"痤,謂色赤䐜憤,内藴血膿,形小而大,如酸棗,或如按豆也。"

眗案:癥未作疏證。

肬、胮肛、膎膟、朕、痕、膧、腪、〔朧*〕,腫也。

肬者,《説文》:"肬,贅也。籀文作黕。"《釋名》:"肬,邱也,出皮上聚高,如地之有邱也。"《莊子·大宗師》篇云:"彼以生爲附贅縣疣。"《荀子·宥坐》篇云:"今學曾未如肬贅。"疣,與"肬"同。

胮肛者,《集韻》引《埤倉》云:"胮肛,腹脹也。"《釋水》篇云:"舽舡,舟也。"《廣韻》:"舽舡,船皃。"義與"胮肛"相近也。

膎膟者,《玉篇》:"膎膟,腫欲潰也。"膎膟,猶胮肛,語之轉耳。《大雅·蕩》篇

“女炰烋于中國”，毛傳云：“炰烋，猶彭亨也。”鄭箋云：“自矜莊氣健之貌。”“彭亨”之轉爲“炰烋”，猶“胮肛”之轉爲“膨脝”矣。膨，各本譌作“滕”，今訂正。

肤之言肤起也。《爾雅》“犦牛”，郭璞注云：“領上肉犦肤起，高二尺許。”《衆經音義》卷一引《通俗文》云：“肉肤曰瘤。”《説文》云：“瘤，腫也。”《豳風·東山》篇“鸛鳴于垤”，垤，亦肤起之義，故毛傳云：“垤，蟻冢也。”《釋名》云：“冢，腫也，言腫起也。”

痕者，《説文》：“痕，胝瘢也。”亦腫起之義也。

尰，與“腫”聲相近。《説文》“瘇，脛氣腫足也”，引《小雅·巧言》篇：“既微且瘇。”籀文作“尰”。今《詩》作“尰”。《爾雅》云：“腫足爲尰。”《吕氏春秋·盡數》篇云：“重水所多尰與躄人。”《漢書·賈誼傳》云：“天下之埶，方病大瘇。”尰、尰、瘇、瘇，並同。

“尰、尯”二字並從尣。尣，音汪，跛曲脛也。各本並譌從九，今訂正。

朦之言厖然大也。《素問·風論》云：“面厖然浮腫。”厖，與“朦”通。《集韻》《類篇》“朦”，母總切，引《廣雅》：“朦，腫也。”今本脱“朦”字。

料、亂、紕、督、雉、敕、伸、攈、撩、統，理也。

料者，度之理也。《大戴禮·文王官人》篇云：“驚之以卒而度料。”《爾雅》“毀小者謂之料”，郭璞注云：“料者，聲清而不亂。”亦理之義也。

亂者，《説文》：“𤔔，治也。一曰理也。”《爾雅》：“亂，治也。”《皋陶謨》云：“亂而敬。”亂，與“𤔔”同。樂之終有亂，詩之終有亂，皆理之義也。故《樂記》云：“復亂以飭歸。”王逸《離騷》注云：“亂，理也，所以發理辭指，總撮其要也。”理，與“治”同意，故理謂之亂，亦謂之敕；治謂之敕，亦謂之亂。理謂之紕，猶治謂之庀也。理謂之伸，猶治謂之神也。理謂之撩，猶治謂之療也。《魯語》注云：“庀，治也。”《爾雅》：“神，治也。”《方言》：“療，治也。”是其證矣。

紕者，《方言》：“紕，理也。秦晉之閒曰紕。”案：紕者，總理之意。《鄘風·干旄》篇“素絲紕之”，毛傳云：“紕，所以織組也，總紕於此，成文於彼。”是也。

督者，正之理也。《爾雅》：“督，正也。”《方言》“繹、督，理也。凡物曰督之，絲曰繹之”，郭璞注云：“督，言正理也。”僖十二年《左傳》云：“謂督不忘。”《考工記·匠人》注“分其督旁之脩”，疏云：“中央爲督。督者，所以督率兩旁。”《説文》：“裻，衣背縫也。”《晉語》“衣之偏裻之衣”，韋昭注云：“裻在中，左右異色，故曰偏裻。”王冰注《素問·骨空論》云:"所以謂之督脈者,以其督領經脈之海也。"是凡言"督"者,皆正理之義也。督,曹憲音篤。各本"篤"字誤入正文。《釋言》篇:"督,促也。"曹憲音篤。今據以訂正。

雉者,《方言》:"雉,理也。"

敕者,《噬嗑·象傳》"先王以明罰勑法",鄭注云:"勑,猶理也。"《小雅·六月》篇云:"戎車既飭。"勅、勑、飭,並通。

掾之言纍也。《說文》:"纍,綴得理也。"《樂記》云:"纍纍乎端如貫珠。"掾,各本譌作"掾",今訂正。

撩者,《說文》:"撩,理也。"《衆經音義》卷十四引《通俗文》云:"理亂謂之撩理。""撩"與"料",聲近義同。

統者,《說文》:"統,紀也。"鄭注《太宰》云:"統,所以合率以等物也。"皆理之義也。

昀案:伸未作疏證。

黷、赩、〔艴〕、艴、嘔煦[①]、縹,色也。

黷者,《方言》"黷,色也",郭璞注云:"黷然,赤黑貌也。"

赩者,《釋器》篇:"赩,赤也。"《楚辭·大招》"逴龍赩只",王逸注云:"赩,赤色也。"《小雅·采芑》篇"路車有奭",毛傳云:"奭,赤也。"奭,與"赩"同,故《瞻彼洛矣》篇"韎韐有奭",《白虎通義》引作"赩"。

艴,曹憲音勃。各本脱去"艴"字,其音内"勃"字遂誤入"赩"字下。《說文》"艴"字注引《論語》:"色艴如也。"今本作"勃"。《玉篇》《廣韻》《集韻》《類篇》"艴"字並音勃。《集韻》《類篇》引《廣雅》:"艴、頩,色也。"頩,與"艴"同。今據以補正。凡人敬則色變,若《論語》"色勃如"之類,是也;怒則色變,若《孟子》"曾西艴然不悦""王勃然變乎色"之類,是也。《說文》"孛"字注又引《論語》:"色孛如也。"《秦策》云:"秦王悖然而怒。"《楚策》云:"王怫然作色。"《淮南子·道應訓》云:"佽非瞋目教然"。並字異而義同。

艴者,《楚辭·遠遊》篇"玉色頩以脕顔兮",戴先生注云:"氣上充於色曰頩。"宋玉《神女賦》云:"頩薄怒以自持兮。"《淮南子·齊俗訓》"仁發恲以見容",高誘注云:"恲,色也。"艴、頩、恲,並通。

---

① 煦,原作"煦",《疏證》作"煦"。

嘔煦者,《方言》"嫗,色也",郭璞注云:"嫗煦,好色貌。"《莊子·駢拇》篇"呴俞仁義",釋文:"呴俞,本又作'傴呴',謂呴喻顔色爲仁義之貌。"《逸周書·官人解》云"欲色嫗然以愉",《大戴禮》"嫗"作"嘔"。《漢書·王褒傳》"是以嘔喻受之",應劭注云:"嘔喻,和悦貌。"嘔、嫗、傴,古通用。《説文》:"欨,笑意也。"《漢書·韓信傳》"言語姁姁",《史記》索隱引鄧展注云:"姁姁,和好貌。"東方朔《非有先生論》云:"説色微辭,愉愉煦煦。"①傅毅《舞賦》云:"姁媮致態。"呴、煦、姁、欨,古通用,嫗煦、嘔喻、姁媮,並疊韻之轉耳。

繻者,《説文》:"繻,繒采色也。"

讙、譙、讁、讀、詰、卻、諯,讓也。

"讙、譙"諸字爲責讓之讓,"卻"爲攘卻之攘。古者"讓、攘"同聲,字亦通用。鄭注《曲禮》云:"攘,古讓字。"是也。

讙、譙者,《方言》:"譙、讙,讓也。齊楚宋衛荆陳之閒曰譙;自關而西,秦晉之閒,凡言相責讓曰譙讓;北燕曰讙。"《説文》:"讙,譁也。"字亦作"諠"。凡人相責讓,則其聲諠譁,故因謂讓爲諠,猶今人謂諠呼爲讓也②。《金縢》云:"王亦未敢誚公。"《管子·立政》篇云:"里尉以譙于游宗。"譙,與"誚"同。

讀,經傳通作"責"。

詰,義見卷一"詰,責也"下。

諯者,《説文》:"諯,數也。一曰相讓也。"數,讀如"數之以王命"之數。

昀案:讁、卻未作疏證。

揚、讀、曉、謂、道,説也。

揚、讀、道者,《皋陶謨》云:"工以納言,時而颺之。"《顧命》云:"道揚末命。"揚,與"颺"通。各本譌作"楊",今訂正。《大戴禮·保傅》篇云:"失度,則史書之,工誦之,三公進而讀之。"讀之,謂説之也(75)。《鄘風·牆有茨》首章云"不可道也";二章云"不可詳也";三章云"不可讀也"。釋文:"詳,《韓詩》作揚。"《廣雅》"揚、讀、道"並訓爲説,義本《韓詩》也。

昀案:曉、謂未作疏證。

---

① 煦煦,原譌作"煦煦"。

② 此"讓"字疑爲"嚷"之譌。

廣雅疏證　卷第二下

高郵王念孫學

釋　詁

澇、汏、瀾、淅、滌、潒、溞、澡、沐、浴、湔、濯、沬，洒也。

汏者，《説文》："汏，淅瀾也。"《衆經音義》卷七引《通俗文》云："淅米謂之洮汏。"《淮南子·要略》"所以洮汏滌蕩至意"，高誘注云："洮汏，瀾也。"《後漢書·陳元傳》"洮汏學者之累惑"，李賢注云："洮汏，猶洗濯也。"洗，與"洒"同。

瀾者，《説文》："瀾，淅也。"(76)

淅者，《説文》："淅，汏米也。"《士喪禮》"祝淅米于堂"，鄭注云："淅，汏也。"淅，各本譌作"浙"，今訂正。

潒，與"蕩"通，字亦作"盪"。

溞者，《爾雅》"溞溞，淅也"，樊光注引《大雅·生民》篇："釋之溞溞。"今本"溞"作"叟"。毛傳云："釋，淅米也。叟叟，聲也。"叟，與"溲"通。

澡者，《説文》："澡，洒手也。"《儒行》云："澡身而浴德。"《喪服》"澡麻帶絰"，鄭注云："澡者，治去莩垢。"義亦同也。

湔者，《説文》："湔，手瀚之也。"《楚策》云："君獨無意湔祓僕。"《韓詩外傳》云："汙辱難湔灑。"

沬者，《説文》："沬，洒面也。"《漢書·律曆志》引《顧命》曰："王乃洮沬水。"今本"沬"作"頮"，馬融注云："頮，頮面也。"《内則》云："面垢，燂潘請靧。"沬、頮、靧，並同。"沬"從"午未"之"未"，音呼内反，與涎沫之"沫"異。"沫"從本末之"末"，音亡曷反。《檀弓》"瓦不成味"，鄭注云："味，當作沬。沬，靧也。"案：沬，從"午未"之"未"，與"味"聲相近，故云"味，當作沬"；沬，與"靧"同，故云"沬，靧也"。釋文音亡曷反，失之矣。

昀案：澇、滌、沐、浴、濯未作疏證。

魝、切、扐、膾、剝，割也。

魝者，《説文》："魝，楚人謂治魚也；從刀魚；讀若鍥。"《方言》："刈鉤，自關而西，或謂之鉤，或謂之鎌，或謂之鍥。"鍥，所以割草，義與"魝"同也。鍥，又音古結反。定九年《左傳》"盡借邑人之車，鍥其軸"，杜預注云："鍥，刻也。"《説文》作"栔"，又作"契"。《爾雅》"契，絶也"，郭璞注云："今江東呼刻斷物爲契斷。"義與"魝"亦同也。

"扐、膾"二字，義見卷一"劊、扐，斷也"下。

剝者，《説文》："剝，傷也。"《玉篇》云："傷割也。"

昀案：切未作疏證。

闌、閑、亢、闤、徼、迣，遮也。

亢者，《説文》："抗，扞也。"成十五年《左傳》"顆見老人結草以亢杜回"，杜預注云："亢，禦也。"襄十四年《傳》云："晉禦其上，戎亢其下。"《士喪禮》下篇"抗木横三縮二"，鄭注云："抗，禦也，所以禦止土者。"皆遮之義也。抗，與"亢"通。

闤者，《廣韻》："闤，隔也。"

徼，與"闤"聲相近。襄十六年《左傳》"孟孺子速徼之"，杜預注云："徼，要也。"字通作"要"，又作"邀"。

迣者，《説文》："迣，迾也。晉趙曰迣。"又云："迾，遮也。"《玉篇》迣，音之世切。又云："古文以爲迾字。"迾，音列。《漢書・鮑宣傳》"男女遮迣"，晉灼注云："迣，古列字也。"蓋"迣、迾"聲相近，故古或通用。《漢書・武五子傳》"迾宫清中備盜賊"，李奇注云："迾，遮也。"《玉藻》"山澤列而不賦"，鄭注云："列之言遮列也。"列，與"迾"同。《玉篇》迾，又音厲。《周官・山虞》"物爲之厲而爲之守禁"，鄭衆注云："厲，遮列守之。""厲"與"迾"，古亦通用。

昀案：闌、閑未作疏證。

賃、荼、差、且、假、貸，借也。

賃者，《穆天子傳》"賃車受載"，郭璞注云："賃，猶借也。"今俗語猶謂以財租物曰賃矣。

荼者，《方言》"荼，借也"，郭注云："荼，猶徒也。"案：荼，蓋"賒"之借字。賒、荼，古聲相近。《説文》："賒，貰賣也。""貰，貸也。""賒、貸"同義，故俱訓爲借也。

且,與“借”聲相近[77-1]。《檀弓》云:“夫祖者,且也。且,胡爲其不可以反宿也。”凡言“且”者,皆謂姑且如此,即假借之意也。《曲禮》“有天王某甫”,鄭注云:“某甫,且字也。”何氏《隱義》云[77-2]:“且假借此字也。”借,各本譌作“僣”。今訂正。

昀案:差、假、貸未作疏證。

鍻、耤、耡、貢、租、賦、徹、稍、秡、征、賨、䝻,税也。

鍻者,《史記·平準書》云:“筭軺車賈人緡錢皆有差。”《漢書·武帝紀》“初筭緡錢”,李斐注云:“緡,絲也,以貫錢也。一貫千錢,出筭二十也。”《説文》作“鍻”,義同。

耤、耡、貢、徹者,耤,字亦作“藉”。《大雅·韓奕》篇“實畝實藉”,鄭箋云:“藉,税也。”宣十六年《左傳》“穀出不過藉”,杜預注云:“周法,民耕百畝,公田十畝,借民力而治之,税不過此。”《王制》“古者公田藉而不税”,鄭注云:“藉之言借也。借民力治公田,美惡取於此,不税民之所自治也。”《説文》:“殷人七十而耡。耡,耤税也。”耡,字亦作“莇”,又作“助”。“助”與“藉”,古同聲。《孟子·公孫丑》篇“耕者助而不税”,即藉而不税也。《論語·顏淵》篇“盍徹乎”,鄭注云:“周法,什一而税,謂之徹。徹,通也,爲天下之通法。”《孟子·滕文公》篇“夏后氏五十而貢,殷人七十而助,周人百畝而徹,其實皆什一也。徹者,徹也;助者,藉也”,趙岐注云:“民耕五十畝者,貢上五畝;耕七十畝者,以七畝助公家;耕百畝者,徹取十畝以爲賦。雖異名而多少同,故曰‘皆什一’也。徹,猶人徹取物也。藉者,借也,猶人相借力助之也。”鄭注《匠人》云:“貢者,自治其所受田,貢其税穀。莇者,借民之力以治公田,又使收斂焉。徹者,通其率,以什一爲正也。”

稍者,《玉篇》:“稍,稍税也。”

秡者,《玉篇》:“秡,禾租也。”

賨者,《説文》:“賨,南蠻賦也。”[78]《後漢書·南蠻傳》云:“歲令大人輸布一匹,小口二丈,是謂賨布。”又云:“歲入賨錢口四十。”賨,與“賨”同。

䝻者,《玉篇》:“䝻,賦斂也。”

昀案:租、賦、征未作疏證。

緻䌷、組、繬、彌、綼,縫也。

緻䌷者,《玉篇》:“緻䌷,續縫也。”《廣韻》云:“補衣也。”《方言》:“劙,續也。

秦晉繩索謂之剿。"“剿”與“緤”,義相近也。

組,曹憲音直莧反。各本“組”譌作“組”,“直莧反”之“直”又譌作“亘”,惟影宋本不譌。《説文》:“組,補縫也。”字亦作“袒”,又作“綻、裢”。《急就篇》“鍼縷補縫綻紩緣”,顔師古注云:“偹破謂之補,縫解謂之綻。”皇象本“綻”作“袒”。《後漢書·崔實傳》:“期於補裢決壞。”裢,亦補也。李賢注引《内則》“衣裳裢裂”,失之。

“繬、彌”二字,義見下文“繬、彌,合也”下。繬,曹憲音色。各本“色”字誤入正文,惟影宋本、皇甫本不誤。

縪者,《喪服》“冠六升,外畢”,鄭注云:“外畢者,冠前後屈而出縫於武也。”《士喪禮記》“畢”作“縪”,注云:“縪,謂縫著於武也。”

繧、絀、紹繄,絣也。

繧者,《衆經音義》卷十四引《通俗文》云:“合紩曰繧。”《説文》云:“紩,縫也。”

絀、絣,聲義並同。絣,亦縫也,語之轉耳。《燕策》云:“王身自削甲札,妻自組甲絣。”蓋“絣”訓爲縫,因謂縫甲之組爲絣也。

紹繄者,《玉篇》:“紹繄,紩衣也。”

絎、紕、純,緣也。

絎者,《玉篇》絎,行孟切,“縫紩也”。《廣韻》云:“刺縫也。”今俗語猶呼刺縫爲絎,音若“行列”之“行”。

紕者,《爾雅》“紕,飾也”,郭璞注云:“謂緣飾。”《玉藻》“縞冠素紕”,鄭注云:“紕,緣邊也;讀如‘埤益’之埤。”《雜記》“紕以爵韋,純以素”,鄭注云:“在旁曰紕,在下曰純。”《士喪禮記》“緆緣緆,緇純”,鄭注云:“飾裳在幅曰緣,在下曰緆;飾衣曰純。”《玉藻》“天子素帶朱裏終辟”,鄭注云:“辟,讀如‘裨冕’之裨,謂以繒采飾其側。”紕、緣、辟,並通。

純者,《爾雅》“緣謂之純”,郭璞注云:“衣緣飾也。”《顧命》云:“敷重蔑席,黼純。”各本“純”字誤入音内,今訂正。

毗頞、漢漫、憫,懣也。

毗頞者,《方言》“毗頞,懣也”,郭璞注云:“謂憤懣也。”

漢漫者,《方言》:“漢漫,懣也。朝鮮洌水之閒,煩懣謂之漢漫。”各本“漫”字誤入音内,今訂正。

憫,音閔。懣,音亡本反;又音滿。各本"憫"譌作"惘"。其"懣"字下"亡本反"之音又譌入"惘"字下,"本"字又譌作"木"。《集韻》《類篇》有"惘"字,音母本切,則宋時《廣雅》本已誤。考《説文》《玉篇》《廣韻》,俱無"惘"字。《問喪》云:"悲哀志懣氣盛。"釋文:"懣,亡本反,又音滿。"則"亡本反"爲"懣"字之音甚明。又《孟子·公孫丑》篇"阨窮而不憫",趙岐注云:"憫,懣也。"是"惘"字乃"憫"字之譌。今據以訂正。

貶、損、削、黜、狠、撤、秏、退、肆、掊、扟、刮、攽、癃、殺、瘣、奭、爽、劣,減也。

狠者,齧之減也。《説文》:"狠,齧也。"

掊、扟,皆取之減也。《謙·象傳》云:"君子以裒多益寡。"裒,與"掊"通。《説文》:"扟,從上挹也。"《衆經音義》卷十五引《通俗文》云:"從上取曰扟。"

刮者,摩之減也。《考工記》云:"刮摩之工五。"

攽者,分之減也。《説文》:"攽,分也。"

癃,通作"降"。

瘣,通作"衰"。

爽者,差之減也。《爾雅》:"爽,差也。"

劣者,少之減也。《説文》:"劣,弱也;從力少。"卷三云:"劣,少也。"

昀案:貶、損、削、黜、撤、秏、退、肆、殺、奭未作疏證。

維、紲、縼、縻、紖,係也。

紲者,《説文》:"紲,系也。"系,與"係"同,亦作"繫"。紲之言曳也。《釋名》云:"紲,制也,牽制之也。"《玉篇》云:"凡繫縲牛馬皆曰紲。"字亦作"緤",又作"靾"。《士喪禮記》"乘車革靾",鄭注云:"靾,韁也。"僖二十四年《左傳》"臣負羈紲",杜預注云:"紲,馬韁也。"正義引服虔注云:"一曰犬韁曰紲。"《少儀》"犬則執緤,牛則執紖,馬則執靮",鄭注云:"緤、紖、靮,皆所以繫制之者。"《論語·公冶長》篇"雖在縲紲之中",孔傳云:"縲,黑索也。紲,攣也,所以拘罪人。"蓋紲爲係之通名,凡係人係物,皆謂之紲,不專屬一物也。

縼之言旋繞也。《説文》:"縼,以長繩繫牛也。"《玉篇》又作"搋",云:"長引也。"馬融《長笛賦》云:"植持縼纆。"

紖之言引也。《説文》:“紖,牛系也。”《祭統》“君執紖”,鄭注云:“紖,所以牽牲也。”《周官·封人》“置其絼”,鄭衆注云:“絼,著牛鼻繩,所以牽牛者。”絼,與“紖”同。紖,各本譌作“紭”,今訂正。

昀案:維、縻未作疏證。

切、直、方,義也。

切、直者,《爾雅》“丁丁嚶嚶,相切直也”,郭璞注云:“朋友切磋相正。”《史記·田叔傳》云:“切直廉平。”是“切、直”皆義也。

方者,《坤·文言》云:“直,其正也。方,其義也。”《論語·先進》篇“且知方也”,何晏注云:“方,義方也。”隱三年《左傳》云:“教之以義方。”

懷、就、息、隋、罷、還、返、退、免、迋,歸也。

息者,《方言》:“息,歸也。”

罷、退者,《少儀》云:“朝廷曰退,燕遊曰歸,師役曰罷。”襄三十年《左傳》云:“皆自朝布路而罷。”(79)《士冠禮》“主人退”,鄭注云:“退,去也,歸也。”

迋,即“往”字也。莊二年《穀梁傳》云:“王者,民之所歸往也。”顏師古注《漢書·揚雄傳》云:“迋,古往字。”各本“迋”譌作“廷”,今訂正。

昀案:懷、就、隋、還、返、免未作疏證。

扲、盭、菲、違、舛、造、偭,偝也。

“扲、盭”二字,義見卷四“扲,盭也”下。盭,各本譌作“盩”。今訂正。

造,經籍通作“錯”。

偭者,《楚辭·離騷》“偭規矩而改錯”,《漢書·賈誼傳》“偭蟂獺以隱處兮”,王逸、應劭注並云:“偭,背也。”《漢書·項籍傳》“馬童面之”,顏師古注云:“面,謂背之不面向也。”面縛,亦謂反背而縛之。杜元凱以爲“但見其面”,非也。面,與“偭”通。

昀案:菲、違、舛未作疏證。

幬、幏、幎、幔、帲、幕、羐、葺、蔓、冟、幠、䀹、弇、冒,覆也。

幬者,《爾雅》:“幬謂之帳。”《説文》:“幬,襌帳也。”《楚辭·招魂》“羅幬張些”,幬,與“幬”同。《釋器》篇云:“幔、幬、幕,帳也。”幔、幬、幕,皆有下覆之義,故此皆訓爲覆也。《召南·小星》篇"抱衾與裯",毛傳云:"裯,襌被也。"《考工記·輪人》"欲其幬之廉也",鄭注云:"幬,幔轂之革也。"《史記·禮書》"大路之素幬也",索隱云:"謂車蓋以素幃。"是凡言"幬"者,皆覆之義也。

幏者,《説文》:"冡,覆也。"《鄘風·君子偕老》篇"蒙彼縐絺",毛傳云:"蒙,覆也。"幏、冡、蒙,並通。今俗語猶謂覆物爲蒙。《方言》"幏,巾也。陳潁之閒,大巾謂之幏",郭璞注云:"巾,主覆者,故名幏也。"《書大傳》"下刑墨幏",鄭注云:"幏,巾也。"《説文》:"幏,蓋衣也。"皆覆之義也。幏,各本譌作"幪",今訂正。

幎者,《説文》:"冖,覆也。""幎,幔也。"《周官》"冪人",鄭注云:"以巾覆物曰冪。"《鄉飲酒禮記》"尊綌冪",鄭注云:"冪,覆尊巾也。"《禮器》云:"犧尊疏布鼏。"幎、冪、鼏、冖,並通。鼎覆謂之鼏,車覆軾謂之幦,義亦與"幎"同。《士昏禮》"設扃鼏",鄭注云:"扃,所以扛鼎。鼏,覆之也。"《大雅·韓奕》篇"鞹鞃淺幭",毛傳云:"幭,覆式也。"正義云:"幭字,《禮記》作幦,《周禮》作複,字異而義同。"又云:"此幭與《天官》'冪人'之字異,其義亦同。"

幔者,《説文》:"幔,幕也。"(80)《釋名》云:"幔,漫也,漫漫相連綴之言也。"司馬相如《長門賦》云:"張羅綺之幔帷兮。"《爾雅》"鏝謂之杇",李巡注云:"塗工之作具也。"襄三十一年《左傳》"圬人以時塓館宫室",杜預注云:"塓,塗也。""塗"與"覆",義相近,故塗謂之鏝,亦謂之塓;覆謂之幎,亦謂之幔。幔、幎,語之轉耳。

帡之言屏蔽也。《法言·吾子》篇"然後知夏屋之爲帡幪也",李軌注云:"帡幪,蓋覆也。"幪,與"幏"同。

幕者,《方言》:"幕,覆也。"《説文》:"帷在上曰幕。"《釋名》云:"幕,幕絡也,在表之稱也。"《井》上六"井收勿幕",王弼注云:"幕,猶覆也。"《周官·幕人》"掌帷幕幄帟綬之事",鄭注云:"在旁曰帷,在上曰幕。"

茨者,《説文》:"茨,以茅葦蓋屋也。"《釋名》云:"屋以草蓋曰茨。茨,次也,次比草爲之也。"《梓材》云:"惟其塗塈茨。"《周官·圉師》"茨牆則翦闔",鄭注云:"茨,蓋也。"

葺者,《説文》:"葺,茨也。"《考工記·匠人》云:"葺屋參分,瓦屋四分。"襄三十一年《左傳》"繕完葺牆",注云:"葺,覆也。"

蕈者,《説文》:"蕈,草覆地也。"案:各本"蕈"字音内有"此寢去"三字,文義不可曉。《玉篇》《廣韻》"蕈"並音寢,則"寢"字乃"蕈"字之音,其"此"字當是"庇"

字之誤。《考工記·輪人》"弓長六尺謂之庇軹",《表記》"雖有庇民之大德",鄭注並云:"庇,覆也。""去"字當是"葢"字之誤。葢,俗書作"蓋",又譌脱而爲"去"。《説文》云:"覆,葢也。""庇、葢"皆係正文。今本誤入音内,又誤爲"此、去"二字耳。

㦽者,《説文》:"燾,溥覆照也。"《方言》:"幬,覆也。"襄二十九年《左傳》"如天之無不幬也",《史記·吳世家》作"燾",集解引賈逵注云:"燾,覆也。"《周官·司几筵》"每敦一几",鄭注云:"敦,讀曰燾。燾,覆也。"並字異而義同。今俗語猶謂覆物爲幬。《爾雅》"翿,纛也",注云:"今之羽葆幢。"又"纛,翳也",注云:"舞者所以自蔽翳。""翿、纛"與"㦽",聲義亦同。㦽,各本譌作"幬",自宋時本已然,故《集韻》《類篇》"燾"又作"幬"。考《説文》《玉篇》《廣韻》俱無"幬"字。今訂正。

幠者,《説文》:"幠,覆也。"《士冠禮記》"周弁,殷冔,夏收",鄭注云:"冔,名出於幠。幠,覆也,言所以自覆飾也。"《士喪禮》云:"幠用斂衾。"《荀子·禮論》篇説喪禮云:"無帾、絲歶、縷翣,其貌以象菲帷幬尉也。"楊倞注云:"無,讀爲幠。幠,覆也,所以覆尸者也。《士喪禮》'幠用斂衾、夷衾',是也。"案:幠者,柳車上覆,即《禮》所謂荒也。《喪大記》記棺飾云:"素錦褚,加僞荒。"鄭注云:"荒,蒙也。在旁曰帷,在上曰荒,皆所以衣柳也。僞,當爲帷。大夫以上,有褚以襯覆棺,乃加帷荒於其上。"荒、幠,一聲之轉,皆謂覆也。故柳車上覆謂之荒,亦謂之幠。帾,即"素錦褚"之"褚"。幠、帾,皆所以飾棺。幠在上象幕,帾在下象幄,故云"其貌象菲帷幬尉"也。《周官·縫人》"掌縫棺飾",鄭注云:"若存時居於帷幕而加文繡。"是也。若斂衾、夷衾,皆所以覆尸,不得言"象菲帷幬尉"矣。《詩·公劉》傳云:"荒,大也。"《閟宫》傳云:"荒,有也。"《爾雅》:"幠,大也,有也。"是"幠"與"荒"同義。"幠"從無聲,"荒"從巟聲,"巟"從亡聲。"荒"之轉爲"幠",猶"亡"之轉爲"無"。故《詩》"遂荒大東",《爾雅》注引作"遂幠大東";《禮記》"毋幠毋敖",《大戴》作"無荒無慠"矣。

賵者,《太平御覽》引《春秋説題辭》云:"賵之爲言覆也。"隱元年"天王使宰咺來歸惠公、仲子之賵",服虔注《左傳》云:"賵,覆也。"正義云:"謂覆被亡者也。"《公羊傳》"車馬曰賵",何休注亦云:"賵,猶覆也。"冒、賵、覆,古聲並相近。

昀案:弇、冒未作疏證。

愰、怖、𩲅、㒤、猜、忦、嘽咺、謾台、脅鬩、怵、惕、蛩烘、征伀、恎佟、畏、恐、遽，懼也。

愰者，《衆經音義》卷三引《倉頡篇》云："愰，恐也。"《燕策》云："卒愰急不知所爲。"

怖者，《説文》："悑，愰也。"《吴子·料敵》篇云："敵人心怖可擊。"怖，與"悑"同。今人或言"怕"者，"怖"聲之轉耳。

𩲅，義見卷四"𩲅，恐也"下。

㒤者，《玉篇》音尺涉切，"恐也"。《集韻》又質涉切。《樂記》"柔氣不懾"，鄭注云："懾，猶恐懼也。"懾，與"㒤"通。《衆經音義》卷七、卷十二引《廣雅》並作"懾"。

猜者，疑之懼也。昭七年《左傳》云："雖吾子亦有猜焉。"

忦者，憂之懼也。《説文》："忦，憂也。"

嘽咺、謾台、脅鬩者，《方言》："謾台、脅鬩，懼也。燕代之閒曰謾台；齊楚之閒曰脅鬩；宋衞之閒，凡恐而噎噫，謂之脅鬩；南楚江湘之閒，謂之嘽咺。"嘽，各本譌作"蟬"，今訂正。

蛩烘之爲言皆恐也。《方言》："蛩烘，戰慄也。荆吴曰蛩烘。"蛩烘，又恐也。《荀子·君道》篇"故君子恭而不難，敬而不鞏"。難，即"不戁不竦"之"戁"。鞏，與"蛩"同。《説文》："烘，戰慄也。"

征伀者，《方言》："征伀，遑遽也。江湘之閒，凡窘猝怖遽，謂之征伀。"遑，與"愰"同。《釋訓》篇云："屏營，征伀也。"《漢書·王莽傳》"人民正營"，顔師古注云："正營，愰恐不安之意也。"正，與"征"同。《釋名》："夫之兄曰兄公，俗閒曰兄伀。言是己所敬，見之伀遽，自肅齊也。俗或謂舅曰公，亦如之也。"王褒《四子講德論》云："百姓征伀，無所措其手足。"《潛夫論·救邊》篇云："乃復怔忪如前。"怔忪，與"征伀"同。

恎佟者，《玉篇》："恎佟，愰遽也。"(81)

遽，謂愰遽也。《楚辭·九章》云："衆駭遽以離心兮。"《大招》云："魂乎歸徠，不遽惕只。"

昀案：怵、惕、畏、恐未作疏證。

蕪、荽、薄、荒、瑕，薉也。

荽者，《玉篇》音亡泛切，“草木蕪蔓也”。《集韻》又亡咸切。“荽”字從艸，妥聲。妥，音亡范反。各本作“蕿”，俗字也。《廣韻》：“妥，俗作㚆。”

薄，義見卷三“薄，聚也”下。

瑕者，惡之薉也。宣十五年《左傳》云：“川澤納汙，山藪藏疾，瑾瑜匿瑕，國君含垢。”

昀案：蕪、荒未作疏證。

攊、抆、挸、抑、撨，拭也。

攊者，卷三云：“攊，摩也。”摩，亦拭也。

抆，字亦作“抿”。《楚辭·九章》云：“孤子唫而抆淚兮。”《吕氏春秋·長見》篇云：“吴起抿泣而應之。”

挸者，《玉篇》與“撊”同，“拭面也”。

昀案：抑、撨未作疏證。

劃、劌、鑯、剡、鋭、銛，利也。

劌者，《説文》：“劌，利傷也。”《聘義》云：“廉而不劌。”《莊子·在宥》篇云：“廉劌彫琢。”《方言》：“凡草木刺人者，自關而東，或謂之劌。”亦利之義也。

鑯之言鑯也。卷四云：“鑯，鋭也。”《説文》：“鑯，鋭也，貫也。”《釋器》篇云：“鑯謂之鏟。”皆利之義也。

剡者，《爾雅》：“剡，利也。”《説文》云：“鋭利也。”《小雅·大田》篇“以我覃耜”，毛傳云：“覃，利也。”《繫辭傳》“剡木爲楫”“剡木爲矢”，釋文並作“掞”。剡、掞、覃，古通用。

銛者，《説文》：“利，銛也。”《漢書·賈誼傳》“莫邪爲鈍兮，鉛刀爲銛”，晉灼注云：“世俗謂利爲銛徹。”《燕策》云：“强弩在前，銛戈在後。”《史記·蘇秦傳》作“錟”，錟，與“銛”通。《説文》：“銛，臿屬。”亦利之義也。

昀案：劃、鋭未作疏證。

抓、搬、擖、揩、擿，搔也。

抓者，《玉篇》：“抓，抓痒也。”《文選·枚乘〈諫吴王書〉》“夫十圍之木，始生如櫱，足可搔而絶”，李善注引《莊子》逸篇云：“豫章初生，可抓而絶。”抓，亦搔也。

抓,各本譌作"抓",今訂正。

擖者,《説文》:"擖,刮也。"《玉篇》音公八、口八二切。《廣韻》同。刮,與"搔"同義,故《説文》云:"搔,括也。"刮、括,古通用。案:"擖、擸"二字音義各別。擖,音公八、口八二反;刮也;字從手,葛聲。擸,音臘,又音獵;《説文》"理持也",字從手,巤聲。諸書中"擸"字或作"擖"者,皆俗書之誤,猶"伏臘"之"臘",俗作"臈"也。《廣雅》"擖"訓爲搔,當讀公八、口八二反。曹憲讀與臘同,失之。《集韻》《類篇》"擸、擖"二字並音臘,即踵曹憲之誤。考《玉篇》《廣韻》,"擖"字俱無"臘"音,今據以辨正。

"揩"與"擖",聲相近。《説文》:"揩,擖也。"

擿者,《説文》:"擿,搔也。"《列子・黄帝》篇"指擿無痟癢",釋文云:"擿,搔也。"擿,訓爲搔,故搔頭謂之擿。《説文》云:"髍,骨擿之可會髮者。"《鄘風・君子偕老》篇"象之揥也",毛傳云:"揥,所以摘髮也。"釋文:"摘,本又作擿。"正義云:"以象骨搔首,因以爲飾,故云'所以摘髮'。"擿、摘、揥,聲近義同。

昀案:撅未作疏證。

飬、飵、飴、啖、噬、饐餀、湌、餔、啜、嘗、餉、饔、茹、〔嘰〕,食也。

飬、飵、飴、饐餀者,《方言》:"飬、飵,食也。陳楚之内,相謁而食麥饘,謂之飬;楚曰飵。凡陳楚之郊、南楚之外,相謁而餐,或曰飵,或曰飴。秦晉之際、河陰之閒,曰饐餀。此秦語也。"《説文》與《方言》同。《爾雅》:"飬,食也。"飵,各本譌作"飰",今訂正。《方言》注云:"今關西人呼食欲飽爲饐餀。"餀,各本譌作"鎧",惟影宋本不譌。

湌,與"餐"同。

饔者,《論語・爲政》篇"有酒食,先生饌",馬融注云:"饌,飲食也。"饌,與"饔"同。

茹者,《方言》"茹,食也。吴越之閒,凡貪飲食者,謂之茹",郭璞注云:"今俗呼能麤食者爲茹。"案:《大雅・烝民》篇云:"柔則茹之,剛則吐之。"是食謂之茹也。《禮運》云:"飲其血,茹其毛。"《孟子・盡心》篇云:"飯糗茹草。"是食麤食者謂之茹也。"麤"與"疏",義相近。食麤食者謂之茹,故食菜亦謂之茹。食菜謂之茹,故所食之菜亦謂之茹。《莊子・人閒世》篇云:"不茹葷。"《漢書・董仲舒傳》云:"食於舍而茹葵。”是食菜謂之茹也。《食貨志》云：“菜茹有畦。”《七發》云：“秋黄之蘇，白露之茹。”是所食之菜亦謂之茹也。

嘰者，《説文》：“嘰，小食也。”《漢書·司馬相如傳》“咀嚼芝英兮嘰瓊華”，張注云：“嘰，食也。”《説文》：“既，小食也。”《論語》曰：“不使勝食既。”“既”與“嘰”，古亦同聲。《歸妹》六五“月幾望”，荀爽本“幾”作“既”，是其例矣。各本俱脱“嘰”字。《酉陽雜俎·酒食》篇“餥、飵、飴、茹、嘰，食也”以下十條皆本《廣雅》，今據補。

昀案：啖、噬、餔、啜、嘗、餉未作疏證。

儽、疲、勞、懈、惰、怠、嬾，嬾也。

各本皆作“儽、疲，勞也”“懈、惰、怠、嬾，嬾也”。案：疲，或作“罷”。罷，訓爲勞，已見卷一，此卷内不當重見。考《説文》《玉篇》《廣韻》並云：“儽，嬾懈也。”《集韻》云：“或作儽。”又唐釋湛然《止觀輔行傳宏決》卷二之一引《倉頡篇》云：“疲，嬾也。”(82-1)《周官·大司寇》“以圜土聚教罷民”，鄭注云：“民不愍作勞，有似於罷。”(82-2)《廣韻》：“罷，倦也。”“勞，倦也。”倦，與“嬾”同義；嬾、勞、儽，又一聲之轉。是“儽、疲、勞”三字皆與“嬾”同義。今訂正。

嬾者，《説文》：“楚謂小兒嬾嬾。”

昀案：此條主要作條目分合的校勘。

晻、薆、翳、薈、壅、蔽，障也。

晻、薆者，《説文》：“晻，不明也。”《楚辭·離騷》“揚雲霓之晻藹兮”，王逸注云：“晻藹，猶蓊鬱，蔭貌也。”《説文》：“薆，蔽不見也。”《爾雅》“薆，隱也”，郭璞注云：“謂隱蔽。”《方言》“掩、翳，薆也”，郭璞注云“謂薆蔽也”，引《邶風·静女》篇：“薆而不見。”《説文》“僾，仿佛也”，引《詩》：“僾而不見。”今《詩》作“愛”。《方言疏證》云：“薆而，猶隱然。”而、如、若、然，一聲之轉也。《楚辭·離騷》云：“衆薆然而蔽之。”張衡《南都賦》云：“晻曖蓊蔚。”《思玄賦》云：“繽連翩兮紛暗曖。”晻、暗，古通用；薆、薆、僾、曖、愛，古通用。《月令》“處必掩”，鄭注云：“掩，猶隱翳也。”“掩”與“晻”，古亦同聲。晻，各本譌作“晻”，今訂正。

翳、薈者，《方言》又云：“翳，掩也。”《楚語》“好縱過而翳諫”，韋昭注云：“翳，障也。”《説文》：“薈，草多皃。”《曹風·候人》篇“薈兮蔚兮”，毛傳云：“薈蔚，雲興貌。”《孫子·行軍》篇“軍行有險阻潢井葭葦山林翳薈者”，魏武帝注云：“翳薈者，可屏蔽之處也。"

昀案:壅、蔽未作疏證。

繬、彌、厲、設、沓、縫、瀌、際、接、稽、交、〔連*〕,合也。

繬、彌者,上文云:"繬、彌,縫也。"《方言》:"嗇、彌,合也。"枚乘《七發》云:"中若結轖。"繬、轖、嗇,並通。《魏風·伐檀》傳云:"種之曰稼,斂之曰穡。"《説文》:"轖,車籍交革也。"《急就篇》"革轖髤漆油黑蒼",顏師古注云:"革轖,車籍之交革也。"《廣韻》:"轖,車馬絡帶也。"皆合之義也。《方言》又云:"彌,縫也。"《繫辭傳》云:"故能彌綸天地之道。"昭二年《左傳》"敢拜子之彌縫敝邑",杜預注云:"彌縫,猶補合也。"

厲者,《方言》:"厲,合也。""厲"與"連",聲相近,故得訓爲合。《周易正義序》引《世譜》"神農,一曰連山氏,亦曰列山氏",《祭法》作"厲山氏"。是其例也。

設者,《禮器》云:"夫禮者,合於天時,設於地財,順於鬼神,合於人心。"設,亦合也。《司馬法·仁本》篇亦云:"先王之治,順天之道,設地之宜。"

沓者,《開元占經·順逆略例》篇引《巫咸》云:"諸舍精相沓爲合。"《楚辭·天問》"天何所沓",王逸注云:"沓,合也。"王褒《洞簫賦》云:"薄索合沓。"又云:"鶩合遝以詭譎。"遝,與"沓"通。《説文》:"遝,迨也。"《玉篇》云:"迨遝,行相及也。""迨遝"與"合遝",聲義亦同。

稽者,《吕刑》"惟貌有稽",傳云:"有所考合。"《周官·小宰》"聽師田以簡稽",鄭衆注云:"稽,猶計也,合也。"《儒行》"古人與稽",鄭注云:"稽,猶合也。"

《衆經音義》卷三、卷十四並引《廣雅》:"連,合也。"今本脱"連"字。

昀案:縫、瀌、際、接、交未作疏證。

瀧涿、露、霑、濡、瀸、溺、淪、氾、濅、潤、瀸、漸、溓、漚、澆、濯、淳、沃、淙、溢、淋、灌、欒、灂、瀀、渥、浞、〔洽*〕①,漬也。

瀧涿者,《説文》:"瀧,雨瀧瀧也。"《論衡·自紀》篇云:"筆瀧漉而雨集,言濭淈而泉出。"《説文》:"涿,流下滴也。"《方言》"瀧涿謂之霑漬",郭璞注云:"瀧涿,猶瀨滯也。"《廣韻》:"瀧涑,霑漬也。"《荀子·議兵》篇"案角鹿埵隴種東籠而退耳",楊倞注

① 濅、淳,原作"瀀、滰",《疏證》作"濅、淳"。

云:“東籠與涷瀧同,霑溼貌。”瀧涿、瀨滯、瀧涷、鹿埵、隴種、東籠,皆語之轉也。

露者,潤之漬也。《説文》:“露,潤澤也。”《小雅·白華》篇云:“露彼菅茅。”《晉語》“是先主覆露子也”,韋昭注云:“露,潤也。”

瀲者,《玉篇》音离冉、力驗二切。木華《海賦》“南瀲朱崖”,李善注引《廣雅》:“瀲,漬也。”

氾者,淹之漬也。《説文》:“氾,淹也。”王逸注《九歎》云:“淹,漬也。”《漢書·武帝紀》云:“河水決濮陽,氾郡十六。”《方言》:“氾,洿也。自關而東,或曰氾。”亦漬之義也。

寖,與“浸”同。

瀸,與下“漸”字同,亦作“湛”。瀸,亦浸也。《説文》:“瀸,漬也。”莊十七年《公羊傳》“齊人瀸于遂。瀸者何?瀸,積也”,釋文:“積,本又作漬。”《曲禮》“四足死曰漬”,鄭注云:“漬,謂相瀸汙而死也。”《内則》説“八珍之漬”云“湛諸美酒”,注云:“湛,亦漬也。”《考工記·鍾氏》“以朱湛丹秫”,先鄭注云:“湛,漬也。”後鄭云:“湛,讀如‘漸車帷裳’之漸。”

漚者,《説文》:“漚,久漬也。”今俗語猶呼久漬曰漚。《陳風·東門之池》篇云:“可以漚麻。”《考工記·㡛氏》“以涚水漚其絲”,鄭注云:“漚,漸也。楚人曰漚,齊人曰涹。”

澆、濯、淳、沃、淙、淋、灓,皆灌之漬也。《説文》:“澆,沃也。”“漼,灌也。”漼,與“濯”同。淳,讀若諄。《士虞禮》“淳尸盥”,《内則》“淳熬、淳毋”,《考工記·鍾氏》“淳而漬之”,《周語》“王乃淳濯饗醴”,鄭、韋注並云:“淳,沃也。”淙,《玉篇》音在宗切。郭璞《江賦》云:“淙大壑與沃焦。”淙者,灌也,謂江水東流入海,灌大壑與沃焦也。李善注以“淙”爲水聲,失之。《衆經音義》卷二引《三倉》云:“淋,漉水下也。”《説文》:“淋,以水沃也。一曰淋淋,山水下也。”《玉篇》云:“雨淋淋下也。”義並相近[83]。《説文》:“灓,漏流也。”漏、灓、淋,一聲之轉。《吕氏春秋·開春》篇云:“昔王季葬於渦山之尾,灓水嚙其墓。”

澍者,《玉篇》:“澍,漬也,濡也。”

瀀、渥者,《説文》“瀀,澤多也”,引《詩·小雅·信南山》篇:“既瀀既渥。”今本作“優”。《説文》:“渥,霑也。”《邶風·簡兮》篇“赫如渥赭”,毛傳云:“渥,厚漬也。”

浞者,《説文》:“浞,水濡皃也。”《信南山》篇云:“既霑既足。”優、渥,語之轉;

霑、足，亦語之轉。“足”與“浞”，聲相近也。

洽者，《説文》：“洽，霑也。”《華嚴經》卷四十二音義引《廣雅》：“洽，漬也。”今本脱“洽”字。

眗案：霑、濡、溺、淪、潤、溓、溢、灌未作疏證。漸並見於瀸。

踏、蹠、踞、䟫、踊、躍、踙、蹶、竦、踥，跳也。

踏、蹠、踞、䟫、踥者，《方言》：“踏、踞、䟫，跳也。楚曰踥，陳鄭之間曰踞。楚曰蹠；自關而西，秦晉之間曰跳，或曰踏。”《説文》“蹠、踞、䟫”三字，訓與《方言》同。張衡《西京賦》云：“高掌遠蹠。”踞，亦躍也。《楚辭·九章》云：“願摇起而横奔兮。”王延壽《夢賦》云：“羣行而奮摇，忽來到吾前。”《方言》：“遥，疾行也。”踞、遥、摇，義並相近。《説文》：“趯，超特也。”《漢書·禮樂志》“體容與，迣萬里”，如淳注云：“迣，超踰也。”《史記·樂書》“迣”作“跇”。枚乘《七發》云：“清升踰跇。”揚雄《羽獵賦》云：“亶觀夫剽禽之紲踰。”趯、迣、跇、紲，並與“踥”同。王褒《洞簫賦》“超騰踰曳”，“曳”與“踥”，亦聲近義同。

蹶者，《説文》：“蹶，跳也。或作蹷。”《玉篇》音渠月、居月、居衛三切。《越語》云：“蹶而趨之，唯恐弗及。”《吕氏春秋·貴直》篇云：“狐援聞而蹶往過之。”皆謂跳也。《晏子春秋·外篇》云：“猶倮而訾高橛者也。”橛，與“蹶”通。《曲禮》“足毋蹶”，鄭注云：“蹶，行遽貌。”義亦相近也。

竦之言竦踊也。《釋名》：“竦，從也，體支皆從引也。”《淮南子·道應訓》云：“若士舉臂而竦身，遂入雲中。”《漢書·揚雄傳》云：“翠虯絳螭之將登虖天，必聳身於蒼梧之淵。”聳，與“竦”通。

眗案：踊、躍、踙未作疏證。

傺、眙、止、待、立，逗也。

傺、眙者，《方言》“傺、眙，逗也。南楚謂之傺，西秦謂之眙。逗，其通語也”，郭璞注云：“逗，即今住字也。”《楚辭·離騷》“忳鬱邑余侘傺兮”，王逸注云：“侘傺，失志貌。侘，猶堂堂，立貌也；傺，住也，楚人名住曰傺。”《九章》“欲儃佪以干傺兮”，注云：“傺，住也。”《方言》注云：“眙，謂住視也。”《説文》：“眙，直視也。”《九章》云：“思美人兮，擥涕而竚眙。”劉逵注《吴都賦》云：“佇眙，立視也。今市聚人謂之立眙。”張載注《魯靈光殿賦》云：“愕視曰眙。”義並同也。《説文》：“佁，癡皃。”《漢書·司馬相如傳》"沛艾赳螑,仡以佁儗兮",張注云:"佁儗,不前也。"《玉篇》《廣韻》"眙、佁"並音丑吏切,義亦相近也。《莊子·山木》篇云:"侗乎其無識,儻乎其怠疑。""怠疑"與"佁儗",義亦相近。佁之言待也、止也。故不前謂之佁,不動亦謂之佁。《吕氏春秋·本生》篇云:"出則以車,入則以輦,務以自佚,命之曰佁蹷之機。"高誘注云:"佁,至也;蹷機,門内之位也。乘輦於宫中遊翔,至於蹷機,故曰'務以自佚'也。"案:佁蹷,謂痿蹷不能行也。凡人過佚,則血脈凝滯,骨幹痿弱,故有佁蹷不能行之病。是出車入輦,即佁蹷之病所由來,故謂之"佁蹷之機"。枚乘《七發》云:"出輿入輦,命曰蹷痿之機。"是也。高注訓"佁"爲至,"蹷機"爲門内之位,皆失之。今本《吕氏春秋》作"招蹷之機"。案:李善注《七發》引作"佁蹷",又引《聲類》:"佁,嗣理切。"《集韻》《類篇》並云:"佁,象齒切;至也。《吕氏春秋》'佁蹷之機',高誘讀。"則舊本作"佁",明甚。今本作"招"者,後人不解"佁"字之義而妄改之耳。

待之言跱也。義見下文"崪、離、空、稗、臺,待也"下。

《説文》:"逗,止也。"各本"逗"譌作"逼",惟影宋本不譌。

昀案:止、立未作疏證。

礦、裔、甈、肄①、俗,習也。

礦、裔者,《方言》"礦、裔,習也",郭璞注云:"謂玩習也。"(84-1)《後漢書·馮異傳》"忸忕小利",李賢注云:"忸忕,猶慣習也,謂慣習前事而復爲之。"《爾雅·釋言》:"狃,復也。"(84-2)《詩·大叔于田》正義引孫炎注云:"狃忕前事復爲也。"(84-3)《釋詁》釋文云:"忕,張揖《雜字》音曳。"《説文》:"愧,習也。"《左傳·桓十三年》正義引《説文》作"忕"。魯公山不狃字子洩,亦取慣習之義。愧、洩、忕、裔,並字異而義同。

昀案:甈、肄、俗未作疏證。

崪、離、空、稗、臺,待也。

待者,止也。《爾雅》云:"止,待也。"上文云:"止、待,逗也。"《論語·微子》篇"齊景公待孔子",《史記·孔子世家》作"止孔子"。《魯語》"其誰云待之",《説苑·正諫》篇作"其誰能止之"。是"待"與"止"同義。待之言跱也。義見卷三"跱,止也"下(85)。

① 肄,原作"隸"。

崒、離者,《方言》:"萃、離,時也。"《楚辭·天問》"北至回水萃何喜",王逸注云:"萃,止也。"萃,與"崒"通;時,與"待"通。離,讀爲麗。宣十二年《左傳》注云:"麗,著也。"著,亦止也。

空者,《方言》:"空,待也。"《鄭風·大叔于田》傳云:"止馬曰控。"義與"空"相近。

稗,讀爲脾。卷三云:"脾,止也。"

臺,亦待也,方俗語有輕重耳。

鬱悠、慎、靖、瞀、憛、憮、恁、侖,思也①。

鬱悠者,《方言》:"鬱悠,思也。晉宋衛魯之閒謂之鬱悠。"鬱,猶鬱鬱也;悠,猶悠悠也。《楚辭·九辯》云:"馮鬱鬱其何極。"《鄭風·子衿》篇云:"悠悠我思。"合言之,則曰"鬱悠"。《方言》注云:"鬱悠,猶鬱陶也。"凡經傳言"鬱陶"者,皆當讀如"皋陶"之"陶"。鬱陶、鬱悠,古同聲。舊讀"陶"如"陶冶"之"陶",失之也。閻氏百詩《尚書古文疏證》云:"《爾雅·釋詁》篇'鬱陶、繇,喜也',郭璞注引《孟子》曰:'鬱陶思君。'《禮記》曰:'人喜則斯陶。'邢昺疏引《孟子》趙氏注云:'象見舜正在牀鼓琴,愕然反,辭曰:我鬱陶思君,故來。'爾,辭也,忸怩而慙,是其情也;又引下《檀弓》鄭注云:'陶,鬱陶也。'據此,則象曰'鬱陶思君爾',乃喜而思見之辭。故舜亦從而喜曰:'惟茲臣庶,女其于予治。'《孟子》固已明言'象喜亦喜',蓋統括上二段情事。其先言'象憂亦憂',特以引起下文,非真有象憂之事也。"因悉數諸書以"鬱陶"爲憂思之誤。念孫案:象曰"鬱陶思君爾",則"鬱陶"乃思之意,非喜之意。言我鬱陶思君,是以來見,非喜而思見之辭也。《孟子》言"象喜亦喜"者,象見舜而僞喜,自述其鬱陶思舜之意,故舜亦誠信而喜之,非謂"鬱陶"爲喜也。凡人相見而喜,必自道其相思之切,豈得即謂其相思之切爲喜乎!趙注云"我鬱陶思君,故來",是趙意亦不以"鬱陶"爲喜。《史記·五帝紀》述象之言亦云:"我思舜正鬱陶。"又《楚辭·九辯》云:"豈不鬱陶而思君兮。"則"鬱陶"爲"思",其義甚明,與《爾雅》之訓爲喜者不同。郭注以《孟子》證《爾雅》,誤也。閻氏必欲解"鬱陶"爲喜,"喜而思君爾",甚爲不辭。既不達於經義,且以《史記》及各傳注爲非,傎矣。又案:《爾雅》:"悠、傷、憂,思也。""悠、憂、思"三字同義。故"鬱悠"既訓爲思,又

① 思,原作"恖",《疏證》作"思"。

訓爲憂。《管子·内業》篇云:"憂鬱生疾。"是"鬱"爲憂也。《説文》:"悠,憂也。"《小雅·十月之交》篇"悠悠我里",毛傳云:"悠悠,憂也。"是"悠"爲憂也。"悠"與"陶",古同聲。《小雅·鼓鍾》篇"憂心且妯",《衆經音義》卷十二引《韓詩》作"憂心且陶",是"陶"爲憂也。故《廣雅·釋言》云:"陶,憂也。"合言之,則曰"鬱陶"。《九辯》"鬱陶而思君",王逸注云:"憤念蓄積,盈胸臆也。"魏文帝《燕歌行》云"憂來思君不敢忘";又云"鬱陶思君未敢言",皆以"鬱陶"爲憂。凡一字兩訓而反覆旁通者,若"亂"之爲治、"故"之爲今、"擾"之爲安、"臭"之爲香,不可悉數。《爾雅》云"鬱陶、繇,喜也";又云"繇,憂也",則"繇"字即有憂、喜二義。鬱陶,亦猶是也。是故喜意未暢謂之鬱陶,《檀弓》正義引何氏《隱義》云"鬱陶,懷喜未暢意",是也;憂思憤盈亦謂之鬱陶,《孟子》《楚辭》《史記》所云,是也;暑氣藴隆亦謂之鬱陶,摯虞《思游賦》云"戚溽暑之陶鬱兮,余安能乎留斯",夏侯湛《大暑賦》云"何太陽之赫曦,乃鬱陶以興熱",是也。事雖不同,而同爲鬱積之義,故命名亦同。閻氏謂憂喜不同名,《廣雅》誤訓"陶"爲憂,亦非也。

慎、靖者,《方言》:"靖、慎,思也。東齊海岱之閒曰靖,秦晉或曰慎。凡思之皃亦曰慎。"《王制》云:"凡聽五刑之訟,必意論輕重之序,慎測淺深之量以别之。"是"慎"爲思也。《爾雅》:"靖,謀也。""謀"與"思",義相近。《微子》云:"自靖,人自獻于先王。"張衡《思玄賦》"潛服膺以永靖兮",李善注引《方言》:"靖,思也。"

瞖者,《廣韻》:"瞖,閉目内思也。"各本譌作"瞖",今訂正。《方言》:"慎、瞖,憂也。"《廣雅·釋訓》云:"悇、憛、懷,憂也。"憂,與"思"同義,故"慎、瞖、憛"三字又訓爲思也。

恁者,班固《典引》"勤恁旅力",蔡邕注云:"恁,思也。"《後漢書·班固傳》注引《説文》云:"恁,念也。"《爾雅》:"諗,念也。"《小雅·四牡》篇云:"將母來諗。"恁、諗、念,聲近義同。

侖者,《説文》:"侖,思也。"《集韻》引《廣雅》作"惀"。《説文》:"惀,欲知之皃。"《大雅·靈臺》傳云:"論,思也。"揚雄《荅劉歆書》云:"方復論思詳悉。"班固《兩都賦序》云:"朝夕論思。"論、惀,並與"侖"通。

昀案:憮未作疏證。憛並見於瞖。

仳倠、娸、媄、儓、𩈖、頪、䫌、嗎、臞、朕、頯、䪿、䫉,醜也。

仳倠者,《説文》:“仳倠,醜面也。”高誘注《淮南子·脩務訓》云:“仳倠,古之醜女。”《楚辭·九歎》“仳倠倚於彌楹”,王逸注與高誘同。《説文》:“婎,醜也。”“婎”與“倠”,亦同義。

娸,與下“頬”字同義。《説文》引杜林説:“娸,醜也。”《漢書·枚皋傳》“詆娸東方朔”,顔師古注云:“詆,毁也。娸,醜也。”《列子·仲尼》篇“若欺魄焉而不可與接”,張湛注云:“欺魄,土人也。”釋文云:“欺魄,字書作‘欺䫏’,人面醜也。”《淮南子·精神訓》“視毛嬙西施,猶頬魄也”,《文選·應璩〈與岑文瑜書〉》注引此“頬”作“倛”;又引高誘注云:“倛魄,請雨土人也。”《説文》:“頬,醜也。今逐疫有頬頭。”《荀子·非相》篇“面如蒙倛”,韓愈注云:“四目爲方相,兩目爲倛。”鄭注《周官·方相氏》云:“冒熊皮者,以驚毆疫癘之鬼,如今魌頭也。”“娸、欺、頬、倛、魌”五字並同義。

儓、䑝者,《方言》“儓、䑝,農夫之醜稱也。南楚凡罵庸賤,謂之田儓,或謂之䑝”,郭璞注云:“㑿儓,駑鈍貌。”《説文》:“嬯,遲鈍也。”《廣雅·釋言》篇云:“駑,駘也。”《楚辭·九辯》云:“策駑駘而取路。”《莊子·德充符》篇“衛有惡人焉,曰哀駘它”,李頤注云:“哀駘,醜貌。”儓、嬯、駘,義並相近。昭七年《左傳》云:“僕臣臺。”《孟子·萬章》篇“蓋自是臺無餽也”,趙岐注云:“臺,賤官,主使令者。”“賤”與“醜”,義亦相近,故南楚罵庸賤謂之田儓也。《方言》注云:“䑝,丁健貌也,亦賤人之稱也。”

藾者,卷三云:“倈,惡也。”倈,與“藾”同義。

頦、嗚、臛、睽者,《淮南子·脩務訓》云:“啳睽哆嗚、籧篨戚施,雖粉白黛黑,弗能爲美者,嫫母仳倠也。”高誘注云:“啳睽哆嗚、籧篨戚施,皆醜貌也。”頦、哆,臛、啳,並通。

䫉者,《説文》:“䫉,大頭也。”亦醜之義也。

昀案:婄、頦未作疏證。頬並見於娸。

閒、諑、謓、呰、誹、詆、傷、譖、謗、訴、臯、訕,諻也。

閒者,《方言》:“閒,非也。”襄十五年《左傳》“且不敢閒”,正義云:“閒,非也。”《論語·先進》篇“人不閒於其父母昆弟之言”,陳羣注云:“人不得有非閒之言也。”《孟子·離婁》篇“政不足閒也”,趙岐注云:“閒,非也。”

諑者,《方言》“諑,愬也。楚以南,謂之諑”,郭璞注云:“諑,譖,亦通語也。”《楚辭・離騷》"謡諑謂余以善淫",王逸注云:"謡,謂毁也。諑,猶譖也。"哀十七年《左傳》"大子又使椓之",杜預注云:"椓,訴也。"椓,與"諑"通;毁,與"諻"通。

諀、呰者,《玉篇》:"諀,呰也。"《莊子・列御寇》篇"呲其所不爲",郭象注云:"呲,呰也。"呲,與"諀"同。《衆經音義》卷五引《通俗文》云:"難可謂之諀呰。"《説文》:"皉,毁也。"義亦與"諀"同。

昀案:誹、詆、傷、謗、訴、辠、訕未作疏證。譖並見於諑。

鏨、鐇、錇、敤、豕、鍛,椎也。

鏨者,《説文》:"羊箠也,端有鐵。"

鐇者,《後漢書・杜篤傳》"鐇钁株林",李賢注引《廣雅》:"鐇,椎也。"

錇者,《廣韻》:"椎錇,田器也。"

敤者,《説文》:"敤,研治也。"

豕者,《説文》:"豕,擊也。"又云:"豥,擊也。""豛,椎擊物也。"鄭注《周官・壺涿氏》云:"涿,擊之也。"《周南・兔罝》篇云:"椓之丁丁。"字並與"豕"同。卷三云:"敤,擊也。"擊,與"椎"同義,故"敤、豕"二字又訓爲椎也。

鍛者,《説文》"鍛,小冶也",徐鍇傳云:"椎之而已,不銷,故曰'小冶'。"李善注《長笛賦》引《倉頡篇》云:"鍛,椎也。"《粊誓》云:"鍛乃戈矛。"《考工記》"攻金之工"有"段氏",段,與"鍛"通。《説文》:"段,椎物也。"鄭注《周官・腊人》云:"薄析曰脯,棰之而施薑桂曰腶脩。"鍛、腶、段,義並相近。

台、既、抎、墜、逸,失也。

台、既者,《方言》:"台、既,失也。宋魯之間曰台。"《説文》:"駘,馬銜脱也。"《後漢書・崔寔傳》:"馬駘其銜。""駘"與"台",聲義相近[86]。

抎者,《説文》"抎,有所失也",引成二年《左傳》:"抎子辱矣。"今本作"隕"。《墨子・天志》篇云:"抎失社稷。"《齊策》云:"唯恐失抎之。"抎,與"隕"通。抎之言損也。損,亦失也。《大戴禮・曾子立事》篇云:"戰戰唯恐失損之。"

逸者,縱之失也。《説文》:"失,縱也。""逸,失也。"《盤庚》"惟予一人有佚罰",《周語》引作"逸"。《史記・五帝本紀》云:"其軼乃時時見於他説。"《君奭》"遏佚前人光",《漢書・王莽傳》作"遏失"。《周語》云:"淫失其身。"逸、佚、軼、失,並通。

昀案:墜未作疏證。

行、隊、屎、棘、設、鋪、田、神、列、〔肆*〕，陳也。

屎者，《爾雅》"矢，陳也"，釋文作"屎"。《大雅·卷阿》篇"以矢其音"，《春秋》隱五年"公矢魚于棠"，矢，與"屎"通。

棘者，《楚辭·天問》"啟棘賓商"，王逸注云："棘，陳也。"

田者，《説文》："田，陳也。"古者"田、甸、陳"同聲。《小雅·信南山》篇云："信彼南山，維禹甸之。畇畇原隰，曾孫田之。"《周官·稍人》注云："甸，讀與'維禹敶之'之敶同。"《豳風·東山》釋文云："案，陳完奔齊，以國爲氏；而《史記》謂之'田氏'。是古'田、陳'聲同。"《信南山》篇又云："我疆我理，東南其畝。"此即《説文》訓"田"爲陳之義也。

神者，卷一云："神，引也。"《爾雅》："引，陳也。"神、陳、引，古聲亦相近。

肆者，《説文》："肆，極陳也。"《大雅·行葦》篇"或肆之筵"，《鄉飲酒禮》"設篚于禁南、東肆"，毛傳、鄭注並云："肆，陳也。"《周官·内宰》云"佐后立市，正其肆"；《小胥》云"凡縣鍾磬，半爲堵，全爲肆"。皆陳列之義也。《衆經音義》卷六引《廣雅》："肆，陳也。"今本脱"肆"字。

昀案：行、隊、設、鋪、列未作疏證。

嫽、誂、透、搋，嬈也。

誂者，《説文》："嬥，嬈也。"《晉語》云："公令韓簡挑戰。"《史記·項羽紀》集解引薛瓚云："挑戰，擿嬈敵求戰也。"昭十九年《左傳》云："城州來以挑吳。"《説文》："挑，撓也。一曰摷爭也。"誂、挑、嬥，並通。

透者，《方言》："透，驚也。宋衞南楚，凡相驚曰透。"左思《吳都賦》云："驚透沸亂。"是煩嬈之義也。

搋，讀爲擿。曹憲音帝，誤也。《衆經音義》卷六、卷二十三引《廣雅》並作"擿"。擿，即《史記》集解所云"擿嬈"也；亦通作"摘"。《後漢書·隗囂傳》"西侵羌戎，東摘濊貊"，李賢注云："摘，擾也。"

嬈者，《説文》："嬈，苛也。一曰擾戲弄也。一曰嬥也。"《衆經音義》卷四引《三倉》云："嬈，弄也，煩也。"《淮南子·原道訓》"其魂不躁，其神不嬈"，《漢書·鼂錯傳》"除苛解嬈"，高誘、文穎注並云："嬈，煩嬈也。"《魏策》云："今韓受兵三年矣，秦撓之以講，韓知亡，猶弗聽。"嵇康《與山巨源絶交書》"足下若嬲之不置"，李善注云："嫐，擿嬈也。"音義並與"嬈"同。

各本皆作"嫽、誂、透、揥、嬈，戲也"。案："戲"字自在下條，與此各不相涉。蓋校書者以"嬈"字有擾戲之義，遂移入"戲"字耳。不知此條"嫽、誂、透、擿、嬈"五字，皆煩嬈之義，不得訓爲戲。考《方言》《説文》，"誂"訓爲嬈，"透"訓爲驚，"嬈"訓爲苛，皆是煩嬈之義，故《廣雅》云："嫽、誂、透、擿，嬈也。"卷三云："媱、愓、嬉、㔹、遊、敖、契，戲也。"戲義自見卷三，不當於此卷内重出。後人改訓爲戲，不思之甚也。《集韻》《類篇》"揥，戲也"，又引《廣雅》："透，戲也。"則宋時《廣雅》本已然。然考《衆經音義》卷六、卷二十三並引《廣雅》"嫽、誂、擿，嬈也"，卷二十又引《廣雅》"透，嬈也"，則唐初本原無"戲"字。今據以訂正。餘見下條。

昀案：嫽未作疏證。

戲、歇、漏，泄也。

戲、歇者，《方言》："戲、泄，歇也。楚謂之戲泄。"《説文》："歇，氣越泄也。"高誘注《淮南子・精神訓》云："腸，讀'精神歇越'之歇。"後人不知"戲"訓爲泄本出《方言》，遂移"戲"字入上條。今訂正。

昀案：漏未作疏證。

讕、極、軋、澀，吃也[1]。

讕、極、軋、澀者，《方言》："讕、極，吃也。楚語也。或謂之軋，或謂之澀。"《蹇・彖傳》云："蹇，難也。"《説文》："吃，言蹇難也。"《衆經音義》卷一引《通俗文》云："言不通利，謂之謇吃。"《列子・力命》篇"讕㥛淩誶"，張湛注云："讕㥛，訥澀之貌。"讕、讂、謇、蹇，古通用。極、㥛，古通用。澀，與"澀"同。《方言》注云："軋，鞅軋，氣不利也。"《史記・律書》云："乙者，言萬物生軋軋也。"《説文》云："乙，象春草木冤曲而出，陰氣尚彊，其出乙乙也。"李善注《文賦》云："乙乙，難出之貌。"乙，與"軋"通。《方言》注云："澀，語澀難也。"《説文》："澀，不滑也。"《楚辭・七諫》云："言語訥澀。"難謂之蹇，亦謂之澀；口吃謂之澀，亦謂之讕，其義一也。

悲、悠、悼、惄、悴、憖[2]、慇、感、痛、嘆、殤、〔愴*〕，傷也。

① 吃，原作"吃"，《疏證》作"吃"。
② 據曹憲音，"憖"字當作"憖"形。

悠者,《爾雅》"悠、傷、憂,思也",郭璞注云:"皆感思也。"《説文》:"悠,憂也。"《小雅·十月之交》篇"悠悠我里",毛傳云:"悠悠,憂也。""憂"與"慯",義相近。傷,與"慯"通。

悼、惄、悴、愁者,《方言》:"悼、惄、悴、愁,傷也。自關而東,汝潁陳楚之閒通語也。汝謂之惄,秦謂之悼,宋謂之悴,楚潁之閒謂之愁。"又云:"齊宋之閒,或謂痛爲惄。"《小雅·小弁》篇云:"我心憂傷,惄焉如擣。"李善注《歎逝賦》引《倉頡篇》云:"悴,憂也。"《小雅·雨無正》篇云:"憯憯日瘁。"瘁,與"悴"通。

殤者,鄭注《喪服》云:"殤者,男女未冠笄而死,可傷者也。"《釋名》云:"殤,傷也,可哀傷也。"《逸周書·謚法解》云:"短折不成曰殤。"

愴者,《説文》:"愴,傷也。"《祭義》云:"必有悽愴之心。"《問喪》云:"心悵焉愴焉。"《衆經音義》卷二十三引《廣雅》:"愴,傷也。"今本脱"愴"字。

昀案:悲、愍、感、痛、嘆未作疏證。

逞、苦、〔憭〕、曉、恔,快也。

逞、苦、憭、曉、恔者,《方言》:"逞、苦、了,快也。自山而東,或曰逞;楚曰苦,秦曰了。"又云:"逞、曉、恔、苦,快也。自關而東,或曰曉,或曰逞,江淮陳楚之閒曰逞,宋鄭周洛韓魏之閒曰苦,東齊海岱之閒曰恔;自關而西曰快。"《春秋》桓公六年《左傳》"今民餒而君逞欲",杜預注云:"逞,快也。"逞,訓爲快,又有急疾之意。《方言》云:"逞,疾也。楚曰逞。"今俗語猶謂疾爲快矣。苦,亦疾也。《淮南子·道應訓》"斲輪大疾,則苦而不入;大徐,則甘而不固",高誘注云:"苦,急意也。甘,緩意也。"憭、曉,皆明快之義。憭,即《方言》"了"字也。《説文》:"憭,慧也。"《方言》"南楚病愈者,或謂之慧,或謂之憭",郭璞注云:"慧、憭,皆意精明。"是快之義也。各本俱脱"憭"字。《集韻》《類篇》並云:"憭,快也。"《衆經音義》卷二十引《廣雅》:"逞、憭、曉,快也。"今據以補正。《説文》:"曉,明也。"《樂記》"蟄蟲昭蘇",鄭注云:"昭,曉也。蟄蟲以發出爲曉,更息曰蘇。"是快之義也。《玉篇》:"忟,胡交切;快也。"《廣韻》又胡教切。《孟子·公孫丑》篇"於人心獨無恔乎",趙岐注云:"恔,快也。"恔,與"忟"同。《玉篇》《廣韻》"恔"音吉了切。《説文》:"恔,憭也。"亦明快之義也。

梗、劌、棘、傷、茦、刺、壯,箴也。

梗、劌、棘、傷、茦、刺、壯者,《方言》"凡草木刺人者,北燕朝鮮之閒謂之茦,或謂之壯；自關而東，或謂之梗，或謂之劌；自關而西謂之刺；江湘之閒謂之棘”，郭璞注云：“梗，今之梗榆也。”《説文》：“梗，山枌榆，有朿。”朿，音刺。《説文》又云：“鯁，魚骨也。”“骾，食骨留嗌中也。”《晉語》云：“小鯁可以小戕，而不能喪國。”梗、鯁、骾，義並相近。《説文》：“劌，利傷也。”《聘義》及《老子》並云：“廉而不劌。”鄭、王注云：“劌，傷也。”《齊策》云：“今雖干將莫邪，非得人力，則不能割劌矣。”《説文》：“棘，小棗叢生者；從並朿。”《爾雅》云：“終，牛棘。”《中山經》“大苦之山有草焉，其狀葉如榆，方莖而蒼傷，其名曰牛傷”，郭璞注云：“猶言牛棘。”《西山經》“浮山多盼木，枳葉而無傷”，注云：“傷，枳刺鍼也。能傷人，故名云。”是古謂箴爲傷也。茦、刺，聲相近。《爾雅》“茦，刺”，郭璞注云：“草刺針也。”鍼、針，並與“箴”同。茦，各本譌作“策”，惟影宋本、皇甫本不譌。卷一云：“鍼，刺也。”《説文》：“莿，茦也。”“朿，木芒也。”“刺，直傷也。”並字異而義同。壯之言創也。義見卷四“壯、創，傷也”下。

清、䤋、湑、浚、滰、潷、笮、𥽫、灑、釃，盝也。

清者，漉酒而清出其汁也。《周官·酒正》“辨四飲之物，一曰清”，鄭注云：“清，謂醴之泲者。”《内則》“稻醴清糟”，鄭注云：“清，泲也。”

䤋，與“泲”同，亦通作“齊”。鄒陽《酒賦》云：“且筐且漉，載茜載齊。”䤋之言擠也。《玉篇》：“䤋，手出其汁也。”《廣韻》云：“手搦酒也。”

湑、浚者，《説文》：“湑，莤酒也。一曰浚也。”鄭興注《周官·甸師》云：“莤，讀爲縮。束茅立之祭前，沃酒其上，酒滲下去，若神飲之，故謂之縮。縮，浚也。故齊桓公責楚‘不貢苞茅，王祭不共，無以縮酒’。”《小雅·伐木》篇“有酒湑我”，毛傳云：“湑，莤之也。”釋文云：“莤，與《左傳》‘縮酒’同義，謂以茅泲之而去其糟也。”《大雅·鳧鷖》篇“爾酒既湑”，鄭箋云：“湑，酒之泲者也。”《士冠禮》“旨酒既湑”，鄭注云：“湑，清也。”《説文》：“浚，抒也。”《大雅·生民》釋文引《倉頡篇》云：“抒，取出也。”襄二十四年《左傳》“毋寧使人謂子，子實生我，而謂子浚我以生乎”，杜預注云：“浚，取也。”“浚”與“浚酒”之“浚”同義。浚、湑、縮，一聲之轉，皆謂漉取之也。

滰者，《説文》“滰，浚乾漬米也”，引《孟子》：“孔子去齊，滰淅而行。”今本“滰”作“接”，所見本異也。滰之言竟，謂漉乾之也。今俗語猶謂漉乾漬米爲滰乾矣。

潷之言逼，謂逼取其汁也。《玉篇》："潷，笮去汁也。"《衆經音義》卷五引《通俗文》云："去汁曰潷。"又云："江南言逼，義同也。"今俗語猶云"潷米湯"矣。

笮者，壓笮出其汁也。《玉篇》音仄乍切，云："笮酒也。"《廣韻》云："醡，壓酒具也；榨，打油具也。並出《證俗文》。"《後漢書・耿恭傳》"笮馬糞汁而飲之"，李賢注云："笮，謂壓笮也。"嵇康《聲無哀樂論》云："猶簁酒之囊漉，雖笮具不同，而酒味不變也。"笮、醡、榨，並同義。今俗語猶云"笮酒、笮油"矣。

漀者，《説文》："漀，順流也。"《爾雅》"漀，盝也"，郭璞注云："漉漉出涎沫也。"盝、漉，並與"淥"同。

灑者，《説文》："灑，釃酒也。一曰浚也。"

麗者，《説文》"釃，下酒也"，徐鍇傳云："釃，猶簏也，簏取之也。"《詩・伐木》篇"釃酒有藇"，毛傳云："以筐曰釃，以藪曰湑。"正義云："筐，竹器也。藪，草也。"《後漢書・馬援傳》"擊牛釃酒"，李賢注云："釃，猶濾也。"濾、漉，一聲之轉。釃，與"麗"同。《説文》："簏，竹器也，可以取粗去細。"義與"麗"亦相近。

侏儒、㹻㹆、𡛊𡚦、矬、䠷、㸊、䇸、㾋、㾯、𤹌、䂂、𦫵、㧘、孑孓、升、〔屈*〕，短也。

侏儒者，《晉語》"侏儒不可使援"，韋昭注云："侏儒，短人也。"襄四年《左傳》"朱儒是使"，朱，與"侏"通。

㹻㹆者，《玉篇》："㹻㹆，短小皃。"

𡛊𡚦，各本譌作"𡚦𡛊"。《玉篇》《廣韻》並云："𡛊𡚦，短小皃。"《集韻》引《廣雅》："𡛊𡚦，短也。"今據以訂正。褚少孫續《日者傳》"卑疵而前，孅趨而言"，謂自卑以諂人，義與"𡛊𡚦"相近也。《釋木》篇云："木下枝謂之椑㯳。""椑㯳"與"𡛊𡚦"，聲義亦相近。

矬者，《衆經音義》卷二引《通俗文》云："侏儒曰矬。"《釋言》篇云："㾋，痤也。"痤，與"矬"同。《曲禮》"介者不拜，爲其拜而蓌拜"，釋文云："蓌，挫也。"義與"痤"相近。凡短與小同義，故短謂之痤，小亦謂之痤。《説文》："痤，小腫也。一曰族累病。"桓六年《左傳》"謂其不疾瘯蠡也"，正義云："瘯蠡，畜之小病。"瘯蠡，與"族累"同；急言之則爲"痤"矣。《衆經音義》卷十六引《聲類》云："銼鑹，小釜也。"《爾雅・釋木》"痤，接慮李"，郭璞注云："今之麥李。"《齊民要術》引《廣志》云："麥李細小。”麥李細小，故有“接慮”之名。急言之亦近於“痤”，故又謂之痤。接慮、族累、銼䥯，皆語之轉耳。

癠、黨、㾈、䆉者，《方言》“黨、䆉，短也。江湘之會謂之黨；凡物生而不長大，亦謂之黨，又曰癠；桂林之中謂短䆉。䆉，通語也。東陽之閒謂之㾈”，郭璞注云：“今俗呼小爲癠，音薺菜。”案：薺亦菜之小者，故又謂之靡草。《月令》“靡草死”，鄭引舊説云：“靡草，薺，亭歷之屬。”正義云：“以其枝葉靡細，故云靡草。”是也。癠，亦通作“濟”。襄二十八年《左傳》“濟澤之阿，行潦之蘋藻，寘諸宗室，季蘭尸之，敬也”，濟澤，小澤也。若言澗谿沼沚之毛、蘋蘩藴藻之菜，可薦於鬼神，可羞於王公耳。正義乃釋“濟”爲“江淮河濟”之“濟”，失其義矣。《方言》“黨”字或作“呰”。《説文》：“呰，窳也。”《漢書・地理志》“呰窳媮生”，如淳注云：“呰，音紫。”顏師古注云：“呰，短也。窳，弱也。言短力弱材，不能勤作也。”《史記・貨殖傳》“呰”作“呰”。黨、呰、呰，並通。《方言》注云：“㾈，言俯視之也。”《説文》：“㾈，俛病也。”《方言》注云：“䆉，言䆉矲也。”《廣韻》：“䆉矲，短也。”《説文》：“竨，短人立竨竨皃。”《周官・典同》“陂聲散”，鄭興注云：“陂，讀‘爲人短罷’之罷。”《司弓矢》“痺矢”，鄭衆注云：“痺，讀‘爲人罷短’之罷。”竨、罷，並與“䆉”通。《爾雅》“犤牛”，注云：“犤牛庳小。”《説文》：“猈，短脛狗也。”義亦與“䆉”同。“䆉黨”與“猈貀”，聲亦相近也。

㿜，即今“矮”字也。《玉篇》音於綺、於解二切。《釋言》篇云：“㿜，痤也。”

𦝫者，《方言》“𦝫，短也”，注云：“便旋庳小貌也。”《爾雅》“還味，棯棗”，注云：“還味，短味也。”義與“𦝫”同。

䂽者，《方言》“䂽，短也”，注云：“蹶䂽，短小貌也。”《玉篇》音知劣切，云：“吴人呼短物也。”又云：“矠，短也。”《莊子・秋水》篇“遥而不悶，掇而不跂”，郭象注云：“遥，長也。掇，猶短也。”《淮南子・人閒訓》“聖人之思脩，愚人之思叕”，高誘注云：“叕，短也。”並字異而義同。《説文》：“竅，短面也。”《廣韻》：“顡，頭短也。”《衆經音義》卷四引《聲類》云：“惙，短氣貌。”義亦與“䂽”同。今俗語謂短見爲拙見，義亦同也。“䂽”與“侏儒”，語之轉也。故短謂之侏儒，又謂之䂽；梁上短柱謂之棳，又謂之侏儒，又謂之棳儒；蜘蛛謂之蝃，又謂之蝃蝥，又謂之侏儒。《爾雅》“梁上楹謂之棳”，釋文：“棳，本或作棁。”《雜記》“山節而藻棁”，鄭注云：“棁，侏儒柱也。”《釋名》云：“棳儒，梁上短柱也。”棳儒，猶侏儒，短，故以名之也。《方言》云：

"䵹黿,黿蝥也。自關而西,秦晉之閒謂之黿蝥;自關而東,趙魏之郊謂之䵹黿,或謂之蠾蝓。""蠾蝓"者,"侏儒"語之轉也。注云:"今江東呼蝃蝥,音棳。"《玉篇》云:"蝃,蜘蛛也。"蓋凡物形之短者,其命名即相似,故屢變其物,而不易其名也。

犳者,《玉篇》:"犳,犬短尾也。"字亦作"刀",俗作"刁"。《晉書·張天錫傳》韓博嘲刁彝云"短尾者爲刁",是也。《説文》:"裪,短衣也。"《玉篇》音丁了切。《廣韻》又音貂。《方言》云:"無緣之斗,謂之刁斗。"義並與"犳"同。《衛風·河廣》篇"曾不容刀",鄭箋云:"小船曰刀。"《釋名》:"船三百斛曰舠。舠,貂也。貂,短也,江南所名短而廣,安不傾危者也。"亦聲近而義同。《初學記》引《論語摘衰聖》云:"鳳有九苞,六曰冠短周,七曰距鋭鉤。"周,亦短也。"周"與"犳",聲近義同。宋均注云:"周,當作朱。朱,色也。"失之。

孑孓者,《説文》:"孑,無右臂也。""孓,無左臂也。"皆短之義也。短,與小同義,故井中小蟲亦謂之孑孓。《釋蟲》篇云:"孑孓,蜎也。"《爾雅》"蜎,蠉",注云:"井中小蛣蟩,赤蟲。一名孑孓。""孑孓"與"蛣蟩",聲義並同。孑之言孑然小也。《釋名》云:"盾狹而短者曰孑盾。"孑,小稱也。孓之言蹷也。《漢書·王莽傳》"莽爲人侈口蹷顄",顔師古注云:"蹷,短也。"《方言》注云:"蹶黜,短小貌也。"凡物之直而短者謂之蹶,或謂之黜。《列子·黄帝》篇"吾處身也,若厥株駒",張湛注引崔譔《莊子注》云:"厥株駒,斷樹也。"釋文云:"厥,《説文》作橛,木本也。株駒,亦枯樹本也。"又《爾雅》"樴謂之杙"[87],注云"橛也";又"橛謂之闑",注云"門閫也"。《玉藻》正義云:"闑,謂門之中央所豎短木也。"蹶、厥、橛、橛,並同聲;"蹶"與"黜",聲又相近。木本謂之橛,杙謂之橛,門閫謂之橛,梁上柱謂之棳,皆木形之直而短者也,故蔡邕《短人賦》云"木門閫兮梁上柱,視短人兮形如許"矣。又案:《説文》:"蟨,鼠也。一曰,西方有獸,前足短,與蛩蛩巨虚比,其名謂之蟨。"字亦作"蹶"。《淮南子·道應訓》"北方有獸,其名曰蹶,鼠前而兔後,趨則頓,走則顛",高誘注云:"鼠前足短,兔後足長,故謂之蹶。""蹶"與"黜",聲相近。合之則爲"蹶黜";轉之則爲"孑孓"。故短貌謂之蹶黜,獸前足短謂之蹶,頭短謂之顄,無左右臂謂之孑孓,其義並相通也。

屈,音九勿、渠勿二反。《衆經音義》十二引許慎《淮南子注》云:"屈,短也。"《史記·天官書》"白虹屈短",集解引韋昭《漢書注》云:"短而直也。"屈,與"屈"同。《説文》:"屈,無尾也。"《玉篇》云:"短尾也。"高誘注《淮南子·原道訓》云:

"屈,讀'秋鷄無尾,屈'之屈。"《韓非子·説林》篇云:"鳥有周周者,重首而屈尾。"《爾雅》"鷵鳩,鶻鵃",郭璞注云:"似山雀而小,短尾。"《集韻》引《埤倉》云:"屈,短尾犬也。"屈、屈、屈、鷵,並同義。今江淮閒猶呼鳥獸之短尾者爲屈尾。《説文》:"崛,山短高也。"《廣韻》:"裾,短衣也。"《方言》云:"自關而西,秦晉之閒,無緣之衣謂之裗裾。"義亦與"屈"同。短尾犬謂之刁,亦謂之屈;短衣謂之裪,亦謂之裾;無緣之斗謂之刁斗,無緣之衣謂之裗裾,其義並相通也。《集韻》《類篇》並引《廣雅》:"屈,短也。"今本脱"屈"字。

昀案:升未作疏證。

揫、拱、鋲、董,固也。

揫者,《豳風·破斧》篇"四國是遒",毛傳云:"遒,固也。"《廣韻》"揫、遒"並即由切,聲同,義亦同也。

拱者,《爾雅》:"鞏,固也。"《革》初九云:"鞏用黄牛之革。"《大雅·瞻卬》篇云:"無不克鞏。"鞏,與"拱"通。《爾雅》:"拱,執也。""執"與"固",義相近,故《遯》六二云:"執之用黄牛之革。"《傳》云:"執用黄牛,固志也。"是《革》《遯》二卦之取象同,其義亦同矣。《逸周書·謚法解》云:"執事堅固曰恭。""恭"與"拱",亦聲近義同。

鋲、董者,《方言》:"鋲、董,固也。"

㦊朴、鹽、雜、趚、屖[①]、造、葉、突、暴、暫,猝也。

㦊朴者,《方言》"㦊朴,猝也",郭璞注云:"謂急速也。"案:今俗語狀聲響之急速者曰㦊朴,是其義也。

鹽、雜者,《方言》:"鹽、雜,猝也。""鹽,且也。"《玉篇》:"鹽,倉猝也,姑也。"凡言姑且者,皆倉猝不及細審之意,故云猝也。鹽,各本譌作監,今訂正。

趚、屖,一字也。《説文》:"趚,倉卒也。"卒,與"猝"同。趚之言造次也。《玉藻》云:"造受命於君前,則書於笏。"《論語·里仁》篇"造次必於是",鄭注云:"造次,倉卒也。"倉卒、造次,語之轉。次、趚,古同聲,故《廣雅》"趚、造"二字並訓爲猝也。案:趚,從走,𠂔聲;倉卒也;音七咨反,與"趀"字異。趀,從走,市聲;《廣韻》:"與跡同。

① 趚、屖,原作"趀、屖",《疏證》同。

行皃也;音步末反。"《廣雅》"趀"訓爲猝,當音七咨反。曹憲又音步末反,失之。

蕖、突者,《方言》:"蕖,卒也。江湘之閒,凡卒相見謂之蕖相見;或曰突。"《説文》:"突,犬從穴中暫出也。"一曰:"匪,突也。"匪,與"蕖"同。

暴,義見卷一"暴,疾也"下。

昀案:造、暫未作疏證。

陠、夨、頼、倪、乖、佊、韋攴、陂陀、傾、畸、戲、偏、俄、迤、阿、阪、哨、回、哇、差、剌、險、阻、頗、隤、徑、夕、蕭、頚[①],衺也。

陠者,《玉篇》:"陠,衺也。"(88-1)宋玉《神女賦》"晡夕之後",李善注云:"晡,日昳時也。"亦衺之義也。

夨者,《説文》:"夨,頭衺骫夨態也。"又云:"骫,骨耑骫夨也。"

頼、倪者,《衆經音義》卷二云:"俾倪,《三倉》作'頼倪'。"《玉篇》匹米、吾禮二切。《集韻》又匹計、研計二切。《衆經音義》卷八引《倉頡篇》云:"頼,不正也。"《説文》"頼,傾首也";又云:"睨,衺視也。"《中庸》云:"睨而視之。"睨,與"倪"同義。《莊子·天下》篇云:"日方中方睨。"是日斜亦謂之睨也。《爾雅》"龜左倪不類,右倪不若",郭璞注云:"左倪,行頭左庳。右倪,行頭右庳。""庳"與"倪",皆衺也。《史記·灌夫傳》"辟倪兩宮閒",索隱引《埤倉》云:"睥睨,邪視也。"《釋名》云:"城上垣曰睥睨,言於其孔中睥睨非常也。"《古今注》云:"漢謂曲蓋爲䡖輗蓋。"是凡言"頼倪"者,皆衺之義也。邪、斜,並與"衺"同。

乖者,《説文》:"乖,戾也。"戾,亦衺也。

佊者,《玉篇》音陂髲切。《廣韻》又音彼,引《埤倉》云"佊,邪也";又引《論語》"子西佊哉",今《論語》作"彼",馬融注云:"彼哉彼哉,言無足稱也。"與《廣韻》所引異義。案:"彼"字讀"偏佊"之"佊",於義爲長。《廣韻》所引當是鄭、王、虞諸人説也。《方言》:"陂,邪也。陳楚荆揚曰陂。"《泰》九三"无平不陂",虞翻注云:"陂,傾也。"《詩序》"無險詖私謁之心",崔靈恩注云:"險詖,不正也。"並字異而義同。

韋攴者,《説文》:"韋攴,戾也。"又云:"㚇,衺也。"又云:"韋,相背也。獸皮之韋,可以束枉戾相違背,故借以爲皮韋。"《堯典》説共工之行云:"静言庸違。"《史記·五

① 乖、差,原作"乖、差",《疏證》作"乖、差"。

帝紀》云:"共工善言,其用僻。"正義云:"僻,邪也。"文十八年《左傳》作"靖譖庸回",杜預注云:"回,邪也。"《大雅·大明》傳云:"回,違也。"義並與"韍"同。《爾雅》"婦人之褘謂之縭",注云:"褘邪交落,帶繫於體,因名爲褘。"義亦與"韍"同。

陂陀者,《爾雅》"陂者曰阪",注云:"陂陀不平。"《漢書·司馬相如傳》"罷池陂陁,下屬江河",郭璞注云:"言旁穨也。"陁,與"陀"同。

畸者,《周官·宫正》"奇衺之民",鄭注云:"奇衺,譎觚非常也。"《曲禮》"國君不乘奇車",盧植注云:"奇車,不如法之車也。"《管子·版法》篇云:"植固不動,倚邪乃恐。"畸、奇、倚,並通。奇衺,猶攲衺,語之轉耳。《説文》:"畸,殘田也。"亦田形之不正者也。

戲,讀爲"險巇"之"巇"。《楚辭·七諫》"何周道之平易兮,然蕪穢而險戲",王逸注云:"險戲,猶言傾危也。"王褒《洞簫賦》云:"又似流波,泡溲泛捷,趨巇道兮。""巇"與"戲"通。險、戲,一聲之轉,故俱訓爲衺也。

俄、頚,一字也。《説文》:"俄,行頃也。"頃,與"傾"同。《小雅·賓之初筵》篇"側弁之俄",鄭箋云:"俄,傾貌。"張衡《歸田賦》"曜靈俄景",李善注云:"俄,斜也。"古者"俄、義"同聲,故"俄"或通作"義"。《多方》云:"乃惟以爾多方之義民,不克永于多享。"義,與"俄"同,衺也;衺民,即上文所云"有夏之民叨懫"也。以,用也;言桀用傾衺之民,故不克永于多享。下二句云:"惟夏之恭多士,大不克明保享于民。"正謂此也。《立政》云:"謀面用丕訓德,則乃宅人,兹乃三宅無義民。"義,亦與"俄"同;言謀面既大順於德,然後居賢人於官而任之,則三宅皆無傾衺之民也。《吕刑》云:"鴟義姦宄,奪攘矯虔。""義"字亦是傾衺之意(88-2)。解者皆失之(88-3)。昭三十一年《左傳》:"不爲利回,不爲義疚。"義,亦衺也。不爲義疚,猶言不爲利疚耳。解者亦失之。

迆者,《説文》:"迆,衺行也。"《玉篇》音余紙切。《禹貢》"東迆北會于匯",馬融注云:"迆,靡也。"《考工記》"戈柲六尺有六寸,既建而迆",鄭衆注云:"迆,讀爲'倚移從風'之移,謂著戈於車邪倚也。"《孟子·離婁》篇"施從良人之所之",趙岐注云:"施者,邪施而行。"丁公著音迆。《爾雅》"邐迆,沙邱",注云:"旁行連延。"《子虚賦》"登降陁靡",司馬彪注云:"陁靡,邪靡也。"並字異而義同。《玉藻》"疾趨則欲發而手足毋移",鄭注云:"移之言靡迆也;毋移,欲其直且正。"《孟子·梁惠王》篇"放辟邪侈",丁本作"邪移"。"移"與"迆",古亦同聲,故鄭衆讀迆爲移矣。

阿者,《商頌·長發》箋云:“阿,倚也。”《爾雅》云:“偏高,阿邱。”《衞風·考槃》傳云:“曲陵曰阿。”皆衺之義也。“阿”與“奇衺”之“奇”,聲亦相近。

阪者,《説文》:“陂者曰阪。一曰澤障。一曰山脅也。”《吕氏春秋·正月紀》“善相邱陵阪險原隰”,高誘注云:“阪險,傾危也。”

哨者,《説文》:“哨,不容也。”《考工記·梓人》“大胸燿後”,鄭注云:“燿,讀爲哨,頎小也。”馬融《廣成頌》作“大匈哨後”。《投壺》“某有枉矢哨壺”,鄭注云:“枉、哨,不正貌。”《大戴》作“峭”,同。

回者,《小雅·鼓鍾》篇“其德不回”,毛傳云:“回,邪也。”

哇者,《法言·吾子》篇“中正則雅,多哇則鄭”,李善注《東京賦》引李軌注云:“哇,邪也。”《漢書·王莽傳·贊》“紫色鼃聲”,應劭注云:“鼃,邪音也。”《敘傳》云:“淫鼃而不可聽。”鼃,與“哇”通。

差者,《説文》:“差,貳也(88-4),差不相值也。”是衺出之義也。《大戴禮·保傅》篇云:“立而不跛,坐而不差。”《淮南子·本經訓》“衣無隅差之削”,高誘注云:“隅,角也。差,邪也。皆全幅爲衣裳,無有邪角也。”《説文》:“槎,衺斫也。”“槎”與“差”,聲義亦相近。

剌者,《説文》:“剌,戾也。”《淮南子·脩務訓》“琴或撥剌枉橈”,高誘注云:“撥剌,不正也。”《楚辭·七諫》“吾獨乖剌而無當兮”,注云:“剌,邪也。”《鹽鐵論·申韓》篇云:“若檼栝輔檠之正弧剌也。”剌,各本譌作“刺”,今訂正。

險之言險巇,阻之言齟齬,隤之言摧隤,皆傾衺之義也(88-5)。宋玉《高唐賦》云:“傾崎崕隤。”

徑者,《祭義》“道而不徑”,鄭注云:“徑,步邪趨疾也。”《老子》云:“大道甚夷,而民好徑。”

夕者,《吕氏春秋·明理》篇云“是正坐於夕室也,其所謂正,乃不正矣”,高誘注云:“言其室邪夕不正。”《晏子春秋·雜》篇云:“景公新成柏寢之臺,使師開鼓琴。師開左撫宫,右彈商,曰:‘室夕。’公曰:‘何以知之?’對曰:‘東方之聲薄,西方之聲揚。’”案:此言室之偏向西也。西、衺、夕,一聲之轉,故日衺、日西總謂之夕。《周官·大司徒》云:“日東則景夕多風。”是也。《神女賦》云:“晡夕之後。”“夕”與“晡”,皆有衺義。晡,與“陠”同聲,故《廣雅》“陠、夕”二字俱訓爲衺也。

蕭之言蕭梢,衺出之貌也。《曲禮》“凡遺人弓者,右手執簫”,鄭注云:“簫,弭頭也。謂之簫，簫，邪也。"正義云："弓頭稍剡，差邪似簫，故謂爲簫也。"《釋名》云："弓末曰簫，言蕭梢也。"《蓺文類聚》引作"言蕭邪"也。《説文》："簫，参差管樂，象鳳之翼。"是凡言"蕭"者，皆衺之義也。

昀案：傾、偏、頗未作疏證。

詃、譙、詒、諼、謬、遁、嚜尿、憎他、謾讉、猶、譎、詐、僞、護、膠、誣、詿、詑、調、突、虞、〔詆*〕、〔詭*〕，欺也。

詒者，《説文》："詒，相欺詒也。"《列子·黄帝》篇云："既而狎侮欺詒。"僖元年《穀梁傳》"惡公子之紿"，范甯注云："紿，欺紿也。"紿，與"詒"通。

諼者，《説文》："諼，詐也。"文三年《公羊傳》"爲諼也"，何休注云："諼，詐也。"《漢書·藝文志》云："尚詐諼而棄其信。"

謬者，《爾雅序》釋文引《方言》云："謬，詐也。"《列子·天瑞》篇云："向氏以國氏之謬已也，往而怨之。"

遁者(89)，《賈子·過秦》篇云："姦僞並起而上下相遁。"《淮南子·脩務訓》"審於形者，不可遯以狀"，高誘注云："遯，欺也。"遯，與"遁"同。

嚜尿者，《方言》："嚜尿，獪也。江湘之間，凡小兒多詐而獪，謂之嚜尿。"《列子·力命》篇云："墨尿單至。"墨，與"嚜"通。尿，各本譌作"尿"，惟影宋本不譌。

憎他、謾讉者，《集韻》《類篇》引此"謾讉"作"讉謾"。《方言》云："眠娗、脈蜴、賜施、茭媞、讉謾、憎他，皆欺謾之語也。楚郢以南、東揚之郊通語也。"郭璞注云："六者，亦中國相輕易蚩弄之言也。"《廣雅·釋訓》篇云："憎惋，欺慢也。"惋，與"他"同；慢，與"謾"同。《説文》："謾，欺也。"《韓子·守道》篇云："所以使衆人不相謾也。"《賈子·道術》篇云："反信爲慢。"讉之言誕也。合言之則曰"讉謾"；倒言之則曰"謾讉"。謾讉，猶謾誕。《韓詩外傳》云："謾誕者，趨禍之路。"是也。倒之則曰"誕謾"。《史記·龜策傳》云："人或忠信而不如誕謾。"是也。眠娗，亦謾讉也，方俗語有侈弇耳。

猶者，《方言》："猷，詐也。"猷，與"猶"同。

譎、詐、膠者，《方言》："膠、譎，詐也。涼州西南之間曰膠；自關而東西，或曰譎，或曰膠。詐，通語也。"左思《魏都賦》"牽膠言而踰侈"，張載注引《李尅書》云："言語辯聰之説而不度於義者，謂之膠言。"李善注引《廣雅》："膠，欺也。"

謱者,《玉篇》:"謱,欺也。"《廣韻》:"嘍,口嘍嘍無度也。""嘍"與"謱",義相近。

詿者,《説文》:"詿,誤也。"誤,亦欺也。《韓策》云:"詿誤人主。"《漢書·息夫躬傳》云:"虚造詐諼之策,欲以詿誤朝廷。"

詑者,《説文》:"沇州謂欺曰詑。"《燕策》云:"寡人甚不喜訑者言也。"訑,與"詑"同。今江淮閒猶謂欺曰詑,是古之遺語也。詑,亦謾也。合言之則曰"詑謾"。《楚辭·九章》云:"或訑謾而不疑。"是也。倒言之則曰"謾詑"。《淮南子·説山訓》云:"媒但者,非學謾他。"是也。他,與"訑"通;"謾詑"與""謾誕",又一聲之轉矣。

調者,《潛夫論·浮侈》篇云:"事口舌而習調欺。"

突者,《荀子·榮辱》篇云:"陶誕突盜,惕悍憍暴,以偷生反側於亂世之閒。"陶、誕、突、盜,皆謂詐欺也。《賈子·時變》篇云:"欺突伯父。"

虞者,《淮南子·繆稱訓》引《屯》六三"即鹿無虞",高誘注云:"虞,欺也。"《魏志·王粲傳》"陳琳諫何進曰:《易》稱'即鹿無虞',諺有'掩目捕雀'。夫微物尚不可欺以得志,況國之大事,其可以詐立乎?"高誘、陳琳皆以"無虞"爲無欺,蓋漢時師説如此。宣十五年《左傳》"我無爾詐,爾無我虞",謂兩不相欺也。"虞"與"詿誤"之"誤",古聲義並同。《逸周書·官人解》"營之以物而不誤",《大戴禮》作"虞",是其證矣。

詆者,《衆經音義》卷十二引《倉頡篇》云:"詆,欺也。"《漢書·哀帝紀》"除誹謗詆欺法",《刑法志》"詆欺文致微細之法",顔師古注並云:"詆,誣也。"

詭者,《衆經音義》卷十四引《三倉》云:"詭,譎也。"又卷十一引《廣雅》:"詆,欺也。"卷十四、十七、二十一、二十二、二十三並引《廣雅》:"詭,欺也。"今本脱"詆、詭"二字。

昀案:訽、譃、僞、誣未作疏證。

葴、飭、戒、福、晐、具,備也。

葴、飭、戒者,《方言》:"葴、敕、戒,備也。"文十七年《左傳》"寡君又朝,以葴陳事",賈逵注云:"葴,勑也。"《説文》:"敕,誡也。""誡,敕也。"鄭注《曾子問》云:"戒,猶備也。"飭、勑、敕,古通用;戒、誡,古通用。

福者,《説文》:"福,備也。"《祭統》云:"福者,備也。備者,百順之名也。"《郊特牲》云:“富也者,福也。”《釋名》云:“福,富也,其中多品如富者也。”《曲禮》注云:“富之言備也。”福、富、備,古聲義並同。

晐,與“該”通。各本譌作“胲”。《釋言》篇云:“備、晐,咸也。”《説文》:“晐,兼晐也。”《吳語》“一介嫡女,執箕箒以晐姓於王宫”,韋昭注云:“晐,備也。”今據以訂正。

昀案:具未作疏證。

殘、枘、肄[①],枿也。

殘者,《説文》:“殂,禽獸所食餘也;從歺從肉。”又云:“歺,列骨之殘也。”殘、殂、殘,並通。“歺”與“枿”,聲義亦同。

枘,各本譌作“抦”,今訂正。枘、肄、枿,皆木之再生者也。《衆經音義》卷十一云“扔,乃困反”,引《通俗文》云:“枘,再生也。”《爾雅》:“枿,餘也。”《方言》云:“陳鄭之閒曰枿,秦晉之閒曰肄。”《周南·汝墳》篇“伐其條肄”,毛傳云:“肄,餘也,斬而復生曰肄。”襄二十九年《左傳》“晉國不恤周宗之闕而夏肄是屏”,杜預注云:“肄,餘也。”字通作“肆”。《玉藻》“肆束及帶”,鄭注云:“肆,讀爲肄。肄,餘也。”

枿,即“萌櫱”之“櫱”。《盤庚》“若顛木之有由櫱”,釋文“櫱,本又作枿”,引馬融注云:“顛木而肄生曰枿。”枿、肄,語之轉耳。

昀案:肄並見於枘。

俜、侹、遊、挑,俠也。

俜者,《説文》:“甹,俠也。三輔謂輕財者爲甹。”又云:“俜,俠也。”俜,與“甹”同。

遊,即所謂游俠也。《漢紀·游俠論》云(90):“立氣勢,作威福,結私交,以立强於世者,謂之游俠。”游,與“遊”同。

挑者,《廣韻》:“挑,輕也。”輕,與“俠”同義。高誘注《淮南子·説山訓》云:“俠,輕也。”《漢書·趙廣漢傳》云:“閭里輕俠。”是也。

昀案:侹未作疏證。

敢、〔悍〕、惈、敢、武、仡[②],勇也。

---

① 肄,原作“肆”,《疏證》同。
② 仡,原作“仡”,《疏證》作“仡”。

悍者,《說文》:"悍,勇也。"《大戴禮·易本命》篇云:"食肉者勇敢而悍。"各本俱無"悍"字。此因"悍、惈"二字相連,字形近似,故傳寫脱去"悍"字耳。李善注《蜀都賦》《江賦》並引《廣雅》:"悍,勇也。"《衆經音義》卷二十二引《廣雅》:"悍、惈、敢,勇也。"今據以補正。

惈,通作"果"。

仡者,《說文》:"仡,勇壯也。"《釋訓》篇云:"仡仡,武也。"《秦誓》云:"仡仡勇夫。"宣六年《公羊傳》"仡然從乎趙盾而入",何休注云:"仡然,壯勇貌。"《莊子·讓王》篇云:"子路抂然執干而舞。"抂,與"仡"通。《說文》:"虓,虎皃。"義與"仡"亦相近。

昀案:㪟、敢、武未作疏證。

蹵、蹪、躦、跳、踅、蹠、踳、〔踶*〕,蹋也。

蹪者,《列子·説符》篇云:"足蹪株埳,頭抵植木,而不自知也。"

躦者,《玉篇》與"蹠"同,云:"蹋聲也。"

跳者,卷一云:"跳,履也。"《列子·天瑞》篇云:"若躇步跐蹈。"《莊子·秋水》篇云:"跳黄泉而登大皇。"今俗語猶謂蹋曰跳矣。

踅者,以足距也。《說文》:"踅,距也。"

踳,各本譌作"啫"。《集韻》《類篇》並引《廣雅》:"踳,蹋也。"今據以訂正。

踶者,《莊子·馬蹄》篇"馬怒則分背相踶",釋文:"踶,大計反;李云:踶,蹋也。"《廣雅》《字類》《聲類》並同。《通俗文》云:"小蹋謂之踶。"《淮南子·脩務訓》云:"夫馬之爲草駒之時,蹶蹏足以破盧陷匈。"《月令》"游牝别羣,則縶騰駒",鄭注云:"爲其壯氣有餘,相蹄齧也。"釋文:"蹄,大計反;蹋也。"蹏、蹄,並與"踶"通。今本《廣雅》脱"踶"字。

昀案:蹵、蹠未作疏證。

黜、惓、继、悆、忽、慌、腆、詄、悚、怢,忘也。

黜,各本譌作"鰍",惟影宋本、皇甫本不譌。《方言》:"黜,忘也。"《說文》云:"黜者,忘而息也。"《玉篇》云:"黜然忘也。"

悆者,《說文》:"悆,忘也。"

忽者,《說文》:"忽,忘也。"《墨子·脩身》篇云:"忘名忽焉。"

慌者,《玉篇》:"慌,懽慌也。"慌,與"㠕"同。合言之則曰"忽㠕"。《淮南子·人閒訓》"使忽怳而後能得之",高誘注云:"忽怳,善忘之人。"怳,亦與"㠕"同。㠕、忘,聲相近;忽㠕,猶忽忘耳。

腆者,《方言》:"腆,忘也。"

詄者,《説文》"詄,忘也",徐鍇傳云:"言失忘也。"《文選·四子講德論》"故美玉蘊於碱砆,凡人視之怢焉",李善注引《廣倉》云:"怢,忽忘也。"《論衡·别通》篇云:"不肖者,輕慢佚忽。"怢、佚,並與"詄"同。

䊾之言遺,㠕之言荒,詄之言失。荒、失、遺,皆忘也。《楚語》云:"恐其荒失遺忘。"是也。

怽者,《玉篇》音莫達切,"忘也"。字從"本末"之"末",各本譌從"午未"之"未",今訂正。

昀案:惓、悷未作疏證。

誦、説、精、講,論也。

誦者,《楚辭·九章》"惜誦以致愍兮",王逸注云:"誦,論也。"(91)

昀案:説、講未作疏證。精見於《補正》。

註、紀、疏、記、學、栞、志,識也。

註者,《衆經音義》卷六引《通俗文》云:"記物曰註。"昭十一年《穀梁傳》"一事注乎志",范甯注云:"一事輒注而志之也。"注,與"註"通。

疏者,《漢書·匈奴傳》"中行説教單于左右疏記,以計識其人衆畜牧",顔師古注云:"疏,分條之也。"《説文》作"疋"。

學者,《太平御覽》引《論語讖》云:"學者,識也。"何休注《公羊傳》曰"何休學",釋文云:"學者,言爲此經之學,即注述之意也。"

栞者,《説文》"栞,槎識也",引《夏書》:"隨山栞木。"今《皋陶謨》《禹貢》並作"刊"。《史記·夏本紀》《漢書·地理志》並作"栞"。顔師古注云:"言刊斫其木以爲表記也。"又"九山刊旅"《史記》《漢書》亦作"栞"。栞、栞、刊,並通。《夏本紀》又云:"禹行山表木。"表,亦識也。今人謂刻木石作字曰"刊",刊,即表識之意。王儉《褚淵碑文》云:"刊元石以表德。"是也。

"志"與"識",聲義並同。《周官·保章氏》"掌天星以志星辰日月之變動",鄭注云:“志,古文識。識,記也。”

昀案:紀、記未作疏證。

塌、疊、鬌、零、零、墜、遺,墮也。

鬌者,《説文》:“鬌,髮墮也。”“鬌”與“墮”,聲近義同。

零,通作“落”。

遺者,《楚辭·九歎》“目眇眇而遺泣”,王逸注云:“遺,墮也。”(92)

昀案:塌、疊、零、墜未作疏證。

廣雅疏證　卷第三上

高郵王念孫學

釋　詁

序、倢、㨻、佴、秩、斑、坒、笓、差[1]、第,次也。

倢者,《説文》:"倢,次也。"

㨻之言漸也。字亦作"摲"。《禮器》"君子之於禮也,有摲而播也",鄭注云:"摲之言芟也,謂芟殺有所與也。若祭者貴賤皆有所得,不使虚也。"段氏若膺云:"'芟殺'之殺,所拜反。芟殺,謂由多漸少,皆有等衰,故《廣雅》訓㨻爲次也。"

佴者,《爾雅》"佴,貳也",郭璞注云:"佴次爲副貳。"《説文》:"佴,次也。"《文選·報任少卿書》"佴之蠶室",李善引如淳注云:"佴,次也,若人相次也。"

斑,與"班"同。

坒、笓,一字也。《説文》:"坒,地相次坒也。字亦作圯。"《太玄》"陰陽坒参",范望注云:"以陰陽相次而三三相乘也。"《賈子·道術》篇云:"動静攝次謂之比。"坒、笓、比,並通。

差者,《孟子·滕文公》篇"愛無差等",趙岐注云:"差,次也。"

昀案:序、秩、第未作疏證。

惎、恉、意,志也。

恉,經傳通作"旨、指"。

各本皆作:"惎、恉、志,意也。"《集韻》《類篇》亦云:"惎,意也。"則宋時《廣雅》本已然。案:《衆經音義》卷八云:"《説文》:'恉,意也。'《廣雅》:'恉,志也。'"《莊子·刻意》篇釋文云:"《廣雅》意,志也。"則德明、玄應所見本,"志"字皆在"意"字

---

① 差,原作"𢀩",《疏證》作"差"。

下。今據以訂正。

昀案：惎、意未作疏證。意、志二字勘正其次第。

輸、𢷎、殈、㓖、𤎩、孑、羸、䔍、幓、遺、〔緒*〕，餘也。

輸者，《廣韻》云："輸，餘也。出《字林》。"《説文》："𩨨，正耑裂也。""裂，繒餘也。"蘇林注《漢書·終軍傳》云："繻，帛邊也。"邊亦餘也。左氏《春秋》"紀裂繻"字"子帛"，《公羊》《穀梁》並作"紀履緰"；《左傳》"申繻"，《管子》作"申俞"。皆取帛邊之義。《集韻》"輸、𩨨、繻"三字並音俞，其義同也。

𢷎之言櫱也。《商頌·長發》傳云："櫱，餘也。"

殈者，《説文》："殈，禽獸所食餘也；從歺從肉。"又云："歺，列骨之殘也。""殘"與"殈"通。

㓖者，《玉篇》㓖，力制切，"帛餘也"。左思《魏都賦》"秦餘徙㓖"，李善注云："《廣雅》：㓖，餘也。"《齊語》"戎車待游車之裂"，韋昭注云"裂，殘也；舊音音例"，引《説文》："裂，餘也。"裂，與"㓖"同，即"紀裂繻"之"裂"也。《小雅·都人士》篇"垂帶而厲"，毛傳云："厲，帶之垂者。""厲"與"㓖"，亦同義，謂垂帶之餘以爲飾，故下文云"匪伊垂之，帶則有餘"也。《爾雅》："烈，餘也。"《詩序》云："宣王承厲王之烈。""烈"與"㓖"，古亦同聲。

𤎩、孑者，《方言》："孑、蓋，餘也。周鄭之間曰蓋，或曰孑；青徐楚之間曰孑；自關而西，秦晉之間，炊薪不盡曰蓋。"《説文》："𤈦，火餘木也。"《大雅·桑柔》篇"具禍以𤎩"，鄭箋云："災餘曰𤎩。"《吳語》"安受其𤎩"，韋昭注云："𤎩，餘也。"馬融《長笛賦》云："蓋滯抗絶。"𤈦、𤎩、蓋，並通。《大雅·雲漢》篇"周餘黎民，靡有孑遺"，正義云："孑然，孤獨之貌也。"

幓者，《説文》："幓，殘帛也。"[(93)]《淮南子·要略》篇"箴縷縩繺之間"，縩，與"幓"同。

緒者，《説文》："緒，絲耑也。"《楚辭·九章》"欸秋冬之緒風"，王逸注云："緒，餘也。"《莊子·讓王》篇"其緒餘，以爲國家"，司馬彪注云："緒者，殘也，謂殘餘也。"《山木》篇"食不敢先嘗，必取其緒"，緒亦餘也。釋文以爲"次緒"之"緒"，失之。《衆經音義》卷十九引《廣雅》："緒，餘也。"今本脱"緒"字。

昀案：羸、䔍、遺未作疏證。

饡、粻、糒、搿，摶也。

饡、粻者，《玉篇》：“饡，乾麵餅也。”《廣韻》又作“饍”，云：“黏也。”皆摶著之意也。《説文》：“粻，粉也。”亦謂粉相摶著也。《廣韻》：“𪏮，黏𪏮也。”𪏮，與“粻”同。《説文》：“弮，摶飯也。”“弮”與“粻”，亦聲近義同。饡粻，猶“繾綣”也。昭二十五年《左傳》“繾綣從公”，杜預注云：“繾綣，不離散。”是其義也。

糒，義見卷四“䵑，黏也”下。

搿之言梱致也。《唐風·鴇羽》箋云：“根相迫迮梱致。”亦不離散之意也。

粲、彰、彪、辬、璘、虨、彬、彧、昈、純，文也。

彰，通作“爛”。

彪者，《説文》：“彪，虎文也。”《蒙》九二“苞蒙”，鄭注云：“苞，當作彪。彪，文也。”案：《藝文類聚》引漢《胡廣徵士法高卿碑》云：“彪童蒙，作世師。”蔡邕《處士圈叔則碑》云：“童蒙來求，彪之用文。”又《司徒袁公夫人馬氏靈表》云：“俾我小子，蒙昧以彪。”皆用《蒙》卦之辭。則九二之“苞蒙”，漢時諸家《易》説，必有作“彪”而訓爲文者，故鄭本之爲説也。《法言·君子》篇“以其弸中而彪外也”，李軌注亦云：“彪，文也。”

辬者，《説文》：“辬，駁文也。”《王制》“斑白者不提挈”，鄭注云：“雜色爲斑。”《孟子·梁惠王》篇“斑白”作“頒白”。《周官·内饔》“馬黑脊而般臂”，鄭注云：“般臂，臂毛有文。”《賁》釋文引傅氏云：“賁，古斑字；文章貌。”並字異而義同。

璘者，揚雄《甘泉賦》“璧馬犀之瞵㻞”，李善注引《埤倉》云：“璘㻞，文皃也。”張衡《西京賦》“瑞珉璘彬”，薛綜注云：“璘彬，玉光色雜也。”何晏《景福殿賦》云：“文彩璘班。”並字異而義同。

虨者，《説文》：“虨，虎文彪也。”虨，與“虨”同。

彬者，《説文》“份，文質備也”，引《論語》：“文質份份。”今本作“彬”，包咸注云：“彬彬，文質相半之貌。”《史記·儒林傳》：“斌斌多文學之士。”並字異而義同。辬、虨、彬，聲又相近也。

彧者，《説文》：“戫，有文章也。”《論語·八佾》篇：“郁郁乎文哉！”後漢荀彧，字文若。彧、戫、郁，並通。

昈者，《方言》“昈，文也”，郭璞注云：“昈昈，文采貌也。”《文選·西京賦》“赫昈昈以宏敞”，李善注引《埤倉》云：“昈，赤文也。”司馬相如《上林賦》云：“煌煌扈扈,照曜鉅野。"《淮南子·俶真訓》"蓶扈炫煌",高誘注云:"采色貌也。"扈、蓶,並與"昈"通,亦通作"户"。《初學記》引《論語摘衰聖》云:"鳳有九苞,八曰音激揚,九曰腹文户。"户,亦文采貌也。宋均注云:"户,所由出入也。"失之。

純者,《方言》:"純,文也。"《漢書·地理志》云:"織作冰紈綺繡純麗之物。"

昀案:粲未作疏證。

困、胎、倢,逃也。

《方言》"困、胎、倢,逃也",郭璞注云:"皆謂逃叛也。"

擷、挻、挺、楅、遂、畺、畍、町、畢、殄、殚,竟也。

此條"竟"字有二義。"擷、挻、挺、楅、遂、畢、殄、殚"爲"究竟"之竟;"畺、畍、町"爲"邊竟"之竟,亦取"究竟"之義也。

擷、挻者,《方言》:"擷、挻,竟也。"挻,各本作"挺",蓋因下"挺"字而誤。今訂正。

挺、楅者,《方言》:"緪、筳,竟也。秦晉或曰緪,或曰竟;楚曰筳。"筳,與"挺"通。《説文》:"楅,竟也。"《考工記·弓人》"恆角而短",鄭注云:"恆,讀爲楅。楅,竟也。"《楚辭·招魂》"姱容脩態,絚洞房些",王逸注云:"絚,竟也。"班固《荅賓戲》云"緪以年歲";《西都賦》云"北彌明光而亙長樂"。並字異而義同。

遂,讀如"遂事不諫"之"遂"。

畺,與"疆"同。

町,各本皆作"吃"。"町"字俗書作"吭",因譌而爲"吃"。惟影宋本不譌。《説文》:"町,竟也。"町、疆、竟,古聲並相近。

殄、殚,經傳通作"終、卒"。

昀案:畍、畢未作疏證。

傅、讙、即、因、度、集、從、圍、酉、歸、孝,就也。

讙者,《邶風·北門》篇"室人交徧摧我",釋文:"摧,《韓詩》作讙;就也。"

集,謂相依就也。《大雅·大明》篇"天監在下,有命既集",毛傳云:"集,就也。"鄭箋云:"天命將有所依就。"是也。一曰:集,謂成就也。《小雅·小旻》篇"謀夫孔多,是用不集",毛傳云:"集,就也。"《韓詩外傳》作"是用不就"。就、集,一聲之轉,皆謂成就也。

圍，各本譌作“囹”。《方言》《玉篇》並云：“圍，就也。”今據以訂正。圍，猶帀也。《周官·典瑞》注云：“一帀爲一就。”是其義也。

酉者，《説文》：“酉，就也，八月黍成，可爲酎酒。”又云：“酒，就也，所以就人性之善惡。”酉、酒、就，聲並相近。

孝者，《孝經》正義引《孝經援神契》云：“天子行孝曰就。言德被天下，澤及萬物，始終成就，榮其祖考也。”孝、就，聲亦相近。

昀案：傅、即、因、度、從、歸未作疏證。

梱、刳、刲、刳，屠也。

諸書無訓“梱”爲屠者。《方言》“梱，就也”，郭璞注云：“梱梱，成就貌。”然則《廣雅》本訓“梱”爲就，在上條内，後人傳寫誤入此條耳。《玉篇》：“稛，成熟也。”《廣韻》：“裍，成就也。”義並與“梱”同。

刳者，《士喪禮》“特豚四鬄”，鄭注云：“鬄，解也。”《周官·小子》“羞羊肆”，鄭注云：“肆，讀爲鬄。羊鬄者，所謂豚解也。”《墨子·明鬼》篇云：“昔者殷王紂刳剔孕婦。”並字異而義同。

刲者，《説文》：“刲，刺也。”《歸妹》上六“士刲羊”，馬融注與《説文》同。

刳者，《方言》：“刳，刳也。”《説文》：“刳，判也。”《衆經音義》卷九引《倉頡篇》云：“刳，屠也。”《繫辭傳》“刳木爲舟”，九家本作“挎”，注云：“挎，除也。”《周官·掌戮》“殺王之親者辜之”，鄭注云：“辜之言枯也，謂磔之。”《荀子·正論》篇云：“斬斷枯磔。”義並相近。刲、刳，一聲之轉，皆空中之意也。故以手掘物謂之挂，亦謂之挎。《玉篇》挂，苦攜切，“中鉤也”。《鄉飲酒禮》“挎越”，釋文：“挎，口孤反。”疏云：“瑟下有孔越，以指深入謂之挎。”此即《玉篇》所謂“中鉤”也。兩股閒謂之奎，亦謂之胯。《説文》：“奎，兩髀之閒也。”《莊子·徐無鬼》篇“奎蹄曲隈”，向秀注云：“股閒也。”《廣雅·釋言》：“胯，奎也。”《玉篇》音口故切。是凡與“刲、刳”二字聲相近者，皆空中之意也。

翬、鶱、䎖、翥、䎗、翧、䎕[①]、翃、翂、〔𦑖〕、𧽊、翾、翋𦑝、鴥、翻、獢，飛也。

翬者，《方言》：“翬，飛也。”《説文》云：“大飛也。”《釋訓》篇云：“翬翬，飛也。”

① 䎕，原作“𦐄”，《疏證》作“䎕”。

《爾雅》"鷹隼醜,其飛也翬",舍人注云:"翬翬,其飛疾羽聲也。"春秋魯公子翬、鄭公孫揮皆字羽。揮,與"翬"通。翬之言揮也。《説文》云:"揮,奮也。"《爾雅》云:"雉絶有力,奮。"又云:"魚有力者,徽。"《北山經》"獄法之山有獸焉,其狀如犬而人面,其名曰山𤟤,其行如風",郭璞注云"言疾也";又"歸山有獸焉,其狀如麢羊而四角,馬尾而有距,其名曰驒,善還",注云:"還,旋旋舞也。"是凡言"揮"者,其義皆與"飛"相近也。

鶱者,《説文》:"鶱,飛皃也。"《釋訓》云:"鶱鶱,飛也。"《楚辭·遠遊》篇云:"鸞鳥軒翥而翔飛。"張衡《西京賦》云:"鳳鶱翥於甍標。"鶱,與"軒"通。鶱之言軒也,軒軒然起也。各本譌作"騫",今訂正。

"翽、翥"二字,義見卷一"翽、翥,舉也"下。

翾,亦鶱也。《玉篇》:"翾,飛皃。"又云:"仚,輕舉皃。"翾、仚,並音許延反,義相近也。

翊者,《釋訓》云:"翊翊,飛也。"

翉者,《玉篇》:"翉,飛皃。"《廣韻》云:"翉翁,飛皃。"

翃者,《玉篇》:"狘,蟲飛也。"《釋訓》云:"狘狘,飛也。"狘,與"翃"同。

翃者,《玉篇》翃,呼橫切,"羣鳥弄翅也"。《釋訓》云:"翃翃,飛也。"

䎄者,曹憲音呼麥反。各本脱去"䎄"字,其"呼麥反"之音遂誤入"翃"字下。《玉篇》䎄,呼麥切,"翃䎄,飛皃"。《廣韻》云:"䎄,飛聲。"《集韻》"翃"字注引《廣雅》:"翃、䎄,飛也。"今據以補正。

䎕者,《玉篇》:"䎕,飛也。"《廣韻》云:"䎕翮,飛相及皃。"䎕翮,即"翉翁"之轉也。

翾,亦翊也。《説文》:"翾,小飛也。"《釋訓》云:"翾翾,飛也。"《楚辭·九歌》"翾飛兮翠曾",王逸注云:"言身體翾然若飛,似翠鳥之舉也。"《鬼谷子·揣》篇云"蜎飛蠕動",《韓詩外傳》作"蝖",《淮南子·原道訓》作"蠉",並字異而義同。翾之言儇也。《方言》:"儇,疾也。"《荀子·不苟》篇"小人喜則輕而翾",楊倞注云:"言輕佻如小鳥之翾。"是"翾"與"儇"同義。

㹢㹾者,《玉篇》云:"翋翍,飛皃。"又云:"䴀鶔,飛起皃"又云:"䎀,飛皃。"又云:"䎀䎀,飛皃。"《説文》:"䎖,飛盛皃也。"枚乘《梁王菟園賦》云:"徐飛㹢㺜。"左思《吴都賦》云:"趁䠣㹢㹾。"(94)並字異而義同。

鴥者,《説文》:"鴥,鸇飛皃。"《秦風·晨風》篇"鴥彼晨風",毛傳云:"鴥,疾飛貌。"鴥,與"鴥"同。

翻者,《釋訓》云:"翻翻,飛也。"《唐風·鴇羽》篇"肅肅鴇羽",毛傳云:"肅肅,鴇羽聲也。"肅,與"翻"通。

獢者,《玉篇》:"翻,飛也。"孫綽《遊天台山賦》"整輕翮而思獢",李善注引《方言》:"獢,飛也。"今《方言》作"翻",同。

鑿、矞、欮、掘、抇、斛、抉、挑、竁,穿也。

矞者,《説文》:"矞,以錐有所穿也。"

欮者,《玉篇》:"欮,掘也。"隱元年《左傳》:"闕地及泉。"(95)《逸周書·周祝解》:"貛有蚤而不敢以撅。"字並與"欮"同。

抇者,《説文》:"搰,掘也。"《吳語》云:"狐埋之而狐搰之。"《列子·説符》篇云:"抇其谷而得其鈇。"抇,與"搰"同。欮、掘、抇,聲並相近。

斛,與下"挑"字通。《説文》:"斛,突也。""突"與"穿"同義。《爾雅》:"斛謂之疀。"鄭注《少牢》下篇作"挑謂之畝"。疀、畝,並與"鍤"同,所以穿地者也。故《釋名》云:"鍤,插也,插地起土也。或曰銷。銷,削也,能有所穿削也。"

抉者,《説文》:"抉,挑也。"襄十七年《左傳》云:"以杙抉其傷而死。"《説文》:"突,穿也。""窫,深抉也。"義並與"抉"同。《衆經音義》卷二引《廣雅》作"決"。《周語》云:"決汩九川。"決,亦抉也。汩,亦抇也。

竁者,《説文》:"竁,穿地也。"《小爾雅》云:"壙謂之竁。"《周官·小宗伯》"甫竁",鄭注云:"鄭大夫讀竁爲穿,杜子春讀竁爲毳,皆謂葬穿壙也。今南陽名穿地爲竁,聲如'腐脆'之脆。"

昀案:鑿、掘未作疏證。挑並見於斛。

搒、撅、妓、擿、〔扻*〕,投也。

搒者,下文云:"搒,擊也。""擊"與"投"同義。搒,各本譌作"榜",今訂正(96)。

"妓"字音義未詳。曹憲音内有"本作郊,未詳弋音"七字。考字書、韻書,皆無"妓、郊"二字。卷三云"投、搥,擿也",《釋言》云"磓,磓也",此云"妓、擿,投也",則"妓"與"搥、擿"同意。《玉篇》矺,竹格切,"磓也"。《廣韻》又都盍切,"擲地聲";又竹亞切,亦作"砓"。"砓"與"妓"字相似。又《説文》:"㧻,擊踝也;讀若踝。""䟴"與"𨁊",字亦相似。未知誰是《廣雅》原文,姑並記之以俟考正。

擿,即今"擲"字也。《説文》:"擿,投也。"《莊子·胠篋》篇"擿玉毁珠",崔譔注云"擿,猶投弃之也";《徐無鬼》篇"齊人蹢子於宋",釋文云"蹢,投也"。擿、擲、蹢,並通。

抗者,《玉篇》:"抗,揘擊也。"《集韻》《類篇》並引《廣雅》:"抗,投也。"今本脱"抗"字。

昀案:撅見於《補正》。

苦、翕、焥、煜、熺、〔烗*〕,熾也。

苦、翕者,《方言》:"苦、翕,熾也。"又云:"煬、翕,炙也。"揚雄《甘泉賦》"翕赩曶霍",李善注云:"翕赩,盛皃。"卷二云:"熻,爇也。"義並相近。

焥者,卷二云:"焥,爇也。"

煜者,《説文》:"煜,燿也。"《衆經音義》卷五引《埤倉》云:"煜,盛皃也。"《淮南子·本經訓》云:"焜昱錯眩,照燿煇煌。"《漢書·敘傳》"猋飛景附,煜霅其閒",顔師古注云:"煜霅,光貌也。"《説文》:"昱,日明也。"煜、昱,義相近。

熺者,《説文》:"熹,炙也。"鄭注《樂記》云:"熹,猶蒸也。"傅毅《舞賦》云:"朱火曄其延起兮,燿華屋而熺洞房。"襄三十年《左傳》"譆譆出出",杜預注云:"譆譆,熱也。"熺、熹、譆,義並相近。

烗者,《玉篇》《廣韻》並云:"烗,熾也。"《釋言》云:"焥,烗也。"《衆經音義》卷七引《廣雅》:"烗,熾也。"今本脱"烗"字。

悪、惄、悢、惆,悵也。

悪、惄者,《方言》"悪、惄,悵也",郭璞注云:"謂惋惆也。"《方言》又云:"惄,傷也。"又云:"惄,憂也。自關而西,秦晉之閒,凡志而不得,欲而不獲,高而有墜,得而中亡,謂之惄。"皆惆悵之意也。詳見卷一"惄,憂也"下。

悢者,《楚辭·九辯》"愴怳懭悢兮",王逸注云:"中情悵惘,意不得也。"班彪《北征賦》云:"心愴悢以傷懷。"重言之則曰"悢悢"。義見《釋訓》。

惆者,《説文》:"惆,失意也。"餘見卷二"惆、悵,痛也"下。

怤愉、兑、解,説也。

怤愉者,《方言》"怤愉,悦也",郭璞注云:"怤愉,猶呴喻也。"悦,與"説"同。説貌謂之怤愉,故容貌可説者亦謂之怤愉。漢《瑟調曲·隴西行》云:"好婦出迎客,顔色正敷愉。"是也。敷,與"怤"通。

兑者,《兑·彖傳》云:"兑,説也。"兑、説,古同聲,故《禮記》引《説命》皆作"兑"。

解者,《説文》"説,説釋也",徐鍇通論云:"悦,猶説也,解脱也。人心有鬱結,能解釋之也。"《學記》云:"相説以解。"僖二十八年《左傳》"衛人出其君以説于晉。公懼於晉,殺子叢以説焉。"皆解之義也。

僄、毛、媥、娍、狎、傷、蚩、侮、仭、懱、忽、〔傲*〕,輕也。

僄、仭者,《方言》"仭、僄,輕也。楚凡相輕薄謂之相仭,或謂之僄也",郭璞注:"僄,音'飄零'之飄。"《玉篇》音匹妙切。僄之言飄也。《説文》:"僄,輕也。"又云:"嫖,輕也。"《周官·草人》云:"輕票用犬。"《考工記·弓人》云:"則其爲獸必剽。"《荀子·議兵》篇云:"輕利僄遫。"《史記·賈誼傳》云"鳳漂漂其高遰",《漢書》作"縹"。《司馬相如傳》云:"飄飄有凌雲之氣。"並字異而義同。仭之言汎也。《方言》注:"仭,音汎。"《説文》:"汎,浮皃。"左思《魏都賦》"過以汎剽之單慧",張載注引《方言》:"汎、剽,輕也。"汎,與"仭"通。《玉篇》仭,又音凡。又《玉篇》"凡"字注及《衆經音義》卷二十三並引《廣雅》:"凡,輕也。"《衆經音義》云:"謂輕微之稱也。"《孟子·盡心》篇云:"待文王而後興者,凡民也。"凡,亦與"仭"通。

媥之言翩也。《説文》:"媥,輕皃也。"《泰》六四"翩翩",釋文引向秀注云:"輕舉貌。"翩,與"媥"通。

娍之言越也。《説文》:"娍,輕也。"(97-1)《爾雅》:"越,揚也。"是"娍"與"越"同義。《荀子·非相》篇"筋力越勁",越者,輕也。《説文》云:"赿,輕勁有材力也。"楊倞注以"越"爲"過人"(97-2),失之。《説文》:"䟾,輕足也。"義亦與"越"同。

狎者,昭二十年《左傳》"民狎而翫之",杜預注云:"狎,輕也。"

傷,經傳通作"易"。

蚩者,李善注《西京賦》引《倉頡篇》云:"蚩,侮也。"

懱者,《説文》:"懱,輕易也。"《大雅·桑柔》篇"國步蔑資",鄭箋云:"蔑,猶輕也。"《周語》云:"鄭未失周典,王而蔑之,是不明賢也。"蔑,與"懱"同。今人猶謂輕視人爲"蔑視"矣,

傲者,《説文》:"嫯,侮易也。"嫯,與"傲"通。《吕氏春秋·士容論》注云:"傲,輕也。"《衆經音義》卷二十二引《廣雅》:"傲,輕也。"今本脱"傲"字。

昀案：毛、侮、忽未作疏證。

窴、菶、關、括、塿、充、實、敜、閉、昏、緊、窡、瞎、堙，塞也。

窴，與“填”同。

關、括者，《方言》：“括、關，閉也。”《説文》：“括，絜也。”鄭注《大學》云：“絜，猶結也。”《坤》六四“括囊”，虞翻注云：“括，結也。”閉、結，皆塞也。

塿、敜者，《説文》：“塿，閉也。或作剫。”“敜，塞也。”《大雅·緜》篇“度之薨薨”，《韓詩》云：“度，填也。”《晉語》“狐突杜門不出”，《衆經音義》卷五引賈逵注云：“杜，塞也。”字並與“塿”通。《粊誓》“杜乃擭，敜乃穽”，王肅注與《説文》同。

昏者，《説文》：“昏，塞口也。古文作昬。”“昏”與“括”，聲相近也。

緊者，《玉篇》音女於切。字或作“袽、茹、絮、帤”。《説文》“緊，絜緼也”，引《既濟》六四：“需有衣緊。”今本作“繻有衣袽”，王弼注云：“衣袽，所以塞舟漏也。”子夏作“茹”，京房作“絮”。《考工記·弓人》“厚其帤則木堅”①，鄭衆注云：“帤，讀爲‘襦有衣絮’之絮。絮，謂弓中裨也。”《吕氏春秋·功名》篇“以茹魚去蠅”，高誘注云：“茹，讀‘茹船漏’之茹。”並字異而義同。緊，各本譌作“絮”。《既濟》釋文云：“袽，《説文》作緊。《廣雅》云：‘緊，塞也。’子夏作茹，京作絮。”是《廣雅》本作“緊”，與京房作“絮”者異。今據以訂正。

窡者，《説文》：“窡，塞也；讀若《虞書》‘窡三苗’之窡。”今《書》作“竄”，古今字異也。窡，各本譌作“竂”，今訂正。

瞎，從目，叡聲。叡、瞎，並音一活反。各本譌作“瞎”。《集韻》《類篇》並云：“瞎，塞也。”今據以訂正。

堙者，《説文》“垔，塞也”，引《洪範》：“鯀垔洪水。”今本作“陻”，《周官·掌蜃》作“闉”，襄二十五年《左傳》作“堙”，昭二十九年《傳》作“湮”。並字異而義同。

昀案：菶、充、實、閉未作疏證。

礲、礪、希、鑠、甐甐、剴、扢②、差、錖、錯、鑢、揩、〔㩳〕、硐、攠、鋻、磃、扨、砥、磋，磨也。

礲者，《説文》：“礲，礳也。”《晉語》“斲其椽而礱之”，《文選·枚乘〈諫吳王

① 帤，原譌作“帑”。

② 扢，原作“扢”，《疏證》作“扢”。

書〉》注引賈逵注云:"礱,磨也。"《荀子·性惡》篇云:"鈍金必將待礱厲然後利。"礱,與"礲"同。磨,與"䃺"同;字通作"劘",又作"摩"。

礪者,《柴誓》云:"礪乃鋒刃。"昭十二年《左傳》云:"摩厲以須。"厲,與"礪"同。

希、鑠者,《方言》:"希、鑠,摩也。燕齊摩鋁謂之希。"《周語》"衆口鑠金",《史記·鄒陽傳》索隱引賈逵注云:"鑠,消也。"消,亦磨也。《考工記》云:"爍金以爲刃。"爍,與"鑠"通。

甄瓾者,《廣韻》:"甄瓾,屑瓦洗器也。"《方言》"磑或謂之䃶",郭璞注云:"即磨也。""䃶"與"甄",聲近義同。瓾,《玉篇》音所兩切;《廣韻》又初兩切。《説文》"瓾,磋垢瓦石也",徐鍇傳云:"以碎瓦石瓾去瓶内垢也。"《西山經》"錢來之山,其下多洗石",郭璞注云:"澡洗可以磢體去垢圿。"木華《海賦》"飛澇相磢",李善引《方言》注云:"漺,錯也。"瓾[①]、磢、漺,並通。

剴者,《説文》:"剴,摩也。"《玉篇》音公哀、五哀二切。《爾雅》"䶩,汽也",郭璞注云:"謂相摩近。"釋文:"䶩,郭音剴。"京房注《繫辭傳》云:"磨,相磑切也。"《説文》:"磑,䃺也。"剴、䶩、磑,並通。今俗語猶謂相摩近爲剴。《説文》:"䶣,齸牙也。"義亦與"剴"同。

扢者,《玉篇》音柯礙、何代二切。《廣韻》又古忽、户骨二切。《淮南子·要略》篇"濡不暇扢",高誘注云:"扢,拭也。"《漢書·禮樂志》"扢嘉壇",孟康注云:"扢,摩也。"《後漢書·杜篤傳》"漂槩朱崖",李賢注云:"漂槩,謂摩近之也。"《周官·世婦》"帥女宫而濯摡",鄭注云:"摡,拭也。"《檜風·匪風》篇云:"溉之釜鬵。"《爾雅》"䶩,汽也",釋文:"汽,古愛反。"《説文》"槩,杚斗斛也""杚,平也",徐鍇傳云:"杚,即槩也,摩之使平也。"《月令》"正權概",鄭注云:"概,平斗斛者。"《説文》"刉"字注云:"刀不利,於瓦石上刉之。"義與"扢"並相近。

差之言磋也。《説文》:"齹,齒差也。"謂齒相摩切也。瓾、差、錯,一聲之轉,故皆訓爲磨。《爾雅》"爽,差也""爽,忒也",郭注云:"皆謂用心差錯不專一。""爽"與"差、錯"同義,故"瓾"與"差、錯"亦同義也。

㸌者,《説文》:"研,䃺也。""㸌,摩也。"《吕氏春秋·精通》篇云:"刃若新劘

① "瓾"惟一字,原誤衍一形。

研。"研,與"揅"同。

錯者,《説文》"厝,厲石也",引《小雅·鶴鳴》篇:"佗山之石,可吕爲厝。"今本作"錯"。《禹貢》"錫貢磬錯",傳云:"治玉石曰錯。"《衛風·淇奥》篇"如琢如磨",《太平御覽》引《韓詩》作"如錯如磨"。束皙《補亡詩》"粲粲門子,如磨如錯",用《韓詩》也。《説卦傳》"八卦相錯"(98-1),李鼎祚注云:"錯,摩也。剛柔相摩,八卦相蕩也。"錯,各本譌作"鐕"。《文選·江賦》"奔溜之所磢錯",李善注引《廣雅》:"錯,摩也。"今據以訂正。

鑢者,《説文》:"鑢,錯銅鐵也。"《太玄·大》次二云:"大其慮,躬自鑢。"《大雅·抑》箋云:"玉之缺可磨鑢而平。"鄭衆注《考工記》云:"摩鐧之器。"《方言》云:"燕齊摩鋁謂之希。"鑢、鐧、鋁,並同。

揩、搱者,《衆經音義》卷十八"搱",女皆反,引《韻集》云:"揩、搱,摩也。"《廣韻》:"揩、搱,摩拭也。"《文選·西京賦》"揩枳落",李善注引《字林》云:"揩,摩也。"各本俱脱"搱"字。《集韻》《類篇》並引《廣雅》:"揩、搱,摩也。"今據以補正。

硐者,《文選·長笛賦》"鏓硐隤墜",李善注引《廣雅》:"硐,磨也。"

攦者,卷二云:"攦,拭也。"攦,亦揩也,方俗語轉耳。

鎣者(98-2),《玉篇》音余傾、烏定二切。左思《招隱詩》"聊可瑩心神",李善注引《廣雅》:"瑩,磨也。"瑩,與"鎣"通。

磃者,《廣韻》:"磃,磃磨也。"又云:"鐁,平木器名。"《釋名》云:"鐁,斯彌也。斤有高下之跡,以此斯彌其上而平之也。""鐁"與"磃"同義。斯彌、磃磨①,語之轉耳。

扨者,《集韻》引《字林》云:"扨,摩也。"《魏策》云:"莫不日夜搤腕瞋目切齒。"切,與"扨"通。

砥者,《儒行》云:"砥厲廉隅。"《漢書·枚乘傳》云:"磨礱底厲。"底,與"砥"同。

磋者,《衛風·淇奥》篇"如切如磋,如琢如磨",《爾雅》云:"骨謂之切,象謂之磋,玉謂之琢,石謂之磨。"鄭注《學記》云:"摩,相切磋也。"蓋"切、磋、磨"三字,對文則異,散文則通矣。

訡、訤、贀、惹、譃、詬,拏也。

---

① 磃,原譌作"斯"。鍾宇訊已正。

此釋"紛拏"之義也。《説文》:"拏,牽引也。"《文選·吳都賦》注引許慎《淮南子注》云:"挐,亂也。"《方言》"嘫咩、謰謱,拏也。拏,揚州會稽之語也",郭璞注云:"言譇拏也。"《玉篇》云:"譇詉,言不可解也。"《廣韻》云:"譇詉,語不正也。"《淮南子·本經訓》云:"芒繁紛挐以相交持。"拏、挐、詉,並通。

䝟,各本譌作"覽"。《玉篇》:"䝟、婘,挐也。"《廣韻》云:"䝟,婘也。"婘,與"諂"同;挐,與"拏"同。今據以訂正。

惹、諂者,《方言》"拏,揚州會稽或謂之惹,或謂之諂",郭注云:"惹,言情惹也。諂,言誣諂也。"《玉篇》"惹"音人者切,云:"亂也。"《廣韻》又而灼切,云:"諂惹也。"諂,字又作"婘"。《説文》:"婘,誣挐也。"

昀案:訡、訍、誦未作疏證。

媱、愓、嬉、㚤、遊、敖、契,戲也。

媱、愓、嬉者,《方言》:"媱、愓,遊也。江沅之閒謂戲爲媱,或謂之愓,或謂之嬉。"媱之言逍遥,愓之言放蕩也。《説文》:"愓,放也。"《玉篇》音杜朗切。《莊子·大宗師》篇"女將何以遊夫遥蕩恣睢轉徙之塗乎",遥蕩,與"媱愓"通。《方言》注:"愓,音羊,言彷徉也。"彷徉,猶放蕩耳。

㚤,經傳通作"佚",又作"逸"。

昀案:遊、敖、契未作疏證。

踉蹌、跪,𢷏也。

踉蹌、跪者,《方言》"東齊海岱北燕之郊,跪謂之踉蹌",郭璞注云:"今東郡人亦呼長跽爲踉蹌。"《衆經音義》卷二十四云:"今江南謂屈膝立爲踉跪。"《説文》:"跪,拜也。"拜,與"𢷏"同。

傑㑘、詢、𠜾、馬、詈,駡也。

傑㑘者,《方言》"傑㑘,駡也。燕之北郊曰傑㑘",郭璞注云:"羸小可憎之名也。"《方言》:"南楚凡駡庸賤謂之田儓。"又云:"庸謂之㑘,轉語也。"義與"傑㑘"亦相近。

詢,即"詬"字也。襄十七年《左傳》"重邱人閉門而詢之",杜預注云:"詢,駡也。"

馬,亦駡也,方俗語有輕重耳。

昀案:𠜾、詈未作疏證。

擔、旅、何、〔揭〕、攁，擔也。

擔、旅、何、攁者，《方言》："擔、膂、賀、賸，儋也。齊楚陳宋之閒曰擔，燕之北郊、越之垂甌、吴之外鄙謂之膂，南楚或謂之擔；自關而西，隴冀以往謂之賀。凡以驢馬馲駝載物者，謂之負佗，亦謂之賀。"儋，與"擔"同。《釋言》云："擔，負也。"《莊子·胠篋》篇"贏糧而趨之"，贏，與"擔"通。擔、攁，二字並從手，各本譌從木，今訂正。旅，各本譌作"抜"，自宋時本已然，故《集韻》《類篇》"抜"字注並云："一曰擔也。"考《玉篇》《廣韻》，"抜"字俱不訓爲擔。又"膂"字古通作"旅"。《秦誓》"旅力既愆"，《小雅·北山》篇"旅力方剛"，並以"旅"爲"膂"。《廣韻》："旅，俗作抜。""抜"與"抜"，字形相近。《方言》"擔、膂、賀、賸，儋也"，此云"擔、抜、何、揭、攁，擔也"，"抜"字明是俗"旅"字之譌。郭璞注云："儋者用膂力，因名云。"今據以訂正(99)。何，與"賀"通，亦通作"荷"。《説文》："賸，囊也。"《方言》注云："今江東呼儋兩頭有物爲賸。"《後漢書·儒林傳》云："制爲縢囊。"攁、賸、縢，並通。

揭者，《説文》："竭，負舉也。"《禮運》"五行之動，迭相竭也"，鄭注云："竭，猶負戴也。"成二年《左傳》"桀石以投人"，杜預注云："桀，擔也。"《莊子·胠篋》篇"負匱揭篋擔囊而趨"，釋文引《三倉》云："揭，舉也，擔也，負也。"揭、竭、桀，並通。《衆經音義》卷三引《廣雅》："何、揭，擔也。"今本脱"揭"字。

爢、爤、亯、胹、飪、饎、稔、酋、羞、礪、粟，熟也①。

爢、爤、亯、胹、飪、饎、稔、酋者，《説文》："爢，爤也。""爤，孰也。"爢，通作"糜"。爤，亦作"爛"。孰，亦作"熟"。《方言》："胹、飪、亨、爛、糦、酋、酷，熟也。自關而西，秦晉之郊曰胹，徐揚之閒曰飪，嵩嶽以南、陳潁之閒曰亨；自河以北，趙魏之閒，火熟曰爛，氣熟曰糦，久熟曰酋，穀熟曰酷。熟，其通語也。"亨，與"亯"通。《説文》："胹，爛也。"宣二年《左傳》"宰夫胹熊蹯不熟"，正義引《字書》云："過熟曰胹。"《内則》"濡豚"，鄭注云："濡，謂亨之以汁和也。"《楚辭·招魂》"肥牛之腱，臑若芳些"，王逸注云："臑若，熟爛也。"胹、臑、濡，並通。《説文》："䴵，丸之孰也。"義與"胹"亦相近。《説文》："飪，大孰也。古文作肚，又作恁。"《士昏禮》"皆飪"，鄭注云："飪，熟也。"《郊特牲》"腥肆爓腍祭"，鄭注云："腍，孰也。"《爾雅》："饙、餾，稔也。"並字異而義同。《説文》"稔，穀孰也"，引昭元年《左傳》："鮮不五稔。"義亦

① 爢，原作"㸏"，《疏證》同。熟，原作"䎛"，《疏證》作"熟"。

與“飪”同。《爾雅·釋訓》釋文引《字林》云:“饎,熟食也。”《士虞禮》“饎爨在東壁”,鄭注云:“炊黍稷曰饎。”《周官》“饎人”,鄭衆注云:“主炊官也。”故書“饎”作“𩟄”。饎、𩟄、糦,並同。《玉篇》:“秸,禾大熟也。”秸,與“酷”通。《周官·酒正》“二曰昔酒”,鄭注云:“昔酒,今之酋久白酒。”《月令》“乃命大酋”,鄭注云:“酒孰曰酋。大酋者,酒官之長也。”高誘注《吕氏春秋·仲冬紀》云:“醖釀米麴,使之化熟,故謂之酋。”《鄭語》“毒之酋腊者,其殺也滋速”,韋昭注云:“精熟爲酋。腊,極也。”腊,與“昔酒”之“昔”同義。《説文》:“酋,繹酒也。”《釋名》云:“酒,酉也,釀之米麴酉澤,久而味美也。”酉澤,與“酋繹”通。《月令》“麥秋至”,《太平御覽》引蔡邕《章句》云:“百穀各以其初生爲春,熟爲秋,故麥以孟夏爲秋。”《説文》:“秋,穀孰也。”“秋”與“酋”,亦聲近義同。

羞者,《方言》“羞,熟也”,郭璞注云:“熟食爲羞。”《聘禮》“燕與羞,俶獻無常數”,鄭注云:“羞,謂禽羞,鴈鶩之屬,成熟煎和也。”《爾雅》“饙餾,稔也”,郭璞注云:“今呼餐飯爲饙。”釋文:“餐,音脩。”義亦與“羞”同。

礪者,《方言》:“厲,熟也。”厲,與“礪”同。

昀案:礪未作疏證。

愋、諒、憏、䚦、㦤、覺、叡、㤖諝、黨、聞、曉、哲,智也。

愋、諒者,《方言》:“愋、諒,知也。”知,與“智”通。智,即今“智”字也。《説文》:“智,識詞也。”隸省作“智”。各本“智”字分爲“于、智”二字,雙行並列,今訂正。

憏之言邃也。《説文》:“憏,深也。”《玉篇》云:“意思深也。”

䚦者,《王制》“西方曰狄䚦”,鄭注云:“䚦之言知也。”正義云:“謂通傳言語,與中國相知。”古“知、智”同聲同義。故《荀子·正名》篇云:“知有所合謂之智。”《白虎通義》云:“智者,知也,獨見前聞,不惑於事,見微知著也。”《釋名》云:“智,知也,無所不知也。”

㦤者,卷一云:“譎,慧也。”“譎”與“㦤”,聲義並同。

叡,與“睿”同。

㤖諝者,《衆經音義》卷十二引《字林》云“㤖惰,知也”;又引《通俗文》云:“多意謂之㤖諝。”《説文》:“諝,知也。”又云:“惰,知也。”《周官·太宰》“胥十有二人”,鄭注云:“胥,讀如諝,謂其有才知爲什長。”又《閭胥》《大胥》《小胥》注並云:“胥,有才知之稱。”陸機《辨亡論》云:“謀無遺諝。”諝、惰、胥,並通。

黨、曉、哲者,《方言》"黨、曉、哲,知也。楚謂之黨,或曰曉;齊宋之閒謂之哲",郭璞注云:"黨,黨朗也,解寤貌。"《廣韻》:"爣朗,火光寬明也。""爣"與"黨",義相近。

聞者,《說文》:"聞,知聲也。"

昀案:覺未作疏證。

封、垤、坻,場也。

封、垤者,《方言》:"垤、封,場也。楚郢以南,蟻土謂之垤。垤,亦中齊語也。"《易林·震之蹇》云:"蟻封穴户。"《周官》"封人"注:"聚土曰封。"故蟻場亦謂之封也。《豳風·東山》篇"鸛鳴于垤",毛傳云:"垤,螘冢也。"《韓非子·姦劫弑臣》篇云:"猶螘垤之比大陵也。"螘,與"蟻"同。

坻者,《方言》:"坻,場也。梁宋之閒,蚍蜉䵶鼠之場謂之坻。"揚雄《荅劉歆書》云:"由鼠坻之與牛場也。"潘岳《藉田賦》云:"坻場染屨。"案:天將雨,則蟻聚土爲封以禦溼,如水中之坻,故謂之坻。《秦風·蒹葭》篇云:"宛在水中坻。"是也。

場者,郭璞《方言注》音傷。《衆經音義》卷十一引《埤倉》云:"場,鼠垤也。"字通作"壤"。隱三年《穀梁傳》疏引麋信注云:"齊魯之閒,謂鑿地出土,鼠作穴出土,皆曰壤。"《莊子·天道》篇云:"鼠壤有餘蔬。"

杜、蹻、遴①,歰也。

杜、蹻者,《方言》"杜、蹻,歰也。趙曰杜;山之東西或曰蹻",郭璞注云:"今俗語通言歰如杜。杜梨子歰,因名云。"卻蹻,燥歰貌。

遴者,《說文》:"遴,行難也。"經傳通作"吝"。

《說文》:"歰,不滑也;從四止。"各本譌作"𧾷歰",今訂正。

絓、挈、㑳、介、孤、寡、索、唯、特,獨也。

絓、挈、㑳、介、特者,《方言》:"絓、挈、㑳、介,特也。楚曰㑳,晉曰絓,秦曰挈。物無耦曰特,獸無耦曰介。"挈,亦介也,語之轉耳。《說文》:"絜,麻一耑也。"聲與"挈"近而義同。鄭注《大司寇》云:"無兄弟曰惸。"《洪範》云:"無虐煢獨。"《小雅·正月》篇云:"哀此惸獨。"《唐風·杕杜》篇云:"獨行睘睘。"《周頌·閔予小子》篇云:"嬛嬛在疚。"《說文》:"赹,獨行也。"並字異而義同。㑳,各本譌作"傑",

① 遴,原作"遴",《疏證》作"遴"。

今訂正。昭十四年《左傳》"收介特",杜預注云:"介特,單身民也。"哀十四年《傳》云:"逢澤有介麇焉。"《集韻》《類篇》引《廣雅》並作"夰"。

孤、寡、寀者,《孟子·梁惠王》篇:"老而無妻曰鰥,老而無夫曰寡,老而無子曰獨,幼而無父曰孤。"襄二十七年《左傳》:"齊崔杼生成及彊而寡。"則無妻亦謂之寡。鰥、寡、孤,一聲之轉,皆與"獨"同義,因事而異名耳。《周南·桃夭》正義引《小爾雅》云:"無夫無婦,並謂之寡。丈夫曰索,婦人曰嫠。"索,與"寀"同。《檀弓》"吾離羣而索居",亦謂獨居也。鄭注訓"索"爲散,則與離意相複。失之矣(100)。

昀案:唯未作疏證。

惃、愂、頓、愍、眠、眩、惑、蚩、愮、攖、撓、慁、攪、猾、紛□□、緼、惷、妄、恔、憒①、叛、殽、逆、〔擾*〕,亂也。

惃、愂、頓、愍、眠、眩者,《方言》:"惃、愂、頓、愍,惛也。楚揚謂之惃,或謂之愂;江湘之閒謂之頓愍;南楚飲藥毒懣謂之頓愍,猶中齊言眠眩也。"《説文》:"誖,亂也。或作悖。"《玉篇》:"愂,迷亂也。"愂、悖、誖,並同。愂,曹憲音勃。各本"愂"作"惣",蓋因音内"勃"字而誤。考《説文》《玉篇》《廣韻》《集韻》《類篇》,俱無"惣"字。《衆經音義》卷十三引《廣雅》:"愂,亂也。"今據以訂正。《淮南子·要略》云:"終身顛頓乎混溟之中,而不知覺寤乎昭明之術。"是"頓"爲昏亂也。《爾雅》:"訰訰,亂也。""訰"與"頓",聲近義同。頓,各本皆作"損"。頓,隸省作"頓",因譌而爲"損"。今訂正。愍,字本作"忞",或作"暋",又作"泯",其義並同。《説文》引《立政》云:"在受德忞。"今本作"暋"。《康誥》云:"天惟與我民彝大泯亂。"泯,亦亂也。《吕刑》云:"泯泯棼棼。"是也。傳訓"泯"爲滅,失之。《莊子·外物》篇"慰暋沈屯",屯,與"頓"通;暋,與"愍"通。合言之則曰"頓愍"。《方言》注云:"頓愍,猶頓悶也。"《淮南子·脩務訓》"精神曉泠,鈍聞條達",高誘注云:"鈍聞,猶鈍惛也。"《文子·精誠》篇作"屯閔"。義並與"頓愍"同。眠,字或作"瞑"。《玉篇》瞑,音眉田切,又音麪。《荀子·非十二子》篇"瞑瞑然",楊倞注云:"瞑瞑,視不審之貌。"《淮南子·覽冥訓》云:"其視瞑瞑。"並與"眠"同。《玉篇》"眩"音胡徧、胡蠲二切。《周語》"觀美而眩",李善注《景福殿賦》引賈逵注云:"眩,惑也。"合言之則曰"眠眩"。《方言》又云:"凡飲藥傅藥而毒,東齊海岱之閒謂之瞑,或謂之

① 憒,原作"憒",《疏證》作"憒"。

眩。"《楚語》及《孟子·滕文公》篇並引《書》"若藥不瞑眩",趙岐注云:"瞑眩,憒亂也。"韋昭注云:"頓瞀也。"《史記·司馬相如傳》"視眩眠而無見",《漢書》作"眩泯"。《揚雄傳》:"目冥眴而亡見。"並與"眠眩"同。

蚩、愮者,《方言》"蚩、愮,悖也",注云:"謂悖惑也。"《法言·重黎》篇云:"六國蚩蚩。"張衡《西京賦》云:"蚩眩邊鄙。"皆惑亂之義也。《爾雅》"灌灌愮愮,憂無告也",釋文引《廣雅》:"愮,亂也。"《王風·黍離》篇云:"中心摇摇。"《楚策》云:"心摇摇如懸旌而無所終薄。"摇,與"愮"通。

攖者,《莊子·庚桑楚》篇"不以人物利害相攖",釋文引《廣雅》:"攖,亂也。"

撓者,《説文》:"撓,擾也。"成十三年《左傳》云:"撓亂我同盟。"《莊子·天道》篇云:"萬物無足以鐃心者。"鐃,與"撓"通。

慁者,《説文》:"慁,擾也。"又云:"溷,亂也。"溷,與"慁"通。《秦策》云:"此天以寡人慁先生。"《史記·范雎傳》同,索隱云:"慁,猶汩亂之意。"《楚辭·離騷》"世溷濁而不分兮",王逸注云:"溷,亂也。"

攪者,《小雅·何人斯》篇"祇攪我心",毛傳云:"攪,亂也。"《莊子·天道》篇"膠膠擾擾乎",釋文:"膠,交卯反。膠膠擾擾,動亂之貌。"膠,與"攪"通。今俗語猶謂亂爲攪矣。

猾者,僖二十一年《左傳》注及《史記·五帝紀》集解引鄭氏《堯典》注,並訓"猾"爲亂。《周語》"滑夫二川之神",韋昭注云:"滑,亂也。"滑,與"猾"通。《洪範》"汩陳其五行","汩"與"猾",亦聲近義同。

"紛"字下,影宋本、皇甫本、畢本、吳本皆缺二字。其上一字當是"賦"字,其下一字則"賦"字之音也。《説文》"賦,物數紛賦亂也",徐鍇傳云:"即今'紛紜'字。"《孫子·兵勢》篇云:"紛紛紜紜。"漢《郊祀歌》云:"紛云六幕浮大海。"又云:"赤鴈集,六紛員。"《長楊賦》云:"汾沄沸渭。"並與"紛賦"同。

緼者,《法言·孝至》篇"齊桓之時緼",李軌注云:"緼,亂也。"《漢書·蒯通傳》"束緼請火",顏師古注云:"緼,亂麻也。"義亦同。

惷者,《説文》"惷,亂也",引昭二十四年《左傳》:"王室日惷惷焉。"今本作"蠢",杜預注云:"蠢蠢,動擾貌。"蠢,與"惷"通。《爾雅》"蠢,不遜也",郭璞注云:"蠢動爲惡,不謙遜也。"亦亂之義也。

愍者,《説文》:"愍,亂也。"《大雅·民勞》篇"以謹昏愍",毛傳云:"昏愍,大亂也。”鄭箋云:“猶讙譊也。”《小雅·賓之初筵》篇“載號載呶”,毛傳云:“號呼讙呶也。”“呶”與“怓”,亦同義。

憒者,《説文》:“憒,亂也。”《楚辭·九思》云:“心煩憒兮意無聊。”重言之則曰“憒憒”。義見《釋訓》。

擾者,《説文》:“擾,煩也。”重言之則曰“擾擾”。亦見《釋訓》。《衆經音義》卷八、卷九、卷二十三並引《廣雅》:“擾,亂也。”今本脱“擾”字。

昀案:惑、妄、叛、殽、逆未作疏證。

蹇、妯、猣、騷、獊、躁、煩,擾也。

蹇、妯者,《方言》:“蹇、妯,擾也。人不靜曰妯,秦晉曰蹇,齊宋曰妯。”《爾雅》:“妯,動也。”動亦擾也。《小雅·鼓鍾》篇云:“憂心且妯。”《楚辭·九章》有《抽思》篇,抽,與“妯”通。

猣者,《説文》:“猣,犬獿獿咳吠也。”《玉篇》云:“犬擾駭也。”《莊子·天道》篇云:“膠膠擾擾乎。”《太玄·玄攡》云“死生相摎,萬物乃纏”,范望注:“摎,謂相擾也。”並與“猣”聲近義同。

騷者,《説文》:“騷,擾也。”《大雅·常武》篇云:“徐方繹騷。”

昀案:獊、躁、煩未作疏證。

逴、蹇、騷、聚、踔、尳、踦、掩,蹇也。

逴、騷、尳者,《方言》“逴、騷、尳,蹇也。吴楚偏蹇曰騷,齊晉曰逴”,郭璞注云:“尳,跛者行踸踔也。逴,行略逴也。”逴,與“尳、踔”並同。《方言》又云:“自關而西,秦晉之閒,凡蹇者,或謂之逴;體而偏長短,亦謂之逴。”《莊子·秋水》篇云:“夔謂蚿曰:吾以一足跉踔而行。”跉踔,與“踸踔”同,亦作“踸踔”。《文選·文賦》“故踸踔於短垣”,李善注云:“《廣雅》曰:踸踔,無常也。”今人以不定爲“踸踔”,不定亦無常也。《海賦》“踸踔湛灤”,注云:“波前卻之貌。”案:前卻,即不定之意。跛者行一前一卻,故謂之踸踔矣。騷之言蕭也。卷二云:“蕭,衺也。”故謂偏蹇曰騷。

蹇、聚者,聚,當作“輒”,或當作“踂”①。考諸書無訓“聚”爲蹇者。昭二十年《穀梁傳》云:“兩足不能相過,齊謂之蹇,楚謂之踂,衞謂之輒。”釋文:“劉兆云:‘蹇,連併也。踂,聚合不解也。’輒,本亦作縶。劉兆云:‘如見縶絆也。’”《士喪禮》注云:“蹇,

① 《廣雅疏義》作“踂”。

讀如'馬絆蓁'之蓁。""蓁、踂、輒"三字皆有"蹇"義。《廣雅》"蓁"訓爲蹇,義本《穀梁》。其"聚"字與"踂、輒"二字,形並相近,未審何字之訛也。《書大傳》"禹其跳,湯扁。其跳者,踦也",鄭注云:"其,發聲也。踦,步足不能相過也。"案:其、蓁,古字通,即《穀梁傳》所云"兩足不能相過,齊謂之蓁"也。鄭注以"其"爲發聲,失之。

尳、踦,皆衺貌也。尳之言偏頗也。《説文》:"尳,蹇也。"經傳通作"跛"。踦之言傾攲也。《玉篇》音居綺、邱奇二切。《説文》:"踦,一足也。"《方言》:"踦,奇也。梁楚之閒,凡全物而體不具謂之踦。雍梁之西郊,凡嘼支體不具者謂之踦。"《魯語》"踦跂畢行",韋昭注云:"踦跂,踦蹇也。"踦蹇,即《大傳》所云"其跳"也。《廣韻》:"掎,牽一腳也。"襄十四年《左傳》云:"譬如捕鹿,晉人角之,諸戎掎之。"《爾雅》云:"牛角一俯一仰,觭。"成二年《公羊傳》"相與踦閭而語",何休注云:"門閉一扇,開一扇;一人在外,一人在內,曰踦閭。"義並相近也。

昀案:尳未作疏證。

糶、酤、衒、賣、調、諗、賙、賺,𧷏也。

糶者,《説文》:"糶,出穀也。"《管子·國蓄》篇云:"市糶無予。"

酤者,《論語·子罕》篇"求善賈而沽諸",馬融注云:"沽,賣也。"沽,與"酤"通。

衒者,《説文》:"衒,行且賣也。或作衙。"《内則》"奔則爲妾",鄭注云:"奔,或爲衒。"

賣,音育。《説文》:"賣,衒也。"《周官·胥師》"察其詐僞飾行價慝者",鄭衆注云:"價,賣也。"價,與"賣"同;字或作"鬻",又作"粥"。

諗者,《釋言》云:"諗,衒也。"

賙者,《玉篇》:"賙,賣也。"《廣韻》云:"貯也,謂貯貨而賣之也。"《皋陶謨》云:"懋遷有無化居。"(101-1)《史記·吕不韋傳》云:"此奇貨可居。"居,與"賙"通(101-2)(101-3)。

賺者,《玉篇》:"賺,重賣也。"

昀案:調未作疏證。

薄、糴、市,買也。

糴者,《説文》:"糴,市穀也。"《春秋》莊二十八年:"臧孫辰告糴于齊。"

昀案:薄、市未作疏證。

彙、穜、方、朋、肖、似、醜,類也。

彙者,《泰》初九"拔茅茹,以其彙",虞翻注云:"彙,類也。"

種,經傳皆作"種"。

方者,《孟子·萬章》篇"故君子可欺以其方",趙岐注云:"方,類也。"

醜之言儔也。《離》上九云:"獲匪其醜。"

昀案:朋、肖、似未作疏證。

疙、騃、僮、惛、狂、誟、胥、眊、瘍①,癡也。

疙者,《衆經音義》卷十六引《通俗文》云:"小癡曰疙。"《説文》:"忔,癡皃。""忔"與"疙",聲近義同。馬融注《秦誓》云:"訖訖,無所省録之貌。"義與"疙"亦相近也(102)。

騃者,《方言》:"癡,騃也。"《衆經音義》卷六引《倉頡篇》云:"騃,無知也。"《漢書·息夫躬傳》云:"騃不曉政事。"

僮者,《賈子·道術》篇云:"反慧爲童。"《蒙·彖辭》"匪我求童蒙",釋文引《廣雅》:"僮,癡也。"《晉語》"僮昏不可使謀",韋昭注云:"僮,無知;昏,闇亂也。"《大戴禮·千乘》篇:"欺惑憧愚。"憧、童,並與"僮"通。春秋晉胥童字之昧,是其義也。

狂、誟者,《韓非子·解老》篇云:"心不能審得失之地,則謂之狂。"《周語》云:"於是乎有狂悖之言,有眩惑之明。"悖,與"誟"通。

胥者,《説文》:"胥,騃也。"

眊,與"氓"同。亦通作"萌"。《賈子·大政》篇云:"夫民之爲言也,冥也。萌之爲言也,盲也。"《周官·遂人》注云:"眊,猶懵懵,無知貌也。"

瘍者,《説文》:"瘍,脈瘍也。"脈瘍,猶辟易也。《吳語》"稱疾辟易",韋昭注云:"辟易,狂疾。"《韓非子·内儲説》云:"公惑易也。"《漢書·王子侯表》云:"樂平侯訢病狂易。"易,與"瘍"通。

昀案:惛未作疏證。

伸、愓、矯、揉、展、侹、繩、矢、當,直也。

愓,曹憲音揚。《玉藻》"凡行容愓愓",鄭注云:"愓愓,直疾貌也。"釋文:"愓,音傷,又音陽。"曹憲又云:"愓,一本作傷。"《玉篇》傷,他莽切,"直也"。"傷"與"愓",聲異而義同。

---

① 疙、狂,原作"疙、狌",《疏證》作"疙、狂"。

撟、揉者,正曲而使之直也。《説文》:"撟,揉箭箝也。"《楚辭·離騷》"矯菌桂以紉蕙兮"(103-1),王逸注云:"矯,直也。"《漢書·諸侯王表》云:"可謂撟枉過其正矣。"《考工記·輪人》"揉輻必齊",《文選·長笛賦》注引鄭注云:"揉,謂以火撟也。"《説卦傳》云:"《坎》爲矯輮。"矯、撟,揉、輮,並通。

侹者,《玉篇》音他頂切。《爾雅》:"頲,直也。"(103-2)襄五年《左傳》"周道挺挺",杜預注云:"挺挺,正直也。"《曲禮》"鮮魚曰脡祭",鄭注云:"脡,直也。"並字異而義同。

繩者,《漢書·律曆志》云:"繩者,上下端直,經緯相通也。"《説卦傳》云:"《巽》爲繩直。"《淮南子·繆稱訓》云:"行險者不得履繩,出林者不得直道。""繩"與"直"同義,故準繩亦謂之準直。《月令》云:"先定準直,農乃不惑。"是也。

矢者,《盤庚》"出矢言",傳云:"出正直之言。"《噬嗑》九四"得金矢",王弼注云:"矢,直也。"

當者(103-3),《説文》:"當,田相直也。"

昀案:伸、展未作疏證。

温、煖、爆、焫、曣、睍、暍、曔、燠、燂,煗也。

煖,與"煗"同。又讀爲暄。《樂記》:"煖之以日月。"是也。

爆者,《玉篇》:"爆,煗也。或作曝。"又云:"曝,小煗也。"

焫者,《玉篇》焫,乃困切,"熱也"。《吕氏春秋·必己》篇云:"不食穀實,不衣芮温。""芮"與"焫"聲近義同。

曣、睍者,《説文》:"䁙,星無雲暫見也。"䁙,與"曣"同,亦通作"晏"。《説文》:"晏,天清也。"《小爾雅》:"晏,陽也。"《史記·封禪書》"至中山曣嗢",《續孝武紀》及《漢書·郊祀志》並作"晏温",如淳注云:"三輔謂日出清濟爲晏(104-1)。晏而温。"《淮南子·繆稱訓》"暉日知晏",《文選·羽獵賦》注引許慎注云:"晏,無雲也。"《説文》:"晛,日見也。"《玉篇》音奴見切,與"睍"同。《小雅·角弓》篇"見晛曰消",毛傳云:"晛,日氣也。"《韓詩》作"曣晛聿消",云:"曣晛,日出也。"《荀子·非相》篇引《詩》作"晏然聿消"。並字異而義同(104-2)。

暍者,《説文》:"暍,傷熱暑也。"《大戴禮·千乘》篇云:"夏服君事不及暍。"暍之言暍暍然也。《素問·刺虐》篇云:"熱熇熇暍暍然。"是也。

曔者,《説文》云:"安曔,温也。"又"㬉"字注云:"讀若水温曔。"曔,與"曔"同。

《説文》:"㬎,温溼也;讀與赧同。""㬎"與"曮"聲相近。《説文》:"洝,湯也。""洝,洝水也。""洝"與"安曮"之"安"聲相近;"安曮"與"曮曮",聲亦相近也。

燂者,《玉篇》音似廉、似林二切。《説文》:"燂,火熱也。"《内則》"五日則燂湯請浴",釋文:"燂,温也。"《説文》:"錴,於湯中爚肉也。"《少牢》下篇"乃錴尸俎",鄭注云:"錴,温也。古文錴皆作尋,記或作燖。《春秋傳》曰:'若可燖也,亦可寒也。'"今《左傳》作"尋",《中庸》正義引賈逵注云:"尋,温也。"《禮器》"三獻爓",鄭注云:"爓,沈肉於湯也。"義並與"燂"同。

昀案:温、㬈未作疏證。

庸、比、侹、佽、更、跲、遞、迭,代也。

庸、比、侹、佽、更、迭者,《方言》:"庸、次、比、侹、更、佚,代也。齊曰佚,江淮陳楚之閒曰侹,餘四方之通語也。"《説文》:"庸,用也;從用、庚;庚,更事也。"《漢書·食貨志》"教民相與庸輓犂",顔師古注云:"言换功共作也。"義與"庸賃"同。《説文》:"侹,代也。""佽,遞也。"《方言》注云:"今俗名更代作爲次作。"次,與"佽"通。庸、佽、比,皆更代作之意。昭十六年《左傳》云:"昔我先君桓公與商人,庸次比耦以艾殺此地,斬其蓬蒿藜藋而共處之。"是也。迭,與"佚"通。各本譌作"迭",今訂正。凡更代作必以其次,故代謂之比,猶次謂之坒也;代謂之遞,猶次謂之第也;代謂之迭,猶次謂之秩也。

跲者,《鄉射禮》"取弓矢拾",《士喪禮》下篇"及丈夫拾踊三",《投壺》"請拾投",鄭注並云:"拾,更也。"拾,與"跲"通。

昀案:遞未作疏證。

鋡、堪、龕、受,盛也。

鋡、堪、龕、受者,《方言》:"鋡、龕,受也。齊楚曰鋡,揚越曰龕。受盛也,猶秦晉言'容盛'也。"鋡,通作"含"。凡言"堪受"者,即是容盛之義。昭二十一年《左傳》:"鍾窕則不咸,槬則不容。今鍾槬矣,王心弗堪。"是也。"龕"與"堪"聲義亦同。《方言》"龕"字注云:"今云龕囊,依此名也。"《説文》:"堪,地突也。"《淮南子·天文訓》"堪輿徐行,雄以音知雌",《文選·甘泉賦》注引許慎注云:"堪,天道也。輿,地道也。"皆容盛之義也。

氾、黤、洼、染、潤、濩、辱、點、〔塗*〕,汙也。

“氾、醃、染、濶”諸字爲“汙穢”之汙，“洼”爲“汙下”之汙，而其義又相通。

氾、醃、洼、濶者，《方言》：“氾、浼、濶、洼，洿也。自關而東或曰洼，或曰氾；東齊海岱之閒或曰浼，或曰濶。”洿，與“汙”同。《漢書·王褒傳》云“水斷蛟龍，陸剸犀革，忽若彗氾畫塗”，如淳注云：“若以彗埽於氾灑之處也。”顔師古注云：“彗，帚也；氾，氾灑也；塗，泥也。如以帚埽氾灑之地，以刀畫泥中，言其易也。”案：彗者，埽也。《後漢書·光武紀》注云：“彗，埽也。”班固《東都賦》云：“戈鋋彗雲，羽旄埽霓。”是也。氾者，汙也，謂如以帚埽穢，以刀畫泥耳。如淳、顔師古以“氾”爲氾灑地，失之。漢《博陵太守孔彪碑》云：“浮旂塵埃之外，皭然氾而不俗[105]。”是“氾”爲汙也。“氾”爲“污穢”之汙，亦爲“汙下”之汙。《管子·山國軌》篇云：“氾下漸澤之壤。”氾下，謂汙下也。氾，各本譌作“氾”，今訂正。《孟子·公孫丑》篇“若將浼焉”，趙岐注云：“浼，汙也。”丁公著音漫。《玉篇》及《方言》注並同。《莊子·讓王》篇云：“欲以其辱行漫我。”《吕氏春秋·離俗覽》“不漫於利”，高誘注云：“漫，汙也。”漫、浼，並與“醃”通。《説文》：“洼，深地也。”《莊子·齊物論》篇：“似洼者，似汙者。”是“洼”爲汙下也。卷一云：“窪，下也。”“窪”與“洼”亦同義。

濩者，下文云：“獲，辱也。”“獲”與“濩”義相近。《楚辭·漁父》：“又安能以晧晧之白而蒙世之温蠖乎！”“蠖”與“濩”，義亦相近。陳氏觀樓云：“温蠖，即汙之反語也。”

點者，《楚辭·七諫》“唐虞點灼而毁議”，王逸注云：“點，汙也。”

塗者，《莊子·讓王》篇云：“其並乎周以塗吾身也，不如避之以絜吾行。”《吕氏春秋·誠廉》篇“塗”作“漫”。《漢書·王尊傳》云：“塗汙宰相，摧辱公卿。”是“塗”爲汙也。汙、塗、漫，義相同，故汙謂之漫，亦謂之塗；塗牆謂之墁，亦謂之圬矣。《文選·西都賦》注引《廣雅》：“塗，汙也。”今本脱“塗”字。

昀案：染、辱未作疏證。

匋、貭、流、奮、譁、蔿、涅、仙、卦、變，匕也。

匋者，《管子·地數》篇云：“吾欲陶天下而以爲一家。”《淮南子·本經訓》云：“天地之合和，陰陽之陶化萬物，皆乘一氣者也。”是“陶”爲化也。匋、陶，匕、化，並通。《衆經音義》卷五引《韓詩》云：“上帝甚陶。”陶，變也。變，亦化也。《毛詩》作“上帝甚蹈”，云：“蹈，動也。”義亦相近[106-1]。

諸書無訓“貭”爲化者。貭，當爲“貨”字之誤也。《説文》“貨，財也；從貝，化聲”，徐鍇傳云“可以交易曰貨。貨,化也”,引《臯陶謨》:“懋遷有無化居。”《廣韻》引蔡氏《化清經》云:“貨者,化也。變化交易之物,故字從化也。”是“貨、化”二字,古同聲同義。

流者(106-2),《莊子·逍遥遊》篇云:“大旱金石流。”《楚辭·招魂》篇云:“十日代出,流金鑠石。”皆化之義也。

奞者,《方言》:“奞,化也。”

譁、蔿、涅者,《方言》“蔿、譌、譁、涅,化也。北燕朝鮮洌水之閒曰涅,或曰譁。雞伏卵而未孚,始化之時,謂之涅”,郭璞注云:“蔿、譌、譁,皆化聲之轉也。”《釋言》云:“蔿、譌,譁也。”《風俗通義》云:“西方崋山。崋者,華也,萬物滋然變華於西方也。”“華”與“譁”,聲近義同。《爾雅》云:“訛,化也。”《堯典》“平秩南僞”,《史記·五帝紀》作“南爲”。《豳風·破斧》篇“四國是吪”,毛傳云:“吪,化也。”訛、吪、爲、僞,並與“譌”通。《楚辭·九歎》“若青蠅之僞質兮”,王逸注云:“僞,猶變也。”義亦與“譌”同。蔿,亦譌也,方俗語有輕重耳。《方言》又云:“楚鄭謂獪曰蔿。”凡狡獪之人多變詐,故亦謂之蔿也。

卦、化,古聲亦相近,故“卦”有化義。《繫辭傳》云:“剛柔相推而生變化。”是也。

昀案:仙、變未作疏證。

釐孳、僆、䴙、匹、耦,孿也。

釐孳、僆、孿者,《方言》:“陳楚之閒,凡人嘼乳而雙産謂之釐孳;秦晉之閒謂之僆子;自關而東,趙魏之閒謂之孿生。”《堯典》傳云:“乳化曰孳。”釐、連,語之轉。釐孳,猶言連生。《方言》:“娌,耦也。”“娌”與“釐”,亦聲近義同。僆,亦連也。《衆經音義》卷十七引《倉頡篇》云:“孿,一生兩子也。”《説文》作“孿”,徐鍇傳云:“孿,猶連也。”《吕氏春秋·疑似》篇云:“夫孿子之相似者,其母常識之。”《太玄·玄挩》“兄弟不孿”,范望注云:“重生爲孿。”孿,亦雙也,語之轉耳。

䴙之言聯緜也。《方言》:“䴙,雙也。南楚江淮之閒曰䴙。”

昀案:匹、耦未作疏證。

撊、梗、爽,猛也。

撊、梗、爽者,《方言》:“撊、梗、爽,猛也。晉魏之閒曰撊,韓趙之閒曰梗,齊晉曰爽。”《小爾雅》:“撊,忿也。”昭十八年《左傳》“今執事撊然授兵登陴”,服虔注云:“撊然,猛貌也。”《説文》“僩,武皃”,引《衛風·淇奥》篇:“瑟兮僩兮。”義亦與

“撊”同。梗之言剛也。《漢書·王莽傳》云:“絳侯杖朱虚之鯁。”鯁,與“梗”通。梗,各本譌作“挭”,今訂正。

昭三年《左傳》“二惠競爽”,杜預注云:“競,彊也。爽,明也。”七年《傳》云:“用物精多則魂魄强。是以有精爽,至於神明。”義與“猛”並相近。爽,訓爲猛,故鷹謂之爽鳩。昭十七年《左傳》“爽鳩氏,司寇也”,杜注云:“爽鳩,鷹也;鷙,故爲司寇主盜賊。”是其義也。

媵[①]、庇、寓、羈、餬、侂,寄也。

媵、庇、寓、餬、侂者,《方言》:“餬、託、庇、寓、媵,寄也。齊衞宋魯陳晉汝潁荆州江淮之閒曰庇,或曰寓。寄食爲餬;凡寄爲託;寄物爲媵。”又云:“媵,託也。”《爾雅》:“庇、庥,蔭也。”高誘注《吕氏春秋·懷寵》篇云:“庇,依廕也。”依廕,即寄託之義。襄三十一年《左傳》云:“大官大邑,身之所庇也。”《説文》:“餬,寄食也。”隱十一年《左傳》云:“使餬其口於四方。”侂,與“託”同。

昀案:羈未作疏證。

害、曷、胡、盍,何也。

皆一聲之轉也。

害、曷,一字也。《周南·葛覃》篇“害澣害否”,毛傳云:“害,何也。”釋文:“害,與曷同。”

盍者,《爾雅》:“盍,曷也。”(107)《管子·戒》篇云:“盍不出從乎?”《小稱》篇云:“闔不起爲寡人壽乎?”《秦策》云:“蓋可忽乎哉!”並字異而義同。

昀案:胡未作疏證。

薄、怒、文、農,勉也。

薄、怒者,《方言》“薄,勉也。秦晉曰薄,故其鄙語曰薄努,猶勉努也;南楚之外曰薄努”,郭璞注云:“如今人言努力也。”李陵《與蘇武詩》云:“努力崇明德。”努,與“怒”通,故《方言》云:“努,猶怒也。”

文,讀爲忞。《説文》:“忞,强也。”《玉篇》云:“自勉强也。”《爾雅》:“亹亹,勉也。”《大戴禮·五帝德》篇云:“亹亹穆穆,爲綱爲紀。”司馬相如《封禪文》云:“旼

---

① 媵,原作“媵”,《疏證》作“媵”。

旼穆穆，君子之能。”旼旼，即“亹亹”也。“旼”與“忞”，亦同義。

農，猶努也，語之轉耳[108]。《洪範》云：“農用八政。”謂勉用八政也。《吕刑》云：“稷降播種，農殖嘉穀。”謂勉殖嘉穀也。《五帝德》篇云：“使后稷播種，務勤嘉穀。”義本《吕刑》也。襄十三年《左傳》云：“君子尚能而讓其下，小人農力以事其上。”《管子·大匡》篇云：“耕者用力不農，有罪無赦。”此皆古人謂勉爲農之證。解者多失之。

歸、餉、饋、襚、問，遺也①。

歸，亦饋也。《聘禮》“君使卿韋弁歸饔餼五牢”，鄭注云：“今文歸或爲饋。”

襚者，《説文》：“贈終者衣被曰祱。”《士喪禮》“君使人襚”，襚，與“祱”同。《漢書·朱建傳》作“祱”。《荀子·大略》篇云：“貨財曰賻，輿馬曰賵，衣服曰襚，玩好曰贈，玉貝曰唅。賻、賵，所以佐生也；贈、襚，所以送死也。”《太平御覽》引《春秋説題辭》云：“襚之爲言遺也。”《公羊傳·隱元年》注及《士喪禮》注同。《檀弓》“未仕者不敢税人”，注云：“税，謂遺予人物。”義亦與“襚”同。歸、饋、遺、襚，聲並相近。

遺、問，語之轉耳。問者，《鄭風·女曰雞鳴》篇“雜佩以問之”，《曲禮》“以弓劍苞苴簞笥問人”，毛傳、鄭注並云：“問，遺也。”

昀案：餉未作疏證。饋並見於歸。

刊、剟、刡、剽、㓹、劙、〔刷*〕，削也。

刊者，《説文》：“刊，剟也。”《雜記》“刊其柄與末”，鄭注云：“刊，猶削也。”刊，各本譌作“升”，惟影宋本不譌。

剟者，《説文》：“剟，刊也。”《商子·定分》篇云：“有敢剟定法令，損益一字以上，罪死不赦。”《逸周書·和寤解》云：“豪末不掇，將成斧柯。”掇，與“剟”通。

剽者，《衆經音義》卷十引《倉頡篇》云：“剽，截也。”

㓹者，韋昭注《漢書·敘傳》云：“㓹，削也。”李善注《蕪城賦》引《倉頡篇》云：“鏟，削平也。”《説文》：“鏟，平鐵也。”《召南·甘棠》篇“勿翦勿伐”，《韓詩》“翦”作“㓹”。《齊策》云：“㓹而類，破吾家。”木華《海賦》云：“鏟臨崖之阜陸。”㓹、鏟，聲義並同。

劙者，卷一云：“劙，斷也。”“斷”與“削”，義相近。

刷者，《説文》：“刷，刮也。”刮，亦削也。《爾雅·釋詁》釋文引《廣雅》：“刷，削

① 饋、遺，原作“饋、還”，《疏證》作“饋、遺”。

也。"今本脱"刷"字。

昀案:刞未作疏證。

旻、親、僁、譯、覩、形[①]、覢、儀、皃、〔較*〕,見也。

旻者,《説文》:"旻,見也。"

僁者,《堯典》"共工方鳩僁功",傳云:"僁,見也。"

譯者,《方言》"譯,傳也;譯,見也",郭璞注云:"傳宣語,即相見。"案:見者,著見之義,謂傳宣言語使相通曉也。《齊風·載驅》箋云:"圛,明也。"義與"譯"相近。

形者,鄭注《樂記》云:"形,猶見也。"

覢之言閃也。《廣韻》引《倉頡篇》云:"覢覢,視皃。"《説文》"覢,暫見也",引哀六年《公羊傳》:"覢然公子陽生。"今本"覢"作"闖",何休注云:"闖,出頭貌。"釋文云:"闖,見貌。"《説文》:"闖,馬出門皃。"又云:"睒,暫視皃。""䁥,私出頭視也。""閃,闚頭門中也。"《太玄·瞢》初一"瞢復睒天,不覩其畛",范望注云:"睒,窺也。"《劇》次三"鬼睒其室",注云:"睒,見也。"《禮運》"龍以爲畜,故魚鮪不淰",鄭注云:"淰之言閃也。"正義云:"閃,或見或不見也。"《大戴禮·誥志》篇云:"龍至不閃,鳳降忘翼。"是凡言閃者,皆暫見之義也。

儀、皃皆見於外者,故爲見也。形、儀、皃,三字同義。

較者,卷四云:"較,明也。"曹憲音角。明,亦見也。《太玄·玄攡》云:"君子小人之道,較然見矣。"《衆經音義》卷十一引《廣雅》:"較,見也。"今本脱"較"字。

昀案:親、覩未作疏證。

寥、坳、穵、谬、峭嵤、淵、洿、瀰、邃、幽、暗、窈、寱、藏、井[②]、掊、〔坹*〕,深也。

寥,與"谬"同義。《文選·高唐賦》"窯寥窈冥",李善注云:"窯寥,空深貌。"《魯靈光殿賦》"弦寥竀以崢嶸",注云:"寥竀、崢嶸,皆幽深之貌。"《釋名》:"尻,廖也,尻所在廖牢深也。"《説文》"廫,空虚也""谬,空谷也""漻,清深也",義並相近。

穵者,《説文》:"穵,空大也;從穴,乙聲。"今人謂探穴爲穵,義取諸此也。

峭嵤者,《説文》:"峭,嵥也。""嵥,峭嵥也。"《釋訓》云:"崢嵤,深冥也。"《楚

① 形,原作"彤",《疏證》作"形"。
② 井,原作"丼",《疏證》作"井"。

辭·遠遊》篇云“下崢嶸而無地兮”;《高唐賦》云“俯視崝嶸,窐寥窈冥”;《漢書·西域傳》云“臨峥嶸不測之深”,並字異而義同。

洿者,《説文》:“洿,窊下也。”《檀弓》云:“洿其宫而豬焉。”《楚辭·天問》“川谷何洿”,王逸注云:“洿,深也。”《周語》云:“陂唐汙庳,以鍾其美。”汙,與“洿”通。《説文》:“小池爲汙。”隱三年《左傳》:“潢汙行潦之水。”義亦同也。

彌者,《商頌·殷武》篇“罙入其阻”,毛傳云:“罙,深也。”罙,與“彌”通。《邶風·匏有苦葉》篇“有瀰濟盈”,傳云:“瀰,深水也。”“瀰”與“彌”,亦聲近義同。

邃者,《説文》:“邃,深遠也。”《玉藻》云:“前後邃延。”

幽者,《爾雅》:“幽,深也。”《小雅·伐木》篇云:“出自幽谷。”

暗,亦幽也,語之轉耳。《文選·甘泉賦》“稍暗暗而靚深”,李善注云:“暗暗,深空之貌。”《説文》:“黯,深黑也。”義與“暗”亦相近。

窈者,《説文》:“窈,深遠也。”《列子·力命》篇云:“窈然無際。”《莊子·知北遊》篇云:“窅然空然。”《楚辭·九歌》“杳冥冥兮羌晝晦”,注云:“杳,深也。”窈、窅、杳,並通。

窱者,《説文》:“窕,深肆極也。”窕,與“窱”通。合言之則曰“窈窱”。《説文》:“窱,杳窱也。”《釋訓》云:“窱窱、窈窈,深也。”《西都賦》云:“又杳窱而不見陽。”《魯靈光殿賦》云:“旋室㛹娟以窈窕。”《續漢書·祭祀志》注引《封禪儀記》云:“石壁窅窱,如無道徑。”並字異而義同。

藏者(109-1),《韓詩外傳》云:“窺其户,不入其中,安知其奧藏之所在。”藏,猶深也(109-2),故《考工記·梓人》“必深其爪”,鄭注云:“深,猶藏也。”

井者,《雜卦傳》云:“井,通也。”“通”與“深”義相近。

掊者,《方言》:“掊,深也。”郭璞注云:“掊克深能。”《大雅·蕩》篇“曾是掊克”,釋文云:“掊克,聚斂也。”《漢書·祭祀志》“見地如鉤狀,掊視得鼎”,顔師古注云:“掊,謂手杷土也。”《説文》云:“今鹽官入水取鹽曰掊。”皆深之義也。

坹者,《玉篇》坹,呼決切,“深也,空也。亦作窬”。《説文》:“窬,空皃。”坹、窬,並與“穴”同義。《集韻》《類篇》並引《廣雅》:“坹、深也。”今本脱“坹”字。

昀案:埘、淵未作疏證。繆並見於寥。

叔、季、幼、稚、孩、𪓰,少也。

叔、少，一聲之轉。《爾雅》云："父之罤弟，先生爲世父，後生爲叔父。"又云："婦謂夫之弟爲叔。"《白虎通義》云："叔者，少也。"《釋名》云："仲父之弟曰叔父。叔，少也。"又云："嫂，叟也，老者稱也。""叔，少也，幼者稱也。"《爾雅·釋魚》"鮥、鮛鮪"，陸機《毛詩疏》"鮛"作"叔"，云："大者爲王鮪，小者爲叔鮪。"

《召南·采蘋》傳云："季，少也。"《白虎通義》云："季者，幼也。"《釋名》云："叔父之弟曰季父。季，癸也。甲乙之次，癸最在下，季亦然也。"《月令》"季春之月"，鄭注云："季，少也。"《周官·山虞》"斬季材"，鄭注云："季，猶穉也。"《特牲饋食禮》"挂于季指"，鄭注云："季，小也。"是凡言"叔、季"者，皆少之義也。

𪃓者，《爾雅》"雉之暮子爲鷚"，郭璞注云："晚生者。今呼少雞爲鷚。"《説文》作"𪃓"[(110-1)]。《釋言》云："𩀝，𪃓也。"[(110-2)]《玉篇》云："𩀝，鷚雞也。"揚雄《蜀都賦》云："鷚鵽初乳。"左思《吳都賦》云："巖穴無豜豵，翳薈無麢鷚。"麢，鹿子也。鷚，與"𪃓"同。"麢"與"𩀝"，聲義亦相近。

昀案：幼、稚、孩未作疏證。

稀、秝、闊、遠，疏也。

秝者，《説文》："秝，稀疏適秝也。"適，音滴。《玉篇》："秝，稀疏秝秝然也。"《周官·遂師》"抱磿"，鄭注云："磿者，適歷，執綍者名也。"疏云："謂千人分布於六綍之上，稀疏得所，名爲適歷也。"適歷，疊韻字，故因以爲地名。《春秋》昭三十一年："季孫意如會晉荀躒于適歷。"是也[(111-1)]。《文選·登徒子好色賦》"齞脣歷齒"，李善注云："歷，猶疏也。"[(111-2)]古詩云："衆星何歷歷。"義並與"秝"同。

昀案：稀、闊、遠未作疏證。

擐、蘼、壓、搏、飾、竊，著也。[(112)]

擐者，貫之著也。《説文》："擐，貫也。"成二年《左傳》"擐甲執兵"，《吳語》"服兵擐甲"，韋昭、杜預注並與《説文》同。《衆經音義》卷十七引賈逵注云："擐，衣甲也。"高誘注《淮南子·要略》云："擐，貫著也。"

蘼者，附之著也。《説文》："蘼，草木相附，麗土而生也。"字通作"麗"，亦作"離"。宣十二年《左傳》"射麋麗龜"，杜預注云："麗，著也。"《小雅·小弁》篇"不屬于毛，不離于裏"，屬、離，皆著也。

壓者，《楚辭·七諫》"厭白玉以爲面兮"，王逸注云："厭，著也。"厭，與

“壓”通。

摶者,聚之著也。《曲禮》云:“毋摶飯。”

竊,亦附之著也。《爾雅·釋草》“蘮蒘,竊衣”,《齊民要術》引孫炎注云:“似芹,實如麥,兩兩相合,有毛著人衣,故曰竊衣。”

昀案:飾未作疏證。

䫜、圜、〔圓〕、棩、圌,〔圓〕也。

各本俱脱“圓”字。《莊子·庚桑楚》篇《釋文》引《廣雅》:“環,圓也。”環,與“圜”同。又“䫜、圜、圓、圌”四字,諸書並訓爲圓。今據以補正。

䫜者,《開元占經·歲星占》篇引《淮南子·天文訓》注云:“規者,員也。”規、䫜,圓、員,並通。

圜,曹憲音還。《説文》:“圓,圜全也。”

圓者,《説文》:“圓,規也。”《玉篇》音似沿切。圓之言旋也。司馬彪注《莊子·達生》篇云:“旋,圓也。”《説文》:“檈,圜案也。”“鏇,圜鑪也。”《方言》“炊篅謂之匠”,郭璞注云:“漉米篅也。”漉米篅,亦器之圓者。“旋、圓、檈、鏇、匠”五字並音似沿反,其義一也。圓,曹憲音旋。各本脱去“圓”字,其音内“旋”字遂誤入“圜”字下。考《玉篇》《廣韻》《集韻》《類篇》“圓”字並與“旋”同音,今據以補正。

棩者,《玉篇》音涓,云:“椀謂之棩,盂屬也。”《方言》云:“椀謂之棩抉。”亦器之圓者也。曹憲音沿。《爾雅》“環謂之捐”,“捐”與“棩”,亦同義。

圌者,《玉篇》:“圌,圜也。”《論衡·變動》篇云:“果蓏之細,員圌易轉。”《説文》:“篅,判竹圜以盛穀也。”《衆經音義》卷四引《倉頡篇》云:“篅,圓倉也。”《釋名》云:“圌,以草作之團團然也。”圌,與“篅”同。《説文》:“輇,藩車下庳輪也。”輪,亦器之圓者。圌、輇,並音市緣反,其義一也。《孟子·告子》篇“性猶湍水也”,趙岐注云:“湍者,圜也,謂湍湍瀠水也。”“湍”與“圌”,亦聲近義同。

壤、堁、埃、堅、坌、塺、坺、垘、〔埻*〕,塵也。

堁者,宋玉《風賦》云:“堀堁揚塵。”《淮南子·主術訓》“譬猶揚堁而弭塵”,高誘注云:“堁,塵塺也,楚人謂之堁。堁,動塵之貌。”崔譔注《莊子·大宗師》篇云:“齊人以風塵爲𡍦堁。”

堅者,《説文》:“堅,塵埃也。”(113-1)

坌者,《説文》:“坋,塵也。”(113-2)高誘注《淮南子·齊俗訓》云(113-3):“堁,坋塵也。”坋,與“坌”同。《論語·公冶長》篇“糞土之牆,不可杇也”,《鹽鐵論·非鞅》篇“坌土之基,雖良匠不能成其高”,並與“坌”聲近義同。《衆經音義》卷二引《通俗文》云:“埻土曰坌。”《周官·草人》“勃壤用狐”,鄭注云:“勃壤,粉解者。”“勃”與“埻”、“粉”與“坌”,義亦相近。

塺者,《説文》:“塺,塵也。”《楚辭·九懷》云:“霾土忽兮塺塺。”《九歎》云:“愈氛霧其如塺。”

坺者,《玉篇》:“坺,塵壤也。”

坺者,《説文》:“坺,塵皃。”

埻者,《玉篇》埻,蒲忽切,“塵皃”。《廣韻》云:“塵起也。”(113-4)揚雄《蜀都賦》“埃敦塵拂”,敦,與“埻”通(113-5)。《集韻》《類篇》並引《廣雅》:“埻,塵也。”今本脱“埻”字。

昀案:壤、埃未作疏證。

詇、諛、號、謈、諅、訴、風、諭,告也。

諛,與“告”聲相近。卷一云:“諛,語也。”語,亦告也。

號者,《白虎通義》云:“號者,功之表也,所以表功明德,號令臣下者也。”是告之義也。

謈者,謁之告也。字從曰,嗀聲。亦通作“寧”。《漢書·高祖紀》“嘗告歸之田”,李裴注云:“告者,休謁之名。吉曰告,凶曰寧。”《哀帝紀》云:“博士弟子父母死,予寧三年。”《後漢書·陳忠傳》云:“絶告寧之典。”

諅者,誡之告也。《説文》“諅,誡也”,徐鍇傳云:“今人言誡諅。是也。”《淮南子·繆稱訓》“目之精者,可以消澤,而不可以昭諅”,高誘注云:“昭,導;諅,誡也。不可以教導誡人也。”《鹽鐵論·相刺》篇云:“天設三光以照記。”照記,與“昭諅”同。

風者,《詩序》云:“風,風也,教也。上以風化下,下以風刺上。”鄭箋云:“風化、風刺,皆謂譬喻,不斥言也。”《白虎通義》云:“諷諫者,知患禍之萌,睹其未然而諷告也。”諷,與“風”通。

昀案:詇、訴、諭未作疏證。

掋、敵、賱、㒳、衝、稽、儓、配、亢、對、貞,當也。

貣者,《説文》:“貣,當也。”

䞾,各本譌作“䞶”。《玉篇》䞾,於獻切,“物相當也”。《廣韻》《集韻》《類篇》並同。今據以訂正。《廣韻》又云:“䞾,引與爲價也。與傿同。”《説文》:“傿,引爲賈也。”引爲賈,謂引此物以爲彼物之值,即相當之意也。

𦬾者,《説文》:“𦬾,相當也。”𦬾,與“𦬾”同義。《玉篇》“𦬾、𦬾”並亡殄、亡安二切,義亦同。

衟者,《説文》“衟,通道也”,徐鍇傳云:“謂南北東西,各有道相衟也。”相衟,即相當。《海外北經》云:“首衟南方。”是也。衟,或作“衝”,同。

稽者,《玉篇》:“稽,計當也。”《周官・小宰》“聽師田以簡稽”,鄭衆注云:“稽,猶計也,合也。”合,即計當之意。褚少孫《續三王世家》云:“維稽古。稽者,當也,當順古之道也。”(114-1)

儓者,《方言》:“臺,匹也。東齊海岱之閒曰臺;自關而西,秦晉之閒,物力同者謂之臺。”亦相當之意也。臺,與“儓”通。

亢者,襄十四年《左傳》“晉禦其上,戎亢其下”,杜預注云:“亢,猶當也。”《秦策》“天下莫之能伉”,高誘注云:“伉,當也。”伉,與“亢”通。亦通作“抗”(114-2)。

貞之言丁也。《爾雅》云:“丁,當也。”《洛誥》“我二人共貞”,馬融注云:“貞,當也。”《楚辭・離騷》“攝提貞于孟陬兮”,戴先生注亦云。

昀案:敵、配、對未作疏證。

聳、聹、聵、耾、聵,聾也。

聳、聹者,《方言》“聳、聹,聾也。半聾,梁益之閒謂之聹;秦晉之閒,聽而不聰、聞而不達謂之聹。生而聾,陳楚江淮之閒謂之聳;荆揚之閒及山之東西,雙聾者謂之聳”,郭璞注云:“聹,言胎聹煩憒也。聳,言無所聞,常聳耳也。”馬融《廣成頌》云:“子野聽聳,離朱目眩。”漢《繁陽令楊君碑》云:“有司聳昧,莫能識察。”(115)

聵者,《方言》“聾之甚者,秦晉之閒謂之聵。吴楚之外郊,凡無耳者亦謂之聵。其言聵者,若秦晉中土謂墮耳者明也”,注云:“聵,言聉無所聞知也。”《説文》:“明,墮耳也。”“聉,無知意也。”聵、明、聉,聲義並相近。

耾者,《集韻》:“耾,耳中聲也。”凡聽而不聰、聞而不達者,耳中常耾耾然,故謂之耾也。耾,各本譌作“耾”,今訂正。

聵，猶聵也，語之轉耳。《説文》："聵，生聾也。"《晉語》"聾聵不可使聽"，《衆經音義》卷一引賈逵注云："生聾曰聵。"《法言・問明》篇云："吾不見震風之能動聾聵也。"《説文》："顡，癡顡不聰明也。"此即郭璞所云"聉顡無所聞知"。聵、顡，並音五怪反，其義同也。"聹、聵、聵"三字並從耳，各本譌從目，今訂正。

約、縛、紐、緯、韣、稛、穜、繃、緷、潔、圚、摎、輹、紳、紘、帶、筶、纏、纏、絯、穼、徽，束也。

縛者，《周官・羽人》"十羽爲審，百羽爲摶，十摶爲縛"，鄭注云："審、摶、縛，羽數束名也。《爾雅》曰：'一羽謂之箴，十羽謂之縛，百羽謂之緷。'其名音相近也。一羽則有名，蓋失之矣。"孫炎注《爾雅》，與鄭意同。此是記束羽之數，故一羽不得有名。而郭璞乃云："凡物數無不從一爲始。《爾雅》不失，《周官》未爲得。"失其義矣。襄二十五年《左傳》云："閭邱嬰以帷縛其妻而載之。"昭二十六年《傳》"以幣錦二兩，縛一如瑱"，杜預注云："縛，卷也。"《考工記・鮑人》"卷而摶之"，鄭衆注云："摶，讀爲'縛一如瑱'之縛，謂卷縛韋革也。"摶，與"縛"通。《輪人》"陳篆必正"，鄭注云："篆，轂約也。"義亦與"縛"同。

紐者，《説文》："紐，系也。一曰結而可解。"王逸注《九歎》云："紐，結束也。"《管子・樞言》篇云："先王不約束，不結紐。"

緯者，《夏小正》"農緯厥耒"，傳云："緯，束也。"《釋名》云："緯，圍也，反覆圍繞以成經也。"圍，與"束"同義，故《説文》"束"從囗、木。囗，亦圍也。

韣、束，聲相近，故"韣"訓爲束。《玉篇》："韣，韜也。"韜，亦束也。《内則》"斂簟而襡之"，鄭注云："襡，韜也。"襡，與"韣"通。

稛，與下"圚"字同。《説文》："稛，絭束也。"《齊語》"稛載而歸"，韋昭注云："稛，絭也。"《管子・小匡》篇作"攟"。哀二年《左傳》"羅無勇，麇之"，杜預注云："麇，束縛也。"釋文："麇，邱隕反。"稛、圚、麇，聲近義同。今俗語猶謂束物爲稛矣。

穜，猶纏也，語之轉耳。《玉篇》："穜，禾束也。"

繃者，《説文》"繃，束也"，引《墨子・節葬》篇云："禹葬會稽，桐棺三寸，葛以繃之。"顔師古注《漢書・宣帝紀》云："褓，即今之小兒繃也。"今俗語猶云"繃小兒"矣。

緷者，《玉篇》音古本切，《廣韻》又胡本切。《説文》"橐，橐也；從束，圂聲"，徐鍇傳云："束縛囊橐之名。"《爾雅》"百羽謂之緷"，釋文引《埤倉》云："緷，大束也。"《穆天子傳》云："天子於是載羽百緷。"《漢書・揚雄傳》"捃申椒與菌桂兮"，顏師古注云："捃，大束也。"緷、橐、捃，並通，又與"稇"聲相近也。

擏者，《衆經音義》卷十三引《埤倉》云："擏，圍係也。"又引《通俗文》云："束縛謂之擏。"《莊子・人閒世》篇"絜之百圍"，《文選・過秦論》注引司馬彪注云："絜，帀也。"《漢書・陳勝傳》"度長絜大"，顏師古注云："絜，謂圍束之也。"《荀子・非相》篇云："不揣長，不揳大。"擏、揳、絜，並通。《邶風・擊鼓》篇"死生契闊"，《韓詩》云："契闊，約束也。"契，猶擏也；闊，猶括也。故《小雅・車舝》篇"德音來括"，《韓詩》云："括，約束也。"

摎者，《衆經音義》卷五引《倉頡篇》云："摎，束也。"《喪服傳》"殤之絰不摎垂"，鄭注云："不絞其帶之垂者。"《檀弓》"衣衰而繆絰"，鄭注云："繆，當爲'不摎垂'之摎。"《說文》："摎，縛殺也。"《漢書・外戚傳》"即自繆死"，鄭氏注云："繆，自縊也。"繆，與"摎"通。《說文》："丩，相糾繚也。""茻，草之相糾者也。"義亦與"摎"同。

轐者，《說文》："轐，車軸縛也。"《小畜》九三"輿說轐"，僖十五年《左傳》"車說其轐"，馬融、杜預注並云："轐，車下縛也。"

紳者，《韓子・外儲說》篇云："《書》曰：'紳之束之。'宋人有治者，因重帶自紳束也。"鄭注《内則》云："紳，大帶，所以自紳約也。"《玉藻》釋文云："紳，本亦作申。紳之言申也。"《衛風・有狐》傳云："帶，所以申束衣。"《淮南子・道應訓》"約車申轅"，高誘注云："申，束也。"《說文》云："申，七月陰氣成體，自申束也。"是"紳"與"申"同義。

紘者，《士冠禮》"贊者卒紘"，鄭注云："卒紘，謂繫屬之。"《說文》："紘，冠卷也。"《周官・弁師》"玉笄朱紘"，鄭注云："朱紘，以朱組爲紘也。紘一條，屬兩端於武。"《大射儀》"簜倚于頌磬西紘"，鄭注云："紘，編磬繩也。"《淮南子・原道訓》"紘宇宙而章三光"，高注云："紘，維也，若小車蓋四維謂之紘繩之類。"《考工記・輪人》云："良蓋弗冒弗紘。"是凡言"紘"者，皆系束之義也。

帶者，《釋名》："帶，蔕也，著於衣，如物之繫蔕也。"是束之義也(116-1)。帶，與"紳"同義，故《白虎通義》云："所以必有紳帶者，示敬謹自約整也。"

笿者，《楚辭・招魂》"秦篝齊縷，鄭綿絡些"，王逸注云："絡，縛也。"絡，與"笿"通。

繶者，《釋器》云："繶，絛也。"《周官・屨人》"爲赤繶黄繶"，《士冠禮》："青約繶純”,鄭注並云:“繶,縫中紃也。”疏云:“謂牙底相接之縫,綴絛於其中。”亦系束之義也。繶,與“繶”同。

絯者,《玉篇》:“絯,挂也,中約也。”《莊子·天地》篇“方且爲物絯”,釋文引《廣雅》:“絯,束也。”《説文》:“該,軍中約也。”義與“絯”亦相近。

稛者,《説文》:“稛,小束也;從束,幵聲。”《齊民要術》云:“刈麻,稛欲小,縛欲薄。”《玉篇》云:“禾十把曰稛。”稛、稛,聲義並同。

徽者,《説文》:“徽,衺幅也。”《文選·思玄賦》“揚雜錯之袿徽”,李善注引《爾雅》:“婦人之徽謂之縭。”今本作“褘”,郭璞注云:“即今之香纓也。褘邪交落,帶繫於體,因名爲褘。”是束之義也。《説文》又云:“徽,三糾繩也。”《坎》上六“係用徽纆”,馬融注云:“徽、纆,索也。”劉表注云:“三股爲徽,兩股爲纆。”(116-2)《文選·解嘲》“徽以糾纆”,李善注引服虔云:“徽,縛束也。”“徽”與“緯”,聲亦相近。

昀案:約、纏未作疏證。圞並見於稛。

鑑、鏡、光、景、暟、臨、燿,照也。

暟、臨者,《方言》:“暟、臨,照也。”《説文》:“臨,監臨也。”《大雅·皇矣》篇云:“臨下有赫。”

昀案:鑑、鏡、光、景、燿未作疏證。

帝、禘、祥、審、諟、譜、地,諟也。

帝者,《鄘風·君子偕老》傳“審諦如帝”,正義引《春秋運斗樞》云:“帝之言諦也。”《説文》《獨斷》《白虎通義》《風俗通義》及《後漢書·李雲傳》並云:“帝,諦也。”《獨斷》云:“能行天道,事天審諦也。”諦,與“諟”同。

禘者,《説文》:“禘,諦祭也。”文二年《公羊傳》注云:“禘,猶諦也,審諦無所遺失。”《説苑·脩文》篇云:“禘者,諦也,諦其德而差優劣也。”《後漢書·張純傳》云:“禮説,禘之爲言諦,諦定昭穆尊卑之義也。”

祥,與“詳”通。

諟、譜者,《方言》:“瘱、譜,審也。齊楚曰瘱,秦晉曰譜。”又云:“諟、譜,諟也。吳越曰諟譜。”

地者,《爾雅·釋地》釋文引《禮統》云:“地,施也,諦也;應變施化,審諦不誤也。”《白虎通義》與《禮統》同。《釋名》云:“地,諦也,五土所生,莫不審諦也。”

昀案:審未作疏證。

緡、緜、羲、麗、設、布、張、爲、戲,施也。

緡、緜,一聲之轉。《方言》"緡、緜,施也。秦曰緡;趙曰緜;吳越之閒,脱衣相被謂之緡緜",郭璞注云:"相覆及之名也。"《説文》亦云:"吳人解衣相被謂之緡。"《大雅·抑》篇"言緡之絲",毛傳云:"緡,被也。"義並同。

麗者,《多方》"不克開于民之麗",《顧命》"奠麗陳教則肄",傳並云:"麗,施也。"《士喪禮》"設決麗于掔",鄭注與傳同。《吕氏春秋·貴卒》篇云:"荆國之法,麗兵於王尸者,盡加重罪。"(117)

羲、戲、施,聲並相近。

昀案:設、布、張未作疏證。爲疏證見《補正》。

遲、晏、後、旰、稺,晚也。

旰,亦晏也。《説文》:"旰,日晚也。"襄十四年《左傳》"日旰不召",《史記·衛世家》集解引服虔注云:"旰,晏也。"

稺,亦遲也。《説文》:"稺,幼禾也,晚種後孰者。"

昀案:遲、晏、後未作疏證。

担、笞、捶、扑、撍、扚、打、伐、抛、㧖、抰、抶、擎、撻、掿、搥、撠、拍、揔、挖、摽①、摮、掀、搭、篾、搒、挨、敆、批、搡、攄、掙、掏、搞、敹、敂、攊、敲、摶、攕、㪤、拊、擊、撼、捭、撻、攥、攷、擊、攩、弢、吺、擽、摷、撨、擥、摧、應、剥,擊也。

担者,《説文》:"笪,笞也。"《玉篇》《廣韻》並音丁但切。笪,與"担"同。《集韻》引《廣雅》作"笪"(118-1)。

扚者,《説文》:"扚,疾擊也。"

打者,《衆經音義》卷二引《倉頡篇》云:"椎,打也。"王延壽《夢賦》云:"撞縱目,打三顱。"《後漢書·杜篤傳》云:"椎鳴鏑,釘鹿蠡。"釘,與"打"通。《説文》:"朾,撞也。""朾"與"打",亦聲近義同。

伐者,《牧誓》"不愆于四伐五伐六伐七伐",《曲禮》正義引鄭注云:"伐,謂擊

① 摽,原作"摞",《疏證》作"摽"。

刺也。"《小雅·采芑》篇"鉦人伐鼓",毛傳云:"伐,擊也。"

抛者,《衆經音義》卷二十引《埤倉》云:"抛,擊也。""扑、擈、杓、抛"四字並從手,各本譌從木,今訂正。

抰者,《説文》:"抰,擊也。"抰,訓爲擊,故杖或謂之柍。説見《釋器》"柍,杖也"下。

抶者,《説文》:"抶,笞擊也。"文十年《左傳》云:"無畏抶其僕以徇。"

擎者,《説文》:"擎,擊也。"又云:"潎,於水中擊絮也。"擎、潎,並音芳滅反,其義同也。

掿,亦擈也,方俗語轉耳。

搥,與下"批"字同。《説文》:"搥,反手擊也。"莊十二年《左傳》"批而殺之",《莊子·養生主》篇"批大卻,道大窾",釋文並普迷、蒲穴二反。嵇康《琴賦》云:"觸搥如志。"搥、批,聲義並同。

撓者,《説文》:"撓,中擊也。"

拍者,《説文》:"拍,拊也。"《釋名》云:"拍,搏也,以手搏其上也。"《莊子·天下》篇云:"椎拍輐斷。"《韓子·功名》篇云:"一手獨拍,雖疾無聲。"

摠、扲者,《方言》:"扲、抌,椎也。南楚凡相椎搏曰扲,或曰摠。"《列子·黄帝》篇云:"攩扲挨抌。"張衡《西京賦》云:"徒搏之所撞扲。"

摽者,《説文》:"摽,擊也。"《玉篇》音匹叫、孚堯、怖交三切。哀十三年《左傳》"長木之斃,無不摽也",杜預注與《説文》同。《史記·莊子傳》"剽剥儒墨",正義云:"剽,猶攻擊也。"剽,與"摽"同。《漢書·韓信傳》"有一漂母哀之",韋昭注云:"以水擊絮曰漂。"義亦與"摽"同。《文選·洞簫賦》"聯緜漂擎",李善注云:"漂擎,餘響飛騰相擊之貌。"漂、擎,一聲之轉,故擊謂之摽,亦謂之擎;水中擊絮謂之潎,亦謂之漂矣。

擈者,《廣韻》:"擈,擊聲也。"《西京賦》"流鏑擂擈",薛綜注云:"擂擈,中聲也。"《爾雅》:"暴虎,徒搏也。""暴"與"擈",聲近義同。

拓者,《釋言》云:"拓,搏也。"搏、拍、拓,並聲近義同。

𣪠者,《説文》:"𣪠,捞也。"《玉篇》音大昆切。《集韻》《類篇》引《廣雅》作"搬"。《急就篇》"盜賊繫囚搒笞臀",臀,亦"𣪠"字也。顔師古注以"臀"爲脽,失之。《説文》:"殿,擊聲也。"義亦與"𣪠"同。

搒者,《後漢書·陳寵傳》注引《聲類》云:"搒,笞也。"《史記·李斯傳》云:"搒掠千餘。"《後漢書·虞延傳》云:"加篣二百。"《戴就傳》云:"每上彭考。"李賢注:"彭,即篣也。"搒、篣、彭,並通。

挨者,《説文》:"挨,擊背也。"《列子》"攩拯挨扰",釋文云:"挨,椎也。"

敋者,《説文》:"挌,擊也。"《逸周書·武稱解》云:"窮寇不挌。"挌,與"敋"同。

㩟者,《説文》:"㩟,衣上擊也。"

捀者,《玉篇》:"捀,拳擊也。"

敤,音口果反。各本"敤"譌作敤,"口果"譌作"口杲"。考《説文》《玉篇》《廣韻》《集韻》《類篇》俱無"敤"字。《玉篇》敤,口果切。卷二云:"敤,椎也。""椎"與"擊"同義。《説文》:"敤,研治也。"研治,猶言窮治,亦謂擊問罪人也。《集韻》《類篇》並云:"敤,擊也。"今據以訂正。

攷者,《説文》:"攷,擊也。"《學記》云:"叩之以小者則小鳴,叩之以大者則大鳴。"《墨子·公孟》篇云:"扣則鳴,不扣則不鳴。"攷、叩、扣,並通。

敵者,《玉篇》:"敵,敵擊也。"定八年《公羊傳》"臨南騪馬",何休注云:"捶馬銜走也。"敵、騪,並音索董反,其義同也。

摶,各本譌作"摶"。《文選·羽獵賦》注、《長楊賦》注、《長笛賦》注及《衆經音義》卷六、卷十四並引《廣雅》:"摶,擊也。"今據以訂正。

㪉者,《玉篇》音口大切,"伐也,擊也"。《廣韻》同。《衆經音義》卷五引《三倉》云:"毃、㪉,相擊也。"

拊者,《堯典》"予擊石拊石",傳云:"拊,亦擊也。"《士喪禮》云:"婦人拊心。"吳琯本無"㪉、拊"二字,有"㪉"字;各本有"拊"字,無"㪉"字。蓋各本則脱去"㪉"字,吳本則"㪉、拊"二字合譌爲一"㪉"字也。今訂正。

上文已有"擊"字,此"擊"字當作"摮",字之誤也。《玉篇》:"摮,擊皃也。"宣二年《公羊傳》"以斗摮而殺之",何休注云:"摮,猶擊也。"摮,謂旁擊頭項。《廣韻》引《倉頡篇》云:"毃,擊也。"摮、毃,並音五交反,其義同也。

摵者,《廣韻》云:"摵,拂著也,又捎摵也。出《通俗文》。"

捭者,《説文》:"捭,兩手擊也。"

上文已有"撻"字,此"撻"字當作"擿",亦字之誤也。擿,即今"擲"字也。《説文》:“擿,投也。”《史記·荆軻傳》“引其匕首以擿秦王”,《燕策》“擿”作“提”。《漢書·吴王濞傳》“皇太子引博局提吴太子”,顔師古注云:“提,擲也;音徒計反。”“提”與“擿”,聲近義同。

攷者,《説文》:“攷,敂也。”《唐風·山有樞》篇“弗鼓弗考”,毛傳云:“考,擊也。”考,與“攷”通。《莊子·天地》篇“金石有聲,不考不鳴”,《淮南子·詮言訓》作“弗叩弗鳴。”考、叩,語之轉耳。

撆者,《説文》:“撆,旁擊也。”《莊子·至樂》篇云:“撽以馬捶。”撽,與“撆”同。

攩者,《方言》“沅涌澆幽之語,相椎搏曰攩”,郭璞注云:“今江東人亦名椎爲攩,音晃。”《列子》“攩拯挨扰”,釋文云:“攩,搥打也。”《西京賦》“竿殳之所揘畢”,薛綜注云:“揘畢,謂撞拯也。”“揘”與“攩”,聲近義同。

弼之言拂也。《説文》:“拂,過擊也。”

擽者,《皋陶謨》“戞擊鳴球”,馬、鄭注並云:“戞,擽也。”《漢書·司馬相如傳》“射游梟,擽蜚遽”,張注云:“擽,捎也。”

摷者,《説文》:“摷,拘擊也。”《玉篇》音側交切。

“摍”與“摵”,聲相近。《玉篇》音所育切。《廣韻》又音蕭。字通作“蕭”。《楚辭·九歌》“蕭鍾兮瑶簴”,蕭,擊也。瑶,與“摇”通,動也。《招魂》“鏗鍾摇簴”,王逸注云:“鏗,撞也。摇,動也。”是其證矣。

掔,讀如“鏗鍾摇簴”之“鏗”。《説文》:“擓,擣頭也。”擓、掔、鏗,聲義並同。

搉者,《説文》:“搉,敲擊也。”《漢書·五行志》“搉其眼”,顔師古注云:“搉,謂敲擊去其精也。”《説文》:“毃,擊頭也。”《玉篇》音口交、口卓二切。《説文》:“敲,横樀也。”定二年《左傳》“奪之杖以敲之”,釋文音苦孝、苦學二反。搉、毃、敲,聲義並同,又與“撆”聲相近也。

應者,當之擊也。《吕氏春秋·察微》篇“鄭公子歸生率師伐宋,宋華元率師應之大棘”,高誘注云:“應,擊也。”《孟子·滕文公》篇“周公方且膺之”,赵岐注云:“膺,擊也。”音義云:“膺,丁本作應。”膺、應,古聲義並同。鷙鳥謂之鷹,義亦同也。

剥者,《豳風·七月》篇“八月剥棗”,毛傳云:“剥,擊也。”釋文:“剥,普卜反。”“剥”與“扑”,聲義同(118-2)。

眴案:笞、捶、扑、撍、摕、撻、掞、攄、拘、揊、攂、攕、擭、敂未作疏證。批、撆並見於搥、擊。

洪涊、溾涹、𩝣、汗[1]、洿、淖、淈、澳、濊、淰、溷，濁也。

洪涊、溾涹者，枚乘《七發》云："輸寫洪濁。"《楚辭・九歎》云："撥諂諛而匡邪兮，切洪涊之流俗。盪渨涹之姦咎兮，平蠢蠢之溷濁。"王逸注："洪涊，垢濁也。渨涹，汙薉也。"渨，與"溾"同。《漢書・揚雄傳》"紛纍以其洪涊兮"，《後漢書・張衡傳》"澂洪涊而爲清"，應劭、李賢注並與王逸同。

洿，與"汙"同。

淖者，《説文》："淖，泥也。"《史記・屈原傳》云："濯淖汙泥之中。"

淈者，《説文》："淈，濁也。一曰滒泥也。"《吕氏春秋・本生》篇"夫水之性清，土者抇之，故不得清"，高誘注云："抇，讀曰骨；濁也。"《淮南子・俶真訓》云："水之性真清，而土汩之。"淈、汩、抇，並通。淈，各本譌作"渥"，今據曹憲音訂正。

澳，曹憲音於六反。《漢書・王褒傳》"去卑辱奥渫而升本朝"，張晏注云："奥，幽也。"如淳音郁。案：奥者，濁也；渫，汙也。言去卑辱汙濁之中，而升於朝廷也。奥，與"澳"同，故班固《典引》"有沈而奥，有浮而清"，蔡邕注云："奥，濁也。"

淰者，《玉篇》音奴感切。《説文》："淰，濁也。"

昀案：𩝣、汗、濊、溷未作疏證。

匍、竣、跧、北、攻，伏也。

匍者，《釋言》云："匍，匐也。"匐，與"伏"通。《説文》："匍，手行也。""匐，伏地也。"《釋名》云："匍匐，小兒時也。匍，猶捕也，藉索可執取之言也；匐，伏也，伏地行也。人雖長大，及其求事盡力之勤，猶亦稱之。《詩》曰：'凡民有喪，匍匐救之。'是也。"《大雅・生民》篇"誕實匍匐"；《左傳》昭十三年"以蒲伏焉"，二十一年"扶伏而擊之"；《檀弓》引《詩》"扶服救之"，並字異而義同。

竣者，《齊語》"有司已於事而竣"，韋昭注云："竣，退伏也。"張衡《東京賦》作"踆"。《爾雅・釋言》注引《齊語》作"逡"。竣、踆、逡，並同。

跧者，《廣雅・釋言》云："跧，匐也。"王逸《機賦》云："兔耳跧伏。"王延壽《魯靈光殿賦》云："狡兔跧伏於柎側。"

北、伏，聲相近。《太平御覽》引《尸子》云："北方爲冬。北方，伏方也，萬物冬皆伏。"《書大傳》同。《漢書・律曆志》云："太陰者，北方；北，伏也，陽氣伏於

---

① 汗，《廣雅疏義》作"汙"。

下也。"[119]

眗案:攻見《補正》。

材、寶、綸、理、魯、牖、命、裕,道也。

材者,《學記》"教人不盡其材",鄭注云:"材,道也。《易》曰:'兼三材而兩之。'謂天地人之道也。"

寶者[120-1],《論語·陽貨》篇"懷其寶而迷其邦",皇侃疏云:"寶,猶道也。"寶,與"道"同義,故書傳多並舉之。《禮運》云:"天不愛其道,地不愛其寶。"《吕氏春秋·知度》篇云:"以不知爲道,以奈何爲寶。"《太玄·玄衝》云:"晬,君道也;馴,臣保也。"保,與"寶"同[120-2]。

綸,亦"倫"字也,故《管子·幼官圖》篇"倫理"字作"綸"。

諸書無訓"魯"爲道者。《説文》"魯,鈍詞也",引《論語》:"參也魯。"蓋《廣雅》本訓"魯"爲鈍,在下文"鈍也"一條内,後人傳寫誤入此條耳。

牖者,《顧命》"誕受羑若",馬融注云:"羑,道也。"正義云:"羑,聲近猷,故訓爲道。"《老子》釋文云:"羑,與牖同。"道謂之牖,故道引亦謂之牖。《大雅·板》篇:"天之牖民。"是也。

命,各本譌作"今"。下文"命,名也","命"字譌作"今",正與此同。《廣韻》:"命,道也。"《周頌》"維天之命",箋云:"命,猶道也。"今據以訂正。《臨·彖傳》云:"大亨以正,天之道也。"《无妄·彖傳》云:"大亨以正,天之命也。"昭二十六年《左傳》云"天道不謟";二十七年《傳》云"天命不慆"。是"命"即道也。

裕者,《方言》:"裕、猷,道也。東齊曰裕,或曰猷。"猷、裕、牖,聲並相近。引之云:《康誥》篇:"用康乃心,顧乃德。遠乃猷裕,乃以民寧,不女瑕殄。"舊以裕字屬下讀,"裕乃以民寧",甚爲不辭。三復經文,當以"遠乃猷裕"爲句,謂遠乃道也。《君奭》篇云:"告君乃猷裕。"與此同。下文云:"乃以民寧,不女瑕殄。"猶云乃以殷民世享耳。猷、由,古字通。道謂之猷裕,道民亦謂之由裕。上文云"乃由裕民,惟文王之敬忌""乃裕民,曰我惟有及",皆是也。解者失其義久矣。

眗案:理未作疏證。

厭、愿、喊、咠、倪,可也。

厭,讀當爲"厭足"之"厭"。《説文》:"猒,飽也。"經傳通作"厭"。"厭"與

“愿”同義,故皆訓爲可。曹憲音於甲反,失之。

愿者,《説文》:“愿,快也。”《燕策》云:“先王以爲愜其志。”愜,與“愿”同。

哿、可,聲相近。《小雅·正月》篇“哿矣富人”,《雨無正》篇“哿矣能言”,毛傳並云:“哿,可也。”

侻者,《文選·神女賦》“侻薄裝”,李善注云:“侻,好也;又可也,言薄裝正相堪可。”《法言·君子》篇“荀卿非數家之書,侻也。至于子思、孟軻,詭哉”,音義云:“侻、可也。”

昀案:喊未作疏證。

錭、鈯、伹、拙、頑、銖,鈍也。

錭者,《説文》:“錭,鈍也。”

鈯,猶拙也,方俗語轉耳。

伹,音“癰疽”之“疽”。各本作“但”,音度滿反,後人改之也。《説文》:“伹,拙也;從人,且聲。”《玉篇》音七間、祥間二切,引《廣雅》:“伹,鈍也。”是《廣雅》本作“伹”,不作“但”。《集韻》《類篇》“伹”音疽,引《廣雅》:“伹,鈍也。”其音即本於曹憲,是曹憲本音疽,不音度滿反。今訂正。

頑者,如淳注《漢書·陳平傳》云:“頑頓,謂無廉隅也。”頓,與“鈍”同。《孟子·萬章》篇云:“頑夫廉。”

銖者,《淮南子·齊俗訓》“其兵戈銖而無刃”(121),高誘注云:“楚人謂刃頓爲銖。”《莊子·庚桑楚》篇“人謂我朱愚”,朱,與“銖”通。

昀案:拙未作疏證。

歔、欷、唴哴、惻、愴、愁、慼,悲也。

歔者,《説文》:“歔,欷也。”

欷者,《説文》:“欷,歔也。”《方言》:“唏,痛也。凡哀而不泣曰唏。於方,則楚言哀曰唏。”成十六年《公羊傳》“悕矣”,何休注云:“悕,悲也。”《楚辭·九辯》云:“憯悽增欷。”《淮南子·説山訓》云:“紂爲象箸而箕子唏。”欷、唏、悕,並通。合言之則曰“歔欷”。《衆經音義》卷五引《倉頡篇》云:“歔欷,泣餘聲也。”《楚辭·離騷》云:“曾歔欷余鬱邑兮。”枚乘《七發》云:“噓唏煩酲。”“歔”與“噓”亦通。歔,各本譌作“戱”,惟影宋本不譌。

咣哓者,《方言》:"自關而西,秦晉之閒,凡大人少兒泣而不止謂之咣,哭極音絶亦謂之咣。平原謂啼極無聲謂之咣哴。"哴,與"哓"同。

昀案:惻、愴、愁、慼未作疏證。

剥、絶、鬌,落也。

剥者,馬融注《剥》卦云:"剥,落也。"鄭注云:"陰氣侵陽,上至於五,萬物靁落,故謂之剥也。"《漢書·五行志》説《剥》卦之義亦云:"剥落萬物。"

絶者,《楚辭·離騷》"雖萎絶其亦何傷兮",王逸注云:"絶,落也。"《列子·仲尼》篇云:"前矢造準而無絶落。"

鬌之言墮落也。《説文》:"鬌,髮墮也。"

胺、鯘、蹷、伐、黲、黴、露、漫、淹、穲、殃、殕、腐、歾、㴁、俠斯、殜、爽、〔殆*〕,敗也。

胺者,《玉篇》胺,一曷切,"肉敗也"。胺之言壅遏也。今俗語猶謂食物壅滯臭敗爲遏矣。

鯘者,《玉篇》:"鯘,魚敗也。"《論語·鄉黨》篇:"食饐而餲,魚餒而肉敗。"《爾雅》"食饐謂之餲",郭璞注云:"飯饖臭也。"又"肉謂之敗,魚謂之餒",注云:"敗,臭壞也。餒,肉爛也。"釋文:"餲,又音遏。""餲"與"胺"、"餒"與"鯘",並字異而義同。

蹷者,《説文》:"蹶,僵也。"《莊子·人閒世》篇云:"爲顛爲滅,爲崩爲蹶。"蹶,與"蹷"同。

伐者,《説文》:"伐,敗也。"《藝文類聚》引《春秋説題辭》云:"伐者,涉人國内,行威有所斬壞。"伐之爲言敗也。《召南·甘棠》篇云:"勿翦勿伐,勿翦勿敗。"伐,亦敗也。《小雅·賓之初筵》篇云:"醉而不出,是謂伐德。"(122-1)

黲者,《説文》:"黲,淺青黑色也。"《玉篇》云:"今謂物將敗時顏色黲黲也。"

黴者,《玉篇》音明飢、莫佩二切。《説文》:"黴,物中久雨青黑也。"《淮南子·脩務訓》云:"堯瘦臞,舜黴黑。"《楚辭·九歎》云:"顏黴黧以沮敗兮。"《衆經音義》卷十五引《通俗文》云:"物傷濕曰黴;音無悲反。""黴"與"黴",亦同義。

露之言落也。《方言》:"露,敗也。"昭元年《左傳》云:"勿使有所壅閉湫底,以露其體。"《逸周書·皇門解》云:"自露厥家。"《管子·四時》篇云:"國家乃路。"

《吕氏春秋·不屈》篇云："士民罷潞。"露、潞、路，並通。今俗語猶云"敗露"矣。《莊子·天地》篇"夫子闔行邪？無落吾事"，謂無敗吾事也。"落"與"露"，亦聲近義同。

漫、淹者，《方言》"漫、淹，敗也。溼敝爲漫，水敝爲淹"，郭璞注云："皆謂水潦漫澇壞物也。"《荀子·榮辱》篇"汙優突盜"，楊倞注云："優，當爲漫。漫，亦汙也。水冒物謂之漫。"《儒行》"淹之以樂好"，鄭注云："淹謂浸漬之。"(122-2)今俗語猶謂水漬物爲淹，又謂以鹽漬魚肉爲醃，義並相近也。

黴者，《列子·黄帝》篇"肌色皯黣"，釋文云："黣，音每。《埤倉》作黴，謂：禾傷雨而生黑斑也。"黴，與"黣"同。今人猶謂物傷溼生斑爲"黴"，聲如"梅"。物傷溼則敗，故"黴"又訓爲敗。《釋名》云："葬不如禮曰埋。埋，痗也，趨使腐朽而已也。""痗"與"黴"聲義相近。昭十四年《左傳》云："貪以敗官爲墨。""墨"與"黴"，聲義亦相近也。

殃者，《晉語》云："吾主以不賄聞於諸侯，今以梗陽之賄殃之，不可。"是"殃"爲敗也。《月令》云："冬藏殃敗。"

殕之言腐也。《玉篇》音方九切。《衆經音義》卷十六引《埤倉》云："殕，腐也。"《廣韻》又芳武切，云："食上生白毛也。"皆敗之義也。《玉篇》"殕"又音步北切，云："斃也。"襄十一年《左傳》"踣其國家"，亦敗之義也。踣，與"殕"通。

歾，與"朽"同。

㳙，與"敝"同。㳙，各本譌作"尚"，今訂正。

俠斯者，《方言》："俠斯，敗也。南楚凡人貧衣被醜敝或謂之挾斯，器物敝亦謂之挾斯。"挾，與"俠"通。

𣨛，與"爛"通。

爽者，《老子》云："五色令人目盲，五音令人耳聾，五味令人口爽。"《列子·仲尼》篇云："口將爽者，先辨淄澠。"《楚辭·招魂》"露雞臛蠵，厲而不爽些"，王逸注云："爽，敗也。楚人名羹敗曰爽。"

殆者，卷一云："殆，壞也。"壞，與"敗"同義。《賈子·道術》篇云："志操精果謂之誠，反誠爲殆。"《衆經音義》卷十五引《廣雅》："殆，敗也。"今本脱"殆"字。

昀案：腐未作疏證。

詮、録、贅、撰、訛、效、備、饌[①],具也。

詮者,論之具也。《説文》:"詮,具也。"《淮南子·要略》云:"詮言者,所以譬類人事之指,解喻治亂之體,差擇微言之眇,詮以至理之文,而補縫過失之闕者也。"字亦通作"譔"。《漢書·揚雄傳》"譔以爲十三卷",蕭該音義云:"《字林》譔音詮。"

録者,記之具也。隱十年《公羊傳》云:"《春秋》録内而略外。"

贅者,聚之具也,説見下文"贅,聚也"下。

撰者,爲之具也。《説文》:"僎,具也。"《論語·先進》篇"異乎三子者之撰",孔傳云:"撰,具也。"《楚辭·大招》"聽歌譔只",王逸注云:"譔,具也。"撰、僎、譔,並通。《堯典》"共工方鳩僝功",釋文:"僝,徐音撰。馬云:'具也。'"僝,亦與"撰"通。《説文》"頭,選具也""顨,巽也""巽,具也",並與"撰"聲近義同。

訛者,《玉篇》《廣韻》並讀與庀同。庀,治之具也。《周官·遂師》"庀其委積",襄五年《左傳》"宰庀家器",鄭衆、杜預注並云:"庀,具也。"《魯語》"夜庀其家事",韋昭注云:"庀,治也。"

饌,亦撰也。《説文》:"籑,具食也。或作饌。"

昀案:效、備未作疏證。

掔、牠、狼戾、恎、愎、騺、忮,很也[②]。

掔者,《説文》:"掔,牛很不從引也。"

牠者,《玉篇》:"牠,牛很也。"

狼戾者,《説文》:"很,盭也。"卷四云:"狼、很,盭也。"盭,與"戾"同。"狼"與"戾",一聲之轉。《燕策》云:"趙王狼戾無親。"《漢書·嚴助傳》云:"今閩越王狼戾不仁。"

恎者,《玉篇》:"恎,惡性也。"《論語·陽貨》篇"惡果敢而窒者",窒,與"恎"通,言很戾也。馬融訓"窒"爲塞,失之。下文云:"痓,惡也。"義與"恎"亦相近。

愎、騺者,宣十二年《左傳》"剛愎不仁",杜預注云:"愎,很也。"騺,亦恎也。《漢書·匈奴傳》"天性忿騺",顔師古注云:"騺,很也。"《管子·五輔》篇云:"下愈

---

① 撰、饌,原作"撰、餟",《疏證》同。

② 很,原作"彵",《疏證》作"很"。

覆鷙而不聽從。"《趙策》云:"夫知伯之爲人也,好利而鷙復。"《史記·酷吏傳·贊》云:"馮翊殷周蝮鷙。"覆、復、蝮,皆"愎"之借字耳,解者失之。

忮者,《説文》:"忮,很也。"《莊子·齊物論》篇云:"大勇不忮。"

韜、含、裕、容、窕、窾,寬也。

韜者,南宫縚字容,是"韜"爲寬也。《淮南子·本經訓》云:"小而行大,則滔窕而不親;大而行小,則陿隘而不容。"韜、縚、滔,並通。

含者,《坤·彖傳》云:"含宏光大。"是"含"爲寬也。

容,亦裕也。卷四云:"裕,容也。"《洪範》"思曰睿",《漢書·五行志》作"思心曰容",説云:"容,寬也。"

窕、窾者,窾,或作"㯫"。昭二十一年《左傳》"鍾小者不窕,大者不㯫。窕則不咸,㯫則不容",杜預注云:"窕,細不滿也。㯫,横大不入也。不咸,不充滿人心也。不容,心不堪容也。""窕"與"窾",義正相反。而此俱訓爲寬者,"窕"爲不滿之寬,"窾"爲横大之寬。《大戴禮·王言》篇云:"布諸天下而不窕,内諸尋常之室而不塞。"《管子·宙合》篇云:"其處大也不窕,其入小也不塞。"《墨子·尚賢》篇云:"大用之天下則不窕,小用之則不困。"《荀子·賦》篇云:"充盈大宇而不窕,入郤穴而不偪。"《吕氏春秋·適音》篇云:"音太鉅則志蕩,以蕩聽鉅則耳不容,不容則横塞,横塞則振;太小則志嫌,以嫌聽小則耳不充,不充則不詹,不詹則窕。"高誘注云:"窕,不滿密也。"是"窕"爲不滿之寬也[(123)]。《莊子·逍遥遊》篇"瓠落無所容",梁簡文帝注云:"瓠落,猶廓落也。"瓠、窾,聲相近,是"窾"爲横大之寬也。

昀案:裕並見於容。

親、傶、傍、附、切、摩、鄰、比、厲、局、阿、侍、夾、次、遒、迫、促[①],近也。

傶,通作"戚"。

摩者,宣十二年《左傳》"摩壘而還",杜預注云:"摩,近也。"《淮南子·人閒訓》云:"物類之相磨近而異門户者,衆而難識也。"磨,與"摩"同。馬融注《繫辭傳》云:"摩,切也。"鄭注《樂記》云:"摩,猶迫也。"義並相近。

厲者,《文選·西都賦》"甞厲天",李善注引《韓詩》"翰飛厲天";又引薛君《章

---

① 傍、鄰,原作"㑂、鄰"。

句》云:"厲,附也。"《莊子·大宗師》篇云:"女夢爲鳥而厲乎天。"

局者,《小爾雅》:"局,近也。"

夾者,《梓材》"懷爲夾",《多方》"爾曷不夾介乂我周王",傳並云:"夾,近也。"

遒,義見卷一"迺,急也"下。迺,與"遒"同。

昀案:親、傍、附、切、鄰、比、阿、侍、次、迫、促未作疏證。

排、擠、摧、攘、抵、拭、斥、舜[1],推也。

排者,《説文》:"排,擠也。"又云:"推,排也。"《少儀》云:"排闔説屨於户内。"

擠者,《説文》:"擠,排也。"《荀子·解蔽》篇云:"不好辭讓,不敬禮節,而好相推擠。"

摧、推,聲相近。《説文》:"摧,擠也。"《楚辭·九思》云:"魁壘擠摧兮常困辱。"

攘者,《説文》:"攘,推也。"《楚辭·七諫》"反離謗而見攘",王逸注云:"攘,排也。"

抵者,《説文》:"抵,擠也。"《夏小正》"抵蚳",傳云:"抵,猶推也。"

拭者,《玉篇》拭,如勇切,"推車也"。《説文》:"輤,反推車令有所付也。"《呂氏春秋·精通》篇云:"樹相近而靡,或輤之也。"《淮南子·覽冥訓》"輤車奉饟",高誘注云:"輤,推也。"《氾論訓》"相戲以刃者,太祖輤其肘",注云:"輤,擠也。"《説文》:"搑,推擣也。"拭、搑、輤,並音如勇反,其義一也。

斥者,《衆經音義》卷十四引《三倉》云:"斥,推也。"《説文》:"斥,卻屋也。"卻,與"推"同義。昭十六年《左傳》云:"大國之求,無禮以斥之,其何饜之有?"

舜者,《白虎通義》云:"謂之舜者何?舜,猶僢僢也,言能推信堯道而行之。"《風俗通義》云:"舜者,推也,循也。言其推行道德,循堯緒也。"

① 舜,原作"𦳝",疏證作"舜"。

廣雅疏證　卷第三下

高郵王念孫學

釋　詁

褈、曡、蓐、臧、醇[①]、醲、渥、陸、頒，厚也。

褈，通作"重"。

蓐、臧者，《方言》："蓐、臧，厚也。"《説文》："蓐，陳草復生也。"又云："縟，繁采飾也。"張衡《西京賦》云："采飾纖縟。"縟，與"蓐"同義。引之云：文七年《左傳》"訓卒利兵秣馬蓐食"，杜預注云："蓐食，早食於寢蓐也。"《漢書·韓信傳》"亭長妻晨炊蓐食"，張晏注云："未起而牀蓐中食。"案："訓卒利兵秣馬"，非寢之時矣。"亭長妻晨炊"，則固已起矣。而云"早食於寢蓐"，云"未起而牀蓐中食"，義無取也。蓐者，厚也，食之豐厚於常，因謂之蓐食。"訓卒利兵秣馬蓐食"者，《商子·兵守》篇云："壯男之軍，使盛食厲兵，陳而待敵；壯女之軍，使盛食負壘，陳而待令。"是其類也。兩軍相攻，或竟日未已，故必厚食乃不飢。亭長妻欲至食時不具食以絶韓信，故亦必厚食乃不飢也。成十六年《傳》"蓐食申禱"，襄二十六年《傳》"秣馬蓐食"，並與此同[(124)]。凡厚與大，義相近。厚謂之敦，猶大謂之敦也；厚謂之醇，猶大謂之純也；厚謂之臧，猶大謂之將也。

陸者，《爾雅》"高平曰陸"，李巡注云："謂土地豐正。"是厚之義也。左思《蜀都賦》"灑滮池而爲陸澤"，劉逵注云："蔡邕曰：凝雨曰陸。"《爾雅·釋魚》"魁陸"，郭璞注云："《本草》云：魁，狀如海蛤，員而厚。"義並同也。《坊記》"睦於父母之黨"，鄭注云："睦，厚也。""睦"與"陸"，古亦同聲，故漢碑"和睦"字多通作"陸"。

頒者，《莊子·大宗師》篇"其顙頯"，郭象注云："頯，大朴之貌。"《天道》篇"而

---

① 醇，原作"醕"，《疏證》作"醇"。

額䫱然",注云:"高露發美之貌。"皆厚之義也。《説文》:"馗,九達道也,佀龜背,故謂之馗。馗,高也。"義與"額"亦相近。

昀案:疊、醇、醲、渥未作疏證。

龍、利、芬、尼、調、庸,和也。

龍者,《商頌·長發》篇"何天之龍",《周頌·酌》篇"我龍受之",毛傳並云:"龍,和也。"

利者,《説文》"利,銛也;從刀,和然後利,從和省",引《乾·文言》:"利者,義之和也。"荀爽注云:"陰陽相和,各得其宜,然後利。"《乾·彖傳》又云:"保合大和,乃利貞。"《周語》云:"人民龢利。"《表記》"有忠利之教",《後漢書·章帝紀》"利"作"和",是"利"與"和"同義。和、龢,古通用。

芬者,《方言》"芬,和也",郭璞注云:"芬香和調。"《周官·鬯人》注云:"鬯,釀秬爲酒,芬香條暢於上下也。"《大雅·鳧鷖》篇云:"旨酒欣欣,燔炙芬芬。"皆芬香和調之意也。凡人相和好亦謂之芬。《荀子·議兵》篇云:"其民之親我歡若父母,其好我芬若椒蘭。"《非相》篇云:"驩欣芬薌以送之。"皆是也。《方言》:"紛怡,喜也。""紛"與"芬",義亦相近。

尼,各本譌作"尼"。隸書"尼"或作"尼",因譌而爲"尼"。今據《玉篇》《廣韻》訂正。《廣雅》訓"尼"爲和,蓋本《孝經》説。邢昺《孝經正義》云:"劉瓛述張禹之義,以爲仲者,中也;尼者,和也。言孔子有中和之德。"蓋曲説也。

庸,各本譌作"庸"(125)。《廣韻》:"庸,和也。"《衆經音義》卷二十三、二十五並引《廣雅》:"庸,和也。"今據以訂正。

昀案:調未作疏證。

輝、𨋩、轎,䡉也。

𨋩者,《玉篇》:"𨋩,𨋩䡉也。"

轎者,《漢書·嚴助傳》"輿轎而隃領",薛瓚注云:"今竹輿車也。江表作竹輿以行。"是也。

䡉者,《集韻》引《字林》云:"䡉,轎也。"《廣韻》"輝"音魂,又音軒。輝之言軒,𨋩之言亢,轎之言喬,䡉之言卬,皆上舉之意也。

昀案:輝未作疏證。

獲、戮、羞、恥、㱿,辱也。

獲者,《史記·屈原傳》云:“不獲世之滋垢,皭然泥而不滓者也。”獲,猶辱也。《士昏禮》注云:“以白造緇曰辱。”是也。《方言》:“荆淮海岱雜齊之閒,駡奴曰臧,駡婢曰獲。齊之北鄙、燕之北郊,凡民男而壻婢,謂之臧;女而婦奴,謂之獲。”亦辱之義也。上文云:“濩、辱,汙也。”“濩”與“獲”,古亦同聲(126)。

昀案:戮見《補正》。羞、恥、觳未作疏證。

屑、姘、圭,潔也。

屑者,《方言》:“屑,潔也。”《邶風·谷風》篇“不我屑以”,《鄘風·君子偕老》篇“不屑髢也”,毛傳並云:“屑,絜也。”絜,與“潔”通(127)。

姘者,《説文》:“姘,静也。”《廣韻》云:“女貞絜也。”《邶風·静女》傳云:“静,貞静也。”静,與“姘”通。

圭,與“蠲”通。《士虞禮記》“圭爲而哀薦之”,鄭注云“圭,絜也”,引《小雅·天保》篇:“吉圭爲饎。”今本“圭”作“蠲”。《周官·蜡氏》“令州里除不蠲”,鄭注云:“蠲,讀如‘吉圭惟饎’之圭。”

讒、嫉、殺、獌,賊也。

讒者,《荀子·脩身》篇云:“傷良曰讒,害良曰賊。”

嫉者,王逸注《離騷》云:“害賢爲嫉。”

殺者,昭十四年《左傳》云:“殺人不忌爲賊。”

獌者,《説文》:“獌,賊疾也。”《方言》:“慘,殺也。”“慘”與“獌”,聲義相近。

涂、娉、妨、猛、〔妒*〕,害也。

娉、妨,一聲之轉。《釋言》云:“妨,娉也。”《説文》:“妨,害也。”《周語》云:“害於政而妨於後嗣。”

妒者,王逸注《離騷》云:“害色曰妒。”《文選·潘岳〈馬汧督誄〉》注引《廣雅》:“妒,害也。”今本脱“妒”字。

昀案:涂、猛未作疏證。

伸、舒勃,展也①。

① 展,原作“屐”,《疏證》作“展”。

舒勃者,《方言》:"舒、勃,展也。東齊之閒,凡展物謂之舒勃。"

昀案:伸未作疏證。

禦、禁、捘、閣、坐、沈、宿、蹟、矣、竣、挂、礙、鋪、脾、綝、処、哫、跱、根、拘、渟、憤、趨、蹭、柅、驟、蹙、躩、券、〔凝*〕、〔懲*〕、〔已*〕,止也。

捘者,《説文》:"捘,止馬也。"

閣者,《説文》:"各,異詞也。從口、夂。夂者,有行而止之,不相聽意。"《漢書·梁孝王傳》"太后議格",蘇林音閣。張晏注云:"格,止也。"《史記》集解引如淳注云:"攱閣不得下也。"攱,或作"庋"。《内則》"大夫七十而有閣",鄭注云:"閣,以板爲之,庋食物也。"《爾雅》"所以止扉,謂之閣",郭璞注云:"門辟旁長橜也。"徐鍇《説文繫傳》云:"閣,門扇所附著也。"是凡言"閣"者,皆止之義也。凡止與至,義相近。止謂之閣,猶至謂之格也;止謂之底,猶至謂之抵也;止謂之訖,猶至謂之迄也。

沈者,《坎》六三"險且枕",虞翻注云:"枕,止也。"釋文云:"古文作沈。"(128-1)

諸書無訓"矣"爲止者。矣,疑當作"竢"。《爾雅》:"竢、止,待也。"是"竢"與"止"同義。

竣者,退之止也。《齊語》"有司已於事而竣",韋昭注云:"竣,退伏也。"張衡《東京賦》作"踆",《爾雅·釋言》注引《齊語》作"逡"。竣、踆、逡,並同。《周語》"其有悛乎",韋昭注云:"悛,止也。""悛"與"竣",亦聲近義同。

挂,與"礙"同義。《説文》:"礙,止也。"

鋪、脾者,《方言》:"鋪、脾,止也。"《疏證》云:"《詩·大雅》'匪安匪舒,淮夷來鋪',言爲淮夷之故來止。與上'匪安匪遊,淮夷來求'文義適合。舊説讀鋪爲痡,謂爲淮夷而來,當討而病之,失於迂曲。鋪、脾一聲之轉,方俗或云鋪,或云脾耳。"《漢書·天文志》"晷長爲潦,短爲旱,奢爲扶",鄭氏注云:"扶,當爲蟠,齊魯之閒聲如酺。酺、扶聲近。蟠,止不行也。"案:齊魯言"蟠"聲如"酺",與"鋪"聲亦相近也。

綝之言禁也。《説文》:"綝,止也。""止"有安善之意,故字之訓爲止者,亦訓爲善。卷一云:"休、戾,善也。"此云:"綝,止也。"《爾雅》云"綝、徽,善也""徽、戾,止也""休,戾也",皆其證矣。

処,與"處"同。

咹，音遏。《爾雅》："遏，止也。"遏，與"咹"同。咹，又音案。《爾雅》："按，止也。"按，與"咹"亦同。

跱者，《説文》："峙，躇也。"《玉篇》云："《爾雅》'室中謂之跱'，跱，止也。"《列子·湯問》篇"五山常隨潮波上下往還，不得蹔峙"，峙，與"跱"同。引之云：《玉篇》引《爾雅》"室中謂之跱"，今本作"時"。"時"與"跱"，聲近而義同。《大雅·緜》篇"曰止曰時"，箋云："時，是也；曰可止居於是。"正義曰："如箋之言，則上'曰'爲辭，下'曰'爲於也。"案：經文疊用"曰"字，不當上下異訓，二"曰"字皆語辭。時，亦止也，古人有自有複語耳。《爾雅》："爰，曰也。""曰止曰時"，猶言"爰居爰處"。《爾雅》又云："雞棲于弋爲榤，鑿垣而棲爲塒。"《王風·君子于役》篇釋文"塒"作"時"。棲止謂之時，居止謂之時，其義一也。《莊子·逍遥遊》篇"猶時女也"，司馬彪注云："時女，猶處女也。"處，亦止也。《爾雅》："止，待也。"《廣雅》："止、待，逗也。""待"與"跱"，亦聲近而義同。待，又通作"時"。《廣雅》："崒、離，待也。"《方言》"崒"作"萃"，"待"作"時"，皆古字假借。或以"時"爲"待"之譌，非也。

棖者，距之止也。《説文》："歫，止也。"説見《釋言》"樘，距也"下。棖、樘，距、歫，並同。

拘者，《説文》："拘，止也。"

渟，通作"停"。

懫者，《損·象傳》"君子以懲忿窒欲"，釋文云："窒，鄭、劉作懫。懫，止也。"懫，與"窒"通。

趩之言畢也。《説文》："趩，止行也。"《周官·隸僕》"掌蹕宫中之事"，鄭衆注云："蹕，謂止行者清道，若今時'儆蹕'。"《史記·梁孝王世家》"出言趩，入言警"，警、趩，與"儆、蹕"同。《説文》："縪，止也。""縪"與"趩"，亦同義。

抳者，《姤》初六"繫于金柅"，釋文："柅，《説文》作檷，云：'絡絲柎也。'王肅作抳，子夏作鑈，蜀才作尼；止也。"正義引馬融注云："柅者，在車之下，所以止輪令不動者也。"《爾雅》："尼，止也。"並聲近而義同。

驜者，《説文》"樊，騺不行也"(128-2)，樊，與"驜"同。

駤者，《説文》："騺，馬重皃。"《史記·晉世家》云"惠公馬騺不行"(128-3)，騺，與"駤"同(128-4)。《淮南子·脩務訓》"人謂之駤"，高誘注云："駤，不通達也。"《説文》："疐，礙不行也。"《豳風·狼跋》篇"載疐其尾"，義並與"駤"同。"駤"與

"憒",聲亦相近也。

躍者,《説文》:"峙躍,不前也。"《玉篇》音陳如切。《楚辭·九思》云:"握佩玖兮中路躇。"躇,與"躍"同。亭水謂之瀦,義與"躍"亦相近也。

凝者,《大雅·桑柔》篇"靡所止疑",毛傳云:"疑,定也。"正義音凝。王逸注《九歎》云:"凝,止也。"凝,與"疑"通。

懲者,《小雅·沔水》篇"寧莫之懲",毛傳云:"懲,止也。"

《文選·遊天台山賦》注、《别賦》注、張協《雜詩》注並引《廣雅》:"凝,止也。"《衆經音義》卷十三引《廣雅》:"懲,止也。"《華嚴經》卷七音義引《廣雅》:"已,止也。"今本脱"凝、懲、已"三字。

昀案:禦、禁、坐、宿、蹟、蹭、券、已未作疏證。礙並見於挂。

䵘、穠、錁、錗、侅、結、䛏、雃、穽、兹、鈂、繁、盛、饒、僉、怒、輿、植、〔夠*〕、〔錤*〕,多也。

䵘、穠者,䵘之言擁,穠之言濃,皆盛多之意也。《方言》:"䵘、穠,晠多也。南楚凡大而多謂之䵘,或謂之穠。凡人語言過度及妄施行,亦謂之穠。"《後漢書·崔駰傳》"紛纕塞路",李賢注引《方言》:"纕,盛多也。"纕,與"穠"通;盛,與"晠"通。

錁者,《方言》:"凡物晠而多,齊宋之郊、楚魏之際曰夥。"《史記·陳涉世家》云:"夥頤,涉之爲王沈沈者!"楚人謂多爲夥。夥,與"錁"同。今人問物幾許曰"幾多",吴人曰"幾夥",語之轉也。

錗之言委積也。《玉篇》音於果切。《廣韻》又烏禾切,"燕人云多也"。"錗"與"錁",聲亦相近。

侅之言兼該也。《玉篇》:"侅,多也,大也。亦作奒。"

䛏者,《爾雅》"那,多也",釋文:"那,本或作䛏。"《商頌·那》篇"猗與那與",《小雅·桑扈》篇"受福不那",毛傳並云:"那,多也。"那,與"䛏"通。

雃者,《周南·螽斯》篇"螽斯羽,詵詵兮",毛傳云:"詵詵,衆多也。"釋文:"詵,《説文》作雃。"又《説文》:"駪,馬衆多皃。"《小雅·皇皇者華》篇"駪駪征夫",毛傳云:"駪駪,衆多之貌。"《晉語》引《詩》作"莘莘",《楚辭·招魂》注引作"侁侁"。《莊子·徐無鬼》篇"禍之長也兹萃",李頤注云:"萃,多也。"《説文》:"甡,衆生並立之皃。"《大雅·桑柔》篇"甡甡其鹿",毛傳云:"甡甡,衆多也。"《説文》"[爨-火+(林/木)]，衆盛也"，引《逸周書》："[爨-火+(林/木)]疑沮事。"並字異而義同。

䨹，古通作"浮"。《大雅·江漢》篇"江漢浮浮"，毛傳云："浮浮，衆彊皃。"《小雅·角弓》篇"雨雪浮浮"，《大雅·生民》篇"烝之浮浮"，《爾雅》作"烰烰"，郭璞注云："氣出盛。"義並相近也。《爾雅》："裒，多也。""裒"與"䨹"，亦聲近義同。

敍者，《玉篇》音章移、之豉二切。《復》初九"无祇悔"，九家本作"敍"。《文選·西京賦》"清酤敍"，李善注引《廣雅》："敍，多也。"

躭，《玉篇》音丁含切。《漢書·陳勝傳》"夥，涉之爲王沈沈者"，應劭音長含反，聲與"躭"相近也。

僉、怒者，《方言》："僉，夥也。"又云："自關而西，秦晉之閒，凡人語而過曰僉。東齊謂之劒，或謂之弩。弩，猶怒也。"皆盛多之意也。《爾雅》："僉，皆也。"義與"多"亦相近。

輿者，《周官·輿司馬》注云："輿，衆也。"

植，謂蕃植也。字通作"殖"。義見卷一"殖，積也"下。

夠者，《玉篇》夠，苦侯切，"多也"。《廣韻》同。《方言》"凡物晠而多謂之寇"，"寇"與"夠"，聲近義同。《文選·魏都賦》"繁富夥夠"，李善注引《廣雅》："夠，多也。"

《廣韻》䫏，去其切，引《廣雅》："䫏，多也。"《集韻》《類篇》並同。今本脱"夠、䫏"二字。

昀案：䫏、繁、盛、饒未作疏證。

䔿、櫱、蓴、萃、欑、叟、寓、滐、叢、蓄、都、薄、蘊、崇、灌、雜、茨、贅、榛、林、屯、集、宗、族、洿、緫、翕、葉、輸、會、積、〔府*〕，聚也。

䔿之言欑聚也。《説文》："䔿，叢草也。"《玉篇》作緄切，云："苯䔿，草叢生也。"張衡《西京賦》云："苯䔿蓬茸。"《南都賦》云："森䔿䔿而刺天。"《楚辭·離騷》"紛緫緫其離合兮"，王逸注云："緫緫，猶僔僔，聚貌也。"揚雄《甘泉賦》云："齊緫緫撙撙其相膠轕兮。"《説文》："僔，聚也。""噂，聚語也。"《小雅·十月之交》篇"噂沓背憎"，毛傳云："噂，猶噂噂；沓，猶沓沓。"是凡言"䔿"者，皆聚之義也。成十六年《左傳》"蹲甲而射之"，杜預注云："蹲，聚也。""蹲"與"䔿"，亦聲近義同。

櫱者，《文選·藉田賦》注引《倉頡篇》云："蘗，聚也。"哀十三年《左傳》"佩玉縈兮”,杜預注云:“縈然服飾備也。”《廣韻》:“蕊,草木叢生皃。”《楚辭·離騷》:“貫薜荔之落蘂。”劉逵注《蜀都賦》云:“蘂者,或謂之華,或謂之實。一曰華鬚頭點。”皆聚之義也。

蓴者,《大雅·行葦》篇“敦彼行葦”,毛傳云:“敦,聚貌。”《特牲饋食禮》:“佐食摶黍授祝。”蓴、摶、敦,並通,亦通作“團”。《説文》:“蓴,蒲叢也。”亦聚之義也。蓴,各本譌作“蓴”,惟影宋本不譌。

欑者,《文選·西都賦》注引《倉頡篇》云:“欑,聚也。”《喪大記》“君殯用輴,欑至于上”,鄭注云:“欑,猶菆也。”菆,與“叢”同。《史記·司馬相如傳》云:“鑽羅列聚叢以蘢茸兮。”鑽,與“欑”通。《説文》:“欑,積竹杖。一曰叢木。”皆聚之義也。又云:“儹,聚也。”亦與“欑”聲近義同。欑,各本譌作“揩”。欑,俗作“櫕”,遂譌而爲“揩”。《文選·顏延之〈應詔觀北湖田收〉詩》注引《廣雅》:“欑,聚也。”今據以訂正。

嵏之言總也,叢也。《説文》:“嵏,斂足也。鵲鵙醜,其飛也嵏。”《爾雅》作“翪”,郭璞注云:“竦翅上下也。”《陳風·東門之枌》篇“越以鬷邁”,鄭箋云:“鬷,總也。”《周官·掌客》注云:“《聘禮》曰:‘四秉曰筥,十筥曰稯。’稯,猶束也。”《説文》:“稯,布之八十縷也。”字亦作“緵”。《史記·孝景紀》云:“令徒隸衣七緵布。”《西京雜記》云:“五絲爲䋞,倍䋞爲升,倍升爲緎,倍緎爲紀,倍紀爲緵。”《爾雅》“緵罟謂之九罭。九罭,魚罔也”,郭注云:“今之百囊罟是也。”《玉篇》:“騣,馬鬣也。”“鬉,毛亂也。”《漢書·司馬相如傳》“淩三嵕之危”,顏師古注云:“三嵕,三峯聚之山也。”《爾雅》云:“豕生三,豵。犬生三,猣。”《説文》:“豵,生六月豚也。一曰一歲曰豵,尚叢聚也。”是凡言“嵏”者,皆聚之義也。

都之言豬也。《禹貢》“大野既豬”“彭蠡既豬”“熒波既豬”,《史記·夏本紀》並作“都”。都、豬,皆聚也。僖十六年《穀梁傳》云:“民所聚曰都。”

薄者,《釋草》云:“草藂生爲薄。”藂,與“叢”同。《楚辭·九章》“露申辛夷,死林薄兮”,王逸注云:“叢木曰林,草木交錯曰薄。”《淮南子·原道訓》“隱于榛薄之中”,高誘注云:“藂木曰榛,深草曰薄。”皆聚之義也。

藴、崇者,藴,《説文》作“薀”,“積也”。《酒誥》“矧曰其敢崇飲”,傳云:“崇,聚也。”義見卷一“薀、崇,積也”下。崇、宗,聲相近,故皆訓爲聚也。

灌者,《爾雅》云:“灌木,叢木。”又云:“木族生爲灌。”族、叢,一聲之轉。《周南·葛覃》篇“集于灌木”,《大雅·皇矣》篇“其灌其栵”,毛義並與《爾雅》同。

《夏小正》“五月，啟灌藍蓼”，傳云：“灌也者，藂生者也。”

茨，義見卷一“茨，積也”下。

贅者，《説文》：“贅，最也。”隱元年《公羊傳》“會，猶最也”，何休注云：“最，聚也。”《漢書·武帝紀》“毋贅聚”，如淳注云：“贅，會也。”會、最、聚，並同義。《大雅·桑柔》篇“具贅卒荒”，毛傳云：“贅，屬也。”正義云：“贅，猶綴也，謂繫綴而屬之。”《長發》云：“爲下國綴旒。”襄十六年《公羊傳》曰：“君若贅旒然。”是“贅、綴”同也。《孟子》曰：“太王屬其耆老。”《書》傳曰：“贅其耆老。”是“贅”爲“屬”也。“屬”與“聚”，亦同義。

榛者，《説文》：“榛，菆也。”《淮南子·原道訓》“木處榛巢”，高注云：“聚木曰榛。”《莊子·徐無鬼》篇“逃乎深蓁”，蓁，與“榛”通。《漢書·揚雄傳》“枳棘之榛榛兮”，顔師古注云：“榛榛，梗穢貌。”《説文》：“蓁，草盛皃。”《周南·桃夭》篇“其葉蓁蓁”，毛傳云：“蓁蓁，至盛貌。”《楚辭·招魂》“蝮蛇蓁蓁”，王逸注云：“蓁蓁，積聚之貌。”義並同也。榛，各本譌作“搸”，今訂正。

林者，《説文》：“平土有叢木曰林。”《周語》“林鍾，和展百事，俾莫不任肅純恪也”，韋昭注云：“林，衆也，言萬物衆盛也。”皆聚之義也。

宗者，衆之所主，故爲聚也。《喪服傳》云：“大宗者，尊之統也；大宗者，收族者也。”

族者，《白虎通義》云：“族者，湊也，聚也，謂恩愛相流湊也。上湊高祖，下至玄孫，一家有吉，百家聚之，生相親愛，死相哀痛，有會聚之道，故謂之族。”族、湊、聚，聲並相近。凡聚與衆義相近，故衆謂之宗，亦謂之林；聚謂之林，亦謂之宗。聚謂之蒐，猶衆謂之搜也；聚謂之都，猶衆謂之諸也。聚謂之裒，猶多謂之裒也；聚謂之灌，猶多謂之觀也。

洿者，水所聚也。《衆經音義》卷八引《三倉》云：“亭水曰洿。”隱三年《左傳》“潢汙行潦之水”，服虔注云：“畜小水謂之潢，水不流謂之汙。”汙，與“洿”通。

諸書無訓“緦”爲聚者。緦，當作“總”。《説文》：“總，聚束也。”緦，本作“緫”，與“總”字相似，故“總”譌作“緦”。曹憲音思，失之也。

翕、葉者，《方言》：“撲、翕、葉，聚也。楚謂之撲，或謂之翕。葉，楚通語也。”《爾雅》：“翕，合也。”合，亦聚也。《淮南子·原道訓》云：“大渾而爲一，葉累而無根。”是“葉”爲聚也。《説文》：“葉，草木之葉也。”亦叢聚之義也。又《説文》“鍱，鏶也",徐鍇傳云:"今言鐵葉。"是也。案:今人猶謂鐵片爲鐵葉,亦取叢集之義。"鍱"與"葉"同音。"鏶"與"集"同音。集、葉,皆聚也,故鍱又謂之鏶矣。卷一云:"擛,積也。""擛"與"葉",亦聲近義同。

輸者,《説文》:"輸,委輸也。"《史記·平準書》云:"置平準于京師,都受天下委輸。"木華《海賦》云:"於廓靈海,長爲委輸。"皆聚之義也。

府者,《吕刑》"惟府辜功",傳云:"聚罪之事。"《魯語》"皆怨府也",韋昭注云:"怨之所聚,故曰府。"隱七年《左傳》正義引《風俗通義》云:"府,聚也。公卿牧守府,道德之所聚也。藏府、私府,財貨之所聚也。"《衆經音義》卷二十、卷二十三並引《廣雅》:"府,聚也。"各本皆脱"府"字,今補。

又"藴"字重出,今删。

昀案:萃、雋、濛、叢、蓄、雜、屯、集、會、積未作疏證。

主、戍、門、獸,守也。

主者,《序卦傳》云:"主器者莫若長子。"

獸、守,聲相近。《説文》:"獸,守備也。"

昀案:戍、門未作疏證。

餘、凡、總、同,皆也。

餘者,昭二十八年《左傳》"謂知徐吾、趙朝、韓固、魏戊餘子之不失職,能守業者也",杜預注云:"卿之庶子爲餘子。"《逸周書·糴匡解》"餘子務藝",孔晁注云:"餘,衆也。"《論語·雍也》篇云:"其餘則日月至焉而已矣。"是"餘"爲"皆共"之詞也。成十五年《公羊傳》"魯人徐傷歸父之無後也",何休注云:"徐者,皆共之辭也。""徐"與"餘",亦聲近義同。

總,各本譌作"総"。《文選·顔延之〈車駕幸京口侍遊蒜山〉詩》注引《廣雅》:"總,皆也。"《衆經音義》卷二十二引《廣雅》:"凡、總,皆也。"今據以訂正。

昀案:凡、同未作疏證。

修、歁、略、道、旬、越、抑、蘵、撤、撥、對、繕、傳、列、疏、竘、貌、攻、捲、刑、摇、療、亂、理、滰、〔墾*〕①,治也。

① 道、療,原作"道、瘦",《疏證》作"道、療"。

䛿，各本譌作“蓻”。䛿，隸或作“䪿”，故譌而爲“蓻”。《説文》：“籟，窮治辠人也；從㚔、人、言，竹聲。或省作䛿。”《玉篇》《廣韻》並同。今據以訂正。《文王世子》“告于甸人”，鄭注云：“告，讀爲鞠，讀書用法曰鞠。”《史記·李斯傳》云：“令鞠治之。”《酷吏傳》云：“訊鞫論報。”並字異而義同。

略者，《説文》：“略，經略土地也。”《禹貢》：“嵎夷既略。”是其義也。傳云：“用功少曰略。”失之。

道者，《論語·學而》篇“道千乘之國”，包咸注云：“道，治也。”

旬者，《大雅·桑柔》篇“其下侯旬”，毛傳云：“旬，均也。”字通作“洵”。《爾雅》“洵，均也”，郭璞注云：“謂調均。”是治之義也。《周官·均人》“凡均力政，以歲上下。豐年，則公旬用三日焉；中年，則公旬用二日焉；無年，則公旬用一日焉”，鄭注云：“旬，均也；讀如‘罃罃原隰’之罃。”《易》“坤爲均”，今書亦有作“旬”者。旬、均，聲義並同，故《小爾雅》亦云：“旬，治也。”

越者，《周語》“汩越九原，宅居九隩”，汩、越，皆治也。《説文》：“汩，治水也。”“越”與“汩”，聲相近，故同訓爲治，猶“越”與“曰”之同訓爲于也。《説苑·指武》篇云：“城郭不脩，溝池不越。”是“越”爲治也。韋昭注訓“越”爲揚，失之。

抑者，《孟子·滕文公》篇“禹抑洪水而天下平”，趙岐注云：“抑，治也。”《荀子·成相》篇云：“禹有功，抑下鴻。”

蕺者，《衆經音義》卷十三引《廣雅》作“截”。《大雅·常武》篇“截彼淮浦”，毛傳云：“截，治也。”《商頌·長發》篇“海外有截”，鄭箋云：“截，整齊也。”王肅注云：“四海之外，截然整齊而治。”(129-1)

撤者，《大雅·公劉》篇“徹田爲糧”，《崧高》篇“徹申伯土田”，毛傳並云：“徹，治也。”徹，與“撤”通。

撥者，《商頌·長發》篇“玄王桓撥”，哀十四年《公羊傳》“撥亂世，反諸正”，《楚辭·九章》“孰察其撥正”，毛傳、何注、王注並云：“撥，治也。”

諸書無訓“對”爲治者。對，當爲“討”。隸書“言”字或從篆文作“𧥛”，與“對”字左畔相似，故“討”譌作“對”。《説文》：“討，治也。”(129-2)《玉篇》《廣韻》並同。

繕者，《衆經音義》卷七引《三倉》云：“繕，治也。”隱元年《左傳》云：“繕甲兵。”

傅者,《孟子·滕文公》篇"堯獨憂之,舉舜而敷焉",趙岐注云"敷,治也",引《禹貢》:"禹敷土。"敷,與"傅"同,故《史記·夏本紀》作"傅土"。今本《孟子》"敷"下有"治"字,後人取注義加之也。

疏,與"理"同義,謂分治之也。《孟子·滕文公》篇云:"禹疏九河。"

竘、貌者,《方言》"竘、貌,治也。吴越飾貌爲竘,或謂之巧",郭璞注云:"謂治作也。"《説文》:"竘,匠也。"《小爾雅》:"匠,治也。"《淮南子·人閒訓》云:"室始成,竘然善也。"《説文》:"皃,頌儀也。籀文作貌。"是"竘、貌"皆爲治也。貌,各本作"䫉",乃隸書之譌,今訂正。

攻者,鄭注《周官·瘍醫》云:"攻,治也。"《甘誓》云:"左不攻于左。"

摇、療者,《方言》"愮、療,治也。江湘郊會謂醫治之曰愮,或曰療",注云:"俗云厭愮病。"愮,與"摇"通。《説文》:"㿥,治也。"《陳風·衡門》篇"可以樂飢",鄭箋"樂"作"㿥",《韓詩外傳》作"療"。並字異而義同。《説文》:"藥,治病草也。"《大雅·板》篇云:"不可救藥。"襄二十六年《左傳》云:"不可救療。"療、摇、藥,並同義。"摇、療"之同訓爲治,猶"遥、遼"之同訓爲遠,"燿、燎"之同訓爲照。聲相近,故義相同也。摇,曹憲音亦咲反。各本"亦咲反"三字誤入正文内,"咲"字又誤作"唉"。《方言》"愮、療,治也"注"愮,音曜",正與"亦咲反"相合,今據以訂正。

亂者,《爾雅》:"亂,治也。"《皋陶謨》云:"亂而敬。"

澡者,治去垢也。《説文》:"澡,洒手也。"《儒行》云:"澡身而浴德。"《喪服》"澡麻帶絰",鄭注云:"澡者,治去莩垢。"(129-3)《喪服小記》"帶澡麻",鄭注云:"澡,率治麻爲之。"正義云:"謂戛率其麻,使潔白也。"

墾者,《玉篇》《廣韻》並云:"墾,耕也,治也。"《周語》云:"土不備墾。"《爾雅·釋訓》釋文及《文選·海賦》注並引《廣雅》:"墾,治也。"今本脱"墾"字。

昀案:修、列、捲、刑、理未作疏證。

側匿、蹴、緮、瘷、瘯①、縮、揫、緅,縮也。

側匿者,《説文》:"朔而月見東方,謂之縮朒。"《漢書·五行志》云:"晦而月見西方,謂之朓;朔而月見東方,謂之仄慝。仄慝,則侯王其肅;朓,則侯王其舒。劉向以爲朓者,疾也,君舒緩則臣驕慢,故日行遲而月行疾也;仄慝者,不進之意,君

① 瘯,原作"瘦",《疏證》作"瘯"。

肅急則臣恐懼,故日行疾而月行遲,不敢迫近君也。劉歆以爲舒者,侯王展意顓事,臣下促急,故月行疾也;肅者,侯王縮朒不任事,臣下弛縱,故月行遲也。"《周官·保章氏》疏、《後漢書·蔡邕傳》注、《文選·月賦》注引《書大傳》並作"側匿"。《太平御覽》引鄭注云:"側匿,猶縮縮,行遲貌。"縮朒、側匿、仄慝,並聲近而義同。《太玄·禮》次八云:"冠戚忸。""戚"音子六反,"戚忸"與"側匿",亦聲近而義同。

蹴,即"戚忸"之"戚"。《説文》:"縮,蹴也。"《小雅·節南山》篇"蹙蹙靡所騁",鄭箋云:"蹙蹙,縮小之貌。"成十六年《左傳》云:"南國蹴。"《哀公問》云:"孔子蹴然辟席而對。"《論語·鄉黨》篇云:"踧踖如也。"並字異而義同。"蹙"與"縮",古亦同聲,故《儀禮》古文"縮"皆作"蹙"。蹴,各本譌作"蹮",或譌作"躩",今訂正。

縒者,司馬相如《子虛賦》"襞積褰縐",張注云:"褰,縮也。"《漢書·董仲舒傳》"日朘月削",孟康注云:"朘,謂轉褰踧也。"褰,與"縒"通。

瘷者,《衆經音義》卷十五引《通俗文》云:"縮小曰瘷。"《淮南子·天文訓》"月死而贏蛖膲",高誘注云:"膲,肉不滿也。"《太平御覽》引此,"膲"作"瘷",又引許慎注云:"瘷,減蹴也。"今俗語猶謂物不伸曰瘷矣。

瘷,亦瘷也。《樂記》"其哀心感者,其聲噍以殺",鄭注云:"噍,踧也。"《史記·樂書》索隱云:"鄒誕生音將妙反。"又《樂記》"志微噍殺之音",《樂書》"噍殺"作"焦衰",《漢書·禮樂志》作"瘷瘁",顔師古注云:"瘷瘁,謂減縮也;音子笑反。"《魏策》云:"衣焦不申,頭塵不浴。"並字異而義同。

搊,讀如"抽絲"之"抽",謂縮取之也。《説文》:"摍,蹴引也。""搯,引也。或作抽、搊。"是"搊"與"摍"同義。摍、縮,古通用。

緛,曹憲音而兖反。《説文》:"緛,衣戚也。"戚,讀與蹴同。《素問·生氣通天論》云:"大筋緛短,小筋弛長。"《史記·天官書》云:"其已出三日而復有微入,入三日乃復盛出,是謂耎。"《太玄·耎》云:"陽氣能剛能柔,能作能休,見難而縮。"范望注云:"耎而自縮,故謂之耎。"義與"緛"同。《考工記·弓人》"薄其帤則需",鄭注云:"需,謂不充滿。"釋文:"需,人兖反。"義亦與"緛"同[130]。

昀案:縮未作疏證。

贅、受、入、獲、德、謍,得也。

德者,《樂記》云:"禮樂皆得,謂之有德。德者,得也。"《鄉飲酒義》云:"德也者,得於身也。"《大戴禮·盛德》篇云:"能得德法者爲有德。"《説文》作"悳",同。

營者,《楚辭·天問》"何往營班禄,不但還來",王逸注云:"營,得也。"

昀案:贅、受、入、獲未作疏證。

蠻、苗、憍、怚、倨、傲、侮、慢,傷也。

蠻之言慢易也。《史記·夏紀》集解引馬融《禹貢》注云:"蠻,慢也;禮簡怠慢,來不距,去不禁也。"《王制》正義引《風俗通義》云:"君臣同川而浴,極爲簡慢。蠻者,慢也。"

憍,古通作"驕"。

怚者,《説文》:"怚,驕也。"又云:"嫭,驕也。"《吕氏春秋·審應覽》"使人戰者,嚴駔也",高誘注云:"嚴,尊也。駔,驕也。"《淮南子·繆稱訓》云:"矜怚生於不足。"嵇康《幽憤詩》云:"恃愛肆姐。"並字異而義同。

傷,古通作"易"。

昀案:苗、倨、傲、侮、慢未作疏證。

樹、莖、榦、宗、祖、貯、猴、吴、素、葆、科、〔原*〕、〔樞*〕,本也。

"樹、莖、榦"諸字爲"根本"之本,"葆、科"爲"本蕁叢生"之本。

莖、榦,皆枝之本也。《漢書·禮樂志》云:"《五英》,英華茂也;《六莖》,及根莖也。"《文選·魏都賦》注引宋衷《樂動聲儀》注云:"《五莖》,能爲五行之道,立根本也。"是"莖"爲本也。《考工記》謂劒本爲莖,義亦同也。榦,各本譌作"軨"。《白虎通義》云:"榦者,本也。"《文選·文賦》注及《衆經音義》卷二、卷十七並引《廣雅》:"榦,本也。"今據以訂正。

宗、祖者,《晉語》"禮之宗也",韋昭注云:"宗,本也。"《管子·戒》篇云:"孝弟者,仁之祖也。"高誘注《淮南子·原道訓》云:"祖、宗,皆本也。"

貯者,業也,若今人所謂本錢也。《玉篇》云:"貯,本作鍇。"《説文》:"鍇,業也。"《史記·平準書》云:"筭軺車賈人緡錢皆有差。"《漢書·武帝紀》"初筭緡錢",李斐注云:"緡,絲也,以貫錢也。一貫千錢,出筭二十也。"貯、鍇、緡,並通。

猴,曹憲音侯。各本"猴"作"賧",因上"貯"字而誤;音内"侯"字又譌作

"候"。《集韻》《類篇》睺，下遘切，引《廣雅》："睺，本也。"則宋時《廣雅》本已然。考《玉篇》云："睺，龍貝，出南海。"《廣韻》云："睺瞜，貪財之皃。"皆不訓爲本。《方言》"翭，本也"，郭璞音侯，云："今以鳥羽本爲翭。"《説文》："翭，羽本也。"《玉篇》《廣韻》並音侯。《九章算術·粟米》章"買羽二千一百翭"，劉徽注云："翭，羽本也。數羽稱其本，猶數草木稱其根株。"今據以訂正(131-1)。

素者，《列子·天瑞》篇云："太素者，質之始也。"《易乾鑿度》同，鄭注云："地質之所本始也。"(131-2)

葆，訓爲本，謂草木叢生本蓴然也。《玉篇》"蓴"字注云："本蓴，草叢生也。"本，或作"苯"。張衡《西京賦》云："苯蓴蓬茸。"《釋言》云："菽，葆也。"《釋訓》云："務務、葆葆，茂也。"《説文》："葆，草盛皃。"《吕氏春秋·審時》篇云："得時之稻，大本而莖葆。"《漢書·武五子傳》"頭如蓬葆"，顔師古注云："草叢生曰葆。"葆、本，一聲之轉，皆是叢生之名。葆，猶苞也。《小雅·斯干》篇"如竹苞矣"，毛傳云："苞，本也。"鄭箋云："時民殷衆，如竹之本生矣。"本生即叢生，故以"殷衆"言之。《爾雅》云："苞、蕪、茂，豐也。"又云："苞，稹也。"孫炎注云："物叢生曰苞，齊人名曰稹。"是"苞"與"葆"同義。

科者，《釋言》云："科，藂也。"藂，與"叢"同。

樞者，《淮南子·原道訓》"還反於樞"，高誘注云："樞，本也。"《文選·洞簫賦》注引《廣雅》："原，本也。"《衆經音義》卷四，卷十四、十七、十八並引《廣雅》："樞，本也。"今本脱"原、樞"二字。

昀案：樹、吴未作疏證。

廋、索、略、祈、謏、詷、乞、匃、拊、藪、絿、請、募、樞，求也。

廋、略者，廋，與"搜"同。《方言》："搜、略，求也。秦晉之閒曰搜；就室曰搜，於道曰略。略，强取也。"襄四年《左傳》"季孫曰略"，杜預注云："不以道取曰略。"

索者，《説文》："索，入家搜也。"①經傳通作"索"。

謏、詷者，《説文》："謏，流言也。"《廣韻》云："流言有所求也。"《説文》："夐，營求也。"夐，與"謏"同義。《説文》："詷，知處告言之也。"《史記·淮南王安傳》"爲中詷長安"，徐廣注云："詷，伺候采察之名也。"《急就篇》云："乏興猥逮詷讂

① 入，原譌作"人"。

求。"詷、譲,聲相近。"詷"與"譲"之同訓爲求,猶"迥"與"敻"之同訓爲遠也。

募者,《説文》:"募,廣求也。"《吴子·圖國》篇云:"簡募良材,以備不虞。"

昀案:祈、乞、匃、拊、藪、綠、請、柩未作疏證。

揣、鬭、陶、拂、糞[①]、埽、寫、雪、擊、摒、篾、挀、耘、撥、祓、〔辟*〕,除也。

揣者,《説文》:"椯,𠜒也。""𠜒,刊也。"刊,與"除"同義。《説文》"椯"字注云:"一曰揣度也。"《集韻》《類篇》"揣、椯"並楚委、丁果二切。是"揣"與"椯"聲義同也。

拂者,《曲禮》"進几杖者拂之",鄭注云:"拂,去塵。"《大雅·生民》篇"茀厥豐草",《韓詩》作"拂",云:"拂,弗也。"茀、弗,並與"拂"通。

糞、埽者,糞猶拂也,語之轉耳。昭三年《左傳》云:"小人糞除先人之敝廬。"《説文》:"糞,棄除也。""坌,埽除也。""埽,坌也。"《周官·隸僕》"掌五寢之埽除糞洒之事",《少儀》云:"氾埽曰埽,埽席前曰拚。"糞、坌、拚,並通。

寫之言瀉也。《邶風·泉水》篇"以寫我憂",毛傳云:"寫,除也。"又《小雅·蓼蕭》篇"我心寫兮",毛傳云:"輸寫其心也。"《周官·稻人》:"以澮寫水。"皆除去之意也。

雪者,《吕氏春秋·不苟論》"雪殽之恥",高誘注云:"雪,除也。"雪之言刷也。《晏子春秋·諫》篇"景公刷涕而顧晏子",《列子·力命》篇作"雪涕"。

擊者,《玉篇》音步波、步丹二切。潘岳《射雉賦》"擊場拄翳",徐爰注云:"擊者,開除之名,謂除地爲場也。"

摒,音必政、必郢二反,字通作"屏"。《大雅·皇矣》篇云:"作之屏之。"

挀者,《説文》"薅,拔田草也。籀文作蒘,或作茠",引《周頌·良耜》篇:"既茠荼蓼。"今《詩》作"以薅荼蓼。"又《説文》"畱"字注引《漢律》:"畱田茠草。"並字異而義同。今俗語猶云"挀草"矣。

耘者,《小雅·甫田》篇"或耘或耔",毛傳云:"耘,除草也。"

撥者,《史記·太史公自序》云:"秦撥去古文,焚滅詩書。"《説文》:"癹,以足蹋夷草也。"又云:"䥽,兩刃,有木柄,可以刈草;讀若撥。"義並相近也。

祓者,《説文》:"祓,除惡祭也。"《周官·女巫》:"掌歲時祓除釁浴。"《大雅·生民》篇"以弗無子",鄭箋云:"弗之言祓也,祓除其無子之疾而得福也。"《檀弓》

① 糞,原作"䉵",《疏證》作"糞"。

云:"巫先拂柩。"祓,與"拂、弗"亦通。祓,畢本、吳本譌作"柭",胡文煥本又譌作"拔",惟影宋本、皇甫本不譌。

辟者,《文選·上林賦》注引薛君《韓詩章句》云:"辟,除也。"《大雅·皇矣》篇云:"啟之辟之。"《衆經音義》卷二十一引《廣雅》:"辟,除也。"今本脱"辟"字。

昀案:斸、陶、篗未作疏證。

蹲、跠、𡰥、啟、肆,踞也。

蹲、跠者,《説文》:"蹲,踞也。"《淮南子·説山訓》云:"蹲踞而誦詩書。"《南山經》"箕尾之山,其尾踆于東海",郭璞注云:"踆,古蹲字。"《説文》又云:"夋,倨也。"蹲、踆、夋,並同字。倨,與"踞"通。

跠,與下"𡰥"字同,亦通作"夷"。《論語·憲問》篇"原壤夷俟",馬融注云:"夷,踞也。"《賈子·等齊》篇云:"織履蹲夷。"王延壽《魯靈光殿賦》云:"卻負載而蹲跠。"

啟者,《爾雅》:"啟,跪也。"《小雅·四牡》篇"不遑啟處",毛傳訓與《爾雅》同。"跪"與"踞"皆有安處之義,故"啟"訓爲跪,又訓爲踞。《采薇》篇又云:"不遑啟居。"居、踞,聲亦相近。《説文》:"居,蹲也。""踞,蹲也。""跽,長跪也。""曩,長踞也。"居、踞、跽、曩、啟、跪,一聲之轉,其義並相近也。

肆者,《説文》:"肆,極陳也。"義與"踞"相近。《法言·五百》篇云:"夷俟倨肆。"《漢書·敘傳》云:"何有踞肆於朝。"

昀案:𡰥並見於跠。

歛、欿、匃、貸、誣、諂、授、施、禅、稟、付、載、埤、分、越、以、乞、遺、予[1],〔與〕也。

各本"予"下皆無"與"字,此因"予、與"二字同聲,故傳寫脱去"與"字耳。《集韻》引《廣雅》:"歛,予也。"則宋時《廣雅》本已脱去"與"字。案:此條"與"字有二義:一爲"取與"之與,"歛、欿、匃、貸、授、施"諸字是也;一爲"與共"之與,"誣、諂、越、以"四字是也。義雖不同,而皆得訓爲與。若"予"字,則但有取與之義,無與共之義,故"誣、諂、越、以"四字可訓爲與,不可訓爲予。又《衆經音義》卷十一、十八並引《廣雅》"稟,與也";卷十二引《廣雅》"分,與也";卷一、卷三、卷九、卷十四並

① 欿、稟、乞、遺,原作"钦、禀、气、遣",《疏證》作"欿、稟、乞、遺"。

引《廣雅》"遺,與也"。皆作"與",不作"予"。今據以補正。或謂"予、與"二字同聲,不當並見。案:《爾雅》云:"輔,俌也。""嗟,㘅也。""迺,乃也。"《廣雅》云:"壹,弌也。""炳,爇也。""煖,煗也。"若斯之類,皆同聲而並見。蓋古今異字,必以此釋彼而其義始明。"予"之訓與,亦猶是也。《説文》"與"本作"与",云:"賜予也。"鄭衆注《周官·大卜》云:"與,謂予人物也。"郭璞注《爾雅》云:"與,猶予也。"注《方言》云:"予,猶與也。"此又"予、與"二字互訓之證矣。

歛者,卷一云:"歛,欲也。""歛"爲欲而又爲與,"乞、匄"爲求而又爲與,"貸"爲借而又爲與,"稟"爲受而又爲與。義有相反而實相因者,皆此類也。

𢻫,與"乞"聲相近,故亦訓爲與。

匄者,《漢書·西域傳》"我匄若馬",顔師古注云:"匄,乞與也。"《後漢書·竇武傳》云:"匄施貧民。"

貸者,《説文》:"貸,施也。"文十六年《左傳》云:"宋饑,竭其粟而貸之。"

誣、淹,謂相阿與也。《方言》:"誣、淹,與也。吳越曰誣,荆齊曰淹。與,猶秦晉言阿與也。"《玉篇》:"淹,匿也。"匿,即阿與之意。

裨,與下"埤"字同義。《方言》:"埤,予也。"《説文》:"裨,接益也。"

稟者,《説文》:"稟,賜穀也。"《漢書·文帝紀》"吏稟當受鬻者",顔師古注云:"稟,給也。"

分者,韋昭《魯語》注云:"分,予也。"

越,猶及也。《爾雅》:"及,與也。"《大誥》云:"大誥爾多邦,越爾御事。"是也。

以者,《召南·江有汜》篇云:"不我以。"又云:"不我與。"鄭箋云:"以,猶與也。"

乞者,《漢書·朱買臣傳》云:"糧用乏,上計吏卒更乞匄之。"各本"匄"字重出,今删。

昀案:授、施、付、載、遺、予未作疏證。埤並見於裨。

闕、霝、罜罣、宊、竂、䆈、豁、埫、邱、寥、廓、虚、甹、素、科,空也。

闕者,缺之空也。《玉篇》云:"闕閺,無門户也。"《釋言》云:"㓞,缺也。""㓞"與"闕",聲近義同。

霝之言瓏玲也。《説文》"櫺,楯閒子也",徐鍇傳云:"即今人闌楯下爲横櫺也。"《説文》:"軨,車轖閒横木也。"《楚辭·九辯》"倚結軨兮長太息",字亦作"笭"。《釋名》:“笭,横在車前,織竹作之,孔笭笭也。”定九年《左傳》“載葱靈”,賈逵注云:“葱靈,衣車也,有葱有靈。”葱,與“窻”同。靈,與“櫺”同。《楚辭·九章》“乘舲船余上沅兮”,王逸注云:“舲船,船有牕牖者。”《説文》:“籠,笭也。”是凡言“霝”者,皆中空之義也。霝,各本作“霛”。《玉篇》《廣韻》並云:“霛,古文靈字。”夏竦《古文四聲韻》云:“靈,古《尚書》作䨩,崔希裕《纂古》作霛、霝、霛。”案:䨩,即篆文“霝”字,譌而爲“霛”,又譌而爲“霝”、爲“霛”,皆俗書也。當從“霝”爲正。

罜罣者,《玉篇》:“罜罣,小空皃。”《廣韻》云:“罜罣,小網也。”義並相近。“罣”與“霝”,義亦相近也。

窦者,《説文》:“窦,穿也。”《玉篇》云:“穿也,空也。或爲胅、閃。”又云:“闞閃,無門户也。”《説文》:“胅,孔也。”《廣韻》:“疢,瘡裹空也。”義並相近。

寮者,《説文》:“寮,穿也。”《衆經音義》卷一引《倉頡篇》云:“寮,小空也。”張衡《西京賦》云:“交綺豁以疏寮。”《玉篇》:“蓤,草木莖葉疏也。”《廣韻》:“鐐,有孔鑪也。”義並相近。

寥者,《説文》:“廫,空虚也。”“寥,空谷也。”《老子》“寂兮寥兮”,河上公注云:“寥,空無形也。”《楚辭·遠遊》篇云:“上寥廓而無天。”《漢書·司馬相如傳》“寥”作“嵺”。《九辯》云:“泬寥兮天高而氣清,宋廖兮收潦而水清。”義並相近也。

豁者,《説文》:“䜿,通谷也。”司馬相如《哀二世賦》:“通谷䜿乎谽谺。”䜿,與“豁”同。《説文》:“奯,空大也;讀若《詩》‘施罟泧泧’。”今《詩》作“施罛濊濊”,馬融注云:“大魚罔,目大豁豁也。”《廣韻》:“奯,大開目也。”義並相近。

坳者,上文云:“坳、寥,深也。”“深”與“空”,義相近,故深謂之坳,亦謂之寥;空謂之寥,亦謂之坳矣。

邱者,昭十二年《左傳》“是能讀三墳、五典、八索、九邱”,延篤注引張平子説云:“九邱,《周禮》之九刑。邱,空也,空設之也。”《漢書·息夫躬傳》“寄居邱亭”,顔師古注云:“邱,空也。”《公孫宏傳》云:“客館邱虚而已。”賈逵説“九邱”云:“九州亡國之戒。”孟康注《楚元王傳》云:“西方謂亡女壻爲邱壻。”義並相近也。

窾者,《莊子·養生主》篇“道大窾”,崔譔注云:“窾,空也。”[(132)]《漢書·司馬遷傳》“實不中其聲者謂之款”,服虔注云:“款,空也。”款,與“窾”通。《爾雅》“鼎款足者謂之鬲”,郭璞注云:“鼎曲腳也。”案:款足,猶空足也。《漢書·郊祀志》“鼎空足曰鬲”,蘇林注云:“足中空不實者名曰鬲。”是其證矣。空、窾,一聲之轉。

“空”之轉爲“款”，猶“悾”之轉爲“款”。《論語·泰伯》篇云：“悾悾而不信。”《楚辭·卜居》篇云：“吾寧悃悃款款朴以忠乎。”款款，亦悾悾也。

廓者，高誘注《淮南子·精神訓》云：“廓，虚也。”《管子·輕重乙》篇云：“廓然虚。”

素者，《魏風·伐檀》篇“不素餐兮”，毛傳云：“素，空也。”

科者，《説卦傳》“其於木也，爲科上槁”，釋文云：“科，空也。”《史記·張儀傳》“虎賁之士，跿跔科頭”，集解云：“科頭，謂不著兜鍪入敵也。”亦空之義也。《説文》：“窠，空也。一曰鳥巢也。穴中曰窠，樹上曰巢。”《孟子·離婁》篇“盈科而後進”，趙岐注云：“科，坎也。”義並相近。“科”與“窾”，聲亦相近。高誘注《淮南子·原道訓》云：“窾，空也；讀‘科條’之科。”

昀案：虚、甹未作疏證。

移、貿、恤、施、夷、詑、狄、假、變、奪，敭也。

此條“敭”字有二義：“移、貿”諸字爲“變易”之易，“夷、詑”爲“平易”之易(133-1)。易，與“敭”通。

施，讀當如“施于中谷”之“施”。《周南·葛覃》傳云：“施，移也。”《大雅·皇矣》篇“施于孫子”，鄭箋云：“施，猶易也，延也。”《喪服傳》“絶族無施服”，鄭注云：“在旁而及曰施。”義並相同。《爾雅》“弛，易也”，郭璞注云：“相延易。”“弛”與“施”，亦聲近義同。

夷者，《説文》：“徥，行平易也。”通作“夷”。《爾雅》：“夷，易也。”《周頌·天作》篇“岐有夷之行”，《有客》篇“降福孔夷”，毛傳並與《爾雅》同。

詑，亦謂平易也。字通作“佼”。《春秋》莊十三年“冬，公會齊侯，盟于柯”，《公羊傳》云：“何以不日，易也。”何休注云：“易，猶佼易也，相親信無後患之辭。”(133-2)《天作》箋云：“岐邦之君，有佼易之道。”是“佼”與“夷”同義(133-3)。

奪者，《堯典》云：“八音克諧，無相奪倫。”

昀案：移、貿、恤、狄、假、變未作疏證。

緐、般、員、宗、旅、搜、卉、林、苗、風、邱、諸、〔猥*〕，衆也。

般者，《夏小正》“浮游有殷”，《鄭風·溱洧》篇“殷其盈矣”，傳並云：“殷，衆也。”

員，讀若云。《説文》：“員，物數也。”春秋楚伍員，字子胥。《爾雅》：“僉、咸、胥，皆也。”是衆之義也。《説文》：“䟰，物數紛䟰亂也。”《孫子·兵勢》篇云：“紛紛紜紜。"《釋名》云:"雲,猶云云,衆盛意也。"義並與"員"同。《説文》:"䙨,外博衆多視也;讀若運。""䙨"與"員",亦聲近義同。

宗者,《同人》六二"同人于宗"(134-1),《楚辭·招魂》"室家遂宗",荀爽、王逸注並云(134-2):"宗,衆也。"《爾雅》"道八達謂之崇期",《文選·蜀都賦》注引孫炎注云:"崇,多也;多道會期於此。""崇"與"宗",亦聲近義同。

旅者,《爾雅》:"旅,衆也。"

搜者,《魯頌·泮水》篇"束矢其搜",毛傳云:"搜,衆意也。"《説文》同。《爾雅》:"蒐,聚也。"義亦與"搜"同。

卉之言彙也。《爾雅》"卉,草",《夏書·禹貢》正義引舍人注云:"凡百草一名卉。"是衆之義也。

林者,《説文》:"平土有叢木曰林。"《周語》"林鍾,和展百事,俾莫不任肅純恪也",韋昭注云:"林,衆也,言萬物衆盛也。"《白虎通義》云:"六月謂之林鍾何?林者,衆也,萬物成熟,種類衆多也。"

苗者,《法言·重黎》篇云:"秦楚播其虐於黎苗。"《後漢書·和熹鄧皇后紀》"以贍黎苗",李賢注引《廣雅》:"苗,衆也。"漢《成陽靈臺碑》云:"躬行聖政,以育苗萌。"

邱者,《孟子·盡心》篇云:"得乎邱民而爲天子。"《莊子·則陽》篇云:"邱里者,合十姓百名而以爲風俗也。"《釋名》云:"四邑爲邱。邱,聚也。"皆衆之義也。

猥者,《文選·盧諶〈贈劉琨詩〉》注引許慎《淮南子注》云:"猥,總凡也。"《管子·八觀》篇"以人猥計其野",尹知章注云:"猥,衆也。"《漢書·溝洫志》"水猥盛則放溢",顔師古注云:"猥,多也。"《長笛賦》"山水猥至",注引《廣雅》:"猥,衆也。"又《魏都賦》注、盧諶《贈劉琨詩》注及《後漢書·馮異傳》注引《廣雅》並同。今本脱"猥"字。

昀案:繁、風、諸未作疏證。

有、常、沎、沚、性,質也。

常者,《説苑·脩文》篇云:"常者,質也。"

性者,《莊子·庚桑楚》篇云:"性者,生之質也。"《春秋繁露·深察名號》篇云:"性者,質也。"《漢書·董仲舒傳》云:"質樸之謂性。"《禮器》"增美質",鄭注云:"質,猶性也。"資質謂之性,形質亦謂之性。《楚語》云:"若體性焉,有首領股肱,至於手拇毛脈。"

昀案：有、沘、沚未作疏證。

司、典、尚、質、魁、敵、掌、概、阼，主也。

尚之言掌也(135-1)。高誘注《淮南子·覽冥訓》云："尚，主也。"(135-2)

質者，《曲禮》"行脩言道，禮之質也"，鄭注云："質，猶本也。""本"與"主"，義相近。凡物之本，即物之主也。襄九年《左傳》"要盟無質"，杜預注云(135-3)："質，主也。"(135-4)

魁者，《檀弓》"不爲魁"，鄭注云："魁，猶首也。天文，北斗魁爲首，杓爲末。"《漢書·游俠傳》"閭里之俠，原涉爲魁"，顏師古注云："魁者，斗之本也，故言根本者皆云魁。"

敵，讀爲適。《衛風·伯兮》篇"誰適爲容"，毛傳云："適，主也。"敵、適，古多通用。

昀案：司、典、掌、概、阼未作疏證。

蹙、遒、薄、𢘑，迫也。

"蹙、遒"二字，義見卷一"迫、迺、蹙，急也"下。迺，與"遒"同。

薄、迫，古同聲。高誘注《淮南子·本經訓》云："薄，迫也。"莊十一年《左傳》云："宋師未陳而薄之。"

𢘑者，《說文》："𢘑，迫也。"《爾雅》"速速蹙蹙，惟逑鞫也"，郭璞音義云："逑，迫也。"逑、𢘑，聲近義同。

昀案：蹙、遒未作疏證。

齰、齧、齮、齕、齜、齦、齻、齣、齱、齹、齴、噬、啀、𪘏、啄①，齧也。

齰者，《說文》："齰，齧也。或作齚。"《衆經音義》卷二引《通俗文》云："𪘏咬曰齚。"宋玉《風賦》云："啗齰嗽獲。"《史記·灌夫傳》云："杜門齚舌自殺。"《佞幸傳》云："鄧通常爲帝唶吮之。"《淮南子·脩務訓》云："齕咋足以噆肌碎骨。"並字異而義同。

齧者，《說文》："齧，齰也。"《管子·輕重戊》篇"車轂齧"，尹知章注云："言車轂相齧也。"齧，與"齧"同。

齮者，《說文》："齮，齧也。"《衆經音義》卷七引《倉頡篇》云："齊人謂齧咋爲齮。"《史記·田儋傳》云："秦復得志於天下，則齮齕用事者墳墓矣。"

齕者，《說文》："齕，齧也。"《曲禮》云："庶人齕之。"

---

① 齕、齦，原作"齕、齳"，《疏證》作"齕、齦"。

齜者,《説文》:“齜,齘齒也。”

齦者,《説文》:“齦,齧也。”《玉篇》音口很切。今俗語猶然。

齣者,《集韻》引《字林》云:“齣,大齧也。”

齱者,《玉篇》:“齱,噍齧聲也。”

齹者,《玉篇》:“齱齹,大齧也。”

齰者,《説文》:“齰,齘也。”

咥者,《履·彖辭》“履虎尾,不咥人”,馬融注云:“咥,齕也。”《説文》:“齷,齧堅聲也。”義與“咥”同。

齩者,《説文》:“齩,齧骨也。”《漢書·食貨志》云:“易子而齩其骨。”齩,與“齩”同。今俗語猶云“齩骨”矣。

啄者,《楚辭·招魂》“虎豹九關,啄害下人些”,王逸注云:“啄,齧也。”

昀案:齻、噬未作疏證。

疆、埸、限①、畔,界也。

埸,各本譌作“場”。《後漢書·班固傳》注引《廣雅》:“埸,界也。”《衆經音義》卷十三引《廣雅》:“畺、埸,界也。”今據以訂正。畺,與“疆”同。

昀案:疆並見於埸。限、畔未作疏證。

搴、夭、抽、捽、揠、擢、拂、戎、踰、拼,拔也。

搴者,《説文》“摶,拔取也”,引《離騷》:“朝摶阰之木蘭。”今本作“搴”。《爾雅》“芼,搴也”,樊光注云:“搴,猶拔也。”《管子·四時》篇“毋蹇華絶芽”,《莊子·至樂》篇“攓蓬而指之”,司馬彪、尹知章注並云:“拔也。”搴、摶、攓、蹇,古通用。

夭者,《管子·禁藏》篇云:“毋夭英,毋折芽。”夭英,即《四時》篇所云“蹇華”也(136)。

捽者,《淮南子·俶真訓》“疾風敦木而不能拔毛髮”,高誘注云:“敦,亦拔也。”《覽冥訓》云:“捽拔其根。”捽,與“敦”通。

揠、擢、拂、戎者,《方言》“揠、擢、拂、戎,拔也。自關而西,或曰拔,或曰擢;自關而東,江淮南楚之閒,或曰戎;東齊海岱之閒曰揠”,郭璞注云:“今呼拔草心爲

① 限,原作“限”。

揠。"《孟子·公孫丑》篇"宋人有閔其苗之不長而揠之者",趙岐注云:"揠,挺拔之也。"拂,猶捽也,方俗語有輕重耳。《大雅·生民》篇"茀厥豐草",《韓詩》作"拂"。是"拂"爲拔也。《韓子·難》篇云:"拔拂今日之死不及。"

踚之言躍,抍之言升,皆上出之義也。《方言》:"踚、抍,拔也。出休爲抍,出火爲踚。"《説文》"抍,上舉也",引《易》:"抍馬壯吉。"今《易·明夷》六二及《涣》初六,抍,並作"拯",王肅注云:"拯,拔也。子夏作抍。"《艮》六二"不拯其隨",釋文作"承"。《淮南子·齊俗訓》云:"子路撜溺而受牛謝。"揚雄《羽獵賦》云:"丞民乎農桑。"並字異而義同。抍,各本譌作"枡",今訂正。

昀案:抽未作疏證。

鋪、散、斖、捬、敶、列、播、莫、班、賦,布也。

斖者,《廣韻》音盧啟、吕支二切,"布也,陳也"。昭元年《左傳》"楚公子圍設服離衞",杜預注云:"離,陳也。"離,與"斖"通。

捬,與上"鋪"字同。《漢書·中山靖王傳》"塵埃捬覆",顔師古注云:"捬,亦布散也。"

敶者,《説文》:"敶,列也。"經傳通作"陳"。

賦者,《爾雅》"班,賦也",《堯典》正義引孫炎注云:"謂布與也。"《大雅·烝民》篇"明命使賦",毛傳云:"賦,布也。"《周官·大師》注云:"賦之言鋪,直鋪陳今之政教善惡。"《釋名》云:"敷布其義謂之賦。"賦、布、敷、鋪,並聲近而義同。

昀案:鋪並見於捬。散、列、播、莫、班未作疏證。

抑、挨、擪、攤、據,按也。

挨者,《文選·長笛賦》"挼拏挨搣",李善注引《廣雅》:"挨,按也。"又云:"搣,猶抑也。"

擪之言壓也。《説文》:"擪,一指按也。"《莊子·外物》篇"壓其顪",釋文:"壓,本亦作擪。"《楚辭·九辯》"自壓按而學誦",壓,一作厭。《韓子·外儲説》右篇云:"田連、成竅,天下善鼓琴者也。然而田連鼓上,成竅擸下,而不能成曲,共故也。"《淮南子·説林訓》云:"使但吹竽,使氏厭竅[①],雖中節而不可聽。"《泰族訓》

---

① 今高注本,前句"但"字作"伹",注云:"伹,古不知吹人。"後句"氏"字作"工"。今案:"氏"字作"工",當是。"伹"字作"伹",亦似非;或作"倡",疑是。

云:"所以貴扁鵲者,貴其擪息脈血,知病之所從生也。"擪、擫、壓、厭,並通。

攤,《玉篇》音奴旦切。《廣韻》云:"按攤也。凡抑之使不得起曰攤。"《堯典》"惇德允元,而難任人",難,猶抑也;謂進君子而退小人也。

據者,《玉藻》"君賜,稽首,據掌,致諸地",鄭注云:"據掌,以左手覆案右手也。"案,與"按"通。

昀案:抑未作疏證。

掓、質、已、㸐、集、爲、備、刑、立、平、構、名、紘、〔造*〕,成也。

質者,《爾雅》:"質,成也。"《小雅·天保》篇"民之質矣",《曲禮》"疑事毋質",毛傳、鄭注並與《爾雅》同。

已者,終事之辭,故爲成也。

然者,《大戴禮·武王踐阼》篇云(137-1):"毋曰胡殘,其禍將然;毋曰胡害,其禍將大。"(137-2)《淮南子·泰族訓》云(137-3):"天地正其道而物自然。"是"然"爲成也(137-4)。

集者,《小雅·黍苗》篇"我行既集",鄭箋云:"集,猶成也。"

爲者,《晉語》"黍不爲黍",韋昭注云:"爲,成也。"(137-5)

備者,《書大傳》云:"備者,成也。"《管子·宙合》篇云:"多備規軸者,成軸也。"

刑、成,聲相近。《王制》云:"刑者,侀也。侀者,成也。一成而不可變,故君子盡心焉。"《大傳》"財用足,故百志成。百志成,故禮俗刑",鄭注云:"刑,猶成也。"

立者,《莊子·天地》篇云:"德成之謂立。"

平者,《爾雅》:"平,成也。"公羊氏《春秋》隱六年"鄭人來輸平",傳云:"輸平,猶墮成也。"

構者,結成也。《小雅·四月》篇"我日構禍",毛傳云:"構,成也。"《史記·黥布傳》云:"事已構。"

名者,《廣韻》引《春秋説題辭》云:"名,成也。"(137-6)

紘,即"絇"字也。《聘禮記》"絇組",鄭注云:"采成文曰絇。"《論語·八佾》篇"素以爲絇兮",鄭注云:"文成章曰絇。"《廣韻》云:"紘,與絇同。""絇"之或作"紘",猶"眗"之或作"眩"矣。

造者,《大雅·思齊》篇"小子有造",《王制》"曰造士",箋、注並云:"造,成也。"《衆經音義》卷二十二引《廣雅》:"造,成也。"今本脱"造"字。

昀案:掓未作疏證。

歉、堇、儉、約、媘、減、屆、戹、頗、劣、虔、虧、〔匱*〕,少也。

歉者,《説文》:“歉,食不滿也。”襄二十四年《穀梁傳》“一穀不升,謂之嗛。”范甯注云:“嗛,不足貌。”《韓詩外傳》作“鎌”,《廣雅·釋天》作“歉”。《孟子·公孫丑》篇“吾何慊乎哉”,趙岐注云:“慊,少也。”《逸周書·武稱解》云:“爵位不謙,田宅不虧。”並字異而義同。

堇,讀爲僅。《説文》“僅,才能也”,徐鍇傳云:“僅能如此,是才能如此也。”又《説文》:“廑,少劣之居也。”《周語》“余一人僅亦守府”,韋昭注云:“僅,猶劣也。”定八年《公羊傳》云:“僅然後得免。”《射義》云:“蓋廟有存者。”(138-1)《吕氏春秋·長見》篇“魯公以削,至於覲存”,高誘注云:“覲,裁也。”《鹽鐵論·通有》篇云:“多者不獨衍,少者不獨饉。”(138-2)《漢書·董仲舒傳》“廑能勿失耳”,顔師古注云:“廑,少也。”《地理志》“堇堇物之所有”,應劭注云:“堇堇,少也。”並字異而義同。《穀梁傳》“三穀不升,謂之饉”,亦是少劣之意,猶“一穀不升,謂之歉”也。曹憲讀“堇”爲“謹”,失之。

媘,經傳通作省。

頗者,略之少也。《史記·叔孫通傳》云:“臣願頗采古禮,與秦儀雜就之。”

劣者,《説文》:“劣,弱也;從力少。”卷二云:“劣,減也。”

虔、虧者,《小雅·天保》篇“不騫不崩”,毛傳云:“騫,虧也。”《魯頌·閟宫》篇云:“不虧不崩。”是“騫、虧”皆少也。“虔”與“騫”,聲近而義同。虧,與“虧”同。

匱者,鄭注《月令》云:“匱,乏也。”《墨子·七患》篇云:“四穀不收謂之餽。”餽,與“匱”通。《華嚴經》卷四十三音義引《廣雅》:“匱,少也。”今本脱“匱”字。

昀案:儉、約、減、屆、戹未作疏證。

屯、驙、蹇、展、訒、赾、憎、懹、畏、憚、䠞、邅①、病,難也。

屯者,《説文》“屯,難也;象草木之初生屯然而難”,引《屯·彖傳》云:“屯,剛柔始交而難生。”

驙者,《説文》:“駗,馬載重難行也。”(139)“驙,駗驙也。”又云:“邅,趁也。”《屯》六二“屯如邅如”,馬融注云:“邅,難行不進之貌。”《漢書·敘傳》:“紛屯亶與蹇連兮。”並字異而義同。

蹇、展,聲相近。《蹇·彖傳》云:“蹇,難也。”《方言》:“蹇、展,難也。齊晉曰蹇;

① 邅,原作“遵”,《疏證》作“邅”。

山之東西,凡難貌曰展;荆吴之人相難謂之展,若秦晉言相憚矣。”蹇,與“蹇”同。

訒者,《説文》:“訒,頓也。”頓,與“鈍”同。《論語・顔淵》篇“仁者,其言也訒”,孔傳云:“訒,難也。”釋文:“訒,字或作仞。”《管子・制分》篇云:“凡用兵者,攻堅則軔,乘瑕則神。”《荀子・正名》篇“外是者謂之訒”,楊倞注云:“訒,難也。”並字異而義同。《説文》:“軔,礙車木也。”《楚辭・離騷》“朝發軔於蒼梧兮”,王逸注云:“軔,榰輪木也。”義與“訒”亦相近。

赾者,《説文》:“赾,行難也。”《玉篇》音邱謹切,云:“行謹皃。”《廣韻》云:“跛行皃。”義並相近。

憎、懹、畏、憚者,《方言》“憎、懹,憚也。陳曰懹”,郭璞注云:“相畏憚也。”《説文》:“憚,忌難也。”《屯》釋文引賈逵《周語》注云:“難,畏憚也。”

歰者,《説文》:“歰,不滑也。”《方言》“讇,吃也。或謂之歰”,郭璞注云:“語歰難也。”《楚辭・七諫》“言語訥歰兮”,注云:“歰者,難也。”《風俗通・十反》篇云:“冷澀比如寒蜒。”澀,與“歰”同。歰,各本譌作“澀”,今訂正。

遴者,《説文》“遴,行難也”,引《蒙》初六:“以往遴。”今本作“吝”,同。

病者,《論語・憲問》篇“堯舜其猶病諸”,孔傳云:“病,猶難也。”僖十年《左傳》“爲子君者,不亦難乎”,《公羊傳》作“不亦病乎”。

畏、諄①、訧、櫱、蹷、戮,辠也。

諄者,《方言》“諄,罪也”,郭璞注云:“謂罪惡也。”罪,與“辠”同。《康誥》云:“元惡大憝。”“憝”與“諄”,古聲亦相近。

訧者,《説文》“訧,辠也”,引《吕刑》:“報以庶訧。”今本作“尤”。《王制》云:“郵罰麗於事。”訧、尤、郵,並通。

櫱,通作“孽”。《緇衣》引《太甲》曰:“天作櫱。”《孟子・公孫丑》篇作“孽”。今俗語猶云“辠孽”矣(140)。

昀案:畏、蹷未作疏證。戮見《補正》。

揖、枚、斂、扱、拼、叢、擋,收也。

諸書無訓“枚”爲收者。枚,當爲“救”,字之誤也。救,讀若鳩。鳩、斂、扱、叢、擋,皆謂收聚也。《爾雅》:“斂、收、鳩,聚也。”《堯典》“共工方鳩僝功”,《説文》

---

① 諄,原作“諄”,《疏證》作“諄”。

“㑭”字注引作“旁救㑭功”。是“鳩、救”古通用[141]。

扱者,《説文》:“扱,收也。”《曲禮》“以箕自鄉而扱之”,鄭注云:“扱,讀曰吸;謂收糞時也。”

抍者,取之收也。字亦作“拯”。《周官·職幣》注云:“振,猶抍也。”《中庸》注云:“振,猶收也。”是“抍”與“收”同義。卷一云:“扱、收、斂、抍,取也。”取,與“收”同義,故“斂、扱、抍”又爲收也。

叢者,《説文》:“叢,聚也。”

擔之言會也。《周官·弁師》“王之皮弁,會五采玉璂”,鄭注云:“故書,會作膾。鄭司農云:‘謂以五采束髮也。’《士喪禮》曰:‘擔用組,乃笄。’擔,讀與膾同。説曰:‘以組束髮,乃箸笄,謂之擔。’”今《士喪禮》作“鬠用組”,鄭注云:“用組,組束髮也。”是“擔”爲收束之義也。擔、膾、鬠、會,並通。

昀案:揖、斂未作疏證。

餴、餌、餧,食也。

此條“食”字讀如“上農夫食九人”之“食”。字本作“飤”,與卷二內“啖、噬、湌、餔、啜,食也”讀如“飲食”之“食”者不同。《衆經音義》卷二、卷四、卷十三並引《廣雅》:“餧,飤也。”是其證。

餴,舊本作“餅”,曹憲音必井反。案:餴,與“飯”同,讀如“飯牛”之“飯”,謂飤之也。《玉篇》《廣韻》“飯”或作“餴”。“餴”與“餅”,字形相近,傳寫往往譌溷。《韓子·外儲説》:“糲餴菜羹。”《爾雅·釋言》釋文引《字林》云:“餴,扶晚反;飤也。”《方言》“簇,南楚謂之筲”,郭璞注云:“盛餴筥也。”今本“餴”字並譌作“餅”,正與此同。餅,與餧飤之義不相近,曹憲音必井反,非是。今訂正。

餌,亦謂飤之也。《秦策》云:“伍子胥無以餌其口。”《中山策》云:“臣有父嘗餓且死,君下壺湌餌之。”

餧者,《説文》:“萎,飤牛也。”昭二十五年《公羊傳》“且夫牛馬維婁,委己者也而柔焉”,何休注云:“委食己者。”《楚辭·九辯》云:“鳳不貪餧而妄食。”餧、萎、委,並通。

佐、望、覩、瞷、候、閒,覗也。

覩者,《後漢書·清河孝王傳》“使御者偵伺得失”,李賢注云:“偵,候也;音丑政反。”偵,與“覩”同。伺,與“覗”同,亦通作“司”。覩,各本譌作“覩”。案:《玉篇》有"詵"字,無"詵"字。自《廣韻》始譌作"詵",《集韻》《類篇》遂"詵、詵"並收。《玉篇》云:"詵,覘也,譯也。"卷四云:"詵,驛也。"字並從先。今據以訂正。

矀者,《説文》:"矀,司也。"《廣韻》音武悲、無非二切。字通作"微"。《大戴禮·曾子立事》篇"君子行自微也,不微人",謂自察而不察人也(142)。《史記·廉頗藺相如傳》云:"趙使人微捕得李牧,斬之。"《漢書·游俠傳》"使人微知賊處",顔師古注云:"微,伺問之也。"

閒者,莊八年《左傳》"使閒公",杜預注云:"伺公之閒隙。"《孟子·離婁》篇"王使人瞯夫子","瞯"與"閒",聲義相近。

昀案:佐、望、候未作疏證。

㮚、耦、和,諧也。

昀案:此條三詞皆未作疏證。

矇、瞍、瞽,盲也。

矇、瞍、瞽者,《説文》:"矇,童矇也。""瞍,無目也。""瞽,目但有眹也。"《大雅·靈臺》篇"矇瞍奏公",毛傳云:"有眸子而無見曰矇,無眸子曰瞍。"《周官》"瞽矇",鄭衆注云:"無目眹謂之瞽,有目眹而無見謂之矇,有目無眸子謂之瞍。"《釋名》云:"盲,茫也,茫茫無所見也。""瞽,鼓也,瞑瞑然目平合如鼓皮也。""矇,有眸子而失明,蒙蒙無所别也。""瞍,縮壞也。"

蔚[①]、縟、劬、驟,數也。

蔚者,《衆經音義》卷七云:"蔚,文采繁數也。"《革·象傳》"其文蔚也",虞翻注云:"蔚,蔚也。"《説文》云:"蔚,草多皃。"《曹風·候人》篇"薈兮蔚兮",毛傳云:"薈蔚,雲興貌。"《爾雅·釋草》云:"蒿,菣。蔚,牡菣。"《釋蟲》云:"螱,飛螘。"《王制》"鳩化爲鷹,然後設罻羅",鄭注云:"罻,小網也。"皆繁數之意也。

縟者,《説文》:"縟,繁采飾也。"《喪服傳》"喪成人者其文縟",鄭注云:"縟,猶數也。"《鹽鐵論·散不足》篇云:"富者縟繡羅紈。"

劬者,《小雅·鴻雁》篇"劬勞于野",韓傳云:"劬,數也。"

驟者,《周語》云:"昔吾驟諫王。"

① 蔚,原作"蔚",《疏證》作"蔚"。

媎、婾、聊①、苟，且也。

媎，通作"姑"。

婾，通作"偷"。《表記》"安肆日偷"，鄭注云："偷，苟且也。"

聊者，《邶風·泉水》箋云："聊，且略之辭。"

昀案：苟未作疏證。

秉、握、攬、捉、把、撮、搤、擁、操、捦、搹、拈、拼、掫、蒦、扣、攝、接、撫、齎、奉、〔挈*〕，持也。

攬者，《説文》："擥，撮持也。"《管子·弟子職》篇云："飯必捧擥。"《釋名》："攬，斂也，斂置手中也。"攬，與"擥"同。

捉者，《説文》："捉，搤也。一曰握也。"僖二十八年《左傳》云："捉髮走出。"《釋名》："捉，促也，使相促及也。"

撮者，應劭注《律曆志》云："撮，三指撮之也。"《中庸》云："一撮土之多。"《釋名》："撮，卒也，暫卒取之也。"案：撮之言最也，謂聚持之也。隱元年《公羊傳》注云："最，聚也。"《莊子·秋水》篇"鴟鵂夜撮蚤"，釋文云"撮，崔本作最"，引《淮南子·主術訓》："鴟夜聚蚤。"是"最、撮"皆聚也。

搤，與下"搹"字同。《説文》："搤，捉也。""搹，把也。"《喪服傳》"苴絰大搹"，鄭注云："盈手曰搹。"《魏策》云："日夜搤腕瞋目切齒。"《燕策》云："樊於期偏袒扼腕而進。"並字異而義同。

捦者，《説文》："鈙，持也。""捦，急持衣衿也。"《衆經音義》卷十三引《三倉》云："捦，手捉物也。"今作"擒"。並字異而義同。

拈者，《説文》："拈，掫也。"《玉篇》云："指取也。"今俗語猶謂兩指取物爲拈矣。

拼者，《説文》："拼，并持也。"

掫，當作"掫"，讀若"專輒"之"輒"。字從耴，不從取。耴，讀與掫同。曹憲音"鄒之上聲"，則所見本已譌作"掫"。《廣韻》掫，側九切，"持物相著也"，即踵曹憲之誤。《説文》："掫，夜戒守有所擊也。"義與"持"不相近。《玉篇》"掫"字亦不訓爲持。又《説文》《玉篇》並云："掫，拈也。"《釋名》："拈，黏也，兩指翕之，黏著不放

① 聊，原作"聊"，《疏證》同。

也。”此即《廣韻》“持物相著”之義。今據以辨正。《玉篇》捻，乃協切，“指捻也”。今俗語猶謂兩指取物爲捻。“拈”與“捻”，一聲之轉；“捻”與“掫”，聲相近也。《説文》：“鉆，鐵銸也。”“銸，鉆也。”《後漢書·陳寵傳》“絶鉆鑽諸慘酷之科”，李賢注引《倉頡篇》云：“鉆，持也。”“鉆”與“拈”、“銸”與“掫”，聲亦相近。

蒦者，《説文》：“蒦，規蒦商也；從又持萑。”《衆經音義》卷十二、十三、十六引《廣雅》並作“擭”。《説文》：“擭，握也。一曰搤也。”張衡《西京賦》“擭獑猢”，薛綜注云：“擭，謂握取之也。”徐爰注《射雉賦》引《埤倉》云：“擭，爪持也。”擭，與“蒦”通。

扣者，牽持之也。《説文》：“扣，牽馬也。”襄十八年《左傳》云：“大子與郭榮扣馬。”《吕氏春秋·愛士》篇“扣繆公之左驂”，高誘注云：“扣，持也。”《史記·伯夷傳》“叩馬而諫”，叩，與“扣”通。

擸者，《説文》：“擸，理持也。”褚少孫《續日者傳》“獵纓正襟危坐”，《後漢書·崔駰傳》作“躐”。擸、躐、獵，並通。《後漢書》注引《史記》作“攝纓整襟”。《説文》：“攝，引持也。”《士喪禮》“左執俎，横攝之”，鄭注云：“攝，持也。”“攝”與“擸”，亦聲近義同。

撫，亦把也，方俗語有侈弇耳。襄二十六年《左傳》云：“撫劒從之。”《楚辭·九歌》“撫長劒兮玉珥”，王逸注云：“撫，持也。”

齎者，《説文》：“齎，持遺也。”《爾雅》云：“將，資也。”《廣雅·釋言》云：“資，操也。”資，與“齎”通。

挈者，《説文》：“挈，縣持也。”《周官》有“挈壺氏”。《莊子·在宥》篇釋文引《廣雅》：“挈，持也。”今本脱“挈”字。

昀案：秉、握、把、擁、操、接、奉未作疏證。搹並見於搤。

啜、嚌、啐、試、〔嚵*〕、〔嗲*〕、〔𩚮*〕，嘗也。

啜者，《説文》：“啜，嘗也。”《檀弓》云：“啜菽飲水。”

嚌、啐者，《説文》：“嚌，嘗也。”《顧命》云：“太保受同，祭，嚌。”《鄉飲酒禮》云：“嚌肺，啐酒。”《鄉飲酒義》云：“嚌肺，嘗禮也。啐酒，成禮也。”《雜記》云：“小祥之祭，主人之酢也，嚌之，衆賓兄弟則皆啐之。”鄭注云：“嚌、啐，皆嘗也；嚌至齒，啐入口。”

嚵、嗲者，《説文》：“嚵，小嗲也。”“嗲，小飲也。”張載注《魏都賦》云“唰，小嘗也”，引司馬相如《梨賦》：“唰嗽其漿。”唰，與“嗲”通。嗲，亦啜也，方俗語轉耳。《集韻》《類篇》並引《廣雅》：“嚵，嘗也。”“嗲，嘗也。”又《集韻》𩚮，迄洽切，引《廣雅》:"䊺,嘗也。"今本脱"𩞁、啐、䊺"三字。

昀案:試未作疏證。

抳、搖、㨆、㩕、揹,捽也。

抳者,《説文》:"抳,捽也。"張衡《西京賦》"摣狒猥,抳窳狻",薛綜注云:"摣、抳,皆謂戟撮之。"

㩕者,《説文》:"㩕,抳也。"

捽者,《説文》:"捽,持頭髮也。"

昀案:搖、㨆、揹未作疏證。

某、命、鳴,名也。

某者,《金縢》云:"惟爾元孫某。"凡言某者,皆所以代名也。

命者,《説文》:"名,自命也。"桓二年《左傳》"命之曰仇""命之曰成師",命,即名也。《史記·天官書》"兔七命"[①],索隱云:"謂兔星凡有七名也。"閔元年《左傳》"今名之大,以從盈數",《史記·魏世家》作"命"。《祭法》"黄帝正名百物",《魯語》作"成命百物"。是"名、命"古同聲同義。命,各本譌作"今"。《文選·上林賦》注、《西征賦》注、《蕪城賦》注、陸機《挽歌》注、劉琨《勸進表》注、袁宏《三國名臣序贊》注、王褒《四子講德論》注、蔡邕《陳仲弓碑文》注並引《廣雅》:"命,名也。"今據以訂正。

鳴者,《夏小正》傳云:"鳴者,相命也。"《春秋繁露·深察名號》篇云:"古之聖人,鳴而命施謂之名。名之爲言鳴與命也。"名、鳴、命,古亦同聲同義。

挆、㪷、斛、程、斠、〔㮚*〕,量也。

挆者,《説文》:"㛊,量也。"又云:"揣,量也;度高下曰揣。"昭三十二年《左傳》"揣高卑",釋文:"音丁果反。"《莊子·知北遊》篇"大馬之捶鉤者,年八十矣,而不失豪芒",司馬彪注云:"捶者,玷捶鐵之輕重也。"釋文:"玷,丁恬反。捶,丁果反。"挆、㛊、揣、捶,並字異而義同。玷捶,或作"敁挆"。《集韻》:"敁挆[②],以手稱物也。"轉之,則爲"敁掇"。《玉篇》:"敁掇,稱量也。"今俗語猶謂稱量輕重曰敁挆,或曰敁掇矣。

㪷者,《説文》:"㪷,量也。"説見《釋器》"鍾十曰㪷"下。㪷,各本譌作"㪺",

① 兔,原譌作"免"。下索隱中"兔"同。
② 敁,原譌作"敀"。

今訂正。

程者,《儒行》"鷙蟲攫搏不程勇者",鄭注云:"程,猶量也。"

斠者,《説文》:"斠,平斗斛量也。"《月令》"角斗甬",鄭注云:"角,謂平之也。"《管子・七法》篇云:"斗斛也,角量也。"《孫子・虚實》篇"角之而知有餘不足之處",魏武帝注云:"角,量也。"角,與"斠"通。

槩者,《説文》"槩,杚斗斛也",徐鍇傳云:"此即斗斛量槩也。"《考工記》:"栗氏爲量,槩而不税。"《曲禮》"食饗不爲槩",注云:"槩,量也。"《衆經音義》卷九引《廣雅》:"槩,量也。"今本脱"槩"字。

昀案:斛未作疏證。

爻、象、放、視、教、學,效也。

爻者,《繫辭傳》云:"爻也者,效此者也。"又云:"爻也者,效天下之動者也。"又:"效法之謂坤。"古本皆作"爻"。是"爻、效"同聲同義。

象者,《説文》:"效,象也。"《繫辭傳》云:"象也者,像此者也。"象、像,聲義亦同。

教者,《太平御覽》引《春秋元命包》云:"天垂文象,人行其事,謂之教。教之爲言效也,言上爲而下效也。"《説文》:"教,上所施,下所效也;從攴,孝聲。""孝,效也;從子,爻聲。"爻,亦效也。諸字義並相通。

學者,《書大傳》云:"學,效也。"

昀案:放、視未作疏證。

蠱、縡、職、榦、故、士,事也。

蠱者,《序卦傳》云:"蠱者,事也。"蠱之言故也。《周官・小行人》云:"周知天下之故。""蠱、故"同聲,故皆訓爲事也。

縡者,《堯典》"有能奮庸熙帝之載",《史記・五帝紀》"載"作"事"。《大雅・文王》篇"上天之載",毛傳云:"載,事也。"《漢書・揚雄傳》"上天之縡",縡,與"載"通。

榦者,《多士》"爾厥有榦有年于茲洛",王肅注云:"榦,事也。"

士者,《康誥》"見士于周",《周頌・敬之》篇"陟降厥士",傳並云:"士,事也。"《白虎通義》云:"士者,事也,任事之稱也。"事、士、載,聲並相近。

昀案:職、故未作疏證。故並見於蠱。

棲、載、棚、閣、榫、磯，攱也。

皆謂庋閣也。

棲者，人物所棲止，即庋閣之意也。《孟子·萬章》篇"二嫂使治朕棲"，趙岐注云："棲，牀也。"《秦策》云："猶連雞之不能俱上於棲。"棲，各本譌作"捿"，今訂正。

載者，卷二云："攱，載也。"

"棚、磯"二字，義見《釋宮》"棚、棧，閣也"下。《衆經音義》卷十七云："棧，《三倉》作磯。"

閣者，卷二云："閣，載也。"《史記·梁孝王世家》索隱引周成《雜字》云："攱，閣也。"又引《通俗文》云："高置立攱棚曰攱閣。"《檀弓》"始死之奠，其餘閣也與"，鄭注云："閣，庋藏食物。"《内則》"大夫七十而有閣"，注云："閣，以板爲之，庋食物也。"庋、庪，並與"攱"同。《爾雅》："支，載也。""支"與"攱"，亦聲近義同。

昀案：榫未作疏證。

濘、涅、塗，泥也。

濘者，僖十五年《左傳》"晉戎馬還，濘而止"，杜預注云："濘，泥也。"

涅者，《説文》："涅，黑土在水中也。"《論語·陽貨》篇云："涅而不緇。"

昀案：塗未作疏證。

選①、納、妠，入也。

選、納者，納，古通作"内"。《堯典》云："内于百揆。""賓于四門。""内于大麓。"《列女傳》云："内于百揆，賓于四門，選于林木。"《史記·五帝紀》云："堯使舜入山林川澤。"選、内，皆入也。選于林木，即"内于大麓"也。今本《列女傳》"選于林木"下，又有"入于大麓"四字，蓋後人不通古訓而妄加之。

妠，亦納也，方俗語轉耳。

取、厲、役、靡、僞、印、方，爲也。

厲、印者，《方言》"厲、印，爲也。甌越曰印，吴曰厲"，郭璞注云："《爾雅》曰：'厲，作也。'作，亦爲也。"《臯陶謨》"庶明厲翼"，鄭注云："厲，作也。"

役者，《表記》"君子恭儉以求役仁，信讓以求役禮"，鄭注云："役之言爲也。"役，訓"作爲"之爲，又訓"夫子爲衛君"之爲。《牧誓》"以役西土"，《少儀》"謂之

① 選，原作"選"，《疏證》同。

社稷之役",馬、鄭注並云:"役,爲也。"釋文:"爲,于僞反。"

僞者,《荀子·性惡》篇云:"不可學不可事而在人者,謂之性;可學而能可事而成之在人者,謂之僞。"僞,即爲也。《堯典》"平秩南僞",《史記·五帝紀》作"南爲"。《月令》"作爲淫巧",鄭注云:"今《月令》'作爲'爲'詐僞'。"是"爲、僞"古同聲同義。

昀案:取、靡、方未作疏證。

朋、黨、毖、右、頻,比也。

"朋、黨、右、頻"爲"親比"之比,"毖"爲"比密"之比。

《説文》"毖,慎也;從比,必聲",引《大誥》"無毖于卹";又云:"比,密也。"密,與"慎"同義,故《繫辭傳》云:"君子慎密而不出也。"《釋言》篇云:"祕,密也。"祕,與"毖"通。

右者,《説文》:"右,手口相助也。""助"與"比",義相近。襄十年《左傳》云:"王右伯輿。"

頻者(143),《釋訓》云:"頻頻,比也。"《法言·學行》篇"頻頻之黨,甚於鸒斯,亦賊夫糧食而已矣",李軌注云:"鸒斯羣行啄穀,喻人黨比游晏,賊害糧食。"《楚語》"羣神頻行",韋昭注云:"頻,並也。"《説文》:"顰,匹也。"皆比之意也。黨謂之比,亦謂之頻;數謂之頻,亦謂之比,義相因也。《學記》"比年入學",比年,猶頻年也。

昀案:朋、黨未作疏證。

賴、仰、忋、依、〔負〕,恃也。

仰者,《荀子·議兵》篇"上足卬,則下可用也",楊倞注云:"卬,古仰字。下託上曰仰。"

各本俱脱"負"字。《衆經音義》卷六引《廣雅》:"賴、仰、依、負,恃也。"今據以補正。

昀案:賴、忋、依未作疏證。

嫛、婞[①]、因、友、愛,親也。

婞,通作"幸"。

因者,《大雅·皇矣》篇"因心則友",《喪服傳》"繼母之配父,與因母同",毛傳、鄭注並云:"因,親也。"《周官·大司徒》"孝友睦婣任恤",鄭注云:"婣,親於外親也。"婣,與"因"通。

愛,各本譌作"受"。《衆經音義》卷十四引《廣雅》:"友、愛,親也。"今據以訂正。

---

① 婞,原作"婞",《疏證》作"婞"。

昀案:鑋、友未作疏證。愛惟作校勘。

爽、曉、牟、騰、軼、渡、贏、邐、俓、歷、更、〔咎*〕①,過也。

爽者,《爾雅》"爽,差也。爽,忒也",郭璞注云:"皆謂用心差錯不專一。"《方言》"爽,過也",郭璞注云:"謂過差也。"《衛風·氓》篇云:"女也不爽。"

曉、贏者,《方言》:"曉,過也。曉,嬴也。"《開元占經·順逆略例》篇引《七曜》云:"超舍而前,過其所當舍之宿以上一舍二舍三舍,謂之贏;退舍以下一舍二舍三舍,謂之縮。"項岱注《幽通賦》亦云:"贏,過也。縮,不及也。"《考工記·弓人》"撟幹欲孰於火而無贏",鄭注云:"贏,過孰也。"《逸周書·常訓解》云:"六極不嬴,八政和平。"嬴,與"贏"通。

牟者,《楚辭·招魂》"成梟而牟,呼五白些",王逸注云:"倍勝曰牟。"是過之義也。牟,影宋本、皇甫本譌作"侔",各本又譌作"眸"。《玉篇》《廣韻》並云:"牟,過也。"《衆經音義》卷二引《廣雅》:"牟,過也。"今據以訂正。

騰者,《楚辭·離騷》"騰衆車使徑待",注云:"騰,過也。"

軼,曹憲音逸。各本"逸"字誤入正文,今訂正。

邐者,《淮南子·俶真訓》"夫貴賤之於身也,猶條風之時麗也",高誘注云:"麗,過也。"麗,與"邐"通。《大射儀》"中離維綱",鄭注云:"離,猶過也,獵也。""離"與"邐",古亦同聲。

俓,與"徑"同(144)。

《衆經音義》卷六、卷十八並引《廣雅》:"咎,過也。"今本脱"咎"字。

昀案:軼惟作校勘。渡、歷未作疏證。更見《補正》。

悛、懌、諽、䢚、改、庚、輸,更也。

悛、懌者,《方言》:"悛、懌,改也。自山而東,或曰悛,或曰懌。"郭璞注引《論語》:"悦而不懌。"成十三年《左傳》"康猶不悛",杜預注與《方言》同。

諽,通作"革"。

庚者,《漢書·律曆志》云:"斂更於庚。"《白虎通義》云:"庚者,物更也。"鄭注《月令》云:"庚之言更也,秋時萬物皆肅然改更。"

輸,讀爲渝。左氏《春秋》隱六年"鄭人來渝平",《傳》云:"更成也。"公羊、穀

① 騰,原作"𩥇",《疏證》作"騰"。歷,原作"歴"。

梁《傳》並作"輸"。輸、渝,古通用。《爾雅》:"渝,變也。"變,亦更也。

昀案:㖉、改未作疏證。

遁、逃、腓、眺、迓、亡、令、移、徙、諱,避也。

逃,各本譌作"兆",今訂正。

腓者,《廣韻》音符非、扶沸二切。《大雅·生民》傳云:"腓,辟也。"班固《幽通賦》"安慆慆而不葩兮",曹大家注云:"葩,避也。"顔師古《漢書·敘傳》注云:"葩,字本作腓。"腓、葩,避、辟,並通。張衡《東京賦》"設三乏,厞司旌",薛綜注引《爾雅》:"厞,隱也。""隱"與"避",義亦相近。腓,各本譌作"昢",今訂正。

亡者,《説文》:"亡,逃也。"

諸書無訓"令"爲避者,當是"䙴"字之譌。䙴,或書作"零",故譌而爲"令"。《廣韻》"䙴"與"遷"同。《説文》:"遁,遷也。"是"遷"與"避"同義。《爾雅》:"遷,徙也。""遷"與"移、徙",亦同義,故"遁、䙴、移、徙"四字俱訓爲避也。

諱者,鄭注《曲禮》云:"諱,辟也。"

昀案:遁、眺、迓未作疏證。逃惟作校勘。移、徙並見於令。

剥、脱、膳、皻、皾、微、膚、朴、皮、菲、違、畔、涣、憹、㧑、遺[①],離也。

皻者,《内則》"去其皻",鄭注云:"皻,謂皮肉之上魄莫也。"《廣韻》:"皻,皮寬也。"是離之義也。

皾者,《玉篇》:"皾,皮脱也。"

膚、朴、皮者,《釋言》云:"皮、膚,剥也。"《説文》云:"剥取獸革者,謂之皮。"《韓策》云:"因自皮面抉眼,自屠出腸。"鄭注《内則》云:"膚,切肉也。"是"皮、膚"皆離之義也。"朴"與"皮、膚",一聲之轉。《説文》:"朴,木皮也。"又云:"柹,削木札朴也。"亦離之義也。《説文》:"卜,灼剥龜也。"剥、朴、卜,聲近而義同。

憹,與"攜"通。

遺者,棄之離也。《楚辭·九歌》"遺余佩兮澧浦",王逸注云:"遺,離也。"《莊子·田子方》篇云:"遺物離人而立於獨。"

昀案:剥、脱、膳、微、乖、違、畔、涣、㧑未作疏證。

守、恆、彌、就、迡、餘、腒、腆、長、壽、曠[②],久也。

① 遺,原作"遺",《疏證》作"遺"。

② 恆、腆,原作"恆、腆"。腒、壽,原作"腒、壽",《疏證》作"腒、壽"。

守者,《墨子·經》篇云:"久,彌異時也;守,彌異所也。""守"與"久"、"所"與"時",並同義。故文十三年《公羊傳》注云:"所,猶時也。"

彌、就者,《爾雅》"就,終也",郭璞注云:"成就,亦終也。"又"彌,終也",注云:"終,竟也。""終"與"久",義相近,故"彌、就"又爲久也。《説文》:"镾,久長也。"(145)《大雅·卷阿》篇云:"俾爾彌爾性。"彌,與"镾"通。

迡者,《説文》"遲"或作"迡",從辵,𡰥聲。𡰥,古文"夷"字。各本"迡"譌作"迟",今訂正。

餘者,《老子》云:"脩之於家,其德乃餘;脩之於鄉,其德乃長。"長、餘,皆久也。

腒者,《説文》:"北方謂鳥腊爲腒。"《周官·庖人》"夏行腒鱐",鄭衆注云:"腒,乾雉也。"乾雉謂之腒,猶乾肉謂之腊,腒之言居,腊之言昔,皆久之義也。

壽者,《説文》《釋名》並云:"壽,久也。"

曠者,《漢書·五行志》引京房《易傳》云:"師出過時,茲謂廣。"廣,與"曠"同。

昀案:恆、腆、長未作疏證。

畏、仇、憝、患、𢙣、凶、虐、誹、謗、訧、辱、咎、憋、譪、慉、鉗、憚、疲、痊、羸、嫉、毒、貉、傜、倰、憎、憎、孱、〔厲*〕,惡也。

此條"惡"字有二義:一爲"美惡"之惡,一爲"愛惡"之惡。昭七年《左傳》"魯衞惡之",杜預注云:"受其凶惡。"《爾雅》"居居究究,惡也",郭璞注云:"皆相憎惡。"是"美惡"之惡與"愛惡"之惡,義本相通也。

憝者,《説文》:"憝,怨也。"《康誥》"罔不憝",傳云:"人無不惡之者。"《孟子·萬章》篇引《書》作"譈"。《荀子·議兵》篇云:"百姓莫不敦惡。"《法言·重黎》篇"楚憞羣策而自屈其力",李軌注云:"憞,惡也。"譈、憞、敦,並與"憝"同。凡人凶惡亦謂之憝。《康誥》云:"元惡大憝。"《逸周書·銓法解》云:"近憝自惡。"是也。《方言》:"諄、憎,所疾也。宋魯凡相疾惡謂之諄憎,若秦晉言可惡矣。""諄"與"憝",聲亦相近。

誹,各本譌作"訃",今訂正。

訧,通作"尤"。

憋者,《方言》"憋,惡也",郭璞注云:"憋怤,急性也。"《列子·力命》篇云:"嘽咺憋懯。"《後漢書·董卓傳》"敝腸狗態",李賢注云:"言心腸敝惡也。"《續漢書》

“敝”作“憋”。漢《司隸校尉楊孟文石門頌》云：“惡虫幣狩。”幣狩，與“憋獸”同。《釋名》云：“鷩雉，山雉也。鷩，憋也；性急憋，不可生服，必自殺也。”潘岳《射雉賦》云：“山鷩悍害。”《南山經》“基山有鳥焉，其狀如雞，而三首、六目、六足、三翼，其名曰鵸鵂”，郭璞注云：“鵸鵂，急性。”《廣韻》：“鵸，鷩鷚也。”鷩鷚，亦鳥之惡者。是凡言“憋”者，皆惡之義也。《周官·司弓矢》“句者謂之弊弓。”鄭注云：“弊，猶惡也。”徐邈音扶滅反。“弊”與“憋”，聲義亦同，故《大司寇》“以邦成弊之”，故書“弊”爲“憋”矣。

讟者，《方言》：“讟，咎謗也。”又云：“讟，痛也。”《説文》：“讟，痛怨也。”宣十二年《左傳》云：“君無怨讟。”

惛者，《方言》“慘，惛也。惛，惡也”，注云：“慘悴，惡事也。”《玉篇》：“惛，悒也。”義並相近。

鉗、疲、痓者，《方言》“鉗、疲，惡也。南楚凡人殘駡謂之鉗，又謂之疲”，注云：“鉗，害口惡也。”《荀子·解蔽》篇云：“彊鉗而利口。”《後漢書·梁冀傳》“性鉗忌”，注云：“言性忌害，如鉗之銸物也。”《説文》：“拑，脅持也。”皆惡之義也。《方言》注云：“疲恎，惡腹也。”《玉篇》：“疲，惡也。”“忣，惡心也，急性也。”忣，與“疲”同。定三年《左傳》“莊公卞，急而好絜”，“卞”與“疲”，亦聲近義同。《玉篇》：“痓，惡也。”“恎，惡性也。”恎，與“痓”同。恎，又音大結反。《説文》：“蛈，蛇惡毒長也。”《爾雅》“蛈，蝁”，注云：“蝮屬，大眼，最有毒，今淮南人呼蝁子。”釋文：“蛈，大結反。字亦作蛭。”《楊孟文石門頌》云：“惡虫幣狩，虵蛭毒蟃。”毒蟃，謂毒長也。“蛈”與“蛭”、“蝁”與“惡”，聲義亦同。

羸者，劣之惡也。《大戴禮·千乘》篇云：“羸醜以胔。”

毒者，昭四年《左傳》云：“天或者欲逞其心以厚其毒而降之罰。”毒，猶惡也。凡相憎惡，亦謂之毒。《緇衣》云：“唯君子能好其正，小人毒其正。”是也。

倄者，《玉篇》：“傝倄，惡也。”又引《字書》云：“唏唏，醜也。”倄、唏，聲義並同。

倈者，卷二云：“顂，醜也。”倈、顂，聲義亦同。

憎者，《玉篇》：“憎，惡也，憎也。”《説文》“嬒，女黑色也”，引《曹風·候人》篇：“嬒兮蔚兮。”《太平御覽》引《通俗文》云：“可惡曰嬒。”憎、嬒，聲義亦同。

孱者，劣之惡也。《漢書·張耳傳》“吾王，孱王也”，孟康注云：“冀州人謂懦弱爲孱。”

厲者,《大雅·桑柔》篇“誰生厲階”,毛傳云:“厲,惡也。”《逸周書·謚法解》云:“殺戮無辜曰厲。”襄十七年《左傳》“爾父爲厲”,杜預注云:“厲,惡鬼也。”昭四年《傳》“癘疾不降”,注云:“癘,惡氣也。”《莊子·天地》篇“厲之人夜半生其子”,郭象注云:“厲,惡人也。”是凡言“厲”者,皆惡之義也。《文選·潘岳〈關中詩〉》注引《廣雅》:“厲,惡也。”今本脱“厲”字。

昀案:畏、仇、患、慝、凶、虘、謗、辱、咎、憚、嫉、貉、憎未作疏證。誹惟作校勘。

䛬、論、詄、〔挩〕、過、謬、誺、諀、詿、迷,誤也。

䛬者,《玉篇》引《聲類》云:“䛬,誤也。”

論者,《玉篇》:“論,誤言也。”《説文》:“覶,視誤也。”義與“論”相近。

詄者,《説文》“詄,忘也”,徐鍇傳云:“言失忘也。”《玉篇》《廣韻》並音跌。莊二十五年《公羊傳》注云:“跌,過度也。”《漢書·朱博傳》云:“常戰栗不敢蹉跌。”皆謂失誤也。

挩,曹憲音奪。各本遺去“挩”字,其音内“奪”字又誤入正文。《玉篇》《廣韻》“挩”字並徒活、他括二切,“徒活”正與“奪”同音。《廣韻》:“挩,誤也,遺也。”《後漢書·劉寬傳》云:“事容脱誤。”《文選·李康〈運命論〉》“棄之如脱遺”,李善注引《廣雅》:“脱,誤也。”脱,即“挩”之借字。今據以補正。或云:據《文選》注所引,則《廣雅》本作“脱”,非作“挩”。案:《文選》注所引諸書,凡與本書字異而聲義同者,多改從本書,以便省覽。此引《廣雅》“挩”字作“脱”,亦是改從本書也。“挩”字經傳不多見,故須音釋;若“脱”字,則不須音釋。上文“脱,離也”,《釋言》篇“脱,遺也”,曹憲俱無音。而此獨有音,明是“挩”字,非“脱”字也。

諀者,《玉篇》必奚切,《廣韻》又匹夷切。《大傳》“五者一物紕繆”,鄭注云:“紕繆,猶錯也。”《文選·解嘲》云:“故有造蕭何之律於唐虞之世,則悂矣。”諀、悂、紕,並通。

詿者,《説文》:“詿,誤也。”《韓策》云:“詿誤人主。”《史記·吴王濞傳》云:“詿亂天下。”凡見欺於人謂之誤,欺人亦謂之誤。故自誤謂之詿,亦謂之謬;誤人謂之謬,亦謂之詿矣。

昀案:過、謬、誺、迷未作疏證。

評、訂、準、廷、枰、〔槩*〕、〔中*〕,平也。

評者,《玉篇》:"評,平言也。"《淮南子·時則訓》"是故上帝以爲物平",高誘注云:"平,正也;讀'評議'之評。"評,與"平"通。

訂者,《説文》:"訂,平議也。"《玉篇》音他丁、唐頂二切。《周頌·天作》箋云:"以此訂大王、文王之道,卓爾與天地合其德。"釋文"訂,謂平比之也",引《字詁》云:"訂,平也。"《周官·司弓矢》注云:"恆矢痹矢,前後訂,其行平也。"《楚辭·九歌》"搴汀洲兮杜若",王逸注云:"汀,平也。"《説文》"田踐處曰町",徐鍇傳云:"言平町町也。"《鄭風·東門之墠》傳云:"墠,除地町町者。"皆平之義也。《周官·小宰》"以聽官府之六計",鄭注云:"聽,平治也。""聽"與"訂",聲義亦相近。

廷者,《廣韻》引《風俗通》云:"廷者,平也。"《漢書·百官表》"廷尉",顔師古注云:"廷,平也;治獄貴平,故以爲號。"《張釋之傳》云:"廷尉,天下之平也。"案:廷之言亭也。《淮南子·原道訓》"甘立而五味亭",高誘注云:"亭,平也。"曹憲音于放反,則是讀爲"子無我迋"之"迋",其失甚矣。

枰者,《説文》:"枰,平也。"《方言》:"所以投簙謂之枰,或謂之廣平。"《初學記》引《通俗文》云:"牀三尺五曰榻,板獨坐曰枰。"《釋名》云:"枰,平也;以板作之,其體平正也。"枰,各本譌作"抨"。《集韻》《類篇》並引《廣雅》:"枰,平也。"今據以訂正。

槩者,《説文》"槩,杚斗斛也""杚,平也",徐鍇傳云:"杚,即槩也,摩之使平也。"《韓子·外儲説》云:"槩者,平量者也。"《月令》云:"角斗甬,正權概。"《管子·樞言》篇云:"釜鼓滿,則人概之。"《荀子·宥坐》篇云:"水盈不求概。"概,與"槩"同。《衆經音義》卷九引《廣雅》"槩,平也";卷二十五引《廣雅》"中,平也"。今本脱"槩、中"二字。

昀案:準未作疏證。中並見於槩。

捭、發、張、闌、祛[①]、撦、坼、啟、闢、闓、闉、礫、閻苦、間,開也。

捭之言擘也。《鬼谷子·捭闔》篇云:"捭之者開也,闔之者閉也。"張衡《西京賦》"置互擺牲",薛綜注云:"擺,謂破磔懸之。"《後漢書·馬融傳》注引《字書》云:"擺,亦捭字也。"《周官·大宗伯》"以疈辜祭四方百物",故書"疈"爲"罷",鄭衆注云:"罷辜,披磔牲以祭。"捭、擺、罷,聲義並同。《方言》:"箄,析也。""箄"與

① 祛,原作"祛",《疏證》作"祛"。

"捭",亦聲近義同。

闡者,《説文》"闡,開也",引《繫辭傳》"闡幽"。

祛,各本譌作"裕"。卷二内"祛,去也","祛"字譌作"裕",正與此同。《漢書·兒寬傳》"合祛於天地神祇",李奇注云:"祛,開散也。"今據以訂正。《莊子·胠篋》篇"胠篋探囊發匱之盜",司馬彪注云:"從旁開爲胠。"《秋水》篇"公孫龍口呿而不合",《吕氏春秋·重言》篇"君呿而不唫",高誘、司馬彪注並云:"呿,開也。"祛、胠、呿,古通用。袖口謂之袪,義亦同也。

撦者,《玉篇》音充野切,云:"撦,開也。"《廣韻》云:"裂開也。"今俗語猶謂裂帛爲撦矣。

闖者,《説文》:"闖,闢門也。"《衆經音義》卷七引《三倉》云:"闖,小開門也。"又引《字詁》云:"闖,今作闅。"《魯語》"闖門與之言",韋昭注云:"闖,闢也。"案:闖之言撝也。《説文》:"撝,裂也。""撝"與"闖",聲近義同。

闓、閤苫者,《方言》:"閤苫,開也。東齊開户謂之閤苫,楚謂之闓。"《漢書·兒寬傳》云:"發祉闓門。"苫,各本譌作"苦",惟影宋本、皇甫本不譌。

磔,亦坼也。《説文》:"磔,辜也。"《爾雅》"祭風曰磔",僖三十一年《公羊傳》疏引孫炎注云:"既祭,披磔其牲,似風散也。"磔,各本譌作"礫",今訂正。

閜者,《説文》:"閜,大開也。"司馬相如《上林賦》云:"谽呀豁閜。"《方言》:"杯大者謂之閜。"《廣韻》:"啁,大笑也。"義並相近。

昀案:發、張、坼、啟、闢未作疏證。

殙殜、殰㱣、㱦、殰、歺,〔死〕也。

各本俱脱"死"字。《集韻》《類篇》"殙、殜、殰、殰"四字注並引《廣雅》"歺也",則宋時《廣雅》本已脱去"死"字。考《廣韻》云:"殙殜,死皃。出《廣雅》。"又"殙、殜、殰、㱣、㱦"五字,諸書並訓爲死。今據以補正。

殙殜者,《玉篇》:"殙殜,死皃。"《孟子·梁惠王》篇:"吾不忍其觳觫,若無罪而就死地。"義與"殙殜"同。

殰㱣者,《玉篇》《廣韻》並云:"殰㱣,欲死皃。"《匡謬正俗》云:"屈伸欲死之皃。"殰,各本譌作"殨"。考《玉篇》《廣韻》《集韻》《類篇》俱作"殰",不作"殨",今訂正。

殙，古通作“昏”。昭十九年《左傳》“寡君之二三臣，札瘥夭昏”，賈逵注云：“短折曰夭，未名曰昏。”案：昏，猶没也。《皋陶謨》“下民昏墊”，鄭注云：“昏，没也。”《傳》曰“寡君之二三臣”，若未名而死，不得謂之臣矣。《晉語》云：“君子失心，鮮不夭昏。”亦謂晉侯將死也。

殨者，《玉篇》：“殨，殰也。”《説文》：“殨，爛也。”

歺者，《説文》：“歺，列骨之殘也。”又云：“死，澌也，人所離也；從歺、人。”

儐、贊、唱、引，道也[①]。

儐者，《説文》：“儐，導也。字或作擯。”又作“賓”。導，與“道”通。

贊者，《周語》“大史贊王”，韋昭注云：“贊，導也。”

唱，與“倡”通。

引，各本譌作“弘”，今訂正。

昀案：引惟作校勘。

貎、竘、妖、佞、工、婾，巧也。

“貎、竘”二字，義見上文“竘、貎，治也”下。

婾者，《説文》：“婾，巧黠也。”《爾雅》：“佻，偷也。”《楚辭·離騷》：“余猶惡其佻巧。”佻、偷，一聲之轉；偷，與“婾”通。

昀案：妖、佞、工未作疏證。

蹥、踈、解、迒、𨃵、蹤、軌、武、行、徑、轍，迹也。

蹥、踈、解、迒者，《爾雅》：“麋跡蹥，鹿跡速，麕跡解，兔跡迒。”跡，與“迹”同。《説文》：“蹥，踐也。”“𪋻，鹿迹也。”𪋻、踈、速，並通。踈，從足，束聲，當音桑谷反。曹憲音匹迹反，所未詳也[(146)]。《方言》：“迒，迹也。”《説文》：“迒，獸迹也。或作䡉。”《釋名》云：“鹿兔之道曰亢；行不由正，亢陌山谷草野而過也。”《太玄·居》次四云：“見豕在堂，狗繫之迒。”張衡《東京賦》云：“軌塵掩迒。”亢、䡉，並與“迒”同。迒，各本皆作“亢”，惟影宋本作“迒”。

𨃵者，《説文》“踵，追也”，徐鍇傳云：“猶言繼踵也。”昭二十四年《左傳》云：“吳踵楚。”踵，與“𨃵”同。

---

① 道，原作“遒”，《疏證》作“道”。

蹤者,《説文》:"蹤,車迹也。"《釋名》云:"蹤,從也,人形從之也。"《史記·張湯傳》"言變事蹤跡安起",《漢書》作"從"。並字異而義同。

軌者,《説文》:"軌,車徹也。"徹,與"轍"同。《考工記·匠人》云:"涂度以軌。"軌,各本譌作"軛"。《文選·遊天台山賦》注、《閒居賦》注、曹植《贈白馬王彪》詩注、陸機《豫章行》注、《演連珠》注、傅亮《爲宋公脩張良廟教》注、劉琨《勸進表》注及《衆經音義》卷二十,並引《廣雅》:"軌,迹也。"今據以訂正。

武者,《爾雅》云:"履帝武敏。武,迹也。"

昀案:行、徑、轍未作疏證。

追、駟、末、隨,逐也。

追、末者,《方言》:"追、末,隨也。"

諸書無訓"駟"爲逐者。駟,蓋"馳"字之誤。《史記·貨殖傳》云:"博戲馳逐。"《漢書·東方朔傳》云:"設戲車,教馳逐。"是"馳"與"逐"同義。凡隸書從也、從四之字,或以相近而譌。《水經·洙水》注云:"《地理志》曰:'洙水西北至蓋入泗水。'或作池字,蓋字誤也。"是其證(147)。

昀案:隨未作疏證。

權、錘、㔹、錪、鎮、珍、瑋,重也。

權者,《漢書·律曆志》云:"衡,平也。權,重也。"《韓子·説難》篇"與之論細人,則以爲賣重",《史記·韓非傳》"賣重"作"鬻權"。

錘、錪者,《方言》:"錪、錘,重也。東齊之閒曰錪,宋魯曰錘。"《釋器》云:"錘謂之權。"錘之言垂也;下垂,故重也。錪之言腆也。《方言》:"腆,厚也。"厚,與"重"同義。《説文》云:"重,厚也。"

鎮者,《周官·大司樂》注云:"四鎮,山之重大者。"《周語》"爲摯幣瑞節以鎮之",韋昭注云:"鎮,重也。"

昀案:㔹、珍、瑋未作疏證。

紉、紆、紾、繩,索也。

紉者,《方言》:"擘,楚謂之紉。"《説文》:"紉,繟繩也。"《楚辭·離騷》"紉秋蘭以爲佩",王逸注云:"紉,索也。"(148-1)

紆者,《説文》:"紆,縈也。"

紉之言切也,謂切撚之使緊也(148-2)。亦通作"切"。《淮南子·氾論訓》"緂麻索縷",高誘注云:"索,切也。"

昀案:繩未作疏證。

離、解、廝、披、碎、布,散也①。

廝、披者,《方言》:"㾷、披,散也。東齊聲散曰㾷,器破曰披。秦晉聲變曰㾷;器破而不殊,其音亦謂之㾷。"《集韻》引《字林》云:"甈,甕破也。"《漢書·王莽傳》"莽爲人大聲而嘶",顔師古注云:"嘶,聲破也。"廝、㾷、嘶、甈,並通。《爾雅》:"斯,離也。"《春秋繁露·度制》篇云:"是大亂人倫而靡斯財用也。"王逸注《九歌》云:"澌,解冰也。"義並與"廝"同。成十八年《左傳》"今將崇諸侯之姦而披其地",杜預注云:"披,猶分也。"

昀案:離、解、碎、布未作疏證。

① 散,原作"散",《疏證》作"散"。

廣雅疏證　卷第四上

高郵王念孫學

釋　詁

廢、措、弛、縱、寘、奠、肆、捨、蕩、逸、放、恣、㱙、鉒、署，置也。

廢者，《爾雅》"廢，舍也"，郭璞注云："舍，放置也。"宣八年《公羊傳》注云："廢，置也。"《方言》"發，舍車也"，"發"與"廢"，聲近而義同(149-1)。

肆者，《堯典》"眚災肆赦"，《春秋》莊二十二年"肆大眚"，皆謂放赦罪人，與"置"同意。故《説文》云："赦，置也。"

捨，與"赦"聲義亦同，故《爾雅》云："赦，舍也。"舍，與"捨"通。

蕩、逸、放、恣，並同義。《論語・微子》篇"隱居放言"，包咸注云："放，置也。"

㱙者，曹憲云："即古文置。"

鉒者，《韓詩外傳》"於此有絺綌五兩，敢置之水浦"，《列女傳》作"願注之水旁"，是"注"爲置也(149-2)。注，與"鉒"通。《莊子・達生》篇"以瓦注者巧"，《淮南子・説林訓》作"鉒"，是其證也(149-3)。

署者，《説文》"署，部署也"，謂部分而署置之也。《楚辭・遠遊》篇云："選署衆神以並轂。"

昀案：措、弛、縱、寘、奠未作疏證。

斡、攙、運、邅、逭、道、譴喘①、移、敫、捲，轉也。

斡者，《楚辭・天問》篇"斡維焉繫"，《漢書・賈誼傳》"斡棄周鼎"，王逸、如淳注並云："斡，轉也。"《天問》"斡"字一作"筦"，《匡謬正俗》云："斡，《聲類》及《字林》並音管。"

---

① 譴，原作"譴"，《疏證》作"譴"。

攙者,《玉篇》:"攙,轉籆也。"

邅之言纏繞也。《楚辭·離騷》"邅吾道夫崑崙兮",注云:"楚人名轉曰邅。"《九章》云:"欲儃佪以干傺兮",儃,與"邅"通。

逭、逭者,《方言》"逭、逭,轉也",郭璞注:"逭音换;亦音管。"逭,猶斡也。《淮南子·時則訓》"員而不垸",高誘注云:"垸,轉也。"垸,與"逭"通。

譴喘者,《方言》"譴喘,轉也",注云:"譴喘,猶宛轉也。"譴,各本譌作"讃",今訂正。

敡,通作"易"。

昀案:運、移、捲未作疏證。

甾、拎、專、職、端緒、紬,業也。

甾者,《爾雅》"田一歲曰菑",郭璞注云:"今江東呼初耕地反草爲菑。"釋文:"菑,本或作甾。"鄭衆注《考工記·輪人》云:"泰山平原所樹立物爲菑。"《漢書·溝洫志》"隤林竹兮揵石菑",顏師古注云:"石菑,謂臿石立之,然後以土就填塞之也。"是凡言"甾"者,皆始立基業之意。甾之言哉也。《爾雅》:"哉、基,始也。"卷一云:"業,始也。"此云:"甾,業也。"義並相通。

拎者,《方言》"拎,業也",郭璞注云:"謂基業也。"

專、職,皆主其事之名,故爲"業"也。《魯語》云:"恃二先君之所職業。"(150)

端緒者,《爾雅》"業,緒也",注云:"謂端緒。"

紬者,《史記·曆書》"紬績日分",索隱云:"紬,音宙;又如字。紬績者,女工紬緝之意;言造曆算運者,若女工緝而織之。"是"紬"爲業也。

交、贅、凝、戾、撰、質、撫、嘆、保、隱、據、刊,定也。

凝者,《皋陶謨》"庶績其凝",馬融注云:"凝,定也。"

戾者,《爾雅》:"戾、定,止也。"《康誥》"未戾厥心",《大雅·桑柔》篇"民之未戾",襄二十九年《左傳》"乃猶可以戾",傳、注並云:"戾,定也。"

質者,《爾雅》:"質,成也。"鄭注《小司徒》云:"成,猶定也。"是"質"與"定"同義。《大雅·抑》篇云:"質爾人民。"《曲禮》云:"疑事毋質。"皆是也。《洪範》"惟天陰騭下民",《史記·宋世家》"騭"作"定",孔穎達正義云:"騭,即質也。"

撫者,《説文》:"撫,安也。"安,亦定也。

嘆者，《爾雅》"貉、嘆、安，定也"，郭璞注云："皆靜定。"《大雅・皇矣》篇"求民之莫"，《板》篇"民之莫矣"，毛傳並云："莫，定也。"嘆、莫、貉，並通。字又作"貊"，說見卷一"嘆，安也"下。

保者，《小雅・楚茨》傳云："保，安也。"

隱、據者，《方言》："隱、據，定也。"隱，又音於靳反。《說文》："㥯，所依據也；讀與隱同。"《檀弓》"其高可隱也"，鄭注云："隱，據也。"《孟子・公孫丑》篇："隱几而臥。"皆安定之意也。僖五年《左傳》"神必據我"，杜預注云："據，猶安也。"(151)《釋名》云："據，居也。"居，亦定也。

刊者，削而定之。今人言"刊定"是也。

昀案：交、贅、撰未作疏證。

饒、餓、餒，飢也。

饒者，《說文》："饒，飢也。"

昀案：餓、餒未作疏證。

戔、瘌、㓨、凋、爽、痍、壯、創、痒，傷也。

戔，與"殘"通。

瘌，音力達反。《方言》"凡飲藥傅藥而毒，南楚之外謂之瘌。瘌，痛也"，郭璞注云："謂辛螫也。"《方言》又云："剌，痛也。"左思《魏都賦》云："蔡莽螫剌，昆蟲毒噬。"是"剌"爲傷也。剌，與"瘌"通。今俗語猶謂刀傷曰剌矣。

㓨者，鋭傷也。《說文》以爲籀文"鋭"字。《廣韻》又此芮切，云："小割也。"皆傷之意也。

凋者，《說文》："凋，半傷也。"昭八年《左傳》云："民力彫盡。"彫，與"凋"通。

爽者，《逸周書・謚法解》云："爽，傷也。"《老子》云："五味令人口爽。"《淮南子・精神訓》云："五味亂口，使口爽傷。"張衡《南都賦》云："其甘不爽，醉而不醒。"

痍者，《序卦傳》云："夷者，傷也。"夷，與"痍"通。痍，各本譌作"庚"，今訂正。

爽、創、壯，聲並相近，故"壯"亦爲傷。《方言》"凡草木剌人者，北燕朝鮮之間謂之壯"，注云："今淮南人亦呼壯。壯，傷也。"馬融、虞翻注《易・大壯》並云："壯，傷也。"《淮南子・俶真訓》"形苑而神壯"，高誘注與馬、虞同。

創者，刃傷也。《説文》："刅，傷也。或作創。"《月令》云："命理瞻傷察創。"是也。其"創瘍"之"創"亦同義。《釋名·釋疾病》篇云："創，戕也，戕毁體使傷也。"《曲禮》云："頭有創則沐。"是也。

痒者，《周禮·瘍醫》注云："瘍，創癰也。"《曲禮》釋文云："瘍，本或作痒。"是"痒"爲傷也。《小雅·正月》篇"癙憂以痒"，毛傳云："痒，病也。"病，亦傷也。

投、豛、石、搥、揁，擿也。

豛者，《説文》："豛，擊也。"又云："椓，擊也。""毅，椎擊物也。"鄭注《周官·壺涿氏》云："涿，擊之也。"案：涿，謂投擊之也。其職云："掌除水蟲，以焚石投之。"是也。豛、椓、涿，並通。

石者(152)，《新書·連語》篇云："提石之者猶未肯止。"是"石"爲擿也。

搥，音都回反。《法言·問道》篇"搥提仁義"，音義云："搥，擲也。"《邶風·北門》篇"王事敦我"，鄭箋云："敦，猶投擲也。"敦，與"搥"同。擲，與"擿"同。《釋言》篇云："磓，沰，磓也。"磓、擿、沰、石，磓、搥，聲義並相近。

昀案：投、揁未作疏證。

黔首①、氓，民也。

黔首者，《説文》："秦謂民爲黔首，謂黑色也。周謂之黎民。"《史記·秦始皇帝紀》："更名民曰'黔首'。"案：《祭義》云："明命鬼神以爲黔首則。"鄭注："黔首，謂民也。"《魏策》云："撫社稷，安黔首。"《吕氏春秋·大樂》篇云："和遠近，説黔首。"《韓非子·忠孝》篇云："古者黔首悗密惷愚。"諸書皆在六國未滅之前，蓋舊有此稱，而至秦遂以爲定名，非始皇創爲之也。《堯典》云："黎民於變時雍。"則"黎民"之稱，又不自周始矣。

昀案：氓未作疏證。

詼、啁、譀、話、諴、譺、謨、周，調也。

"詼、啁、諴"爲"調戲"之調，"譀、話、譺"爲"調欺"之調，"周"爲"調和"之調。

詼者，《説文》："悝，啁也。"悝，與"詼"同。《漢書·枚皋傳》"詼笑類俳倡"，李奇注云："詼，謿也。"《文選·東京賦》"悝繆公於宫室"，李善注云："悝，猶

---

① 首，原作"峕"，《疏證》作"首"。

嘲也。"

啁者,《文選·任昉〈出郡傳舍哭范僕射〉詩》注引《倉頡篇》云:"啁,調也。"《漢書·東方朔傳》云:"詼啁而已。"《揚雄傳》"解謿",《文選》作"嘲"。啁、嘲、謿,並通;"啁"與"調",聲亦相近也。

譀者,相欺調也。卷二云:"調,欺也。"《釋言》云:"調,譀也。"《說文》:"譀,誕也。"謂相欺誕也。義並相通。

話者,《衆經音義》卷十七引《聲類》云:"話,訛言也。"《小雅·沔水》箋云:"訛,僞也。"哀二十四年《左傳》"是憓言也",服虔注云:"憓,僞不信言也。"話、憓,並音户快反,其義同也。

誠者,《釋言》云:"誠,謷也。"謷,與"敖"通。《爾雅》"謔浪笑敖,戲謔也",郭璞注云:"謂調戲也。"《史記·天官書》"箕爲敖客,曰口舌",索隱:"宋均云:敖,調弄也;箕以簸揚調弄爲象。"

譺者,《衆經音義》卷十二引《倉頡篇》云:"譺,欺也。"又引《通俗文》云:"大調曰譺。"

周者,《淮南子·原道訓》"貴其周於數而合於時也",高誘注云:"周,調也。"周、調,聲亦相近。

眗案:奠未作疏證。

縊、經、矕,絞也。

縊、經者,《說文》:"縊,經也。""絞,縊也。"昭元年《左傳》"縊而弒之",杜預注云:"縊,絞也。"《晉語》"申生雉經於新城之廟",韋昭注云:"雉經,頭搶而縣死也。"《釋名》云:"縣繩曰縊。縊,阸也,阸其頸也。屈頸閉氣曰雉經,如雉之爲也。"

矕者,《說文》:"矕,經繆殺也。"又云:"摎,縛殺也。"《玉篇》"摎"音力周、居由二切,"絞也"。《漢書·外戚傳》"即自繆死",鄭氏注云:"繆,自縊也。"矕、摎、繆,並通。《喪服傳》"殤之絰不摎垂",鄭注云:"不絞其帶之垂者。"義與"矕"亦相近。

𪐴、䵑、𪏰、黐、䵒、䵑、〔粘*〕,黏也。

𪐴者,《說文》"堇,黏土也",徐鍇傳云:"今人謂水中泥黏者爲堇。"𪐴、堇,並音居隱反,其義同也。《内則》"塗之以謹塗",鄭注云:"謹,當爲墐。墐塗,塗有穰草也。"正義云:"用之炮豚,須相黏著,故知塗有穰草也。""墐"與"黐",亦聲近義同。

𪎊、䵒者,《方言》:"㲉、𪎊,黏也。齊魯青徐,自關而東,或曰㲉,或曰𪎊。"《爾雅》"㲉,膠也",郭璞注云:"膠,黏㲉也。"《説文》"䵒,黏也",引隱元年《左傳》:"不義不䵒。"今本"䵒"作"暱"。《考工記・弓人》"凡昵之類不能方",杜子春注云:"昵,或爲㲉。㲉,黏也。"《趙策》云:"膠漆至㲉也。"《釋名》云:"糝,𪎊也,相黏𪎊也。"䵒、㲉、暱、昵,並通。䵒、黏、𪎊,一聲之轉也。

𪏂者,《玉篇》:"𪏂,黏飯也。"《廣韻》云:"黏𪏂也。"卷三云:"樀,摶也。"樀,與"𪏂"同音;摶,與"黏"同義。《説文》:"㿽,飯剛柔不調相箸也;讀若適。""㿽"與"𪏂",亦聲近義同。

黐者,《廣韻》云:"黐膠,所以黏鳥。"今俗語猶然矣。《説文》:"黍,禾屬而黏者也。"故自"黐"以下七字並從黍。

粿者,《玉篇》《廣韻》並云"粿,黏也",音池爾、是義二切。《集韻》引《廣雅》:"粿,黏也。"今本脱"粿"字。

昀案:黏未作疏證。

貲、産、資、財、龜、貝,貨也。

昀案:此條六詞皆未作疏證。

令、琴、敔、㪁、制,禁也。

令者,鄭注《月令》云:"令,謂時禁也。"

琴者,《白虎通義》云:"琴者,禁也,所以禁止淫邪,正人心也。"《文選・長門賦》注引《七略》云:"雅琴者,琴之言禁也,雅之言正也,君子守正以自禁也。"《説文》:"鈙,持也;讀若琴。""捦,急持衣衿也。"李鼎祚《周易集解》引《白虎通義》云:"禽者何? 鳥獸之總名,明爲人所禽制也。"是凡與"琴"同聲者,皆有禁義也。

敔者,《説文》:"敔,禁也。"《爾雅》:"禦、圉,禁也。"敔、禦、圉,並通;亦通作"御"。

㪁者,《玉篇》音巨今、竹甚二切,"制也"。《廣韻》云:"禁也。"㪁,與"琴"同聲。𤆧,各本譌作"炒"。《集韻》"𤆧",都感反,引《廣雅》:"𤆧,禁也。"今據以訂正。

昀案:制未作疏證。

偞、疊、襞、褶、枉①、韏、結,詘也。

偞、疊、襞、褶、韏、結者,《玉篇》引《楚辭·哀時命》:"衣攝偞以儲與兮。"今本"偞"作"葉",王逸注云:"攝葉、儲與,不舒展貌。"攝,音之涉反,與"褶"通。《說文》:"詘,詰詘也。一曰屈襞。"又云"襞,韏衣也",徐鍇傳云:"韏,猶卷也。襞,摺疊衣也,故《禮》注謂'裙摺爲襞積'也。"《漢書·揚雄傳》注云:"襞,疊衣也。"司馬相如《子虛賦》云:"襞積褰縐,紆徐委曲。"襞,字亦作"辟"。《士喪禮記》"裳不辟",鄭注云:"不辟積也。"《大射儀》注云:"爲冪蓋,卷辟綴於篠,橫之。"《莊子·田子方》篇"口辟焉而不能言",司馬彪注云:"辟,卷不開也。"(153-1)皆詰屈之意也。屈,與"詘"通。跛者足屈而不伸,故亦謂之躄。《吳志·孫峻傳》注引《吳書》云:"留贊與吳桓戰,一足被創,遂屈不伸,曰:'我屈躄在閭巷之閒,存亡無以異。'"(153-2)是也。《衆經音義》卷十四引《埤倉》云:"褶,韏衣也。"又引《通俗文》云:"緶縫曰褶。"《廣韻》:"摺,摺疊也。"《士昏禮記》"執皮攝之",鄭注云:"攝,猶辟也。"褶、攝、摺,並通。今俗語猶云"摺衣",或云"疊衣"矣。《吕氏春秋·下賢》篇"卑爲布衣而不瘁攝",高誘注云:"攝,猶屈也。"凡物申則長,詘則短,故詘謂之攝辟,短亦謂之攝辟。《素問·調經論》篇云:"虛者,聶辟氣不足。"是也。《甲乙經》作"攝辟"。韏之言卷曲,結之言詰屈也(153-3)。卷一云:"韏、結、詘,曲也。"引之云:"《爾雅》'革中絕謂之辨',郭璞注云:'中斷皮也';'革中辨謂之韏',注云:'復半分也。'案:'革中辨'之辨當爲辟,字形相近,又蒙上文辨字而誤也。"據《儀禮》《莊子》《子虛賦》《說文》《廣雅》諸書,則凡卷者謂之辟,故革中辟謂之韏。若"辨"乃中分之名,與韏屈之義殊無涉也。《說文》"革中辨謂之韏","辨"字恐是後人以誤本《爾雅》改之。

昀案:枉未作疏證。

複、袷、增、絫、積、壘、襲、成、仍、鄭、〔緮〕,重也。

---

① 枉,原作"柱"。據曹憲音,"枉"前當脫"冤"字。

袷者,《急就》篇“襜褕袷複褶袴褌”,顔師古注云:“衣裳施裏曰袷。”

增者,《説文》:“層,重屋也。”《玉篇》音自登、子登二切。《周頌·維天之命》篇“曾孫篤之”,鄭箋云:“曾,猶重也。”《老子》云:“九層之臺,起於累土。”《楚辭·天問》篇云:“增城九重。”增、曾、層,並通。

貤者,《説文》:“貤,重次弟物也。”《漢書·武帝紀》注云:“今俗謂凡物一重爲一貤。”左思《魏都賦》“兼重悂以貤繆”,李善注云:“言既重其悂而又累其繆也。”悂,與“紕”通。貤、貤,並與“貤”通。

襲者,哀十年《左傳》“卜不襲吉”,杜預注云:“襲,重也。”《金縢》作“習吉”。《坎·彖傳》云:“習坎,重險也。”習,與“襲”通。

成,亦襲也,故《爾雅》云:“山三襲,陟;再成,英;一成,坯。”《周官·司儀》“爲壇三成”,鄭衆注云“三成,三重也”,引《爾雅》:“邱一成爲敦邱,再成爲陶邱,三成爲昆侖邱。”《南山經》“成山四方而三壇”,郭璞注云:“形如人築壇相累也。”成,亦重耳。《士喪禮下》篇“俎二以成”,鄭注云:“成,猶併也。”“併”與“重”,義亦相近。

仍者,《晉語》“晉仍無道”,韋昭注云:“仍,重也。”

鄭者,《漢書·王莽傳》“非皇天所以鄭重降符命之意”,顔師古注云:“鄭重,猶言頻煩。”亦重複之意也。

復,亦複也。《説文》:“復,重也。”復,曹憲音復。各本脱去“復”字,其音内“復”字又誤入正文。《集韻》引《廣雅》:“復,重也。”今據以訂正。

昀案:複、積、壘未作疏證。

朏、曙、昕、昞、較、發、卓、離、炗、暤、炤、燿、囧、烜、晝、光、顯、耿、晃、僤、晈、彰、朓、曉、睪、愧、視、晣、昱、曠、昭、晤、昀、旭、徹、焞、闓、陽、杲、綮、烓、堂、彰、著、〔爽*〕,明也。

朏者,《説文》:“朏,月未盛之明也。”朏,與“朏”同。《召誥》“惟丙午朏”,傳云:“朏,明也,月三日明生之名。”《漢書·律曆志》引古文《月采》篇云:“三日曰朏。”《淮南子·天文訓》“日登于扶桑,爰始將行,是謂朏明”,高誘注云:“朏明,將明也。”《楚辭·九思》“時昢昢兮且旦”,注云:“日始出光明未盛爲昢。”聲義並同也。

曙者,《説文》:“睹,旦明也。”《文選·魏都賦》注引《説文》作“曙”。《管子·

形勢》篇云:"曙戒勿怠。"曙之言明著也。昭十一年《左傳》"朝有著定",杜預注云:"著定,朝内列位常處,謂之表著。"《魯語》云:"署,位之表也。"曙、署、著,三字聲相近,皆明著之意也。

昕者,《説文》:"昕,旦明也,日將出也。"《士昏禮記》云:"必用昏昕。"昕之言炘炘也。《漢書·揚雄傳》"垂景炎之炘炘",顔師古注云:"炘炘,光盛貌。"《説文》"昕"讀若希。《齊風》"東方未晞",毛傳云:"晞,明之始升也。""晞"與"昕",聲近而義同。

昞者,《文選·兩都賦·序》注引《倉頡篇》云:"炳,著明也。"《革·象傳》云:"其文炳也。"炳,與"昞"同。

較之言皎皎也。《史記·伯夷傳》云:"此其尤大彰明較著者也。"

發者,《齊風·載驅》篇"齊子發夕",《韓詩》云:"發,旦也。"《楚辭·招魂》"娭酒不廢,沈日夜些",王逸注云"不廢,或曰不發。發,旦也",引《小雅·小宛》篇:"明發不寐。"旦,亦明也。《商頌·長發》篇"元王桓撥",《韓詩》"撥"作"發",云:"發,明也。"下文云:"明,發也。"是"發"與"明"同義。

卓,與下"晫"字通。卓之言灼灼也。《説文》:"倬,箸大也。"《大雅·棫樸》篇云:"倬彼雲漢,爲章于天。"《韓奕》篇"有倬其道",《韓詩》作"晫"。《法言·吾子》篇云:"多見則守之以卓。"卓、倬、晫,並通。

離者,《説卦傳》云:"離也者,明也;萬物皆相見,南方之卦也。聖人南面而聽天下,嚮明而治,蓋取諸此也。"

炗之言炎炎也。《説文》引《小雅·節南山》篇"憂心炗炗",今本作"憂心如惔",《韓詩》作"如炎"。《説文》:"炎,火光上也。"《方言》:"炗,明也。"憂心如火之炎,故與"明"同義。凡《詩》言"憂心烈烈""憂心奕奕""憂心怲怲""耿耿不寐,如有隱憂"之類,皆其義也。《説文》:"覝,察視也;讀若鎌。""覝"與"炗",亦聲近義同。

炤,與"照"同。

囧者,《説文》:"囧,窻牖麗廔開明也;象形。"《文選·江淹〈雜體詩〉》注引《倉頡篇》云:"囧,大明也。"

烜之言宣明也。《衛風·淇澳》篇"赫兮咺兮",毛傳云:"咺,威儀宣著也。"《韓詩》作"宣",云:"宣,顯也。"《大學》作"喧",《爾雅》作"烜"。並字異而義同。

晝者,《晉·象傳》云:"明出地上,晉。"《雜卦傳》云:"晉,晝也。"是"晝"爲明也。

耿者，王逸注《離騷》云："耿，明也。"《立政》云："以覲文王之耿光。"

晃之言煌煌也。《釋言》云："晃，暉也。"《説文》："晄，明也。"《釋名》云："光，晃也，晃晃然也。"晃，與"晄"同。《小雅·皇皇者華》傳云："皇皇，猶煌煌也。"釋文："煌，又音晃。"《秦策》云："炫熿於道。"《漢書·揚雄傳》云："北熿幽都。"並字異而義同。

僤，讀爲闡。《衆經音義》卷二十三引《廣雅》正作"闡"。《繫辭傳》"而微顯闡幽"，韓伯注云："闡，明也。"《吕氏春秋·決勝》篇云："隱則勝闡矣，微則勝顯矣。"公羊氏《春秋》哀八年"齊人取讙及僤"，左氏、穀梁氏並作"闡"。是"闡"與"僤"通。

晈者，《王風·大車》篇云："有如皦日。"《陳風·月出》篇云："月出皎兮。"晈、皎、皦，並通。

彰者，《鄭風·女曰雞鳴》篇云："明星有爛。"爛，與"彰"通。

䀝、曉者，《方言》："䀝、曉，明也。"

睪之言奕奕也。《方言》："睪，明也。""譯，見也。"《小爾雅》："斁，明也。"《洪範》"曰圛"，《史記·宋世家》"圛"作"涕"，集解引鄭氏《書》注云："圛者，色澤而光明也。"《齊風·載驅》篇"齊子豈弟"，鄭箋云："此豈弟，猶言發夕也。豈，讀當爲闓；弟，古文《尚書》以弟爲圛。圛，明也。"《爾雅》："愷悌，發也。"發，亦明也。司馬相如《封禪文》"昆蟲闓懌"，亦是發明之意，猶言"蟄蟲昭蘇"耳。王延壽《魯靈光殿賦》"赫燡燡而燭坤"，李善注云："燡燡，光明貌。"何晏《景福殿賦》云："鎬鎬鑠鑠，赫奕章灼。"《集韻》引《字林》云："焲，火光也。"是凡與"睪"同聲者，皆光明之意也。睪，各本譌作"曎"，今訂正。

㥏者，《衆經音義》卷十二引《倉頡篇》云："㥏，明也。"《漢書·王莽傳》云："憒眊不渫。"《説文》："厂，明也。"厂、渫，並與"㥏"通。

晣之言明哲也。《説文》："昭晣，明也。"《洪範》"明作哲"，《大傳》及《漢書·五行志》並作"悊"，《小雅·小旻》篇作"哲"。《大有·象傳》"明辨晳也"，鄭本作"遰"，云："讀如'明星晳晳'。"《祭法》"瘞埋於泰折"，鄭注云："折，炤晳也。"張衡《思玄賦》："雖司命其不晣。"並字異而義同。

昱之言燿燿也。《釋訓》云："昱昱，明也。"《説文》："昱，日明也。"《太玄·玄告》篇云："日以昱乎晝，月以昱乎夜。"《淮南子·本經訓》云："焜昱錯眩，照燿煇煌。"《説文》："煜，燿也。"義與"昱"同。

曠者,《説文》:"曠,明也。"鄒陽《獄中上梁王書》云:"獨觀於昭曠之道。"《莊子·天地》篇云:"上神乘光,與形滅亡,此之謂照曠。"照曠,與"昭曠"同。

晤之言寤也。《説文》"晤,欲明也",引《邶風·柏舟》篇:"晤辟有摽。"今本作"寤"。《關雎》傳云:"寤,覺也。"寤,與"晤"通。

旳之言灼灼也。《説文》:"旳,明也。"《中庸》云:"小人之道,的然而日亡。"的,與"旳"同。

旭之言晧晧也。《説文》:"旭,日旦出皃;讀若好。一曰明也。"《邶風·匏有苦葉》篇"旭日始旦",毛傳云:"旭日始出,謂大昕之時。"《周頌·載見》篇"休有烈光",鄭箋云:"休者,休然盛壯。""休"與"旭",亦聲近義同。

徵之言證明也。各本譌作"微"。考諸書,無訓"微"爲明者。《廣韻》《集韻》並云:"徵,明也。"《中庸》"杞不足徵也",昭三十年《左傳》"且徵過也",鄭、杜注並云:"徵,明也。"今據以訂正。

焞者,《説文》"焞,明也",引《鄭語》:"焞燿天地。"今本作"淳",假借字也。《楚辭·九歌》"暾將出兮東方",注云:"謂日始出,其容暾暾而盛大也。"義亦與"燉"同。揚雄《羽獵賦》"光純天地","純"與"焞",亦聲近義同。

闓之言開明也。《説文》:"闓,開也。"《爾雅》"愷悌,發也",舍人、李巡、孫炎、郭璞皆訓"愷"爲明。《詩》作"豈弟",《封禪文》作"闓懌",並字異而義同。《説文》:"塏,高燥也。"昭三年《左傳》:"請更諸爽塏者。"《方言》:"暟,照也。"義與"闓"並相近。

陽者,《説文》:"陽,高明也。"《豳風·七月》篇"我朱孔陽",毛傳云:"陽,明也。"《堯典》"曰暘谷",字與"陽"通。

杲之言皎皎也。《説文》:"杲,明也。"《衛風·伯兮》篇云:"杲杲出日。"《管子·内業》篇云:"杲乎如登於天。"《孟子·滕文公》篇:"暠暠乎不可尚已。"趙岐注云:"暠暠,甚白也。"義與"杲"相近。

粲者,《小雅·伐木》篇"於粲洒埽",毛傳云:"粲,鮮明貌。"《大東》篇"粲粲衣服",傳云:"粲粲,鮮盛貌。"

烓者,《方言》:"烓,明也。"《説文》云:"烓,讀若冋。"又云:"炯,光也。"《小雅·無將大車》篇"不出于熲",毛傳云:"熲,光也。"烓、炯、熲,並聲近而義同。《説文》"烓"從火,圭聲。《玉篇》音口迥、烏圭二切。《爾雅》:"爛,明也。"爛,古讀若圭,亦與“烓”聲近義同。

堂之言堂堂也。《論語·子張》篇“堂堂乎張也”,鄭注云:“言容儀盛也。”《廣韻》引《白虎通義》云:“堂之爲言明也,所以明禮義也。”《釋名》云:“堂,猶堂堂,高顯貌也。”

爽者,《説文》:“爽,明也。篆文作㸑。”《大誥》云:“爽邦由哲。”《説文》又云:“昧爽,旦明也。”《牧誓》言“昧爽”,《鄭風》言“昧旦”,《吳語》言“昧明”,其義一也。《衆經音義》卷九引《廣雅》:“爽,明也。”今本脱“爽”字。

昀案:晫並見於卓。燿、光、顯、視、昭、彰、著未作疏證。

滄、瀙、冷、洞、清、涇、涷、淬,寒也。

滄者,《説文》:“滄,寒也。”又云:“滄,寒也。”《逸周書·周祝解》云:“天地之間有滄熱。”《列子·湯問》篇云:“滄滄涼涼。”《靈樞經·師傳》篇云:“衣服者,寒無悽愴,暑無出汗;食飲者,熱無灼灼,寒無滄滄。”並字異而義同。寒謂之滄,亦謂之淒;悲謂之悽,亦謂之愴,義相近也。故《祭義》云:“霜露既降,君子履之,必有悽愴之心,非其寒之謂也。”

瀙,與下“清”字通。《説文》:“瀙,冷寒也。”又云:“凊,寒也。”《曲禮》云:“冬温而夏凊。”《莊子·人閒世》篇云:“爨無欲清之人。”瀙、清、凊,並通。

冷,各本譌作“泠”,今訂正。

洞者,《説文》:“洞,滄也。”

淬者,《方言》“淬,寒也”,郭璞注云:“淬,猶淨也。”淬,與“倅”通。

昀案:涇、涷未作疏證。清並見於瀙。冷惟涉校勘。

惟、圖、誧、議、慮、惲、計、聽、媒,謀也。

惟、圖、慮者,《爾雅》:“惟、圖、慮,謀也。”圖,各本譌作“國”。《衆經音義》卷二十五引《廣雅》:“圖,議也,計也。”今據以訂正。

惲者,《方言》:“惲,謀也。”

媒者,《説文》:“媒,謀也,謀合二姓也。”《周官·媒氏》注云:“媒之言謀也,謀合異類,使和成者。”

昀案:誧、議、計、聽未作疏證。

㝷、緣、遵、躔、逡、揗,循〔也〕。

此釋"遵循"之義也。各本"循"下脱去"也"字,遂與下"襮、裔、方、外、旌,表也"合爲一條。《集韻》《類篇》並引《廣雅》:"孚,表也。"則宋時《廣雅》本已脱去"也"字。考"孚、緣"以下六字,諸書皆訓爲循,無訓爲表者,今據以補正。

孚者,《玉篇》:"孚,循也。"

緣者,《玉篇》:"緣,緍也。"緍,與"循"通。《莊子・養生主》篇"緣督以爲經",李頤注云:"緣,順也。"《釋名》云:"順,循也。"(154)《急就篇》"鍼縷補縫綻紩緣",皇象本作"箴縷補袒縫緣循"。

躔、逡者,《方言》:"躔、逡,循也。日運爲躔,月運爲逡。"《吕氏春秋・圜道》篇云:"月躔二十八宿。"逡,亦遵也。哀三年《左傳》"外内以悛",杜預注云:"悛,次也。"《漢書・公孫宏傳》"有功者上,無功者下,則羣臣逡",李奇注云:"言有次第也。"《王莽傳》云:"後儉隆約以矯世俗。"《史記・游俠傳》"逡逡有退讓君子之風",《漢書》作"循循"。《揚雄傳》"穆穆肅肅,蹲蹲如也",顏師古注云:"蹲蹲,行有節也。"並字異而義同。

揗者,卷一云:"揗,順也。"《説文》:"揗,摩也。"又云:"摩,循也。"

昀案:遵未作疏證。

襮、裔、方、外、旌,表也。

襮者,《吕氏春秋・忠廉》篇"臣請爲襮"(155-1),班固《幽通賦》"張修襮而内逼",曹大家及高誘注並云:"襮,表也。"(155-2)襄三十一年《左傳》"不敢暴露","暴"與"襮",聲近而義同。《唐風・揚之水》篇"素衣朱襮",毛傳云:"襮,領也。"《易林・否之師》云:"揚水潛鑿,使石絜白。衣素表朱,遊戲臯沃。"皆約舉《詩》辭,則《三家詩》必有訓"襮"爲表者矣。

裔、方者,文十八年《左傳》"投諸四裔",四裔,猶言四方;四方,猶言四表。是"裔、方"皆表也。

旌者,莊二十八年《左傳》云:"且旌君伐。"

昀案:外未作疏證。

疆、繹、困、苦、終、竟、死,窮也。

疆之言竟也。《豳風・七月》篇"萬壽無疆",毛傳云:"疆,竟也。"

繹者,《説文》:"斁,終也。"斁,與"繹"通。疆、繹,皆終窮之名,故《魯頌・駉》

篇云"思無疆""思無斁"。《廣雅》"疆、繹"並訓爲窮,義本諸此也。餘見下文"繹,終也"下。

死者,《大戴禮·易本命》篇云:"化窮數盡謂之死。"

昀案:困、苦、終、竟未作疏證。

殘、餘,盈〔也〕。

各本皆作"殘、餘、盈、匪、勿,非也"。案"殘、餘、盈"三字,義與"非"不相近。各本"盈"下脱"也"字,故與下"匪、勿,非也"混爲一條。今補正。徧考諸書,"殘、盈"二字,無訓爲非者。惟《玉篇》云:"餘,非也。"而經傳皆無此訓,蓋後人依誤本《廣雅》增入,不可引以爲據。

殘,讀當如"歸奇于扐"之"奇"。殘者,殘餘之數,故"殘、殘"二字並從歺。《説文》"歺,列骨之殘也";又云:"畸,殘田也。"《廣韻》"畸、殘、奇"三字並居宜切,其義同也。

盈,亦餘也,語之轉耳。《漢書·食貨志》云:"蓄積餘贏。"《後漢書·馬援傳》云:"致有盈餘。"盈,與"贏"通。《食貨志》云:"操其奇贏,日游都市。"

《太玄》有"踦贊、贏贊",義亦與"殘、盈"同。殘、餘、盈,三字同義,故云:"殘、餘,盈也。"

匪、勿,非也。

《大雅·靈臺》篇"經始勿亟",鄭箋訓"勿"爲非。匪、勿、非,一聲之轉。

嬴、裎、徒、裼,袒也。

嬴者,《説文》:"嬴,袒也。"僖二十三年《左傳》:"欲觀其裸。"《王制》"嬴股肱",釋文:"嬴,本又作嬴。"[①]《大戴禮·天圓》篇:"唯人爲倮匈而生也。"《史記·陳丞相世家》:"躶而佐刺船。"並字異而義同。嬴之言露也。《月令》"中央土,其蟲倮",鄭注云:"象物露見不隱藏,虎豹之屬恆淺毛。"《荀子·蠶賦》"有物於此,儽儽兮其狀",楊倞注云:"儽儽,無毛羽之貌。"義並與"嬴"同。嬴,各本譌作"嬴",今訂正。

裎者,《説文》:"裎,袒也。"《孟子·公孫丑》篇云:"雖袒裼裸裎於我側。"裎之

① 嬴,原譌作"嬴"。

言呈也。《方言》:"襌衣無裦者,趙魏之閒謂之裎衣。"義亦相近也。

"徒"與"袒",一聲之轉也。《韓非子·初見秦》篇云:"頓足徒裼。"《韓策》云:"秦人捐甲徒裎以趨敵。"

裼者,《説文》:"裼,袒也。"凡去上衣見裼衣,謂之裼,或謂之袒裼。《玉藻》:"裘之裼也,見美也。"《内則》:"不有敬事,不敢袒裼。"是也。其去衣見體,亦謂之袒裼。《鄭風·大叔于田》篇:"襢裼暴虎。"《爾雅》云:"襢裼,肉袒。"是也。襢,與"袒"同。

葬、薶、窖、窌、都、墊、伏、竄、扆、庰、宲、匿、揞、揜、錯、摩、寖、奥、寥、〔祕*〕、〔韜*〕、〔韞*〕[①],藏也。

葬者,《檀弓》及《吕氏春秋·節喪》篇並云:"葬也者,藏也。"《白虎通義》云:"葬之爲言下藏之也。"

薶,字或作"埋",同。

窖、窌者,《説文》:"窖,地臧也。""窌,窖也。"臧,與"藏"同。《考工記·匠人》"囷窌倉城",劉昌宗音古孝反。《月令》"穿竇窖",《吕氏春秋》作"窌"。窖、窌,聲相近,古多通用。窖之言奥也。《莊子·齊物論》篇"縵者、窖者、密者",司馬彪注云:"窖,深也。"窌之言寥寥深也。《廣韻》"窌"又音力嘲切。《文選·長笛賦》"庨窌巧老",李善注云:"深空之貌。"

墊者,下之藏也。《方言》:"埕、墊,下也。凡柱而下曰埕,屋而下曰墊。"《臯陶謨》"下民昏墊",鄭注云:"昏,没也。墊,陷也。"

竄者,《爾雅》"竄,微也",郭璞注云:"微,謂逃藏也。"襄二十一年《左傳》云:"無所伏竄。"

扆之言隱也。義見卷一"扆、隱,翳也"下。扆,與"扆"通。

庰者,《金縢》"我乃屏璧與珪",傳云:"屏,藏也。"王褒《洞簫賦》云:"處幽隱而奥庰兮。"庰,與"屏"通。《小雅·桑扈》傳云:"屏,蔽也。"《爾雅》"屏謂之樹",李巡注云:"以垣當門自蔽,名曰樹。"義亦同也。

宲者,《説文》"宲,臧也",引《顧命》:"陳宲赤刀。"今本作"寶"。《禮器》云:"家不寶龜,不藏圭。"襄十一年《左傳》云:"毋保姦,毋留慝。"宲、保、寶,並通。

---

① 窌、宲,原作"穽、宲",《疏證》同。寖,原作"寖",《疏證》作"寖"。

揞、揜、錯、摩者,《方言》:"揞、揜、錯、摩,藏也。荆楚曰揞,吴揚曰揜,周秦曰錯,陳之東鄙曰摩。"揞,猶揜也,方俗語有侈斂耳。《廣韻》:"揞,手覆也。"覆,亦藏也。今俗語猶謂手覆物爲揞矣。《大戴禮·曾子制言》篇云:"君子錯在高山之上,深澤之汙,聚橡栗藜藿而食之,生耕稼以老十室之邑。"是"錯"爲"藏"也。《考工記·弓人》"强者在内而摩其筋",鄭注云:"摩,猶隱也。"隱,亦藏也。

寝,今通作"寢"。寢者,人所寢息,故爲藏也。宫有寢,廟有寢,其義一也。

奥之言幽也(156-1)。《爾雅》"西南隅謂之奥",孫炎注云:"室中隱奥之處。"《堯典》云:"厥民奥。"(156-2)《韓詩外傳》云:"窺其户,不入其中,安知其奥藏之所在。"《文選·蕪城賦》注引《倉頡篇》云:"隩,藏也。"隩,與"奥"通。

寥者,《莊子·知北遊》篇云:"油然漻然,莫不入焉。"漻,與"寥"通。

韜者,《玉篇》《廣韻》並云:"韜,藏也。"《周頌·時邁》篇"載櫜弓矢",毛傳云:"櫜,韜也。"字亦作"縚"。南宫縚字容,是其義也。

韞者,《論語·子罕》篇"韞匵而藏諸",馬融注云:"韞,藏也。"

《玉篇》引《廣雅》:"祕,藏也。"《莊子·天地》篇釋文及《文選·潘岳〈寡婦賦〉》注、顔延之《五君詠》注、謝朓《齊敬皇后哀策文》注並引《廣雅》:"韜,藏也。"《文賦》注引《廣雅》:"韞,藏也。"今本脱"祕、韜、韞"三字。

昀案:都、伏、匿未作疏證。

䜋、紽、抴、閲,數也。

䜋者,《方言》《説文》並云:"䜋,數也。"郭璞云:"偶物爲麗,故云數也。"《大雅·文王》篇"其麗不億",毛傳云:"麗,數也。"麗,與"䜋"通。

紽者,引之云:《召南·羔羊》篇"素絲五紽""素絲五緎""素絲五總",毛傳云:"紽,數也。""緎,縫也。""總,數也。"緎,訓爲縫,本於《爾雅》,蓋取界域之義。今案:三章文義,寔不當如《爾雅》所訓。紽、緎、總,皆數也。五絲爲紽,四紽爲緎,四緎爲總;五紽二十五絲,五緎一百絲,五總四百絲,故《詩》先言"五紽",次言"五緎",次言"五總"也。《西京雜記》載鄒長倩《遺公孫宏書》曰:"五絲爲䌰,倍䌰爲升,倍升爲緎,倍緎爲紀,倍紀爲緵,倍緵爲襚。"《豳風·九罭》釋文云:"緵,字又作總。"然則緎者二十絲,總者八十絲也。孟康注《漢書·王莽傳》云:"緵,八十縷也。"《史記·孝景紀》"令徒隸衣七緵布",正義與孟康注同。《晏子春秋·雜》篇云:"十緫之布,一豆之食。"《説文》作"稯",云:"布之八十縷爲稯。"正與"倍紀爲緵"之數相合。紽之數,今失其傳。案:釋文云:"紽,本又作佗。"春秋時,陳公子佗字五父,則知"五絲爲紽",即《西京雜記》之"繉"矣。

抴、閲,皆謂數之也。抴,讀爲"揲蓍"之"揲"。《繫辭傳》"揲之以四,以象四時",釋文云:"揲,猶數也。"《漢書·揚雄傳》"擸之以三策",擸,與"揲"同。《逸周書》"世俘解",世,亦與"揲"同,謂數俘也。襄二十五年《左傳》云:"數俘而出。"是也。桓六年《左傳》云:"大閲,簡車馬也。"襄九年《傳》"商人閲其禍敗之釁",杜預注云:"閲,猶數也。"《史記·高祖功臣侯表》云:"明其等曰伐,積日曰閲。"《説文》"揲,閲持也""閲,具數於門中也",徐鍇傳云:"具數,一一數之也。"是"閲"與"揲"皆具數之意。《集韻》"揲"或作"抴",故"抴、閲"皆訓爲數也。抴,各本譌作"枻",今訂正。

占、讖、撿、證,譣也。

譣,經傳通作"驗"。

占者,《繫辭傳》云:"極數知來之謂占。"

讖者,《説文》:"讖,驗也。"賈誼《鵩鳥賦》云:"讖言其度。"

撿,亦譣也。《漢書·食貨志》云:"考檢厥實。"檢,與"撿"通。

昀案:證未作疏證。

締、絹、緫、括,結也。

締者,《説文》:"締,結不解也。"《楚辭·九章》云:"氣繚轉而自締。"

絹者,《説文》:"絹,結也。"《釋訓》云:"結絹,不解也。"《漢書·息夫躬傳》:"心結愲兮傷肝。"《楚辭·九思》"心結絹兮折摧",愲,與"絹"通。《莊子·徐無鬼》篇"頡滑有實",向秀注云:"頡滑,錯亂也。""頡滑"與"結絹",義亦相近。

緫者,《衛風·氓》篇"緫角之宴",毛傳云:"緫角,結髮也。"《楚辭·離騷》"緫余轡乎扶桑",王逸注云:"緫,結也。"

括者,《坤》六四"括囊",虞翻注云:"括,結也。"《禮》言"括髮",亦是也[157]。

嫿、〔赳〕、衆、〔僑*〕,材也。

嫿者,《説文》:"嫿,竦身也。"又云:"婧,竦立也。一曰有才。""嫿、婧"二字相承,訓亦相近,是"嫿"得爲才也。才,與"材"通。《説文》:"嫿,讀若《詩》曰:'糾糾葛屨。'""嫿"與"赳",聲義並同。

赳者,《説文》:"赳,輕勁有才力也。"《周南·兔罝》篇云:"赳赳武夫。"赳,曹憲音糾。各本脱去"赳"字,其音内"糾"字又誤入正文,今補正。

彖者,《繫辭傳》"彖者,材也",韓伯注云:"材,才德也。彖言成卦之材以統卦義也。"

僑者,《説文》:"僑,高也。"春秋鄭公孫僑字子産,一字子美,皆才之意也。《説文》:"趫,善緣木之才也。"左思《吴都賦》"趫材悍壯",義與"僑"亦相近。僑、嫿、赳,一聲之轉也。《衆經音義》卷四、卷十四並引《廣雅》:"僑,才也。"今本脱"僑"字。

雙、耦、娌、匹、孿、息、日、貳、乘、賸、再、兩①,二也。

娌者,《方言》"築、娌,匹也。娌,耦也",郭璞注云:"今關西兄弟婦相呼爲築娌。"

孿,亦雙也,説見卷三"釐、孳、健、顯、匹、耦,孿也"下。

乘者,《方言》:"飛鳥曰雙,鴈曰乘。"《周官·校人》"乘馬",鄭注云:"二耦爲乘。"凡經言"乘禽、乘矢、乘壺、乘韋"之屬,義與此同也。

賸者,《方言》"賸,雙也。南楚江淮之閒曰賸",郭璞音滕。《月令》"乃合累牛騰馬",鄭注云:"累、騰,皆乘匹之名。"騰,與"賸"通。《玉篇》"賸"又音以證切。《説文》"賸,物相增加也。一曰送也,副也",徐鍇傳云:"古者一國嫁女,二國往媵之。媵之言送也,副貳也。"義出於此。賸、賸、媵,聲義亦同。"賸"與"乘",聲又相近也。賸,各本譌作"勝",今訂正。

昀案:雙、耦、匹、息、日、貳、再、兩未作疏證。

贈、襚、賻、賵、遺②、齎,送也。

贈、襚、賻、賵者,《士喪禮》云:"君使人襚。"又云:"公賵。"又云:"知死者贈,知生者賻。"鄭注云:"襚之言遺也。""賵,所以助主人送葬也。""贈,送也。""賻之言補也,助也。"《荀子·大略》篇云:"貨財曰賻,輿馬曰賵,衣服曰襚,玩好曰贈,玉

① 乘、賸,原作"椉、賸",《疏證》作"乘、賸"。

② 遺,原作"遺",《疏證》作"遺"。

貝曰唅。賻、賵,所以佐生也;贈、襚,所以送死也。"《太平御覽》引《春秋説題辭》云:"賻之爲言助也,賵之爲言覆也,贈之爲言稱也,襚之爲言遺也。"

齎者,《説文》:"齎,持遺也。"《周官·小祝》"設道齎之奠",鄭注云:"齎,猶送也。"

昀案:遺未作疏證。

攄、展、奮、摛、初、禹、霌、綏,舒也。

攄、舒,聲相近。《淮南子·脩務訓》注云:"攄,舒也。"《楚辭·九章》云:"據青冥而攄虹兮。"《史記·司馬相如傳》"攄之無窮",徐廣音義云:"攄,一作臚。"《爾雅》云:"舒,敘也。""臚,敘也。"義並相通。

奮者,《豫·象傳》云:"雷出地奮,豫。"豫,亦舒也。《洪範》曰:"豫恆燠若。"鄭、王本及《史記》《漢書》並作"舒"。

摛者,《説文》:"摛,舒也。"揚雄《劇秦美新》云:"摛之罔極。"《太玄·玄攡》云:"玄者,幽攡萬類而不見其形者也。"《漢書·揚雄傳》"有《首》《衝》《錯》《測》《攡》《瑩》《數》《文》《掜》《圖》《告》十一篇",蕭該《音義》云:"劉向《别録》攡作舒。《字林》云:'攡,舒也;音丑支反。'"義與"摛"同。《史記·老子韓非傳》"善屬書離辭,指事類情",離,亦與"摛"同,謂舒辭也。正義云:"猶分析其辭句。"失之(158-1)。

禹、舒,聲相近。《説文》:"踽,疏行皃。"張衡《西京賦》"奎踽盤桓",薛綜注云:"奎踽,開足也。""踽"與"禹",聲近而義同。《白虎通義》云:"冬音羽。羽之爲言舒,萬物始孳也。"《釋名》云:"雨,羽也,如鳥羽動則散也。"義與"禹"並相近。

霌,猶雨也。《集韻》引吕靜説云:"北方謂雨曰霌。"

綏者,安之舒也。《説文》:"夊,行遲曳夊夊也。"義與"綏"相近。綏、舒,又一聲之轉(158-2)。

昀案:展、初未作疏證。

僭、掜、〔攇*〕,擬也。

僭者,《説文》:"僭,儗也。"儗,與"擬"通。

掜之言儀象也。《太玄·玄掜》云:"掜,擬也。"

攇者,《玉篇》攇,虚偃切,"擬也"。《廣韻》云:"手約物也。"《集韻》《類篇》並引《廣雅》:"攇,擬也。"今本脱"攇"字。

獊、猾、玃、𤢽，擾也。

猾者，卷三云："猾，亂也。"亂亦擾也。

玃、𤢽、擾，聲並相近。《説文》："玃，玃𤢽也。""𤢽，犬玃玃咳吠也。"

昀案：獊未作疏證。

婳、愶、恇、㤿，怯也。

婳者，《説文》："婳，疾言失次也；讀若懾。"

愶者，《方言》："脅閲，懼也。齊楚之閒曰脅閲。"《郊特牲》云："大夫强，諸侯脅。"脅，與"愶"通；"愶"與"怯"，亦聲近義同，故《釋名》云："怯，脅也，見敵恐脅也。"愶，曹憲音脅。各本"愶"譌作"懫"，音内"脅"字又譌作"脅"，今訂正。

恇者，《説文》："恇，怯也。"《素問・通評虛實論》云："尺虛者行步恇然。"《禮器》"衆不匡懼"，鄭注云："匡，猶恐也。"匡，與"恇"通。

昀案：㤿未作疏證。

嬗、娙、娭、侮、獲，婢也。

娭者，《説文》："娭，卑賤名也。"《廣韻》引《倉頡篇》云："婦人賤稱也。"

侮、獲者，《方言》"臧、甬、侮、獲，奴婢賤稱也。荆淮海岱雜齊之閒，罵奴曰臧，罵婢曰獲。齊之北鄙、燕之北郊，凡民男而壻婢謂之臧，女而婦奴謂之獲。亡奴謂之臧，亡婢謂之獲，皆異方罵奴婢之醜稱也。秦晉之閒罵奴婢曰侮"，郭璞注云："侮，言爲人所輕弄也。"案：獲者，辱也。卷三云："獲，辱也。"《墨子・小取》篇云："獲，人也；愛獲，愛人也。臧，人也；愛臧，愛人也。"

昀案：嬗、娙未作疏證。

緜、聯、縈、綴、及、瑣、系、牽，連也。

縈，義見下文"縈，纏也"下。各本譌作"縈"，今訂正。

昀案：緜、聯、綴、及、瑣、系、牽未作疏證。

掍、粹、兼、并、集、合、稽、醜、共，同也。

掍、粹、醜者，《方言》："醜、掍、綷，同也。宋衛之閒曰綷，或曰掍；東齊曰醜。"《周語》"混厚民人"，韋昭注云："混，同也。"混，與"掍"通。王褒《洞簫賦》云："掍其會合。"粹之言萃也。《説文》："辮，會五采繒也。"《漢書・司馬相如傳》"綷雲蓋而樹華旗",顔師古注云:"綷,合也,合五采雲以爲蓋也。"王逸注《離騷》云:"至美曰純,齊同曰粹。"䊜、綷、粹,並通。醜之言儔也。《孟子・公孫丑》篇云:"今天下地醜德齊。"

稽者,《堯典》"曰若稽古帝堯",鄭注云:"稽,同也。"《儒行》"古人與稽",鄭注云:"稽,猶合也。"《韓非子・主道》篇云:"保吾所以往而稽同之。"

昀案:兼、并、集、合、共未作疏證。

了、闋、已,訖也。

闋者,《文選・七命》注引《倉頡篇》云:"闋,訖也。"《燕禮》云:"主人荅拜而樂闋。"

昀案:了、已未作疏證。

黮、黝、竊、厶,私也。

黮、黝者,《方言》"黮、黝,私也",郭璞注云:"皆冥闇,故爲陰私也。"

竊者(159),王逸注《離騷》云:"竊愛爲私。"莊十年《左傳》"自雩門竊出",謂私出也。《論語・述而》篇"竊比於我老彭",謂私比也;《衛靈公》篇"臧文仲其竊位者與",亦謂私爲己有,非盜竊之謂也。

厶者,《説文》:"厶,私也。"

聰、聆、瞟①、䁝、瞑、許,聽也。

"聰、聆、瞟、䁝、瞑"爲"視聽"之聽,"許"爲"聽從"之聽。

《堯典》云:"明四目,達四聰。"《王風・兔爰》篇云"尚寐無聰",毛傳:"聰,聞也。"《噬嗑・象傳》云:"聰不明也。"是"聰"爲聽也。

《文選・長笛賦》注引《倉頡篇》云:"聆,聽也。"《法言・五百》篇云:"聆聽前世。"聰之言通,聆之言靈也。牖謂之窻,窻欞謂之櫺,義取諸此也。

瞟之言剽取也。《玉篇》引《字林》云:"瞟,聽裁聞也。又行聽也。"今俗語猶然矣。

䁝之言察也。《文選・顔延之〈贈王太常〉詩》"聆龍睽九淵",李善注引《説文》云:"睽,察也。"睽,與"䁝"通。

瞑者,《玉篇》引《埤倉》云:"瞑,注意聽也。"

許者,《説文》:"許,聽言也。"

---

① 瞟,原作"瞟",《疏證》作"瞟"。

抐、揾、搙,〔擩〕也。

擩,曹憲音而主反。各本皆作"抐、揾、搙、揊,拄也"。《集韻》《類篇》"揾、搙、揊"三字注並引《廣雅》:"拄也。"則宋時《廣雅》本已然。今案:"抐、揾、搙、揊"四字,諸書無訓爲拄者。"拄"是掌拄之義,與"抐、揾、搙"三字之義各不相涉。《玉篇》:"揊,挐也。"義與"拄"亦不相涉。此因正文脱去"擩"字,其音内"而、主"二字又誤入正文,校書者不得其解,遂改"而"爲"揊",改"主"爲"拄"耳。《釋言》云:"揾、抐,擩也。"是"揾、抐"本訓爲擩。又《説文》《玉篇》《廣韻》"擩"字並音而主反。今據以訂正。

抐、揾者,《集韻》引《字林》云:"揾抐,没也。"《廣韻》云:"揾抐,按物水中也。"《説文》:"揾,没也。"《廣韻》音烏困、烏没二切。今俗語謂内物水中爲揾,正與"烏没"之音相合。《説文》:"頞,内頭水中也;音烏没切。"義與"揾"同。

搙者,《玉篇》:"搙,揾也。"擩,音而主、而誰、而專、而劣四反。《説文》:"擩,染也。"《周官·大祝》"六曰擩祭",鄭衆注云:"擩祭,以肝肺菹擩鹽醢中以祭也。"《公食大夫禮》"取韭菹以辯擩于醢",鄭注云:"擩,猶染也。"《特牲饋食禮》作"抨",義同。《漢書·司馬相如傳》"割鮮染輪",李奇注云:"染,擩也。"顔師古注云:"擩,揾也。"

謑詬、羞、媿、類[①]、鄙,恥也。

謑詬者,昭二十年《左傳》"余不忍其詢",定八年《左傳》"公以晉詬語之",杜預注並云:"恥也。"《大戴禮·武王踐阼》篇云:"口生听。"詢、听,並與"詬"同。《説文》:"謑詬,恥也。"《荀子·非十二子》篇云:"無廉恥而忍謑詢。"《吕氏春秋·誣徒》篇云:"不可謑詬遇之。"《漢書·賈誼傳》云:"奊詬亡節。"並字異而義同。詬,各本譌作"話",今訂正。

類者,《恆》九三云:"不恆其德,或承之羞,貞吝。"吝,與"類"通(160)。

鄙者,《楚辭·九章》"君子所鄙",王逸注云:"鄙,恥也。"

昀案:羞、媿未作疏證。

諺、譯、膚、禪,傳也。

諺者,《説文》:"諺,傳言也。"

---

① 類,原作"頪",《疏證》作"類"。

譯者,《王制》云:"五方之民,言語不通,嗜欲不同。達其志,通其欲,東方曰寄,南方曰象,西方曰狄鞮,北方曰譯。"《方言》:"譯,傳也。"《説文》云:"傳譯四夷之語者。"

膚者,《説文》:"膚,籀文臚字。"(161-1)《晉語》"風聽臚言於市",韋昭注云:"臚,傳也。"《莊子·外物》篇云:"大儒臚傳。"《漢書·叔孫通傳》"大行設九賓臚句傳",蘇林注云:"上傳語告下爲臚,下告上爲句。"韋昭注云:"大行掌賓客之禮,今之鴻臚也。"應劭注《百官表》云:"鴻臚者,郊廟行禮讚九賓,鴻聲臚傳之也。"《周官·司儀》"旅擯"(161-2),鄭衆注云:"旅,謂九人傳辭。"旅、臚,古通用。《廣韻》:"駴,力居切;傳馬也。""駴"與"臚"同聲。傳車、驛馬,皆取傳遞之義,故傳宣謂之臚,亦謂之驛;傳遽謂之驛,亦謂之駴;傳舍謂之廬,亦謂之旅,亦謂之驛,其義並相通也。

昀案:禪未作疏證。

誦、諱、語、議、話、詁、吪、曰,言也。

誦者,《孟子·公孫丑》篇"爲王誦之",趙岐注云:"誦,言也。"

諱之言悖悖也。《玉篇》:"諱,瞋語也。"

詁者,《説文》:"詁,故言也。"

吪者,《爾雅》:"訛,言也。"訛,與"吪"通。

昀案:語、議、話、曰未作疏證。

誧、証、譏、諍、謕、誶,諫也。

証者,《説文》:"証,諫也。"《吕氏春秋·誣徒》篇"愎過自用,不可証移",高誘注與《説文》同。鄭注《周官·司諫》云:"諫,猶正也。"正,與"証"通。

譏者,《楚辭·天問》"殷有惑婦何所譏",王逸注云:"譏,諫也。"

誶者,《陳風·墓門》篇"歌以訊止",釋文:"訊,本又作誶,徐息悴反。《韓詩》云:訊,諫也。"《楚辭·離騷》"謇朝誶而夕替",王逸注與《韓詩》同。《小雅·雨無正》篇"莫肯用訊",訊,亦與"誶"同。"訊"字古讀若誶,故經傳多以二字通用。或以"訊"爲"誶"之譌,失之。

昀案:誧、諍、謕未作疏證。

訓、誨、諷、誥、譔、校、勸、學,教也。

諷者,《詩序》云:"風,風也,教也;風以動之,教以化之。"風,與"諷"通。

譔者,《説文》:"譔,專教也。"

校者,《孟子·滕文公》篇"設爲庠序學校以教之",校者,教也。學,與"斅"同。《盤庚》云:"盤庚斅于民。"《學記》引《兑命》云:"學學半。"

昀案:訓、誨、誥、勸、學未作疏證。

崩、頓、偃、仆、趦、蹷、臥,僵也。

崩者,鄭注《曲禮》云:"自上顛壞曰崩。"《白虎通義》云:"崩之爲言㥉然伏僵。"

頓之言委頓也。《淮南子·道應訓》云:"趨則頓,走則顛。"

偃、仆者,《説文》:"偃,僵也。""仆,頓也。""踣,僵也。"踣,與"仆"同。《爾雅》云"斃,仆也",又云"斃,踣也。僨,僵也",郭璞注云:"踣,前覆也。僵,卻偃也。"定八年《左傳》"顔高奪人弱弓,籍邱子鉏擊之,與一人俱斃。偃,且射子鉏中頰,殪",杜預注云:"斃,仆也。"正義云:"《吴越春秋》云:'迎風則偃,背風則仆。'仆是前覆,偃是卻倒。此顔高被擊而仆,轉而仰,且射子鉏死,言其善射也。"案:對文則"偃"訓爲僵,"仆"訓爲斃;散文則"仆"亦訓爲僵。故《説文》又云:"踣,僵也。"《秦策》云:"頭顱僵仆。"是也。

趦者,《爾雅》"棧木,干木",注云:"殭木也。江東呼木觡。""觡"與"趦",聲近義同。

臥之言委也。今俗語猶云"僵臥"矣。

昀案:蹷未作疏證。

怳、痳、瘨、姁、瘍、儒、㹊、獟、倀,狂也。

怳之言怳忽也。《説文》:"怳,狂之皃也。"

痳之言忽也。《説文》:"痳,狂走也;讀若欻。"桓五年《公羊傳》"怵也",何休注云:"怵者,狂也。齊人語。"義與"痳"同。

瘨之言顛也。《素問·腹中論》"石藥發瘨,芳草發狂",王冰注云:"多喜曰瘨,多怒曰狂。"字通作"顛"。《急就篇》"疝瘕顛疾狂失響",顔師古注云:"顛疾,性理顛倒失常也。"

姁之言眗也。揚雄《劇秦美新》云:"臣嘗有顛眗病。"義與"瘨姁"相近。

瘍者,《廣韻》云:"瘍星,狂病也。"

儒者,《急就篇》注云:"顛疾亦謂之狂獝,妄動作也。"《説文》:"趫,狂走也。"

《漢書·揚雄傳》"捎夔魖而抶獝狂",孟康注云:"獝狂,惡鬼也。"僪、趫、獝,並同義,又與"疰"聲相近也。

狾者,《説文》"狾,狂犬也",引襄十七年《左傳》:"狾犬入華臣氏之門。"今本作"瘈"。《吕氏春秋·胥時》篇云:"鄭子陽之難,猘狗潰之。"馬融《廣成頌》云:"獄䝞熊,抾封豨。"《北山經》云:"可以已痸。"並字異而義同。

獟者,《説文》"獟,狃犬也",徐鍇傳云:"獟,猶驍也。"《玉篇》:"獟,狾狗也。"

倀者,《説文》:"倀,狂也。"《仲尼燕居》云:"譬猶瞽之無相與,倀倀乎其何之!"

訂、評、圖、謀、慮,議也。

昀案:此條五詞皆未作疏證。

否、弗、倗、粃,不也。

皆一聲之轉也。

倗者,《廣韻》:"倗,不肯也。"

粃者,《方言》"粃,不知也",郭璞注云:"今淮楚閒語,呼聲如非也。"曹憲云:"彼比俱得,方語有輕重耳。"倗,即"不肯"之合聲。粃,即"不知"之合聲。《説文》:"秕,不成粟也。"義亦與"粃"同。

昀案:否、弗未作疏證。

姦、宄、竊,盜也。

《説文》:"姦,私也。""宄,姦也;外爲盜,内爲宄。""盜自中出曰竊。"文十八年《左傳》云:"竊賄爲盜,盜器爲姦。"《魯語》云:"竊寶者爲軌,用軌之財者爲姦。"成十七年《左傳》及《晉語》並云:"亂在外爲姦,在内爲軌。"軌,與"宄"通。姦、宄、竊、盜,訓雖不同,理實相貫,學者不以辭害意可也。

魕、慎、忌、畏,恐也。

魕者,卷二云:"惶、魕、恐,懼也。"《説文》:"嶷,惶也。"《既濟·象傳》云:"終日戒,有所疑也。"《雜記》"五十不致毁,六十不毁,七十飲酒食肉,皆爲疑死",鄭注云:"疑,猶恐也。"《大戴禮·曾子立事》篇云:"君子見善,恐不得與焉;見不善者,恐其及己也,是故君子疑以終身。""魕、儗、疑"三字聲近義同。

昀案:慎、忌、畏未作疏證。

綦、綂、繚、繞、綢繆、紿、絡、繳,纏也。

綦者,《説文》:"綦,約也。"上文云:"綦,連也。"《廣韻》云:"靴綦子纏連者。"綦之言拘也。今俗語云"鋦椀",是其義也。《玉篇》:"鋦,以鐵縛物也。"《説文》:"鞏,直轅車轒縛也。"義並與"綦"同。綦,各本譌作"綦",今訂正。

綂之言縮也。各本譌作"綂"。《集韻》《類篇》並引《廣雅》:"綂,纏也。"今據以訂正。

綢繆者,《説文》:"綢,繆也。""繆,枲之十絜也。一曰綢繆。"《楚辭·九歌》"薜荔拍兮蕙綢",王逸注云:"綢,縛束也。"《莊子·庚桑楚》篇"内韄者不可繆而捉",崔譔注云:"繆,綢繆也。"《唐風·綢繆》篇"綢繆束薪",《豳風·鴟鴞》篇"綢繆牖户",毛傳、鄭箋並云:"綢繆,猶纏緜也。"

紿者,《説文》云:"絲勞即紿。"

繳,音古了反。《漢書·司馬遷傳》"名家苛察繳繞"[①],如淳注云:"繳繞,猶纏繞也。"繳,與"繳"同。

昀案:繚、繞、絡未作疏證。

駕、陵、載,乘也[②]。

駕、載者,《衆經音義》卷二十二引《三倉》云:"載曰乘,馬曰駕。"

昀案:陵未作疏證。

惠、愛、恕、利、人,仁也。

愛、利者,《莊子·天地》篇云:"愛人利物之謂仁。"昭二十年《左傳》"古之遺愛也",遺愛,猶言遺仁。

恕者,《賈子·道術》篇云:"以己量人謂之恕。"《説文》:"恕,仁也。"《衆經音義》卷二引《聲類》云:"仁心度物曰恕。"《大戴禮·衛將軍文子》篇云:"方長不折,恕也。"《漢書·匡衡傳》云:"太王躬仁,而邠國貴恕。"是"恕"與"仁"同義。

---

① 司馬遷,原誤作"司馬相如"。

② 乘,原作"椉",《疏證》作"乘"。

人者,《釋名》:“人,仁也,仁生物也。”《開元占經·人占》篇引《春秋説題辭》云:“人者,仁也,以心合也。”又引宋均注云:“與他人相偶合也。”《中庸》“仁者,人也”,鄭注云:“人,讀如‘相人偶’之人,以人意相存問之言。”(162-1)《表記》“仁者,人也”,注云“人,謂施以人恩也”,引成十六年《公羊傳》曰:“執未有言舍之者。此其言舍之何?人之也。”今本作“仁”。仁,與“人”同義,故古書以二字通用。又案:《公羊傳》“此其言舍之何?仁之也;曰在招丘悕矣”,何休注云:“悕,悲也。仁之者,若曰在招丘可悲矣。閔録之辭。”是《傳》言“仁之”,即悲閔之意也。《吕氏春秋·論人》篇“哀之以驗其人”,人,即仁也(162-2)。仁,與“恕”同義,故哀閔人謂之仁,亦謂之恕。《孔子閒居》云:“無服之喪,内恕孔悲。”是也。

昀案:惠未作疏證。

遾、徐、舒、逋、訥、疏、鈍,遲也。

遾者,《文選·舞賦》“黎收而拜”,李善注引《倉頡篇》云:“遾,徐也。”遾,與“黎”通。凡言“黎”者,皆遲緩之意。《史記·高祖紀》“沛公乃夜引兵還。黎明,圍宛城三帀”,《漢書》作“遲明”,顔師古注云:“圍城事畢,然後天明。明遲於事,故曰遲明。”案:遲明,猶比明也。言高祖夜引軍還至城下,比及天明,已圍城三帀耳;非謂圍城事畢,然後天明也(163-1)。《史記·衞將軍傳》“遲明,行二百餘里”,《漢書》作“會明”。會,即比及之意。遲、黎,古同聲,字亦作“犂”(163-2)。徐廣注《吕后紀》,以“犂明”爲“比明”,其説是也(163-3)。僖二十三年《左傳》“待我二十五年不來而後嫁”,《史記·晉世家》“待”作“犂”,義相近也。《説文》:“黎,怠也。”“怠”與“待”、“黎”與“遾”,義亦相近。遲,與“遟”同。

徐,各本皆作“徐”,惟影宋本、皇甫本作“徐”。案:《説文》:“徐,安行也。”“徐,緩也。”今從影宋本、皇甫本。

逋者,郭璞注《南山經》引《記》曰:“條風至,出輕繫,督逋留。”《淮南子·天文訓》作“去稽留”(163-4)。是“逋”爲遲也。

訥者,《論語·里仁》篇“君子欲訥於言而敏於行”,包咸注云:“訥,遲鈍也。”

疏者,高誘注《淮南子·説林訓》云:“疏,猶遲也。數,猶疾也。”《祭義》云:“祭不欲數,數則煩,煩則不敬。祭不欲疏,疏則怠,怠則忘。”《楚辭·九歌》云:“疏緩節兮安歌。”

昀案:舒、鈍未作疏證。

寱、昔、闇、暮,夜也。

凡日入以後,日出以前,通謂之夜,故夕時亦謂之夜。《堯典》云:"夙夜出内朕命。"是也。

寱者,《玉篇》"寱,夜也",引《鄘風·牆有茨》篇:"中寱之言。"今本作"冓",釋文引《韓詩》云:"中冓,中夜;謂淫僻之言也。"《漢書·文三王傳》"聽聞中冓之言",晉灼注云:"冓,《魯詩》以爲夜也。"

昔之言夕也。哀四年《左傳》"爲一昔之期,襲梁及霍",杜預注云:"夜結期,明日便襲梁霍也。"《列子·周穆王》篇"昔昔夢爲國君",張湛注云:"昔昔,夜夜也。"《莊子·天運》篇"通昔不寐",釋文云:"昔,夜也。"其夕時亦謂之昔,故"夕、昔"古通用。左氏《春秋》莊七年"夏四月辛卯夜,恆星不見",《穀梁》"夜"作"昔",云:"日入至於星出,謂之昔。"《楚辭·大招》注引《小雅·頍弁》篇"樂酒今昔",今本作"夕"。皆是也。《周官·腊人》"掌乾肉",鄭注云:"腊之言夕也。"義亦相近。

闇者,《祭義》"夏后氏祭其闇",鄭注云:"闇,昏時也。"又《禮器》"逮闇而祭",謂未明時也。《吕氏春秋·具備》篇"使民闇行,若有嚴刑於旁",高誘注云:"闇,夜也。"

暮之言冥漠也。字本作"莫"。《説文》:"莫,日且冥也;從日在茻中。""夕,莫也;從月半見。""夜,舍也,天下休舍也;從夕,亦省聲。"《召南·行露》箋云:"夜,莫也。"是"夕、夜、莫"三字同義。

昒、昧、晻、䨜,冥也。

昒之言荒忽也。《説文》:"曶,尚冥也。"《漢書·郊祀志》"昒爽",顔師古注云:"未明之時也。"《司馬相如傳》"曶爽闇昧",曶,與"昒"同。《説文》:"眒,目冥遠視也。"義亦相近。

晻之言暗也。《説文》:"晻,不明也。"《爾雅》"陪,闇也",郭璞注云:"陪然,冥貌。"《中庸》云:"闇然而日章。"《荀子·不苟》篇云:"是姦人將以盜名於晻世者也。"晻、陪、闇,並通。

䨜之言瞢瞢也。《説文》:"䨜,冥也。"

昀案:昧未作疏證。

學、悫、寣、寤、梗[①],覺也。

"學、悫、寣、寤"爲"覺悟"之覺,"梗"爲"覺然正直"之覺。

學者,《説文》:"斅,覺悟也。篆文作學。"《白虎通義》云:"學之爲言覺也,以覺悟所不知也。"《淮南子·説山訓》"人不小學,不大迷",《文子·上德》篇"學"作"覺"。

悫、寣,聲義並同。《説文》:"寣,臥驚也。"《廣韻》云:"睡一覺也。"

寤,與"寤"同,亦通作"悟"。

梗之言剛也。《爾雅》:"梏、梗,直也。"《方言》:"梗,覺也。"《緇衣》引《詩》:"有梏德行。"今《詩》作"覺",毛傳云:"覺,直也。"覺,與"梏"通。梗、覺,一聲之轉。今俗語猶云"梗直"矣。

倚、豎、建、封、殖、蒔、置、隑企、起,立也。

倚者,《説卦傳》"參天兩地而倚數",虞翻注云:"倚,立也。"蜀才作"奇",義同。《楚辭·九辯》云:"澹容與而獨倚。"

封,與"建、殖"同意。傳言"封建、封殖"是也。

殖、蒔、置,聲近而義同。《方言》:"樹、植,立也。燕之外郊、朝鮮洌水之閒,凡言置立者,謂之樹植。"又云:"蒔、殖,立也。"殖,與"植"通。

隑企者,《方言》"隑企,立也。東齊海岱北燕之郊,委痿謂之隑企",郭璞注云:"腳躄不能行也。"《方言》又云:"隑,陭也。""陭"與"倚",聲相近,故"倚、隑"俱訓爲立也。《説文》:"企,舉踵也。古文作企。"《衛風·河廣》篇:"跂予望之。"企、企、跂,並同字。企,各本譌作"岔",今訂正。

昀案:豎、起未作疏證。

㤩、怨、愇、惨、悷、价、悔、吝、懟、憾、佷,恨也[②]。

㤩者,《方言》:"㤩,懟也。"《荀子·不苟》篇云:"身之所長,上雖不知,不以悖君。"悖,與"㤩"通。

愇者,班固《幽通賦》"違世業之可懷",曹大家注云:"違,恨也。"《漢書·敘傳》作"愇"。《無逸》云:"民否則厥心違怨。"義亦與"愇"同。《邶風·谷風》篇"中心有違",《韓詩》云:"違,很也。"很,亦恨也(164-1)。

---

① 梗,原作"梗",《疏證》作"梗"。
② 恨,原作"恨",《疏證》作"恨"。

憏者,《説文》:"憏,怨恨也。"

㤥、忦者,《方言》:"𢙴、忦,恨也。"《衆經音義》卷十三云:"𢙴,今作㤥,同。"

吝者,《説文》:"吝,恨惜也。"(164-2)

很,亦恨也。《爾雅》:"鬩,恨也。"孫炎本作"很"。

昀案:怨、悔、懟、憾未作疏證。

品、隄、耕、侔、䢺、等、𤨏、砐、嫭、嫧、斷、珿、洒,齊也。

品者,《檀弓》云:"品節斯,斯之謂禮。"是"品"爲齊也。

侔者,《墨子·小取》篇云:"侔也者,比辭而俱行也。"《説文》:"侔,齊等也。"《考工記·輪人》云:"權之以眡其輕重之侔也。"《漢書·司馬相如傳》通作"牟"。

䢺者,《説文》:"䢺,等也。"《齊語》"䢺本肇末",韋昭注與《説文》同。《説文》又云:"剬,斷齊也。"《釋言》云:"專,齊也。"義並與"䢺"同。

𤨏、砐、嫭、嫧者,《玉篇》:"𤨏,齊玉也。"𤨏之言捆也。《大射儀》"既拾取矢,捆之",鄭注云:"捆,齊等之也。"《廣韻》:"砐,齊頭皃。"《方言》:"嫭、嫧、鮮,好也。南楚之外通語也。"鮮絜即整齊之意,故《説卦傳》云:"齊也者,言萬物之絜齊也。"《列子·力命》篇釋文引《字林》云:"嫭,齊也。"《説文》:"嫧,齊也。"《荀子·君道》篇云:"斗斛敦槩者,所以爲嘖也。"(165-1)嘖,與"嫧"通(165-2)。《説文》又云:"齰,齒相值也。"字通作"幘"。定九年《左傳》"皙幘而衣貍製",杜預注云:"幘,齒上下相值也。"《釋名》云:"幘,賾也,下齊眉賾然也。"又云:"柵,賾也,以木作之,上平賾然也。"又云:"册,賾也,敕使整賾,不犯之也。"並聲近而義同。《文選·長笛賦》"重巘增石,簡積頵砐",李善注引《字林》云:"砐,齊也。"李周翰注云:"頵砐,石齊頭貌。"頵砐,與"𤨏砐"同。"簡積"與"嫭嫧",聲亦相近。

斷者,《説文》:"斷,截也。""斷"與"剬",聲近而義同(165-3)。今人狀物之齊曰斬齊,是其義也。

珿,音初六、初角二反。《玉篇》:"珿,等也,齊也。"《漢書·申屠嘉傳》:"躖躖廉謹",顔師古注云:"躖躖,持整之貌。"《後漢書·中山簡王傳》"官騎百人,稱娖前行",李賢注云:"稱娖,猶齊整也。"義並與"珿"同(165-4)。今俗語猶謂整齊爲整珿,聲如"捉"。

洒,音蘇典反。《玉藻》"受一爵而色洒如也",鄭注云:"洒如,肅敬貌。"《周語》云："姑洗所以脩絜百物。"《堯典》"鳥獸毛毨"，傳云："毨，理也，毛更生整理。"洒、洗、毨，義並相近。

昀案：陒、耕、等未作疏證。

稟、奉、粟[1]，禄也。

稟者，《説文》："稟，賜穀也。"《中庸》云："既稟稱事。"

粟者，《史記·伯夷傳》云："義不食周粟。"

昀案：奉未作疏證。

諄憎[2]、誎、毒、病、恔、患、勩、瘅，苦也。

諄憎、誎、毒者，《方言》："諄憎，所疾也。宋魯凡相疾惡謂之諄憎，若秦晉言可惡矣。"《康誥》"罔不憝"，傳云："人無不惡之者。""憝"與"諄"，聲近而義同。《方言》"憎，憚也"，郭璞注云："相畏憚也。"相畏憚，即相患苦，故"諄憎"又爲苦也。《説文》："㑵，妒也。一曰毒也。或作嫉。"《秦誓》云："冒疾以惡之。"《玉篇》："誎，毒苦也。"誎、㑵、嫉、疾，並通，故"疾"又爲疾苦矣。《周官·醫師》"聚毒藥以共醫事"，鄭注云："毒藥，藥之辛苦者。"《小雅·小明》篇云："心之憂矣，其毒大苦。"

病，與"疾"同義，故爲苦也。《吕刑》云："人極于病。"(166)卷三云："憎、畏、憚、病，難也。"又云："畏、憝、患、憚、嫉、毒、憎，惡也。"《釋言》云："毒，憎也。"此云："諄憎、誎、毒、病、患，苦也。"義並相通。

恔者，《説文》："恔，苦也。"《衆經音義》卷十二引《通俗文》云："患愁曰恔。"《韓非子·存韓》篇云："秦之有韓，若人之有心腹之病也。虚處則恔然，若居濕地，著而不去，以極走則發矣。"《説文》"該"字注云："讀若'心中滿該'。"義與"苦"並相近。

勩、瘅者，《爾雅》："勩、瘅，勞也。"《邶風·谷風》篇"既詒我肄"，《小雅·雨無正》篇"莫知我勩"，毛傳並訓爲勞。勞，與"苦"同意。肄，與"勩"通。勩，各本作"勚"，乃隸書之譌，今訂正。《説文》："瘅，勞病也。"《小雅·大東》篇"哀我憚人"，《小明》篇"憚我不暇"，毛傳並云："憚，勞也。"釋文："憚，丁佐反。"《大雅·雲漢》篇"我心憚暑"，釋文："憚，毛丁佐反。《韓詩》云：'憚，苦也。'"憚，與"瘅"通，轉音則爲"畏憚"之"憚"，故鄭箋以"憚暑"爲畏暑，義得兩通也。

---

① 粟，原作"桌"，《疏證》作"粟"。
② 諄，原作"諱"，《疏證》作"諄"。

昀案:患未作疏證。

獷、梗、韇、丁、亢、姜、羌,强也。

獷者,《説文》:"獷,犬獷獷不可附也。"《文選·齊故安陸昭王碑文》"彊民獷俗",李善注引《韓詩》云:"獷彼淮夷。"《漢書·敘傳》云:"獷獷亡秦,滅我聖文。"獷,與"獷"通。《大雅·江漢》篇"武夫洸洸",聲義亦相近也。

梗之言剛也。《方言》:"梗,猛也。韓趙之閒曰梗。"《楚辭·九章》"梗其有理兮",王逸注云:"梗,强也。"《漢書·王莽傳》云:"絳侯杖朱虛之鯁。"鯁,與"梗"通。

丁者,《史記·律書》云:"丁者,言萬物之丁壯也。"《白虎通義》云:"丁者,强也。"《月令》"其日丙丁",鄭注云:"夏時萬物皆炳然著見而强大。"

亢者,《説文》:"健,伉也。"《漢書·宣帝紀》"伉健習騎射",顔師古注云:"伉,强也。"《史記·秦始皇紀》"適戍之衆,非抗於九國之師",《漢書·陳勝傳》作"亢"。亢、伉、抗,並通。"亢"與"梗",聲亦相近也。

昀案:韇、姜、羌未作疏證。

眷、顧、對、陽、面、首①、卬,嚮也。

面嚮爲"面",首嚮爲"首"。《禮》言"東西面、南北面"及"北首、東首",皆是也。

卬,與"仰"通。

昀案:眷、顧、對、陽未作疏證。

恮、悈、〔忦〕、愨、質,慬也。

恮者,《説文》:"恮,謹也。"謹,與"慬"通。卷一云:"悛,敬也。"義與"恮"同。

悈者,《説文》:"悈,飭也。"古通作"戒"。

忦,曹憲音五介反。各本脱去"忦"字,其"五介反"之音遂誤入"悈"字下。考《説文》《玉篇》《廣韻》《集韻》《類篇》"悈"字俱不音五介反。《説文》忦,五介切;《玉篇》五拜切;《集韻》《類篇》牛戒切,云:"忦,慬也。""五拜、牛戒"並與"五介"同音。今據以補正。

愨者,《説文》:"愨,謹也。"

---

① 首,原作"晵",《疏證》作"首"。

質者,《後漢書·吳漢傳》云:"斤斤謹質,形於體貌。"

勱、劼、勃、勖、仂、〔勑*〕,勤也。

勱者,《玉篇》:"勱,勤也。"《小雅·小明》篇"睠睠懷顧",亦殷勤之意也。

劼者,《廣韻》:"劼,用力也。"《玉篇》引《倉頡篇》云:"臬,仡仡也。""臬"與"劼",聲近而義同。

勖者,《衆經音義》卷一引《埤倉》云:"勖,力作也。"《莊子·天地》篇云:"搰搰然用力甚多。"《晏子春秋·雜》篇云:"仡仡然不知厭。"王褒《聖主得賢臣頌》云:"勞筋苦骨,終日矻矻。"並字異而義同。

仂者,《衆經音義》卷七引《字書》云:"仂,勤也。"古通作"力"。各本"勤"字誤在"仂"字之上。《衆經音義》卷一引《廣雅》:"勖,勤也。"《集韻》《類篇》並引《廣雅》:"勱,勤也。""劼,勤也。""勖,勤也。"今據以訂正。

勑者,《説文》:"勑,勞勑也。"《爾雅》:"勞、來,勤也。"《大雅·下武》篇"昭兹來許",鄭箋云:"來,勤也。"《史記·周紀》:"武王曰:日夜勞來,定我西土。"《墨子·尚賢》篇云:"垂其股肱之力而不相勞來。"皆謂勤也。《孟子·滕文公》篇"放勳曰'勞之來之'",亦謂聖人之勤民也。來,與"勑"通。凡相恩勤,亦謂之勑。《小雅·大東》篇"職勞不來",毛傳云:"來,勤也。"正義云:"以不被勞來爲不見勤,故《采薇·序》云'杕杜以勤歸',即是勞來也。"《衆經音義》卷十二、卷二十二並引《廣雅》:"勑,勤也。"今本脱"勑"字。

昀案:勃未作疏證。

禜、禳、祰、禱、賕,謝也。

禜者,《説文》:"禜,數祭也。"各本譌作"桑",今訂正。

禳者,《説文》:"禳,磔禳祀除癘殃也。"

祰者,《説文》:"祰,告祭也。"

禱者,《説文》:"禱,告事求福也。"

賕者,《衆經音義》卷二十一引《倉頡篇》云:"載請曰賕。"字亦作"求"。《吕刑》"惟貨惟來",釋文:"來,馬本作求,云:有請賕也。"《漢書·薛宣傳》"賕客楊明",蕭該音義引韋昭注云:"行貨財以有求於人曰賕。"《説文》:"賕,以財枉法相謝也。"謝亦告也。晉灼注《漢書·張耳陳餘傳》云:"以辭相告曰謝。"

廣雅疏證　卷第四下

高郵王念孫學

釋　詁

砰、磅、砿、礚、㲉、硍、砏、磤、鍧、鎗、鍠、錚、玲瓏、嘈[①]、哰，聲也。

砰者，《文選·潘岳〈藉田賦〉》注引《字書》云："砰，大聲也。"《列子·湯問》篇云："砰然聞之，若雷霆之聲。"揚雄《羽獵賦》云："應駍聲，擊流光。"張衡《西京賦》云："沸卉軿訇。"《思玄賦》云："豐隆軯其震霆兮。"砰、駍、軯、軿，義同。

磅者，《玉篇》："磅，石聲也。"宋玉《風賦》云："飄忽淜滂。"《西京賦》云："磅礚象乎天威。"磅、滂，義同。

砿者，《玉篇》："砿，石聲也。"《説文》："宏，屋深響也。""谹，谷中響也。"《玉篇》引《字書》云："耾，耳語也。"又云："噌吰，市人聲也。""颫，大風也。""翃，蟲飛也。"《廣韻》："鈜，金聲也。"《考工記·梓人》云："其聲大而宏。"《風賦》云："耾耾雷聲。"司馬相如《長門賦》云："聲噌吰而似鐘音。"《藉田賦》云："鼓鞞硡隱以砰礚。"並字異而義同。

礚者，《説文》："磕，石聲也。"宋玉《高唐賦》云："礚震天之礚礚。"司馬相如《子虚賦》云："礧石相擊，硠硠礚礚。"揚雄《甘泉賦》云："登長平兮雷鼓磕。"磕，與"礚"同。合言之則曰"砰磅"，曰"砿礚"。《上林賦》"砰磅訇礚"，司馬彪注云："皆水聲也。""訇"與"砿"，聲近義同。

㲉者，《説文》"㲉，擊空聲也"，徐鍇傳云："謂器外無隙而内空，擊之聲㲉然也。"《玉篇》："鼛，鼓聲也。"義與"㲉"同。

硍者，《説文》："硍，石聲也。"《思玄賦》云："伐河鼓之磅硍。"《釋名》云："雷，

---

① 嘈，原作"嘈"，《疏證》作"嘈"。

如轉物有所硠雷之聲也。”

砏者，張衡《南都賦》“砏汃輣軋”，李善注云：“波相激之聲也。”

磤者，《釋訓》云：“轞轞，聲也。”《衆經音義》卷八引《通俗文》云：“雷聲曰磤。”《召南》云：“殷其靁。”枚乘《七發》云：“訇隱匈礚。”何晏《景福殿賦》云：“聲訇磤其若震。”並字異而義同。合言之則曰“砏磤”。《衆經音義》卷八引《埤倉》云：“砏磤，大聲也。”《楚辭·九懷》云：“鉅寶遷兮砏磤。”

鋂者，《樂記》云：“鐘聲鏗。”《論語·先進》篇“鏗爾，舍瑟而作”，孔傳云：“鏗者，投瑟之聲。”《論衡·説日》篇云：“石賁輕然。”《説文》：“輷，車輷鈏聲也；讀若《論語》‘鏗爾，舍瑟而作’。”鋂、鏗、輷、輕，義同。

鎗者，《玉篇》音楚庚切，《集韻》又七羊切。《説文》：“鎗，鐘聲也。”“瑲，玉聲也。”《小雅·采芑》篇“八鸞瑲瑲”，釋文：“瑲，本亦作鎗。”《庭燎》篇作“將”，《大雅·烝民》篇作“鏘”，《商頌·烈祖》篇作“鶬”。並字異而義同。合言之則曰“鋂鎗”。《樂記》“非聽其鏗鏘而已也”，《史記·樂書》作“鏗鎗”，聲義並同。

鍠者，《玉篇》胡觥切，《集韻》又胡光切。《説文》：“鍠，鐘聲也。”“瑝，玉聲也。”“喤，小兒聲也。”《爾雅》：“韹韹，樂也。”《方言》：“諻，音也。”《周頌·執競》篇云：“鍾鼓喤喤。”《小雅·斯干》篇云：“其泣喤喤。”《吕氏春秋·自知》篇云：“鍾況然有音。”馬融《廣成頌》云：“鍠鍠鎗鎗。”《長笛賦》云：“錚鐄謍嗃。”並字異而義同。

錚者，《説文》：“錚，金聲也。”“琤，玉聲也。”《説苑·雜言》篇云：“干將鏌鋣，拂鐘不錚。”錚、琤，義同。

玪瓏者，《説文》：“玪，玉聲也。”“玪”與“瓏”，一聲之轉。《説文》：“籠，笭也。”“笭”之轉爲“籠”，猶“玪”之轉爲“瓏”。合言之則曰“玪瓏”；倒言之則曰“瓏玪”。班固《東都賦》“龢鑾玪瓏”，李善注引《埤倉》云：“玪瓏，玉聲也。”范望注《太玄·唐》次三云：“瓏玪，金玉之聲也。”《法言·五百》篇云：“瓏玪其聲者，其質玉乎！”《釋訓》云：“鈴鈴，聲也。”《齊風》“盧令令”，毛傳云：“令令，纓環聲也。”《漢書·天文志》云：“地大動，鈴鈴然。”《廣韻》：“聾，大聲也。”義與“玪瓏”並相近。

嘈者，王延壽《夢賦》云：“雞知天曙而奮羽，忽嘈然而自鳴。”又《魯靈光殿賦》“耳嘈嘈以失聽”，李善注引《埤倉》云：“嘈嘈，衆聲也。”《玉篇》引《埤倉》云：“嘈，耳鳴也。”義與“嘈”同。

吽者,“嘈”之轉也。《荀子·勸學》篇云:“問一而告二謂之囋。”囋,與“吽”同。合言之則曰“嘈吽”。《長笛賦》注引《埤倉》云:“嘈啈,聲貌。”張衡《東京賦》云:“奏嚴鼓之嘈囐。”(167)《周天大象賦》云:“河鼓進軍以嘈囋。”《長笛賦》云:“啾咋嘈啈。”並字異而義同。

⿵風京、⿵風胃、飂、飆、⿵風豖、⿵風戌、⿵風戉、颵、飉、颸、⿵風𠷎、⿵風必,風也。

⿵風京者,《爾雅》:“北風謂之涼風。”《説文》作“飆”,同。《邶風》:“北風其涼。”是也。又《史記·律書》:“涼風居西南維。”《月令》:“孟秋之月,涼風至。”是也。

⿵風胃者,《説文》:“⿵風胃,大風也。”《韓詩外傳》云:“天喟然而風。”喟,與“⿵風胃”通。

飂之言颼飂也。《説文》:“飂,高風也。”《莊子·齊物論》篇“而獨不聞之翏翏乎”,郭象注云:“長風之聲也。”《吕氏春秋·有始》篇云:“西方曰飂風。”《楚辭·九歎》云:“秋風瀏以蕭蕭。”左思《吳都賦》云:“⿵風幽瀏颼飀。”又云:“翼颸風之⿵風劉⿵風劉。”並字異而義同。

飆者,“扶搖”之合聲也。《爾雅》“扶搖謂之猋”,李巡注云:“扶搖,暴風從下升上,故曰猋。猋,上也。”《月令》云:“猋風暴雨摠至。”《吳子·論將》篇云:“風飆數至。”飆,與“猋”通。

⿵風豖之言忽也。《説文》:“䬍,疾風也。”宋玉《風賦》云:“飄忽淜滂。”《淮南子·覽冥訓》云:“縱矢躡風,追猋歸忽。”張衡《思玄賦》云:“乘猋忽兮馳虛無。”⿵風豖、䬍、忽,並通。

⿵風戌,讀如“鳥不獝”之“獝”。《説文》:“⿵風朮,小風也。”⿵風朮,與“⿵風戌”同。

⿵風戉,讀如“獸不狘”之“狘”。《廣韻》:“⿵風戉,小風也。”

颵之言肅肅也。《楚辭·七諫》“商風肅而害生兮”,王逸注云:“肅,急貌。”《思玄賦》云:“迅猋潚其媵我兮。”潚、肅,並與“颵”通。《燕策》云:“風蕭蕭兮易水寒。”“蕭”與“肅”,古亦同聲也。

飉,亦飂也,語之轉耳。《初學記》引《通俗文》云:“微風曰飉。”

颸者,劉逵《蜀都賦》注引《離騷》(168):“溘颸風兮上征。”又引班固注云:“颸,疾也。”馬融《廣成頌》云:“靡颸風,陵迅流。”

⿵風𠷎者,《廣韻》作“飅”,“直由切,風颸也。又徒刀切,大風也”。

⿵風必者,《玉篇》:“⿵風必,小風也。”

繕、緻、衲、輓、靪、絧、茵、鞨、鞔、䙴、〔著*〕,補也。

繕者,《説文》:"繕,補也。"《月令》云:"繕囹圄。"

緻者,《方言》云:"楚謂紩衣爲褸,秦謂之緻。"又云"褸謂之緻",郭璞注云:"襤褸緻結也。"又云"襜褕以布而無緣,敝而紩之,謂之襤褸。自關而西,謂之裗裾,其敝者謂之緻",注云:"緻,縫納敝故之名。"是"緻"爲補也。

衲者,《釋言》云:"紩,納也。"納,與"衲"通,亦作"内"。今俗語猶謂破布相連處爲衲頭。《論衡·程材》篇云:"納縷之工,不能織錦。"《漢書·路温舒傳》"上奏畏卻,則鍛練而周内之。"周内,謂密補其罅隙也。晉灼注以"内"爲致之法中,失之。

輓者,《廣韻》:"輓,輓履也。"又云:"絻,連也。"絻,與"輓"同。

靪者,《廣韻》音當經、都挺二切。《説文》"靪,補履下也",徐鍇傳云:"今履底下以線爲結,謂之釘底。是也。"案:靪之言相丁著也。今俗語猶云"補丁"矣。

茵者,《説文》:"茵,㠯艸補缺也。"各本"茵"譌作"箘"。《集韻》《類篇》並有"箘"字,云:"以竹補缺也。"則宋時《廣雅》本已譌作"箘"。凡從艸、從竹之字,隸書往往譌溷。撰《集韻》者不知是正,因文生訓,而《類篇》已下諸書遂仍其誤。今據《説文》《玉篇》《廣韻》訂正。

鞨者,《廣韻》:"鞨,補履也。"

鞔者,《玉篇》:"鞔,履具飾也。"《廣韻》云:"補鞔也。"《爾雅·釋草》釋文引《字苑》云:"鞔苴履底。"

著之言相丁著也。《釋言》云:"著,納也。"《士喪禮記》"冠六升,外縪",鄭注云:"縪,謂縫著於武也。"《衆經音義》卷二引《廣雅》:"著,補也。"今本脱"著"字。

昀案:絧、䙴未作疏證。

擣、溘、倚、放、寄、任、附,依也。

擣者,《方言》"擣,依也",郭璞注云:"謂可依倚之也。"《説文》:"海中往往有山可依止曰島。"義與"擣"相近也。

溘者,《廣韻》音口荅切,"至也、依也";又苦蓋切,"船著沙也"。義與"依"亦相近。溘,各本作"溢",乃隸書之譌。《衆經音義》卷十九引《廣雅》:"溘,依也。"今據以訂正。

昀案:倚、放、寄、任、附未作疏證。

幾、尾、緫、紗、糸、紗、細、麼[①]，微也。

幾之言幾希也。《繫辭傳》云："幾者，動之微。"《臯陶謨》云："惟幾惟康。"《説文》："僟，精詳也。""嘰，小食也。"司馬相如《大人賦》云："咀噍芝英兮嘰瓊華。"《衆經音義》卷九引《字林》云："璣，小珠也。"《玉篇》："鐖，鉤逆鋩也。"《淮南子·説林訓》云："無鐖之鉤，不可以得魚。"《方言》云："鉤，自關而西或謂之鐖。"郭璞音微。是凡言"幾"者，皆微之義也。

尾者，《説文》："尾，微也。"《釋名》與《説文》同，云："承脊之末，稍微殺也。"《史記·律書》云："南至於尾，言萬物始生如尾也。"《堯典》"鳥獸孳尾"，《史記·五帝紀》作"微"。《論語》"微生高"，《漢書·古今人表》作"尾"。尾、微，聲義並同，故古書以二字通用。

緫、紗、糸、紗、細，皆絲之微也。緫之言恍惚，紗之言眇小也。《孫子算經》云："蠶所吐絲爲忽，十忽爲秒。"緫、忽，紗、秒，並通。《説文》："秒，禾芒也。"《史記·太史公自序》"間不容翲忽"，正義云："翲，當作秒。秒，禾芒表也。忽，一蠶口出絲也。"《漢書·敘傳》"造計秒忽"，劉德注云："秒，禾芒也。忽，蜘蛛網細者也。"皆微之義也(169-1)。《顧命》云："眇眇予末小子。"僖九年《左傳》云："以是藐諸孤。"《方言》："眇，小也。"又云"杪，小也。凡木細枝謂之杪"，郭璞注云："言杪梢也。"《爾雅》："管小者謂之篎。"《説文》："眇，一目小也。"又云："鷦鷯，桃蟲也。"《爾雅·釋鳥》注作"鷦鷯"。《周頌·小毖》篇"肇允彼桃蟲，拚飛維鳥"，毛傳云："桃蟲，鷦也，鳥之始小終大者。"陸機疏云："今鷦鷯是也。""鷦"之疊韻爲"鷦鷯"，又爲"鷦鷯"，皆小貌也。《文選·長笛賦》"僬眇睢維"，李善注以"僬眇"爲合目，"睢維"爲開目。是凡言"眇"者，皆微之義也。糸者，《説文》："糸，細絲也。"又云："覛，小見也。"《玉篇》"糸、覛"並音亡狄切，其義同也。紗之言蔑也。《廣韻》引《倉頡篇》云："紗，細也。"《君奭》"兹迪彝教文王蔑德"，鄭注云："蔑，小也。"正義云："小，謂精微也。"《逸周書·祭公解》"追學於文、武之蔑"，孔晁注云："言追學文、武之微德也。"(169-2)《法言·學行》篇云："視日月而知衆星之蔑也，仰聖人而知衆説之小也。"卷二云："懱，小也。"《周語》"鄭未失周典，王而蔑之，是不明賢也"，韋昭注云："蔑，小也。"蔑，與"懱"同。今人謂小視人爲"蔑視"，或曰"眇視"，或曰

---

① 尾、細，原作"尾、緆"，《疏證》作"尾、細"。

"忽視",義與"總、紗、紑"並同。《法言·先知》篇云:"知其道者,其如視忽眇緜作眪。"忽、眇、緜,即總、紗、紑,故《漢書·嚴助傳》"越人緜力薄材",孟康曰:"緜,音滅。"《玉篇》:"䁾,面小也。"《説文》:"㰆,𣓰也。"《方言》"江淮陳楚之内謂木細枝爲蔑",注云:"蔑,小貌也。"《衆經音義》卷十引《埤倉》云:"篾,析竹膚也。"字通作"蔑"。《顧命》"敷重蔑席",鄭注云:"蔑,析竹之次青者。"《玉篇》:"鸋,鸋雀也。"亦通作"懱"。《方言》"桑飛,自關而西或謂之懱爵",注云:"即畬鴂鶲也,又名鴂鸑。"懱,言懱截也。《廣韻》:"䁾尐,小也。"䁾尐,與"懱截"同,即"鴂鸑"之轉也。《荀子·勸學》篇"南方有鳥焉,名曰蒙鳩",楊倞注云:"蒙鳩,鴂鶲也。"蒙,亦"蔑"之轉;蒙鳩,猶言蔑雀。《爾雅》"蠓,蠛蠓",《文選·甘泉賦》注引孫炎注云:"蟲,小於蚊。"是凡言"蔑"者,皆微之義也。

麼之言靡也。《衆經音義》卷七引《三倉》云:"麼,微也。"《列子·湯問》篇"江浦之閒有麼蟲",張湛注云:"麼,細也。"《鶡冠子·道端》篇云:"任用幺麼。"《漢書·敘傳》"又況幺𦒍,尚不及數子",鄭氏注云:"𦒍,小也。"《文選》作"麼",李善注引《通俗文》云:"不長曰幺,細小曰麼。"《方言》:"秦晉謂布帛之細者曰靡。""靡"與"麼",聲近而義同。

髻、鬌、髮、鬠、鷄斯、紒,髻也。

髻者,《説文》:"髻,髻也。"

鬌、髮者,《説文》:"鬌,屈髮也。"《方言》云:"幧頭偏者,謂之鬌帶,或謂之髮帶。"又云"覆結謂之幘巾,或謂之覆髮",郭璞注云:"髮,亦結也。"(170) 結,與"髻"通,字或作"紒",又作"紒"。髮,各本譌作"髮",今訂正。

鬠者,《説文》:"鬠,喪髻也。"《士喪禮》"婦人鬠于室",鄭注云:"鬠者,去笄纚而紒也。鬠之異於髻髮者,既去纚而以髮爲大紒,如今婦人露紒,其象也。"《太平御覽》引《禮記外傳》云:"鬠者,開散之名也。"

鷄斯者,《問喪》"親始死,雞斯",鄭注云:"雞斯,當爲'笄纚',聲之誤也。親始死,去冠;三日,乃去笄纚括髮也。今時始喪者,邪巾貊頭,笄纚之存象也。"《士喪禮》注云:"始死,將斬衰者笄纚,將齊衰者素冠。婦人將斬衰者去笄而纚,將齊衰者骨笄而纚。"《士冠禮》注云:"纚,今之幘梁,廣一幅,長六尺,以韜髮而結之。"

紒,與"髻"同。二徐本《説文》皆有"紒"字,無"髻"字。"紒"字注云:"簪結也;古拜切。"徐鉉本"髻"字收入《新附》,云:"古通作結,此字後人所加。"案:曹憲云:"《説文》髤,即籒文髻字。"《太平御覽》引《説文》云:"髻,結髮也。"則是《説文》原有"髻"字,而"髤"即"髻"之重文。《士冠禮》"將冠者采衣,紒",鄭注云:"紒,結髮也。古文紒爲結。""紒"之或作"結",猶"髻"之或作"髤"。今本《説文》"髤"字訓爲簪結,乃後人所改。徐鉉不察,反以"髻"字爲後人所加,誤矣。《玉篇》"髻"字注云:"結髮也。""髤"字注云:"同上。"此皆本於《説文》。其下文云:"《説文》古拜切,簪結也。"則陳彭年等以誤本《説文》竄入者耳。

髻,各本譌作"髺",今訂正。

韋攴、軖、弧、紉、咈、抮、狼、很,盭也。

韋攴者,《説文》:"韋攴,戾也。"戾,與"盭"通。韋攴,與"違"通。餘見《釋訓》"韋攴、愖、乖,剌也"下。

軖者,《説文》:"軖,車戾也。"字通作"匡"。《考工記·輪人》"則輪雖敝不匡",鄭衆注云:"匡,枉也。"枉亦戾也。《説文》云:"獸皮之韋,可以束枉戾,相違背。"是也。《管子·輕重甲》篇云:"弓弩多匡軫者。"枉謂之匡,故正枉亦謂之匡。《孟子·滕文公》篇云:"匡之直之。"義有相反而實相因者,皆此類也。《説文》:"尣,尳曲脛也。古文作尫。""尫"與"匡",亦聲近義同。

弧者,《考工記·輈人》云:"輈欲弧而無折。"《楚辭·七諫》"邪説飾而多曲兮,正法弧而不公",王逸注云:"弧,戾也。"《鹽鐵論·非鞅》篇云:"弧剌之鑿,雖公輸子不能善其枘。"《漢書·五行志》注云:"睽孤,乖剌之意也。""孤"與"弧",聲近義同。

紉者,《説文》:"紉,繟繩也。"《楚辭·離騷》"紉秋蘭以爲佩",注云:"紉,索也。"顔師古注《急就篇》云:"索,謂切撚之令緊也。"是抮戾之意也。

咈者,《説文》"咈,違也",引《微子》:"咈其耇長。"《頤》六二云:"拂經于邱。"《學記》云:"其求之也佛。"《漢書·五行志》引京房《易傳》云:"君臣故弼,兹謂悖。"並字異而義同。

抮者,《玉篇》音火典切,"引戾也"。《方言》"軫,戾也",郭璞注云:"相了戾也;江東音善。"《考工記·弓人》"老牛之角紾而昔",鄭衆注云:"紾,讀爲'抮縛'之'抮'。"釋文:"紾,劉徒展反,許愼尚展反;角絞縛之意也。"《孟子·告子》篇"紾兄之臂而奪之食",趙岐注云:"紾,戾也。"音義:"紾,張音軫,又徒展切。"《淮南子·原道訓》"扶揺抮抱羊角而上",高誘注云:"抮抱,了戾也。"抮,讀與《左傳》"感而能眕者"同。《釋訓》云:"軫軳,轉戾也。"並聲近而義同。

狼、戾,語之轉。説見卷三"狼、戾,很也"下。

昀案:很未作疏證。

肖、似、類、鼎,象也。

鼎者,《鼎·彖傳》"鼎,象也",虞翻注云:"六十四卦皆觀象繫辭,而獨於《鼎》言象,何也? 象事知器,故獨言象也。"

昀案:肖、似、類未作疏證。

獿、獶、狡、訬、㲋,獪也。

獿者,《方言》"江湘之間,謂獪爲獿",郭璞注云:"㹾伢多智也;恪交反。"《列子·力命》篇"獿伢情露",釋文引阮孝緒《文字集略》云:"㹾伢,伏態貌。"㹾,與"獿"同。《方言》:"膠,詐也。涼州西南之閒曰膠。"義與"獿"亦相近。

狡者,《衆經音義》卷三引《方言》云:"凡小兒多詐而獪,謂之狡猾。"昭二十六年《左傳》云:"無助狡猾。"

訬者,《説文》:"訬,訬獪也。"《淮南子·脩務訓》"越人有重遲者,而人謂之訬",高誘注云:"訬,輕秒急疾也。"《漢書·敘傳》"江都訬輕",顔師古注云:"訬,謂輕狡也。"

㲋者,《小雅·巧言》篇"躍躍㲋兔",毛傳云:"㲋兔,狡兔也。"

昀案:獶未作疏證。

剖、辟、片、胖①,半也。

皆一聲之轉也。

剖者,襄十四年《左傳》"與女剖分而食之",杜預注云:"中分爲剖。"

片、胖、半,聲並相近。《説文》:"片,判木也;從半木。"《爾雅》"革中絶謂之辨",孫炎注云:"辨,半分也。"又"桑辨有葚,梔",舍人注云:"桑樹半有葚,半無葚,名梔。"釋文"辨、辧"並普遍反,"與片同"。《説文》:"胖,半體肉也。"《士喪禮》云:"腊左胖。"《喪服傳》云:"夫妻,牉合也。"《周官·媒氏》"掌萬民之判",鄭

① 胖,原作"䏺",《疏證》作"胖"。

注云:"判,半也,主合其半,成夫婦也。"《莊子·則陽》篇"雌雄片合",釋文:"片,音判。"義並與"胖"同。

昀案:辟未作疏證。

斞、妁、斟,酌也。

斞者,《小雅·大東》傳云:"挹,斞也。"《賓之初筵》篇"賓載手仇",鄭讀"仇"爲斞,謂:"手挹酒也。"張衡《思玄賦》"斞白水以爲漿",舊注云:"斞,酌也。"《士冠禮》注云:"勺,尊斗,所以斞酒也。"《喪大記》釋文云"斞,水斗也",引何氏《隱義》云:"容四升。"斞水斗謂之斞,猶酌酒斗謂之勺矣。

妁者,《説文》:"妁,酌也,斟酌二姓也。"《孟子·滕文公》篇云:"媒妁之言。"

昀案:斟未作疏證。

曰、欥、惟、䰈、每、雖、兮、者、其、各、而、烏、豈、也、乎、些、只,詞〔也〕。

曰者,《説文》:"曰,詞也。"

欥,亦曰也。字或作"聿",又作"遹"。班固《幽通賦》"聿中龢爲庶幾兮",曹大家注云:"聿,惟也。"《漢書·敘傳》作"欥"。《爾雅·釋親》注引《詩》:"聿嬪于京。"今《詩》作"曰"。《穆天子傳》注云:"聿,猶曰也。"《毛鄭詩考正》云:"案:《文選》注引《韓詩》薛君《章句》云:'聿,辭也。'《春秋傳》引《詩》'聿懷多福',杜注云:'聿,惟也。'皆以爲辭助。《詩》中'聿、曰、遹'三字互用。《禮記》引《詩》'聿追來孝',今《詩》作'遹'。《七月》篇'曰爲改歲',釋文云'《漢書》作聿';《角弓》篇'見晛曰消',釋文云'《韓詩》作聿'。傳於'歲聿其莫',釋之爲遂;於'聿脩厥德',釋之爲述。箋於'聿來胥宇',釋之爲自;於'我征聿至、聿懷多福、遹駿有聲、遹求厥寧、遹觀厥成、遹追來孝',並釋之爲述。今考之,皆承明上文之辭耳;非空爲辭助,亦非發語辭。而爲遂、爲述、爲自,緣辭生訓,皆非也。《説文》'欥,詮詞也;從欠從曰,曰亦聲',引《詩》:'欥求厥寧。'然則'欥'蓋本文,省作'曰';同聲假借,用'聿'與'遹'。詮詞者,承上文所發端,詮而繹之也。"

䰈,各本譌作"飢",今訂正。《説文》:"䰈,讀若載。"《鄘風·載馳》傳云:"載,辭也。"箋云:"載之言則也。"《石鼓文》:"䰈西䰈北。"䰈,與"載"通,故《文選·西征賦》注引薛君《韓詩章句》云:"載,設也。"《廣雅·釋言》篇云:"䰈,設也。"《周頌·載見》傳云:"載,始也。"《玉篇》云:"䰈,始也。"

各,當爲"若"。若,隸或作"𦱀",與"各"相近,故譌而爲"各"。若、而,一聲之轉,皆語詞也。

些者,《爾雅·釋詁》釋文云:"些,語餘聲也。見《楚辭·招魂》。"

只者,《説文》:"只,語已詞也。"

各本"詞"下脱去"也"字,遂與下條相連,今補正。

昀案:惟、每、雖、兮、者、其、而、烏、豈、也、乎未作疏證。

沬、既、央、極,已也。

沬者,《楚辭·離騷》"芬至今猶未沬",《招魂》"身服義而未沬",王逸注並云:"沬,已也。"引之云:《魏風·陟岵》篇行役"夙夜無已"、行役"夙夜無寐",寐,讀爲沬;無沬,猶無已也。

央者,《小雅·庭燎》篇"夜未央",鄭箋云:"猶言夜未渠央也。"釋文引《説文》云:"央,已也。"《楚辭·九歌》"爛昭昭兮未央",注與《説文》同。

極者,《唐風·鴇羽》篇"曷其有極",鄭箋云:"極,已也。"

昀案:既未作疏證。

夷、吞、泯、絶、止、消、威,滅也。

威者,《小雅·正月》篇"赫赫宗周,褒姒威之",毛傳云:"威,滅也。"

昀案:夷、吞、泯、絶、止、消未作疏證。

恬、倓、憺、怕、怗、募、宋、妠、安、情,静也。

恬者,《方言》:"恬,静也。"《説文》:"恬,安也。"《吴語》"今大夫老而又不自安恬逸",韋昭注與《方言》同。

倓,與下"憺"字通;字或作"澹",又作"淡"。《衆經音義》卷九引《倉頡篇》云:"倓,恬也。"《説文》:"倓,安也。"又云:"憺,安也。"《莊子·刻意》篇云:"淡而無爲。"《知北遊》篇云:"澹而静乎。"《荀子·仲尼》篇云:"倓然見管仲之能足以託國也。"《淮南子·俶真訓》云:"蜂蠆螫指而神不能憺。"

怕者,《説文》:"怕,無爲也。"《老子》云:"我獨泊兮其未兆。"司馬相如《子虚賦》云:"怕乎無爲,憺乎自持。"泊,與"怕"通。合言之則曰"恬倓",曰"憺怕"。《老子》云:"恬澹爲上。"《莊子·胠篋》篇云:"恬惔無爲。"揚雄《長楊賦》云:"人君以澹泊爲德。"

怗者,《玉篇》:"怗,服也,静也。"僖四年《公羊傳》云:"卒帖荆。"帖,與"怗"通。

募,音亡客、亡各二反。《説文》:"募,宋也。"《爾雅》:"貉,静也。"又云"貉、嗼、安,定也",郭璞注云:"皆静定。"《爾雅》又云:"漠,清也。"《小雅·楚茨》篇"君婦莫莫",毛傳云:"莫莫,言清静而敬至也。"《大雅·皇矣》篇"貊其德音",傳云:"貊,静也。"昭二十八年《左傳》引《詩》作"莫",云:"德正應和曰莫。"杜預注云:"莫然清静。"《莊子·知北遊》篇云:"漠而清乎。"《吕氏春秋·胥時》篇云:"飢馬盈廄嗼然,未見芻也。"並字異而義同。

宋者,《方言》:"宋,静也。江湘九疑之閒謂之宋。"《説文》:"宋,無人聲也。或作誎。"又云:"啾,嗼也。"《繫辭傳》云:"寂然不動。"《楚辭·大招》云:"湯谷宋只。"並字異而義同。合言之則曰"宋募"。《説文》:"嗼,啾嗼也。""募,死宋募也。"《文選·西征賦》注引薛君《韓詩章句》云:"寂,無聲之貌也。寞,静也。"《莊子·天道》篇云:"寂漠無爲。"《楚辭·九辯》云:"蟬宋漠而無聲。"(171)《淮南子·俶真訓》云:"虚無寂寞。"並字異而義同。

埘,猶怗也,語有輕重耳。《玉篇》乃篋切,云:"埘,莫也。"《漢書·嚴助傳》"天下攝然,人安其生",孟康注云:"攝,安也;音奴協反。"《莊子·田子方》篇"慹然似非人",郭象注云:"寂泊之至也。"釋文:"慹,乃牒反。"埘、攝、慹,聲義並同。《莊子·達生》篇"輒然忘吾有四枝形體也",釋文:"輒,丁協反;輒然,不動貌。""輒"與"埘",亦聲近義同。

情者,《白虎通義》云:"情者,陰之化也。情者,静也。""静"與"情",古同聲而通用。《表記》"文而静",静,或爲"情"。《逸周書·官人解》"情忠而寬",《大戴禮》"情"作"静"。

昀案:憺並見於倓。安未作疏證。

靈子、醫、覡、覡,巫也。

靈子、巫、覡者,《楚語》云:"民之精爽不攜貳者而又能齊肅衷正,其知能上下比義,其聖能光遠宣朗,其明能光照之,其聰能聽徹之。如是,則明神降之,在男曰覡,在女曰巫。"故巫謂之靈,又謂之靈子。《説文》:"靈,靈巫,目玉事神;從玉,霝聲。或從巫作靈。"春秋楚屈巫字子靈。《楚辭·九歌·東皇太一》"靈偃蹇兮姣服",王逸注云:"靈,謂巫也。"《易林·小畜之漸》云:"學靈三年,仁聖且神,明見善祥，吉喜福慶。"《九歌·雲中君》："靈連蜷兮既留。"一本"靈"下有"子"字，王注云："靈子，巫也。楚人名巫爲靈子。"覡，或通作"擊"。《荀子·王制》篇云："相陰陽，占祲兆，鑽龜陳卦，主攘擇五卜，知其吉凶妖祥，傴巫跛擊之事也。"然則古者卜筮之事，亦使巫掌之，故"靈、筮"二字並從巫。《楚辭·離騷》"命靈氛爲余占之"，靈氛，猶巫氛耳。

醫，亦爲巫者。《周官》"巫馬"之職云："掌養疾馬而乘治之，相醫而藥攻馬疾。"《海内西經》"開明東有巫彭、巫抵、巫陽、巫履、巫凡、巫相，夾窫窳之尸，皆操不死之藥以距之"，郭璞注云"皆神醫也"，引《世本》云："巫彭作醫。"《楚辭·天問》"化爲黄熊，巫何活焉"，王逸注云："言鮌死後化爲黄熊，入於羽淵，豈巫醫所能復生活！"是醫即巫也。巫與醫皆所以除疾，故"醫"字或從巫作"毉"。《管子·權修》篇云："好用巫毉。"《太玄·玄數》篇云："爲毉，爲巫祝。"

昀案：𧇭未作疏證。

攙、捈、剡、鑯，鋭也。

攙者，《説文》："鑱，鋭也。"《太玄·玄錯》云："鋭鑯鑯。"並與"攙"通。又《説文》："劖，剽也。""剽，砭刺也。"《史記·扁鵲傳》"鑱石撟引"，索隱云："鑱，謂石針也。"《廣韻》："鑱，吴人云犂鐵也。"《説文》："嚵，喙也。"《史記·天官書》云："天欃長四丈，末兑。"《漢書·司馬相如傳》"嶄巖參差"，顔師古注云："嶄巖，尖鋭貌。"是凡言"攙"者，皆鋭之義也。鋭、兑，古通用。

捈者，《廣韻》作"梌"，音他胡切，"鋭也"。《玉篇》"梌"音丈加切，"刺木也"。《淮南子·兵略訓》云："剡搋筡，奮儋钁，以當脩戟强弩。"筡，與"梌"通。

剡者，《爾雅》："剡，利也。"《説文》云："鋭利也。"《小雅·大田》篇"以我覃耜"，毛傳云："覃，利也。"《繫辭傳》"剡木爲楫、剡木爲矢"，釋文並作"掞"。《聘禮記》云："圭剡上寸半。"《史記·蘇秦傳》云："錟戈在後。"並字異而義同。剡，訓爲鋭，故又訓爲鋒。《晉語》"大喪大亂之剡也，不可犯也"，韋昭注云："剡，鋒也。"

鑯者，《爾雅》"山鋭而高，嶠"，郭璞注云："言鑯峻。"《集韻》引《廣雅》作"鋟"，今俗作"尖"。

拔、拂、榜、挾、押、翼，輔也。

拂，讀爲弼。《爾雅》"弼、輔，俌也"，郭璞注云："俌，猶輔也。"《管子·四稱》

篇云:“近君爲拂,遠君爲輔。”拂,與“弼”同。

榜者,《説文》:“榜,所目輔弓弩也。”《楚辭·九章》“有志極而無旁”,王逸注云:“旁,輔也。”旁,與“榜”通。榜、輔,一聲之轉。“榜”之轉爲“輔”,猶“方”之轉爲“甫”、“旁”之轉爲“溥”矣(172)。

挾者,《説文》:“挾,押持也。”古通作“夾”。

押者,《孟子·公孫丑》篇“相與輔相之”,丁公著本“相”作“押”,音甲,引《廣雅》:“押,輔也。”押、挾,聲相近。

昀案:拔、翼未作疏證。

臿、䑛、䑜、䑗、糳、捶、𡙁、敮、䄈、碏,舂也。

臿者,《説文》:“臿,舂去麥皮也。”

䑛者,《説文》:“䊢,擣也。”䊢,與“䑛”同。

䑜、䑗者,《衆經音義》卷十五、十八引《埤倉》《韻集》並云:“䑜,䑗米也。”又引《通俗文》云:“擣細曰𦥃。”又云:“今中國言䑜,江南言䑗。”𦥃,與“䑜”同。《齊民要術》云:“䑜米欲細而不碎。”“䑛、䑜、䑗”三字並從臼,各本譌從日,惟影宋本不譌。

糳者,桓二年《左傳》“粢食不鑿”,杜預注云:“不精鑿。”《楚辭·九章》云:“糳申椒以爲糧。”糳,與“鑿”通。《説文》:“糲米一斛,舂爲九斗,曰糳。”“粺,毇也。”“毇,糲米一斛,舂爲八斗也。”糲,或作“糲”。《大雅·召旻》箋云:“米之率,糲十,粺九,鑿八,侍御七。”所稱粺、糳之率,與《説文》互異,未知孰是(173-1)。

捶,《玉篇》《廣韻》並作“䑢”,云:“杵擊也。”《集韻》引《廣雅》亦作“䑢”(173-2)。

𡙁者,《説文》:“舂,擣粟也。”𡙁,與“擣”通。

敮者,《説文》:“敮,小舂也。”

䄈者,《説文》:“䄈,數祭也;從示,毳聲;讀若‘舂麥爲䄈’之䄈。”《廣韻》:“䄈,重擣也。”䄈,各本譌作“𥜒”,今訂正。

碏者,《説文》:“舂已復擣之曰碏。”

巉巗、岑崟、巑岏、嶕嶢、阢、嵬、嵯峩、顡頢、嶘巢、陗、㧝、卲、亢、喬、厲、尊、極、競、弼①、尚、崪,高也。

① 弼,原作“弻”,《疏證》作“弼”。

巉巗者,《説文》:“磛,礹石也。”《小雅》“漸漸之石,維其高矣”,釋文:“漸,亦作嶄。”《説文》:“巖,岸也。”“礹,石山也。”《小雅·節南山》篇“維石巖巖”,釋文:“巖,本或作嚴。”合言之則曰巉巗。《説文》:“礹,磛礹也。”宋玉《高唐賦》云:“登巉巖而下望兮。”《楚辭·招隱士》云:“谿谷嶄巖兮水横波。”(174-1)《淮南子·覽冥訓》云:“熊羆匍匐,邱山磛巖。”並字異而義同。

轉之爲“岑崟”。《方言》:“岑,高也。”《爾雅》:“山小而高,岑。”《孟子·告子》篇“可使高於岑樓”,趙岐注云:“岑樓,山之鋭嶺者。”《釋名》云:“岑,嶄也,嶄嶄然也。”岑、嶄,聲相近,故《吕氏春秋·審己》篇“齊攻魯,求岑鼎”,《韓非子·説林》篇作“讒鼎”。“讒”與“岑”,皆言其高也。《説文》:“厰,崟也。”又云:“嵒,山巖也;讀若吟。”僖三十年《穀梁傳》云:“必於殽之巖唫之下。”《楚辭·招隱士》“嶔岑碕礒兮”,上音欽,下音吟;又云:“狀貌崯崯兮峨峨。”張衡《思玄賦》云:“冠喦喦其映蓋兮。”合言之則曰“岑崟”。《説文》:“崟,山之岑崟也。”《漢書·司馬相如傳》“岑崟參差”,《史記》作“岑巖”;《揚雄傳》“玉石嶜崟”,蕭該音義引《字詁》云:“嶜,古文岑字。”張衡《南都賦》“幽谷嶜岑”,上音岑,下音吟。嵇康《琴賦》:“崔嵬岑嵓。”並字異而義同(174-2)。

又轉之爲“巑岏”。《高唐賦》云:“盤岸巑岏。”《楚辭·九歎》“登巑岏以長企兮”,王逸注云:“巑岏,鋭山也。”

又轉之爲“嶕嶢”。《莊子·徐無鬼》篇“君亦必無盛鶴列於麗譙之閒”,郭象注云:“麗譙,高樓也。”釋文:“譙,本亦作嶕。”《漢書·趙充國傳》“爲壍壘木樵”,顔師古注云:“樵,與譙同;謂爲高樓以望敵也。”《方言》:“嶢,高也。”《説文》:“堯,高也。”“垚,土之高也。”揚雄《甘泉賦》云:“直嶢嶢以造天兮。”《河東賦》云:“陟西岳之嶢崝。”合言之則曰“嶕嶢”。揚雄《解難》云:“泰山之高不嶕嶢,則不能浡滃雲而散歊烝。”班固《西都賦》云:“内則别風之嶕嶢。”《説文》:“焦嶢,山高皃。”並字異而義同。

阢者,《説文》:“兀,高而上平也。”“阢,石山戴土也。”劉逵注《蜀都賦》云“五阢,山名,一山有五重,在越嶲”,引揚雄《蜀都賦》:“五屼參差。”馬融《長笛賦》云:“兀嵽狖獢。”郭璞《江賦》云:“巨石硉矹以前卻。”並字異而義同。

嵬者,《説文》:“嵬,高不平也。”《爾雅》:“石戴土謂之崔嵬。”《周南·卷耳》篇云:“陟彼崔嵬。”崔嵬,亦“巉巗”之轉也。

又轉之爲“嵯峩”。《説文》:“嵯,山皃。”又云:“硪,石巖也。”《列子·湯問》篇云:“峩峩兮若泰山。”合言之則曰“嵯峩”。《説文》:“峨,嵯峨也。”《楚辭·招隱士》云:"山氣巃嵸兮石嵯峨。"《爾雅》"崒者厜㕒",釋文:"厜㕒,本或作峍峩。"並字異而義同。嵯之言嵾嵯,峨之言岭峨。《楚辭·七諫》:"俗岭峨而嵾嵯。""嵾、岭""嵯、峨"爲疊韻,"岭、峨""嵾、嵯"爲雙聲也。

顤顤者,顤,與"嶢"同義。《説文》:"顤,高長頭也。"王延壽《魯靈光殿賦》云:"䶢顤顟而睽睢。"《玉篇》:"顤,高大也。"《衛風·碩人》篇"碩人敖敖",毛傳云:"敖敖,長貌。"《莊子·大宗師》篇"謷乎其未可制也",郭象注云:"高放而自得。"《爾雅》:"狗四尺爲獒。"《説文》:"驐,駿馬也。"並與"顤"同義。合言之則曰"顤顤"。《説文》:"顤顤,高也。"顤顤,猶顤顤耳。

嶚巢者,《南都賦》"嵣㟕嶚刺",李善注引《廣雅》:"嶚,高也。"左思《魏都賦》云:"劒閣雖嶚,憑之者蹶。"《小爾雅》:"巢,高也。"《爾雅》"大笙謂之巢",《鄉射禮》疏引孫炎注云:"巢,高大也。"《説文》:"鳥在木上曰巢。"又云:"樔,澤中守草樓也。""轈,兵車高如巢,吕望敵也。",引成十六年《左傳》:"楚子登轈車。"合言之則曰"嶚巢"。《淮南子·俶真訓》:"譬若周雲之蘢蓯遼巢。"義與"嶚巢"同。嶚,各本譌作"遼",今訂正。

陗者,《説文》:"陗,陵也。"《楚辭·九章》云:"上高巖之陗岸兮。"

㨾,亦陗也,方俗語有輕重耳。

卲者,《説文》:"卲,高也。"《法言·脩身》篇云:"公儀子董仲舒之才之卲也。"《水經·汝水》注云:"汝水枝津東南逕召陵縣故城南。《春秋左傳》'齊桓公師于召陵',即此處也。闞駰曰:'召者,高也。其地邱墟,井深數丈,故以名焉。'"義亦與"卲"同。卲,各本譌作"邵",今訂正。

亢者,王肅注《乾》卦云:"窮高曰亢。"

厲者,《説文》:"巁,巍高也;讀若厲。"厲,與"巁"通。《吕氏春秋·恃君覽》"厲人主之節",高誘注云:"厲,高也。"《淮南子·脩務訓》云:"故君子厲節亢高以絶世俗。"劉歆《遂初賦》云:"天烈烈以厲高兮。"厲,與"高"同義,故《皋陶謨》"庶明厲翼",《史記·夏紀》作"衆明高翼"矣。

弼者,《方言》:"弼,高也。"義見卷一"弼,上也"下。凡"高"與"大",義相近。高謂之岑,猶大謂之岑也;高謂之嵬,猶大謂之巍也;高謂之弼,猶大謂之奰也。

崒者,《玉篇》音才律切。字亦作"卒"。《爾雅》云:"崒者厜㕒。"《説文》云:"崒,危高也。"《小雅·十月之交》篇"山冢崒崩",《漸漸之石》篇"維其卒矣",鄭箋並云:“崒者,崔嵬。”崔嵬、崒危、厜㕒,聲相近,皆“巉巖”之轉也。

昀案:喬、尊、極、競、尚未作疏證。

叡、侑、儷、諧,耦也。

侑者,《説文》:“姷,耦也。或作侑。”

儷者,成十一年《左傳》“鳥獸猶不失儷”,杜預注云:“儷,耦也。”字通作“麗”,又作“離”。

昀案:叡、諧未作疏證。

州、郡、縣、道[①]、都、鄙、邦、域、邑,國也。

州、郡、縣者,《説文》:“州,疇也,各疇其土而生之也。”“州”有二名。《堯典》:“肇十有二州。”《禹貢》:“九州攸同。”此大名也。《周官·大司徒》:“五黨爲州。”鄭衆注《載師》引《司馬法》云:“王國二百里爲州。”僖十五《左傳》:“晉作州兵。”此小名也。《釋名》云:“縣,懸也,懸係於郡也。”“郡,羣也,人所羣聚也。”郡、縣亦有大小之分。《逸周書·作雒解》云:“方千里,分以百縣,縣有四郡。”哀二年《左傳》:“上大夫受縣,下大夫受郡。”是古者縣大而郡小也。《秦策》云:“宜陽,大縣也。名爲縣,其實郡也。”《史記·秦始皇帝紀》:“分天下以爲三十六郡。”則郡大而縣小矣。又《周官·小司徒》“四甸爲縣”;《遂人》“五鄙爲縣”。《齊語》“三鄉爲縣”。皆同名而異制。

道者,《漢書·百官公卿表》云:“縣有蠻夷曰道。”

都、鄙者,鄭注《太宰》云:“都鄙,公卿大夫之采邑,王子弟所食邑也。”《釋名》云:“國城曰都。都者,國君所居,人所都會也。”“鄙,否也,小邑不能遠通也。”《小司徒》云:“四縣爲都。”鄭衆注《載師》引《司馬法》云:“王國四百里爲縣,五百里爲都。”莊二十八年《左傳》云:“凡邑有宗廟先君之主曰都,無曰邑。”《鄘風·干旄》傳云:“下邑曰都。”《周官·遂人》云:“五酇爲鄙。”《太宰》注云:“都之所居曰鄙。”《蔡仲之命》正義引馬融注云:“鄙,邊邑也。”

邦者,《太宰》注云:“大曰邦,小曰國,邦之所居亦曰國。”《釋名》云:“邦,封也,封有功於是也。”邦,各本譌作“邨”。《衆經音義》卷二十三引《廣雅》:“邦、域,

① 道,原作“道”,《疏證》作“道”。

國也。”今據以訂正。

域者,《説文》:“或,邦也。或作域。”又云:“國,邦也。”“或、域、國”三字,古聲義並同。

邑者,《釋名》云:“邑,猶俋也,聚會之稱也。”

攜、挈、撣,提也。

撣者,《説文》:“撣,提持也;讀若‘行遲驒驒’。”《太玄·盛》次五云:“何福滿肩,提禍撣撣。”“撣”與“提”,一聲之轉。《釋器》篇云:“匙謂之彈。”“匙”之轉爲“彈”,猶“提”之轉爲“撣”矣。

昀案:攜、挈未作疏證。

剄、刑、刻,剄也。

剄者,《吴語》“自剄於客前”,賈逵注云:“剄,剄也。”

刑者,《説文》:“刑,剄也。”(175)

昀案:刻未作疏證。

剾、俞、削[①],剜也。

剾者,《廣韻》:“剾,剜裹也。”

俞者,《玉篇》:“俞,剾也。”案:剾、俞,皆空中之意。《説文》:“窬,穿木户也。一曰空中之皃。”孟康注《漢書·石奮傳》云:“東南人謂鑿木空中如曹謂之牏。”《廣韻》“俞、窬、牏”三字並度侯反,義相近也。

削,亦剜也,聲有侈歛耳。《説文》:“削,挑取也。一曰窐也。”

孕、重、妊、娠、身、嫋,傳也。

重者,《大雅·大明》箋云:“重,懷孕也。”《説苑·脩文》篇云:“取禽不麛卵,不殺孕重者。”《漢書·匈奴傳》云:“孕重墮殰。”

妊者,《説文》:“妊,任身裹孕也。”《漢書·律曆志》云:“懷任於壬。”任,與“妊”通。

娠者,《爾雅》“娠、震,動也”,郭璞注云:“娠,猶震也。”《説文》“娠,女妊身動也”,引哀元年《左傳》:“后緍方娠。”《大雅·生民》篇“載震載夙”,震,與“娠”通。

---

① 削,原作“剮”,《疏證》作“削”。

身,亦俘也。《大明》篇"大任有身",毛傳云:"身,重也。"

嫋者,《説文》"嫋,婦人妊身也",引《梓材》:"至于嫋婦。"今本作"屬"。《廣韻》引崔子玉《清河王誄》云:"惠於嫋孀。"

昀案:孕未作疏證。

偁、奬、譝、與、孝,譽也。

偁,通作"稱"。

譝,亦稱也,方俗語轉耳。莊十四年《左傳》"繩息嬀以語楚子",杜預注云:"繩,譽也。"釋文:"繩,《説文》作譝。"《逸周書·皇門解》云:"是陽是繩。"《吕氏春秋·古樂》篇云:"周公旦乃作詩以繩文王之德。"並與"譝"通。

與,猶譽也。鄭注《射義》云:"譽,或爲與。"

孝者,《孝經》正義引《援神契》云:"卿大夫行孝曰譽。謂言行布滿天下,能無怨惡,遐邇稱譽,是榮親也。"

昀案:奬未作疏證。

皃、奕、裕、心、形,容也。

"皃、奕、形"爲"容皃"之容,"裕"爲"寬容"之容。

皃,與"貌"同。

奕,説見《釋訓》"奕奕,容也"下[176]。

昀案:裕、心、形未作疏證。

廋、蔽、潛、匿、恩、遁,隱也。

廋者,《方言》:"廋,隱也。"《晉語》"有秦客廋辭於朝",韋昭注與《方言》同。文十八年《左傳》"服讒蒐慝",服虔注云:"蒐,隱也。"蒐,與"廋"通。廋,訓爲隱,故限隱之處謂之廋。《楚辭·九歎》"步從容於山廋",王逸注云:"廋,限也。"

昀案:蔽、潛、匿、恩、遁未作疏證。

僭、忒、乖、屖、〔跌*〕,差也。

僭、忒者,《大雅·抑》傳云:"僭,差也。"《爾雅》"爽,差也;爽,忒也",郭璞注云:"皆謂用心差錯不專一。"《洪範》云:"民用僭忒。"

乖者,舛之差也。《楚辭·七諫》"吾獨乖剌而無當兮",王逸注云"乖,差也";

《九歎》云："君乖差而屏之。"

䍧者，襄二十六年《左傳》"自上以下，降殺以兩"，謂有等差也。卷二云："䍧、殺、衰，減也。"衰、差，一聲之轉。䍧，與"降"通。

跌之言失也。莊二十二年《公羊傳》"肆者何？跌也"，何休注云："跌，過度也。"《穀梁傳》"跌"作"失"(177)。《賈子·容經》篇云："胻不差而足不跌。"《漢書·朱博傳》云："常戰栗不敢蹉跌。""蹉"與"差"、"跌"與"失"，並字異而義同。《説文》："胅，骨差也；讀若跌。"義亦與"跌"同。《文選·解嘲》注、《思玄賦》注並引《廣雅》："跌，差也。"《衆經音義》卷八、卷十、卷十二、卷十七引《廣雅》並與《文選》注同。今本脱"跌"字。

䫫、圖、彫、刻，畫也。

䫫者，《周語》"成公之生也，其母夢神規其臀以墨"，韋昭注云："規，畫也。"規，與"䫫"通。

昀案：圖、彫、刻未作疏證。

歿、繹、結、冬，終也。

繹者，《説文》："斁，終也。"《白虎通義》云："九月謂之無射何？射者，終也，言萬物隨陽而終，當復隨陰而起，無有終已也。"揚雄《劇秦美新》云："神歇靈繹。"《續漢書·天文志》注引張衡《靈憲》云："神歇精斁。"斁、繹、射，並通。《爾雅》"射，厭也"，"厭"與"終"，義亦相近。凡事終謂之繹，終其事亦謂之繹。莊氏寶琛曰："《周書·梓材》'若作室家，既勤垣墉，惟其塗塈茨；若作梓材，既勤樸斲，惟其塗丹雘'，正義云：'二文皆言斁，即古塗字。'賈昌朝《羣經音辨》'斁，塗也；音徒'，引《書》：'惟其斁塈茨。'《集韻》《類篇》引《書》：'斁丹雘。'又'和懌先後迷民，用懌先王受命'，釋文云：'懌，字又作斁。下同。'據此，知古文《尚書》塗與懌皆作斁。'斁塈茨''斁丹雘''用斁先王受命'，此三斁字，皆當訓爲終。正義云：'室、器皆云其事終，而考田止言疆畎，不云刈穫者，田以一種，但陳脩，終至收成，故開其初，與下二文互也。'義本明白，以作僞傳者讀斁作塗，又傅會以爲斁即古塗字，明其終而塗飾之，然賴此尚知古文本作斁字，後人從傳妄改耳。塈茨、丹雘爲室、器之終事，以喻周自文武受命，至作洛毖殷，致刑措，而後其事克終，故曰'皇天既付中國民，越厥疆土于先王'；又曰'用斁先王受命'也。《大誥》曰'予曷其不于前寧人圖功攸終';又曰:'予曷敢不終朕畝!'皆此意也。其'和斁先後迷民'之斁,則當訓爲悦。作僞傳者,并下句斁字亦訓爲悦,失之矣。"

冬者,《説文》:"冬,四時盡也;從仌,夂聲。夂,古文終。"《廣韻》引《尸子》云:"北方爲冬。冬,終也。"《漢書·律曆志》云:"冬,終也,物終藏乃可稱。"

昀案:殁、結未作疏證。

揄、墮、剥、免,脱也。

揄、墮者,《方言》:"揄、撱,脱也。"又云"輸,捝也",郭璞注云:"捝,猶脱耳。"枚乘《七發》云:"揄弃恬怠,輸寫淟濁。"揄、輸,聲相近;輸、脱,聲之轉。"輸"之轉爲"脱",若"愉"之轉爲"悦"矣[178]。撱,與"墮"通。

剥者,馬融注《剥》卦云:"剥,落也。"

昀案:免未作疏證。

酺、醵、吸、㴰,飲也。

酺者,《説文》:"酺,王德布大飲酒也。"《周官·族師》"春秋祭酺",鄭注云:"酺者,爲人物烖害之神也。族無飲酒之禮,因祭酺而與其民以長幼相獻酬焉。"《周頌·良耜》正義云:"因祭酺聚錢飲酒,故後世聽民聚飲,皆謂之酺。"《史記·趙世家》云:"置酒酺五日。"文穎注《漢書·文帝紀》云:"漢律,三人以上無故羣飲酒,罰金四兩。今詔横賜得令會聚飲食五日也。"

醵者,《禮器》"周禮其猶醵與",鄭注云:"合錢飲酒爲醵。王居明堂之禮,仲秋,乃命國醵。"《史記·貨殖傳》云:"歲時無以祭祀進醵飲食。"

㴰者,《説文》:"㴰,飲歃也。"杜子春注《小宗伯》讀"㴰"爲"泯"。今俗語猶謂嘗酒爲泯矣。

昀案:吸未作疏證。

師、尹、工,官也。

師者,《周官·天官》注云:"師,猶長也。"《地官》注云:"師之言帥也。"

《爾雅》"尹,正也",郭璞注云:"謂官正也。"

《周頌·臣工》傳云:"工,官也。"《洪範》云:"師尹惟日。"《皋陶謨》云:"庶尹允諧。"《堯典》云:"允釐百工。"

日、室、經,實也。

《月令》正義引《春秋元命包》云:“日之爲言實也。”《説文》:“日,實也,太陽之精不虧;從口,一象形”。

又云:“室,實也。”《釋名》云:“物實滿其中也。”

《檀弓》云:“絰也者,實也。”《喪服》注云:“絰之言實也,明孝子有忠實之心。”

貫、增、誄,累也。

貫者,《説文》:“毌,穿物持之也。”“貫,錢貝之貫也。”《樂記》云:“纍纍乎端如貫珠。”《楚辭·離騷》“貫薜荔之落蘂”,王逸注云:“貫,累也。”累,與“纍”同,字亦作“絫”,又作“壘”。

增,與“層”通。説見上文“增、壘,重也”下。

誄有二事:一爲累德行以求福,一爲累德行以作謚。《説文》:“誄,謚也。”又云“讄,禱也,纍功德𠃊求福也”,引《論語·述而》篇“讄曰‘禱爾于上下神祇’”,或作“讄”。今本作“誄”。《周官·大祝》“六辭:六曰誄”,鄭衆注云:“誄,謂積累生時德行以賜之命,或曰《論語》所謂:誄曰禱爾于上下神祇。”

承、受、詔,繼也。

受者,《序卦傳》云:“故受之以《屯》。”是“受”爲繼也。

詔者,《樂記》“詔,繼也”,鄭注云:“詔之言紹也,言舜能繼紹堯之德。”正義引《元命包》云:“舜之時,民樂其紹堯業,故曰詔。”

昀案:承未作疏證。

逴、殊、撥、殚,絶也。

逴者,《漢書·孔光傳》云:“非有踔絶之能。”班固《典引》云:“冠德卓絶。”字並與“逴”通。

殊者,昭二十三年《左傳》云:“斷其後之木而弗殊。”《漢書·宣帝紀》“骨肉之親,粲而不殊”,顔師古注云:“殊,絶也。”

撥者,《大雅·蕩》篇“本實先撥”,鄭箋云:“撥,猶絶也。”

昀案:殚未作疏證。

頀、户、挾,護也。

頀者,《春秋繁露·楚莊王》篇云:“湯之時,民樂其救之於患害也,故曰《頀》。

護者,救也。"《白虎通義》云:"湯曰《大護》者,言湯承衰,能護民之急也。"護,與"頀"通。

户者,《説文》:"户,護也。"《釋名》云:"所以謹護閉塞也。"

挾者,上文云:"挾,輔也。"《方言》"挾,護也",郭璞注云:"扶挾將護。"

巛、儒、犪、㹛、茹,柔也。

巛者,《雜卦傳》云:"乾剛坤柔。"坤,與"巛"同。

儒者,《説文》:"儒,柔也。"鄭氏《禮記目録》云:"儒之言優也,柔也,能安人、能服人也。"

犪、㹛者,前卷一云:"犪、㹛,善也。"《説文》:"㹛,牛柔謹也。"《玉篇》云:"《尚書》'擾而毅',字如此。"《周官·太宰》"以擾萬民",鄭注云:"擾,猶馴也。"犪、謹,㹛、擾,並通。《史記·夏紀》"擾而毅",徐廣云:"擾,一作柔。"《漢書·高祖紀》"劉累學擾龍",應劭云:"擾,音柔。"擾、柔,聲義並同,故古亦通用。

茹者,《楚辭·離騷》"攬茹蕙以掩涕兮",王逸注云:"茹,柔耎也。"《韓子·亡徵》篇云:"柔茹而寡斷。"漸溼之地,謂之沮洳,義亦相近也。

穠、稍、秎、秼,穧也。

稍者,《玉篇》音扶甫切,《廣韻》又芳無、博孤二切。卷一云:"稍,積也。"《聘禮記》注云:"莒,穧名也。今淶易之閒,刈稻聚把,有名爲莒者。"疏云:"莒、穧,一也,即今人謂之一鋪兩鋪也。"《管子·度地》篇云:"當秋三月,利以疾作,收斂毋留,一日把,百日餔。"餔、鋪,並與"稍"通。

秎者,《廣韻》:"秎,穧穫也。"《管子·立政》篇云:"歲雖凶旱,有所秎穫。"《説文》:"穧,穫刈也。一曰撮也。"撮,即所云"刈稻聚把"也。

昀案:穠、秼未作疏證。

磚、磓、罰,伐也。

磓之言摘也。《説文》:"摘,投也。"

《史記·律書》云:"北至於罰。罰者,言萬物氣奪可伐也。"卷一云:"罰、伐,殺也。"

昀案:磚未作疏證。

輾、般、旋，還也。

輾者，《廣韻》："輾，還也，車相避也。"

般者，《爾雅》"般，還也"，郭璞注引《左傳》："般馬之聲。"今《傳》作"班"。僖三十二年《公羊傳》注云："班者，布徧還之辭。"班，與"般"通。

昀案：旋未作疏證。

明、覺、赫，發也。

明，義見上文"發，明也"下。

覺者，《説文》："覺，發也。"《史記·高祖紀》云："趙相貫高等事發覺。"

赫者，《方言》："赫，發也。"

觪、長、勑，挾也。

皆未詳。

誣、摹、劅，刑也①。

摹者，《説文》："模，法也。""摹，規也。"摹，與"模"通。

劅者，《鼎》九四"其刑渥"，虞翻注云："渥，大刑也。"釋文："渥，鄭作劅。"《周官·司烜氏》"邦若屋誅"，鄭注云："屋，讀如'其刑劅'之劅。劅誅，謂所殺不於市而以適甸師氏者也。"《漢書·敘傳》"底劅鼎臣"，服虔注云："周禮有'屋誅'，誅大臣於屋下，不露也。"劅、渥、屋，並通。

昀案：誣未作疏證。

糞、緼、瀀，饒也。

糞之言肥饒也。《月令》云："可以糞田疇。"

緼者，《方言》："藴，饒也。"藴，與"緼"通。《漢書·禮樂志·郊祀歌》"后土富媪，昭明三光"，張晏注云："坤爲母，故稱媪。"吴仁傑《兩漢刊誤補遺》云："媪，當作煴。字書温有兩義[179]：一曰烟煴，天地合氣也；一曰鬱煙也。'富煴'以烟煴爲義。'后土富煴，昭明三光'，即賈誼《新書》'天清澈，地富煴，物時孰'之意。晏説謬矣。"案：吴所引賈誼《新書》見《禮》篇。媪、煴，並與"緼"通。《史記·高祖紀》索隱引班固《泗水亭長碑》，"媪"字作"温"。《集韻》"媪"烏浩切，又於云、烏昆、

① 刑，原作"荆"，《疏證》作"刑"。

委隕、紆問四切。是"媼"與"煴、緼"同聲。"后土富媼""地富煴",皆謂生殖饒多也。吳説"富煴以烟煴爲義",亦未確。

瀀者,《説文》"瀀,澤多也",引《小雅·信南山》篇:"既瀀既渥。"今本作"優"。《説文》:"優,饒也。"義與"瀀"同。

縫、際、期,會也。

縫者,《衞風·淇奥》篇"會弁如星",鄭箋云:"會,謂弁之縫中。"《集韻》云:"縫,或省作縫。"

昀案:際、期未作疏證。

宿、次、低、弛,舍也。

"宿、次、低"爲"舍止"之舍,"弛"爲"放舍"之舍(180)。

低,讀爲氐。《説文》:"氐,至也。"《漢書·尹翁歸傳》"盜賊所過抵",顏師古注云:"抵,歸也,所經過及所歸投也。"《文帝紀》注云:"郡國朝宿之舍,在京師者,率名邸。邸,至也,言所歸至也。"義並與"氐"同。

弛者,《周官·大司徒》云:"舍禁弛力。"弛,與"弛"同。

昀案:宿、次未作疏證。

程、見、經,示也。

程者,《文選·南都賦》"致飾程蠱",李善注引《廣雅》:"程,示也。"示,各本譌作"不",今訂正。

昀案:見、經未作疏證。

肆、申、倈、〔引*〕,伸也。

肆者,僖三十年《左傳》"又欲肆其西封",杜預注云:"肆,申也。"申,與"伸"通,字又作"信"。《説文》:"申,神也。七月陰氣成,體自申束也。吏目餔時聽事,申旦政也。""神"與"伸",亦同義,故《風俗通義》引傳曰:"神者,申也。"

倈者,《繫辭傳》云:"往者詘也,來者信也。"來,與"倈"通。《説文》:"犮,引也。"引,與"伸"同義。"犮"與"倈",古亦同聲。

引者,《漢書·律曆志》云:"引者,信也。"《文選·長笛賦》注引《廣雅》:"引,伸也。"今本脱"引"字。

昀案：申並見於肆。

佻、抗、絓，縣也。

佻、抗者，《方言》"佻、抗，縣也。趙魏之閒曰佻；自山之東西曰抗；燕趙之郊，縣物於臺之上謂之佻"，郭璞注云："了佻，縣物皃；丁小反。"今俗語謂縣物爲弔，聲相近也[(181-1)]。

絓者，《楚辭・九章》[(181-2)]"心絓結而不解兮"，王逸注云："絓，縣也。"《文選・潘岳〈悼亡詩〉》注引《廣雅》作"挂"。

韞、圍、裝、包、幓，裹也。

韞者，《論語・子罕》篇"韞匵而藏諸"，鄭注云："韞，裹也。"

幓，亦韞也。下文云："幓，韏也。"《廣韻》云："幓裹相著。"

昀案：圍、裝、包未作疏證。

扜、搷、對，揚也。

扜、搷者，《方言》"扜、搷，揚也"，郭璞注云："謂播揚也。"卷一云："玗、瞋，張也。""玗"與"扜"、"瞋"與"搷"，聲義並相近。扜，各本譌作"扞"，今訂正。

對者，《大雅・江漢》篇云："對揚王休。"

奏、箋、衺、詔、笧、條、記、敕、標、誎、檄，書也。

奏者，《獨斷》云："凡羣臣上書於天子者，有四名：一曰章，二曰奏，三曰表，四曰駮議。"《説文》："奏，進也。"

箋者，《説文》："箋，表識書也。"

表者，《釋名》："下言於上曰表。思之於内，表施於外也。"

詔者，《獨斷》云："天子命令，一曰策書，二曰制書，三曰詔書，四曰戒書。"詔，誥也。《釋名》："詔，照也。人暗不見宜，則有所犯；以此照示之，使昭然知所由也。"

笧者，《説文》："册，符命也，諸侯進受於王也。古文作笧。"通作"策"。《聘禮記》云："百名以上書於策，不及百名書於方。"《獨斷》云："策者，簡也。其制長二尺，短者半之；其次一長一短，兩編下附。"

記者，《釋名》："記，紀也，紀識之也。"《漢書・蕭望之傳》云："鄭朋奏記望之。"《後漢書·班固傳》注云:"奏,進也。記,書也。"

敕,即所謂戒書也。《釋名》:"敕,飭也,使自警飭,不敢廢慢也。"

諫,通作"刺"。《釋名》:"書稱刺書,以筆刺紙簡之上也。"

檄者,《説文》:"檄,尺二書也。"《漢書·高祖紀》注云:"以木簡爲書,長尺二寸,用徵召也。"

昀案:條、標未作疏證。

元、良、餑、饃、䠷、䟽、堅,長也。

"元、良"爲"長幼"之長,"餑、饃"爲"消長"之長,"䠷、䟽、堅"爲"長短"之長。

《爾雅》:"元、良,首也。"首,亦長也。《乾·文言》云:"元者,善之長也。"《司馬法·天子之義》篇云:"周曰元戎,先良也。"《齊語》云:"四里爲連,連爲之長。十連爲鄉,鄉有良人。"是"良"與"長"同義。婦稱夫曰"良人",義亦同也。

餑者,《孟子·告子》篇云:"浡然而生。"是"浡"爲生長之貌也。浡,與"餑"通。《説文》:"𣎵,草木𣎵孛之皃。""孛"與"餑",亦同義。

饃者,《剥·彖傳》云:"君子尚消息盈虚。"消息,即消長也。《孟子·告子》篇"是其日夜之所息",趙岐注云:"息,長也。"息,與"饃"通。

䠷之言佻佻然也。鄭衆注《周官·校人》云:"馬二歲曰駒,三歲曰駣。"駣、䠷,並音徒晧反,其義同也。

䟽之言夭夭然也。左思《吴都賦》"卉木䟽蔓",李善注引《廣雅》:"䟽,長也。"《禹貢》"厥草惟夭",馬融注云:"夭,長也。"義與"䟽"同。《淮南子·主術訓》"奇材佻長而干次",《文子·上義》篇"佻"作"夭"。"佻"與"䠷"、"夭"與"䟽",亦同義[182]。

堅者,《逸周書·謚法解》云:"堅,長也。"

剸、刵、割、剃、〔髡*〕,截也。

剸、刵、割、剃,並見卷一"刵、割、截、剃、剸,斷也"下。剃,各本皆作"剘"。剃,隸變作"剘",因譌而爲"剘"。今訂正。

髡者,《説文》:"髡,鬄髮也。"《衆經音義》卷二引《廣雅》:"髡,截也。"今本脱"髡"字。

札、鱗、檢,甲也。

札,各本譌作"禮"。段氏若膺云:"成十六年《左傳》:'蹲甲而射之,徹七札焉。'《太玄・玄挩》云:'比札爲甲。'是甲謂之札也。札譌作礼,故又譌作禮。"今依段說訂正。

檢,謂檢柙也。《說文》:"梜,檢柙也。"《法言・君子》篇"蠢迪檢押",李軌注云:"檢押,猶隱括也。"《續漢書・五行志》注引杜林疏云:"檢柙其姦宄。"柙、押,並與"甲"通。

昀案:鱗未作疏證。

孝、備、九,究也。

孝者,《孝經》正義引《援神契》云:"士行孝曰究,當須能明審資親事君之道,是能榮親也。"

備者,《書大傳》云:"備者,成也。"成,與"究"同義。

九者,《說文》:"九,陽之變也,象其屈曲究盡之形。"《列子・天瑞》篇云:"一變而爲七,七變而爲九。九者,變之究也。"《易乾鑿度》同。《漢書・律曆志》云:"黄鐘律長九寸。九者,所以究極中和,爲萬物元也。"

補、合、棺、丸,完也。

合,各本譌作"令",今訂正。

棺者,《白虎通義》云:"棺之爲言完,所以藏尸令完全也。"

昀案:補、丸未作疏證。合惟作勘誤。

襲、倚、〔階*〕,因也。

襲者,《中庸》"下襲水土",鄭注云:"襲,因也。"字通作"習"。《金縢》"乃卜三龜,一習吉",傳云:"習,因也。"

倚者,《說文》:"倚,依也。"依,與"因"同義(183)。

階者,《小雅・巧言》篇"職爲亂階",《繫辭傳》"亂之所生也,則言語以爲階",階,猶因也。《文選・博弈論》注引《廣雅》:"階,因也。"今本脱"階"字。

盈、滿、繹,充也。

繹者,《方言》:"繹、尋,長也。《周官》之法,度廣爲尋,幅廣爲充。"《說文》:"充,長也。"是"充"與"繹"同義。《太玄・少》上九云:"密雨溟沐,潤于枯瀆,三日射谷。"射谷,謂滿谷也。射,與"繹"通。

昀案:盈、滿未作疏證。

奸、夌、敢,犯也。

各本"犯"下皆有"衄"字。案:"衄"字本在下條,與"奸、夌、敢、犯"四字義不相近,後人傳寫誤入此條耳。考"奸、夌、敢"三字,諸書皆訓爲犯,不訓爲衄。又《衆經音義》卷九、卷二十三並引《廣雅》:"陵,犯也。"陵,與"夌"通。今據以訂正。

奸,通作"干"。

敢者,《廣韻》:"敢,犯也。"《吴語》云:"吴王夫差使行人奚斯釋言於齊曰:'寡人帥不腆吴國之役,遵汶之上,不敢左右,唯好之故。'"敢,犯也,言不犯君之左右,唯有恩好之故也。韋昭注以爲"不敢左右暴掠齊民",失之。

衄、紫、展①、鉒、幓,鲞也。

衄者,《釋名》云:"辱,衄也,言折衄也。"卷一云:"折、鲞、詘,曲也。"上文云:"鲞,詘也。"是"衄"與"鲞",皆詘折之意,故"衄"訓爲鲞也。《釋言》云:"衄,縮也。""縮"與"鲞",亦同義。

展者,《説文》:"展,轉也。"展轉,亦詘曲之意。

鉒,各本譌作"飪"。《玉篇》《廣韻》《集韻》《類篇》並引《廣雅》:"鉒,鲞也。"《淮南子·脩務訓》云:"劒或齧缺卷鉒。"卷,與"鲞"通。今據以訂正。

幓者,上文云:"幓,褁也。""褁"與"鲞",一聲之轉。

昀案:紫未作疏證。

慎、必、蔵,敕也。

慎者,《説文》:"慎,謹也。"謹,與"敕"同義(184)。

必,當爲"毖"。《酒誥》"厥誥毖庶邦庶士""汝劼毖殷獻臣""汝典聽朕毖",皆戒敕之意也。

蔵者,《方言》:"蔵、敕、戒,備也。"文十七年《左傳》"寡君又朝以蔵陳事",賈逵注云:"蔵,勅也。"勅,與"敕"通。

粈、雜、錯,厠也。

粈者,《説文》:"粈,雜飯也。"《鄉射禮記》云:"以白羽與朱羽糅。"糅,與"粈"同。

---

① 展,原作"屒",《疏證》作"展"。

雜者,《文選·秋興賦》注引《倉頡篇》云:"廁,雜也。"

錯者,《楚辭·天問》"九州安錯",王逸注云:"錯,廁也。"

廣、氾、撰、素,博也。

撰者,《楚辭·招魂》"結撰至思",王逸注云:"撰,猶博也。"

素者,《方言》:"素,廣也。"

昀案:廣、氾未作疏證。

踦、際、邊、厓、旁、隒、偏、脅,方也。

踦之言偏倚也。《爾雅》:"馬前左足白,踦。"《説文》:"踦,一足也。"又云:"掎,偏引也。"襄十四年《左傳》云:"譬如捕鹿,晉人角之,諸戎掎之。"成二年《公羊傳》"相與踦閭而語",何休注云:"門閉一扇,開一扇,一人在外,一人在内,曰踦閭。"是凡言"踦"者,皆在旁之義也。《説文》:"輢,車旁也。"義亦與"踦"同。

"厓、隒"二字,説見卷一"隒、厓,方也"下。厓,各本譌作"厓",今訂正。

脅者,《説文》:"脅,兩膀也。"襄二十三年《左傳》賈逵注云:"軍左翼曰啟,右翼曰胠。"釋文:"胠,徐音脅。"司馬彪注《莊子·胠篋》篇云:"從旁開爲胠。"義並與"脅"同。

方,亦旁也。《大射儀》云:"下曰留,上曰揚,左右曰方。"《士喪禮》注云:"今文旁爲方。"

昀案:際、邊、旁、偏未作疏證。

觸、冒、搪、敹、衝、〔堀*〕,揬也。

搪者,《後漢書·桓帝紀》云:"水所唐突。"唐突,與"搪揬"通。

敹者,《衆經音義》卷三引《三倉》云"敞,撞也";卷十四引《字苑》云:"棖,觸也。"謝惠連《祭古冢文》"以物棖撥之",李善注云:"南人謂以物觸物爲棖。"敞、棖,並與"敹"通。

堀者[①],《説文》:"堀,突也。"《玉篇》引《倉頡篇》云:"䪼,相抵觸也。"義與"堀"相近。《文選·風賦》"堀堁揚塵",李善注引《廣雅》:"堀,突也。"今本脱"堀"字。

昀案:觸、冒、衝未作疏證。

---

① 堀,原譌作"掘"。

刻、窮、歉、穷,貧也。

歉者,襄二十四年《穀梁傳》云:"一穀不升謂之嗛。"《韓詩外傳》作"鎌",《廣雅·釋天》作"歉"。並字異而義同。

穷者,《説文》"穷,貧病也",引《周頌·閔予小子》篇:"煢煢在穷。"今本作"疚",《釋文》:"疚,本又作穷。"《大雅·召旻》篇"維昔之富,不如時;維今之疚,不如兹",釋文:"疚,字或作穷。""穷"與"富"對言,是"穷"爲貧也[185]。

昀案:刻、窮未作疏證。

災、炭、爀、㶳、燂,炧也。

災者,《釋名》云:"火所燒滅之餘曰栽。"栽,與"災"同。

爀者,《管子·弟子職》篇"堲之遠近,乃承厭火",尹知章注云:"堲,謂燭盡。"堲,與"爀"通[186]。

盡,與"㶳"通,字亦作"燼",又作"藎"。《説文》:"㶳,火餘木也。"《方言》:"自關而西,秦晉之閒,炊薪不盡曰藎。"《大雅·桑柔》篇"具禍以燼",釋文云:"本亦作盡。"各本"㶳"譌作"㶳",今訂正。

燂者,《説文》:"燂,焦也。"《衆經音義》卷九引《倉頡篇》云:"燂,燒木餘也。"

炧者,《説文》:"炧,燭㶳也。"

昀案:炭未作疏證。

爊、煾、煨、熔,煴也。

爊者,《漢書·楊惲傳》"烹羊炰羔",顔師古注云:"炰,毛炙肉也,即今所謂爊也。"《齊民要術·作鱧魚脯法》云:"草裹泥封,煻灰中爊之。"《説文》:"鑣,温器也。""鑣"與"爊"、"温"與"煴",並同義。今俗語猶云"爊肉"矣。

煾者,《説文》:"衮,炮炙也,目微火温肉也。"卷二云:"衮,爚也。"衮,與"煾"同。

煨者,《説文》:"煨,盆中火也。"《衆經音義》卷四引《通俗文》云:"熱灰謂之煻煨。"《秦策》云:"蹈煨炭。"今俗語猶謂煻火爲煨。爊、煾、煨、煴,皆一聲之轉也。

熔者,《玉篇》:"烼,炥火煨也。"烼,與"熔"同。

歕、噼、咽、哯、吣、㖃、欲、歐、嗀,吐也。

歕者,《玉篇》:"歕,口含物歕散也。"《莊子·秋水》篇云:"噴則大者如珠,小者如霧。"噴,與"歕"同。

哯者,《説文》:"哯,不嘔而吐也。"《廣韻》云:"小兒歐乳也。"

㱿者,《説文》"㱿,歐皃也",引哀二十五年《左傳》"君將㱿之",徐鍇傳云:"心惡未至於歐,因㱿出之也。"

昀案:㖷、咽、吣、哊、欲、歐未作疏證。

埳、隵、䁠,陷也。

埳者,《説卦傳》云:"坎,陷也。"《坎》釋文云:"坎,本亦作埳。京、劉作欿。"並字異而義同。

䁠,各本譌作"䁠"。《説文》:"䁠,目陷也。"《集韻》引《廣雅》:"䁠,陷也。"今據以訂正。埳、䁠、陷,聲並相近。

昀案:隵未作疏證。

庸、資、由、以,用也。

庸、由、以,一聲之轉。《盤庚》云:"弔由靈。"

昀案:資未作疏證。

懠、慅、秋,愁也。

懠者,《方言》:"濟,憂也。陳楚或曰濟。""濟"與"懠",聲近而義同。

慅者,《陳風·月出》篇"勞心慅兮",釋文云:"慅,憂也。"重言之則曰"慅慅"。義見《釋訓》。《玉篇》"慅"音蘇勞切。《史記·屈原傳》"離騷者,猶離憂也","騷"與"慅",亦同義。

秋者,《春秋繁露·陽尊陰卑》篇云:"秋之爲言猶湫湫也。湫湫者,憂悲之狀也。"慅、秋、愁,聲並相近。

朦、厖、穰,豐也。

朦、厖者,《方言》:"朦、厖,豐也。自關而西,秦晉之間,凡大貌謂之朦,或謂之厖。豐,其通語也。"《小雅·大東》篇"有饛簋飧",毛傳云:"饛,滿簋貌。"義與"朦"相近。朦,各本譌作"曚",今訂正。《爾雅》:"厖,大也。"《商頌·長發》篇"爲下國駿厖",毛傳云:"厖,厚也。"義並與"豐"通。

穰者,《商頌·烈祖》篇云:"豐年穰穰。"

楷、由、品,式也。

楷者,《老子》云:"知此兩者亦楷式。"各本譌作"揩",今訂正。

由者,《王風·君子陽陽》傳云:"由,用也。"《爾雅》:"式,用也。"《方言》:"由,式也。"義並相通。

品者,《漢書·宣帝紀》云:"品式備具。"

晚、殿①、背、尾、負,後也。

"負"與"背",古聲相近,故皆訓爲後。《明堂位》"天子負斧依",鄭注云:"負之言背也。"《爾雅》:"邱背有邱爲負邱。"

昀案:晚、殿、尾未作疏證。背並見於負。

蔫、菸、殘,葱也。

皆一聲之轉也。

蔫者,《説文》:"蔫,菸也。"《大戴禮·用兵》篇:"草木殗黄。"(187-1)殗,與"蔫"同。

菸者,《説文》:"菸,殘也。"《楚辭·九辯》云:"葉菸邑而無色兮。"又云:"形銷鑠而瘀傷。"瘀,與"菸"同。

殘者,《説文》:"殘,病也。"《小雅·谷風》篇云:"無木不萎。""萎"與"殘"亦同。《衆經音義》卷十云:"今關西言菸,山東言蔫,江南言殘。"

葱者,《玉篇》云:"敗也,萎葱也。"《説文》:"眢,目無明也。"宣十二年《左傳》"目於眢井而拯之",釋文引《字林》云:"眢,井無水也。"《唐風·山有樞》篇"宛其死矣",毛傳云:"宛,死貌。"(187-2)義與"葱"並相近。

沃、錞、堪、輖、輊、鮨②,低也。

錞者,《説文》"錞,矛戟柲下銅鐏",引《秦風·小戎》篇:"厹矛沃錞。"字亦作"鐓"。《曲禮》"進戈者前其鐏,後其刃;進矛戟者前其鐓",鄭注云:"鋭底曰鐏,取其鐏地;平底曰鐓,取其鐓地。"高誘注《淮南子·説林訓》云:"錞,讀'頓首'之頓。"皆低下之意也。

---

① 殿,原作"殿"。

② 錞、鮨,原作"錞、䱔",《疏證》作"錞、鮨"。

輖、蟄者,《説文》:"輖,重也。""蟄,抵也。"抵,與"低"通。《士喪禮記》"志矢一乘,軒輖中",鄭注云:"輖,蟄也。"《小雅·六月》篇"如輊如軒",毛傳云:"輊,摯也。"《考工記·輈人》"大車之轅摯",鄭注云:"摯,輖也。"《淮南子·人閒訓》云:"置之前而不蟄,錯之後而不軒。"輊、蟄、蟄、摯,並通(188)。前頓謂之躓,義與"蟄"亦相近也。輖,即"蟄"之轉也,字通作"周"。春秋宋公孫周字子高,取相反之義也。《韓非子·説林》篇:"鳥有周周者,重首而屈尾。將欲飲於河,則必顛。屈尾則後易印,重首則前易俯,故有'周周'之目矣。"

䭫者,《説文》:"䭫,下首也。"《周官·大祝》"辨九拜:一曰䭫首",䭫,與"䭫"同,經傳通作"稽"。

昀案:沃、堪未作疏證。

寄、旅、埤、〔羇*〕、〔寄*〕,客也。

寄者,《衆經音義》卷四引《字林》云:"寄客爲寄。"字通作"僑"。《韓非子·亡徵》篇云:"羈旅僑士。"《衆經音義》又引《廣雅》:"羇、旅、寄,客也。"卷十六引《廣雅》:"寄、寄,客也。"卷二十二引《廣雅》:"寄、旅、羇,客也。"今本脱"羇、寄"二字。

昀案:旅、埤未作疏證。羇、寄惟作補正。

象、狄鞮、閒、舭、諜、郵、置、行李、闒,驛也。

皆傳驛之義也。《方言》"譯,傳也",郭璞注云:"傳宣語也。"《爾雅》"馹、遽,傳也",注云:"皆傳車驛馬之名。"《玉篇》云:"驛,譯也。"二者皆取傳遞之義,故皆謂之驛。

象、狄鞮者,《周官·大行人》"七歲屬象胥諭言語,協辭命",鄭衆注云:"象胥,譯官也。"《大戴禮·小辨》篇云:"傳言以象,反舌皆至。"《王制》"五方之民,言語不通,嗜欲不同。達其志,通其欲,東方曰寄,南方曰象,西方曰狄鞮,北方曰譯",鄭注云:"皆俗閒之名,依其事類耳。鞮之言知也,今冀部有言狄鞮者。"《吕氏春秋·慎勢》篇云:"凡冠帶之國,舟車之所通,不用象、譯、狄鞮,方三千里。"《淮南子·齊俗訓》"雖重象、狄騠,不能通其言",高誘注云:"象、狄騠,譯也。"騠,與"鞮"通。

閒、舭、諜者,《爾雅》"閒,俔也",郭注云:"《左傳》謂之諜,今之細作也。"《説文》:"諜,軍中反閒也。"《大戴禮·千乘》篇云:"以中情出,小曰閒,大曰諜。"卷三云："䚏、閒，覗也。"䚏，字亦作"偵"，同。閒諜之人，以此國之情告於彼國，故亦謂之驛也。

郵、置者，《説文》："郵，竟上行書舍也。""驛，置騎也。"《孟子·公孫丑》篇云："速於置郵而傳命。"

行李者，僖三十年《左傳》"行李之往來"，杜預注云："行李，使人也。"正義引《周語》"行理以節逆之"，賈逵注云："理，吏也，小行人也。"理，與"李"通。行李所以傳命，關所以通往來，故皆謂之驛。

昀案：關並見於行李。

廣雅疏證　卷第五上

高郵王念孫學

釋　言

央、極，中也。

《洪範》云："建用皇極。"

昀案：央未作疏證。

駭、驚，起也。

昀案：此條未作疏證。

息、歸，返也。

説見卷二"息、返，歸也"下。

奉、貢，獻也。

昀案：此條未作疏證。

冪、幔，闇也。

説見卷二"幎、幔，覆也"下。冪，與"幎"通。幔，各本譌作"慢"，今訂正。闇，通作"奄"。《説文》："奄，覆也。"

令、召，靚也。

説見卷二"招、命、靚、召，呼也"下。

乾、元，天也。

昀案：此條未作疏證。

儀、招，來也。

《方言》："儀，來也。陳潁之閒曰儀。"

昀案：招未作疏證。

羑、薄，致也。

羑，與"誘"同。

薄，説見卷一"薄，至也"下。至，與"致"通。

循、率，述也。

昀案：此條未作疏證。

揾、抐，擩也。

説見卷四。擩，各本譌作"擩"，今訂正。

班、秩，序也。

昀案：此條未作疏證。

娋、犯，侵也。

《玉篇》："娋，小娋侵也。"《趙策》云："稍稍蠶食之。"稍，與"娋"通。《楚辭·九歌》"不寖近兮愈疏"，王逸注云："寖，稍也。"寖，一作"侵"。

犯，各本譌作"祀"，今訂正。

訡、諴，謷也。

皆謂調戲也。説見卷四"諴，調也"下。

僮、莫，稚也。

《爾雅》云："雉之莫子爲鷚。"

昀案：僮未作疏證。

皸、皵，皴也。

皸，《説文》作"踕"，云："瘃足也。"《漢書·趙充國傳》"手足皸瘃"，文穎注云："皸，坼裂也。"《莊子·逍遥遊》篇"宋人有善爲不龜手之藥者"，釋文云："龜，徐舉倫反。向云：拘坼也。""龜"與"皸"，聲近義同。

皵，曹憲音昔。皵之言錯也。《爾雅·釋木》"棤，皵"，郭璞注云："謂木皮甲錯。"《西山經》"羬羊,其脂可以已腊,",郭注云:"治體皴腊。"腊,與"皵"通。《集韻》"皵"又音錯。《考工記・弓人》"老牛之角紾而昔",鄭衆注云:"昔,讀爲'交錯'之錯,謂牛角觕理錯也。"《北山經》"帶山有獸焉,其狀如馬,一角,有錯",注云:"言角有甲錯。"義並與"皵"同。

皻之言麤也。《玉篇》《廣韻》並音麤。皻、皵,一聲之轉。《釋名》云:"齊人謂草屨曰搏腊。搏腊,猶把鮓,麤貌也。荆州人曰麤。""腊"與"皵"、"麤"與"皻",並同義。

摵、播,摇也。

摵,見卷一"摇、撼,動也"下。摵,與"撼"同。

《論語・微子》篇"播鼗武",孔傳云:"播,摇也。"

仍、重,再也。

鎮、綏,撫也。

昀案:此兩條未作疏證。

羸、膄,瘠也。

膄,與"瘦"同。

昀案:羸未作疏證。

課、揣,試也。

《説文》:"課,試也。"《管子・七法》篇云:"成器不課不用,不試不藏。"

《方言》"揣,試也",郭璞注云:"揣度試之。"

揵、敏,亟也。

揵,與"捷"同。

昀案:敏未作疏證。

曼、莫,無也。

《小爾雅》:"曼,無也。"《法言・寡見》篇云"曼是爲也";《五百》篇云"行有之也,病曼之也",皆謂無爲曼。《文選・四子講德論》"空柯無刃,公輸不能以斲;但懸曼矰,蒲苴不能以射",曼亦無也。李善注訓爲長,失之。

曼、莫、無,一聲之轉,猶覆謂之幔,亦謂之幕,亦謂之幠也。《漢書·西域傳》"罽賓國以金銀爲錢,文爲騎馬,幕爲人面",張晏曰:"錢文面作騎馬形,漫面作人面目也。"如淳曰:"幕音漫。"師古曰:"幕,即漫耳,無勞借音。今所呼幕皮者,亦謂其平而無文也。"案:"幕"字,如淳音漫,師古音莫,而同訓爲無文,猶"曼"與"莫"之同訓爲無也(189-1)。任氏幼植《釋繒》云:"《説文》:'縵,繒無文也。'《管子·霸形》篇:'君何不發虎豹之皮文錦以使諸侯,令諸侯以縵帛鹿皮報?'左氏成五年《傳》'乘縵',注:'車無文。'是凡物之無文者謂之縵。"義與"曼"同也(189-2)。

㓻、㓹,斫也。

㓻,見卷一"㓻,斷也"下。

㓹,與"斵"同。

亯、鬺,飪也。

亯,經傳通作"亨"。説見卷三"亯、餁,熟也"下。

鬺,《説文》作"𩱦",云:"煮也。"《漢書·郊祀志》"皆嘗鬺亨上帝鬼神",顔師古注云"鬺、亨,一也。鬺,亨煮而祀也",引《韓詩·采蘋》曰:"于以鬺之?唯錡及釜。"《毛詩》"鬺"作"湘",云:"湘,亨也。"𩱦、鬺、湘,聲近義同。𩱦,音式羊反。亯,音普衡反。各本"亯"譌作"𩱦",今訂正。

土、吐,瀉也。

《太平御覽》引《春秋元命包》云:"土之爲言吐也。"《説文》云:"土,地之吐生物者也。"又云:"吐,寫也。"《釋名》云:"吐,瀉也,故楊豫以東謂瀉爲吐也。"瀉,與"寫"通。

粻、䴷,食也。

説見卷八"麲𪎭謂之䴷"及"粻、餱,糒也"下。䴷,各本譌作"䴷",今訂正。

夗專,簙也。

簙,通作"博"。各本皆作"夗專,轉也"。下條"圍棊,弈也"作:"圍棊、簙,弈也。"案:簙與弈異事,不得訓簙爲弈。《方言》:"簙,吴楚之閒或謂之夗專。"是"夗專"爲簙之異名。《方言注》云:"夗,音於辯反。專,音轉。"是《廣雅》"專"下"轉"字乃曹憲之音,此因"轉"字誤入正文,校書者又誤謂"夗專"之訓爲轉,遂移"簙"

字入下條耳。今訂正。

昀案:此條連及下條大要在於勘誤。

圍棊,弈也。

泚、濺,測也。

昀案:此兩條未作疏證。

皮、膚,剥也。

説見卷三“剥、膚、皮,離也”下。

山龍,彰也。

《皋陶謨》“日、月、星、辰、山龍、華、蟲,作會;宗彝、藻、火、粉、米、黼黻,絺繡”,傳云:“黼若斧形,黻爲兩己相背。”《爾雅》“黼黻,彰也”,郭璞注與《書》傳同。案:《爾雅》以彰訓“黼黻”,乃通釋經傳中黼黻之事,非專釋十二章之“黼黻”也。《爾雅》又云:“衮,黻也。”直訓“衮”爲黻,明非十二章之“黻”矣。《考工記》説畫繢之事云:“青與赤謂之文,赤與白謂之章,白與黑謂之黼,黑與青謂之黻,五采備謂之繡。”《祭義》云:“遂朱緑之,玄黄之,以爲黼黻文章。”是“黼黻”與“文章”同義,故云:“黼黻,彰也。”若“山龍”非五色相次之名,不得直訓爲彰。此云:“山龍,彰也。”蓋效《爾雅》而失其義矣。

調,譀也。

説見卷四“譀,調也”下。

戊、秀,茂也。

《漢書·律曆志》云:“豐楙於戊。”鄭注《月令》云:“戊之言茂也。四時之閒,萬物皆枝葉茂盛。”茂,與“楙”通。

昀案:秀未作疏證。

鄉,救也。

未詳。

愇、竊,淺也。

《説文》:“竊,淺也。”《爾雅·釋鳥》:“夏鳸竊玄,秋鳸竊藍,冬鳸竊黄,棘鳸竊丹。"昭十七年《左傳》正義云:"竊玄,淺黑也;竊藍,淺青也;竊黄,淺黄也;竊丹,淺赤也。"又《爾雅·釋獸》:"虎竊毛謂之虦貓。""魋,如小熊,竊毛而黄。"《大雅·韓奕》傳云:"貓,似虎淺毛者也。"

昀案:幃未作疏證。

鬩、戰,鬭也。

《説文》:"鬩,鬭也。"《孟子·梁惠王》篇"鄒與魯鬩",趙岐注云:"鬩,鬭聲也。"音義引劉熙注云:"鬩,構也,構兵以鬭也。"字亦作"鬨"。《吕氏春秋·慎行》篇"崔杼之子相與私鬨",高誘注云:"鬨,鬭也。鬨,讀近鴻,緩氣言之。"《大雅·召旻》篇"蟊賊内訌",鄭箋云:"訌,爭訟相陷人之言也。"義與"鬩"相近。

昀案:戰未作疏證。

隅、陬,角也。

昀案:此條未作疏證。

廉、柧,棱也。

鄭注《鄉飲酒禮》云:"側邊曰廉。"

《説文》:"柧,棱也。"《衆經音義》卷十八引《通俗文》云:"木四方爲棱,八棱爲柧。"字通作"觚"。

備、晐,咸也。

此《方言》文也。《樂記》:"《大章》,章之也。《咸池》,備矣。"《史記·樂書》"備矣"作"備也"。餘見卷二"晐,備也"下。

奇、尤,異也。

昀案:此條未作疏證。

敖、放,妄也。

《莊子·庚桑楚》篇"蹍市人之足,則辭以放驁",郭象注云:"稱己脱誤以謝之。"釋文引《廣雅》:"驁,妄也。"驁,與"敖"通,亦作"傲"。《荀子·勸學》篇:"未可與言而言,謂之傲;可與言而不言,謂之隱;不觀氣色而言,謂之瞽。"傲,謂妄言也。《論語》云:"言未及之而言,謂之躁。"躁,亦妄也。

昀案:放未作疏證。

貶、費，損也。

焚、燎，燒也。

昀案：此兩條未作疏證。

燀、爨，炊也。

《説文》："燀，炊也。"昭二十年《左傳》"燀之以薪"，杜預注與《説文》同。釋文云："燀，然也。"燀、然，聲相近。然火謂之燀，故炊亦謂之燀。《周語》"火無灾燀"，韋昭注云："燀，焱起皃。"

昀案：爨未作疏證。

譎、誏，諂也。

譎，與"佞"通。

誏，各本譌作"謏"，今訂正。

昀案：誏惟作勘誤。

拂、拓，搏也。

《説文》："拂，過擊也。"

卷三云："拓、博，擊也。"

懲、㡯，乂也。

乂，與"艾"通，亦通作"刈"。《堯典》"五流有宅，五宅三居"，《王制》正義引鄭注云："宅，讀曰咤，懲刈之器。謂五刑之流，皆有器懲刈。"《史記・五帝紀》作"五流有度"。度、㡯，宅、咤，並聲近而義同。

枚、箇，凡也。

《方言》："枚，凡也。"昭十二年《左傳》"南蒯枚筮之"，杜預注云："不指其事，汎卜吉凶。"正義云："或以爲汎卜吉凶，謂枚雷總卜。《禮》云：'無雷同。'是總衆之辭也。今俗語云'枚雷'，即其義。"哀十六年《傳》"王與葉公枚卜子良以爲令尹"，注云："枚卜，不斥言所卜以令龜。"是"枚"爲凡也。

《方言》"箇，枚也"，郭璞注云："謂枚數也。"字或作"个"。《特牲饋食禮》"俎釋三个"，鄭注云："个，猶枚也。"今俗言物數有若干"个"者，此讀然。是"箇"與"枚"同義。

毅、距，困也。

皆未詳。

遷、徙，移也。

眗案：此條未作疏證。

忒、慎，慎也。

《説文》"忒，惕也"，引《吳語》："于其心忒然。"今本作"戚然"，韋昭注云："戚，猶惕也。""戚"字蓋傳寫之誤。《廣韻》云："忒，意慎忒也。"《管子・弟子職》篇云："顔色整齊，中心必式。""式"與"忒"，聲義相近。

卷四云："慎，恐也。"

慎，亦恐也。《玉篇》："慎，心動也。"《方言》："蛩烘，戰慄也。荆吳曰蛩烘。蛩烘，又恐也。"並與"慎"聲近義同。

廩，治也。

廩，曹憲讀爲稟。"廩、稟"二字，諸書皆無訓爲治者，"治"蓋"給"字之譌。《説文》："稟，賜穀也。"《漢書・文帝紀》"吏稟當受鬻者"，顔師古注云："稟，給也。"《蘇武傳》"廩食不至"，注云："無人給飤之。"(190)

磓、硌，磓也。

《廣韻》："磓，落也。"《玉篇》："硌，落也。"磓、硌、磓，一聲之轉。卷四云："石、搥，擿也。""磓，伐也。"石、硌、搥、磓、擿、磓，聲義並相近。《廣韻》《太平御覽》引《廣雅》"磓"作"碓"(191)。

移、脱，遺也①。

"移"爲"遺與"之遺，"脱"爲"遺失"之遺。

《漢書・武帝紀》"受爵賞而欲移賣者，無所流貤"，應劭注云："貤，音移；言無所移與也。"移、貤，聲義並同。

眗案：脱未作疏證。

專，齊也。

① 遺，原作"還"，《疏證》作"遺"。

説見卷四“竱,齊也”下。

湑、溏,淖也。

《説文》:“湑,多汁也。”又云:“漏,湑泥也。”《淮南子·原道訓》“甚淖而湑”,高誘注云:“湑,亦淖也,饘粥多瀋者謂之湑。”《兵略訓》云:“道之浸洽,湑淖纖微,無所不在。”

《衆經音義》卷十一引《通俗文》云:“和溏曰淖。”鄭注《士虞禮記》云:“淖,和也。”

眞、是,此也。

諸書無訓“眞”爲此者。各本“眞”字皆書作“真”。“真、是,此也”,當是“直、此,是也”之譌。“直”爲“是正”之是,“此”爲“如是”之是。《説文》:“是,直也。”是其證矣。或曰,當作“直、是,正也”。《説文》:“直,正見也。”“正,是也。”

將、䝸,帥也。

䝸,古通作“渠”。《史記·田叔傳》“取其渠率二十人”,率,與“帥”通。

昀案:將未作疏證。

死,澌也。

《太平御覽》引《春秋説題辭》云:“死之爲言澌,精爽窮也。”《説文》:“死,澌也,人所離也。”鄭注《檀弓》云:“消盡爲澌。”

龍、光,寵也。

鄭注《師》卦云:“寵,光燿也。”《小雅·蓼蕭》篇“爲龍爲光”,毛傳云:“龍,寵也。”《周頌·酌》篇“我龍受之”,鄭箋云:“龍,寵也。”龍、寵,聲相近,故古人以二字通用。昭十二年《左傳》引《蓼蕭》詩,“龍光”作“寵光”。《商頌·長發》篇“何天之龍”,箋云:“龍,當作寵。”《師·象傳》“承天寵也”,王肅本作“龍”。

蔿、譌,譁也。

皆謂變化也。説見卷三“譁、蔿,匕也”下。匕,與“化”通。

涕、泣,淚也。

昀案:此條未作疏證。

跧、匍，匐也。

說見卷三"匍、跧，伏也"下。伏，與"匐"通。

各本"跧"下俱有"莊"字。段氏若膺云："莊與'匍匐'之義不相近。《廣雅·釋詁》'跧，伏也'，曹憲音壯拳反。《文選·魯靈光殿賦》'狡兔跧伏於柎側'，李善音壯攣切，《玉篇》音莊攣切，《廣韻》音莊緣切。《廣雅》跧下莊字，當是反語之上一字，誤爲正文也。"案：《廣雅·釋言》篇内無連舉三字解之者，"莊"非正文甚明。今從段說删。

䀰睛，讃也。

䀰，各本譌作"眳"，今訂正。《廣韻》引《字林》云："䀰睛，不悦目皃。"《說文》："讃，恚也。"

猜、阻，疑也。

閔二年《左傳》"是服也，狂夫阻之"，杜預注云："阻，疑也。"

昀案：猜未作疏證。

霤、霿，霖也。

《說文》："霤，久雨也。"又云："涵，水澤多也。"涵，與"霤"義相近。

《說文》："涔，漬也。""瀆，久雨涔瀆也。"《淮南子·主術訓》"時有涔旱災害之患"，高誘注云："涔，久雨水潦也。"涔，與"霿"同。《爾雅》云："久雨謂之淫。淫謂之霖。"霖、淫、涔，古聲亦相近也。《方言》："潛、涵，沈也。"沈謂之涵，亦謂之潛，猶久雨謂之霤，亦謂之霿也。

賀、皆，嘉也。

《說文》："賀，目禮物相慶嘉也。""嘉"與"賀"，古同聲而通用。《覲禮》"予一人嘉之"，鄭注云："今文嘉作賀。"《晉語》"賀大國之襲於己"，《說苑·辨物》篇"賀"作"嘉"。皆是也。

嘉、皆，一聲之轉，字通作"偕"。《小雅·魚麗》曰："維其嘉矣。"又曰："維其偕矣。"《賓之初筵》曰："飲酒孔嘉。"又曰："飲酒孔偕。"偕，亦嘉也。解者多失之。

易、與，如也。

皆一聲之轉也。宋定之云："《繫辭傳》'易者，象也。象也者，像也'，像，即如似之意。"引之云:"《論語》'賢賢易色',易者,如也;猶言'好德如好色'也。"二説並通。"易"訓爲如,又有平均之義。下文云:"如,均也。"《爾雅》:"平、均,易也。"是"易、如"與"平、均"同義。《方言》"易,始也",郭璞注云:"易代更始也。"義近於鑿。《廣雅》之訓,多本《方言》。此條訓"易"爲如,而《釋詁》"始也"一條内不載"易"字,疑張氏所見本始作"如"也。

襄二十六年《左傳》引《夏書》曰:"與其殺不辜,寧失不經。"凡經傳言"與其"者,皆謂"如其"也。閔元年《左傳》"猶有令名,與其及也",《史記》集解引王肅注云:"雖去猶可有令名,何與其坐而及禍也。"何與,猶何如也。《秦策》云:"秦昭王謂左右曰:'今日韓、魏孰與始强?'對曰:'弗如也。'(192-1)王曰:'今之如耳、魏齊孰如孟嘗、芒卯之賢?'對曰:'弗如也。'"孰與,猶孰如也。班固《東都賦》云:"僻界西戎,險阻四塞,脩其防禦,孰與處乎土中,平夷洞達,萬方輻湊?秦嶺九嵕,涇渭之川,曷若四瀆五嶽,帶河泝洛,圖書之淵?"曷若,猶孰與也。《漢書·鼂錯傳》:"今匈奴,上下山阪,出入溪澗,中國之馬弗與也。"弗與,猶弗如也。與、如、若,亦一聲之轉。"與"訓爲如,又有相當之義。襄二十五年《左傳》"申鮮虞與閭邱嬰乘而出。行及弇中,將舍,嬰曰:'崔、慶其追我。'鮮虞曰'一與一,誰能懼我'",杜預注云:"弇中,狹道也。道狹,雖衆無所用。"案:與,猶當也;言狹道之中,一以當一,雖衆無所用也。下文云:"崔、慶之衆,不可當也。"當,亦與也。二十四年《傳》云:"大國之人,不可與也。"與,亦當也。《宋衛策》云:"夫宋之不足如梁也,寡人知之矣。"高誘注云:"如,當也。"是"與、如"皆訓爲當也(192-2)。

恑、覆,反也。

班固《幽都賦》"變化故而相詭兮",曹大家注云:"詭,反也。"(193-1)《大戴禮·保傅》篇"左右之習反其師",《賈子·傅職》篇"反"作"詭"(193-2)。《漢書·武五子傳》云:"詭禍爲福。"《史記·李斯傳》云:"今高有邪佚之志,危反之行。"詭、危,並與"恑"通。《説文》:"恑,變也。"變亦反也。

昀案:覆未作疏證。

審、覆,索也。

《爾雅》"覆、察,審也",郭璞注云:"覆校察視,皆所爲審諦。"覆校,即考索也。《考工記·弓人》"覆之而角至",鄭注云:"覆,猶察也。"定四年《左傳》云:"藏在周府,可覆視也。"《月令》云:"命舟牧覆舟。"《孫子·行軍》篇云:"軍行有險阻潢井葭葦山林翳薈者,必謹覆索之。"索,與"索"通。審、察、索,三字皆從宀。宀,訓爲覆;覆,訓爲審,義相因也。

輸、擷,墮也。

皆謂墮壞也。

《小雅·正月》篇"載輸爾載",鄭箋云:"輸,墮也。"公羊《春秋》隱六年"鄭人來輸平",《傳》云:"輸平,猶墮成也。何言乎墮成?敗其成也。"《穀梁傳》云:"輸者,墮也;來輸平者,不果成也。"是"輸"爲墮壞也。其輸寫物亦謂之墮。昭四年《左傳》"寡君將墮幣焉",服虔注云:"墮,輸也。"

《方言》:"擷、隓,壞也。"隓,與"墮"同。《太玄·度》次三:"小度差差,大擷之階。測曰:小度之差,大度傾也。"是"擷"爲墮壞也。《方言》云:"怠,壞也。"故壞謂之墮,亦謂之擷,亦謂之輸;怠謂之惰,亦謂之嬾,亦謂之窳。"惰"與"墮"、"嬾"與"擷"、"窳"與"輸",古聲並相近也。

償、報,復也。

昀案:此條未作疏證。

詩、意,志也。

各本皆作"詩、志,意也"。案:詩、志,聲相近,故諸書皆訓"詩"爲志,無訓爲意者。《詩序》云:"詩者,志之所之也。在心爲志,發言爲詩。"《賈子·道德説》篇云:"詩者,此之志者也。"《詩譜》正義引《春秋説題辭》云:"在事爲詩,未發爲謀,恬澹爲心,思慮爲志。詩之爲言志也。"《書大傳》注云:"詩,言之志也。"《説文》及《楚辭·九章》注並云:"詩,志也。"今據以訂正。

昀案:此條大要在於勘誤。

眷、奊,顧也。

《説文》:"偠,左右兩視也。"《玉篇》奊,具眉切,"顧也。古偠字,謂左右視也"。奊,從矢,隹聲。與"奊"字異。奊,從夨,圭聲,音胡結反。

昀案:眷未作疏證。

瘍、瘙，蛘也。

《玉篇》："瘍，大痒也。""瘙，小痒也。"痒，與"蛘"通，亦通作"養"，俗作"癢"。

趲、狷，虘也。

皆驚散之貌也。

《玉篇》："趲，散走也。"高誘注《淮南子·主術訓》云："劗，讀'驚攢'之攢。"攢，與"趲"通。

《方言》"宋衛南楚，凡相驚曰狷"，郭璞注云："狷，驚貌也。"《説文》："狷，犬狷狷不附人也。讀若'南楚相驚曰狷'。"又云："獷，犬獷獷不可附也。"揚雄《劇秦美新》云："來儀之鳥，肉角之獸，狙獷而不臻。"狙獷，亦驚散之貌也。狙，與"虘"通。

兼、縩，并也。

縩之言比也。《玉篇》："縩，縷并也。"《鄘風·干旄》篇"素絲紕之"，毛傳云："總紕於此，成文於彼。"義與"縩"相近。

昀案：兼未作疏證。

褻[①]、黷，狎也。

昀案：此條未作疏證。

覺、穌，寤也。

穌，通作"蘇"。

寤，通作"寤"(194)。

昀案：覺未作疏證。

諸、旃，之也。

皆一聲之轉也。

諸者，"之於"之合聲。故"諸"訓爲之，又訓爲於。

旃者，"之焉"之合聲。故"旃"訓爲之，又訓爲焉。《唐風·采苓》箋云："旃之言焉也。"

① 褻，原譌作"褻"。

竝、偕,俱也。

昀案:此條未作疏證。

〔餪〕、餫,饋也①。

餪者,温存之意。唐段公路《北户録》引《字林》云:"餪,饋女也;音乃管反。"又引《證俗音》云:"今謂女嫁後三日餉食爲餪女。"各本皆脱"餪"字。《集韻》《類篇》引《廣雅》:"餪、餫,饋也。"今據以補正。

餫之言運也。《説文》:"野饋曰餫。"成五年《左傳》"晉荀首如齊逆女,故宣伯餫諸穀",杜預注云:"運糧饋之。"

紩、著,納也。

《爾雅》:"黹,紩也。"《説文》:"紩,縫也。"《急就篇》"鍼縷補縫綻紩緣",顔師古注云:"納刺謂之紩。"

卷四云:"著,補也。"著之言相丁著也。《士喪禮記》"冠六升外縪",鄭注云:"縪,謂縫著於武也。"

卷四云:"衲,補也。"衲,與"納"通。

趽、踤,踂也②。

《玉篇》:"躠,足跌也。"躠,與"踂"同。

《説文》:"趽,曲脛馬也。"

踤,各本譌作"跰",今訂正。《説文》:"踤,曲脛也;讀若逵。"(195)《漢書·賈誼傳》"非徒病瘇也,又苦跋盭",顔師古注云:"跋,古蹠字;足下曰蹠,今所呼腳掌是也。盭,古戾字。言足蹠反戾不可行也。"錢氏曉徵曰:"《説文》《玉篇》俱無跋字,小顔讀爲蹠,蓋臆説也。跋字當是踤字之譌。踤盭,謂足脛曲戾,不便行動。"案:錢説是也。踤從足,𠬞聲。𠬞,從廾,肉聲。隸書"廾"字或作"大",故"踤"字或作"跃"。其右半與"炙"字相似,因譌而爲"跋"矣。

嗽、謦,欬也。

《衆經音義》卷六引《倉頡篇》云:"謦,欬聲也。"《莊子·徐無鬼》篇云:"而況

① 饋,原作"饋",《疏證》作"饋"。
② 踂,原作"踕",《疏證》作"踂"。

乎昆弟親戚之謦欬其側者乎。"

昀案:嗽未作疏證。

劁[1]、穫,刈也。

《小雅·白華》篇"樵彼桑薪",樵,與"劁"通。

昀案:穫未作疏證。

詆、譙,呵也。

《説文》:"詆,苛也。一曰訶。"訶、呵、苛,義相近。《墨子·脩身》篇云:"詆訐之民。"

《衆經音義》卷二十引《倉頡篇》云:"譙,訶也。"餘見卷二"譙,讓也"下。影宋本"譙"作"誰"。誰,亦呵也。《説文》"誰"字在"詆"字下,云:"何也。"何,與"呵"通。《史記·秦紀》"信臣精卒,陳利兵而誰何",索隱引崔浩云:"何,或爲呵。"《漢舊儀》:"宿衛郎官分五夜誰呵。"《漢書·五行志》"公車大誰卒",應劭注云:"在司馬殿門掌讙呵者也。"《六韜·金鼓》篇云:"令我壘上誰何不絶。"揚雄《衛尉箴》云:"二世妄宿,敗於望夷。閻樂矯搜,戟者不誰。"皆是也。《史記·萬石君傳》"歲餘不譙呵綰",索隱云:"譙呵,音誰何。""誰"與"譙",義同而聲亦相近。例見《釋宫》"趡,奔也"下。

平均,賦也。

《方言》:"平均,賦也。燕之北鄙、東齊之北郊,凡相賦斂,謂之平均。"《史記·平準書》云:"桑宏羊以諸官各自市,相與爭,物故騰躍。而天下賦輸,或不償其僦費,乃請置大農部丞數十人,分部主郡國。各往往縣置均輸鹽鐵官,令遠方各以其物貴時商賈所轉販者爲賦而相灌輸,置平準於京師,都受天下委輸。大農之諸官,盡籠天下之貨物,貴則賣之,賤則買之。如此,富商大賈無所牟大利,則反本,而萬物不得騰踊。故抑天下物,名曰'平準'。"是平、均皆賦也。《急就篇》云:"司農少府國之淵,遠取財物主平均。"

勃、怏,懟也。

《方言》:"鞅、侼,懟也。"卷四云:"侼,恨也。"侼,與"勃"通。

---

① 劁,原作"劋",《疏證》作"劁"。

《説文》:“怏,不服懟也。”《史記·伍子胥傳》云:“常鞅鞅怨望。”《白起傳》云:“其意怏怏不服。”怏,與“鞅”通。

懟謂之勃、怏,故怒亦謂之勃、怏。《趙策》云:“新垣衍怏然不悦。”即勃然不悦也。

率、計,校也。

《周髀算經》云:“以率率之。”

昀案:計未作疏證。

譏、諌,怨也。

諌,通作“刺”。《論語·陽貨》篇“《詩》可以怨”,《邶風·擊鼓》正義引鄭注云:“怨,謂刺上政。”《漢書·禮樂志》云:“怨刺之詩起。”是“怨”與“譏、刺”同意[196]。

昀案:譏未作疏證。

鍻、摐,撞也。

《説文》:“擊,擣頭也。”《楚辭·招魂》“鏗鍾摇簴”,王逸注云:“鏗,撞也。”班固《東都賦》云:“發鯨魚,鏗華鐘。”擊、鏗、鍻,並通。

《文選·子虚賦》“摐金鼓”,李善注引韋昭曰:“摐,擊也。”字亦作“鏦”。《史記·吴王濞傳》“即使人鏦殺吴王”;《南越傳》“欲鏦嘉以矛”,索隱引韋昭曰:“鏦,撞也。”撞謂之鏦,故矛亦謂之鏦。《方言》云:“矛,吴揚江淮南楚五湖之閒,或謂之鏦。”

稙、豫,早也。

《説文》:“稙,早穜也。”《魯頌·閟宫》篇“稙稺菽麥”,毛傳云:“先種曰稙,後種曰稺。”《釋名》云:“青徐人謂長婦曰稙。禾苗先生者曰稙,取名於此也。”

昀案:豫未作疏證。

囚、纍,拘也。

昀案:此條未作疏證。

俚、憖,賴也。

《漢書·季布欒布田叔傳·贊》“夫婢妾賤人,感槩而自殺,非能勇也,其畫無俚之至耳”,晉灼注云:“揚雄《方言》曰:‘俚,聊也。’許慎曰:‘賴也。’此謂其計畫無所聊賴,至於自殺耳。”《孟子·盡心》篇“稽大不理於口”,趙岐注云:“理,賴也。”理,與“俚”通。

昀案:懃未作疏證。

敕、慎,謹也。

逋、薨,亡也。

昀案:此兩條未作疏證。

贅、叔,屬也。

《大雅·桑柔》篇"具贅卒荒",毛傳云:"贅,屬也。"正義云:"贅,猶綴也,謂繫綴而屬之。"《長發》云:"爲下國綴旒。"襄十六年《公羊傳》曰:"君若綴旒然。"是"贅、綴"同也。《孟子》曰:"太王屬其耆老。"《書》傳云:"贅其耆老。"是"贅"爲屬也。襄十六年《公羊傳》注云:"贅,繫屬之辭;若今俗名就壻爲贅壻矣。"《釋名》説"贅肬"之義云:"贅,屬也,横生一肉屬著體也。"並事異而義同。

昀案:叔未作疏證。

州、譔,殊也。

《藝文類聚》引《春秋説題辭》云:"州之言殊也,合同類,異其界也。"

昀案:譔未作疏證。

日、纇,節也。

"日"爲"節度"之節,"纇"爲"絲節"之節。

《開元占經·日占》篇引《春秋元命包》云:"日之爲言節也,開度立節,使物咸别。"《白虎通義》云:"日之爲言實也,節也,常滿有節也。"

《説文》:"纇,絲節也。"《淮南子·氾論訓》"明月之珠,不能無纇",高誘注云:"若絲之有結纇也。"

諫、督,促也。

諫,亦促也。《説文》:"諫,餔旋促也。"

昀案:督未作疏證。

稽、效,考也。

效之言校也。《月令》云:"分繭稱絲效功。"

昀案:稽未作疏證。

㝅、字，乳也。

説見卷一"字、乳、㝅，生也"下。㝅，與"穀"同。各本"字"字誤入曹憲音内，今訂正。

靈、禔，福也。

昭三十二年《左傳》云："今我欲徼福假靈於成王。"哀二十四年《傳》云："寡君欲徼福於周公，願乞靈於臧氏。"《漢書·董仲舒傳》云："受天之祜，享鬼神之靈。"是"靈"爲福也。卷一云："禄、靈，善也。"《爾雅》："禄，福也。"福，與"善"義相近，故皆謂之禄，又皆謂之靈。"靈"與"禄"，一聲之轉耳。

《方言》："禔，福也。"《漢書·司馬相如傳》"中外禔福"，《史記》作"提"，同。

淩、馺，馳也。

《楚辭·大昭》"冥淩浹行"，王逸注云："淩，猶馳也。"

《方言》"馺，馬馳也"，郭璞注云："馺馺，疾貌也。"劉向《九歎》云："雷動電發馺高舉兮。"揚雄《甘泉賦》云："輕先疾雷而馺遺風。"《説文》："馺，馬行相及也。"又云："䫻，行皃。一曰此與馺同。"嵇康《琴賦》云："飛纖指以馳騖，紛䫻譶以流漫。"《漢書·司馬相如傳》"汩淢靸以永逝兮"，顔師古注云："靸然輕舉意也。"《廣雅·釋訓》云："趿趿，行也。"義並與"馺"同。

傅、亮，相也。

《堯典》"亮采惠疇"，《史記·五帝紀》"亮采"作"相事"。

昀案：傅未作疏證。

南、壬，任也。

南、壬、任，古並同聲。

《藝文類聚》引《尸子》云："南方爲夏。夏，與也；南，任也，萬物莫不任與蕃殖充盈。"《書大傳》云："南方者何也？任方也。任方者，物之方任。"《漢書·律曆志》云："大陽者南方。南，任也，陽氣任養物。"《淮南子·天文訓》云："南吕者，任包大也。"《小雅·鼓鍾》傳云："南夷之樂曰任。"《白虎通義》引《樂元語》云："南夷之樂曰南。南之爲言任也，任養萬物。"是凡言南者，皆任之義也。《大戴禮·本命》篇云："男者，任也；子者，孳也，言任天地之道，而長萬物之義也。"昭十三年《左傳》"鄭伯，男也"，《周語》作"南"。"男"與"南"，亦同聲同義。

《史記·律書》云:"壬之爲言任也,言陽氣任養萬物於下也。"《漢書·律曆志》云:"懷任於壬。"《釋名》云:"壬,妊也;陰陽交,物懷妊,至子而萌也。""妊"與"壬",亦同聲同義。

裁、宰,制也。

昀案:此條未作疏證。

竦、鷙,執也。

《楚辭·九歌》"竦長劍兮擁幼艾",王逸注云:"竦,執也。"《玉篇》作"摗",同。

《離騷》"鷙鳥之不羣兮",注云:"鷙,執也,謂能執伏衆鳥,鷹鸇之類也。"《説文》"摯,握持也",義亦與"鷙"同。

正、略,要也。

《淮南子·地形訓》"紀之以四時,要之以太歲",高誘注云:"要,正也。"

《孟子·滕文公》篇"此其大略也",趙岐注云:"略,要也。"

角、抵,觸也。

角、觸,古聲相近。獸角所以抵觸,故謂之角。《詩·卷耳》正義引《韓詩》説云:"四升曰角。角,觸也,不能自適觸罪過也。"《風俗通義》引劉歆《鐘律書》云:"角者,觸也;物觸地而出,戴芒角也。"是凡言"角"者,皆有觸義也。

《説文》:"牴,觸也。"《海外北經》"相柳之所抵厥",郭璞注云:"抵,觸也。"抵,與"牴"通。

寱、窫,厭也。

《説文》:"厭,笮也。一曰合也。"《玉篇》於冉、於葉二切。《衆經音義》卷一引《倉頡篇》云:"伏合人心曰厭。"

《説文》:"寱,寐而厭也。"字亦作"眯"。高誘注《淮南子·精神訓》云:"楚人謂厭爲眯。"《西山經》"鵸鵌,服之使人不眯",郭璞注云"不厭夢也",引《周書·王會》篇云:"服者不眯。"《莊子·天運》篇"彼不得夢,必且數眯焉",司馬彪注云:"眯,厭也。"

《説文》:"窫,屋傾下也。"《方言》云:"凡柱而下曰埕;屋而下曰墊。"亦謂厭伏也。墊,與"窫"通。

馮、齎,裝也。

齎,通作"資"。《爾雅》"將,資也",郭璞注云:"謂資裝。"裝、將,聲近義同。《聘禮記》"問幾月之資",鄭注云:"資,行用也。古文資爲齎"。

昀案:馮未作疏證。

僞、言,端也。

皆未詳。

樊、裔,邊也。

《莊子·人閒世》篇云:"若能入遊其樊而無感其名,入則鳴,不入則止。"《則陽》篇云"夏則休乎山樊",李頤注云:"樊,傍也。"高誘注《淮南子·精神訓》云:"樊,厓也。"皆謂邊也。字通作"藩"。《莊子·大宗師》篇云:"吾願遊乎其藩。"

《淮南子·原道訓》注云:"裔,邊也。"文十八年《左傳》云:"投諸四裔。"《楚辭·九歌》"蛟何爲兮水裔",王逸注云:"水涯。"《説文》"裔,衣裾",徐鍇傳云:"裾,衣邊也。故謂'四裔'。"

遝、趙,及也。

及,各本譌作"召",今訂正。

《爾雅》:"逮,及也。"又云"逮,遝也",郭璞注云:"今荆楚人皆云遝。"《方言》:"迨、遝,及也。東齊曰迨;關之東西曰遝,或曰及。"《説文》:"遝,迨也。"《玉篇》云:"迨遝,行相及也。"王褒《洞簫賦》云:"騖合遝以詭譎。"《漢書·禮樂志》"騎沓沓",顔師古注云:"沓沓,疾行也。"疾行亦相及之意,故《釋名》云:"急,及也,操切之使相逮及也。"《説文》:"眔,目相及也。""譶,語相及也。"義並與"遝"通。

《説文》:"趍趙,及也。""趍"音"馳驅"之"馳"。《穆天子傳》"天子北征趙行",郭璞注云:"趙,猶超騰也。"超騰,亦謂疾行。是"遝、趙"皆及也。

緯、衡,横也。

《説文》:"緯,織横絲也。"《大戴禮·易本命》篇云:"凡地,東西爲緯,南北爲經。"

昀案:衡未作疏證。

井、絜，静也。

《説文》："瀞，無垢薉也。"瀞，與"静"通。

《釋名》云："井，清也，泉之清絜者也。"

痎、痁，瘧也[①]。

《説文》："瘧，寒熱休作病也。""痎，二日一發瘧也。""痁，有熱瘧也。"《釋名》云："瘧，虐也；凡疾或寒或熱耳，而此疾先寒後熱兩疾，似酷虐者也。"哀二年《左傳》云："痁作而伏。"餘見卷一"疥，病也"下。

痔、癙，痞也。

《説文》："痞，結痛也。"字或作"脴"，通作"否"。《釋名》云："脴，否也，氣否結也。"《素問・六元正紀大論》云："寒至，則堅否腹滿痛急下利之病生矣。"

昀案：痔、癙二詞未作疏證。

糴、稟，穀也。

《説文》："糴，穀也。"

昀案：稟未作疏證。

瘖、疕，痂也。

《説文》："疕，頭瘍也。"《周官・醫師》"凡邦之有疾病者、疕瘍者"，鄭注與《説文》同。《韓非子・姦劫殺臣》篇云："厲雖癰腫疕瘍。"餘見卷一"痂、瘖，創也"下。

昀案：卷一"創也"條："瘖者，《廣雅・釋言》：瘖，痂也。"是二處循環爲證，實猶無疏也。

草、竈，造也。

草、竈、造，聲並相近。

《論語・憲問》篇云："裨諶草創之。"

竈，或作"竈"。《釋名》云："竈，造也，創造食物也。"《周官・膳夫》"卒食，以樂徹于造"，注云："造，作也。鄭司農云：'造，謂食之故所居處也。已食，徹置故處。'"案：造，即"竈"之借字也。《大祝》"二曰造"，故書"造"作"竈"。是"竈"與"造"通(197)。

---

① 瘧，原作"瘧"，《疏證》作"瘧"。

科、僞,條也。

僞,義未詳。

昀案:科亦未作疏證。

〔瘱〕,審〔也〕。

各本皆作"審、噴,並也"。案:"審、噴、並"三字,字義各不相屬。此因本文脱去"瘱、也"二字,而下文"噴,嚏也""駢,並也"又脱去"嚏、也、駢"三字,遂致溷三條爲一條。《集韻》引《廣雅》:"瘱,審也。"今據以補正。

《方言》:"瘱、諦,審也。齊楚曰瘱,秦晉曰諦。"又云"諠、諦,諟也。吴越曰諠諦",郭璞注云:"諟,亦審,互見其義耳。"《説文》:"瘱,靜也。""靜,審也。"《漢書·外戚傳》"爲人婉瘱有節操",顏師古注云:"瘱,靜也。"《文選·神女賦》"澹清靜其愔嫕兮",李善注引《説文》:"嫕,靜也。"五臣本作"悘"。並字異而義同。《廣雅》之訓,多本《方言》。《方言》"瘱、諦"同訓爲審,則《廣雅》"瘱"下亦當有"諦"字。

噴,〔嚏也〕。

《衆經音義》卷十引《倉頡篇》云:"嚏,噴鼻也。"各本脱"嚏也"二字。《衆經音義》卷十六、十九並引《廣雅》:"噴,嚏也。"今據以補正。

〔駢〕,並也。

《説文》:"駢,駕二馬也。"《管子·四稱》篇云:"入則乘等,出則黨駢。"各本脱"駢"字。《莊子·駢拇》篇釋文引《廣雅》:"駢,並也。"今據以補正。

靡、離,麗也。

"靡"爲"靡麗"之麗,"離"爲"附麗"之麗。

《説文》:"麗爾,猶靡麗也。"司馬相如《上林賦》云:"所以娱耳目、樂心意者,麗靡爛漫於前,靡曼美色於後。"

《離·彖傳》云:"離,麗也。"《象傳》云:"明兩作離。"《曲禮》"離坐離立",鄭注云:"離,兩也。"桓二年《公羊傳》"離不言會",何休注云:"二國會曰離。"皆謂麗也。"離"與"麗",古同聲而通用。《士冠禮》注云:"古文儷爲離。"《月令》注云:"離,讀如'儷偶'之儷。"儷,與"麗"同。

各本譌作"靡、麗,離也"。今訂正。

儀、愈，賢也。

引之云：《大誥》"民獻有十夫"，傳訓"獻"爲賢。《大傳》作"民儀有十夫"。《漢書·翟義傳》作"民儀九萬夫"。班固《竇車騎將軍北征頌》亦云："民儀響慕，羣英景附。"古音"儀"與"獻"通。《周官·司尊彝》"鬱齊獻酌"，鄭司農讀"獻"爲儀。郭璞《爾雅音》曰："轙，音儀。"《説文》"轙"從車，義聲；或作"钀"，從金，獻聲。皆其證也。漢《斥彰長田君碑》曰："安惠黎儀，伐討姦輕。"《泰山都尉孔宙碑》曰："乃綏二縣，黎儀以康。"《堂邑令費鳳碑》曰："黎儀瘁傷，泣涕連漉。"黎儀，即《臯陶謨》之"萬邦黎獻"也。漢碑多用經文。此三碑皆言"黎儀"，則《臯陶謨》之"黎獻"，漢世必有作"黎儀"者矣。洪适《隸釋》讀"儀"爲"旄倪"之"倪"，非是。

昀案：愈未作疏證。

統、己，紀也。

《説文》："統，紀也。"《齊語》云："班序顛毛，以爲民紀統。"

《漢書·律曆志》云："理紀於己。"《釋名》云："己，紀也；物皆有定形，可紀識也。"(198)己，各本譌作"巳"，今訂正。

奠、祭，薦也。

昀案：此條未作疏證。

攍，負也。

説見卷三"攍，擔也"下。

羌，乃也。

《楚辭·離騷》："余以蘭爲可恃兮，羌無實而容長。"

羌，卿也。

《楚辭·離騷》"羌内恕己以量人兮"，王逸注云："羌，楚人語辭也；猶言卿何爲也。"

卿，章也。

《白虎通義》云："卿之爲言章也，章善明治也。"《北堂書鈔》引《漢官儀》云：

"卿,章也,明也;言當背邪向正,章明道德也。"《初學記》引《釋名》云:"卿,章也,言貴盛章著也。"

廁,閒〔也〕。

各本皆作"廁、閒,非也"。案:諸書皆訓"廁"爲閒,無訓爲非者。此因"閒"下脱去"也"字,而下文"非也"之上又脱去"閒"字,遂誤合爲一條。《文選·琴賦》注及《衆經音義》卷二十五、《華嚴經》卷三十九音義並引《廣雅》:"廁,閒也。"今據以訂正。

昀案:此條惟作勘誤。

〔閒〕,非也。

説見卷二"閒,諟也"下。

詭,〔誑也〕。

各本脱去"誑也"二字,遂與下條相連。《衆經音義》卷十四引《三倉》云"詭,譎也";卷二十三引《廣雅》:"詭,誑也。"今據以補正。

犀,總也。

犀,曹憲音西;總,曹憲音思。案:總,隸省作"緦"。"緦"與"犀"義不相近。"犀"當爲"屬","總"當爲"總"[①]。《説文》:"總,聚束也。"《玉篇》:"總,合也。"《周官·州長》"各屬其州之民而讀法",鄭注云:"屬,猶合也,聚也。"王逸《離騷》注云:"總,結也。"韋昭《晉語》注云:"屬,結也。"是"總、屬"二字同義。"屬"與"犀"、"總"與"總",皆因形近而誤。卷三内"總,聚也","總"字譌作"緦",曹憲音思,誤與此同。

𤋮[②],載也。

𤋮,或作"燾、幬",又作"薵"。説見卷二"𤋮,覆也"下。載,通作"戴"。《方言》:"薵、蒙,覆也。薵,戴也。"《小爾雅》:"蓋、戴、薵、蒙,覆也。"班固《西都賦》云:"上反宇以蓋戴。"《太玄·玄文》"蒙,南方也,夏也;物之脩長也,皆可得而載也",范望注云:"枝葉已成,蒙覆於人上,皆可燾載者也。"是"載"與"𤋮"同義。載,各本皆作"戟"。隸書"載"字或省作"軙",因譌而爲"戟",今訂正。

---

① 總,原誤作"總"。滬本作"總"。
② 𤋮,原作"𤋮",《疏證》作"𤋮"。

颰,吹也。

昀案:此條未作疏證。

曾,何也。

《方言》:"曾,何也。湘潭之原、荆之南鄙,謂何爲曾。若中夏言'何爲'也。"

何,各本譌作"阿",今訂正。

風,放也。

《釋名》云:"風,放也,氣放散也。"又《粊誓》"馬牛其風",《魯世家》集解引鄭注云:"風,走逸也。"僖四年《左傳》"唯是風馬牛不相及也",《粊誓》正義引賈逵注云:"風,放也,牝牡相誘謂之風。"風,又音諷。《小雅·北山》篇"或出入風議",鄭箋云:"風,猶放也。"

流,演也。

《説文》:"演,長流也。"《周語》:"夫水土演而民用也。"《文選·長笛賦》注引賈逵注云:"演,引也。"

徇,巡也。

徇、巡,古同聲而通用。桓十三年《左傳》:"莫敖使徇于師。"宣四年《傳》:"王使巡師。"是"徇"即巡也。《泰誓》釋文引《字詁》云:"徇,巡也。"《爾雅·釋言》釋文引《字詁》云:"徇,今巡字。"

巡,各本皆作"迷"。"巡"隸或作"㳂",因譌而爲"迷",今訂正。

賥。

各本皆作"賥,貰也"。案:"賥"與"貰"義不相近。此因"賥"下脱去二字,而下文"貰,賒也"又脱去"賒"字,遂誤合爲一條,今訂正。《廣韻》:"賥,賣也。"義或本於《廣雅》。

昀案:此條連及下條大要在於勘誤。

貰,〔賒〕也。

《周官·泉府》"凡賒者",鄭衆注云:"賒,貰也。"《史記·高祖紀》"常從王媪、武負貰酒",《集解》引韋昭曰:"貰,賒也。"各本脱"賒"字,《高祖紀》索隱及《衆經音義》卷十二並引《廣雅》:"貰,賒也。"今據以補正。

賜,賭也。

《文選·博弈論》"賭及衣物",李善注引《埤倉》云:"賭,賜也。"

壓,鎮也。

昀案:此條未作疏證。

經,徑也。

《釋名》:"經,徑也,常典也;如徑路無所不通,可常用也。"

卦,挂也。

《易乾鑿度》云:"卦者,挂也;挂萬物,視而見之。"

譬,喻也。

昀案:此條未作疏證。

睽,乖也。

《序卦傳》文。

天,顛也。

《太平御覽》引《春秋説題辭》云:"天之爲言顛也。居高理下,爲人經緯,故立字一大爲天。"天,各本譌作"夭",今訂正。

𢧵,設也。

《説文》:"𢧵,設飪也;讀若載。"《大雅·旱麓》篇"清酒既載",《文選·西征賦》注引薛君《韓詩章句》云:"載,設也。"《士昏禮》云:"匕俎從設,北面載。"載,與"𢧵"通。"載"爲"陳設"之設,又爲"假設"之設。《法言·先知》篇"或曰:'載使子草律。'曰:'吾不如宏恭'",李軌注云:"載,設也。"

竹,感也。

《白虎通義》説"喪服"云:"所以杖竹桐何？取其名也。竹者,感也;桐者,痛也。"

馮,登也。

《周官·馮相氏》注云:"馮,乘也;相,視也。世登高臺,以視天文之

次序。”(199)

眩，惑也。

宥，赦也。

參，三也。

昀案：此三條未作疏證。

令，伶也。

《秦風·車鄰》篇“寺人之令”，《韓詩》作“伶”，云：“使伶也。”

紉，擘也。

《説文》：“紉，繟繩也。”《玉篇》：“紉，繩縷也，展而續之也。”《楚辭·離騷》“紉秋蘭以爲佩”，王逸注云：“紉，索也。”紉，各本譌作“紐”。《方言》“擘，楚謂之紉”，郭璞音刃。今據以訂正。各本所載曹憲音釋，“擘”下有“古萬”二字。案：古萬反非“擘”字之音。卷一云：“絭，曲也。”曹憲音古萬反。疑此條下尚有“擘，絭也”三字，而“古萬”則“絭”字之音也。擘之言屈辟，絭之言卷曲也。卷四云：“襞、絭，詘也。”《説文》“詘，詰詘也。一曰屈襞”；又云：“襞，絭衣也。”《士喪禮》注云：“以席覆重，辟屈而反兩端，交於後。”《莊子·田子方》篇“口辟焉而不能言”，司馬彪注云：“辟，卷不開也。”卷，與“絭”通。辟、擘，並與“襞”通。紉，訓爲擘；擘，又訓爲絭，所以别異義也。若上文“羌”訓爲卿，“卿”又訓爲章矣。

夜，暮也。

寐，臥也。

昀案：此兩條未作疏證。

嗃，誺也。

《玉篇》引《埤倉》云：“嗃，不知是誰也。”《方言》：“誺，不知也。沅澧之閒，凡相問而不知荅曰誺。”

國，邦也。

昀案：此條未作疏證。

義,宜也。

《祭義》云:"義者,宜此者也。"《中庸》云:"義者,宜也。"

漉,滲也。

説見卷一"滲、盝,盡也"下。盝,與"漉"同。

朕,仌也。

《豳風·七月》篇"三之日納于淩陰",毛傳云:"淩陰,冰室也。"淩,《説文》作"朕"。冰,《説文》作"仌"。

害,割也。

《堯典》"湯湯洪水方割",傳云:"割,害也。"《釋名》云:"害,割也,如割削物也。"害、割,古同聲而通用。《大誥》"天降割于我家",馬融本作"害"。

蹪[1],遺也。

《淮南子·原道訓》"先者隤陷",高誘注云:"楚人謂躓爲隤。"《原道訓》又云:"足蹪趎埳。"蹪,與"隤"通。躓,與"遺"通。

駔,會也。

會,或作"儈"。《衆經音義》卷六引《聲類》云:"儈,合市人也。"《吕氏春秋·尊師》篇"段干木,晉之大駔也",高誘注云:"駔,儈人也。"《史記·貨殖傳》"子貸金錢千貫,節駔會",《漢書》作"儈",顏師古注云:"儈者,合會二家交易者也;駔者,其首率也。"

焠,堅也。

《説文》:"焠,堅刀刃也。"又云"鋻,剛也",徐鍇傳云:"淬刀劍刃使堅也。"淬,與"焠"通。《燕策》云:"得趙人徐夫人之匕首,使工以藥淬之。"《文選·聖主得賢臣頌》"清水焠其鋒",李善注引郭璞《三倉解詁》云:"焠,作刀刃鋻也。"《漢書·王褒傳》注云:"焠,謂燒而内水中以堅之也。"《天文志》"火與水合爲淬",晉灼注云:"火入水,故曰淬。"

恖,䚡也。

---

① 蹪,原作"蹟",《疏證》作"蹪"。

昀案:此條未作疏證。

柛,紞也。

皆未詳。柛,皇甫本作"梓"。

内,裹也。

昀案:此條未作疏證。

課,第也。

謂品第之也。《逸周書·大匡解》云:"程課物徵。"

況,兹也。

《小雅·常棣》篇"況也永歎",毛傳云:"況,兹也。"《大雅·桑柔》篇"倉兄填兮",傳云:"兄,滋也。"兄,與"況"通。兹,與"滋"通。《晉語》"衆況厚之",韋昭注云:"況,益也。"益亦滋也。

兹,今也。

昀案:此條未作疏證。

疊,懷也。

未詳。

收,振也。

《中庸》"振河海而不泄",鄭注云:"振,猶收也。"《孟子·萬章》篇云:"金聲而玉振之也。"《周官·職幣》:"掌式灋以斂官府都鄙與凡用邦財者之幣,振掌事者之餘財。"斂、振,皆收也,故鄭注云:"振,猶抍也,檢也。"《廣雅》卷三云:"抍,收也。"《孟子·梁惠王》篇注云:"檢,斂也。"賈疏云:"以財與之謂之抍,知其足剩謂之檢。"皆失之。《秦風·小戎》篇"小戎俴收",毛傳云:"收,軫也。"正義云:"軫,所以收斂所載,故名收焉。""軫"與"振",亦聲近義同。

摎,捋也。

《周南·關雎》篇"參差荇菜,左右流之",流,與"摎"通,謂捋取之也。捋、流,一聲之轉。"左右流之、左右采之",猶言"薄言采之、薄言捋之"耳。下文云:"左右芼之。"流、采、芼,皆取也。《芣苢》傳云:"采,捋取也。"卷一云:"采、芼,取也。"

此云:"摎,捋也。"義並相通[200]。

摻,操也。

《鄭風·遵大路》篇"摻執子之袪兮",毛傳云:"摻,擥也。"《説文》:"擥,撮持也。"

毖,流也。

《邶風·泉水》篇"毖彼泉水",毛傳云:"泉水始出毖然流也。"《韓詩》作"祕",《説文》作"眍"。《陳風·衡門》篇"泌之洋洋",毛傳云:"泌,泉水也。"《説文》:"泌,駃流也。"並字異而義同。

宿,留也。

膏、滑,澤也。

昀案:此兩條未作疏證。

叉。

各本皆作"叉,括也"。案:諸書無訓"叉"爲括者。此因本條内有脱文,而下條"檢,括也"又脱去"檢"字,遂誤合爲一條。今訂正。

昀案:此條連及下條惟作勘誤。

〔檢〕,括也。

檢、括,一聲之轉。《文選·辨亡論》注引薛君《韓詩章句》云:"括,約束也。"《法言·君子》篇"蠢迪檢押",李軌注云:"檢押,猶隱括也。"蔡邕《薦邊讓書》云:"檢括並合。"各本脱"檢"字。《衆經音義》卷六、卷十四並引《廣雅》:"檢,括也。"今據以訂正。

社,封也。

哀四年《公羊傳》"社者,封也",何休注云:"封土爲社。"

愿,慜也。

風,氣也。

姦,僞也。

昀案:此三條未作疏證。

兵，防也。

高誘注《淮南子·兵略訓》云："兵，防也，防亂之萌。"

乾，剛也。

見《雜卦傳》。

繹，擂也。

《説文》："繹，擂絲也。"擂，與"抽"同。

忍，耐也。

昀案：此條未作疏證。

片，襌也。

襌，與"單"通。各本譌作"禪"，今訂正。

妊，娠也。

粹，純也。

專，擅也。

昀案：此三條未作疏證。

虞，驚也。

崔駰《北征頌》云："雍容清廟，謐爾無虞。"

屎，溲也。

《説文》："屎，人小便也。"古通作"溺"。《晉語》"少溲于豕牢"，韋昭注云："溲，便也。"

偃，仰也。

説見卷四"偃，僵也"下。

浮，漂也。

昀案：此條未作疏證。

〔卲〕，卜也。

《説文》："卲，卜問也。"《玉篇》音市照切。各本皆脱"卲"字。《集韻》引《廣雅》:"卧,卜也。"今據以補正。

侵,淩也。

昀案:此條未作疏證。

卻,退也。

退,各本譌作"退",今訂正。

昀案:此條惟作勘誤。

蹶,踶也。

皆謂蹋也。蹶,字亦作"趣"。踶,字亦作"蹏",又作"蹄"。《説文》:"趣,蹠也。"(201-1)《漢書·申屠嘉傳》"材官蹶張",如淳注云:"材官之多力,能腳蹋彊弩張之,故曰蹶張。"《淮南子·説林訓》云"游者以足蹶,以手抻"(201-2);又《脩務訓》云:"夫馬之爲草駒之時,蹶蹏足以破盧陷匈。"《莊子·馬蹄》篇"馬怒則分背相踶",李頤注云:"踶,蹋也。"《月令》"游牝别羣,則縶騰駒",鄭注云:"爲其壯氣有餘,相蹄齧也。"《説文》:"踶,躛也。""躛"與"蹶",古亦通用。《爾雅》"蹶泄,苦棗",釋文:"蹶,本亦作躛。"是其證矣。蹋謂之蹶,亦謂之踶;走謂之踶,亦謂之蹶,義相因也。《越語》"蹶而趨之",韋昭注云:"蹶,走也。"《吕氏春秋·貴直》篇云:"狐援聞而蹶往過之。"《説文》:"赽,踶也。""趹,馬行皃。"《史記·張儀傳》"探前趹後",索隱云:"言馬之走勢疾也。"義並與"蹶"同。《淮南子·脩務訓》"墨子趹蹏而趍千里",高誘注云:"趹,疾行也。蹏,趍走也。"蹏,與"踶"通。《漢書·武帝紀》:"馬或奔踶而致千里。"奔踶,猶奔逸也。馬奔逸,則有覆車之患,故下文云:"泛駕之馬,亦在御之而已。"顔師古訓"踶"爲蹋,失之。

趹,蹶也。

困,悴也。

彫,鏤也。

昀案:此三條未作疏證。

歲,遂也。

《太平御覽》引《春秋元命包》云:"歲之爲言遂也。"《白虎通義》云:"歲者,遂也;三百六十六日一周天,萬物畢成,故爲一歲也。"

遂,育也。

《樂記》"氣衰則生物不遂",《史記·樂書》"遂"作"育"(202)。

禮,體也。

《禮器》云:"禮也者,猶體也。"《大戴禮·曾子大孝》篇云:"禮者,體此者也。"定十五年《左傳》云:"夫禮,死生存亡之體也。"

埻,的也。

《説文》:"埻,射臬也。""臬,射準的也。"準,與"埻"通,亦作"埻、𩊚"。《周官·司裘》注云:"侯者,以虎熊豹麋之皮飾其側,又方制之以爲𩊚,謂之鵠,著于侯中。"《列子·仲尼》篇云:"前矢造準而無絶落。"《太玄·萻》次三"師或導射,豚其埻",范望注云:"埻,射的也。"《後漢書·齊武王傳》"畫伯升像於埻,旦起射之",《東觀記》《續漢書》並作"埻"。《小雅·賓之初筵》篇"發彼有的",毛傳云:"的,質也。"《淮南子·原道訓》云:"質的,射者之準埶也。"埶,與"臬"同。

奮,訊也。

奮,振也。

昀案:此兩條未作疏證。

扒,擘也。

卷一云:"擘,分也。"扒之言别也。《淮南子·説林訓》"解捽者不在於捌格,在於批抌",高誘注云:"批,擊也;抌,椎也,擊其要也。"此言解捽者,不在於分别架格,但擊其要,則捽自解也。捌,與"扒"同。《説文》:"八,别也。"義與"扒"亦相近。

酲,長也。

"酲"與"長"義不相近。凡病酒謂之酲,煩病亦謂之酲。《小雅·節南山》篇"憂心如酲",毛傳云:"病酒曰酲。"是"酲"爲病酒也。《管子·地員》篇云:"五沃之土,其人堅勁,寡有疥騷,終無痟酲。"枚乘《七發》云:"噓唏煩酲。"是"酲"爲煩病也。《玉篇》酲,陳貞切,《廣韻》直貞切。"陳貞、直貞"並與"長貞"同音。疑此條"醒"下脱去一字,其"長"字則反語之上一字誤入正文也。

昀案:此條惟作勘誤。

播,抵也。

未詳。

對,畣也。

畣,經傳通作"荅"。

請,乞也。

昀案:此條未作疏證。

茜,挌也。

字書無"茜"字。"茜"當爲"沽",或當爲"苦";"挌"當爲"略",皆字之誤也。沽者,粗略之意。《檀弓》"以爲沽也",鄭注云:"沽,猶略也。"《喪服傳》"冠者,沽功也",鄭注云:"沽,猶麤也。"《周官·典婦功》"辨其苦良",鄭衆注云:"苦,讀爲鹽,謂分别其縑帛與布紵之麤細。"《唐風·鴇羽》傳云:"鹽,不攻緻也。"並字異而義同。

䱹,鹹也。

《説文》:"䱹,鹹也;從鹵,差省聲。河内謂之䱹,沛人言若虘。"《曲禮》"鹽曰鹹䱹",鄭注云:"大鹹曰䱹。今河東云䱹。"䱹、䱹,並同。《説文》:"鮺,藏魚也。南方謂之魿,北方謂之鮺。"《周官·庖人》注作"鮭"。藏魚,即今之鹹魚也。《爾雅》"滷、矜、鹹,苦也",郭璞注云:"苦,即大鹹。"釋文"矜"作"魿"。鹹謂之䱹,又謂之魿;鹹魚謂之魿,又謂之鮭,其義一也。䱹,各本譌作"畬",今訂正。

沾,益也。

説見卷一。

抍,陞也。

抍,亦作"拯"。説見卷三"抍,拔也"下。

馴,㩳也。

㩳,通作"擾"。説見卷一"㩳、馴,善也"下。

族，湊也①。

說見卷三"湊、族，聚也"下。《白虎通義》云："正月律謂之太蔟何？太者，大也；蔟者，湊也。言萬物始大，湊地而出也。"蔟、族，聲近義同。

威，德也。

《周頌·有客》篇"既有淫威，降福孔夷"，正義云："言有德，故易福。"《風俗通義·十反》篇云："《書》曰：'天威棐諶。'言天德輔誠也。"《吕氏春秋·應同》篇引黄帝曰："芒芒昧昧，因天之威，與元同氣。"

眇，莫也。

《衆經音義》卷二十一引此而釋之曰："言遠視眇莫，不知邊際也。"《楚辭·九章》云："路眇眇之默默。"莊二十八年《左傳》云："狄之廣莫。"

任，保也。

《説文》："任，保也。"(203-1) 襄二十一年《左傳》云："不能保任其父之勞。"(203-2)

刑②，侀也。

説見卷三"刑，成也"下。

䙴，遷也。

《説文》："䙴，升高也，或作䙴。"隸省作"䙴"。漢志多以"䙴"爲"遷"字。

㝅，培也。

《説文》："㝅，未燒瓦器也。"《玉篇》音苦谷切。㝅之言嗀也。《説文》："嗀，素也。"《易乾鑿度》云："太素者，質之始也。"《方言》："𪎊，麴也。"《説文》："𧞤，未練治纑也。"字通作"穀"。《論衡·量知》篇云："無染練之治，名曰穀麤。"《玉篇》："毂，土墼也。"㝅、𪎊、毂、𧞤，並音苦谷反，義相近也。㝅，各本譌作"𣪊"。《集韻》《類篇》並引《廣雅》："㝅，培也。"今據以訂正。培，曹憲音片回反。《説文》："坏，瓦未燒也。"《淮南子·精神訓》云："夫造化者既以我爲坏矣。"《太玄·干》次五

---

① 湊，原譌作"溱"。
② 刑，原作"荆"，《疏證》作"刑"。

“或錫之坏”,范望注云:“坏,未成瓦也。”坏,與“培”通。坏之言肧胎也。郭璞《爾雅注》云:“肧胎未成,物之始也。”《説文》:“肧,婦孕一月也。”“衃,凝血也。”《玉篇》:“醅,未醑之酒也。”坏、肧、衃、醅,並音片回反,義亦相近也。

慘,愒也。

卷二云:“忨、慘,貪也。”《爾雅》:“愒,貪也。”昭元年《左傳》“翫歲而愒日”,杜預注云:“翫、愒,皆貪也。”《晉語》作“忨日而潵歲”。忨、翫,愒、潵,並通。

戰,憚也。

《白虎通義》引《書大傳》云:“戰者,憚警之也。”《大戴禮·曾子立事》篇云:“君子終身守此戰戰。”又云:“君子終身守此憚憚。”憚憚,亦戰戰也。《魯語》“帥大讎以憚小國”,《説苑·正諫》篇作“戰”。《莊子·達生》篇“以鉤注者憚”,《吕氏春秋·去尤》篇作“戰”。

祭,際也。

《春秋繁露·祭義》篇云:“祭之爲言際也。”

漂,潎也。

《漢書·韓信傳》“有一漂母哀之”,韋昭注云:“以水擊絮曰漂。”《説文》:“潎,於水中擊絮也。”[①]《莊子·逍遥遊》篇“世世以洴澼絖爲事”,李頤注云:“洴澼絖者,漂絮於水上;絖,絮也。”漂、潎、洴、澼,一聲之轉。漂之言摽,潎之言擎,洴之言拼,澼之言擗,皆謂擊也。互見卷三“擎、摽,擊也”及下文“彈,拼也”下。

孝,畜也。

《祭統》云:“孝者,畜也。順於道,不逆於倫,是之謂畜。”正義引《援神契》云:“天子之孝曰就,諸侯曰度,大夫曰譽,士曰究,庶人曰畜。分之則五,總之曰畜。皆是畜養,但功有大小耳。”《孝經》正義引《援神契》云:“庶人行孝曰畜,言能躬耕力農,以畜其德而養其親也。”孝、畜,古同聲,故“孝”訓爲畜,“畜”亦訓爲孝。《孔子閒居》“無服之喪,以畜萬邦”,鄭注云:“畜,孝也,使萬邦之民競爲孝也。”《坊

---

① 擎,原譌作“繫”。鍾宇訊已正。

記》"《詩》曰'先君之思，以畜寡人'"，注云："此衞夫人定姜之詩也。定姜無子，立庶子衎，是爲獻公。畜，孝也，言獻公當思先君定公以孝於寡人。"

叜，償也。

《周官·馬質》"馬死，則旬之内更"，鄭衆注云："更，猶償也。"《檀弓》"請庚之"，鄭注云："庚，償也。"襄三十年《公羊傳》"諸侯相聚，而更宋之所喪"，何休注云："更，復也，如今俗名解浣衣復之爲更衣。"《管子·國蓄》篇"愚者有不賡本之事"，尹知章注云："賡，猶償也。"更、庚、賡，並通。

譎，恑〔也〕。

恑，與"詭"通。各本皆作："譎、恑，美也。"案："譎、恑"二字，諸書無訓爲美者，此因"恑"下脱去"也"字，而下文"傀，美也"又脱去"傀"字，遂誤合爲一條。今訂正。

昀案：此條連及下條惟作勘誤。

〔傀〕，美也。

《後漢書·班固傳》"因瑰材而究奇"，李賢注引《埤倉》云："瑰瑋，珍奇也。"瑰，與"傀"通。《説文》："瑰，珠圜好也。"成十七年《左傳》"或與己瓊瑰"，杜預注云："瑰，珠也。"亦美之義也。各本脱"傀"字。《廣韻》："傀，美也。"《衆經音義》卷十引《廣雅》："傀，美也。"今據以補正。傀偉，與"譎恑"義相近，故次於"譎，恑也"之下。若徑合爲一，則非矣。

亯，祀也。

亯，與"享"同。各本譌作"亩"，今訂正。

堯，嶢也。

《白虎通義》云："謂之堯者何？堯，猶嶢嶢也，至高之貌，清妙高遠，優游博衍，衆聖之主，百王之長也。"餘見卷四"嶢，高也"下。《玉篇》引《白虎通義》："堯，猶嶢嶢。"又引《廣雅》："堯，曉也。"則所見本與今異。《風俗通義》云："堯者，高也，曉也，言其隆興焕炳，最高明也。"

畏，威也。

襄三十一年《左傳》云："有威而可畏謂之威。"《皋陶謨》"天明畏，自我民明威”,馬融本“畏”作“威”。威、畏,古同聲而通用。

如,若也。

昀案:此條未作疏證。

應,受也。

《爾雅》:“應,當也。”當亦受也。《周頌·賚》篇云:“我應受之。”《晉語》“其叔父寔應且憎,以非余一人”,韋昭注云:“應,猶受也。”《楚辭·天問》“鹿何膺之”,王逸注云:“膺,受也。”膺,與“應”通[204]。

裕,足也。

昀案:此條未作疏證。

摸,撫也。

《方言》“摸,撫也”,郭璞注云:“謂撫循也。”《釋名》云:“門,捫也,在外爲人所捫摸也。”今俗語猶謂撫曰摸。

毒,憎也。

説見卷三“毒、憎,惡也”下。

趉,衝也。

衝,或作“衝”。《説文》:“趉,走也。”《玉篇》云:“卒起走也。”是“趉”爲衝也。趉,猶堀也。《文選·風賦》“夫庶人之風,塕然起於窮巷之閒,堀堁揚塵,勃鬱煩冤,衝孔襲門”,李善注云“堀堁,風動塵也”,引《廣雅》:“堀,突也。”突,亦衝也。互見卷四“衝、堀,揬也”下。趉、堀,並音渠屈反。

睿,聖也。

昀案:此條未作疏證。

儭,仞也。

未詳。各本“儭”譌作“櫬”,惟影宋本不譌。儭,曹憲音親刃反。考《玉篇》“儭”音千刃切,《廣韻》音七遴切,《集韻》《類篇》音七刃切,並與“親刃”同音。若“櫬”字,則音初覲反,不音親刃反。今定從影宋本。

昀案:此條惟作勘誤。

乃，汝也。

造，詣也。

昀案：此兩條未作疏證。

姣，侮也。

姣，通作"佼"。《淮南子·覽冥訓》云："鳳皇之翔至德也，燕雀佼之，以爲不能與之争於宇宙之閒。"佼者，侮也，言燕雀輕侮鳳皇也。上文云："赤螭青虯之游冀州也，蛇鱓輕之，以爲不能與之争於江海之中。"是其證也。高誘注云："燕雀自以爲能佼健於鳳皇。"失之。

將，且也。

昀案：此條未作疏證。

將，請也。

《衛風·氓》篇"將子無怒"，毛傳云："將，願也。"鄭箋云："將，請也。"《鄭風·將仲子》篇"將仲子兮"，《小雅·正月》篇"將伯助予"，毛傳並云："將，請也。"

將，帥也。

昀案：此條未作疏證。

止，禮也。

《小雅·小旻》篇"國雖靡止"，鄭箋云："止，禮也。"《大雅·抑》篇云："淑慎爾止，不愆于儀。"《鄘風·相鼠》篇云"人而無儀""人而無止""人而無禮"，是"止"即禮也。故《韓詩》云："止，節也；無禮節也。"鄭箋云："止，容止也。"容止亦禮也。襄三十一年《左傳》云："容止可觀。"

棄，捐也[1]。

昀案：此條未作疏證。

捐，斁也。

並見卷一"捐、斁，棄也"下。

---

① 捐，原作"損"，下條同，《疏證》作"捐"。

唅,唵也。

唅,《玉篇》音胡紺切。《衆經音義》卷十一引《埤倉》云:"唵,唅也,謂掌進食也。"《喪禮》"以玉實口曰含",義與此同也。唵,《玉篇》音一感切。今俗語猶謂掌進食曰唵。

啐,歃也。

《説文》:"歃,歠也。"餘見卷三"啐,嘗也"下。

弢,賈也。

未詳。

陷,潰也。

昀案:此條未作疏證。

傎,倒也。

傎,通作"顛"。

莫,漠也。

〔漠〕,怕也。

並見卷四"怕、嗼,靜也"下。怕,通作"泊"。今本"怕"上無"漠"字。《文選·張華〈勵志詩〉》及盧諶《時興詩》注,並引《廣雅》:"漠,泊也。"今據以補正。又案:今本無"漠"字者,後人以此"漠"字爲重出而删之也。下文"毓,長也""毓,稚也";"曩,久也""曩,鄉也";"陶,喜也""陶,憂也";"濘,清也""濘,泥也",皆删去後一字,正與此同。不知《廣雅》屬辭之例,皆本於《爾雅》;《爾雅·釋言》之文,每因一字而引伸其義,有因上一字而連及之者,若"爽,差也;爽,忒也""基,經也;基,設也"之類是也;有因下一字而連及之者,若"流,覃也;覃,延也""速,徵也;徵,召也"之類是也。《廣雅·釋言》亦用此二例。若上文"羌,乃也;羌,卿也""奮,訊也;奮,振也"之類,皆因上一字而連及之者也;若"廁,閒也;閒,非也""況,茲也;茲,今也",及此條"莫,漠也;漠,怕也"之類,皆因下一字而連及之者也。凡如此者,或義同而類及,或義異而别訓,屬辭比事,各有要歸。若改其文云"羌,乃也,卿也""莫,漠也,怕也",則是傳注解經之體,非《爾雅·釋言》之例矣。後放此。

袧，襞也。

袧、襞，皆屈也。袧之言句也。《喪服記》"裳幅三袧"，鄭注云："袧者，謂辟兩側，空中央也。"疏云："案：《曲禮》'以脯脩置者，左朐右末'，鄭云：'屈中曰朐。'則此云袧者，亦是屈中之稱。一幅凡三處屈之，辟兩邊相著，自然中央空矣。"餘見卷四"襞，詘也"下。襞、詘，與"辟、屈"通。

穽，坑也。

昀案：此條未作疏證。

寇，鈔也。

下文云："鈔，掠也。"

殃，咎也。

昀案：此條未作疏證。

需，頚也。

《需·彖傳》云："需，須也。"《雜卦傳》云："需，不進也。"須，與"頚"通。各本"頚"譌作"頮"，今訂正。

禮，祜也。

祜，《集韻》《類篇》並作"祐"，未知其審。《釋天》云："禮，祭也。"(205)

覽，觀也。

昀案：此條未作疏證。

咸，感也。

《咸·彖傳》文。

劮，豫也。

劮，通作"逸"。《晉語》云："豫，樂也。"

淫，游也。

《曲禮》"毋淫視"，正義云："淫，謂流移也。目當直視，不得流動邪眄也。"是

“淫”爲游也。《文選·長門賦》“神怳怳而外淫”,李善注引《廣雅》:“淫,游也。”(206)

瑞,符也。

昀案:此條未作疏證。

剥,爛也。

《雜卦傳》文也。剥,各本譌作“剌”,今訂正。

傴,僂也。

説見卷一“傴、僂,曲也”下。

諸,於也。

於,于也。

昀案:此兩條未作疏證。

占,瞻也。

説見卷一“占,視也”下。

周,旋也。

昀案:此條未作疏證。

肆,噬也。

諸書無訓“肆”爲噬者。“肆,噬也”當是“噬,逮也”之譌。“逮”字隸書作“逮”,與“肆”字相近,因譌而爲“肆”。《爾雅》“遏、遾,逮也”,郭璞注云:“皆相逮及。”《方言》作“蝎、噬”,云:“東齊曰蝎,北燕曰噬。逮,通語也。”《邶風·日月》篇“逝不古處”,毛傳云:“逝,逮也。”《唐風·有杕之杜》篇“噬肯適我”,傳云:“噬,逮也。”逝、遾、噬,並通。《廣雅·釋詁、釋言》之文,固多與《爾雅》相複者矣。

砥,隱也。

襄二十九年《左傳》“官宿其業,其物乃至。若泯棄之,物乃坻伏”,釋文:“坻,音旨,又丁禮反。”坻,與“砥”通。坻伏,謂隱伏也(207)。

簡，閱也。

桓六年《左傳》云："大閱，簡車馬也。"

質，軀也。

昀案：此條未作疏證。

質，地也。

《鄉射禮記》"天子熊侯白質，諸侯麋侯赤質"，鄭注云："白質、赤質，皆謂采其地。"

慶，賀也。

昀案：此條未作疏證。

衹，適也。

《小雅·我行其野》篇"亦衹以異"，毛傳云："衹，適也。"衹，音支，字從氏。各本作"祗"，非。祗音脂，敬也；字從氐。

蓋，黨也(208)。

脰，饌也。

皆未詳。

喑，唶也。

《玉篇》："諳，大聲也。"《史記·淮陰侯傳》"項王喑噁叱咤"，《漢書》作"意烏猝嗟"，晉灼注云："意烏，恚怒聲也。"諳、喑、意，古字通。《説文》："諎，大聲也。或作唶。"《史記·信陵君傳》"晉鄙嚄唶宿將"，正義引《聲類》云："嚄，大唤；唶，大呼。"《燕策》云："悐睢奮擊，呴籍叱咄。"《太玄·樂》次三云："嘄呱啞咋，號咷倚户。"咋、籍，並與"唶"同。《考工記·梟氏》"鍾侈則柞"，鄭注云："柞，讀爲'咋咋然'之咋，聲大外也。"義與"唶"亦相近。

嗷，嘹也。

説見卷二"嗷、嘹，鳴也"下。

軫，礙也。

説見卷一"軫、礙，至也"下。

腒,央也。

腒,字或作"渠",又作"巨"(209-1),又作"遽"。卷一云:"央,盡也。"卷四云:"央,已也。"《小雅·庭燎》箋云:"夜未央,猶言夜未渠央也。"釋文引《説文》:"央,已也。"古辭《相逢行》云(209-2):"調絲未遽央。"左思《魏都賦》云:"其夜未遽,庭燎晰晰。"《集韻》:"巨,央也。通作腒。"諸書或言"未央",或言"未遽",或言"未遽央",其義一也。卷三云:"腒,久也。"《説文》:"央,久也。"久謂之腒,亦謂之央,猶已謂之央,亦謂之腒矣。

非,違也。

《説文》:"非,違也。"桓六年《左傳》云:"謂其上下皆有嘉德而無違心也。"違心,即非心。《玉藻》云:"非辟之心。"是也(210)。

貫,穿也。

昀案:此條未作疏證。

偲[①],佞也。

《齊風·盧令》篇"其人美且偲",毛傳云:"偲,才也。"成十三年《左傳》"寡人不佞",服虔注云:"佞,才也。"

譀,誕也。

見下文"誇,譀也"下。

---

① 偲,原作"偬",《疏證》作"偲"。

廣雅疏證　卷第五下

高郵王念孫學

釋　言

霝,令也。

皆謂善也。《齊侯鎛鐘銘》“霝命難老”,即“令命”也。《微䜌鼎銘》“永令(音命)霝冬(音終)”,即“令終”也。《㬎敦銘》“霝冬霝令”,即“令終令命”也。《盤庚》“弔由靈”,傳云:“靈,善也。”正義以爲《爾雅·釋詁》文。今《爾雅》作“令”。《鄘風·定之方中》篇“靈雨既零”,鄭箋云:“靈,善也。”《石鼓文》作“霝雨”。霝、靈、令,聲義並同。互見卷一“靈,善也”下。令,各本譌作“今”,今訂正。

免,隤也。

未詳[211]。

科,藁也。

説見卷三“科,本也”下。

毀,虧也。

昀案:此條未作疏證。

誓,制也。

《爾雅》“誓,謹也”,郭璞注云:“所以約勅謹戒衆。”《説文》:“誓,約束也。”《釋名》:“誓,制也,以拘制之也。”各本譌作“制,誓也”,今訂正。

謂,指也。

指而言之曰謂。隱元年《公羊傳》云:“王者孰謂?謂文王也。”[212]

節,已也。

已,猶止也。

居,據也。

《釋名》云:"據,居也。"《晉語》"今不據其安",韋昭注亦云。

據,杖也。

《説文》:"據,杖持也。"《邶風·柏舟》篇云:"不可以據。"

如,均也。

《堯典》云:"如五器。"

子、巳,似也。

未詳[213]。

注。

此與下文義不相屬,當有脱文,不可考矣。

理,媒也。

《楚辭·離騷》云:"吾令蹇脩以爲理。"又云:"理弱而媒拙兮。"

滔,漫也。

《説文》:"滔,水漫漫大皃。"《堯典》云:"浩浩滔天。"《大雅·蕩》篇"天降滔德",毛傳云:"滔,慢也。"水漫曰滔,人慢曰滔,其義一也。故《釋名》云:"慢,漫也,漫漫心無所限忌也。"

昃,跌也。

昃之言傾側,跌之言差跌也。《説文》:"昃,日西也。"又云"厢,日在西方時側也",引《離》九三:"日厢之離。"今本作"昃",王嗣宗本作"仄",《士喪禮下》篇作"側",穀梁《春秋經》作"稷",並字異而義同。《周官·司市》注云:"日厢,昳中也。"《史記·天官書》:"食至日昳爲稷。"《漢書·天文志》作"跌"[214]。

姡,嫭也。

今俗語猶謂爭色曰嫭,音若"酒酢"之"酢"。

嫮，嫪也。

説見卷一"嫪、嫭，妬也"下。嫭，與"嫮"同。

祑，程也。

祑，通作"秩"，又作"䵑"。"秩"與"程"，古聲義並同。《説文》："程，品也。"又云"䵑，爵之次第也"，引《堯典》："平䵑東作。"今本作"平秩"，《史記·五帝紀》作"便程"。《説文》"戥"從呈聲；"戴"從戥聲，讀若《詩》"戴戴大猷"。今本作"秩秩"。

膶，脂也。

説見《釋器》。

輸，寫也。

《小雅·蓼蕭》篇"我心寫兮"，毛傳云："輸寫其心也。"枚乘《七發》云："輸寫淟濁。"引之云：《周語》"陽氣俱烝，土膏其動，弗震弗渝，脈其滿眚"，渝，當讀爲輸；謂輸寫其氣，使達於外也。左氏《春秋》隱六年"鄭人來渝平"，公羊、穀梁作"輸平"，是"渝、輸"古字通。此言當土脈盛發之時，不即震動之，輸寫之，則其氣鬱而不出，必滿塞而爲災也。韋注訓"渝"爲變，於上下文義稍遠矣。

縣，抗也。

説見卷四"抗，縣也"下。

朔，穌也。

穌，與"蘇"通。《説文》："朔，月一日始蘇也。"《白虎通義》云："月言朔何？朔之言蘇也。明消更生，故言朔也。"《論語·爲政》篇皇侃疏引《書大傳》云："夫正朔有三，本天有三統。明王者受命，各統一正也。朔者，蘇也，革也，言萬物革更於是，故統焉。"《爾雅》"朔，北方也"，《堯典》正義引李巡注云："萬物盡於北方，蘇而復生，故言朔也。"是凡言"朔"者，皆復蘇之義也。

逪，迒也。

逪、迒，與"錯、交"通。

氾，普也。

氾，各本譌作"氾"，今訂正。

昀案:此條惟作勘誤。

資,操也。

資(215),與"齎"通。説見卷三"操、齎,持也"下。

緊,糾也。

説見卷一"緊、糾,急也"下。

款,叩也。

《吕氏春秋·愛士》篇"夜款門而謁"①,高誘注云:"款,叩也。"款,與"欵"同。

㑌,和也。

昀案:此條未作疏證。

徇,營也。

《衆經音義》卷十七引《倉頡篇》云:"殉,求也。"(216)《莊子·駢拇》篇"小人則以身殉利",司馬彪注云:"殉,營也。"殉,與"徇"通。《説文》:"敻,營求也。""敻"與"徇",古聲義亦同。《邶風·擊鼓》篇"于嗟洵兮",《韓詩》"洵"作"敻",是其類矣。

民,氓也。

供,養也。

昀案:此兩條未作疏證。

序,射也。

説見卷一"庠,養也"下。

侯,候也。

《春秋繁露·深察名號》篇云:"號爲諸侯者,宜謹視所候,奉之天子也。"《王制》正義引《春秋元命包》云:"侯者,候也,候王順逆也。"又《周官·小祝》"掌小祭祀將事,侯禳禱祠之祝號",鄭注云:"侯之言候也,候嘉慶祈福祥之屬。"

位,莅〔也〕。

莅,或作"涖"。僖三年《穀梁傳》云:"莅者,位也。"古者"位、莅、立"三字同聲

① 依注文,"欵"當作"款"。

而通用。《周官·鄉師》“執斧以涖匠師”,鄭注云:“故書涖作立。鄭司農云‘立,讀爲涖’。”《小宗伯》“掌建國之神位”,注云:“故書位作立。鄭司農云:‘立,讀爲位。’古者立、位同字。古文《春秋經》‘公即位’爲‘公即立’。”《肆師》“用牲于社宗,則爲位”,注云:“故書位爲涖,杜子春云‘涖,當爲位’。”各本“莅”下脱去“也”字,遂與下條相連。《孝經》正義引《廣雅》:“位,莅也。”今據以補正。

禄也。

“禄”下蓋脱“録”字。位,莅;禄,録,皆取同聲之字爲訓。《周南·樛木》正義引《孝經援神契》云:“禄者,録也;上所以敬録接下,下所以謹録事上。”《白虎通義》同。

要,約也。

逋,竄也[①]。

昀案:此兩條未作疏證。

劁,刮也。

説見卷一“刜、劁,斷也”下。刮,與“刜”同。

御,侍也。

昀案:此條未作疏證。

樘,距也。

《説文》:“樘,衺柱也。”又云:“定,歫也。”定、歫,與“樘、距”同。《考工記·弓人》“維角定之”,鄭衆注云:“定,讀如‘牚距’之牚、‘車牚’之牚。”司馬相如《長門賦》云:“離樓梧而相樘。”《漢書·匈奴傳》云:“陳遵與單于相牚距。”並字異而義同。樘,各本譌作“撐”,自宋時本已然,故《集韻》《類篇》並引《廣雅》:“撐,距也。”考《説文》《玉篇》《廣韻》,俱無“撐”字,今訂正。

礙,閡也。

“礙”與“閡”,同聲而通用。《説文》:“礙,止也。”《小爾雅》:“閡,限也。”《列子·黄帝》篇云:“雲霧不硋其視。”又云:“物無得傷閡者。”《力命》篇云:“孰能礙之。”《太玄·難》次六云:“上輆于山,下觸于川。”並字異而義同。

---

① 竄,原譌作“竄”。

闌,閑也。

《説文》:“闌,門遮也。”《楚語》“爲之關籥蕃籬而遠備閑之”,韋昭注云:“閑,闌也。”闌,通作“蘭”。《魏策》云:“有河山以蘭之。”《史記·魏世家》作“闌”。

鐫,鑿也。

《方言》:“鐫,椓也。晉趙謂之鐫。”《説文》:“鐫,破木鐫也。一曰琢石也。”《淮南子·本經訓》“鐫山石”,高誘注云:“鐫,猶鑿也,求金玉也。”《鹽鐵論·通有》篇云:“鑽山石而求金銀。”“鑽”與“鐫”聲近義同。

水,準也。

《管子·水地》篇云:“水者,萬物之準也。”《白虎通義》云:“水之爲言準也,養物平均,有準則也。”“水”與“準”,古同聲而通用。《考工記·輈人》“輈注則利準”;《栗氏》“權之然後準之”,故書“準”並作“水”。

瞸,瞸也。

《玉篇》:“瞸,目瞬也。”《廣韻》云:“目眇視也。”《衆經音義》卷一引《通俗文》云:“一目眨曰睞。”睞,與“瞸”同。

剿,夭也。

鄭注《王制》云:“夭,斷殺也。”《説文》“剿,絶也”,引《甘誓》:“天用剿絶其命。”今本作“勦”。《管子·五行》篇云:“數剿竹箭。”《漢書·外戚傳》云:“命𢴂絶而不長。”並字異而義同。

級,等也。

寃,枉也。

昀案:此兩條未作疏證。

書[1],著也。

《説文》:“書,著也。”《釋名》:“書,庶也,紀庶物也。亦言著也,著之簡紙,永不滅也。”《賈子·道德説》篇云:“著此竹帛謂之書。書者,此之著者也。”

---

① 書,原作“書”,《疏證》作“書”。

刌,切也。

切,膾也。

並見卷一"劊、刌、切,斷也"下。劊,與"膾"通。刌,各本譌作"刂"[sic 村],今訂正。

昀案:卷一"斷也"條中"切"字未作疏證,是此條於"切"字實猶無疏也。

委,〔累也〕。

各本皆作"委,闋也"。案:"委"與"闋",義不相近。此因"委"下脱去"累也"二字,而下文"闋"下又有脱字,遂誤合爲一條。《文選·赭白馬賦》注云:"《廣雅》曰'委,累也',言累加之也。"今據以補正。委之言委積也。《大戴禮·四代》篇云:"委利生孽。"

闋也。

《小雅·節南山》傳云:"闋,息也。"《大射儀》注云:"闋,止也。"《文王世子》注云:"闋,終也。"

牽,挽也。

昀案:此條未作疏證。

劚,利也。

説見卷二。

剾,鍮也。

説见卷四"剾、鍮,剜也"下。

諟,是也。

《大學》引《太甲》"顧諟天之明命",鄭注云:"諟,猶正也。"《説文》:"正,是也。"是、諟,聲義並同。

君,羣也。

《逸周書·太子晉解》云:"侯能成羣,謂之君。"《荀子·王制》篇云:"君者,善羣也。羣道得,則萬物皆得其宜,六畜皆得其長,羣生皆得其命。"《韓詩外傳》云:"君者何也? 曰:羣也。羣天下萬物而除其害者,謂之君。"

臣,繕也。

《白虎通義》云:"臣者,繵也,堅也;屬志自堅固也。"繵,與"繕"通。

愛,僾也。

説見卷一"翳,愛也"及卷二"薆,障也"下。愛、僾、薆,並通。

指,斥也。

昀案:此條未作疏證。

諑,譖也。

説見卷二"諑、譖,諻也"下。

書,如也。

《書序》正義引《璿璣鈐》云:"書者,如也;寫其言,如其意,情得展舒也。"

淩,暴也。

昀案:此條未作疏證。

轔,轢也。

《説文》:"轢,車所踐也。"又云:"蹸,轢也。"《漢書·司馬相如傳》云:"掩菟轔鹿。"又云:"藺玄鶴,亂昆雞。"又云:"徒車之所閵轢。"《王商傳》云:"百姓奔走相蹂躪。"《後漢書·班固傳》云:"蹂蹸其十二三。"並字異而義同。

譙,譎也。

昀案:此條未作疏證。

末,衰也。

《繫辭傳》云:"殷之末世。"

擘,剖也。

昀案:此條未作疏證。

憤,盈也。

説見卷一。

劊,判也。

説見卷一"判、劊,分也"下。

鐮,〔嘰〕也。

鐮,《説文》《玉篇》《廣韻》並作“鐮”。《説文》:“鐮,嘰也。”“嘰,小食也。”嘰,曹憲音祈。各本脱去“嘰”字,其音内“祈”字又誤入正文。《集韻》《類篇》並引《廣雅》:“鐮,祈也。”則宋時《廣雅》本已誤。案:諸書無訓“鐮”爲祈者。《史記·司馬相如傳》“嗍咀芝英兮嘰瓊華”,徐廣音義云:“嘰,音祈;小食也。”顔師古《漢書注》云:“嘰,音機,又音祈。”今據以訂正。

傃①,經也。

傃,與“素”通。素、經,皆常也,法也。宣十一年《左傳》云:“不愆于素。”《士喪禮》“獻素”,鄭注云:“形法定爲素。”(217)“素”與“索”,古同聲,故“索”亦訓爲法。定四年《左傳》“疆以周索”,杜注云:“索,法也。”正義引《考工記》:“量器銘,時文思索。”鄭注《考工記》云:“言是文德之君,思求可以爲民立法者而作此量。”《鄘風·定之方中》箋引《考工記》“索”作“素”。

貢,功也。

《説文》:“貢,獻功也。”《禹貢》“厥貢漆絲”,鄭注云:“貢者,百功之府,受而藏之。”《周官·太宰》“賦貢以馭其用”,注云:“貢,功也,九職之功所税也。”《曲禮》“五官致貢曰享”,注云:“貢,功也,致其歲終之功於王。”

踶,踦也。

未詳。

翹,尾也②。

《説文》:“翹,尾長毛也。”《楚辭·九歎》云:“摇翹奮羽。”

懲,恐也。

《繫辭傳》云:“小人不威不懲。”是“懲”爲恐也。字亦作“承”。哀四年《左傳》“諸大夫恐其又遷也,承”,杜預注云:“承,音懲。蓋楚言。”

書,記也。

昀案:此條未作疏證。

掴,拑也。

① 傃,原作“愫”,《疏證》作“傃”。
② 尾,原作“尾”,《疏證》作“尾”。

未詳。

隑,陭也。

《方言》"隑,陭也",郭璞注云:"江南人呼梯爲隑,所以隑物而登者也;音剴切也。"案:隑、陭,皆長貌也。《方言》"䂄,短也""隑,陭也""远,長也",三者文義相承。《廣雅》卷二云:"隑,長也。"曹憲音牛哀反。《漢書·司馬相如傳》"臨曲江之隑州兮",張注云:"隑,長也。"陭,《玉篇》音於奇切。《説文》:"陭,上黨陭氏阪也。"《小雅·節南山》篇"有實其猗",毛傳云:"猗,長也。"猗,與"陭"通。《淮南子·本經訓》"積牒旋石以純脩碕",《文選·吳都賦》注引許慎注云:"碕,長邊也。""碕"與"陭",亦聲近義同。

媵,託也。

説見卷三"媵、侂,寄也"下。侂,与"託"同。

適,悟也。

《方言》"適,牾也",郭璞注云:"相觸迕也。"牾,與"悟"通。《史記·韓非傳》云:"大忠無所拂悟。"是也。適之言枝也,相枝梧也。枝、適,語之轉。《小雅·我行其野》傳云:"祇,適也。""祇"之轉爲"適",猶"枝"之轉爲"適"矣。

梗[1],略也。

《方言》"梗,略也",郭璞注云:"梗概,大略也。"張衡《東京賦》"故粗謂賓言其梗槩如此",薛綜注云:"梗槩,不纖密,言粗舉大綱如此之言也。"

鐰,燥也。

卷二云:"燥、鐰,乾也。"

姬,基也。

褚少孫《續三代世表》云:"堯立后稷以爲大農,姓之曰姬氏。姬者,本也。"《太平御覽》引《春秋元命包》注云:"姬之言基也。"

僾,渥也。

昀案:此條未作疏證。

瀗,疑也。

① 梗,原作"稪",《疏證》作"梗"。

疑之言擬議也。《説文》:“灋,議皋也。”《漢書·景帝紀》云:“諸獄疑,若雖文致於法而於人心不厭者,輒讞之。”讞,與“灋”同。《漢書·鼂錯傳》“通關去塞,不孽諸侯”,如淳注云:“孽,疑也。去關禁,明無疑於諸侯。”“孽”與“灋”,義亦相近。

掄,貫也。

《説文》:“掄,貫也。”

囮,䌛也。

“囮、䌛”二字,曹憲並音由。《玉篇》“囮、䌛”並余周、五戈二切,“鳥媒也”。《廣韻》“囮、䌛”並以周切,“囮”又五禾切。案:“囮”與“䌛”,義同而音異。囮,從化聲,讀若譌;䌛,從䌛聲,讀若由。《廣雅》:“囮,䌛也。”則二字之不同音甚明。《玉篇》《廣韻》《廣雅音》合“囮、䌛”爲一字,皆非也。《説文》“囮”字注云:“譯也;從囗,化聲。率鳥者繫生鳥以來之,名曰囮;讀若譌。”則“囮”與“䌛”異音。其“䌛”字注當云:“囮也;從囗,䌛聲。”而今本云:“囮,或從䌛。”則後人據《玉篇》改之也。潘岳《射雉賦》“恐吾游之晏起,慮原禽之罕至”,徐爰注云:“游,雉媒名,江淮閒謂之游。”游,即“䌛”之借字,不得與“囮”同音。《龍龕手鑑》“䌛”音由,“囮”五禾反,與《玉篇》《廣韻》異,當别有所本也。

齎,持也。

説見卷三。

彈,拼也。

《説文》:“抨,彈也。”抨,與“拼”同。《衆經音義》卷十四引仲長統《昌言》云:“繩墨得拼彈。”

遺,亡也。

昀案:此條未作疏證。

購,償也。

《説文》:“購,目財有所求償也。”

捔,恭也。

未詳。

貴,尊也。

賤,卑也。

昀案:此兩條未作疏證。

挈,缺也。

《史記·司馬相如傳》"挈三神之驩",集解引韋昭云:"挈,缺也。"《漢書·毋將隆傳》"契國威器",李奇注云:"契,缺也。"挈、契,並與"挈"通。

傅,敷也。

傅、敷,古同聲而通用。《堯典》"敷奏以言",《漢書·宣帝紀》作"傅"。《禹貢》"禹敷土",《史記·夏本紀》作"傅"。

掎,掎也。

《説文》:"掎,偏引也。"《小雅·小弁》篇"伐木掎矣",毛傳云:"伐木者掎其顛。"《豳風·七月》篇"猗彼女桑",傳云:"角而束之曰猗。"正義云:"襄十四年《左傳》:'譬如捕鹿,晉人角之,諸戎掎之。'則掎、角皆遮截束縛之名也,故云'角而束之曰猗'。"角、掎,猗、掎,古通用。

孝,度也。

《孝經》正義引《援神契》云:"諸侯行孝曰度。言奉天子之法度,得不危溢,是榮其先祖也。"

州,浮也。

昀案:此條未作疏證。

臎,肥也。

説見《釋親》"臎,臑也"下。

椁,廓也。

椁,字亦作"槨"。鄭注《檀弓》云:"椁,大也,言椁大於棺也。"《白虎通義》云:"槨之爲言廓,所以開廓辟土,無令迫棺也。"《釋名》云:"槨,廓也,廓落在表之言也。"又云:"郭,廓也,廓落在城外也。""郭"與"椁",亦同義。

陰，闇也。

《説文》："陰，闇也。"陰、闇，古同聲而通用。《無逸》"乃或亮陰"，《喪服四制》作"諒闇"。

迪，蹈也。

迪、蹈，古同聲。《皋陶謨》云："允迪厥德。"

儷，扶也。

《説文》："麗，旅行也。"字或作"儷"，又作"離"。《玉篇》云："《字書》儷與儷同。"《説文》："扶，並行也；讀若'伴侣'之伴。"

并，兼也。

穰，豐也。

則，即也。

卑，庳也。

昀案：此四條未作疏證。

綢，韜也。

《爾雅》"素錦綢杠"，郭璞注云："以白地錦韜旗之竿。"《鄉射禮記》作"韜"。綢、韜、韜，字異而義同。

跑，趵也。

《玉篇》："跑，蹴也。"《釋名》云："雹，跑也；其所中物皆摧折，如人所蹵跑也。"蹵，與"蹴"同。《玉篇》："趵，足擊聲。"卷三云："摷，擊也。"張衡《西京賦》"流鏑擂摷"，薛綜注云："擂摷，中聲也。""擂"與"跑"、"摷"與"趵"，聲義並相近。

妨，娉也。

説見卷三"娉、妨，害也"下。

県，磔也。

《説文》："県，到首也。賈侍中説。此'斷首到縣'県字。"亦通作"梟"。《説文》:“梟,不孝鳥也,日至捕磔梟之;從鳥首在木上。”又云:“桀,磔也;從舛在木上。”是“磔”與“県”同義。

辟,法也。

《爾雅》:“辟,法也。”《酒誥》云:“越尹人祇辟。”

乍,暫也。

《墨子·兼愛》篇引《泰誓》云:“文王若日若月,乍光于四方,于西土。”字亦作“咋”,又作“詐”。定八年《左傳》“桓子咋謂林楚”,杜預注云:“咋,暫也。”僖三十二年《公羊傳》“詐戰不日”,何休注云:“詐,卒也。”(218)

墾,均也。

《夏小正》“農率均田”,傳云:“均田者,始除田也。”鄭注《曲禮》云:“除,治也。”卷三云:“墾,治也。”《周語》云:“土不備墾。”

僉,過也。

過之言過也,夥也。《方言》云:“凡物盛而多,齊宋之郊、楚魏之際曰夥。自關而西,秦晉之閒,凡人語而過謂之過,或曰僉。”又云:“僉,勮也。僉,夥也。”勮,亦過甚之意。

俚,聊也。

聊,猶賴也。《秦策》云:“民無所聊。”餘見上文“俚,賴也”下。

覬,企也。

《易是類謀》“在主覬用”,鄭注云:“覬,庶幾也。”又《文王世子》注引《孝經》説云:“大夫勤於朝,州里覬於邑。”(219)字或作“冀”,又作“覬”,並同。

扳,援也。

隱元年《公羊傳》“諸大夫扳隱而立之”,何休注云:“扳,引也。”義與“攀”同。

煨,火也。

煨(220),曹憲音隈。案:卷四云:“煨,煴也。”然則煨者,以火温物,不得直訓爲火。煨,當爲“煤”,字之誤也。《方言》“煤,火也。楚轉語也,猶齊言火娓也”,郭璞注:“煤,呼隗反。”《玉篇》《廣韻》及《汝墳》釋文並同。

遺,離也。

説見卷三。

浮,游也。

昀案:此條未作疏證。

涑,瀞也。

涑,字或作"漱"。瀞,本作"瀚"。《説文》:"涑,瀚也。"《内則》"冠帶垢,和灰請漱;衣裳垢,和灰請瀞",鄭注云:"手曰漱,足曰瀞。"正義云:"此漱、瀞對文爲例耳,散則通也。"

栔,刻也。

《説文》:"栔,刻也。"《玉篇》苦結切,《廣韻》又苦計切。《爾雅》"契,絶也",郭璞注云:"今江東呼刻斷物爲契斷。"《繫辭傳》"後世聖人易之以書契",《書序》正義引鄭注云:"書之於木,刻其側爲契。"定九年《左傳》"盡借邑人之車,鍥其軸",杜預注云:"鍥,刻也。"《荀子·勸學》篇"鍥而舍之,朽木不折",《大戴禮》作"楔"。《淮南子·本經訓》:"鐫山石,鍥金玉。"並字異而義同。刻謂之鍥,故刻薄謂之鍥薄。《後漢書·劉陶傳》"寬鍥薄之禁",李賢注云:"鍥,刻也。"

𠟭,削也。

《玉篇》:"𠟭,減也,削也。"《説文》:"削,挑取也。"卷四云:"削,剜也。"

牟,倍也。

《楚辭·招魂》"成梟而牟,呼五白些",王逸注云:"倍勝爲牟。"《淮南子·詮言訓》"善博者不欲牟",《太平御覽》引注云:"博以不傷爲牟。牟,大也,進也。"義與《楚辭》注同。倍勝謂之牟,猶多取利謂之牟利,故高誘注《時則訓》云:"牟,多也。"

刲,刳也。

説見卷三"刲、刳,屠也"下。

刯,刺也。

卷二云:"刯,裂也。"《玉篇》刯,丁侯切,"小裂也"。《廣韻》云:"刯、剫,小穿也。”拘,亦刲也。《玉篇》《廣韻》並音圭,云:“裂也。”

謯,誺也。

《説文》:“謯,謯娽也。”娽,與“誺”通。謯,各本譌作“謯”,今訂正。

期,卒也。

期之言極也。《小雅·南山有臺》篇云:“萬壽無期。”“萬壽無疆。”《魯頌·駉》篇云:“思無疆。”“思無期。”“百年曰期”,義亦同也。

許,與也。

末,垂也。

昀案:此兩條未作疏證。

踐,蹪也。

《曲禮》云:“毋踖席。”踖,與“蹪”同(221)。

酌(222-1),漱也。

未詳(222-2)。

〔歕〕,潠也。

歕,字亦作“噴”,又作“湓”。《衆經音義》卷二十引《三倉》云:“潠,噴也。”又引《通俗文》云:“含水湓曰潠。”《莊子·秋水》篇云:“噴則大者如珠,小者如霧。”《易林·噬嗑之兑》云:“蒼龍銜水,泉潠屋柱。”各本皆脱“歕”字。《衆經音義》卷十九引《廣雅》:“歕,潠也。”今據以補正。

調,啁也。

説見卷四“啁,調也”下。

譜,牒也。

蘇林注《漢書·禮樂志》云:“牒,譜第之也。”

齋,慄也①。

《孟子·萬章》篇引《書》:“夔夔齋栗。”《史記·周本紀》:“乃告司馬、司徒、司

---

① 慄,原作“慄”,《疏證》作“慄”。

空諸節:‘齊栗信哉。’”齋、齊,慄、栗,並通。

狄,辟也。

昀案:此條未作疏證。

災,甾也。

《爾雅》“田一歲曰菑”,孫炎注云:“始災殺其草木也。”《説文》:“菑,古文作甾。”是“甾”與“災”同義,故經傳“災”字多借作“菑”。

恭,肅也。

昀案:此條未作疏證。

泄,泆也。

泆,與“溢”通。《禹貢》云:“泆爲熒。”《中庸》云:“振河海而不泄。”是“泄”爲溢也。泆,各本譌作“洙”。《衆經音義》卷八、卷十八、二十五並引《廣雅》:“泄,溢也。泄,漏也。”今據以訂正。

泄,漏也。

固,陋也。

昀案:此兩條未作疏證。

臺,支也。

《方言》:“臺,支也。”《釋名》:“臺,持也;築土堅高,能自勝持也。”持,與“支”同義。

表,特也。

《楚辭·九歌》“表獨立兮山之上”,王逸注云:“表,特也。”

誇,譀也。

《説文》:“譀,誕也。”“誇,譀也。”《廣韻》引《東觀漢記》云:“雖誇譀猶令人熱。”褚少孫《續日者傳》“夫卜者多言誇嚴以得人情”,嚴,與“譀”通。譀,各本譌作“諏”,今訂正。

氐,牴也。

氐,讀“氐羌”之“氐”。《太平御覽》引《風俗通義》云:“氐,言抵冒貪饕,至死好利也。”抵,與“牴”通。

廟,皃也。

皃,與"貌"同。《書大傳》云:"廟者,貌也,以其貌言之也。"桓二年《左傳》正義引《白虎通義》云:"宗者,尊也;廟者,貌也,象先祖之尊貌。"桓二年《公羊傳》注云:"廟之爲言貌也,思想儀貌而事之。"《周頌·清廟》箋云:"廟之言貌也。死者精神不可得而見,但以生時之居立宫室,象貌爲之耳。"

貳,汙也。

貳,當作"膩"。《玉篇》:"膩,垢膩也。"曹憲音有"女史"二字,即"女吏"之譌(223)。

貳,敥也。

未詳(224)。

齊,整也。

慄,戰也。

條,枝也。

昀案:此三條未作疏證。

搰,掘也。

説見卷三"掘、搰,穿也"下。

殃,禍也。

數,術也。

劣,鄙也。

鈔,掠也。

昀案:此四條未作疏證。

葸①,慎也。

葸,各本譌作"葸",惟影宋本、皇甫本不譌。《論語·泰伯》篇"慎而無禮則

① 葸,原作"葸",《疏證》作"葸"。

葸”，何晏注云：“葸，畏懼之貌。”《大戴禮·曾子立事》篇云：“人言善而色葸焉，近於不說其言。”《荀子·議兵》篇“諰諰然常恐天下之一合而軋己也”，《漢書·刑法志》作“鰓”，蘇林注云：“鰓，音‘慎而無禮則葸’之葸。鰓鰓，懼貌也。”王延壽《魯靈光殿賦》云：“心猥猥而發悸。”並字異而義同。卷四云：“慎，恐也。”

姤，遇也。

《姤·彖傳》文也。《爾雅》作“遘”，同。

律，率也。

《太平御覽》引《春秋元命包》云：“律之爲言率也，所以率氣令達也。”又引宋均注云：“率，猶遵也。”《續漢書·律曆志》注引《月令章句》云：“律者，清濁之率法也。”《周官·典同》注云：“律，述氣者也。”(225-1)述，與“率”通(225-2)。《中庸》“上律天時”，注亦云：“律，述也。”

憒①，情也。

《繫辭傳》“聖人有以見天下之賾”，京房作“嘖”，云：“嘖，情也。”《太玄·玄瑩》云：“陰陽所以抽嘖也。嘖，情也。”賾、嘖，並與“憒”通。

筡，析也。

説見卷一“析、筡，分也”下。析，各本譌作“折”，今訂正。

菽，葆也。

菽之言茂，葆之言苞也。《爾雅》云：“苞、茂，豐也。”又云“苞，稹也”，孫炎注云：“物叢生曰苞。”《漢書·武五子傳》“頭如蓬葆”，顏師古注云：“草叢生曰葆。”(226)《吕氏春秋·審時》篇云：“得時之稻，大本而莖葆。”《説文》：“葆，草盛皃。”又云：“菽，細草叢生也。”《漢書·律曆志》“冒茆於卯”，顏師古注云：“茆，謂叢生也。”茆，與“菽”通。互見《釋訓》“菽菽、葆葆，茂也”下。

誔，訑也。

《玉篇》：“誔，詭言也。”《方言》云：“江湘之閒，凡小兒多詐而獪謂之姡。姡，娗也。”又云：“眠娗，欺謾之語也。”娗，與“誔”通。《説文》：“沇州謂欺曰詑。”《燕

---

① 憒，原作“憒”，《疏證》作“憒”。

策》云:"寡人甚不喜訑者言也。"訑,與"詑"同。

慘,毒也。

《説文》:"慘,毒也。"《莊子·庚桑楚》篇云:"兵莫憯于志,鏌鎁爲下。"《漢書·陳湯傳》云:"慘毒行於民。"《谷永傳》云:"搒箠瘠於炮烙。"並字異而義同。

韙,是也。

隱十一年《左傳》"犯五不韙而以伐人",釋文引《倉頡篇》云:"韙,是也。"昭二十年《傳》云:"君子韙之。"薛綜注《東京賦》云:"韙,善也。"善亦是也。《史記·宋世家》"五是來備",《後漢書·荀爽傳》作"五韙",皆謂善也。《説文》"韙"籀文作"愇"。《管子·水地》篇云:"水者,違非得失之質也。"違,亦與"韙"同。

扼,摘也。

《玉篇》"扼"乃果切,"扼,摘。趙魏云也"。《集韻》云:"趙魏之閒謂摘爲捰、扼。"捰,音烏果切。

蔿,譌也。

譌,猶化也。説見卷三"蔿,匕也"下。匕,與"化"通。

孌,樊也。

孌,與"攣"同義。樊,與"攀"同義。《説文》:"孌,樊也。""樊,騺不行也。"《玉篇》孌,力全切,"攀孌也"。《説文》:"攣,係也。"《小畜》九五"有孚攣如",馬融注云:"攣,連也。"孌,各本譌作"孌",今訂正。

善,佳也。

纔,暫也。

昀案:此兩條未作疏證。

粲,鮮也。

《小雅·伐木》篇"於粲洒埽",毛傳云:"粲,鮮明貌。"

紹,緊也。

说见卷二"紹緊,絣也"下。

期，時也。

昀案：此條未作疏證。

晐，包也。

晐，與"該"通。

篗，云也。

未詳[227]。

葉，世也。

《商頌·長發》篇"昔在中葉"，毛傳云："葉，世也。"

曾，是也。

未詳。

視，比也。

《雜記》"妻視叔父母"，鄭注云："視，猶比也。"

執，脅也。

執，與"慴"通。脅，與"愶"通。説見卷四"愶，怯也"及下文"慴，服也"下。

譏，譴也。

譏，通作"幾"。《周官·宫正》"幾其出入"，鄭注云："幾呵其衣服持操及疏數者。"《衆經音義》卷三引《倉頡篇》云："譴，呵也。"[228]

諭，曉也。

昀案：此條未作疏證。

彖，捝也。

《説文》："彖，豕走捝也。"捝，與"脱"通。脱、彖，聲相近。彖，猶遯也。遯，或作"遂"。《漢書·匈奴傳·贊》："遂逃竄伏。"字從辵，彖聲。彖、遯，聲亦相近。

跠，蹲也。

説見卷三"蹲、跠，踞也"下。

諳,諷也。

鄭注《大司樂》云:"倍文曰諷。"又注《瞽矇》云:"諷誦詩,謂闇讀之,不依詠也。"闇,與"諳"同。

贈,稱也。

《太平御覽》引《春秋説題辭》云:"贈之爲言稱也,襚之爲言遺也。"①

甲,押也。

《史記·律書》云:"甲者,言萬物剖符甲而出也。"索隱云:"符甲,猶孚甲也。"《漢書·律曆志》云:"出甲於甲。"《説文》:"甲,位東方之孟,陽氣萌動;從木戴孚甲之象。"卷四云:"押,輔也。"然則萬物初出,有孚甲以自輔,故云押也。

乙,軋也。

《律書》云:"乙者,言萬物生軋軋也。"《律曆志》云:"奮軋於乙。"《説文》:"乙,象春草木冤曲而出。陰氣尚彊,其出乙乙也。"

丙,炳也。

《律書》云:"丙者,言陽道著明。"《律曆志》云:"明炳於丙。"《説文》:"丙,位南方,萬物成炳然。"

癸,揆也。

《律書》云:"癸之言揆也,言萬物可揆度也。"《律曆志》云:"陳揆於癸。"鄭注《月令》云:"壬之言任也,癸之言揆也。冬時萬物皆懷任於下,揆然萌芽。"

以上所釋十榦名義,凡四條。其"庚,更也"已見卷三,"丁,强也"已見卷四,"戊,茂也""己,紀也""壬,任也"已見本卷。惟缺"辛"字一條,蓋傳寫遺脱也。《律曆志》云:"悉新於辛。"《月令》注云:"庚之言更也,辛之言新也。秋時萬物皆肅然改更,秀實新成。"

子,孳也。

《律書》云:"子者,滋也,言萬物滋於下也。"《律曆志》云:"孳萌於子。"《説

① 此二句引文實出自《白虎通》。《太平御覽》卷五五所引《春秋説題辭》惟曰:"襚之言遺也。"

文》："子，十一月，陽氣動，萬物滋。"滋，與"孳"通。

丑，紐也。

《律書》云："丑者，紐也，言陽氣在上未降，萬物戹紐，未敢出也。"《律曆志》云："紐牙於丑。"《釋名》云："丑，紐也，寒氣自屈紐也。"

寅，演也。

《律書》云："寅者，言萬物始生螾然也。"《律曆志》云："引達於寅。"《釋名》云："寅，演也，演生物也。"演、螾、引，古並同聲。

辰，振也。

《律書》云："辰者，言萬物之蜄也。"《律曆志》云："振美於辰。"《説文》："辰，震也。三月，陽氣動，靁電振，民農時也。"振、震、蜄，並通。

巳，目也。

《律書》云："巳者，言陽氣之已盡也。"《律曆志》云："已盛於巳。"《説文》："巳，已也。四月，陽氣已出，陰氣已臧，萬物見，成文章。"已，與"目"同。

午，仵也。

《律書》云："午者，陰陽交午。"《律曆志》云："咢布於午。"《説文》："午，啎也。五月，陰氣啎逆陽，冒地而出也。"仵、啎、咢，古並同聲。

未，味也。

《律書》云："未者，言萬物皆成，有滋味也。"

亥，荄也。

各本誤在"息，休也"之下，今訂正。《説文》："亥，荄也。十月微陽起，接盛陰。"

以上所釋十二枝名義，凡八條。其"酉，就也"已見卷三，"申，伸也"已見卷四。惟缺"卯、戌"二條。《律書》云："卯之爲言茂也，言萬物茂也。""戌者，言萬物盡滅。"《律曆志》云："冒茆於卯。""畢入於戌。"《説文》："卯，冒也。二月，萬物冒地而出。""戌，滅也。九月陽氣微，萬物畢臧。"

息,休也。

昀案:此條未作疏證。

仔,克也。

《爾雅》:"肩、堪,克也。"《説文》:"仔,克也。"《周頌·敬之》篇"佛時仔肩",毛傳云:"仔肩,克也。"鄭箋云:"仔肩,任也。"任,亦堪也。

傿,引也。

諸書無訓"傿"爲引者。傿,當作"傿",字之誤也。

《説文》:"傿,引爲賈也。"《玉篇》音於建切。《後漢書·崔寔傳》"悔不小靳,可至千萬",靳,或作"傿",字又作"躽"。《玉篇》:"躽,物相當也。"《廣韻》:"躽,引與爲價也。"案:引爲價,謂引此物以爲彼物之價,即相當之意也。引、傿,語之轉耳。上文云:"仔,克也。"下文云:"僐,態也。""侍,承也。""儆,戒也。""佼,交也。""傲,倨也。""側,旁也。"皆出《説文》人部。"傿"亦是也。

僐[①],態也。

僐之言善也。《説文》:"僐,作姿態也。"

侍,承也。

儆,戒也。

佼,交也。

傲,倨也。

側,旁也。

昀案:此五條未作疏證。

㝱,想也。

㝱,經傳通作"夢"。《列子·周穆王》篇云:"神遇爲夢。"

逆,遣也。

遣,通作"錯"。卷三云:"逆,亂也。"亂,亦錯也。

① 僐,原作"僐",《疏證》作"僐"。

𤷽,疣也。

昀案:此條未作疏證。

註,疏也。

説見卷二"註、疏,識也"下。

詅,衒也。

説見卷三"衒、詅,賣也"下。衒,與"衒"同。

皋,局也。

局之言曲也。《小雅·正月》篇"不敢不局",毛傳云:"局,曲也。"《鶴鳴》篇"鶴鳴于九皋",《韓詩》云:"九皋,九折之澤。"王逸注《離騷》云:"澤曲曰皋。"是"皋、局"皆曲也。"皋"爲"曲局"之局,又爲"界局"之局。《文選·西京賦》"寔惟地之奧區神皋",李善注云:"《廣雅》曰:'皋,局也。'謂神明之界局也。"

歷,逢也。

王逸《離騷》注文。

匌,帀也。

《説文》:"匌,帀也。"字通作"合"。《王制》云:"天子不合圍。"

庮,匿也。

《論語·爲政》篇"人焉庮哉",孔傳云:"庮,匿也。"互見卷四"庮,隱也"下。

䜀,寱也。

《衆經音義》卷十四引《三倉》云:"䜀,謊言也。"《説文》:"䜀,寱言不慧也。""寱,瞑言也。"《列子·周穆王》篇云:"眠中啽囈呻呼。"瞑、眠,寱、囈,並同。

慌,寱也。

《説文》:"謊,寱言也。"義與"慌"同。下文云:"謊,忽也。"

鹹,銜也。

《説文》:"鹹,銜也。"

礙,距也。

《説文》:“礙,止也。”“岠,止也。”岠,與“距”通。

科,品也。

《説文》:“科,程也。”“程,品也。”

搪,揬也。

説見卷四。

嬈,苛也。

説見卷二“嫽、誂、透、揥,嬈也”下。

媟,嬻也。

經傳通用“褻、瀆”。

痔,痤也。

説見卷二“矬、痔,短也”下。矬,與“痤”通。

銸,鉆也。

銸,各本譌作“鋷”,今訂正。《説文》“鉆,鐵銸也”“銸,鉆也”,徐鍇傳云:“銸,猶籋也。”《説文》:“籋,箝也。”《釋名》云:“鑷,攝也,攝取髮也。”銸、籋、鑷,並同義;“箝”與“鉆”,亦同義。字又作“鍼”。《周官·典同》注:“韽,讀爲‘飛鉆涅韽’之韽。”《鬼谷子》作“飛箝”,陶宏景注云:“箝,謂牽持緘束,令不得脱也。”《射鳥氏》注“并夾,鍼箭具”,釋文引沈重云:“鍼,或作鉆。”《後漢書·陳寵傳》“絶鉆鑽諸慘酷之科”,李賢注引《倉頡篇》云:“鉆,持也。”又引《説文》:“鉆,鐵銸也。”卷三云:“拈、挕,持也。”“拈”與“鉆”、“挕”與“銸”,亦聲近而義同。

嫜,榷也。

説見《釋訓》“嫜榷,都凡也”下。

軍,圍也。

《説文》:“軍,圜圍也。”《吕氏春秋·明理》篇“其日有暈珥”,高誘注云:“暈,讀如‘君國子民’之君。氣圍繞日周帀,有似軍營相圍守,故曰暈也。”《淮南子·覽冥訓》“畫隨灰而月運闕”,高注云:“運,讀‘連圍’之圍。運者,軍也,將有軍事相圍守,則月運出也。"軍、運、圍,古聲並相近。

賈,固也。

《白虎通義》云:"賈之爲言固也;固其有用之物,以待民來,以求其利者也。"

柰,那也。

那,各本譌作"郍",今訂正。宣二年《左傳》"棄甲則那",言棄甲則柰何也。"柰何"二字,單言之則曰"柰"(229-1)。揚雄《廷尉箴》云:"惟虐惟殺,人莫予柰。"是也(229-2)。"那"爲"柰何"而又爲"柰",若"諸"爲"之於"而又爲"之"矣。

甚,勮也。

昀案:此條未作疏證。

猥,頓也。

頓,猶突也。《月令》"寒氣總至",鄭注云:"總,猶猥卒也。"卒,與"猝"同。猥、猝,皆頓也。成十八年《公羊傳》疏引《春秋》説云:"厲公猥殺四大夫",言頓殺四大夫也。《漢書·文三王傳》"何故猥自發舒",言頓自發舒也。馬融《長笛賦》"山水猥至",言頓至也。

瞀,窺也。

説見卷一"窺、瞀,視也"下。瞀,各本譌作"瞀",今訂正。

時,伺也。

説見卷一"覩、覗,視也"下。覩、時、覗、伺,並通。

謊,忽也。

《老子》云:"無狀之狀、無象之象,是謂忽怳。"怳,與"謊"通。

僦,賃也。

《史記·平準書》索隱引《通俗文》云:"雇載曰僦。"《商子·墾令》篇云:"令送糧無取僦。"

捕,搏也。

昀案:此條未作疏證。

牃,宺也。

未詳。

圿,垢也。

《西山經》“錢來之山,其下多洗石”,郭璞注云:“澡洗可以磢體去垢圿。”

山,宣也。

《藝文類聚》引《春秋説題辭》云:“山之爲言宣也;含澤布氣,調五神也。”《説文》:“山,宣也,宣氣散生萬物。”

麥,藴也。

藴,各本譌作“梩”。《説文》:“麥,芒穀秋穜厚藴,故謂之麥。”今據以訂正。

噬,咄也。

噬之言叱也。《廣韻》:“噬咄,叱呵也。”《燕策》云:“呴籍叱咄。”

春,蠢也。

《鄉飲酒義》“春之爲言蠢也,産萬物者聖也”,鄭注云:“蠢,動生之貌也。聖之言生也。”《漢書·律曆志》云:“春,蠢也。物蠢生,迺動運。”《春秋繁露·陽尊陰卑》篇云:“春之爲言猶偆偆也,喜樂之貌也。”偆,與“蠢”通。《書大傳》云:“春,出也,物之出也。”“出”與“蠢”,亦同義,故《考工記·梓人》注云:“蠢,出也。”

夏,椵也。

《鄉飲酒義》“夏之爲言假也。養之,長之,假之,仁也”,鄭注云:“假,大也。”《書大傳》云:“夏者,假也,吁荼萬物而養之外也。”《律曆志》云:“夏,假也。物假大,迺宣平。”假,與“椵”通。

胯,奎也。

胯,通作“跨”。《爾雅》“驪馬白跨,驈”,釋文引《倉頡篇》云:“跨,兩股閒也。”《説文》:“胯,股也。”又云:“奎,兩髀之閒也。”《莊子·徐無鬼》篇“奎蹏曲隈”,向秀注云:“股閒也。”《説文》:“跨,渡也。”《方言》:“半步爲跬。”跬,亦跨也。“跨”與“胯”、“跬”與“奎”,聲相近,皆中空之意也。互見卷三“刲、刳,屠也”下。

釥，刓也。

《説文》："釥，釥圜也。""刓，剸也。一曰齊也。"《楚辭·九章》"刓方以爲圜兮"，王逸注云："刓，削也。"《莊子·齊物論》篇"五者园而幾向方矣"，司馬彪注云："园，圓削也。"《漢書·食貨志》"百姓抏敝以巧法"，顔師古注云："抏，訛也，謂摧挫也。"《韓信傳》"刻印刓"，蘇林注云："刓，音'刓角'之刓，手弄角訛也。"《酈食其傳》"刓"作"玩"。《淮南子·泰族訓》云："摩而不玩。"訛，與"釥"通。园、抏、玩，並與"刓"通。

薄，附也。

薄之言傅也，迫也。《説卦傳》"雷風相薄"，陸績注云："相附薄也。"《楚辭·九章》"腥臊並御，芳不得薄兮"，王逸注云："薄，附也。"

櫱，菑也。

謂萌櫱也。説見《釋草》"甾，孼也"下。甾、菑，孼、櫱，並通。或讀"菑"爲"災害"之"災"，則"櫱"爲"天作孼"之"孼"，亦通。

楊，揚也。

楊，當作"陽"。《釋名》云："陽，揚也，氣在外發揚也。"(230)

月，闕也。

《月令》正義引《春秋元命包》云："月之爲言闕也。"《説文》："月，闕也；十五稍減，故曰闕也。太陰之精，象形。"

尯，券也。

將，扶也。

昀案：此兩條未作疏證。

捝，擬也。

説見卷四。

昌，光也。

《説文》："昌，日光也。"

諀,訾也。

說見卷二"諀、訾,諻也"下。

㓟,㔹也。

《玉篇》:"㓟,直破也。"《管子·五輔》篇"博帶梨",尹知章注云:"梨,割也。"《淮南子·齊俗訓》云:"伐楩柟豫章而剖梨之。"《文選·長楊賦》"分剓單于",李善注引韋昭曰:"剓,割也。"剓、梨,並與"㓟"同。《說文》:"㔹,剥也,劃也。"

瘛,瘲也。

《說文》:"瘛,小兒瘛瘲病也。"《漢書·藝文志》有"金創瘛瘲方"。《素問·診要經終論》云:"太陽之脈,其終也,戴眼反折瘈瘲。"《潛夫論·貴忠》篇云:"哺乳太多,則必掣縱而生癇。"並字異而義同。瘛之言掣,瘲之言縱也。《說文》云:"引而縱曰瘳。"瘳,與"掣"同。

品,式也。

說見卷四。

似,若也。

昀案:此條未作疏證。

嗺,茹也。

嗺,與"嚼"同。《方言》云:"茹,食也。"

諑,訴也。

說見卷二"諑、訴,諻也"下。

慴,服也①。

服,各本譌作"般",今訂正。《說文》:"慴,服也。"《秦策》云:"趙楚慴服。"《史記·項羽紀》"諸將皆慴服",《漢書》作"讋服",《陳咸傳》作"執服",《朱博傳》作"慹服",並字異而義同。

嬾,懈也。

昀案:此條未作疏證。

① 服,原作"般",《疏證》作"服"。

欨,欪也。

《説文》:"欨,笑意也。"嵇康《琴賦》云:"欨愉懽釋。"《玉篇》:"欪,笑意也。"

打,棓也。

棓之言掊擊也。《秦策》云:"句踐終棓而殺之。"打,見卷三"打,擊也"下。

㼜,䃺也。

《玉篇》:"㼜、研,破也。"研,與"䃺"同。《説文》:"䃺,摩也。"

䇺,辛也。

説見卷三"㾠,痛也"下。

怜,綴也。

未詳。

劘,共也。

劘,通作作"靡"。《中孚》九二"我有好爵,吾與爾靡之",釋文:"靡,《韓詩》云:'共也。'孟同。"集解引虞翻注亦同。

竅,孔也。

昀案:此條未作疏證。

㾢,癘也。

《玉篇》㾢,力代切,"惡病也。又云癘"。《説文》力大切,"惡病也"。《月令》云:"民多疥癘。"《韓非子・姦劫殺臣》篇云:"厲人憐王。"今俗作"癩"。並字異而義同。

費,秏也。

新,初也。

昀案:此兩條未作疏證。

抾,挹也。

《玉篇》:"抾,兩手挹也。"《漢書・揚雄傳》"抾靈蠵",韋昭注云:"抾,捧也。"

窌,窖也。

説見卷四"窖,藏也"及卷七"窌,窟也"下。各本譌作"窖,窌也"。《廣韻》《集韻》《類篇》並引《廣雅》:"窨,窖也。"今據以訂正。

躄,瘥也。

《説文》:"躄,人不能行也。""癃,罷病也;足不能行,故謂之癃病。"《史記·平原君傳》:"躄者曰:臣不幸有罷癃之病。"是也。癃、瘥,躄、躄,並同。

惠,賜也。

昀案:此條未作疏證。

瘦,瘽也。

《方言》"瘦,病也。東齊海岱之閒曰瘦,秦曰湛",郭璞注云:"瘦,謂勞復也。"《廣韻》引《音譜》云:"瘦,病重發也。"《玉篇》:"瘽,復病也。"瘦、復,瘽、湛,並通。《傷寒論》有"大病差後勞復治法"。

訳,謂也。

曹憲云:"有本作:'只,詞也。'"《集韻》《類篇》引此作"訳,調也"。皆未知其審。

匪,彼也。

《小雅·小旻》篇"如匪行邁謀,是用不得于道",鄭箋云:"匪,非也。君臣之謀事如此,與不行而坐圖遠近,是於道路無進於跬步,何以異乎?"襄八年《左傳》子駟引《詩》云云,杜預注云:"匪,彼也。行邁謀,謀於路人也。不得于道,衆無適從也。"顧氏寧人《杜解補正》云:"案:詩上文云:'謀夫孔多,是用不集。發言盈庭,誰敢執其咎?'則杜解爲長。古人或以匪、彼通用。二十七年引《詩》'彼交匪敖'作'匪交匪敖'。"惠氏定宇《毛詩古義》云:"案:此必《三家詩》有作彼者,故杜據彼爲説。《雨無正》云:'如彼行邁。'其意略同。又《漢書》引《桑扈》詩亦作匪。《荀子·勸學》篇引《采菽》詩'匪交匪舒',今《詩》上匪字作彼。或古匪、彼通用,如顧説也。"念孫案:《小旻》三章云"如匪行邁謀,是用不得于道";四章云"如彼築室于道謀,是用不潰於成",語意正相同,則"匪"即"彼"也,是以《廣雅》及杜注皆訓"匪"爲彼。《詩》中"匪"字多有作"彼"字用者。《鄘風·定之方中》篇"匪直也人,秉心塞淵",猶言彼直也人,秉心塞淵也。《檜風·匪風》篇"匪風發兮,匪車偈兮",猶言彼風發兮,彼車偈兮也。《小雅·四月》篇"匪鶉匪鳶,翰飛戾天(231);匪鱣匪鮪，潛逃于淵”，言彼鶉彼鳶，則翰飛戾天；彼鱣彼鮪，則潛逃于淵，而我獨無所逃於禍患之中也，猶上文云“相彼泉水，載清載濁，我日構禍，曷云能穀”也。《何草不黄》篇“匪兕匪虎，率彼曠野。哀我征夫，朝夕不暇”，言彼兕彼虎，則率彼曠野矣；哀我征夫，何亦朝夕於野而不暇乎？猶下文云“有芃者狐，率彼幽草；有棧之車，行彼周道”也。《都人士》篇“匪伊垂之，帶則有餘；匪伊卷之，髮則有旟”，言彼帶之垂則有餘，彼髮之卷則有旟也，猶上文言“彼都人士，垂帶而厲；彼君子女，卷髮如蠆”也。説者皆訓“匪”爲非，失之。

杘，柄也。

説見《釋器》。

駑，駘也。

昀案：此條未作疏證。

饑，餲也。

《廣韻》：“饑，噎聲也。”《説文》：“噎，飯窒也。”噎，與“餲”同。“饑、餲”二字並從飤，隸體小異耳。

寢，偃也。

昀案：此條未作疏證。

射，繹也。

《射義》云：“射之爲言者繹也。繹者，各繹己之志也。”

脰，錯也。

未詳。

辯，變也。

王逸注《九辯》云：“辯者，變也，謂敶道德以變説君也。”

拊，抵也。

王逸注《九歌》云：“拊，擊也。”《堯典》云：“予擊石拊石。”拊，各本譌作“柎”，今訂正。抵，各本譌作“抵”。案：《説文》：“抵，擠也；從手，氐聲。”《玉篇》音多禮切。《説文》：“抵，側擊也；從手，氏聲。”《玉篇》音之是切，引《秦策》：“抵掌而言。"《説文》又云:"抧,開也;從手,只聲,讀若'抵掌'之抵。"(232-1)《廣雅》卷三云:"抧,擊也。"此云:"抧,抵也。"曹憲音紙,則其字當從氏。今據以訂正。《史記·滑稽傳》"抵掌談語",集解亦引《秦策》:"抵掌而言。"(232-2)《漢書·杜周傳·贊》"業因勢而抵陒",服虔注云:"抵,音紙。"顏師古注云:"抵,擊也。"《朱博傳》"奮髯抵几",顏師古注云:"抵,擊也;音紙。"《揚雄傳·解嘲》"界涇陽,抵穰侯而代之",蘇林注云:"抵,音紙。"《文選》注引《説文》:"抵,側擊也。"《後漢書·隗囂傳》"人人抵掌",李賢注引《説文》:"抵,側擊也。"又引《趙策》:"蘇秦與李兑抵掌而談。"張衡《東京賦》"抵璧於谷",李善注引《説文》:"抵,側擊也。"左思《蜀都賦》"扼腕抵掌",劉逵注亦引《秦策》:"抵掌而言。"抵掌,猶言抧掌,故《廣雅》云:"抧,抵也。""抵"與"抵",聲義各別。漢《冀州從事張表碑》"抵拂頑謥",字從氏,不從氐,是其證也。而今本《戰國策》《史記》《漢書》《後漢書》《文選》皆譌作"抵"(232-3)。世人多見"抵",少見"抵",遂莫有能正其失者矣。

約,儉也。

咀,嚯也。

昀案:此兩條未作疏證。

抒,渫也。

《楚辭·九章》"發憤以抒情",王逸注云:"抒,渫也。"

效,驗也。

效,各本譌作"驗"。《文選·閒居賦、演連珠》注並引《廣雅》:"效,驗也。"今據以訂正。

昀案:此條惟作勘誤。

觡,角也。

觡之言格,角之言觸也。《方言》"鉤,宋楚陳魏之閒謂之鹿觡,或謂之鉤格",郭璞注云:"或呼鹿角。"《説文》:"觡,骨角之名也。"《樂記》"角觡生",鄭注云:"無鰓曰觡。"《説文》:"鰓,角中骨也。"《東山經》"其神狀皆獸身人面載觡",郭璞注云:"麋鹿角曰觡。"《淮南子·主術訓》"桀之力別觡伸鉤",《漢書·司馬相如傳》"犧,雙觡共柢之獸",服虔、高誘注並云:"觡,角也。"各本譌作"角,觡也",今訂正。

𠝹,攻也。

說見《釋獸》“𠝹、攻,犗也”下。

敖[①],像也。

說見卷三“愓、敖,戲也”下。愓,與“像”通。

維,隅也。

高誘注《淮南子・天文訓》云:“四角爲維。”

衄,縮也。

謂退縮也。《釋名》云:“辱,衄也,言折衄也。”《方言》:“忸怩,慙𧽱也。”《說文》:“朔而月見東方,謂之縮朒。”衄、忸、朒,並音女六反,義相近也。

噞,喁也。

《說文》:“喁,魚口上見也。”《集韻》引《字林》云:“噞喁,魚口出水皃。”《韓詩外傳》云:“水濁則魚喁。”《淮南子・主術訓》“水濁則魚噞”,高誘注云:“魚短氣出口於水,喘息之喻也。”馬融《長笛賦》云:“鱏魚喁於水裔。”左思《吳都賦》“噞喁沈浮”,劉逵注云:“噞喁,魚在水中羣出動口皃。”

攐,摳也。

說見卷一“摳、搴,舉也”下。搴,與“攐”同。

崽[②],子也。

《方言》“崽者,子也。湘沅之會,凡言‘是子’者,謂之崽,若東齊言子矣”,郭璞注云:“崽,音枲,聲之轉也。”

祅,殀也。

《釋名》:“妖,殀也,殀害物也。”妖,與“祅”通。

鍲,筭也。

《史記・平準書》云:“算軺車賈人緡錢皆有差。”《漢書・武帝紀》“初筭緡錢”,李斐注云:“緡,絲也,以貫錢也。一貫千錢,出筭二十也。”《說文》作“鍲”,義同。

---

① 敖,原作“敱”,《疏證》作“敖”。
② 崽,原作“㟲”,《疏證》作“崽”。

彼，徫也。

彼、徫，皆衺也，説見卷二“頗、彼，衺也”下。《玉篇》徫，與“俾”同。“彼”與“彼”、“俾”與“頗”，古亦通用。

邐，□也。

“邐”下各本皆缺一字。《説文》“邐，行邐邐也”，徐鍇傳云：“漸迂衺也。”司馬相如《大人賦》“駕應龍象輿之蠖略委麗兮”，麗，與“邐”同。《説文》“迆，衺行也”，引《禹貢》：“東迆北會于匯。”《爾雅》“邐迤沙邱”，郭璞注云：“旁行連延。”揚雄《甘泉賦》“登降峛崺”，李善注云：“峛崺，邪道也。”峛崺，與“邐迤”同。“邐”下所缺，或是“迆”字。彼，訓爲徫；邐，訓爲迆，皆衺之義也。

離，刓也。

昀案：此條未作疏證。

贅，肬也。

説見卷二“肬，腫也”及上文“贅，屬也”下。

晃，暉也。

説見卷四“晃，明也”下。

裝，褖也。

説見卷二“裝、褖，飾也”下。裝，與“裝”同。

蹽，蹻也。

《集韻》引《埤倉》云：“蹽，細長也。”《爾雅·釋木》“小枝上繚爲喬”，郭璞注云：“謂細枝皆翹繚上句者，名爲喬木。”“喬”與“蹻”、“繚”與“蹽”，並同義。蹻，各本譌作“鬠”，今訂正。

痻，痹也。

《説文》：“痹，溼病也。”《素問·痹論》云：“風、寒、濕三氣雜至，合而爲痹。”痻，各本譌作“䆝”。《玉篇》《廣韻》《集韻》《類篇》並云：“痻，痹也。”今據以訂正。《素問·五常政大論》云：“皮痻肉苛，筋脈不利。”

瘵，尰也。

《集韻》引《字林》同。尰，見卷二“尰，腫也”下。

呑,咽也。

昀案:此條未作疏證。

䧑,䨲也。

説見卷三"䨲,少也"下。

烪,烗也。

説見卷三"烪、烗,熾也"下。

毓,長也。

此下八條,皆一字兩訓而其義相反。郭璞《爾雅注》云:"以徂爲存,以亂爲治,以曩爲曏,以故爲今,此皆詁訓義有反覆旁通,美惡不嫌同名。"是也。

《爾雅》:"育,長也。"(233)《邶風·谷風》篇"既生既育",鄭箋云:"育,謂長老也。"《説文》引《堯典》:"教育子。"今本作"胄子",馬融注云:"胄,長也。"胄、育、毓,古同聲。

〔毓〕,稚也。

《豳風·鴟鴞》篇"鬻子之閔斯"(234-1),毛傳云:"鬻,稚也。"正義云:"《釋言》'鞠,稚也',郭璞曰:'鞠,一作毓。'"毓、育、鞠,古亦同聲。各本"稚"上無"毓"字,又下文"曩,鄉也""陶,憂也""濘,泥也",無"曩、陶、濘"三字,皆是後人所删。説見上文"漠,怕也"下(234-2)。

曩,久也。

《爾雅》文也。久,猶舊也。《楚辭·九章》云:"猶有曩之態也。"

〔曩〕,鄉也。

亦《爾雅》文也。並著於此,所以别異義也。襄二十四年《左傳》云:"曩者志入而已。"《説文》"曏,不久也",曏,與"鄉"同。

陶,喜也。

〔陶〕,憂也。

並説見卷二"鬱、悠,思也"下。

濘，清也。

〔濘〕，泥也。

此二條已見《釋詁》。復著之，亦以別異義也。

鐮，柧也。

《方言》"凡箭鏃胡合嬴者，四鐮或曰鉤腸，三鐮者謂之羊頭"，郭璞注云："鐮，棱也。"餘見上文"廉、柧，棱也"下。

凡諸書引《廣雅》而今本全脱其文者，《釋詁》《釋言》莫可區别，皆附載於此篇之末。

〔祕，密也。〕

見《玉篇》。

〔稹，概也。〕

見《唐風·鴇羽》釋文。《説文》："稹，穜概也。"《爾雅》"苞，稹也"，孫炎注云："物叢生曰苞，齊人名曰稹。"《鴇羽》箋云："稹者，根相迫迮梱致。"《考工記·輪人》"稹理而堅"，《聘義》"縝密以栗"，鄭注並云："致也。"縝，與"稹"通。《説文》"㐱，稠髮也"，引《鄘風·君子偕老》篇："㐱髮如雲。"今本作"鬒"，義亦與"稹"同。《説文》："概，稠也。"《史記·齊悼惠王世家》云："深耕概種。"

〔稠〕[①]。

《文選·束晳〈補亡詩〉》及謝靈運《過始寧墅》詩注並引《廣雅》："稠，概也。"

〔禦，敵也。〕

見《莊子·馬蹄》釋文。

〔湭、滋，液也。〕

《衆經音義》卷二及《集韻》《類篇》，並引《廣雅》："湭、滋，液也。"《衆經音義》卷二十五引《廣雅》："滋，液也。"《玉篇》湭，才周切，"湭液也"。鄒陽《酒賦》云："甘滋泥泥。"司馬相如《封禪文》云："滋液滲漉。"揚雄《羽獵賦》云："上獵三靈之

① 此"稠"字或下脱"概也"二字，或當與上條"稹，概也"合併。

流，下決醴泉之滋。"

〔褫，敓也。〕

見《衆經音義》卷六、卷十八。敓，通作"奪"。《説文》："褫，奪衣也。"《訟》上九云："終朝三褫之。"

〔刷，刮也。〕

見《衆經音義》卷九。《説文》："刷，刮也。"《周官·淩人》"秋刷"，鄭衆注云："刷，除冰室。"

〔㓞〕①。

《集韻》引《廣雅》："㓞，刮也。"《説文》"㓞"字注云："齘㓞，刮也。"《玉篇》云："齘㓞，刷刮也。"

〔陵，侮也。〕

《衆經音義》同上。

〔刓，鏤也。〕

見《衆經音義》卷十三。

〔禱，請也。〕

見《衆經音義》卷十六。

〔蹎，頓也。〕

見《衆經音義》卷十七。《爾雅》："疐，跲也。""疐，仆也。"疐，與"蹎"通。《説文》："仆，頓也。"

〔鎮，笮也。〕

見《衆經音義》卷十八。《説文》："鎮，博厭也。""厭，笮也。"厭，通作"壓"。《衆經音義》卷二十四引《倉頡篇》云："壓，鎮也，笮也。"

〔黷，蒙也。〕

見《衆經音義》卷二十一。

---

① 此"㓞"字或下脱"刮也"二字，或當與上條"刷，刮也"合併。

〔角,試也。〕

見《衆經音義》卷二十二、二十四。《月令》云:“天子乃命將帥講武,習射御,角力。”《吕氏春秋·孟冬紀》同,高誘注云:“角,猶試也。”《管子·七法》篇云:“春秋角試。”

〔冤,抑也。〕

見《衆經音義》卷二十二。

〔嘗,暫也。〕

見《衆經音義》卷二十三①、二十四。

〔泄,發也。〕

〔鄙,猥也。〕

並見《衆經音義》卷二十五②。

〔弛,釋也。〕

見《文選·魏都賦》注。《周官·大司樂》“令弛縣”,鄭注云:“弛,釋下之。”

〔意,疑也。〕

《長楊賦》“意者以爲事罔隆而不殺,物靡盛而不虧”,《魯靈光殿賦》“意者豈非神明依憑支持以保漢室者也”,李善注並引《廣雅》:“意,疑也。”案:意者,猶言或者,故《乾·文言》云:“或之者,疑之也。”《漢書·文三王傳》“於是天子意梁”,顔師古注亦云:“意,疑也。”意,亦擬度之辭也。《禮運》云:“聖人耐以天下爲一家,以中國爲一人者,非意之也,必知其情,辟於其義,明於其利,達於其患,然後能爲之。”(235)

〔果,能也。〕

見《西征賦》注。《孟子·梁惠王》篇“君是以不果來也”,《離婁》篇“果有以異於人乎”,趙岐注並云:“果,能也。”《晉語》“是之不果奉而暇晉是皇”,韋昭注云:“果,克也。”克,亦能也。

---

①② 經,原脱。

〔希，庶也。〕

《西征賦》注、左思《詠史》詩注、嵇康《幽憤詩》注、傅咸《贈何劭王濟》詩注引《廣雅》並同。希者，“庶幾”之合聲，故“希”又訓爲庶。《爾雅》：“庶幾，尚也。”“庶，幸也。”皆謂希望也。

〔秀，異也。〕

見《遊天台山賦》注。

〔浮，罰也。〕

見《閒居賦》注。《投壺》“若是者浮”，鄭注云：“浮，罰也。”《晏子春秋·雜》篇云：“景公飲酒，田桓子侍，望見晏子，而復於公曰：請浮晏子。”浮、罰，一聲之轉。《論語·公冶長》篇“乘桴浮于海”，馬融注云：“桴，編竹木，大者曰桃，小者曰桴。”“桃”之轉爲“桴”，猶“罰”之轉爲“浮”矣。

〔載，則也。〕

見《高唐賦》注。《鄘風·載馳》篇“載馳載驅”，《豳風·七月》篇“春日載陽”，鄭箋並云：“載之言則也。”

〔漸，稍也。〕

見謝靈運《遊南亭》詩注。《説文》：“稍，出物有漸也。”《趙策》云：“稍稍蠶食之。”

〔違，異也。〕

見沈約《學省愁臥》詩注。《邶風·谷風》傳云：“違，離也。”

〔掊，捶也。〕

見潘岳《馬汧督誄》注及《華嚴經》卷五十五音義。《莊子·人閒世》篇云：“自掊擊於世俗。”

〔喝，嘶也。〕

見謝莊《宋孝武宣貴妃誄》注。《方言》：“㾊、嗌，噎也。楚曰㾊；秦晉或曰嗌，又曰噎。”噎，與“咽”同，謂嗚咽也。嗌，與“喝”同(236)。司馬相如《子虛賦》“榜人歌，聲流喝”，郭璞注云：“言悲嘶也。”《論衡·氣壽》篇云：“兒生號啼之聲，鴻朗高暢者壽,嘶喝濕下者夭。"《後漢書·張酺傳》"王青被矢貫咽,音聲流喝",李賢注云:"流,或作嘶。"又引《廣倉》云:"喝,聲之幽也。"《方言》又云:"東齊聲散曰廝,秦晉聲變曰廝。"《説文》:"誓,悲聲也。"《周官·内饔》"鳥皫色而沙鳴",鄭注云:"沙,澌也。"《内則》注作"嘶";正義作"斯",云:"斯,謂酸嘶。"《漢書·王莽傳》"莽爲人大聲而嘶",顏師古注云:"嘶,聲破也。"並字異而義同。

〔風,聲也。〕

見王僧達《祭顏光禄文》注。《詩序》云:"風,教也。"《禹貢》云:"聲教訖于四海。"文六年《左傳》云:"樹之風聲。"

〔方,所也。〕

見《後漢書·黄憲傳》注。

〔垠,咢也。〕

見《張衡傳》注。《説文》:"垠,地垠也。一曰岸也。"《文選·西京賦》注引許慎《淮南子注》云:"垠鍔,端厓也。"鍔,與"咢"通,《淮南子·俶真訓》作"堮",《漢書·揚雄傳》作"鄂"。垠,《荀子·成相》篇作"銀";《淮南子·俶真訓》作"圻",又作"壁";《漢書·敘傳》作"沂",並字異而義同。

〔講,讀也。〕

見《初學記》《太平御覽》。

〔論,道也。〕

見《初學記》。

以上二條,説見卷二"讀、道,説也"下。

〔馭,駕也。〕

見《華嚴經》卷十一音義。

〔袾,詛也。〕

見《集韻》《類篇》。《玉篇》云:"袾,呪詛也。"呪、袾,一聲之轉。

〔搊,拘也。〕

同上。《玉篇》:"搊,手搊也。"

〔懵，闇也。〕

同上。《玉篇》懵，牟孔切，"心亂心迷也"。《集韻》又謨蓬、謨中、彌登、母亙四切。《爾雅》"夢夢，亂也"，孫炎注云："昏之亂也。"《大雅·抑》篇云："視爾夢夢。"又《爾雅》"儚儚，惽也"，釋文："儚，字或作懜。"《説文》："懜，不明也。"並字異而義同。

〔朋，瘢也。〕

同上。《説文》："朋，瘢也。"《集韻》直引切，云："杖痕腫處。"《衆經音義》卷九云："今俗謂肉斗腫起爲癮疹，或言癮朋也。"

〔譣，詖也。〕

同上。譣，《玉篇》音虛儉、息廉二切。《説文》引《立政》"勿以譣人"，徐鍇傳云："譣，猶險也。"今本"譣"作"憸"，馬融注云："憸利佞人也。"《説文》："憸，憸詖也，憸利于上佞人也。""思，疾利口也"，引《盤庚》："相時思民。"今本"思"作"憸"，馬融注云："憸利，小小見事之人也。"《韓非子·詭使》篇云："損仁逐利，謂之疾險。"並字異而義同。《文選·顔延之〈和謝監靈運〉詩》注引《倉頡篇》云："詖，佞諂也。"《孟子·公孫丑》篇"詖辭知其所蔽"，趙岐注云："險詖之言。"《荀子·成相》篇云："讒人罔極，險陂傾側。"《詩序》云："内有進賢之志，而無險詖私謁之心。"並字異而義同。

〔廑，廕也。〕

同上。《玉篇》亦云："廑，廕也。"廕，與"覆"同義。《説文》"殣，道中死人，人所覆也"，引《小雅·小弁》篇："行有死人，尚或殣之。"今本作"墐"，毛傳云："墐，路冢也。""墐"與"廑"義相近。

廣雅疏證　卷第六上

高郵王念孫學

釋　訓

顯顯、察察，著也。

《大雅·假樂》篇“顯顯令德”，《中庸》作“憲憲”。

《老子》云：“俗人察察，我獨悶悶。”明著謂之察察，故潔白亦謂之察察。《楚辭·漁父》云：“安能以身之察察，受物之汶汶者乎？”

洞洞、屬屬、切切、恂恂、誾誾、翼翼、濟濟、畏畏、祇祇，敬也。

《禮器》云：“洞洞乎其敬也。屬屬乎其忠也。”《説文》：“忠，敬也。”《祭義》云：“洞洞乎，屬屬乎，如弗勝，如將失之。其孝敬之心至也與！”《説文》：“孎，謹也。”“孎”與“屬”，亦同義。

《論語·子路》篇“朋友切切偲偲，兄弟怡怡”，馬融注云：“切切偲偲，相切責之貌。怡怡，和順之貌。”案：切切、偲偲，蓋皆敬貌也。朋友則尚敬，兄弟則尚和。《大戴禮·曾子立事》篇云：“宫中雍雍，外焉肅肅。兄弟憘憘，朋友切切。遠者以貌，近者以情。”近者以情，謂雍雍、憘憘也，和也；遠者以貌，謂肅肅、切切也，敬也。切，亦通作“漆”。《祭義》“漆漆者，容也，自反也”，鄭注云：“漆漆，讀如‘朋友切切’。自反，猶言自脩整也。”是鄭意亦以“切切”爲敬也。

《論語·鄉黨》篇“恂恂如也，似不能言者”，王肅注云：“恂恂，温恭之貌。”《史記·孔子世家》“恂恂似不能言者”，索隱云“或本作‘逡逡’”；《李將軍傳》云：“悛悛如鄙人，口不能道辭。”卷一云：“悛，敬也。”漢《祝睦後碑》云：“鄉黨逡逡。”《劉脩碑》云：“其於鄉黨，遜遜如也。”並字異而義同。

《鄉黨》“與下大夫言，侃侃如也；與上大夫言，誾誾如也”，孔傳云：“侃侃，和樂之貌。誾誾,中正之貌。”皇侃疏云:“卿貴,不敢和樂接之,宜以謹正相對,故誾誾如也。”《玉藻》“二爵而言言斯”,鄭注云:“言言,和敬貌。”《漢書・石奮傳》“僮僕訢訢如也”,顔師古注云:“訢訢,謹敬之貌。”並字異而義同。

《爾雅》:“翼,敬也。”“翼翼,恭也。”《大雅・大明》篇云:“小心翼翼。”《漢書・禮樂志》云:“附而不驕,正心翊翊。”翊,與“翼”同。

《小雅・楚茨》篇“濟濟蹌蹌”,鄭箋云:“威儀敬慎也。”《管子・形勢解》云:“濟濟者,誠莊事斷也。”《祭義》云:“齊齊乎其敬也。”“齊”與“濟”,聲近義同。

卷一云:“畏,敬也。”《爾雅》:“祇,敬也。”重言之則曰“畏畏、祇祇”。《康誥》云:“不敢侮鰥寡,庸庸,祇祇,威威。”威,與“畏”通。《微子》云:“乃罔畏畏。”

隉隉、㓥㓥、嶢嶢,危也。

隉隉、㓥㓥,義見卷一“隉、刖,危也”下。隉,與“隉”通。㓥,與“刖”通。

《後漢書・黄瓊傳》云:“嶢嶢者易缺,皦皦者易汙。”《墨子・親士》篇云:“王德不堯堯。”堯,與“嶢”通。《豳風・鴟鴞》篇“予室翹翹”,傳云:“翹翹,危也。”“翹”與“嶢”,亦聲近義同。

戰戰、慄慄[1]、虩虩、〔伈伈*〕,懼也。

《小雅・小旻》篇云:“戰戰兢兢。”

《淮南子・人閒訓》引《堯戒》云:“戰戰慄慄。”

《説文》云:“《易》:‘履虎尾,虩虩恐懼。’”今《易・履》九四作“愬愬”,釋文:“愬愬,子夏傳云:‘恐懼貌。’馬本作‘虩虩’。”《震・彖辭》“震來虩虩”,釋文:“虩虩,馬云:‘恐懼貌。’荀作‘愬愬’。”“愬”與“虩”,古同聲。

《玉篇》云:“伈伈,恐皃。”韓愈《祭鱷魚文》云:“伈伈伣伣,爲民吏羞。”皆出《廣雅》。《集韻》《類篇》引《廣雅》:“伈伈,懼也。”今本脱“伈伈”二字。

桓桓、㹟㹟、矯矯、赳赳、㔕㔕、競競、仡仡、㬅㬅,武也。

《詩序》云:“《桓》,武志也。”重言之則曰“桓桓”。《爾雅》:“桓桓,威也。”《牧誓》云:“尚桓桓,如虎如貔,如熊如羆。”《説文》引作“狟狟”。《周頌・桓》篇云:“桓桓武王。”

---

① 慄,原作“慄”,《疏證》作“慄”。

《玉篇》狨,莊善切,“鷙鳥擊勢也”。《法言·孝至》篇“螭虎桓桓,鷹隼狨狨”,李軌注云:“狨狨,攫撮急疾也。”

《中庸》云:“强哉矯!”是“矯”爲武也。重言之則曰“矯矯”。《爾雅》:“矯矯,勇也。”《周頌·酌》篇“蹻蹻王之造”,毛傳云:“蹻蹻,武貌。”《魯頌·泮水》篇“矯矯虎臣”,釋文作“蟜蟜”。並字異而義同。

《爾雅》:“赳赳,武也。”《説文》:“赳,輕勁有材力也。”《周南·兔罝》篇云:“赳赳武夫。”

《説文》“勍,彊也”,引僖二十二年《左傳》:“勍敵之人。”《爾雅》:“競,彊也。”彊、勍、競,古並同聲。重言之則曰“勍勍、競競”也。

宣六年《公羊傳》“仡然從乎趙盾而入”,何休注云:“仡然,壯勇貌。”重言之則曰“仡仡”。《秦誓》“仡仡勇夫”,馬融本作“訖訖”。《漢書·揚雄傳》“金人仡仡其承鍾虡兮”,顔師古注云:“仡仡,勇健貌。”

《玉藻》“戎容暨暨”,鄭注云:“果毅貌也。”“暨暨”與“仡仡”,古聲亦相近。

矍矍、昒昒、敻敻、眈眈、䁵䁵、睌睌、瞀瞀、眽眽、䀠䀠、眮眮,視也。

卷一云:“矆,視也。”矆,與“矍”同。重言之則曰“矍矍”。《震》上六“視矍矍”,鄭注云:“矍矍,目不正也。”

《説文》:“昒,目冥遠視也。”重言之則曰“昒昒”。

卷一云:“瞑,視也。”重言之則曰“瞑瞑”。王延壽《魯靈光殿賦》“目瞑瞑而喪精”,張載注云:“瞑瞑,目不正也。”瞑,與“敻”同。

《説文》“眈,視近而志遠也”,引《頤》六四“虎視眈眈”,馬融注云:“眈眈,虎下視貌。”

卷一云:“䁵,視也。”重言之則曰“䁵䁵”。《説文》:“䁵,目䁵䁵也。”

卷一云:“睌,視也。”重言之則曰“睌睌”。

《説文》:“瞀,轉目視也。”重言之則曰“瞀瞀”。

卷一云:“眽,視也。”重言之則曰“眽眽”。王逸《九思》“目眽眽兮寤終朝”,《魯靈光殿賦》“徒眽眽以狋狋”,注並云:“眽眽,視貌。”

䀠䀠,猶豁豁也。《説文》:“䀠,視高皃也;讀若《詩》曰:‘施罛濊濊。’”《衞風·碩人》釋文引馬融注云:“大魚罔目大豁豁也。”“䀠”從目,戉聲。戉,音越。

各本譌從戊,今訂正。

《説文》:"睊,視皃也。"重言之則曰"睊睊"。《孟子·梁惠王》篇"睊睊胥讒",趙岐注云:"睊睊,側目相視。"

緓緓、繟繟、扏扏,緩也。

卷二云:"緓,緩也。"重言之則曰"緓緓"。《小雅·杕杜》篇"檀車幝幝",釋文云:"幝幝,尺善反。《韓詩》作'緓緓',音同。"《廣雅》訓"緓緓"爲緩,蓋本《韓詩》也。

《玉篇》繟,充善切。繟繟,猶緓緓也。卷二云:"繟,緩也。"

扏扏,通作"仇仇"。《爾雅》"仇仇、敖敖,傲也",郭璞注云:"皆傲慢賢者。"《小雅·正月》篇"彼求我則,如不我得。執我仇仇,亦不我力",毛傳云:"仇仇,猶謷謷也。"鄭箋云:"王之始徵求我,如恐不得我。既得我,執留我,其禮待我謷謷然,亦不問我在位之功力。言其有貪賢之名,無用賢之實。"《緇衣》云:"大人不親其所賢而信其所賤,民是以親失,而教是以煩。《詩》云:'彼求我則,如不我得。執我仇仇,亦不我力。'"鄭注云:"言君始求我,如恐不得我。既得我,持我仇仇然不堅固,亦不力用我,是不親信我也。"《集韻》云:"扏扏,緩持也。"案:《緇衣》注云"持我仇仇然不堅固",即是緩持之意,義與《廣雅》同,與《爾雅》、毛傳、《詩》箋皆異,蓋本於三家也。今案:"彼求我則,如不我得",言求我之急也。"執我仇仇,亦不我力",言用我之緩也。三復詩詞,則緩於用賢之説爲切,而傲賢之説爲疏矣。

嘔嘔、喻喻、嗎嗎、欣欣、忥忥、欯欯、言言、語語、埶埶,喜也。

《文選·聖主得賢臣頌》"是以嘔喻受之",李善引應劭注云:"嘔喻,和悦貌。"重言之則曰"嘔嘔、喻喻"。《莊子·天道》篇"俞俞者,憂患不能處",釋文引《廣雅》:"俞俞,喜也。"張衡《東京賦》:"其樂愉愉。"並字異而義同。

《楚辭·大招》"宜笑嗎只",王逸注云:"嗎,笑貌也。"重言之則曰"嗎嗎"。《方言》"嘕,樂也",郭璞注云:"嘕嘕,歡貌。"《集韻》"嗎、嘕"並虚延切,其義同也。

《孟子·梁惠王》篇云:"舉欣欣然有喜色。"

卷一云:"忔、欯,喜也。"忔,與"忥"同。重言之則曰"忥忥、欯欯"。

《詩》曰:"言笑晏晏。"又曰:"笑語卒獲。"是"言、語"皆喜也。重言之則曰"言言、語語"。《大雅·公劉》篇云"于時處處、于時廬旅、于時言言、于時語語",猶言"爰居爰處、爰笑爰語"耳。

昀案：婁婁未作疏證。

唏唏、欨欨、嗢嗢、呵呵、訲訲、啞啞，笑也。

卷一云："唏、嗢，笑也。"重言之則曰"唏唏、嗢嗢"。欨欨、呵呵，猶嗢嗢也，方俗語有輕重耳。

卷一云："訲，笑也。"重言之則曰"訲訲"。

卷一云："啞，笑也。"重言之則曰"啞啞"。《震·彖辭》云："笑言啞啞。"

翼翼、衎衎、愉愉，和也。

《小雅·采薇》篇"四牡翼翼"，毛傳云："翼翼，閑也。"閑習，即調和之意。《鄭風·大叔于田》傳云："驂之與服，和諧中節。"是也。

《漸》六二"飲食衎衎"，正義云："衎衎，樂也。"樂，亦和也。《玉篇》"衎"口旦切，《廣韻》又空旱切。字通作"侃"。《論語·鄉黨》篇"與下大夫言，侃侃如也"，孔傳云："侃侃，和樂之貌。"(237)

《祭義》云："有和氣者，必有愉色。"重言之則曰"愉愉"。《鄉黨》"私覿，愉愉如也"，鄭注云："愉愉，顏色和。"《聘禮》釋文作"俞俞"。

慼慼、慅慅、㤺㤺、愁愁、懵懵、栔栔、啒啒、烈烈、惄惄、怛怛，憂也。

《論語·述而》篇云："小人長戚戚。"戚，與"慼"同。

卷四云："慅，愁也。"重言之則曰"慅慅"。《爾雅》："慅慅，勞也。"勞，亦憂也。《小雅·巷伯》篇"勞人草草"，草，與"慅"同。《楚辭·九歎》"蹇騷騷而不釋"，"騷"與"慅"，亦聲近義同。

卷一云："㤺，憂也。"重言之則曰"㤺㤺"。㤺，各本譌作"㣧"，今訂正。

《楚辭·九歎》云："心愁愁而思舊邦。"《九歌》云："極勞心兮懵懵。"一本作"忡忡"。《召南·草蟲》篇"憂心忡忡"，毛傳云："忡忡，猶衝衝也。"並與"懵懵"同義。

《小雅·大東》篇"契契寤歎"，傳云："契契，憂苦也。"《九歎》云："孰契契而委棟兮。"一本作"挈挈"。並與"栔栔"同。

啒，音骨，又音忽。《晏子春秋·外篇》云："歲已莫矣，而禾不穫。忽忽矣，若之何！歲已寒矣，而役不罷。惙惙矣，若之何！"《史記·梁孝王世家》"意忽忽不樂"，忽忽，與"啒啒"同。

《小雅·采薇》篇云："憂心烈烈。"烈，與"烈"同。各本"烈烈"譌作"烈烈"。

《集韻》《類篇》並引《廣雅》:"烈烈,憂也。"今據以訂正。

惁惁,各本譌作"悊悊"。《玉篇》惁,先歷切,"憂也"。《集韻》《類篇》並引《廣雅》:"惁惁,憂也。"今據以訂正。

卷一云:"怛,憂也。"重言之則曰"怛怛"。《齊風·甫田》篇云:"勞心怛怛。"

巖巖、巘巘、峩峩、嶃嶃、阢阢、嵬嵬、岌岌、圪圪[①],高也。

卷四云:"巉巖,高也。"巉巖,與"嶃巖"同。重言之則曰"嶃嶃、巖巖"。《小雅·節南山》篇云:"節彼南山,維石巖巖。"《漸漸之石》篇云:"漸漸之石,維其高矣。"漸,亦與"嶃"同。

《說文》:"巘,載高皃也。"重言之則曰"巘巘"。《衛風·碩人》篇"庶姜孼孼",《韓詩》作"巘巘",云:"巘巘,長貌。"《吕氏春秋·過理》篇注引《詩》亦作"巘巘",云:"高長貌。"張衡《西京賦》"飛檐巘巘",薛綜注云:"巘巘,高貌。"

《說文》:"峨,嵯峨也。"峨,與"峩"同。重言之則曰"峩峩"。《列子·湯問》篇云:"峩峩兮若泰山。"

卷四云:"阢、嵬,高也。"重言之則曰"阢阢、嵬嵬"。《爾雅》"小山岌大山,峘",郭璞注云:"岌,謂高過。"重言之則曰"岌岌"。《楚辭·離騷》:"高余冠之岌岌兮。"

《說文》"圪,牆高皃也",引《大雅·皇矣》篇:"崇墉圪圪。"今本作"仡仡"。

雱雱、霏霏、雰雰、瀌瀌[②],雪也。

皆雪盛貌也。

《邶風·北風》篇云:"雨雪其雱。""雨雪其霏。"雱,與"雱"同。重言之則曰"雱雱、霏霏"。《文選·謝朓〈新亭渚別范零陵〉詩》注引蔡邕《初平詩》云:"天陰雨雪滂滂。"滂,亦與"雱"同。《小雅·采薇》篇云:"雨雪霏霏。"《信南山》篇云:"雨雪雰雰。"《角弓》篇云:"雨雪瀌瀌。"《漢書·劉向傳》作"麃麃"。

各本"雪也"二字譌作"雪雪";"雪"下又有"林"字,蓋因下文"霖"音林而衍,今訂正。

霅霅、霫霫、溂溂、湒湒、霖霖、霶霶、霒霒、霤霤、霿霿、霝霝,雨也。

馬融《廣成頌》"霅爾雹落",霅者,雹下之貌,故雨下亦謂之霅。重言之則曰

① 圪,原作"圪",《疏證》作"圪"。
② 瀌,原作"瀌",《疏證》作"瀌"。

“霅霅”也。

《釋言》云：“霫，霖也。”重言之則曰“霫霫”。

《説文》：“湒，雨下也。”重言之則曰“湒湒”。

《楚辭·哀時命》云：“夕淫淫而淋雨。”重言之則曰“淋淋”。曹植《愁霖賦》云：“聽長霤之淋淋。”淋，與“霦”同。

《説文》：“霵，雨下零也。”重言之則曰“霵霵”。

《廣韻》引《字林》云：“霫，雨皃。”《玉篇》：“霒霫，大雨也。”重言之則曰“霒霒、霫霫”。

《説文》：“濛，溦雨也。”《豳風·東山》篇云：“零雨其濛。”重言之則曰“濛濛”。蔡邕《述行賦》云：“雨濛濛而漸唐。”濛，與“霿”同。

昀案：溗溗、靄靄未作疏證。

颭颭、颼颼、颾颾、飂飂、飋飋、瀏瀏，風也。

《説文》：“颯，翔風也。”宋玉《風賦》云：“有風颯然而至。”重言之則曰“颯颯”。《楚辭·九歌》：“風颯颯兮木蕭蕭。”颯，與“颭”同。

《初學記》引《通俗文》云：“小風曰颼。”《吕氏春秋·有始》篇“西方曰飂風”，《太平御覽》引作“颼風”。重言之則曰“颼颼”。趙壹《迅風賦》云：“啾啾颼颼。”

《玉篇》：“颾，秋風也。”字通作“瑟”。禰衡《鸚鵡賦》云：“涼風蕭瑟。”重言之則曰“瑟瑟”。劉楨《贈從弟》詩云：“瑟瑟谷中風。”

卷四云：“飂、飋，風也。”重言之則曰“飂飂、飋飋”。《莊子·齊物論》篇“而獨不聞之翏翏乎”，郭象注云：“長風之聲也。”翏，與“飂”同。

瀏瀏，猶飂飂也。《初學記》引《通俗文》云：“涼風曰瀏。”《楚辭·九歎》“秋風瀏以蕭蕭”，王逸注云：“瀏，風疾皃也。一云瀏瀏。”左思《吳都賦》“翼颼風之飀飀”，飀，與“瀏”同。

囊囊、震震[①]、湛湛、泥泥，露也。

皆露多貌也。

《鄭風·野有蔓草》篇及《小雅·蓼蕭》篇並云：“零露瀼瀼。”瀼，與“囊”同。

---

① 震，原作“霞”，《疏證》作“震”。

又《蓼蕭》篇云:"零露泥泥。""零露濃濃。"濃,與"震"同。

《湛露》篇云:"湛湛露斯。"

坦坦、漫漫、蕩蕩,平也。

《履》九二云:"履道坦坦。"

司馬相如《子虛賦》"案衍壇曼",司馬彪注云:"壇曼,平博也。"曼,與"漫"同。重言之則曰"漫漫"。

《洪範》云:"王道蕩蕩。"

渾渾、汪汪、顥顥、詡詡、曠曠,大也。

班固《幽通賦》"渾元運物",曹大家注云:"渾,大也。"重言之則曰"渾渾"。《淮南子·俶真訓》"渾渾蒼蒼,純樸未散",高誘注云:"渾渾蒼蒼,混沌大貌。"《史記·太史公自序》云:"乃合大道,混混冥冥。"混,與"渾"同。

《晉語》"汪是土也",韋昭注云:"汪,大貌。"重言之則曰"汪汪"。班固《典引》云:"汪汪乎丕天之大律。"《後漢書·黃憲傳》云:"叔度汪汪若千頃陂。"

顥顥,猶浩浩也。顥,曹憲音暠。《玉篇》暠,古老切。各本"顥顥"作"灝灝",此因與"渾渾、汪汪"連文而誤。《集韻》《類篇》並引《廣雅》:"灝灝,大也。"則宋時《廣雅》本已然。考《説文》《玉篇》《廣韻》俱無"灝"字。《玉篇》顥,公老切,"廣大皃"。正與曹憲音相合,今據以訂正。

《禮器》"德發揚,詡萬物",鄭注云:"詡,猶普也,徧也。"重言之則曰"詡詡"。《大雅·韓奕》篇"川澤訏訏",毛傳云:"訏訏,大也。"訏,與"詡"同。《易林·離之中孚》云:"魴鱮詡詡。"

昭元年《左傳》"居於曠林",《史記·鄭世家》集解引賈逵注云:"曠,大也。"重言之則曰"曠曠"(238)。《荀子·非十二子》篇云:"恢恢然,廣廣然。"《賈子·脩政語》篇云:"天下壙壙。"《淮南子·繆稱訓》云:"曠曠乎大哉。"《兵略訓》云:"廣廣如夏。"並字異而義同。

栠栠、嫋嫋、妠妠,弱也。

《説文》:"栠,弱皃。""嫋,妠也。""妠,弱長皃。"《小雅·巧言》篇"荏染柔木",毛傳云:"荏染,柔意也。"荏,與"栠"通;染,與"妠"通。《史記·司馬相如傳》云:"姺媚妠嫋。"重言之則曰"栠栠、嫋嫋、妠妠"。嫋,亦弱也。卓文君《白頭吟》

云:"竹竿何嫋嫋。"《說文》"冄,毛冄冄也",徐鍇傳云:"冄冄,弱也。"王粲《迷迭香賦》云:"挺苒苒之柔莖。"義並與"姌姌"同。

區區、稍稍,小也。

卷二云:"區,小也。"重言之則曰"區區"。襄十七年《左傳》云:"宋國區區。"

《周官·膳夫》"凡王之稍事",鄭注云:"稍事,有小事而飲酒。"重言之則曰"稍稍"。《說文》:"䣝,國甸大夫稍稍所食邑也。"各本"稍稍"譌作"梢梢",今訂正。

炤炤、晣晣、皎皎、晧晧、炳炳、灼灼、炫炫、赫赫、曠曠、翼翼、顯顯,明也。

炤炤,猶昭昭也。《荀子·儒效》篇云:"炤炤兮其用知之明也。"

卷四云:"晣,明也。"重言之則曰"晣晣"。《小雅·庭燎》篇云:"庭燎晣晣。"字亦作"晢"。《陳風·東門之楊》篇云:"明星晢晢。"(239)

卷四云:"皎,明也。"重言之則曰"皎皎"。《楚辭·九歌》云:"夜皎皎兮既明。"

《爾雅》:"晧,光也。"重言之則曰"晧晧"。《法言·淵騫》篇云:"明星晧晧。""皎、晧"二字並從日,各本譌從白,今訂正。

卷四云:"昞,明也。"昞,與"炳"通。重言之則曰"炳炳"。揚雄《劇秦美新》云:"炳炳麟麟。"

《說文》"焯,明也",引《立政》:"焯見三有俊心。"今本作"灼"。重言之則曰"灼灼"。《新書·匈奴》篇云:"若日出之灼灼。"

《說文》:"炫,爓燿也。"重言之則曰"炫炫"。

《說文》:"赫,火赤皃。"重言之則曰"赫赫"。《大雅·常武》篇云:"赫赫明明。"

卷四云:"曠,明也。"重言之則曰"曠曠"。

《爾雅》:"翌,明也。"郭璞引《金縢》:"翌日乃瘳。"案:"翌"爲"明日"之明,又爲"明顯"之明。字通作"翼"。《楚語》"明行以宣翼之",宣、翼,皆明也。重言之則曰"翼翼"。《大雅·文王》篇"厥猶翼翼",毛傳云:"翼翼,恭敬也。"案:猶,道也。翼翼,光明也。厥猶翼翼,猶言其道大光。束皙《補亡詩》"顯猷翼翼",義本於此,則《三家詩》必有訓"翼翼"爲明者矣。

顯顯,已見上文。

詪詪、訔訔、詻詻、謕謕、諤諤、譊譊、〔諿諿[*]〕,語也。

《説文》:"詪,很戾也。"謂言語相很戾也。重言之則曰"詪詪"。

訔訔,猶詪詪也。《法言・問神》篇云:"何後世之訔訔也。"《史記・魯世家・贊》"洙泗之閒,齗齗如也",徐廣注云:"齗齗爭辯。"《鹽鐵論・國病》篇云:"諸生誾誾爭鹽鐵。"齗、誾,並與"訔"同。

《説文》:"詻,論訟也。傳曰:'詻詻,孔子容。'"《墨子・親士》篇云:"君必有弗弗之臣,上必有詻詻之下。"《玉藻》"戎容暨暨,言容詻詻",鄭注云:"詻詻,教令嚴也。"

《廣韻》:"謕,語瞋聲也。"重言之則曰"謕謕"。

諤諤,猶詻詻也。《大戴禮・曾子立事》篇"君子出言以鄂鄂",盧辯注云:"鄂鄂,辨厲也。"《史記・商君傳》云:"千人之諾諾,不如一士之諤諤。"《漢書・韋賢傳》云:"咢咢黄髮。"《鹽鐵論・國病》篇云:"今辯訟愕愕然。"並字異而義同。

《衆經音義》卷二十引《倉頡篇》云:"譊,訟聲也。"重言之則曰"譊譊"。《法言・寡見》篇云:"譊譊者天下皆訟也。"

《説文》:"諿諿,多語也。"《集韻》《類篇》並引《廣雅》:"諿諿,語也。"今本脱"諿諿"二字。

愴愴、慛慛、悢悢、悽悽、哀哀,悲也。

卷三云:"愴,悲也。"重言之則曰"愴愴"。王襃《九懷》云:"心愴愴兮自憐。"

蘇武詩云:"中心愴以摧。"摧,與"慛"同。重言之則曰"慛慛"。

卷三云:"悢,悵也。"重言之則曰"悢悢"。李陵《與蘇武詩》云:"悢悢不得辭。"《蜀志・法正傳》云:"瞻望悢悢。"

《爾雅》"哀哀、悽悽,懷報德也",郭璞注云:"悲苦征役,思所生也。"《小雅・蓼莪》篇云:"哀哀父母,生我劬勞。"

暤暤、杲杲、皬皬、皭皭[①]、景景,白也。

《説文》"顥,白皃",引《楚詞・大招》:"天白顥顥。"《唐風・揚之水》篇云:

① 皭,原作"皭",《疏證》作"皭"。

“白石晧晧。”並與“暤暤”同。

《漢書・司馬相如傳》云:“暠然白首。”暠,與“杲”同,字又作“皜”。重言之則曰“皜皜”。《孟子・滕文公》篇“皜皜乎不可尚已”,趙岐注云:“皜皜,甚白也。”

皠皠,猶杲杲也。《釋器》云:“皠,白也。”重言之則曰“皠皠”。《大雅・靈臺》篇云:“白鳥翯翯。”《孟子・梁惠王》篇作“鶴鶴”。何晏《景福殿賦》:“確確白鳥。”並與“皠皠”同。

《釋器》云:“皭,白也。”重言之則曰“皭皭”。字或作“潐”。《韓詩外傳》“莫能以己之皭皭,容人之混混然”,《荀子・不苟》篇作“潐潐”。

昀案:景景未作疏證。

泓泓、淵淵、㴱㴱、窈窈,深也。

《中庸》云:“淵淵其淵。”

卷三云:“窈㴱,深也。”重言之則曰“㴱㴱、窈窈”。《莊子・在宥》篇云:“至道之精,窈窈冥冥。”《楚辭・九章》云:“眴兮杳杳。”《漢書・禮樂志・安世房中歌》云:“清思眑眑。”並字異而義同。

昀案:泓泓未作疏證。

緜緜、曼曼、延延,遲遲,長也。

《王風・葛藟》篇“緜緜葛藟”,毛傳云:“緜緜,長不絶之貌。”

卷二云:“曼,長也。”重言之則曰“曼曼”。《楚辭・離騷》“路曼曼其脩遠兮”,釋文作“漫漫”。字亦通作“蔓”。《逸周書・和寤解》“緜緜不絶,蔓蔓若何”,緜緜,小長貌;蔓蔓,大長貌。是“緜緜、蔓蔓”皆長也。《楚辭・九章》云:“藐蔓蔓之不可量兮,縹緜緜之不可紆。”緜緜,猶蔓蔓耳。

《九思》云:“鱣鮎兮延延。”

《豳風・七月》篇云:“春日遲遲。”

瘆瘆、騑騑、像像,疲也。

《説文》:“瘆,馬病也。《詩》曰:瘆瘆駱馬。”又云:“嘽,喘息也。《詩》曰:嘽嘽駱馬。”今《詩・小雅・四牡》篇作“嘽嘽”,毛傳云:“嘽嘽,喘息之貌;馬勞則喘息。”嘽,與“瘆”通。《玉篇》瘆,吐安切,“力極也”。《廣韻》又丁佐切。《小雅・大東》篇“哀我憚人”,毛傳云:“憚,勞也。”“憚”與“瘆”,亦同義。

《詩》“四牡騑騑”，毛傳云：“騑騑，行不止之貌。”則與《廣雅》異義。案：首章云“四牡騑騑，周道倭遲”；次章云“四牡騑騑，嘽嘽駱馬”，則“騑騑”亦得訓爲疲。《廣雅》之訓，或本於三家也。

儽，本作“儽”，或作“儡”，通作“纍”。《説文》“儽，垂皃”，即疲憊之意。《淮南子·俶真訓》“孔墨之弟子，皆以仁義之術教導於世，然而不免於儡。身猶不能行也，又況所教乎”，不免於儡，謂躬行仁義而不免於疲也。高誘以“儡、身”二字連讀，云：“儡身，身不見用，儡儡然也。”失之。《玉藻》“喪容纍纍”，鄭注云：“羸憊貌也。”纍，與“儽”同。

屑屑、迹迹、塞塞、省省、耿耿、警警，不安也。

《方言》：“迹迹、屑屑，不安也。江沅之閒謂之迹迹；秦晉謂之屑屑，或謂之塞塞，或謂之省省，不安之語也。”餘見卷一“屑，勞也”下。

《邶風·柏舟》篇“耿耿不寐”，毛傳云：“耿耿，猶儆儆也。”儆，與“警”同。

孜孜、彶彶、惶惶、徥徥，勮也。

《説文》：“孜，彶彶也。”《皋陶謨》云：“予思日孜孜。”《表記》云：“俛焉日有孳孳。”孳，與“孜”通。《説文》：“彶，急行也。”《問喪》云：“望望然，汲汲然，如有追而弗及也。”(240-1)汲，與“彶”通。彶彶，各本皆作“汲汲”，此校書者以意改之也。《衆經音義》卷五、卷十三並云：“《廣雅》：‘彶彶，遽也。’字從彳，今皆從水作汲。”據此，則《廣雅》本作“彶”，後人乃作“汲”耳。今訂正。

《問喪》云：“皇皇然若有求而弗得也。”皇，與“惶”通。

徃徃，曹憲音其往反。《楚辭·九歎》“魂徃徃而南行兮”，王逸注云：“徃徃，惶遽之貌。”司馬相如《長門賦》“魂迋迋若有亡”，迋，與“徃”通(240-2)。梁鴻《適吴詩》“嗟恇恇兮誰留”，“恇”與“徃”，亦聲近義同(240-3)。徃徃，各本譌作“徥徥”。徃，本作“徃”，故譌而爲“徥”。今訂正。

《説文》：“勮，務也。”勮，與“遽”通。勮，各本譌作“劇”，今訂正。

亹亹、牟牟、冉冉，進也。

《爾雅》：“亹亹，勉也。”勉，即前進之意。《大雅·文王》篇：“亹亹文王。”是也。《繫辭傳》“成天下之亹亹者”，《楚辭·九辯》“時亹亹而過中兮”，王逸、虞翻注並云：“亹亹，進也。”

《淮南子·詮言訓》"善博者不欲牟",《太平御覽》引注云:"牟,大也,進也。"進謂之牟,故進取利謂之牟利。重言之則曰"牟牟"。《荀子·榮辱》篇云:"爭飲食,無廉恥,不知是非,不辟死傷,不畏衆彊,恈恈然唯飲食之見,是狗彘之勇也;爲事利,爭貨財,無辭讓,果敢而振,猛貪而戾,恈恈然唯利之見,是賈盜之勇也。"恈,與"牟"通。

冉冉,漸進之意。《楚辭·離騷》:"老冉冉其將至兮。"《吳語》"日長炎炎",韋昭注云:"炎炎,進貌。""炎炎"與"冉冉",聲相近也。

拳拳、區區、款款,愛也。

皆一聲之轉也。

《漢書·劉向傳》云:"念忠臣雖在甽畝,猶不忘君,惓惓之義也。"《賈捐之傳》云:"敢昧死竭卷卷。"《貢禹傳》云:"臣禹不勝拳拳。"並字異而義同。

《文選·古詩》"一心抱區區",李善注引《廣雅》:"區區,愛也。"

卷一云:"款,愛也。"欵,與"款"同。重言之則曰"款款"。《大雅·板》篇"老夫灌灌",毛傳云:"灌灌,猶款款也。"司馬遷《報任少卿書》云:"誠欲効其款款之愚。"

悾悾、愨愨、懇懇、叩叩、斷斷,誠也。

《論語·泰伯》篇"悾悾而不信",包咸注云:"悾悾,愨也。"《大戴禮·王言》篇云:"大夫忠,而士信,民敦,工璞,商愨,女憧,婦空空。"空,與"悾"通。《論語·子罕》篇"有鄙夫問於我,空空如也",亦謂鄙夫以誠心來問也,故釋文云:"空空,鄭或作'悾悾'。"皇侃疏以"空空"爲無識,失之。

愨愨,曹憲音苦角反。各本譌作"憋憋",今訂正。

卷一云:"豤,信也。"豤,與"懇"同。重言之則曰"懇懇"。《漢書·司馬遷傳》"意氣勤勤豤豤",《文選》作"懃懃懇懇";《劉向傳》云:"故豤豤數奸死亡之誅。"並字異而義同。

《楚辭·九歎》"行叩誠而不阿兮",叩,亦誠也。王逸注訓"叩"爲擊,失之。重言之則曰"叩叩"。繁欽《定情詩》云:"何以致叩叩?香囊懸肘後。"是也。悾悾、愨愨、懇懇、叩叩,皆一聲之轉。或轉爲"款款",猶"叩門"之轉爲"款門"也。叩叩,各本譌作"叨叨",今訂正。

《説文》"斷"古文作"㓵",引《秦誓》:"㓵㓵猗無佗技。"今本作"斷斷"。鄭注《大學》云:"斷斷,誠一之貌也。"

昀案:憼憼惟作㔟誤。

翍翍、翃翃、翩翩、薨薨、翽翽、翁翁、翓翓、翻翻、騫騫、翲翲[①]、翍翍、翿翿,翼翼、翁翁、獋獋、翺翺,飛也。

翍翍,猶"繽繽",羣飛貌也。下文云:"繽繽,衆也。"

卷三云:"翃,飛也。"翃,與"翃"同。重言之則曰"翃翃"。各本譌作"翃翃",惟影宋本、皇甫本不譌。

《魯頌·泮水》傳云:"翩,飛貌。"重言之則曰"翩翩"。《小雅·四牡》篇云:"翩翩者鵻。"

《齊風·雞鳴》篇云:"蟲飛薨薨。"薨,與"薨"通。

《大雅·卷阿》篇"鳳皇于飛,翽翽其羽",毛傳云:"翽翽,衆多也。"鄭箋云:"羽聲也。"《説苑·奉使》篇引《詩》作"噦噦"。

卷三云:"翁,飛也。"重言之則曰"翁翁"。

卷三云:"翓,飛也。"重言之則曰"翓翓"。《韓詩外傳》云:"翓翓十步之雀。"《法言·問明》篇云:"朱鳥翓翓。"

《文選·謝瞻〈張子房詩〉》注引薛君《韓詩章句》云:"翻,飛貌。"重言之則曰"翻翻"。《楚辭·九章》云:"漂翻翻其上下兮,翼遥遥其左右。"

卷三云:"騫,飛也。"重言之則曰"騫騫"。王逸《九思》云:"鶤鷄兮軒軒。"軒,與"騫"通。騫騫,各本譌作"騫騫",今訂正。

《九章》"漂翻翻其上下兮",漂,與"翲"通。重言之則曰"翲翲"。《史記·賈生傳》"鳳漂漂其高逝兮",《漢書》作"縹縹"。潘岳《秋興賦》云:"鴈飄飄而南飛。"並字異而義同。

《衛風·雄雉》篇云:"雄雉于飛,泄泄其羽。"泄,與"翍"通。

卷三云:"翿,飛也。"重言之則曰"翿翿"。《唐風·鴇羽》篇"肅肅鴇羽",毛傳云:"肅肅,鴇羽聲也。"《小雅·鴻鴈》篇"鴻鴈于飛,肅肅其羽",釋文云:"肅肅,本或作翿翿。"

---

① 翲,原作"翲",《疏證》作"翲"。

《説文》:"飛,翅也;從飛,異聲。篆文作翼。"又云:"翊,飛皃。"飛、翼、翊,並同義。重言之則曰"翼翼"。《楚辭·離騷》云:"高翱翔之翼翼。"

《莊子·山木》篇"其爲鳥也,翂翂翐翐而似無能",釋文:"司馬云:'翂翂翐翐,舒遲貌。一云飛不高貌。'李云:'羽翼聲。'"翂,與"翁"同。

卷三云:"翬,飛也。"翬,與"𦒎"同。重言之則曰"翬翬"。義見卷三注。

卷三云:"翻,飛也。"重言之則曰"翻翻"。翻翻,猶翾翾也。

昀案:"翬翬"前未見。卷三上《釋詁》"飛也"條惟載單字"翬"。

煌煌、焆焆、倏倏、炯炯、晃晃、熒熒,光也。

《陳風·東門之楊》篇云:"明星煌煌。"

《小雅·斯干》篇"噦噦其冥",鄭箋云:"噦噦,猶焆焆也,寬明之貌。"釋文:"焆焆,吕忱云:'火光貌。'"

倏,字通作"儵"。張衡《西京賦》云:"璿弁玉纓,遺光儵爚。"是"儵"爲光也。重言之則曰"儵儵"。《文選·曹植〈責躬〉詩》注引揚雄《侍中箴》云:"光光常伯,儵儵貂璫。"

《説文》:"炯,光也。"重言之則曰"炯炯"。襄五年《左傳》"我心扃扃",杜預注云:"扃扃,明察也。"《楚辭·哀時命》云:"夜炯炯而不寐兮。"《九思》云:"神光兮熲熲。"並字異而義同。炯炯,各本皆作"烟烟"。此因"炯"字譌作"炯",故又譌作"烟"耳。《文選·秋興賦》注引《廣雅》:"炯炯,光也。"今據以訂正。

晃晃,説見卷四"晃,明也"下。

《説文》:"熒,燈燭之光。"重言之則曰"熒熒"。宋玉《高唐賦》云:"煌煌熒熒。"

蒙蒙、冥冥、昧昧、晻晻,暗也。

《楚辭·九辯》云:"願晧日之顯行兮,雲蒙蒙而蔽之。"

《小雅·無將大車》篇云:"維塵冥冥。"

《楚辭·九章》云:"日昧昧其將莫。"

卷四云:"晻,冥也。"重言之則曰"晻晻"。《楚辭·九歎》云:"日晻晻而下頹。"班彪《北征賦》云:"日晻晻其將莫兮。"

堂堂、娗娗、彧彧、嬴嬴、嫚嫚、媉媉、夭夭、申申、奕奕、儀儀、傑傑、娥娥,容也。

《論語·子張》篇“堂堂乎張也”,鄭注云:“言容儀盛也。”

娗,音大丁、唐鼎二反。《廣韻》云:“長好皃。”重言之則曰“娗娗”。蔡邕《青衣賦》云:“停停溝側,曒曒青衣。”義與“娗娗”同。

《史記·五帝紀》“其色郁郁”,索隱云:“郁郁,猶穆穆也。”郁,與“彧”通。

卷一云:“嬴,好也。”重言之則曰“嬴嬴”。郭璞注《方言》云:“嬴,言嬴嬴也。”《古詩》云:“盈盈樓上女。”又云:“盈盈一水閒。”並與“嬴嬴”同。

嬽,今“娟”字也。卷一云:“嬽,好也。”重言之則曰“嬽嬽”。《史記·司馬相如傳》“柔橈嬽嬽”,索隱引張注云:“嬽嬽,猶婉婉也。”嬽嬽,各本譌作“嫚嫚”,今訂正。

卷一云:“媉,好也。”重言之則曰“媉媉”。

《論語·述而》篇“子之燕居,申申如也,夭夭如也”,馬融注云:“申申、夭夭,和舒之貌。”《史記·萬石君傳》:“子孫勝冠者在側,雖燕居必冠,申申如也。僮僕訢訢如也,唯謹。”《漢書》同,顏師古注云:“申申,整敕之貌。訢訢,讀與誾誾同,謹敬之貌。”案:“燕居必冠”以下數句,語意皆本《論語》,而“申申”爲“整敕之貌”,則與馬注訓爲和舒者不同,未知孰是。夭夭,各本作“妖妖”,因與“嬽嬽、媉媉”連文而誤,今訂正。

《方言》“奕、僷,容也。自關而西,凡美容謂之奕,或謂之僷。宋衛曰僷,陳楚汝潁之閒謂之奕”,郭注云:“奕奕、僷僷,皆輕麗之貌。”漢《先生郭輔碑》“堂堂四俊,碩大婉敏。娥娥三妃,行追太姒。葉葉昆嗣,福禄茂止”,堂堂、娥娥、葉葉,皆容也。葉,與“僷”同。

《法言·孝至》篇云:“麟之儀儀,鳳之師師,其至矣乎!”是“儀儀”爲容也。

卷一云:“娥,美也。”重言之則曰“娥娥”。《古詩》云:“娥娥紅粉粧。”[①]宋玉《神女賦》云:“其狀峩峩,何可極言!”峩,與“娥”同。美容謂之峩峩,德容亦謂之峩峩。《大雅·棫樸》篇“奉璋峩峩”,毛傳云:“峩峩,盛壯也。”“峩峩”與“儀儀”,古亦同聲。

駓駓、騯騯、驫驫、趼趼、趪趪、從從、蹡蹡,走也。

《魯頌·駉》篇“以車伾伾”,毛傳云:“伾伾,有力也。”釋文云:“《字林》作駓,走也。”《說文》“俟”字注引《小雅·吉日》篇:“伾伾俟俟。”《後漢書·馬融傳》“鄙

① 粧,原譌作“莊”。粧,或作“糚”,脱去米旁即譌爲“莊”。

駮譟讙”，李賢注云“鄙駮，獸奮迅貌也”，引《韓詩》：“駓駓騃騃，或羣或友。”《文選·西京賦》“羣獸駱騃”，李善注引薛君《韓詩章句》云：“趨曰駱駱，行曰騃騃。”《毛詩》作“儦儦、俟俟”。《楚辭·招魂》“敦脄血拇，逐人駓駓些”，王逸注云：“駓駓，走貌也。”“駓、駱、伾、鄙、儦”五字，並聲近而通用。

《說文》：“颿，馬疾步也。”重言之則曰“颿颿”。《吳越春秋·句踐入臣外傳》云：“颿颿獨兮西往。”

驫驫，猶儦儦也。《說文》：“驫，衆馬行也。”《文選·吳都賦》“驫駥飍矞”，李善注與《說文》同。重言之則曰“驫驫”。

臦，《玉篇》音俱永切。《說文》：“臦，驚走也；從夰，臦聲。臦，古文囧字也。”重言之則曰“臦臦”。各本譌作“臩臩”，今訂正。

《玉篇》：“迸，散也。”王延壽《王孫賦》云：“或蹻趹以跳迸。”迸，與“趟”同。重言之則曰“趟趟”。

《漢書·揚雄傳》“萃傱允溶”，蕭該音義云：“案：《字林》及《埤倉》云：‘傱傱，走貌也。’”《禮樂志·郊祀歌》云：“騎沓沓，般傱傱。”《楚辭·九辯》云：“前輕輬之鏘鏘兮，後輜乘之從從。”從，與“傱”通。

《說文》：“蹩，行皃。”蹩，與“蹡”同。重言之則曰“蹡蹡”。《曲禮》“大夫濟濟，士蹌蹌”，鄭注云：“皆行容止之貌也。”釋文：“蹌蹌，本又作鶬，或作鏘。”並字異而義同。

馥馥、芬芬、馞馞、馚馚、〔馦馦〕、馣馣、馛馛、馠馠、馡馡、葼葼，香也。

《衆經音義》卷二引《字林》云：“馥，香氣也。”《說文》：“芬，艸初生，其香分布也。或作芬。”重言之則曰“馥馥、芬芬”。蘇武詩云：“馥馥秋蘭芳。”《大雅·鳧鷖》篇云：“燔炙芬芬。”《小雅·楚茨》篇“苾芬孝祀”，《衆經音義》卷十四引《韓詩》作“馥芬孝祀”。《信南山》篇云：“苾苾芬芬。”此作“馥馥芬芬”。何晏《景福殿賦》亦云：“藹藹萋萋，馥馥芬芬。”蓋皆本《韓詩》也。餘見《釋器》“馝，香也”下。

《釋器》云：“馞，香也。”重言之則曰“馞馞”。王逸注《離騷》云：“菲菲，猶勃勃，芬香貌也。”勃，與“馞”通。

《釋器》云：“馦、馚，香也。”《集韻》馚，或作“馚”。重言之則曰“馚馚、馦馦”。

馦，曹憲音呼廉反。各本脱去“馦馦”二字，其“呼廉”之音遂誤入“馠”字下。案：馠，即“馣”之或字，音呼含反，不音呼廉反。《玉篇》《廣韻》“馦”許兼切，《集韻》又火占切。“火占”與“呼廉”同音，是“呼廉”乃“馦”字之音，非“馠”字之音。《集韻》引《廣雅》：“馦馦，香也。”今據以補正。

《釋器》云：“馣，香也。”重言之則曰“馣馣”。《玉篇》“馣”於含切，《集韻》又衣檢切。宋玉《高唐賦》云：“越香掩掩。”掩，與“馣”通。引之云：《文選·長門賦》“桂樹交而相紛兮，芳酷烈之誾誾”，李善注云：“誾誾，香氣盛也。誾，魚巾切。”案：上文之“心、音、宫、臨、風、淫、陰、音、襜”，下文之“吟、南、中、宫、崇、窮、音”，皆以東、侵、鹽三部之字爲韻，此古人合韻之常例也。“誾’爲真部之字，古無以東、侵、鹽、真四部合韻者，殆誤字也。“誾誾”當爲“闇闇”，闇，即古“馣”字也。凡字之從奄聲、音聲者，多通用。“闇”之爲“馣”，猶“暗”之爲“晻”矣。

《釋器》云：“馠，香也。”重言之則曰“馠馠”。

《玉篇》：“馡，小香也。”重言之則曰“馡馡”。

《楚辭·離騷》云：“芳菲菲其彌章。”《九歎》云：“佩江蘺之婓婓。”《史記·司馬相如傳》云：“郁郁婓婓，衆香發越。”並與“馡馡”同。馡馡，各本作“菲菲”，此後人以意改之也。《集韻》《類篇》引《廣雅》並作“馡馡”。卷一云：“菲，薄也。”曹憲音釋：“菲，佛匪反。世人以此爲‘芳馡’之馡，失之。”今據以訂正。

《説文》：“蕿，香艸也。”重言之則曰“蕿蕿”。《楚辭·九歎》：“懷椒聊之蕿蕿兮。”

眐眐、䍧䍧、踽踽、趆趆、䟴䟴、施施、奕奕、浮浮、趡趡、冉冉、徥徥、儦儦、趞趞、裔裔、彶彶、踥踥、夏夏、蹈蹈、衍衍、章章、衝衝，行也。

《楚辭·哀時命》“魂眐眐以寄獨兮”，王逸注云：“眐眐，獨行貌也。”

《王風·黍離》篇“行邁䍧䍧”，毛傳云：“䍧䍧，猶遲遲也。”

《説文》“踽，疏行皃”，引《唐風·杕杜》篇：“獨行踽踽。”毛傳云：“踽踽，無所親也。”

《説文》：“趆，行皃。”重言之則曰“趆趆”。《小雅·小弁》篇“鹿斯之奔，維足伎伎”，毛傳云：“伎伎，舒貌。”《漢書·東方朔傳》“跂跂脈脈善緣壁”，謂蟲行貌也。義並與“趆趆”同。

《方言》:"遥,疾行也。南楚之外曰遥。"遥,與"踰"同。重言之則曰"踰踰"。踰踰,猶躍躍耳。

《王風·邱中有麻》篇"將其來施施",鄭箋云:"施施,舒行伺閒,獨來見己之貌。"釋文云:"施施,如字。"《孟子·離婁》篇"施施從外來",孫奭音義云:"施施,丁如字,張音移。"

《楚辭·九章》"悲秋風之動容兮,何回極之浮浮",王逸注云:"浮浮,行貌。"

《離騷》"老冉冉其將至兮",注云:"冉冉,行貌。"

《説文》:"徲,行平易也。"經傳通作"夷"。重言之則曰"夷夷"。"夷"與"遲",古同聲。《邶風·谷風》篇"行道遲遲",毛傳云:"遲遲,舒行貌。"遲遲,與"夷夷"同。《匡謬正俗》云:"古者遲、夷通用。《書》稱'遲任有言曰',遲字音夷,亦音遲。《淮南》説'馮夷河伯',乃爲遲字。史籍或言'陵遲',或言'陵夷',其義一也。"

《説文》"儦,行皃",引《齊風·載驅》篇:"行人儦儦。"《小雅·吉日》篇"儦儦俟俟",毛傳云:"趨則儦儦,行則俟俟。"釋文:"儦儦,本或作'麃麃'。"

《説文》:"趞,行皃。"重言之則曰"趞趞"。

《文選·神女賦》"步裔裔兮曜殿堂",李善注云:"裔裔,行貌。"司馬相如《子虚賦》"纚乎淫淫,般乎裔裔",郭璞注云:"皆羣行貌也。"《漢書·禮樂志·郊祀歌》"先以雨,般裔裔",顔師古注云:"裔裔,飛流之貌。"

《説文》:"踙,進足有所擷取也。"《楚辭·九章》:"衆踥蹀而日進兮。"是"踙、踥"皆行進貌也。重言之則曰"踙踙、踥踥"。

諸書皆無"夏夏"之文,"夏夏"當作"夒夒",字之誤也。《説文》"夒,和之行也",引《商頌·長發》篇:"布政夒夒。"今本作"敷政優優"。

《鄭風·清人》篇"駟介陶陶",毛傳云:"陶陶,驅馳之貌。"釋文音徒報反。陶陶,與"蹈蹈"同。《楚辭·七諫》"年滔滔而日遠兮",注云:"滔滔,行貌。""滔滔"與"蹈蹈",聲義亦相近。

《説文》:"衍,水朝宗于海也;從水行。"重言之則曰"衍衍"。《楚辭·七諫》云:"駕青龍以馳騖兮,班衍衍之冥冥。"

衜,或作"衝"。衝衝,義見下條。

昀案:奕奕、趟趟、章章未作疏證。

憧憧、嫛嫛、徸徸、營營,往來也[①]。

《説文》:"憧,意不定也。"《咸》九四"憧憧往來,朋從爾思",釋文云:"憧憧,馬云:'行貌。'王肅云:'往來不絶貌。'劉云:'意未定也。'京作'憃憃'。"《鹽鐵論·刺復》篇云:"心憧憧若涉大川,遭風而未薄。"《易林·咸之坤》云:"心惡來怪,衝衝何懼?"並字異而義同。

嫛嫛,曹憲音柈。柈,即"盤"字也。《玉篇》《廣韻》《集韻》音與曹憲同。各本"柈"字誤入正文,又誤作"拌拌"二字。上文"瞥瞥,視也",曹憲音柈。今據以訂正。

《小雅·青蠅》篇"營營青蠅",毛傳云:"營營,往來貌。"《楚辭·九章》"魂識路之營營",王逸注與毛傳同。

昀案:徸徸未作疏證。嫛嫛惟作勘誤。

腜腜、臞臞、奰奰、奞奞[②]、濯濯、臏臏,肥也。

左思《魏都賦》"腜腜坰野",張載注云"腜腜,美也",引《大雅·緜》篇:"周原腜腜。"李善注引《韓詩》同。《毛詩》作"周原膴膴",傳云:"膴膴,美也。"鄭箋云:"周之原地,膴膴然肥美。""膴"與"飴、謀、龜、時、兹"爲韻,當讀如梅。釋文音武,失之。"膴"與"腜",古字通,又通作"每"。僖二十八年《左傳》"原田每每",亦謂原田之肥美也。杜預注云:"原田之草每每然。"失之。

臞臞、奞奞,説見卷二"臞、肥、奞,盛也"下。奞,從大,旨聲。各本譌作"奞奞",今訂正。

《説文》:"奰,大視也;從大,夏聲,讀若齤。"齤,音拳。"大"與"肥",義相近。重言之則曰"奰奰"。各本譌作"奰奰",今訂正。

《大雅·靈臺》篇"麀鹿濯濯",《孟子·梁惠王》篇注云:"獸肥飽則濯濯。"司馬相如《封禪文》云:"濯濯之麟,游彼靈畤。"

昀案:臏臏未作疏證。

泡泡、洶洶、沸沸、〔洋洋〕、洹洹、湯湯、泱泱、湝湝、浩浩、潒潒、混混、㳙㳙、滂滂、沛沛、涓涓、決決、浪浪、油油、減減、滮滮、〔淈淈*〕,流也。

《西山經》"其源渾渾泡泡",郭璞注云:"水濆涌之聲也。"

---

① 往,原作"徃",《疏證》作"往"。

② 奞奞,原譌作"奞奞",《疏證》不誤。

淘淘,與“滔滔”同。《小雅·四月》篇“滔滔江漢”。毛傳云:“滔滔,大水貌。”“滔”之或作“淘”,猶“搯”之或作“掏”。曹憲音陶,失之。《風俗通義》引《詩》“江漢陶陶”,陶,亦與“滔”同。

《西山經》“其源沸沸湯湯”,注云:“涌出之貌也。”

《衛風·碩人》篇“河水洋洋”,毛傳云:“洋洋,盛大也。”洋,曹憲音陽。各本脱去“洋洋”二字,其音内“陽”字誤入正文,又衍作“陽陽”二字,今訂正。

《鄭風·溱洧》篇“溱與洧,方涣涣兮”,毛傳云:“涣涣,盛也。”釋文:“涣涣,《韓詩》作‘洹洹’。”《太平御覽》引《韓詩》注云:“洹洹,盛也。”《漢書·地理志》引《詩》作“灌灌”。並字異而義同。

《衛風·氓》傳云:“湯湯,水盛貌。”《堯典》云:“湯湯洪水方割,蕩蕩懷山襄陵,浩浩滔天。”蕩蕩,與“潒潒”同。

《小雅·瞻彼洛矣》篇“維水泱泱”,毛傳云:“泱泱,深廣貌。”《鼓鍾》篇“淮水湝湝”,毛傳云:“湝湝,猶湯湯也。”

《説文》:“混,豐流也。”司馬相如《上林賦》云:“汩乎混流。”重言之則曰“混混”。《孟子·離婁》篇云:“原泉混混。”《荀子·富國》篇云:“財貨渾渾如泉源。”渾,與“混”同。

《説文》:“𣄼,水流也。”《楚辭·九章》云:“浩浩沅湘,分流汩兮。”汩,與“𣄼”同。重言之則曰“𣄼𣄼”。

《説文》:“滂,沛也。”重言之則曰“滂滂、沛沛”。《荀子·富國》篇云:“汸汸如河海。”《易林·未濟之鼎》云:“流潦滂滂。”宋玉《高唐賦》云:“奔揚踊而相擊兮,雲興聲之霈霈。”王褒《九懷》云:“望淮兮沛沛。”汸,與“滂”同。霈,與“沛”同。

《説文》“涓,小流也”,引《爾雅》:“汝爲涓。”重言之則曰“涓涓”。《荀子·法行》篇引詩云:“涓涓源水,不雝不塞。”

《説文》:“決,行流也。”重言之則曰“決決”。決決,水貌也,故因以爲水名。《北山經》云:“龍侯之山,決決之水出焉,而東流注于河。”是也。

《楚辭·離騷》“攬茹蕙以掩涕兮,霑余襟之浪浪”,王逸注云:“浪浪,流貌也。”

《九歎》“江湘油油”,注云:“油油,流貌也。”《衛風·竹竿》篇“淇水滺滺”,釋文作“浟浟”。《五經文字》云:“亦作攸攸。”並字異而義同。

《説文》"濊，礙流也"，引《衛風・碩人》篇："施罟濊濊。"又"薉"字注云："讀若《詩》'施罟泧泧'。"今本作"施罛濊濊"，釋文引《韓詩》云："濊濊，流貌。"並字異而義同。泧，從水，戉聲。戉，音越。各本譌從戊，今訂正。

《小雅・白華》篇"滮池北流"，毛傳云："滮，流貌。"《説文》作"淲"。重言之則曰"滮滮"。

《説文》："淈，水出皃也。"《莊子・達生》篇"與齊俱入，與汩皆出"，郭象注云："磨翁而旋入者齊也，回伏而涌出者汩也。"汩，與"淈"同。重言之則曰"淈淈"。司馬相如《上林賦》"潏潏淈淈，湁潗鼎沸"，郭璞注云："皆水微轉細涌貌也。"《淮南子・原道訓》云："混混汩汩。"《易林・同人之既濟》云："涌泉滑滑。"並字異而義同。《史記・司馬相如傳》索隱及《集韻》《類篇》並引《廣雅》："淈淈，流也。"今本脱"淈淈"二字。

昀案：浩浩未作疏證。

汎汎、〔氾氾〕，浮也。

《邶風・二子乘舟》篇云："二子乘舟，汎汎其景。"汎，曹憲音扶弓反。各本"扶弓"二字誤入正文内，又誤作"芎芎"二字。《玉篇》汎，扶弓切。今據以訂正。

《楚辭・卜居》云："將氾氾若水中之鳧乎？"氾，曹憲音孚劒反。各本脱去"氾氾"二字，"孚劒"又譌作"扶劒"。案：《玉篇》《廣韻》《集韻》"氾"字俱音孚劒切，不音扶劒切，此因與上文"汎，扶弓反"相涉而誤。"汎汎"與"氾氾"連文，後人不知"汎、氾"之不同音，而誤以爲重出，故删去"氾氾"二字耳。《漢書・司馬相如傳》"汎淫氾濫"，顔師古注云："汎，音馮。氾，音敷劒反。"司馬貞《史記索隱》云"汎，音馮。氾，音芳劒反"，引《廣雅》："汎汎、氾氾，浮也。"今據以補正。

輷輷、硍硍，堅也。

輷輷，説見卷一"輷，堅也"下。《衆經音義》卷四引《廣雅》作"輷輷"。

昀案：硍硍未作疏證。

堇堇、芒芒、莫莫、萋萋、菶菶、芊芊、芾芾、蓁蓁、薿薿、淠淠、茀茀、蒼蒼、娸娸、藏藏、幪幪、葤葤、蔚蔚、務務、葆葆、䨓䨓，茂也。

此謂草木之盛也。

《爾雅》云："華，皇也。"又云："蕍、芛、堇、華，榮。"堇，與"皇"通。重言之則曰

"皇皇"。《小雅·皇皇者華》傳云:"皇皇,猶煌煌也。"

《大雅·行葦》篇"維葉泥泥",傳云:"葉初生泥泥然。"《潛夫論·德化》篇引《詩》作"柅柅"。並與"苨苨"同。

莫莫,猶莽莽也。《周南·葛覃》篇"維葉莫莫",《大雅·旱麓》篇"莫莫葛藟",皆是茂盛之貌。傳因"是刈是濩",而云"莫莫,成就之貌";因"施于條枚",而云"莫莫,施貌"。緣詞生訓,殆非也。

《説文》:"萋,艸盛也。"《小雅·杕杜》篇云:"卉木萋止。"重言之則曰"萋萋"。《葛覃》"維葉萋萋",傳云:"萋萋,茂盛貌。"萋萋,猶莫莫耳。

《説文》:"菶,艸盛也。"《大雅·卷阿》篇"菶菶萋萋",傳云:"梧桐盛也。"《生民》篇"瓜瓞唪唪",傳云:"唪唪然多實也。"案:唪唪,亦茂盛之貌,不必專訓"多實"。《説文》"玤"字注云:"讀若《詩》曰:'瓜瓞菶菶。'"是"唪唪"即"菶菶"也。瓜瓞菶菶,猶言"麻麥幪幪"耳。《卷阿》釋文云:"菶菶,布孔反,又薄孔反,又薄公反。"《小雅·采菽》篇"維柞之枝,其葉蓬蓬",傳云:"蓬蓬,盛貌。"義亦與"菶菶"同。

《説文》:"硲,望山谷硲硲青也。"《列子·力命》篇云:"美哉國乎,鬱鬱芊芊。"《文選·高唐賦》云:"仰視山巔,肅何芊芊。"潘岳《懷縣》詩云:"稻栽肅仟仟。"謝朓《游東田》詩云:"遠樹曖仟仟。"五臣本作"阡阡"。並字異而義同。

芾芾,猶沛沛也。《説文》:"巿,艸木盛巿巿然;讀若輩。"《陳風·東門之楊》篇云:"東門之楊,其葉肺肺。"《大雅·生民》篇云:"荏菽旆旆。"義並與"芾芾"同。

《説文》:"蓁,艸盛皃。"《周南·桃夭》篇"桃之夭夭,其葉蓁蓁",傳云:"蓁蓁,至盛皃。"《文選·東都賦》注引《韓詩·小雅》"蓁蓁者莪",《毛詩》作"菁菁",聲近而義同。

《説文》:"薿,茂也。"《小雅·甫田》篇云:"黍稷薿薿。"《漢書·食貨志》引作"儗儗"。

《小雅·小弁》篇"萑葦淠淠",傳云:"淠淠,衆也。"淠淠,各本譌作"渒渒",今訂正。

《爾雅》"覭髳,茀離也",郭璞注云:"謂草木之叢茸翳薈。"是"茀"爲茂也。重言之則曰"茀茀"。《夏小正》"拂桐芭",傳云:"言桐芭始生,貌拂拂然也。"拂,與"茀"通。

《秦風·蒹葭》篇"蒹葭蒼蒼",傳云:"蒼蒼,盛也。"

《禹貢》云:"厥草惟夭。"是"夭"爲茂也。夭,與"媄"同,字又作"枖"。重言之則曰"媄媄"。《説文》"枖,木少盛皃",引《詩》:"桃之枖枖。"又"媄"字注引《詩》:"桃之媄媄。"今本作"夭夭",傳云:"夭夭,其少壯也。"《邶風·凱風》篇"棘心夭夭",傳云:"夭夭,盛貌。"其實一義也。《檜風·萇楚》篇云:"夭之沃沃。"沃沃,與"夭夭"亦同義。既言"夭"而又言"沃沃"者,言重詞複以形容其盛,若《中庸》言"淵淵其淵"矣。

《陳風·東門之楊》篇"東門之楊,其葉牂牂",傳云:"牂牂然盛貌。"《易林·革之大有》云:"南山之楊,其葉將將。"並與"藏藏"同。

《大雅·生民》篇"麻麥幪幪",傳云:"幪幪然盛茂也。"幪幪,各本譌作"懞懞",今訂正。各本"懞"下又有"莫莫"二字。案:"莫莫"已見上文,不應重出。《詩》"麻麥幪幪",釋文音莫孔反。各本"幪"下"莫"字,當是反語之上一字;既誤入正文,又衍爲"莫莫"二字耳。今訂正。

《文選·高唐賦》"蔚兮若松榯",李善注云:"蔚,茂貌。"蔚,與"薱"通。《西都賦》"茂樹蔭蔚",注引《倉頡篇》云:"蔚,草木盛貌。"合言之則曰"薱蔚"。《後漢書·馬融傳》"豐彤對蔚",李賢注云:"皆林木貌也。"對,與"薱"通。重言之則曰"薱薱、蔚蔚"。蔚蔚,猶鬱鬱耳。

《釋言》云:"莪,葆也。"莪,與"務"同。重言之則曰"務務、葆葆"。務,曹憲音亡豆、亡老二反。務,亦茂也。魏武帝《氣出唱》樂府云:"乘雲駕龍,鬱何務務。"《淮南子·天文訓》云:"斗指卯,卯則茂茂然。"茂,與"務"通。

哀元年《左傳》注云:"草之生於廣野莽莽然,故曰草莽。"《楚辭·九章》云:"草木莽莽。"莽,與"茻"同。

戡戡、藹藹、穮穮[①]、截截、渠渠、閑閑、勃勃、藐藐、煒煒、童童、鐵鐵、闐闐、彭彭、岌岌、旁旁、鏘鏘、騤騤、驛驛、業業、翼翼、奕奕、常常、几几,盛也。

此謂凡物之盛也。

《漢書·陳勝傳》"夥!涉之爲王沈沈者",應劭注云:"沈沈,宫室深邃之貌也;音長含反。"張衡《西京賦》云:"大厦耽耽。"義並與"戡戡"同。

《爾雅》"藹藹、濟濟,止也",郭璞注云:"皆賢士盛多之容止。"《大雅·卷阿》

---

① 穮,原作"穮",《疏證》作"穮"。

篇云:“藹藹王多吉士。”

《衛風·碩人》篇“朱幩鑣鑣”,傳云:“鑣鑣,盛貌。”《鄭風·清人》篇“駟介麃麃”,傳云:“麃麃,武貌。”《齊風·載驅》篇“行人儦儦”,傳云:“儦儦,衆貌。”《小雅·角弓》篇“雨雪瀌瀌”,箋云:“雨雪之盛瀌瀌然。”義並同也。

《秦風·權輿》篇云:“夏屋渠渠。”是“渠渠”爲盛貌也。

《大雅·皇矣》篇“臨衝閑閑,崇墉言言”“臨衝茀茀,崇墉仡仡”,傳云:“閑閑,動摇也。言言,高大也。”“茀茀,彊盛也。仡仡,猶言言也。”案:言言、仡仡,皆謂城之高大,則閑閑、茀茀,亦皆謂車之彊盛。茀茀,與“勃勃”同。《廣雅》以“閑閑、勃勃”俱訓爲盛,蓋本諸三家也。《法言·淵騫》篇云:“勃勃乎其不可及乎。”《淮南子·時則訓》云:“敎敎陽陽,唯德是行。”卷二云:“浡,盛也。”浡、敎,並與“勃”同。

《爾雅》:“藐藐,美也。”美,與“盛”同義。《大雅·崧高》篇云:“寢廟既成,既成藐藐。”

卷二云:“韡,盛也。”重言之則曰“韡韡”。《小雅·常棣》篇“常棣之華,鄂不韡韡”,傳云:“韡韡,光明也。”《藝文類聚》引《韓詩》作“夫栘之華,咢不煒煒”。《邶風·靜女》篇“彤管有煒”,箋云:“赤管煒煒然。”蔡邕《琴賦》云:“丹華煒煒。”煒,與“韡”同義。

《召南·采蘩》篇“被之僮僮,夙夜在公。被之祁祁,薄言還歸”,傳云:“被,首飾也。僮僮,竦敬也。祁祁,舒遲也,去事有儀也。”案:《詩》言“被之僮僮”“被之祁祁”,則“僮僮、祁祁”皆是形容首飾之盛,下乃言其奉祭祀不失職耳。《大雅·韓奕》篇云:“諸娣從之,祁祁如雲。”是“祁祁”爲盛貌。僮,與“童”通。《廣雅》訓“童童”爲盛,蓋亦本三家也。《釋名》:“幢,童也,其貌童童然也。”《蜀志·先主傳》云:“有桑樹高五丈餘,遥望見,童童如小車蓋。”《藝文類聚》引作“幢幢”。張衡《東京賦》云:“設業設虡,宫縣金鏞。鼖鼓路鼗,樹羽幢幢。”皆謂盛貌也。童、僮、幢,古同聲而通用。

《説文》“鉞,車鸞聲也”,引《詩》:“鑾聲鉞鉞。”今《詩·小雅·庭燎》篇及《魯頌·泮水》篇並作“鸞聲噦噦”,義與“鐬鐬”同。《大雅·卷阿》篇“鳳皇于飛,翽翽其羽”,傳云:“翽翽,衆多也。”箋云:“羽聲也。”《小雅·斯干》篇“噦噦其冥”,箋云:“噦噦,猶煟煟也,寬明之貌。”皆盛之義也。

凡盛貌謂之闐闐,盛聲亦謂之闐闐。《説文》:“闐,盛皃也。”又云“嗔,盛氣也”,引《小雅·采芑》篇:“振旅嗔嗔。”今本作“闐闐”。《爾雅》注云:“闐闐,羣行聲。”左思《魏都賦》云:“振旅輷輷,反旆悠悠。”《問喪》云:“殷殷田田,如壞牆然。”《楚辭·九歌》云:“靁填填兮雨冥冥。”《漢書·禮樂志·郊祀歌》“泛泛滇滇從高斿”,應劭注云:“滇滇,盛貌也。”《易林·賁之蹇》云:“轠轠填填,火燒山根。”郭璞《江賦》“汗汗沺沺”,《廣韻》引《字林》云:“沺沺,水勢廣大無際之皃。”是凡言“闐闐”者,皆盛之義也。

彭彭,與下“旁旁”同,音博庚、蒲庚二反。《大有》九四“匪其彭”,王肅注云:“彭,壯也。”重言之則曰“彭彭”。《説文》“騯,馬盛也”,引《詩》:“四牡騯騯。”今詩《小雅·北山》篇及《大雅·烝民、韓奕》二篇,並作“四牡彭彭”。《鄭風·清人》篇“駟介旁旁”,王肅注云:“旁旁,彊也。”《齊風·載驅》篇“行人彭彭”,傳云:“彭彭,多貌。”《魯頌·駉》篇“以車彭彭”,傳云:“彭彭,有力有容也。”騯、旁、彭,並同義。

凡聲之盛謂之鏘鏘,故鸞聲謂之鏘鏘。《小雅·采芑》篇“八鸞瑲瑲”,《庭燎》篇作“將將”,《大雅·烝民》篇作“鏘鏘”,《商頌·烈祖》篇作“鶬鶬”,是也。樂聲謂之鏘鏘。《小雅·鼓鍾》篇“鼓鍾將將”,《周頌·執競》篇“磬筦將將”,《説文》作“䏴䏴”,是也。玉聲謂之鏘鏘。《鄭風·有女同車》篇:“佩玉將將。”是也。車聲謂之鏘鏘。《楚辭·九辯》:“前輊輬之鏘鏘。”是也。凡貌之盛,亦謂之鏘鏘。故行貌謂之蹌蹌。《曲禮》“大夫濟濟,士蹌蹌”,鄭注云:“皆行容止之貌。”釋文:“蹌蹌,本又作鶬,或作鏘。”是也。舞貌謂之蹌蹌。《説文》“牄”字注引《皋陶謨》“鳥獸牄牄”,今本作“蹌蹌”,《史記·夏紀》作“鳥獸翔舞”,是也。高貌謂之將將。《大雅·緜》篇:“應門將將。”班固《西都賦》:“激神岳之嶈嶈。”馬融《廣成頌》:“峨峨磑磑,鏘鏘崊崊。”是也。美貌謂之將將。《魯頌·閟宫》篇“犧尊將將”,正義云:“將將然盛美。”《管子·形勢解》云:“將將鴻鵠,貌之美者。”是也。明貌謂之將將。《荀子·王霸》篇引詩云:“如霜雪之將將,如日月之光明。”是也。是凡言“鏘鏘”者,皆盛之義也。

《小雅·采薇》篇“四牡騤騤”,傳云:“騤騤,彊也。”張衡《南都賦》云:“駟飛龍兮騤騤。”

《周頌·載芟》篇“驛驛其達”,《爾雅》作“繹繹”,舍人注云:“穀皆生之貌。”是“驛驛”爲盛也。

《小雅·采薇》篇“四牡業業”,傳云:“業業然壯也。”《大雅·常武》篇云:“赫赫業業。”

《小雅·采芑》篇“四騏翼翼”，箋云：“翼翼，壯健貌。”《信南山》篇“我黍與與，我稷翼翼”，箋云：“與與、翼翼，蕃廡貌。”《大雅·緜》篇“作廟翼翼”，箋云：“嚴顯翼翼然。”《後漢書·樊準傳》引《商頌·殷武》篇“京師翼翼，四方是則”，李賢注云：“《韓詩》之文也，翼翼然盛也。”又《小雅·信南山》篇云：“疆埸翼翼，黍稷彧彧。”《大雅·文王》篇云：“世之不顯，厥猶翼翼。”《常武》篇云：“緜緜翼翼，不測不克。”《孔子閒居》云：“無體之禮，威儀翼翼。”皆盛之義也。單言之則謂之翼，義見卷一“憑，滿也”下。

奕奕，猶驛驛也。《商頌·那》篇“庸鼓有斁，萬舞有奕”，傳云：“斁斁然盛也，奕奕然閑也。”《文選·謝惠連〈秋懷〉詩》注引薛君《韓詩章句》云：“奕奕，盛貌。”《小雅·車攻》篇云：“四牡奕奕。”《大雅·韓奕》篇“奕奕梁山”，傳云：“奕奕，大也。”《魯頌·閟宫》篇“新廟奕奕”，王肅注云：“奕奕盛大。”《周官·隸僕》注引作“寢廟繹繹”。奕、繹、斁，並同義。《小雅·頍弁》篇“憂心奕奕”“憂心怲怲”，傳云：“奕奕然無所薄也。”“怲怲，憂盛滿也。”案：奕奕，亦憂盛滿之貌，義與“怲怲”同。“怲怲”與“彭彭”，古同聲。故馬盛謂之彭彭，亦謂之奕奕；憂盛謂之奕奕，亦謂之怲怲矣。

《説文》：“常，或作裳。”《小雅·裳裳者華》傳云：“裳裳，猶堂堂也。”

《豳風·狼跋》篇云：“赤舄几几。”是“几几”爲盛貌也。《説文》引《詩》作“己己”，又作“掔掔”。

昀案：截截、岌岌未作疏證。

仍仍、登登、翹翹、馮馮、總總、傅傅、甫甫、伾伾、集集、師師、逯逯、嘽嘽、淖淖、漼漼、續續、紛紛、噴噴，衆也。

《爾雅》：“薨薨，衆也。”《大雅·緜》篇“捄之陾陾，度之薨薨。築之登登，削屢馮馮”，傳云：“捄，虆也。陾陾，衆也。度，居也，言百姓之勸勉也。登登，用力也。削牆鍛屢之聲馮馮然。”陾，與“仍”通。合言之，則皆衆民力作之貌。故“登登、馮馮”亦訓爲衆。《太玄·廓》次六“百辟馮馮”，亦以“馮馮”爲衆也。

《周南·漢廣》篇“翹翹錯薪，言刈其楚”，“翹翹”與“錯薪”連文，則“翹翹”爲衆貌，言於衆薪之中刈取其高者耳。傳、箋以“翹翹”爲高，則與下句相複。《廣雅》

以爲衆,蓋本於三家也。

卷三云:"蕁、總,聚也。"蕁,與"僔"通。重言之則曰"總總、僔僔"。《楚辭·離騷》"紛總總其離合兮",王逸注云:"總總,猶僔僔,聚貌。"《九歌》"紛總總兮九州",注云:"總總,衆貌。"《莊子·則陽》篇"是稯稯何爲者邪",李頤注云:"稯稯,聚貌。"稯,與"總"通。僖十五年《左傳》引《小雅·十月之交》篇"僔沓背憎",今本"僔"作"噂",傳云:"噂,猶噂噂。沓,猶沓沓。"張衡《南都賦》云:"森蕁蕁而刺天。"揚雄《甘泉賦》云:"齊總總撙撙其相膠轕兮。"並字異而義同。

《大雅·韓奕》篇"魴鱮甫甫",傳云:"甫甫然大也。"此訓爲衆,義得兩通,蓋亦本三家也。

伾伾,羣行貌也。説見上文"駓駓,走也"下。

卷三云:"集,聚也。"重言之則曰"集集"。《周南·螽斯》篇"螽斯羽,揖揖兮",傳云:"揖揖,會聚也。"義與"集集"同。

《師·彖傳》云:"師,衆也。"重言之則曰"師師"。

《史記·平原君傳》云:"公等録録,所謂因人成事者也。"《漢書·蕭何曹參傳·贊》"當時録録未有奇節",顔師古注云:"録録,猶鹿鹿,言在凡庶之中也。"《史記·酷吏傳·贊》:"九卿碌碌奉其官。"並與"逯逯"同。

《小雅·采芑》篇"戎車嘽嘽",傳云:"嘽嘽,衆也。"《大雅·常武》篇"王旅嘽嘽",傳云:"嘽嘽然盛也。"《崧高》篇"徒御嘽嘽",亦是衆盛之貌。傳因"周邦咸喜"而訓"嘽嘽"爲喜樂,失之。《漢書·敘傳》"王師驒驒",義與"嘽嘽"同。

《小雅·南有嘉魚》篇"烝然罩罩""烝然汕汕",傳云:"罩罩,篧也。""汕汕,樔也。"箋云:"烝,塵也。塵然,猶言久如也;言南方水中有善魚,人將久如而俱罩之。""樔者,今之撩罟也。"正義引《爾雅》:"篧謂之罩,樔謂之汕。"《毛鄭詩考正》云:"案:王肅云:'烝,衆也。'罩罩、汕汕,疊字形容之辭,不當爲捕魚器。《説文》鯙字注云:'烝然鯙鯙。'又汕字注云:'魚游水貌。《詩》曰:烝然汕汕。'鯙、罩,古字通用。罩罩、汕汕,蓋皆魚游水之貌,故以興燕樂。《爾雅》'篧謂之罩,樔謂之汕',自釋捕魚器,非釋《詩》之'罩罩、汕汕'也。"謹案:罩罩、汕汕,羣游之貌,故又訓爲衆,亦若"伾伾"爲羣行之貌,而訓爲衆也。淖淖,與"罩罩"同。潹潹,與"汕汕"同。《廣韻》"汕、潹"二字並所簡切。"淖淖、潹潹"之訓爲衆,蓋亦本三家也。

《大雅·靈臺》篇"麀鹿濯濯",傳云:"濯濯,娱遊也。"《石鼓文》:"澫又鯊,其斿趱趱。”“濯濯”與“淖淖”、“趱趱”與“汕汕”，聲並相近。

《楚辭·離騷》：“佩繽紛其繁飾兮。”是“繽紛”爲衆貌也。重言之則曰“繽繽、紛紛”。《孫子·兵勢》篇云：“紛紛紜紜。”

《説文》：“嘆，麇鹿羣口相聚皃。”《大雅·韓奕》篇“麀鹿嘆嘆”，傳云：“嘆嘆然衆也。”《小雅·吉日》篇作“麌麌”。

遼遼、遥遥、邈邈、眇眇，遠也。

《楚辭·九歎》云：“山脩遠其遼遼兮。”

昭二十五年《左傳》云：“遠哉遥遥。”

卷一云：“邈，遠也。”重言之則曰“邈邈”。《楚辭·離騷》“神高馳之邈邈”，王逸注云：“邈邈，遠貌。”《大雅·瞻卬》篇“藐藐昊天”，藐，與“邈”同。邈邈，各本譌作“邈邈”，今訂正。

《釋言》云：“眇，莫也。”重言之則曰“眇眇”。《楚辭·九章》云：“路眇眇之默默。”《管子·内業》篇云：“渺渺乎如窮無極。”渺，與“眇”同。眇眇，猶邈邈耳。

呦呦、喓喓、嚶嚶、喈喈、嘖嘖、嘒嘒，鳴也。

《小雅·鹿鳴》篇云：“呦呦鹿鳴。”

《召南·草蟲》篇“喓喓草蟲”，傳云：“喓喓，聲也。”

《小雅·伐木》篇云：“鳥鳴嚶嚶。”單言之則曰“嚶”。下文“嚶其鳴矣”，是也。張衡《思玄賦》“鳴玉鸞之嚶嚶”，義與“嚶嚶”同。

《爾雅》“行扈唶唶，宵扈嘖嘖”，李巡注云：“唶唶、嘖嘖，鳥聲貌也。”《淮南子·原道訓》云：“烏之啞啞，鵲之唶唶。”

《小雅·小弁》篇“鳴蜩嘒嘒”，傳云：“嘒嘒，小聲也。”《采菽》篇：“鸞聲嘒嘒。”並與“嘒嘒”同。

虺虺、喤喤、輷輷、轞轞、欿欿、欽欽、丁丁、闐闐、轒轒、轠轠、鞈鞈、橐橐、轔轔、鈴鈴，聲也。

《邶風·終風》篇云：“虺虺其靁。”

喤喤，説見卷四“鍠，聲也”下。

《説文》：“轟，羣車聲。”《文選·魏都賦》注引《倉頡篇》云：“輷輷，衆車聲也。”《史記·蘇秦傳》云：“人民之衆，車馬之多，日夜行不絶，輷輷殷殷，若有三軍之衆。"《易林·頤之大有》云:"轟轟軥軥,驅東逐西。"並字異而義同。

《王風·大車》篇"大車檻檻",傳云:"檻檻,車行聲也。"檻,與"轞"通,字亦作"轚"。左思《吳都賦》云:"出車轚轚。"

《陳風·宛邱》篇云:"坎其擊鼓。"重言之則曰"坎坎"。《説文》"竷,舞曲也",引《小雅·伐木》篇:"竷竷舞我。"今本作"坎坎鼓我"。《魏風·伐檀》篇"坎坎伐輪兮",《漢石經》作"欿欿"。並字異而義同。

欽欽,猶坎坎也。《小雅·鼓鍾》篇云:"鼓鍾欽欽。"

《周南·兔罝》篇"椓之丁丁",傳云:"丁丁,椓杙聲也。"《小雅·伐木》篇"伐木丁丁",傳云:"丁丁,伐木聲也。"

凡羣行聲謂之闐闐。《説文》引《小雅·采芑》篇"振旅嗔嗔",今本作"闐闐"。《爾雅》注云:"闐闐,羣行聲。"左思《魏都賦》云:"振旅軥軥,返旆悠悠。"是也。車聲謂之軥軥。《易林》云:"轟轟軥軥,驅東逐西。"是也。雷聲謂之填填。《楚辭·九歌》云:"靁填填兮雨冥冥。"《九辯》:"屬雷師之闐闐。"是也。崩聲謂之田田。《問喪》云:"殷殷田田,如壞牆然。"是也。凡言"闐闐"者,並同義。

《説文》"鼘,鼓聲也",引《商頌·那》篇:"鼗鼓鼘鼘。"今本作"淵淵"。《魯頌·有駜》篇"鼓咽咽",釋文:"本又作鼝鼝。"張衡《東京賦》:"雷鼓鼝鼝。"並字異而義同。

轀轀,猶闐闐也,故車聲、雷聲、崩聲、羣行聲,皆謂之轀轀。《易林·咸之困》云:"雷車不藏,隱隱西行。"司馬相如《長門賦》云:"雷殷殷而響起兮,聲象君之車音。"並與"轀轀"同。單言之則曰"殷"。《召南》"殷其靁",是也。餘見上文"軥軥、闐闐"下。

《大雅·靈臺》篇"鼉鼓逢逢",釋文:"逢逢,《埤倉》作'韸韸'。"《吕氏春秋·季夏紀》注引《詩》亦作"韸韸"。

《小雅·斯干》篇"椓之橐橐",《集傳》云:"橐橐,杵聲也。椓之橐橐,猶言椓之丁丁耳。"《斯干》釋文云:"橐橐,本或作'柝柝'。"橐、柝,並與"欜"通。《繫辭傳》"重門擊柝",馬融注云:"兩木相擊以行夜也。"《説文》引《易》,"柝"作"欜"。案:欜之言橐也;兩木相擊,聲橐橐然也。義亦與"椓之橐橐"同。

《楚辭·九歌》"乘龍兮轔轔",王逸注云:"轔轔,車聲。"《秦風·車鄰》篇"有車鄰鄰",傳云:"鄰鄰,衆車聲也。"釋文:"本亦作'轔轔'。"崔駰《東巡頌》云:"天動雷霆,隱隱轔轔。"

鈴鈴,猶轔轔也。《齊風·盧令》篇"盧令令",傳云:"令令,纓環聲。"正義作"鈴鈴"。《漢書·天文志》云:"地大動鈴鈴然。"《説文》云:"霆,雷餘聲鈴鈴,所以挺出萬物也。"

混混、沌沌,轉也。

混混,或作"渾渾"。《孫子·兵勢》篇"渾渾沌沌,形圓而不可敗",魏武帝注云:"車騎轉而形圓者,出入有道齊整也。"《吕氏春秋·大樂》篇云:"陰陽變化,一上一下,合而成章。渾渾沌沌,離則復合,合則復離,是謂天常。天地車輪,終則復始,極則復反,莫不咸當。"是"渾渾沌沌"爲轉貌也。凡狀水之轉,亦曰"渾渾沌沌"。枚乘《七發》説曲江之濤云:"沌沌渾渾,狀如奔馬;混混庉庉,聲如雷鼓。"混庉,猶"渾沌"耳。

馮馮、翼翼、烟烟、熅熅、睢睢、盱盱,元氣也。

《楚辭·天問》"馮翼惟像,何以識之",王逸注云:"言天地既分,陰陽運轉,馮馮翼翼,何以識知其形像乎?"《淮南子·天文訓》"天墜未形,馮馮翼翼,洞洞灟灟",高誘注云:"馮、翼、洞、灟,無形之貌。"

《繫辭傳》云:"天地絪緼,萬物化醇。"絪緼,與"烟熅"同。重言之則曰"烟烟、熅熅"。班固《典引》"太極之元,兩儀始分,烟烟熅熅",蔡邕注云:"烟烟熅熅,陰陽和一相扶貌也。"

睢睢、盱盱,猶"烟烟、熅熅"也。揚雄《劇秦美新》云:"權輿天地未祛,睢睢盱盱。"元氣未判謂之睢盱,太朴未彫亦謂之睢盱。王延壽《魯靈光殿賦》"上紀開闢,遂古之初,五龍比翼,人皇九頭,伏羲鱗身,女媧蛇軀。鴻荒朴略,厥狀睢盱",張載注云:"睢盱,質朴之形。"

紛紛、條條、擾擾、憒憒、㤜㤜、惛惛、忞忞,亂也。

《吕刑》云:"泯泯棼棼。"《孫子·兵勢》篇云:"紛紛紜紜。"並與"紛紛"同。

《晉語》云:"唯有諸侯,故擾擾焉。"

前卷三云:"憒,亂也。"重言之則曰"憒憒"。《大雅·召旻》篇"憒憒回遹",傳云:"潰潰,亂也。"《莊子·大宗師》篇云:"憒憒然爲世俗之禮。"憒,與"潰"通。

桓五年《公羊傳》"㤜也",何休注云:"㤜者,狂也。"狂,與"亂"同義。重言之則曰“㤜㤜”。

《多方》云:“乃大淫昏。”《説文》引《立政》云:“在受德忞。”是“昏、忞”皆亂也。昏,與“惛”同。重言之則曰“惛惛、忞忞”。《管子·四時》篇云:“五漫漫,六惛惛,孰知之哉?”《法言·問神》篇“著古昔之㖧㖧,傳千里之忞忞者,莫如書”,李軌注云:“㖧㖧,目所不見。忞忞,心所不了。”㖧㖧,與“惛惛”同。“忞忞”與“漫漫”聲亦相近。

昀案:傺傺未作疏證。

僛僛、僊僊、傞傞,舞也。

並見《小雅·賓之初筵》篇。

蜿蜿、蝹蝹,〔動〕也。

《玉篇》“蜿”音於阮、於元、於丸三切。《楚辭·大招》“虎豹蜿只”,王逸注云:“蜿,虎行貌也。”行,與“動”同義。重言之則曰“蜿蜿”。《楚辭·離騷》云:“駕八龍之蜿蜿兮。”宋玉《高唐賦》云:“振鱗奮翼,蜲蜲蜿蜿。”司馬相如《封禪文》云:“宛宛黄龍,興德而升。”並字異而義同。

《玉篇》“蝹”音於筠、於云二切。何晏《景福殿賦》云:“蝹若神龍之登降。”重言之則曰“蝹蝹”。張衡《西京賦》云:“海鱗變而成龍,狀蜿蜿以蝹蝹。”皆動之貌也。

各本脱去“動”字。《集韻》《類篇》並引《廣雅》:“蜿蜿、蝹蝹,動也。”今據以補正。

誇誇,切切也。

誇誇,未詳所出。

切切,見《論語·子路》篇,與誇大之義不相比附,當别是一條。“誇誇”下當有脱文,“切切”下亦當有脱文,今不可考。

行行,更更也①。

《論語·先進》篇“子路行行如也”,鄭注云:“行行,剛强之貌。”

更更,讀如庚庚。《釋名》云:“庚,更也,堅强貌也。”《説文》“庚,位西方,象秋

① 更,原作“叓”,《疏證》作“更”。

時萬物庚庚有實也",徐鍇傳云:"庚庚,堅彊之皃。"庚,與"更"通。行行、更更,聲相近,皆彊貌也。"更更"下蓋脱"彊"字。

乾乾,健也。

《乾》九三云:"君子終日乾乾。"餘見卷二"乾,健也"下。

蹇蹇,難也。

《蹇》六二云:"王臣蹇蹇。"餘見卷三"蹇,難也"下。

趯趯,跳也。

《召南·草蟲》篇"趯趯阜螽",傳云:"趯趯,躍也。""躍"與"趯",古同聲而通用。《小雅·巧言》篇"躍躍毚兔",釋文他狄反,是讀如"趯趯阜螽"之"趯"。《爾雅》"躍躍,迅也",釋文余斫反,是又讀如"魚躍于淵"之"躍"。

嬥嬥,好也。

卷一云:"嬥,好也。"重言之則曰"嬥嬥"。《毛詩·小雅·大東》篇"糾糾葛屨,可以履霜。佻佻公子,行彼周行。既往既來,使我心疚",傳云:"佻佻,獨行貌。"釋文:"佻佻,《韓詩》作'嬥嬥',往來貌。"案:"糾糾"是葛屨之貌,非履霜之貌,則"嬥嬥"亦是公子之貌,非獨行往來之貌。猶之"糾糾葛屨,可以履霜。摻摻女手,可以縫裳","摻摻"是女手之貌,非縫裳之貌也。《説文》:"嬥,直好皃。"《玉篇》音徒了、徒聊二切。嬥嬥,猶言苕苕。張衡《西京賦》云:"狀亭亭以苕苕。"是也。故《楚辭·九歎》注引《詩》作"苕苕公子,行彼周行"。《大東》釋文云:"嬥嬥,本或作'窕窕'。"《方言》:"美狀爲窕。"窕,亦好貌也。此句但言其直好,下三句乃傷其困乏。言此嬥嬥然直好之公子,馳驅周道,往來不息,是使我心傷病耳。《廣雅》訓"嬥嬥"爲好,當是《齊魯詩》説。若《毛詩》因"行彼周行"而訓爲獨行,《韓詩》因"既往既來"而訓爲往來,皆緣辭生訓,非詩人本意也。

呱呱,號也。

《説文》"呱,小兒嗁聲",引《大雅·生民》篇:"后稷呱矣。"重言之則曰"呱呱"。《皋陶謨》云:"啟呱呱而泣。"

殛殛,盡也。

卷一云:"鋌,盡也。"鋌,與"逊"通。重言之則曰"逊逊"。《論衡·語增》篇云:"傳語曰:'町町若荆軻之閭。'言荆軻爲燕太子丹刺秦王,後誅軻九族。其後恚恨不已,復夷軻之一里。一里皆滅,故曰町町。"□與"逊逊"同①。

頻頻,比也。

説見卷三"頻,比也"下。

嚻嚻,虚也。

《法言·君子》篇云:"或曰:'人有齊死生,同貧富,等貴賤,何如?'曰:'信死生齊,貧富同,貴賤等,則吾以聖人爲嚻嚻。'"吴祕注云:"若信是言,則吾以聖人六經之旨,爲嚻嚻之虚語耳。"《君子》篇又云:"或曰:'世無仙,則焉得斯語?'曰:'語乎者,非嚻嚻也歟。'"吴祕注云:"嚚嚚然方士之虚語耳。"

章章,采也。

《荀子·法行》篇云:"故雖有珉之雕雕,不若玉之章章。"

斤斤,仁也。

《周頌·執競》篇"斤斤其明",《爾雅》"斤斤,察也",義與"仁"不相近。"斤斤"之下,"仁也"之上,蓋俱有脱文。

昀案:此條惟指出有誤。

蒸蒸②,孝也。

蒸,或作"烝"。引之云:《堯典》"父頑、母嚚、象傲,克諧以孝烝烝乂不格姦",傳云:"諧,和;烝,進也。言能以至孝諧和頑嚚昏傲,使進進以善自治,不至於姦惡。"訓"烝"爲進,雖本《爾雅》,然以"烝烝乂"爲"進進治",則不辭甚矣。今案經文,當讀"克諧"爲句,"以孝烝烝"爲句,"乂不格姦"爲句。《列女傳》云:"舜父頑母嚚。父號瞽叟,弟曰象,敖遊於嫚。舜能諧柔之,承事瞽叟以孝。"蔡邕《九疑山碑》云:"逮于虞舜,聖德克明,克諧頑傲,以孝蒸蒸。"是讀"克諧"爲句,"以孝烝烝"爲句也。《列女傳》又云:"母憎舜而愛象,舜猶内治,靡有姦意。"是讀"乂不格姦"爲句也。經云"以孝烝烝",烝烝,即是孝德之形容,故漢魏人多以"烝烝"爲孝

---

① 脱文疑因印刷障礙所致,似爲"義"字。滬本、蘇本皆作"義"。

② 蒸,原作"𦮼",《疏證》作"蒸"。

者。陸賈《新語·道基》篇“虞舜蒸蒸於父母,光燿於天地”(241-1);《後漢書·章帝紀》“陛下至孝烝烝,奉順聖德”,《和熹鄧后紀》“以崇陛下烝烝之孝”,《宋意傳》“陛下至孝烝烝”,《張禹傳》“陛下體烝烝之至孝”,《馬融傳》“陛下履有虞烝烝之孝”,《袁紹傳》“伏惟將軍至孝蒸蒸,發於岐嶷”;張衡《東京賦》“蒸蒸之心,感物曾思,躬追養於廟祧,奉蒸嘗與禴祠”(241-2);《高陽令楊著碑》“孝烝内發’,又云“烝烝其孝,恂恂其仁”;蔡邕《胡公碑》“夫蒸蒸至孝,德本也”,《朱公叔墳前石碑》“孝于二親,蒸蒸雝雝”①;《續漢書·祭祀志》注引蔡邕議云:“孝章皇帝大孝蒸蒸。”(241-3)《家語·六本》篇:“瞽瞍不犯不父之罪,而舜不失烝烝之孝。”《藝文類聚》引魏弁蘭《贊述太子表》云:“昔舜以蒸蒸顯其德,周旦以不驕成其名。”曹植《鼙舞歌》云:“古時有虞舜,父母頑且嚚。盡孝於田隴,烝烝不違仁。”(241-4)《廣雅》亦云:“蒸蒸,孝也。”則知兩漢經師,皆訓“烝烝”爲孝,故轉相承用,卒無異説也。謂之烝烝者,言孝德之厚美也。《大雅·文王有聲》篇“文王烝哉”,《韓詩》云:“烝,美也。”《魯頌·泮水》篇“烝烝皇皇”,傳云:“烝烝,厚也。皇皇,美也。”王肅云:“言其人德厚美也。”

駸駸,疾也。

《説文》:“駸,馬行疾也。”《小雅·四牡》篇云:“載驟駸駸。”

版版,反也。

版、反,聲相近。字通作“板”。《爾雅》“版版、盪盪,僻也”,郭璞注云:“皆邪僻。”《大雅·板》篇“上帝板板”,傳云:“板板,反也。”正義云:“邪僻。”即反戾之義。

管管,浴也。

《大雅·板》篇“靡聖管管”,傳云:“管管無所依繫。”箋云:“無聖人之法度,管管然以心自恣。”此云“管管,浴也”,“浴”字於義不可通,未詳何字之譌。

眊眊,思也。

《漢書·鮑宣傳》“極竭毣毣之思”,毣,與“眊”通。

諓諓,善也。

---

① 二句引文之出處非《朱公叔墳前石碑》,仍爲前所述《胡公碑》,即《陳留太守胡公碑》。

《説文》:"諓,善言也。"《秦誓》"惟截截善諞言",文十二年《公羊傳》引作"惟諓諓善竫言",《楚辭・九歎》注引作"諓諓靖言",《説文》引作"戔戔"。《越語》"又安知是諓諓者乎",《公羊》釋文引賈逵注云:"諓諓,巧言也。"《鹽鐵論・論誹》篇云:"疾小人諓諓面從以成人之過也。"《潛夫論・救邊》篇云:"淺淺善靖。"並字異而義同。

庸庸,用也。

《康誥》云①:"庸庸,祇祇,威威。"

僆僆,憭也。

僆僆,曹憲音都計反。考《説文》《玉篇》俱無"僆"字。僆僆,疑當爲"倢倢"。倢,與"捷"通。卷一云:"憭、捷,慧也。"是"捷"與"憭"同義。

紛繷,不善也。

《吕刑》"泯泯棼棼",傳云:"泯泯爲亂,棼棼同惡。"《方言》云:"南楚凡人語言過度,及妄施行,謂之䜛。"皆謂不善也。棼,與"紛"通;䜛,與"繷"通。合言之,則曰"紛繷"。崔駰《達旨》云:"紛繷塞路,凶虐播流。"繷,曹憲音女交、奴孔二反。《大雅・民勞》篇"無縱詭隨,以謹惽怓",傳云:"惽怓,大亂也。""惽怓"與"紛繷",聲近而義同。

崎嶇,傾側也。

王褒《洞簫賦》云:"徒觀其旁山側兮,則嶇嶔巋崎。"是"崎"與"嶇"皆傾側之貌也。合言之則曰"崎嶇"。《説文》:"陭,敧也。""敧,敧陭也。"《文選・高唐賦》注引《埤倉》云:"崎嶇,不安也。"《史記・陸賈傳》云:"崎嶇山海閒。"《司馬相如傳》云:"民人登降移徙,陭嘔而不安。"左思《魏都賦》云:"山阜猥積而踦嶇。"並字異而義同。

軨軬,不平也。

軨軬,《玉篇》《廣韻》並作"軨輡"。所出未聞。

昀案:此條惟置疑。

蹇産,詰詘也。

① 康,原譌作"庸"。鍾宇訊已正。

《楚辭·九章》“思蹇産而不釋”,王逸注云:“蹇産,詰屈也。”屈,與“詘”通。司馬相如《上林賦》“蹇産溝瀆”,張注云:“蹇産,詰曲也。”卷一云:“結、詘,曲也。”結,與“詰”通。

詭隨,小惡也。

此《毛詩》義也。《大雅·民勞》篇“無縱詭隨,以謹無良”,傳云:“詭隨,詭人之善,隨人之惡者。以謹無良,慎小以懲大也。”正義云:“無良之惡,大於詭隨。詭隨者尚無所縱,則無良者謹慎矣。”案:“詭隨”疊韻字,不得分訓詭人之善、隨人之惡。詭隨,即無良之人,亦無大惡小惡之分。詭隨,謂譎詐謾欺之人也。詭,古讀若果;隨,古讀若髓。髓,音土禾反,字或作“詑”,又作“訑”;隨,其假借字也。《方言》云:“虔、儇,慧也。秦謂之謾,晉謂之䛐,宋楚之閒謂之倢,楚或謂之髓;自關而東,趙魏之閒謂之黠,或謂之鬼。”《説文》云:“沇州謂欺曰詑。”《楚辭·九章》云:“或忠信而死節兮,或訑謾而不疑。”《燕策》云:“寡人甚不喜訑者言也。”並字異而義同。

偃蹇,夭撟也。

此疊韻之轉也。《漢書·禮樂志·郊祀歌》云:“靈輿位,偃蹇驤。”《爾雅》“人曰撟”,郭注云:“頻伸夭撟。”撟,字或作“蟜”,又作“矯”(242)。司馬相如《上林賦》“夭蟜枝格,偃蹇杪顛”,郭注云:“夭蟜,頻申也。”張衡《思玄賦》云:“偃蹇夭矯娩以連卷兮。”夭撟謂之偃蹇,故屈曲亦謂之偃蹇。《淮南子·本經訓》云:“偃蹇蓼糾,曲成文章。”司馬相如《大人賦》“掉指撟以偃蹇”,張注云:“偃蹇,委曲貌。”是也。夭撟謂之偃蹇,故驕傲亦謂之偃蹇,崇高亦謂之偃蹇。哀六年《左傳》“彼皆偃蹇”,杜預注云:“偃蹇,驕傲。”《楚辭·離騷》“望瑶臺之偃蹇兮”,王逸注云:“偃蹇,高貌。”是也。

壒翳,障蔽也。

《楚辭·九歎》“舉霓旌之壒翳兮”,王逸注云:“壒翳,蔽隱貌。”餘見卷二“翳、薈、蔽,障也”下。

崢嵤,深冥也。

《爾雅》:“冥,幼也。”《小雅·斯干》正義云:“《爾雅》幼或作窈,孫炎曰:‘冥,深闇之窈也。’”《豫》上六“冥豫”，王廙注云：“冥，深也。”(243)《楚辭・九章》“眴兮杳杳”，王逸注云：“杳杳，深冥貌也。”是“冥”與“深”同義。餘見卷三“崝、嵤，深也”下。崝，與“崢”同。

跐踔，無常也。

跐，或作“踸”。《楚辭・七諫》“馬蘭踸踔而日加”，王逸注云：“踸踔，暴長貌也。”暴長，即無常之意。無常謂之踸踔，非常亦謂之踸踔。趙岐注《孟子・盡心》篇云：“子張之爲人，踸踔譎詭。”是也。餘見卷三“逴，蹇也”下。

屏營，征伀也。

《吴語》“王親獨行，屏營仿偟於山林之中”，《玉篇》引注云：“屏營，猶仿偟也。”《法言・重黎》篇云：“六國蚩蚩，爲嬴弱姬。卒之屏營，嬴擅其政。”《楚辭・九思》“遽傽遑兮驅林澤，步屏營兮行邱阿”，注云：“憂憒不知所爲，徒經營奔走也。”屏營、征伀，皆驚惶失據之貌。餘見卷二“征伀，懼也”下。

悇憛，懷憂也。

《楚辭・七諫》“心悇憛而煩冤兮”，王逸注云：“悇憛，憂愁貌也。”馮衍《顯志賦》云：“并日夜而幽思兮，終悇憛而洞疑。”憛，各本譌作“覃”，惟影宋本不譌。

逍遥，儴徉也。

疊韻之轉也。《文選・南都賦》注引《韓詩》云：“逍遥，遊也。”《鄭風》作“逍遥”，《檀弓》作“消摇”。《楚辭・離騷》“聊逍遥以相羊”，王逸注云：“逍遥、相羊，皆遊也。”逍遥，一作“須臾”；羊，一作“徉”。《史記・司馬相如傳》“招摇乎襄羊”，索隱：“郭璞曰：‘襄羊，猶仿佯也。’”《漢書》作“消搖乎襄羊”，《文選》李善本作“消摇乎襄羊”，五臣本作“招摇乎儴佯”，並字異而義同。《開元占經・石氏中官占》引《黄帝占》云：“招摇，尚羊也。”“尚羊”與“儴徉”，古亦同聲。或作“徜徉”，説見下文“徜徉，戲蕩也”下。

仿佯，徙倚也。

哀十七年《左傳》“如魚竀尾，衡流而方羊”，鄭衆注云：“方羊，遊戲。”《吕氏春秋・行論》篇云：“仿佯於野。”《淮南子・原道訓》云：“仿洋于山峽之旁。”《史記・吴王濞傳》云：“彷徉天下。”《漢書》作“方洋”。並字異而義同。《齊風・載驅》傳云:"翱翔,猶彷徉也。""翔"與"徉",古亦同聲,故《釋名》云:"翔,佯也,言仿佯也。"遊戲放蕩謂之仿佯,地勢潢蕩亦謂之仿佯。《楚辭·招魂》云:"西方,仿佯無所倚,廣大無所極。"是也。《楚辭·遠遊》"步徙倚而遥思兮",《哀時命》注云:"徙倚,猶低佪也。"逍遥、徜徉、徙倚,聲之轉;徜徉、仿佯,聲相近。上言"逍遥、徜徉",此言"仿佯、徙倚",一也。故《離騷》云"聊逍遥以相羊";《遠遊》云"聊仿佯而逍遥";《哀時命》云"獨徙倚而仿佯"。

侹躟①,惶劇也。

劇,各本譌作"劇",今訂正。上文云:"惶惶、侹侹,劇也。"《文選·舞賦》注引《埤倉》云:"躟,疾行貌。"字通作"攘"。《史記·貨殖傳》云:"天下攘攘,皆爲利往。"合言之則曰"侹躟"。馬融《圍棊賦》云:"狂攘相救兮,先後并没。"義與"侹躟"同。《方言》云:"濶沭、征伀,惶遽也。"遽,與"劇"通。惶遽謂之侹躟,故擾亂亦謂之侹躟。《楚辭·九辯》:"悼余生之不時兮,逢此世之侹攘。"是也。王逸注以爲遇讒而惶遽,失之。《哀時命》"摡塵垢之枉攘兮",王注云:"枉攘,亂貌。"侹攘、枉攘,並與"侹躟"同。

俳佪,便旋也。

此疊韻之變轉也。"俳佪"之正轉爲"盤桓",變之則爲"便旋"。薛綜注《西京賦》云:"盤桓,便旋也。"便旋,猶盤旋耳。俳佪,各本皆作"徘徊",唯影宋本作"俳佪"。《漢書·高后紀》注云:"俳佪,猶傍偟,不進之意也。"《史記·司馬相如傳》"於是楚王乃弭節裴回",《漢書》作"俳佪",《文選》作"徘徊",《後漢書·張衡傳》作"俳回",並字異而義同。

曖曃,翳薈也。

《楚辭·離騷》"時曖曖其將罷兮",王逸注云:"曖曖,昏昧貌。"《遠遊》"旹曖曃其曭莽兮",注云:"日月晻黮而無光也。"《衆經音義》卷六引《廣雅》:"靉靆,翳薈也。"又引《通俗文》云:"雲覆日爲靉靆。"義與"曖曃"同。餘見卷二"晻、薆、翳、薈,障也"下。曖曃,各本譌作"曃曖",今訂正。

撣援,牽引也。

① 侹,原作"侹",《疏證》作"侹"。

撣之言蟬連,援之言援引,皆憂思相牽引之貌也。《楚辭·離騷》"女嬃之嬋媛兮",王逸注云:"嬋媛,猶牽引也。"一作"撣援"。《九歌》"女嬋媛兮爲余太息",《九章》"心嬋媛而傷懷",注並與《離騷》同。又《九章》"忽傾寤以嬋媛",一作"儃佪"。"儃佪"與"嬋媛"古聲相近,亦牽引之意也。憂思相牽謂之嬋媛,樹枝相牽亦謂之嬋媛。《文選·南都賦》"結根竦本,垂條嬋媛",李善注云:"嬋媛,枝相連引。"是也。

踌躇,猶豫也。

此雙聲之相近者也。"踌""猶"、"躇""豫"爲疊韻,"踌""躇"、"猶""豫"爲雙聲。《説文》:"箸,箸箸也。"《楚辭·九辯》"蹇淹留而躊躇",《七諫》注云:"躊躇,不行貌。"並與"踌躇"同。猶豫,字或作"猶與"。單言之則曰"猶"、曰"豫"(244)。《楚辭·九章》"壹心而不豫兮",王注云:"豫,猶豫也。"《老子》云:"與兮若冬涉川,猶兮若畏四鄰。"《淮南子·兵略訓》云:"擊其猶猶,陵其與與。"合言之則曰"猶豫"。轉之則曰"夷猶"、曰"容與"。《楚辭·九歌》"君不行兮夷猶",王注云:"夷猶,猶豫也。"《九章》云"然容與而狐疑",容與,亦猶豫也。案:《曲禮》云:"卜筮者,先聖王之所以使民決嫌疑,定猶與也。"《離騷》云:"心猶豫而狐疑兮。"《史記·淮陰侯傳》云:"猛虎之猶豫,不若蜂蠆之致螫;騏驥之蹢躅,不如駑馬之安步;孟賁之狐疑,不如庸夫之必至也。"嫌疑、狐疑、猶豫、蹢躅,皆雙聲字。"狐疑"與"嫌疑",一聲之轉耳。後人誤讀"狐疑"二字,以爲狐性多疑,故曰"狐疑";又因《離騷》"猶豫、狐疑"相對成文,而謂"猶"是犬名,犬隨人行,每豫在前,待人不得,又來迎候,故曰"猶豫"。或又謂"猶"是獸名,每聞人聲,即豫上樹,久之復下,故曰"猶豫"。或又以"豫"字從象,而謂猶、豫俱是多疑之獸。以上諸説,具見於《水經注》《顔氏家訓》《禮記正義》及《漢書注》《文選注》《史記索隱》等書。夫雙聲之字,本因聲以見義。不求諸聲,而求諸字,固宜其説之多鑿也。

蹢躅,跢跦也。

此雙聲之尤相近者也。急言之則曰"蹢躅";徐言之則曰"跢跦"。《説文》:"蹢,住足也。或曰蹢躅。"又云:"躅,蹢躅也。"《姤》初六"羸豖孚蹢躅",釋文:"蹢,本亦做蹢;躅,本亦作蹢,古文作蹬。"《邶風·靜女》篇"搔首踟躕",《文選·

鸚鵡賦》注引薛君《韓詩章句》云:"踟蹰,躑躅也。"《三年問》"蹢躅焉,踟蹰焉",釋文作"蹢躅、踶蹰"。《荀子·禮論》篇作"躑躅、踟蹰"。《易是類謀》"物瑞騠騷",鄭注云:"騠騷,猶踟蹰也。"成公綏《嘯賦》云:"逍遥攜手,踟跦步趾。"並字異而義同。《説文》:"彳,小步也。""亍,步止也。""彳亍"與"蹢躅",聲義亦相近。

翺翔,浮游也。

《齊風·載驅》傳云:"翺翔,猶彷徉也。""翔"字古讀若羊,翺、翔,雙聲也。《載驅》云"齊子翺翔""齊子遊敖"。翺翔、遊敖,皆一聲之轉,故《釋名》云:"翺,敖也,言敖遊也。""翔,佯也,言仿佯也。"《楚辭·離騷》"聊浮遊以逍遥",遊,與"游"同。浮游、彷徉,亦一聲之轉。游,各本譌作"淤",今訂正。

從容,舉動也。

《楚辭·九章·懷沙》篇"重華不可遻兮,孰知余之從容",王逸注云:"從容,舉動也,言誰得知我舉動欲行忠信。"案:"從容"有二義:一訓爲舒緩,一訓爲舉動。其訓爲舉動者,字書韻書皆不載其義,今詳引諸書以證明之。《九章·抽思》篇云:"理弱而媒不通兮,尚不知余之從容。"《哀時命》云:"世嫉妬而蔽賢兮,孰知余之從容?"此皆謂己之舉動,非世俗所能知,與《懷沙》同意。《後漢書·馮衍傳·顯志賦》"惟吾志之所庶兮,固與俗其不同。既俶儻而高引兮,願觀其從容",此亦謂舉動不同於俗。李賢注云:"從容,猶在後也。"失之。《中庸》云:"誠者,不勉而中,不思而得,從容中道,聖人也。"從容中道,謂一舉一動,莫不中道,猶云"動容周旋中禮"也。《韓詩外傳》云:"動作中道,從容得禮。"《漢書·董仲舒傳》云:"動作應禮,從容中道。"王褒《四子講德論》云:"動作有應,從容得度。"此皆以"從容、動作"相對成文。《中庸》正義云:"從容閒暇,而自中乎道。"失之。《緇衣》云"長民者,衣服不貳,從容有常",引《都人士》之詩云:"彼都人士,狐裘黄黄。其容不改,出言有章。""從容"與"衣服",相對成文。狐裘黄黄,衣服不貳也;其容不改,從容有常也。正義以"從容"爲舉動,得之。《大戴禮·文王官人》篇"言行亟變,從容謬易。好惡無常,行身不類","從容"與"言行",相對成文。從容謬易,謂舉動反覆也。盧辯注云:"安然反覆。"失之。《墨子·非樂》篇云:"食飲不美,面目顔色不足視也;衣服不美,身體從容不足觀也。"《莊子·田子方》篇云:"進退一成規,一成矩;從容一若龍,一若虎。"《楚辭·九章·悲回風》云:"寤從容以周流兮。"傅毅

《舞賦》云："形態和，神意協。從容得，志不劫。"《漢書·翟方進傳》云："方進伺記陳慶之從容語言，以詆欺成罪。"此皆昔人謂舉動爲"從容"之證[245-1]。自動謂之從容，動人謂之慫慂，聲義並相近[245-2]，故"慫慂"或作"從容"。《史記·吴王濞傳》："鼂錯數從容言吴過可削。"從容，即慫慂。《漢書·衡山王傳》"日夜縱臾王謀反事"，《史記》作"從容"。

跦踖，畏敬也。

《論語·鄉黨》篇"踧踖如也"，馬融注云："踧踖，恭敬之貌。"《孟子·公孫丑》篇"曾西蹵然"，趙岐注云："蹵然，猶蹵踖也。"踧、蹵，並與"跦"同。

般桓，不進也。

曹大家注《幽通賦》云："盤桓，不進也。"《屯》初九"磐桓"，釋文："磐，本亦作盤，又作槃。馬云：'槃桓，旋也。'"《爾雅》"般，還也"，釋文引《易》作"般桓"。《管子·小問》篇"君乘駮馬而洀桓"，尹知章注云："洀，古盤字。"漢《張納碑》作"般桓"，《張表碑》作"畔桓"，《侯成碑》作"磐桓"，《郭究碑》作"槃桓"，《劉寬碑》作"盤桓"，並字異而義同。

結縎，不解也。

說見卷四"縎，結也"下。

裮被，不帶也。

《玉篇》裮，尺羊切，"披衣不帶也"。披，與"被"通，今人猶謂荷衣不帶曰"被衣"。《莊子·知北遊》篇云："齧缺問道乎被衣。"合言之則曰"裮被"。《楚辭·離騷》"何桀紂之猖披兮"，王逸注云："猖披，衣不帶之貌。"猖，一作"昌"，釋文作"倡"；披，一作"被"。並字異而義同。

軫軳，轉戾也。

《說文》："戾，曲也。""盭，弼戾也。"盭，與"戾"通。《方言》"軫，戾也"，郭璞注云："相了戾也。江東音善。"《說文》："紾，轉也。"《考工記·弓人》"老牛之角紾而昔"，鄭衆注云："紾，讀爲'抮縛'之抮。"釋文："紾，劉徒展反，許慎尚展反；角絞縛之意也。"《孟子·告子》篇"紾兄之臂而奪之食"，趙岐注云："紾，戾也。"音義："紾，張音軫，又徒展切。"《淮南子·原道訓》"蟠委錯紾"，高誘注云："紾，轉也。"

卷四云:"抮,盭也。"曹憲音顯。並聲近而義同。軳,曹憲音牛力反。各本"軳"譌作"艴",自宋時本已然。故《集韻》《類篇》俱有"艴"字,音色,引《廣雅》:"軫艴,轉戾也。"案:《説文》《玉篇》《廣韻》俱無"艴"字。《集韻》《類篇》音色,亦與曹憲"牛力反"之音不合。考"軳"字本讀如"與子同袍"之"袍"。《玉篇》軳,步毛切,"戾也"。《廣韻》同。轉入聲,則讀如"克岐克嶷"之"嶷"。軫軳,雙聲字也。或作"抮抱",又作"紾抱"。《淮南子·原道訓》"扶搖抮抱羊角而上",高注云:"抮抱,了戾也;扶搖如羊角,轉曲縈行而上也。抮,讀與《左傳》'感而能眕者'同;抱,讀《詩》'克岐克嶷'之嶷。"《精神訓》"雖天地覆育,亦不與之抮抱矣",注云:"抮抱,猶持著也。"《本經訓》"菱杼紾抱",注云:"紾,戾也;抱,轉也,皆壯采相銜持貌也。紾,讀'紾結'之紾;抱,讀'岐嶷'之嶷。"高注讀"抱"爲嶷,正與"牛力反"之音相合。今據以訂正。

凡字從包聲者,多轉入職、德、緝、合諸韻[246-1]。其同位而相轉者,若"包犧"之爲"伏犧","抱雞"之爲"伏雞",是也。亦有異位而相轉者[246-2]。《續漢書·五行志》注引《春秋考異郵》云:"陰氣之專精,凝合生雹。雹之爲言合也。"是"雹、合"聲相近。《玉篇》云:"鮑,漬魚也,今謂裛魚。"鮑、裛,聲相近,故"鮑魚"轉爲"裛魚",猶之"軳、嶷"聲相近,故"軫軳"之"軳"讀爲嶷也。"軳"字或書作"艴",故譌而爲"艴"。《集韻》遂讀爲色,而《類篇》以下諸書皆仍其誤。

陸離,參差也①。

《楚辭·離騷》云:"紛總總其離合兮,斑陸離其上下。"《招魂》云:"長髪曼鬋,豔陸離些。"《淮南子·本經訓》云:"五采爭勝,流漫陸離。"皆參差之貌也。貌參差謂之陸離,聲參差亦謂之陸離。揚雄《甘泉賦》云:"聲駍隱以陸離。"是也。"陸"與"流",古同聲。《甘泉賦》云:"曳紅采之流離兮。"流離,猶陸離耳。"陸"與"林",古聲亦相近。司馬相如《大人賦》"騷擾衝蓯其相紛挐兮,滂濞泱軋麗以林離。攢羅列聚叢以蘢茸兮,衍曼流瀾痑以陸離",張注云:"林離,襂纚也。陸離,參差也。"林離,猶陸離;襂纚,猶參差耳。又《離騷》"高余冠之岌岌兮,長余佩之陸離",岌岌,高貌;陸離,長貌也。《九章》云:"帶長鋏之陸離兮,冠切雲之崔嵬。"意與此同。王逸注云:"陸離,猶參差。"失之。

① 差,原作"羞",《疏證》作"差"。

敧𢤱,乖刺也[①]。

《説文》:"敧,戾也。"《玉篇》:"𢤱,乖戾也。"合言之則曰"敧𢤱"。《楚辭·離騷》"忽緯繣其難遷",王逸注云:"緯繣,乖戾也。"義與"敧𢤱"同。意相乖違謂之敧𢤱,行相乖違亦謂之敧𢤱。馬融《廣成頌》云:"徽嫿霍奕,别鶩分奔。"是也。乖刺,猶乖戾,語之轉耳。《説文》:"刺,戾也。"《楚辭·七諫》云:"吾獨乖刺而無當兮。"

湏涊,垢濁也。

説見卷三"湏涊,濁也"下。

俶儻,卓異也。

枚乘《七發》云:"俶兮儻兮。"合言之則曰"俶儻"。《文選·封禪文》"奇物譎詭,俶儻窮變",李善注引《漢書音義》云:"俶儻,卓異也。"《報任少卿書》云:"唯倜儻非常之人稱焉。"倜,與"俶"同。儻,各本譌作"黨",今訂正。

魁岸,雄傑也。

《漢書·江充傳》"充爲人魁岸,容貌甚壯",顔師古注云:"魁,大也;岸者,有廉棱如崖岸之形。"案:師古説"岸"字之義非是。魁岸,猶魁梧,語之轉耳。《張良傳·贊》"以爲其貌魁梧奇偉",應劭注云:"魁梧,丘虚壯大之意。"是也。而師古乃云:"梧者,言其可驚梧。"愈失之矣。

溾涹,汙濊也。

説見卷三"溾涹,濁也"下。

鍡鑸,不平也。

《説文》:"鍡鑸,不平也。"《文選·魯靈光殿賦》注引《埤倉》云:"礧,磈礧也。"《莊子·庚桑楚》篇"北居畏壘之山",釋文:"畏,本或作㟪,又作猥;壘,崔本作纍。"《史記·老子韓非傳》作"畏累"。《管子·輕重乙》篇:"山閒堁壏之壤。"左思《魏都賦》:"或嵬藟而複陸。"木華《海賦》:"磈磊山壟。"並字異而義同。山不平謂之畏壘,氣不平亦謂之畏壘。《論衡·雷虚》篇云:"刻尊爲雷之形,一出一入,一屈一伸,爲相校軫則鳴。校軫之狀,鬱律㟪壘之類也。"鬱律,即"畏壘"之轉。司馬

---

① 乖,原作"菲",《疏證》作"乖"。

相如《上林賦》云:"崴磈嵔廆,邱虚堀礨,隱轔鬱㠥。"《大人賦》云:"徑入雷室之砰磷鬱律兮,洞出鬼谷之堀礨崴魁。"皆"畏壘"之變轉也。

漼溰,霜雪也。

《廣韻》:"皠,霜雪白狀也。"皠,與"漼"同。《説文》:"磑,霜雪之白也。"劉歆《遂初賦》云:"漂積雪之磑磑兮。"劉楨《贈五官中郎將詩》云:"霜氣何磑磑。"磑,與"溰"同。合言之則曰"漼溰"。《楚辭·九思》"霜雪兮漼溰",注云:"積聚貌。"

迩睢,難行也。

《説文》:"趑趄,行不進也。"《夬》九四"其行次且",釋文:"次,本亦作趑,或作跛,鄭作越;且,本亦作趄,或作跙。王肅云:'趑趄,行止之礙也。'"並與"迩睢"同。

瑰瑋,琦玩也。

《説文》:"傀,偉也。或作瓌。"又云:"偉,奇也。"《玉篇》引《埤倉》云:"琦,瑋也。瑰瑋,珍琦也。"《史記·司馬相如傳》"俶儻瑰偉",《漢書》作"瑰瑋",《魯靈光殿賦》作"瓌瑋"。並字異而義同。

揣抁,搖捎也。

掉撨[①],振訊也。

並説見卷一"振、訊、掉捎、揣、抁,動也"下。

掉捎,與"掉撨"同。撨,曹憲音嘯。各本譌作"擭",今訂正。

匔匑,謹敬也。

匔,曹憲音邱六反;匑,曹憲音邱弓反。各本"匑"字譌作"匔",不成字體。《集韻》平聲一東"匔",邱弓切,引《廣雅》:"匔匔,謹敬也。"入聲一屋"匔",邱六切,引《廣雅》:"匔匔,謹敬也。""匔、匔"二字,皆是"匑"字之譌。《玉篇》:"匔,邱六切。匔匑,謹敬皃也。""匑,巨弓切;匔匑也。"今據以訂正。《聘禮記》"執圭入門,鞠躬焉,如恐失之",釋文作"鞠窮"。《論語·鄉黨》篇"入公門,鞠躬如也,如不容",孔傳云:"斂身也。"義並與"匔匑"同。踧踖、鞠躬,皆雙聲以形容之,故皆言"如"。孔傳本謂"鞠躬"爲斂身之貌,非訓"鞠"爲斂、"躬"爲身也。皇侃疏云:

① 撨,原作"擭",《疏證》作"撨"。

“鞠,曲斂也;躬,身也。”失之。斂身即謹敬之意,故又訓爲謹敬。《史記·韓長孺傳·贊》云:“壺遂之内廉行脩,斯鞠躬君子也。”《太史公自序》云:“敦厚慈孝,訥於言,敏於行,務在鞠躬,君子長者。”《漢書·馮奉世傳·贊》“鞠躬履方,擇地而行”,顔師古注云:“鞠躬,謹敬貌。”

委蛇,窊衺也。

委蛇、窊衺,皆疊韻。委,曹憲音於悲反。各本“窊衺”作“逶衺”,“於悲反”之音在“逶”字下。案:“逶”與“委”同音,不應複見。且“窊、衺”爲疊韻,“逶、衺”則非疊韻。偏考諸書,亦無以“逶、衺”二字連用者。此因“委”字下之“於悲反”誤入“窊”字下,校書者又改“窊”爲“逶”以合“於悲”之音,遂致斯謬。考《衆經音義》卷三、卷九、卷十並云:“《廣雅》‘委佗,窊邪也’。”又云:“窊,音烏瓜反。”今據以訂正。《説文》:“迆,衺行也。”又云:“逶迆[1],衺去之皃。或作蝺。”凡“衺”與“曲”同義,故衺貌謂之委蛇,曲貌亦謂之委蛇。《召南·羔羊》篇“委蛇委蛇”,傳云:“委蛇,行可從迹也。”箋云:“委曲自得之貌。”釋文作“委虵”,《韓詩》作“逶迤”。《莊子·應帝王》篇“吾與之虚而委蛇”,《列子·黄帝》篇作“猗移”。《楚辭·離騷》“載雲旗之委蛇”,一作“委移”,一作“逶迤”。《遠遊》云:“形蟉虯而逶蛇。”《九歎》云:“遵江曲之逶移兮。”又云:“帶隱虹之逶虵。”張衡《西京賦》“聲清暢而蝼蛇”,薛綜注云:“蝼蛇,聲餘詰曲也。”又《説文》:“委,委隨也。”漢《唐扶頌》“在朝逶隨”,《劉熊碑》“卷舒委隨”,《衡方碑》“禕隋在公”,並字異而義同。《説文》:“窊,汙衺下也。”《史記·滑稽傳》“汙邪滿車”,集解:“司馬彪云:‘汙邪,下地田也。’”並與“窊衺”同。《周官·形方氏》“正其封疆,無有華離之地”,鄭注云:“華,讀爲‘低哨’之低。正之使不低邪離絶。”“低邪”與“窊衺”,亦聲近而義同。

怵惕,恐懼也。

《周語》云:“猶日怵惕,懼怨之來也。”

潢漾,浩瀁也。

潢漾,讀爲潢洋。《楚辭·九辯》“然潢洋而不可帶”,王逸注云:“潢洋,猶浩

① “逶”下脱一“逶”字,當作“逶,逶迆”。

蕩也。"蕩,與"盪"通。《秦策》"鬼神狐祥無所食",《史記·春申君傳》"狐祥"作"孤傷",《新序·善謀》篇作"潢洋"。枚乘《七發》云:"浩瀇瀁兮。"司馬相如《上林賦》云:"灝溔潢漾。"《史記·莊子傳》云:"其言洸洋自恣以適己。"《論衡·案書》篇云:"瀇洋無涯。"並與"潢洋"同。潢洋、狐祥、孤傷,古聲並相近。《莊子·達生》篇"水有罔象",司馬彪本作"無傷"。"罔象"之爲"無傷",猶"潢洋"之爲"狐祥、孤傷"矣。張衡《西京賦》云:"彌望廣潒。"馬融《長笛賦》云:"曠瀁敞罔。"亦與"潢洋"聲相近。

搌搐,展極也[①]。

展極,猶伸極也。《邶風·擊鼓》篇"不我信兮",傳云:"信,極也。"信,與"伸"同。《説文》:"蚩,蟲曳行也。"曳行,即展極之意,故"蚩、搌"並音丑善反。《集韻》:"搐,引也。"合言之則曰"搌搐"。《玉篇》:"搌搐,醜長皃。""長"與"展極",義亦相近。

愲怲,忼慨也。

愲之言喟然也。《玉篇》:"怲,滿也。"王粲《從軍詩》云:"夙夜自怲性。"合言之則曰"愲怲"。《説文》:"忼慨,壯士不得志也。"《楚辭·九章》:"好夫人之忼慨。"忼,各本譌作"忨",今訂正。

徜徉,戲蕩也。

宋玉《風賦》云:"倘佯中庭。"《楚辭·惜誓》云"託回飈乎尚羊",王逸注云:"尚羊,遊戲也。"《淮南子·覽冥訓》云:"尚佯冀州之際。"《漢書·禮樂志·郊祀歌》云:"周流常羊思所并。"《後漢書·張衡傳·思玄賦》"悵相佯而延佇",《文選》作"徜徉"。並字異而義同。戲蕩謂之常羊,故舞貌亦謂之常羊,跳貌亦謂之常羊。《郊祀歌》"幡比翍回集,貳雙飛常羊",文穎注云:"舞者骨騰肉飛,如鳥之回翅而雙集也。"《説苑·辯物》篇:"齊有飛鳥,一足,來下,止于殿前,舒翅而跳。孔子曰:'此名商羊。'"商羊、常羊,聲相近,蓋即以其跳舞而名之也。《召南·草蟲》篇"喓喓草蟲",傳云:"草蟲,常羊也。"螽行則跳躍,故亦有"常羊"之名。於草蟲言其鳴,於阜螽言其躍,互文耳。引之云:《文選·高唐賦》"王睢鸝黄,正冥楚鳩。姊歸

① 搌、展,原作"掁、屒",《疏證》作"搌、展"。

思婦,垂雞高巢。其鳴喈喈,當年遨遊",李善云:"一本云:'子當千年,萬世遨遊。'未詳。"案:年當爲羊,字形相近而誤。當羊,即尚羊也。《楚辭·惜誓》注云:"尚羊,遊戲也。"正與"遨遊"同義。其一本作"子當千年,萬世遨遊",詞理甚爲紕繆;且賦文兩句一韻,多一句則儳互不齊。蓋妄人改之也。

覙覤、籧篨、侏儒、僬僥、瘂瘖、僮昏、聾聵、矇瞍,八疾也。

《晉語》"籧篨不可使俛,戚施不可使仰,僬僥不可使舉,侏儒不可使援,矇瞍不可使視,嚚瘖不可使言,聾聵不可使聽,僮昏不可使謀",韋昭注云:"籧篨,偃人。戚施,僂人。僬僥,長三尺,不能舉重。侏儒,短者,不能抗援。有眸子而無見曰矇,無眸子曰瞍。口不道忠信之言爲嚚;瘖,不能言者。耳不别五聲之和爲聾,生而聾曰聵。僮,無知;昏,闇亂也。"戚施,與"覙覤"同。覤,各本譌作"頔",今訂正。

襄四年《左傳》云:"我君小子,朱儒是使。"朱,與"侏"通。

《魯語》"僬僥氏長三尺,短之至也",注云:"僬僥,西南蠻之别名。"《海外南經》云:"周饒國,其爲人短小冠帶。一曰焦僥國。"焦,與"僬"通;僬僥、周饒,聲相近。

《説文》:"瘖,不能言病也。"《釋名》云:"瘖,唵然無聲也。"《淮南子·地形訓》云:"障氣多喑,風氣多聾。"喑,與"瘖"通。《晉語》"嚚瘖不可使言",則嚚、瘖皆不能言之疾。韋注"口不道忠信之言爲嚚",非也。《廣雅》所列八疾之名,皆本《晉語》,唯"嚚瘖"之"嚚"作"瘂",音烏下反。疑《廣雅》本作"嚚",後人不解其義而改爲"瘂",且並改曹憲之音也。卷三"伹,鈍也",曹憲音疽。今本作"但",音度滿反。卷八"㪿,臿也",曹憲音嫣。今本作"㪿",音插。此後人改音之明證矣。

卷三云:"僮,癡也。"《周官·司刺》"三赦曰惷愚"[①],鄭注云:"惷愚,生而癡騃童昏者。"童,與"僮"通。

《説文》:"聾,無聞也。""聵,生聾也。"《釋名》云:"聾,籠也,如在蒙籠之内,聽不察也。"《法言·問明》篇云:"吾不見震風之能動聾聵也。"聵,各本譌作"瞶",今訂正。聾、聵皆不能聽之疾,韋注"耳不别五聲之和爲聾",亦非也。

《大雅·靈臺》篇"矇瞍奏公",毛傳與韋注同。《釋名》云:"矇,有眸子而失明,蒙蒙無所别也。""瞍,縮壞也。"

---

① 惷,原譌作"惷"。

凡事理之相近者,其名即相同。籧篨、戚施、侏儒皆疾也,故人之不肖者,亦曰籧篨、戚施、侏儒。《邶風·新臺》篇云:"燕婉之求,籧篨不鮮。"又云:"燕婉之求,得此戚施。"《鄭語》云:"侏儒戚施,寔御在側,近頑童也。"皆謂不肖之人也。《淮南子·脩務訓》注云:"籧篨偃,戚施僂,皆醜貌也。"故物之粗醜者,亦曰"籧篨、戚施"。《方言》:"簟之粗者,自關而西,謂之籧篨。"《太平御覽》引薛君《韓詩章句》云:"戚施,蟾蜍,喻醜惡。"是也。侏儒,短人也,故梁上短柱,亦謂之侏儒。《淮南子·主術訓》云:"脩者以爲櫚榱,短者以爲朱儒枅櫨。"是也。不能言謂之瘖,故不言亦謂之瘖。《晏子春秋·諫》篇云:"近臣嘿,遠臣瘖。"是也。不能言謂之嚚,不能聽謂之聾,故口不道忠信之言,亦謂之嚚;耳不聽五聲之和,亦謂之聾。《左傳》僖二十四年富辰所云是也。

展轉,反側也。

《説文》:"展,轉也。"合言之則曰"展轉"。《周南·關雎》篇"輾轉反側",釋文:"輾,本亦作展。"展轉,即反側,重言以申意耳。故《小雅·何人斯》篇"以極反側",箋云:"反側,展轉也。"《關雎》正義云:"反側,猶反覆也。"《大雅·民勞》篇"以謹繾綣",傳云:"繾綣,反覆也。""繾綣"與"展轉",聲近義同。

瀾沭,怖懅也。

沭,各本譌作"沐",今訂正。《方言》:"脅鬩,懼也。齊楚之閒曰脅鬩。"鬩,與"瀾"通。《説文》:"怵,恐也。"怵,與"沭"通。合言之則曰"瀾沭"。《方言》"瀾沭,遑遽也。江湘之閒,凡窘猝怖遽,謂之瀾沭",郭璞注云:"喘喈貌也。"卷二云:"遽,懼也。"遽,與"懅"通。

忸怩,慙咨也。

説見卷一"恧怩、慙咨,慙也"下。恧,與"忸"同。慙,各本譌作"慼",今訂正。

囒哰,謰謱也。

此雙聲之相近者也。囒、謰,聲相近。《魏風·伐檀》篇"河水清且漣猗",《爾雅》"漣"作"瀾",是其例也。哰、謱,聲亦相近。《士喪禮》"牢中旁寸",鄭注云:"牢,讀爲樓。"是其例也。《方言》"囒哰、謰謱,拏也。東齊周晉之鄙曰囒哰。囒哰,亦通語也。南楚曰謰謱。拏,揚州會稽之語也",郭璞注云:"拏,言譇拏也,平原人呼囒哰也。"《玉篇》:"謰謱,言不可解也。"《説文》:"挐,牽引也。"挐,與"謱"通。《説文》:"遱,連遱也。""謱,謰謱也。"《玉篇》:"嗹嘍,多言也。""謰謱,繁挐也。"《楚辭·九思》云:"媒女詘兮謰謱。"《淮南子·原道訓》"終身運枯形于連嶁列埒之門",高誘注云:"連嶁,猶離婁也,委曲之貌。"並字異而義同。劉向《熏鑪銘》云:"彫鏤萬獸,離婁相加。"《説文》:"廔,屋麗廔也。"離婁、麗廔,聲與"連遱"皆相近。故《離·彖傳》云:"離,麗也。"王弼注《兑》卦云:"麗,猶連也。"鄭注《士喪禮》云:"古文麗爲連。"王延壽《王孫賦》云:"羌難得而覶縷。"《玉篇》覶,力和切,"覶縷,委曲也"。"覶縷"與"連遱",聲亦相近,故同訓爲委曲矣。

慴�,欺慢也。

說見卷二"慴他、謾,欺也"下①。他,與"惰"同;謾,與"慢"同。

讃譟,啁欺也。

譟,曹憲音乎報反。各本譌作"評",惟影宋本、皇甫本不譌。《玉篇》:"譟,相欺也。"《潛夫論·浮侈》篇云:"事口舌而習調欺。"調,與"啁"同。

鞠局,偏跧也。

《説文》:"趜,行曲脊也。"趜,與"鞠"通。《小雅·正月》篇"謂天蓋高,不敢不局",傳云:"局,曲也。"合言之則曰"鞠局"。《楚辭·離騷》"僕夫悲余馬懷兮,蜷局顧而不行",王逸注云:"蜷局,詰屈不行貌。"《九思》"踡跼兮寒局數",注云:"踡跼,傴僂也。"並與"鞠局"同。餘見卷三"偏、跧,伏也"下。

鞅罔,無賴也。

《方言》:"央亡,獪也。江湘之閒,或謂之無賴。凡小兒多詐而獪,謂之央亡。"央亡,與"鞅罔"同。

亭父、更褚,卒也。

《方言》:"南楚東海之閒,亭父謂之亭公;卒謂之弩父,或謂之褚。"《續漢書·百官志》注引《風俗通義》云:"漢家因秦,大率十里一亭。亭,留也,蓋行旅宿食之所館。亭吏舊名負弩,改爲亭長,或謂亭父。"《漢書·高祖紀》應劭注云:"舊時亭

① 他,原作"惰"。

有兩卒：一爲亭父，掌開閉埽除；一爲求盜，掌逐捕盜賊。"《食貨志》"月爲更卒"，顏師古注云："更卒，謂給郡縣一月而更者也。"如淳注《昭帝紀》云："更有三品，有卒更，有踐更，有過更。古者正卒無常人，皆當迭爲之，一月一更，是謂卒更也。貧者欲得顧更錢者，次直者出錢顧之，月二千，是謂踐更也。天下人皆直戍邊三日，亦名爲更，雖丞相子亦在戍邊之調。不可人人自行三日戍，又行者當自戍三日，不可往便還，因使住，一歲一更。諸不行者出錢三百入官，官以給戍者，是謂過更也。"《續漢書·百官志》注引劉劭《爵制》云："秦爵四級曰不更。不更者，爲車右，不復與凡更卒同也。"《方言》注云："褚，言衣赤也；音赭。"《説文》："褚，卒也。""隸人給事者衣爲卒。卒，衣有題識者。"鄭注《周官·司常》云："今亭長著絳衣。"

綢繆，纏緜也。

此疊韻之轉也。説見卷四"綢繆，纏也"下。

𥈠䀹，直視也。

《淮南子·道應訓》"齧缺繼以𥈠夷"，高誘注云："𥈠夷，熟視不言。"夷，與"䀹"通。䀹，各本譌作"䁥"，影宋本、皇甫本不譌。

揚搉、嫥榷、堤封、無慮，都凡也。

《釋詁》云："都，大也。""聚也。"《説文》："凡，最括也。"合言之則曰"都凡"，猶今人言"大凡、諸凡"也。

揚搉，雙聲字也。《莊子·徐無鬼》篇"則可不謂有大揚搉乎"，《淮南子·俶真訓》作"物豈可謂無大揚攉乎"，高誘注云："揚攉，猶無慮，大數名也。"《莊子》釋文引許慎注云："揚搉，粗略法度也。"案：大揚搉，猶言大略。許、高二説是也。郭象《莊子》注云："搉而揚之。"王叔之義疏云："搉略而揚顯之。"皆非是。《漢書·敘傳》云："揚搉古今，監世盈虚，述《食貨志》第四。"揚搉古今，猶言約略古今。上文云"略存大綱，以統舊文，述《禮樂志》第二"，下文云"略表山川，彰其剖判，述《地理志》第八"，皆是此意。顏師古注云："揚，舉也；搉，引也。揚搉者，舉而引之，陳其趣也。"亦非是。左思《蜀都賦》"請爲左右揚搉而陳之"，劉逵注云："韓非有《揚搉》篇。班固曰：'揚搉古今。'其義一也。"李善注引許慎云："揚搉，粗略也。"揚搉而陳之，猶言約略而陳之，故《廣雅》訓爲都凡也(247-1)。揚搉者，大數之名，故或言"大搉"。《續漢書·律曆志》云(247-2)："其可以相傳者，唯大搉常數而已。"字亦作"較"。《史記·律書》"世儒闈於大較”，索隱云：“較，音角。”又謂之“商推”，即“揚推”之轉。陸機《吴趨行》云：“淑美難窮紀，商推爲此歌。”左思《吴都賦》云：“商推萬俗。”是也[(247-3)]。單言之則曰“推”。左思《魏都賦》“推惟庸蜀與鴝鵲同窠，句吴與鼃黽同穴”，推惟者，發凡之詞，猶言大氐耳。字亦作“較”。嵇康《養生論》“較而論之”，猶言約而論之耳。

婷榷，猶揚推也。《檀弓》“以爲沽也”，鄭注云：“沽，猶略也。”釋文：“沽，音古。”聲與“婷”相近。榷之言大較也。漢《司隸校尉魯峻碑》云：“𨯲細舉大，榷然疏發。”合言之則曰“婷榷”，或作“辜較”。《孝經》“蓋天子之孝也”，孔傳云：“蓋者，辜較之辭。”劉炫述義云：“辜較，猶梗槩也。孝道既廣，此纔舉其大略也。”“梗槩”與“辜較”，一聲之轉。略陳指趣，謂之辜較；總括財利，亦謂之辜較，皆都凡之意也。《説文》：“秦以市買多得爲夃。”“夃”與“辜”，義相近。《漢書·武帝紀》“初榷酒酤”，韋昭注云：“以木渡水曰榷。謂禁民酤釀，獨官開置，如道路設木爲榷①，獨取利也。”顔師古注云：“榷者，步渡橋，今之略彴是也。”步渡橋謂之略彴，亦謂之榷；都凡謂之大榷，亦謂之約略，其義一也。合言之則曰“辜榷”。《漢書·陳咸傳》云：“没入辜榷財物。”《翟方進傳》云：“多辜榷爲姦利者。”《王莽傳》云：“豪吏猾民辜而榷之。”應劭注《武帝紀》作“酤榷”，晉灼注《鄭當時傳》作“辜較”，並與“婷榷”同。“婷”與“榷”，皆總括之意，故《釋言》云：“婷，榷也。”此云：“婷榷，都凡也。”《後漢書·靈帝紀》注引《漢書音義》云：“辜，障也；榷，專也。謂障餘人賣買而自取其利。”分“辜、榷”爲二義，已失於迂。顔師古乃云：“辜榷者，言己自專之，它人取者輒有辜罪。”其失甚矣。

堤封，亦大數之名，猶今人言“通共”也。《漢書·刑法志》“一同百里，提封萬井”，蘇林注云：“提音祇，陳留人謂舉田爲祇。”李奇注云：“提，舉也，舉四封之内也。”顔師古注云：“李説是也。提，讀如本字，蘇音非也。説者或以爲積土爲封，謂之堤封，既改文字，又失義也。”案：諸説皆非也。提封，即“都凡”之轉。提封萬井，猶言通共萬井耳。《食貨志》云：“地方百里，提封九萬頃。”《地理志》云：“提封田一萬四千五百一十三萬六千四百五頃。”《匡衡傳》云：“樂安鄉本田提封三千一百頃。”義並與此同。若訓“提”爲舉，訓“封”爲四封，而云“舉封若干井”“舉封若干頃”，則甚爲不辭。又《東方朔傳》云：“迺使大中大夫吾邱壽王，與待詔能用筭者二

① 木，原譌作“本”。

人,舉籍阿城以南、盩厔以東、宜春以西,提封頃畝,及其賈直。”亦謂舉籍其頃畝之大數,及其賈直耳。若云“舉封頃畝”,則尤爲不辭。且上言“舉籍”,下不當復言“舉封”,以此知諸説之皆非也。堤封,與“提封”同。蘇林音祇;曹憲音時;《集韻》音常支切,字作“隄”,引《廣雅》:“隄封,都凡也。”李善本《文選·西都賦》“提封五萬”,五臣本及《後漢書·班固傳》並作“隄封”。“提封”爲“都凡”之轉,其字又通作“堤、隄”,則亦可讀爲都奚反。凡假借之字,依聲託事,本無定體;古今異讀,未可執一。顔注以蘇林音祇爲非;《匡謬正俗》又謂“提封”之“提”不當作“隄”字,且不當讀爲都奚反,皆執一之論也。

無慮,亦大數之名。宣十一年《左傳》釋文云:“無慮,如字。一音力於反。”無慮,疊韻字也,或作“亡慮”。《漢書·李廣傳》“諸妄校尉以下”,張晏注云:“妄,猶凡也。”諸妄,猶諸凡;諸凡,猶都凡耳[247-4]。“妄”與“亡慮”之“亡”,聲相近。諸、妄,亦疊韻也。《荀子·議兵》篇“焉慮率用賞慶刑罰執詐而已矣”,楊倞注云:“慮,大凡也。”《漢書·賈誼傳》“慮亡不帝制而天子自爲者”,顔師古注云:“慮,大計也。言諸侯皆欲同帝制而爲天子之事。”下文云:“宗室子孫,慮莫不王。”語意正與此同,故師古亦云:“慮,大計也。”今本注文脱去“大”字,正文“慮莫”又譌作“莫慮”。《賈子·五美》篇云:“宗室子孫,慮莫不王。”足正今本之失。合言之則曰“無慮”。《食貨志》“天下大氐無慮皆鑄金錢矣”,注云:“大氐,猶言大凡也。無慮,亦謂大率無小計慮耳。”《趙充國傳》“亡慮萬二千人”,注云:“亡慮,大計也。”案:師古以“無慮”爲“大計”,是也。而又云“大率無小計慮”,則鑿矣。《淮南子》注云:“無慮,大數名也。”《周髀算經》“無慮後天十三度十九分度之七”,趙爽注云:“無慮者,粗計也。”《後漢書·光武紀》“將作大匠竇融上言園陵廣袤無慮所用”,李賢注云:“謂請園陵都凡制度也。”“無慮”之轉[247-5],爲“孟浪”,《莊子·齊物論》篇“夫子以爲孟浪之言,而我以爲妙道之行也”,李頤云:“孟浪,猶較略也。”崔譔云:“不精要之貌。”左思《吴都賦》“若吾之所傳,孟浪之遺言,略舉其梗概,而未得其要妙也”,劉逵注云:“孟浪,猶莫絡,不委細之意。”[247-6]莫絡、孟浪、無慮,皆一聲之轉。總計物數,謂之無慮;總度事情,亦謂之無慮,皆都凡之意也。《禮運》云:“聖人耐以天下爲一家,以中國爲一人者,非意之也”,鄭注云:“意,心無所慮也。”宣十一年《左傳》“使封人慮事以授司徒”,杜注云:“慮事,無慮計功。”皆是也。今江淮閒人謂揣度事宜曰“母量”,即“無慮”之轉。而《禮記》正義乃云:“心所無慮者,謂於無形之處,用心思慮。”《左傳》正

‘請歸,與媪計之。’衞君自請薄媪。薄媪曰:‘君有意從之,甚善。’衞君曰:‘吾以請之媪,媪許我矣。’”是“媪”爲母之異名,又爲婦人長老之稱也。其婦人長老之稱,亦謂之母。《史記·廉頗藺相如傳》:“趙王謂趙括之母曰:母置之。”是也。

《玉篇》媽,莫補切,“母也”。《集韻》《類篇》並引廣雅:“媽,母也。”今本脱“媽”字。

昀案:妣、婢未作疏證。姐並見於䊮。

娋、孟,姊也。

此《方言》文也。

娋,《廣韻》作“㜭”,云:“齊人呼姊也。”

媦、娣,妹也。

媦、妹,聲相近。桓二年《公羊傳》“若楚王之妻媦”,何休注云:“媦,妹也。”《説文》:“楚人謂女弟曰媦。”《爾雅》注亦云:“猶今謂兄爲罤,妹爲媦。”

《爾雅》:“女子同出,謂先生爲姒,後生爲娣。”莊十九年《公羊傳》云:“諸侯娶一國,則二國往媵之,以姪娣從。姪者何?兄之子也。娣者何?弟也。”各本“娣”字誤在下文“社”字上。邢昺《爾雅疏》引《廣雅》:“娣、社、妯娌、娣似,先後也。”則所見已是誤本。今訂正。

社。

《説文》“社”字之解,見上“姐,母也”下。姐、社,聲相近。《淮南子·説山訓》“西家子謂其母曰:社何愛速死”,高誘注云:“江淮閒謂母爲社。”社,讀“雒家謂公爲阿社”之“社”。“社”字本在上文“母也”一條内,各本錯出在此。邢疏所引已誤。

妯娌、娣姒,先後也。

《方言》“築娌,匹也”,郭注云:“今關西兄弟婦相呼爲築娌。”築,與“妯”同。妯之言儔也,《集韻》“妯”又音儔。《方言》云:“娌,耦也。”姒,曹憲音似。各本脱去“姒”字,其音内“似”字又誤入正文。邢疏所引已誤。今訂正。《爾雅》“長婦謂稚婦爲娣婦,娣婦謂長婦爲姒婦”,郭注云:“今相呼‘先後’,或云‘妯娌’。”《漢書·郊祀志》“長陵女子㠯乳死,見神於先後宛若”,孟康曰:“兄弟妻相謂先後。宛若,字也。"顏師古曰:"古謂之娣姒,今關中俗呼之爲先後,吳楚俗呼之爲妯娌。"《喪服傳》"娣姒婦者,弟長也",鄭注云:"娣姒婦者,兄弟之妻相名也。"成十一年《左傳》"聲伯之母不聘,穆姜曰:吾不以妾爲姒",杜注云:"聲伯之母,叔肸之妻也。昆弟之妻相謂爲姒。穆姜,宣公夫人。宣公,叔肸同母昆弟。"昭二十八年《傳》"叔向娶於申公巫臣氏,生伯石。伯石始生,子容之母走謁諸姑,曰:長叔姒生男",注云:"子容母,叔向嫂,伯華妻也。"成十一年正義云:"世人多疑娣姒之名,皆以爲兄妻呼弟妻爲娣,弟妻呼兄妻爲姒,因即惑於《傳》文,不知何以爲説。今謂母婦之號,隨夫尊卑;娣姒之名,從身長幼。以其俱來夫族,其夫班秩既同,尊卑無以相加,遂從身之少長。《喪服傳》曰:'娣姒婦者,弟長也。'以'弟長'解'娣姒',言娣是弟,姒是長也。長謂身之年長,非夫之年長也。《釋親》云:'長婦謂稚婦爲娣婦,娣婦謂長婦爲姒婦。'止言婦之長稚,不言夫之大小。今穆姜謂聲伯之母爲姒,昭二十八年《傳》叔向之嫂謂叔向之妻爲姒,二者皆呼夫弟之妻爲姒,豈計夫之長幼乎?《釋親》又云:'女子同出,謂先生爲姒,後生爲娣。'孫炎云:'同出,謂俱嫁事一夫也。'事一夫者,以己生先後爲娣姒。則知'娣姒'以己之年,非夫之年也。故賈逵、鄭玄及此注皆云兄弟之妻相謂爲姒。言兩人相謂,謂長者爲姒,知'娣姒'之名不計夫之長幼也。"邵氏二雲《爾雅正義》曰:"孔氏之説非也。婦人三從之義,既嫁從夫。若娣姒之名從身之少長,不計夫之長幼,則從夫之義謂何矣?'女子同出,謂先生爲姒,後生爲娣',此謂俱事一夫者也。'長婦謂稚婦爲娣婦,娣婦謂長婦爲姒婦',此謂各事一夫者也。夫年有長稚,故婦從夫而有長婦稚婦。孔氏以女子之俱事一夫者,牽合於昆弟之妻,則不達於雅訓矣。孔氏所據者,《左傳》之稱弟妻爲姒耳。殊不知古之稱'娣姒'者,猶今人稱'妯娌'也。兄妻稱弟妻曰妯娌,弟妻亦稱兄妻曰妯娌。蓋析言之,則兄妻爲姒,弟妻爲娣;合言之,則昆弟之妻統稱爲娣姒。約言之,則但稱爲姒。'娣姒、先後、妯娌'俱可連稱。知'娣姒'之可連稱,則《左傳》之稱姒者,不過稱謂之閒偶從其省。不得因此而致疑於兄妻爲姒,弟妻爲娣也。《釋名》云:'少婦謂長婦曰姒,言其先來,己所當法似也。長婦謂少婦曰娣,娣,弟也,己後來也。或曰先後,以來先後言之也。'據此,則'長婦、少婦',皆以其夫之長少名之也。"案:二雲説是也。《郊特牲》云:"婦人無爵,從夫之爵,坐以夫之齒。"明婦人不以己之齒爲坐次也。何獨至於稱謂之閒,而但計己之長幼,不計夫之長幼乎?兄長而弟幼,故婦從其夫而亦有長稚之稱。女子同出,以長者爲姒,幼者爲娣,故婦從其夫之長幼而亦有"娣姒"之稱。男子先生爲兄,後生爲弟,故婦從其夫而亦有"先後"之稱也。先後,亦長幼也。故《魯語》"夫宗廟之有昭穆,以次世之長幼也",韋昭注云:"長幼,先後也。"弟長,亦先後也。故《吴語》"孤敢不順從君命長弟",注云:"長,先也。弟,後也。"娣之言弟,姒之言始也。或言"娣姒",或言"弟長",或言"先後",或言"長婦稚婦",其義一也。

父,榘也。

《白虎通義》云:"父者,矩也,以法度教子也。"矩,與"榘"同。

母,牧也。

《説文》:"母,牧也。"

兄,況也。

《白虎通義》云:"兄者,況也,況父法也。"

弟,悌也。

《白虎通義》云:"弟者,悌也,心順行篤也。"

子,孜也。

《白虎通義》云:"子者,孳也,孳孳無已也。"孳,與"孜"同。

孫,順也。

昀案:此條未作疏證。

穀、婗、兒、姓,子也。

穀之言孺也。字本作"穀",通作"穀"。《莊子·駢拇》篇"臧與穀二人相與牧羊",崔譔本"穀"作"穀",云:"孺子曰穀。"《方言》"北燕朝鮮洌水之閒,爵子及雞雛皆謂之鷇",義與"穀"相近也。

婗,亦兒也,方俗語有輕重耳。《説文》:"婗,嫛婗也。"《釋名》云:"人始生曰嬰兒,或曰嫛婗。"《孟子·梁惠王》篇"反其旄倪",趙岐注云:"倪,弱小繄倪者也。""繄倪"与"嫛婗"同。凡物之小者謂之倪。嬰儿謂之婗,鹿子謂之麑,小蟬謂之蜺,老人齒落更生細齒謂之齯齒,義並同也。

姓者,生也,子孫之通稱也。《周南·麟之趾》篇云"振振公子""振振公姓”[248]。《玉藻》“縞冠玄武,子姓之冠也”,鄭注云:“謂父有喪服,子爲之不純吉也。”《喪大記》“卿大夫父兄子姓立于東方”,注云:“子姓,謂衆子孫也。”姓之言生也。昭四年《左傳》云:“問其姓,對曰:余子長矣。”“姓”與“生”,古同聲而通用。《商頌·殷武》篇“以保我後生”,鄭箋云:“以此全守我子孫。”生,即“姓”字也。

昀案:兒並見於婗。

男,任也。

《大戴禮·本命》篇云:“男者,任也。子者,孳也。男子者,言任天地之道而長萬物之義也,故謂之丈夫。丈者,長也;夫者,扶也,言長萬物也。”《白虎通義》云:“男者,任也,任功業也。”

女,如也。

《大戴禮·本命》篇云:“女者,如也。子者,孳也。女子者,言如男子之教而長其義理者也,故謂之婦人。婦人,伏於人也。”《白虎通義》云:“女者,如也,從如人也。”

姑謂之威。

《説文》“威,故也”,引漢律:“婦告威姑。”威姑,即《爾雅》所謂君姑也。“君”與“威”,古聲相近。《説文》:“莙,從艸,君聲;讀若威。”是其例也。

嫗謂之妻。

《説文》:“嫗,母也。”昭三十一年《公羊傳》云:“顔夫人者,嫗盈女也。”“妻”與“嫗”不同義,蓋因下文數“妻”字而誤。妻,當爲“姁”。《説文》:“姁,嫗也。”

姑,故也。

《釋名》云:“父之姊妹曰姑。姑,故也,言於己爲久故之人也。夫之母曰姑,亦言故也。”《白虎通義》云:“舅者,舊也。姑者,故也。舊、故,老人稱也。”

姊,咨也。

《白虎通義》云:“姊者,咨也。”

嫂，叟也。

鄭注《喪服傳》云："嫂，猶叟也。叟，老人稱也。"

妹，末也。

《白虎通義》云："妹者，末也。"

夫，扶也。

《白虎通義》云："夫者，扶也，以道扶接也。"

妻，齊也。

《白虎通義》云："妻者，齊也，与夫齊體也。"

婦，服也。

《白虎通義》云："婦者，服也，以禮屈服也。"又云："婦者，服也，服於家事，事人者也。"

妾，接也。

《白虎通義》云："妾者，接也，以時接見也。"

同門謂之壻。

"壻"上蓋脱"友"字。《釋名》云："兩壻相謂曰亞；言一人娶姊，一人娶妹，相亞次也。又並來至女氏門，則姊夫在前，妹夫在後，亦相亞也。又曰友壻，言相親友也。"《漢書・嚴助傳》"家貧，爲友壻富人所辱"，顔師古注云："友壻，同門之壻。"

妻之父謂之父姼，妻之母謂〔之〕母姼。

《方言》："南楚瀑洭之閒，謂婦妣曰母姼，稱父考曰父姼。"《説文》："江淮之閒，謂母曰媞。""媞"與"姼"，聲義相近。各本"母姼"上脱"之"字，今補。

君妻謂之小君。

莊二十二年《穀梁傳》云："小君，非君也，其曰君何也？以其爲公配，可以言小君也。"

男子謂之丈夫，女子謂之婦人。

説見上"男，任也""女，如也"下。

妻謂之嫣。

《説文》:"嫣,下妻也。"(249)

壻謂之倩。

《方言》"東齊之閒,壻謂之倩",郭注云:"言可借倩也。今俗呼女壻爲卒便,是也。"案:壻、倩,皆有才知之稱也。壻之言胥也。鄭注《周官》云:"胥,有才知之稱也。"倩之言婧也。《説文》:"婧,有才也。"顔師古注《漢書·朱邑傳》云:"倩,士之美稱。"義與"壻謂之倩"相近。《史記·倉公傳》云:"黄氏諸倩。""倩"者,"壻"聲之轉;緩言之,則爲"卒便"矣。

人一月而膏,二月而脂,三月而胎,四月而胞,五月而筋,六月而骨,七月而成,八月而動,九月而躁,十月而生。

此《淮南子·精神訓》文也。《淮南子》作:"二月而胅,三月而胎,四月而肌。"《文子·九守》篇作:"二月而脈,三月而胚,四月而胎。"餘與《廣雅》同。

㱸、腜,胎也。

《爾雅》:"胎,始也。"

㱸,或作"膭"。《廣韻》:"㱸,羊胎也。"又云:"膭,畜胎也。"

腜之言媒也。《説文》:"腜,婦始孕腜兆也。"

躳、軆,身也。

首謂之頭。

昀案:此兩條未作疏證。

顢、顔、題、頞,頟也。

《方言》:"顢、頟、顔,頞也。江湘之閒謂之顢,中夏謂之頟,東齊謂之頞,汝潁淮泗之閒謂之顔。"《釋名》云:"頟,鄂也,有垠鄂也。故幽州人則謂之鄂也。"頟,與"額"同。《方言》注云:"今建平人呼頟爲顢。"

顔之爲言岸然高也。《鄘風·君子偕老》篇"揚且之顔也",毛傳云:"廣揚而顔角豐滿。"《吕氏春秋·遇合》篇"陳有惡人焉,曰敦洽讎麋,椎頞廣顔,色如漆赭",《史記·蔡澤傳》"先生曷鼻巨肩,魋顔蹙齃",顔,皆謂頟也。索隱以爲顔貌,失之。

《爾雅》:"頞,題也。"《説文》:"題,頟也。"《王制》云:"南方曰蠻,雕題交趾。"《北山經》云:"狀如豹而文題白身。"頟謂之顔題,故所以飾頟者亦謂之顔題。《續漢書·輿服志》云:"古者有冠無幘。至秦乃加其武將首飾,爲絳袙以表貴賤。其後稍稍作顔題。"《宋衛策》云:"宋康王爲無顔之冠。"是也。《莊子·馬蹄》篇"齊之以月題",司馬彪注云:"月題,馬額上當顱如月形者也。"義與"顔題"亦相近。

《説文》:"顙,頟也。"《説卦傳》云:"其於人也,爲廣顙。"又云:"其於馬也,爲的顙。"《爾雅》:"的顙,白顛。"顛、頞、題,一聲之轉。

頊顱謂之髑髏。

此疊韻之轉也。急言之則曰"頭";徐言之則曰"髑髏";轉之則曰"頊顱"。《説文》:"頊顱,首骨也。"或但謂之顱。《秦策》云:"頭顱僵仆,相望於境。"船頭謂之艫,義亦同也。

《説文》:"髑髏,頂也。"《莊子·至樂》篇云:"見空髑髏,髐然有形。"

目謂之眼。

昀案:此條未作疏證。

珠子謂之眸。

《釋名》云:"瞳子,瞳,重也,膚幕相裹重也;子,小稱也,主謂其精明者也。或曰眸子。眸,冒也,相裹冒也。"《荀子·非相》篇作"牟"。

頏、領、䪿、頳、頸、脰,項也。

項之言直項也。《漢書·息夫躬傳》云:"有直項之名。"是"項"與"直"同義。

《説文》:"亢,人頸也。或作頏。"頏者,抗直之名,亦綱領之稱也,故又謂之領。《衛風·碩人》傳云:"領,頸也。"

《漢書·禮樂志》"殊翁雜,五采文",孟康注云:"翁,鴈頸也。"義與"䪿"同。

頳,《玉篇》音成,《廣韻》又音擎。頳,亦頸也,方俗语有輕重耳。《説文》:"頸,頭莖也。"《釋名》云:"頸,俓也,俓挺而長也。"

脰之言豎立也。《説文》:"脰,項也。"莊十二年《公羊傳》"搏閔公,絶其脰",何休注云:"脰,頸也。齊人語。"今浙西人亦呼頸爲"脰頸"。

昀案:領並見於頏,頸並見於頳。

輔謂之頰。

《説文》:"頰,面旁也。"《釋名》云:"頰,夾也,兩旁稱也。"《説文》:"酺,頰也。"又云:"輔,人頰車也。"《咸》上六"咸其輔頰舌",馬融注云:"輔,上頷也。"虞翻作"酺"。僖五年《左傳》"輔車相依",《衛風·碩人》正義引服虔注云:"輔,上頷車也。"

顄、頤,頷也。

《方言》"頷,頤,頷也。南楚謂之頷;秦晉謂之頜;頤,其通語也",郭注云:"謂頷車也。"頷,與"顄"同。《説文》:"顄,頤也。"宣六年《公羊傳》"絶其頷",何休注云:"頷,口也。"《漢書·王莽傳》作"顄"。《説文》:"𦣝,顄也。篆文作頤,籀文作䪿。"頷之言合也。《説文》:"頷,顄也。"《釋名》云:"頤,養也;動於下,止於上,上下咀物以養人也。或曰頷車。頷,含也,口含物之車也。"

顴、頄、頞,頔也。

"顴、頄"爲"頰頔"之頔,"頞"爲"鼻頔"之頔。頔,通作"準"。《急就篇》"頭頷頞頔眉目耳",顔師古注云:"頔,兩頰之權也。"《素問·至真要大論》"齒痛頔腫",亦謂頰頔也。《漢書·高祖紀》"隆準而龍顔",服虔曰:"準,音拙。"應劭曰:"準,頰權準也。"李斐曰:"準,鼻也。"文穎曰:"音'準的'之準。"晉灼曰:"《戰國策》云:眉目準頞權衡。"《史記》:"秦始皇蜂目長準。"李説、文音是也。案:《淮南子·説林訓》云:"汙準而粉其顙,雖善者弗能爲工。"《易乾鑿度》"觀表出準虎",鄭注云:"準在鼻上而高顯。"則"隆準"之準,李斐训为鼻,文穎音"準的"之準,皆是也。然《廣雅》訓"頞"爲頔,則"鼻準"之準亦有"拙"音矣。

《靈樞經·五變》篇云:"顴骨者,骨之本也。顴大則骨大,顴小則骨小。"字通作"權"。《中山策》云:"眉目準頞權衡。"是也。《説文》:"頯,權也。"《夬》九三"壯于頄",釋文:"頄,翟云:'面顴頰閒骨也。'鄭作頯,蜀才作仇。"《素問·氣府論》作"鼽"。並字異而義同。顴、頄,一聲之轉。權者,平也;兩高相平謂之權,猶雙闕謂之觀也。頄,亦高貌也。《説文》:"馗,高也。"義與"頄"相近。

《説文》:"頞,鼻莖也。或作齃。"《孟子·梁惠王》篇云:"舉疾首蹙頞而相告。"《史記·蔡澤傳》云:"先生曷鼻巨肩,魋顔蹙齃。"《釋名》云:"頞,鞍也,偃折如鞍也。"

觜、噣、喙，口也。

《衆經音義》卷一引《字書》云："觜，鳥喙也。"張衡《東京賦》云："秦政利觜長距。"觜，與"觜"同。

《説文》："噣，喙也。""喙，口也。"《史記·趙世家》云："龍面而鳥噣。"《曹風·候人》篇云："維鵜在梁，不濡其咮。"《考工記·梓人》云："以注鳴者。"咮、注，並與"噣"同。字又作"啄"。《漢書·東方朔傳》"尻益高者，鶴俛啄也"，顔師古注云："啄，鳥觜也；音竹救反。"《爾雅》"咮謂之柳"，咮，本或作"喙"。《史記·天官書》"柳爲鳥注"，《漢書·天文志》作"喙"。《文選·洞簫賦》"垂喙蚖轉"，喙，或爲"咮"。"喙"字皆是"啄"字之譌。陸德明、李善音許穢反，非也。噣、啄、咮、注，古同聲而通用；"喙"則遠矣。

咡謂之吻。

《説文》："吻，口邊也。或作曆。"《文選·文賦》注引《倉頡篇》云："吻，唇兩邊也。"《曲禮》"負劒辟咡詔之，則掩口而對"，《少儀》"有問焉，則辟咡而對"，鄭注並云："口旁曰咡。"《弟子職》云："既食乃飽，循咡覆手。"

毁齒谓之齔。

《周官·司厲》云："未齔者不为奴。"《说文》："齔，毁齒也。"《釋名》云："齔，洗也；毁洗故齒，更生新也。"《大戴禮·本命》篇云："男以八月而生齒，八岁而毁齒；女七月而生齒，七岁而毁齒。"

㖩、圅，舌也。

《説文》："谷，口上阿也。或作㗘、臄。"《大雅·行葦》篇"嘉殽脾臄"，毛傳云："臄，圅也。"釋文引《通俗文》云："口上曰臄，口下曰圅。"《漢書·揚雄傳》"遥㖩乎紘中"，晉灼注云："口内之上下名爲㖩。"並字異而義同。《説文》："圅，舌也。俗作肣。"據諸書所説，則"㖩、圅"爲口上下之稱，而"圅"又訓爲舌。《廣雅》以"㖩、圅"同訓爲舌，未詳所據也。㖩，曹憲音劇。各本"劇"字誤入正文，今訂正。

喉、嗌，咽也。

《説文》："咽，嗌也。""喉，咽也。""嗌，咽也。"昭十九年《穀梁傳》云："嗌不容粒。"《釋名》云："咽，咽物也。又謂之嗌，氣所流通阸要之處也。"

髃骬、缺盆,䯏也①。

《玉篇》:"䯏,缺盆骨也。"《史記·倉公傳》云:"疽發乳,上入缺盆。"《素問·氣府論》"缺盆各一",王冰注云:"缺盆,穴名也,在肩上横骨陷者中。"《靈樞經·骨度》篇云:"結喉以下至缺盆中,長四寸。缺盆以下至髃骬,長九寸。"據此,則缺盆在肩,髃骬在匈,不得同訓爲䯏也。

肊、臆、膺,匈也。

肊、臆,一字也。《説文》:"肊,匈骨也。或作臆。"臆,與"臆"同。臆,各本譌作"臆",今訂正。

昀案:膺未作疏證。

肱謂之臂。

昀案:此條未作疏證。

胳謂之腋。

腋,本作"亦",或作"掖"。《説文》:"亦,人之臂亦也。"又云:"掖,人臂下也。"又云:"胳,掖下也。"《衆經音義》卷五引《埤倉》云:"胳,肘後也。"掖謂之胳,故衣袂當掖處亦謂之袼。《深衣》云:"袼之高下,可以運肘。"是也。袼又謂之掖。《儒行》云:"衣逢掖之衣。"是也。

髈、胠、胉,脅也。

脅之言夾也,在兩旁之名也。

髈之言旁也。《説文》:"髈,脅也。或作膀。"又云:"胠,掖下也。"《素問·五藏生成》篇云:"腹滿䐜脹,支鬲胠脅。"《南山經》云:"柢山有魚焉,其羽在魼下。""魼"與"胠"同義。《玉篇》"胠"音去刼、邱慮、邱間三切。胠,亦脅也,語之轉耳。襄二十三年《左傳》賈逵注云:"軍左翼曰啟,右翼曰胠。"正義云:"啟、胠,是在旁之軍。"義與"人脅謂之胠"同。司馬彪注《莊子·胠篋》篇云:"從旁開爲胠。"義亦相近也。

胉,字或作"膊",通作"拍",又通作"迫"。《士喪禮》"特豚兩胉",鄭注云:"胉,脅也。"今文"胉"爲"迫"。《周官·醢人》"豚拍",鄭注云:"鄭大夫、杜子春

① 䯏,原作"䯏",《疏證》作"䯏"。

皆以拍爲膊,謂脅也。今河閒名豚脅聲如'鍛鎛'。"《西山經》"有窮鬼居之,各在一搏",郭璞注云:"搏,猶脅也,言羣鬼各以類聚處山四脅。"義亦與"膊"同。膊之言輔也。兩肩謂之膊,義亦同也。

榦謂之肋。

《説文》:"肋,脅骨也。"《釋名》云:"肋,勒也,所以檢勒五藏也。"

莊元年《公羊傳》云:"搚榦而殺之。"《特牲饋食禮》"佐食舉榦",鄭注云:"榦,長脅也。"榦,亦兩旁之名也。《史記·魯世家》集解引馬融《柴誓》注云:"楨在前,榦在兩旁。"成二年《左傳》"棺有翰檜",杜注云:"翰,旁飾。"義並與"脅榦"同。

肺,費也。

《白虎通義》云:"肺之爲言費也。"

心,任也。

《白虎通義》云:"心之爲言任也,任於思也。"

肝,榦也。

《釋名》云:"肝,榦也;於五行屬木,故其體狀有枝榦也。"

脾,裨也。

《玉篇》引《白虎通義》云:"脾之爲言裨也。"《釋名》云:"脾,裨也;在胃下裨助胃氣,主化穀也。"裨,曹憲音卑。各本脱去"裨"字,音内"卑"字又誤入正文,今訂正。

腎,堅也。

昀案:此條未作疏證。

胃謂之肚[①]**。**

《説文》:"胃,穀府也。"《釋名》云:"胃,圍也,圍受食物也。""肚之言都也,食所都聚也。"

膀胱謂之脬。

膀胱,通作"旁光"。

---

① 胃,原作"冐",《疏證》作"胃"。

脬,通作"胞"。《説文》:"脬,旁光也。"《釋名》云:"胞,鞄也;鞄,空虚之言也,主以虚承水汋也。或曰膀胱,言其體短而横廣也。"《淮南子·説林訓》"旁光不升俎",高誘注云:"旁光,胞也。"《史記·倉公傳》云:"風癉客脬。"桓四年《公羊傳》注云:"自左髀射之,達于右髃,中腸胃汙泡。"泡,亦與"脬"同。

腸,詳也。

腹,屬也。

昀案:此兩條未作疏證。

肑謂之䐁。

《説文》:"䐁,腹下肥也。"《急就篇》云:"肿䐁胸脅喉咽髃。"凡人與物之腹下肥者通謂之䐁。《少牢饋食禮》云:"魚縮載,右首,進䐁。"《少儀》云:"羞濡魚者進尾。冬右䐁,夏右鰭。"鄭注云:"䐁,腹下也。"《文選·七發》"犓牛之䐁",李善注云:"䐁,腹下肥者。"《少儀》"君子不食圂䐁",正義云:"䐁,豬犬腸也。"亦與"腹下肥"同義。

《玉篇》肑,音的,"腹下肉也"。曹憲音百卓反。《集韻》云:"豕䐁也。"各本"䐁"作"肿",蓋因下文"肿謂之脢"而誤,今訂正。

背謂之骶;背,〔北〕也。

骶之言邸也;邸者,後也。《周官·掌次》"設皇邸",鄭衆注云:"邸,後版也。"《説文》:"軧,大車後也。"義並與"骶"同。《釋名》云:"背,倍也,在後稱也。"故又訓爲北。《衛風·伯兮》傳云:"背,北堂也。"亦在後之稱也。"北"與"背",古同聲而通用。桓九年《左傳》"以戰而北",嵇康音背。韋昭注《吳語》云:"軍敗奔走曰北。北,古之背字也。"各本俱脱"北"字。《衆經音義》卷八、卷十九及《太平御覽》並引《廣雅》:"背,北也。"今據補。

肿謂之脢。

《説文》:"肿,夾脊肉也。"《急就篇》云:"肿䐁胸脅喉咽髃。"《咸》釋文:"肿,音以人反。"字亦作"夤"。《艮》九三"艮其限,列其夤",馬融注云:"夤,夾脊肉也。"

《説文》:"脢,背肉也。"《咸》九五"咸其脢",子夏傳云:"在脊曰脢。"虞翻云:

“脢,夾脊肉也。”釋文:“脢,武杯反,又音每。”《内則》“取牛羊麋鹿麕之肉必脄”,鄭注云:“脄,脊側肉也。”《楚辭·招魂》“敦脄血拇”,王逸注云:“脄,背也。”脄,與“脢”同。鄭衆注《周官·内饔》云:“刑膴,謂夾脊肉。”膴,亦與“脢”同。《集韻》云:“脢,或作膴。”

臎、髁,臀也。

《説文》:“䐶,臀骨也。”臀,與“臀”同。䐶,與“臀”同,亦通作“橛”。《素問·骨空論》“灸橛骨”,王冰注云:“尾窮謂之橛骨。”《爾雅·釋鳥》“鸉,白鷢”,郭注云:“似鷹,尾上白。”“鷢”與“臀”,義相近。

《釋言》篇云:“臎,肥也。”字通作“翠”。《内則》“舒鴈翠”,鄭注云:“翠,尾肉也。”《吕氏春秋·本味》篇“肉之美者,巂燕之翠”,高誘注云:“翠,厥也。”厥,亦與“臀”同。

《衆經音義》卷十四引《三倉》云:“髁,尻骨也。”

臀謂之脽。

《釋名》云:“臀,殿也,高厚有殿鄂也。”

《説文》:“脽,尻也。”《漢書·東方朔傳》“連脽尻”,顔師古注云:“脽,臀也。”《素問·脈解》篇云:“腫腰脽痛。”脽者,高起之名。《漢書·武帝紀》“立后土祠于汾陰脽上”,如淳曰:“脽者,河之東岸特堆堀,高十餘丈。”顔師古曰:“以其形高起如人尻脽,故以名云。”

腓、膂,腨也。

《衆經音義》卷三引《三倉》云:“腨,腓腸也。”《説文》同。《素問·藏氣法時論》云:“尻陰股膝髀腨胻足皆痛。”《氣交變大論》云:“其病外在谿谷踹膝。”《急救篇》云:“踌踝跟踵相近聚。”踌、踹,並與“腨”同,字亦作“膞”。《衆經音義》卷十云:“江南言腓腸;中國言腨腸,或言腳腨。”今俗語謂之腿肚,名異而實同也。

腓之言肥也。《靈樞經·寒熱病》篇云:“腓者,腨也。”《咸》六二“咸其腓”,鄭注云:“腓,膞腸也。”荀爽作“肥”。《齊策》云:“徐子之狗,攫公孫子之肥而噬之。”並字異而義同。

《廣韻》引《字林》云:“膂,腨腸也。”《海外北經》“無膂之國,爲人無膂”,郭璞注云:"胥,肥腸也。"

股、腳、踦、胻,脛也。

《釋名》云:"脛,莖也;直而長,似物莖也。"

《説文》:"脛,胻也。""股,髀也。"凡對文,則膝以上爲股,膝以下爲脛。《小雅·采菽》箋云:"脛本曰股。"是也。散文則通謂之脛。《説文》云:"彳,象人脛三屬相連。"是也。或通謂之股,經言"股肱",是也。

《爾雅·釋蟲》"蟰蛸,長踦",郭注云:"小鼅鼄長腳者。"(250)《淮南子·齊俗訓》"男女切踦肩摩於道",高誘注云:"踦,足也。"

胻之言梗也。《爾雅》:"梗,直也。"《説文》:"胻,脛耑也。"《衆經音義》卷十八云:"今江南呼脛爲胻,山東曰胻敞。敞,音支孟反。"《春秋繁露·五行逆順》篇云:"民病足胻痛。"《素問·脈要精微論》云:"病足䯒腫若水狀。"䯒,與"胻"同。

昀案:腳未作疏證。

膕、朏,曲腳也。

《荀子·富國》篇"詘要橈膕",楊倞注云:"膕,曲腳中也。"膕者,曲貌也。《靈樞經·通天》篇云:"太陰之人,其狀膕然未僂。"是也。《素問·骨空論》云:"俠膝之骨爲連骸,骸下爲輔,輔上爲膕。"

朏之言詘也,其體詘曲也。

臗、尻、州、豚、〔眉*〕,臀也。

各本皆作"臗,尻也""州、豚,臀也"。《集韻》《類篇》並引《廣雅》:"臗,尻也。"則宋時本已然。案:韋昭注《周語》云:"臀,尻也。"臗、尻、州、豚①、臀,五者異名而同實,不宜分訓。《衆經音義》卷十四、卷二十四並云:"《埤倉》'臗,尻也';《廣雅》'臗,臀也'。"今據以訂正。

臗,《説文》作"髖",云:"髀上也。"《漢書·賈誼傳》"至於髖髀之所";《急就篇》"尻髖脊膂腰背吕",顔師古注並與《説文》同。

《説文》:"尻,臀也。"《少牢饋食禮》云:"腊兩髀屬于尻。"《釋名》云:"尻,廖也,所在廖牢深也。"

---

① 豚,原譌作"豚"。

《爾雅·釋畜》"馬白州,驠";《北山經》"倫山有獸焉,其州在尾上",郭注並云:"州,竅也。"《内則》"鼈去醜",鄭注云:"醜,謂鼈竅也。""醜"與"州",聲近而義同。

"豚"與"州",聲亦相近。《玉篇》:"豚,尻也。"《廣韻》云:"尾下竅也。"《楚語》"日月會于龍豵",《文選·東京賦》注引賈逵注云:"豵,龍尾也。"《玉篇》作"豝",音丁角切;義與"豚"相近。

《説文》:"眉,尻也。"《玉篇》音詰地、口奚二切。《集韻》《類篇》又詰計切,引《廣雅》:"眉,臀也。"今本脱"眉"字。

骯、骫骪、髺、髍、髖,骬也。

《玉篇》:"骬,或作髂。"《文選·解嘲》"折脅摺髂",李善注引《埤倉》云:"髂,腰骨也。"《素問·長刺節論》云:"病在少腹,刺兩髂髎季脅肋閒。"

《玉篇》:"骯,髂骯也。"又云:"骫骪,股骨也。"

昀案:髺、髍、髖未作疏證。

廣雅疏證　卷第七上

高郵王念孫學

釋　宮

各本"宫"字皆譌作"室"。案:《爾雅》"宫、室"雖可互訓,然以其制言之,則自户牖以内乃謂之室;"宫"爲總名,"室"爲專稱。《考工記》云:"室中度以几,宫中度以尋。"是也。名曰"釋宫",則内而奥窔,外而門闕,以及寢廟臺榭之制、道塗趨走之名,莫不兼該。若名曰"釋室",則不足以目一篇之事。且《廣雅》篇名,皆仍《爾雅》之舊,不應此篇獨改爲"釋室"。《太平御覽·居處部》云:"《廣雅·釋宫》曰:館,舍也。"今據以訂正。

庌、廡、房、櫳、廬、庵、庲、庩、廊、館、傳、庵、敞、屋、庫、府、廄,舍也。

《説文》:"市居曰舍。"《釋名》云:"舍,於中舍息也。"

《説文》:"庌,廡也。"《周官·圉師》"夏庌馬",鄭注云:"庌,廡也;廡,所以庇馬涼也。"《遺人》注云:"廬,若今野候徙有庌也。"

《説文》:"廡,堂下周屋也。"《檀弓》注云:"夏屋,今之門廡也,其形旁廣而卑。"《吴子·治兵》篇云:"冬則温廄,夏則涼廡。"《釋名》云:"大屋曰廡;廡,幠也;幠,覆也。并冀人謂之庌;庌,正也,屋之正大者也。"

《説文》:"房,室在旁也。"《釋名》云:"房,旁也,室之兩旁也。"

櫳之言籠也。《説文》作"櫳",云:"房室之疏也。"班倢伃《自悼賦》云:"房櫳虚兮風泠泠。""櫳"爲房室之疏,則不得直訓爲舍矣。

《漢書·食貨志》云:"在壄曰廬,在邑曰里。"《説文》:"廬,寄也;春夏居,秋冬去。"《釋名》云:"廬,慮也,取自覆慮也。"案:覆慮,猶言覆露。《晉語》云:"先主覆露子。"是也。露、慮,古同聲,故《釋名》又云:"露,慮也,覆慮物也。"

《説文》:“庘,樓牆也。”《玉篇》云:“屯聚之處也。”

《晏子春秋·諫》篇云:“景公爲長㡛。”是“㡛”爲舍也。

㡛,音七賜反;字從广,朿聲。朿,亦音七賜反。各本皆作“康”,音七粟反。此因“㡛”字譌作“康”,後人遂并改曹憲之音。《集韻》《類篇》㡛,七賜切,引《廣雅》:“㡛,舍也。”康,趨玉切,引《廣雅》:“康,舍也。”則宋時《廣雅》本已有譌作“康”者。案:康,與下文“廟”字同,《廣韻》音盧達切,不音七粟切。《玉篇》㡛,千漬切,“下屋也”。《廣韻》七賜切,“偏㡛舍也”。《衆經音義》卷十五云:“《廣雅》:‘庵,舍也。’《埤倉》:‘庵,㡛也;㡛,音且漬反。’”今據以訂正。

廊,字通作“郎”。《逸周書·作雒解》云:“咸有四阿反坫、重亢重郎。”晉灼注《漢書·董仲舒傳》云:“廊,堂邊廡也。”案:廊者,“高大”之稱,猶高門謂之閬矣[(251)]。

《説文》:“館,客舍也。”

《釋名》云:“傳,傳也;人所止息而去,後人復來,轉轉相傳,無常主也。”又云:“草圓屋曰庵;庵,奄也,所以自覆奄也。”《後漢書·皇甫規傳》“親入菴廬,巡視將士”,菴,與“庵”同。《喪服四制》引《書》“高宗諒闇”,鄭注云:“闇,謂廬也。”義亦與“庵”同。

《説文》:“屋,居也。”又云:“庫,兵車臧也。”《釋名》云:“庫,舍也,物所在之舍也。故齊魯謂庫曰舍也。”

《説文》:“府,文書臧也。”鄭注《論語》云:“藏財貨曰府。”卷三云:“府,聚也。”

《説文》:“廄,馬舍也。”《釋名》云:“廄,勼也;勼,聚也,牛馬之所聚也。”

昀案:㢑未作疏證。

堂埕,殿也。

殿,通作“殿”。《初學記》引《倉頡篇》云:“殿,大堂也。”《釋名》云:“殿,有殿鄂也。”

埕,通作“皇”。《爾雅》“無室曰榭”,郭注云:“榭,即今堂埕。”《漢書·胡建傳》“監御史與護軍諸校列坐堂皇上”,顔師古注云:“室無四壁曰皇。”案:皇者,空虚之名。《爾雅》云:“隍,虚也。”城池無水曰隍,室無四壁曰皇,其義一也。《太平御覽》引《廣雅》作:"堂皇,合殿也。"《廣韻》亦云:"堂堭,合殿。"

反坫謂之坿。

未詳。

㢝麻、𢉛、廌、粗、幕、昜、㡾,庵也。

庵,義已見上文。

《廣韻》"㢝麻,草菴也",引《通俗文》云:"屋平曰㢝麻。"通作"屠蘇"。《太平御覽》引《魏略》云:"李勝爲河南尹,廳事前屠蘇壞,令人治之。"

《説文》:"𢉛,廡也。""𢉛"與"廬",聲近而義同。

廌,亦幕也,方俗語有輕重耳。《後漢書·皇甫規傳》"親入菴廬,巡視將士",菴廬,即幕也。幕、庵、廬,皆下覆之義。説見上文。

昜之爲庵,未詳所出。影宋本、皇甫本並作"昜"。

㡾,各本譌作"瘌",惟影宋本不譌。《廣韻》引《廣雅》作"㾑"。

昀案:粗未作疏證。

橧、窠,巢也。

《説文》:"鳥在木上曰巢,在穴曰窠。"孫炎注《爾雅·釋樂》云:"巢,高也。"

《禮運》"夏則居橧巢",鄭注云:"聚薪柴居其上。"釋文:"橧,本又作增,又作曾。"《大戴禮·曾子疾病》篇云:"鷹鶽以山爲卑而曾巢其上。"並字異而義同。《爾雅》:"豕所寢,橧。"義亦相近也。

《説文》:"窠,空也。一曰鳥巢也。"凡言"窠"者,皆空中之義。説見卷三"科,空也"下。

棚、棼、栽、棧,閣也。

卷二云:"庋、閣,載也。"卷三云:"閣,庋也。"

《史記·梁孝王世家》索隱引《通俗文》云:"高置立庋棚曰庋閣。"卷三云:"棚,庋也。"《説文》:"棚,棧也。"《衆經音義》卷十四引《三倉》云:"棚、棧,閣也。"又引《通俗文》云:"連閣曰棚。"《九章算術·商功》章"負米往來七十步[①],其二十

---

① 米,一本作"土"。

步,上下棚除",劉徽注云:"棚,閣也。除,邪道也。"

卷三云:"載,歧也。"載,與"栽"同"。又云:"棧,歧也。"棧,與"棧"同。《説文》:"棧,棚也。"《文選·謝靈運〈從斤竹澗越嶺溪行〉詩》注引《通俗文》云:"版閣曰棧。"《齊策》云:"爲棧道木閣而迎王與后於城陽山中。"《史記·高祖紀》"輒燒絶棧道",索隱引崔浩云:"險絶之處,傍鑿山巖,而施版梁爲閣也。"凡編木爲棚,通謂之棧。《莊子·馬蹄》篇"編之以皁棧",崔譔注云:"棧,木棚也。"棧,各本譌作"踐"。《衆經音義》卷十五及《太平御覽》並引《廣雅》:"棧,閣也。"今據以訂正。

昀案:棼未作疏證。

窹謂之竈。

《玉篇》引《倉頡篇》云:"楚人呼竈曰窹。"窹,各本譌作"瘩"。《集韻》《類篇》引《廣雅》作"瘩"。皆《玉篇》《廣韻》所無。《玉篇》《廣韻》引《廣雅》並作"窹",今據以訂正。

其脣謂之陘。

《月令》注"祀竈之禮,設主于竈陘",正義云:"逸'中霤'禮文。"又云:"竈陘,謂竈邊承器之物,以土爲之。"

其窻謂之堗。

堗,通作"突"。《吕氏春秋·諭大》篇云:"竈突決,則火上焚棟。"

堗下謂之。

"謂之"下各本皆脱一字,今無考。

甄、匋,窯也。

《衆經音義》卷十四引《倉頡篇》云:"窯,燒瓦竈也。"《管子·七臣七主》篇云:"文采纂組者,燔功之窰也。"窰,與"窯"同。

《説文》:"甄,匋也。"《漢書·董仲舒傳》"猶泥之在鈞,唯甄者之所爲",《文選·魏都賦》注引如淳注云:"陶人作瓦器謂之甄。"匋,通作"陶"。《衆經音義》卷二引《倉頡篇》云:"陶,作瓦家也。""陶"與"窯",聲相近。《大雅·緜》篇"陶復陶穴",鄭箋云:"復者,復於土上,鑿地曰穴,皆如陶然。"是陶即窯也。

楣、檐、櫺，梠也。

《説文》："梠，楣也。"《士喪禮》"置于宇西階上"，鄭注云："宇，梠也。"《特牲饋食禮記》"饎爨在西壁"，注引舊説云："南北直屋梠。"《釋名》云："梠，旅也，連旅之也。或謂之櫋；櫋，緜也，緜連榱頭使齊平也。"凡言"吕"者，皆相連之義。衆謂之旅，紩衣謂之絽，脊骨謂之吕，桷端櫋聯謂之梠，其義一也。

《説文》："楣，秦名屋櫋聯也，齊謂之檐，楚謂之梠。"《釋名》云："楣，眉也，近前若面之有眉也。"又云："水草交曰湄；湄，眉也，臨水如眉臨目也。""湄"與"楣"，義相近。楣、宇，皆下垂之名，故在人亦有眉宇之稱。枚乘《七發》云[1]："陽氣見於眉宇之閒。"是也。

《説文》："檐，櫋也。""櫋，梠也。"《爾雅》："檐謂之樀。"《特牲饋食禮》疏引孫炎注云："謂屋梠也。周人謂之梠，齊人謂之檐。"《明堂位》"復廟重檐"，鄭注云："重檐，重承壁材也。"檐者，障蔽之名。説見《釋器》"幰、帴，幨也"下。

《方言》"屋梠謂之櫺"，郭注云："即屋檐也。亦呼爲連緜。"櫺之言闌也，與檻謂之櫺同義。

榱、橑、桷、楝，椽也。

《説文》："椽，榱也。秦謂之榱，周謂之椽，齊魯謂之桷。"《晉語》云："天子之室，斲其椽而礱之，加密石焉；諸侯礱之；大夫斲之；士首之。"《釋名》云："椽，傳也，相傳次而布列也。"

《爾雅》"桷謂之榱"，郭注云："屋椽也。"襄三十一年《左傳》云："楝折榱崩。"《釋名》云："榱，在櫋旁下列，衰衰然垂也。"

《説文》："橑，椽也。"《楚辭・九歌》"桂楝兮蘭橑"，王逸注云："以木蘭爲榱也。"《漢書・張敞傳》"果得之殿屋重轑中"，轑，與"橑"同。橑者，落落分布之名。屋椽謂之橑，猶車蓋弓謂之轑。故《釋名・釋車》篇云："轑，蓋叉也，如屋構橑也。"輪輻謂之轑，義亦同也。

《魯頌・閟宫》篇"松桷有舄"，毛傳云："桷，榱也。"《春秋》莊二十四年："刻桓宫桷。"《穀梁傳》説天子以下桷制，與《晉語》同。《説文》云："椽方曰桷。"《釋名》云："桷，确也，其形細而疏确也。"

---

① 枚，原譌作"故"。鍾宇訊已正。

楝之言促也。《説文》"楝,短椽也",徐鍇傳云:"今大屋重橑下四隅多爲短椽。"即此也。

櫽,棟也。

《繫辭傳》云:"上棟下宇,以待風雨。"《爾雅》"棟謂之桴",郭注云:"屋櫽也。"《説文》:"棟,極也。""櫽,棼也。""棼,複屋棟也。"《釋名》云①:"櫽,隱也,所以隱桷也。或謂之棟;棟,中也,居屋之中也。"

甍謂之甑。

甍,或作"甋"。《方言》"甋謂之甑",郭注云:"即屋櫽也。"《説文》:"甍,屋棟也。"《釋名》云:"屋脊曰甍;甍,蒙也,在上覆蒙屋也。"襄二十八年《左傳》"猶援廟桷動於甍",《晉語》"既鎮其甍矣",韋昭、杜預注並與《説文》同。程氏易疇《通藝録》云②:"甍者,蒙也。凡屋通以瓦蒙之曰甍,故其字從瓦。《晉語》'譬之如室,既鎮其甍矣,又何加焉',謂蓋構既成,鎮之爲甍,則不復有所加矣。若以甍爲屋極,則當施榱桷,覆茅瓦,安得云無所加?《左傳》'慶舍援廟桷而動於甍',則甍爲覆桷之瓦可知;言其多力,引一桷而屋宇爲之動也。若以甍爲屋極,則太公之廟,必非容膝之廬,所援之桷必爲當檐之題。題之去極甚遠,安得援題而動於極也?天子廟制,南北七筵,諸侯降殺以兩,則五筵也。陂陀下注,又加長焉,極之去檐幾三丈矣。況題接於交,交至於極,亦必非一木,何能遠動之乎?"案:易疇謂以瓦覆屋曰甍,與《内外傳》皆合,確不可易。甑之言霤也。《説文》:"霤,屋水流也。"甍爲霤所從出,故又謂之甑矣。

欂謂之枅。

《爾雅》"閞謂之槉",郭注云:"柱上欂也。亦名枅,又曰楷。"《文選·魏都賦》注引《説文》云:"欂櫨,柱上枅也。"《淮南子·本經訓》云:"欂栱欂櫨以相支持。"《漢書·王莽傳》作"薄櫨",《明堂位》注作"欂盧",並字異而義同。《説文》:"枅,屋櫨也。"《文選·魯靈光殿賦》注引《倉頡篇》云:"枅,柱上方木也。"《莊子·齊物論》篇"似枅",梁簡文帝注云:"枅,欂櫨也。"《淮南子·主術訓》云:"脩者以爲櫊

---

① 名,原泐,當是"名"字。他本皆作"名",據補。

② 氏,原譌作"民"。

榱,短者以爲朱儒枅櫨。"

曲枅謂之欒。

王延壽《魯靈光殿賦》云:"曲枅要紹而環句。"《釋名》云:"欒,攣也,其體上曲攣拳然也。"張衡《西京賦》"結重欒以相承",薛綜注云:"欒,柱上曲木,兩頭受櫨者。"何晏《景福殿賦》云:"欒栱夭蟜而交結。"

㮳謂之笮。

㮳,字或作"楶",又作"節"。《説文》:"㮳,欂櫨也。"《爾雅》"栭謂之楶",郭注云:"即櫨也。"釋文:"楶,舊本及《論語》《禮記》皆作節。"《明堂位》"山節藻棁",鄭注云:"山節,刻欂盧爲山也。"《逸周書·作雒解》"復㮳藻棁",孔晁注云:"復㮳,累芝栭也。"《魯靈光殿賦》"芝栭欑羅以戢孴",張載注云:"芝栭,柱上節,方小木爲之,長三尺。"今本《逸周書》,"㮳"字譌作"格"。㮳、笮,一聲之轉。《爾雅》"屋上薄謂之筄",注云:"屋笮也。"屋上薄謂之笮,猶柱上欂謂之笮矣。

楹謂之柱。

《釋名》云:"楹,亭也;亭亭然孤立,旁無所依也。"

礎、〔碣〕、磌,礩也。

《太平御覽》引《説文》云:"礩,柱下石也。古目木,今目石。"礩之言質也。鄭注《曲禮》云:"質,猶本也。"碣在柱下,如木之有本,故曰礩。字通作"質"。《墨子·備城門》篇云:"兩柱同質。"《韓非子·十過》篇云:"公宫令舍之堂,皆以鍊銅爲柱質。"《書大傳》"大夫、士有石材,庶人有石承",鄭注云:"石材,柱下質也。石承,當柱下而已,不外出爲飾。"

礎之言苴也。苴,藉也,所以藉柱也。《淮南子·説林训》"山雲蒸,柱礎潤",《衆經音義》卷十八引許慎注云:"楚人謂柱碣曰礎。"

碣之言藉也。履謂之舄,義與此同也。張衡《西京賦》云:"雕楹玉碣。"字通作"舄"。《墨子·備城門》篇云:"柱下傅舄。"各本皆脱"碣"字。《文選·西京賦、景福殿賦》注並引《廣雅》:"碣,礩也。"《集韻》《類篇》並引《廣雅》:"礎、碣、磌,礩也。"今據補。

磌之言鎮壓也。班固《西都賦》"雕玉瑱以居楹",瑱,與"磌"通。

窻、牖、鄉也。

《説文》:“在牆曰牖,在屋曰囪。古文作囧,或作窗。”又云:“窻,通孔也。”《釋名》云:“窻,聰也;於内窺外,爲之聰明也。”“聰”與“窻”,古同聲而通用。《大戴禮·盛德》篇云:“明堂凡九室,一室而有四户八聰。”

《説文》:“牖,穿壁目木爲交窻也。”牖者,開道之名。《大雅·版》篇“天之牖民”,毛傳云:“牖,道也。”

鄉,本作“向”,通作“鄉”。《豳風·七月》篇“塞向墐户”,傳云:“向,北出牖也。”《説文》同。《明堂位》“刮楹達鄉”,鄭注云:“鄉,牖屬,謂夾户窻也。”

丰、梯,階也。

梯之言次第也。《説文》:“梯,木階也。”

昀案:丰未作疏證。

坻,除也。

《説文》:“除,殿陛也。”《漢書·王莽傳》“莽自前殿南下椒除”,顔師古注云:“除,殿陛之道也。”除之言敘也,階級有次敘也。

《説文》:“墀,涂地也。禮,天子赤墀。”《漢書·梅福傳》“涉赤墀之塗”,應劭注云:“以丹漆泥塗殿上也。”墀,與“坻”通。

窒、窞、窬、究、復,窟也。

《説文》:“北方謂地空因目爲土穴爲窒户。”

《釋言》云:“窞,窖也。”

《玉篇》:“窬,兔窟也。”

復之言複也(252)。《説文》“復,地室也”,引《大雅·緜》篇:“陶復陶穴。”今本作“復”,鄭箋云:“復者,復於土上鑿地曰穴,皆如陶然。”《月令》注作“複”。並字異而義同。

昀案:究見《補正》。

京、庾、廩、鹿、廥、匴、廯、困,倉也。

《説文》:“倉,穀藏也。倉黄取而藏之,故谓之仓。”蔡邕《月令章句》云:“穀藏曰倉,米藏曰廩。”《釋名》云:“倉,藏也,藏穀物也。”

《説文》:“圜謂之囷,方謂之京。”《管子·輕重丁》篇云:“有新成囷京者二家。”《史记·倉公傳》“見建家京下方石”,徐廣音義云:“京者,倉廩之屬。”《釋邱》云:“四隤曰陵,四起曰京。”義與“方倉謂之京”同也。

《説文》:“庾,水漕倉也。一曰倉無屋者。”《小雅·楚茨》篇“我庾維億”,毛傳云:“露積曰庾。”《周語》云:“野有庾積。”應劭注《漢書·文帝紀》引胡廣《漢官解詁》云:“在邑曰倉,在野曰庾。”是倉無屋謂之庾也。《魏策》云:“粟糧漕庾,不下十萬。”是水漕倉謂之庾也。《釋名》云:“庾,裕也,言盈裕也。”案:庾之言亦聚也;聚者,積也。《漢書·食貨志》“以防貴庾者”,顔師古注云:“庾,積也,以防民積物待賈。”是“庾”爲積物之通稱也。

廩之言斂也。《説文》:“亩,穀所振入[①];宗廟粢盛,倉黄亩而取之,故謂之亩。或作廩。”《中庸》通作“稟”。桓十四年《穀梁傳》云:“御廩者何?粢盛委之所藏也。”

廘,通作鹿。《吴語》“囷鹿空虚”,韋昭注云:“員曰囷,方曰鹿。”《廣韻》引賈逵注云:“鹿,庾也。”

《説文》:“廥,芻槀之臧也。”《管子·度地》篇云:“虚牢獄,實倉廥。”廥之言會也。《漢書·天文志》“胃爲天倉,其南衆星曰廥積”,如淳注云:“芻槀積爲廥。”

《爾雅》“廩,廯也”,孫炎注云:“廯,藏穀鮮絜也。”

《魏風·伐檀》篇“胡取禾三百囷兮”,毛傳云:“圓者爲囷。”囷、圓,聲相近。

昀案:匱未作疏證。

州、郡、縣、府、廷、寺、學、校、庠、序、辟廱、頖宫、瞽宗、東膠,官也。

皆謂官舍也。

《釋名》云:“州,注也,郡國所注仰也。”“縣,懸也,懸係於郡也。郡,羣也,人所羣聚也。”餘見卷四“州、郡、縣,國也”下。

《周官·太宰》“以八灋治官府”,鄭注云:“百官所居曰府。”卷三云:“府,聚也。”各本“府”字在“縣”字上,蓋後人誤以府爲“府縣”之府,故移置於“縣”字之上。今訂正。

《説文》:“廷,朝中也。”《後漢書·郭太傳》注引《風俗通義》云:“廷,正也,縣

① 穀,原譌作“穀”。蘇本、滬本作“穀”。

廷、郡廷、朝廷皆取平均正直也。”

《説文》:“寺,廷也。”《衆經音義》卷十四引《三倉》云①:“寺,官舍也。”《管子·度地篇》云:“官府寺舍。”寺之言止也。《後漢書·光武帝紀》注引《風俗通義》云:“諸官府所止皆曰寺。”

《大戴禮·保傅》篇云:“學者,所學之官也。”《學記》云:“古之教者,家有塾,黨有庠,術有序,國有學。”《孟子·滕文公》篇云:“設爲庠序學校以教之。庠者,養也。校者,教也。序者,射也。夏曰校,殷曰序,周曰庠,學則三代共之。”

《明堂位》云:“米廩,有虞氏之庠也。序,夏后氏之序也。瞽宗,殷學也。頖宫,周學也。”《内則》云:“有虞氏養國老于上庠,養庶老于下庠。夏后氏養國老于東序,養庶老于西序。殷人養國老于右學,養庶老于左學。周人養國老于東膠,養庶老于虞庠。虞庠在國之西郊。”《王制》云:“小學在公宫南之左,大學在郊。天子曰辟廱,諸侯曰頖宫。”《大雅·靈臺》篇“於樂辟廱”,毛傳云:“水旋邱如璧曰辟廱,以節觀者。”《魯頌·泮水》篇“既作泮宫”,鄭箋云:“泮之言半也。蓋東西門以南通水,北無也。”泮,與“頖”通。

《周官·大司樂》“凡有道者、有德者,死則以爲樂祖,祭于瞽宗”,鄭衆注云:“瞽,樂人,樂人所共宗也。”

甋瓴、瓨、治、甎、瓾、瓳、瓴甋、甓,甗甎也。

《衆經音義》卷十三引《埤倉》云:“甋瓴,大甎也。”卷四引《通俗文》云:“甎方大謂之甋瓴。”漢《孟郁脩堯廟碑》云:“脩治■壂②,地致墦堋。”墦堋,與“甋瓴”同。

“治”與“甎”,義不相近。古者謂州郡所駐曰治。若《漢書·地理志》“左馮翊高陵,左輔都尉治”,“右扶風郿,右輔都尉治”,是也。《衆經音義》卷六、卷十四並引《廣雅》:“寺,治也。”則“治”字當在上條,後人傳寫誤入此條耳(253)。

《説文》:“坴,壘墼也。”“墼,瓴適也。”《急就篇》云:“墼壘廥廏庫東箱。”坴、壘,並與“瓾”通。

瓳,《廣韻》音頤,云:“甋瓳,甎也。”各本“瓳”譌作“瓯”。《集韻》《類篇》“瓳”字注引《廣雅》:“瓾、瓳,甎也。”又有“瓯”字,注亦云:“瓾、瓯,甎也。”蓋俗書“瓳”

① 音,原脱。

② ■,據《隸釋》,碑文原缺一字,不可考。

字作"瓯",故譌而爲"甌"。《釋器》篇"斞斗謂之柂",今本譌作"相",正與此同。考《玉篇》《廣韻》俱無"瓯"字。今本作"瓳",又"瓯"字之譌,今訂正。

《爾雅》"瓴甋謂之甓",郭注云:"甗甎也。今江東呼瓴甓。"《陳風·防有鵲巢》篇"中唐有甓",毛傳云:"甓,令適也。"令適,與"瓴甋"同。江東呼"瓴甓",語之轉也。司馬相如《長門賦》:"緻錯石之瓴甓兮。"《漢書·尹賞傳》"穿地,方深各數丈,致令辟爲郭",令辟,與"瓴甓"同。《衆經音義》卷十四引《通俗文》云:"狹長者謂之甗甎。"《魏志·胡昭傳》注引《魏略》云:"扈累獨居道側,以甗甎爲障。"

昀案:瓨未作疏證。甄見《補正》。

甋、瓬,甃也。

《説文》:"甃,井甓也。"甃之言聚也,脩也。《井·象傳》"井甃无咎,脩井也",馬融注云:"甃,爲瓦裏下達上也。"《太平御覽》引《風俗通義》云:"甃,聚塼脩井也。"《莊子·秋水》篇"吾樂與吾跳梁乎井幹之上,入休乎缺甃之崖",李頤注云:"甃,著井底闌也。"

《廣韻》:"甋,井甓也。"《玉篇》:"甋,牡瓦也。"甋、甋,並徒紅反,義亦相近。

瓬,《廣韻》作甋。

欄、檻、櫳、梐,牢也。

《説文》:"牢,閑養牛馬圈也。"《周官·充人》"祀五帝之牲牷繫于牢",是也。《釋名》云:"獄謂之牢,言所在堅牢也。"《史記·天官書》"貴人之牢""賤人之牢",是也。

欄之言遮闌也。《晏子春秋·諫》篇云:"牛馬老于欄牢。"《鹽鐵論·後刑》篇云:"是猶開其闌牢,發以毒矢也。"《漢書·王莽傳》云:"與牛馬同蘭。"並字異而義同。

檻之言監制也。《説文》:"檻,櫳也。一曰圈也。"《莊子·天地》篇云:"虎豹在於囊檻。"《史記·張耳陳餘傳》云:"乃檻車膠致與王詣長安。"《釋名》云:"檻車,上施欄檻以格猛獸,亦囚禁罪人之車也。"[254]

櫳之言牢籠也。字本作"櫳"。《説文》:"櫳,檻也。"《衆經音義》卷一引《三倉》云:"櫳,所以盛禽獸,檻欄也。"

梐之言比密也。字本作"陛",又作"狴"。《説文》:"陛,牢也。"《易林·比之否》云:"失意懷憂,如幽狴牢。"

闥謂之門。

《説文》:"門,聞也。"

闥之言通達也。薛綜注《西京賦》云:"宫中之門,小者曰闥。"《史記·樊噲傳》"排闥直入",是也。《後漢書·桓帝紀》注引《廣雅》作:"闈謂之闥。"所見本異也。《考工記·匠人》云:"廟門容大扃七个,闈門容小扃參个。"《爾雅》"宫中之門謂之闈",《左傳》哀十四年正義引孫炎注云:"宫中相通小門也。""闈"與"闥",亦同義。

閇、扇,扉也。

《爾雅》:"闔謂之扉。"《説文》:"扉,户扇也。"《玉藻》云:"闔門左扉。"門扇有左右,故謂之扉。扉之言棐也,夾輔之名也。《爾雅》云:"棐,俌也。"兩驂謂之騑,義亦同也。

《説文》:"閇,門扉也。"閇之言介也,亦夾輔之名也。

《説文》:"扇,扉也。"《月令》"乃脩闔扇",鄭注云:"用木曰闔,用竹葦曰扇。"《吕氏春秋·知接》篇云:"蓋以楊門之扇。"翣謂之扇,義亦同也。

象魏,闕也。

《爾雅》:"觀謂之闕。"《説文》:"闕,門觀也。"《水經·穀水》注引《白虎通義》云:"闕者,所以飾門別尊卑也。"《釋名》:"闕,在門兩旁,中央闕然爲道也。"莊二十一年《左傳》"鄭伯享王于闕西辟",杜預注云:"闕,象魏也。"桓三年《穀梁傳》"諸母兄弟不出闕門",范甯注云:"闕,兩觀也。"《周官·太宰》"乃縣治象之灋于象魏"①,哀三年《左傳》"御公立于象魏之外",鄭衆、杜預並訓爲闕。象魏謂之闕,或謂之魏闕。《淮南子·本經訓》"巍闕之高",高誘注:"門闕高崇巍巍然,故曰巍闕。"

限謂之丞。

《説文》:"限,門榍也。"

柣、戺、橉,砌也。

砌,古通作"切"。《漢書·外戚傳》"切皆銅沓黄金塗",顏師古注云:"切,門限也;音千結反。"《文選·西都賦》"玄墀釦砌",《後漢書·班固傳》作"切"。

① 灋,原譌作"慶"。

柣,亦"切"字也。《爾雅》"柣謂之閾",孫炎注云:"門限也。"郭璞音切。《説文》:"榍,限也。""榍"與"切",古亦同聲。《説文》:"𪘨,從齒,屑聲,讀若切。"是其例也。

《文選·西京賦》"金戺玉階",李善注引《廣雅》:"戺,砌也。"

《淮南子·氾論訓》云:"枕户橉而卧。"是"橉"爲切也。字亦作"轔"。《説山訓》云:"𪎭靡勿釋,牛車絶轔。"《説林訓》云:"雖欲謹亡馬,不發户轔。"高誘注並云:"楚人謂門切爲轔。"

橜、機、闑,朱也。

朱,或作"梱",又作"閫"。《説文》:"梱,門橛也。"《曲禮》"外言不入於梱,内言不出於梱",鄭注云:"梱,門限也。"釋文:"梱,本又作閫。"案:界於門者曰切,中於門者曰梱,二者皆所以爲限,故皆言門限也。

《説文》:"橜,門梱也。"字亦作"橛",通作"厥"。《爾雅》"橛謂之闑",郭注云:"門閫也。"《荀子·大略》篇"和之璧,井里之厥也",《晏子春秋·諫》篇作"井里之困"。困,亦與"梱"同。橜者,直而短之名。説見卷二"孑孓,短也"下。橜,各本譌作"縻",唯影宋本、皇甫本不譌。

機,字或作"畿"。《吕氏春秋·本生》篇注云:"機橜,門内之位也。"《邶風·谷風》篇"不遠伊邇,薄送我畿",毛傳云:"畿,門内也。"正義云:"畿者,期限之名,故《周禮》有'九畿'。"《説苑·政理》篇云:"正橛機之禮,壹妃匹之際。"蔡邕《司徒袁公夫人馬氏靈表》云:"不出其機,化導宣暢。"(255)

《説文》:"闑,門梱也。"《士冠禮》"布席于門中闑西",《曲禮》"大夫、士出入君門,由闑右",鄭注並云:"闑,門橜也。"昭八年《穀梁傳》"置旃以爲轅門,以葛覆質以爲槷",《爾雅》"杙在地者謂之臬",義並與"闑"同。

罦罳謂之屏。

罦罳,字或作"罘思",或作"桴思",或作"浮思",或作"覆思"。《水經·穀水》注、《太平御覽》引《廣雅》並作"復思"。《爾雅》"屏謂之樹",李巡注云:"以垣當門自蔽,名曰樹。"《釋名》云:"屏,自障屏也。"《郊特牲》"臺門而旅樹",鄭注云:"旅,道也。屏謂之樹,樹所以蔽行道。禮,天子外屏,諸侯内屏,大夫以簾,士以帷。"《明堂位》"疏屏,天子之廟飾也",注云:"屏謂之樹,今桴思也。刻之爲雲氣蟲獸,如今闕上爲之矣。”正義云:“案,《匠人》注云:‘城隅,謂角桴思也。’漢時東闕桴思災。以此諸文參之,則桴思小樓也,故城隅闕上皆有之。然則屏上亦爲屋以覆屏牆,故稱屏曰桴思。”今本《考工記・匠人》注作“浮思”。宋玉《大言賦》云:“大笑至兮摧覆思。”《鹽鐵論・散不足》篇云:“祠堂屏閣,垣闕罘罳。”《漢書・文帝紀》“未央宫東闕罘思災”,顔師古注云:“罘思,謂連闕曲閣也,以覆重刻垣墉之處,其形罘思然。一曰屏也。”《古今注》云:“罘罳,屏之遺象也。漢西京罘罳合版爲之,亦築土爲之,每門闕殿舍前皆有焉。于今郡國廳前亦樹之。”

投謂之鬮;鍵、笠、㢝,户牡也。

鬮,字或作“鑰”,又作“籥”。鍵,字或作“楗”。鄭注《金縢》云:“籥,開藏之管也。”《越語》“請委管籥”,韋昭注云:“管籥,取鍵器也。”《周官・司門》“掌授管鍵,以啟閉國門”,鄭衆注云:“管,謂籥也。鍵,謂牡。”《月令》“脩鍵閉,慎管籥”,鄭注云:“鍵,牡;閉,牝也。管籥,搏鍵器也。”正義云:“管籥,以鐵爲之,似樂器之管籥,搢於鎖内以搏取其鍵也。”《吕氏春秋・異用》篇云:“跖與企足得飴,以開閉取楗。”《淮南子・説林訓》云:“盜跖𡬶飴,曰可以黏牡。”是户牡謂之鍵也。《漢書・五行志》“長安章城門門牡自亡”,顔師古注云:“牡,所以下閉者也。”

昀案:笠、㢝未作疏證。

閣、庖,廚也。

《説文》:“廚,庖屋也。”“庖,廚也。”鄭注《周官・庖人》云:“庖之言苞也。裹肉曰苞苴。”

《檀弓》“始死之奠,其餘閣也與”,鄭注云:“閣,庋藏食物。”《内則》云“大夫七十而有閣。天子之閣,左達五,右達五;公侯伯於房中五;大夫於閣三;士於坫一”,注云:“閣,以版爲之,庋食物也。達,夾室也。”

閻謂之衖。

衖,與“巷”同。説見卷二“衖,尻也”及下文“衖,道也”下。《荀子・儒效》篇“隱於窮閻陋屋”,《韓詩外傳》作“隱居窮巷陋室”。是閻即巷也[1]。

---

① 閻,原譌作“閭”。

闟、閭、閈，里也。

“閭、閈、里”三字，説見卷二“里、閭、閈，凥也”下。

《説文》：“闟，樓上户也。”義與“閭、閈、里”不相近，然《説文》“闟、閈、閭”三字相承。《廣雅》之訓多本説文，疑《説文》“闟”字注内有“一曰閭也”之訓，而今本脱去也。

墽、隊、墉、院、廦、牆，垣也。

《釋名》云：“垣，援也，人所依阻以爲援衛也。”案：垣之言環也，環繞於宫外也。

墽之言繚繞也。《説文》：“墽，周垣也。”

隊之言篆也。《説文》：“隊，道邊庳垣也。”謂垣卑小，裁有堳埒篆起。《周官·典瑞》“瑑圭璋璧琮”，鄭衆注云：“瑑，有圻鄂瑑起。”義相近也。

《爾雅》：“牆謂之墉。”《説文》：“墉，城垣也。”《釋名》云：“墉，容也，所以蔽隱形容也。”案：墉者，容隱之義，非形容之義。《爾雅》“容謂之防”，郭注云：“形如今牀頭小曲屏風，唱射者所以自防隱。”義相近也。

院之言亦環也。《説文》：“寏，周垣也。或作院。”《墨子·大取》篇云：“其類在院下之鼠。”各本“院”下衍“也”字，今删。

廦，與“壁”同。《釋名》云：“壁，辟也，辟禦風寒也。”又云：“牆，障也，所以自障蔽也。”《初學記》《太平御覽》引《廣雅》，“牆”字並在“垣”字下。

埤堄、堞，女牆也。

埤堄，字或作“俾倪”，或作“睥睨”，或作“僻倪”。堞，字或作“壒”。《玉篇》引《倉頡篇》云：“堄，城上小垣也。”《説文》：“陴，城上女牆俾倪也。”“壒，城上女垣也。”宣十二年《左傳》“守陴者皆哭”，杜注云：“陴，城上僻倪。”襄六年《傳》“堙之，環城，傅于堞”，注云：“堞，女牆也。”二十七年《傳》“崔氏堞其宫而守之”，注云：“堞，短垣也。”《墨子·備城門》篇云：“俾倪，廣三尺，高二尺五寸。”又云：“五十步一堞。”《釋名》云：“城上垣曰睥睨，言於其孔中睥睨非常也。亦曰陴；陴，裨也，言裨助城之高也。亦曰女牆；言其卑小，比之於城，若女子之於丈夫也。”案：俾倪者，短垣之貌。俾之言庳也；倪，亦庳也。《爾雅》“龜左倪，不類；右倪，不若”，郭注以“左倪”爲左庳，“右倪”爲右庳。是也。《左傳》謂之陴，《倉頡篇》謂之堄，其義一也。《衆經音義》卷二云：“堞，取重疊之義。”

樣、桥、藩、篳、欏、簬,杝也。

杝,今"籬"字也。《説文》:"杝,落也。"王逸注《招魂》云:"柴落爲籬。"《衆經音義》卷十四云"籬、杝"同力支反,引《通俗文》云:"柴垣曰杝,木垣曰栅。"《釋名》云:"籬,離也,以柴作之,疏離離然也。"各本"杝"字譌作"地","地"下又衍一"籬"字。《集韻》《類篇》引《廣雅》"樣,桥,籬也""欏、簬,籬也"。則宋時《廣雅》本已有"籬"字。蓋今本"籬"字本作"離",乃是"杝"字之音,既誤入正文,後人又改"離"爲"籬"耳。今訂正。

《釋名》云:"青徐謂籬曰椐。"椐,與"樣"同。《玉篇》音渠。樣之言渠疏然也。《方言》:"杷,宋魏之閒,或謂之渠疏。"亦言杷齒渠疏然也。其謂之杷者,謂其齒扶疏然也。《史記·張儀傳》索隱云:"今江南謂葦籬曰笆籬。""笆"與"杷",義亦相近也(256)。

桥者,叢積之名;桥,猶荐也。哀八年《左傳》"吴人囚邾子於樓臺,桥之以棘",杜注云:"桥,擁也。"此與十二年《傳》"吴人藩衞侯之舍"同意。《説文》:"桥,目柴木雝水也。"義亦與"藩籬"同。説見《釋器》"濅、洊,桥也"下。

《説文》:"篳,藩落也。"《儒行》"篳門圭窬",鄭注云:"篳門,荆竹織門也。"襄十年《左傳》注云:"篳門,柴門也。"宣十二年《傳》"篳路藍縷",注云:"篳路,柴車也。"義與"篳門"同。篳之言蔽也。説見《釋器》"韍謂之縪"下。

欏,字通作"羅"。《六韜·軍用》篇云:"三軍拒守天羅虎落鎖連一部。"欏之言羅羅然也。《釋名·釋采帛》云:"羅,文羅羅疏也。"義與"欏"相近。

簬之言落落然也,古通作"落"。《管子·地員》篇云:"行廥落。"欏、落、杝,一聲之轉。《莊子·胠箧》篇"削格羅落罝罘之知多,則獸亂於澤矣",羅落,謂獸網也。網謂之羅落,亦謂之畢;杝謂之篳,亦謂之羅落,義並相近也。

昀案:藩並見於桥。

栅謂之榭。

《説文》:"栅,編樹木也。"《釋名》云:"栅,賾也,以木作之,上平賾然也。"《莊子·天地》篇云:"内大盈於柴栅。"《達生》篇"祝宗人玄端以臨牢筴",李頤注云:"筴,木欄也。"《列子·仲尼》篇:"長幼羣聚而爲牢藉庖廚之物。"筴、藉,並與"栅"通。編簡謂之册,亦謂之畢;編柴爲垣謂之篳;編木爲垣謂之栅,義並相近也。

黝、堊、垷、墐、墀、墍、㟜、埿、𪎕、塓、培、封，塗也。

《釋名》云："塗，杜也，杜塞孔穴也。"字亦作"涂"。

《周官·守祧》"其祧，則守祧黝堊之"，鄭衆注云"黝，讀爲幽；幽，黑也。堊，白也"，引《爾雅》："地謂之黝，牆謂之堊。"《喪大記》"既祥，黝堊"，鄭注云："黝堊，堊室之饰也。"《説文》："堊，白涂也。"餘見下文"天子、諸侯廟黝堊"及《釋器》"黝，黑也"下。

《説文》："垷，涂也。"

《豳風·七月》篇"塞向墐户"，毛傳云："墐，塗也。"《月令》"蟄蟲皆墐其户"，注云："墐，爲塗閉之。"

墀，與"墀"同。《説文》："墀，涂地也。禮，天子赤墀。"應劭注《漢書·梅福傳》云："赤墀，以丹漆泥塗殿上也。"《韓非子·十過》篇云："殷人四壁堊墀。"

《説文》："墍，仰涂也。"墍，與"墍"同。《梓材》"既勤垣墉，惟其斁墍茨"，馬融注云："墍，堊飾也。"《説文》："㡒，目血有所刏涂祭也。"聲義與"墍"相近。

《説文》："㟜，墀地目巾㧊之也。讀若'水温㬈'。"字或作"獿"，又作"㹛"。《漢書·揚雄傳》"獿人亡，則匠石輟斤而不敢妄斲"，服虔注云："獿人，古之善塗墍者也。"顔師古注云："獿，抆拭也，故謂塗者爲獿人。"《鹽鐵論·散不足》篇云："富者堊㹛壁飾。""塗"與"拭"，義相近，故塗謂之垷，亦謂之墐，亦謂之墍，亦謂之㟜；拭謂之挸，亦謂之撛，亦謂之摡，亦謂之獿也。

《説文》："埿，涂也；讀若隴。"《衆經音義》卷八音莫董反，引《通俗文》云："泥塗謂之埿湏。"

襄三十一年《左傳》"圬人以時塓館宫室"，杜注云："塓，塗也。"塓，與"塓"同。張載《魏都賦》注引《左傳》作"幂"，云："幂，墁也。""塗"與"覆"，義亦相近，故覆謂之幔，亦謂之幎，亦謂之幏；塗謂之墁，亦謂之塓，亦謂之埿也。

昀案：𪎕、培、封未作疏證。

椴、橜、楬櫫、𣏗杙、㭘、栅，杙也。

《説文》："弋，橜也。或作杙。"《爾雅》："樴謂之杙。"樴與杙之言皆直也。

《方言》："橛，燕之東北、朝鮮洌水之閒謂之椴。"椴之言段也，今人言木"一段、兩段"是也。椴，各本譌作"椵"，今訂正。《説文》："橜，弋也。"橜，與"橛"同。

《月令》注引《農書》云:“土長冒橛。”今俗語猶謂杙爲橛。橛之言厥也。凡木形之直而短者謂之橛。説見卷二“孑孓,短也”下。

《漢書·尹賞傳》“楬著其姓名”,顔師古注云:“楬,杙也。”《爾雅》“雞栖於弋爲榤”,榤,與“楬”通。《方言》注云:“橛,楬杙也。江東呼都。”“都”與“櫫”,古同聲。合言之則曰“楬櫫”。《説文》:“楬,楬櫫也。”《周官·蜡氏》“若有死於道路者,則令埋而置楬焉,書其日月焉”,鄭衆注云:“楬,欲令其識取之,今時楬櫫是也。”

《玉篇》:“牂牁,繫船大杙也。”字本作“牂柯”。牂者,杙長大牂牂然也;柯,亦長大之名,猶木大枝謂之柯也。《魏志·常林傳》注引《魏略》云:“吴使朱然、諸葛瑾攻圍樊城,遣船兵於峴山東斫牂柯材。”《漢書·地理志》“牂柯郡”,顔師古注云“牂柯,繫船杙也”,引《華陽國志》云:“楚頃襄王遣莊蹻伐夜郎。軍至且蘭,椓船於岸而步戰。既滅夜郎,以且蘭有椓船牂柯處,乃改其名爲牂柯。”牁,曹憲音歌。各本“牁”作“歌”,蓋因音内“歌”字而誤。“歌”字又誤在“舸”字下。《集韻》《類篇》並引《廣雅》:“舸、歌,杙也。”則所見已是誤本。案:《玉篇》《廣韻》俱無“歌”字,又“牂、牁”二字之閒,不當闌入“舸”字。今訂正。

《玉篇》:“舸,船左右大木。”《廣韻》云:“船纜所繫也。”舸,亦長大之名,舸之言侗也。《説文》:“侗,大皃。”《論衡·齊世》篇云:“上世之人,侗長佼好。”

眗案:栅未作疏證。

墿、軌、堩[①]、衖、街、術、蹊、徑、闤、闠、羨、隊、邪、除、甿、陌、迒、衦,道也。

道之言由也,人所由也。

墿,通作“驛”。《玉篇》:“驛,道也。”墿之言繹也,繹、迒,皆長意也,故《方言》云:“繹,長也。”“迒,長也。”

軌,謂車道也。《考工記·匠人》云:“涂度以軌。”高誘注《淮南子·本經訓》云:“軌,道也。”軌者,法度之名。隱五年《左傳》云:“講事以度軌量,謂之軌。”是也。軌,各本譌作“軏”,今訂正。

堩之言亙也。《士喪禮記》“唯君命止柩于堩”,《曾子問》“葬引至于堩”,《雜記》“非從柩與反哭,無免于堩”,鄭注並云:“堩,道也。”

① 堩,原作“堩”,《疏證》作“堩”。

衖,與“巷”同。《爾雅》“宫中衖謂之壼”,孫炎注云:“衖,舍閒道也。”《鄭風·叔于田》傳云:“巷,里塗也。”衖之言共也。《説文》云:“在邑中所共也。”又云:“衖,四通道也。”《廣韻》引《風俗通義》云:“衖,攜也,離也,四出之路,攜離而别也。”

術之言率也,人所率由也。《説文》:“術,邑中道也。”《吕氏春秋·下賢》篇云:“桃李之垂於術者,莫之援也。”褚少孫《續龜策傳》云:“内經閭術,外爲阡陌。”(257-1)

蹊,或作“徯”。蹊,亦徑也,語之轉耳。《釋名》云:“步所用道曰蹊。”《月令》注云:“徯徑,禽獸之道也。”《説文》:“徑,步道也。”《初學記》引《説卦傳》鄭注云:“田閒之道曰徑路。”《釋名》云:“徑,經也,人所經由也。”卷二云:“徑,衺也。”

《説文》:“闤,市外門也。”《古今注》云:“闤,市垣也。闠,市門也。”《文選·西京賦》“廓開九市,通闤帶闠”,薛綜注云:“闤,市營也。闠,中隔門也。”案:闤爲市垣,闠爲市門,而市道即在垣與門之内,故亦得闤闠之名。猶閭閈爲里門,而里亦謂之閭閈也。劉逵注《蜀都賦》云:“闤,市巷也。”巷即道也。《開元占經·東方七宿占》引石氏云:“房四星爲四表,中有三道。中閒爲天衢,南閒曰陽環,北閒曰陰環。”環,與“闤”同義。

羡,讀若延。《史記·衛世家》“共伯入釐侯羡自殺”,索隱云:“羡,墓道也。”字亦作“埏”,又作“延”。《文選·潘岳〈悼亡詩〉》注引《聲類》云:“埏,墓隧也。”《後漢書·陳蕃傳》云:“葬親不閉埏隧。”隱元年《左傳》注作“延”。羡之言延也。鄭注《考工記·玉人》云:“羡,猶延也。”《爾雅》“延,閒也”,郭注以爲閒隙。李奇注《郊祀志》云:“三輔謂山阪閒爲衍。”“衍”與“延”,聲義相近也。

隊,或作“隧”;隧之言遂也;遂,達也。《周官·冢人》“以度爲邱隧”,鄭注云:“隧,羡道也。”疏云:“天子有隧,諸侯以下有羡道。隧道則上有負土,羡道則無負土。”《周語》“晉文公請隧”,賈逵注云:“闕地通路曰隧。”“隧”爲羡道之名,亦爲道之通稱。襄十八年《左傳》“夙沙衛連大車以塞隧”,是也(257-2)。文十六年《傳》“楚子會師于臨品,分爲二隊。子越自石谿,子貝自仞以伐庸”,隊,與“隧”同,謂分爲兩道以伐庸也。哀十三年《傳》“越子伐吴,爲二隧”,是也。杜注以“隊”爲“隊伍”之“隊”,失之。

“邪”與“除”,古聲相近。除,亦邪也。《九章算術·商功》章“今有羡除”,劉徽注云:“羡除,隧道也;其所穿地上平下邪。”《商功》章又云:“負土往來七十步,其二十步上下棚除。棚除二,當平道五。"注云:"棚,閣也。除,邪道也。"《文選·西都賦》"輦路經營,脩除飛閣",義與"棚除"同。

《説文》:"趙魏謂伯爲䟘。"高誘注《淮南子·地形訓》云:"常山人謂伯爲亢。"亢,與"䟘"同。伯,與"陌"同。䟘,各本譌作"䟕",今據曹憲音訂正。

迒,亦䟘也,語有緩急耳。《爾雅》:"兔,其跡迒。"《説文》:"迒,獸迹也。或作䟘。"亦通作"亢"。《釋名》云:"鹿兔之道曰亢;行不由正,亢陌山谷草野而過也。"《太玄·居》次四"見豕在堂,狗繫之迒",范望注云:"迒,迹也。"張衡《西京賦》"迒杜蹊塞",薛綜注云:"迒,道也。"成十八年《左傳》"以塞夷庚",杜注云:"夷庚,吴晉往來之要道。"《詩序》云:"由庚,萬物得由其道也。""庚"與"迒",古亦同聲。堩之言亙,徑之言經,迒之言杭,皆横度之名也。《漢書·文帝紀》"大横庚庚",服虔注云:"庚庚,横貌。"義與"迒"同。

陌,亦横度之名也。故《釋名》云:"亢陌山谷草野而過。"又云:"綃頭,或謂之陌頭,言其從後横陌而前也。"

䟢,或作"阡"。阡之言伸也,直度之名也。卷三云:"伸,直也。"《史記·秦紀》"開阡陌",索隱引《風俗通義》云:"南北曰阡,東西曰陌。"(257-3)《食貨志》作"仟、伯",《匡衡傳》作"佰",並字異而義同。

駃、駕、驅、驟、馳、騖、騁、騰、趡、趍、辵,犇也。

犇,與"奔"同。

《尉繚子·制談》篇云:"猶良驥騄耳之駃。"《史記·張儀傳》"探前趹後,蹄閒三尋",索隱云:"言馬之走勢疾也。"《莊子·齊物論》篇"麋鹿見之決驟",崔譔注云:"疾走不顧爲決。"卷一云:"赽,疾也。"《説文》:"趹,馬行皃。"又云:"赽,踶也。"高誘注《淮南子·脩務訓》云:"踶,趍走也。"赽、趹、決,並與"駃"通。良馬謂之駃騠,義亦同也。

《説文》:"駕,次弟馳也。"《玉篇》音厲。《荀子·禮論》云:"步驟馳騁厲騖,不外是矣。"《楚辭·遠遊》云:"颯弭節而高厲。"厲,與"駕"通。厲,亦疾意也。《月令》云:"征鳥厲疾。"是也。

趡,曹憲音子肖反。《説文》:"趡,動也。"《玉篇》且水切,"動也,走也"。《集韻》又愈水切,"走皃";又子肖切,引《廣雅》:"趡,犇也。"《玉篇》:踓,千水切,"亦趡字也”。《廣韻》又以水切,“走也”。《玉篇》趭,子妙切,“走皃”。《廣韻》又才笑、弋照二切,“走也”。《史記·司馬相如傳》“蔑蒙踊躍,騰而狂趡”,《漢書》作“趭”,張注云:“趭,奔走也。”顏師古音醮。《揚雄傳》“神騰鬼趡”,顏師古亦音醮。宋祁校本引蕭該《音義》云:“今《漢書》‘鬼趡’或作踓字。韋昭慈昭反,云:‘趡,超也。’《字林》音才召反。”左思《吳都賦》“狂趭獷猤”,劉逵注云:“趭,走也。”李善音子召反。《曲禮》“庶人僬僬”,亦走皃也。《士相見禮》云:“庶人見於君,不爲容,進退走。”是其義也。合觀諸書音訓,趡,音千水、以水、子肖、才召、慈昭五反;踓,音千水、以水、才召三反;趭,音子肖、才召、弋召三反,而同訓爲走。是“踓、趭”即“趡”之異文,而“子肖、才召、慈昭”即“千水”之轉聲,“弋召”即“以水”之轉聲也。凡脂部之字,多有與蕭部相轉者。若“有鷕雉鳴”之“鷕”音以水、以小二反;《周官》“追師”之“追”音丁回、丁聊二反;《郊特牲》“壹與之齊”,齊,或爲“醮”;《史記·萬石君傳》“譙呵”(258),音“誰何”,皆其例也。

《廣韻》:“趍,進也。”趍之言駿也。《爾雅》:“駿,速也。”

鄭注《公食大夫禮》云:“不拾级而下曰辵。”《説文》引宣六年《公羊傳》:“辵階而走。”今本作“躇”,何休注云:“躇,猶超也。”釋文:“躇,與踱同。一本作辵。”辵、躇、踱,並同義。《漢書·司馬相如傳》“跮踱輵螛容以骫麗兮,蜩蟉偃寋怵臭以梁倚”,張注云:“跮踱,疾行互前卻也。怵臭,奔走也。”辵、踱、臭,並音丑略反,義亦同也。

昀案:驅、驟、馳、騖、騁、騰未作疏證。

塍、埒、垛、堨、隋、陧、防、芓,隄也。

《説文》:“塍,稻田畦也。”《衆經音義》卷九引《倉頡篇》云:“塍,畔也。”《齊民要術》引《氾勝之書》云:“始種稻者缺其塍,令水道相直。”字或作“堘”。《淮南子·齊俗訓》“狟狢得堘防,弗去而緣”,高誘注云:“堘,水埒也。”亦通作“乘”。《爾雅》“如乘者乘邱”,郭注云:“形似車乘也。或云:乘者,謂稻田塍埒。”埒,謂田界也。《周官·稻人》“以列舍水”,鄭注云:“列,田之畦埒也。”《淮南子·本經訓》云:“聚埒畝。”塍之言兆朕,埒之言形埒也。《淮南子·俶真訓》云:“未有形埒垠堮。”又云:“欲與物接而未成兆朕。”是也。

《衆經音義》卷二十引《聲類》云:“垛,高土也。”

《説文》:“堨,保也。一曰高土也。”保,與“垛”通,亦通作“葆”。堨,《玉篇》

作"壔",亦通作"檮"。《吕氏春秋・疑似》篇云:"周人爲高葆檮於王路,置鼓其上,遠近相聞。"《九章算術・商功》章有"方垛檮""圓垛檮"。

隨,字亦作"塘",通作"唐"。《周語》"陂唐汙庳,以鍾其美",韋昭注云:"唐,隄也。"

《玉篇》:"陻,界隄也。"

昀案:防、芓未作疏證。

柤、湝,隁也。

隁之言偃也;所以障水,或用以取鱼。郑衆注《周官・𠨘人》云:"梁,水偃也;偃水爲關空,以笱承其空。"襄二十五年《左傳》"規偃豬",郑注《周官・稻人》云:"偃豬,畜流水之陂也。"《荀子・非相》篇作"匽",《後汉书・董卓傳》作"隝",《魏志》作"堰",並字異而義同。

柤之言阻遏也。《説文》:"柤,木閑也。"木閑謂之柤,水偃謂之柤,義相近也。

湝,《玉篇》音七故切,《廣韻》又側伯、山責二切。湝之言迫迮也。《説文》:"湝,所目𦒱水也。"柤、湝,聲亦相近。

榷、彴,獨梁也。

《淮南子・繆稱訓》"若行獨梁",高誘注云:"獨梁,一木之水榷也。"

《説文》:"榷,水上横木也,所目渡也。"《漢書・武帝紀》"初榷酒酤",韋昭注云:"以木渡水曰榷。謂禁民酤釀,獨官開置,如道路設木爲榷,獨取利也。"顏師古云:"榷者,步渡橋,今之略彴是也。"

《玉篇》:"彴,徛渡也。"彴、榷,聲相近。

徛,步橋也。

《爾雅》"石杠謂之徛",郭注云:"聚石水中以爲步渡彴也。或曰今之石橋。"釋文云:"今關西呼徛,江東呼彴。"

廟,天子五,諸侯四,卿大夫三,士二。

《王制》云:"天子七廟,三昭三穆,與大祖之廟而七。諸侯五廟,二昭二穆,與大祖之廟而五。大夫三廟,一昭一穆,與大祖之廟而三。士一廟。庶人祭於寢。"《禮器》云:"天子七廟,諸侯五,大夫三,士一。"《祭法》云:"王立七廟,曰考廟,曰王考廟，曰皇考廟，曰顯考廟，曰祖考廟。遠廟爲祧，有二祧。諸侯五廟，大夫三廟，適士二廟，官師一廟。"僖十五年《穀梁傳》云："天子七廟，諸侯五，大夫三，士二。"《荀子·禮論》篇云："有天下者事七世，有一國者事五世，有五乘之地者事三世，有三乘之地者事二世。"《漢書·韋玄成傳》云："禮，王者始受命，諸侯始封之君，皆爲大祖。以下五廟而迭毁。《祭義》曰：'王者禘其祖所自出，以其祖配之而立四廟。'①言始受命而王，祭天以其祖配而不爲立廟，親盡也。立親廟四，親親也。親盡而迭毁，親疏之殺，示有終也。"案：《廣雅》謂天子五廟，蓋本韋玄成説(259)；謂諸侯四廟，則未詳所據。

天子、諸侯廟黝堊，卿、大夫蒼，士黈。

此莊二十三年《穀梁傳》文。徐邈注云："黝，黑柱也。堊，白壁也。"餘見上文"黝、堊，塗也"及《釋器》"蘣，黄也""黝，黑也"下。蘣，與"黈"同。黈，各本譌作"𪏰"，今訂正。

五帝廟，蒼曰靈府，赤曰文祖，黄曰神斗，白曰顯紀，黑曰玄矩。

《尚書帝命驗》云："帝者承天立五府以尊天重象，赤曰文祖，黄曰神斗，白曰顯紀，黑曰玄矩，蒼曰靈府。"鄭注云："天有五帝，集居大微，降精以生聖人，故帝者承天立五帝之府，是爲五府。唐虞謂之五府，夏謂之世室，殷謂之重屋，周謂之明堂，皆祀五帝之所也。赤帝赤熛怒之府，名曰文祖。火精光明，文章之祖，故謂之文祖，周曰明堂。黄帝含樞紐之府，名曰神斗。斗，主也；土精澄静，四行之主，故謂之神斗，周曰太室。白帝白招拒之府，名曰顯紀。紀，法也；金精斷割，萬物成，故謂之顯紀，周曰總章。黑帝汁光紀之府，名曰玄矩。矩，法也；水精玄昧，能權輕重，故謂之玄矩，周曰玄堂。蒼帝靈威仰之府，名曰靈府，周曰青陽。"以上見《隋書·宇文愷傳》，《史記·五帝紀》索隱、正義，《文選·顔延之〈曲水詩序〉》注，《初學記》，《太平御覽》。各本"靈"譌作"霊"，"斗"譌作"升"，"矩"譌作"秬"，今訂正。

獄，犴也；夏曰夏臺，殷曰羑里，周曰囹圄。

《召南·行露》傳云："獄，埆也。"《说文》引《小雅·小宛》篇："宜犴宜獄。"《周官·射人》注引作"豻"，今本作"岸"；《韓诗》作"犴"，云："鄉亭之繫曰犴，朝

① 此引文實出《禮記·喪服小記》，非《祭義》也。

廷曰獄。"《淮南子·説林訓》"亡犴不可再"(260-1)，高誘注云："犴，獄也。"(260-2)《漢書·刑法志》云(260-3)："獄豻不平。"並字異而義同。

《史記·夏紀》云"桀召湯而囚之夏臺"；《殷紀》云"紂囚西伯羑里"，《書大傳》作"牖里"。《説文》"囹，獄也""圄，守之也"；又云："囹圉，所目拘罪人也。"圉，與"圄"同。囹、圄皆守禁之名，囹之言令，圄之言敔也。卷四云："令、敔，禁也。"(260-4)或但謂之囹。張衡《周天大象賦》云："彼貫索之爲狀，寔幽囹之取則。"是也。或但謂之圄。《晏子·諫》篇云："拘者滿圄，怨者滿朝。"是也。《月令》"省囹圄"，鄭注云："囹圄，所以禁守繫者，若今之獄矣。"正義引《月令章句》云："囹，牢也；圄，止也，所以止出入。"又引《鄭志》："崇精問曰：'獄，周曰圜土，殷曰羑里，夏曰均臺。囹圄，何代之獄？'焦氏荅曰：'《月令》秦書，則秦獄名也。漢曰若盧，魏曰司空。'蔡邕《獨斷》云：'夏曰均臺，殷曰牖里，周曰囹圄，漢曰獄。'"《初學記》引《風俗通義》云："夏曰夏臺，殷曰羑里，周曰囹圄。"諸書所記三代獄名，皆傳聞異辭，無正文也。

杽謂之梏，械謂之桎。

杽之言紐也。卷三云："紐，束也。"《説文》："杽，械也。"《後漢書·蔡邕傳·論》"抱鉗杻，徙幽裔"，杻，與"杽"同。梏之言鞠也，急繫之名也。《漢書·刑法志》"當鞠繫者，頌繫之"，顏師古注云："頌，讀曰容，謂寬容之，不桎梏。"是也。桎之言窒，械之言礙，皆拘止之名也。《説文》："梏，手械也。""桎，足械也。"《周官·掌囚》"上罪梏拲而桎，中罪桎梏，下罪梏"，鄭衆注云："拲者，兩手共一木也。"鄭注云："在手曰梏，在足曰桎。中罪不拲，手足各一木耳。下罪又去桎。"《説文》："械，桎梏也。"《月令》注亦云："桎梏，今械也。"然則械爲在手、在足之通稱也。

圊、圂、庰，廁也。

《説文》："廁，清也。"清，與"圊"通。蘇林注《漢書·石奮傳》引賈逵《周官解》云："腧，行清也。"

《急就篇》云："屏廁清溷糞土壤。"屏，與"庰"通。溷，與"圂"通。《説文》："圂，廁也。"《淮南子·説山訓》云："譬猶沐浴而抒溷。"《開元占經·甘氏外官占》引甘氏云"天溷七星在外屏南，外屏七星在奎南"，注云："天溷，廁也。外屏，所以障天溷也。"又引甘氏《讚》云："天溷伏作，抒廁糞土，屏蔽擁障，宴溷莫睹。"宴，亦廁也;字本作“匽”,又作“偃”。“匽”與“屏”,皆取隱蔽之義。《周官·宫人》“爲其井匽,除其不蠲,去其惡臭”,鄭注云:“井,漏井,所以受水潦。鄭司農云:‘匽,路廁也。’玄謂匽豬,謂霤下之池,受畜水而流之者。’”案:“井”字疑是“并”字之譌。隸書“并”或作“幷”,因譌而爲“井”。并、屏,古字通。屏匽,謂廁也。《燕策》云:“宋王鑄諸侯之象,使侍屏匽。”《莊子·庚桑楚》篇“觀室者周於寢廟,又適其偃焉”,司馬彪注云:“偃,屏廁也。”偃,與“匽”同。據下文云“除其不蠲,去其惡臭”,則以匽爲路廁者是也。

《釋名》云:“廁,言人雜廁在上非一也。或曰溷,言溷濁也;或曰圊,言至穢之處,宜常脩治使潔清也。”《急就篇》注云:“屏,僻宴之名也。”廁之言側也,亦謂僻側也。

廣雅疏證　卷第七下

高郵王念孫學

釋　器

盎謂之盆。

《爾雅》"盎謂之缶"，郭璞注云："盆也。"《方言》："甂謂之盎。自關而西，或謂之盆，或謂之盎。"《急就篇》"甀缶盆盎甕罃壺"，顏師古注云："缶、盆、盎，一類耳。缶即盎也，大腹而斂口。盆則斂底而寬上。"《考工記》："陶人爲盆，實二鬴，厚半寸，脣寸。"

瓿甊、罏，缶也。

《説文》："缶，瓦器，所以盛酒漿，秦人鼓之以節歌。"《陳風·宛邱》篇"坎其擊缶"，正義云："《易·離》卦九三'不鼓缶而歌'，是樂器爲缶也；《坎》卦六四'尊酒，簋貳，用缶'，則缶是酒器。襄九年宋災，《左傳》曰：'具綆缶，備水器。'則缶是汲水之器。然則缶是瓦器，可以節樂，又可以盛水、盛酒，即今之瓦盆也。"《禮器》"五獻之尊，門外缶，門内壺，君尊瓦甒"，鄭注云："壺大一石，瓦甒五斗，缶大小未聞也。"正義云："以小爲貴，近者小，則遠者大。缶在門外，則大於壺矣。"

《方言》"缶謂之瓿甊"，郭璞注云："即盆也。"

《説文》："𠪚，䍃也。籒文作罏，篆文作𤮯。"《急就篇》"甑甇甂甌瓨甖盧"，注云："盧，小甕。"並字異而義同。

題、甌，甂也。

《方言》："甂，陳魏宋楚之閒謂之題，自關而西謂之甂。其大者謂之甌。"《説文》："甂，似小瓿，大口而卑。"《淮南子·説林訓》云："狗彘不擇甂甌而食。"《楚辭·七諫》云："甂甌登於明堂兮，周鼎潛乎深淵。"《説苑·反質》篇云："瓦甂，陋器也。"《方言》注云:"今河北人呼小盆爲題子;杜啟反。"《太平御覽》引《通俗文》云:"小甌曰題。"㼣題,猶匾㔜也。《衆經音義》卷六云:"《韻集》匾,方殄反;㔜,他奚反。"《纂文》云:"匾㔜,薄也。今俗呼廣薄爲匾㔜,關中呼錍㔜。"器之大口而卑者,與"廣薄"同義,故亦有"㼣題"之名。又"匾㔜"與"錍㔜",一聲之轉。大口而卑者謂之㼣,猶下文匾榼謂之椑矣。甌之言區也。卷二云:"區,小也。"《説文》:"甌,小盆也。"《爾雅》"甌瓿謂之瓵",郭注云:"瓿甊,小甖。"小甖謂之甌瓿,猶小盆謂之甌也。甌與㼣、題皆小盆①,而㼣、題又小於甌,故《方言》云:"其大者謂之甌。"

甈、㼽,甗也。

《廣韻》:"甗②,甖屬。"《玉篇》:"甈,甈甗也。"《爾雅》:"康瓠謂之㼽。"《説文》:"㼽,康瓠,破罌也。或作㽅。"《方言》:"㼽謂之㼜。"

甞、瓨,甖也。

《説文》:"鑑,大盆也。"《周官·淩人》"春始治鑑",鄭注云:"鑑,如甀,大口,以盛冰,置食物於中,以禦温氣。"釋文:"鑑,胡暫反。本或作監。"《莊子·則陽》篇云:"衛靈公有妻三人,同濫而浴。"襄九年《左傳》注云:"水器,盆鑒之屬。"並字異而義同。《墨子·節葬》篇云:"多爲屋幕、鼎鼓、几梃、壺濫、戈劍、羽旄、齒革。"《吕氏春秋·節喪》篇云:"玩好、貨寶、鍾鼎、壺濫、轝馬、衣被、戈劍,不可勝數。"濫,與"壺"並稱,蓋亦盆㼜之屬。《慎勢》篇云:"功名著乎槃盂,銘篆著乎壺鑑。"是也。高誘注云:"以冰置水漿於其中爲濫。"失之。

《説文》:"甞,大盆也。"《急就篇》云:"甄甞㼣甌瓨甖盧。"《玉篇》:"瓨,瓶也。"③

甇、㽁、甀、瓵、瓬、甂、瓿甊、缶、甄、㼛、㼜、罌、甑、㼭、甋、瓺、𤭛甋、瓬、𨪗、䰛、㼰、㼾、罃、瓨、甗、㼲,瓶也。

《説文》:"缾,罋也。或作瓶。"《方言》:"瓬、甂、㼛、甃、甀、甇、甄、㼜、瓿甊、㽁,甖也。靈桂之郊謂之瓬,其小者謂之甂,周魏之閒謂之㼛,秦之舊都謂之甀,淮

① 題,與"題"同。然此處似當作"題"。

② 甗,原譌作"𤮊"。

③ 瓨,原譌作"坑"。此書證當歸下條之"瓨"。

汝之閒謂之甾，江湘之閒謂之甇；自關而西，晉之舊都、河汾之閒，其大者謂之甀，其中者謂之瓿甊；自關而東，趙魏之郊謂之瓮，或謂之甖；東齊海岱之閒謂之甇；甖，其通語也。”甖，與“罌”同。

甇，各本譌作“甇”，今訂正。

《玉篇》：“甇，大甖也。”

《説文》：“甃，器也。”

《方言》注云：“今江東通呼大瓮爲瓺。”(261-1)

《爾雅》“甌瓿謂之瓵”，郭注云：“瓿甊，小甖。”襄二十四年《左傳》“部婁無松柏”，杜預注云：“部婁，小阜。”小阜謂之部婁，猶小罌謂之瓿甊也。單言之則曰“瓿”。字亦作“䍌”。《説文》：“䍌，小缶也。”《漢書・揚雄傳》“吾恐後人用覆醬瓿也”，顔師古注云：“瓿，小甖也。”

《説文》：“缶，瓦器也。”又云“甀，小口罌也”，徐鍇傳云：“《周禮》注：‘鑑，如甀，大口。’是甀小口也。”甀，與“甄”同，字亦作“垂”。《墨子・備城門》篇云：“救門火者，各一垂，水容三石以上。”《列子・湯問》篇云：“山名壺領，狀若甔甀。”《東周策》云：“夫鼎者，非效醯壺醬甀，可懷挾提挈以至齊者。”《淮南子・氾論訓》“抱甀而汲”，高誘注云：“甀，武也。今兖州謂小武爲甀。”(261-2)

《方言》注云：“今江東呼甖爲甒子。”《士喪禮》下篇“甒二”，鄭注云：“甒，瓦器。”古文“甒”皆作“廡”。甒、甒、廡、武，並通。《禮器》“君尊瓦甒”，鄭注云：“瓦甒大五斗。”正義云：“此瓦甒，即《燕禮》‘公尊瓦大’也。《禮圖》：‘瓦大受五斗，口徑尺，頸高二寸，大中，身鋭，下平。’‘瓦甒’與‘瓦大’同。”

《説文》：“瓮，罌也。通作罋、甕。”《士喪禮》下篇注云：“罋，瓦器，其容蓋一轂。”《説文》：“罌，甀也。”《墨子・備城門》篇云：“用瓦木罌容十升以上者盛水。”

《方言》：“甇，陳魏宋楚之閒曰甋，或曰瓶；燕之東北、朝鮮洌水之閒謂之瓺；齊之東北、海岱之閒謂之甔；周洛韓鄭之閒謂之甀，或謂之甇。”甔，字通作“儋”，又作“擔”(261-3)。《史記・貨殖傳》“漿千甔”，集解：“徐廣曰：甔，大罌也。”索隱云：“甔，《漢書》作儋，孟康曰：儋，甖也。”甖受一石，故云“儋石”。《漢書・蒯通傳》“守儋石之禄”，應劭注云：“齊人名小甖爲甔，受二斛。”《後漢書・明帝紀》“生者無擔石之儲”，李賢注引《埤倉》云：“甔，大罌也。”案：諸説或訓“甔”爲罌，或以爲大罌，或以爲小罌，古無定訓，疑莫能明也(261-4)。

《玉篇》:"瓶,小甖也。"又云:"瓶、甑,瓶有耳也。"

瓬,訓爲瓶,未見所出。瓬,曹憲音方往反。各本"瓬"譌作"瓶","方往"譌作"方住"。《玉篇》瓬,方往反。今據以訂正。

《説文》:"缻,下平缶也;讀若𦉨。"

《方言》:"罃謂之甀。"字亦作"罋",通作"甕"。《説文》:"罋,汲缾也。"《井》九二"井谷射鮒,甕敝漏",虞翻注云:"羸其瓶,凶,故甕敝漏也。"甀,與"瓺"同。

《方言》:"罃謂之甈。"《説文》:"罃,備火長頸缾也。"《急就篇》云:"甀缶盆盎甕罃壺。"

瓨,亦作"缸"。《説文》:"瓨,似罌,長頸,受十升。"又云:"缸,瓨也。"《急就篇》云:"甑甂甌瓨甖盧。"《史記·貨殖傳》"醯醬千瓨"①,徐廣音義云:"瓨,長頸罌也。"瓨,曹憲音下江反。各本"瓨"譌作"瓬",惟影宋本、皇甫本不譌。

《説文》:"甗,瓦器也。"又云:"瓴,瓮似缾者。"瓴,與"甗"同。《漢書·高祖紀》"譬猶居高屋之上建瓴水也",如淳注云:"瓴,盛水瓶也。"《淮南子·脩務訓》云:"今夫救火者,汲水而趨之,或以甕瓴,或以盆盂。其方員鋭橢不同,盛水各異;其於滅火鈞也。"瓴、甕皆可以盛水,又可以節歌。《墨子·三辯》篇云:"農夫春耕夏耘,秋斂冬藏,息於瓴缶之樂。"李斯《上始皇帝書》云:"擊甕叩缻,彈箏搏髀而歌。"皆是也。甗,各本譌作"䰛",影宋本、皇甫本不譌。

《玉篇》:"瓹,瓶受一斗者。"《集韻》云:"北燕謂瓶爲瓹。"

鍑、鉼、融、鏤、鬲、鍑、鏕、鏞、鍪、鬵、䰛、錡、鬴、鐈、鬲、融,〔釜也〕。

《方言》:"鍑,北燕朝鮮洌水之閒,或謂之鍑,或謂之鉼;江淮陳楚之閒謂之錡,或謂之鏤;吳揚之閒謂之鬲。"《玉篇》:"鍑,小釜也。"

《説文》:"融,三足鍑也。"《小雅·大東》篇"跂彼織女",毛傳云:"跂,隅貌。"孫毓釋之云:"織女三星,跂然如隅。"義與"融"同也。

《爾雅》:"鼎款足者謂之鬲。"服虔注《漢書·司馬遷傳》云:"款,空也。"《郊祀志》"鼎空足曰鬲",蘇林注云:"足中空不實者,名曰鬲。"《説文》:"鬲,鼎屬,實五觳;斗二升曰觳;象腹交文,三足。漢令作歷,或作甌。"《考工記》:"陶人爲鬲,實五觳,厚半寸,脣寸。"《士喪禮》云:"新盆、槃、瓶、廢敦、重鬲。"

---

① 千,原譌作"于"。鍾宇訊已正。

《方言》:“釜,自關而西,或謂之釜,或謂之鍑。”《漢書·匈奴傳》云:“多齎鬴鍑薪炭。”《説文》:“鍑,如釜而大口。”《衆經音義》卷二引《三倉》云:“鍑,小釜也。”與《説文》異義,未知孰是。

《説文》:“鏕,温器也。”今俗語謂煮肉爲熝肉。卷四云:“熝、煨,煴也。”煴謂之熝,故温器亦謂之鏕矣。

《説文》:“鎕,煎膠器也。”又云:“鍪,鍑屬也。”《急就篇》“鐵鈇鑽錐釜鍑鍪”,顔師古注云:“鍪,似釜而反脣。一曰:鍪,小釜類。即今所謂鍋也。”字或作“堥”。《内則》“敦牟卮匜”,鄭注云:“牟,讀曰堥。”正義:“《隱義》曰:‘堥,土釜也。’以木爲器,象土釜之形。”

《説文》:“鬹,三足釜也,有柄喙。”《爾雅》“煁,烓也”,郭注云:“今之三隅竈。”“烓”與“鬹”,聲相近。三隅竈謂之烓,猶三足釜謂之鬹矣。

《説文》:“䖒,土鍪也;從虗,号聲。”“虗,古陶器也。”䖒,各本譌作“豐”,自宋時本已然。故《集韻》《類篇》並云:“䖒,或作豐。”案:䖒,從虗,号聲;非從豆,號聲。“豐”乃“䖒”之譌字,非“䖒”之别體,故《説文》《玉篇》《廣韻》俱無“豐”字。今訂正。

《召南·采蘋》篇“維錡及釜”,傳云:“有足曰錡。”錡之言踦也。《爾雅》“蟰蛸,長踦”,郭注云:“小鼅鼄長腳者。”

《説文》:“鬴,鍑屬也。或作釡。”隸省作“釜”。“釜”與“鬴”,同聲同義,而《廣雅》訓“鬴”爲釜者,古今異字,必以此釋彼,而其義始明。《爾雅》云:“輔,俌也。”“嗟,䐤也。”“迺,乃也”。《廣雅》云:“壹,弌也。”“炳,爇也。”“煖,煗也。”“花,華也。”皆以同聲同義之字轉相訓釋。“鬴”之訓釜,亦猶是也。各本“鬴”下衍“也”字,今删。

鐈之言喬然高也。《説文》:“鐈,佀鼎而長足。”

鬲,即今“鍋”字也。《説文》:“秦名土釜曰鬲;從鬲,㐄聲。”又云:“鬷,釜屬也。”各本“鬲”譌作“鬲”,“鬷”下又脱“釜也”二字。《集韻》《類篇》並引《廣雅》:“鬲,釜也。”今據以補正。

鋗謂之銚。

《説文》:“銚,温器也。”《衆經音義》卷十四云:“銚,似鬲,上有鐶。”《急就篇》“銅鍾鼎經鋗鉇銚”,顔師古注云:“鋗,温器也。”鋗與銚同類,故亦可通稱。《博古圖》有漢梁山銗,容二斗,重十斤,元康元年造。

鍋鏥謂之銼鑹。

《説文》:"銼鑹,鍑也。"《衆經音義》卷十六引《聲類》云:"銼鑹,小釜也。"《太平御覽》引《纂文》云:"秦人以鈷䥈爲銼鑹。"案:物形之小而圓者謂之銼鑹。單言之則曰銼。《廣韻》:"銼,蜀呼鈷䥈也。"銼者,"族羸"之合聲,故銼鑹又謂之鏃鑹。《急就篇》注云:"小釜曰鏃鑹。"是也。《説文》:"痤,小腫也。一曰族累病。"桓六年《左傳》"謂其不疾瘯蠡也",瘯蠡,與"族累"同。急言之則爲"痤"矣。《爾雅·釋木》"痤,接慮李",郭注云:"今之麥李。"《齊民要術》引《廣志》云:"麥李細小。"麥李細小,故有"接慮"之名。急言之,亦近於"痤",故又謂之痤。銼鑹、族累、接慮,一聲之轉,皆物形之小而圓者也。

《玉篇》:"鍋鏥,小釜也。"《太平御覽》引《魏略》云:"我槌破汝鍋鏥邪。"又引杜預《奏事》云:"藥杵臼、澡槃、尉斗、釜、瓮、銚、槃、鍋鏥,皆民閒之急用也。"《説文》:"鏕,温器也;讀若奧。"《集韻》又音燠,此即"鍋鏥"二字之合聲。

案謂之𣘻。

𣘻,各本譌作"㩩",今訂正。

《方言》:"案,陳楚宋魏之閒謂之𣘻,自關東西謂之案。"《説文》:"案,几屬。"《急就篇》"橢杅槃案桮問盌",顔師古注云:"無足曰槃,有足曰案,所以陳舉食也。"《考工記·玉人》"案十有二,棗栗十有二列",鄭注云:"案,玉飾案也。玉案十二以爲列,棗栗實於器,乃加於案。"戴先生補注云:"案者,棜禁之屬。《儀禮》注曰:'棜之制,上有四周,下無足。'《禮器》注云:'禁,如今方案,隋長,局足,高三寸。'此以案承棗栗,上宜有四周。漢制,小方案局足,此亦宜有足。"謹案:案之言安也,所以安置食器也。𣘻之言寫也。《説文》:"寫,置物也。"案,亦所以置食器,其制蓋如今承槃而有足,或方或圓。《禮器》注言"方案",《説文》訓"檈"爲圓案,是也。古人持案以進食,若今人持承槃[262]。《漢書·外戚傳》云:"許后朝皇太后,親奉案上食。"是也。亦自持案以食,若今持酒杯者并槃而舉之。《鹽鐵論·取下》篇云:"從容房闈之閒,垂拱持案而食。"是也。凡案,或以承食器,或以承用器,皆與几同類。故《説文》云:"案,几屬。"

盂謂之槃。

《説文》:"槃,承槃也。"

盂,音"干戈"之"干"。各本"盂"譌作"孟"。《玉篇》盂,公安切,"槃也"。《廣韻》同。《集韻》《類篇》盂,居寒切,引《廣雅》:"盂謂之槃。"郭忠恕《佩觿》云:"盂,槃也。字從'干禄'之'干'。"今據以訂正。

匾榼謂之椑。

《説文》"榼,酒器也",徐鍇傳云:"榼之爲言盍也。"《説文》:"盍,覆也。"成十六年《左傳》:"欒鍼使行人執榼承飲,造於子重。"《説文》:"椑,圜榼也。"《急就篇》云:"槫榼椑榹匕箸籫。"《太平御覽》引謝承《後漢書》云:"傳車有美酒一椑。"椑之言卑也。《説文》以爲圜榼,《廣雅》以爲匾榼。凡器之名爲椑者,皆兼此二義。《考工記·廬人》"句兵椑,刺兵摶"①,鄭注云:"齊人謂柯斧柄爲椑。"則椑,隋圜也;摶,圜也。然則正圜者謂之摶,圜而匾者謂之椑,故齊人謂柯斧柄爲椑也。又"匾"與"椑",一聲之轉,故盆之大口而卑者謂之㼰。説見上文"甂、甌,㼰也"下。

盩、槤、案䍃②、銚鋭、柯、櫂、梋、栓、柍、𥂝、盎、椀,盂也。

盂之言迂曲也。盂、盎、椀,皆曲貌也。《説文》:"盂,飲器也。"

《士喪禮下》篇"兩敦兩杅",鄭注云:"杅以盛湯漿。"杅,與"盂"同。敦,與"盩"同。古者敦以盛食,盟則用以盛血;或用木而飾以金玉,或用瓦無飾,皆有蓋有足。無足者謂之廢敦。《爾雅》"邱一成爲敦邱",孫炎注云:"形如覆敦,敦器似盂。"《少牢饋食禮》疏引《孝經鉤命决》云:"敦,規首,上下圜相連。"聶崇義《三禮圖》引舊《圖》云:"敦,受一斗二升,漆赤中,大夫飾口以白金。"《周官·玉府》"若合諸侯,則共珠槃玉敦",鄭注云:"敦,槃類,珠玉以爲飾。古者以槃盛血,以敦盛食。合諸侯者,必割牛耳,取其血歃之以盟。珠槃以盛牛耳,尸盟者執之。鄭司農云:'玉敦,歃血玉器。'"《内則》"敦牟巵匜",鄭注云:"敦牟,黍稷器也。"《士喪禮》云:"黍稷用瓦敦,有蓋。"又云"敦啟會,面足",注云:"敦有足,則敦之形如今酒敦。"《少牢饋食禮》云:"主婦自東房執一金敦黍,有蓋。"又云"敦皆南首",注云:"敦有首者,尊者器飾也,飾蓋象龜形。"《士喪禮》"新盆、槃、瓶、廢敦、重鬲",注云:"廢敦,敦無足者,所以盛米也。"

---

① 句、刺,原譌作"勿、刺"。

② 據曹憲音,"案"字當作"盌"。

《方言》:"盂謂之槃。河濟之閒謂之盌鐙,椀謂之盞,盂謂之銚銳,椀謂之梋抉。"又云:"盂,宋楚魏之閒,或謂之盌。盌謂之盂,或謂之銚銳。盌謂之櫂,盂謂之柯,海岱東齊北燕之閒或謂之盎。"《廣韻》引《埤倉》云:"槃,盂也。"《玉篇》:"盌鐙,大盂也。"字亦作"安殘"。《太平御覽》引李尤《安殘銘》云:"安殘令名,甘旨是盛。埏埴之巧,甄陶所成。食彼美珍,思此鹿鳴。"抉,各本譌作"抉",今訂正。《方言》:"椀謂之梋抉。"二字共爲一名,則《廣雅》"梋、抉"二字之閒不當有"栓"字。當本在"梋"字之上,或在"抉"字之下,而寫者誤倒其文也。

盎之言卷曲也。《玉藻》"母没而杯圈不能飲焉",注云:"圈,屈木所爲,謂卮匜之類。"《孟子·告子》篇:"以杞柳爲桮棬。"棬、圈,並與"盎"通。

椀之言宛曲也。《急就篇》"橢杅槃案桮閜盌",顏師古注云:"盌,似盂而深長。"盌,與"椀"同。(263)

昀案:栓未作疏證。

𥁞、匾、㽉、槭、盃、閜、盞、温,杯也。

《方言》:"盃、槭、盞、温、閜、𥁞、㽉,桮也。秦晉之郊謂之盃;自關而東,趙魏之閒曰槭,或曰盞,或曰温,其大者謂之閜;吴越之閒曰𥁞,齊右平原以東或謂之㽉;桮,其通語也。"桮,與"杯"同。《説文》:"桮,匾也。"(264)"匾,小桮也。或作檳。""匾"與"槭",古同聲。《方言》作"槭",蓋即"匾"之假借字也。《廣韻》:"篋,箱屬。或作篋。"是其例矣。

《方言》注云:"盃,所謂伯盃者也。"《太平御覽》引《典論》云:"劉表諸子好酒,造三爵,大曰伯雅,中曰仲雅,小曰季雅。"雅,與"盃"通。

《説文》:"閜,大開也。大桮亦爲閜。"《急就篇》云:"橢杅槃案桮閜盌。"《藝文類聚》引李尤《杯銘》云:"小之爲杯,大之爲閜。"凡言"閜"者,皆大開之貌。司馬相如《上林賦》"谽呀豁閜",司馬彪注云:"谽呀,大貌。豁閜,空虚也。"郭璞注云:"皆澗谷之形容也。"《廣韻》:"㘅,大笑。"義並同也。

盞,與"琖"通,説見下條。《太平御覽》引《通俗文》云:"漿杯曰盞,或謂之温。"

㪷、醆,爵也。

爵,説見下文"一升曰爵"下。

《禮運》"醆斝及尸君，非禮也"，鄭注云："醆斝，先王之爵也，唯魯與王者之後得用之。其餘諸侯，用時王之器而已。"《大雅·行葦》篇"洗爵奠斝"，傳云："斝，爵也。夏曰醆，殷曰斝，周曰爵。"《周官·量人》"凡宰祭，與鬱人受斝，歷而皆飲之"，鄭衆注云"斝，器名"，引《明堂位》云："爵，夏后氏以琖，殷以斝，周以爵。"鄭注《明堂位》云："斝，畫禾稼也。"《説文》："斝，玉爵也。或説斝受六升。"《郊特牲》"舉斝角"，注云："天子奠斝，諸侯奠角。"昭七年《左傳》"賂以瑤甕玉櫝斝耳"，杜預注云："斝耳，玉爵。"正義云："言耳者，蓋此器旁有耳，若今之杯，故名。"《明堂位》云："爵用玉琖仍彫。"《周官·量人》釋文云："琖，劉本作湔。"字並與"醆"同。爵謂之醆，杯謂之盞，一也。《方言》注云："盞，最小桮也。"《爾雅》"鍾小者謂之棧"，李巡注云："棧，淺也。"棧、盞，並音側限反，其義同。

䚗、䚾，卮也。

《説文》："卮，圜器。一名䚾，所㠯節飲食。"《内則》"敦、牟、卮、匜"，鄭注云："卮、匜，酒漿器。"應劭注《漢書·高祖紀》云："卮，鄉飲酒禮器也，古以角作，受四升。古卮字作觗。"

《説文》："䚗，小卮也。"《玉篇》之耎、之㡭二切。又《説文》："䏝，小卮有耳蓋者。"《玉篇》時耎切。"䚗"從耑聲，"䏝"從專聲，"專"與"耑"，皆小意也。故《釋詁》云："耑，小也。"《説文》："叀，專小謹也。""專，六寸簿也。"䚗，各本譌作"䚩"，今訂正。

《説文》："䚾，小觶也。"《海外西經》"女蔑操角䚾，女祭操俎"，郭璞注云："角䚾，觶屬。"《急就篇》云："蠡斗參升半卮䚾。"《賈子·諭誠》篇"酒二䣼"，䣼，與"䚾"同。《玉篇》："亶，小舍也。"䚾、亶，並音丁案反，義相近也。

瓠、蠡、䓕、𤬸，瓢也。

《方言》："𧓍，陳楚宋魏之閒或謂之䉅，或謂之瓢。"《衆經音義》卷十八引《三倉》云："瓢，瓠勺也。"《説文》："瓢，蠡也。"《周官·鬯人》"禜門用瓢齎"，杜子春注云："瓢，謂瓠蠡也。"《漢書·東方朔傳》"以蠡測海"，張晏注云："蠡，瓠瓢也。"《楚辭·九歎》"匏𧓍蠹於筐簏"，王逸注云："匏，瓠；𧓍，瓢也。"𧓍、蠡①，並通。

《説文》："䓕，蠡也。"《士昏禮》"實四爵合巹"，鄭注云："合巹，破匏也。"《昏

① 原衍一"蠡"字。

義》云:"共牢而食,合巹而酳。"巹,與"薺"通。《太平御覽》引《三禮圖》云:"巹,取四升瓠中破,夫婦各一。"

䖿,即《方言》"檥"字也。《衆經音義》卷十八引《廣雅》作"䖿",音羲。"䖿"從䖏聲,"䖿"從虘聲。䖏、虘,並從虍聲,是"䖏"與"虘"同聲,故從䖏之字或從虘。《方言》注云:"今江東通呼勺爲檥,音羲。"《衆經音義》云:"江南曰瓢檥,蜀人言蠡檥。"《漢書·王莽傳》"立斗獻",顔師古注云:"獻,音羲;謂斗魁及杓末如勺之形也。""獻"從䖏聲而讀爲羲,猶"䖿"從䖏聲而讀爲羲矣。

筌、豆、篆,杯落也。

《方言》"杯落,陳楚宋衛之閒謂之豆筥;自關而西,謂之桮落",郭注云:"盛桮器籠也。"《説文》"答,桮答也",徐鍇傳云:"答,亦籠也。"答者,絡也,猶今人言籮。落、答,並與"落"通。卷二云:"落,居也。"杯落亦所以居杯也。

《説文》:"筌,桮答也。"

篆,與"筥"通,義亦與筐筥之"筥"同。

籯、筲、桶檧、籫,箸筩也。

《方言》"箸筩,陳楚宋魏之閒謂之筲,或謂之籯;自關而西,謂之桶檧",郭注云:"盛朼箸籫也。"籯,與"籝"同。籯之言盛受也。説見下文"籯,籠也"下。

《説文》:"宋魏謂箸筩爲筲。"筲,與"筲"通。箸筩謂之筲,猶刀室謂之削也。《方言》注云:"今俗亦通呼小籠爲桶檧。"

《急就篇》"槫榼椑榹匕箸籫",顔師古注云:"籫,盛匕箸籠也。"《玉篇》音子短切。箸筩謂之籫,猶竹筥謂之簨。《喪大記》"食粥於盛不盥,食於簨者盥",鄭注云:"簨,竹筥也。"

柶、匙,匕也。

《説文》:"匕,所以比取飯。一名柶。"古者匕或以匕黍稷,或以匕牲體。吉事用棘匕,喪事用桑匕。《小雅·大東》篇"有捄棘匕",傳云:"匕,所以載鼎實。"《士昏禮》"匕俎從設",注云:"匕,所以别出牲體也。"《特牲饋食禮記》"棘心匕刻",注云:"刻,若今龍頭。"《少牢饋食禮》云:"雍人摡鼎匕俎于雍爨。"又云"廩人摡甑甗匕與敦于廩爨",注云:"匕,所以匕黍稷。"疏云:"上'雍人'云'匕'者,所以匕肉。此廩人所掌米,故云'匕黍稷'也。"《少牢下》篇"覆二疏匕于其上",注云:"疏匕,匕柄有刻飾者。"又"二手執挑匕枋以挹湆,注于疏匕",注云:"此二匕者,皆有淺斗,狀如飯橾。挑,長枋,可以抒物於器中者。"《雜記》"枇以桑,長三尺,或曰五尺,刊其柄與末",注云:"枇,所以載牲體者。此謂喪祭也,吉祭枇用棘。"枇,與"匕"同。《太平御覽》引《三禮圖》云:"匕以載牲體,長二尺四寸;葉博三寸,長八寸;漆丹柄頭。疏匕形如飯橾,以棘心爲之。"案:《三禮圖》記匕之長,與《雜記》不合,失之。

《説文》:"柶,匕也。"柶有醴柶,有鉶柶。吉事用角柶,喪事用木柶。《士冠禮》"側尊一甒醴,有篚,實勺觶角柶",注云:"柶,狀如匕;以角爲之者,欲滑也。"《士喪禮》云:"東方之饌,兩瓦甒,其實醴酒角觶木柶。"《少牢饋食禮》云:"上佐食,羞兩鉶,皆有柶。"《三禮圖》引舊《圖》云:"柶長尺,櫼博三寸,曲柄長六寸,漆赤中及柄端。"又《周官·玉府》"大喪,共角柶",鄭衆注云:"角柶,角匕也,以楔齒令可飯含。"《士喪禮》"楔齒用角柶",《記》云:"楔貌如軛,上兩末。"疏云:"此角柶,其形與扱醴角柶别,故屈之如軛,中央入口,兩末向上,易出入也。"

《方言》:"匕謂之匙。"《後漢書·隗囂傳》"奉盤錯鍉",李賢注云:"鍉,即匙字。"

筴謂之箸。

《説文》:"箸,飯攲也。"攲,音羈。《太平御覽》引《通俗文》云:"以箸取物曰攲。"《曲禮》云:"飯黍毋以箸。"又云"羹之有菜者用梜",鄭注云:"梜,猶箸也。今人或謂箸爲梜提。"梜,與"筴"同。《急就篇》注云:"梜,所以夾食也。"

龍、疏、蒲、枓,杓也。

《説文》:"勺,挹取也;象形,中有實。"《考工記》"梓人爲飲器,勺一升",《士冠禮》注云:"勺,尊斗,所以斞酒也。"案:勺之言酌,斗之言斞也。勺之有飾者,龍勺、疏勺、蒲勺,是也。勺之無飾者,《禮器》之"樿杓",《士喪禮》之"素勺",是也。杓,與"勺"同。《明堂位》"夏后氏以龍勺,殷以疏勺,周以蒲勺",鄭注云:"龍,龍頭也。疏,通刻其頭。蒲,合蒲如鳧頭也。"

枓,各本譌作"科",影宋本、皇甫本不譌。《大雅·行葦》篇"酌以大斗",傳云:"大斗,長三尺也。"釋文:"斗,字又作枓。都口反。徐又音主。"正義云:"大斗長三尺,謂其柄也。漢禮器制度,注勺五升,徑六寸,長三尺。是也。此蓋從大器挹之於尊,用此勺耳。其在尊中,不當用如此之長勺也。"枓、杓所以斞酒,亦所以斞水。《中庸》云:"今夫水,一勺之多。"《周官·鬯人》"大喪之大渳,設斗",鄭注云:"斗,所以沃尸也。"《喪大記》"浴水用盆,沃水用枓",《士喪禮》疏云:"枓受五升,方有柄,用挹盆中水以沃尸。"《少牢饋食禮》"司宮設罍水于洗東,有枓",鄭注云:"枓,斞水器也。凡設水用罍,沃盥用枓。"

㴸斗謂之柂。

卷二云:"㧑,抒也。"《説文》:"抒,挹也。"《太平御覽》引《纂文》云:"㴸斗,抒水斗也。"《廣韻》云:"㧑斗,舟中渫水器也。"㧑,與"㴸"同。

柂,曹憲音頤。各本"柂"誤作"相"。《集韻》《類篇》並引《廣雅》:"㴸斗謂之相。"則宋時《廣雅》本已誤。案:《説文》:"相,臿也。"音祀。"相"與"柂",不同義。蓋俗書"柂"字作"柂",因譌而爲"相"。《釋宫》篇"瓵,甎也",今本譌作"瓯",正與此同。考《玉篇》柂,弋之切,"船㧑斗也",《廣韻》柂,"船舀水斗也",《御覽》引《廣雅》"㴸斗謂之柂",皆作"柂",不作"相"。今據以訂正。

焅謂之煝。

《説文》:"焅,旱氣也。"《玉篇》:"煝,焃也。"《廣韻》:"煝,焅熱也。"據諸書所訓,則"焅、煝"二字當在《釋詁》"熱也"一條内。今在《釋器》,當別有意義,未知所出。

𧯶䜭、筲,簇也。

簇,即"筥"字也。《衆經音義》卷十五云:"筥,又作簇,同力與、紀與二反。"古者"筥、簇"同聲。《周官·掌客》注云:"筥,讀如'棟梠'之'梠'。"《大雅》"以遏徂旅",《孟子》作"徂莒"。皆其證也。《方言》"簇,南楚謂之筲,趙魏之郊謂之筊簇",郭注云:"盛餅筥也。"餅,與"飯"同。《説文》:"筥,箱也。"《周頌·良耜》篇云:"載筐及筥,其饟伊黍。"是筥以盛飯也。餘見下文"籅、篙、箄、篗,篆也"下。篆,亦與"筥"同。

《太平御覽》引《纂文》云:"𧯶䜭,大筥也。"《方言》注云:"今建平人呼筥爲筲。"《説文》:"箱,飯筥也,受五升。秦謂筥爲箱。"又云:"箾,飯器,容五升。"箱、箾,並與"筲"同。《士喪禮下》篇"筲三,黍稷麥",鄭注云:"筲,畚種類也,其容蓋與簋同一瞉。"《論語·子路》篇"斗筲之人",鄭注云:"筲,竹器,容斗二升。"與《説文》異義,未知孰是。《論語》"斗、筲"並言,則"筲"與"斗"不同量。《文選·王命論》注引《漢書音義》:"筲受一斗。"失之。

籓、籮,箕也。

箕,所以簸揚米而去其糠也。《方言》:"箕,陳魏宋楚之閒謂之籮。"《説文》:"箕,簸也。""籓,大箕也。"

䶩、鱅、匧、䶠,畚也。

《説文》:"畚,蒲器也,䶠屬,所目盛種。"《周官·挈壺氏》"掌挈畚以令糧",鄭衆注云:"畚,所以盛糧之器。"宣二年《左傳》"寘諸畚",杜預注云:"畚,以草索爲之,筥屬。"十一年《傳》"稱畚築",注云:"畚,盛土器。"襄九年《傳》"陳畚梮",注云:"畚,蕢籠。"《士昏禮》"婦執笲棗栗",鄭注云:"笲,竹器有衣者,其形蓋如今之筥筌籚矣。"《三禮圖》引舊《圖》云:"笲,讀如'皮弁'之弁。"畚、笲,並從弁聲。畚爲筥屬,而笲形如筥筌籚,則其命名之意亦同矣。

《玉篇》:"䶩,小畚也。"《晉書·天文志》"天棓東七星曰扶筐,盛桑之器,主勸蠶也。"扶,與"䶩"通。

鱅,之庶反。《廣韻》:"鱅,筐鱅也。"鱅之言貯也,所以貯米也。《説文》:"䶥,幡也,所目盛米。""䶥"與"鱅",聲近義同。

《説文》:"匧,田器也。"又云"莜,艸田器",引《論語》:"目杖何莜。"今本作"蓧",包咸注云:"蓧,竹器。"皇侃疏云:"籮籠之屬也。"釋文:"蓧,本又作條,又作莜。"並字異而義同。

《説文》:"㡑,蒲席䶥也。""䶠,㡑也。杜林以爲竹筥,揚雄以爲蒲器,讀若'輧車'。"《急就篇》"笹篅篋筥籅箅篝",顔師古注云:"竹器之盛飯者,大曰篋,小曰筥。""篋"與"䶠",亦聲近義同。

箈、籔、篗、匿,籅也。

《方言》"炊籅謂之縮,或謂之篗,或謂之匿",郭注云:"漉米籅也。"《説文》:"籅,漉米籔也。"《太平御覽》引《纂文》云:"籅,淅箕也。一曰籔,魯人謂之淅籔。"《急就篇》云:"笹篅篋筥籅箅篝。"《玉篇》:"箈,盝米具也。""籔籅,漉米竹器也。"漉,與"盝"同,亦作"盝"。

《説文》:"籔,炊籅也。"《玉篇》籔,或作"箸、篗"。《方言》又作"縮"。"縮、箸、篗、籔"四字,古聲並相近。篗之言縮也,漉米而縮去其汁,如漉酒然。鄭興注

《周官·甸師》云:“束茅立之祭前,沃酒其上,酒滲下去,若神飲之,故謂之縮。縮,浚也。”《郊特牲》“縮酌用茅”,鄭注云:“泲之以茅,縮去滓也。”義並與“箬”同。《周官·太宰》注云“澤無水曰藪”;《澤虞》注云“水希曰藪”。義與“籔”亦相近。

《説文》:“匴,盝米籔也。”《集韻》“匴”或作“匫”。《方言》注云:“江東呼匫爲淅籤。”匫之言浚也。卷二云:“浚,湿也。”《周官》注云:“縮,浚也。”縮、籔、匴,一聲之轉。“籔”之轉爲“匴”,猶“數”之轉爲“算”矣。

箱謂之〔筅〕。

箱,即今之刷鍋帚也。《説文》:“陳留謂飯帚曰箱。”箱之言捎也,所以捎去餘飯也。《考工記·輪人》注云:“捎,除也。”聲轉爲“筅”。筅,猶洗刷也。筅,曹憲音素典反。各本脱去“筅”字,其“素典反”之音又誤入下文“箾”字下。《集韻》《類篇》箾,穌典切,引《廣雅》:“箱謂之箾。”則所見已是誤本,故以“箾”字上屬爲句。案:箱爲飯帚,箾爲簞笥之屬,兩物絶不相似;且《玉篇》《廣韻》“箾”字亦不音素典反。《玉篇》:“筅,筅帚也。”《廣韻》作“箲”,云:“箲帚,飯具。或作筅。”是“筅”與“箱”,異名而同實。又《玉篇》《廣韻》“筅”字並音穌典切,“穌典”與“素典”同音,今據以訂正。餘見下條。

箾、笶、匴,笥也。

《説文》:“笥,飯及衣之器也。”《曲禮》“凡以弓劍苞苴簞笥問人者”,鄭注云:“簞笥,盛飯食者;圓曰簞,方曰笥。”《緇衣》引《兑命》云:“惟衣裳在笥。”

《説文》:“箾,竹器也。”《玉篇》所閒、蘇干二切,云:“竹器,似箱而麤。”曹憲音素管反。《士喪禮》“爵弁、皮弁、緇布冠各一匴”,鄭注云:“匴,竹器名,今之冠箱也。古文匴爲篹。”釋文“匴、篹”並素管反。《衆經音義》卷十五引《聲類》云:“筥,箱也。”《喪大記》“食粥於盛不盥,食於篹者盥”,注云:“篹,竹筥也。”《史記·鄭當時傳》“其餽遺人,不過算器食”,徐廣音義云:“算,音先管反;竹器也。”匴、篹、算,並與“箾”同,是“箾”爲簞笥之屬也。

《玉篇》“笶”又作“笲”。《士昏禮》注云:“笲,竹器有衣者,其形蓋如今之筥笑籚矣。”《士昏禮記》云:“笲,緇被纁裏。”案:笲以盛棗栗腶脩,亦以盛菜。聘禮,賓釋幣于禰,用以盛幣埋之;喪禮,用以盛貝及沐浴巾。具見經文。

匴,通作“簞”。“簞”與“笥”對文則異,散文則通。《説文》:“簞,笥也。漢律令，箄，小筐也。”箄以盛食，亦以盛巾櫛。《士冠禮》云：“櫛實于箄。”《士虞禮》云：“匜水錯于槃中，箄巾在其東。”

匵謂之匵。

《説文》：“匵，匣也。”匵之言容也。《説文》：“匵，匵也。”“櫝，匵也。”櫝，與“匵”同。《金縢》云：“乃内册于金縢之匵中。”《聘禮》云：“賈人啟櫝。”《論語》云：“韞匵而藏諸。”

匧謂之椷。

匧之言挾也。《爾雅》云：“挾，藏也。”《説文》：“匧，椷藏也。或作篋。”《士冠禮》“同篋”，鄭注云：“隋方曰篋。”篋、椷，一聲之轉。椷之言函也。《説文》：“椷，篋也。”《周官・伊耆氏》“共其杖咸”，鄭注云：“咸，讀爲函。”椷、咸、函，並通。

定謂之耨。

《説文》：“槈，薅器也。或作鎒。”《吕氏春秋・任地》篇云：“耨柄尺，此其度也。其耨六寸，所以間稼也。”高誘注云：“耨，所以耘苗也；刃廣六寸，所以入苗間也。”《齊語》“挾其槍刈耨鎛”，《舊音》引賈逵注云：“耨，鎡錤也。”《管子・輕重乙》篇云：“一農之事，必有一耜、一銚、一鎌、一鎒、一椎、一銍，然後成爲農。”槈、耨、鎒，並同。

《爾雅》“斪斸謂之定”，李巡注云：“定，鋤别名。”案：定者，斫物之稱，今江淮間謂以斧斫物曰釘，音帶定反。是其義也。

櫡謂之钁。

《説文》：“钁，大鉏也。”《廣韻》云：“《方言》云：關東名曰鹵斫。”《淮南子・兵略訓》“奮儋钁”(265)，高誘注云：“钁，斫也。”《六韜・軍用》篇云：“棨钁，刃廣六寸，柄長五尺以上。”《爾雅》“斫謂之鐯”，郭注云：“钁也。”《説文》作“櫡”。字並與“櫡”同。

錍謂之銛。

《説文》：“銛，臿屬也。”

箄、筌謂之笓。

《廣韻》：“笓，取鰕竹器也。”《太平御覽》引《韓詩》云：“‘九罭之魚’，罭，取鰕筂也。"又引《纂文》云:"箄,流水中張魚器也。"箄,與"筂"同。

《玉篇》:"筌,捕魚笱也。"字亦作"荃"。《莊子·外物》篇云:"荃者,所以在魚。得魚而忘荃。"左思《吴都賦》"筌魱鱛",劉逵注云:"筌,捕魚器,今之斗回也。"

昀案:篝未作疏證。

曲梁謂之罶。

《邶風·谷風》篇"毋逝我梁,毋發我笱",傳云:"梁,魚梁。笱,所以捕魚也。"《周官·𠨜人》"掌以時𠨜爲梁",鄭衆注云:"梁,水偃也。偃水爲關空,以笱承其空。"《説文》:"笱,曲竹捕魚笱也。""罶,曲梁;寡婦之笱,魚所留也。或作罶",引《魯語》:"講罛罶。"今本作"罶",韋昭注云:"罶,笱也。"《爾雅》云:"凡曲者爲罶。"又云:"嫠婦之笱謂之罶。"釋文:"罶,本或作罶。"罶、罶、罶,並同。今人謂取魚具爲"魚簍",聲亦相近也。《小雅·魚麗》篇"魚麗于罶",《苕之華》篇"三星在罶",傳並云:"罶,曲梁也,寡婦之笱也。"曲,各本譌作"典",今訂正。

篧、籗、篻,筸也。

《説文》"罩,捕魚器",罩,與"筸"同。凡自上籠下謂之罩,故《淮南子·説林訓》云:"罩者抑之,罾者舉之。"《説文》:"罹,覆鳥令不得飛也。"《玉篇》音竹教切,義與"罩"同。

《説文》:"籗,罩魚者也。或作篧,作篧。"《爾雅》"篧謂之罩",李巡注云:"篧,編細竹以爲罩捕魚也。"孫炎注云:"今楚篧也。"楚篧,謂以荆爲之。

昀案:篧、篻未作疏證。

潫、涔,栫也。

《説文》:"栫,目柴木雝水也。"郭璞《江賦》云:"栫澱爲涔。"栫者,叢積之名。哀八年《左傳》"囚諸樓臺,栫之以棘",杜預注云:"栫,擁也。"釋文:"栫,本又作荐。"栫之言荐也。韋昭注《晉語》云:"荐,聚也。"

《小爾雅》云:"魚之所息謂之槮。槮,橬也,積柴水中而魚舍焉。"《爾雅》"槮謂之涔",郭注云:"今之作槮者,藂積柴木於水中,魚得寒入其裏藏隱,因以薄圍捕取之。"《周頌·潛》篇"潛有多魚",毛傳云:"潛,糝也。"《韓詩》作"涔",云:"涔,漁池也。"《淮南子·説林訓》"罧者扣舟",高誘注云:"罧者,以柴積水中以取魚。

扣,擊也。魚聞擊舟聲,藏柴下,壅而取之也。"今兖州人積柴水中捕魚爲罧,幽州名之爲涔。罧,與"槮、糝"同;涔,與"潛、橬"同。

濅、涔,皆壅積之意。卷二云:"濅,漬也。"《説文》:"涔,漬也。"漬、積,聲相近。雨水漸漬謂之濅,亦謂之涔;柴木壅積謂之涔,亦謂之濅,其義一也。

罔謂之罟。

此罔魚及鳥獸之通名。《繫辭傳》云:"作結繩而爲罔罟,以佃以漁。"是也。罔,《説文》作"网",又作"網"。

罽、罾,〔魚〕罔也。

此專謂魚罔也。各本"罽"下衍"罟、罽"二字,"罔"上又脱"魚"字。《莊子·胠篋》釋文引《廣雅》:"罾,魚罔也。"《太平御覽》引《廣雅》:"罽、罾,魚罔也。"今據以訂正。

《説文》:"罽,魚网也。""罾,魚网也。"《楚辭·九歌》"罾何爲兮木上",王逸注與《説文》同。《莊子·胠篋》篇云:"鉤餌網罟罾笱之知多,則魚亂於水矣。"《太平御覽》引《風土記》云:"罾,樹四木而張網於水車,輓之上下,形如蜘蛛之網,方而不圓。"

罼、罕、罭、旇,率也。

案:《爾雅》於釋諸羅罔之後,即云"約謂之救""律謂之分"。二者,蓋亦羅罔之屬。約,蓋即下文"輢謂之輗"。律,即此"率"字也。《説文》:"率,捕鳥畢也。象絲网;上下,其竿柄也。""率"與"律",古同聲。《説文》:"紛,馬尾韜也。"《釋名》云:"紛,放也,防其放弛以拘之也。""紛"與"分",義相近。郭注云:"律管可以分氣。"則義近於鑿,且於文不類矣。

《説文》:"畢,田网也。"《小雅·大東》篇"有捄天畢",傳云:"畢,所以掩兔。"《月令》"罝罘羅網畢翳",鄭注云:"小而柄長謂之畢。"《吕氏春秋》"畢翳"作"罼弋"。《太平御覽》引蔡邕《月令章句》云:"掩飛禽曰罼。"《齊語》"田狩畢弋",韋昭注云:"畢,掩雉兔之網也。"

《説文》:"罕,罔也。"《史記·天官書》云:"畢曰罕車,主弋獵。"宋玉《高唐賦》云:"弓弩不發,罘罕不傾。"揚雄《羽獵賦》云:"罕車飛揚,武騎聿皇。"

《説文》:"罭,下取物縮藏之;讀若籋。"《廣韻》:"罭,女減切;捕魚網也。"

“罭”與“罨”,聲義相近。

㡩,亦罨也;《玉篇》音於業、於儼二切。《廣韻》:“㡩,掩翳也。”《説文》“罨,罕也”,徐鍇傳云:“網從上掩之也。”司馬相如《子虛賦》“揜翡翠”,左思《蜀都賦》作“罨”。字並與“㡩”通。罨以捕鳥,亦以捕魚。《太平御覽》引《風土記》云:“罨,如罽而小,斂口,從水上掩而取之也。”

罝、罯、〔罠*〕,兔罟也。

《説文》:“罝,兔罟也。”罝,曹憲音互。《玉篇》《廣韻》並同。各本“罝”譌作“罗”,音内“互”字又譌作“牙”。《集韻》《類篇》:“罗,牛加切;兔罔也。”則宋時《廣雅》本已誤。考《説文》《玉篇》《廣韻》皆作“罝”,不作“罗”,今據以訂正。《玉篇》网部末有“罗”字音牙,“兔罔也”。乃宋人依誤本《廣雅》增入者,不可引以爲據。劉攽《中山詩話》云:“唐人書互爲㸦,㸦似牙字,因譌爲牙。”凡經史諸子中“互”字多譌作“牙”,從互之字亦然。顧氏《音學五書》辨之詳矣。

罯之言覆也。《説文》“罦,覆車网也”,引《王風·兔爰》篇“雉離于罦”,或作“罬”。又云:“罯,兔罟也。”《爾雅》“罬謂之罦。罦,覆車也”,孫炎注云:“覆車,網可以掩兔者也。”郭璞注云:“今之翻車也。有兩轅,中施罥以捕鳥。”《月令》“罝罘羅網畢翳”,鄭注云:“獸罟曰罝罘。”高誘《淮南子注》云:“罘,麋鹿罟也。”《莊子·胠篋》篇“削格羅落罝罘之知多,則獸亂於澤矣”,釋文:“罘,本又作罦。”罦、罦、罯、罘,並同。罯,各本譌作“署”,惟影宋本、皇甫本不譌。

《爾雅》“麠罟謂之羉”,郭注云:“羉,幕也。”釋文:“羉,力端反,又莫潘反。本或作罠,亡巾反。”案:罠,亦幕也。羉、罠、幕,一聲之轉。左思《吴都賦》“罠蹏連網”①,劉逵注云:“罠,麋網也。”張協《七命》“布飛羉,張脩罠”,李善注引《廣雅》:“罠,兔罟也。”今本脱“罠”字。《集韻》引《廣雅》:“罠,兔麠罟也。”“麠”字因與《爾雅》相涉而衍。

其罥謂之㰖。

罥之言絹也,挂也。《説文》:“䍦,网也。一曰絹也。”《玉篇》:“罥,挂也。或作羂。”《周官·冥氏》“掌設弧張”,鄭注云:“弧張,罿罦之屬,所以扃絹禽獸。”《文

① 網,原譌作“綱”。

選・上林賦》"羂騕褭",李善注引《聲類》云:"羂,係取也。"《史記・司馬相如傳》作"罥"。《吕氏春秋・上農》篇云:"繯網罝罦,不敢出於門。"《太玄・翕》次八"揮其罦,絶其羂",釋文云:"羂,挂也。網,引獸也。"並字異而義同。

㦜之言羅也。《漢書・司馬相如傳》注云:"羂,謂羅縶之也。"《初學記》云:"㦜者,以綸爲之。見《環濟要略》。"

案:今本"其罥謂之㦜"在"兔罟也"之下,則是兔罟之罥謂之㦜也。考諸書言罥、㦜者,皆所以係取鳥獸,不專施於兔罟。且此句與下句"軥謂之輗"文同一例,則"罥"上不當有"其"字明矣。《太平御覽》引《廣雅》:"其罥謂之㦜。"《集韻》《類篇》"㦜"字譌作"鏊",云:"兔罥也。"則宋初《廣雅》本已誤。然考《初學記》云:"㦜者,以綸爲之。《廣雅》曰:罥謂之㦜。"則唐時《廣雅》本尚不誤也。又案:《説文》:"罦,网也。"《玉篇》罦,音侮,"雉罔也"。罜,音某,"罔也"。《廣韻》:"罦,音侮,又音媒;雉罔也。"《集韻》:"罜,音某;罔也。或作罦。"《玉篇》《廣韻》《集韻》之訓多本《廣雅》,疑今本"其罥謂之㦜"上脱去"罦,雉罟也"四字,"其"字乃"某"字之譌;"某"字即"罦"字之音,既譌爲"其"字,又誤入正文也。但諸書未引《廣雅》,不敢以意增損耳。

軥謂之輗。

軥之言鉤也,拘也。卷一云:"軥、輗、牽,引也。"軥,曹憲音衢。字或作"絇"。《爾雅》"絇謂之救",郭注云:"救絲以爲絇。或曰,亦罥名。""罥名"之説,與上下文相合。説見上文"罼、罕、罠、旃,率也"下。"救"與"拘",聲亦相近。絇謂之救,猶云絇謂之拘。鄭注《周官・屨人》云:"絇謂之救,著於舄屨之頭以爲行戒。"釋文:"救,劉音拘。"疏云:"言拘,取自拘持。"是也。絇謂之拘,猶云絇之言拘。鄭注《士冠禮》云:"絇之言拘,以爲行戒。"是也。《爾雅》之"絇",本是罥名,而鄭以釋屨頭飾者。絇,所以拘持屨頭。軥,所以拘持鳥獸。二者不同,而同爲拘持之義,故其訓同也。凡物之異類而同名者,其命名之意皆相近。《爾雅》"斛謂之疀",謂田器也。而鄭注《少牢下》篇以此釋"挑匕",云:"挑謂之歃,有淺斗,狀如飯橾。"蓋挑匕所以插取食,斛所以插取土;二者不同,而同爲插取之義,故其訓亦同也。

㽴、棓、牒、牘、牑、牏,版也。

《説文》:"版,判也。"判之言片也,今人言"版片"是也。《釋名》云:"板,版也,昄昄平廣也。”板，與“版”同。

《爾雅》“屋上薄謂之筄”，郭注云：“屋笮也。”筄，與“𣑴”同。古者屋笮亦謂之版。《楚辭·招魂》“紅壁沙版，玄玉梁些”，王逸注云：“以丹沙畫飾軒版，承以黑玉之梁。”是也。

成二年《公羊傳》“踊于棓而闚客”，何休注云：“凡無高下有絶加躡板曰棓。齊人語也。”棓，與“䧊”同。

《方言》：“牀上版，衞之北郊、趙魏之閒謂之牒，或曰牑。”《廣韻》：“書版曰牒。”義與牀版同。《論衡·量知》篇云：“截竹爲筒，破以爲牒，加筆墨之跡，乃成文字。”是也。《説文》：“牑，牀版也；讀若邊。”牀版謂之牑，亦謂之牒；簡謂之牒，亦謂之編，其義一也。

《説文》：“牘，書版也。”《論衡·量知》篇云：“斷木爲槧，析之爲板，力加刮削，乃成奏牘。”《齊策》云：“取筆牘受言。”《急就篇》注云：“牘，木簡也；既可以書，又可執之以進見於尊者，形若今之木笏，但不挫其角耳。”

《説文》“牏，築牆短版也；讀若俞”，徐鍇傳云：“牆兩頭版也。”

泰、〔山〕罍、著、〔犧〕、〔象〕，罇也。

罇，字本作“尊”。尊有蓋有足，其面有鼻，無足者謂之著尊。《少牢饋食禮》云：“啟二尊之蓋冪。”《少儀》云：“尊壺者面其鼻。”是也。《周官·司尊彝》“掌六尊、六彝之位。春祠夏禴，其朝踐用兩獻尊，其再獻用兩象尊；秋嘗冬烝，其朝獻用兩著尊，其饋獻用兩壺尊。凡四時之閒祀、追享、朝享，其朝踐用兩大尊，其再獻用兩山尊”，鄭衆注云：“獻，讀爲犧。犧尊，飾以翡翠。象尊，以象鳳皇；或曰以象骨飾尊。著尊者，著略尊也；或曰著地無足。壺者，以壺爲尊。大尊，大古之瓦尊。山尊，山罍也。”鄭注云：“山罍，刻而畫之爲山雲之形。”《明堂位》“尊用犧、象、山罍”，鄭注云：“犧尊，以沙羽爲畫飾。象尊，象骨飾之。”正義引《鄭志》云：“犧，讀如沙。刻畫鳳皇之象於尊，其羽形娑娑然。或有作獻字者，齊人聲之誤耳。”又《明堂位》“泰，有虞氏之尊也。山罍，夏后氏之尊也。著，殷尊也。犧、象，周尊也”，注云：“泰，用瓦。著，著地無足。”《燕禮》“公尊瓦大兩”，鄭注云：“瓦大，有虞氏之尊也。”大，與“泰”同。瓦大，即《禮器》之“瓦甒”。説見前“甂，瓶也”下。

山罍，一名“罍尊”。《禮器》云：“君西酌犧象，夫人東酌罍尊。”《魯頌·閟宮》

篇"犧尊將將",毛傳云:"犧尊,有沙飾也。"正義云:"'犧尊'之字,《春官·司尊彝》作'獻'。鄭司農云:'獻,讀爲犧。犧尊,飾以翡翠。象尊,以象鳳皇;或曰以象骨飾尊。'此傳云犧尊'有沙羽飾',與司農'飾以翡翠'意同。阮諶《禮圖》云:'犧尊飾以牛,象尊飾以象,於尊腹之上畫爲牛、象之形。'王肅云:'將將,盛之美也。太和中,魯郡於地中得齊大夫子尾送女器,有犧尊,以犧牛爲尊。然則象尊,尊爲象形也。'王肅此言,以二尊形如牛、象而背上負尊,皆與毛、鄭義異,未知孰是。"案:《莊子·天地》篇云:"百年之木,破爲犧尊,青黄而文之。"《淮南子·俶真訓》云:"百圍之木,斬而爲犧尊,鏤之以剞劂,雜之以青黄,華藻鎛鮮,龍蛇虎豹,曲成文章。"高誘注云:"犧尊,猶疏鏤之尊。"犧,古讀若娑。"娑"與"疏",聲相近。《明堂位》"周獻豆",鄭注亦云:"獻,疏刻之。"然則犧尊者,刻而畫之爲衆物之形,在六尊之中最爲華美,故古人言文飾之盛者,獨舉犧尊也。《魯頌》言"犧尊將將",亦是盛美之貌。《管子·形勢解》云:"將將鴻鵠,貌之美者。"是也。毛傳云犧尊"有沙飾者",鄭司農云"飾以翡翠",後鄭云"刻畫鳳皇之象於尊,其羽形婆娑然",説雖不同,而同是彫文刻鏤之義,則亦不甚相遠也。至阮諶謂犧尊以牛爲飾,衹因"犧"字從牛,遂望文生義而創爲此説。案:《説文》:"犧,宗廟之牲也。"《詩》曰"以我齊明,與我犧羊",傳曰:"雄雞自憚其犧。"然則犧者,牲之總名,而六畜之所公共。尊名謂之犧,何以知其必爲牛也!《記》曰:"天子以犧牛,諸侯以肥牛,大夫以索牛。"若犧牛可稱爲"犧",則肥牛亦可稱爲"肥",索牛亦可稱爲"索"乎!然諶之説,猶謂尊以牛爲飾,至王肅則謂形如牛而背上負尊,且引齊大夫子尾送女器爲證,於是後人皆信其言,而斥毛、鄭諸儒爲臆説,此尤不可以不辯。

《周官》"六尊、六彝"之名多取諸鳥獸。雞彝、鳥彝、虎彝、蜼彝,皆謂畫其形以飾尊。若犧尊爲牛形,則與雞、鳥諸彝之制不合(266)。其不可信一也。《郊特牲》云:"宗廟之器,可用也而不可便其利也。所以交於神明者,不可同於所安樂之義也。"故孔子言"犧象不出門,嘉樂不野合"。齊大夫子尾送女,安得用宗廟之祭器!其不可信二也。且犧尊果爲子尾送女之器,則其銘内必有子尾之名,然後可以辨識。既有子尾之名,則是子尾家用之尊,而非宗廟獻尸之尊。其不可信三也。據《莊子》《淮南子》所云,則犧尊皆以木爲之。今魯郡所得犧尊,在地中七百餘年,而完好可以辨識,則是金器,而非木器。其不可信四也。然則子尾送女之器,本與犧尊無涉,特王肅以犧尊爲牛尊,故見有器如牛形者,即援以爲證耳。宋《宣和博古圖》所載周犧尊二，皆爲牛形，則又襲王肅之説而僞爲之者，不足深辯也。若象尊之制，司農謂以象骨飾尊，阮諶謂畫象以爲飾，經傳既無明文，不敢臆斷。王肅謂尊爲象形而背上負尊，亦與雞、鳥諸彝之制不合，不可從也。

各本“罍”上脱“山”字。案：山罍爲夏后氏之尊，故在泰尊之下，著尊之上。又《司尊彝》“六尊”皆有罍，諸臣之所昨也。司農注云：“尊，以裸神。罍，臣之所飲也。”山罍與泰、著、犧、象同爲裸神之尊。若但言罍，即與諸臣所飲者無異，今補。

各本又脱“犧、象”二字。案：上文“斝、醆，爵也”“龍、疏、蒲，杓也”，皆并列三代之制，此條無獨缺周制之理。今補。

縘、繐、鮮支、縠，絹也。

《説文》：“絹，繒如麥稍。”《釋名》云：“絹，絚也，其絲絚厚而疏也。”絚，音堅。《墨子·辭過》篇云：“治絲麻，捆布絹。”《周官·内司服》注云：“素沙者，今之白縳也。今世有沙縠者，名出于此。”縳，與“絹”同。

《廣韻》：“繐，細絹也。”《衆經音義》卷十三引《通俗文》云：“輕絲絹曰總。”總，與“繐”同。《太平御覽》引何晏《九州論》云：“清河縑總，房子好緜。”《文選·魏都賦》“緜纊房子，縑總清河”，李善注引《廣雅》：“總，絹也。”

鮮支，一作“鮮巵”。《説文》：“縳，白鮮巵也。”《衆經音義》卷二十一引《纂文》云：“白鮮支，絹也。亦名縞。”

《説文》：“縠，細縳也。”《釋名》云：“縠，粟也；其形戚戚，視之如粟也。又謂之沙，亦取戚戚如沙也。”宋玉《神女賦》“動霧縠以徐步兮”，李善注云：“縠，今之輕紗，薄如霧也。”

昀案：縘未作疏證。

繰謂之縑。

《説文》：“縑，并絲繒也。”《釋名》云：“縑，兼也；其絲細緻，數兼於絹也。”《淮南子·齊俗訓》云：“縑之性黄，染之以丹則赤。”《檀弓》“布幕，衛也；繰幕，魯也”，鄭注云：“繰，縑也。”繰，讀爲綃。

紈、繛，素也。

《説文》：“素，白致繒也。”《雜記》注云：“素，生帛也。”《小爾雅》云：“縞之麤者曰素。”《釋名》云：“素，樸素也；已織則供用，不復加功飾也。”

《説文》:"紈,素也。"《釋名》云:"紈,涣也,細澤有光涣涣然也。"《齊策》云:"下宫糅羅紈,曳綺縠,而士不得以爲緣。"《太平御覽》引《范子計然》云:"白素出三輔,白紈素出齊魯。"

《説文》:"䋷,素屬。"(267)

純、績,絲也。

《説文》"純,絲也",引《論語·子罕》篇:"今也純。"《漢書·王褒傳》"夫荷旃被毳者,難與道純綿之麗密",薛瓚注云:"純,絲也。"

昀案:績未作疏證。

紨、絻、纑、絓、䌟,紬也。

《説文》:"紬,大絲繒也。"《釋名》云:"紬,抽也,抽引絲端出細緒也。"《鹽鐵論·散不足》篇云:"繭紬縑練者,婚姻之嘉飾也。"

《説文》:"紨,粗紬也。"

《玉篇》:"絻,細紬也。"《管子·立政》篇云:"刑餘戮民,不敢服絻。"

《説文》:"纑,粗緒也。"《廣韻》云:"繒似布也。"《急就篇》"絳緹絓紬絲絮緜",皇象本"絓"作"䋲",字並與"纑"同。

《説文》:"絓,繭滓絓頭也。"《釋名》云:"紬,又謂之絓。"絓,挂也;挂於杖端,振舉之也。《急就篇》"絳緹絓紬絲絮緜",顔師古注云:"紬之尤麤者曰絓,繭滓所抽也。"《管子·輕重甲》篇云:"則絓絲之籍去分而斂矣。"

䌟,曹憲音刮。各本"䌟"譌作"緜"。案:諸書無謂"紬"爲緜者。《玉篇》䌟,下刮切,"細紬也"。《集韻》又音刮。今據以訂正。

䌖、絡,綃也。

《説文》:"綃,生絲也。"《衆經音義》卷十五引《通俗文》云:"生絲繒曰綃。"

䌖,曹憲音苦木反。《論衡·量知》篇云:"染練布帛,名之曰采貴。無染練之治,名曰縠麤。"無染練之治,即所謂生絲也。縠,與"䌖"通。

《急就篇》"綈絡縑練素帛蟬",顔師古注云:"絡,即今之生䋲也。"《九章算術·均輸》章云:"絡絲一斤,爲練絲一十二兩。"是"絡"爲生絲也。《説文》:"䌖,未練治纑也。""絡,麻未漚也。"義與"生絲"並相近。

絅、縞、緻、繛,練也。

《説文》:"練,湅繒也。"《釋名》云:"練,爛也,煮使委爛也。"

絅之言苛細也。字通作"阿"。《列子·周穆王》篇及《淮南子·脩務訓》並云:"衣阿錫,曳齊紈。"高誘注云:"阿,細縠。錫,細布。"《漢書·司馬相如傳》"被阿錫,揄紵縞",張注云:"阿,細繒。錫,細布。"《史記·李斯傳》"阿縞之衣,錦繡之飾",徐廣音義云:"齊之東阿縣,繒帛所出。"案:徐説失之。"阿、縞"皆細繒之名,非以其出自東阿而謂之阿縞也。《楚辭·招魂》"蒻阿拂壁,羅幬張些",蒻,與"弱"通;阿,細繒也;弱阿,猶言弱緆。《淮南子·齊俗訓》云:"弱緆羅紈。"是也。拂,猶被也;言以弱阿被牀之四壁,又張羅幬也。王逸注訓"蒻"爲蒻席,"阿"爲曲隅,皆失之。

縞之言皜皜然也。《説文》:"縞,鮮巵也。"《禹貢》"厥篚玄纖縞",傳云:"縞,白繒也。"高誘注《淮南子·兵略訓》云:"縞,細繒也。"

緻,一名"細緻"。《釋名》云:"細緻,染縑爲五色,細且緻,不漏水也。"《潛夫論·浮侈》篇云:"從奴僕妾,皆服葛子升越、筩中女布、細緻綺縠、冰紈錦繡。"

下文云:"縞謂之繛。"《説文》:"白繛,縞也。"《急就篇》"鬱金半見緗白繛",顏師古注云:"白繛,謂白素之精者,其光旳旳然也。"

襺、緭,絖〔也〕。

《説文》:"纊,絮也。或作絖。"《小爾雅》云:"纊,緜也。絮之細者曰纊。"《禹貢》"厥篚纖纊",《史記》作"纖絮"。

襺,讀爲繭。《説文》:"繭,蠶衣也。"《淮南子·繆稱訓》"寢關曝纊",高誘注云:"纊,繭也。"纊謂之繭,故以纊著衣亦謂之繭。《玉藻》"纊爲繭,緼爲袍",鄭注云:"繭、袍,衣有著之異名也。纊,謂今之新緜。緼,謂今纊及舊絮也。"

各本"絖"下脱"也"字,遂與下條相連。今補。

昀案:緭未作疏證。

編緒、繶、紃,絛也。

《説文》:"絛,扁緒也。"《急就篇》注云:"絛,一名偏諸,織絲縷爲之。"《周官·巾車》"革路,絛纓五就",鄭注云:"絛,讀爲絛。其樊及纓,以絛絲飾之而五成。"

編緒,即《説文》之"扁緒",亦即《急就篇》注之"偏諸",聲轉字異耳。《漢書·

賈誼傳》“爲之繡衣絲履偏諸緣”，服虔注云：“加牙條以作履緣也。”

《周官・履人》“爲赤繶黄繶”，《士冠禮》“黑屨，青絇繶純”，鄭注並云：“繶，縫中紃也。”

《淮南子・説林訓》“條可以爲繶，不必以紃”，高誘注云：“紃，亦繶也。”《説文》：“紃，圜采條也。”《内則》“織紝組紃”，鄭注云：“紃，條也。”正義云：“薄闊爲組，似繩者爲紃。”《雜記》“韠，紃以五采”，注云：“紃，施諸縫中，若今時條也。”《荀子・富國》篇“布衣紃屨之士”，楊倞注云：“紃，條也。謂編麻爲之，麤繩之屨也。”

春草、鷄翹、蒸緤、鬱金、魄幃、麴塵、緑綟、紫綟、無㡛、綦綺、留黄①，綵也。

《説文》：“翹，尾長毛也。”《急就篇》“春草鷄翹鳧翁濯”，顔師古注云：“春草，象其初生纖麗之狀也。鷄翹，鷄尾之曲垂者。言織刺爲春草、鷄翹之形。一曰，謂染彩而色似之。”

蒸緤，本作“烝栗”。《急就篇》：“烝栗絹紺縉紅繎。”《釋名》云：“蒸栗，染紺使黄，色如蒸栗然也。”魏文帝《與鍾大理書》云：“竊見玉書稱美玉赤擬雞冠，黄侔蒸栗。”

鬱，通作“鬱”。《急就篇》“鬱金半見緗白勬”，注云：“鬱金，染黄也。”《太平御覽》引《南州異物志》云：“鬱金色正黄。”

魄，各本譌作“愧”，今訂正。

麴塵，亦染黄也(268)。《周官・内司服》“鞠衣”，鄭注云：“鞠衣，黄桑服也，色如鞠塵。”鞠，與“麴”通。

《説文》：“綟，帛莀艸染色。”《續漢書・輿服志》注引徐廣云：“綟，草名也；以染，似緑。又云，似紫。”蓋莀草本有緑、紫二色，故所染之帛，各如其草之色也。綟，通作“盭”。《漢書・百官表》“諸侯王金璽盭綬”，晉灼注云：“盭，草名也，出琅邪平昌縣，似艾，可染緑，因以爲綬名。”《急就篇》“縹綟緑紈早紫硟”，注云：“綟，蒼艾色也。東海有草，其名曰莀，以染此色，因名綟云。”此皆謂緑綟也。《爾雅》“藐，茈草”，郭注云：“可以染紫。一名茈戾。”《廣雅・釋草》云：“茈莀，茈草也。”《周官・掌染草》注云：“染草，茅蒐、槖蘆、豕首、紫茢之屬。”劉昌宗讀“茢”爲

① 春、蒸、緤，本作“萅、𦯬、緤”，《疏證》作“春、蒸、緤”。

"戾"。《續漢書·輿服志》注引何承天云:"綟,紫色綬。"此皆謂紫綟也。莀,與"戾、茢"通;玭,與"紫"通。《説文》:"莀,艸也,可目染留黄。"然則莀草所染,又不止緑、紫二色矣。

綦綺,蓋謂織綺文如棊也。《説文》:"綺,文繒也。"《釋名》云:"綺,攲也。其文攲邪,不順經緯之縱横也。有棊文,方文如棊也。"棊,與"綦"通。

留黄之色,染與織皆有焉。《説文》"莀艸,可目染留黄",此謂染綵也。《古樂府·相逢行》"大婦織綺羅,中婦織流黄",此謂織綵也。《玉藻》正義引皇侃疏云:"駵黄之色黄黑。"留、駵、流,並通。

昀案:無緳未作疏證。幧幃惟作校勘。

衣,隱也。

《白虎通義》云:"衣者,隱也;裳者,障也,所以隱形自障蔽也。"

無追、章甫、委皃、收、冔、皮弁、通天、遠游、進賢、高山、方山、惠文、建華、卻非、解豸,冠也。

《白虎通義》云:"冠者,帣也,所以帣持其髮也。"帣,通作"絭"。《説文》:"冠,絭也,所目絭髮,弁冕之總名。"《周官·弁師》注云:"弁者,古冠之大稱,委貌緇布曰冠。"

無追,字亦作"毋追",又作"牟追"。

委皃,與"委貌"同。《論語·先進》篇云:"端章甫。"《周語》"晉侯端委以入",韋昭注引舊説云:"衣玄端,冠委貌。"《續漢書·輿服志》注云:"《石渠論》'玄冠朝服',戴聖曰:'玄冠,委貌也。'"《士冠禮記》"委貌,周道也。章甫,殷道也。毋追,夏后氏之道也",鄭注云:"委,猶安也,言所以安正容貌。章,明也,言以表明丈夫也。毋,發聲也。追,猶堆也,以其形名之。三冠,皆所常服以行道也。"《釋名》云:"牟追,牟,冒也,言其形冒髮追追然也。委貌,冠形委曲有貌,上小下大也。"《續漢書·輿服志》云:"委貌冠、皮弁冠同制,長七寸,高四寸,制如覆杯,前高廣,後卑鋭,所謂夏之毋追、殷之章甫者也。委貌,以早絹爲之;皮弁,以鹿皮爲之。行大射禮於辟雍,公卿、諸侯、大夫行禮者冠委貌,執事者冠皮弁。"

冔,亦作"冔"。《大雅·文王》篇云:"常服黼冔。"《史記·五帝紀》云:"帝堯黄收純衣。"《内則》云:"有虞氏皇而祭,夏后氏收而祭,殷人冔而祭,周人冕而祭。"《士冠禮記》"周弁,殷冔,夏收",注云:"弁名出於槃;槃,大也,言所以自光大也。冔名出於幠;幠,覆也,言所以自覆飾也。收言所以收斂髮也,齊所服而祭也。"《獨斷》云:"冕冠,周曰爵弁,殷曰冔,夏曰收。皆以三十升漆布爲殼,廣八寸,長尺二寸,加爵冕其上。周黑而赤,如爵頭之色,前小後大;殷黑而微白,前大後小;夏純黑,亦前小後大,皆有收以持笄。上古以布,中古以絲。漢雲翹①,樂祠天地五郊,舞者服之。"

《説文》:"覍,冕也。籀文作㝹,或作弁。"隸作"弁"。《白虎通義》云:"弁之爲言攀也,所以攀持其髮也。"《釋名》云:"弁,如兩手相合抃時也。以爵韋爲之,謂之爵弁;以鹿皮爲之,謂之皮弁;以韎韋爲之,謂之韋弁。"《白虎通義》云:"皮弁者,所以法古至質冠之名也。上古之時質,先加服皮。以鹿皮者,取其文章也。"《士冠禮記》"三王共皮弁素積",注云:"質不變也。"《周官・弁師》"王之皮弁,會五采玉璂,象邸,玉笄。諸侯及孤卿、大夫之皮弁,各以其等爲之",注云:"會,縫中也。璂,讀如'薄借綦'之綦。綦,結也;皮弁之縫中,每貫結五采玉十二以爲飾,謂之綦。邸,下柢也,以象骨爲之。侯、伯綦飾七,子、男綦飾五,玉三采。孤綦飾四,三命之卿綦飾三,再命之大夫綦飾二,玉二采。"各本"皮弁"二字誤在"解豸"之下,今訂正。

張衡《東京賦》云:"冠通天,佩玉璽。"《獨斷》云:"通天冠,天子常服,漢受之秦。《禮》無文。"《輿服志》云:"通天冠,高九寸,正豎,頂少邪卻,乃直下,爲鐵卷,梁前有山,展筩爲述。"

《淮南子・齊俗訓》"楚莊王通梁組纓",《太平御覽》引高誘注云:"通梁,遠遊冠也。"《獨斷》云:"遠遊冠,諸侯王所服;展筩,無山。《禮》無文。"《輿服志》云:"遠遊冠,制如通天,有展筩横之於前,無山述。"

《漢書・雋不疑傳》云:"冠進賢冠,帶櫑具劍。"《獨斷》云:"進賢冠,文官服之。前高七寸,後三寸,長八寸。公、侯三梁,卿、大夫、尚書、博士兩梁,千石、六百石以下一梁。漢制,《禮》無文。"《輿服志》云:"進賢冠,古緇布冠也,文儒者之服也。公、侯三梁,中二千石以下至博士兩梁,自博士以下至小吏、私學弟子皆一梁。"鄭注《士冠禮》云:"緇布冠,今小吏冠,其遺象也。"

《史記・朱建傳》云:"衣儒衣,冠側注。"《獨斷》云:"高山冠,齊冠也。一曰側

① "翹"下當脱"冠"字。

注。高九寸,鐵爲卷梁,不展筩,無山。秦制,行人使官所冠,今謁者服之。《禮》無文。太傅胡公説曰:'高山冠,蓋齊王冠也。秦滅齊,以其君冠賜謁者。'"《輿服志》云:"高山冠,一曰側注,制如通天,不邪卻,直豎,無山述[①]、展筩。"注引《漢書音義》云:"其體側立而曲注。"

《漢書·五行志》云:"昌邑王賀見大白狗冠方山冠而無尾。"《獨斷》云:"方山冠,以五采縠爲之。漢祠宗廟,大予八佾樂[②],五行舞人服之,衣冠各從其行之色,如其方之色而舞焉。"

《漢書·武五子傳》"冠惠文冠",服虔注云:"武冠也。或曰趙惠文王所服,故曰惠文。"《獨斷》云:"武冠,或曰繁冠,今謂之大冠,武官服之。侍中、中常侍加黄金,附貂蟬之飾。太傅胡公説曰:'趙武靈王始施貂蟬鼠尾飾之。秦滅趙,以其君冠賜侍中。'"《輿服志》云:"武冠,一曰武弁大冠。侍中、中常侍加黄金璫,附蟬爲文,貂尾爲飾,謂之趙惠文冠。"

《東京賦》"冠華秉翟,列舞八佾",李善注引《獨斷》云:"大樂郊祀,舞者冠建華冠。"《獨斷》又云:"建華冠,以鐵爲柱卷,貫大珠九枚。今以銅爲珠形,制似縷簏。《記》曰:'知天文者冠鷸。'是也。天地五郊明堂,八佾舞者服之。"建華,各本譌作"連華",今訂正。

《獨斷》云:"卻非冠,宫門僕射服之。《禮》無文。"《輿服志》云:"卻非冠,制似長冠,下促,宫殿門吏僕射冠之,負赤幡青翅燕尾。"

《淮南子·主術訓》"楚文王好服解冠,楚國效之",高誘注云:"解豸之冠,如今御史冠。"《漢書·淮南王安傳》作"法冠",顔師古注云:"御史冠也。"《張敞傳》"秦時獄法吏冠柱後惠文",應劭注云:"今法冠是也。"《獨斷》云:"法冠,楚冠也。一曰柱後惠文冠,高五寸,以纚裹鐵柱卷。秦制,執法服之。今御史、廷尉、監平服之,謂之解豸。太傅胡公説曰:'左氏《傳》有南冠而縶者,是知南冠蓋楚之冠。秦滅楚,以其君冠賜御史。'"

纚、帉,幘也。

《説文》:"幘,髮有巾曰幘。"《釋名》云:"幘,賾也,下齊眉賾然也。"《急

① 山,原譌作"由"。蘇本、滬本作"山"。
② 予,似當爲"享"。

就篇》注云:“幘者,韜髮之巾,所以整嫧髮也,常在冠下,或單著之。”《獨斷》云:“幘者,古之卑賤執事不冠者之所服也。孝武帝幸館陶公主家,召見董偃。偃傅青褠緑幘,主贊曰:‘主家庖人臣偃昧死再拜謁。’乃賜衣冠,引上殿。董仲舒《止雨書》曰:‘執事者皆赤幘。’知皆不冠者之所服也。元帝額有壯髮,不欲使人見,始進幘服之,羣臣皆隨焉。然尚無巾,如今半頭幘而已。王莽無髮,乃施巾,故語曰:‘王莽秃,幘施屋。’”《續漢書·輿服志》云:“古者,有冠無幘。其戴也,加首有頍,所以安物。至秦,乃加武將首飾爲絳袙,以表貴賤。其後,稍稍作顔題。漢興,續其顔,卻摞之;施巾連題,卻覆之。今喪幘是其制也。至孝文,乃高其顔題,續之爲耳,崇其巾爲屋,合後施收,上下羣臣貴賤皆服之。”

䋲之言絭也,所以絭髮也。《玉篇》音邱員切,又作“帣”,云:“小兒帽也。”《廣韻》云:“小幘也。”《士冠禮》注云:“緇布冠無笄者著頍,圍髮際,結項中,隅爲四綴以固冠。今未冠笄者著卷幘,頍象之所生也。”釋文:“卷,去員反。”《輿服志》云:“未入學小童幘句卷屋者,示尚幼少未遠冒也。”卷、帣、䋲,並通;“卷”與“頍”,一聲之轉也。

岎,各本譌作“帉”。凡隸書從介從分之字,往往譌溷。曹憲音芳云反,則所見本已譌作“帉”。案:諸書無訓“帉”爲幘者。帉,即下文“帉”字,乃巾名,非幘名也。《玉篇》《廣韻》:“岎,音介;幘也。”《輿服志》注引《晉公卿禮秩》云:“太傅、司空、司徒著黑介幘。”介,與“岎”通。今據以訂正。

假結謂之䯱。

《太平御覽》引《説文》云:“髻,結髮也。”《士冠禮》“將冠者采衣紒”,鄭注云:“紒,結髮也。古文紒爲結。”髻、結、紒,並通。䯱,通作“副”。《釋名》云:“王后首飾曰副。副,覆也,以覆首也;亦言副貳也,兼用衆物成其飾也。”《周官·追師》“掌王后之首服,爲副編次”,鄭注云:“副之言覆,所以覆首爲之飾,其遺象若今步繇矣。編,編列髮爲之,其遺象若今假紒矣。次,次第髮長短爲之,所謂髲髢。”《明堂位》“夫人副褘立于房中”,鄭注云:“副,首飾也,今之步摇是也。”如鄭君説,則步摇者,副之遺象;假結者,編之遺象。而此云“假結謂之䯱”者,副之異於編、次者,副有衡笄六珈以爲飾,而編、次無之。其實,副與編、次皆取他人之髮合己髮以爲結,則皆是假結也。《鄘風·君子偕老》篇“副笄六珈”,毛傳云:“副者,后夫人之首飾,編髮爲之。"是也。《後漢書·東平憲王蒼傳》注云:"副,婦人首服,三輔謂之假紒。"《續漢書·輿服志》云:"皇后謁廟,假結、步摇、簪珥。"

簂謂之帨。

《釋名》云:"簂,恢也,恢廓覆髮上也。魯人曰頍。頍,傾也,著之傾近前也。齊人曰帨,飾形貌也。"《士冠禮》注云:"滕薛名簂爲頍。"《續漢書·輿服志》云:"太皇太后、皇太后入廟,翦氂簂,簪珥。"《後漢書·烏桓傳》"婦人著句决,飾以金碧,猶中國有簂步摇",李賢注云:"簂,字或爲幗,婦人首飾也。"《魏志·明帝紀》注引《魏氏春秋》云:"諸葛亮遣使致巾幗婦人之飾,以怒宣王。"《方言》"車枸簍,宋魏陳楚之閒謂之筷",郭注云:"今呼車子弓爲筷,音'巾幗'。"覆髮謂之幗,車蓋弓謂之筷,其義一也。

晨、辯、逗、㡴,帴也。

皆未詳。

帉、㠸、帥、帨、幋、帣、幏、幧,巾也。

巾者,所以覆物,亦所以拭物。《説文》:"巾,佩巾也。"《方言》"幏,巾也,大巾謂之帉;嵩嶽之南、陳潁之閒謂之帤,亦謂之幏",郭注云:"今江東通呼巾帉。"帉之言墳也。《爾雅》云:"墳,大也。"《説文》:"楚謂大巾曰帉。"《内則》"左佩紛帨",鄭注云:"紛帨,拭物之巾也。今齊人有言紛者。"釋文:"紛,或作帉。"並與"帉"同。

《説文》:"㠸,枕巾也。"

帥、帨,一字也。《説文》:"帥,佩巾也。或作帨。"《召南·野有死麕》篇"無感我帨兮",《士昏禮記》"母施衿結帨",毛傳、鄭注並與《説文》同。

幋之言般也。《方言》云:"般,大也。"《説文》:"幋,覆衣大巾也。或以爲首幋。"又云:"帣,禮巾也。"

幏之言蒙也。《方言》注云:"巾主覆者,故名幏。"《説文》:"幏,蓋衣也。"《書大傳》"下刑墨幏",鄭注云:"幏,巾也,使不得冠飾以恥之也。"

《廣韻》:"幧,小巾也。"

帍裱,被巾也。

《方言》"帍裱謂之被巾",郭注云:"婦人領巾也。"案:裱,猶表也。表,謂衣領也。《唐風·揚之水》篇"素衣朱襮",毛傳云:"襮,領也。""襮"與"表",古同聲,故《易林·否之師》云:"揚水潛鑿,使石絜白。衣素表朱,遊戲皋沃。"衣素表朱,即"素衣朱襮"也。帍,猶扈也。《楚辭·離騷》"扈江離與辟芷兮",王逸注云:"扈,被也。"被巾所以扈領,故有"帍裱"之稱。

承露、幘巾①,覆结也。

《方言》"覆結謂之幘巾,或謂之承露,或謂之覆髤,皆趙魏之閒通語也",郭注云:"今結籠是也。"餘見上文"纙、帉,幘也"下。

羃竊謂之幓。

《玉篇》云:"面衣也。"

帞頭、帑、鬒帶②、髤带、絡頭,幧頭也。

《方言》:"絡頭、帞頭、鬒帶、髤带、帑、帷,幧頭也。自關而西,秦晉之閒曰絡頭;南楚江湘之閒曰帞頭。自河以北,趙魏之閒曰幧頭,或謂之帑,或謂之帷;其偏者謂之鬒帶,或謂之髤带。"《釋名》云:"綃頭,綃,鈔也,鈔髮使上從也;或謂之陌頭,言其從後横陌而前也。"鄭注《士喪禮》云:"《喪服小記》曰:'斬衰髻髮以麻,免而以布。'此用麻布爲之,狀如今之著幧頭矣,自項中而前交於額上,卻繞紒也。"《吳越春秋·句踐入臣外傳》"越王服犢鼻,著樵頭",《後漢書·向栩傳》"好被髮,著絳綃頭",古《陌上桑》詩"脱帽著帩頭",並字異而義同。鄭注《問喪》云:"今時始喪者,邪巾貊頭,笄纚之存象也。"釋文"貊"作"袹"。《漢書·周勃傳》"太后以冒絮提文帝",應劭曰:"陌額絮也。"晉灼曰:"《巴蜀異物志》謂頭上巾爲冒絮。"帞、袹、貊、陌,並通。"陌"與"冒",一聲之轉。卷四云:"鬒髤,髻也。"《方言》注云:"鬒帶、髤帶,今之偏疊幧頭也。"

覆䘸、樅、褋,襌衣也。

襌之言單也。《説文》:"襌,衣不重也。"《玉藻》"襌爲絅",鄭注云:"有衣裳而無裏。"《急就篇》注云:"襌衣,似深衣而褎大。"《方言》云:"襌衣,江淮南楚之閒謂之褋,關之東西謂之襌衣,古謂之深衣。"又云:"覆䘸謂之襌衣。"

---

① 幘,原作"帻",《疏證》作"幘"。
② 鬒,原作"鬢",《疏證》作"鬒"。

褋,亦作"襍"。《説文》:"南楚謂禪衣曰褋。"《楚辭·九歌》"遺余褋兮醴浦",王逸注云:"褋,襜襦也。"《潛夫論·浮侈》篇云:"麞麂履舃,文組綵褋。"

昀案:褋未作疏證。

襜褣、袛裯,襜褕也。

《説文》:"直裾謂之襜褕。"《漢書·外戚恩澤表》"武安侯恬,坐衣襜褕入宫不敬免",顔師古注云:"襜褕,直裾禪衣也。"《方言》:"襜褕,江淮南楚謂之襜褣,自關而西謂之襜褕。"襜褣,《小爾雅》作"童容"。任氏幼植《深衣釋例》云:"《釋名》:'襜褕,言其襜襜宏裕也。'《方言》或謂之童容。'童容'之名,即是襜襜宏裕之義。《詩》'漸車帷裳',箋云:'帷裳,童容也。'《周禮·巾車》'皆有容蓋',鄭司農注亦云:'容,謂幨車。山東謂之裳幃,或曰幢容。'《後漢書·劉盆子傳》'乘軒車大馬,赤屏泥,絳襜絡',注云:'襜,帷也。'"帷謂之襜,亦謂之童容;直裾禪衣謂之襜褕,亦謂之童容,其義一也。

《説文》:"袛裯,短衣也。"《方言》云:"汗襦,自關而西或謂之袛裯。"《楚辭·九辯》"被荷裯之晏晏兮",王逸注云:"裯,袛裯也,若襜褕矣。"《後漢書·羊續傳》云:"唯有布衾、敝袛裯。"

襋衱謂之褗。

《魏風·葛屨》篇"要之襋之",毛傳云:"襋,領也。"《説文》同。《方言》"衱謂之褗",郭注云:"即衣領也。"《曲禮》"天子視不上於袷",鄭注云:"袷,交領也。"《玉藻》"袷二寸",注云:"袷,曲領也。"袷,與"衱"同。《説文》:"褗,褔領也。"(269)《士昏禮》注云:"卿大夫之妻刺黼以爲領,如今偃領矣。"偃,與"褗"通。

直衿謂之幆。

説見下條。

袓飾、褒明、襗、袍、襡、〔袿*〕,長襦也。

《内則》云:"衣不帛襦袴。"《説文》:"襦,短衣也。一曰𩏂衣。"《釋名》云:"襦,耎也,言温耎也。"《急就篇》注云:"長衣曰袍,下至足跗。短衣曰襦,自膝以上。一曰短而施要者曰襦。"《深衣釋例》云:"《吴越春秋》:'越王夫人衣無緣之衣,施左關之襦,襦下有裳。'則襦爲短衣可知。其似襦而長者,則特别之曰長襦。

《史記·匈奴傳》云:‘繡袷長襦。’是也。”

直衿,亦作“直領”。《釋名》云:“直領,邪直而交下,亦如丈夫服袍方也。”《漢書·景十三王傳》“刺方領繡”,晉灼注云:“今之婦人直領也。繡爲方領,上刺作黼黻文。”《方言》“袒飾謂之直衿”,郭注云:“婦人初嫁所著上衣直衿也。”

《方言》又云:“褒明謂之袍。”《爾雅》:“袍,襺也。”《玉藻》云:“纊爲襺,緼爲袍。”《釋名》云:“袍,丈夫著下至跗者也。袍,苞也,苞内衣也。婦人以絳作衣裳上下連,四起施緣,亦曰袍。義亦然也。”《深衣釋例》云:“《喪大記》‘袍必有表,謂之一稱’,注:‘袍,褻衣,必有以表之,乃成稱也。’蓋袍爲深衣之制,特燕居便服耳,故云‘褻衣’。若無衣以表之,則不成稱。《續漢書·輿服志》云:‘或曰,周公抱成王燕居,故施袍。’是袍爲古人燕居之服。自漢以後,始以絳紗袍、早紗袍爲朝服矣。”念孫案:《周官·玉府》注云:“燕衣服者,巾絮寢衣袍襗之屬。”《論語》:“紅紫不以爲褻服。”《秦風·無衣》正義引鄭注云:“褻服,袍襗。”此皆袍爲褻衣之明證也。

班固《竇車騎北征頌》云:“勞不御輿,寒不施襗。”襗,通作“澤”。《釋名》云:“汗衣,近身受汗垢之衣也。《詩》謂之澤,受汗澤也。或曰‘鄙袒’,或曰‘羞袒’,作之用六尺,裁足覆胸背,言羞鄙於袒而衣此耳。”《秦風·無衣》篇“與子同袍”“與子同澤”,鄭箋云:“澤,褻衣,近汗垢。”

襡,或作“襹”。《晉書·夏統傳》“服袿襹”,音義引《字林》云:“襹,連要衣也。”《釋名》云:“襹,屬也,衣裳上下相連屬也。荆州謂禪衣曰‘布襹’,亦曰‘襜褕’,言其襜襜宏裕也。”《雜記》注:“繭衣裳者,若今大襹也。”正義云:“謂衣裳相連,而以綿纊著之。”

《釋名》云:“婦人上服曰袿;其下垂者上廣下狹,如刀圭也。”宋玉《神女賦》云:“振繡衣,被袿裳。”枚乘《梁王菟園賦》云:“袿裼錯紆,連袖方路。”《廣韻》《爾雅》疏並引《廣雅》:“袿,長襦也。”今本脱“袿”字。

襌襦謂之襜。

《方言》“汗襦,陳魏宋楚之閒謂之襜襦,或謂之襌襦”,郭注云“今或呼衫爲襌襦”;又“偏襌,謂之襌襦”,注云:“即衫也。”《釋名》云:“襌襦,如襦而無絮也。”《漢書·來歙傳》注引《東觀記》云:“光武解所被襜襦以衣歙。”《集韻》《類篇》引《廣雅》:“襌襦謂之襜裿。”連下文“裿”字爲句,失之。

裿作襦謂之裨襦。

此條有脱誤,未詳其義。

複襦謂之襜。

《説文》:"複,重衣。一曰褚衣。"重衣,謂袷衣也。褚衣,謂衣之有絮者,此云"複襦"是也。《釋名》:"襌襦,如襦而無絮也。"然則有絮者謂之複襦矣。《急就篇》"襜褕袷複褶袴褌",顔師古注云:"褚之以緜曰複。"古辭《孤兒行》云:"冬無複襦,夏無單衣。"是也。《方言》:"複襦,江湘之閒謂之襜。"又云:"襜褕,其短者謂之裋褕。"《説文》:"裋,豎使布長襦也。"裋長於襦而短於襜褕,故裋褐亦曰"短褐"。古謂僮僕之未冠者曰"豎",亦短小之意也。《列子·力命》篇"朕衣則裋褐",釋文引許慎《淮南子注》云:"楚人謂袍爲裋。"《荀子·大略》篇作"豎褐"。裋、豎,並與"襜"同。

複襂謂之裀。

此《説文》所謂"重衣"也。襂,與"衫"同。《釋名》云:"衫,芟也,芟末無袖端也。"《方言》注以"衫"爲襌襦,其有裏者則謂之裀。裀,猶重也。

裲襠謂之袹腹。

裲襠,蓋本作"兩當"。鄭注《鄉射禮》云:"直心背之衣曰當。"《釋名》云:"裲襠,其一當胸,其一當背也。""帕腹,横陌其腹也。"帕,與"袹"同。

繞領、帔,帬也。

《説文》:"帬,下裳也。或作裙。"《釋名》云:"裠,羣也,連接羣幅也。"(270)案:帬之言圍也,圍繞要下也,故又謂之繞領。《方言》"繞衿謂之帬",郭注云:"俗人呼'接下',江東通言'下裳'。"衿,與"領"同。

帔之言披也。《方言》:"帬,陳魏之閒謂之帔。"《説文》云:"宏農謂帬帔也。"

大巾、褘、袡、襜、祓,蔽厀也。韍謂之縪。

《方言》:"蔽厀,江淮之閒謂之褘,或謂之祓;魏宋南楚之閒謂之大巾;自關東西謂之蔽厀;齊魯之郊謂之袡。"《釋名》云:"韠,蔽也,所以蔽膝前也。婦人蔽膝亦如之,齊人謂之巨巾。田家婦女出至田野,以覆其頭,故因以爲名也。又曰跪襜,跪時襜襜然張也。"袡、襜,一字也。《爾雅》"衣蔽前謂之襜",釋文:"襜,《方言》作袡,同;昌占反。"《小雅·采緑》篇"不盈一襜",毛傳與《爾雅》同。正義引李巡《爾雅注》云："衣蔽前，衣蔽膝也。"凡言襜者，皆障蔽之意。衣蔽前謂之襜，牀前帷謂之襜，車裳帷謂之幨，幰謂之幨，其義一也。《漢書·東方朔傳》"館陶公主自執宰敝膝"，敝膝，與"蔽厀"同。

袚、韍，一字也。《説文》作"市"，云："從巾，象其連帶之形。"《易》作"紱"，《詩》作"芾"，《禮記》作"韍"，《左傳》作"黻"，《方言》作"袚"，《易乾鑿度》作"茀"，《白虎通義》作"紼"，並字異而義同。

縪，本作"韠"，即"蔽膝"之合聲。蔽、韠、韍，又一聲之轉。《説文》"篳，藩落也"，引襄十年《左傳》："篳門圭窬。"《爾雅》"畢，堂牆"，李巡注云："厓似堂牆曰畢。"其謂之畢者，皆取障蔽之意，與"韠"同也。《齊風·載驅》篇"簟茀朱鞹"，傳云："車之蔽曰茀。"義亦與"韍"同。《小雅·采菽》篇"赤芾在股"，鄭箋云："芾，太古蔽膝之象也。冕服謂之芾，其他服謂之韠，以韋爲之。"正義引《乾鑿度》注云："古者田漁而食，因衣其皮，先知蔽前，後知蔽後。後王易之以布帛，而猶存其蔽前者，重古道，不忘本也。"《明堂位》云："有虞氏服韍，夏后氏山，殷火，周龍章。"鄭注云："韍，冕服之韠也。舜始作之以尊祭服，禹、湯至周增以畫文，後王彌飾也。"《玉藻》云"韠，君朱，大夫素，士爵韋；下廣二尺，上廣一尺，長三尺，其頸五寸，肩革帶博二寸"，注云："此玄端服之韠。韠之言蔽也。"《玉藻》又云"一命緼韍幽衡，再命赤韍幽衡，三命赤韍蔥衡"，注云："此玄冕爵弁服之韠，尊祭服，異其名耳。韍之言亦蔽也。"《白虎通義》云："天子朱紼，諸侯赤紼，大夫蔥衡，士靺韐。"

纗、紳、鞶、〔緄〕、厲、鞓，帶也。

《説文》："帶，紳也。"《釋名》云："帶，蔕也；著於衣，如物之繫蔕也。"

《説文》："紳，大帶也。"《玉藻》"紳長制，士三尺，有司二尺有五寸"，鄭注云："紳，帶之垂者，言其屈而重也。"案：對文則紳爲帶之垂者；散文則帶亦謂之紳。《内則》"端韠紳"，注云："紳，大帶，所以自申約。"是也。

《説文》"鞶，大帶也"，引《訟》上九："或錫之鞶帶。"馬融、虞翻注並與《説文》同。《太平御覽》引某氏注云："鞶帶，革帶也。"

緄之言混成也。《説文》："緄，織成帶也。"《太平御覽》引《東觀漢紀》云："上賜鄧遵金剛鮮卑緄帶一具。"《後漢書·南匈奴傳》云："遺單于童子佩刀、緄帶各一。"曹植《七啟》云:"緄佩綢繆,或彫或錯。"緄,曹憲音衮。各本脱去"緄"字,其音内"衮"字又誤入正文。《玉篇》《廣韻》:"緄,古本切;帶也。"今據以訂正。

《方言》:"厲謂之帶。"《小雅·都人士》傳云:"厲,帶之垂者。"

《玉篇》:"鞓,馬帶也。"

昀案:纗未作疏證。

佩紟謂之裎。

《方言》"佩紟謂之裎",郭注云:"所以系玉佩帶也。"紟,通作"衿"。《爾雅》"佩衿謂之褑",郭注云:"佩玉之帶上屬。"紟之言相紟帶也。《少儀》"甲不組縢",鄭注云:"組縢,以組飾之及紟帶也。"《爾雅》"衿謂之袸",注云:"衣小帶。"義並與"佩紟"同。古者佩玉有綬以上系於衡,衡上復有綬以系於革帶。《説文》:"綎,系綬也。""綎"與"裎",古字通。《離騷》珽玉字作"珵",是其例也。

裪𧜟、褂、襡、裀、褋、袦、褏、袘、袼、褢、褉、袂、衽,袖也。

《説文》:"褎,袂也。俗作袖。"《釋名》云:"袖,由也,手所由出入也;亦言受也,以受手也。"

《方言》"裪𧜟謂之袖",郭注云:"衣褾也。江東呼椀。"

夏侯湛《雀釵賦》云:"理褂襟,整服飾。"是褂爲袖也。

《玉篇》:"袦、褏,袖也。"褏,通作"掖"。《方言》"襜謂之褏",注云:"衣掖下也。"《儒行》"衣逢掖之衣",鄭注云:"逢,猶大也。大掖之衣,大袂禪衣也。"正義云:"大掖,謂肘掖之所寬大。"

《漢書·司馬相如傳》"揚袘戌削",張注云:"袘,衣袖也。"

《深衣》"袼之高下,可以運肘",注云:"袼,衣袂當掖之縫也。"蓋"袂"爲袖之大名,"袼"爲袖當掖之縫,其通則皆爲袖也。《釋親》云:"胳謂之腋。"人腋謂之胳,故衣褏亦謂之袼也。

《玉篇》:"䙑,衣褏也。"字或作"褢",通作"胡"。《深衣》"袂圜以應規",注云:"謂胡下也。"《釋名》云:"褠,禪衣之無胡者也,言袖夾直形如溝也。褢者,下垂之名。人頷下謂之胡,軥頸下謂之胡,衣褏下謂之褢,其義一也。

《集韻》引《埤倉》云:"褉,衣袖也。"

《釋名》云:"袂,掣也;掣,開也,開張之以受臂屈伸也。"《史記·貨殖傳》云:

"齊冠帶衣履天下,海岱之閒斂袂而往朝焉。"

《留侯世家》云:"陛下南鄉稱霸,楚必斂衽而朝。"衽,亦袂也[271]。《列女傳·魯季敬姜》云:"文伯引衽攘捲而親饋之。"

《廣韻》:"褾,袖端也。"又云:"裫,袖褾袂也。"《玉篇》:"袮,衣袂也。"

昀案:襹、裍、褋未作疏證。

衽、裍、袾、衫,䘻也。

䘻,謂衣中也。字通作"身"。《喪服記》"衣二尺有二寸",鄭注云:"此謂袂中也。言衣者,明與身參齊。"疏云:"衣,即身也。"

衫,通作"躬"。《續漢書·五行志》云:"獻帝建安中,男子之衣,好爲長躬而下甚短。"

昀案:衽、裍、袾未作疏證。

褾、裫、袮、衽、褑,袂也。

並見上注。

裫〔謂之〕袩。

《方言》:"裫謂之袩。"《廣韻》:"裫,衣衽也。"[272]《方言》"褸謂之袩",郭注云:"即衣衽也。"各本脱"謂之"二字。《集韻》《類篇》引《廣雅》:"裫、袩、衽謂之褸衩。"讀至下文"衩"字絶句,則宋時《廣雅》本已誤。今據《方言》訂正。

衽謂之褸。

《方言》"褸謂之衽",郭注云:"衣襟也,或曰裳際也。"《説文》:"衽,衣裣也。"《釋名》云:"衽,襜也,在旁襜襜然也。"《玉藻》"深衣,衽當旁",鄭注云:"衽,謂裳幅所交裂也。凡衽者,或殺而下,或殺而上。衽屬衣,則垂而放之;屬裳,則縫之以合前後,上下相變。""深衣,續衽鉤邊",注云:"續,猶屬也。衽,在裳旁者也,屬連之,不殊裳前後也。"《説文》:"褸,衽也。"《爾雅》"衣統謂之視",郭注云:"衣縷也。齊人謂之攣。"釋文:"縷,又作褸。"衣褸謂之衽,猶機縷謂之紝。《説文》:"紝,機縷也。"

衩、衸、袥,褄膝也。

《玉篇》:"褄膝,褻衸也。"褄,曹憲音七益反;字從衣,朿聲。朿,音刺。各本譌從束,今訂正。

《玉篇》:"衩,衣衸也。"《説文》"衸,袥也",徐鍇引《字書》云:"衸,補𧛼褺也。"《説文》:"袥,衣衸也。"

寢衣、衾、䘴,被也。

《釋名》云:"被,被也,所以被覆人也。"《説文》:"被,寢衣,長一身有半。"《論語·鄉党》孔傳云:"寢衣,今之被也。"《召南·小星》傳云:"衾,被也。"《説文》云:"大被也。"《釋名》云:"衾,广也;其下廣大,如广受人也。"

昀案:䘴未作疏證。

襗謂之絝。

絝,或作"袴"。《内則》云:"衣不帛襦袴。"《説文》:"絝,脛衣也。"《釋名》云:"袴,跨也,兩股各跨别也。"《方言》:"袴,齊魯之閒謂之𧝎,或謂之襱;關西謂之袴。"《説文》"褰,絝也",引昭二十五年《左傳》:"徵褰與襦。"[①]褰、𧝎、襗,並同。

其襠謂之〔襱〕。

《方言》注云:"今俗呼袴踦爲襱。"又"無祠之袴謂之襣",注云:"祠,亦襱,字異耳。"《説文》"襱,絝踦也",徐鍇傳云:"踦,足也。"案:今人言"袴腳",或言"袴管",是也。管,與"襠"同。各本脱去"襱"字。《集韻》《類篇》並引《廣雅》:"絝,其襠謂之襱。"今據補。

袑、衳、襣,幝也。

《説文》:"幝,幒也。或作褌。"《釋名》云:"褌,貫也,貫兩腳上繫要中也。"《急就篇》"襜褕袷複褶袴褌",顔師古注云:"袴合襠謂之褌,最親身者也。"《易林·否之小畜》云:"載車無褌,裸裎出門。"

《漢書·朱博傳》"褒衣大袑",《太平御覽》引孟康注云:"袑,大袴也。"

《方言》:"褌,陳楚江淮之閒謂之衳。"《説文》:"幒,幝也。或作㡛。"字並與"衳"同。

《方言》"無祠之袴謂之襣",注云:"袴無踦者,即今犢鼻褌也。"《史記·司馬相如傳》集解引韋昭《漢書注》云:"犢鼻褌,以三尺布作,形如犢鼻。"

---

① 褰,原譌作"蹇"。

幝無襠者謂之裈。

今之開襠袴也。裈之言突。突者，穴也，故竈窗亦謂之突。

褅謂之褓。

《説文》："緥，小兒衣也。"(273-1)《漢書·宣帝紀》"曾孫雖在襁緥"，孟康注云："緥，小兒被也。"被，亦衣也，故《論語》謂被爲"寢衣"。《大戴禮·保傅》篇"周成王在襁褓之中"，《史記·魯世家》作"强葆"，《漢書·賈誼傳》作"繦抱"(273-2)，《司馬相如傳》作"繦保"，並字異而義同。褓之言保也。保，亦衣也，故衣甲者謂之保介。《月令》"措之于參保介之御間"，鄭注云："保，猶衣也。"

《説文》"褅，緥也"，引《小雅·斯干》篇："載衣之褅。"今本作"裼"，毛傳云："裼，褓也。"釋文："裼，《韓詩》作禘。"並字異而義同。

緊袼、褔，次衣也。

《方言》"緊袼謂之褔"，郭注云："即小兒次衣也。"次，即今"涎"字。

《説文》："褔，次裹衣也。"

褿①、祓、裧，褯也。

《玉篇》："褯，小兒衣也。"李奇注《漢書·宣帝紀》云："緥，小兒大藉也。"藉，與"褯"通。

《説文》："褿，帴也。"《玉篇》又作"幧"，云："藉也。"

《説文》："帴，帗也。"帴、帗，與"裧、祓"同。《廣韻》："帴，小兒藉也。"

袺謂之楜，襭謂之褱。

《爾雅》："執衽謂之袺，扱衽謂之襭。"《周南·芣苢》篇"薄言袺之""薄言襭之"，毛傳與《爾雅》同。此云："袺謂之楜，襭謂之褱。"與《爾雅》、毛傳異義，蓋本於三家也。《列女傳·蔡人之妻》云："采采芣苢之草，雖甚臭惡，猶始於捋采之，終於懷襭之。"説與《廣雅》同。袺，各本譌作"祰"，今據曹憲音訂正。《管子·輕重戊》篇"丁壯者胡丸操彈"，胡，與"楜"通。

幭、帊、襎裷，帍，幞〔也〕。

① 褿，原作"襨"，《疏證》作"褿"。

此皆巾屬,所以覆物者也。

《方言》"幡褘謂之幭",郭注云:"即帊幞也。"

《説文》:"幭,蓋幭也。"《管子·小稱》篇云:"乃援素幭以裹首而絶。"《吕氏春秋·知化》篇云:"乃爲幎以冒面而死。"幎,與"幭"同。

《廣韻》引《通俗文》云:"帛三幅曰帊。帊,衣襆也。"

《玉篇》:"帟,巾也。"

各本"幞"下脱"也"字,遂與下條相連。《集韻》《類篇》"幭、帊、幡、帟"四字注並引《廣雅》:"帳也。"則宋時《廣雅》本已脱"也"字。《衆經音義》卷十八、二十一並引《廣雅》:"帊,幞也。"今據以訂正。

帷、幔、幬、幕、帟,帳也。

《説文》:"帳,張也。"《史記》《漢書》或通作"張"。

《周官·幕人》"掌帷幕幄帟綬之事",鄭注云:"在旁曰帷,在上曰幕。幕或在地,展陳于上。帷、幕,皆以布爲之;四合象宫室曰幄,王所居之帳也。帟,主在幕,若幄中坐上承塵。幄、帟,皆以繒爲之。凡四物者,以綬連繫焉。"

《説文》:"幔,幕也。"司馬相如《長門賦》云:"張羅綺之幔帷兮。"

《爾雅》"幬謂之帳",郭注云:"今江東亦謂帳爲幬。"釋文:"幬,本或作㡘。"《説文》作"幅",云:"禪帳也。"《楚辭·招魂》云:"羅幬張些。"

《檀弓》"君於士有賜帟",鄭注云:"帟,幕之小者,所以承塵。"帟,各本譌作"奕",今訂正。卷二云:"幅、幔、幕,覆也。"《釋名》云:"帷,圍也,所以自障圍也。幕,幕絡也,在表之稱也。小幕曰帟,張在人上奕奕然也。幔,漫也,漫漫相連綴之言也。帳,張也,張施於牀上也。"

幒、帴,幨也。

《説文》:"幨,帷也。"《釋名》云:"幨,廉也,自障蔽爲廉恥也。"字或作"簾"。《覲禮》疏引《禮緯》云:"天子外屏,諸侯内屏,大夫以簾,士以帷。"

《太平御覽》引《通俗文》云:"障牀曰襜。"《釋名》云:"牀前帷曰襜,言襜襜而垂也。"《新序·雜事》篇云:"不出襜幄而知天下。"襜,與"帴"同。《爾雅》:"衣蔽前謂之襜。"

"襜"與"幒",皆是障蔽之名。幨謂之幒,亦謂之襜;屋梠謂之櫋,亦謂之檐。

“棞”與“幜”、“檜”與“襘”，聲近而義同也。

鬘謂之鬠[1]。

《説文》：“鬠，髻髮也。”又云：“𦣻，古文百也。巛象髮。髮謂之鬠，鬠即巛也。”案：巛，隸作“川”；“川”與“鬠”，古同聲，故云“鬠即巛”也。《士喪禮》云：“巾柶鬠爪埋于坎。”《喪大記》云：“君、大夫鬠爪實于綠中，土埋之。”鄭注：“鬠，亂髮也。”鬠之言蠢蠢然也。《説文》“惷，亂也”，引昭二十四年《左傳》：“王室日惷惷焉。”今本作“蠢”。《漢書·天文志》“有黑雲，狀如猋風亂鬠”，《衆經音義》卷十五引韋昭音蠢。

〔鬄〕謂之髲。

《説文》：“髲，益髮也。”“鬄，髲也。或作髢。”《釋名》云：“髲，被也，髮少者得以被助其髮也。鬄，剔也，剔刑人之髮爲之也。”《周官·追師》“掌王后之首服，爲副編次”，鄭注云：“次，次第髮長短爲之，所謂髲髢。”《少牢饋食禮》“主婦被錫”，鄭注云：“被錫，讀爲髲鬄。古者或剔賤者、刑者之髮，以被婦人之紒爲飾，因名‘髲鬄’焉。”《召南·采蘩》篇“被之僮僮”，鄭箋亦以爲“髲鬄”。《鄘風·君子偕老》篇“鬒髮如雲，不屑髢也”，哀十七年《左傳》“公見己氏之妻髮美，使髡之，以爲吕姜髢”，鄭箋、杜注並云：“髢，髲也。”各本脱“鬄”字，今補。

屝、屨、麤、舄、屩、鞨、不借、鞠角、鞮、屣、薄平、䩞，履也。

《説文》：“履，足所依也。”

《方言》：“屝屨，麤履也。徐兖之郊謂之屝；自關而西謂之屨，中有木者謂之複舄；自關而東謂之複履，其庳者謂之鞔下，禪者謂之䩞，絲作之者謂之履，麻作之者謂之不借，粗者謂之屨；東北朝鮮洌水之閒謂之鞠角；南楚江沔之閒總謂之麤；西南梁益之閒或謂之屩，或謂之家。履，其通語也。徐土邳沂之閒，大麤謂之鞠角。”

《釋名》云：“齊人謂草履曰屝。”僖四年《左傳》“共其資糧屝屨”，杜預注云：“屝，草屨也。”《喪服傳》：“菅屨者，菅菲也。”菲，與“屝”通。

《釋名》云：“屨，拘也，所以拘足也。”《周官·屨人》“掌王及后之服屨，爲赤舄、黑舄、素屨、葛屨”，鄭注云：“複下曰舄，禪下曰屨。凡屨舄，各象其裳之色。”

[1] 鬠，原作“髺”，《疏證》作“鬠”。

《士冠禮》曰“玄端黑屨”“素積白屨”“爵弁纁屨”,是也。

《説文》:“蘼,艸履也。”蘼,與“麤”通。《釋名》云:“履,荆州人曰麤。絲麻韋草皆同名也。麤,措也,言所以安措足也。”《急就篇》“屐屩絜麤羸窶貧”,顔師古注云:“麤者,麻枲雜履之名也。”王褒《僮約》云:“織履作麤。”

《廣韻》:“履有頸曰屩。”《方言》注云:“屩,字或作屫。”

《喪服傳》“繩屨者,繩菲也”,鄭注云:“繩菲,今時不借也。”《鹽鐵論·散不足》篇云:“綦下不借,鞔鞮革舄。”《急就篇》云:“裳韋不借爲牧人。”《釋名》云:“不借,言賤易有,宜各自蓄之,不假借於人也。齊人云‘搏腊’。搏腊,猶把鲊,麤貌也。”案:《釋名》以“搏腊”爲麤貌,是也。搏腊,疊韻字,轉之則爲“不借”,非不假借於人之謂也。《説文》“絣”字注云:“一曰不借絣。”《周官·弁師》注作“薄借綦”。薄借,即搏腊也。《齊民要術》引《四民月令》云:“十月作白履不惜。”不惜,即不借也。

《説文》:“靮角,鞮屬也。”《方言》注云:“靮角,今漆履有齒者。”《釋名》云:“仰角,屐上施履之名也;行不得蹶,當仰履角舉足乃行也。”《急就篇》云:“靸鞮卬角褐韤巾。”仰、卬,並與“靮”通。

鞧,《玉篇》音似足切,“鞮也”。《廣韻》云:“白鞧,鞮也。”

《説文》:“鞑,鞮屬也。”“躧,舞履也。或作韆。”《孟子·盡心》篇“舜視棄天下,猶棄敝蹝也”,趙岐注云:“蹝,草履可蹝者也。”《吕氏春秋·長見》篇“視釋天下若釋躧”,《觀表》篇作“舍屣”,並字異而義同。

《説文》:“鞮,革履也。”《急就篇》注云:“鞮,薄革小履也。”《周官·鞮鞻氏》注云:“鞻,讀如屨。鞮屨,四夷舞者所扉也,今時倡蹋鼓沓行者自有扉。”《曲禮》注云:“鞮屨,無絇之菲也。”

昀案:鞨、薄平未作疏證。

其緣謂之無縲。

上文云:“無縲,綵也。”然則履緣謂之無縲,亦謂以采絲爲緣也。《周官·屨人》“爲赤繶黄繶”,鄭衆注云:“以赤黄之絲爲下緣。”

其紟謂之綦。

紟之言禁也。屨系謂之紟,衣系謂之紟,佩系謂之紟,其義一也。紟、綦,一聲之轉。綦之言戒也。戒,亦禁也。屨系謂之綦,車下紩謂之綦,其義一也。《説文》"綥"字注云:"一曰不借綥。"《周官·弁師》注作"薄借綦"。《士喪禮》"組綦繫于踵",注云:"綦,屨係也,所以拘止屨也。綦,讀如'馬絆綦'之綦。"《内則》云:"屨著綦。"

鞈靸、鞢䩞、靸,屐也。

屐,或作"鞮"。《釋名》云:"鞮,跨也,兩足各以一跨騎也。趙武靈王始服之。"

鞈靸、鞢䩞,皆疊韻字也。《玉篇》"鞈"字注云:"鞈靸,履也。"鞈,各本譌作"鞳",今訂正[274]。《釋名》云:"鞢䩞,鞮之缺前雍者也。鞢䩞,猶速獨,足直前之名也。"《急就篇》云:"旃裘鞢䩞。"

《釋名》云:"靸,韋履深頭者之名也。靸,襲也,以其深襲覆足也。"《急就篇》"靸鞮卬角褐韤巾",顔師古注云:"靸,謂韋履頭深而兑,平底者也。"今俗呼謂之跣子。

索、屐、屣,屩也。

《説文》:"屩,屨也。""屐,屩也。"《釋名》云:"屩,蹻也。出行著之,蹻蹻輕便,因以爲名也。""屐,㮄也,爲兩足㮄以踐泥也。"《史記·平準書》集解引韋昭《漢書注》云:"屩,草履也。"《衆經音義》卷十四引《三倉》云:"屐,木屩也。"《莊子·天下》篇:"以跂蹻爲服。"跂蹻,與"屐屩"同。

《方言》:"履,西南梁益之閒或謂之索。"《説文》:"索,履也。一曰青絲頭履也;讀若'阡陌'之陌;從糸,户聲。"各本"索"作"屎",因"屐、屣、屩"諸字而誤,今訂正。

屣,已見上文。

昀案:屣,見本卷前"履也"條。

緻謂之緶。

《玉篇》:"緶,履底緶也。""緻,緶緻也。"《集韻》引《字林》云:"緻,刺履底也。"

緉、緛,絞也。

《方言》"緉、緛,絞也。關之東西,或謂之緉,或謂之緛。絞,通語也",郭注云:"謂履中絞也。"

縝、縷，纑也。

《方言》"纑謂之縝"，郭注云："謂纑縷也。"《説文》："縷，綫也。""纑，布縷也。"《孟子·滕文公》篇"彼身織屨，妻辟纑"，趙岐注云："緝績其麻曰辟，練麻曰纑。"

萆謂之衰。

《説文》："衰，艸雨衣。秦謂之萆。"《越語》云："譬如衰笠，時雨既至，必求之。"經傳或從艸作"蓑"。《説文》："萆，雨衣。一曰衰衣。"《齊語》"身衣襏襫"，韋昭注云："襏襫，蓑薜衣也。"薜，與"萆"同。《六韜·農器》篇云："蓑薜簦笠。"

簦謂之笠。

《説文》："笠，簦無柄也。""簦，笠蓋也。"《急就篇》注云："大而有把，手執以行，謂之簦；小而無把，首戴以行，謂之笠。"《吳語》"簦笠相望於艾陵"，韋昭注云："簦笠，備雨器也。"《史記·虞卿傳》云："躡屩擔簦。""簦"與"笠"對文則異，散文則通。故《士喪禮下》篇注云："笠，竹簩蓋也。"《淮南子·説林訓》云："或謂笠，或謂簦，名異實同也。"

幢謂之翿。

《方言》："翿、幢，翳也。楚曰翿，關西、關東皆曰幢。"《説文》"翳，翳也，所㠯舞也"，引《陳風·宛邱》篇："左執翳。"今本作"翿"。《爾雅》"翢，纛也。纛，翳也"，郭注云："今之羽葆幢，舞者所以自蔽翳。"《釋名》云："翿，陶也，其貌陶陶下垂也。"《鄉射禮記》云："君國中射，則以翿旌獲，白羽與朱羽糅。"《周官·鄉師》"及葬，執纛，以與匠師御匶而治役"，鄭注云："《雜記》曰：'匠人執翿以御柩。'翿，羽葆幢也，以指麾輓柩之役，正其行列進退。"翳、翿、翢，並同。"纛"與"翿"，古亦同聲。《釋名》云："幢，童也，其貌童童然也。"《韓非子·大體》篇云："雄駿不創，壽於旗幢。"

幨謂之幰。

《淮南子·氾論訓》"隆衝以攻，渠幨以守"，高誘注云："幨，幰也，所以禦矢也。"《兵略訓》云："雖有薄縞之幨，腐荷之櫓，然猶不能獨穿也。"(275)《齊策》云："攻城之費，百姓理襜蔽，舉衝櫓。"襜，與"幨"通。幨者，蔽也。説見上文"襜，蔽厀也"下。

幰之言扞蔽也。《衆經音義》卷十四引《倉頡篇》云："布帛張車上爲幰。"《釋名》云:"幰,憲也,所以禦熱也。"幨謂之幰,車幔謂之幰,車裳帷謂之襜,其義一也。

篳、籞、篨,翳也。

《月令》"罝罘羅網畢翳",鄭注云:"翳,射者所以自隱也。"《新序·雜事》篇云:"弋者脩其防翳。"

《説文》:"篳,䧿射者所蔽也。"

《漢書·元帝紀》"嚴籞池田",晉灼注云:"嚴籞,射苑也。"嚴,與"篳"通。《宣帝紀》"詔池籞未御幸者,假與貧民",服虔注云:"籞,在池水中作室,可用棲鳥,鳥入中則捕之。"

篨,曹憲音廩。古通作"廩"。《管子·戒》篇云:"桓公弋在廩。"《韓非子·外儲説》云:"齊宣王問弋於唐易子曰:'弋者奚貴?'唐易子曰:'在於謹廩。'"徐爰注《射雉賦》云:"廩,翳中盛飲食處。今俗呼翳名曰倉也。"

幖、徽、幡、幁、帊、幟[①],幡也。

《太平御覽》引《説文》:"幡,識也。"《古今注》云:"信幡,古之徽號也。所以題表官號以爲符信,故謂爲信幡也。"字亦作"旛"。《釋名》云:"旛,幡也,其貌幡幡然也。"

幖之言表也。《説文》:"幖,識也。"《周官·肆師》"表齍盛告絜",鄭注云:"故書表爲剽。剽、表,皆謂徽識也。"《後漢書·皇甫嵩傳》:"著黄巾爲標幟。"表、剽、標、幖,並通。

《説文》"徽,識也,目絳徽帛著于背"[(276-1)],引昭二十一年《左傳》:"揚徽者公徒。"今本作"徽"。《大傳》"殊徽號",鄭注云:"徽號,旌旗之名也。徽,或作褘。"張衡《東京賦》"戎士介而揚揮",薛綜注云:"揮,爲肩上絳幟如燕尾者也。"徽、徽、褘、揮,並通。《周官·司常》注云:"徽識,所以題别衆臣,樹之於位,朝者各就焉。或謂之事,或謂之名,或謂之號。三者,旌旗之細也。"《士喪禮》曰:"爲銘,各以其物。亡,則以緇長半幅,赬末長終幅,廣三寸。書名於末。"此蓋其制也。徽識之書,則云"某某之事、某某之名、某某之號"。今大閱禮象而爲之。兵,凶事,若有死事者,亦當以相别也。

---

① 幖、幁,原作"幖、蔺",《疏證》作"幖、幁"。

帾之言題署也。《廣韻》:"帾,標記物之處也。"《説文》:"隸人給事者衣爲卒[276-2]。卒,衣有題識者。"又云:"褚,卒也。"《方言》"南楚東海之閒,卒謂之褚",郭注云:"言衣赤也。"衣赤謂之褚,以絳徽帛謂之帾[276-3],其義一也。《司常》注云:"今城門僕射所被,及亭長著絳衣,皆徽識之舊象。"是其證矣。

《説文》:"幑,幡識也。"又云:"箋,表識書也。""箋"與"幑",亦同義。

帤,讀若抑。各本譌作"帮",今訂正。

幟之言識也。《墨子·旗幟》篇云:"幟,竿長二丈五,帛長丈五,廣半幅。"《小雅·六月》篇"織文鳥章",鄭箋云:"織,徽織也。"[276-4]《士喪禮》注引《檀弓》云:"以死者爲不可別,故以其旗識識之。"《史記·叔孫通傳》云:"張旗志。"幟、織、識、志,並通[276-5]。

昀案:帤惟作勘誤。

裛謂之袠。

《説文》:"帙,書衣也。或作袠。"《後漢書·楊厚傳》云:"吾綈袠中有先祖所傳祕記。"書衣謂之袠,故小橐亦謂之袠。《内則》云:"右佩箴管綫纊,施縏袠。"《玉篇》:"帙,小橐也。"《説文》:"裛,書囊也。"裛者,纏裹之名。《文選·西都賦》"裛以藻繡",李善注引《説文》:"裛,纏也。"

幃謂之幐①。

《説文》:"幐,囊也。"《後漢書·儒林傳·序》云:"大則連爲帷蓋,小乃制爲縢囊。"縢,與"幐"通。《説文》:"幃,囊也。"《楚辭·離騷》"蘇糞壤以充幃兮",王逸注云:"幃謂之幐。幐,香囊也。"[277]

帣、橐、帒,囊也。

《大雅·公劉》篇"于橐于囊",毛傳云:"小曰橐,大曰囊。"《史記·陸賈傳》索隱引《埤倉》云:"有底曰囊,無底曰橐。""橐"與"囊",對文則異,散文則通。故《説文》云:"橐,囊也。""囊,橐也。"

帣之言卷束也。《説文》:"帣,囊也。今鹽官三斛爲一帣。"又《説文》:"槖,橐也。"《玉篇》音袞。槖,亦帣也,猶"袞衣"之"袞"或作"卷"矣。

① 幐,原作"䐪",《疏證》作"幐"。

《玉篇》鮀，大多切，"馬上連囊也"。今俗語亦謂馬上連囊曰鮀，音大佐反。

絭謂之纕。

《説文》："纕，援臂也。"《玉篇》云："收衣袖絭也。"《説文》："絭，攘臂繩也。"《淮南子·原道訓》："短袂攘卷以便刺舟。""卷"與"絭"、"攘"與"纕"，並聲近義同。

鑑謂之鏡。

昀案：此條未作疏證。

梳、枇、篦，櫛也。

《説文》："櫛，梳比之總名也。"櫛之言節也，其齒相節次也。《考工記》作"楖"，同。

《説文》："梳，理髮也。"《釋名》云："梳，言其齒疏也。"《史記·匈奴傳》索隱引《倉頡篇》云："靡者爲比，麤者爲梳。"《急就篇》云："鏡籢疏比各異工。"疏、比，與"梳、枇"同。《釋名》云："梳之數者曰比，言細相比也。"《北堂書鈔》引崔寔《政論》云："無賞罰而欲世之治，猶不畜梳枇而欲髮之治也。"

《説文》："篦，取蟣比也。"

觚謂之觙。

《玉篇》："釵，婦人歧笄也。"《釋名》云："叉，枝也，因形名之也。"宋玉《諷賦》："翡翠之釵。"釵、叉，並與"觙"通。

笄、䚢、笳，簪也。

《説文》："兂，首笄也。俗作簪。"兂、簪，並與"簪"同。《釋名》云："簪，兟也，以兟連冠於髮也。"《士喪禮》注亦云："簪，連也。"

《説文》："笄，簪也。"《釋名》云："笄，係也，所以拘係冠使不墜也。"凡笄有二類：一爲冕弁冠之笄，唯男子有之。《士冠禮》"皮弁笄、爵弁笄"之屬，是也。一爲安髮之笄，男子、婦人皆有之。《内則》"子事父母，婦事舅姑，皆櫛縰笄總"，是也。

《鄘風·君子偕老》篇"象之揥也"，毛傳云："揥，所以摘髮也。"《魏風·葛屨》篇云："佩其象揥。"揥，與"䚢"通。《釋名》云："揥，摘也，所以摘髮也。"《説文》："擿，搔也。"《君子偕老》正義云："以象骨搔首，因以爲飾，故云'所以摘髮'。"《説文》:"髖,骨擿之可會髮者。"《喪服記》注云:"笄有首者,若今時刻鏤摘頭矣。"摘、擿、揥,並與"鬄"同義。

笄、箭,一聲之轉。《太玄·曹》上九:"男子折笄,婦人易哿。"哿,與"箭"同。范望注以"哿"爲笄飾,失之。

幱幠謂之帍。

《廣韻》引《埤倉》云:"幱幠,赤紙也。"《漢書·外戚傳》"赫蹏書",應劭注云:"赫蹏,薄小紙也。"顏師古注云:"今書本赫字或作擊。"《説文》"繫、褫"二字注並云:"繫褫也。"赫蹏、擊蹏、繫褫,並與"幱幠"同。《玉篇》:"帍,帍幠也。"皇甫本"幠"字作"紘",下文"紘,索也""紘"字作"幠",前後互誤。各本"紘"字又誤作"絃",惟影宋本不誤。

縢、絜、緘、紲、紘、縜、緝、紩、緪、絃、縻、綅、縋、繗、纆、徽、纆、絇、筊、纍、繩①,索也。

《説文》:"縢,緘也。"鄭注《金縢》云:"縢,束也。"《秦風·小戎》篇"竹閉緄縢",毛傳云:"縢,約也。"《魯頌·閟宫》篇"朱英緑縢",傳云:"縢,繩也。"《莊子·胠篋》篇"攝緘縢",釋文:"縢,向、崔本作縢。"

《急就篇》"纍繘繩索絞紡纑",繘,一作"綃"。綃,與"絜"同義。《文選·海賦》"維長綃,挂帆席",張銑注云:"綃,連帆繩也。"義與"絜"亦相近。

《説文》:"緘,束篋也。"《喪大記》"大夫、士封以咸",鄭注云:"咸,讀爲緘。"今齊人謂棺束爲"緘繩"。咸,或爲"椷",並字異而義同。《釋名》云:"棺束曰緘。緘,函也。"各本"緘"下衍"也"字。《莊子·胠篋》釋文引《廣雅》:"緘、縢,繩也。"《衆經音義》卷十六引《廣雅》:"縢,繩也。"卷十一、十六並引《廣雅》:"緘,索也。"今據以訂正。

"紲、綅"二字,説見卷二"紲、綅,係也"下。

紘,説見卷三"紘,束也"下。

《廣韻》:"縜,綱繩也。"《集韻》云:"荆州謂帆索曰縜。"《方言》"車枸簍,其上約或謂之箕",郭注云:"即傘帶也,音覓。"箕,與"縜"同義。

① 縢、緪,原作"縢、縆",《疏證》作"縢、緪"。

《玉篇》:"紩,索也。古作鉄。"《方言》:"車下鉄,陳宋淮楚之閒謂之畢。"《玉篇》:"䌙,帆索也。"義亦與"紩"同。

緪之言亙也。《說文》:"緪,大索也。"(278)

卷二云:"縻,係也。"《後漢書·魯恭傳》注引《倉頡篇》云:"縻,牛韁也。"《說文》:"縻,牛轡也。或作絼。"《史記·司馬相如傳》"羈縻勿絶",索隱引《漢官儀》云:"馬曰羈,牛曰縻。"《漢書·匈奴傳》作"羈靡"。並字異而義同。

《說文》"縋,㠯繩有所縣鎮也",引襄十九年《左傳》:"夜縋納師。"又僖三十年《傳》"夜縋而出",杜注云:"縋,縣城而下也。"今俗語亦謂以繩有所縣鎮曰縋。縋之言重膇也。成六年《傳》"於是乎有沈溺重膇之疾",注云:"重膇,足腫也。"《方言》注云:"槌,縣蠶薄柱也。"義與"縋"並相近。《方言》云:"槌之横者,宋魏陳楚江淮之閒謂之㮇,所以縣㮇;關西謂之𥿉;東齊海岱之閒謂之繏。"

卷三云:"徽,束也。"《說文》:"徽,三糾繩也。"

繏,索也。《坎》上六"係用徽纆",馬融注云:"徽纆,索也。"劉表注云:"三股曰徽,兩股曰纆。"揚雄《解嘲》云:"免於徽索。"《莊子·駢拇》篇云:"約束不以纆索。"《史記·南越尉佗傳》云:"成敗之轉,譬若糾墨。"纆、纆、墨,並通。

《豳風·七月》篇云:"宵爾索綯。"《爾雅》:"綯,絞也。"絞,亦索也。《急就篇》云:"纍繘繩索絞紡纑。"是也。《方言》"車紂,自關而東,周洛韓鄭汝潁之閒,或謂之曲綯",注云:"綯,亦繩名。"《小爾雅》:"縚,索也。"縚,與"綯"同。索謂之綯,猶編絲繩謂之絛矣。

筊,亦絞也。《說文》:"筊,竹索也。"《漢書·溝洫志》"搴長茭兮湛美玉",薛瓚注云:"竹葦絙謂之茭。"茭,與"筊"通。其草索亦謂之茭。《墨子·尚賢》篇云:"傅說被褐帶索。"《辭過》篇云:"古之民未知爲衣服,時衣皮帶茭。"茭,亦索也。

纍之言係纍也。《說文》:"纍,大索也。"《論語·公冶長》篇"雖在縲紲之中",孔傳云:"縲,黑索也。"《史記·仲尼弟子傳》作"累",《漢書·司馬遷傳》作"纍"。並字異而義同。

昀案:緝、絃、繩未作疏證。

繘、絡,綆也①。

① 綆,原作"緶",《疏證》作"綆"。

《方言》"繘，自關而東，周洛韓魏之閒謂之綆，或謂之絡；關西謂之繘"，郭注云："汲水索也。"《説文》："綆，汲井繩也。""繘，綆也。"襄九年《左傳》云："具綆缶，備水器。"《士喪禮》云："管人汲，不説繘。"

緣、繯，絡也。

凡繩之相連者曰絡[279]。《莊子·胠篋》篇云："削格羅落罝罘之知多。"落，與"絡"同。

緣，與"纍"同。説見上文"纍，索也"下①。緣，各本譌作"緣"，今訂正。

繯之言綰也。《漢書·揚雄傳》"虹蜺爲繯"，韋昭注云："繯，旗上繫也。"蕭該音義云："案，《説文》《字林》《三倉》並云：'繯，絡也。'"《説文》："罥，网也。字或作羂。"《太玄·翕》次八云："揮其罦，絶其羂。"義亦與"繯"同。

輅、軲，車也。軒、韗、轀、輬、轒轀、輧、輜、軺、輂、輜、輂、轘轍、鶻頭、鷥、輷、柳，車也。

《説文》："車，輿輪之總名也。"《釋名》云："車，古者曰車，聲如居，言行所以居人也；今曰車，聲近舍，行者所處，若居舍也。"

輅，古通作"路"。《藝文類聚》引《白虎通義》云："天子大路。路，大也，道也，正也；君至尊，制度大，所以行道德之正也。諸侯路車。大夫軒車。士飾車。"《周官·巾車》"掌王之五路：玉路、金路、象路、革路、木路"，鄭注云："王在焉曰路。玉路、金路、象路，以玉、金、象飾諸末。革路，鞔之以革而漆之，無他飾。木路，不鞔以革，漆之而已。"

自"輅"至"柳"，皆是車名，則"輅、軲"之下，不當更有"車也"二字。蓋"也"上一字本是車名，因脱去右畔，僅存左畔"車"字，後人遂妄加"也"字耳。

軒之言扞蔽也。《説文》："軒，曲輈藩車也。"閔二年《左傳》"鶴有乘軒者"，杜預注云："軒，大夫車。"正義引服虔注云："車有藩曰軒。"王逸注《招魂》云："軒，樓版也。"《周官·小胥》疏引《左傳》注云："諸侯軒縣，闕南方，形如車輿。"皆扞蔽之意也。

《説文》："韗，軘裹也；從韋，尃聲。"則"韗"非車名。《集韻》引《廣雅》作

① 上，原譌作"土"。

“轉”。《玉篇》《廣韻》俱無“轉”字,所未詳也。

《史記·秦始皇紀》“棺載轀涼車中”,涼,與“輬”通。《漢書·霍光傳》“載光尸柩以轀輬車”,注:“文穎曰:‘轀輬車,如今喪轜車也。’孟康曰:‘如衣車有窻牖,閉之則温,開之則涼,故名之轀輬車也。’薛瓚曰:‘秦始皇道崩,祕其事,載以轀輬車,百官奏事如故。此不得是轜車類也。案,杜延年奏,載霍光柩,以輬車駕大廄白虎駠,以轀車駕大廄白鹿駟爲倅。’師古曰:‘轀輬,本安車也,可以臥息。後因載喪,飾以柳翣,故遂爲喪車耳。轀者,密閉;輬者,旁開窻牖。各别一乘,隨事爲名。後人既專以載喪,又去其一,緫爲藩飾,而合二名呼之耳。”案:薛、顏二説是也。《説文》:“轀,臥車也。”“輬,臥車也。”《韓非子·外儲説》云:“有乘轀車至李史門者。”宋玉《九辯》云:“前輕輬之鏘鏘兮,後輜乘之從從。”然則轀、輬各爲一車而非喪車,明矣(280-1)。

《玉篇》:“轒輼,兵車也。”輼,亦作“轀”。《墨子·備城門》篇有“轒轀車”。《孫子·謀攻》篇“脩櫓轒轀”,魏武帝注云:“轒轀者,轒牀也,其下四輪,從中推之至城下。”《文選·長楊賦》“碎轒轀”,李善引服虔注云:“轒轀,百二十步兵車,或可寢處。”

軿,通作“苹”。《周官·車僕》“掌苹車之萃”,注云:“苹,猶屏也,所用對敵自蔽隱之車也。”《孫子》“八陳”有“苹車之陳”。故書“苹”作“平”,杜子春云:“平車,當爲‘軿車’。其字當爲苹。”《列女傳·齊孝孟姬》曰:“妾聞妃后踰閾,必乘安車輜軿。今立車無軿,非所敢受命也。”《後漢書·梁冀傳》注引《倉頡篇》云:“軿,衣車也。”定九年《左傳》正義引《説文》云:“輜軿,衣車也,前後有蔽。”《釋名》云:“輜車,載輜重臥息其中之車也。輜,廁也,所載衣物雜廁其中也。”“軿車,軿,屏也,四面屏蔽,婦人所乘牛車也。輜、軿之形同。有邸曰輜,無邸曰軿。”

《説文》:“輀,喪車也。”《漢書·王莽傳》云:“此似輀車,非僊物也。”《釋名》云:“輿棺之車曰轜。轜,耳也,縣於左右前後銅魚揺絞之屬,耳耳然也。”轜,與“輀”同。

《説文》:“軺,小車也。”《釋名》云:“軺車,軺,遥也;遥,遠也,四向遠望之車也。”《齊語》“服牛軺馬”,韋昭注云:“服,牛車也。軺,馬車也。”《管子·海王》篇云:“行服連軺輂者,必有一斤、一鋸、一椎、一鑿,若其事立。”如淳注《漢書·高祖紀》云:“律,四馬高足爲置傳,四馬中足爲馳傳,四馬下足爲乘傳,一馬二馬爲軺傳。”

輂者,輿載之名。説見卷二“輂,載也”下。《周官·鄉師》“正治其徒役,與其輂輦",注云:"輂,駕馬;輦,人輓行,所以載任器也,止以爲蕃營。《司馬法》曰:'夏后氏謂輦曰余車,殷曰胡奴車[①],周曰輜輦。輦一斧、一斤、一鑿、一梩、一鉏,周輦加二版、二築。'又曰:'夏后氏二十人而輦,殷十八人而輦,周十五人而輦。'"宣十二年《左傳》正義云:"蔽前後以載物,謂之輜車;載物必重,謂之重車;人輓以行,謂之輦。輜、重、輦,一物也。"《巾車》"連車組輓",注云:"連車爲輇輪,人輓之以行。"連,與"輦"通。輦之言連也;連者,引也,引之以行,故曰輦。《孟子》"流連荒亡",趙岐注云:"連者,引也。"《淮南子·覽冥訓》云:"若以磁石之能連鐵也而求其引瓦,則難矣。"

暘䢦[②],通作"陽遂"。《晉書·輿服志》"陽遂車駕牛",蓋本於魏制也。《明堂位》"鸞車,有虞氏之路也。鉤車,夏后氏之路也",注云:"鸞,有鸞和也。鉤,有曲輿者也。"鉤,與"軥"通。

柳,各本譌作"柳",惟影宋本不譌。《釋名》云:"輿棺之車,其蓋曰柳。柳,聚也,衆飾所聚,亦其形僂也。"《士喪禮下》篇注云(280-2):"載柩車,《周禮》謂之蜃車,《雜記》謂之團。其車之輿,狀如牀。中央有轅,前後出;設輅,輿上有四周;下則前後有軸,以輇爲輪。"《雜記》注云:"將葬載柩之車飾曰柳。"《周官·縫人》"衣翣柳之材",注云:"柳之言聚,諸飾之所聚。"《檀弓》"設蔞翣",注云:"蔞翣,棺之牆飾。"《荀子·禮論》篇云:"無帾絲歶縷翣,其貌以象菲帷幬尉也。"《吕氏春秋·節喪》篇云:"僂翣以督之。"柳、蔞、縷、僂,並通。《莊子·達生》篇:"苟生有軒冕之尊,死得於腞楯之上、聚僂之中,則爲之。"聚僂,謂柩車飾也;僂者,衆飾所聚,故曰聚僂。腞,讀爲團。楯,讀爲輴。《喪大記》:"君大夫葬,用輴;士葬,用團車。"是也。解者失之。

昀案:軲、鶇頭未作疏證。

䡾謂之䡊。

未詳。

䌸車謂之麻鹿,道軌謂之鹿車[③]。

① 胡,原譌作"壺"。
② 暘,原譌作"暢"。
③ 道,原作"遒",《疏證》作"道"。

《方言》"維車,趙魏之閒謂之轣轆車,東齊海岱之閒謂之道軌",轣轆,與"厤鹿"同。《説文》:"維,箸絲於筟車也。"《秦風·小戎》篇"五楘梁輈",毛傳云:"楘,歷録也。一輈五束,束有歷録。"《墨子·備高臨》篇説"連弩車之法"云:"以磿鹿卷收。"義與"維車謂之厤鹿"並相近。

《方言》"車下鉄,陳宋淮楚之閒謂之畢,大者謂之綦",郭注云:"鹿車也。"《疏證》云:"此言維車之索也。《考工記·玉人》'天子圭中必',鄭注云:'必,讀如鹿車縪之縪,謂以組約其中央。'圭中必爲組,鹿車縪爲索,其約束相類,故讀如之。"

軒謂之鞶。

鞶之言盤,軒之言紆也。《説文》:"軒,輨内環靼也。""靼,柔革也。"

鞙謂之䩞。

鞙,各本作"䩛"。曹憲音釋:"䩛,子入反。䩞,音解。"《集韻》《類篇》"䩛"字注云:"《廣雅》'䩛謂之䩞。一曰車鞙'。""䩞"字注云:"《廣雅》'鞙謂之䩞'。"據此,則宋時《廣雅》本"䩛"字有作"鞙"者。案:《衆經音義》卷十五云"鞙,户犬反;大車縛槅者也",引《廣雅》:"鞙謂之輢。"輢,居宜反。輢、䩞,聲相近;鞙、䩛,形相似。然則"䩞"爲"輢"之異文,而"䩛"爲"鞙"之譌字也。《説文》:"鞙,大車縛軛靼也。"字或作"伊"。《釋名》云:"鞙,縣也,所以縣縛軛也。"《集韻》:"鞙,馬勒也。"馬勒謂之鞙,亦謂之輢;縛軛靼謂之輢,亦謂之鞙,皆束縛之意也。上條"軒謂之鞶"爲輨内環靼,此條爲大車縛軛靼,事正相類。考《説文》《玉篇》《廣韻》俱無"䩛"字。曹憲音子入反,非是。今訂正。

轅謂之輈。

《方言》:"轅,楚衞之閒謂之輈,謂小車轅也。"僖元年《公羊傳》注云:"輈,小車轅,冀州以此名之。"《釋名》云:"轅,援也,車之大援也。""輈,句也,轅上句也。"《秦風·小戎》篇"五楘梁輈",毛傳云:"梁輈,輈上句衡也。"正義云:"輈,從軫以前,稍曲而上;至衡,則向下句之。"《考工記·輈人》"國馬之輈,深四尺有七寸。田馬之輈,深四尺。駑馬之輈,深三尺有三寸",鄭衆注云:"深,謂轅曲中。"

弸轅謂之靳。

定九年《左傳》云:"吾從子,如驂之靳。"《説文》:"靳,當膺也。"不言"靳係於轅”，此云“弸轅謂之靳”，未詳其義。

軿、轓，箱也。

箱之言輔相也。箧謂之箱，太室兩夾謂之廂，車兩轓謂之箱，其義一也。《小雅·大東》篇“睆彼牽牛，不以服箱”，毛傳云：“箱，大車之箱也。”《説文》：“箱，大車牝服也。”《考工記·車人》“大車牝服二柯有參分柯之二”，鄭注云：“牝服長八尺。鄭司農云：牝服，謂車箱。”

軿之言棐也。《爾雅》云：“棐，輔也。”《方言》：“箱謂之軿。”轓謂之軿，亦謂之箱；箧謂之箱，亦謂之篚，其義一也。《士冠禮》注云：“篚，竹器如笭者。”《説文》：“篚，車笭也。”車笭謂之篚，車箱謂之軿，其義一也。

轓之言藩屏也。《續漢書·輿服志》注引《通俗文》云：“車箱爲蕃。”《周官·巾車》“漆車藩蔽”，鄭注云：“蔽，車旁禦風塵者。藩，今時小車藩，漆席以爲之。”《漢書·景帝紀》“令長吏二千石車朱兩轓，千石至六百石朱左轓”，應劭注云：“車耳反出，所以爲之藩屏，翳塵泥也。以簟爲之，或用革。”《太玄·積》次四：“君子積善，至于車耳。測曰：君子積善，至于蕃也。”轓、蕃、藩，並通。《説文》：“軬，車耳反出也。”軬、轓，聲近義同。軬，字亦作“版”。《荀子·禮論》篇“棺椁，其貌象版蓋斯拂也”，楊倞注云：“版，謂車上障蔽者。”

鞃謂之軾。

《説文》：“軾，車前也。”《釋名》云：“軾，式也，所伏以式所敬者也。”《考工記》通作“式”，鄭注云：“式，深尺四寸三分寸之二，高三尺三寸。”《説文》：“紴，車紴也。或作茯、鞴。”《釋名》云：“鞦，伏也，在前，人所伏也。”《急就篇》云：“靷鞦靯韉鞍鑣鍚。”《史記·酷吏傳》“同車未嘗敢均茵伏”，徐廣音義云：“伏，軾也。”並字異而義同。

轓謂之軬。

説見上文。

幢謂之幏。

《方言》：“幢，翳也。關西關東皆曰幢。”《説文》：“翳，華蓋也。”《釋名》云：“幢，童也，其貌童童然也。”《漢書·韓延壽傳》云：“建幢棨，植羽葆。”

鞋韉謂之鞇。

《説文》:"茵,車中重席也;從艸,因聲。鞇,司馬相如説茵從革。"《漢書·霍光傳》作"絪"。並字異而義同。《釋名》云:"鞇,因也,因與下輿相連著也。"《秦風·小戎》篇"文茵暢轂",毛傳云:"文茵,虎皮也。"鞇,各本譌作"鞇"[①],惟影宋本、皇甫本不譌。《急就篇》云:"鞇鞁鞋韉鞍鑣鍚。"《釋名》云:"鞋韉,車中重薦也;輕鞋韉,小貂者也。"鞋韉,疊韻字。《廣韻》:"鞥,他胡切;韉鞥,屟也。""屟,履中薦也。"韉鞥,亦疊韻字。履中薦謂之韉鞥,猶車中薦謂之鞋韉矣。

覆笭謂之幦。

幦,字或作"幭、蔑、複",其義並同。幦之言幎也。幎,覆也。故車覆笭謂之幦。説見卷二"幎,覆也"下。《大雅·韓奕》篇"鞹鞃淺幭",毛傳云:"幭,覆式也。"《周官·巾車》"王之喪車五乘,木車犬複疏飾,素車犬複素飾,藻車鹿淺複革飾,駹車然複髹飾,漆車豻複雀飾",《士喪禮記》"主人乘惡車,白狗幦",《曲禮》"大夫、士去國,素蔑",《玉藻》"君羔幦虎犆。大夫齊車[②],鹿幦豹犆,朝車。士齊車,鹿幦豹犆",先後鄭注並云:"覆笭也。"笭者,式下縱横交結之木。《禮》注之"覆笭",即《詩》傳之"覆式"。故宋玉《九辯》云:"倚結軨兮長太息,涕潺湲兮下霑軾。"軨,與"笭"同。《説文》:"笭,車笭也。""軨,車轖閒横木也。"《釋名》云:"笭,横在車前,織竹作之,孔笭笭也。"

韇、轐、〔轐〕、陰靷,伏兔也。

韇之言緜連也。《説文》:"韇,車伏兔下革也;讀若閔。"

轐之言附著也。《説文》:"轐,車伏兔也。"《考工記》"加軫與轐焉",鄭衆注與《説文》同。《輈人》云:"良輈環灂,自伏兔不至軓七寸。"是也。

《説文》:"轐,車軸縛也。"《小畜》九三"輿説轐",正義引鄭注云:"轐,謂輿下縛木,與軸相連,鉤心之木是也。"又引子夏傳云:"轐,車屐也。"僖十五年《左傳》"車説其轐",正義引子夏《易傳》云:"轐,車下伏兔也。"轐,曹憲音扶欲反。各本脱去"轐"字,其"扶欲"之音遂誤入"轐"字下。考《玉篇》《廣韻》《集韻》及《考工記》釋文,"轐"字俱不音扶欲反。又《玉篇》《廣韻》《集韻》及《易》《左傳》釋文,

---

① 鞇,原譌作"鞇"。蘇本作"鞇"。
② 大,原譌作"夫"。

"輹"字俱音服,正與"扶欲"之音相合。今據以訂正。《釋名》云:"屐,似人屐也。又曰伏兔在軸上,似之也。又曰輹;輹,伏也,伏於軸上也。""鉤心,從輿心下鉤軸也。""縛,在車下,與輿相連縛也。"阮氏伯元《考工記車制圖解》曰:"轐在輿底而銜於軸上,其兩旁作半規形,與軸相合;下有二長足,少鍥其軸而夾鉤之,所謂鉤心也。又有革以固之,所謂轐也。"

《秦風·小戎》篇"陰靷鋈續",毛傳云:"陰,揜軓也。靷,所以引也。"鄭箋云:"揜軓在軾前垂輈上。"正義云:"靷者,以皮爲之,繫於陰版之上。"此與軸上之伏兔,迥不相涉。《廣雅》以"陰靷"爲伏兔,誤也。

軑、轗、輇,輪也。

輪之言員也,運也。《考工記》:"兵車之輪,六尺有六寸。田車之輪,六尺有三寸。乘車之輪,六尺有六寸。"

《方言》:"輪,韓楚之閒謂之軑,關西謂之轗。"《釋名》云:"輪,綸也,言彌綸也,周帀之言也;或曰輚,言輻總入轂中也。"輚,與"轗"同。

《說文》:"有輻曰輪,無輻曰輇。"又云:"輇,藩車下庳輪也。"《雜記》"載以輲車",鄭注云:"輲,讀爲輇。""輇,崇蓋半乘車之輪。"引《說文》:"無輻曰輇。"蓋載柩車以輇爲輪,因謂之輇車矣。

轂〔篆〕謂之軝。

《商頌·烈祖》及《小雅·采芑》並云"約軝錯衡",毛傳云:"軝,長轂之軝也,朱而約之。"鄭箋云:"軝,轂飾也。"《毛鄭詩考正》云:"軝,《說文》亦作軝,從革。孔沖遠以軝爲長轂名,非也。軝即《考工記》之'幬革'。朱而約之者,朱其革以幬於幹也。惟長轂盡飾,大車短轂則無飾,故曰'長轂之軝'。"謹案:《考工記·輪人》"容轂必正,陳篆必直,幬必負幹",鄭注云:"篆,轂約也。幬,負幹者。革、轂相應,無贏不足。"《周官·巾車》"孤乘夏篆",注云:"夏篆,五采畫轂約也。"篆,即轂約,故《廣雅》云:"轂篆謂之軝。"卷三云:"約、縳,束也。"縳、篆,並音直轉反,其義同。各本譌作"軝謂之轂"。《采芑》釋文:"軝,《廣雅》云'轂篆'。"今據以訂正。

轒、轗、轑、輮、䡴,輞也。

《釋名》云:"輞,罔也,罔羅周輪之外也。"《考工記·輪人》"牙也者,以爲固抱也",鄭衆注云:"牙,謂輪輮也,世閒或謂之罔。"罔、輞,並與"輞"同。

《淮南子·説林訓》云:"古之所爲不可更,則椎車至今無蟬匷。"《鹽鐵論·非鞅》篇云:"椎車之蟬攫,負子之教也。"蟬,與"輚"通;匷、攫,並與"軀"通。

轆者,大車之罔也。《考工記·車人》"渠三柯者三",鄭注云:"渠,二丈七尺,謂罔也。"《書大傳》"取大貝大如大車之渠",鄭注云:"渠,車罔也。"渠,與"轆"通。車罔謂之轆,筐之員者謂之簾,義相近也。

《説文》:"輮,車网也。"《考工記·車人》:"行澤者反輮,行山者仄輮。"《鹽鐵論·散不足》篇云:"古者椎車無柔,棧輿無植。"柔,與"輮"通。《釋名》云:"輞,關西曰輮,言柔曲也。"《説卦傳》云:"《坎》爲矯輮,爲弓輪。"是其義也。

蛩,《玉篇》音拱。蛩之言鞏固也。拱,抱也,故曰:"牙也者,以爲固抱也。"

軺謂之軸。

軸之言持也。《説文》:"軸,持輪也。"舟柁謂之舳,機持經者謂之柚,義並同也。

《方言》:"軺謂之軸。"軺之言關也,横亙之名也。《説文》:"軺,軺車前横木也。"與"軺謂之軸"亦同義。

鍋、錕,釭也。

《急就篇》云:"釭鐧鍵鉆冶銅鐈。"《説文》:"釭,車轂口鐵也。"《釋名》云:"釭,空也,其中空也。"凡鐵之空中而受枘者謂之釭。《新序·雜事》篇"淳于髡謂鄒忌曰:方内而員釭。"是也。内,與"枘"同。車釭空中,故又謂之穿。在内爲大穿,在外爲小穿。《考工記·輪人》"五分其轂之長,去一以爲賢,去三以爲軹",鄭衆注云:"賢,大穿。軹,小穿。"是也。《説文》:"銎,斤斧穿也。"斤斧穿謂之銎,猶車穿謂之釭。釭、銎之爲言皆空也。

《方言》:"車釭,燕齊海岱之閒謂之鍋,或謂之錕;自關而西謂之釭。"鍋,《釋名》作"輠",云:"輠,裹也,裹軹頭也。"錕之言緷也。卷三云:"緷,束也。"

轆、轑,轊也。

《説文》:"害,車軸耑也。或作轊。"《鄧析子·無厚》篇云:"夫木擊折轊,水戾破舟。"轊之言鋭也。昭十六年《左傳》注云:"鋭,細小也,軸兩耑出轂外細小也。"小聲謂之嘒,小鼎謂之鏏,小棺謂之槥,小星貌謂之嘒,蜀細布謂之繐,鳥翮末謂之翽[①],車

① 鳥,原譌作"烏"。

軸兩耑謂之轊,義並同也。

《方言》:"車轊,齊謂之轆。"《史記·田單傳》"盡斷其車軸末而傅鐵籠",籠,與"轆"通。

各本譌作"轊、轆,轑也"。案:轆、轑,皆"轊"之異名,當以"轊"釋"轆、轑",不當以"轑"釋"轊"。《集韻》《類篇》並引《廣雅》:"轑,轊也。"今據以訂正。

錬鏅、釱,錧也。

錧之言管也。《説文》:"輨,轂耑錔也。"(281)《吴子·論將》篇云:"車堅管轄,舟利櫓楫。"輨、管,並與"錧"同。

《方言》:"輨、軑,錬鏅也。關之東西曰輨,南楚曰軑,趙魏之閒曰錬鏅。"《説文》:"軑,車輨也。"《楚辭·離騷》"齊玉軑而並馳",王逸注云:"軑,錮也。"《漢書·揚雄傳》"肆玉釱而下馳",釱,與"軑"同。軑之言鈐制也。《史記·平準書》"敢私鑄鐵器煮鹽者,釱左趾",索隱引《三倉》云:"釱,踏腳鉗也。"軑、錔,一聲之轉。踏腳鉗謂之釱,轂耑錔謂之釱,其義一也。餘見下文"鏅、錮、錔也"下。

枸簍、隆屈、篏、篷、篧籠,傘也。

此謂蓋弓也。《方言》"車枸簍,宋魏陳楚之閒謂之篏,或謂之篧籠;自關而西,秦晉之閒謂之枸簍,西隴謂之棆;南楚之外謂之篷,或謂之隆屈",郭注云:"即車弓也。"棆,與"傘"同。《釋名》云:"傘,藩也,藩蔽雨水也。"《説文》作"轒",云:"淮陽名車穹隆轒。"(282)《四民月令》有"上犢車蓬傘法",見《齊民要術》。

枸,各本譌作"拘",今訂正。枸簍者,蓋中高而四下之貌。山顛謂之岣嶁,曲脊謂之痀僂,高田謂之甌窶,義與"枸簍"並相近。倒言之則曰僂句。昭二十五年《左傳》:"臧會竊其寶龜僂句。"龜背中高,故有斯稱矣。枸簍,或但謂之簍。《玉篇》:"簍,車弓也。"《漢書·季布傳》"置廣柳車中",李奇注云:"廣柳,大隆穹也。"柳,與"簍"通。

隆屈,猶"僂句"也。張衡《西京賦》云:"終南太一,隆崛崔崒。"是其義也。《釋名》謂車弓爲"隆强",云:"隆强,言體隆而强也。"强,亦屈也,猶《漢書》言"屈强"矣。

篧籠,《説文》作"穹隆"。倒言之則曰隆穹。故李奇《漢書注》云:"廣柳,大隆穹也。"司馬相如《大人賦》云:"詘折隆窮,躩以連卷。"是其義也。或但謂之篧。

《玉篇》:"簂,姑簍也。"姑簍,即"枸簍"之轉。《考工記》謂之弓。弓,亦穹也。故《釋名》云:"弓,穹也,張之穹隆然也。"

《方言》注云:"今呼車子弓爲筱;音'巾幗'。"《後漢書·烏桓傳》注云:"幗,婦人首飾也。"《釋名》作"簂",云:"簂,恢也,恢廓覆髮上也。"與"車弓謂之筱"同義。

《方言》注云:"今通呼車弓爲篷。"《廣韻》:"篷,織竹夾箬覆舟也。"與車弓之"篷"亦同義。

筤謂之笑。

《釋名》:"車弓上竹曰郎。"郎,與"筤"通。筤之言筤也。《説文》:"筤,康也。"《方言》:"康,空也。"蓋弓二十有八,稀疏分布筤筤然也。

《集韻》:"笑,車傘竹也。"

篘、簨,傘帶也。

《方言》"車枸簍,其上約謂之篘,或謂之簨",郭注云:"即傘帶也。"篘,亦約也。簨之言繏也。上文云:"繏,索也。"高誘注《淮南子·原道訓》云:"小車蓋四維謂之紘繩。"即傘帶也。

緰、紂,緧也。

《方言》"車紂,自關而東,周洛韓鄭汝潁之閒謂之緻,或謂之曲綯,或謂之曲綸;自關而西謂之紂",郭注云"綯,亦繩名",引《豳風·七月》篇:"宵爾索綯。"《説文》:"紛,馬尾韜也。"《小爾雅》:"縚,索也。"韜、縚,並與"綯"通。《説文》:"紂,馬緧也。""緧,馬紂也。"《釋名》云:"鞧,遒也,在後遒迫使不得卻縮也。"《考工記·輈人》"必緧其牛後",鄭衆注云:"關東謂紂爲緧。"緧、緻、鞧[①],並同。"綯"與"紂、緧",古聲亦相近。

陽門、箳篂、雀目、蔽,篖也。

《玉篇》:"篖,車篖管也。"《太平御覽》引《郭林宗别傳》云:"宿仲琰柴車駕牛,編荆爲當。"當,與"篖"通。

《釋名》云:"立人,象人立也。或曰陽門,在前曰陽,兩旁似門也。"鄭衆注《考工記·車人》云:"羊車,謂車羊門也。"羊,與"陽"通。

① 鞧,原譌作"緧"。

簈篂,通作"屏星"。《續漢書·輿服志》注引謝承《書》云:"别駕車前有屏星,如刺史車曲翳儀式。"又引《通俗文》云:"車當謂之屏星。"

《爾雅》"輿竹前謂之禦,後謂之蔽",李巡注云:"編竹當車前以擁蔽,名之曰禦。"則禦亦蔽也。《衛風·碩人》篇"翟茀以朝",毛傳云:"茀,蔽也。"正義云:"車之前後,設障以自隱蔽謂之茀。"《周官·巾車》注引《詩》作"翟蔽以朝"。

昀案:雀目未作疏證。

羈、鞥,勒也。

《説文》:"勒,馬頭絡銜也。"《釋名》云:"勒,絡也,絡其頭而引之也。"《周官·巾車》云:"革路龍勒。"

《説文》:"䩭,馬絡頭也。或作羈。"經傳省作"羈"。《釋名》云:"羈,檢也,所以檢持制之也。"並字異而義同。

《玉篇》䪇,古核切,"勒也。亦作革、鞥"。《廣韻》:"鞥,轡首也。"《爾雅》"轡首謂之革",郭注云:"轡,靶勒。"《小雅·蓼蕭》篇"鞗革沖沖",毛傳云:"鞗,轡也。革,轡首也。"䪇、鞥、革,並同。"勒"與"鞥、革",古亦通用。錢氏曉徵《焦山鼎銘跋尾》云:"古器銘多用'鋚勒'字,《石鼓》及《寅簋》文作'鋚勒',《伯姬鼎》作'攸勒',《宰辟父敦》作'攸革'。此文亦但作'攸'。蓋古文之'鋚勒',即《詩》所云'鞗革'也。"案:《小雅·斯干》篇"如矢斯棘",《韓詩》"棘"作"朸"。《神農本草》云:"天門冬,一名顛勒。"《博物志》云:"天門冬,一名顛棘。"古者"革、鞥、棘"三字同聲。"棘"之通作"朸、勒",猶"革、鞥"之通作"勒"矣。

靮謂之繮。

《説文》:"繮,馬紲也。"《釋名》云:"韁,疆也,繫之使不得出疆限也。"《漢書·敘傳》:"繫名聲之韁鎖。"韁,與"繮"同。

《檀弓》"則執執羈靮而從",鄭注云:"靮,紖也。"《少儀》云:"犬則執緤,牛則執紖,馬則執靮。"緤、紖、靮,皆引也。緤之言曳,紖之言引,靮之言扚也。《玉篇》云:"扚,引也。"

靶謂之綏。

靶之言把也,所把以登車也。

《説文》:"綏,車中靶也。"《大雅·韓奕》箋云:"綏,所引以登車也。"

馬鞅謂之脅。

僖二十八年《左傳》云:"晉車七百乘,韅靷鞅靽。"《説文》:"鞅,頸靼也。"《釋名》云:"鞅,嬰也;喉下稱嬰,言纓絡之也。"

鞫、鞿、騲,韋也。

《説文》:"韋,馬鞁具也。"

鞫、鞿、騲,未詳所出。

防汗謂之鞈。

《説文》:"鞈,防汗也。"《淮南子·主術訓》云:"鞅鞈鐵鎧。"

《太平御覽》引《東觀漢記》云:"和帝賜桓郁馬二匹,并鞍、勒、防汗。"又引《魏百官名》云:"黄地金鏤織成鄣汗一具。"鄣汗,即防汗。一名弇汗。《鹽鐵論·散不足》篇云:"今富者黄金琅勒,罽繡弇汗。"

韉謂之鞘。

《説文》:"韉,緌也。"《玉篇》:"韉,韋邊帶也。"《廣韻》:"韉,韋韉也。一曰垂皃。"

鞘,亦垂皃也,猶旗旒謂之旓矣。

縶、縝,絆也。

《説文》:"絆,馬縶也。"又云:"馽,絆馬也。"引成二年《左傳》:"韓厥執馽前。"今本作"執縶馬前"。《小雅·白駒》傳亦云:"縶,絆也。"

《説文》:"纇,絆前兩足也。"《莊子·馬蹄》篇"連之以羈馽",釋文:"馽,司馬、向、崔本並作縝。崔云:絆前兩足也。"左思《吳都賦》"縝麋麖",劉逵注與崔譔同,引《莊子》亦同。

橍、桊,枸也。

枸,猶拘也,今人言"牛拘"是也。

橍之言亦枸也。

桊,猶圈束也。《説文》:"桊,牛鼻中環也。"《衆經音義》卷四云:"今江北曰牛拘,江南曰桊。"《吕氏春秋·重己》篇"使五尺豎子引其棬,而牛恣所以之",棬,與

“桊”同。

樎、皁,櫪也。

《方言》“櫪,梁宋齊楚北燕之閒或謂之樎,或謂之皁”,郭注云:“養馬器也。”《周官·校人》云:“三乘爲皁,三皁爲毄,六毄爲廄,六廄成校。”《吕氏春秋·權勳》篇“猶取之内皁而著之外皁也”,高誘注云:“皁,櫪也。”《史記·鄒陽傳》集解引《漢書音義》云:“皁,食牛馬器,以木作,如槽。”“槽”與“皁”,聲相近。今人言“馬槽”是也。

幨篼、幓篼、幈,囊也。

幨,或作“裺”。《方言》:“飤馬橐,自關而西謂之裺囊,或謂之裺篼,或謂之幓篼;燕齊之閒謂之幈。”《説文》:“篼,飤馬器也。”篼,猶兜也,今人謂以布盛物曰“兜”,義與此同。

幨、幓、幈,皆收斂之名。幨之言掩也。《説文》云:“掩,斂也。”《釋名》云:“綃頭,齊人謂之幨,言斂髮使上從也。”義與“幨篼”同。幓之言婁也。《小雅·角弓》箋云:“婁,斂也。”幈之言振也。《中庸》“振河海而不泄”,鄭注云:“振,猶收也。”《方言》注云:“幈,《廣雅》作振,字音同耳。”是郭所見本正作“振”。

廣雅疏證

（點校本）

下册

〔清〕王念孫 著

張其昀 點校

中華書局

廣雅疏證　卷第八上

高郵王念孫學

釋　器

骸、骼、骹、覈，骨也。

骨之言覈也。《説文》："骨，肉之覈也。"覈，與"核"同。

骸之言亦核也。

《説文》："骼，禽獸之骨也。"《月令》"掩骼埋胔"，鄭注云："骨枯曰骼，肉腐曰胔。"蔡邕《月令章句》云："露骨曰骼，有肉曰胔。"骼之言垎也。《説文》："垎，土乾也。一曰堅也。"義與"骼"相近。

《説文》："骹，脛也。"《爾雅》"馬四骹皆白，驓"，郭注云："骹，膝下也。"《考工記·輪人》説"殺輻之數"云："參分其股圍，去一以爲骹圍。"鄭衆注云："股，謂近轂者也。骹，謂近牙者也。方言，股以喻其豐，故言骹以喻其細。人脛近足者細於股，謂之骹；羊脛細者亦爲骹。"案：骹之言較也。《爾雅》："較，直也。"

《小雅·賓之初筵》篇"殽核維旅"，蔡邕注《典引》云："肉曰肴，骨曰覈。"

衁、䘌、〔䘓〕，血也。

《釋名》云："血，濊也；出於肉，流而濊濊也。"

《説文》："衁，血也。"《歸妹》上六"士刲羊無血"，僖十五年《左傳》作"無衁"。

䘌之言汙䘌也。《説文》："䘌，汙血也。"《素問·氣厥論》云："膽移熱於腦，則辛頞鼻淵，傳爲衄䘌瞑目。""䘌"與"衁"，一聲之轉也。上文云："㡛、幭，幞也。""㡛"之轉爲"幭"，猶"衁"之轉爲"䘌"矣。

《説文》："䘓，羊凝血也。或作𧗟。"《釋名》云："血䑌，以血作之，增其酢豉之味，使甚苦以消酒也。"《北堂書鈔》引盧諶《祭法》云："春夏秋祠皆用䑌血。"䑌，與

"峆"同。《北户録》引《證俗音》云:"南方謂凝牛羊鹿血爲峆。"各本皆無"峆"字,其音釋内有"言暗也"三字。段氏若膺云:"言暗,當爲'苦暗',即峆字之音也。《北户録》引《説文》:'峆,口紺反。'《玉篇》音空紺切。《廣韻》《集韻》音苦紺切。'口紺、空紺、苦紺'並與'苦暗'同音。是'苦暗'爲峆字之音,因脱去峆字,僅存'苦暗'二字,苦字又譌作言,後人遂於'言暗'下妄加也字耳。"今從段説訂正。

膠、膈,膜也。

《説文》:"膜,肉閒胲膜也。"《釋名》云:"膜,幕也,幕絡一體也。"《内則》注通作"莫"。

《玉篇》:"膠,喉膜也。"

《説文》:"膈,肉表革裏也。"

肌、膚、肴、腅、膎、膷、膈、膳、膂、腱、脤、䐗,肉也。

《釋名》云:"肉,柔也。"又云:"肌,懻也,膚幕堅懻也。""膚,布也,布在表也。"

肴,通作"殽"。《説文》:"肴,啖也。"《初學記》引《説文》:"肴,雜肉也。"《特牲饋食禮》注云:"凡骨有肉曰殽。"蔡邕注《典引》云:"肉曰肴,骨曰覈。"各本"肴"譌作"者"。《衆經音義》卷六、卷二十二並引《廣雅》:"肴,肉也。"今據以訂正。

腅之言啖也。《北户録》引《字林》云:"腅,肴也。"又引《證俗音》云:"今内國猶言餅腅。"《趙策》云:"衣服使之便於體,膳啗使之嗛於口。"啗,與"腅"通。

《説文》"膎,脯也",徐鍇傳云:"古謂脯之屬爲膎,因通謂儲蓄食味爲膎。"《南史》:"孔靖飲宋高祖,無膎,取伏雞卵爲肴。"是也。今俗言人家無儲蓄爲無膎活。《太玄·逃》次六"費我膎功",范望注云:"孰食爲膎。"《焦仲卿妻》詩"交廣市鮭珍",鮭,與"膎"通。

《説文》:"膷,膎肉也。"《集韻》:"吴人謂腌魚爲膎膷。"亦儲蓄之名也。

膈之言弱也。《廣韻》:"膈,脃腝也。"《急就篇》云:"肌膈脯腊魚臭腥。"

膳之言善也。《周官·膳夫》"掌王之食飲膳羞",鄭注云:"膳,牲肉也。"《少儀》云:"爲己祭而致膳于君子曰膳。"謂致祭肉也。

膂,通作"旅"。《鹽鐵論·散不足》篇云:"肴旅重疊,燔炙滿案。"旅之言臚也,肥美之稱也。《藝文類聚》引韋昭《辯釋名》云:"腹前肥者曰臚。"聲義與"旅"相近。

腱之言健也。《説文》:"笏,筋之本也。或作腱。"《楚辭·招魂》"肥牛之腱,臑若芳些",王逸注云:"腱,筋頭也。"《内則》注云:"餌,筋腱也。"何氏《隱義》云:"腱,筋之大者。"

《説文》"裖,社肉。盛目蜃,故謂之裖,天子所目親遺同姓",引《春秋》定十四年:"石尚來歸裖。"今本"裖"作"脤"。《周官·掌蜃》注引作"蜃",云:"蜃之器以蜃飾,因名焉。"

《説文》:"鐇,宗廟火孰肉,以饋同姓諸侯。"引僖二十四年《左傳》:"天子有事鐇焉。"今本"鐇"作"膰"。襄二十二年《傳》作"燔"。定十四年《公羊傳》云:"脤者何?俎實也。腥曰脤,孰曰燔。"《穀梁》義與《公羊》同。《周官·大宗伯》"以脤膰之禮親兄弟之國",注云:"脤膰,社稷宗廟之肉。以賜同姓之國,同福禄也。"疏引異義左氏説,與《説文》同。

脭、臉,〔縣〕𦎫也。

𦎫,古"熟"字也。夏竦《古文四聲韻》引古《孝經》"熟"字如此。《齊民要術》引《食經》云:"作縣熟法:豬肉十斤,去皮切臠,蔥白一升,生薑五合,橘皮二葉,秫三升,豉汁五合,調和蒸之。"各本皆脱"縣"字。《北堂書鈔》引《廣雅》:"胥、臉,縣熟也。"《衆經音義》卷十五引《廣雅》:"臉,縣孰也。"今據補。

《内則》云:"魴鱮烝。"《孟子·滕文公》篇:"饋孔子蒸豚。"烝、蒸,並與"脭"通。

䔾謂之䕮。

謂以肉爲菹也。義見下文"䔾,葅也"下。菹、葅、䕮,並通。各本"䕮"譌作"蒕"。《集韻》《類篇》"菹"或作"䕮",今據以訂正。

胾、膞,臠也。

《説文》:"臠,切肉臠也。"字或作"脟"。《吕氏春秋·察今》篇"嘗一脟肉而知一鑊之味",《淮南子·説山訓》"脟"作"臠"。臠者,分割之名。《史記·司馬相如傳·子虚賦》"脟割輪淬",集解引郭璞云:"脟,膞也;音臠。"

胾之言裁也。《説文》:"胾,大臠也。"《曲禮》"左殽右胾",鄭注云:"殽,骨體也。胾,切肉也。殽在俎,胾在豆。"

膞之言剸也。卷一云:"剸,斷也。"《説文》:"膞,切肉也。"《淮南子·繆稱訓》"同味而嗜厚膞者,必其甘之者也",高誘注云:"厚膞,厚切肉也。"

臇謂之肚。

臇,經傳皆作"羹"。《爾雅》"肉謂之羹",《太平御覽》引舊注云:"肉有汁曰羹。"《釋名》云:"羹,汪也,汁汪郎也。"

肚之言汁也。字亦作"湆"。《士昏禮》"大羹湆在爨",鄭注云:"大羹湆,煮肉汁也。"今文"湆"作"汁"。《少儀》云:"凡羞,有湆者不以齊。"

鰺、鮆、鮨,鮺也[①]。

《説文》:"鮺,藏魚也。南方謂之鯵,北方謂之鮺。"《周官·庖人》"共祭祀之好羞",鄭注云:"若荆州之鮺魚、青州之蟹胥。"《釋名》云:"鮓,菹也,以鹽米釀之如菹,熟而食之也。"字並與"鮺"同。春秋衛庾公差字子魚。差,亦"鮺"字也。《曲禮》"鹽曰鹹鹺","鹺"與"鮺",義亦相近。説見《釋言》"鮺,鹹也"下。

《説文》:"鯵,鮺也。一曰大魚爲鮺,小魚爲鯵。"《玉篇》作"鰺",音才沈、才感二切。僖三十年《左傳》注云:"昌歜,昌蒲菹也。"釋文:"歜,在感反。""在感"與"才感"同音。昌蒲菹謂之歜,猶魚鮓謂之鰺矣。

《説文》:"鮨,魚賠醬也,出蜀中。"《爾雅》"魚謂之鮨,肉謂之醢",郭注云:"鮨,鮓屬也。"

昀案:鮆未作疏證。

鱐、脘、膊、腊、膴、胇、脩、腒、膴,脯也。

《漢書·東方朔傳》云:"乾肉爲脯。"《釋名》云:"脯,搏也,乾燥相搏著也。"《周官·腊人》"掌乾肉,凡田獸之脯腊膴胖之事",鄭注云:"大物解肆乾之,謂之乾肉。薄析曰脯,捶之而施薑桂曰鍛脩。腊,小物全乾者。"

"鱐"與"脩",聲近而義同。《説文》"鱐,乾魚尾鱐鱐也",引《周官·庖人》:"腒鱐。"今本作"腒鱐",鄭衆注云:"腒,乾雉。鱐,乾魚。"康成注《内則》與此同。《籩人》"朝事之籩,其實麷、蕡、白、黑、形鹽、膴、鮑魚、鱐",注云:"鱐者,析幹之,出東海。"鱐,各本譌作"繡",惟影宋本、皇甫本不譌。

《説文》:"脘,胃脯也。"《漢書·貨殖傳》"濁氏以胃脯而連騎",晉灼注云:"今太官常以十月作沸湯,燖羊胃,以末椒薑坋之,暴使燥。"是也。

① 鮺,原作"鯗",《疏證》作"鮺"。

《説文》"膊,薄脯膊之屋上也",徐鍇傳云:"今人謂作脯爲膊脯也。"《方言》:"膊,暴也。燕之外郊、朝鮮洌水之閒,凡暴肉謂之膊。"《釋名》云:"膊,迫也,薄豜肉迫著物使燥也。"《春秋繁露·求雨》篇云:"敬進清酒膊脯。"

《説文》:"昔,乾肉也。籀文作𦠆,隸作腊。"《釋名》云:"腊,乾昔也。"《噬嗑》六三"噬腊肉",馬融注云:"晞於陽而煬於火曰腊肉。"鄭注《腊人》云:"腊之言夕也。"餘見卷二"焟,乾也"下。

《説文》:"膴,無骨腊也。揚雄説鳥腊,引《腊人》:膴判。"今本作"膴胖",鄭衆以"膴"爲膺肉,杜子春以爲夾脊肉,康成以爲膜肉大臠,皆與《説文》異義。案:《腊人》所掌,皆乾肉之事。《説文》以"膴"爲腊,是也。

《説文》"𦞦,食所遺也",引《噬嗑》九四:"噬乾𦞦。"今本作"胏",釋文:"馬云:'肉有骨謂之胏。'《字林》云:'𦞦,食所遺也。一曰脯也。'子夏作脯,荀、董同。"

鄭衆注《周官·膳夫》云:"脩,脯也。"《釋名》云:"脩,縮也,乾燥而縮也。"《王風·中谷有蓷》篇"暵其脩矣",毛傳云:"脩,且乾也。"義與"脯脩"同。

《説文》:"北方謂鳥腊曰腒。傳曰:'堯如腊,舜如腒。'"《士相見禮》云:"摯,冬用雉,夏用腒。"《内則》"夏宜腒鱐",盧植注云:"腒,雉腊也。"案:卷三云:"腒,久也。"《考工記·弓人》"及其大脩也",鄭注云:"脩,猶久也。"《周語》"厚味實腊毒",《文選·七命》注引賈逵云:"腊,久也,言味厚者其毒久。"是"腊、脩、腒"皆久也,故肉之久而乾者謂之腊,亦謂之脩,亦謂之腒矣。

昀案:腩未作疏證。

臇、膹、䐑,臛也。

臛,字本作"脽",亦作"膗"。《説文》:"脽,肉羹也。"《釋名》云:"膗,蒿也,香氣蒿蒿也。"鄭注《公食大夫禮》云:"臐、膮、膮,今時脽也。牛曰臐,羊曰膮,豕曰膮,皆香美之名也。"膮,音呼堯反。臐、膮、膮,一聲之轉;膮、脽,聲相近也。《楚辭·招魂》"露雞臛蠵",王逸注云:"有菜曰羹,無菜曰臛。"《匡謬正俗》云:"羹之與臛,烹煮異齊,調和不同,非係於菜也。"

《説文》:"臇,脽也。或作熼。"《楚辭·招魂》"酸鵠臇鳧",王注云:"臇,小臛也。"《文選·曹植〈名都〉》篇"膾鯉臇胎鰕",李善注引《倉頡解詁》云:"臇,少汁臛也。"《説文》:"雋,肥肉也。""雋"與"臇",聲義相近。

《説文》:"膹,脽也。"《太平御覽》引《倉頡解詁》云:"膹,臛多滓也。"《賈子·匈奴》篇云:"美臛炙膹。"《鹽鐵論·散不足》篇云:"鷇膹鴈羹。"膹之言肥也。《禹貢》"厥土黑墳",馬融注云:"墳,有膏肥也。"義與"膹"相近。

《説文》:"膭,切孰肉内於血中和也。字亦作膞。"《釋名》云:"肺膞,膞,饡也,以米糝之如膏饡也。"《太平御覽》引盧諶《祭法》云:"四時祠皆用肺膭。"

百葉謂之膍胵。

《説文》:"膍,牛百葉也。一曰鳥膍胵。或作肶。"又云:"胵,鳥胃也。"《莊子·庚桑楚》篇"臘者之有膍胲",司馬彪注云:"膍,牛百葉也。"《周官·醢人》"脾析",鄭衆注云:"脾析,牛百葉也。"《士喪禮下》篇注云:"脾,讀爲'雞脾肶'之脾;脾析,百葉也。"《内則》"鴇奥鹿胃",注云:"鴇奥,脾肶也。"脾肶,與"膍胵"同。膍胵、脾析,皆分析之貌,故又謂之百葉。

胃謂之胘。

《説文》"胘,牛百葉也",徐鍇傳云:"今俗言肚胘也。"《集韻》引服虔説:"有角曰胘,無角曰肚。"《齊民要術》有"牛胘炙"。

胖脼、膶、膋,脂也。

鄭注《内則》云:"凝者曰脂,釋者曰膏。"

《玉篇》"胖脼,牛羊脂也",脼,與"脼"同。又云:"膶,臆中脂也。"

《説文》"膫,牛腸脂也",引《小雅·信南山》篇:"取其血膫。"今本作"膋"。《郊特牲》"取膟膋燔燎",注云:"膟膋,腸閒脂也。"《内則》"肝膋",注同。

龍須謂之黔。

未詳。

餾、飵,䭀也。

《説文》:"餾,飯氣蒸也。"餾、飵,皆蒸熟之名。《方言》云:"甑,自關而東,或謂之酢餾。"因此以立名也。餘見下條。

饙謂之餈。

《説文》:"𩞁,滫飯也。或作饙、餴。"《大雅·泂酌》篇"可以餴饎",毛傳云:"餴,餾也。"《爾雅》"饙、餾,稔也",孫炎注云:"蒸之曰饙,均之曰餾。"郭璞注云:

“今呼餈飯爲饙,饙熟爲餾。”釋文引《字書》云:“饙,一蒸米也。”又引《倉頡篇》:“餈,饙也。”餈,與“滫”同。餈之言羞也。卷三云:“羞,熟也。”

焷謂之炰[①]。

《玉篇》炰,音缶,“火熟也”。《小雅·六月》篇“炰鼈膾鯉”,《大雅·韓奕》篇“炰鼈鮮魚”,徐邈並音甫九反。《韓奕》箋云:“炰鼈,以火熟之也。”炰,與“炰”同。正義引《通俗文》云:“燥煮曰炰。”

《禮運》“燔黍捭豚”[②],鄭讀捭爲擘,云:“釋米擘肉,加於燒石之上而食之。”案:捭者,“焷”之借字。“焷”與“燔”,一聲之轉,皆謂加於火上也。《鹽鐵論·散不足》篇云:“古者燔黍食稗,而焷豚以相饗。”即用《禮運》之文。

麷麰謂之䵄。

《釋言》云:“糗、䵄,食也。”《玉篇》:“䵄,糗也。或作麨。”《唐本草》注云:“米麥麨,蒸米麥熬磨作之。一名糗。”《易林·賁之震》云:“鳧過稻廬,甘樂麷䵄。”《玉篇》“䵄”充小切。䵄、糗,聲相近,猶今人言“炒”也。説見下條。

糗、糇,糒也。

《説文》:“糒,乾飯也。”《史記·李將軍傳》云:“大將軍使長史持糒醪遺廣。”

《説文》:“糗,熬米麥也。”《粊誓》“峙乃糗糧”,鄭注云:“糗,擣熬穀也。”《周官·籩人》“糗餌粉餈”,鄭衆注云:“糗,熬大豆與米也。”昭二十五年《公羊傳》“敢致糗于從者”,何休注云:“糗,糒也。”糗、糒,皆乾也。《玉篇》“糗”音邱九、尺沼二切。糗之言炒,糒之言僃也。《方言》:“凡以火而乾五穀之類,關西隴冀以往謂之僃,秦晉之閒或謂之聚。”聚,與“炒”同。鄭注《籩人》云:“鮑者,於糒室中糗乾之。”糒,與“僃”同。程氏易疇《通藝録》云:“糗有擣粉者,有未擣粉者。‘籩實’之麷、蕡、白、黑,其糗之未擣粉者與。《既夕》篇之‘四籩’棗、糗、栗、脯,直呼糗餌爲糗,則已擣之糗粉於餌者也。其已擣粉之糗可和水而服之者,若今北方之麪茶、南方之麪麩,皆其類也。其未擣粉而亦可和水者,則鄭氏注‘六飲’之‘涼’云:‘今寒粥若糗飯雜水。’是也。”

---

① 炰,原作“炰”,《疏證》作“炰”。

② 豚,原譌作“豚”。

糇,本作"餱"。《小雅·伐木》篇云:"乾餱以愆。"《大雅·公劉》篇云:"乃裹餱糧。"《爾雅》:"餱,食也。"《説文》"餱,乾食也",徐鍇傳云:"今人謂飯乾爲餱。"

粰粇、糈,饊也。

《説文》:"饊,熬稻張皇也。"《急就篇》"棗杏瓜棣饊飴餳",顔師古注云:"饊之言散也,熬稻米飯使發散也。"

粰粇之言浮流,糈之言疏,皆分散之貌也。《北户録》注引《證俗音》云:"今江南呼饊飯已煎米以糖餅之者爲粰粇。"

䴹、麧、粸、䴭、糜,糏也。

糏,通作"屑"。糏之言屑屑也。《玉篇》:"糏,碎米也。"《廣韻》云:"米麥破也。"《説文》:"糔,粲也。""粲,糔粲,散之也。""糔"與"糏",古聲義並同。

䴹之言瑣瑣也。《説文》:"䴹,小麥屑之覈也。"《齊民要術》引《四民月令》云:"夏至後糶粰䴹。"

麧之言濛濛也。下文"麴謂之麧",義相近也。

《説文》:"䴭,麥覈屑也,十斤爲三斗。"《九章算術·粟米》章云:"小䴭,率十三半。大䴭,率五十四。"

糜之言靡细也。米麥屑謂之糜,猶玉屑謂之靡。《楚辭·離騷》"精瓊靡以爲粻",王逸注云:"靡,屑也。"

昀案:粸未作疏證。

糩谓之麪。

《太平御覽》引《倉頡解詁》云:"麪,細麩也。"《説文》:"麪,麥末也。""糩,麩也。"麪、糩,語之轉。糩,猶末也。

孰食謂之餕饔。

餕,讀若飧。《小雅·祈父》篇"有母之尸饔",毛傳云:"熟食曰饔。"《大東》篇"有饛簋飧",傳云:"飧,熟食也。"合言之則曰"飧饔"。《周官·外饔》云:"賓客之飧饔饗食之事。"是也。昭二十五年《公羊傳》"餕饔未就",何休注云:"餕,熟食。饔,熟肉。"餕饔,即"飧饔"。《淮南子·道應訓》:"釐負羈遺之壺餕而加璧焉。"壺餕,即壺飧。是"飧、餕"古通用。倒言之則曰"饔飧"。《孟子·滕文公》篇:"饔飧而治。"是也。

餻[1]、饝、餘、餣、䬳，餌也。

《説文》："䰞，粉餅也。或作餌。"《釋名》云："餌，而也，相黏而也。"

餻，曹憲音高。今本《方言》："餌謂之餻，或謂之餈，或謂之餘，或謂之餣，或謂之䬳。"《太平御覽》引《方言》"餻"作"饈"，又引郭注音恙。《玉篇》饈，餘障切，"餌也"。《廣韻》同。《集韻》引《方言》："饈，餌也。或作餻。"與《廣雅》及今本《方言》皆異，未知孰是。

《説文》："餈，稻餅也。或作饝、粢。"《釋名》云："餈，漬也，烝糁屑使相潤漬餅之也。"《周官·籩人》"糗餌粉餈"，鄭注云："此二物，皆粉稻米、黍米所爲也。合蒸曰餌，餅之曰餈。"疏云："今之餈糕，名出於此。"高誘注《吕氏春秋·仲秋紀》云："今之八月，比户賜高年鳩杖粉粢。"

䬳之言圜也。今人通呼餌之圜者爲䬳。

程氏易疇云："今吾歙猶呼社餈爲社餣。"

餦餭、飴、餩、餹，餳也。

《急就篇》云："棗杏瓜棣饊飴餳。"《説文》："餳，飴和饊也。"《方言》："凡飴謂之餳。自關而東，陳楚宋衛之閒通語也。"《釋名》云："餳，洋也，煮米消爛洋洋然也。"

《方言》"餳謂之餦餭"，郭注云："即乾飴也。"《周頌·有瞽》釋文、正義引《方言》並作"張皇"。《楚辭·招魂》"粔籹蜜餌，有餦餭些"，王逸注云："餦餭，餳也。"餦，各本譌作"粻"，今訂正。

《内則》云："棗栗飴蜜以甘之。"《説文》："飴，米櫱煎也。"《釋名》云："飴，小弱於餳，形怡怡然也。"

《方言》："飴謂之餩。"又云"餳謂之餹"，注云："江東皆言餹。"

餚謂之䭇。

《方言》"䭇謂之餚"，注云："以豆屑雜餳也。"《説文》："豋，豆飴也。"《太平御覽》引《倉頡解詁》云："䭇，飴中著豆屑也。"䭇，與"豋"同。《淮南子·時則訓》"天子衣苑黄"，高誘注云："苑，讀'豋飴'之豋。"

飦、䬪、粘、粯、𥻆、粥、糈、糜、毇、糕，饘也。

① 餻，原作"餱"，《疏證》作"餻"。

饘,《玉篇》音之延切。《説文》:"饘,糜也。周謂之饘,宋衛謂之䬴。"僖二十八年《左傳》"甯子職納橐饘焉",杜預注與《説文》同。

飦,《玉篇》音記言切。《説文》:"鬻,鬻也。或作䬴、飦、健。"《孟子·滕文公》篇"飦粥之食",趙岐注云:"飦,麕粥也。"《荀子·禮論》篇:"酒醴䬴鬻。"並字異而義同。

餰,《玉篇》音居六切。飦、餰,語之轉;饘、鬻,亦語之轉。"鬻"之爲"餰",猶"饘"之爲"飦",方俗音有侈弇耳。

粘之言曼胡也。《爾雅》:"餬,饘也。"《説文》:"鬻,健也。"字並與"粘"同。

粻之言微,粖之言末也。《玉篇》:"糜,粥粖也。或作粻。"《説文》:"涼州謂鬻爲鬻。或作粖。"麪謂之䴸,饘謂之糲,義相近也。

《爾雅》:"鬻,糜也。"昭七年《左傳》釋文引孫炎注云:"淖糜也。"《説文》:"鬻,健也。"俗省作"粥"。《釋名》云:"粥,濯於糜粥粥然也。"

粰,亦糜也。《月令》"行糜粥飲食",《淮南子·時則訓》作"粰鬻"。

《説文》:"糜,糝也。"《釋名》云[①]:"糜,煮米使糜爛也。"糈謂之糜,饘謂之糜,義亦相近也。

昀案:毇、糮未作疏證。

湩謂之乳。

《説文》:"湩,乳汁也。"《穆天子傳》"巨蒐之人,具牛馬之湩以洗天子之足",郭璞注云:"湩,乳也。今江南人亦呼乳爲湩。"《史記·匈奴傳》"不如湩酪之便美",《漢書》"湩"作"重"。案:湩者,重濁之意,故《廣韻》云:"湩,濁多也。"卷三云:"禯、蓐,厚也。""禯"與"湩"、"蓐"與"乳",聲義並相近。

清酌、清英、醴、醪、醍、瀝、浖、醝、酎、酏、酴,酒也。

《曲禮》云:"凡祭宗廟之禮,酒曰清酌。"

《説文》:"醠,濁酒也。"《周官·酒正》"辨五齊之名:一曰泛齊,二曰醴齊,三曰盎齊,四曰緹齊,五曰沈齊",鄭注云:"盎,猶翁也,成而翁翁然葱白色,如今酇白矣。"《祭統》"夫人奠盎",鄭注云:"設盎齊之奠也。"《淮南子·説林訓》"清醠之

① 釋名,原譌作"釋文"。

美，始於耒耜"，高誘注云："清醠，酒也。《周禮》'醠齊'是。"案：《酒正》注云："自醴以上尤濁，盎以下差清。"故盎齊有"清盎"之名。而《説文》以爲"濁酒"者，盎齊在清濁之閒，比於泛齊、醴齊則爲清，比於緹齊、沈齊則爲濁也。醠、醠、盎、英，字異而義同。《太平御覽》引《淮南子》"清醠"作"清英"。各本"英"字誤入曹憲音内，今訂正。

《説文》："醴，酒一宿孰也。"《文選·南都賦》注引《韓詩》云："醴，甛而不泲也。"《酒正》注云："醴，猶體也，成而汁滓相將，如今恬酒矣。"恬，與"甛"同。

《説文》："醪，汁滓酒也。"《列子·湯問》篇云："臭過蘭椒，味過醪醴。"

《禮運》云："粢醍在堂。"《酒正》注云："緹者，成而紅赤，如今下酒矣。"緹，與"醍"同。《釋名》云："緹齊，色赤如緹也。"下文云："緹，赤也。"

《楚辭·大招》"吳醴白櫱，和楚瀝只"，王逸注云："瀝，清酒也。"

《説文》："醹，厚酒也。"《大雅·行葦》篇"酒醴維醹"，毛傳云："醹，厚也。"《集韻》云："醹，或作渪。"渪，猶乳也。"乳"與"酒"，古聲相近而義同。《北堂書鈔》引《春秋説題辭》云："酒之言乳也。"《太平御覽》引《春秋元命包》云："文王四乳，是爲含良，善法酒旗，布恩舒明"，宋均注云："乳，酒也。"

《衆經音義》卷九引《通俗文》云："白酒曰醝。"《酒正》釋文云："酇白，即今之白醝酒也。"張華《輕薄篇》云："蒼梧竹葉清，宜城九醖醝。"

《説文》："酎，三重醇酒也。"襄二十二年《左傳》"見於嘗酎"，杜注云："酒之新熟重者爲酎。"《月令》"孟夏之月，天子飲酎"，鄭注云："酎之言醇也，謂重釀之酒也。"正義云："酎，音近稠。稠者醲厚，故爲醇也。"《漢書·景帝紀》張晏注云："正月旦作酒，八月成，名曰酎。酎之言純也。至武帝時，因八月嘗酎，會諸侯廟中，出金助祭，所謂酎金也。"

《説文》："酏，黍酒也。""酴，酒母也。"《玉篇》："酴，麥酒不去滓飲也。"《齊民要術》有"蜀人作酴酒法"。

酪、截、醇，漿也。

《禮運》"以爲醴酪"，鄭注云："酪，酢截也。"

《説文》："截，酢漿也。"鄭注《内則》云："漿，酢截也。"《漢書·食貨志》云："醋截灰炭。"

《周官·漿人》“水漿醴涼醫酏”,鄭注云:“涼,今寒粥若糗飯雜水也。”《膳夫》注“涼”作“醇”。《内則》“漿水醷濫”,注云:“濫,以諸和水也。”以《周禮》“六飲”校之,則濫,涼也。《説文》:“醇,雜味也。”又云:“牻,白黑雜毛牛也。”“椋,牻牛也。《春秋傳》曰:‘牻椋。’”雜和謂之醇,雜毛牛謂之椋,其義一也。

醦、醶、醶、醢、酸、酮、〔醶〕,酢也。

《廣韻》:“醦,酢甚也。”

《説文》:“醶,酢也。”“酢,醶也。”醦、醶、醶,聲並相近。

《説文》:“醢,酸也。”醢,與“醢”同。

《説文》:“酸,酢也。關東謂酢曰酸。”《楚辭·大招》“吳酸蒿蔞”,一作“吳酢蒿蔞”。

《玉篇》:“酮,酢欲壞也。”又云:“醶,許角切;酢也。”《廣韻》:“醶,酢味也。”《玉篇》:“嚛,火沃切。伊尹曰:酸而不嚛。”《吕氏春秋·本味》篇作“酸而不酷”。並聲近而義同。各本皆脱“醶”字。《酉陽雜俎·酒食》篇:“醦、醶、酮、醶,醋也。”“酪、截、醇,漿也。”“鹹、鹺、醖、釀、鹼,鹽也。”“醢、醨、醬醶、醵,醬也。”以上四條皆本《廣雅》,今據補。

醞、醋、釀,酘也。

《集韻》引《字林》云:“酘,重醞也。”《北堂書鈔》引《酒經》云:“甛醹九投,澄清百品。”投,與“酘”通。

《説文》:“醞,釀也。”“釀,醞也,作酒曰釀。”

醋,曹憲音汝吏反。《集韻》引《字林》云:“醋,重釀也。字亦作酟。”《玉篇》:“酟,重釀也。”案:醋之言佴也,仍也。《爾雅》:“佴,貳也。”《廣雅》:“仍,重也。”醋,各本譌作“醋”,今據曹憲音訂正。

豉謂之醅。

此謂豆豉也。豉,《説文》作“敊”,“配鹽幽尗也”,徐鍇傳云:“幽,謂造之幽暗也。”豉,猶寑也。下文云:“寑,幽也。”《集韻》:“豉,幽豆也。”醅之言暗也,謂造之幽暗也。

寑、醓、鬱、辟,幽也。

此通謂藏食物也。“幽”字義見上條。

卷四云:“寑,藏也。”藏,與“幽”同義。

《説文》:“醋,熟籟也。”《玉篇》余心、才心二切。醋之言淫也。韋昭注《晉語》云:“淫,久也。”

鬱者,鬱積。靡者,隱辟。故皆訓爲幽也。《説文》:“醢,韭鬱也。”

麩、麩、麴、麰、麮、麴,麴也。

《説文》:“籟,酒母也。或作鞠。”今經傳皆作“麴”。《釋名》云:“麴,朽也,鬱之使生衣朽敗也。”《方言》:“麮、麩、麩、麰、麴、麴、麳,麴也。自關而西,秦豳之閒曰麮;晉之舊都曰麩;齊右河濟曰麩,或曰麰;北鄙曰麴。麴,其通語也。”《説文》:“麩,餅籟也。”《方言》注云:“今河東人呼麴爲麩。”案:麩之言哉也。《爾雅》:“哉,始也。”麴爲酒母,故謂之麩。《説文》:“麩,餅籟也。”麴之言卑小也。《方言》注云:“麴,細餅麴也。”又云:“麰,大麥麴也。”《説文》:“麮,餅籟也。”麮,亦始也。説見《釋言》“彀,培也”下。麴之言蒙也。《説文》:“䴵,籟生衣也。”《方言》注云:“麴,有衣麴也。”䴵、麴、麴,並同。

鹺、鹺、䶣、鹼〔鹻〕、鹼,鹽也。

《説文》:“鹽,鹹也。”

《玉篇》:“鹺,煎鹽也。”

《廣韻》:“鹺,南方名鹽也。”

《玉篇》:“鹼鹻,戎鹽也。”《廣韻》同。《神農本草》云:“戎鹽主明目。”各本俱脱“鹻”字,今據《酉陽雜俎》補。

《廣韻》:“鹼,蜀人呼鹽也”。

昀案:䶣未作疏證。

醓、醶、醬醯、〔醷〕、醢、醢、醨、醇,醬也。

《説文》:“醒,擣榆醬也。”醒,與“醓”同。

《玉篇》云:“醓,醬醯也。或作醒。”《説文》:“醬醯,榆醬也。”《齊民要術》引《四民月令》云:“榆莢色變白將落,可作醬醯。”《楚辭·大招》“吴酸蒿蔞”,王逸注云:“或曰‘吴酸醬醯’。醬醯,榆醬也。”《玉篇》:“醲醑,醬也。”即“醬醯”之轉聲。

各本脱去“醷”字。《集韻》《類篇》並引《廣雅》:“醷,醬也。”《酉陽雜俎》作

"䤈",云:"醢、䤉、醬醶、䤈,醬也。"《玉篇》:"䤈,南方呼醬也。"今據補。

《説文》:"盬,血醢也。《禮》有盬醢,㠯牛乾脯粱𪌉鹽酒也。"《釋名》云:"醢多汁者曰醓。醓,瀋也,宋魯人皆謂汁爲瀋。"醓,與"盬"同。《大雅·行葦》篇"醓醢以薦",毛傳云:"以肉曰醓醢。"《周官·醢人》"韭菹醓醢",鄭注云:"醓,肉汁也。"《爾雅》:"肉謂之醢。"《説文》:"醢,肉醬也。"又云:"醨,醬也。"《玉篇》:"醨,醢醬也。"

昀案:䤉、醶未作疏證。

𩐁、𩐄、䕮、䣞、蒸、醃、〔䕭〕、〔𦼮*〕,葅也。

《説文》:"菹,酢菜也。或作䔪、𧂐。"又云:"䔪,醢也。或作𧂐。"字並與"葅"同。《周官·醢人》"王舉,則共醢六十罋,以五齊、七醢、七菹、三臡實之",鄭注云:"齊,當爲齏。凡醯醬所和,細切爲齏,全物若牒爲菹。"《少儀》曰:"麋鹿爲菹,野豕爲軒,皆牒而不切。麕爲辟雞,兔爲宛脾,皆牒而切之。切葱若薤,實之醯以柔之。"由此言之,則"齏、菹"之稱,菜、肉通。《内則》與《少儀》同。鄭注云:"此軒、辟雞、宛脾,皆菹類也。釀菜而柔之以醯,殺腥肉及其氣。"案:菹之言租也。《豳風·鴟鴞》篇"子所蓄租",《韓詩》云:"租,積也。"

《説文》:"𩐁,𩐄也。或作齏。"《周官》《禮記》作"齊",字並同。𩐁者,細碎之名。《莊子》言"𩐁粉"是也。

《説文》:"𩐄,𩐁也。"《太平御覽》引《通俗文》云:"淹韭曰𩐁,淹薤曰𩐄。"

䕮之言釀也。《内則》注"釀菜"是也。

《説文》:"䣞,韭鬱也。"《太平御覽》引《倉頡解詁》云:"䣞,酢菹也。"

上文云:"蒸謂之蒩。"蒩,亦與"葅"同。蒸之言烝也,衆積之名也。《爾雅》云:"烝,衆也。"

醃之言淹漬也。《玉篇》引《倉頡篇》云:"腌,酢淹肉也。"《鹽鐵論·散不足》篇云:"煎魚切肝,羊淹雞寒。"腌、淹,並與"醃"通。

《説文》:"䕭,瓜菹也。"䕭之言濫也。《晉語》"宣公夏濫於泗淵",韋昭注云:"濫,漬也。"《釋名》云:"桃濫,水漬而藏之,其味濫濫然酢也。"義與"䕭"相近。䕭,曹憲音藍。各本脱去"䕭"字,其音内"藍"字又誤入正文,今訂正。

《説文》:"湛,菹也。或作𤁕。"並與"𦼮"同。《集韻》引《廣雅》:"𦼮,葅也。"

今本脱“藍”字。

甛、甙、䜲，甘也。

《説文》：“甛，美也。”《周官》注通作“恬”。

《説文》：“醰，甛長味也。”王褒《洞簫賦》云：“良醰醰而有味。”醰，與“䜲”同。

昀案：甙未作疏證。

穅謂之䅣。

穅之言康也。《爾雅》：“康，虚也。”《説文》：“穅，穀之皮也。或作康。”隸省作“穅、康”。《爾雅》云：“康謂之蠱。”

泔、潘，瀾也。

《説文》：“灡，潘也。”《周官·槁人》注“潘灡戔餘”，灡，與“瀾”同。

潘，《玉篇》音孚袁切。《説文》：“潘，淅米汁也。”哀十四年《左傳》“遺之潘沐”，杜注云：“潘，米汁，可以沐頭。”《内則》“燂潘請靧”，鄭注云：“潘，米瀾也。”《衆經音義》卷九云：“潘，《倉頡篇》作瀊。”《周官·槁人》釋文云：“潘，本或作蕃。”並字異而義同。

《説文》：“周謂潘曰泔。”《衆經音義》云：“江北名泔，江南名潘。”

湚、濯，滫也。

《説文》：“滫，久泔也。”《荀子·勸學》篇“蘭槐之根是爲芷，其漸之滫，君子不近，庶人不服”，楊倞注云：“滫，溺也。”案：滫，謂久泔也。褚少孫《續三王世家》“傳曰：‘蘭根與白芷，漸之滫中，君子不近，庶人不服’”，徐廣音義云：“滫者，淅米汁也。”《淮南子·人閒訓》“申茮杜茝，美人之所懷服也。及漸之於滫，則不能保其芳矣”，高誘注云：“滫，臭汁也。”《晏子·雜》篇：“今夫蘭本，三年而成。湛之苦酒，則君子不近，庶人不佩。”義並相近也。

《玉篇》：“湚，臭汁也，潘也。”《集韻》云：“汛潘以食豕也。”

《士喪禮》“渜濯棄于坎”，鄭注云：“沐浴餘潘水也。”皇侃《喪大記》疏云：“濯，謂不淨之汁也。”《爾雅·釋木》“梢，梢擢”，郭注云：“謂木無枝柯，梢擢長而殺者。”長謂之脩，亦謂之梢，亦謂之擢；臭汁謂之滫，亦謂之湚，亦謂之濯。事雖不同，而聲之相轉則同也。

澱謂之滓。

滓之言緇也。《釋名》云:"泥之黑者曰滓。"

《説文》:"滓,澱也。"澱之言定也,其滓定在下也。《爾雅》:"澱謂之垽。"《説文》:"澱,滓垽也。"又云:"顆謂之垽。垽,滓也。"顆,與"澱"同。

鯹、鱢、䵳、菸、腐、歾、𩞁、餧、膻、䭈、䭲、䭠、焦①、煙、膱,臭也。

鯹、鱢,通作"腥、臊"。

《内則》"鳥皫色而沙鳴,鬱",鄭注云:"鬱,腐臭也。"《周官·内饔》"鬱"作"貍",徐邈音於弗反。《晏子春秋·諫》篇云:"酒醴酸,不勝飲也;府粟鬱,不勝食也。"《荀子·正名》篇云:"香臭、芬鬱、腥臊、洒酸,奇臭以鼻異。"

《説文》:"菸,鬱也。"《玉篇》云:"臭草也。"

《吕氏春秋·盡數》篇云:"流水不腐。"是腐爲臭也。

《列子·周穆王》篇云:"饗香以爲朽,嘗甘以爲苦。"是朽爲臭也。朽,與"歾"同。

《玉篇》:"𩞁,臭敗之味也。"

《爾雅》"肉謂之敗,魚謂之餒",釋文云:"餒,《字書》作餧。"《論語·鄉黨》篇"魚餒而肉敗",皇侃疏云:"餒,謂魚臭壞也。"

《爾雅》:"餀謂之餯。"《説文》:"餀,食臭也。"《廣韻》:"餀,呼艾切。或作䭈。"《論語》"食饐而餲","餲"與"䭈",聲近義同。䭈,曹憲音許戒反。各本"䭈"譌作"䭩"。《集韻》"䭈"許介切,引《廣雅》:"䭈,臭也。""許介"與"許戒"同音,今據以訂正。

《廣韻》:"䭲,䭲臭也。"䭲,與"䭠"同。

䭲之言穢也。《説文》:"䭲,飯傷熱也。"《爾雅》"食饐謂之餲",郭注云:"飯䭲臭也。"釋文引《倉頡篇》云:"䭲,食臭敗也。"䭲、餲、饐,一聲之轉。

《大戴禮·曾子疾病》篇"貸乎如入鮑魚之次",明《永樂大典》本"貸"作"膱"。是"膱"爲臭也。膱、貸,古字通。《考工記·弓人》注:"樴,讀爲'脂膏膱敗'之膱。"釋文引吕忱云:"膱,膏敗也。""膱"與"膱",亦同義。

"焦、煙"之訓爲臭,謂"聲臭"之臭也。《月令》云:"其臭焦。"《周官·大宗

① 焦,原作"隻",《疏證》作"焦"。

伯》"以禋祀祀昊天上帝",鄭注云:"禋之言煙。周人尚臭,煙,氣之臭聞者。"

昀案:馦未作疏證。

芳、馣、馝〔馞〕、膮、馦、馠、膷、臐、馨、㮤、馛、〔馩馧*〕,香也。

司馬相如《上林賦》云:"晻薆咇茀。"此釋其義也。馣,與"晻"通。《玉篇》:"馤,香也。"馤,與"薆"通。合言之則曰"馣馤"。《文選·上林賦》注云:"《説文》:馣馤,香氣奄藹也。""馣"與"晻"、"馤"與"薆",音義同。《史記·司馬相如傳》作"晻曖苾勃"。張衡《南都賦》云:"晻曖蓊蔚,含芬吐芳。"曹植《王仲宣誄》云:"芳風晻藹。"並字異而義同。此釋《上林賦》之文,則"馣"下當有"馤"字,蓋傳寫遺脱也。

《説文》:"苾,馨香也。""飶,食之香也。"《玉篇》:"咇,芳香也。""馝,大香也。"《小雅·楚茨》篇云:"苾芬孝祀。"《周頌·載芟》篇云:"有飶其香。"馝、咇、飶、苾,並通。《文選·蘇武詩》注引《韓詩》:"馥芬孝祀。""馥"與"馝",古亦同聲。漢《帝堯碑》云:"生自馥芬。"《張表碑》云:"有馥其馨。"皆本《韓詩》也。《玉篇》:"馞,大香也。"揚雄《甘泉賦》云:"香芬茀以穹隆兮。"張衡《七辯》云:"芳以薑椒,拂以桂蘭。"郭璞《椒贊》云:"馞其芬辛。"馞、拂、茀,並通。合言之則曰"馝馞"。《文選·上林賦》注云:"郭璞曰:香氣盛馝馞也。"馝馞、咇茀,音義同。香盛謂之馝馞,猶水盛謂之滭浡。餘見《釋訓》"馥馥、馞馞、馣馣,香也"下。馝,各本作"苾",蓋後人以意改之。《集韻》《類篇》並引《廣雅》:"馝馞,香也。"今據以訂正。又各本脱去"馞"字,今據補。

《説文》:"膮,豕肉羹也。"《公食大夫禮》"膷以東、臐、膮、牛炙",鄭注云:"膷、臐、膮,今時脽也。牛曰膷,羊曰臐,豕曰膮,皆香美之名也。古文膷作香,臐作薰。"案:膷、臐、膮,一聲之轉。膮,亦脽也。脽,字或作"膗"。《釋名》云:"膗,蒿也,香氣蒿蒿也。"膷,亦香也。臐,亦薰也。

《廣韻》:"馠,小香也。""馦,香氣也。""膁,香美也。"《釋訓》篇云:"馚馚、馦馦,香也。"膁,與"馦"同。馚,與"馠"同。

《集韻》:"㮤,香草也。"㮤,各本譌作"蒤",今訂正。

《玉篇》:"馛,大香也。"《釋訓》云:"馛馛,香也。"

《廣韻》:"馩馧,香氣也。"《集韻》《類篇》並引《廣雅》:"馩馧,香也。"今本脱

“䅳䅵”二字。

昀案：芳、馨未作疏證。

鼐、鼒、鑴、鍇、鬵，鼎也。

《説文》：“鼎，三足兩耳，和五味之寶器也。”《九家易》云：“牛鼎受一斛，天子飾以黄金，諸侯白金；羊鼎五斗，大夫飾以銅；豕鼎三斗，士飾以鐵。”

《爾雅》“鼎絶大謂之鼐”，郭璞注云：“最大者。”“圜弇上謂之鼒”，孫炎注云：“斂上而小口者。”《周頌·絲衣》篇“鼐鼎及鼒”，毛傳云：“大鼎謂之鼐，小鼎謂之鼒。”《説文》引《魯詩》説“鼐，小鼎也”；又云：“鑴，瓽也。”瓽，今俗作“鐺”。鐺形三足，似鼎。故唐薛大鼎、鄭德本、賈敦頤號“鐺脚刺史”。鐺又謂之鑴。鑴，亦三足之名也。《史記·天官書》云：“小三星隅置曰‘觜觽’。”《廣韻》“鑴、觽”並許規、户圭二切，義相近也。《説文》：“鬹，三足釜也。”“鬹”與“鑴”，聲義亦相近。

《玉篇》：“鍇，銅器三足有耳也。”《淮南子·説山訓》“鼎鍇日用而不足貴”，高誘注云：“鍇，小鼎。”字或作“鬠”。《説林訓》“水火相憎，鬠在其閒，五味以和”，注云：“鬠，小鼎。一曰鼎無耳为鬠。”案：鍇者，小貌也。说見上文“轞、轑，軎也”下。

《玉篇》：“鬵，大鼎也。”

鬵謂之鬸。

《爾雅》：“鬸謂之鬵。”《方言》：“甑，自關而東或謂之甗，或謂之鬵。”甑，與“鬸”同。《説文》：“鬸，鬵屬也。”又云：“甑，甗也。籀文作鬵。”《考工記》：“陶人爲甑，實二鬴，厚半寸，脣寸，七穿。”《説文》：“鬵，大釜也。一曰鼎上大小下若甑曰鬵。古文作鬵。”《檜風·匪風》篇“溉之釜鬵”，毛傳云：“鬵，釜屬。”

氂、毷、鬣、毳、髦，毛也。

《説文》：“氂，彊曲毛，可目著起衣。古文作㲃。”《玉篇》音力之切。

《衆經音義》卷九“毷，力之反”，引《三倉》云：“毷，毛也。”《漢書·王莽傳》“莽好以毷裝衣”，顔師古注云：“毛之强曲者曰毷，以裝褚衣中，令其張起也。”褚，與“著”同，即《説文》所云“彊曲毛，可目著起衣”者也。彊曲，猶屈彊也。《漢書》有“劉屈毷”，義取諸此與。《淮南子·説山訓》“馬氂截玉”，高誘注云：“氂，馬尾也。”氂、㲃、毷、氂，並同。毷，又音毛。《説文》：“毷，犛牛尾也。”《玉篇》音莫袍切。字通作“旄”。《禹貢》“齒革羽旄”，傳云：“旄，旄牛尾也。”正義云：“《説文》：

‘犛,西南夷長毛牛也。’此犛牛之尾,可爲旄旗之飾。經傳通謂之旄。《牧誓》云:‘右秉白旄。’《詩》云:‘建旐設旄。’皆謂此牛之尾也。”

《説文》:“鬣,毛鬣也。”“鬣,髮鬣鬣也。或作镴、獵。”並字異而義同。

《説文》:“毳,獸細毛也。”又云:“髦,髮也。”

翰謂之毫。

毫、翰,通作“豪、翰”。

翭、翗、翈、翭、翸、風、狄,羽也。

《玉篇》翭,音乎,“細毛也”。《廣韻》云:“翮下羽也。”翭,各本譌作“翴”。《集韻》《類篇》並引《廣雅》:“翭、翗,羽也。”今據以訂正。

《玉篇》:“翗,翮下弱羽也。”翗之言姌姌也。《釋訓》云:“姌姌,弱也。”

《廣韻》:“翈,翮上短羽也。”

《説文》:“翭,羽初生皃。”《續漢書·禮儀志》注引《通俗文》云:“細毛曰翭。”

《淮南子·人閒訓》“鴻鵠奮翼揮腊”,高誘注云:“腊,六翮之末也。”腊,與“翸”同。腊者,微末之名,猶車軸兩端謂之轊矣。

《邶風·簡兮》篇“右手秉翟”,毛傳云:“翟,翟羽也。”《樂記》“干戚旄狄以舞之”,狄,與“翟”同。

昀案:風未作疏證。

鞠、翄,翼也。

鞠,通作“革”。《説文》:“鞠,翄也。”《小雅·斯干》篇“如鳥斯革”,毛傳云:“革,翼也。”釋文:“革,《韓詩》作鞠,云:翅也。”翅,與“翄”同。

《説文》:“翄,翼也。或作狐。”《周官》作“翨”。並字異而義同。狐,各本譌作“軝”,今訂正。

毻毭、㲘、氉、毢、毨、毤、氅氍、毾毲、毦毯、毹,罽也。

《説文》:“𦇴,西戎毳布也。”𦇴,與“罽”通。《逸周書·王會》篇云:“以白旄紕罽爲獻。”《爾雅》“氂,罽也”,舍人注云:“罽,戎人績羊毛而作衣。”《漢書·高祖紀》注云:“罽,織毛,若今氉及氍毹之類也。”

《玉篇》:“毻毭,罽曲文者。”《後漢書·宦者傳》云:“金銀罽毭,施於犬馬。”罽謂之毦，故凡以毛羽爲飾者，通謂之毦。《晉語》注云："鳥羽繫於背，若今軍將負毦矣。"《後漢書·西南夷傳》注云："毦，即今馬及弓槊上纓毦也。"毦，吳琯以下諸本皆譌作"眊"，惟影宋本、皇甫本、畢本不譌。毦，曹憲音二。畢本"二"譌作"三"，吳本以下"三"字又譌作"毛"，惟影宋本、皇甫本不譌。

《衆經音義》卷一引《字林》云："罽之方文者曰㲪。"又引《通俗文》云："織毛曰罽，邪文曰㲪。"

《廣韻》："毼，毛布也。"陳琳《神武賦》云："罽毼皮服。"《豳風·七月》篇"無衣無褐"，鄭箋云："褐，毛布也。"褐，與"毼"同。

氄氍，即氍毹也。《廣韻》："氄，㲘㲪也。"《太平御覽》引《通俗文》云："織毛褥謂之氍毹，細者謂之㲘㲪。"《衆經音義》卷九引《通俗文》云："細礪謂之磫礭。"義與"氄氍"相近也。

㲧毧，亦罽之細者也。㲧之言繁縟，毧之言蒙戎也。《説文》："䩸，毳毳飾也。"䩸，與"毧"同義。

毹㲣，猶㲧毧也。《廣韻》："毹㲣，輕毛皃。"《太平御覽》引《通俗文》云："細葛謂之毹㲣。"義並相近也。

氀之言摟也。《爾雅》："摟，聚也。"《衆經音義》卷十四引《通俗文》云："毛布曰氀。"卷二引《聲類》云："氀毼，毛布也。"《後漢書·烏桓傳》云："婦人能織氀毼。"

昀案：㲥、毤未作疏證。

金、鍇，鐵也。

《楚語》引《書》曰："若金用女作礪。"是"金"爲鐵也。

《説文》："九江謂鐵曰鍇。"《史記·高祖功臣侯表》索隱引《三倉》同。張衡《南都賦》云："銅錫鉛鍇。"左思《吳都賦》云："琨瑤之阜，銅鍇之垠。"鍇之言劼也。《爾雅》云："劼，固也。"《方言》云："鍇，堅也。自關而西，秦晉之閒曰鍇。"

白銅謂之鋈。

《秦風·小戎》篇"陰靷鋈續"，毛傳云："鋈，白金也。"鄭箋云："鋈續，白金飾續靳之環。"正義云："金銀銅鐵，總名爲金。此設兵車之飾，或是白銅、白鐵，未必皆白銀也。"

赤銅謂之錫。

《大雅·韓奕》篇“鉤膺鏤錫”，毛傳云：“鏤錫，有金鏤其錫也。”鄭箋云：“眉上曰錫，刻金飾之，今當盧也。”案：人眉上謂之揚，故刻金爲飾，當馬眉之上，謂之鏤錫。據傳云“有金鏤其錫”，則“錫”非金名矣。此訓“錫”爲赤銅，與毛、鄭異義，或本於三家與？錫，各本譌作“鍚”，惟影宋本、皇甫本不譌。

水銀謂之澒。

《説文》：“澒，丹沙所化爲水銀也。”《淮南子·地形訓》云：“赤丹七百歲生赤澒。”澒，各本皆作“汞”。案：《太平御覽》及嘉祐補注《本草》、《圖經本草》引《廣雅》並作“澒”。《圖經》云：“按，《廣雅》：‘水銀謂之澒。’丹竈家乃名汞，蓋字亦通用耳。”據此，則舊本《廣雅》作“澒”。後人多見“汞”字，少見“澒”字，遂改“澒”爲“汞”耳。今訂正。

鐵朴謂之礦。

《説文》：“磺，銅鐵樸石也。”《周官·卝人》注云：“卝之言礦也，金玉未成器曰礦。”王褒《四子講德論》作“鑛”。並字異而義同。

鉛礦謂之鏈。

鏈，通作“連”。《史記·貨殖傳》“江南出柟梓薑桂金錫連”，徐廣音義云：“連，鉛之未鍊者。”《漢書·食貨志》“殽以連錫”，李奇注云：“鉛錫樸名曰連。”

鏅、鋇、鋁、鈴、〔鐖〕、〔鏶〕，鋌也。

《説文》：“鋌，銅鐵樸也。”《淮南子·脩務訓》“苗山之鋌”，《文選·七命》注引許慎注同。《鹽鐵論·殊路》篇云：“於越之鋌不礪，匹夫賤之。”

《廣韻》：“鋇，柔鋌也。”“鈴，二尺鋌也。”

各本皆脱“鐖、鏶”二字。《玉篇》：“鐖，小鋌也。”“鏶，鋌也。”鐖之言蔑也。鄭注《君奭》云：“蔑，小也。”《文選·七命》“鏷越鍛成”，李善注“鏷，或爲鏶”，引《廣雅》：“鏶，鋌也。”鏶，與“鏶”同。《廣韻》“鏶”字注引《廣雅》：“鏶，鋌也。”《集韻》《類篇》“鋌”字注並引《廣雅》：“鐖、鏶，鋌也。”是“鐖、鏶”二字在“鋌”字之上，今據補。

昀案：鏅、鋁未作疏證。

戉、戚，斧也。

《説文》：“斧，斫也。”鄭注《檀弓》云：“斧形旁殺，刃上而長。”

戉,今作"鉞"。《説文》"戉,大斧也",引《司馬法》:"夏執玄戉;殷執白戉;周左杖黄戉,右把白旄。"《六韜·軍用》篇云:"大柯斧刃長八寸,重八斤;柄長五尺以上。一名天鉞。伐木天斧重八斤,柄長三尺以上。"戉,各本譌作"戊",今訂正。

《説文》:"戚,戉也。"《大雅·公劉》篇"干戈戚揚",毛傳云:"戚,斧也。揚,鉞也。"戚,《春秋左傳》作"鏚"。

鏦謂之斨。

《豳風·七月》篇"取彼斧斨",毛傳云:"斨,方銎也。"《破斧》傳云:"隋銎曰斧。"銎,謂受柄之孔也。《釋名》云:"斨,戕也,所伐皆戕毁也。"

鑱謂之鈹。

鈹之言破也。《説文》:"鈹,大鍼也。"《靈樞經·九鍼十二原》篇云:"鈹鍼長四寸,廣二分半,末如劒鋒。"

鑱之言劖也。《説文》:"鑱,鋭也。""劖,剽也。""剽,砭刺也。"《史記·扁鵲傳》"鑱石撟引",索隱云:"鑱,謂石針也。"

鐫謂之鏨。

鏨之言斬也。《説文》:"鏨,小鑿也。"又云:"鐫,破木鐫也。一曰琢石也。"《釋名》云:"鐫,鐏也,有所鐏入也。"

銍謂之刉。

《説文》:"銍,穫禾短鎌也。"《管子·輕重乙》篇:"一農之事,必有一耜、一銚、一鎌、一鎒、一椎、一銍,然後成爲農。"《釋名》云:"銍,穫禾鐵也;銍銍,斷禾穗聲也。"《周頌·臣工》篇"奄觀銍艾",毛傳云:"銍,穫也。"艾,與"刈"同。穫謂之銍,亦謂之刈,故穫器謂之銍,亦謂之刈。《齊語》云:"挾其槍刈耨鎛。"是也。

《太平御覽》引《纂文》云:"江湘以銍爲刉。"刉者,斷割之名。《釋畜》篇云:"攻,犗也。""攻"與"刉",聲義同。

划、鉊、銁、鍥、鏺,鎌也。

《墨子·備城門》篇云:"長鎌柄長八尺。"《六韜·軍用》篇云:"芟草木大鎌,柄長七尺以上。"《説文》:"鎌,鍥也。字或作鐮。"《釋名》云:"鐮,廉也,體廉薄也。"

《方言》云:"刈鉤,江淮陳楚之閒謂之鉊,或謂之鐹;自關而西或謂之鉤,或謂之鎌,或謂之鍥。"鐹,與"划"同。鉤,與"钏"同。划之言過也,所割皆決過也。鉤孑戟謂之戈,義與此同也。《説文》:"鉊,大鎌也。鎌或謂之鉊。張徹説。"《管子·輕重己》篇云:"鉊鉊乂櫑。"鉊之言釗也。《説文》:"釗,刓也。""刓,剸也。"又云:"钏,鎌也。"《急就篇》"鈐鏞鉤銍斧鑿鉏",顏師古注云:"鉤,即鎌也。形曲如鉤,因以名云。"《淮南子·氾論訓》"木鉤而樵",高誘注與《説文》同。

《説文》:"鍥,鎌也。"鍥之言契也。《爾雅》"契,絶也",郭注云:"今江東呼刻斷物爲契斷。"

《説文》:"鏺,兩刃有木柄,可目刈草;讀若撥。"《六韜·農器》篇云:"春鏺草棘,夏耨田疇。"鏺之言撥也。《大雅·蕩》箋云:"撥,猶絶也。"

銎謂之銎。

《説文》:"銎,斤斧穿也。"《豳風·七月》傳云:"斨,方銎也。"《破斧》傳云:"隋銎曰斧。"銎之言空也,其中空也。斤斧穿謂之銎,猶車穿謂之釭。釭、銎,聲相近。説見上文"鐹、鋧,釭也"下。《方言》"矛骹謂之銎",郭注云:"矛刃下口。"則凡鐵之空中而受柄者,皆謂之銎矣。《六韜·軍用》篇"方胸鋋矛千二百具",胸,即"銎"字也。銃、銎,聲亦相近。《太平御覽》引《通俗文》云:"鑿充曰銃。"

鏶、鋂、鏰,鐶也。

鐶,古通作"環"。

《説文》:"鋂,大環也,一環貫二者。"《齊風·盧令》篇"盧重鋂",毛傳云:"鋂,一環貫二也。"

《廣韻》:"鏰,重環也。""鏰"與"鋂",聲相近。説見卷一"挴、甍,慙也"下。

昀案:鏶未作疏證。

鹿觡、钀、鈎,鉤也。

《説文》:"鉤,钀曲也。"《方言》:"鉤,宋楚陳魏之閒謂之鹿觡,或謂之鉤格;自關而西謂之鉤,或謂之钀。"鹿觡,謂鉤形如鹿觡也。《方言》注云:"或呼鹿角。"《玉篇》:"觡,麋鹿角也。有枝曰觡,無枝曰角。"觡之言枝格也。《史記·律書》云:"角者,言萬物皆有枝格如角也。""格"與"鉤"同義,故鉤或謂之鉤格。《淮南子・主術訓》云:"桀之力別觡伸鉤。"亦以兩形相近而類舉之矣。

《廣韻》引《埤倉》云:"鐵,縣物鉤也。"

釣,謂魚鉤也。《莊子・外物》篇"任公子爲大鉤巨緇",鉤,一本作"釣"。東方朔《七諫》云:"以直鍼而爲釣兮,又何魚之能得!"

鏶謂之鍱。

《説文》:"鏶,鍱也。或作鍓。"又云:"鍱,鏶也。齊謂之鍱。"《玉篇》:"鍱,鐵鍱也。"鏶,猶集也。鍱,猶葉也。説見卷三"集、葉,聚也"下。

籤謂之鏟。

《説文》:"籤,鋭也,貫也。"鏟,字或作"弗"。《衆經音義》卷十二云:"弗,《字苑》初限反,謂以籤貫肉炙之者也。"

栓、櫼,釘也。

《玉篇》:"栓,木釘也。"

《衆經音義》卷十四引《字林》云:"櫼,木釘也。"

鍤、鉥、綒,鍼也。

鍼,或作"箴"。

鍤之言插也。《説文》:"鍤,郭衣鍼也。"《玉篇》云:"長鍼也。"

《説文》:"鉥,綦鍼也。"《玉篇》亦云:"長鍼也。"《管子・輕重乙》篇云:"一女,必有一刀、一錐、一箴、一鉥,然後成爲女。"《趙策》"鯷冠秫縫",《史記・趙世家》作"郤冠秫絀",徐廣音義云:"鉥者,綦鍼也。古字多假借,故作秫耳。"

《廣韻》:"綒,連鍼也。"《靈樞經・九鍼論》云:"長鍼取法於綦鍼,長七寸。"綦,與"綒"同。

鏅、鐧,鍣也。

鍣之言合沓也。

《考工記圖》云:"軸當轂釭,裹之以金,謂之鐧。"《説文》:"鐧,車軸鐵也。"《釋名》云:"鐧,閒也;閒釭軸之閒,使不相磨也。"《吴子・治兵》篇云:"膏鐧有餘,則車輕人。"《急就篇》云:"釭鐧鍵鉆冶錮鐈。"軸鍣謂之鐧,猶轂鍣謂之錬。餘見上文"錬、鏅、鈦,錧也"下。

昀案:鏅未作疏證。

稱謂之銓。

《漢書・王莽傳》云:"考量以銓。"《説文》:"稱,銓也。""銓,衡也。"

錘謂之權。

鄭注《月令》云:"稱錘曰權。"《漢書・律曆志》説權之制云:"圜而環之,令之肉倍好。"餘見卷三"權、錘,重也"下。

鍴謂之鑽。

《説文》:"鑽,所目穿也。"《管子・輕重乙》篇云:"一車,必有一斤、一鋸、一釭、一鑽、一鑿、一銶、一軻,然後成爲車。"此謂"鑽鑿"之鑽也。《方言》:"鑽謂之鍴,矜謂之杖。"此謂矛戟刃也。《廣雅》"鍴謂之鑽",訓本《方言》而列於"鑴、鉊、鋟,錐也"之上,則似誤以爲"鑽鑿"之鑽矣。

鑴、鍣、鋟,錐也。

《説文》:"鍴,鋭也。"又云:"觿,佩角鋭耑,可目解結。"《衛風・芄蘭》篇"童子佩觿",毛傳云:"觿,所以解結。"《内則》"左佩小觿,右佩大觿",鄭注云:"觿,貌如錐,以象骨爲之。"釋文:"觿,本或作鑴。"鑴者,鋭末之名。《周官・眂祲》"十煇,三曰鑴",鄭注云:"鑴,讀如'童子佩鑴'之鑴,謂日旁氣刺日也。"《爾雅・釋獸》"驨,如馬,一角",亦以其角形如錐而名之。故《逸周書・王會》篇謂之雖馬。雖、錐,聲相近也。

《方言》"錐謂之鍣",郭注云:"《廣雅》作鉊,與今本異。"

鋟之言鑯也。卷四云:"鑯,鋭也。"

鏤謂之錯。

錯,非刻鏤之義,諸書亦無訓"鏤"爲錯者。蓋傳寫者與下句"錯"字相涉而誤。錯,當作"鎪"。《爾雅》"鏤,鎪也",郭注云:"刻鏤物爲鎪。"王褒《洞簫賦》云:"鎪鏤離灑。"《説文》:"鏤,剛鐵也,可目刻鏤。"《禹貢》"厥貢璆鐵銀鏤砮磬",鄭注與《説文》同。《爾雅》云:"金謂之鏤。"(283)

鋁謂之錯。

説見卷三"錯、鑢,磨也"下。鑢,與"鋁"同。

礱、碫、磏礸、磫䃴、磨、砥、磏、〔礵*〕，礪也。

礪之言粗厲也。《禹貢》"礪砥砮丹"，鄭注云："礪，磨刀刃石也。"《大雅·公劉》篇作"厲"。餘見卷三"礪，磨也"下。

《太平御覽》引《尸子》云："磨之以礱礪。"是"礱"爲磨石也。孔子弟子公孫龍字子石。龍，與"礱"通。餘見卷三"礲，磨也"下。

《説文》"碫，厲石也"，引《春秋傳》鄭公孫碫字子石。今本作"段"。又鄭印段、宋褚師段皆字子石。《大雅·公劉》篇"取厲取鍛"，毛傳云："鍛，石也。"鄭箋云："鍛石所以爲鍛質也。"《孫子·勢》篇云："如以碫投卵。"碫、鍛、段，並通。碫，各本譌作"碬"，今訂正。

《説文》："厱諸，治玉石也。"《玉篇》："磏礸，青礪也。"《淮南子·説山訓》"玉待磏諸而成器"，高誘注云："磏諸，攻玉之石。"《説林訓》云："璧瑗成器，磏諸之功。"並與"厱諸"同。

《廣韻》："磫䃴，青礪也。"《衆經音義》卷九云："《通俗文》：'細礪謂之磫䃴。磏礸治玉，磫䃴治金。"案：細礪謂之磫䃴，猶細罽謂之毠毼矣。

砥之言緽密也。《説文》："底，柔石也。或作砥。"鄭注《禹貢》云："磨刀刃石，精者曰砥。"《小雅·大東》篇"周道如砥"，《孟子·萬章》篇引作"底"。餘見卷三"砥，磨也"下。

磏之言廉也。《説文》："磏，厲石也，赤色；讀若鎌。"字亦作"磏"。《管子·法法》篇云："毋赦者，痤睢之磏石也。"磏，與"磏礸"之"磏"聲相近，故高誘注《淮南子》讀"磏"爲廉矣。

《北山經》"京山，其陰有玄礵"，郭璞注云："黑砥石也。"礵，音"竹篠"之"篠"。《集韻》《類篇》並引《廣雅》："礵，礪也。"今本脱"礵"字。

昀案：磨未作疏證。

鋡鏅謂之鑡。

《説文》："鈯，相屬也。"又云："鈐鏅，大犂也。一曰類相。"《急就篇》"鈐鏥鉤銍斧鑿鉏"，顔師古注云："鈐鏥，大犂之鐵。"鈐，與"鋡"同；鏥，與"鏅"同；鈯，與"鑡"同。

鎡錤、鋸、鈹、鏄，鉏也。

鉏之言除也。

《説文》:"鉏,立薅斫也。"又云:"斫,齊謂之兹其。"《衆經音義》卷十九引《倉頡篇》云:"鉏,兹其也。"《孟子·公孫丑》篇云:"雖有鎡基,不如待時。"《漢書·樊酈滕灌傅靳周傳·贊》作"兹基"。《周官·薙氏》注作"兹其"。《月令》注作"鎡錤"。並字異而義同。

《管子·小匡》篇"惡金以鑄斤斧鉏夷鋸欘",尹知章注云:"鋸欘,钁類也。"《説文》:"钁,大鉏也。"

鈹之言破也。《集韻》引《埤倉》云:"钃鑿,鉏也。"鑿,與"鈹"同。

《釋名》:"鎛,亦鉏類也。鎛,迫也,迫地去草也。"《周頌·臣工》篇"庤乃錢鎛",毛傳云:"鎛,鎒也。"《周語》"日服其鎛",韋昭注云:"鎛,鉏屬。"

錠謂之鐙。

《楚辭·招魂》云:"蘭膏明燭,華鐙錯些。"《説文》:"鐙,錠也。"《急就篇》"鍛鑄鉛錫鐙錠鐎",顔師古注云:"鐙,所以盛膏夜然燎者也,其形若杅而中施釭,有柎者曰錠,無柎者曰鐙。"柎,謂下施足也。鐙之形狀,略如禮器之登,故《爾雅》"瓦豆謂之登",郭注云:"即膏登也。"

曲道、栻,梮也。

梮,通作"局"。《説文》:"局,簙所目行棊也。"

《方言》:"所以行棊謂之局,或謂之曲道。"

《漢書·王莽傳》"天文郎按栻於前",顔師古注云:"栻,所以占時日。"褚少孫《續日者傳》"今夫卜者,必法天地,象四時,順於仁義,分策定卦,旋式正棊",索隱云:"式,即栻也。旋,轉也。栻之形上圓象天,下方法地。用之,則轉天綱加地之辰,故云旋式。棊者,筮之狀①。正棊,蓋謂卜以作卦也。"

簙箸謂之箭②。

簙,通作"博"。《韓非子·外儲説》云:"秦昭王以松柏之心爲博箭。"《方言》:"秦晉之閒謂之簙;吳楚之閒謂之蔽,或謂之箭裏。"《説文》:"簙,局戲也,六箸十二棊也。"《楚辭·招魂》"箟蔽象棊,有六簙些",王逸注云:"箟,玉也;蔽,簙箸,以

① "狀"字原脱。鍾宇訊已校補。

② 箭,原作"篛",《疏證》作"箭"。

玉飾之也。或言篦簬,今之箭囊也。投六箸,行六棊,故爲六簙也。"《西京雜記》云:"許博昌善陸博。法用六箸,以竹爲之,長六分;或用二箸。"《列子·説符》篇釋文引《六博經》云:"博法:二人相對坐向局。局分爲十二道,兩頭當中名爲水。用棊十二枚,法六白六黑。又用魚二枚置於水中。其擲采以瓊爲之,二人互擲采行棊。棊行到處,即豎之,名爲驍棊,即入水食魚,亦名牽魚。每牽一魚,獲二籌;翻一魚,獲三籌。若已牽兩魚而不勝者,名曰被翻雙魚;彼家獲六籌爲大勝也。"

篓謂之扇。

《方言》:"扇,自關而東謂之篓,自關而西謂之扇。"《説文》:"篓,或作萲。"《吕氏春秋·有度》篇:"夏不衣裘,冬不用翣。"篓、萲、翣,並通。

篋謂之簪。

《説文》:"鐕,可目綴箸物者。"《衆經音義》卷十四引《通俗文》云:"綴衣曰鑯。"《太平御覽》引《韻集》云:"鐕,綴衣細竹也。"鐕、鑯,並與"簪"同。案:簪者,連綴之名。《士喪禮》"簪裳於衣",鄭注云:"簪,連也。"故"簪篋"之"簪",與"簪笄"之"簪",異物而同名。

箟謂之刷。

《文選·養生論》注引《通俗文》云:"所以理髮謂之刷。"《釋名》云:"刷,帥也,帥髮長短皆令上從也。"箟之言刮也。《説文》作"萞",云:"椒也。"椒,與"刷"通。

縞謂之畇[①]。

説見上文"縞、畇,練也"下。

梭。

《玉篇》:"梭,織梭也。亦作梭。"《太平御覽》引《通俗文》云:"所以行緯謂之梭。"各本皆作"梭謂之幐"[②]。案:梭所以行緯,幐所以持經,二者各殊其用,無緣以"幐"爲"梭"。此因本條内有脱文,而下條"棖謂之幐"又脱去"棖"字,遂誤合爲一條。今訂正。

〔棖〕謂之幐。

---

① 畇,原作"畇",《疏證》作"畇"。
② 幐,原譌作"艐"。參下條。

《説文》:"縢,機持經者也。"《玉篇》音詩證切。《衆經音義》卷十四引《三倉》云:"經所居機曰縢。"《方言》注云:"勝所以纏紝。"《淮南子·氾論訓》云:"後世爲之機杼勝複以便其用。"王逸《機賦》云:"勝複迴轉。"勝,與"縢"通[284]。複,《説文》作"複",云:"機持繒者。"

《廣韻》:"榐,匹卦切;縢屬,蜀人以織布。出《埤倉》。"各本脱"榐"字,"縢"字又譌作"艠"。縢,本作"艐",故譌而爲"艠"。《集韻》引《廣雅》:"榐謂之縢。"今據以訂正。

篇謂之植。

未詳。

榬謂之篗。

《方言》"篗,榬也。兖豫河濟之閒謂之榬",郭注云:"所以絡絲也。"《説文》:"篗,收絲者也。或作䌯。"篗,從竹,蒦聲。各本譌作"篗",今訂正。

其𡰪謂之𣚍。

下文云:"𡰪,柄也。"𣚍,各本譌作"隸"。《集韻》《類篇》並引廣雅:"篗,其𡰪謂之𣚍。"今據以訂正。

經梳謂之枃。

《玉篇》云:"凡織先經以枃梳絲,使不亂。出《埤倉》。"枃之言均也,字通作"均"。《列女傳·魯季敬姜》云:"主多少之數者,均也。"《太平御覽》引舊注云:"均,謂一齒受一縷,多少有數。"

斛注謂之篅。

《方言》"所以注斛,陳魏宋楚之閒謂之篅,自關而西謂之注",郭注云:"盛米穀寫斛中者也。今江東亦呼爲篅。"

斛謂之鼓。

《聘禮記》云:"十斗曰斛。"《漢書·律曆志》云:"斛者,角斗平多少之量也。"《曲禮》"獻米者操量鼓",鄭注云:"量鼓,量器名。"何氏《隱義》云:"東海樂浪人呼十二斛爲鼓。"案:十二斛之數,與《廣雅》縣殊,蓋後世量名不同於古也。《管子·樞言》篇云:"釜鼓滿,則人概之。"《荀子·富國》篇云:"瓜桃棗李一本,數以盆鼓。"據《左傳》《考工記》,釜受六斗四升,盆受一斛二斗八升,皆與一斛之鼓不甚相遠。故或並言"釜鼓",或並言"盆鼓"也。《爾雅》"何鼓謂之牽牛",郭注云:"今荆楚人呼牽牛星爲檐鼓。檐者,何也。"案:此"鼓"亦謂量名之鼓,故以"何"言之。

方斛謂之桶。

《説文》:"桶,木方受六斗。"字通作"甬"。《月令》"角斗甬",鄭注云:"甬,今斛也。"《吕氏春秋》《淮南子》並作"桶"。《史記・商君傳》亦云"平斗桶"。

笹謂之篅。

《衆經音義》卷四引《倉頡篇》云:"篅,圓倉也。"《説文》:"笹,篅也。""篅,判竹圜吕盛穀也。"篅笹,或作"圌囤"。《釋名》云:"囤,屯也,屯聚之也。""圌,以草作之團團然也。"《淮南子・精神訓》"守其篅笹",高誘注云:"篅笹,受穀器也。"《急就篇》云:"笹篅篼筥籅箅篝。"笹之言沌沌然圜也。《管子・樞言》篇云:"沌沌乎博而圜。"《孫子・兵勢》篇云:"渾渾沌沌,形圓而不可敗。"餘見卷三"圌,圓也"下。

帞、褽,䈰也。

《説文》:"䈰,帞也,所吕盛米。"䈰之言貯也,亦通作"貯"。《賈子・春秋》篇云:"囊漏貯中。"䈰,各本譌作"䈰",今訂正。

帞之言屯聚,褽之言蘊積也。《説文》:"帞,載米䈰也。"《廣韻》云:"布貯曰帞。"

簣、篣、筊、簝、籯、篝、笭,籠也。

《説文》:"籠,舉土器也。一曰笭也。"

《論語・子罕》篇"譬如爲山,未成一簣",包咸注云:"簣,土籠也。"《漢書・王莽傳》"綱紀咸張,成在一匱",匱,與"簣"通。

《方言》"籠,南楚江沔之閒謂之篣,或謂之筊",郭注云:"今零陵人呼籠爲篣。"篣,各本譌作"篣",惟影宋本、皇甫本不譌。

《説文》:"筊,鳥籠也。"《楚辭・九章》"鳳皇在筊兮",王逸注云:"筊,籠落也。"

《説文》:"簝,宗廟盛肉竹器也。"《周官・牛人》"共其牛牲之互,與其盆簝",鄭衆注云:"簝,受肉籠也。"

《説文》:"籯,笭也。"《漢書·韋賢傳》"遺子黄金滿籯",如淳注云:"籯,竹器,受三四斗。今陳留俗有此器。"顔師古云:"今書本籯字。或作盈。"並與"籯"同[①]。籯之言贏也,盛受之名也。襄三十一年《左傳》:"以隸人之垣以贏諸侯",賈逵注云:"贏,受也。"《方言》"箸筩,陳楚宋魏之閒或謂之籯",郭注云:"盛朼箸籫也。"義亦與籯籠之"籯"同。

《史記·陳涉世家》"夜篝火",《滑稽傳》"甌窶滿篝",徐廣音義並云:"篝,籠也。"《龜策傳》"以篝燭此地",音義云:"然火而籠罩其上。"篝,與"篝"同。篝者,籠絡之名。《楚辭·招魂》"秦篝齊縷",王逸注云:"篝,絡也。縷,綫也。"義與篝籠之"篝"亦相近。

《説文》:"笭,籯也。"

熏篝謂之牆居。

《方言》"篝,陳楚宋魏之閒謂之牆居",郭注云:"今薰籠也。"薰,與"熏"同。《説文》:"篝,客也,可熏衣。宋楚謂篝牆居也。"

箄、籚、籃,筐也。

《説文》:"匡,飯器也,筥也。或作筐。"《召南·采蘋》傳云:"方曰筐,圓曰筥。"匡者,方正之名,故《爾雅》云:"匡,正也。"對文則"筐"與"筥"異,散文則通,故《説文》又訓"筐"爲筥也。《周南·卷耳》傳云:"頃筐,畚屬也。"《小雅·鹿鳴》傳云:"筐,篚屬,所以行幣帛也。"《月令》注云:"曲植籧筐,皆所以養蠶器也。"《聘禮記》"凡餼,大夫黍粱稷筐五斛",鄭注云:"器寡而大,略也。"是筐之所用不同,而大小亦異矣。

箄,説見上文"匱,笥也"下。匱,與"箄"同。

籚,或作盧。《説文》:"盧,飯器也。"又云:"凵盧,飯器,目柳爲之。凵,或作笶。"《方言》"簇,趙魏之閒謂之笶簇",郭注云:"盛餅筥也。笶簇,今通語也。"《士昏禮》注云:"笲,竹器有衣者,其形蓋如今之筥笶籚矣。"笶籚,與"凵盧"同。簇,亦籚也;笶簇,亦笶籚也。古者"盧、旅"同聲。《士冠禮》注云:"古文旅作臚。"《周書》"盧弓",《左傳》作"旅弓",皆其例矣。

---

① 依例,此"籯"字似當作"籯"。

《説文》:“籃,大篝也。古文作𢂁。”

篗、箸、箄、簍,篆也。

《説文》:“篆,飤牛筐也。方曰筐,圜曰篆。”義與毛傳同。又云:“籍,飯筥也,受五升。”《聘禮》云:“米百筥,筥半斛。”《吕氏春秋·季春紀》“具栚曲篆筐”,高誘注云:“員底曰篆,方底曰筐,皆受桑器也。”《月令》作“籧筐”,《淮南子·時則訓》作“筥筐”。《方言》“桮落,陳楚宋衛之閒謂之豆筥”,郭注云:“盛桮器籠也。”以上諸筥,異用而同名,皆筐之圜者也。

《方言》:“箄、簍、篗、箸,篆也。江沔之閒謂之篗,趙代之閒謂之箸,淇衛之閒謂之牛筐。篆,其通語也。篆小者,南楚謂之簍;自關而西,秦晉之閒謂之箄。”篗之言輿也。卷二云:“輿,載也。”箸之言韜也。自上覆物謂之韜,自下盛物亦謂之韜。《方言》注云:“箸,音弓弢。”蓋得其義矣。

箄之言卑小也。《方言》注云:“今江東亦名小籠爲箄。”

《説文》:“簍,竹籠也。”《急就篇》云:“簁箄箕帚筐篋簍。”簍之言婁也,斂聚之名也。《小雅·角弓》箋云:“婁,斂也。”《方言》:“飤馬橐,自關而西或謂之㡞兜。”“㡞”與“簍”,義相近。

㮛、栚[①]、杈、持、椯、植、样,槌也。

《方言》“槌,宋魏陳楚江淮之閒謂之植;自關而西謂之槌,齊謂之样。其横,關西曰栚;宋魏陳楚江淮之閒謂之㮛;齊部謂之持”,郭注云:“槌,縣蠶薄柱也。”《説文》:“縋,目繩有所縣鎮也。”義與“槌”相近。《説文》:“關東謂之槌,關西謂之持。”《齊民要術》引崔寔云:“三月清明節,令蠶妾具槌持箔籠。”

栚,《説文》作“栚”,云:“槌之横者也。關西謂之㯷。”《吕氏春秋·季春紀》“具栚曲篆筐”,高誘注云:“栚,讀曰朕。栚,㭘也。三輔謂之栚,關東謂之㭘。”㭘,與“持”同。《淮南子·時則訓》注作“持”。

杈,曹憲音爻。名本“杈”譌作“权”,音内“爻”字又譌作“叉”。《集韻》《類篇》杈,音爻,“椯也”。今據以訂正。《方言》注云:“栚,亦名校,音爻。”校,與“杈”通。杈之言較也。《爾雅》云:“較,直也。”

① 栚,原作“㯷”,《疏證》作“栚”。

《説文》:“梼,槌也。”《玉篇》音陟革切。梼、植之爲言皆直也。《月令》“具曲植籧筐”,鄭注云:“植,槌也。”

样之言惕也。卷三云:“惕,直也。”样、惕,並音羊,其義同也。

笛謂之薄。

《説文》:“薄,蠶薄也。”《方言》:“薄,宋魏陳楚江淮之閒謂之苗,或謂之麴;自關而西謂之薄;南楚謂之蓬薄。”《説文》:“苗,蠶薄也。”又云:“曲,蠶薄也。”曲、苗、笛,並同。《月令》“具曲植籧筐”,鄭注云:“曲,薄也。”高誘注《吕氏春秋》云:“青徐謂薄爲曲。”《史記·絳侯世家》“勃以織薄曲爲生”,索隱引許慎《淮南子注》云:“曲,葦薄也。”《豳風·七月》傳云:“豫畜萑葦,可以爲曲。”薄,各本譌作“簿”,惟影宋本不譌。

簃、籥、箑、籍、笘、籙,觚也。

觚,通作“觚”。《急就篇》“急就奇觚與衆異”,顔師古注云:“觚者,學書之牘,或以記事,削木爲之,蓋簡屬也。其形或六面,或八面,皆可書。觚者,棱也,以有棱角,故謂之觚。今俗猶呼小兒學書簡爲‘木觚章’,蓋古之遺語也。”

《説文》云:“剖竹未去節謂之簃。”又云:“籥,書僮竹笘也。”《衆經音義》卷二引《纂文》云:“關西以書篇爲籥。”引之云:“《金縢》‘啟籥見書’,馬融注云:‘籥,開藏卜兆書管也。’鄭、王注並同。案:書者,占兆之辭。籥者,簡屬,所以載書,故必啟籥然後見書也。啟,謂展視之。下文‘以啟金縢之書’,與此同。《少儀》云:‘執策籥尚左手。’策,蓍也;籥,占兆之書所載也,故并言之。馬、鄭、王三家説《尚書》,以‘籥’爲開藏之管,其誤有二。《周官·司門》‘掌授管鍵以啟閉國門’,鄭衆注云:‘管,謂籥;鍵,謂牡。’《月令》‘脩鍵閉,慎管籥’,鄭注云:‘管籥,搏鍵器。’是籥者,啟鍵之器;可言啟鍵,不可言啟籥也。且所以藏書者匱也,管鍵之所施者亦匱也。下文云:‘公歸,乃内册于金縢之匱中。’又云:‘啟金縢之書,乃得周公所自以爲功代武王之説。’是公歸内册,然後并占兆之書藏之匱中,方其爲壇於外,即命元龜,唯取占兆之書以出,而匱不與焉。無匱,安有鍵閉!無鍵閉,安用管籥以啟之哉!《少儀》注又云:‘籥,如笛三孔。’龜策之‘策’,與羽籥之‘籥’連文,爲不類矣。”

《説文》:“箑,籥也。”《廣韻》云:“篇簿書箑也。”箑之言葉也,與簡牒之“牒”

同義,故《文心雕龍》云:"牒者,葉也。"短簡編牒,如葉在枝。"篥"與"籥",一聲之轉。卷二云:"煠,爚也。""爚"之轉爲"煠",猶"籥"之轉爲"篥"矣。

《説文》:"潁川人名小兒所書寫爲笘。"引之云:"《學記》:'呻其佔畢。'春秋齊陳書字子占。'佔、占'並與'笘'同。《爾雅》云:'簡謂之畢。'笘,亦簡之類,故《學記》以'佔、畢'連文。鄭注以'佔'爲視,於文爲不辭矣。"

《玉篇》:"籙,篇也。"《廣韻》云:"札也。"

昀案:籍未作疏證。

篇、章、篇,程也。

《玉篇》:"篇,笘篇也。"篇之言寫也。《説文》作"寫"。見上條。

昀案:篇、章未作疏證。

箯箉、篢牌,籍也。

《説文》:"籍,簿書也。"

《玉篇》:"箯箉,户籍也。"

昀案:篢牌未作疏證。

笧謂之簡。

《説文》:"册,符命也,諸侯進受於王也;象其札一長一短,中有二編之形。古文作笧。"通作"策"。又云:"簡,牒也。"《爾雅》"簡謂之畢",郭注云:"今簡札也。"《釋名》云:"簡,間也,編之扁扁有間也。""笧之言賾也,編之賾然整齊也。"《聘禮記》"百名以上書於策,不及百名書於方",鄭注云:"策,簡也。方,版也。"《獨斷》云:"策者,簡也。其制長二尺,短者半之;其次一長一短,兩編下附。"

柅、矜、柯、柌、欛、柲、弣,柄也。

柄之言秉也,所秉執也。《士昏禮》作"枋";《管子·小匡》篇作"秉",《山權數》篇作"棅"。並字異而義同。

柅,《玉篇》音丑利切。《説文》"柅,籆柄也。或作柅",徐鍇傳云:"籆,即今絡絲籆也。"上文云:"籆柅謂之䉀。"是也。柅,又音乃几反。《姤》初六"繫于金柅",釋文:"柅,《説文》作'檷',云:絡絲跗也。"跗,亦柄也。絡絲跗謂之柅,猶籆柄謂之柅。柅、柅之爲言皆尸也。尸,主也,故王弼注云:"柅者,制動之主。《墨子·備穴》篇云："斫杘長三尺。"則"杘"爲柄之通稱矣。

《方言》"矛柄謂之矜"，郭注云："今字作槿。"又"矜謂之杖"，注云："矛戟槿，即杖也。"《考工記·廬人》注云："凡矜八觚。"《漢書·陳勝項籍傳·贊》"鉏櫌棘矜"，服虔注云："以棘作矛槿也。"《淮南子·兵略訓》云："伐棘棗而爲矜。"

柯之言榦也。《豳風·伐柯》傳云："柯，斧柄也。"《考工記·車人》云："柯長三尺，博三寸，厚一寸有半。"

《玉篇》："柌，鎌柄也。"

《説文》"橿，鉏柄名"，徐鍇傳云："今俗人尚謂鉏柄爲鉏橿。"《釋名》云："齊人謂鉏柄曰橿，橿然正直也。"《管子·輕重己》篇云："鉊鉛乂橿。"《鹽鐵論·論勇》篇云："鉏櫌棘橿以破衝隆。"《太平御覽》引《通俗文》云："鑿柄曰槺。""槺"與"橿"，聲近義同。昭二年《穀梁傳》云："疆之爲言猶竟也。"是其例矣。

《方言》："戟柄，自關而西謂之柲。"《説文》："柲，欑也。""欑，積竹杖也。"《考工記》"廬人爲廬器，戈柲六尺有六寸，殳長尋有四尺，車戟常，酋矛常有四尺，夷矛三尋"，鄭注云："柲，猶柄也。"昭十二年《左傳》："君王命剥圭以爲鏚柲。"則斧柄亦謂之柲矣。

《釋名》云："弓中央曰弣。弣，撫也，所撫持也。"《大射儀》"見鏃於弣"，鄭注云："弣，弓把也。"《考工記·弓人》"方其峻而高其柎"，《少儀》"弓則以左手屈韣執拊"，柎、拊，並與"弣"同。其刀削柄亦谓之拊。《少儀》"削授拊"，注云："拊，謂把也。"《説文》："鉘，刀握也。"義並與弓弣同。《玉篇》云："鉘，或爲弣。"

椸、櫍，椹也。

椹，或作"鍖"。櫍，或作"鑕"，通作"質"。凡椹櫍，或用以斫木，《爾雅》"椹謂之榩"，孫炎注云："斫木質。"是也。或用以莝芻，《周官·圉師》注云："椹質，圉人所習。"襄二十六年《公羊傳》云："夫負羈縶，執鈇鑕，從君東西南北，則是臣僕庶孽之事。"是也。或用以斬人，《漢書·項籍傳》注云："質，鍖也。古者斬人，加於鍖上而斫之。"昭二十五年《公羊傳》"君不忍加之以鈇鑕"，何休注云："鈇鑕，要斬之罪。"《秦策》云："今臣之胸不足以當椹質，要不足以待斧鉞。"是也。或用以爲射槷，《周官·司弓矢》："王弓弧弓，以授射甲革椹質者。"是也。或用以爲門槷，昭八年《穀梁傳》"置旃以爲轅門，以葛覆質以爲槷"，范甯注云："質，椹。"是也。

昀案:杚未作疏證。

柊楑、敤、櫌,椎也。

《説文》:"椎,擊也。齊謂之終葵。"終葵,與"柊楑"同,即"椎"之反語也。《考工記·玉人》"大圭長三尺,杼上,終葵首",鄭注云:"終葵,椎也。"馬融《廣成頌》云:"翬終葵,揚關斧。"

卷三云:"敤,擊也。"

《説文》:"櫌,摩田器也。"字亦作"耰"。《吕氏春秋·簡選》篇"鉏耰白梃,可以勝人之長銚利兵",高誘注云:"耰,椎也。"賈誼《過秦論》云:"鉏耰棘矜,不銛於鉤戟長鎩也。"《淮南子·氾論訓》"後世爲之耒耜耰鉏",高注云:"耰,椓塊椎也。三輔謂之儓,所以覆種也。"櫌,各本譌作"擾",今訂正。

䟆、棓、梓、棁、柍、欇殳、梃、度,杖也。

《説文》:"杖,持也。"

《玉篇》䟆,他禮切,"横首杖也"。"䟆"字蓋從丈,是聲。丈,亦杖也。䟆之言提也。提,擊也。《史記·吳王濞傳》:"皇太子引博局提吳太子。"是也。

《方言》"僉,宋魏之閒謂之欇殳,或謂之度;自關而西謂之棓;齊楚江淮之閒謂之柍,或謂之梓",郭注云:"此皆打之别名也。"棓之言掊擊也。《説文》:"棓,棁也。"《淮南子·詮言訓》"羿死于桃棓",《太平御覽》引許慎注云:"棓,大杖,以桃木爲之。"《説山訓》作"桃部",古字假借也。俗作"棒"。《六韜·軍用》篇云:"方首鐵棓,維朌,重十二斤,柄長五尺以上。一名天棓。"《開元占經·石氏中官占》引石氏云:"天棓五星,天之武備也。棓者,大杖,所以打賊也。"《史記·天官書》索隱引《詩緯》云:"槍三星,棓五星,主槍人、棓人。"是"棓"爲打也。

《説文》:"柭,棓也。"《急就篇》"捃穫秉把插捌杷",碑本"捌"作"拔"。柭、拔,並與"梓"同。《説文》:"棁,木杖也。"《急就篇》"鐵錘檛杖棁柲杸",顔師古注云:"棁,小棓也。今俗呼爲袖棁,言可藏於懷袖之中也。"《淮南子·主術訓》云:"無以異於執彈而來鳥,揮棁而狎犬也。"①宣十八年《穀梁傳》"棁,殺也",范甯注云:"棁,謂捶打殘賊而殺。"是棁爲打也。《曹風·候人》篇"何戈與祋",毛傳云:

① 犬,原譌作"大"。

“祋，殳也。”“祋”與“梲”，聲義亦相近。

《説文》：“枷，柫也。淮南謂之柍。”説見下文“柫謂之枷”下。柍之言抰也。卷三云：“抰，擊也。”

欑殳，亦殳也。《説文》：“殳，目杸殊人也。禮，殳目積竹，八觚，長丈二尺，建於兵車。”“杸，軍中士所持殳也。”經傳皆作“殳”。《考工記》：“廬人爲廬器，殳長尋有四尺；五分其長，以其一爲之被而圍之。”《衛風・伯兮》傳云：“殳長丈二而無刃。”《周官・司戈盾》注云：“殳如杖。”《方言》：“戟柄，自關而西謂之柲，或謂之殳。”“矛柄謂之矜。”“矜謂之杖。”柲、矜、殳，皆杖也，故廬人爲廬器，殳、矛、戈、戟皆有焉。殳之言投也。投，亦擊也。《釋名》云：“殳，殊也，有所撞挃於車上，使殊離也。”

梃之言挺也。《孟子・梁惠王》篇“殺人以梃與刃”，《吕氏春秋・簡選》篇“鉏櫌白梃”，趙岐、高誘注並云：“梃，杖也。”應劭注《漢書・諸侯王表》云：“白梃，大杖也。”

《方言》注云：“今江東呼打爲度。”引之云：“《周官・司市》‘凡市入，則胥執鞭度守門’，鄭注云：‘必執鞭度，以威正人衆也。度謂殳也，因刻丈尺耳。’案：古人謂殳爲度，以打得名，故鄭云‘以威正人衆’也。又云‘因刻丈尺’者，以上文云‘以量度成賈而徵儥’，故并及之。其實，鞭度但供撻戮，下文胥職云：‘執鞭度而巡其前，凡有罪者，撻戮而罰之。’是也。若均平物賈，則當兼操權量，不得獨持丈尺矣。賈公彦不解謂殳爲度之義，乃云：‘一物以爲二用。若以繫鞘於上，則爲鞭；以長丈二，因刻丈尺，則爲度。’失之。”

箠、策、篸、折，箠也。

《説文》：“築，箠也。”《急就篇》“鐵棰檛杖梲柲杸”，顔師古注云：“麤者曰檛，細者曰杖。”《文選・長笛賦》“裁以當簻便易持”，李善注云：“簻，馬策也。”築、簻、檛，並同。檛者，擊也。禰衡擊鼓爲“漁陽三檛”，是也。

箠、策，皆擊也。《説文》：“箠，擊馬策也。”“策，馬箠也。”箠策長五尺。《考工記・輈人》云：“軓前十尺而策半之。”《漢書・刑法志》云：“箠長五尺。”

《玉篇》：“篸，木細枝也。”字本作“蔘”。《方言》：“青齊兖冀之閒謂木細枝曰蔘。故傳曰：慈母之怒子也，雖折蔘笞之，其惠存焉。”

昀案:折未作疏證。

籦謂之笸。

《太平御覽》引《纂文》云:“篪,笐槍也。”《玉篇》:“籦,笸,逆槍也。或作篪。”《廣韻》:“笸,斜逆也。”籦,各本譌作“籫”,今訂正。

柤、橕、柱,距也。

《説文》:“歫,槍也。”歫,與“距”同。槍,與“橕”聲相近。《少牢饋食禮》“長皆及俎拒”,鄭注云:“拒,讀爲‘介距’之距;俎距,脛中當横節也。”是“距”與“橕”,異名而同實。

《説文》“柤,木閑也”,徐鍇傳云:“閑,闌也。”柤之言阻也。

《説文》:“橕,衺柱也。”又云:“牚,歫也。”《考工記·弓人》“維角牚之”,鄭衆注云:“牚,讀如‘牚距’之牚、‘車牚’之牚。”王延壽《魯靈光殿賦》“枝牚杈枒而斜據”,張載注云:“枝牚,梮梁之上木也,長三尺。”義並與“橕”同(285)。

昀案:柱見《補正》。

梏、衡、楅,㮰也。

《説文》:“㮰,角械也。”

梏,與“桎梏”之“梏”同義。字本作“告”。《説文》“告,牛觸人,角箸横木,所目告人也;從口從牛”,引《大畜》六四:“僮牛之告。”今本作“牿”,釋文云:“九家作告。”虞翻注云:“告,謂以木楅其角也。”

衡之言横,楅之言偪也。《説文》:“衡,牛觸,横大木其角;從角大,行聲。”又云:“楅,目木有所畐束也。”《魯頌·閟宫》篇“夏而楅衡”,毛傳云:“楅衡,設牛角以楅之也。”《周官·封人》“飾其牛牲,設其楅衡”,杜子春注云:“楅衡,所以持牛,令不得抵觸人。”

箯、欙,輿也。

輿,字或作“轝”。卷一云:“輿,舉也。”

箯之言編也,編竹爲輿也。《説文》:“箯,竹輿也。”文十五年《公羊傳》“筍將而來也”,何休注云:“筍者,竹箯,一名編輿。齊魯以北名之曰筍。”《史記·張耳陳餘傳》“上使泄公持節問之箯輿前”,集解引韋昭云:“箯輿,如今輿牀,人輿以行也。”索隱引《三倉解詁》云：“篴罋，土器也。”《漢書》顏師古注云：“篴輿者，編竹木以爲輿，形如今之食輿矣。”《急就篇》“笹篅篴筥籅箅篝”，注云：“竹器之盛飯者，大曰篴，小曰筥。”義亦相近也。

卷一云：“梮，舉也。”《説文》“梮，舉食者”，徐鍇傳云：“如食牀，兩頭有柄，二人對舉之。”襄九年《左傳》“陳畚挶”，《漢書·五行志》作“輂”，應劭注云：“輂，所以輿土也。”《周語》“跱而畚挶”，韋昭注與應劭同。《史記·夏紀》“山行乘檋”，《漢書·溝洫志》作“山行則梮”，韋昭注云：“梮，木器，如今輿牀，人舉以行也。”義並與“梮”同。梮，從木，具聲，各本譌作“梟”，今訂正。

𨫼、畚、㩗、梩、喿，臿也。

《爾雅》“斛謂之疀”，郭注云：“皆古鍫鍤字。”《管子·度地》篇云：“籠臿版築各什六。”《齊策》云：“坐而織蕢，立則杖插。”並字異而義同。《釋名》云：“鍤，插也，插地起土也。”《方言》：“臿，燕之東北、朝鮮洌水之閒謂之斛；宋魏之閒謂之鏵，或謂之𨫼；江淮南楚之閒謂之臿；沅湘之閒謂之畚；趙魏之閒謂之喿，東齊謂之梩。”

㩗，音“嫣訥”之“嫣”，字從臿，支聲。“㩗”從支聲而讀若嫣，猶“有頍者弁”之“頍”從支聲而讀若跬也。《説文》：“䤥，臿屬也；讀若嫣。”高誘注《淮南子·精神訓》云：“三輔謂臿爲鐫。”字並與“㩗”同。各本“㩗”字皆作“𢫬”，音插。案：音插，則與下文“臿”字重出。且《説文》《玉篇》《廣韻》《集韻》《類篇》皆無“𢫬”字，此因“㩗”字譌作“𢫬”，後人遂妄改曹憲之音耳。今考《集韻》《類篇》㩗，俱爲切，引《廣雅》：“㩗，臿也。”其音即本於曹憲，是《廣雅》本作“㩗”，不作“𢫬”；曹憲本音嫣，不音插。今據以訂正。

《説文》：“相，臿也。或作梩。”《周官·鄉師》注引《司馬法》云：“輂一斧、一斤、一鑿、一梩、一鉏。”《孟子·滕文公》篇“虆梩而掩之”，趙岐注云：“虆梩，籠臿之屬。”《莊子·天下》篇“禹親自操橐耜”，崔譔注云：“耜，插也。”並字異而義同。相之言剚也，剚入土中也。耒頭金謂之耜，義亦同也。

《方言》注云：“喿，字亦作鍫。”《釋名》云：“鍤，或曰銷。銷，削也，能有所穿削也。”《新序·刺奢》篇云：“魏王將起中天臺，許綰負橾鍤入。”喿、橾、鍫、銷，並字異而義同。《少牢下》篇注云：“二匕皆有淺斗，狀如飯橾。”義與“臿謂之喿”亦相近。喿，音七遥反。斛，音土貂反。二者同物而異名，故《方言》云：“燕之東北謂之斛，趙魏之閒謂之臬。"《爾雅》注以"斛"爲古"鍫"字，非也。

鏵、鎵、鍫也。

《説文》："鍫，河内謂臿頭金也。"《方言》注云："今江東呼鍫刃爲鍫。"

《説文》："苿，兩刃臿也。宋魏曰苿。或作釫。"《方言》作"鏵"。《淮南子·齊俗訓》"脩脛者使之跖钁"，高誘注云："長脛者以蹋插，使入深也。"《太平御覽》引《淮南子》"钁"作"鏵"。《吴越春秋·夫差内傳》云："寡人夢兩鋘殖吾宫牆。"《後漢書·戴就傳》注引《字詁》云："鋘，臿刃也。"苿、釫、鏵、鋘，並字異而義同。今俗語猶謂臿爲鏵鍫。《淮南子·精神訓》注云："臿，鏵也。青州謂之鏵，三輔謂之鍋。"鍋、鏵，語之轉。《釋言》篇云："蔿、譌，譁也。""蔿、譌"之轉爲"譁"，猶"鍋"之轉爲"鏵"矣。《釋名》云："鍤，或曰鏵。鏵，刳也，刳地爲坎也。"《曲禮》"爲國君削瓜者華之"，鄭注云："華，中裂之也。"義與"鏵"同。

昀案：鎵未作疏證。

築謂之杵。

《説文》："築，擣也。"《周官·鄉師》注引《司馬法》云："輂一斧、一斤、一鑿、一梩、一鉏。周輂加二版、二築。"《六韜·軍用》篇云："銅築長五尺以上。"

渠挐謂之杷。

《方言》"杷，宋魏之閒謂之渠挐，或謂之渠疏"，郭注云："有齒爲杷，無齒爲朳。"《説文》："杷，收麥器也。"《急就篇》"捃穫秉把插捌杷"，顔師古注云："捌、把，皆所以推引聚禾穀也。"捌，與"朳"同。《六韜·軍用》篇云："鷹爪方胸鐵杷，柄長七尺以上。"《漢書·貢禹傳》"捽中杷土"，顔注云："杷，手掊之也；音蒲巴反。"是"杷"爲掊聚之名也。《通藝録》云："握物謂之把，指爪微屈焉謂之爬。"此"杷"之所由名也。

《方言》注云："今江東亦名杷爲渠挐。"《釋名》："齊魯謂四齒杷爲欋。""欋"與"渠挐、渠疏"，皆語之轉也。

柫謂之枷。

《方言》"僉，自關而西或謂之柫"，郭注云："今連枷，所以打穀者。"《説文》："柫，擊禾連枷也。"《漢書·王莽傳》"予之北巡，必躬載柫"，顔師古注云："柫，所以擊治禾者也，今謂之連枷。"《齊語》"耒耜枷芟"，韋昭注云："枷，拂也，所以擊草也。"王褒《僮約》云："刻木爲枷，屈竹作杷。"《釋名》云："枷，加也，加杖於柄頭，以檛穗而出其穀也。或曰羅枷，羅三杖而用之也。"羅、連，一聲之轉。今江淮閒謂打穀器爲連皆。皆、枷，亦一聲之轉。柫之言拂也。《説文》："拂，過擊也。"枷之言㪉也。卷三云："㪉，擊也。"柫、枷，皆擊也，故馬融《廣成頌》云："拂游光，枷天狗。"《方言》注以"枷、柫"爲打之别名，是也。

筝篗謂之筞。

《説文》："栙，栙雙也。""筞，栙雙也。"徐鍇傳引《字書》云："筝篗，帆也。"筝篗，與"栙雙"同。《廣韻》云："栙篗，帆未張。"

佯篖、倚陽，筕篖也。

《方言》"筕篖，自關而東，周洛楚魏之閒謂之倚佯；自關而西謂之筕篖；南楚之外謂之篖"，郭注云："似籧篨，直文而粗。江東呼笪。"倚佯，與"倚陽"同。

笙、䇫、篸、簟、籧篘、筵、㐁、薦、篟、筏，席也。

《説文》："席，藉也。""筵，竹席也。""席"與"藉"，古同聲而通用。《漢書・劉向傳》"吕産、吕禄席太后之寵"，席猶藉也；《賈捐之傳》"民衆久困，相枕席於道"，如淳曰："席，音藉。"筵之言延也。《爾雅》："延，陳也。"《周官・司几筵》注云："筵，亦席也。鋪陳曰筵，藉之曰席。然共言之[①]，筵、席通矣。"古者席以九尺爲度，短不過尋，長不過常。《考工記・匠人》："明堂度九尺之筵。"《公食大夫禮》："蒲筵常，加萑席尋。"是也。

《方言》"簟，宋魏之閒謂之笙，或謂之籧篘[②]；自關而西，或謂之簟，或謂之䇫"，郭注云："今江東通言笙。"左思《吴都賦》"桃笙象簟"，劉逵注云："桃笙，桃枝簟也。吴人謂簟爲笙。"案：笙者，精細之名。《方言》云："自關而西，秦晉之閒，凡細貌謂之笙。"簟爲籧篨之細者，故有斯稱矣。䇫之言曲折也。《方言》注云："今云䇫篾篷也。"又云："江東呼籧篨爲廢。"廢，與"篸"同。漢《祝睦後碑》"垂誨素棺，幣以葭篸"，葭篸，即今人所謂蘆廢也。《説文》："簟，竹席也。"《釋名》云："簟，覃也，布之覃覃然正

① 共，原譌作"其"。
② 篘，原譌作"曲"。

平也。"《齊風·載驅》傳云:"簟,方文席也。"《小雅·斯干》篇"下莞上簟",鄭箋云:"莞,小蒲之席也。竹葦曰簟。"籧篨,猶拳曲,語之轉也。簟可卷,故有"籧篨"之名。關西謂之𥰭,亦此義也。各本"籧篨"二字之閒有"篨"字,蓋後人以意加之。"籧篨"自見下條,乃竹席之粗者,與籧篨不同。今據《方言》删。

㐁,曹憲音天念反。《説文》:"㐁,舌皃。"義與席不相近。曹云:"亦有本作茵字。"《説文》:"茵,車中重席也。"則作"茵"者是。茵之言因也,説見上文"鞇鞴謂之鞇"下。鞇,與"茵"同。

《釋名》云:"薦,所以自薦藉也。"《晏子春秋·雜》篇云:"布薦席,陳簠簋。"

薦、篘,一聲之轉。篘,通作"蔣"。《夏小正》"四月取荼",傳云:"荼也者,以爲君薦蔣也。""七月灌荼",傳云:"荼,萑葦之秀,爲蔣褚之也。"《韓非子·十過》篇云:"縵帛爲茵,蔣席額緣。"王褒《僮約》云:"編蔣織薄。"是"蔣"爲席也。

昀案:篴未作疏證。

篕棪謂之籧篨。

《説文》:"籧篨,粗竹席也。"《淮南子·本經訓》"若簟籧篨",高誘注云:"籧篨,葦席也。"《鹽鐵論·散不足》篇云:"庶人即草蓐索經,單藺籧篨而已。"《方言》:"簟之粗者,自關而西謂之籧篨,自關而東或謂之篕棪。"棪,與"棪"通。

笭篂。

此條内有脱文,不可復考。《玉篇》:"篂,筵也。"《集韻》笭,郎丁切;篂,馳貞切,云:"《廣雅》:'笭篂,竹席。'"案:上文"簟"與"籧篨"皆是竹席,則竹席不獨笭篂。蓋"竹席"二字乃《集韻》釋《廣雅》之辭,非《廣雅》原文也。《集韻》笭,又郎定切;篂,又他定切,云:"笭篂,車中筵也。"

石鍼謂之柴。

襄二十三年《左傳》"美疢不如惡石",服虔注云:"石,砭石也。"《説文》:"砭,目石刺病也。"《東山經》"高氏之山,其下多箴石",郭璞注云:"可以爲砭箴治癰腫者。"箴,與"鍼"同。柴者,鋭末之名。鳥喙謂之觜,義相近也。

鼓𪔳謂之枹。

𪔳,曹憲音穎。字或作"鞻"。《衆經音義》卷十七引《埤倉》云:"鞻,鼓枹也。"

又引《字書》云:“鼓材也。”卷二十四云:“今江南名鼓匡爲䥲。”案:䥲者,中空之名。《急就篇》“輻轂輨轄輮𨍱𨏤”,顔師古注云:“𨏤者,轂中空受軸處也。”義與“䥲”同。《考工記》謂轂𨏤爲“藪”,鄭衆注云:“藪,謂轂空壺中也。以其中空如壺,故曰壺中。”“鼓䥲”之字從壺,義與此同也。柧,亦中空之名,義與“瓦”同。

砮、臒,丹也。

《説文》“丹,巴越之赤石也”,徐鍇傳云:“《山海經》有‘白丹、黑丹’。丹以赤爲主,黑白皆其類也。”

《説文》:“砮,石可㠯爲矢鏃。”《禹貢》荆州,厥貢“礪、砥、砮、丹”;梁州,“厥貢璆、鐵、銀、鏤、砮、磬”。賈逵注《魯語》云:“砮,中矢鏃之石也。”案:賈、許皆云“砮中矢鏃”。《廣雅》以“砮”爲丹,未詳所據。

《説文》:“臒,善丹也。”《梓材》“惟其斁丹臒”,馬融注與《説文》同。《南山經》云:“青邱之山,其陰多青臒。雞山,其下多丹臒。”臒有青赤之異,猶丹有赤白黑之異矣。

彈謂之彈。

《説文》:“彈,行丸也。”《玉篇》:“青州謂彈曰彈。”彈者,遥擊之名。《燕策》云:“荆軻引其匕首提秦王。”義與“彈”相近。

帥、蕡、〔彈*〕、〔弲*〕,弦也。

帥,曹憲音升芮反。各本譌作“師”,惟影宋本、皇甫本不譌。“帥、蕡”二字,義與弓弦不相近,未詳。

《集韻》《類篇》並引《廣雅》:“彈、弲,弦也。”今本脱此二字。《説文》“彈,射也”,引《楚辭·天問》:“羿焉彈日。”又云:“弲,角弓也。雒陽名砮曰弲。”“彈、弲”二字,義與弦亦不相近。此條内必多脱文,不敢臆爲之説。

彄謂之絠。

《説文》:“彄,弓弩耑弦所居也。”蔡邕《黄鉞銘》云:“馬不帶鉠,弓不受彄。”

《説文》:“絠,彈彄也。”

拾、捍、韝,韘也。

拾、捍、韝爲一物,韘爲一物。拾、捍、韝,皆謂遂也;著於左臂,所以扞弦也。

韘,謂決也;著於右手大指,所以引弦也。

《説文》:"韝,射臂沓也。"又云:"韘,射決也,所目拘弦,目象骨韋系箸右巨指。或作弽。"《衛風·芄蘭》篇"童子佩韘",毛傳云:"韘,玦也。"鄭箋云:"韘之言沓,所以彄沓手指。"

《小雅·車攻》篇"決拾既佽",毛傳云:"決,鉤弦也。拾,遂也。"《周官·繕人》"掌王之用弓弩矢箙矰弋抉拾",鄭衆注云:"抉,謂引弦彄也。拾,謂韝扞也。"鄭注云:"抉,挾矢時所以持弦飾也,著右手巨指。《士喪禮》曰:'抉,用正王棘若檡棘。'則天子用象骨與! 韝扞,著左臂,以韋爲之。"《鄉射禮》"袒決遂",鄭注云:"決,猶闓也,以象骨爲之;著右大擘指,以鉤弦闓體也。遂,射韝也,以韋爲之;著左臂,所以遂弦也。其非射時,則謂之拾。拾,歛也,所以蔽膚歛衣也。"《曲禮》"野外軍中無摯[①],以纓拾矢可也",鄭注云:"拾,謂射韝。"《内則》"右佩玦捍",注云:"捍,謂拾也,言可以捍弦也。"《管子·戒》篇云:"桓公望見管仲、隰朋,弛弓脱釬而迎之。"《韓非子·説林》篇云:"羿執鞅持扞,操弓開機。"《賈子·春秋》篇云:"丈夫釋玦靬。"扞、釬、靬,並與"捍"同;抉、玦、鞅,並與"決"同。

以上諸書,或專言拾,或專言捍,或專言韝,或專言韘,或兼言決拾,或兼言決遂,或兼言決捍,皆截然二物,不可混同。《廣雅》以拾、捍、韝、韘爲一物,蓋失之矣。

彇、彏,䩓也。

《玉篇》:"䩓,弓弭也。"《小雅·采薇》傳云:"弭,弓反末也。""弭"與"䩓",聲近而義同。《郊特牲》注云:"辟,讀爲弭。"是其例矣。

彇,字亦作"簫"。《釋名》云:"弓末曰簫,言簫梢也。"《大射儀》"左執弣,右執簫",鄭注云:"簫,弓末也。"《曲禮》"右手執簫,左手承弣",鄭注云:"簫,弭頭也。謂之簫,簫,邪也。"正義云:"弓頭稍剡,差邪似簫,故謂爲簫也。今人謂弓頭爲弰,弰、簫之言亦相似也。"案:簫者,邪辟之貌,故又謂之䩓。餘見卷二:"蕭,衺也"下。

昀案:彏未作疏證。

鞬、韔、櫜、韜、韣,弓藏也。

鞬之言鍵閉也。《方言》:"所以藏弓謂之鞬。"《晉語》"其左執鞭弭,右屬櫜

① 摯,原譌作"摰"。典籍中多誤。

鞬”，韋昭注云：“櫜，矢房；鞬，弓弢也。”僖二十三年《左傳》注同。

藏弓謂之韔，故弓藏亦謂之韔。《秦風·小戎》篇云：“虎韔鏤膺。”又云：“交韔二弓。”是也。毛傳云：“韔，弓室也。”《説文》云：“弓衣也。”《檀弓》“赴車不載櫜韔”，釋文作“韔”，《鄭風·大叔于田》作“鬯”。《小戎》釋文云：“韔，本亦作暢。”並字異而義同。

《小雅·彤弓》篇“受言櫜之”，毛傳云：“櫜，韜也。”韜弓謂之櫜，故弓韜亦謂之櫜。昭元年《左傳》“請垂櫜而入”，杜注云：“垂櫜，示無弓。”是也。

《説文》：“弢，弓衣也。”弢，與“韜”同。卷四云：“韜，藏也。”成十六年《左傳》“中項伏弢”，《齊語》“弢無弓，服無矢”，韋、杜注並云：“弢，弓衣也。”

韣之言襡也。《内則》注云：“襡，韜也。”《説文》：“韣，弓衣也。”又云：“韇，弓矢韇也。”韇，與“韣”同。《覲禮》“載龍旂弧韣”，《少儀》“弓則以左手屈韣執拊”，鄭注並云：“韣，弓衣也。”凡弓藏、矢藏之名，各有專屬，而皆可以互通。

《説文》：“鞬，所以戢弓矢也。”“韜，劍衣也。”“韇，弓矢韇也。”《少儀》云：“劍則啟櫝。”又云：“戈有刃者櫝。”《左傳》《國語》注並以“櫜”爲矢房，是“鞬、櫜、韜、韣”之名不獨施於弓也。《少儀》云：“甲若無以前之，則袒櫜奉胄。”《樂記》云：“倒載干戈，包之以虎皮，名之曰‘建櫜’。”則凡兵甲之衣通謂之建櫜矣。建，與“鞬”同。

掤、医、韥𩏄、鞴靫，矢藏也。

《鄭風·大叔于田》篇“抑釋掤忌”，毛傳云：“掤，所以覆矢。”馬融注云：“掤，櫝丸蓋也。”字通作“冰”。昭二十五年《左傳》“公徒釋甲，執冰而踞”，賈逵注云：“冰，櫝丸蓋也。”然則掤所以覆矢，非所以藏矢也。

医之言蔽翳也。《説文》“医，盛弓弩矢器也”，引《齊語》：“兵不解医。”今本作“翳”，韋昭注云：“翳，所以蔽兵也。”案：“医”字從矢，固當訓爲矢藏。若《齊語》所云，則兵藏之通稱也。

韥𩏄，蓋矢箙之圓者也。“韥”字或作“櫝”，又作“韇”；𩏄，通作“丸”。《方言》：“所以藏弓謂之鞬，或謂之韥丸。”《後漢書·南匈奴傳》“弓鞬韇丸”，李賢注引《方言》作“藏弓爲鞬，藏箭爲韇丸”。與《廣雅》合。案：賈逵、馬融、服虔並以“掤”爲櫝丸蓋，則“櫝丸”之爲矢箙甚明。然鄭注《士冠禮》云：“今時藏弓矢者，謂之韇丸。"則弓弢亦同斯稱矣。

《集韻》引《埤倉》云："鞴靫，箭室也。"鞴靫，亦作"步叉"。《釋名》云："步叉，人所帶，以箭叉其中也。"《續漢書·輿服志》注引《通俗文》云："箭箙謂之步叉。"各本"鞴靫"譌作"靫鞴"，今訂正。

飛蝱、矰、第、矢、拔，箭也。

《方言》"箭，自關而東謂之矢，關西曰箭"，郭注云："箭者，竹名，因以爲號。"

《釋名》云："矢，指也，言其有所指向迅疾也。又謂之箭。箭，進也。"《考工記·矢人》注云："矢，槀長三尺，羽者六寸，刃二寸。"

《方言》："箭，三鐮長六尺者謂之飛寅。"《文選·閒居賦》"激矢寅飛"，李善注引《東觀漢紀》："光武作飛寅箭以攻赤眉。"寅，與"蝱"同。

《説文》："矰，隿射矢也。"

第，《周官》作"茀"。《司弓矢》"矰矢茀矢，用諸弋射"，鄭注云："結繳於矢謂之矰。矰，高也，茀矢象焉。茀之言刜也。二者皆可以弋飛鳥刜羅之也。"《史記·留侯世家》索隱引馬融注云："繳繫短矢謂之矰。"《吳語》云："白常、白旂、素甲、白羽之矰。"則兵矢亦謂之矰矣(286)。

《秦風·駟驖》篇"舍拔則獲"，毛傳云："拔，矢末也。"正義云："以鏃爲首，故拔爲末。"此當云"箭末謂之拔"，不當訓"拔"爲箭也。

平題、鈀、錍、鉤腸、羊頭、鉾鑪、鏃、砮，鏑也。

《説文》："鏑，矢鏠也。"

《方言》"凡箭鏃胡合嬴者，四鐮，或曰拘腸；三鐮者謂之羊頭；其廣長而薄鐮者謂之錍，或謂之鈀箭；其小而長中穿二孔者謂之鉀鑪，内者謂之平題"，郭注云："平題，今戲射箭也。題，頭也。"

《廣韻》引《方言》注云："江東呼錍箭曰鈀。"

《爾雅》"金鏃翦羽謂之鍭"，郭注云："今之錍箭是也。"後世言"金錍"，名出於此也(287)。

鉤腸，與"拘腸"同。

鉾鑪，當爲"鉀鑪"，隸書"甲"字作"㝒"，牢字作"窂"，二形相似，故"鉀"字譌而爲"鉾"。鉾，曹憲音牢。《玉篇》："鉀，古狎切；鉀鑪，箭也。""鉾，力刀切；鉾鑪，錍也。"《廣韻》同。則"鉀"之譌"鉡",由來已久。《方言》注云:"鉀鑪,今箭錍鑿空兩邊者也。'嗑、盧'兩音。"郭氏讀"鉀"爲"嗑",是其字本從甲,不從牢。今據以辨正。

《説文》:"族,矢鏠也。""鏃,利也。"經傳皆作"鏃"。《釋名》云:"齊人謂鏑爲鏃。"

《説文》"砮,石可目爲矢鏃",引《禹貢》:"荆州,貢砮丹。"《魯語》"肅慎氏貢楛矢、石砮,其長尺有咫",韋昭注云:"砮,鏃也,以石爲之。"《魏志·挹婁傳》云:"矢用楛,長尺八寸,青石爲鏃。"

夫襓,木劒衣也。

夫,舊本作"袪",曹憲音扶。木,舊本作"袮",曹憲音陳律反。案:《少儀》"加夫襓與劒焉",鄭注云:"夫襓,劒衣也。夫,或爲煩,皆發聲。"正義曰:"云'夫襓,劒衣也'者,熊氏云。依《廣雅》'夫襓,木劒衣',謂以木爲劒衣者,若今刀榼。云'夫,或爲煩,皆發聲'者,以《禮記》本夫字或作煩字,俱是發聲。然則襓之一字,是劒衣之正名。襓字從衣,當以繒帛爲之。熊氏用《廣雅》'以木爲之',其義未善也。"據正義所引熊安生説,則《廣雅》本作"夫襓,木劒衣也"甚明。自曹憲所見本,"夫"字始譌作"袪","木"字始譌作"袮"。"袪、袮"二字從衣,皆因與"襓"字相涉而誤。其"袮"字右畔從术,則"木"字之譌。考《玉篇》《廣韻》,"袪"字皆音膚,不音扶。《説文》:"袪,襲袪也。"《廣韻》:"袪,衣前襟也。"皆非劒衣之名。又《説文》《玉篇》《廣韻》皆無"袮"字。曹憲音陳律反,非是。今訂正。

柗、室、郭[①],劒削也。

凡刀劒室通謂之削。字或作"鞘"。《説文》:"削,鞞也。"《釋名》云:"刀室曰削。削,峭也,其形峭殺裹刀體也。"《方言》:"劒削,自河而北,燕趙之閒謂之室;自關而東,或謂之廓,或謂之削;自關而西謂之韠。"韠,與"鞞"同。

柗之言合也。《説文》:"柗,劒柙也。"柙,亦柗也。《玉篇》引《莊子·刻意》篇:"有干越之劒者,柗而藏之。"今本作"柙"。柗,各本譌作"拾",今訂正。

凡刀劒削亦通謂之室。《燕策》云:"拔劒,劒長,操其室。"《史記·春申君傳》云:"刀劒室以珠玉飾之。"是也。《秦風·小戎》傳云:"韔,弓室也。"則弓弢亦謂之室矣。

---

① 郭,原作"鄣",《疏證》作"郭"。

郭,與"廓"同。《釋名》云:"弩牙外曰郭,爲牙之規郭也。"義亦與劒郭同。

劒珥謂〔之〕鐔。

各本脱"之"字,今補。

《説文》:"鐔,劒鼻也。"《釋名》云:"劒旁鼻曰鐔。鐔,尋也,帶所貫尋也。"《趙策》云:"吴干之劒,無鉤罕鐔蒙須之便,操其刃而刺,則未入而手斷。"《莊子·説劒》篇"以周宋爲鐔",釋文:"鐔,《三倉》云'劒口也';徐云'劒鐶也';司馬云'劒珥也'。"《楚辭·九歌》"撫長劒兮玉珥",王逸注云:"玉珥,謂劒鐔也。"《通藝録》云:"劒首者何?戴於莖者也;首也者,劒鼻也。劒鼻謂之鐔。鐔謂之珥,或謂之環,或謂之劒口;有孔曰口,視其旁如耳然曰珥,面之曰鼻,對末言之曰首。故《曲禮》'進劒者左首',正義云:'首,劒拊鐶也。'首及莖並與劒同物,鑠金而成。自首至末,一體也。《少儀》云:'澤劒首。'鄭氏以爲'金器弄之,易於汗澤',是也。辛丑六月,瑶田在揚州,汪容甫得一古劒以遺余。劒首形如覆盂,宛然而中空。吴栖玉過余,見之,因爲余舉一證曰:'《莊周》書"夫吹管也,猶有嗃也;吹劒首者,吷而已矣",司馬彪云:"劒首,謂劒鐶頭小孔也。"劒首必如此,乃可言吹。吹聲異於管者,管空長,故其聲嗃;劒首空淺,不能有嗃聲,但吷然而已。'然則'劒首'之義可定矣。劒首名鐔,鐔之言覃也,是于于者非覃之形乎!兹其所以名鐔者乎!説鐔之義,頗多異聞。證以是劒,吾能擇而從之矣。"念孫案:易疇以鐔爲劒首,確不可易。原文甚詳,今録其大概如此。

鞞、鞘,刀削也。

《説文》:"鞞,刀室也。"鞞之言屏藏也,亦刀劒削之通名。説見上文。

《内則》"右佩遰",鄭注云:"遰,刀鞞也。"遰,與"鞘"同。

龍淵、太阿、干將、鏌釾、莫門、斷虵、魚腸、醇鈞[①]、燕支、蔡倫、屬鹿、干隊、堂谿、墨陽、鉅闕、辟誾,劒也。

《説文》:"劒,人所帶兵也。籀文作劒。"《考工記》:"桃氏爲劒,莖長五寸。身長五其莖長,謂之上制;四其莖長,謂之中制,三其莖長,謂之下制。"《韓策》云:"韓卒之劒戟,皆出於冥山、棠谿、墨陽、合伯。鄧師、宛馮、龍淵、太阿,皆陸斷馬牛,水

① 醇,原作"醕",《疏證》作"醇"。

擊鵠雁。”

《史記·蘇秦傳》索隱引晉《太康地記》云:“汝南西平有龍淵水,可以淬刀劍,特堅利,故有龍淵之劍,楚之寶劍也。”《淮南子·人閒訓》云:“援龍淵而切其股。”

《齊策》云:“今雖干將、莫邪,非得人力,則不能割劌矣。”莫邪,與“鏌釾”同。《莊子·大宗師》篇作“鏌鋣”。《吳越春秋·闔閭内傳》云:“干將者,吳人也;莫邪,干將之妻也。干將作劍,金鐵之精不銷。莫邪乃斷髮翦爪,投於鑪中,金鐵乃濡,遂以成劍,陽曰干將,陰曰莫邪。”《越絶外傳·記寶劍》篇云:“吳有干將,越有歐冶子。”應劭注《漢書·賈誼傳》云:“莫邪,吳大夫也。作寶劍,因以冠名。”又注《司馬相如傳》云:“干將,吳善冶者。”案:干將、莫邪,皆連語以狀其鋒刃之利,非人名也。王褒《九懷》云:“舒余佩兮綝纚,竦余劍兮干將。”是“干將”爲利刃之貌。莫邪,疊韻字,義亦與“干將”同。“干將、莫邪”皆利刃之貌,故又爲劍戟之通稱。《史記·商君傳》云:“屈盧之勁矛,干將之雄戟。”司馬相如《子虛賦》云[①]:“建干將之雄戟。”戟與戈同類,故魏文帝《浮淮賦》云:“建干將之銛戈。”《説文》:“鏌釾,大戟也。”《漢書·揚雄傳》“杖鏌邪而羅者以萬計”,注亦以爲“大戟”。“干將、莫邪”爲劍戟之通稱,則非人名可知。故自西漢以前,未有以“干將、莫邪”爲人名者。自《吳越春秋》,始以“干將”爲吳人,“莫邪”爲干將之妻。其他説雖不同,而同以爲人名,總由誤以“干、莫”二字爲姓,遂致紛紛之説。又《吳越春秋》《越絶書》所説龍淵、太阿、魚腸、純鈞、鉅闕之狀,皆非事實,故槩無取焉。

諸書説劍,皆無“莫門”之名。《廣韻》“劍”字注全引《廣雅》此條文,亦無“莫門”二字。“莫”字疑是“鏌”字之音誤入正文;“門”字疑因下文“鉅闕、辟閭”等字從門而誤衍也。

《西京雜記》云:“漢帝相傳以高帝斬蛇劍。劍上有七采珠、九華玉以爲飾,雜廁五色流離爲劍匣,刃上常若霜雪,開匣拔鞘,輒有風氣,光采射人。”蓋即《廣雅》所謂“斷虵”也。

《淮南子·脩務訓》云:“夫純鈞、魚腸之始下型,擊則不能斷,刺則不能入。”高誘注云:“純鈞,利劍名。魚腸,文理屈襞若魚腸者。”《覽冥訓》作“淳鈞”,《齊俗訓》作“淳均”,並與“醇鈞”同。

---

① 子,原譌作“于”。

哀十一年《左傳》“使賜之屬鏤以死”，服虔注云：“屬鏤，劍名。”《荀子·成相》篇：“到而獨鹿棄之江。”屬鏤、獨鹿，並與“屬鹿”同。

《吕氏春秋·知分》篇“得寶劍于干遂”，高誘注云：“干遂，吳邑。”《淮南子·道應訓》作“干隊”，《秦策》作“干隧”，並字異而義同。楊倞注《荀子·勸學》篇引《吕氏春秋》作“干越”。“越”與“遂”，古聲亦相近。《莊子·刻意》篇“有干越之劍者，柙而藏之”，是也。

《楚辭·九歎》“執棠谿以刜蓬兮”，王逸注云：“棠谿，利劍也。”《鹽鐵論·論勇》篇云：“世言强楚勁鄭，有犀兕之甲、棠谿之鋌也。”徐廣《史記·蘇秦傳》音義云：“汝南吳房有棠谿亭。”棠，與“堂”通。

《淮南子·脩務訓》“服劍者期於銛利，而不期於墨陽、莫邪”，高注云：“墨陽、莫邪，美劍名也。”《鹽鐵論·論勇》篇云：“楚鄭之棠谿、墨陽，非不利也。”

《荀子·性惡》篇云：“闔閭之干將、莫邪、鉅闕、辟閭，古之良劍也。”《新序·雜事》篇云：“辟閭、巨闕，天下之利器也。”巨，與“鉅”通。

昀案：燕支、蔡倫未作疏證。

陳寶、孟勞、馬氏、白楊、剞劂、劉，刀也。

《説文》：“刀，兵也。”

《顧命》“陳寶赤刀”，傳以“陳寶”爲陳先王所寶之器物。正義引鄭氏説同。此以“陳寶”爲刀名，則與“赤刀”同類，或用今文説也。

僖元年《穀梁傳》云：“孟勞者，魯之寶刀也。”

魏左延年《秦女休行》云：“左執白楊刀，右據宛魯矛。”《淮南子·脩務訓》“羊頭之銷”，高誘注云：“白羊子刀也。”羊，與“楊”通。

剞之言阿曲，劂之言屈折也。《説文》：“剞剧，曲刀也。”剧，與“劂”同。《淮南子·俶真訓》“鏤之以剞剧”，高注云：“剞，巧工鉤刀也；剧者，規度刺畫墨邊箋也，所以刻鏤之具也。”《楚辭·哀時命》“握剞劂而不用兮”，王逸注云：“剞劂，刻鏤刀也。”《漢書·揚雄傳》：“般、倕弃其剞劂兮”，應劭注云：“剞，曲刀；劂，曲鑿也。”

昀案：馬氏、劉未作疏證。

錟、鏦、穳、矟、䂎、鉾，矛也。

《考工記》：“廬人爲廬器，酋矛常有四尺，夷矛三尋。”

《方言》:“錟謂之鈹。”《説文》:“錟,長矛也。”錟之言剡也。《爾雅》云:“剡,利也。”

《方言》:“矛,吴揚江淮南楚五湖之閒謂之鍦,或謂之鏦。”《淮南子·兵略訓》“脩鎩短鏦”,《華嚴經》卷十五音義引許慎注云:“鏦,小矛也。”鏦之言摐也。《釋言》篇云:“摐,撞也。”

矟,即今“槊”字也。《釋名》云:“矛長丈八尺曰矟,馬上所持,言其矟矟便殺也。又曰激矛。激,截也,可以激截敵陳之矛也。”案:矟、激,皆長貌也。《爾雅·釋木》“梢,梢擢”,郭注云:“謂木無枝柯,梢擢長而殺者。”又“無枝爲檄”,注云:“檄擢直上。”卷二云:“檄,長也。”“檄”與“激”、“梢”與“矟”,義並相近。

《説文》:“鉈,短矛也。”《荀子·議兵》篇“宛鉅鐵釶,慘如蠭蠆”,楊倞注云:“釶,矛也。”《史記·禮書》作“鐵施”。左思《吴都賦》“藏鍦於人”,劉逵注云:“鍦,矛也。”字並與“矠”同。矠,曹憲音蛇。後世言“蛇矛”,名出於此也。

《釋名》云:“矛,矛長九尺者也。矛,霍也,所中霍然即破裂也。”《吴都賦》“長殺短兵”,李善注引《廣雅》:“殺,矛也。”《説文繫傳》引《字書》:“榝,小矛也。”並字異而義同。矛,各本譌作“矛”,今訂正。

昀案:矡未作疏證。

穳謂之鋋。

《方言》:“矛,吴揚江淮南楚五湖之閒或謂之鋋。”《説文》:“鋋,小矛也。”《史記·匈奴傳》“其長兵則弓矢,短兵則刀鋋”,索隱引《埤倉》云:“鋋,小矛鐵矜。”《漢書·鼂錯傳》云①:“萑葦竹蕭,中木蒙蘢,支葉茂接,此矛鋋之地也。”《六韜·軍用》篇云:“曠林草中,方胸鋋矛千二百具。”矛謂之鋋,故以矛刺物亦謂之鋋。《上林賦》云:“格蝦蛤鋋猛氏。”是也。《釋名》云:“鋋,延也,達也,去此至彼之言也。”《衆經音義》卷十一云“穳,小矛也”,引《字詁》古文“錄、穳”二形,今作“穳”。穳之言鑽也。小矛謂之穳,猶矛戟刃謂之鑽。《方言》“鑽謂之鍴,矜謂之杖”,是也。凡戈戟矛,皆以其刃得名。

䂍、矠、蒲蘇、鎔,鈹也。

---

① 鼂,原譌作“鼂”。

鈹之言破也。《方言》"錟謂之鈹",郭注云:"今江東呼大矛爲鈹。"

《説文》:"稂,矛屬。"《廣韻》云:"短矛也。"稂,各本譌作"䂓",今訂正。

《説文》:"矠,矛屬。"

《急就篇》云:"鈒戟鈹鎔劒鐔鍭。"

昀案:蒲蘇未作疏證。

鏔、孑、鏝胡、釨、戛、戈,戟也。

《説文》:"戟,有枝兵也。""戈,平頭戟也。"《釋名》云:"戟,格也,旁有枝格也。""戈,句孑戟也。戈,過也,所刺擣則決過,所鉤引則制之弗得過也。"案:謂所刺擣、所鉤引皆決過也。《考工記》注以"戈"爲句兵。句、戈,一聲之轉,猶鎌謂之鉤,亦謂之划也。《考工記·廬人》"爲廬器,戈柲六尺有六寸,車戟常";《冶氏》"爲戈,廣二寸,内倍之,胡三之,援四之。戟廣寸有半寸,内三之,胡四之,援五之",鄭注云:"戈,今句孑戟也,或謂之雞鳴,或謂之擁頸。""戟,今三鋒戟也。"

《方言》:"戟,楚謂之釨。凡戟而無刃,秦晉之閒謂之釨,或謂之鏔;吴揚之閒謂之戈;東齊秦晉之閒謂其大者曰鏝胡,其曲者謂之鉤釨鏝胡。"孑,與下"釨"字同。《方言》注云:"釨,取名於鉤釨也。"莊四年《左傳》"授師孑焉",《考工記》疏引舊注云:"孑,句孑戟也。"

鏝,各本譌作"鏝",唯影宋本、皇甫本不譌。《考工記》注云:"俗謂戈胡爲曼胡。"曼,與"鏝"通。鏝胡者,寬大之貌。《釋名》云:"胡餅,作之大漫沍也。"義與"鏝胡"同。

《説文》:"戛,戟也。"張衡《東京賦》云:"立戈迤戛。"

其鋒謂之㦸。

昀案:此條未作疏證。

其孑謂之㦰。

孑者,取名於鉤孑,《考工記》謂之胡。

匽謂之雄戟。

《方言》"三刃枝,南楚宛郢謂之匽戟",郭注云:"今戟中有小孑刺者,所謂雄戟也。"《史記·商君傳》云:"屈盧之勁矛,干將之雄戟。"《子虛賦》"建干將之雄戟",張注云:"雄戟,胡中有鮔者。"

鐓、釬,鐏也。

鐓,或作"錞"。《曲禮》"進戈者前其鐏,後其刃;進矛戟者前其鐓",鄭注云:"鋭底曰鐏,取其鐏地;平底曰鐓,取其鐓地。""鐓"與"鐏",對文則異,散文則通。《秦風·小戎》篇"厹矛鋈錞",毛傳云:"錞,鐏也。"《説文》:"錞,矛戟柲下銅鐏也。""鐏,柲下銅也。"《釋名》:"矛下頭曰鐏,鐏入地也。"

《方言》:"矛鐏謂之釬。"釬之言榦也。卷三云:"榦,本也。"凡矛戟以足爲本,首爲末。釬,各本譌作"釪",唯影宋本、皇甫本不譌。

吳魁、干、瞂、櫓、戰,盾也。

盾,或作"楯"。《釋名》云:"盾,遯也,跪其下避刃以隱遯也。"古者盾或以木,或以革,其繫之以紛[①]。王肅注《柴誓》云:"干有紛繫持之。"是也。《方言》:"盾,自關而東或謂之瞂,或謂之干;關西謂之盾。"《周官·司兵》"掌五兵五盾",鄭注云:"五盾,干櫓之屬。"是盾爲干、櫓、瞂之總名也。

《楚辭·九歌》"操吳戈兮被犀甲",王逸注云:"或曰'操吾科'。吾科,楯之名也。"吾科,與"吳魁"同。《太平御覽》引《廣雅》作"吳科"。科、魁,聲相近,故《後漢書·東夷傳》謂科頭爲"魁頭"。《釋名》云:"盾大而平者曰吳魁。本出於吳,爲魁帥者所持也。"案:吳者,大也;魁,亦盾名也。吳魁,猶言"大盾",不必出於吳,亦不必爲魁帥所持也。《方言》:"吳,大也。"《吳語》"奉文犀之渠",韋昭注云:"渠,楯也。""渠"與"魁",一聲之轉,故盾謂之渠,亦謂之魁;帥謂之渠,亦謂之魁;芋根謂之芋渠,亦謂之芋魁也。

干,與下"戰"字同。《説文》:"戰,盾也。"《爾雅》"干,扞也",孫炎注云:"干盾自蔽扞。"

瞂之言蔽扞也。《説文》:"瞂,盾也。"《秦風·小戎》篇"蒙伐有苑",毛傳云:"伐,中干也。"《逸周書·王會解》:"請令以鮫瞂利劒爲獻。"《史記·孔子世家》"矛戟劒撥",索隱云:"撥,謂大楯也。"伐、撥,並與"瞂"通。

---

① 其,疑爲"共"之譌。

《説文》:"櫓,大盾也。或作樐。"《儒行》"禮義以爲干櫓",鄭注云:"干櫓,小楯大楯也。"《史記·秦始皇紀·贊》"流血漂鹵",字亦與"樐"同。《墨子·備城門》篇云:"櫓廣四尺,高八尺。"

鋡、甲、介,鎧也。

《周官·司甲》注:"甲,今時鎧也。"疏云:"今古用物不同,其名亦異。古用皮,謂之甲;今用金,謂之鎧,從金爲字也。"《釋名》云:"鎧,猶塏也。塏,堅重之言也。或謂之甲,似物有孚甲以自禦也。"凡甲,聚衆札爲之,謂之旅。上旅爲衣,下旅爲裳。《考工記·函人》云:"權其上旅與其下旅,而重若一。"宣十二年《左傳》云:"得其甲裳。"是也。

鋡,字本作"函"。函之言含也。《考工記》"燕無函",鄭衆注云:"函,讀如'國君含垢'之'含'。函,鎧也。"

介,與"鱗介"之"介"同義。介者,堅也。《繫辭傳》云:"介如石焉。"

兜鍪謂之冑。

《説文》:"冑,兜鍪也。"兜鍪,首鎧也。《急就篇》作"兜鉾"。《後漢書·禰衡傳》"更著岑牟單絞之服",李賢注云:"岑牟,鼓角士冑也。"鍪、鍪、鉾、牟,並通。《韓策》云:"甲盾鞮鍪。"即"兜鍪"之轉也。冑之言幬也。卷二云:"幬,覆也。"徐言之則曰"兜鍪"。兜者,擁蔽之名;鍪者,覆冒之稱,故帽亦謂之兜鍪。《淮南子·氾論訓》"古者有鍪而綣領以王天下者矣",高誘注云:"鍪,頭著兜鍪帽也。"

鏂鍜謂之錏鍜。

《説文》:"錏鍜,頸鎧也。"鏂鍜,即"錏鍜"之轉。

機謂之牙。

《緇衣》引《太甲》云:"若虞機張,往省括于厥度則釋。"鄭注云:"機,弩牙也。"《繫辭傳》"言行,君子之樞機",《曲禮》正義引鄭注同。

和、鑾、鐲、鐸、鉦、鐃、鍾、鏄,鈴也。

《説文》:"鈴,令丁也,謂其聲令丁然也。"今人言"鈴當",語之轉也。《廣韻》云:"鈴,似鐘而小。"自"和、鑾"以下九事,大小不同,而形並相似也。《爾雅》:"有鈴曰旂。"《周頌·載見》正義引李巡注云:"以鈴著旂端。"

《周官·巾車》“大祭祀,鳴鈴以應雞人”,鄭注云:“必使鳴鈴者,車有和鸞相應和之象。”《説文》:“人君乘車,四馬鑣,八鑾鈴,象鸞鳥之聲,和則敬也。”字通作“鸞”。《小雅·蓼蕭》篇“和鸞雝雝”,毛傳云:“在軾曰和,在鑣曰鸞。”《周頌·載見》篇“和鈴央央”,傳云:“和在軾前,鈴在旂上。”《經解》“升車則有鸞和之音”,鄭注云“鸞、和,皆鈴也,所以爲車行節也”,引《韓詩内傳》云:“鸞在衡,和在軾前。升車則馬動,馬動則鸞鳴,鸞鳴則和應。”《大戴禮·保傅》篇亦云:“在衡爲鸞,在軾爲和。”鄭於《小戎》箋及《大馭》注、《玉藻》注皆用《韓詩》説,於《烈祖》箋用《毛詩》説。桓二年《左傳》“錫鸞和鈴,昭其聲也”,《史記·禮書》集解引服虔注云:“鸞在鑣,和在衡。”《説苑·説叢》篇亦云:“鸞設於鑣,和設於衡。”《續漢書·輿服志》注引《五經異義》云:“《詩》云‘八鸞鎗鎗’,則一馬二鸞也;又曰‘輶車鸞鑣’,知非衡也。”《左傳》正義云:“鸞若在衡,衡唯兩馬,安得置八鸞! 以此知鸞必在鑣。”案:《烝民》《韓奕》皆言“四牡八鸞”,明是一馬二鸞,《五經異義》及《左傳》正義所辨是也。若和之所設,舊説以爲在軾,劉向、服虔、杜預則以爲在衡,未知孰是。又刀環有鈴者謂之鸞刀。《小雅·信南山》篇“執其鸞刀”,傳云:“鸞刀,刀有鸞者,言割中節也。”《郊特牲》云:“割刀之用而鸞刀之貴,貴其義也,聲和而后斷也。”

《説文》:“鐲,鉦也。”“鐸,大鈴也。”“鉦,鐃也,佀鈴,柄中上下通。”“鐃,小鉦也。”《釋名》云:“鐃,聲譊譊也。”《周官·鼓人》“以金鐲節鼓,以金鐃止鼓,以金鐸通鼓”,注云:“鐲,鉦也,形如小鍾,軍行鳴之,以爲鼓節。鐃,如鈴無舌,有柄,執而鳴之,以止擊鼓。鐸,大鈴也,振之以通鼓。”《大司馬》職云:“卒長執鐃,兩司馬執鐸,公司馬執鐲。”又云:“鼓人皆三鼓,司馬振鐸,羣吏作旗,車徒皆作。”所謂以金鐸通鼓也;又云:“鼓行,鳴鐲,車徒皆行。”所謂以金鐲節鼓也;又云:“乃鼓退,鳴鐃且卻。”所謂以金鐃止鼓也。《小雅·采芑》篇“鉦人伐鼓”,傳云:“鉦以靜之,鼓以動之。”《大司馬》疏引《司馬法》云:“十人之長執鉦,百人之帥執鐸。”鉦者,“丁寧”之合聲。《晉語》“戰以錞于丁寧,儆其民也”,韋昭注云:“丁寧,謂鉦也。”又鈴之金口木舌者,謂之木鐸。《周官·小宰》“徇以木鐸”,注云:“古者將有新令,必奮木鐸以警衆,使明聽也。木鐸,木舌也。文事奮木鐸,武事奮金鐸。”

鍾,説見《釋樂》“倕氏鍾”下。

《説文》:“鑮,大鐘淳于之屬,所目應鐘磬也。”《周官》《左傳》《國語》作“鎛”,《儀禮》作“鑮”。鄭注《周官·鎛師》及《大射儀》並云:“鑮,如鍾而大。”《周語》

“細鈞有鍾無鎛，昭其大也。大鈞有鎛無鍾，甚大無鎛，鳴其細也”，注云：“鍾，大鍾；鎛，小鍾也。”與許、鄭異義，未知孰是。

印謂之璽，鈕謂之鼻。

《説文》：“璽，王者印也。籀文作璽。”“印，執政所持信也。”“鈕，印鼻也。古文作扭。”《周官・司市》“凡通貨賄，以璽節出入之”，鄭注云：“璽節，印章，如今斗檢封矣。”《獨斷》云：“璽者，印也；印者，信也。天子璽以白玉，螭虎鈕，古者尊卑共之。”《月令》曰：“固封璽。”《春秋》左氏《傳》曰：“魯襄公在楚，季武子使公冶問，璽書追而與之。”此諸侯、大夫印稱璽者也。衛宏曰：“秦以前，民皆以金玉爲印，龍虎鈕，唯其所好。秦以來，天子獨以印稱璽，又獨以玉，羣臣莫敢用也。”《初學記》引《漢官儀》云：“諸侯王黄金璽，橐駝鈕，文曰璽。列侯黄金印，龜鈕，文曰章。丞相、大將軍黄金印，龜鈕，文曰章。中二千石銀印，龜鈕，文曰章。千石、六百石、四百石銅印，鼻鈕，文曰印。”《淮南子・説林訓》“龜紐之璽，賢者以爲佩”，高誘注云：“紐，係也。”紐，與“鈕”通。鈕之言樞紐也。凡器之鼻謂之紐。昭十三年《左傳》云：“楚平王再拜皆厭璧紐。”《周官・弁師》“玄冕朱裏延紐”，注云：“紐，小鼻也。”

綸、組、紱，綬也。

《説文》：“綬，韍維也。”“綸，糾青絲綬也。”“組，綬屬也。”《爾雅》“璲，綬也”，郭注云：“即佩玉之組，所以連繫瑞玉者。”《玉藻》“天子佩白玉而玄組綬”，鄭注云：“綬者，所以貫佩玉，相承受者也。”古者綬以貫玉，至戰國始有“印綬”之名。《史記・蔡澤傳》云：“懷黄金之印，結紫綬於要。”是也。《續漢書・輿服志》云：“古者君臣佩玉，所以章德；上有韍，所以執事。五伯迭興，戰兵不息，於是解去韍佩，留其係璲以爲章表。韍佩既廢，秦乃以采組連結於璲。光明章表，轉相結受，故謂之綬。漢承秦制，加之以雙印佩刀之飾，乘輿黄赤綬。自諸侯王以下，有赤綬、緑綬、紫綬、青綬、黑綬、黄綬、青紺綸之異焉。”《爾雅・釋草》“綸，似綸；組，似組”，注云：“綸，今有秩嗇夫所帶糾青絲綸。組，綬也。”《釋名》云：“綸，倫也，作之有倫理也。”《緇衣》“王言如絲，其出如綸”，注云：“綸，今有秩嗇夫所佩也。”案：綸爲有秩嗇夫所佩，故列在諸綬之末。《法言・孝至》篇云：“五兩之綸，半通之銅，蓋印綬之至微者也。”《北堂書鈔》引《漢官儀》云：“綬長一丈二尺，闊三尺。”《漢書・嚴助傳》云：“方寸之印，丈二之組。”是組即綬也。

《文選·西都賦》注引《倉頡篇》云:"紱,綬也。"《漢書·諸侯王表》作"韍",《丙吉傳》作"紼",並字異而義同。

璲、珽,笏也。

笏,《説文》作"回",《穆天子傳》作"曶"。《士喪禮》注云:"今文笏作忽。"並字異而義同。《釋名》云:"笏,忽也。君有教令,及所啟白,則書其上,備忽忘也。"《玉藻》云:"笏,天子以球玉,諸侯以象,大夫以魚須文竹,士竹本象可也。笏度二尺有六寸,其中博三寸,其殺六分而去一。"

桓二年《左傳》"袞冕黻珽",杜注云:"珽,玉笏也,若今吏之持簿。"釋文引徐廣云:"簿,手版也。"《考工記·玉人》"大圭長三尺,杼上,終葵首,天子服之",鄭注云:"王所搢大圭也,或謂之珽。終葵,椎也,爲椎於其杼上,明無所屈也。杼,殺也。《相玉書》曰:'珽玉六寸,明自炤。'"《離騷》"珽"作"珵"。

《玉藻》云:"天子搢珽,方正於天下也。諸侯荼,前詘後直,讓於天子也。大夫前詘後詘,無所不讓也。"鄭注云:"珽之言挺然無所詘也。或謂之大圭,長三尺。於杼上又廣其首,方如椎頭,後則恆直。荼,讀爲'舒遲'之舒,舒懦者所畏在前也。詘,謂圜殺其首,不爲椎頭。諸侯唯天子詘焉,是以謂笏爲荼[①]。大夫,奉君命出入者也,上有天子,下有己君,又殺其下而圜。"《大戴禮·虞戴德》篇云:"天子御珽,諸侯御荼,大夫服笏,正民德也。"《逸周書·王會解》云:"天子搢珽,唐叔、荀叔、周公、太公搢笏。"荼,與"璲"通。各本"璲"譌作"蒢",唯影宋本、皇甫本不譌。

箓、籙、篃篾,篰也。

《説文》"篰,萳爰也",徐鍇傳云:"《字書》:'篃篾,簡牘也。'"萳爰,與"篃篾"通。

箓、籙,並與"録"通。《周官·職幣》"皆辨其物而奠其録",杜子春注云:"定其録籍也。"

篃,各本作"篇",蓋因曹憲音内"滿"字而誤。《集韻》《類篇》並引《廣雅》:"篃篾,篰也。"今據以訂正。

梡、棵、橛、〔椇〕、房、柤、虡、桯、㯞、俎,几也。

① 荼,原譌作"舒"。

《説文》:"几,踞几也;象形。"《釋名》云:"几,庪也,所以庪物也。"《周官·司几筵》疏云:"阮諶云:'几長五尺,高尺二寸,廣二尺。'馬融以爲長三尺。"《説文》:"且,薦也;從几,足有二横;一,其下地也。""俎,禮俎也;從半肉在且上。""且"與"俎",古同聲。俎之言苴也。苴者,藉也,言所以藉牲體也。"

《明堂位》云:"魯禘,俎用梡嶡。"又云:"俎,有虞氏以梡,夏后氏以嶡,殷以椇,周以房俎。"鄭注云:"梡,斷木爲四足而已。嶡之言蹷也,謂中足爲横距之象,《周禮》謂之距。"

椇之言枳椇也,謂曲橈之也。

房,謂足下跗也,上下兩閒,有似於堂房。正義云:"梡形四足如案。《禮圖》云:'梡長二尺四寸,廣尺二寸,高一尺。諸臣加雲氣,天子犧飾之。'嶡亦如梡,而横柱四足中央如距也。"案:梡者,斷木之名。《莊子·天下》篇"椎拍輐斷",義與"梡"同,故鄭云"斷木爲四足"也。

棵,亦"梡"字也。《廣韻》:"棵,斷木也。"

橛,與"嶡"同。橛、距,一聲之轉。《少牢饋食禮》注云:"俎距,脛中當横節也。"

椇之言句曲也。《明堂位》正義云:"枳椇之樹,其枝多曲橈,故陸機《草木疏》云:'椇曲來巢。'殷俎足似之也。"各本皆脱"椇"字,今補。

《魯頌·閟宫》篇"籩豆大房",毛傳云:"大房,半體之俎也。"鄭箋云:"大房,玉飾俎也。其制足閒有横,下有跗,似乎堂後有房然。"《周語》"王公立飫,則有房烝",韋昭注云:"房,大俎也;謂半解其體,升之房也。"《方言》:"俎,几也。西南蜀漢之郊曰杫。"《後漢書·鍾離意傳》"無被枕杫",李賢注云:"杫,謂俎几也。"

《方言》:"榻前几,江沔之閒曰桯,趙魏之閒謂之椸,其高者謂之虡。"虡,與"簴"同。虡之言舉也,所以舉物也,義與"筍虡"相近。郭注以爲即筍虡,殆非也。

《説文》:"桯,牀前几也。"《廣韻》云:"牀前長几也。"桯,郭璞音刑。桯之言經也,横經其前也。牀前長几謂之桯,猶牀邊長木謂之桯。《士喪禮下》篇注云:"輁,狀如長牀,穿桯,前後著金而關軸焉。"是也。

㢋,即《方言》"椸"字。《鹽鐵論·散不足》篇云:"古者無杠樠之寢、牀栘之案。"栘,與"㢋"同。几謂之椸,衣架謂之椸,義亦相近也。

棲謂之牀。

《孟子·萬章》篇“二嫂使治朕棲”，趙岐注云：“棲，牀也。”

浴牀謂之柖。

《淮南子·説山訓》“死而弃其柖簀”，高誘注云：“柖簀，死者浴牀上之栭也。”①《喪大記》“設牀、襢第”，鄭注云：“襢第，袒簀也，謂無席，如浴時牀也。”《士喪禮記》云：“御者四人，抗衾而浴，襢第。”

簀，笫。

《説文》：“簀，牀棧也。”“笫，牀簀也。”《爾雅》“簀謂之笫”，《方言》“牀，齊魯之閒謂之簀，陳楚之閒或謂之笫”，郭注並云：“牀版也。”《檀弓》“華而睆，大夫之簀與”，鄭注云：“簀，謂牀笫。”《周官·玉府》“掌王之袵席牀笫”，襄二十七年《左傳》“牀笫之言不踰閾”，鄭、杜注並云：“笫，簀也。”笫之言齊也；編竹木爲之，均齊平正，故謂之笫。聲轉爲“簀”。簀之言嫧也。凡言“嫧”者，皆齊平之意。説見卷四“嫧，齊也”下。《史記·范雎傳》“雎佯死，即卷以簀”，索隱云：“簀，謂葦荻之薄也。”蓋編葦爲薄，嫧然齊平，故亦謂之簀(288)。聲又轉爲“棧”。棧，亦齊平之意，猶編木爲馬牀謂之馬棧也。

此條與上下文不相屬，當有脱字。或云：當作“簀，笫也”；或云：當作“簀謂之笫”。案：此篇之例，凡一物二名者，則云“某謂之某”；自三名以上，始用“也”字以總承之。此條若云“簀，笫也”，則與本篇之例不合；若云“簀謂之笫”，則不應全襲《爾雅》之文。《説文》“笫”訓爲簀，“簀”訓爲棧。《廣雅》之訓，多本《説文》。疑“簀笫”下本有“棧也”二字。“簀、笫，棧也”“樹、桃，杠也”，皆承上“棲謂之牀”言之。

樹、𣞟，杠也。

《説文》：“杠，牀前横木也。”《鹽鐵論·散不足》篇云：“古者無杠樠之寢、牀栘之案。”《急就篇》云：“奴婢私隸枕牀杠。”杠者，横亙之名。石橋謂之杠，義與牀杠相近也。

《方言》“牀杠，北燕朝鮮之閒謂之樹；自關而西，秦晉之閒謂之杠，南楚之閒謂之趙”，郭注云：“趙，當作桃，聲之轉也。中國亦呼杠爲桃牀，皆通語也。”桃，與

---

① “之栭”二字，原爲墨釘。鍾宇訊已補。

“𤖯”同。上文云“𤖯,版也”,義與牀𤖯亦相近。

廣平、榻,枰也。

廣平,爲博局之枰;榻,爲牀榻之枰,皆取義於平也。《説文》:“枰,平也。”

《方言》:“所以投簙謂之枰,或謂之廣平。”韋昭《博弈論》云:“所志不出一枰之上。”

《釋名》:“牀長狹而卑曰榻,言其榻然近地也。”“枰,平也,以版作之,其體平正也。”《衆經音義》卷四引《埤倉》云:“枰,榻也。”《初學記》引《通俗文》云:“牀三尺五曰榻,版獨坐曰枰。”“枰”與“榻”,對文則異,散文則通。榻,亦平意也,今人言“平𦑣”是也。

跰、檟、梂,柎也。

《説文》:“柎,闌足也。”案:凡器足謂之柎。柎之言跗也。跗,足也。

《説文》:“弆,持弩柎也。”“弆”與“跰”,義相近。

昀案:檟、梂未作疏證。

蓐謂之莜。

《爾雅》“蓐謂之兹”,郭注云:“《公羊傳》曰:‘屬負兹。’兹者,蓐席也。”《衆經音義》卷三引《三倉》云:“蓐,薦也。”《説文》:“莜,蓐也。”

箷謂之枷。

《爾雅》“竿謂之箷”,郭注云:“衣架也。”釋文:“箷,李本作箟。”《曲禮》“男女不同椸枷”,鄭注云:“椸,可以枷衣者。”釋文“椸”作“杝”。《内則》云:“不敢縣於夫之楎椸。”椸、杝、箟,並與“箷”同。架,與“枷”同。《衆經音義》卷十二引《倉頡篇》云:“椸,格也。”格、枷、竿,一聲之轉。枷,各本譌作“楪”,今訂正。

軖謂之笙[①]。

《説文》:“笙,可目收繩也。”“軖,紡車也。”紡車所以收絲,故亦謂之笙。《衆經音義》卷十二引《通俗文》云:“繰車曰軖。”

蒸、爟、熜,炬也。

① 軖,原作“軴”,《疏證》作“軖”。

炬者,舉火之名。《説文》:"苣,束葦燒也。"苣,與"炬"同。

《説文》:"蒸,析麻中榦也。或作菉[①]。"蒸之言烝也。烝,衆也。凡析麻榦及竹木爲炬,皆謂之蒸。《弟子職》記"舉火之禮"云"蒸閒容蒸,然者處下",尹知章注云:"蒸,細薪也。"《燕禮》"甸人執大燭於庭",鄭注云:"甸人,掌共薪蒸者。"《楚辭·七諫》"篦簬雜於廢蒸兮",王逸注云:"枲翮曰廢,煏竹曰蒸。"

《説文》"舉火曰爟",引《周官》:"司爟掌行火之政令。"《吕氏春秋·本味篇》"湯得伊尹,祓之於廟,爝以爟火",高誘注云:"火者,所以祓除不祥。置火於桔皋,燭以照之。"《漢書·郊祀志》"通權火",如淳注云:"權,舉也。"權,與"爟"通。

熜,字本作"熜",或作"總"。《説文》:"熜,然麻蒸也。"熜之言總也。《説文》:"總,聚束也。"《弟子職》"錯總之法,横于坐所",注云:"總,設燭之束也。"

龠二曰合,十曰升,升四曰梪,梪四曰區,區四曰釜,釜十曰鍾,鍾十曰斞,斞十曰秉。

《漢書·律曆志》云:"量者,龠、合、升、斗、斛也,所以量多少也。本起於黄鍾之龠,用度數審其容,以子穀秬黍中者千有二百實其龠,以井水準其槩;合龠爲合,十合爲升,十升爲斗,十斗爲斛,而五量嘉矣。其法,用銅方尺而圜其外,旁有庣焉,其上爲斛,其下爲斗,左耳爲升,右耳爲合、龠。龠者,黄鍾律之實也,躍動微氣而生物也。合者,合龠之量也。升者,登合之量也。斗者,聚升之量也。斛者,角斗平多少之量也。"

《考工記》"栗氏爲量。量之以爲鬴,深尺,内方尺而圜其外,其實一鬴;其臀一寸,其實一豆;其耳三寸,其實一升",鄭注云:"四升曰豆,四豆曰區,四區曰鬴。鬴,六斗四升也。鬴十則鍾。"昭三年《左傳》"齊舊四量:豆、區、釜、鍾。四升爲豆,各自其四以登於釜,釜十則鍾",杜注云:"四豆爲區;區,斗六升。四區爲釜;釜,六斗四升。鍾,六斛四斗。"《聘禮記》"十斗曰斛,十六斗曰籔,十籔曰秉,二百四十斗",鄭注云:"秉,十六斛。今江淮之閒量名有爲籔者。二百四十斗,謂一車之米秉有五籔也。"梪,與"豆"同。豆之言亦聚也,聚升之量也。《管子·輕重甲》篇"釜鏂之數,不得爲侈弇",鏂,與"區"同。區者,藏物之稱。《説文》"區,藏隱也",徐鍇傳云:"凡言區者,皆有所藏也。"小盆謂之甌,義與"區"相近也。釜,與"鬴"

---

① 菉,原誤作"蒸"。

同。《周官·廩人》"凡萬民之食食者,人四鬴,上也;人三鬴,中也;人二鬴,下也",注云:"六斗四升曰鬴。"《論語·雍也》篇"與之釜",馬融注與鄭同。釜之言府也。卷三云:"府,聚也。"襄二十九年《左傳》"鄭子皮餼國人粟,户一鍾",注云:"六斛四斗曰鍾。"鍾,亦聚也。

斞,字或作"庾、逾",又作"籔"。《説文》:"斞,量也。"《聘禮》"米三十車,車秉有五籔",注云:"秉有五籔,二十四斛也。"今文"籔"或爲"逾"。昭十二年《左傳》"粟五千庾",《史記·魯世家》集解引賈逵注云:"十六斗爲庾。"《論語》"與之庾",包咸注與賈逵同。斞之言輸也。卷三云:"輸,聚也。"案:斛六斗曰斞,六斛四斗曰鍾,是鍾大於斞。今云"鍾十曰斞",則斞反大於鍾,非矣。斞,曹憲音庾。各本"斞十曰秉"之"斞"作"庾",因曹憲音而誤,今訂正。

《論語》"冉子與之粟五秉",馬融注云:"十六斛曰秉。"《魯語》"出稷禾秉芻缶米",韋昭注引《聘禮》:"十庾曰秉。"秉之言方也。方者,大也,量之最大者也。

秉四曰筥,筥十曰稯,稯十曰秅。

此亦《聘禮記》文。

秉,謂禾一把也,與十六斛之"秉"同名而異實。以其爲人所秉持,故謂之秉。《説文》:"秉,禾束也;從又持禾。"又云:"兼,持二禾。秉,持一禾。"《小雅·大田》篇"彼有遺秉",昭二十七年《左傳》"或取一秉秆焉",毛傳、杜注並云:"秉,把也。"

筥,讀若旅,謂禾四把也。筥之言旅也。鄭注《樂記》云:"旅,俱也。"《周官·掌客》注云:"四秉曰筥;讀如'棟梠'之梠。"是也。秉四曰筥,各本皆作"秉十曰筥"。此因與上下文相涉而誤,今訂正。

稯之言總也。《説文》:"總,聚束也。"故《掌客》注云:"稯,猶束也。"《聘禮》注云:"古文稯作緵。"《掌客》釋文作"總",並字異而義同。

秅之言都也。都,亦聚也。《掌客》疏云:"秅者,束之總名。"是也。

案:《聘禮》"禾三十車,車三秅",《記》云"四秉曰筥,十筥曰稯,十稯曰秅,四百秉爲一秅",注云:"此秉謂刈禾盈手之秉也。筥,穧名也;若今涞易之閒,刈稻聚把,有名爲筥者。《詩》云:'彼有遺秉。'又云:'此有不斂穧。'一車之禾三秅,爲千二百秉,三百筥,三十稯也。"《詩·大田》正義引此而釋之云:"言'此秉'者,以對'米秉'爲異。禾之秉,一把耳;米之秉,則十六斛;禾之筥,四把耳;米之筥,則五斗。"《掌客》"車禾眡死牢，牢十車，車三秅"，注云："《聘禮》曰：'四秉曰筥，十筥曰稯，十稯曰秅。'每車三秅，則三十稯也。稯，猶束也。米禾之'秉、筥'，字同而數異。禾之秉，手把耳。筥，讀如'棟梠'之梠，謂一穧也。"據《周官》《儀禮》及鄭注之文，是禾束之"秉"與量名之"秉"，其事既異，其數亦殊。量名之"秉"爲十六斛，比於斗、斛、籔，爲最多之數。禾束之"秉"爲一把，比於筥、稯、秅，爲最少之名。《説文》"秅"字注云："《周禮》：'二百四十斗爲秉，四秉曰筥，十筥曰稯，十稯曰秅。'"案：《聘禮記》"二百四十斗"，乃總言一車所載之米，非承上"十籔曰秉"言之。許氏誤合兩句爲一事，遂以二百四十斗爲"秉"；此下連引"四秉曰筥，十筥曰稯，十稯曰秅"，則又誤以禾束之"秉"爲量名之"秉"，并下文之"筥、稯、秅"，皆誤以爲量名矣。韋昭《魯語》注云："《聘禮》曰：'十六斗曰庾，十庾曰秉。'秉，一百六十斗也。四秉曰筥，十筥曰稯。稯，六百四十斛也。"則亦誤以禾束之"秉"爲量名之"秉"；特以"秉"爲一百六十斗，與許氏異耳。《廣雅》"秉四曰筥"之文，正承"斞十曰秉"之下，蓋亦與韋、許同誤。從許氏之説，由二百四十斗而遞加之以至於秅，則有九千六百斛；一車三秅，則有二萬八千八百斛。從韋氏之説，由一百六十斗而遞加之以至於三秅，亦有一萬九千二百斛。非唯牛不能任，亦且車不能容。故鄭氏獨以"四秉曰筥"之"秉"爲"禾一把"也。

一升曰爵，二升曰觚，三升曰觶，四升曰角，五升曰散[①]。

《特牲饋食禮記》"實二爵、二觚、四觶、一角、一散"，鄭注引舊説云："爵一升，觚二升，觶三升，角四升，散五升。"《禮器》云："宗廟之祭，貴者獻以爵，賤者獻以散；尊者舉觶，卑者舉角。"《明堂位》云："魯禘，爵用玉琖仍雕，加以璧散、璧角。"《考工記》"梓人爲飲器，勺一升，爵一升，觚三升，獻以爵而酬以觚。一獻而三酬，則一豆矣"，鄭注云："觚，字之誤，當爲觶。"

《禮器》正義及《梓人》疏云："案：《異義》：'今《韓詩》説，一升曰爵；爵，盡也，足也。二升曰觚；觚，寡也，飲當寡少也。三升曰觶；觶，適也，飲當自適也。四升曰角；角，觸也，飲不能自適，觸罪過也。五升曰散；散，訕也，飲不能自節，爲人所謗訕也。總名曰爵，其實曰觴。觴者，餉也。古《周禮》説，爵一升，觚三升，獻以爵而酬以觚。一獻而三酬，則一豆矣。許慎謹案：《周禮》云：一獻三酬，當一豆。若

① 散，原作"散"，《疏證》作"散"。

觚二升，不滿一豆。'鄭駁之云：'觶字，古書或作角旁氏，與觚字相近。學者多聞觚，寡聞觝，寫此書亂之而作觚耳。'"

《説文》："爵，禮器也；象爵之形，中有鬯酒，又持之也；所目飲器象爵者，取其鳴節節足足也。"隸省作"爵"。《祭統》"尸酢夫人執柄，夫人授尸執足"，正義云："爵爲雀形，以尾爲柄。"餘見上文"斝、醆，爵也"下。

《論語·雍也》篇"觚不觚"，馬融注云："觚，禮器。一升曰爵，二升曰觚。"《説文》："觶，鄉飲酒觶也。《禮》曰：'一人洗，舉觶。'或作觗。《禮經》作觝。"《梓人》疏引《禮器制度》云："觚大二升，觶大三升。"

《郊特牲》"舉斝角"，鄭注云："天子奠斝，諸侯奠角。"《祭統》云："尸飲九，以散爵獻士及羣有司。"

綃謂之絹。

此謂白繒之未染者也。

《急就篇》"烝栗絹紺縉紅繎"，顔師古注云："絹，生白繒，似縑而疏者也。"《玉篇》"綃，素也"，《雜記》注云："素，生帛也。"餘見上文"絜、纑、鮮支、縠，絹也"下。

縓謂之紅。

《説文》："紅，帛赤白色也。"《論語·鄉黨》篇"紅紫不以爲褻服"，皇侃疏引鄭注云："紅，纁之類也。"又引潁子嚴云："南方火，火色赤；火剋金，金色白。以赤加白，故爲紅。紅爲南方閒色。"《釋名》云："紅，絳也，白色之似絳者也。""絳"與"紅"，聲義並相近，故《漢書·外戚恩澤表》"絳侯"作"紅侯"。《爾雅》記染赤之法云："一染謂之縓。"《説文》："縓，帛赤黄色也。"《喪服記》"麻衣縓緣"，鄭注云："縓，淺絳也。"《士喪禮記》"縓綼緆"，注云："縓，今之紅也。"《檀弓》"練衣黄裏縓緣"，注云："縓，纁之類。"《檀弓》又云："周人尚赤，戎事乘騵。""騵"與"縓"，聲義亦相近。

纁謂之絳。

緇謂之皁。

並見下文。

碧、縹[1]、紺、綼、綠、緅、總、蒼，青也。

① 縹，原作"縹"，《疏證》作"縹"。

《説文》:"青,東方色也。"青之言清也,故《釋名》云:"清,青也;去濁遠穢,色如青也。"

《説文》:"碧,石之青美者。"《西山經》云:"商山,其下多青碧。"皇侃《鄉黨》疏引穎子嚴云:"西方金,金色白;金剋木,木色青。以白加青,故爲碧。碧爲西方閒色。"

《説文》:"縹,帛青白色也。"《釋名》云:"縹,猶漂漂,淺青色也。有碧縹,有天縹,有骨縹,各以其色所象名之也。"《易稽覽圖》云:"白青之色如縹。"王褒《九懷》云:"翠縹兮爲裳。"縹色在青白之閒,故白亦謂之縹。《釋名》云:"土白曰漂。"王逸《九思》云:"鬚髮薴顇兮鬢顠白。"皆是也。

《説文》:"紺,帛深青而揚赤色也。"《論語》"君子不以紺緅飾",皇侃疏引鄭注云:"紺、緅,玄之類也。"《墨子·節用》篇云:"冬服紺緅之衣。"下文云:"黚,黑也。""黚"與"紺",義相近。

《説文》:"綦,帛如紺色也。"又云:"緑,帛青黄色也。"緑,與"綠"同。《釋名》云:"緑,瀏也;荆泉之水,於上視之,瀏然緑色,此似之也。"皇侃疏引穎子嚴云:"東方木,木色青;木剋土,土色黄。以青加黄,故爲緑。緑爲東方閒色。"

《論語》釋文引《字林》云:"緅,青色也。"紺、緅皆深青色,而緅又深於紺。《考工記》"鍾氏染羽,三入爲纁,五入爲緅,七入爲緇",鄭注云:"緅,今《禮》俗文作爵,言如爵頭色也。凡玄色者,在緅、緇之閒,其六入者與!"疏云:"《淮南子》曰:'以涅染紺,則黑於涅。'涅,即黑色也。纁入黑汁則爲紺,更以紺入黑汁則爲緅。紺、緅相類,故連文云'君子不以紺緅飾'也。更以緅入黑汁則爲玄,更以玄入黑汁則爲緇。緇、玄相類,故《禮》家每以緇布衣爲'玄端'也。"《士冠禮》注云:"爵弁,色赤而微黑,如爵頭然。或謂之緅。"《論語》孔傳云:"一入曰緅。三年練,以緅飾衣。爲其似衣喪服,故不以爲飾也。"案:此説蓋誤以"緅"爲縓,故皇侃駁之云:"孔意言緅是淺絳色也。《禮》家三年練,以縓爲深衣領緣,不云用緅。且《考工記》'五入爲緅',則緅非復淺絳明矣。"

《説文》:"繱,帛青白色也。"繱,與"總"同,亦通作"蔥"。《爾雅》"青謂之蔥",郭注云:"淺青也。"《小雅·采芑》篇"有瑲蔥珩",毛傳云:"蔥,蒼也。"《玉藻》云:"三命赤韍蔥衡。"衡,與"珩"同。《説文》:"驄,馬青白雜毛也。"義亦與"蔥"同。

《説文》:"蒼,草色也。"經傳或通作"倉"。

丹、彤、朱、絶、纁、絳、緸、烊、赫、緹、焃、赭,赤也。

《説文》:"赤,南方色也。"《釋名》云:"赤,赫也,太陽之色也。"(289)

《説文》:"丹,巴越之赤石也。"又云:"彤,丹飾也。"凡經言"彤弓、彤矢、彤管、彤几、彤裳"之屬,皆是也。彤之言融也,赤色著明之貌。《大雅·既醉》篇云:"昭明有融。"是也。《説文》:"赨,赤色也。"《管子·地員》篇"其種大苗細苗,赨莖,黑秀,箭長",義亦與"彤"同。

《豳風·七月》傳云:"朱,深纁也。"《説文》作"絑",云:"純赤也。"《士冠禮》注云:"凡染絳,一入謂之縓,再入謂之赬,三入謂之纁,朱則四入與!"

《衆經音義》卷十九引《字林》云:"絶,赤皃也。"《楚辭·大招》"逴龍絶只",王逸注云:"絶,赤色也。"王延壽《魯靈光殿賦》云:"丹柱歙絶而電烻。"《小雅·采芑》篇"路車有奭",毛傳云:"奭,赤也。"奭,與"絶"同,故《瞻彼洛矣》篇"韎韐有奭",《白虎通義》引作"絶"。《方言》"黯,色也",郭注云:"黯然,赤黑貌也。"《玉篇》"絶、黯"並音許力切,義亦相近也。

《説文》:"纁,淺絳也。"《考工記》:"鍾氏染羽,三入爲纁。"《爾雅》"一染謂之縓,再染謂之赬,三染謂之纁",李巡注云:"三染,其色已成爲絳。"纁、絳,一名也。鄭衆注《周官·染人》亦云:"纁,絳也。"《説文》:"絳,大赤也。""絳"與"紅",聲義相近,説見上文。

《説文》"緸,赤色也",引《周南·汝墳》篇:"魴魚緸尾。"或作"赬、䞓、浾、泟"。今《詩》作"赬",毛傳云:"赬,赤也。"《爾雅》注云:"淺赤也。"《士喪禮》作"緸",哀十七年《左傳》作"竀",並字異而義同。《爾雅》"檉,河柳",郭注云:"今河旁赤莖小楊。"陸機云:"河柳,皮正赤如絳。"緸、檉,並音丑貞反,其義同也。

烊,與"騂、垟"同義。騂,今作"騂"。《檀弓》云:"周人尚赤,牲用騂。"《魯頌·駉》篇"有騂有騏",毛傳云:"赤黄曰騂。"《説文》:"垟,赤剛土也。"今亦作"騂"。《周官·草人》"騂剛用牛",杜子春注云:"騂剛,謂地色赤而土剛强也。"

《説文》:"赫,火赤皃;從二赤。"《邶風·簡兮》篇"赫如渥赭",毛傳云:"赫,赤貌。"

《説文》:"緹,帛丹黄色也。或作衹。"《周官·草人》"赤緹用牛",鄭注云:"赤緹,縓色也。"《酒正》"五齊,四曰緹齊",注云:"緹者,成而紅赤,如今下酒矣。"

焃,亦赫也,故《方言》云:"焃,赫也。"

《説文》:“赭,赤土也。”赭之言明著也。《邶風》“赫如渥赭”,鄭箋以“赭”爲丹。《管子·地數》篇云:“上有赭者,下有鐵。”

黈、黇、黟、黚、黺、黇、黔、黗、黋、黝,黄也。

《説文》:“黄,地之色也。”《釋名》云:“黄,晃也,猶晃晃,象日光色也。”

莊二十三年《穀梁傳》“禮,天子諸侯黝堊,大夫倉,士黈”,范甯注云:“黈,黄色也。”《淮南子·主術訓》“黈纊塞耳,所以掩聰”,《漢書·東方朔傳》作“黈纊充耳,所以塞聰”。薛綜注《東京賦》云:“黈纊,言以黄緜大如丸,縣冠兩邊當耳,不欲妄聞不急之言也。”如淳《東方朔傳》注云:“黈,音土苟反。”黈,與“𪏰”同。

《説文》:“黊,鮮明黄也。”又云:“蘳,黄華也。”蘳,與“黊”同義。

《説文》:“黺,黄黑色也。”又云:“黇,白黄色也。”謂黄色之薄者也。黇之言沾也。卷一云:“沾,薄也。”

《説文》:“黅,黄黑也。”《玉篇》:“黅,黄黑如金也。”“黔,黄色也。”音並與“金”同。《素問·五常政大論》云:“敦阜之紀,其色黔玄蒼。”《説文》:“頜,面黄也。”“頜”與“黔”,聲近而義同。

《説文》:“黗,黄濁黷也。”黗,與“黗”同。黗,亦黺也,方俗語有輕重耳。

《玉篇》黋,音充,又音統,“黄色也”,引《大戴禮·子張問入官》篇:“黋纊塞耳,掩聰也。”今本“黋”作“統”,盧辯注云:“統,黄色也。”《東京賦》注引《大戴禮》作“黈”。“黈”與“黋”,古同聲,故“黈”或作“黋”。曹憲云:“黋,亦有本作黋。”《玉篇》黋,口浪切,亦“黄色也”。

《説文》:“黝,青黄色也。”黝色在青黄之閒,故青黑亦謂之黝。《漢書·薛宣傳》“遇人不以義而見痏者,與痏人之罪鈞”,應劭注云:“以杖手毆擊人,剥其皮膚,腫起青黑而無創瘢者,律謂之痏痏。”陸機《毛詩草木蟲魚鳥獸疏》云:“鮪魚似鱣而色青黑。”黝、鮪、痏,並音于鄙反,義相近也。

眗案:黟、黚未作疏證。

皔、皛、晳、曉、皭、皠、皚、的、皏皜、皤、皎、皬、潔,白也。

白之言明白也。《説文》:“白,西方色也。”

皔,《玉篇》音旱,“皔皔,白也”。曹憲音汗。《賁》六四:“白馬翰如。”《檀弓》云:“殷人尚白,戎事乘翰。”翰,與“皔”通。

皛之言皎皎也。《説文》:"皛,顯也。"《文選·潘岳〈關中詩〉》注引《倉頡篇》云:"皛,明也。"又陶潛《赴假還江陵夜行塗口》詩注引《通俗文》云:"通白曰皛。"

《説文》:"晳,人色白也。"《鄘風·君子偕老》篇"揚且之晳也",毛傳云:"晳,白晳也。"鄭公孫黑字子晳,楚公子黑肱字子晳,孔子弟子狄黑字晳,曾點字晳,皆取相反之意也。《小雅·瓠葉》箋云:"斯,白也。""斯"與"晳",聲近而義同。"晳"音析,字從白,析聲,與"晢"字異。"晢"音哲,又音制,字從日,折聲。舊本"晳"譌作"晢",曹憲音制,失之。

皢之言曉也。《説文》:"皢,日之白也。"

《廣韻》引《埤倉》云:"皭,白色也。"《史記·屈原傳》云:"皭然泥而不滓者也。"重言之則曰"皭皭"。義見《釋訓》。

皠,與下"翯"字同。翯之言皜皜也。《説文》:"皠,鳥之白也。"又云:"翯,鳥白肥澤皃。"《史記·司馬相如傳·上林賦》"翯乎滈滈",索隱引郭璞注云:"水白光貌。"又《大人賦》"吾乃今目睹西王母皠然白首",《漢書》作"暠然"。並字異而義同。重言之則曰"皠皠"。義見《釋訓》。《説文》:"㸌,白牛也。"義亦與"皠"同。

《説文》:"皚,霜雪之白也。"枚乘《七發》云:"白刃磑磑。"又云:"浩浩溰溰,如素車白馬帷蓋之張。"劉歆《遂初賦》云:"漂積雪之皚皚兮。"並字異而義同。

的之言灼灼也。《説文》"旳,明也",引《説卦傳》:"爲旳顙。"今本作"的"。《爾雅·釋畜》"的顙,白顛",舍人注云:"的,白也。顙,額也。額有白毛,今之戴星馬也。"《爾雅·釋鳥》"鵫雉,鵫雉",郭注云:"今白鵫也。江東呼白鵫,亦名白雉。""鵫"與"翰"、"鵫"與"的",古並同聲。《覲禮》"匹馬卓上,九馬隨之",鄭注云:"卓,猶的也,以素的一馬以爲上。"是其證也。

《玉篇》:"皏皛,白也,又淺薄色也。"《素問·風論》"肺風之狀,色皏然白",王冰注云:"皏,薄白色也。"《楚辭·遠遊》"玉色頩以脕顔兮",王逸注云:"面目光澤以鮮好也。""頩"與"皏",聲義相近。

《説文》"皤,老人白也。或作額",引《賁》六四:"賁如皤如。"《爾雅》云:"蘩,皤蒿。"《豳風·七月》傳云:"蘩,白蒿也。"白鼠謂之鼭,義亦與"皤"同。

皎,或作"皦"。《説文》"皎,月之白也",引《陳風》:"月出皎兮。"又云:"皦,玉石之白也。"《王風·大車》篇"有如皦日",毛傳云:"皦,白也。"釋文:"皦,本又作皎。"

潔,經傳通作"絜"。

黝、黦、黯、黶、默、黱、黓、早、羥、涅、玄、儵、緇、墨、黸、黮、蕉、黎、黔、黐、黴、穛、黵、黚、縝、黳、黗、黲、黟、〔黖*〕，黑也。

《説文》："黑，火所熏之色也。"《釋名》云："黑，晦也，如晦冥時色也。"

《爾雅》："黑謂之黝。"《説文》："黝，微青黑色也。"黝之言幽也。"幽"與"黝"，古同聲而通用。《周官·牧人》"陰祀用黝牲"，鄭衆注云："黝，讀爲幽。幽，黑也。"《小雅·隰桑》篇"其葉有幽"，毛傳云："幽，黑色也。"《玉藻》"一命緼韍幽衡"，鄭注云："幽，讀爲黝。"又《周官·守祧》"其祧，則守祧黝堊之"，鄭衆注云"黝，讀爲幽。幽，黑也。堊，白也"，引《爾雅》："地謂之黝，牆謂之堊。"

黦，《説文》作"黳"，云："黑有文也；讀若'飴𥃽'字。"《廣韻》"黦"音於勿、於月二切，"黄黑色也"。《周官·染人》"夏纁玄"，故書"纁"作"黧"。《淮南子·時則訓》"天子衣苑黄"，高誘注云："苑，讀'𥃽飴'之𥃽。"《春秋繁露·五行順逆》篇云："民病心腹宛黄。"並字異而義同。《説文》："𥃽，豆飴也。"《方言》注云："以豆屑雜餳也。"《説文》《淮南子》注並讀"黳"爲"𥃽"，蓋以其色如𥃽飴，故讀從之矣。《廣韻》"黦"又音謁，"色壞也"。義亦與"黳"同。徐鍇《繫傳》云："黳，謂物經溽暑而變斑色也。"

黯之言闇也。《説文》："黯，深黑也。"《史記·孔子世家》云："黯然而黑。"春秋晉蔡黯字墨，是其義也。

《説文》："黶，中黑也。"《玉篇》云："黑子也。"《漢書·高祖紀》"左股有七十二黑子"，顔師古注云："今中國通呼爲黶子。"《五行志》注云："檿，山桑之有點文者也。"義亦與"黶"同。

默，亦"墨"字也。《韓詩外傳》云："默然而黑。"

《説文》："黱，黑皴也。"黱，各本譌作"黛"，今訂正。

《爾雅》："太歲在壬曰玄黓。"是"黓"爲黑也。字通作"弋"。《漢書·文帝紀》"身衣弋綈"，如淳注云："弋，早也。"《張安世傳》云："安世尊爲公侯，身衣弋綈。"

《周官·大司徒》"其植物宜早物"，鄭衆注云："早物，柞栗之屬。今世閒謂柞實爲早斗。"陸機《毛詩疏》云："早斗殼爲汁，可以染早。"《説文》作"草"，俗作"皁"。

羥，字或作"黫"。《説文》："羥，黑羊也。"《廣韻》引《字林》云："黫，黑色也。"

《史記·天官書》云:"黫然黑色甚明。"成二年《左傳》"左輪朱殷",杜注云:"朱,血色。血色久則殷,今人謂赤黑爲殷色。"殷、黫,並音於閒反,義相近也。

《説文》:"涅,黑土在水中也。"《論語·陽貨》篇"不曰白乎!涅而不緇",孔傳云:"涅,可以染皁。"字通作"泥"。《史記·屈原傳》"皭然泥而不滓者也",索隱:"泥,音涅。滓,音緇。"《洪範》正義引《荀子》"白沙在涅,與之俱黑",《大戴禮·曾子制言》篇"涅"作"泥"。《淮南子·説山訓》"譬猶以涅拭素也",高注云:"涅,黑也。"

《説文》:"儵,青黑繒發白色也。"《爾雅》云:"虪,黑虎。"義與"儵"同。

《説文》:"緇,帛黑色也。"《釋名》云:"淄,滓也。泥之黑者曰滓,此色然也。"《考工記》:"鍾氏染羽,三入爲纁,五入爲緅,七入爲緇。"《檀弓》"爵弁絰紂衣",紂,與"緇"同。

《説文》:"齊謂黑爲驢。"字通作"盧"。黑土謂之壚,黑犬謂之盧,目童子謂之盧,黑弓謂之玈弓,黑矢謂之玈矢,黑水謂之瀘水,黑橘謂之盧橘,義並同也。

《説文》:"黮,桑葚之黑也。"《玉篇》敕感、都甚二切。《廣韻》又徒感切。《文選·魏都賦》注引《聲類》云:"黮,深黑色也。"《淮南子·主術訓》云:"問瞽師曰:'黑何若?'曰:'黮然。'"或謂之"黤黮"。《衆經音義》卷十七引《倉頡篇》云:"黤黮,深黑不明也。"《楚辭·九辯》云:"彼日月之照明兮,尚黯黮而有瑕。"《説文》:"黕,滓垢也。"《九辯》云:"或黕點而汙之。"義與"黮"同。桑實謂之葚,亦以其黑色名之,故《魯頌》"桑葚"字通作"黮"也。

《列子·黄帝》篇云:"燋然肌色皯黣。"《逸周書·王會》篇"用闟木",孔晁注云:"闟木生水中,色黑而光,其堅若鐵。"義並與"蕉"同。《楚辭》云:"顏色憔悴。""憔"與"蕉",義亦相近也。

《衆經音義》卷六引《字林》云:"黧,黑黄也。"古通作"黎",又作"犁"。《史記·李斯傳》"面目黎黑",《秦策》作"犁",《韓非子·外儲説》作"黧"。《説文》:"耇,老人面凍黎若垢也。"又云:"鵹黄,一曰楚雀,其色黎黑而黄。"義並同也。

《墨子·貴義》篇云:"黔者,黑也。"襄十七年《左傳》云:"澤門之皙,寔興我役。邑中之黔,寔慰我心。"《説文》:"黔,黎也。秦謂民爲黔首,謂黑色也。周謂之黎民。"案:《小雅·天保》篇"羣黎百姓",毛傳云:"黎,衆也。"則"黎民"猶言衆民,不與"黔首"同義。餘見卷四"黔首,民也"下。《説文》:"黚,黄黑也。"義亦與

“黔”同。

《玉篇》:“黳,面黑子也。”《名醫别録》云:“麝香去面黳。”[290]

《説文》:“黴,物中久雨青黑也。”《淮南子·脩務訓》云:“堯瘦臞,舜黴黑。”《楚辭·九歎》云:“顔黴黧以沮敗兮。”

䵣之言墨也。《玉篇》音亡載切。字亦作“黣”。《列子·黄帝》篇“肌色皯黣”,釋文:“黣,《埤倉》作䵣,謂禾傷雨而生黑斑也。”今人猶謂物傷濕生斑爲䵣,聲如梅。《莊子·知北遊》篇“媒媒晦晦”,釋文:“媒,音妹。李云:‘媒媒,晦貌。’”義與“䵣”亦相近。

《説文》:“黵,沃黑色也。”又云“嬒,女黑色也”,引《曹風·候人》篇:“嬒兮蔚兮。”嬒,與“黵”同義。今本“嬒”作“薈”,毛傳云:“薈蔚,云興貌。”義亦相近也。《書大傳》云:“山龍,青也;華蟲,黄也;作繪,黑也;宗彝,白也;璪火,赤也。”“繪”與“黵”,亦聲近義同。

《説文》:“黚,淺黄黑也。讀若‘染繒中束緅紺’。”是讀與《論語》“紺緅”同,故鄭注以“紺緅”爲“玄類”。《玉篇》“黚”音巨炎、巨今二切,則讀與黔同。黔,亦黑也。

《鄘風·君子偕老》篇“鬒髮如雲”,毛傳云:“鬒,黑髮也。”昭二十八年《左傳》云:“昔有仍氏生女,黰黑而甚美,名曰玄妻。”《説文》:“袗,玄服也。”《士冠禮》云:“兄弟畢袗玄。”《月令》“乘玄路”,鄭注云:“今《月令》曰‘乘軫路’。”義並與“縝”同。

《説文》:“黶,小黑子也。”黶、黳、黶,一聲之轉。《説文》又云:“緊,赤黑色繒也。”《周官·巾車》“安車,彫面,鷖總”,鄭衆注云:“鷖,讀爲‘鳧鷖’之鷖。鷖總者,青黑色,以繒爲之。”疏云:“鷖者,取鳧鷖之色青黑爲義。”《玉篇》:“磬,黑石也。字或作堅。”《唐本草》云:“堅,狀似玄玉而輕,出西戎。”義並與“黶”同。

《説文》:“黗,黄濁黷也。”《廣韻》云:“黄黑色也。”“黗”與“純”,聲義相近。《周官·媒氏》“凡嫁子娶妻入幣,純帛無過五兩”,鄭注云:“純,實緇字也。古緇以才爲聲。納幣用緇,婦人陰也。”《玉藻》“大夫佩水蒼玉而純組綬”,鄭注云:“純,當爲緇。古文緇字或作糸旁才。”《祭統》“王后蠶於北郊,以共純服”,鄭注以“純”爲繒色。釋文“純”,側其反。《士冠禮》“爵弁服,纁裳,純衣,緇帶,靺韐”,鄭注云:“純衣,絲衣也。餘衣皆用布,唯冕與爵弁服用絲耳。”《士昏禮》“純衣,纁袡”,鄭亦以爲絲衣。案:《三禮》皆謂黑色爲純,則“純”字自有黑義,無煩改讀爲緇，亦未必皆爲"紂"字之譌也。古爵弁服固以絲爲之，然《士冠禮》之"純衣"與"纁裳"連文，則義主於色而不主於絲。《士昏禮》之"純衣，纁袡"，亦猶是也。若訓"純"爲絲，則於文不類矣。

《説文》："黲，淺青黑色也。"《玉篇》云："今謂物將敗時顔色黲黲也。"王粲《登樓賦》云："天慘慘而無色。"慘，與"黲"通。

《説文》："黟，黑木也。丹陽有黟縣。"

《玉篇》黖，於既切，"深黑也"。《集韻》引《廣雅》："黖，黑也。"今本脱"黖"字。

昀案：玄、墨未作疏證。

槥、櫝、櫬、檮、柩，棺也。

《説文》："棺，關也，所㠯掩尸。"《喪大記》云："君大棺八寸，屬六寸，椑四寸；上大夫大棺八寸，屬六寸；下大夫大棺六寸，屬四寸；士棺六寸。"

《説文》："槥，棺櫝也。"《漢書·高祖紀》"令士卒從軍死者爲槥，歸其縣"，應劭注云："槥，小棺也，今謂之櫝。"《韓長孺傳》云："士卒傷死，中國槥車相望。"案：槥者，小貌也，説見上文"轊、轅，轄也"下。

櫝之言容也，義與"匵、匱"同，亦通作"匵"。《漢書·楊王孫傳》"窾木爲匵"，顔師古注云："匵，小棺也。"昭二十九年《左傳》："乘馬死，公將爲之櫝。"義亦同也。

《説文》："櫬，棺也。"櫬之言親也。襄四年《左傳》"定姒薨，無櫬"，杜注云："櫬，親身棺也。"《檀弓》"君即位而爲椑"，鄭注云："椑，謂杝棺親尸者。"

檮之言盛受也。《玉篇》𣛳，音受，"𣛳棺也"。𣛳，與"檮"同。

《曲禮》："在牀曰尸，在棺曰柩。"《白虎通義》云："柩之爲言究也，久也，不復變也。"

其當謂之𥝧。

當，謂棺前後蔽也。車前後蔽謂之簹，義與"棺當"同。𥝧，通作"和"。《吕氏春秋·開春論》云："昔王季葬於渦山之尾，欒水齧其墓①，見棺之前和。"

① 水，原譌作"小"。

附引《廣雅》三條

〔餛飩，餅也。〕

見《衆經音義》卷十五及《北户録》注。《集韻》《類篇》引《廣雅》作“䐜肫”。

《説文》：“餅，麪餈也。”《釋名》云：“餅，并也，溲麪使合并也。”《方言》：“餅謂之飩，或謂之餦，或謂之餛。”《齊民要術》有“水引餺飩法”；《北户録》引作“渾屯”，又云：“《廣雅》作‘餛飩’，《字苑》作‘餺飩’。顔之推云：‘今之餛飩，形如偃月，天下通食也。’”

〔繁弱、鉅黍，弓也。〕

見《藝文類聚》及《初學記》《太平御覽》。

《釋名》云：“弓，穹也，張之穹隆然也。”定四年《左傳》“封父之繁弱”，杜注云：“繁弱，大弓名。”

《荀子·性惡》篇云：“繁弱、鉅黍，古之良弓也。”《韓策》及《史記·蘇秦傳》並云：“谿子，少府時力、距來，皆射六百步之外。”距，與“鉅”通；來，乃“黍”字之譌。《史記》集解云：“距來者，謂弩勢勁利，足以距來敵。”緣文生訓，失之。距黍，疊韻字。故《荀子》《廣雅》並作“鉅黍”。潘岳《閒居賦》亦云：“谿子巨黍，異絭同機。”

〔谿子，弩也。〕

見《太平御覽》。

《説文》：“弩，弓有臂者。”《釋名》云：“弩，怒也，有勢怒也。”《淮南子·俶真訓》“烏號之弓、谿子之弩，不能無弦而射”，高誘注云：“谿子，弩所出國名也。”《新序·雜事》篇云：“彏谿子，隨時烏。”餘見上條。

廣雅疏證　卷第八下

高郵王念孫學

釋　樂

休流、扶持、下謀、雲門、六韺、五𦳝、大章、簫韶、〔大夏〕、大護、大武、勺、大予。

《休流》，未詳何代樂名。《通典》云："神農樂名。"

《扶持》，亦曰《下謀》。見《帝系譜》及《孝經緯》。《樂記》正義及《周官·大司樂》疏並引《孝經鉤命決》云："神農之樂曰《下謀》。"《太平御覽》載《樂書》引《禮記》云："神農播種百穀，濟育羣生，造五弦之琴，演六十四卦，承基立化，設降神謀，故樂曰《下謀》，以名功也。"

《周官·大司樂》"舞《雲門》《大卷》《大咸》《大磬》《大夏》《大濩》《大武》"，鄭注云："黄帝樂曰《雲門》《大卷》。黄帝能成名萬物以明民共財，言其德如雲之所出，民得以有族類。《大咸》《咸池》，堯樂也。堯能殫均刑灋以儀民，言其德無所不施。《大磬》，舜樂也。言其德能紹堯之道也。《大夏》，禹樂也。禹治水傅土，言其德能大中國也。《大濩》，湯樂也。湯以寬治民而除其邪，言其德能使天下得其所也。《大武》，武王樂也。武王伐紂以除其害，言其德能成武功。"

《樂記》"《大章》，章之也。《咸池》，備矣。《韶》，繼也。《夏》，大也。殷周之樂盡矣"，鄭注云："《大章》，堯樂名也，言堯德章明也。《周禮》闕之。《咸池》，黄帝所作樂名也，堯增脩而用之。咸，皆也；池之言施也，言德之無不施也。《周禮》曰《大咸》。"《漢書·禮樂志》："昔黄帝作《咸池》，顓頊作《六莖》，帝嚳作《五英》，堯作《大章》，舜作《招》，禹作《夏》，湯作《濩》，武王作《武》，周公作《勺》。勺，言能勺先祖之道也。武，言以武功定天下也。濩，言救民也。夏，大承二帝也。招，繼堯也。大章，章之也。五英，英華茂也。六莖，及根莖也。咸池，備矣。"莖、英，與"韺、䪷"同。《白虎通義》亦云:"顓頊樂曰《六莖》,帝嚳樂曰《五英》。"《樂記》正義、《大司樂》疏並引《樂緯》云:"帝嚳曰《六英》,顓頊曰《五莖》。"蓋所傳者異也。

簫,各本譌作"蕭",今訂正。韶,與"磬、招"同。《皋陶謨》云:"《簫韶》九成。"哀十四年《公羊傳》疏引宋均注《樂》説云:"簫之言肅。舜時民樂其肅敬而紹堯道,故謂之《簫韶》。"《初學記》引《樂緯》注云:"韶,繼也。舜繼堯之後,脩行其道,故曰《簫韶》。"

各本皆脱"大夏"二字,今補。

頀,與"濩"同。頀,各本譌作"護",惟影宋本不譌。頀、護,古字本通,但《廣雅》"韺、䪷、韶、頀"四字皆從音。卷四云:"頀,護也。"其字亦從音。今從影宋本。

《詩序》云:"《武》,奏大武也。《酌》,告成大武也,言能酌先祖之道,以養天下也。"《燕禮記》作"勺",宣十二年《左傳》作"汋"。並字異而義同。

《後漢書・明帝紀》"改《大樂》爲《大予樂》",李賢注云:"《尚書璇機鈐》曰:'有帝漢出,德洽,作樂名《予》。'故據《璇機鈐》改之。"《續漢書・禮儀志》注引蔡邕《禮樂志》云:"《大予》樂,典郊廟、上陵、殿中諸會食舉之樂。"予,一作"雅"。《班固傳・東都賦》"揚世廟,正《予樂》",《文選》"予"作"雅"。

樂　名

題上事也。各本"樂名"上有"右"字,下"鼓名、琴名"並同。此後人以意加之,《爾雅》《廣雅》文無此例,今删。

足鼓、植鼓、縣鼓、雷鼓、靈鼓、路鼓、鼖鼓、鼛鼓、晉鼓、鼜鼓、鼙鼓、鞀鼓、應、𩌦、搏拊。

《白虎通義》引《樂記》云:"土曰塤,竹曰管,皮曰鼓,匏曰笙,絲曰弦,石曰磬,金曰鍾,木曰柷,此謂八音也。"《釋名》云:"鼓,廓也;張皮以冒之,其中空廓也。"《明堂位》"夏后氏之鼓足,殷楹鼓,周縣鼓",鄭注云:"足,謂四足也。楹,爲之柱,貫中上出也。縣,縣之簨虡也。"《商頌・那》篇"置我鞉鼓",毛傳云:"夏后氏足鼓,殷人置鼓,周人縣鼓。"鄭箋云:"置,讀曰植。植鞉鼓者,爲楹貫而樹之。鞉雖不植,貫而摇之,亦植之類。"《中山經》"祠首山,用干儛置鼓",置,亦讀曰植。植鼓,即楹鼓也,或謂之建鼓。《大射儀》"建鼓在阼階西",鄭注云:"建,猶樹也,以木貫而載之,樹之跗也。"《周頌·有瞽》篇云:"應田縣鼓。"《禮器》云:"廟堂之下,縣鼓在西。"

雷,本作"靁"。鼖,或作賁,《説文》又作"鞼"。鼛,或作"皋"。《周官·鼓人》:"以雷鼓鼓神祀,以靈鼓鼓社祭,以路鼓鼓鬼享,以鼖鼓鼓軍事,以鼛鼓鼓役事,以晉鼓鼓金奏。"《説文》云:"靁鼓八面,靈鼓六面,路鼓四面,鼖鼓、鼛鼓、晉鼓皆兩面。"《大司馬》職云:"王執路鼓,諸侯執賁鼓,軍將執晉鼓,師帥執提,旅帥執鼙。"《冥氏》云:"爲阱擭以攻猛獸,以靈鼓敺之。"《太僕》云:"建路鼓于大寢之門外,以待達窮者與遽令。"《大雅·靈臺》篇云:"賁鼓維鏞。"《顧命》云:"鼖鼓在西房。"鼖之言墳也。《爾雅》云:"墳,大也。"又云:"大鼓謂之鼖。"《周官·大司馬》疏引《司馬法》云:"千人之帥執鼙,萬人之主執大鼓。"大鼓,即鼖鼓也。《考工記·韗人》云:"鼓長八尺。鼓四尺,中圍加三之一,謂之鼖鼓。"又云:"爲皋鼓,長尋有四尺。鼓四尺,倨句磬折。"皋,亦大也,故鄭注《明堂位》云:"皋之言高也。"《小雅·鼓鍾》篇"鼓鍾伐鼛",《大雅·緜》篇"鼛鼓弗勝",毛傳並云:"鼛,大鼓也。"《周官·大司樂》"王大食三侑,皆令奏鍾鼓",鼓,謂皋鼓也。《荀子·正論》篇云:"曼而饋,伐皋而食,雍而徹。"是也。《考工記》"韗人爲皋陶,長六尺有六寸,左右端廣六寸,中尺,厚三寸,穹者三之一,上三正",鄭注云:"此鼓兩面,以六鼓差之。賈侍中云:'晉鼓大而短。'近晉鼓也。"

鼜,《説文》作"𪔛",云:"夜戒守鼓也。禮,昏鼓四通爲大𪔛,夜半三通爲戒晨,旦明五通爲發昫。"《周官·鼓人》"凡軍旅,夜鼓鼜",鄭注與《説文》同。《眡瞭》"鼜愷獻",杜子春注云:"鼜,讀爲'憂戚'之'戚',謂戒守鼓也。擊鼓聲疾數,故曰戚。"《鎛師》"凡軍之夜三鼜,皆鼓之。守鼜,亦如之",杜注云:"一夜三擊,備守鼜也。《春秋傳》所謂'賓將趨'者,音聲相似。"《掌固》"夜三鼜以號戒",杜注云:"鼜,讀爲'造次'之造,謂擊鼓行夜戒守也。"案:"造、戚"二字,古聲皆與"蹙"相近。《詩》"自詒伊戚",與"奥、蹙、菽、宿、覆"爲韻。《孟子》"舜見瞽瞍,其容有蹙",《韓非子·忠孝》篇作"其容造焉"。《大戴禮·保傅》篇"靈公造然失容",造然,即"蹙然"。杜云:"鼜,讀爲'憂戚'之戚。擊鼓聲疾數,故曰戚。"聲則同於"憂戚",義則取諸"疾數";故又云:"鼜,讀爲'造次'之造。"造次,亦疾意也。賈疏以爲取軍中憂懼之意,失之。

《大雅·緜》箋云:"凡大鼓之側有小鼓,謂之應鼙、朔鼙。"《大射儀》"建鼓在阼階西,應鼙在其東。一建鼓在西階西,朔鼙在其北",注云:"應鼙,應朔鼙也。先擊朔鼙,應鼙應之。"朔,始也。《釋名》云:"鼙,裨也,裨助鼓節也。"《月令》"命樂師脩鞀鞞鼓",鞞,與"鼙"同;鞀,與"鼗"同。《爾雅》:"大鼗謂之麻,小者謂之料。"《皋陶謨》云:"下管鼗鼓。"《周官·小師》"掌教鼓鼗",注云:"鼗,如鼓而小,持其柄摇之,旁耳還自擊。"《大射儀》"鼗倚于頌磬西紘",注云:"鼗,如鼓而小,有柄,賓至摇之以奏樂。"鼗之言兆也。兆,始也。《釋名》云:"鼗,導也,所以導樂作也。"《商頌》作"鞉",《月令》作"鞀"。《説文》云:"籒文作磬。"並字異而義同。

應,謂應鼙也。𣟎,謂朔鼙也。《爾雅》"小鼓謂之應",孫炎注云:"和應大鼓也。"《禮器》云:"廟堂之下,應鼓在東。"《周官·小師》"下管,擊應鼓",注云:"應鼙也。"《周頌·有瞽》篇"應田縣鼓",毛傳云:"應,小鞞也。"鄭箋云:"田,當作𣟎。𣟎,小鼓,在大鼓旁,應鞞之屬也。"𣟎,説文作"䡨",云:"擊小鼓引樂聲也。"《周官·大師》"下管,播樂器,令奏鼓𣟎",鄭衆注云:"𣟎,小鼓也。先擊小鼓,乃擊大鼓。小鼓爲大鼓先引,故曰𣟎。𣟎,讀爲'道引'之引。"𣟎,字從申,柬聲。各本譌從東,今訂正。

《釋名》云:"搏拊,以韋盛穅,形如鼓,以手拊拍之也。"《皋陶謨》"搏拊琴瑟",《書大傳》云:"以韋爲鼓,謂之搏拊。"搏拊,或謂之拊搏,或謂之拊,其實一也。《明堂位》"拊搏玉磬",注云:"拊搏,以韋爲之,充之以穅,形如小鼓,所以節樂。"《大戴禮·禮三本》篇"縣一罄而尚拊搏",《荀子·禮論》篇作"縣一鍾尚拊膈"。《周官·大師》"帥瞽登歌,令奏擊拊",注云:"拊,形如鼓,以韋爲之,著之以穅。"《樂記》云:"弦匏笙簧,會守拊鼓。"

鼓　名

神農氏琴長三尺六寸六分①,上有五弦,曰宫、商、角、徵、羽。文王增二弦,曰少宫、〔少〕商。

《風俗通義》引《世本》云:"神農作琴。"《説文》:"琴,禁也,神農所作。洞越練朱五弦,周加二弦。"《後漢書·仲長統傳》注引《三禮圖》云:"琴本五弦,曰宫、商、角、徵、羽。文王增二,曰少宫、少商。"《初學記》引《琴操》云:"琴長三尺六寸六分,廣六寸,五弦。大弦爲君,小弦爲臣。文王、武王加二弦,以合君臣之恩。"各本

① 農,原作"農",《疏證》作"農"。

“商”上脱“少”字。《藝文類聚》《玉海》引《廣雅》並作“少宫、少商”，今據補。

鳴廉、脩營、藍脅、號鍾、宫中、自鳴、焦尾①。

《淮南子·脩務訓》云：“琴或撥剌枉橈闊解漏越，而稱以楚莊之琴，則側室爭鼓之。山桐之琴，澗梓之腹，雖鳴廉、脩營、唐牙，莫之鼓也。”高誘注云：“鳴廉，言其鳴音聲有廉隅。脩營，音清涼，聲和調也。”案：此謂世俗之人皆貴古而賤今，故琴之惡者而稱爲古琴，則人爭鼓之；否則雖善而莫之鼓也。故下文云：“服劒者期於銛利，而不期於墨陽、莫邪。乘馬者期於千里，而不期於驊騮、緑耳。鼓琴者期於鳴廉、脩營，而不期於濫脅、號鍾。”是“濫脅、號鍾”爲古琴之名，而“鳴廉、脩營”乃言其聲之美，非琴名也。《廣雅》以四者皆爲琴名，失之。濫，與“藍”同。《楚辭·九歎》“破伯牙之號鍾兮”，王逸注云：“號鍾，琴名。”馬融《長笛賦》云：“若絙瑟促柱，號鍾高調。”

宫中，當爲“空中”，聲之誤也。《初學記》引《纂要》云：“古琴名有鳴廉、脩況、藍脅、號鍾、自鳴、空中、焦尾。”《太平御覽》引《大周正樂》亦云：“鳴廉、脩況、藍脅、自鳴、空中、號鍾、焦尾。”“況”與“營”，聲相近。《後漢書·蔡邕傳》：“吴人有燒桐以爨者，邕聞火烈之聲，知其良木，因請而裁爲琴，果有美音，而其尾猶焦，故時人名曰‘焦尾琴’焉。”《宋書·樂志》云：“齊桓曰號鍾，楚莊曰繞梁，相如曰焦尾，伯喈曰緑綺。事出傅玄《琴賦》。世云焦尾是伯喈琴，《伯喈傳》亦云爾。以傅氏言之，則非伯喈也。”

琴　名

伏羲氏瑟長七尺二寸，上有〔二十七〕弦。

《風俗通義》引《世本》云：“宓羲作瑟。”《釋名》云：“瑟，施弦張之瑟瑟然也。”

各本此條皆列在上文“焦尾”之後、“琴名”之前，“瑟”皆作“琴”，“二十七弦”皆作“五弦”。《太平御覽》《玉海》並引《廣雅》：“伏羲氏琴長七尺二寸，上有五弦。”則宋時《廣雅》本已與今本同。案：“琴名”二字，專指上“鳴廉”以下七者而言，與此條曾不相涉。《廣雅》先記琴制，後記瑟制，是以“伏羲氏瑟”列於衆琴名之後。

① 焦尾，原作“隻屉”，《疏證》作“焦尾”。

若如今本作"伏羲氏琴",則當列於"神農氏"之前矣。且徧考諸書,皆言瑟長七尺二寸,不言琴長七尺二寸。《廣雅》於衆樂器皆記其制,亦無獨缺瑟制之理。此因"瑟"字誤作"琴",後人遂移此條於"琴名"二字之前,並改"二十七弦"爲"五弦",以牽合琴制,而不知與"長七尺二寸"之文大相抵捂也。《文選·笙賦》注引《廣雅》云:"琴長三尺六寸六分,五弦。瑟二十七弦。"《隋書·音樂志》云:"琴,神農制爲五弦,周文王加二弦爲七。瑟,二十七弦,伏犧所作者也。"顔師古《急就篇》注云:"琴,神農所作也,長三尺六寸六分,五弦。周文王增二弦。"又云:"瑟,庖犧氏所作也,長七尺二寸,二十七弦。"義皆本於《廣雅》,今據以訂正。《爾雅》"大瑟謂之灑",郭注云:"長八尺一寸,廣一尺八寸,二十七弦。"説與《廣雅》小異。

柷,象桶,方三尺五寸,深尺八寸,四角有陞鼠。

敔,象伏虎,背上有二十七刻。

《臯陶謨》"合止柷敔",《周官·小師》疏引鄭注云:"柷,狀如漆筩而有椎。合之者,投椎其中而撞之。敔,狀如伏虎,背有刻,所以鼓之以止樂。"《周頌·有瞽》篇"鞉磬柷圉",毛傳云:"柷,木椌也。圉,楬也。"圉,與"敔"同。柷之言俶,敔之言禦也。《爾雅》:"俶,始也。""禦,禁也。"《釋名》云:"柷以作樂,敔以止樂。"《爾雅》"所以鼓柷謂之止,所以鼓敔謂之籈",郭注云:"柷,如漆桶,方二尺四寸,深一尺八寸,中有椎,柄連底;挏之,令左右擊。止者,其椎名。敔,如伏虎,背上有二十七鉏鋙刻,以木長尺擽之。籈者,其名。"《風俗通義》引《樂記》云:"柷,漆桶,方三尺五寸,高尺八寸,中有椎。"説與《廣雅》合。陞鼠,其制未聞。

倕氏鍾十六枚。

毋句氏磬十六枚。

"鍾"與"鐘",古字通。鍾之言充也。《荀子·樂論》云:"鍾充實,磬廉制。"是也。《釋名》云:"磬,罄也,其聲罄罄然堅緻也。"《明堂位》"垂之和鍾,叔之離磬",鄭注引《世本·作》篇云:"垂作鍾,無句作磬。"垂,與"倕"同。無,與"毋"同。《周官·小胥》"凡縣鍾磬,半爲堵,全爲肆",鄭注云:"鍾、磬皆編縣之,二八十六枚而在一虡謂之堵,鍾一堵、磬一堵謂之肆。"《磬師》云:"掌教擊磬、擊編鍾。"襄十一年《左傳》"鄭人賂晉侯以歌鍾二肆",杜注云:"肆,列也。縣鍾十六爲一肆,二肆三十二枚。"案:《晉語》亦云:"鄭伯嘉來納歌鍾二肆。"又云:"公賜魏絳歌鍾一肆。"則鍾縣自得稱肆,不必鍾磬全而後謂之肆也。今依杜氏解之,一虡二筍,筍各八鍾,共十六鍾,謂之肆,半肆謂之堵;磬亦如之。與《周官》《内外傳》皆合,於義爲長。

塤,象稱錘,以土爲之,有六孔。

篪,以竹爲之,長尺四寸,有八孔,〔一孔上出寸三分〕。

塤,《説文》作"壎"。篪,或作"箎",《月令》作"篪"。《釋名》云:"塤,喧也,聲濁喧喧然也。""箎,啼也,聲從孔出,如嬰兒啼聲也。"《小雅·何人斯》篇云:"伯氏吹壎,仲氏吹箎。"《周官·小師》"掌教鼓塤",鄭衆注云:"塤,六孔。"鄭注云:"塤,燒土爲之,大如鴈卵。"《笙師》"掌教龡塤箎",鄭衆注云:"箎,七孔。"疏引《禮圖》云:"箎,九孔。"《爾雅》"大箎謂之沂,大塤謂之嘂",郭注云:"箎,以竹爲之,長尺四寸,圍三寸,一孔上出寸三分,名翹,横吹之;小者尺二寸。塤,燒土爲之,大如鵝子,鋭上平底,形似稱錘,六孔;小者如雞子。"釋文引《世本》云:"塤,圍五寸半,長三寸半,六孔。箎,長尺二寸。"《太平御覽》引《世本》注云:"箎,吹孔有觜如酸棗。"《通典》引蔡邕《月令章句》云:"箎,六孔,有距,横吹之。或曰距,或曰翹,或曰觜,皆謂其上出之吹孔也。"《通典》云:"今横笛加觜者,謂之義觜笛,即箎之遺象也。"

各本"八孔"下,多"前有一孔,上有三孔,後有四孔,頭有一孔"十六字,又脱去"一孔上出寸三分"七字。《太平御覽》引《廣雅》:"箎,前有一孔,後有四孔,頭有一孔。"則所見本已與今本同,但少"上有三孔"一句耳。案:上文"塤有六孔",下文"龠有七孔""管有六孔",皆不言諸孔所在之處。今本"前有一孔"云云,文與前後不協,必曹憲之注誤入正文者也。其上出之吹孔與諸孔異,故獨記其制,猶下文竽笙之管,獨記其"宫管"也。《爾雅》注云"一孔上出寸三分",義即本於《廣雅》。《周官·笙師》疏引《廣雅》云:"箎,以竹爲之,長尺四寸,八孔,一孔上出寸三分。"今據以訂正。

籟謂之簫,大者二十四管,小者十六管,有底。

《説文》:"簫,參差管樂,象鳳之翼。"《釋名》云:"簫,肅也,其聲肅肅而清也。"《周頌·有瞽》篇"簫管備舉",鄭箋云:"簫,編小竹管,如今賣餳者所吹也。"《爾雅》:"大簫謂之言,小者謂之筊。"《通典》引《月令章句》云:"簫,編竹有底,大者二十三管,小者十六管。長則濁,短則清,以密蠟實其底而增減之則和。"《周官·小師》疏引《易通卦驗》云:"簫,長尺四寸。"《藝文類聚》引《三禮圖》云:"雅簫,長尺四寸,二十四彄。頌簫,長尺二寸,十六彄。"彄,亦管也。籟之言厲也,聲清厲也。高誘注《淮南子·齊俗訓》云:"簫,籟也。"《莊子·齊物論》篇:"人籟,則比竹是已。"

笙,以瓠爲之,十三管,宫管在左方。

竽,象笙,三十六管,宫管在中央。

《釋名》云:"笙,生也;竹之貫匏,象物貫地而生也。以匏爲之,故曰匏也。竽,亦是也;其中汙空以受簧也。簧,横也,於管頭横施於中也。"《爾雅》"大笙謂之巢,小者謂之和",郭注云:"列管瓠中,施簧管端;大者十九簧,小者十三簧。"《周官·笙師》"掌教歈竽笙",鄭衆注云:"竽,三十六簧。笙,十三簧。"疏引《易通卦驗》"竽,長四尺二寸",鄭注云:"竽類管,用竹爲之,形参差象鳥翼。"《風俗通義》云:"笙,長四尺,十三簧,象鳳之身。"又云:"謹案,《樂記》:'竽,管三十六簧也,長四尺二寸。今二十三管。'"《笙師》疏引《廣雅》"瓠"作"匏"。

龠謂之笛,有七孔。

龠,或作"籥"。笛,或作"篴"。《説文》:"龠,樂之竹管,三孔,㠯和衆聲也。"《爾雅》云:"大籥謂之産,其中謂之仲,小者謂之箹。"《邶風·簡兮》篇"左手執籥",毛傳云:"籥,六孔。"趙岐注《孟子·梁惠王》篇云:"籥,簫也。或曰:籥,若笛而短,有三孔。"《周官·笙師》"掌教歈籥篴",鄭注云:"籥,如篴三空。"杜子春注云:"篴,今時所吹五空竹篴。"笛與龠形相似,故對文則異,散文則通。《釋名》云:"笛,滌也,其聲滌滌然也。"《説文》:"笛,七孔筩也。羌笛三孔。"《風俗通義》引《樂記》云:"笛,長一尺四寸,七孔。"馬融《長笛賦》謂羌笛四孔;京房加一孔,以備五音。

管,象篪,長尺圍寸,〔有〕六孔,無底。

《爾雅》:"大管謂之簥,其中謂之篞,小者謂之篎。"《風俗通義》引《樂記》云:"管,漆竹,長一尺,六孔。"《宋書·樂志》引《月令章句》云:"管者,形長尺圍寸,有六孔,無底。"《周官·小師》"掌教鼓管",鄭衆注云:"管,如篪六孔。"《爾雅》注引賈逵《解詁》同。鄭注云:"管,如篴而小,併兩而吹之,今大予樂官有焉。"《周頌·執競》篇作"筦",《大戴禮·少閒》篇作"琯"。《説文》云:"古者琯㠯玉。舜之時,西王母來獻其白玉琯。前零陵文學奚景,於泠道舜祠下得笙,玉琯。"各本"六孔"上脱"有"字。《史記·司馬相如傳》正義及《太平御覽》引《廣雅》俱有"有"字,與上"塡、鱸、龠"三條,文同一例,今據補。

天子樂八佾,諸公六佾,諸侯四佾。

《春秋》隱五年"考仲子之宫,初獻六羽",《公羊傳》云:"六羽者何? 舞也。天子八佾,諸公六,諸侯四。"《穀梁傳》同。《白虎通義》云:"八佾者,何謂也? 佾者,列也;以八人爲行列,八八六十四人也。諸公六六爲行,諸侯四四爲行。"何休《公羊注》同。

嗵、歈、謳、詠、吟,歌也。

《樂記》云:"歌之爲言也,長言之也。"

嗵之言洪大也。《玉篇》胡冬、徒弄二切。《廣韻》引《埤倉》云:"嗵,大歌聲也。"

《楚辭·招魂》"吳歈蔡謳",王逸注云:"歈、謳,皆歌也。"左思《吳都賦》"荆豔楚舞,吳愉越吟",愉,與"歈"通。歈之言揄也。《説文》:"揄,引也。"亦長言之意也。《説文》:"謳,齊歌也。"

詠之言永也,所謂"歌永言"也。

昀案:吟未作疏證。

廣雅疏證　卷第九上

高郵王念孫學

釋　天

太初，氣之始也，生於酉仲，清濁未分也。太始，形之始也，生於戌仲，清者爲精，濁者爲形也。太素，質之始也，生於亥仲，已有素朴，而未散也。三氣相接，至於子仲，剖判分離①，輕清者上爲天，重濁者下爲地，中和爲萬物。

《列子·天瑞》篇云："太初者，氣之始也。太始者，形之始也。太素者，質之始也。氣、形、質具而未相離，故曰渾淪。"又云："一者，形變之始也，清輕者上爲天，濁重者下爲地，沖和氣者爲人。故天地含精，萬物化生。"《易乾鑿度》同。《小雅·采薇》正義引《詩緯》云："陽生酉仲，陰生戌仲。"《太平御覽》引《詩推度災》云："陽本爲雄，陰本爲雌，物本爲魂。雄生八月仲節，號曰太初。"又引《乾鑿度》云："雌生戌仲，號曰太始。雄雌俱行三節，而雄合物魂，號曰太素。"

天地辟，設人皇以來，至魯哀公十有四年，積二百七十六萬歲，分爲十紀，曰：九頭、五龍、攝提、合雒、連通、序命、循蜚、因提、禪通、疏訖。

《續漢書·律曆志》引蔡邕議云："《元命苞》《乾鑿度》皆以爲開闢至獲麟，二百七十六萬歲。"《文選·魯靈光殿賦》注引《春秋命歷序》云："皇伯、皇仲、皇叔、皇季、皇少五姓，同期俱駕龍，號曰五龍。"又云："人皇九頭。"宋均曰："九頭，九人也。"

各本"攝"譌作"挺"，"雒"譌作"雄"，"連"譌作"建"，"循蜚"譌作"脩蜚"，"疏訖"譌作"流記"。司馬貞補《三皇紀》引《春秋緯》云："十紀，一曰九頭紀，二曰五

---

① 剖，原作"剖"。

龍紀,三曰攝提紀,四曰合雒紀,五曰連通紀,六曰序命紀,七曰循飛紀,八曰因提紀,九曰禪通紀,十曰疏訖紀。"《禮記》正義引《六藝論》注云:"六紀者,九頭紀、五龍紀、攝提紀、合洛紀、連通紀、序命紀。"《書》正義引《廣雅》云:"十紀者,九頭、五龍、攝提、合雒、連通、序命、循蜚、因提、禪通、疏仡。"今據以訂正。

年　紀

東方昦天,東南陽天,南方赤天,西南朱天,西方成天,西北幽天,北方玄天,東北變天,中央鈞天。

《吕氏春秋·有始覽》云:"天有九野,中央曰鈞天,東方曰蒼天,東北曰變天,北方曰玄天,西北曰幽天,西方曰顥天,西南曰朱天,南方曰炎天,東南曰陽天。"《開元占經·天占》篇引《尚書考靈曜》云:"東方皞天,西方成天,南方赤天。"餘與《吕氏春秋》同,蓋《廣雅》所本也。皞,與"昦"同。《楚辭·天問》"九天之際,安放安屬",王逸注亦與《考靈曜》同。變,各本譌作"蠻"。《初學記》《太平御覽》引《廣雅》並作"變",今據以訂正。又《初學記》《太平御覽》引《廣雅》"赤天"並作"炎天"。

九　天

天圜廣南北二億三萬三千五百里七十五步,東西短減四步,周六億十萬七百里二十五步。從地至天,一億一萬六千七百八十七里〔半〕。下度地之厚,與天高等。

億,與"億"同。各本"圜廣"譌作"圍闊"。《周官·大司徒》疏、《開元占經·天占》篇、《法苑珠林·日月》篇、《太平御覽》並引《廣雅》:"天圜廣南北二億三萬三千五百里七十五步。"今據以訂正。又各本"八十七里"下脱"半"字。《大司徒》疏引《廣雅》:"從地至天,一億一萬六千七百八十七里半。"《開元占經》《初學記》《太平御覽》《法苑珠林》引《廣雅》並作"八十一里半",雖"一"與"七"異文,而"里"下皆有"半"字。今據補。

案:此條天度里數,與下條宿度里數不同,則所采非一人之説。又案:《周髀經》云:"天離地八萬里。"《淮南子·天文訓》云:"天去地億五萬里。"張衡《靈憲》云:"八極之維,徑二億三萬二千三百里。南北則短減千里,東西則廣增千里。自地至天,半於八極,則地之深亦如之。”《論衡·説日》篇云:“天行三百六十五度,凡積七十三萬里。”《海外東經》注引《詩含神霧》云:“天地東西二億三萬三千里,南北二億三萬一千五百里。”《藝文類聚》引《春秋元命包》云:“天周九九八十一萬里。”又引《三五歷紀》云:“天去地九萬里。”《開元占經·天占》篇引《洛書甄燿度》云:“天地相去十七萬八千五百里。”又引《孝經援神契》云:“周天七衡六間者,相去萬九千八百三十三里三分里之一,合十一萬九千里。”又引《關令内傳》云:“天地南午北子,相去九十一萬里;東卯西酉,亦九十一萬里。四隅空相去亦爾。天去地四十萬九千里。”以上諸書所言天度,與《廣雅》或大同小異,或相去縣絶。其廣袤里數,不知據恆星天言之乎,抑據日月五星天言之乎?既無定法可憑,今皆存而不論。

天　度

東方七宿,七十五度;南方七宿,百一十二度;西方七宿,八十度;北方七宿,九十八度四分度之一。四方凡三百六十五度四分度之一。一度二千九百三十二里,二十八宿間相距積一百七萬九百一十三里,徑三十五萬六千九百七十〔一〕里。

此謂赤道度也。《開元占經·二十八宿占》引劉向《洪範傳》云:“東方七宿,七十五度;北方七宿,九十八度四分度之一;西方七宿,八十度;南方七宿,百一十二度。”《淮南子·天文訓》云:“星分度,角十二,亢九,氐十五,房五,心五,尾十八,箕十一四分一,斗二十六,牽牛八,須女十二,虚十,危十七,營室十六,東壁九,奎十六,婁十二,胃十四,昴十一,畢十六,觜巂二,參九,東井三十三,輿鬼四,柳十五,七星七,張、翼各十八,軫十七。”《月令》正義引《尚書考靈燿》云:“周天三百六十五度四分度之一,一度二千九百三十二里千四百六十一分里之三百四十八,周天百七萬一千里,徑三十五萬七千里。”説與《廣雅》小異。

又案:“徑三十五萬六千九百七十一里”,各本皆脱“一”字。《周官·大司徒》疏引《廣雅》已與今本同。今以圍三徑一計之,當有“一”字。《續漢書·郡國志》注引《帝王世紀》:“周天積一百七萬九百一十三里,徑三十五萬六千九百七十一里。”義本《廣雅》。今據補。

宿　度

東北條風,東方明庶風,東南清明風,南方景風,西南涼風,西方閶闔風,

西北不周風,北方廣莫風。

《淮南子·天文訓》云:"何謂八風?距日冬至四十五日,條風至;四十五日,明庶風至;四十五日,清明風至;四十五日,景風至;四十五日,涼風至;四十五日,閶闔風至;四十五日,不周風至;四十五日,廣莫風至。"《史記·律書》云:"不周風居西北維,主殺生。廣莫風居北方;廣莫者,言陽氣在下,陰莫陽廣大也。條風居東北維,主出萬物;條之言條治萬物而出之。明庶風居東方;明庶者,明衆物盡出也。清明風居東南維,主風吹萬物。景風居南方;景者,言陽氣道竟。涼風居西南維,主地;地者,沈奪萬物氣也。閶闔風居西方;閶者,倡也;闔者,藏也,言陽氣道萬物,闔黄泉也。"《北堂書鈔》引《春秋考異郵》云:"條者,生也。""明庶者,迎衆也。""清明者,精芒也。""景者,大也,言陽氣長養也。""涼者,寒也,陰氣行也。""閶闔者,咸收藏也。""不周者,不交也,言陰陽未合化也。""廣莫者,大莫也,開陽氣也。"隱五年《左傳》正義引《易通卦驗》"條風"作"調風",《説文》作"融風"。各本"西南、西北"下並有"方"字,後人以意加之也。上文釋"九天"之名,四隅皆省一"方"字;此條内"東北條風、東南清明風",亦無"方"字。今據删。

八　風

昌光、握譽、可錯、持勝[①]、履予。

《後漢書·班固傳》注引《河圖》云:"昌光出軫,五星聚井。"《太平御覽》引《符瑞圖》云:"昌光者,瑞光也,見於天漢。高受命,昌光出軫。"《晉書·天文志》云:"昌光,赤如龍;聖人起,帝受終,則見。"

《易是類謀》云:"王察可錯,一角九尾。"

握譽、持勝、履予,皆未詳。

祥　氣

格擇、旬始、天狗、枉矢、氛、祲、倍[②]、譎、冠、珥。

擇,或作"澤"。司馬相如《大人賦》云:"建格澤之脩竿兮,總光燿之采旄。垂

① 勝,原作"縢",《疏證》作"勝"。
② 倍,原作"僋",《疏證》作"倍"。

旬始以爲幓兮，曳彗星而爲髾。”《説苑・辨物》篇云：“欃槍、彗孛、旬始、枉矢、蚩尤之旗，皆五星盈縮之所生也。”《開元占經・妖星占》篇引《黄帝占》云：“格澤者，如炎火之狀，上黄下白，從地而上，下大上鋭。”又引《巫咸》云：“旬始出於北斗旁，狀如雄雞；其怒青黑，象伏鼈。枉矢類大流星，色蒼黑，蛇行，望之如有毛目，長數匹，著天。”《史記・天官書》與《巫咸》《黄帝占》同。

《釋名》云：“枉矢，言其光行若射矢之所至也。”

《開元占經・流星占》篇引《巫咸》云：“流星有光見人面，墜地。若不至地，望之有足，名曰‘天狗’。”《天官書》云：“天狗，狀如大奔星，有聲，其下止地，類狗。所墮及，望之如火光炎炎衝天。其下圜如數頃田處，上兑，有黄色。”

《説文》：“氛，祥氣也。”“祲，精氣成祥也。”昭十五年《左傳》“吾見赤黑之祲，非祭祥也，喪氛也”，杜注云：“祲，妖氛也。氛，惡氣也。”《周官・眂祲》注云：“祲，陰陽氣相侵漸成祥者。”

倍，字或作“背”。譎，字或作“鐍、璚、僪”，又作“穴”。《吕氏春秋・明理》篇“日有倍僪，有暈珥”，高誘注云：“皆日旁之危氣也。在兩旁反出爲倍，在上反出为僪，在上内向爲冠，兩旁内向爲珥。”《開元占經・日占》篇引京氏云：“氣中赤外青曲向外，名爲背。”又引石氏云：“氣青赤曲向外，中有一横，狀如帶鉤，名爲璚。氣青赤立在日上，名爲冠。日兩旁有氣短小青赤，名爲珥。”《淮南子・覽冥訓》云：“背譎見於天。”《漢書・天文志》“暈適背穴，抱珥虹蜺”，孟康曰：“穴，多作鐍，其形如玉鐍也。”如淳曰：“有氣刺日爲鐍。鐍，抉傷也。”諸家説“譎”字之義各異，未知孰是[291]。各本“倍、譎”二字誤在“天狗”之上，今訂正。

祅　氣

赤霄、濛澒、朝霞、正陽、淪陰、沆瀣、列缺、倒景。

《淮南子・人閒訓》“鴻鵠背負青天，膺摩赤霄”，高誘注云：“赤霄，飛雲也。”《楚辭・九歎》云：“譬若王僑之乘雲兮，載赤霄而淩太清。”又云“貫澒濛以東朅兮”，王逸注云：“澒濛，氣也。”倒言之則曰“濛澒”。字或作“庬鴻”。張衡《思玄賦》云：“踰庬鴻於宕冥。”是也。

《楚辭・遠遊》“湌六氣而飲沆瀣兮，漱正陽而含朝霞”，王注云：“《陵陽子明經》言:'春食朝霞;朝霞者,日始欲出赤黄氣也。秋食淪陰;淪陰者,日没以後赤黄氣也。冬食沆瀣;沆瀣者,北方夜半氣也。夏食正陽;正陽者,南方日中氣也。'并天玄、地黄之氣,是爲六氣也。"《漢書·司馬相如傳》"呼吸沆瀣兮餐朝霞",應劭注與王逸同。卷一云:"淪,没也。"日没以後之氣,故曰"淪陰"。淪,曹憲音倫。各本"淪"字誤作"渝";音内"倫"字誤作"隃",又誤入正文,今訂正。

《楚辭·遠遊》云:"上至列缺兮,降望大壑。"《漢書·司馬相如傳》"貫列缺之倒景兮",服虔曰:"人在天上,下向視日月,故景倒在下也。"張注引《陵陽子明經》云:"列缺氣去地二千四百里,倒景氣去地四千里,其景皆倒在下。"

常 氣

一穀不升曰歉,二穀不升曰饑,三穀不升曰饉,四穀不升曰歑,五穀不升曰大侵。

此襄二十四年《穀梁傳》文也。

《穀梁傳》"歉"作"嗛","歑"作"康"。范甯注云:"嗛,不足貌。康,虚也。侵,傷也。"案:歉、饑、饉、歑,皆虚乏之名。饑,與"飢"同意。卷三云:"歉、堇,少也。"堇,與"饉"同意。歑者,"空"聲之轉。《説文》:"歑,飢虚也。"《淮南子·天文訓》云:"三歲而一饑,六歲而一衰,十二歲而一康。"《韓詩外傳》"歉"作"鎌","歑"作"荒"。荒,亦歑也。《爾雅》"漮,虚也",郭璞音義云:"本或作荒。"《泰》九二"包荒",鄭讀爲康。

□□□

右影宋本、皇甫本、畢本、吴本皆缺三字。胡本據《爾雅》補"災"字,與所缺字數不合。郎本於"災"下加"氣字,其謬滋甚。今仍缺三字。

蒼曰靈威仰,赤曰赤熛怒[①],黄曰含樞紐,白曰白招矩,黑曰叶光紀。

薛綜注《東京賦》引《河圖》云:"蒼帝神名靈威仰,赤帝神名赤熛怒,黄帝神名含樞紐,白帝神名白招拒,黑帝神名協光紀。"《周官·大宗伯》疏引《春秋運斗樞》云:"大微宫有五帝座星。"又引《文燿鉤》云:"春起青受制,其名靈威仰;夏起赤受

① 熛,原作"熛",《疏證》作"熛"。

制,其名赤熛怒;秋起白受制,其名白招拒;冬起黑受制,其名叶光紀;季夏六月火受制,其名含樞紐。"拒,與"矩"同。協,與"叶"同,字亦作"汁"。

五帝號

立春、春分,東從青道二出黄道東,交於房二度中;立夏、夏至,南從赤道二出黄道南,交於七星四度中;立秋、秋分,西從白道二出黄道西,交於胃十二度中;立冬、冬至,北從黑道二出黄道北,交於虚二度中。四季之月,還從黄道。

《唐書·大衍曆》議引《洪範》傳云:"日有中道,月有九行。中道,謂黄道也。九行者,青道二出黄道東;赤道二出黄道南;白道二出黄道西;黑道二出黄道北。立春、春分,月東從青道;立夏、夏至,月南從赤道;立秋、秋分,月西從白道;立冬、冬至,月北從黑道。"《漢書·天文志》略同。《大衍曆》議又云:"推陰陽曆交在冬至、夏至,則月行青道、白道,所交則同,而出入之行異。故青道至春分之宿,及其所衝,皆在黄道正東;白道至秋分之宿,及其所衝,皆在黄道正西。若陰陽曆交在立春、立秋,則月循赤道、黑道,所交則同,而出入之行異。故赤道至立夏之宿,及其所衝,皆在黄道西南;黑道至立冬之宿,及其所衝,皆在黄道東北。若陰陽曆交在春分、秋分,則月行赤道、黑道,所交則同,而出入之行異。故赤道至夏至之宿,及其所衝,皆在黄道正南;黑道至冬至之宿,及其所衝,皆在黄道正北。若陰陽曆交在立夏、立冬,則月循青道、白道,所交則同,而出入之行異。故青道至立春之宿,及其所衝,皆在黄道東南;白道至立秋之宿,及其所衝,皆在黄道西北。其大紀皆兼二道,而實分主八節,合於四正、四維。按:陰陽曆中終之所交,則月行正當黄道。去交七日,其行九十一度,齊於一象之率,而得八行之中。八行與中道而九,是謂九道。"

月行九道

正月不温,七月不涼。二月不風,八月雷不藏。三月風不衰,九月無降霜。四月雷不見,十月蟄蟲行。五月陽暑不蒸,十一月不合凍。六月浮雲不布,十二月草不喪。七月白露不降,正月有微霜。八月浮雲不歸,二月雷不行。九月物不凋,三月草木傷。十月流火不定,四月蚰蟲不育。

十一月寒不降,五月雨雹。十二月萌類不見,六月五穀不實。

正月建寅,七月建申。申與寅衝,故七月不涼,與正月不温相應也。下皆放此。《淮南子·時則訓》云:"孟春與孟秋爲合,仲春與仲秋爲合,季春與季秋爲合,孟夏與孟冬爲合,仲夏與仲冬爲合,季夏與季冬爲合。故正月失政,七月涼風不至;二月失政,八月雷不藏;三月失政,九月不下霜;四月失政,十月不凍;五月失政,十一月蟄蟲冬出其鄉;六月失政,十二月草木不脱;七月失政,正月大寒不解;八月失政,二月雷不發;九月失政,三月春風不濟;十月失政,四月草木不實;十一月失政,五月下雹霜;十二月失政,六月五穀疾狂。"義與此條相近。

月 衝

衝,字亦作"衝"。《漢書·五行志》引京房《易傳》云:"蜺再重赤而專,至衝旱。"孟康注云:"專,員也。若五月蜺再重赤而員,至十一月旱也。"案:十一月與五月相對,故曰"衝"。衝者,相對之名。《淮南子·天文訓》云:"歲星之所居,其對爲衝。"

日月五星行黄道,始營室、東壁、奎、婁、胃之陽,入昴、畢閒,行觜觿、參之陰,度東井、輿鬼,行柳、七星、張、翼、軫之陰,入角、〔亢〕閒,貫氐、房,出心、尾、箕之陰,入斗、牽牛閒,行須女、虛、危之陽,復至營室。

《漢書·天文志》云:"中道者,黄道。一曰光道。光道北至東井,南至牽牛,東至角,西至婁。日之所行爲中道,月、五星皆隨之也。"《開元占經·日占》篇引《河圖》云:"日、月、五星同道,過牽牛、須女、虛、危、營室、東壁、奎、婁、胃、昴,皆行其南之九尺,畢北七尺,觜觿、參北一丈三尺,貫東井;出輿鬼南六尺,出柳北六尺,出七星、張北一丈三尺,出翼、軫北一丈二尺,貫角、亢;出氐南二尺,出房左右股閒,出心北二尺,出尾北九尺,出箕北六尺,貫斗,復至牽牛。此日、月、五星行常道也。"各本皆脱"亢"字,今補。

七燿行道

山神謂之离。

《説文》:"离,山神獸形。字亦作螭。"文十八年《左傳》"投諸四裔以禦螭魅",

《周官》“凡以神仕者”，疏引服虔注云：“螭，山神獸形。或曰如虎而啖虎。魅，怪物。或曰人面獸身而四足，好惑人。山林異氣所生，爲人害者。”

河伯謂之馮夷，江神謂之奇相。

《莊子·大宗師》篇“馮夷得之以遊大川”，司馬彪注引《清泠傳》云：“馮夷，華陰潼鄉隄首人也，服八石，得水仙，是爲河伯。”《竹書紀年》帝芬十六年“洛伯用與河伯馮夷鬬”，《文選·七發》注引《淮南子》作“馮遲”。《海内北經》“從極之淵，維冰夷恆都焉。冰夷人面，乘兩龍”，郭璞注云：“冰夷，馮夷也。”《穆天子傳》“陽紆之山，河伯無夷之所都居”，郭注云：“無夷，馮夷也。”

《史記·封禪書》索隱引庾仲雍《江記》云：“奇相，帝女也，卒爲江神。”郭璞《江賦》“奇相得道而宅神，乃協靈爽於湘娥”，義本此。

物神謂之鬽。

《説文》：“鬽，老精物也。或作魅。”《周官》“凡以神仕者，以夏日至致地示物鬽”，鄭注云：“百物之神曰鬽。”餘見上“山神謂之离”下。各本“鬽”字譌作“鬼”，今訂正。

土神謂之羵羊，水神謂之冈象，木神謂之畢方，火神謂之游光，金神謂之清明。

《魯語》“季桓子穿井，獲如土缶，其中有羊焉。使問之仲尼，對曰：‘木石之怪夔、蝄蜽，水之怪龍、罔象，土之怪墳羊’”，韋昭注云：“或云，罔象食人，一名‘沐腫’。唐固注云：‘墳羊，雌雄未成者。’”《淮南子·氾論訓》“山出嘄陽，水生罔象，木生畢方，井生墳羊”，高誘注云：“罔象，水之精也。畢方，木之精也，狀如鳥，青色，赤腳，一足，不食五穀。墳羊，土之精也。”墳，與“羵”通。《法苑珠林·六道》篇引《夏鼎志》云：“罔象，如三歲兒，赤目，黑色，大耳，長臂，赤爪，索縛則可得食。”張衡《東京賦》作“罔像”。並與“冈象”同。《韓非子·十過》篇云：“畢方並鎋，蚩尤居前。”畢，字或作“必”。《藝文類聚》引《尸子》云：“木之精氣爲必方。”又《法苑珠林·審察》篇引《白澤圖》云：“火之精名曰‘必方’，狀如鳥，一足，以其名呼之則去。”又云：“上有山林，下有川泉，地理之閒生精，名曰‘必方’，狀如鳥，長尾。”薛綜注《東京賦》云：“畢方，老父神，如鳥，一足，兩翼，常銜火在人家作怪災。”説並與《廣雅》異。

《東京賦》"殪野仲而殲游光",薛綜注云:"野仲、游光,惡鬼也。兄弟八人,常在人閒作怪害。"馬融《廣成頌》云:"捎罔兩,拂游光。"游,或作"遊"。《法苑珠林·六道》篇引王子云:"木精爲遊光,金精爲清明。"諸書說"游光",亦與《廣雅》異。

異 祥

《漢書·五行志》云:"異物生謂之眚,自外來謂之祥。"

朱明、曜靈、東君,日也。

(292)《楚辭·天問》"曜靈安藏",王逸注云:"曜靈,日也。"《九歌》有《東君》篇。《史記·封禪書》"晉巫,祠五帝、東君、雲中、司命、巫社、巫族人①、先炊之屬",索隱引《廣雅》又云:"東君,亦見《歸藏易》。"

昀案:朱明見補證。

夜光謂之月。

《楚辭·天問》"夜光何德",王逸注云:"夜光,月也。"

天河謂之天漢。

《夏小正》傳云:"漢也者,天漢也。"《小雅·大東》傳云:"漢,天河也。"

震、賈、霔、霁,雷也。

賈之言運轉也。《說文》:"齊人謂靁爲賈。古文作䨻。"

霔之言啍啍然也。《廣韻》云:"霔,雷也。出《韓詩》。"

霁之言砰訇也。《玉篇》霁,補孟切,"雷也"。《集韻》云:"雷聲也。"影宋本、皇甫本"霁"字誤作"霁",又誤在"雷也"二字之下。畢、吳諸本皆誤作"霁"。今訂正。

昀案:震未作疏證。

〔雲〕,運也;雨,榘也。

《吕氏春秋·圜道》篇"雲氣西行云云然,冬夏不輟",高誘注曰:"云,運也。周

① 巫族人,似當爲"巫祠族人","巫"下脱"祠"字。

旋運布,膚寸而合,西行則雨也。"《藝文類聚》引《禮統》云:"雲者,運氣布恩普博也。"《初學記》引《春秋説題辭》云:"雲之爲言運也;含陽而起,以精運也。"各本皆脱"雲"字,今補。

昀案:雨未作疏證。

晷、柱,景也。

《説文》:"晷,日景也。"

柱,謂景柱也。《淮南子·俶真訓》云:"以鴻濛爲景柱。"又《繆稱訓》"列子觀景柱而知持後矣",高誘注云:"先有形而後有景,形可亡而景不可傷。"

風師謂之飛廉,雨師謂之荓翳,雲師謂之豐隆。

《周官·大宗伯》"以槱燎祀司中、司命、飌師、雨師",飌,與"風"同。風師,一曰風伯。《韓非子·十過》篇云:"風伯進掃,雨師灑道。"《楚辭·離騷》"後飛廉使奔屬",王逸注云:"飛廉,風伯也。"《九辯》云:"通飛廉之衙衙。"

荓,字或作"蓱",又作"屏"。《楚辭·天問》"蓱號起雨",王注云:"蓱,蓱翳,雨師名也。"《文選·洛神賦》注引虞喜《志林》亦以爲雨師,然王注《九歌·雲中君》又云:"雲神,豐隆也。一曰屏翳。"《漢書·司馬相如傳》"召屏翳,誅風伯,刑雨師",應劭曰:"屏翳,天神使也。"韋昭曰:"雷師也。"曹植《詰咎文》云:"屏翳司風。"《洛神賦》云:"屏翳收風。"則又以爲風師,未知孰是。

《楚辭·離騷》"吾令豐隆乘雲兮",王注云:"豐隆,雲師。一曰雷師。"案:《開元占經·石氏中官占》引石氏云:"五車東南星名曰司空,其神名曰雷公;西南星名曰卿,其神名曰豐隆。"則"豐隆、雷公"非一神也。若《淮南子·天文訓》"季春三月,豐隆乃出,以將其雨",張衡《思玄賦》"豐隆軯其震霆兮",則並以"豐隆"爲雷師。然《離騷》既云"豐隆乘雲",《九章》又云"願寄言於浮雲兮,遇豐隆而不將",則以"豐隆"爲雲師,於義爲長。司馬相如《大人賦》云:"貫列缺之倒景兮,涉豐隆之滂濞。"揚雄《河東賦》云:"雲霏霏而來迎兮,澤滲灕而下降。鬱蕭條其幽藹兮,滃汎沛以豐隆。"皆以"豐隆"爲雲也。

日御謂之羲和,月御謂之望舒。

《楚辭·離騷》"吾令羲和弭節兮",王注云:"羲和,日御也。"《初學記》引《淮南子·天文訓》"爰止羲和,爰息六螭",許慎注云:"日乘車,駕以六龍,羲和御之。"

《離騷》"前望舒使先驅兮",王注云:"望舒,月御也。"《漢書·揚雄傳》"望舒弭轡",服虔注亦云。

青龍、天一、太陰,太歲也。

《爾雅》:"太歲在寅曰攝提格。"《淮南子·天文訓》"太陰在寅,歲名曰攝提格",《開元占經·歲星占》篇引許慎注云:"太陰,謂太歲也。"《天文訓》又云:"天神之貴者,莫貴於青龍,或曰天一,或曰太陰。"

《太平御覽》引《尚書考靈燿》"青龍甲寅,攝提格孳",鄭注云:"青龍,歲也。"歲,即太歲。《周官·保章氏》"十有二歲之相",鄭注云:"歲,謂太歲。歲星爲陽,右行於天;太歲爲陰,左行於地。十二歲而小周。"是也。或曰攝提。《開元占經·歲星占》引甘氏云:"攝提格之歲,攝提在寅,歲星在丑。"是也。青龍,或曰倉龍。《漢書·王莽傳》"歲在壽星,倉龍癸酉",服虔注云:"倉龍,太歲。"是也。太陰,或曰歲陰。《史記·天官書》云:"攝提格歲,歲陰左行在寅,歲星右轉居丑。"是也。

甲乙爲榦;榦者,日之神也。寅卯爲枝;枝〔者〕,月之靈也。

《大戴禮·曾子天圓》篇云:"陽之精氣曰神,陰之精氣曰靈。"

各本"枝"下脱"者"字,今補。

甲剛乙柔,丙剛丁柔,戊剛己柔,庚剛辛柔,壬剛癸柔。

《淮南子·天文訓》云:"凡日,甲剛乙柔,丙剛丁柔,以至於癸。"《曲禮》云:"外事以剛日,内事以柔日。"

甲齊,乙東夷,丙楚,丁南夷,戊魏,己韓,庚秦,辛西夷,壬衞,癸北夷。子周,丑狄,寅楚,卯鄭,辰晉,巳衞,午秦,未宋,申齊,酉魯,戌趙,亥燕。

《淮南子·天文訓》《漢書·天文志》及《開元占經·日辰占邦》篇引石氏説,並與《廣雅》略同。石氏及《天文志》"寅楚"作"寅趙","未宋"作"未中山"。石氏"乙東夷"作"乙東海","壬衞"作"壬燕","戌趙"作"戌越"。《天文訓》"癸北夷"作"癸趙"。《天文志》"壬衞"作"壬燕趙","辰晉"作"辰邯鄲","戌趙"作"戌吳越","亥燕"下有"代"字。

角、亢,鄭;氐、房、心,宋;尾、箕,燕;斗、牽牛、婺女,吳、〔越〕;虚、危,齊;營室、東壁,衞;奎、婁,魯;胃、昴、畢,趙;觜〔觿〕、參,魏;東井、輿鬼,秦;

柳、七星、張，周；翼、軫，楚。

《周官·保章氏》"以星土辨九州之地所封封域，皆有分星，以觀妖祥"，鄭注云："大界則曰九州，州中諸國之封域，於星亦有分焉。其書亡矣。堪輿雖有郡國所入度，非古數也。今其存可言者，十二次之分也。星紀，吴、越也；玄枵，齊也；娵訾，衞也；降婁，魯也；大梁，趙也；實沈，晉也；鶉首，秦也；鶉火，周也；鶉尾，楚也；壽星，鄭也；大火，宋也；析木，燕也。"案：襄九年《左傳》云："商主大火。"二十八年《傳》云："歲棄其次，而旅於明年之次，以害鳥帑，周、楚惡之。"昭元年《傳》云："辰爲商星，參爲晉星。"十年《傳》云："顓頊之虚，姜氏、任氏寔守其地。"十七年《傳》云："衞，顓頊之虚也，其星爲大水。"《周語》云："歲在鶉火，則我有周之分野也。"《晉語》云："實沈之虚，晉人是居。"此皆星次分野之可據者也。

考《淮南子·天文訓》《漢書·地理志》、《史記·天官書》正義引《星經》，及《晉書·天文志》所載范蠡、鬼谷先生、張良、諸葛亮、譙周、京房、張衡諸家説，星次分野，並與《廣雅》略同。惟《天文訓》以斗、牽牛爲越之分野，須女爲吴之分野，胃、昴、畢爲魏之分野，觜觿、參爲趙之分野；《史記》正義引《星經》以婺女爲齊之分野，危爲衞之分野，畢爲魏之分野；《漢書·地理志》以氐爲鄭之分野，斗爲吴之分野，牽牛、婺女爲越之分野；《晉書·天文志》所載諸説，以胃爲魯之分野，則與《廣雅》小異。襄九年《左傳》正義云："天有十二次，地有九州。以此九州當彼十二次，何必所分皆當！星紀在於東北，吴、越實在東南；魯、衞東方諸侯，遥屬戌、亥之次！《漢書·地理志》分羣國以配諸次，其地分或多或少。鶉首極廣，鶉火甚狹。徒以相傳爲説，其源不可得而聞也。"

各本"吴"下脱"越"字，"觜"下脱"觿"字，今補。"婺"譌作"頿"，今訂正。

北斗七星，一爲樞，二爲旋，三爲機，四爲權，五爲衡，六爲開陽，七爲摇光。樞爲雍州，旋爲冀州，機爲青、兖州，權爲徐、揚州，衡爲荆州，開陽爲梁州，摇光爲豫州。

《曲禮》正義引《春秋運斗樞》云："北斗七星，第一天樞，第二旋，第三機，第四權，第五衡，第六開陽，第七摇光。第一至第四爲魁，第五至第七爲杓。"《開元占經·石氏中官占》引《河圖》云："北斗第一星開樞受，第二星提旋序，第三星機燿緒，第四星權拾取，第五星玉衡拒，第六星開陽紀，第七星摇光吐。"又引《春秋文曜鉤》云："華、岐以北，積石、龍門，西至三危之野，雍州，屬魁星；太行以東，至碣石、王屋、砥柱，冀州，屬旋星；三河、雷澤，東至海、岱以北，兖、青之州，屬機星；蒙山以東，至羽山，南至江，會稽、震澤，徐、揚之州，屬權星；大別以東，至雲夢、九江、衡山，荆州，屬衡星；荆山西南，至岷山，北距鳥鼠，梁州，屬開陽星；外方、熊耳以東，至泗水、陪尾，豫州，屬杓星。”

歲星謂之重華，或謂之應星。

《開元占經·歲星占》篇引石氏云：“歲星歲行一次，十二歲一周天。與太歲相應，故曰歲星。”又云：“歲星，一名重華，一名應星。”《史記·天官書》同。《後漢書·郎顗傳》：“《尚書洪範記》曰：‘德厚受福，重華留之。重華者，歲星在心也。’”

重華，各本作“重星”，蓋因下文“應星、罰星”而誤。今訂正。

營惑謂之罰星，或謂之執法。

營，或作“熒”。《開元占經·熒惑占》篇引韓揚云：“熒惑之爲言熒惑，以象讒賊，進退無常，不可爲極。”《太平御覽》引黄石公《陰謀祕訣法》云：“營惑者，御史之象，主禁令刑罰。”《天官書》正義引《天官占》云：“熒惑爲執法之星。”

鎮星謂之地侯。

鎮，或作“填”。《開元占經·填星占》篇引《荆州占》云：“填星，其行歲填一宿，故名填星。”又引石氏云：“填星，一名地侯。”《天官書》同。《太平御覽》引《春秋元命包》云：“脩諸精流，生織女，立地侯。”宋均注云：“地侯，鎮星别名也。”

太白謂之長庚，或謂之大囂。

《開元占經·太白占》篇引石氏云：“太白者，大而能白，故曰太白。一曰大囂。”《小雅·大東》篇“東有啟明，西有長庚”，毛傳云：“日且出，謂明星爲啟明；日既入，謂明星爲長庚。庚，續也。”《天官書》云：“太白出東方，庳近日，曰明星；高遠日，曰大囂。”

各本“大囂”作“太囂”，因上文“太白”而誤，今訂正。

辰星謂之爨星，〔或謂之〕兔星[①]，或謂之鉤星。

辰者，時也。《開元占經·辰星占》篇引《洪範五行傳》：“辰星常見於四仲，以

---

① 兔，原譌作“免”。《疏證》中文字皆然。

正四時。"是也。各本"爨星"皆作"鉤星",下文又云:"或謂之鉤星。"兩"鉤"字重出。《文選・景福殿賦》注引《廣雅》云:"辰星,或謂之鉤星。"正與下文相合,則上"鉤"字誤也。《天官書》索隱引《天官占》云:"辰星,一名爨星。"《開元占經》引《廣雅》云:"辰星謂之爨星。"今據以訂正。

《天官書》云:"兔七命,曰小正、辰星、天兔、安周星、細爽、能星、鉤星。"索隱云:"謂兔星凡有七名。命者,名也。"各本"兔星"上脱"或謂之"三字,今補。《晏子春秋・外篇》"昔吾見鉤星在四、心之閒,地其動乎",《淮南子・道應訓》"鉤"作"句","四"作"駟",高誘注云:"句星,客星也。駟,房也。句星守房、心,則地動也。"案:句星,謂辰星也。《天官書》《天文志》並云:"辰星出房、心閒,地動。"是其證。

大角謂之棟星。

《開元占經・石氏中官占》引石氏云:"大角一星在攝提閒。"《天官書》云:"大角者,天王帝坐廷。"《開元占經》引甘氏云:"大角者,棟星也。"又引《詩紀□樞》云[①]:"大角爲天棟,以正紀綱。"

天宫謂之紫宫。

《開元占經・石氏中官占》引石氏云:"紫宫垣十五星,西蕃七,東蕃八。"《天官書》云:"環之匡衞十二星藩臣,皆曰紫宫。"《淮南子・天文訓》云:"紫宫者,太一之居也。"《開元占經》引《樂汁圖》云:"天宫,紫微宫也。"

參旗。

此條有闕文,不可以意增,姑記所聞以俟考正。

《開元占經・石氏外官占》引石氏云:"參旗九星在參西,一名天弓。"《晉書・天文志》云:"參旗,一曰天旗,一曰天弓。"《天官書》:"天廁西,有句曲九星三處羅:一曰天旗,二曰天苑,三曰九游。"

"參旗"二字,各本誤入上條"紫宫"之上。《太平御覽》引《廣雅》:"天宫謂之參旗、紫宫。"則所見已是誤本。今訂正。

參伐謂之大辰。

"參"與"伐"相連,言"參"可以見"伐",言"伐"亦可以見"參"。《召南・小

---

① 闕文似當爲"歷"字。

星》篇“維參與昴”，毛傳云：“參，伐也。”《考工記》“熊旗六斿，以象伐也”，鄭注云：“伐屬白虎宿，與參連體而六星。”(293)《開元占經・西方七宿占》引石氏云：“參十星。”《天官書》云：“參爲白虎，三星直是也。下有三星，兑，曰罰。其外四星，左右肩股也。”罰，與“伐”同。昭十七年《公羊傳》“大火爲大辰，伐爲大辰，北辰亦爲大辰”，何休注云：“伐，謂參伐也。大火與伐，天所以示民時早晚，天下所取正，故謂之大辰。辰，時也。”《晉語》“辰、參，天之大紀也”，韋昭注云：“所以紀天時。”

太微。

此條有闕文。

《開元占經・石氏中官占》引石氏云：“太微十星在翼、軫北。”《天官書》云：“太微，三光之廷。匡衞十二星，藩臣：西，將；東，相；南四星，執法。”《淮南子・天文訓》云：“太微者，太一之庭也。”《周官・大宗伯》疏引《春秋元命包》云：“太微爲天庭。”《開元占經》引《孝經緯》亦云：“太微，天廷。”《漢書、續漢書・天文志》並同。然則此條原文或是“太微謂之天廷”與！

房謂之明堂。

《爾雅》：“天駟，房也。”《天官書》云：“房爲天府，曰天駟。”《開元占經・東方七宿占》引石氏云：“房四星。”又云：“房爲天子明堂。”昭七年《公羊傳》疏引《星備》同；又引《文燿鉤》云：“房、心爲明堂；中央大星，天王位。”《漢書・李尋傳》云：“太白隨營惑入天門，至房而分，不敢當明堂之精。”

嬃女謂之婺女。

嬃，通作“須”。《吕氏春秋・有始覽》“北方曰玄天，其星婺女、虚、危、營室”，《淮南子・天文訓》作“須女”。《開元占經・北方七宿占》引石氏云：“須女四星。”又引巫咸云：“須女，天女也。”

參謂之實沈。

參，已見上文。昭元年《左傳》云：“后帝遷實沈于大夏，主參，唐人是因。”故參爲晉星。《晉語》云：“實沈之虚，晉人是居。”《開元占經・分野略例》云：“實沈，參之神也，因名次焉。”

昴謂之旄頭。

《爾雅》:"大梁,昴也。西陸,昴也。"《召南·小星》篇"維參與昴",毛傳云:"昴,留也。"《開元占經·西方七宿占》引石氏云:"昴七星。"《天官書》云:"昴曰髦頭。"《天文志》"髦"作"旄"。《晉書·天文志》云:"昴爲旄頭,昴、畢閒爲天街。天子出,旄頭、罕、畢以前驅。"此其義也。

東井謂之鶉首。

《開元占經·南方七宿占》引石氏云:"東井八星。"《天官書》云:"東井爲水事。"《漢書·律曆志》云:"鶉首,初東井十六度,終於柳八度。"《開元占經·分野略例》云:"南方七宿,其形象鳥,以井爲冠,以柳爲口。鶉,鳥也;首,頭也,故曰鶉首。"

張謂之鶉尾。

張者,鳥嗉之名。《爾雅》云:"亢,鳥嚨。其粻,嗉。"粻,通作"張"。嗉,通作"素"。《天官書》云:"柳爲鳥注。七星,頸;張,素。"《開元占經》引石氏云:"張六星。"《晉語》云:"歲及鶉尾。"《律曆志》云[①]:"鶉尾初張十八度,終於軫十一度。"

軫謂之鳥孥。

《開元占經》引石氏云:"軫四星。"《天官書》云:"軫爲車。"孥,通作"帑"。襄二十八年《左傳》"歲棄其次,而旅於明年之次,以害鳥帑,周、楚惡之",杜注云:"歲星棄星紀之次,客在玄枵。失次於北,禍衝在南。南爲朱鳥,鳥尾曰帑。鶉火、鶉尾,周、楚之分,故周、楚受其咎。"正義云:"於人,則妻子爲帑;於鳥,則鳥尾爲帑。妻子爲人之後,鳥尾亦鳥之後,故俱以帑爲言也。"

營室謂之豕韋。

《爾雅》:"營室謂之定。"《鄘風·定之方中》箋云:"定星昏中而正四方,於是可以營制宫室,故謂之營室。"《開元占經·北方七宿占》引石氏云:"營室二星。"《天官書》云:"營室爲清廟,曰離宫、閣道。"昭十一年《左傳》云:"歲在豕韋。"案:今衞輝府滑縣,古豕韋氏國,春秋時衞地也。衞爲營室之分野,故營室謂之豕韋,猶實沈主參,而因謂參爲實沈也。

---

① "曆"字原脱。

北辰謂之曜魄。

《爾雅》:"北極謂之北辰。"昭十七年《公羊傳》疏引孫炎注云:"北極,天之中,以正四時,謂之北辰。"《開元占經·石氏中官占》引石氏云:"北極五星,在紫微宫中。"又引《黄帝占》注云:"北極紐星,天之樞也。天運無輟,而極星不移。"案:極星,即北辰也。古者極星正當不動之處,故曰:"居其所而衆星共之。"《爾雅》:"北極謂之北辰。"與角、亢以下同在星名之列。《公羊傳》以北辰、心、伐爲三大辰;《鄉飲酒義》謂之三光,皆指極星言之。《考工記·匠人》"夜攷之極星以正朝夕",鄭注云:"極星,謂北辰。"尤爲明據。賈逵、張衡、蔡邕、王蕃、陸績以紐星爲"不動處",是也。梁祖暅測不動處,距紐星一度有餘。今紐星又移,而不動之處乃在鉤陳、大星與紐星之閒,此因恆星東徙,是以極星移度。後儒遂謂經文之"北辰",皆指無星之處言之,失其旨矣。《吕氏春秋·有始覽》云"衆星與天俱遊而極星不移",高誘注云:"極星,北辰星也。語曰:'北辰居其所而衆星拱之。'故曰不移。"蓋周、秦之閒,極星未移,故吕氏之言正與《考工》相合,故高注引《論語》以證極星之不移。後人見極星已移,乃妄改之曰"極星與天俱遊,而天極不移",或又改爲"天樞不移",以强合無星之説,而不知其與高注大相抵捂也。凡言辰者,皆在天成象而可以正時者也。日、月、星謂之三辰,日、月所會之宿謂之辰,極星謂之北辰,北辰、心、伐謂之大辰,其義一也。是以《堯典》言"歷象日月星辰",《中庸》言"日月星辰繫焉",《祭法》言"日月星辰,民所瞻仰",皆指在天成象者言之。後儒謂天之無星處皆辰,則無稽之言也。

《北堂書鈔》引《書大傳》云:"北辰謂之曜魄。"《春秋緯》謂北極爲"曜魄寶",蓋本於《大傳》也。各本皆云:"北辰謂之大堂,天淵謂之紐兹。""大堂、天淵"四字,因下文"妃星謂之大堂、天淵謂之三淵"而誤。《開元占經》引《廣雅》:"北辰曰曜魄。"今據以訂正(294)。

天淵謂之紐兹。

"天淵"二字,因下文而誤。説見上條。徧考各史志及《開元占經》所載諸星,皆無"紐兹"之目。此條脱誤已甚,不可考正矣。

妃星謂之大當。

影宋本以下,"大當"並譌作"大堂",郎本又譌作"天堂"。錢氏曉徵曰:"皆

‘大當’之誤。《太平御覽》引《樂汁圖》云：‘鉤陳，後宮也；大當，正妃也。’注云：‘大當，鉤陳末大星。’即《天官書》所云‘後句四星，末大星正妃’也。唐《碧落碑》：‘大當叶曜，中閨以睦。’亦本《樂汁圖》。”今從錢說訂正。

天淵謂之三淵。

《開元占經·巫咸中外官占》引巫咸云：“天淵十星，在鼈東九坎間。一名三淵。”

軒轅謂之路寢。

《天官書》云：“軒轅，黄龍體。前大星，女主象；旁小星，御者後宮屬。”《開元占經·石氏中官占》引石氏云：“軒轅十七星在七星北。”又云：“軒轅星，王后以下所居宮也。一曰帝南宮。”《淮南子·天文訓》云：“軒轅者，帝妃之舍也。”莊三十二年《公羊傳》云：“路寢者何？正寢也。”

輿鬼謂之天廟。

《天官書》云：“輿鬼，鬼祠事，中白者爲質。”《開元占經·南方七宿占》引石氏云：“輿鬼五星，中央色白如粉絮者，積尸氣也。一曰鈇鑕。”又引南官候云：“輿鬼者，天廟，主神祭祀之事。”

星

圜丘、大壇，祭天也。方澤、大折，祭地也。大昭，祭四時也。坎壇，祭寒暑也。王宮，祭日也。夜明，祭月也。幽禜，祭星也。雩禜，祭水旱也。四坎壇，祭四方也。廟、祧、壇、場、鬼，祭先祖也。

《周官·大司樂》云：“冬日至，於地上之圜丘奏之；若樂六變，則天神皆降，可得而禮矣。夏日至，於澤中之方邱奏之；若樂八變，則地示皆出，可得而禮矣。”

折，各本譌作“坎”，今訂正。

《祭法》云：“燔柴於泰壇，祭天也。瘞埋於泰折，祭地也。用騂犢，埋少牢於泰昭，祭時也。相近於坎壇，祭寒暑也。王宮，祭日也。夜明，祭月也。幽宗，祭星也。雩宗，祭水旱也。四坎壇，祭四方也。山林川谷邱陵，能出雲，爲風雨，見怪物，皆曰神。有天下者祭百神；諸侯在其地則祭之，亡其地則不祭。”鄭注云：“壇折，封土爲祭處也。壇之言坦也;坦,明貌也。折,炤晢也。必爲炤明之名,尊神也。昭,明也,亦謂壇也。時,四時也,亦謂陰陽之神也。相近,當爲'禳祈',聲之誤也。禳,猶郤也;祈,求也。寒暑不時,則或禳之,或祈之;寒於坎,暑於壇。王宫,日壇。王,君也,日稱君;宫、壇,營域也。夜明,亦謂月壇也。宗,皆當爲禜,字之誤也。幽禜,亦謂星壇也;星以昏始見。禜之言營也。雩禜,亦謂水旱壇也。雩之言吁嗟也。《春秋傳》曰:'日月星辰之神,則雪霜風雨之不時,於是乎禜之。山川之神,則水旱癘疫之不時,於是乎禜之。'四方,即謂山林、川谷、邱陵之神也。祭山林、邱陵於壇,川谷於坎,每方各爲坎、爲壇。"

《祭法》又云:"天下有王,分地建國,置都立邑,設廟祧壇墠而祭之,乃爲親疏多少之數。是故王立七廟、一壇、一墠,曰考廟,曰王考廟,曰皇考廟,曰顯考廟,曰祖考廟,皆月祭之。遠廟爲祧;有二祧,享嘗乃止。去祧爲壇,去壇爲墠。壇墠,有禱焉祭之,無禱乃止;去墠曰鬼。諸侯立五廟、一壇、一墠,曰考廟,曰王考廟,曰皇考廟,皆月祭之。顯考廟、祖考廟,享嘗乃止。去祖爲壇,去壇爲墠。壇墠,有禱焉祭之,無禱乃止;去墠爲鬼。大夫立三廟、二壇,曰考廟,曰王考廟,曰皇考廟,享嘗乃止。顯考、祖考無廟,有禱焉爲壇祭之;去壇爲鬼。適士二廟、一壇,曰考廟,曰王考廟,享嘗乃止。顯考無廟,有禱焉爲壇祭之;去壇爲鬼。官師一廟,曰考廟。王考無廟而祭之;去王考爲鬼。庶士、庶人無廟,死曰鬼。"注云:"廟之言貌也。宗廟者,先祖之尊貌也。祧之言超也。超,上去意也。封土曰壇,除地曰墠。"

場,亦墠也。《楚語》"壇場之所",韋昭注云:"除地曰場。"《既濟》釋文引《倉頡篇》云:"鬼,遠也。"

祀　處

禶、禮、禣、祱、褸、臘、祓、禊、餟、祼、軷、𥛱、禥、祾、禖、禪、祧、醮、禬、餋、望、禨、祥、禫、禱、禜、禳[①],祭也。

禶、臘,義見下條。

《藝文類聚》引《説文》云:"祭豕先曰禮。""月祭曰禣。"

① 醮、禱,原作"醮、禱",《疏證》作"醮、禱"。

祱,本作"鋭"。《説文》:"鋭,小餟也。"《玉篇》:"鋭,或作鑴。"《方言》:"鑴,餽也。"《説文》云:"吴人謂祭曰餽。"

䝙,本作"膢"。《韓非子·五蠹》篇云:"夫山居而谷汲者,膢臘而相遺以水。"《説文》:"膢,楚俗以十二月祭飲食也。一曰嘗新始殺食新曰貙膢。"《衆經音義》卷九引《三倉》云:"膢,八月祭名也。"《漢書·武帝紀》"令天下膢五日",《太平御覽》引如淳注云:"膢,音樓。《漢儀》注:'立秋貙膢。'許慎曰:'楚俗以十二月祭飲食也。'冀州北部或以八月朝作飲食爲膢。其俗語曰:'膢臘社伏。'蔡邕曰:'貙虎常以立秋日搏獸,還食其母。王者亦以此日出獵,還以祭宗廟。'"膢,音劉。劉,殺也。《續漢書·禮儀志》云:"立秋之日,始斬牲以薦陵廟。斬牲之禮,名曰貙劉。"

祓之言拂也。《説文》:"祓,除惡祭也。"《周官·女巫》"掌歲時祓除釁浴",鄭注云:"歲時祓除,如今三月上巳如水上之類。釁浴,謂以香薰草藥沐浴。"《宋書·禮志》引《韓詩》云:"鄭國之俗,三月上巳,之溱、洧兩水之上,招魂續魄,秉蘭草,拂不祥。"又引《月令》:"季春,天子始乘舟。"蔡邕《章句》曰:"陽氣和暖,鮪魚時至,將取以薦寢廟,故因是乘舟禊於名川也。《論語》'莫春浴乎沂',自上及下,古有此禮。今三月上巳,祓於水濱,蓋出此也。"《續漢書·禮儀志》云:"三月上巳,官民皆絜於東流水上,自洗濯祓除,去宿垢疢,爲大絜。絜者,言陽氣布暢,萬物訖出,始絜之矣。"絜,與"禊"通。

《方言》:"餟,餽也。"《説文》:"餟,祭酹也。"《易林·豫之大畜》云:"住馬醊酒。"醊,與"餟"同。鋭、餟、酹,聲並相近。

祼之言灌也。《説文》:"祼,灌祭也。"經傳亦通作"灌"。

《説文》:"出將有事于道,必先告其神,立壇四通,樹茅目依神,爲軷。既祭,軷轢于牲而行,爲犯軷。"《大雅·生民》篇"取羝以軷",毛傳云:"軷,道祭也。"軷之言跋也,字或作"祓"。《聘禮記》"出祖釋軷,祭酒脯,乃飲酒于其側",鄭注云:"祖,始也。既受聘享之禮,行出國門,止陳車騎,釋酒脯之奠於軷,爲行始也。《春秋傳》曰:'跋涉山川。'然則軷,山行之名也。道路以險阻爲難,是以委土爲山,或伏牲其上,使者爲軷,祭酒脯祈告;卿大夫處者於是餞之,飲酒於其側。禮畢,乘車轢之而遂行。古文軷作祓。"《周官·大馭》"掌馭玉路以祀。及犯軷,遂驅之",注云:"行山曰軷。犯之者,封土爲山象,以菩芻棘柏爲神主。既祭之,以車轢之而去,喻無險難也。杜子春云:‘軷,讀如別異之別,謂祖道轢軷磔犬也。’”又《月令》“孟冬,其祀行”,注依“中霤禮”云:“行在廟門外之西,爲軷壤,厚二寸,廣五尺,輪四尺,北面設主於軷上。”《曾子問》正義引崔靈恩云:“宫内之軷,祭古之行神。城外之軷,祭山川與道路之神。”

《説文》:“禷,數祭也。”卷四云:“禷,謝也。”禷,各本譌作“禷”,今訂正。

祊,《説文》作“鬃”,云:“門内祭,先祖所方皇。或作祊。”《小雅·楚茨》篇“祝祭于祊”,傳云:“祊,門内也。”《爾雅》“閍謂之門”,李巡注云:“閍,廟門名。”閍,亦與“祊”通。《禮器》“爲祊乎外”,注云:“祊祭,明日之繹祭也。謂之祊者,於廟門之旁,因名焉。”《郊特牲》“祊之於東方,失之矣”,注云:“祊之禮,宜於廟門外之西室。”又“祊之爲言倞也”,注云:“倞,猶索也。”正義云:“凡祊有二種:一是正祭之時,既設祭於廟,又求神於廟門之内。《詩》云:‘祝祭于祊。’是也。一是明日繹祭之時,設饌於廟門外西室。即上文‘祊之於東方’,注云:‘祊之禮,宜於廟門外之西室。’是也。”

《説文》:“禖,祭也。”《月令》“仲春之月,玄鳥至。至之日,以太牢祠于高禖,天子親往,后妃帥九嬪御。乃禮天子所御,帶以弓韣,授以弓矢,于高禖之前”,注云:“玄鳥,燕也。燕以施生時來,巢人堂宇而孚乳,嫁娶之象也,媒氏之官以爲候。高辛氏之世,玄鳥遺卵,娀簡狄吞之而生契,後王以爲媒官嘉祥而立其祠焉。變媒言禖,神之也。”《續漢書·禮儀志》注引蔡邕《章句》云:“高,尊也;禖,媒也,吉事先見之象也。蓋爲人所以祈子孫之祀,玄鳥感陽而至。其來主爲字乳蕃滋,故重其至日,因以用事。契母簡狄,蓋以玄鳥至日,有事高禖而生契焉。故《詩》曰‘天命玄鳥,降而生商’。”又引盧植注云:“居明顯之處,故謂之高;因其求子,故謂之禖。”《詩·生民》“玄鳥”,傳並云:“祈於郊禖。”又《魯頌》“閟宫有侐”,傳引孟仲子曰:“是禖宫也。”

《説文》:“禪,祭天也。”禪之言墠也。《禮器》正義引《書》説云:“禪者,除地爲墠。”

《文選·高唐賦》“醮諸神,禮太一”,李善注云:“醮,祭也。”《漢書·郊祀志》云:“益州有金馬碧雞之神,可醮祭而致。”

《説文》:“禬,會福祭也。”《周官·女祝》“掌以時招梗禬禳之事以除疾殃”,注云:“除災害曰禬。禬,猶刮去也。”《大祝》“六祈,三曰禬,四曰禜”,注云:“禬、禜,告之以時有災變也。"

餋,各本譌作"養"。《玉篇》餋,金媛切,"祭也"。《廣韻》同。《集韻》云:"常山謂祭爲餋。"今據以訂正。

望者,遥祭之名。《周官·大宗伯》"國有大故,則旅上帝及四望",鄭衆注云:"四望,日、月、星、海。"後鄭云:"四望,五嶽、四鎮、四瀆。"《大司樂》"乃奏姑洗,歌南吕,舞大磬,以祀四望",注云:"四望,五嶽、四鎮、四竇。此言祀者,司中、司命、風師、雨師,或亦用此樂焉。"公羊《春秋》僖三十一年"四卜郊,不從,乃免牲,猶三望",《傳》云:"天子有方望之事,無所不通。諸侯山川,有不在其封内者,則不祭也。三望者何?望祭也。然則曷祭?祭大山河海。"何休注云:"方望,謂郊時所望祭四方羣神、日月星辰、風伯雨師、五岳四瀆及餘山川,凡三十六所。"《左傳》正義云:"鄭玄以爲,望者,祭山川之名;三望,謂淮、海、岱也。賈逵、服虔以爲,三望,分野之星,國中山川。"《北堂書鈔》引《五經異義》云:"望,祭河海、太山、日月星也。"陳祥道《禮書》云:"望,雖以名山大川爲主,而實兼上下之神。故《詩》於'柴望'言'懷柔百神,及河喬嶽';《周禮》於'四望'言祀而不言祭;左氏曰'望,郊之細也',又曰'望,郊之屬也';公羊曰'方望之事,無所不通'。則望兼上下之神可知矣。"

《説文》:"禨,鬼俗也。《淮南傳》曰:'吳人鬼,越人禨。'"今《淮南子·人閒訓》作"荆人鬼,越人禨",高誘注云:"禨,祥也。"禨之言祈也。《漢書·天文志》"察禨祥",如淳注云:"《吕氏春秋》'荆人鬼,越人禨',今之巫祝禱祠淫祀之比也。"《景十三王傳》"彭祖不好治宫室禨祥",服虔注云:"求福也。"《士虞禮記》"朞而小祥,曰薦此常事;又朞而大祥,曰薦此祥事。中月而禫",注云:"祥、禫,祭名也。祥,吉也。禫之言澹澹然平安意也。"

《説文》:"禱,告事求福也。"又云:"禜,設緜蕝爲營,以禳風雨、雪霜、水旱、癘疫於日月、星辰、山川也。一曰營衞使災不生。"《周官·大祝》"六祈,四曰禜",注云:"禜,如日食以朱絲營社。"莊二十五年《公羊傳》云:"日食以朱絲營社,或曰脅之,或曰爲闇。恐人犯之,故營之。"《祭法》"幽宗,祭星也。雩宗,祭水旱也",注云:"宗,皆當爲禜。禜之言營也。"昭元年《左傳》"山川之神,則水旱癘疫之災,於是乎禜之。日月星辰之神,則雪霜風雨之不時,於是乎禜之",正義云:"賈逵以禜爲營攢用幣。攢,聚也,聚草木爲祭處。"

《説文》:"禳,磔禳祀除癘殃也。"鄭注《女祝》云:"卻變異曰禳。禳,攘也。"

昀案:祾、祧未作疏證。

臘,〔□也。䄍〕,索也。夏曰清祀,殷曰嘉平,周曰大䄍,秦曰臘。

各本皆作"臘,索也"。案:"索也"二字,乃"䄍"字之訓,非"臘"字之訓。"臘"字下脱去本訓,"索也"上又脱去"䄍"字。諸書或云"臘,獵也",或云"接也",未知誰是《廣雅》原文。今依例補入"也"字而闕其訓,並補入"䄍"字。

䄍,本作"蜡"。蔡邕《獨斷》云:"臘者,歲終大祭。"又云:"夏曰嘉平,殷曰清祀,周曰大蜡,漢曰臘。"《風俗通義》與《獨斷》同;又云:"臘者,獵也,言田獵取獸以祭其先祖也。或曰:'臘者,接也;新故交接,故大祭以報功也。'"劉峻注《世説》,引《五經要義》云:"夏曰嘉平,殷曰清祀,周曰大蜡,總謂之臘。"諸書與《廣雅》或同或異,未知孰是。僖五年《左傳》"虞不臘矣",杜注云:"臘,歲終祭衆神之名。"《史記·秦紀》:"惠文君十二年,初臘。"《秦始皇紀》:"三十一年,更名臘曰嘉平。"《月令》"孟冬之月,天子乃祈來年于天宗。大割,祠於公社及門閭,臘先祖五祀,勞農以休息之",鄭注云:"此《周禮》所謂蜡也。臘,謂以田獵所得禽祭也。或言祈年,或言大割,或言臘,互文也。"《郊特牲》云:"天子大蜡八。伊耆氏始爲蜡。蜡也者,索也。歲十二月,合聚萬物而索饗之也。"注云:"謂求索也。萬物有功加於民者,神使爲之,祭之以報焉。"《郊特牲》又云:"蜡之祭也,主先嗇而祭司嗇也,祭百種以報嗇也。饗農,及郵表畷、禽獸,仁之至,義之盡也。古之君子,使之必報之:迎貓,爲其食田鼠也;迎虎,謂其食田豕也,迎而祭之也。祭坊與水庸,事也。"又云:"皮弁素服而祭。素服,以送終也。黄衣黄冠而祭,息田夫也。"注云:"黄衣黄冠而祭,謂既蜡臘先祖五祀也,於是勞農以休息之。"《禮運》正義云:"總而言之,謂之蜡;析而言之,祭百神曰蜡,祭宗廟曰息民。"

天子祭以鬯,諸侯以薰,卿大夫以茝蘭,士以蕭,庶人〔以〕艾。

此《逸禮·王度記》文,見《白虎通義》及《周官·鬱人》疏。

各本"艾"上脱"以"字,今補。

鬯、薰、茝蘭、蕭、艾,皆祼祭所用以和鬯酒者也。《大雅·江漢》篇"秬鬯一卣",毛傳云:"秬,黑黍也。鬯,香草也;築煮合而鬱之曰鬯。"正義云:"《禮緯》有'秬鬯之草',《中候》有'鬯草生郊',皆謂鬱金之草也。以其可和秬鬯,故謂之鬯草。”鄭衆注《鬱人》云:“鬱爲草若蘭。”《釋草》云:“薰草,蕙草也。”《説文》云:“茝,虈也。”“蘭,香草也。”《爾雅》云:“蕭,萩。”“艾,冰臺。”

王者以四時畋,以奉宗廟,因簡戎事。刈草爲防,歐而射之,不題禽,不垝遇,不捷草,越防不追。天子取三十焉,一爲乾桓,二爲賓客,三曰充君之庖,其餘以與士。

《爾雅》:“春獵爲蒐,夏獵爲苗,秋獵爲獮,冬獵爲狩。”桓四年《穀梁傳》云:“四時之田,皆爲宗廟之事也。”昭八年《傳》云:“因蒐狩以習用武事,禮之大者也。”

防,謂田之大限也。《小雅·車攻》傳云:“大艾草以爲防。”歐,與“驅”同。各本譌作“歐”,今訂正。題禽,謂迎禽而射之。垝遇,謂旁射也。垝,或作“詭”。《孟子·滕文公》篇“爲之詭遇,一朝而獲十”,趙岐注云:“横而射之曰詭遇。”《詩》傳云:“面傷不獻,翦毛不獻。”正義云:“面傷,謂當面逆射之。翦毛,謂在旁而逆射之。不獻者,嫌誅降。”即“不題禽”“不垝遇”之謂也。《比》九五“王用三驅,失前禽”,失,讀爲“放佚”之佚。桓四年《左傳》正義引鄭注云:“失前禽者,謂禽在前來者,不逆而射之,旁去又不射,唯背走者順而射之。用兵之法,亦如之。降者不殺,奔者不禦,加以仁恩,養威之道。”亦其義也。《説苑·脩文》篇云:“不抵禽,不詭遇。”班固《東都賦》云:“弦不睼禽,轡不詭遇。”抵、睼,並與“題”通。《説文》:“捷,獵也。”不捷草,謂不捷獵邪行,入草中以逐獸。《穀梁傳》所謂“車軌塵,馬候蹄,不失其馳”者也。越防不追,如戰不逐奔也。《穀梁傳》云:“過防弗逐,不從奔之道也。”《詩》傳云:“戰不出頃,田不出防,不逐奔走,古之道也。”

《穀梁傳》云:“禽雖多,天子取三十焉,其餘與士衆,以習射於射宫。”《車攻》箋云:“三十者,每禽三十也。”一爲乾豆,謂上殺也;二爲賓客,謂次殺也;三曰充君之庖,謂下殺也。先宗廟,次賓客,後庖廚,尊祖敬賓之道也。《公羊》《穀梁》《王制》、《詩》傳皆有此文。《詩》傳云:“自左膘而射之,達於右腢,爲上殺;射右耳本,次之;射左髀,達於右䯚,爲下殺。”何休云:“自左膘射之,達於右䯚,中心死疾,鮮潔,故乾而豆之,以薦於宗廟;自左膘射之,達於右脾,遠心死難,故以爲賓客;自左脾射之,達於右䯚,中腸胃汙泡,死遲,故以充君之庖廚。”

肆　兵

肆,讀爲肄。肄,習也。“肄”與“肆”,古同聲而通用。《玉藻》“肆束及帶”，肆，讀爲肄。昭三十年《左傳》“若爲三師以肄焉”，肄，本又作“肆”[295]。

全羽曰旞，析羽曰旌，熊虎曰旗。

此《周官·司常》文也。鄭注云：“全羽、析羽，皆五采繫之於旞旌之上，所謂注旄於干首也。”《司常》又云：“師都建旗，道車載旞，斿車載旌。”《説文》：“旞，道車所載，全羽目爲飾，允允而進也。或作旜。”“旌，游車載旌，析羽注旄首，所目精進士卒也。”“旗，熊旗六游，目象伐星，士卒目爲期。”《鄘風·干旄》篇云：“孑孑干旌。”《爾雅》“注旄首曰旌”，李巡曰：“旄牛尾著干首。”孫炎曰：“析五采羽注旄上也，其下亦有旒縿。”襄十四年《左傳》“范宣子假羽旄於齊”，杜注云：“析羽爲旌，王者游車之所建。齊私有之，因謂之羽旄。”《考工記·輈人》云：“熊旗六斿，以象伐也。”

天子杠高九仞，諸侯七仞，〔卿〕大夫五仞，〔士三仞〕。

此《禮稽命徵》文也，見《周官》《儀禮》疏。各本脱去“卿”字，又脱去“士三仞”三字。《爾雅》疏所引已與今本同。今考《爾雅》釋文引《廣雅》，“大夫”上有“卿”字，與下文“卿大夫七斿至軹”文同一例。又《爾雅》釋文、《北堂書鈔》《初學記》《太平御覽》引《廣雅》並有“士三仞”三字。今據補。

《爾雅》“素錦綢杠”，郭璞注云：“以白地錦韜旗之干。”干，亦杠也，語之轉耳。《鄉射禮記》“杠長三仞”，鄭注云：“杠，橦也。七尺曰仞。”《士喪禮》“竹杠長三尺”，注云：“杠，銘橦也。”《周官·司常》疏云：“案：《禮緯》：‘天子之杠高九仞，諸侯七仞，大夫五仞，士三仞。’”《士喪禮》“竹杠長三尺”，則死者以尺易仞。天子九尺，諸侯七尺，大夫五尺，士三尺，其旌身亦以尺易仞也。

天子十二斿，至地；諸侯九斿，至軫；卿大夫七斿，至軹；士三斿，至肩。

《説文》：“游，旌旗之游也。或作逕。”又云：“㫃，旌旗之游也。”字並與“斿”同。或謂之旒，聲亦相近也。

《周官·巾車》注云：“旗之正幅爲縿，斿則屬焉。”《節服氏》“六人維王之大常”，注云：“王旌十二旒，兩兩以縷綴連，旁三人持之。禮，天子旌曳地。”昭七年《左傳》：“楚子之爲令尹也，爲王旌以田，芋尹無宇斷之。”十年《傳》“齊侯使王黑以靈姑銔率，請斷三尺焉而用之”，杜注云：“靈姑銔，公旗名。斷三尺，不敢與君同。”

《新序・義勇》篇云:"司馬子期獵於雲夢,載旗之長拖地,芈尹文拔劍齊諸軫而斷之。子期伏軾而問。對曰:'臣以君旗曳地故也。國君之旗齊於軫,大夫之旗齊於軾。今子,荆國有名大夫,而滅三等。文之斷也,不亦宜乎?'"《周官》《公羊》疏及《左傳》正義並引《禮含文嘉》云:"天子之旗九仞,十二旒曳地;諸侯七仞,九旒齊軫;卿大夫五仞,七旒齊較;士三仞,五旒齊首。"説與《廣雅》小異。

案:《考工記》云:"六尺有六寸之輪,軹崇三尺有三寸也;加軫與轐焉,四尺也。"鄭注云:"軫,輿也。軹,轂末也。"旗斿愈短,則去地愈高。此云"諸侯至軫""卿大夫至軹",若爲轂末之軹,則反卑於軫;而卿大夫之斿,反長於諸侯矣。然則所謂軹者,蓋兩輢之横直木也。《考工記・輿人》"參分較圍,去一以爲軹圍",注云:"軹,輢之植者、衡者。"是也。兩輢通高五尺五寸,其上出軾者二尺二寸,謂之較;其下三尺三寸,木横直相結如窻櫺,所謂軹也。此軹在軫之上,而諸侯之斿齊軫,故王黑請以齊侯之旗斷三尺而用之,則至於軹而不至於軫矣。軾在軫上,亦高三尺三寸,故芈尹文謂"大夫之旗齊於軾"也。《禮緯》謂"卿大夫之旒齊較",較則高於軹。又《廣雅》"士斿至肩",《禮緯》"士旒齊首",首亦高於肩,蓋所傳者異也。自諸侯而下,降殺以兩。《禮緯》謂"士五旒",是也。《廣雅》"五"作"三",蓋字之誤。又案:《周官》,王建大常十有二斿,上公建旂九斿,侯伯七斿,子、男五斿;孤卿建旜,大夫、士建物,其斿各視其命之數。《禮緯》《廣雅》所記諸侯以下旗斿,皆不視其命數,亦所傳異也。

旗　幟

附引《廣雅》一條

〔年、稔、秋,穀熟也。〕

見《廣韻》《太平御覽》及《文選・永明十一年策秀才文》注。

《説文》:"秊,穀孰也;從禾,千聲。"隸省作"年"。《爾雅》"夏曰歲,商曰祀,周曰年",孫炎注云:"年,取禾穀一熟也。"桓二年《穀梁傳》云:"五穀皆熟爲有年。"

《説文》:"稔,穀孰也。"僖二年《左傳》"不可以五稔",杜注云:"稔,熟也。"襄二十七年《傳》"不及五稔",注云:"稔,年也。"釋文云:"穀一熟,故爲一年。"

《説文》:“烁,禾穀孰也。”今書作“秋”。秋之言成就也。《盤庚》云:“若農服田力穡,乃亦有秋。”《月令》“麥秋至”,《太平御覽》引蔡邕《章句》云:“百穀各以其初生爲春,熟爲秋。故麥以孟夏爲秋。”卷三云:“飪、酋,熟也。”“飪”與“稔”同聲。“酋”與“秋”聲亦相近。

廣雅疏證　卷第九下

高郵王念孫學

釋　地

神農度四海内[①]，東西九十萬里，南北八十一萬里。

《開元占經·地占》篇引《春秋命曆序》云："神農始立州制形，甄度四海，東西九十萬里，南北八十一萬里。"《續漢書·郡國志》注引《帝王世紀》云："《地説》稱：'日月所照，三十五萬里。'諸子所載神農之地，過日月之表，近爲虚誕矣。"

帝堯所治九州，地二千四百三十萬八千二十四頃，其墾者九百一十萬八千二十四頃。

二千四百三十萬八千二十四頃，各本"二十"譌作"二百"。《藝文類聚》《太平御覽》並引《孝經援神契》云："計校九州之别、土壤山陵之大、川澤所注、萊沛所生、鳥獸所聚，其墾者，九百一十萬八千二十四頃；磽埆不墾者，千五百二十萬頃。"是合而計之，共得二千四百三十萬八千二十四頃。《開元占經》引《廣雅》云："唐帝所治九州，地二千四百三十萬八千二十四頃。"今據以訂正。

夏禹所治四海内，地東西二萬八千里，南北二萬六千里，出水者八千里，受水者八千里。

此《中山經》文也。《管子·地數》篇、《吕氏春秋·有始覽》《淮南子·地形訓》並同。

四海九州

---

① 農，原作"農"，《疏證》作"農"。

湖、藪、陂、塘、都、㳆、斥①、澤、埏、衍、皋、沼,池也。

《説文》:"湖,大陂也。"王逸注《九歎》云②:"大池也。"《風俗通義》云:"湖者,都也,言流瀆四面所猥都也。"

藪之言聚也,草木禽獸之所聚也,故《周語》云:"藪,物之歸也。"《説文》:"藪,大澤也。"《鄭風·大叔于田》傳云:"藪,澤也,禽之府也。"《周官·太宰》注云:"澤無水曰藪。"《澤虞》注云:"水希曰藪。"是藪爲有水、無水之通稱矣。

《説文》:"陂,沱也。"沱,與"池"同。《月令》注云:"畜水曰陂,穿地通水曰池。"

塘,古通作"唐"。《周語》云:"陂唐汙庳以鍾其美。"

卷三云:"都,聚也。"《韓詩外傳》云:"禽獸厭深山而下於都澤。"都,猶豬也。《禹貢》"大野既豬",馬融注云:"水所停止深者曰豬。"《史記·夏紀》作"都"。《周官·稻人》"以豬畜水",鄭衆注引《左傳》:"規偃豬。"後鄭云:"偃豬者,畜流水之陂也。"《檀弓》"洿其宮而豬焉",鄭注云:"豬,都也。南方謂都爲豬。"

㳆,大澤也。其字本作"沆",或作"坑、阬",又作"亢"(296-1)。沆,亦爲鹽澤之名。其字或作"䲴",又作"坑、阬"。《説文》"沆,大澤也",徐鍇傳引《博物志》云:"停水,東方曰都,一名沆。"王逸注《七諫》云:"陂池曰坑。"《玉篇》:"䲴,鹽澤也。""沆、坑、亢"三字,諸書中或譌作"沉",或譌作"沈",或譌作"坈",或譌作"元",久仍其誤,而莫之察也。"亢、元"字相近。《淮南子·地形訓》"東南方曰具區,曰元澤",元者,"亢"之譌。《初學記》《太平御覽》引《淮南子》並作"沆澤",是其證也。"沆"字俗書作"汸",譌而爲"沉",又譌而爲"沈"。《風俗通義》云:"謹按,傳曰:'沉者,莽也,言其平望莽莽無涯際也。'沉,澤之無水,斥鹵之類也。今俗語亦曰'沉水'。"數"沉"字皆"沆"字之譌。"沆"與"莽",聲相近,皆大澤之貌,故云"沆者,莽也,言其平望莽莽無涯際也"。沆,又爲鹽澤之名,故云"斥鹵之類"。《水經·巨馬河》注云:"督亢溝,水東逕督亢澤,澤包方城縣。"《風俗通》曰:"沆,漭也,言平望漭漭無崖際。"是其證也。《藝文類聚》引《續述征記》云:"馬當沉中有九十臺。"注云:"齊人謂湖爲沉。"沉,亦"沆"之譌。沆、湖,一聲之轉。齊人謂湖爲沆,

---

① 斥,原譌作"斥"。《補正》之原文同。後仍有誤,徑改,不再出記。

② 歎,祖本如是,中華本誤改爲"難"。蘇本、滬本作"歎"。

即《博物志》所云“東方謂停水曰沆”也。《漢書·刑法志》“除山川、沈斥、城池、邑居、園囿、術路”，沈，亦“沆”之譌。沆與斥同類，故《漢書》《廣雅》皆以“沆、斥”連文。顔師古不知“沆”之譌爲“沈”，乃云：“沈，謂居深水之下。”其失也鑿矣。沆，字或作“坑”，俗書作“坈”，因譌而爲“坈”。《水經·河水》注云：“濕水東北爲馬當坈。坈東西八十里，南北三十里。”坈者，“坑”之譌。坑，與“沆”同，即《續述征記》之“馬當沆”也。《膠水》注云：“膠水北歷土山，注於海。土山以北悉鹽坈。”坈，亦“坑”之譌。《北堂書鈔》引《齊地記》云：“齊有皮邱坑，民煮坑水爲鹽。”是其證也。《文選·西京賦》“游鷮高翬，絶阬踰斥”，阬、斥，皆澤也。阬，與“沆”同，故《漢書·趙充國傳》云：“出鹽澤，過長阬。”李善注：“阬，音剛。”失之。《後漢書·馬融傳》“彌綸阬澤，皋牢陵山”，陵與山同類，阬與澤同類。李賢注以“阬”爲壑，亦失之。

《莊子·逍遥遊》篇“鵬摶扶摇羊角而上者九萬里，斥鴳笑之”，司馬彪注云：“斥，小澤也。”本亦作“尺”。《淮南子·精神訓》“鳳皇不能與之儷，而況尺鴳乎”，《新序·雜事》篇“尺澤之鯢，豈能與之量江海之大”，尺，並與“斥”同。鴳在斥中，故曰“斥鴳”。作“尺”者，假借字耳。《文選·七啟》注引許慎云：“鴳雀飛不過一尺。”失之。

澤之言宅也，水所宅也，故《周語》云：“澤，水之鍾也。”(296-2)

埏、衍，聲相近，故池謂之衍，亦謂之埏。埏，曹憲音延。各本“埏”譌作“埏”，音内“延”字又譌作“廷”。考《説文》《玉篇》《廣韻》《集韻》《類篇》，俱無“埏”字。《玉篇》：“埏，隰也，池也。”下溼曰隰，停水曰池，皆有廣衍之義，故皆謂之埏。今本《玉篇》“池”字譌作“地”。《五音集韻》“埏，池也”，《五音篇海》“埏，隰也，池也”，並本《玉篇》；《玉篇》本於《廣雅》。今據以訂正。

《楚辭·九歎》“巡陵夷之曲衍兮”，王逸注云：“衍，澤也。”卷二云：“衍，廣也。”《小爾雅》云：“澤之廣者謂之衍。”襄二十五年《左傳》“井衍沃”，賈逵注云：“下平曰衍。”義與“澤謂之衍”相近。

《小雅·鶴鳴》篇“鶴鳴于九皋”，毛傳云：“皋，澤也。”《韓詩》云：“九皋，九折之澤。”昭二十八年《左傳》“御以如皋”，杜注與毛傳同。王逸注《離騷》云：“澤曲曰皋。”義亦相近也。

《召南·采蘩》篇“于沼于沚”，傳云：“沼，池也。”

都野、孟豬、彭蠡、少原、振澤、渚毗、沛澤、雷澤、幽都。

《禹貢》"原隰厎績,至于豬野",《夏本紀》作"都野";《地理志》作"豬壄",又云:"休屠澤在武威郡武威縣東北,古文以爲豬壄澤。"又云:"谷水出姑臧南山,北至武威入海。"海,即休屠澤也。《水經·禹貢山水澤地》"都野澤在武威縣東北",注云:"其水上承姑臧武始澤,東北至武威縣故城東,水流兩分。一水北入休屠澤,俗謂之西海;一水東入豬野,謂之東海。通謂之都野。"案:都野澤在今涼州府鎮番縣東北。都、豬,古同聲。豬野、休屠,語之轉,皆取停水之義。孟豬,亦猶是也。《禹貢》"道菏澤,被孟豬",《夏本紀》作"明都",《地理志》作"盟豬"。《周官·職方氏》"青州,其澤藪曰望諸",鄭注云:"望諸,明都也,在睢陽。"《爾雅》"十藪",宋有"孟諸"。文十年《左傳》"遂道以田孟諸",杜注云:"孟諸,宋大藪也。"《淮南子·地形訓》云:"孟諸在沛。"《地理志》云:"《禹貢》'盟諸澤'在梁國睢陽縣東北。"《元和郡縣志》云:"孟諸澤在宋州虞城縣西北,周回五十里。"案:孟豬、明都、望諸,皆同聲假借。澤在今歸德府商邱縣東北,接虞城縣界。虞城西北有孟諸臺,亦故澤地也。自元以後,歸德屢被河決,澤之畔岸不可復尋矣。

《禹貢》云:"彭蠡既豬。"又云:"漢水南入于江,東匯澤爲彭蠡。"《地理志》云:"彭蠡澤在豫章彭澤縣西。"案:彭蠡澤,今曰"鄱陽湖",周回四百五十里,浸南昌、饒州、南康、九江四府之境,上承湖、漢、豫章諸水,北流至湖口縣入江。

少原、渚毗、幽都,皆未詳所在。

振澤,一名"具區"。振,或作"震"。《禹貢》"震澤厎定",傳云:"震澤,吳南大湖名。"《職方氏》"揚州,其澤藪曰具區",注云:"具區在吳南。"《爾雅》"吳、越之閒有具區",郭注云:"今吳縣南大湖,即震澤是也。"《地理志》云:"具區澤,在會稽郡吳縣西。古文以爲震澤。"《禹貢山水澤地》云:"震澤,在吳縣南五十里。"《夏本紀》索隱云:"《左傳》稱'笠澤',謂震澤也。"胡氏朏明《禹貢錐指》曰:"震澤,蓋自吳西南境東出爲松江,一名笠澤。在今吳江縣界。《水經注》云:'松江上承太湖,更逕笠澤,在吳南松江左右。'《國語》'越伐吳,吳禦之笠澤;吳軍江北,越軍江南'者是也。孔、郭指此爲太湖,則誤矣。"又曰:"震澤之源,當與太湖俱來苕霅,而水草所鍾,淺而易溢。自厎定之後,始可陂障,民仰其利,故《職方》謂之'澤藪',而五湖則別之曰'浸'。迨乎日久填淤,生殖漸繁,遂成沃壤。漢後諸儒求其地而不得,遂合五湖而一之矣。吾意,今吳、越之交,自莫釐、武山以東,至平望、八赤之閒,皆古震澤地也。特世代荒遠，川陻更移，故其迹不可尋耳。"

《水經》"泗水東過沛縣東"，注云："昔許由隱於沛澤，即是縣也。縣蓋取澤爲名。"《吕氏春秋·求人》篇云："昔者堯朝許由於沛澤之中。"案："沛"爲澤名，亦爲澤之通稱。僖四年《公羊傳》"齊桓公濱海而東，大陷于沛澤之中"，《孟子·滕文公》篇"沛澤多而禽獸至"，是也。《禹貢》"雷夏既澤，雍、沮會同"，《夏本紀》集解引鄭注云："雍水、沮水相觸而合，入此澤中。"

《職方氏》"兖州，其浸盧維"，注云"盧維，當爲'靁雍'，字之誤也"，引《禹貢》爲證。《墨子·尚賢》篇云："舜漁雷澤。"《地理志》云："《禹貢》'雷澤'在濟陰郡成陽縣西北。"《水經·瓠子河》注云："雷澤在大成陽縣故城西北十餘里，其陂東西二十餘里，南北十餘里。"《夏本紀》正義引《括地志》云："雷夏澤在濮州雷澤縣郭外西北。雍、沮二水，出雷澤西北平地。"案：雷澤在今山東曹州府荷澤縣之東北、濮州之東南。自五代以後，河水衝決，雍、沮、雷澤皆蕩滅無存。

池

瓊支、瑾瑜、昭華、白珩、璇、璜、弁和、璵璠、垂棘、碧瓐、藍田、球璯、琬琰、璐、瑭、璑、琱、赤瑕。

支，與"枝"同。《楚辭·離騷》"折瓊枝以繼佩"；《九歌》"盍將把兮瓊芳"，王逸注云："瓊，玉枝也。"《玉篇》引《莊子·外篇》云："積石生樹，名曰瓊枝，其高一百二十仞，大三十圍，以琅玕爲之實。"

《説文》："瑾瑜，美玉也。"宣十五年《左傳》云："瑾瑜匿瑕。"《西山經》云："瑾瑜之玉，堅栗精密，濁澤而有光，五色發作，以和柔剛。"分言之，則或曰"瑾"，或曰"瑜"。《楚辭·九章》云："懷瑾握瑜。"《九歎》云："捐赤瑾於中庭。"《玉藻》云："世子佩瑜玉。"皆是也。

《淮南子·泰族訓》云："堯贈舜以昭華之玉。"《西京雜記》云："秦有玉笛，長二尺二寸，二十六孔，銘曰'昭華之琯'。"昭，或作"苕"。《藝文類聚》引《書大傳》云："堯贈舜以苕華之玉。"

《説文》："珩，佩上玉，所㠯節行步也。"《晉語》"白玉之珩六雙"，韋昭注云："珩，佩上飾也，形似磬而小。"《楚語》"楚之白珩"，注云："珩，佩上之横者。"《禮記》通作"衡"。珩之言衡也,衡施於佩上也。一命、再命黝珩;三命葱珩;白珩,其最貴者。《玉藻》云:"天子佩白玉。"是也。

《説文》"璿,美玉也",引僖二十八年《左傳》:"璿弁玉纓。"今本"璿"作"瓊"。《堯典》"在璿機玉衡",馬融注亦云:"美玉。"《天官書》作"旋",《後漢書·安帝紀》作"琁"。並字異而義同。

《周官·大宗伯》:"以玄璜禮北方。"《白虎通義》引《逸禮》云:"半璧曰璜。"定四年《左傳》"分魯公以夏后氏之璜",杜注云:"璜,美玉名。"《明堂位》云:"大璜,天子之器也。"

《墨子·耕柱》篇云:"和氏之璧,隋侯之珠,三棘六異,此諸侯之所謂良寶也。"《韓非子·和氏》篇云:"楚人和氏得玉璞楚山中,奉而獻之厲王。厲王使玉人相之,玉人曰:'石也。'王以和爲誑而刖其左足。及武王即位,和又奉其璞而獻之武王。武王使玉人相之,又曰:'石也。'王又以和爲誑,而刖其右足。及文王即位,和乃抱其璞而哭於楚山之下三日三夜。王乃使玉人理其璞而得寶玉焉,遂命曰'和氏之璧'。"《新序·雜事》篇"和氏"作"弁和"。

定五年《左傳》"陽虎將以璵璠斂",杜注云:"璵璠,美玉,君所佩。"釋文:"璵,本又作與。"《説文》云:"與璠,魯之寶玉。孔子曰:'美哉與璠!遠而望之,奐若也;近而視之,瑟若也。一則理勝,一則孚勝。'"

僖二年《公羊傳》"垂棘之白璧",何休注云:"垂棘,出美玉之地。"趙岐《孟子》注同。

碧瓐,蓋青黑色玉也。瓐之言驢也。《釋器》云:"碧,青也。""驢,黑也。"《淮南子·氾論訓》云:"劒工惑劒之似莫邪者,唯歐冶能名其種。玉工眩玉之似碧盧者,唯猗頓不失其情。"盧,與"瓐"通。

《漢書·地理志》云:"京兆尹藍田縣,山出美玉。"《外戚傳》云:"壁帶往往爲黄金釭,函藍田璧。"

《説文》"埊璸,玉也",埊,與"琜"同,亦通作"來"。《晉書·輿服志》云:"九嬪銀印青綬,佩來璸玉。"

《説文》:"璐,玉也。"《楚辭·九章》"被明月兮佩寶璐",王逸注云:"寶璐,美玉也。"《文選·雪賦》注引許慎《淮南子注》同。

《淮南子·脩務訓》"唐碧堅忍之類,猶可刻鏤以成器用",高誘注云:"唐碧,石似玉。”唐,與“瑭”通。

《説文》:“璑,三采玉也。”《周官·弁師》“瑉玉三采”,故書“瑉”作“璑”,鄭衆注云:“璑,惡玉名。”

《中山經》“穀水多珚玉”,今本“珚”譌作“㻂”。《水經·穀水》注及《太平御覽》並引作“珚”。

《説文》:“瑕,玉小赤也。”司馬相如《上林賦》“赤瑕駁犖”,張注云:“赤瑕,赤玉也。”張衡《七辯》云:“玩赤瑕之璘豳。”瑕者,赤色之名。赤雲氣謂之霞,赤玉謂之瑕,馬赤白雜毛謂之騢,其義一也。

昀案:琬琰未作疏證。

玉

水精謂之石英。瑠璃、珊瑚、玟瑰、夜光、隋侯、虎魄、金精、璣。

珠爲蚌精之名,亦爲美石之通稱,故其字從玉。《爾雅》“西方之美者,有霍山之多珠玉焉”,郭璞注云:“珠,如今雜珠而精好。”是珠又爲美石之通稱矣。

英,《衆經音義》卷七引《廣雅》作“瑛”。《南山經》“堂庭之山多水玉”,郭璞注云:“水玉,今水精也。”《太平御覽》引《廣志》云:“水精出大秦、黄支諸國。”劉楨《魯都賦》云:“水精潛光乎雲穴。”

《説文》“珋,石之有光璧珋也”,珋,與“瑠”同。《藝文類聚》引《韻集》云:“瑠璃,火齊珠也。”又引《廣志》云:“瑠璃出黄支、斯調、大秦、日南諸國。”又引《南州異物志》云:“瑠璃本質是石;欲作器,以自然灰治之。”《鹽鐵論·力耕》篇云:“璧玉、珊瑚、瑠璃,咸爲國之寶。”瑠璃,古通作“流離”。《漢書·西域傳》“罽賓國出璧流離”,孟康曰:“流離,青色如玉。”顔師古曰:“《魏略》云:‘大秦國出赤、白、黑、黄、青、緑、縹、紺、紅、紫十種流離。’此蓋自然之物,采澤光潤,踰於衆玉。今俗所用,皆銷冶石汁,加以衆藥,灌而爲之,尤虚脆不貞,實非其物也。”

《説文》:“珊瑚,色赤;生於海,或生於山。”司馬相如《上林賦》“珊瑚叢生”,郭璞注云:“珊瑚生水底石邊,大者樹高三尺餘,枝格交錯,無有葉。”《漢書·西域傳》云:“罽賓國出珊瑚。”《名醫别録》云:“珊瑚生南海。”蘇恭注云:“似玉紅潤,中多有孔;亦有無孔者。又出波斯國及師子國。”《太平御覽》引《玄中記》云:“珊瑚出大秦西海中,生水中石上。初生白,一年黄,三年赤,四年蟲食敗。"珊瑚,或曰"蘇胡"。《開元占經·器服占》篇引《孝經援神契》云:"王者要誓信,則蘇胡鉤出。"《太平御覽》引作"珊瑚鉤"。

《玉篇》引《倉頡篇》云:"玫瑰,火齊珠也。"《韓非子·外儲説左》篇云:"綴以珠玉,飾以玫瑰。"司馬相如《子虚賦》"其石則赤玉玫瑰",晉灼注亦云:"火齊珠。"顔師古云:"火齊珠,今南方之出火珠也。"裴松之注《魏志》引《魏略》云:"大秦國多玫瑰。"劉逵《吴都賦》注引《異物志》云:"火齊如雲母,重沓而可開,色黄赤似金,出日南。"

《墨子·耕柱》篇云:"和氏之璧、隋侯之珠、三棘六異,此諸侯之所謂良寶也。"《初學記》《太平御覽》引《墨子》,"隋侯"並作"夜光"。《史記·田敬仲世家》"梁王曰:寡人有徑寸之珠,照車前後各十二乘者十枚",即所謂夜光之珠也。或謂之明月。《趙策》云:"明月之珠、和氏之璧。"《文選·西都賦》注引許慎《淮南子注》云:"夜光之珠,有似明月,故曰明月也。"凡珠玉之有光者,通謂之夜光。故《楚策》云:"夜光之璧。"揚雄《羽獵賦》云:"椎夜光之流離。"流離,亦珠也。

《莊子·讓王》篇云:"以隨侯之珠,彈千仞之雀。"《趙策》云:"操隨侯之珠,時宿於野。"隨侯之珠,猶言"夏后氏之璜、封父之繁弱"耳。《淮南子》注所稱大蛇銜珠之事,近於虚誕矣。

《急就篇》云:"係臂琅玕虎魄龍。"《漢書·西域傳》云:"罽賓國出虎魄。"《博物志》云:"《神仙傳》:'松脂淪入地中,千年化爲茯苓,茯苓千年化爲虎魄。'虎魄,一名江珠。今泰山有茯苓而無虎魄,益州、永昌出虎魄而無茯苓。所未詳也。"《太平御覽》引《廣志》云:"虎魄生地中,其上及旁不生草;淺者四五尺,深者八九尺;大如斛;削去外皮,中成虎魄如斗;初時如桃膠,凝堅乃成;出博南縣。"

《舊唐書·西域傳》云:"俱蘭國出金精。"《太平御覽》引劉楨《清慮賦》云:"憑文瑶之几,對金精之盤。"

《説文》:"璣,珠不圜也。"《禹貢》"厥篚玄纁璣組",釋文引《字書》云:"璣,小珠也。"《吕氏春秋·重己》篇云:"人不愛崑山之玉、江漢之珠,而愛己之一蒼璧小璣。"王逸注《七諫》云:"圜澤爲珠,廉隅爲璣。"

珠

蜀石、碝、玟、硨磲、碼碯、武夫、琨珸、瑉石、瑊玏、珂。

司馬相如《上林賦》"蜀石黄碝"，張注云："蜀石，石之次玉者也。"

《説文》："碝，石次玉者。"字或作"礝、瑌、瓀"。《玉藻》云："士佩瓀玟。"《中山經》云："扶豬之山，其上多礝石。"《史記·司馬相如傳·子虚賦》"瓀石武夫"，《漢書》作"礝"，《文選》作"碝"。《爾雅》釋文引應劭注云："礝石出鴈門，白者若冰，半有赤色。"

玟，與下"瑉"字同。《玉藻》"士佩瓀玟"，《鄭風·子衿》傳作"瓀珉"。《管子·揆度》篇云："陰山之礝碈。"《説文》："玟，石之美者。"又云："珉，石之美者。"《聘義》"君子貴玉而賤碈"，鄭注云："碈，石似玉。"《中山經》云："岐山，其陰多白珉。"《楚辭·九歎》"藏碈石於金匱兮"，王逸注云："碈石，石次玉者。"玟、瑉、珉、碈，並字異而義同。

硨磲，古通作"車渠"。《藝文類聚》引《廣志》云："車渠，出大秦國及西域諸國。"《南海藥譜》引《韻集》云："車渠，玉石之類，形似蚌蛤，有文理。"魏文帝《車渠椀賦序》云："車渠，玉屬也，多纖理縟文；生於西國，其俗寶之；小以繫頸，大以爲器。"

碼碯，通作"馬腦"。《藝文類聚》引《廣志》云："馬腦，出西南諸國。"魏文帝《馬腦勒賦序》云："馬腦，玉屬也，出自西域；文理交錯，有似馬腦，故其方人因以名之；或以繫頸，或以飾勒。"

《南山經》"會稽之山，其下多砆石"，郭璞注云："砆石，武夫，石似玉，今長沙臨湘出之。"《魏策》云："白骨疑象，武夫類玉。"張注《子虚賦》云："武夫，石之次玉者，赤地白采，葱蘢白黑不分。"《太平御覽》引《廣志》云："武夫有白黑，可以爲枋棊。"《四子講德論》作"碔砆"。

琨珸，通作"昆吾"。《説文》："琨，石之美者。"《禹貢》"瑶琨篠簜"，王肅注云："瑶琨，美石次玉者也。"案：琨，即琨珸也。琨珸謂之琨，猶碔砆謂之砆、瑊玏謂之瑊。《子虚賦》"琳瑉昆吾"，昆吾，謂石之次玉者也。張注《子虚賦》云"昆吾，山名也，出善金"，引《尸子》："昆吾之金。"《史記》索隱引《河圖》云："流州多積石，名昆吾石。鍊之成鐵以作劍，光明如水精。"於事爲不類矣。

《中山經》"葛山，其下多瑊石"，郭注云："瑊石，瑊玏，石似玉也。"《説文》作"玪塾"，云："石之次玉者。"《子虚賦》"瑊玏玄厲"，張注與《説文》同。

《玉篇》:"珂,石次玉也,亦碼碯絜白如雪者。"案:珂者,馬勒飾。石形似之,因以名焉。左思《吳都賦》"致遠流離與珂珬",劉逵注云:"老鵰入海化爲珬,已裁割若馬勒者謂之珂。"亦其類也。

石之次玉

東方有魚焉,如鯉,六足,鳥尾,其名曰鮯;南方有鳥焉,三首,六目,六足,三翼,其名曰鷩鵂;西方有獸焉,如鹿,白尾,馬足,人手,四角,其名曰玃如;北方有民焉,九首,虵身,其名曰相繇;中央有虵焉,人面[①],豺身,鳥翼,虵行,其名曰化虵。此五方之異物也。

《東山經》云:"深澤有魚焉,其狀如鯉而六足,鳥尾,名曰鮯鮯之魚,其鳴自叫。"《南山經》云:"基山有鳥焉,其狀如雞而三首,六目,六足,三翼,其名曰鵸鵂。"鵸,與"鷩"同。《西山經》云:"皋塗之山有獸焉,其狀如鹿而白尾,馬足,人手而四角,名曰玃如。"《大荒北經》云:"共工臣名曰相繇,九首,虵身自環,食于九土。其所歍所尼,即爲源澤。不辛乃苦,百獸莫能處。"《中山經》云:"陽水中多化虵,人面而豺身,鳥翼而虵行,其音如叱呼。"案:《爾雅》所記"五方異物",曰比目魚、曰比翼鳥、曰比肩獸、曰比肩民、曰枳首蛇。此皆耳目所及,非同語怪。若取《山海經》所記怪物以益之,則悉數難終,不得限以五事矣。

八家爲鄰,三鄰爲朋,三朋爲里,五里爲邑,十邑爲都,十都爲師,州十有二師焉。

此《書大傳》文也。鄭注云:"州凡四十三萬二千家,此蓋虞夏之數也。"各本"朋"譌作"明",今訂正。十邑爲都,各本作"十邑爲鄉,十鄉爲都"。若加以"十都爲師""十二師爲州",則一州凡有四百三十二萬家,與鄭注不合。蓋後人以意加之也。考《書大傳》及《晉書・地理志》《初學記》《太平御覽》《路史・疏仡紀》,並作"十邑爲都"[②]。今據以訂正。

𡋯、坱、堅、甄、埴、塿、垟、壚、墳、隇、田、地,土也。

① 面,原作"面",《疏證》作"面"。
② "十邑爲都"實出於《路史・餘論・井田之法》,而非《疏仡紀》。

畩之言柔也。《説文》:"畩,和田也。"

畯之言懦也。《玉篇》仁緣、奴過二切。字亦作"堧"。《廣韻》:"堧,沙土也。"

《説文》:"堅,剛土也。"《九章算術·商功》章云:"穿地四,爲壤五,爲堅三。"堅,舊本作"臤",音堅。案:作"臤"者,曹憲避隋文帝諱而缺其下畫。《釋草》篇"穊"字作"穊",正與此同。其音内"堅"字,則後人所加也。

《説文》:"埴,黏土也。"字或作"埴",又作"戠"。《釋名》云:"土黄而細密曰埴。埴,膱也,黏昵如脂之膱也。"膱,字或作"脂"。鄭注《考工記·弓人》云:"脂,黏也。"《禹貢》"厥土赤埴墳",鄭本作"戠"。《考工記》疏引鄭注云:"戠,黏土也。"《晉書·成公綏傳·天地賦》云:"海岱赤埴,華梁青黎。"《周官·草人》"埴壚用豕",鄭注云:"埴壚,黏疏者。"《管子·地員》篇云:"斥埴宜大菽與麥。"①"黑埴宜稻與麥。"《考工記》"摶埴之工二",注亦云:"埴,黏土也。"埴爲黏土,而因以爲土之通稱。《法言·脩身》篇"擿埴索塗",李軌注云:"埴,土也。謂盲人以杖擿地而求道也。"(297)

塿,謂疏土也。《説文》:"塿,壢土也。"《管子·地員》篇"赤壚壢彊肥",尹知章注云:"壢,疏也。"壢、塿,一聲之轉。壢之言壢壢,塿之言婁婁也。《地員》篇"觳土之狀婁婁然",注云:"婁婁,疏也。"

《説文》:"垶,赤剛土也。"字亦作"騂"。《周官·草人》"騂剛用牛",杜子春注云:"騂剛,謂地色赤而土剛强也。"《魯頌·駉》篇傳云:"赤黄曰騂。"

《説文》:"壚,黑剛土也。"字通作"盧"。《釋名》云:"土黑曰盧,盧然解散也。"《禹貢》"下土墳壚",傳云:"壚,疏也。"《吕氏春秋·辯土》篇云:"凡耕之道,必始於壚,爲其寡澤而後枯。"《淮南子·地形訓》"壚土人大,沙土人細",《大戴禮·易本命》篇作"虚土之人大"。虚,即"盧"字之譌。盧辯注云:"大者,象地虚縱。"失之。《管子·地員》篇"纑土之狀,彊力剛堅",纑,亦與"壚"同。壚爲黑剛土,亦因以爲土之通稱。《淮南子·覽冥訓》"上際九天,下契黄壚",高誘以"壚"爲"土",是也。

墳之言賁賁然也。韋昭注《晉語》云:"墳,起也。"《禹貢》"厥土黑墳",馬融注云:"墳,有膏肥也。"《周官·草人》云:"墳壤用麋。"

昀案:甄、賦、田、地未作疏證。

① 斥,原譌作"庍"。

耦、𦓝、𦓤、耩、䅬、稡、䅗、穮、耚、耠、䆉、𥹸①、耥、䅿、犁、𦓨、墾、耗、〔𦓹*〕,耕也。

耦之言偶也。《考工記·匠人》"耜廣五寸,二耜爲耦",鄭注云:"古者耜一金,兩人併發之。"

《説文》:"𦓝,兩壁耕也。一曰覆耕種也;讀若匪。"

𦓤之言扰也。卷一云:"扰,刺也。"《玉篇》:"𦓤,掘地也,臿屬也。"亦作"銃"。《説文》:"銃,臿屬也;讀若沈。"𦓤、䆉、𥹸、犁、耗,皆田器之名,而因以爲耕名,猶棓、棁、殳、度,皆杖名,而因以爲擊物之名也。

《玉篇》:"耩,穮也。"《齊民要術》云:"鋤得五徧以上,不須耩。""耕"與"耩",一聲之轉。今北方猶謂耕而下種曰耩矣。

䅬,字或作"䅬"。《廣韻》引《字統》云:"䅬,耕也。"《齊民要術》"緑豆、小豆、胡麻,皆五六月䅬種",注云:"䅬,漫掩也。"

稡之言突也。《玉篇》:"稡,耕禾閒也。"《齊民要術》引《氾勝之書》云:"宿麥至春凍解,棘柴曳之,突絶其乾葉。"

䅗,本作"菑"。《説文》:"菑,才耕田也。"《爾雅》"田一歲曰菑",孫炎注云:"菑,始災殺其草木也。"《大雅·皇矣》釋文引《韓詩》云:"反草曰菑。"《无妄》六二云②:"不耕穫,不菑畬。"《大誥》云:"厥父菑,厥子乃弗肯播。"《梓材》云:"若稽田,既勤敷菑。"《小雅·大田》篇"以我覃耜,俶載南畝",鄭箋云:"俶,讀爲熾;載,讀爲'菑栗'之菑。民以其利耜熾菑,發所受之地也。"《考工記·輪人》"察其菑蚤不齵",注云:"菑,謂輻入轂中者也。"輻入轂中謂之菑,猶耜入地中謂之菑。菑之言傳也。李奇注《漢書·蒯通傳》云:"東方人以物臿地中爲傳。"是其義也。

《周頌·載芟》篇"緜緜其麃",毛傳云:"麃,耘也。"釋文引《説文》云:"穮,槈鉏田也。"《字林》云:"耕禾閒也。"昭元年《左傳》:"譬如農夫,是穮是蓘。"穮、麃,並與"穮"同。穮,各本譌作"穮"。考《説文》《玉篇》《廣韻》《集韻》俱無"穮"字。今訂正。

耚之言披也。披,開也。《玉篇》"耚"或作"畯",云:"耕外地也。"

䆉,猶耚也,方俗語有輕重耳。《説文》:"䆉,相屬也。"

① 𥹸,原作"𥹸",《疏證》作"𥹸"。
② 无,原譌作"元"。

棓之言剖也。《玉篇》:"棓,耜屬也。"《廣韻》云:"䎱器,出《埤倉》。"

《玉篇》:"耦,耕麥地也。"又云"𦔳,冬耕也。又作暯",引《埤倉》云:"暯,耕麥地也。"《齊民要術》云:"種大小麥,皆須五月、六月暯地。"(298)

犁,本作"䎐",或作"犂"。《説文》:"䎐,耕也。"《釋名》云:"犂,利也,利發土絶草根也。"《論語·雍也》篇"犂牛之子",皇侃義疏云:"犂,或音貍,謂襍文也;或音梨,謂耕犂也。"《漢書·匈奴傳》"犂其庭,掃其閭",顔師古注云:"犂,耕也。"

《楚辭·天問》"咸播秬黍,莆雚是營",王逸注云:"營,耕也。"《吕氏春秋·辯土》篇云:"今之耕也,營而無獲。"《廣韻》:"劚,烏莖切;芟除林木也。"《齊民要術》云:"至春而開墾其林木,大者劚殺之。""劚"與"營",聲近而義同。

《爾雅·釋訓》釋文引《倉頡篇》云:"墾,耕也。"《周語》"土不備墾",韋昭注云:"墾,發也。"

桂之言刲也。《説文》:"桂,冊叉,可目劃麥,河内用之。"

《玉篇》麭,部巧切,"麭地也"。《廣韻》云:"臿地也。"今俗語猶呼掘地爲麭,聲如"庖廚"之"庖"。𣀔、麭,皆掘地之名,故其字並從臬。《釋器》云:"臬,臿也。"《集韻》《類篇》並引《廣雅》:"麭,耕也。"今本脱"麭"字。

昀案:耠未作疏證。

稍、耬、稷、穧、稀、積、埶、植、樹、稓、𣻢、投、蒔,種也。

《玉篇》:"稍、耬,種也。"耬之言漫也。《廣韻》:"耬,種遍皃。"《齊民要術》説種胡麻法云:"漫種者,先以耬耩,然後散子。"漫,與"耬"同。

稷,本作"㙐"。《説文》"㙐,種也。一曰内其中",徐鍇傳云:"内子於土中也。"《廣韻》:"稷,不耕而種也。"

穧之言離遏也。《齊民要術》"至春穧種",注云:"離而種之曰穧。"

《玉篇》:"稀,犂種也。"《齊民要術》云:"大小麥逐犂稀種者佳。"

《玉篇》:"積,灰中種也。"

《説文》:"埶,種也。"今作"蓺、藝"。

《玉篇》:"稓,種麥也。"

𣻢,曹憲音派。各本譌作"𣸣",字書所無。考《説文》《玉篇》《廣韻》,𣻢,匹賣切,正合曹憲之音,今據以訂正。《集韻》引《廣雅》作"𥢧"。《説文》《玉篇》《廣韻》

皆無此字,今不從。

投,謂投種於土中也。《齊民要術》引《氾勝之書》云:“夜半漬麥種,向晨速投之。”

《方言》:“蒔、殖,立也。”“蒔,更也。”《説文》:“蒔,更别種也。”蒔、殖,聲相近,故播殖亦謂之播蒔。引之云:“《玉篇》‘蒔’,石至切,又音時。《堯典》‘播時百穀’,《周頌·思文》正義引鄭注云:‘時,讀曰蒔,種蒔五穀也。’《晏子春秋·諫》篇云:‘民盡得種時。’《説苑·辨物》篇‘時’作‘樹’。樹,亦殖也。倒言之則曰‘時播’。《史記·五帝紀》‘時播百穀草木,淳化鳥獸蟲蛾,旁羅日月星辰’,時播、淳化、旁羅,皆連語耳。集解訓‘時’爲‘是’,正義謂‘順四時而布種’,皆失之。”

種,各本譌作“種”。《説文》《玉篇》《廣韻》《集韻》皆無“種”字,今訂正。

昀案:植未作疏證。樹並見於蒔。

原,端也。大鹵,大原也。

《水經·汾水》注引《春秋説題辭》云:“高平曰大原。原,端也,平而有度也。”《釋名》云:“原,元也,如元氣廣大也。”元,與“原”同義,故亦訓爲端。隱元年《公羊》疏引《春秋》説云:“元者,端也。”

左氏《春秋經》昭元年“晉荀吳帥師,敗狄于大鹵”,公羊、穀梁皆作“大原”。《公羊傳》云:“此大鹵也。曷爲謂之大原?地、物從中國,邑、人名從主人。原者何?上平曰原,下平曰隰。”《穀梁傳》云:“中國曰大原,狄曰大鹵。號從中國,名從主人。”《汾水》注引《書大傳》云:“大而高平者,謂之大原。”案:晉之大原,即《禹貢》所謂“既脩大原,至于岳陽”、昭元年《左傳》所謂“宣汾、洮,障大澤,以處大原”者也。杜預云:“大原,晉陽也。”在今太原府太原縣東北。

釋　邱

邱上有木爲柲邱。

蔡邕《郭林宗碑》云:“棲遲泌邱。”又《周巨勝碑》云:“洋洋泌邱,于以逍遥。”束晳《玄居釋》云:“學既積而身困,夫何爲乎祕邱!”泌、祕,並與“柲”通。案:《陳風·衡門》篇“泌之洋洋,可以樂飢”,毛傳云:“泌,泉水也。”蔡邕、束晳以“泌”爲邱名,《廣雅》云“邱上有木”,説並與毛異,蓋本於三家也(299)。

小陵曰邱。

《周官·大司徒》注云："土高曰邱，大阜曰陵。"是邱小於陵也。

無石曰𠂤。

𠂤，本作"𠂤"，隸變作"阜"。《爾雅》："大陸曰阜。"《北堂書鈔》引《韓詩》云："積土高大曰阜。"《説文》："𠂤，大陸也，山無石也。"《風俗通義》云："阜者，茂也，言平地隆踊，不屬於山林也。"

四隤曰陵[①]，四起曰京，曲京曰阿。

《爾雅》："大阜曰陵，大陵曰阿，絶高爲之京。"[②]陵之言陵遲也。《文選·長楊賦》注引薛君《韓詩章句》云："四平曰陵。"四平，猶四隤也。《漢書·項籍傳》"因四隤山而爲圜陳外嚮"，孟康注云："四隤，四下隤陁也。"《爾雅》："京，大也。"四起，謂四面隆起也。倉之方者謂之京，義亦同也。阿者，曲也。故《大雅》"有卷者阿"，毛傳云："卷，曲也。"《文選·西京賦》注及《衆經音義》卷一並引《韓詩》云："曲京曰阿。"然則"四隤曰陵"以下三句，皆《韓詩》義也。

各本"曲京"作"四京"，因上文兩"四"字而誤，今訂正。《鄘風·定之方中》傳云："京，高邱也。"《大雅·皇矣》傳云："京，大阜也。"《衛風·考槃》傳云："曲陵曰阿。"《説文》："阿，曲𠂤也。"蓋"邱、阜、陵、京"，對文則異，散文則通矣。

𠂤，細也。

《北堂書鈔》引此作："𠂤，細土也。"其義未詳。

藏謂之壙。

《釋名》云："壙，曠也，藏於空曠處也。"鄭衆注《周官·喪祝》云："壙，謂穿中也。"《史記·秦始皇紀》"奇器珍怪徙臧滿之"，臧，與"藏"同。

墳、埆、埰、墦、埌、壟、培塿[③]、邱、陵、墓、封，冢也。

《説文》："冢，高墳也。"《釋名》云："冢，腫也，象山頂之高腫起也。"

《爾雅》云："山頂，冢。"又云："墳、冢，大也。"卷一云："封，大也。"故冢或謂之

---

① 隤，原作"隮"，《疏證》作"隤"。

② 爲，當讀作謂。

③ 培，原作"塉"，《疏證》作"培"。

墳,或謂之封矣。《方言》云:“冢,秦晉之閒謂之墳,或謂之培,或謂之堬,或謂之埰,或謂之埌,或謂之壠;自關而東謂之邱,小者謂之塿,大者謂之邱。”郭璞注云:“墳,取名於大防也。”《爾雅》“墳,大防”,李巡注云:“謂厓岸狀如墳墓。”墳、封、墦,一聲之轉,皆謂土之高大者也。《方言》云:“墳,地大也。青幽之閒,凡土而高且大者謂之墳。”(300)

埰之言宰也。宰亦高貌也。《列子·天瑞》篇云:“望其壙,宰如也。”僖三十三年《公羊傳》“宰上之木拱矣”,何休注云:“宰,冢也。”“宰”與“埰”,聲相近。故冢謂之埰,亦謂之宰;官謂之寀,亦謂之宰;事謂之采,亦謂之縡。《方言》注云:“古者卿大夫有采地,死葬之,因名曰埰。”其失也鑿矣。

《孟子·離婁》篇“之東郭墦閒之祭者”,趙岐注云:“墦閒,冢閒也。”墦之言般也。《方言》云:“般,大也。”山有“嶓冢”之名,義亦同也。

埌,亦壟也,語之轉耳。《衆經音義》卷七引《通俗文》云:“邱冢謂之壙埌。”《莊子·列御寇》篇“闔胡嘗視其良”,釋文云:“良,或作埌,冢也。”

壟,《説文》作“壠”,亦通作“隴”。《淮南子·説林訓》云:“或謂冢,或謂隴,名異實同也。”《曲禮》云:“適墓不登壟。”壟之言巃嵸也。《方言》注云:“有界埒似耕壠,因名之也。”天水大阪謂之隴,義亦同也。

培,亦高貌也。《風俗通義》云:“部者,阜之類也。今齊魯之閒田中少高印者,名之爲部。”義並與“培”同。塿,亦高貌也。《孟子·告子》篇“可使高於岑樓”,趙注云:“岑樓,山之鋭嶺者。”義與“塿”同。《方言》注云:“培塿,亦堆高之貌,因名之也。”培、塿、堬,聲之轉。冢謂之堬①,亦謂之培塿;罌謂之甂,亦謂之瓿甊;北陵謂之西隃;小山謂之部婁,義並相近也。

《曲禮》“爲宫室不斬於邱木”,鄭注云:“邱,壟也。”《釋名》云:“邱,象邱形也。”邱之言邱虚也。應劭注《漢書·張良傳》云:“邱虚壯大。”是也。

陵之言隆也。秦名天子冢曰山,漢曰陵。《釋名》云:“陵,象陵形也。”

墓之言模也。規模其地而爲之,故謂之墓。《説文》:“墓,兆域也。”《方言》“凡葬而無墳謂之墓”,注云:“言不封也。”《周官》有“冢人”,有“墓大夫”,鄭注云:“冢,封土爲邱壠,象冢而爲之。”“墓,冢塋之地也。”《檀弓》“古也墓而不

① 冢,原譌作“冡”。

墳",注云:"墓,謂兆域,今之封塋也。土之高者曰墳。"蓋自秦以前皆謂葬而無墳者爲墓,漢則墳、墓通稱。故《水經·渭水》注引《春秋説題辭》云:"邱者,墓也。"《周官·冢人》"以爵等爲邱封之度",注云:"王公曰邱,諸臣曰封。"《王制》"庶人不封不樹",注云:"封,謂聚土爲墳。"封,亦高起之名。《大司徒》注云:"封,起土界也。"

宅、垗、塋、域,葬地也。

《孝經》云:"卜其宅兆而安措之。"兆,與"垗"同。《士喪禮》"筮宅",鄭注云:"宅,葬居也。"又"主人兆南北面",注云:"兆,域也。"《周官》冢人職云:"掌公墓之地,辨其兆域而爲之圖。"案:《商頌·玄鳥》篇"肇域彼四海",鄭箋云:"肇,當作兆。"《小宗伯》"兆五帝于四郊",鄭注云:"兆,爲壇之營域。"《樂記》"綴兆舒疾",注云:"綴,謂酇舞者之位也;兆,其外營域也。"是"兆"爲營域之通稱,故《爾雅》云:"兆,域也。"

塋,亦營也。《説文》:"塋,墓地也。"《漢書·楚元王交傳》云:"太夫人薨,賜塋。"《唐風·葛生》篇"蘞蔓于域",毛傳云:"域,營域也。"(301)

隇陝、阻、陂、阤,險也。

《小雅·四牡》篇"周道倭遲",釋文云:"《韓詩》作'倭夷'。"《文選·西征賦》注引《韓詩》"周道威夷",又引薛君《章句》云:"威夷,險也。"《爾雅》"西陵威夷",蓋亦取險阻之義。隇陝、威夷、倭遲,並字異而義同。威夷之爲倭遲,猶陵夷之爲陵遲矣。

"阻、陂、阤"三字,説見卷二"陂、陀、險、阻,衺也"下。阤,與"陀"同。

罡、嶺、隥、陘,阪也。

阪之言反側也。《爾雅》"陂者曰阪",郭注云:"陂陀不平。"陂、阪,聲相近。

罡,今作"岡"。岡之言綱,嶺之言領也。《爾雅》"山脊,岡",孫炎注云:"長山之脊也。"《釋名》云:"岡,亢也,在上之言也。"嶺,通作"領"。《列子·湯問》篇云:"終北國中有山,名曰壺領。"

《説文》:"隥,仰也。"《衆經音義》卷四引《三倉》云:"隥,小阪也。"《穆天子傳》云:"天子西征,乃絶隃之關隥。"隥之言登也。閣道謂之隥道,義亦同也。

陘之言徑也,字亦通作"徑"。《孟子·盡心》篇"山徑之蹊閒介然",趙岐注云:"山徑,山之領。"《法言·吾子》篇云:"山峌之蹊,不可勝由矣。"馬融《長笛賦》云:

“膺陗阤，腹陘阻。”並字異而義同。此與《爾雅》“山絶，陘”異義。

隒、澳、㕒、厈、浦、潯、濱、漘、湄、浖、氾、墳、漘、陴、涘、垠①，厓也。

厓，字或作“崖”，又作“涯”。

《説文》：“隒，崖也。”《爾雅》“重甗，隒”，孫炎注云：“山基有重岸也，其水厓亦謂之隒。”《王風·葛藟》傳以“漘”爲水隒，是也。張衡《西京賦》云：“刊層平堂，設切厓隒。”則殿基亦借斯稱矣。隒之言廉也。《鄉飲酒禮》“設席于堂廉”，鄭注云：“側邊曰廉。”是其義也(302)。

澳，字或作“隩”，又作“奥”。《説文》：“澳，隈崖也。”又云：“隩，水隈崖也。”《爾雅》云：“隩，隈。”又云：“厓内爲隩，外爲鞫。”李巡注云：“厓内近水爲隩，其外爲鞫。”《衛風》“瞻彼淇奥”，昭二年《左傳》及《大學》並作“澳”。澳之言奥也。鄭注《堯典》云：“奥，内也。”

《説文》：“厂，山石之崖巖，人可居；象形。籀文作厈。”《玉篇》音呼旦切。厈，與“厓岸”之“岸”聲相近也。

《説文》：“浦，水瀕也。”《大雅·常武》篇“率彼淮浦”，毛傳云：“浦，厓也。”《楚辭·九歌》云：“望涔陽兮極浦。”浦者，“旁”之轉聲，猶言“水旁”耳。

《淮南子·原道訓》“游於江潯海裔”，《文選·江賦》注引許慎注云：“潯，水厓也。”《楚辭·漁父》篇“游於江潭”，潭，與“潯”通。古者“潭、潯”同聲，故高誘注《原道訓》云：“潯，讀‘葛覃’之覃。”《漢書·揚雄傳》“因江潭而㣚記兮”，顔師古云：“潭，音尋。”

濱，《説文》作“瀕”，云：“水崖也，人所賓附。”《禹貢》“海濱廣斥”，《漢書·地理志》作“瀕”。《大雅·召旻》篇“池之竭矣，不云自頻”，傳云：“頻，厓也。”並字異而義同。濱，與“邊”聲相近。水濱，猶言水邊，故地之四邊亦謂之濱。《小雅·北山》篇云：“率土之濱。”是也。

《大雅·鳧鷖》篇“鳧鷖在潨”，傳云：“潨，水會也。”《説文》云：“小水入大水曰潨。”皆不以“潨”爲厓。唯鄭箋云：“潨，水外之高者也。”正義云：“水外之地，潨然而高。”蓋涯涘之中，復有偏高之處。説與《廣雅》相近也。

《爾雅》：“水草交爲湄。”《釋名》云：“湄，眉也，臨水如眉臨目也。”《秦風·蒹

---

① 垠，原作“垠”，《疏證》作“垠”。

葭》篇“在水之湄”，傳云：“湄，水隒也。”《小雅·巧言》篇“居河之麋”，僖二十八年《左傳》“余賜女孟諸之麋”，並與“湄”同。又案：《爾雅》釋厓岸之名云：“涘爲厓；窮瀆，汜；谷者，溦。”此言水厓謂之涘；其窮瀆之厓，則謂之汜；通谷者之厓，則謂之溦。溦、汜，皆厓岸之名，非溝瀆之名也。釋文云：“溦，本又作湄，亡悲反。”又“水草交爲湄”，釋文云：“湄，本或作溦，亡悲反。”則“湄、溦”是一字。《廣雅》以“湄、汜”同訓爲厓，義本於《爾雅》也。而郭璞於“窮瀆，汜”注云：“水無所通者。”於“谷者，溦”注云：“通於谷。”則是以窮瀆爲“汜”，通谷者爲“溦”。《説文》亦云：“汜，窮瀆也。”若然，則“溦、汜”當與“谿、谷、溝、瀆”同列於《釋水》，何得與“漘、隩、墳、涘”同列於《釋邱》，而總之以“厓岸之名”乎！斯不然矣。

浖之言界埒也。《淮南子·俶真訓》云：“形埒垠堮。”是也。浖，亦通作“埒”。《淮南子·齊俗訓》“狟狢得埵防”，高注云：“埵，水埒也。防，隄也。”是“埒”爲水厓也。《爾雅》“水潦所還，埒邱”，注云：“謂邱邊有界埒，水繞環之。”義與“厓埒”亦相近。《周官·大司徒》“設其社稷之壝”，鄭注云：“壝，壇與堳埒也。”壝謂之埒，亦謂之堳；厓謂之湄，亦謂之浖，其義一也。

汜，即《爾雅》所謂“窮瀆，汜”，非水決復入之“汜”也。對文則窮瀆之厓爲“汜”，通瀆之厓爲“溦”；散文則“溦、汜”通稱。《淮南子·道應訓》“公孫龍至於河上而航在一汜”，高注云：“汜，水涯也。”班固《幽通賦》“芈彊大於南汜”，曹大家注與高誘同。《顧命》“夾兩階戺”，傳云：“堂廉曰戺。”堂邊謂之戺，亦謂之廉；水厓謂之隒，亦謂之汜，其義一也。

墳者，高起之名。《爾雅》“墳，大防”，李巡注云：“墳，謂厓岸狀如墳墓。”《説文》作“坋”。又云：“濆，水崖也。”《周南·汝墳》篇“遵彼汝墳”，傳云：“墳，大防也。”《大雅·常武》篇“鋪敦淮濆”，傳云：“濆，厓也。”《周官·大司徒》“墳衍”，注云：“水崖曰墳。”並字異而義同。

《説文》：“漘，水崖也。”《爾雅》“厓夷上洒下，不漘”，孫炎注云：“平上陗下，故名漘。”郭璞云：“不，發聲也。”《王風·葛藟》篇“在河之漘”，傳云：“漘，水隒也。”《魏風·伐壇》篇“寘之河之漘兮”，傳云：“漘，厓也。”釋文：“漘，本亦作脣。”脣者，在邊之名。口邊謂之脣，水厓謂之漘，屋宇謂之宸，聲義並相近也。

陙，猶瀕也，語之轉耳。

涘，與“汜”聲相近。《爾雅》：“涘爲厓。”《王風·葛藟》篇“在河之涘”，僖元年

《公羊傳》"自南涘",毛傳、何注並與《爾雅》同。影宋本"陴、涘"二字誤入曹憲音内,"涘"字又誤作"洚",皇甫以下諸本皆誤作"洋"。《集韻》《類篇》有"洚"字,音迷浮切,引《廣雅》:"陴、洚,厓也。"則所見已是誤本。案:《説文》《玉篇》《廣韻》俱無"洚"字。蓋"涘"譌爲"洚","洚"又譌爲"洋"耳。今訂正。

《説文》:"垠,岸也。或作圻。"《漢書·敘傳》"漢良受書於邳沂",晉灼注云:"沂,崖也。"圻、沂,並與"垠"同。凡邊界謂之垠,或謂之堮。《文選·西京賦》注引許慎《淮南子注》云:"垠堮,端崖也。"厓、岸、垠、堮,一聲之轉。

昀案:辱未作疏證。

廋、垙、陬、隅,隈也。

僖二十五年《左傳》注云:"隈,隱蔽之處。"高誘注《淮南子·覽冥訓》云:"隈,曲深處也。"凡山曲、水曲通謂之隈。《爾雅》云:"隩,隈。"《説文》云:"隈,水曲。"《管子·形勢》篇云:"大山之隈。"皆是也。

卷四云:"廋,隱也。"《楚辭·九歎》"步從容於山廋",王逸注云:"廋,隈也。"廋、陬,聲相近;山廋,猶山陬耳。

垙,或作"阬",通作"鞫"。《爾雅》"厓内爲隩,外爲鞫",李巡注云:"厓内近水爲隩,其外爲鞫。"孫炎云:"内,曲裏也;外,曲表也。"《大雅·公劉》篇"芮鞫之即",鄭箋云:"水之内曰隩,水之外曰鞫。"《漢書·地理志》"芮水出右扶風汧縣西北,東入涇。《詩》'芮阬',雍州川也",顔師古注云:"《大雅》'芮鞫之即',《韓詩》作'芮阬'。"《周官·職方氏》注引《詩》作"汭垙"。案:"隈"是厓内之名,非厓外之名。《廣雅》以厓外之"垙"訓爲隈,未詳所據也。

《説文》:"陬,阪隅也。""隅,陬也。"

厓　隩

附引《廣雅》一條

〔土高四墮曰椒邱。〕

見《文選·謝惠連〈泛湖歸出樓中翫月〉詩》注。《楚辭·離騷》"馳椒邱且焉止息",王逸注云:"土高四墮曰椒邱。"司馬相如《上林賦》云:"出乎椒邱之闕。"

釋　山

岱宗謂之泰山。

在今泰安府泰安縣北五里。《堯典》:"至于岱宗。"《風俗通義》云:"宗者,長也;五嶽之長。"

天柱謂之霍山。

在今六安州霍山縣南五里。《漢書·地理志》:"天柱山在盧江郡灊縣南。"《水經·禹貢山水澤地》注云"霍山,天柱山也",引《爾雅》:"大山宫小山,霍。"邵氏二雲《爾雅正義》云:"今霍山縣之霍山,中峯庳小,而四圍有大山環繞之。"

華山謂之太華。

在今同州府華陰縣南十里。

常山謂之恆山[①]。

在今定州曲陽縣西北百四十里。漢避文帝諱,改"恆山"爲"常山"。見《地理志》注。

外〔方〕謂之嵩〔高〕。

在今河南府登封縣北十里。《禹貢》:"熊耳、外方、桐柏。"《地理志》云:"古文以崈高爲外方山。"崈高,即"嵩高"。

各本"外"下脱"方"字,"嵩"下脱"高"字,"嵩"上又衍"嵋"字,今訂正。

岣嶁謂之衡山。

在今衡州府衡山縣西北三十里。《中山經》注亦云:"衡山,俗謂之岣嶁山。"案:岣嶁,猶穹隆,語之轉也,若車枸簍或謂之"穹隆"矣。

蜀山謂之嵋山。

嵋,《説文》作"𡸀"。字或作"岷",又作"汶"。嵋山在今龍安府松潘廳西北二百二十里。《地理志》云:"《禹貢》'嵋山'在蜀郡湔氐道西徼外,江水所出。"蜀,讀

① 恆,原作"恒",《疏證》作"恆"。

爲獨,字或作"瀆"。《史記·封禪書》云:"瀆山,蜀之汶山也。"《水經·江水》注云:"岷山,即瀆山也。水曰瀆水。"

吳山謂之開山。

在今鳳翔府隴州西南。俗以在州西四十里者爲汧山,在州南八十里者爲嶽山,其實一山也。開,與"汧"同。《禹貢》"道岍及岐",釋文:"岍,字又作汧。馬本作開。"《周官·職方氏》"雍州,其山鎮曰嶽山",《爾雅·釋山》"河西,嶽",鄭、郭注並云:"吳嶽也。"《地理志》云:"吳山,在右扶風汧縣西,古文以爲汧山,雍州山也。"《續漢書·郡國志》云:"汧縣有吳嶽山,本名汧。"是《兩漢志》並以汧山爲吳嶽。《史記·封禪書》"自華以西,名山七,曰:華山、薄山、岳山、岐山、吳岳、鴻冢、瀆山",則分吳嶽與嶽山爲二,而不言汧山。《禹貢錐指》云:"《漢志》雖云吳山在縣西,而岡巒緜亙,延及其南,與嶽山只是一山。自周尊岍山曰嶽山,俗又謂之吳山,或又合稱吳嶽。《史記》又析嶽山與吳嶽爲二,而岍山之名遂隱。其實此二山者,《周禮》總謂之嶽山,《禹貢》總謂之岍山。當以《漢志》爲正。"

薄落謂之幵頭。

在今平涼府平涼縣西四十里。《地理志》云:"幵頭山,在安定郡涇陽縣西。《禹貢》'涇水'所出。"幵頭,或作"笄頭",《史記·五帝紀》"黄帝西至于空桐,登笄頭",是也;又作"雞頭",《秦始皇紀》"巡隴西北地,出雞頭山",是也。《淮南子·地形訓》"涇出薄落之山",高誘注云:"一名笄頭山。"《元和郡縣志》云:"笄頭山,一名薄落山,故涇水亦曰薄落水。"《淮南子·覽冥訓》云:"嶢山崩而薄落之水涸。"是也。

土高有石,山。山,産也;石,柘也。

土高有石,對"無石曰阜"言之,義本《説文》也。《釋名》云:"山,産也,産生萬物也。"柘,曹憲音石。案:《説文》:"柘,百二十斤也。"石,訓爲柘,義無所取,疑是"袥"字之譌。卷一云:"袥,大也。"石,與"碩"同聲。碩,亦大也。《漢書·匈奴傳》"石畫之臣",鄧展注云:"石,大也。"石畫,即碩畫。

冢,腫也。

《爾雅》:"山頂,冢。"《釋名》云:"冢,腫也,言腫起也。"

嶽,确也。

确，謂堅确也。

凡天下名山五千二百七十，出銅之山四百六十有七，出鐵之山三千六百有九。

此《中山經》文也。“出銅之山”以下，亦見《管子·地數》篇。二百七十，《中山經》作“三百七十”，《續漢書·郡國志》注引《帝王世紀》作“三百五十”。

崐崘虛有三山：閬風、板桐、玄圃，其高萬一千一百一十里一十四步二尺六寸。

《楚辭·離騷》云：“朝發軔於蒼梧兮，夕余至乎縣圃。”又云：“朝吾將濟於白水兮，登閬風而緤馬。”《天問》云：“崐崘、縣圃，其凥安在？增城九重，其高幾里？”《哀時命》云：“擥瑤木之橝枝兮，望閬風之板桐。”縣圃，與“玄圃”同。閬風，或作“涼風”。板桐，或作“樊桐”。《淮南子·地形訓》云：“崐崘虛有增城九重，其高萬一千里百一十四步二尺六寸。”又云：“縣圃、涼風、樊桐，在崐崘閶闔之中。崐崘之邱，或上倍之，是謂涼風之山；或上倍之，是謂縣圃之山；或上倍之，乃維上天。”王逸注《離騷》引《河圖括地象》亦云：“崐崘高萬一千里。”二書所記崐崘里數，與《廣雅》大同小異。事涉無稽，非所詳究也。

㴊、畎、嶰、磎，谷〔也〕。

㴊，與“淵”同。

《禹貢》“岱畎絲枲”，傳云：“畎，谷也。”畎之言穿也，字或作“甽”。《釋名》云：“山下根之受霤處曰甽。”《考工記·匠人》注云：“壟中曰甽。”義並相近也。

嶰，本作“𨼆”，或作“澥”，又作“解”。《説文》：“𨼆，水衡官谷也。一曰小谿。”《漢書·律曆志》“黄帝使泠綸自昆侖之陰，取竹之解谷”，孟康注云：“解，脱也。谷，竹溝也。取竹之脱無溝節者也。一説昆侖之北谷名也。”張衡《西京賦》云：“擿漻澥，搜川瀆。”馬融《廣成頌》云：“窮浚谷，底幽嶰。”並字異而義同。

磎，與“谿”同(303)。

各本“谷”下脱“也”字，今補。

釋　水

瀵泉，直泉也；直泉，涌泉也。

《爾雅》"濫泉正出;正出,涌出也",李巡注云:"水泉從下上出曰涌泉。"直,猶正也。公羊《春秋》昭五年"叔弓帥師敗莒師于濆泉",《傳》云:"濆泉者何？直泉也。直泉者何？涌泉也。"左氏作"蚡泉",穀梁作"賁泉",皆古字通用。《小雅·采菽》篇"觱沸檻泉",沸、濆,一聲之轉。《爾雅》"瀵,大出尾下",郭璞注云:"今河東汾陰縣,有水口如車輪許,濆沸涌出,其深無限,名之爲瀵。""瀵"與"濆",聲亦相近。

州,居也;陼,處也;沚,止也;渚,至也。

《爾雅》"水中可居者曰洲;小洲曰陼;小陼曰沚;小沚曰坻",洲,與"州"同。坻,與"渚"同。《釋名》云:"沚,止也,可以止息其上也。"各本"處、止"二字互誤,"沚"字又誤作"渚"。《太平御覽》引《廣雅》:"沚,止也。"今據以訂正。

海,晦也;江,貢也;河,何也;淮,均也;濟,濟也;伊,因也;洛,繹也;瀍,理也;澗,閒也;漢,達也;渭,偕也;汝,汝也;涇,徑也。

《釋名》云:"海,晦也;主承穢濁,其色黑如晦也。"

《風俗通義》云:"江者,貢也,出珍物可貢獻也。"

《水經·河水》注引《春秋説題辭》云:"河之爲言荷也;荷精分布,懷陰引度也。"荷,與"何"同。

又《淮水》注引《春秋説題辭》云:"淮者,均其務也。"

《釋名》云:"濟,濟也;源出河北,濟河而南也。"

伊,各本皆作"津"。合下文"洛、瀍、澗"推之,則"津"字當是"伊"字之譌。今訂正。《洪範》"鯀陻洪水",《漢石經》"陻"作"伊"。則"伊、因"古同聲,故訓"伊"爲因。《鄭風·溱洧》篇"伊其相謔",鄭箋亦云:"伊,因也。"

《初學記》引《春秋説題辭》云:"洛之爲言繹也,言水繹繹光燿也。"繹,各本譌作"驛",惟影宋本不譌。

瀍,與"理"聲不相近,"理"字當是"壥"字之譌。壥,與"廛"同字,與"瀍"同聲,故云:"瀍,壥也。"《集韻》《類篇》並云:"廛,亦作壥。"壥,與"理"相似,因譌而爲"理"矣(304)。

《説文》《玉篇》《廣韻》《集韻》皆無"偕"字,疑是"偕"字之譌。《初學記》引《春秋説題辭》"渭之爲言渭也",注云:"渭渭,流行貌。""渭也"之"渭"、"渭渭"之

“渭”，疑皆“徣”字之譌。《玉篇》《廣韻》並云：“徣，行也。”正合流行之義。

《太平御覽》引《春秋説題辭》云：“汝之爲言汝也。”訓與《廣雅》同，而未詳其義。諸書依字解經，率多皮傅。於主名山川之意，未必有當也。

昀案：澗、漢、涇未作疏證。

湍，瀨也；磯，磧也[①]。

《説文》：“瀨，水流沙上也。”《楚辭·九歌》“石瀨兮淺淺”，王逸注云：“瀨，湍也。”《漢書·武帝紀》“遣歸義越侯甲爲下瀨將軍”[②]，《史記·南越傳》“瀨”作“厲”。瀨之言厲也。厲，疾也。《月令》云：“征鳥厲疾。”是也。石上疾流謂之瀨，故無石而流疾者，亦謂之瀨。《楚辭·九章》云：“長瀨湍流，泝江潭兮。”是也。《説文》：“湍，疾瀨也。”《史記·河渠書》云：“水多湍石，不可漕。”湍之言遄也。《爾雅》：“遄，疾也。”其無石而流疾者，亦謂之湍。《孟子》“性猶湍水”，是也。合言之則曰“湍瀨”。《淮南子·原道訓》“漁者爭處湍瀨”，高誘注云：“湍瀨，水淺流急之處也。”

《説文》：“磧，水陼有石者。”《衆經音義》卷二十二引《三倉》云：“磧，水中沙灘也。”磧之言積也。塞北沙漠謂之磧，義亦同也。《衆經音義》卷十五引《埤倉》云：“磯，水中磧石也。”案：薛瓚注《武帝紀》云：“瀨，湍也。吳越謂之瀨，中國謂之磧。”則“湍、瀨”與“磧”，異名而同實。《衆經音義》卷一、卷十九、卷二十三並引《廣雅》：“磧，瀨也。”似此條“湍瀨”下本無“也”字。然水流石上謂之湍瀨，石在水中謂之磯磧，亦可分爲兩義。《太平御覽》引《廣雅》亦作：“湍，瀨也。”影宋本以下並同。今仍其舊。

阱、洫、畎、湪、陗、埂、溝、渠、川、瀆、欿、窞、科、臽，坑也。

《爾雅》“阬，虚也”，阬，與“坑”同。坑之言康也。《爾雅》：“康，虚也。”康、坑、欿、科、渠，皆“空”之轉聲也。

阱者，空大之名。阱，猶洪也，字亦作“谼”。《玉篇》：“谼，大谷名。”《廣韻》云：“大壑也。”壑、阱、洫、陗、臽，皆“虚”之轉聲也。

《周官》：“遂人治野，夫閒有遂，十夫有溝，百夫有洫，千夫有澮，萬夫有川。”《考工記》：“匠人爲溝洫，耜廣五寸，二耜爲耦。一耦之伐，廣尺，深尺，謂之甽。田

① 磧，原作“磧”，《疏證》作“磧”。

② 甲，原譌作“申”。

首倍之,廣二尺,深二尺,謂之隧。九夫爲井,井間廣四尺,深四尺,謂之溝。方十里爲成,成間廣八尺,深八尺,謂之洫。方百里爲同,同間廣二尋,深二仞,謂之澮。"專達於川,各載其名。對文則有甽、遂、溝、洫、澮之異;散文則通謂之溝洫。故言"匠人爲溝洫"也。《大雅·文王有聲》篇"築城伊淢",淢,與"洫"同。洫,亦虚也。《管子·小稱》篇"滿者洫之,虚者實之",尹知章注云:"洫,虚也。"

《説文》:"く,水小流也。古文作甽,篆文作畎。""巜,水流澮澮也。""川,貫穿通流水也。"引《臯陶謨》:"濬く、巜,距川。"今本"く"作"畎","巜"作"澮"。鄭注《匠人》云:"壟中曰甽。"畎之言穿也,穿地通水也,故通谷亦謂之畎。《禹貢》"岱畎絲枲",是也。

㳂,通作"遂、隧",又作"術"。《月令》"審端徑術",鄭注云:"術,《周禮》作遂。"遂者,達也,達水於溝也。

陌,與"畎"聲相近。陌,各本譌作"涓"。《玉篇》陌,乎犬切,"坑也"。《廣韻》同。《集韻》《類篇》並引《廣雅》:"陌,坑也。"今據以訂正。

埂,亦坑也,方俗語有輕重耳。《説文》:"秦謂阬爲埂。"《玉篇》引《倉頡篇》云:"埂,小坑也。"

《釋名》云:"溝,搆也,縱横相交搆也。"

《説文》:"渠,水所居也。"

《管子·度地》篇云:"水之出於地,溝流於大水及海者,命曰川水。"《説文》:"瀆,溝也。"又云:"隫,通溝,吕防水也。古文作𧮯。"瀆之言竇也。《説文》:"竇,空也。"故《周官》注"四瀆"或作"四竇"。

欿,與"坎"同。《説卦》傳云:"坎,陷也。"

窞之言深也。《説文》:"窞,坎中小坎也。"《坎》初六"入于坎窞",王肅注云:"窞,坎底也"。

《孟子·離婁》篇"原泉盈科而後進",《盡心》篇"流水之爲物也,不盈科不行",趙岐注並云:"科,坎也。"《太玄·從》次五"從水之科,滿",科,亦坎也。范望注以"科"爲法,失之。科之言窠也。卷三云:"科,空也。"《説文》云:"窠,空也。"

《説文》:"臽,小阱也。"今通作"陷"。欿、窞、臽,聲並相近。臽,各本譌作"舀",今訂正。

湋、潭,淵〔也〕。自三仞以上,二億三萬三千五百五十有九。

《説文》:"淵,回水也。"《管子·度地》篇云:"水出於地而不流者,命曰淵水。"卷三云:"淵,深也。"

《説文》:"湋,回也。"

《楚辭·九章》"長瀨湍流,泝江潭兮",王逸注云:"楚人名淵曰潭。"潭,亦深也。《漢書·揚雄傳》"潭思渾天",顔師古注云:"潭,深也。"各本"淵"下脱"也"字,今補。

"自三仞"以下,《淮南子·地形訓》文也。彼文云:"凡鴻水淵藪,自三百仞以上,二億三萬三千五百五十里有九淵。""三百仞"之"百"、"五十里"之"里"、"九淵"之"淵",皆衍文。

清滌、浮著,水也。

《曲禮》云:"凡祭宗廟之禮,水曰清滌。"

浮著,未詳。

陽侯、澋、汏,波也。

波之言播蕩也[305]。

《韓策》云:"塞漏舟而輕陽侯之波,則舟覆矣。"《楚辭·九章》"淩陽侯之氾濫兮",王逸注云:"陽侯,大波之神。"《文選·七發》注引此無"之神"二字。《淮南子·覽冥訓》"武王伐紂,渡于孟津。陽侯之波,逆流而擊",高誘注云:"陽侯,陽陵國侯也,溺死於水。其神能爲大波,有所傷害,故因謂之陽侯之波。"應劭注《漢書·揚雄傳》云:"陽侯,古之諸侯也,有罪自投江,其神爲大波。"皆所未詳也。

《文選·西都賦》注引《倉頡篇》云:"濤,大波也。"濤,與"澋"同。

《楚辭·九章》"齊吳榜以擊汏",王注云:"汏,水波也。"《九歎》云:"挑揄揚汏,盪迅疾兮。"濤、汏,一聲之轉,猶淅米謂之淘,亦謂之汏矣。

舟、舫、榜,船也。

此釋舟之總名也。

《方言》:"舟,自關而西謂之船,自關而東謂之舟。"《釋名》云:"船,循也,循水而行也。"又曰:"舟,言周流也。"

《爾雅》"舫,舟也",郭璞注云:"並兩船。"《説文》:"舫,船也。《明堂月令》曰:

'舫人,習水者。'"《楚策》云:"一舫載五十人與三月之糧。"舫之言方也。《鄉射禮》"不方足",鄭注云:"方,猶併也。"《説文》:"方,併船也。"併船以渡謂之舫,併木以渡亦謂之舫,故《爾雅》又云:"舫,泭也。"

《月令》"命漁師伐蛟",鄭注云:"今《月令》,'漁師'爲'榜人'。"司馬相如《子虚賦》"榜人歌",張注云:"榜,船也。《月令》曰:'命榜人。'榜人,船長也。"鄭、張所引《月令》,即《明堂月令》也。蓋"榜、舫"聲相近,故"舫人"或作"榜人"矣。張載《権論》云:"吴榜、越船,不能無水而浮。"

船,各本譌作"䑶舡"之"舡",今訂正。

舠、艬、𦨴、艜、艒䑿、䒀、舺、艆𦪇、𦨣䑬、艑、艖、䑛艡、䑶舡、䑻、舸、䒈、艛、舣、𦪅、䑯、艃、艢、舶、艀、艦、𦩝、艇、䒉艥、艨艟、艋艄[①]、舴艋、艬,舟也。

此釋衆舟之名也。

《釋名》云:"三百斛曰舠。舠,貂也;貂,短也。江南所名短而廣,安不傾危者也。"《初學記》引《埤倉》云:"舠,吴船也。"《衞風·河廣》篇"誰謂河廣,曾不容刀",鄭箋云:"小船曰刀。"釋文:"刀,《字書》作舠,《説文》作舠。"正義引《説文》:"舠,小船也。"並字異而義同。舠之言鯛也。凡物之短者謂之鯛。説見卷二"鯛,短也"下。

艬之言巉巉然也。《玉篇》:"艬,大船也。"《廣韻》云:"合木船也。"

𦨴,亦艬也,語之轉耳。《初學記》引周遷《輿服雜事》云:"欲輕行,則乘海𦨴。𦨴,合木船也。"

《方言》:"南楚江湘之閒,凡船大者謂之舸,小舸謂之艖,艖謂之艒䑿,小艒䑿謂之艇;艇長而薄者謂之艜,短而深者謂之䒀,小而深者謂之𦨭。東南丹陽會稽之閒謂艖爲欚。"《小爾雅》云:"艇之小者曰䒀。"《方言》注云:"今江東呼艖䒀者。"《梁書·羊侃傳》云:"于兩艖䒀起三閒通梁水齋。"是也。《陳書·侯景傳》"以舣艀貯石,沈塞淮口",舣艀,與"艖䒀"同。

各本"舺"下有"舴艋"二字。舴,音責;艋,音猛。下文"艋艄"下又有"舴艋"二字。舴,音側格;艋,音猛。案:《玉篇》"舴"音陟格切,《廣韻》陟格、側伯二切,《集韻》陟格、側格、實窄三切,而皆無"責"音;其下文"側格"之音,則與《廣韻》《集韻》相合。是此處"舴艋"二字爲衍文,而其音亦後人所妄加也。今删。

① 艄,原作"䑿",《疏證》作"艄"。

《初學記》引《埤倉》云:“海中船曰艆艡。”

《集韻》:“舸䑼,大艑也。”《吴志·吕蒙傳》云:“盡伏其精兵䑳䑼中。”《藝文類聚》引《物理論》云:“工匠經涉河海,爲舸䑼以浮大川。”《北堂書鈔》云:“豫章䑳䑼洲在城之西南,作䑳䑼大艑之處。”《水經·贛水》注作“谷鹿洲”。並字異而義同。

《衆經音義》卷一引《通俗文》云:“吴船曰艑,晉船曰舶。”《北堂書鈔》引《荆州記》云:“湘洲七郡,大艑所出,皆受萬斛。”宋臧質《石城樂》云:“大艑載三千,漸水丈五餘。”

《方言》注云:“今江東呼艖,小底者也。”

舐艡,猶抵當也。《廣韻》:“舐艡,水戰船也①。出《字林》。”

艂舡,猶胮肛也。説見卷二“胮肛,腫也”下。

左思《吴都賦》“宏舸連舳”,劉逵注引《方言》:“江湘凡大船曰舸。”《吴志·董襲傳》云:“乘大舸船,突入蒙衝裹。”舸者,洪大之稱。門大開謂之閜,大杯謂之閜,大船謂之舸,義相近也。

《説文》:“橃,海中大船也。”橃,與“艥”同。船與筏,異物而同用。故船謂之舫,亦謂之䑧,亦謂之艥;編木謂之筏,亦謂之泭,亦謂之舫。凡此皆“浮”之轉聲也。

艛,蓋即《史記》所謂“樓船”也。船上爲樓謂之樓船,猶車上爲樓謂之樓車。《史記·平準書》“治樓船高十餘丈”;《南越傳》“令罪人及江淮以南樓船十萬師往討之”,集解引應劭《漢書注》云:“作大船,船上施樓,故號曰樓船也。”

舣,與上“艖”字同。《玉篇》:“舣,䑧也。”《廣韻》云:“小船也。”舣,曹憲音叉。影宋本、皇甫本“舣”字譌作“舟叉”二字,雙行並列。畢、吴諸本“叉”字復譌作“又”。今據曹憲音訂正。《集韻》引《廣雅》:“舣,舟也。”又其一證矣。

艫之言襦,艦之言檻,皆謂船之有屋者也。《衆經音義》卷十一引《字書》云:“船上有屋者曰艫。”《玉篇》:“艫,或作舲,小船有屋也。”《楚辭·九章》“乘舲船余上沅兮”,王逸注云:“舲船,船有牕牖者。”《淮南子·主術訓》“湯武不能與越人乘軨舟而浮於江湖”,高誘注云:“軨舟,小船也。越人習水,自能乘之。”軨,與“舲”通。軨,今本譌作“幹”。《藝文類聚》《太平御覽》引《淮南子》並作“舲”。《俶真訓》“越舲、蜀艇,不能無水而浮”,高注云:“舲,小船也,越人所便習。”此足與《主術

① 水,原譌作“小”。

訓》注互相證明矣。

舶之言博大也。《衆經音義》卷一引《埤倉》云:"舶,大船也。"《廣韻》云:"海中大船也。"《水經·江水》注云:"昔孫權裝大船,名之曰長安,亦曰大舶,載坐直之士三千人。"(306)

艀之言浮也。《玉篇》:"艀,小艜也。"小艜謂之艀,猶小泭謂之桴矣。

《晉書·忠王尚之傳》音義引《字林》云:"艦,屋船也。"《釋名》云:"上下重版曰艦。四方施版以禦矢石,其内如牢檻也。"《三國志·周瑜傳》云:"劉表治水軍,蒙衝鬬艦,乃以千數。"左思《吳都賦》"巨檻接艫",劉逵注云:"船上下四方施版者曰檻。"檻,與"艦"通。

《方言》注云:"樑,即長舼也。"樑、舼,並渠容反。《玉篇》:"舼,小船也。"方氏密之《通雅》云:"今皖之太湖,呼船小而深者曰艭艚。"《淮南子》"越舲、蜀艇",《太平御覽》引作"越舼、蜀艇",又引注云:"舼,小艇。"所引蓋許慎注也。《後漢書·馬融傳》"方餘皇,連舼舟",李賢注引《淮南子》亦作"舼"。

《小爾雅》云:"小船謂之艇。"《方言》注云:"艇,艄也。"《釋名》云:"二百斛以下曰艇。其形徑挺,一人二人所乘行也。"高誘注《俶真訓》云:"蜀艇,一版之舟。"案:高注訓"蜀"爲一,義本《方言》。但"越舲、蜀艇",皆以其地名之。若以"蜀艇"爲"一版之舟",則於文不類矣。

昭十七年《左傳》"楚大敗吳師,獲其乘舟餘皇",杜注云:"餘皇,舟名。"左思《吳都賦》"邁餘皇於往初",郭璞《江賦》"漂飛雲,運艅艎",並與"艅艎"同。

《玉篇》:"艨艟,戰船也。"字本作"蒙衝"。《後漢書·禰衡傳》云:"黄祖在蒙衝船上,大會賓客。"船之有蒙衝,猶車之有衝車。蒙,冒也;衝,突也。《釋名》云:"外狹而長曰蒙衝,以衝突敵船也。"

艗首,本作"鷁首",畫鷁於船首,因命其船爲鷁首也。《方言》"船首謂之閤閭,或謂之鷁首",注云:"鷁,鳥名也。今江東貴人船前作青雀,是其像也。"《淮南子·本經訓》"龍舟鷁首",高注云:"鷁,水鳥。畫其象著船頭,故曰鷁首也。"張衡《西京賦》"浮鷁首,翳雲芝",薛綜注云:"船頭象鷁鳥,厭水神,故天子乘之。"鷁首,或但謂之鷁。司馬相如《子虛賦》云:"浮文鷁,揚旌栧。"是也。

《玉篇》:"舴艋,小舟也。"小舟謂之舴艋,小蝗謂之蚱蜢,義相近也。《藝文類聚》引宋《元嘉起居注》云:"餘姚令何玢之造作舴艋一艘,精麗過常。"

艬，本作“欃”。《説文》：“欃，江中大船名。”洪氏稚存《釋舟》云：“案：《方言》‘艖’爲小舸。欃，與‘艖’同，則‘欃’亦不盡是大舟矣。”又云：“小舟謂之麗。《莊子·秋水》篇‘梁麗可以衝城’，司馬彪注：‘梁麗，小船也。’裴松之《三國志·王朗傳》注稱《獻帝春秋》，朗對孫策使者云：‘獨與老母共乘一欐。流矢始交，便棄欐就俘。’亦‘欐’爲小舟之證。欐、麗，古字通。”念孫案：《玉篇》《廣韻》“欃、欐”並力底切。《方言》“欃”爲小舸，則“欃”與“欐、麗”並通。《莊子·人閒世》篇“楸柏桑三圍四圍，求高名之麗者斬之”，司馬彪注亦以“麗”爲小船。曹植《盤石》篇云：“呼吸吞船欐。”則“欐”又爲船之通稱矣。

昀案：舺、䑬、艓、䑸、艃未作疏證。

䉵、䈏、㶻，筏也。

《方言》：“泭謂之䉵，䉵謂之筏。筏，秦晉之通語也。”《衆經音義》卷三云：“筏，《通俗文》作橃，《韻集》作橃，編竹木浮於河以運物也。南土名簰，北人名筏。”字又作“栰”。《論語·公冶長》篇馬融注云：“編竹木大者曰栰，小者曰桴。”簰之言比次也。《後漢書·岑彭傳》“乘枋箄，下江關”，李賢注云：“枋箄，以木竹爲之，浮於水上。”箄、䉵、簰，並同。

䈏之言比附也。《説文》：“泭，編木㠯渡也。”《爾雅·釋言》“舫，泭也”，孫炎注云：“方木置水中爲泭筏也。”釋文：“泭，字或作䈏，樊本作柎。”《周南·漢廣》釋文引郭璞音義云：“木曰䉵，竹曰筏，小筏曰泭。”《釋水》“庶人乘泭”，李巡注云：“併木以渡也。”《齊語》“方舟設泭，乘桴濟河”，韋昭注云：“編木曰泭，小泭曰桴。”《管子·輕重甲》篇云：“冬不爲杠，夏不束泭。”《楚辭·九章》“乘氾泭以下流兮”，王逸注云：“編竹木曰泭。楚人曰泭，秦人曰橃。”䈏、箁、泭、柎，並同。

㶻之言横也，横流而渡也。《説文》：“㶻，㠯船渡也。”《方言》“方舟謂之㶻”，郭注云：“揚州人呼渡津舫爲杭，荆州人呼㶻。”㶻，亦杭也，語之轉耳。《六韜·軍用》篇云：“天横，一名天船。”張衡《思玄賦》云：“乘天潢之汎汎兮，浮雲漢之湯湯。”横、潢，並與“㶻”通。據《方言》《説文》，則“㶻”爲方舟之名，非筏名也。《玉篇》《廣韻》亦不訓爲筏，至《集韻》始引《廣雅》：“㶻，筏也。”然《衆經音義》卷十四引《廣雅》“簰、䈏，筏也”，而無“㶻”字。疑《廣雅》“㶻”字本别爲一條，而脱誤在此也。

舥謂之舷。

此謂船兩邊也。

《衆經音義》卷十六引《埤倉》云:"舷,船舷也。"《楚辭・漁父》篇"鼓枻而去",王逸注云:"叩船舷也。"舷,或作"弦"。舥,或作"梔"。《淮南子・説林訓》"遽契其舟梔",高誘注云:"梔,船弦版也;讀如《左傳》'襄王出居鄭地氾'之氾。"今本《淮南子》"梔"譌作"桅"。"梔"字草書作"𢓆",因譌而爲"桅"。《集韻》《類篇》並云:"舥,或作梔。"漢《童子逢盛碑》亦有"梔"字。

艑謂之桄。

此謂船前横木也。

桄之言横也。《集韻》:"桄,舟前木也。"凡舟車前之横木皆曰桄。《衆經音義》卷十四云:"桄,《聲類》作輄,'車下横木也。今車牀及梯轝下横木皆曰桄。'"《釋名・釋車》篇云:"桄,横在前,如臥牀之有桄也。桄,横也,横在下也。"義與《聲類》同。今本《釋名》"桄"字譌作"枕"。而校是書者,輒證以《方言》"軫謂之枕",且删去"横在下也"四字,弗思甚矣。别言之則船前横木曰桄;合言之則四邊皆曰桄,今人言"邊桄"是也。

《玉篇》:"艑,船艑也。"船艑,猶言船桄。今本《玉篇》"船艑"譌作"艑船"。《廣韻》:"艑,船艑也。"《集韻》:"艑,船前桄也。"足正今本之失。合言之則四邊皆曰"艑",若錢四周謂之"輪郭"矣。

艁舟謂之浮梁。

《方言》"艁舟謂之浮梁",郭璞注云:"即今浮橋。"《説文》:"艁,古文造。"案:造之言曹也,相比次之名也。造、次,一聲之轉,故凡物之次謂之莲。昭十一年《左傳》"僖子使助薳氏之莲",杜注云:"莲,副倅也。"張衡《西京賦》"屬車之莲",薛綜注云:"莲,副也。"義與"造舟"並相近。《大雅・大明》篇:"造舟爲梁。"《爾雅》"天子造舟",李巡注云:"比其舟而渡曰造舟。"孫炎云:"比舟爲梁也。"薛綜注《東京賦》云:"造舟,以舟相比次爲橋也。"以上諸説,皆合"造"字之義。昭元年《左傳》"秦后子造舟于河",正義云:"李巡、孫炎、郭璞皆不解造義。蓋造爲至義,言船相至而並比也。"案:"比舟"二字,正釋"造"字之義。沖遠不得其解而轉訓爲至。《爾雅》釋文訓"造"爲作;宣十二年《公羊傳》疏引舊説訓"造"爲詣,又轉訓爲成,皆由不知“造”爲比次之義，故望文生訓，而卒無一當矣。

艁，各本皆作“造”，此後人據經文改之也。《詩》及《爾雅》釋文並云：“造，《廣雅》作艁。”今據以訂正。

崐崘虚，赤水出其東南陬，河水出其東北陬，洋水出其西北陬，弱水出其西南陬。河水入東海，三水入南海。

《海内西經》云：“海内崐崘之墟在西北。赤水出東南隅以行其東北，西南流注南海，厭火東。河水出東北隅以行其北，西南又入渤海，又出海外，即西而北，入禹所導積石山。洋水、黑水出西北隅以東，東行，又東北，南入海，羽民南。弱水、青水出西南隅以東，又北，又西南過畢方鳥東。”《淮南子·地形訓》云：“弱水出自窮石，至于合黎，餘波入于流沙；絶流沙，南至南海。”其記河水、赤水、洋水，與《海内西經》略同，蓋《廣雅》所本也。崐崘所在，言人人殊；四水出其四隅，尤無實驗，所謂不可爲典要者與！

水自渭出爲㟁，水自汾出爲派。

《水經·渭水》注云：“渭水東北逕渭城南，東分爲二水。《廣雅》曰：‘水自渭出爲㟁。’其猶河之有雍也，此瀆東流注渭水。”又《汾水》注云：“汾水於大陵縣左迆爲鄔澤。《廣雅》曰：‘水自汾出爲汾陂。陂南接鄔。’《地理志》曰：‘九澤在北，并州藪也。’《吕氏春秋》謂之‘大陸’，又名之曰‘漚夷之澤’，俗謂之‘鄔城泊’；又會嬰侯之水，亂流逕中都城南，侯甲水注之；又西逕鄔縣故城南；又西北入鄔陂而歸於汾流矣。”案：酈注“水自汾出爲”下，當有闕文。鄔城泊在今汾州府介休縣東北。

廣雅疏證　卷第十上

引之述

釋　草

䓘蘇，白蓉也。

《南山經》云："侖者之山有木焉，其狀如穀而赤理，其汁如漆，其味如飴，食者不飢，可以釋勞，其名曰白蓉。"郭注云："或作皋蘇。皋蘇，一名白蓉，見《廣雅》。"案：白蓉，木名而入《釋草》者，《方言》云："蘇，芥草也。"白蓉，草類，故一名皋蘇；特其狀如穀而赤理，因又以爲木耳。"侖者之山有木焉，其狀如穀而赤理，其名曰白蓉"，猶《中山經》"蔿山有木焉，其狀如棠而赤葉，名曰芒草"，雖以爲木，仍是草類。䓘、蘇、蓉，三字皆從艸，足以明之矣。《玉篇》云："白蓉草，食之不飢。"亦與《廣雅》同。《藝文類聚》引張協《都蔗賦》云："皋蘇妙而不逮，何況沙棠與椰實！"皋蘇味如飴，故以比甘蔗也。高誘注《淮南·精神訓》云："勞，憂也。"䓘蘇解憂忿，故曰"可以釋勞"。《初學記》引王朗《與魏太子書》云："奉讀歡笑，以藉飢渴。雖復萱草忘憂，皋蘇釋勞，無以加也。"應瑒《報龐惠恭書》云："雖萱草樹背，皋蘇在側，悒忿不逞，衹以增毒。"徐陵《玉臺新詠·序》云："代彼萱蘇，蠲茲愁疾。"皆其證也。至《説文》云："䓘，葛屬也，白華。"《玉篇》云："蓉，草名，其實似瓜，食之治瘧。"則與《廣雅》異同未審。

茈蓁，蕨也。

《爾雅》"蓁，月爾"，郭注云："即紫蓁也，似蕨，可食。"《後漢書·馬融傳》云："茈萁、芸蒩。"茈，與"紫"同；萁，與"蓁"同。又《爾雅》"蕨，虌"，注云："《廣雅》云'紫蓁'，非也。初生無葉，可食，江西謂之虌。"案：草木鳥獸同類者，亦得同名。紫蓁，蕨之類也。《齊民要術》引《詩義疏》云："蕨，山菜也，初生似蒜，莖紫黑色。"《洞冥記》云:"玄草黑蕨。"又云:"紫莖寒蕨。"謝靈運《酬從弟惠連》詩:"山桃發紅萼,野蕨漸紫苞。"則蕨亦紫色,故紫綦謂之蕨也。鄭樵《爾雅》注云:"綦,今謂之綦蕨,似蕨而大,可食。"羅願《爾雅翼》云:"蕨,生如小兒拳,紫色而肥。今野人今歲焚山,則來歲蕨菜繁生。其舊生蕨之處,蕨葉老硬敷披。人誌之,謂之蕨基。《廣雅》云:'蕨,紫萁。'基豈萁之轉邪!"戴侗《六書故》云:"蕨,紫萁也,生山中。萁有蕨萁,有狼萁。蕨萁初出土,紫色,拳如小兒手,可食。"李時珍《本草》云:"紫萁似蕨,有花而味苦,謂之迷蕨,初生亦可食。"是紫綦稱"蕨",後世方俗語猶然也。

蕖,菩也①。

《說文》"菩,草也",《繫傳》引《字書》云:"黄菩,草也。"《玉篇》:"黄蓓,草名。""菩,香草。""蕖,蕖菩草也。"《廣韻》:"萯,香草。"《集韻》:"萯鬱,香草。""菩"與"蓓",《廣韻》同薄亥切;又與"萯"同房久切。黄蓓、萯鬱,未知孰爲蕖也。

王白,萯也。

未詳。

葅,蕺也。

《說文》:"葅,菜也。"《玉篇》:"蕺,菜也。"張衡《南都賦》"其園圃則有蓼蕺蘘荷",李善注引《風土記》云:"蘵,香菜根,似茆根,蜀人所謂葅香。"蘵,與"蕺"同。《後漢書·馬融傳》"茈綦、芸葅",李賢注云:"其根似茅根,可食。"左思《蜀都賦》"樊以葅圃",劉逵注云:"葅,草名也,亦名土茄。葉覆地而生,根可食,人飢則以繼糧。"李善注引《埤倉》云:"葅,蕺也。"謝靈運《山居賦》:"畦町所藝,蓼蕺葼薺。"《北户録》引《越絶》云:"蕺山,越王句踐種蕺處。"《古今注》云:"荆揚人謂葅爲蕺。"《齊民要術》云:"菹菜,紫色,有藤。"《唐本草》注云:"蕺菜,葉似蕎麥,肥地亦能蔓生,莖紫赤色,多生溼地、山谷陰處。山南、江左好生食之,關中謂之葅菜。"葅、葅、菹、葅,字並通。

藜蘆,葱苒也。

葱,各本譌作"蒠",今訂正。

---

① 菩,原作"蓄",《疏證》作"菩"。

《急就篇》云:"牡蒙甘草菀藜蘆。"《神農本草》云:"藜蘆,一名葱苒。"《吳普本草》云:"藜蘆,一名葱葵,一名山葱,一名豊蘆,一名蕙葵;大葉,根小相連。"《名醫别録》云:"一名葱菼。""藜"與"豊"、"菼"與"菵",音並相近。《玉篇》藜,旅題切;豊,力弟切;菵,他甘切;菼,他敢切。苒,與"菵"同。《御覽》引《廣雅》:"藜蘆,葱苒也。"陶隱居《本草注》云:"藜蘆,根下極似葱而多毛。"蘇頌《圖經》云:"藜蘆有二種:水藜蘆,根鬚百餘莖;葱白藜蘆,根鬚三二十莖。均州土俗亦呼爲鹿葱。"又云:"莖似葱白,根黄白色。"《范子計然》云:"藜蘆出河東,黄白者善。"

菗蒢,地榆也。

菗,《玉篇》云:"菗蒢,菜也。"《名醫别録》云:"地榆,生桐柏及冤句山谷。"陶隱居注云:"葉似榆而長,初生布地,其花子紫黑色如豉,故名玉豉。"《齊民要術》引《神仙服食經》云:"地榆,一名玉札,北方難得,故尹公度曰:'寧得一斤地榆,不用明月珠。'其實黑如豉。北方呼豉爲札,當言玉豉。此草霧而不濡,太陽氣盛也,鑠玉爛石。其根作歙,其汁釀酒。"又引《廣志》云:"地榆可生食。梁元帝《玄覽賦》:'金鹽玉豉,堯非舜榮。'謂此矣。"

莪蒿,藁蒿也。

《爾雅》"莪蘿",郭注云:"今莪蒿也,亦曰藁蒿。"《説文》:"莪,蘿蒿屬。""菻,蒿屬也。"菻,與"藁"同。《小雅·菁菁者莪》傳云:"莪,蘿蒿也。"正義引《義疏》云:"莪蒿也,一名蘿蒿;生澤田漸洳之處,葉似邪蒿而細,科生。三月中,莖可生食,又可蒸,香美,味頗似蔞蒿。"陳藏器《本草拾遺》云:"藁蒿生高岡,宿根先於百草。一名莪蒿。"如《詩疏》及《本草拾遺》所説莪蒿之形,蓋茵陳之類也。《名醫别録》云:"茵陳蒿生大山及邱陵坂岸上。"陶注云:"似蓬蒿而葉緊細。莖冬不死,春又生。"《本草拾遺》云:"經冬不死,至春更因舊苗而生新葉,故名茵陳。"二者相近矣。

蕑,蘭也。

《鄭風·溱洧》篇"方秉蕑兮",《陳風·澤陂》篇"有蒲與蕑",傳並云:"蕑,蘭也。"《神農本草》云:"蘭草,主殺蠱毒,辟不祥,通神明。"案:《鄭風》正義引《義疏》云:"蕑,即蘭,香草也;莖葉似澤蘭,廣而長節。藏衣著書中,辟白魚。"是其"殺蠱毒"也。《初學記》引《韓詩章句》云:"鄭國之俗,三月上巳,於溱洧兩水之上,招魂續魄,秉蘭拂除不祥之故。"《周官·女巫》"掌歲時祓除釁浴",注云:"歲時祓除,如今三月上巳如水上之類。釁浴,謂以香薰草藥沐浴。"《夏小正》"蓄蘭",傳云:"爲沐浴也。"《楚詞·九歌》"浴蘭湯兮沐芳",王逸注云:"言已將修饗祭以事雲神,乃使靈巫先浴蘭湯,沐香芷,以自絜清也。"是其"辟不祥,通神明"也。蕑,或爲"蕳";蘭,或爲"蓮"。《衆經音義》卷二引《字書》云:"蕳,與蕑同。蕳,蘭也。"又引《説文》云:"蕳,香草也。"卷十二引《聲類》云:"蕳,蘭也。"又引《説文》云:"香草也。"今本《説文》"蕳,草出吳林山",脱去"香"字耳。《廣韻》"蕳,香草",即本《説文》。《中山經》云:"吳林之山多蕳草。""青要之山有草焉,其狀如蕳,其本如藁本。""洞庭之山,其草多蕳、蘪蕪、芍藥、芎藭。"以"蕳"與"藁本、蘪蕪、芍藥、芎藭"並言之,其爲香草明矣。郭璞以"蕳"爲菅,云:"似茅。"恐非也。《説文》"芎、藭、蘭、蕳"四字連文,别出"茅、菅"二字於後,則"蕳"與"蘭"同,不與"菅"同矣。是"蕑"通作"蕳"也。《管子·地員》篇:"五粟之土,五臭生之:薜荔、白芷、蘪蕪、椒、蓮。""五沃之土,五臭疇生:蓮與蘪蕪、藁本、白芷。"是"蘭"通作"蓮"也。《詩·溱洧》釋文引《韓詩》:"蕑,蓮也。"《御覽》引《韓詩章句》云:"蕑,蘭也。"《初學記》引《韓詩章句》云:"秉蘭拂除不祥之故。"皆借"蓮"爲"蘭"。《澤陂》箋云:"蕑,當爲蓮,芙蕖實也。"云"當爲蓮",而不云"蕑,蓮也",則以"蕑"之本字不訓爲"蓮藕"之蓮,故必破字耳。

藾、芓,蔽也。

《廣韻》:"蔽,茅類。""藾,草名,似蒲。一云似茅。"《爾雅》"藾,蕭蓳",郭注云:"似蒲而細。"邢昺疏云:"可爲屩,亦可綯以爲索。"《説文》"蓳,蕭蓳也。杜林曰藕根",徐鍇傳云:"似蒲而細。今人以織屨。"《西京賦》"草則葴莎菅蔽",李善注引《聲類》云:"蔽草,中爲索。"《玉篇》同。成九年《左傳》"雖有絲麻,無棄菅蔽",正義云:"陸機《毛詩疏》:'菅,似茅,滑澤無毛,筋宜爲索。"蔽,亦菅之類。《喪服傳》云:"疏屨者,藨蔽之菲也。"可以爲屨,並可代絲麻之乏。然則蔽爲索爲屨,與藾同,是一物也。遼釋行均《龍龕手鑑》云:"藾草,一名鼎童,似烏尾[1],可食。"

昀案:芓未作疏證。

廉薑,葰也。

《説文》:"葰,薑屬,可以香口。字或作綏。"《士喪禮記》"茵箸用荼,實綏澤

① 烏,原譌作"鳥"。

焉”,注云:“綏,廉薑也,取其香且御溼。或作浚。”《鹽鐵論·散不足》篇云:“浚茈蓼蘇。”或作“荾”。劉逵《吴都賦》注引《異物志》云:“荾,一名廉薑,生沙石中,薑類也。其累大辛而香,削皮,以黑梅并鹽汁漬之,則成也。始安有之。”或作“葰”。潘岳《閒居賦》云:“蓼葰芬芳。”《御覽》引劉楨《清慮賦》云:“俯拔廉薑。”又引此作:“蔟葰,廉薑也。”《齊民要術》同。

草蒿,青蒿也。

《爾雅》“蒿,菣”,郭注云:“今人呼青蒿香中炙啗者爲菣。”《小雅·鹿鳴》篇“食野之蒿”,正義引《義疏》云:“蒿,青蒿也。荆豫之間、汝南汝陰皆云菣也。”《神農本草》“草蒿,一名青蒿,一名方潰”,陶隱居注云:“即今青蒿,人亦取雜香菜食之。”《蜀本圖經》云:“葉似茵陳蒿而背不白,高四尺許。江東人呼爲犼蒿,爲其臭似犼。北人呼爲青蒿。”

槆乳,苦杞也。

《爾雅》“杞,枸檵”,郭注云:“今枸杞也。”槆,與“枸”同。字從木,各本譌從扌。《玉篇》云:“槆,槆杞也。本作枸。”《集韻》槆,或作“枸”,引《廣雅》:“槆乳,苦杞也。”今訂正。《小雅·四牡》篇“集于苞杞”,正義引《義疏》云:“杞,其樹如樗,一名苦杞,春生。可作羹茹,微苦。”《神農本草》云:“枸杞,味苦寒。”陶隱居注云:“葉可作羹,味小苦。”蘇頌《圖經》云:“俗謂之甜菜。”案:今世亦謂之甜菜。初食味苦,“苦杞”之名起於此矣。《御覽》引《吴普本草》云:“枸杞,一名羊乳。”蓋其下垂似之。《詩義疏》云:“枸杞,子秋熟,正赤。”蘇頌《本草圖經》云:“六月七月生小紅花,隨便結紅實,形微長如棗核。”案:今江淮閒謂之狗㜷子。“狗、槆”同聲;㜷,即乳也。《玉篇》:“㜷,乳也。”

游冬,苦菜也。

《月令》云:“孟夏,苦菜秀。”《吕氏春秋·任地》篇云:“日至,苦菜死。”亦單謂之“苦”。《唐風·采苓》篇云:“采苦采苦。”《公食大夫禮》云:“鉶芼、羊苦。”鄭注云:“苦,苦荼也。”《内則》云:“濡豚[①],包苦實蓼。”又謂之荼。《爾雅》:“荼,苦菜。”《邶風·谷風》篇云:“誰謂荼苦?其甘如薺。”《豳風·七月》篇云:“采荼薪樗,食我

① 豚,原涉下“濡魚”云云而譌作“魚”。

農夫。"《大雅・緜》篇云:"堇荼如飴。"《神農本草》云:"一名荼草,一名選。"《名醫别録》云:"一名游冬,生山陵道旁,冬不死。"《桐君藥録》云:"三月生扶疏,六月花從葉出,莖直花黄,八月實黑;實落,根復生,冬不枯。"則"游冬"之名,其取諸此乎!《顏氏家訓》云:"《禮》云:'苦菜秀。'案:《易統通卦驗玄圖》曰:'苦菜生於寒秋,更冬歷春,得夏乃成。今中原苦菜則如此也。一名游冬,葉似苦苣而細,摘斷有白汁,花黄似菊。'江南别有苦菜,葉似酸漿,其花或紫或白,子大如珠,熟時或赤或黑。此菜可以釋勞。案:郭璞注《爾雅》'此乃蘵,黄蒢也',今河北謂之龍葵。梁世講《禮》者以此當苦菜,既無宿根,至春子方生耳。亦大誤也。又高誘注《吕氏春秋》曰:'榮而不實曰英。苦菜當言英。'益知非龍葵也。"《爾雅》釋文云:"'荼,苦菜',在《釋草》篇。本草爲菜上品,陶宏景乃疑是茗,失之矣。《釋木》篇'檟,苦荼",乃是茗耳。"案顏、陸二家之辨,皆得其實。程先生易疇《通蓺録》云:"苦菜有二種:一種爲苦藚,一種北方人呼爲蘮藚菜也。苦藚八九月生者,葉皆從根出,不生莖,斷之有白汁,其味苦;春生者,四月中抽莖作花,《月令》'孟夏苦菜秀'是也,花黄如菊,其鄂作苞,花英之本藏苞中,一英下一子,子末生白毛如絲,英落苞開,子末之白毛乃見,數以萬計,形圓如毬,所謂荼也。《鹽鐵論》云:'秦法繁于秋荼。'苦菜之荼生於秋者,一花之趺,多以萬計,洵爲繁矣。蘮藚菜七月生者有幹,其葉節節臺生,數葉後又生岐莖,花如苦藚;苞開,白如毬,八九月猶盛開,其子有形而不實。"引之案:南方人呼苦藚菜者,確如此説。至北方人説蘮藚菜,宿根經冬不死,斷其莖有白漿,取其葉和醬食之,或和餳,皆可;其味苦,四五月花黄如菊,九月方止,不結子,亦無白毛。高誘注《吕氏春秋・孟夏紀》,謂苦菜"榮而不實",殆謂是與!

桼姑、艾但、鹿何,澤藭也。

陶隱居注《别録・杉材》云:"桼姑,葉細細,多生石邊,療桼瘡。"陳藏器《本草拾遺》云:"桼姑,如鼠跡大,生階墀閒陰處,氣辛烈,主桼瘡。"又《本草・蜀羊泉》唐注云:"此草俗名桼姑,葉似菊,花紫色,子類枸杞子,根如遠志,主療桼瘡。"

餘未詳。

堇,羊蹏也。

堇有二:一爲蒴藋,烏頭之類也。《爾雅》云:"芨,堇草。"郭注云:"即烏頭也。江東呼爲堇。"《名醫别録》云:"蒴藋有毒,一名堇草,一名芨。"《説文繫傳》引《字書》云:“蒴藋,一名堇。”《玉篇》:“蒴藋有五葉。堇,一名葝。”《廣韻》:“芨,烏頭別名。或作葝。”“堇,蒴藋別名。”《集韻》:“芨,堇草也。通作葝。”“葝,草名,蒴藋也。”是蒴藋名“堇”,名“芨”,又名“堇”也。一爲羊蹏。《小雅·我行其野》篇“言采其蓫”,傳云:“蓫,惡菜也。”《齊民要術》引《義疏》云:“今羊蹏似蘆菔,莖赤,煮爲茹,滑而不美,多噉令人下痢。幽州謂之羊蹄,揚州謂之蓫。一名蓨。”蹄,與“蹏”同。《爾雅》“苗,蓨”,蓋即蓫一名蓨者。《集韻》:“堇,或作苗,通作蓫;羊蹄也。”《詩》釋文:“蓫,本又作蓄。”《神農本草》:“羊蹄,一名東方宿,一名連蟲陸,一名鬼目。”《名醫別録》云:“一名蓄。”陶隱居注云“今人呼爲‘秃菜’,即是蓄音之誤”,引《詩》云:“言采其蓄。”更有一種味酸者,《齊民要術》引《字林》云:“堇似冬藍,蒸食之,酢。”陶隱居注《本草》“羊蹄”云:“又一種極相似而味醋,呼爲酸摸。”《本草拾遺》云:“酸摸,葉酸美,人亦折食其英,葉似羊蹄。是山大黄,一名當藥。”《爾雅》“須,蕵蕪”,郭注云:“似羊蹄,葉細,味酢可食。”是羊蹄一種名蓫,名蓄;一種名飧蕪,名酸摸,而總謂之堇也。《名醫別録》云:“蒴藋有毒,生田野;羊蹄無毒,生川澤。”寇宗奭《本草衍義》云:“蒴藋花白,子如緑豆;羊蹄花青白,子三棱。二者各殊。”《玉篇》云:“堇,一名葝。”又云:“似冬藍,食之,醋。”則是合蒴藋、羊蹄爲一物。誤矣。

牛莖,牛厀也。

《神農本草》:“牛厀,一名百倍。”《名醫別録》云:“生河内川谷及臨朐。”陶隱居注云:“今出近道蔡州者,最長大柔潤。其莖有節,似牛厀,故以爲名也。乃云有雌雄,雄者莖紫色而節大爲勝爾。”《御覽》引《吳普本草》云:“牛厀,生河内或臨邛,葉如夏藍,莖本赤。”又引《廣雅》:“牛莖,牛厀也。”各本“莖”譌作“茎”,今訂正。《廣韻》“莖、桱”並户耕切。《説文》:“桱,牛厀下骨也。”“牛莖”之名,殆取此義與!《抱朴子·黄白》篇云:“俗人見方用鼠尾牛厀,皆謂之血氣之物也。”

豘耳,馬莧也。

豘,即“豚”字。《神農本草》“莧實,一名馬莧”,陶隱居注云:“今馬莧別一種,布地生,實至微細,俗呼爲馬齒莧,亦可食,小酸。恐非莧實也。”《顔氏家訓》云:“馬莧堪食,亦名豚耳,俗曰馬齒。江陵有一僧,面形上廣下狹。劉緩幼子云:‘似馬莧。’是其狀矣。”李時珍云:“馬齒莧大葉者,俗呼爲㹠耳草;小葉者,爲鼠齒草。”㹠,與“豚”同。

卬、昌陽，菖蒲也。

《説文》："茚，昌蒲也。""菲，茚菲也。"茚，與"卬"同，亦作"茚"。《玉篇》："茚，五唐切；菖蒲也。""茚，語兩切；草生池水邊。"《廣韻》："茚，五剛切；菖蒲別名。又魚兩切。"《集韻》："茚，語兩切；菖蒲也。或作茚。"

《神農本草》"菖蒲久服輕身，不忘，不迷惑，延年。一名昌陽"，陶注云："今處處有，生石磧上，概節爲好。生下濕地大根者，名昌陽。此藥甚去蟲，并蚤蝨。"《藝文類聚》引《吳普本草》云："菖蒲，一名堯韭，一名昌陽。"亦作"昌羊"。《淮南·説林訓》云："昌羊去蚤蝨而來蛉窮。"高誘注云："昌羊，昌蒲也。"《名醫別録》云："白昌，一名水宿，一名莖蒲。"陳藏器云："一名昌陽，生水畔，人亦呼爲菖蒲，與石上菖蒲別，根大而臭。一名水菖蒲。"案：此與陶注"生下濕地，根大者名昌陽"正合。但《本草經》及《吳普本草》並云"菖蒲，一名昌陽"，恐俱是大名，不分水、石也。且《管子·地員》篇云："山之上，其草蘄白昌。"又云："其山之旁，有彼黄宝及彼白昌。"似生石上者亦名"白昌"也。《周官·醢人》"朝事之豆，其實昌本"，鄭注云："昌蒲根也。"《公食大夫禮》"醯醢、昌本"，注云："昌本，昌蒲本菹也。"僖三十年《左傳》"饗有昌歜"，杜注云："昌蒲菹也。"《韓非子·難》篇："文王嗜菖蒲菹。"《吕氏春秋·任地》篇："冬至後五旬七日，昌始生。昌者，百草之先生者也。"

攣夷，芍藥也。

攣夷，即留夷。留、攣，聲之轉也。張注《上林賦》云："留夷，新夷也。"新，與"辛"同。王逸注《楚詞·九歌》云："辛夷，香草也。"郭璞注《西山經》云："芍藥，一名辛夷，亦香草屬。"然則《鄭風》之"勺藥"、《離騷》之"留夷"、《九歌》之"辛夷"，一物耳。《毛詩·溱洧》傳云："勺藥，香草。"《御覽》引《義疏》云："今藥草勺藥無香氣，非是也。未審今何草。司馬相如賦云：'勺藥之和。'揚雄賦曰：'甘甛之和，勺藥之羹。'然則勺藥人人食之也。"案：《西山經》云："繡山，其草多芍藥。"《中山經·句檷之山、條谷之山、洞庭之山》並云："其草多芍藥。"則芍藥，山草。《名醫別録》云："芍藥，生中岳川谷及邱陵。"陶注云："出白山、蔣山、茅山最好，白而長大。餘處多赤。"與《山經》合。則古之芍藥，即醫家之藥草芍藥也。今人畦種之，《離騷》所謂"畦留夷"者矣。其根、莖及葉無香氣，而花則香，故《毛詩》謂之"香草"。猶蘭爲香草，亦是花香，莖、葉不香也。至司馬相如《子虛賦》

"勺藥之和",揚雄《蜀都賦》"甘甜之和,勺藥之羹",皆是調和之名。陸氏引以證勺藥之草,誤也。伏儼注《子虚賦》云:"勺藥,以蘭桂調食。"文穎云:"勺藥,五味之和也。"韋昭云:"勺藥,和齊鹹酸美味也。勺,丁削反;藥,旅酌反。"晉灼云:"《南都賦》曰:'歸雁鳴鵽,香稻鮮魚,以爲勺藥,酸恬滋味,百種千名。'文説是也。"李善云:"枚乘《七發》云'勺藥之醬',然則'和調'之言,於義爲得。"今案:勺,丁削反;藥,旅酌反。勺藥之言適歷也。適,亦調也。《説文》"䥫"字從"厤",云:"厤,調也。與歷同。"又云:"秝,希疏適歷也;讀若歷。"《周官·遂師》注云:"磿者,適歷,執紼者名也。"疏云:"分布希疏得所,名爲適歷也。"然則均調謂之適歷,聲轉則爲"勺藥"。《蜀都賦》云:"有伊之徒,調夫五味。甘甜之和,勺藥之羹。"《七命》云:"味重九沸,和兼勺藥。"《論衡·譴告》篇云:"釀酒於罌,烹肉於鼎,皆欲其氣味調得也。時或鹹苦酸淡不應口者,由人勺藥失其和也。"嵇康《聲無哀樂論》云①:"大羹不和,不極勺藥之味。"皆其證矣。服虔注《子虚賦》列或説云:"以勺藥調食。"亦未嘗審信也。而顏師古乃云:"勺藥,草名,其根主和五藏,又辟毒氣。故合之於蘭桂五味以助諸食,因呼五味之和爲勺藥。"及考古人飲食,未聞有用勺藥者。既已無可舉證矣,乃云:"今人食馬肝、馬腸,合勺藥而煮之,是古之遺法。"據其説,則今人非食馬肝、馬腸,且不用芍藥,何以知古人用勺藥助食乎?然且歷詆諸家妄爲音訓,斯爲謬矣。

菥蓂,馬辛也。

《爾雅》"菥蓂,大薺",郭注云:"似薺,葉細,俗呼之曰老薺。"《神農本草》云:"菥蓂子,味辛,微温,一名蔑析,一名大蕺,一名馬辛。"《名醫别録》云"一名大薺,生咸陽川澤及道傍",陶注云:"今處處有之,人乃言是大薺子。"《吕氏春秋·任地》篇"孟夏之昔,殺三葉而穫大麥",高誘注云:"昔,終也。三葉,薺、亭歷、菥蓂也。是月之季枯死,大麥熟而可穫。"《月令》謂之靡草,"孟夏之月,靡草死,麥秋至",即所謂"殺三葉而穫大麥"也。鄭注引舊説云:"靡草,薺、亭歷之屬。"正義云:"以其枝葉靡細,故云靡草。"依《爾雅》注,則菥蓂之葉,又細于薺也。張衡《南都賦》云:"其園圃,則有菥蓂芋爪。"

---

① 嵇,原譌作"稽"。

蓴、蔀，魚薺也。

菜屬，一名蓴，一名蔀。《玉篇》云："蓴，魚薺也。"《廣韻》云："蔀菜，魚薺也。"

狗薺、大室，〔葶〕藶也。

《爾雅》"蕇，亭歷"，郭注云："實、葉皆似芥，一名狗薺。見《廣雅》。"釋文云"亭歷，或作葶藶"，引《廣雅》："狗薺、大室，葶藶也。"各本俱脱"葶"字，今補。

《神農本草》云："葶藶，一名大室，一名大適，生藁城平澤。"《名醫别録》云："一名丁歷，一名蕇蒿。""丁"與"葶"，聲相近也。陶注云："出彭城者最勝，今近道亦有。母則公薺，子細黄，至苦。"《爾雅》釋文云："今江東人呼爲公薺。"蓋菥蓂、葶藶皆薺之類，故菥蓂謂之大薺，葶藶謂之狗薺，或謂之公薺。蘇頌《本草圖經》云："初春生苗葉，高六七寸，有似薺，根白，枝莖俱青；三月開花，微黄，結角；子扁小如黍粒，微長，黄色。"是其狀也。又謂之靡草。《月令》"孟夏之月，靡草死"，鄭注引舊説云："靡草，薺，亭歷之屬。"正義云："以其枝葉靡細，故云靡草也。"案：《吕氏春秋·任地》篇"孟夏之昔，殺三葉"，高誘注云："三葉，薺、亭歷、菥蓂也。是月之季枯死。"《淮南·天文訓》云："五月爲小刑，薺麥、亭歷枯。"或云"孟夏之季"，或云"五月"者，孟夏之季與五月相屬耳。《韓非子·難勢》篇云："味非飴蜜也，必苦菜、亭歷也。"《淮南·繆稱訓》云："大戟去水，亭歷愈脹。"則亭歷非適口之嘉蔬，而可爲苦口之良藥也。

薍，萑也。

《周官·司几筵》注云："萑，如葦而細者。"

薍，或作"荻"，萑之未秀者也①。或謂之薍，或謂之菼，或謂之鵻，或謂之烏蓲，或謂之蒹。《爾雅》云："菼，鵻也。""菼，薍也。"又云："蒹，薕。""菼，薍。"釋文引張揖云："未秀曰烏蓲。"《夏小正》傳云："萑未秀爲菼。"《説文》云："菼，萑之初生，一曰薍，一曰鵻。""蒹，萑之未秀者。"陸機《毛詩疏》則分薍、薍、萑爲一物，蒹爲一物。郭璞《爾雅注》則分菼、薍爲一物，蒹、薍爲一物。《齊民要術》引陸《疏》云："薍，或謂之荻；至秋堅成即刈，謂之萑。三月生。初生，其心挺出其下，本大如箸，上鋭而細。一名蓫薚，揚州人謂之馬尾。"《秦風》正義引《疏》云："蒹，水草也，堅實；牛食

① 未秀，原作"未未秀"，衍一"未"字。

之,令牛肥彊。青徐州人謂之蒹,兗州遼東通語也。”是陸氏言蒹,不與薍、薕同也。郭注《爾雅》“蒹,薕”云:“似萑而細,高數尺,江東呼爲薕藡。”注“菼,薍”云:“似葦而小,實中,江東呼爲烏蓲。”又注司馬相如《子虛賦》云:“蒹,荻也,似萑而細小。”是郭氏言蒹、薕,不與薍同也。然陸云“蒹草堅實”,郭云“菼、薍實中”,陸云“薍謂之荻”,郭云“蒹,荻也,江東呼爲薕藡”,則蒹、薕、菼、薍仍是一物耳。陸誤以“蓫薚”爲薍,郭不審爲“未秀”之通稱,故説之多岐。今案:《莊子·則陽》篇云:“欲惡之孽,爲性萑葦。蒹葭始萌,以扶吾形。”然則葦之始生爲葭,萑之始生爲蒹矣。“蒹、薕、菼、薍”俱是荻,故《詩》詠“蒹葭蒼蒼”,則不言“菼”;詠“葭菼揭揭”,則不言“蒹”,亦可知“蒹、菼”異名同實,而分爲二物者誤也。“蒹、薕”雖爲未秀之名,而既秀亦得稱之。《豳風·七月》云:“八月萑葦。”而《秦風》“蒹葭蒼蒼,白露爲霜”,即指其時。是既秀者名“萑”,亦名“蒹”也。《淮南·説林訓》云:“薕苗類絮而不可爲絮。”高誘注云:“薕苗,萑秀,楚人謂之薕。薕,讀‘敵戰’之‘敵’。幽冀謂之萑苕也。”是既秀者名“萑”,亦名“薕”也。故《詩疏》云:“薍謂之荻,至秋堅成謂之萑。”而《廣雅》則即以“薕”爲“萑”,義得兩通也。《毛鄭詩考正》云:“《王風·大車》傳云:‘菼,鵻也,蘆之初生者也。’蘆字譌,當作萑。《夏小正》傳云:‘萑未秀爲菼,葦未秀爲蘆。’許叔重《説文》多本《毛詩》,於菼字云:‘萑之初生。’然則《毛詩》轉寫譌失顯然矣。”今案:《説文》云:“薍,菼也。八月薍爲葦。”“葦”字亦當爲“萑”。《説文》本於《詩》傳。《豳風》“八月萑葦”,傳云:“薍爲萑,葭爲葦。二者殊矣。”

會及,五味也。

《爾雅》“菋,荎藸”,郭注云:“五味也,蔓生,子叢在莖頭。”《神農本草》云:“五味,一名會及。”《御覽》引《吳普本草》云:“一名元及。”陶注云:“今第一出高麗,多肉而酸甛;次出青州、冀州,味過酸,其核並似豬腎。又有建平者,少肉,核形不相似,味苦,亦良。”唐本注云:“五味,皮肉甘酸,核中辛苦,都有鹹味:此則五味具也。其葉似杏而大,蔓生木上,子作房如落葵,大如蘡子。”

山蘄,當歸也。

《爾雅》云“薜,山蘄”,郭注云:“《廣雅》云:‘山蘄,當歸。’當歸,今似蘄而麤大。”又云“薜,白蘄”,注云:“即上山蘄。”釋文云:“蘄,古芹字。”《神農本草》云:“當歸,一名乾歸,生隴西。”陶注云:“今隴西四陽黑水當歸,多肉少枝,氣香,名馬尾當歸,稍難得。西川北部當歸,多根枝而細;歷陽所出,色白而氣味薄,不相似,呼爲草當歸。”唐本注云:“當歸苗有二種:一種似大葉芎藭,一種似細葉芎藭。細葉者名蠶頭當歸,大葉者名馬尾當歸。陶稱歷陽者,蠶頭當歸也。”《御覽》引《范子計然》云:“當歸出隴西,無枯者善。”《古今注》云:“相招召,贈之以文無。文無,一名當歸也。”

芪母、兒踵,東根也。

《説文》云:“芪,芪母也。”《玉篇》云:“莐母草,即知母也。”《爾雅》“蕁,莐藩”,郭注云:“生山上,葉如韭。一曰蝭母。”《神農本草》云:“知母,一名蚳母,一名蝭母。”《名醫别録》云:“一名兒踵草,一名東根,一名沈燔,一名蕁,生河内川谷。”陶注云:“今出彭城,形似菖蒲而柔潤;葉至難死,掘出隨生,須枯燥乃止。”《御覽》引《范子計然》云:“提母出三輔,黄白者善。”芪、莐、知、蝭、蚳、提,古聲並相近也。

郝蟬,丹蔘也。

郝、郄,古聲相近。郝蟬,即郄蟬也。

各本“丹”字譌作“也”,惟影宋本不譌。《神農本草》云:“丹參,一名郄蟬草。”《御覽》引《吴普本草》云:“丹參,一名赤參,一名木羊乳,一名郄蟬草,生桐柏或太山山陵陰,莖葉小方如荏,毛根赤,四月華紫。”陶注云:“今近道處處有,莖方有毛,紫花,時人呼爲逐馬。”

飛廉、扁蘆、伏豬,木禾也。

各本“蘆”下衍“也”字,今删。

《名醫别録》云:“飛廉,一名漏蘆,一名伏豬,一名木禾,生河内川澤。”陶注云:“處處有,極似苦芺,惟葉下附;莖輕,有皮起似箭羽;葉又多刻缺;花紫色。今既别有‘漏蘆’,則非此别名爾。”案:《神農本草》“漏蘆、飛廉”分見,並云:“久服輕身益氣。”漏蘆主疽痔濕痹,下乳汁。《名醫别録》所言“飛廉”功用亦同。唐本注云:“飛廉有兩種:一是證陶‘生平澤中’者;其生山岡上者,葉頗相似而無疏缺,且多毛,莖亦無羽,根直下,更無旁枝。”蘇頌《圖經》云:“此所説與秦州、海州所謂漏蘆者,花、葉及根頗相近。”然則“飛廉”即“漏蘆”之類,故得同名也。漏,與“扁”通。陸羽《茶經》引《凡將篇》云“漏蘆、飛廉”,猶《神農本草》之分爲二也;《廣雅》云“飛廉、扁蘆、伏豬,木禾也”,猶《名醫别録》之合爲一也。或主辨異,或主統同耳。《神農本草》云:“飛廉,一名輕飛。”陶注亦云:“飛廉莖輕。”則

“飛廉”之名殆取義于“輕”與！陶注《本草》“蜚蠊”云：“形似䗪蟲，而輕小能飛。”亦其義也。

貝父，藥實也。

貝父，即貝母也。《爾雅》“莔，貝母”，郭注云：“根如小貝，圓；而白華，葉似韭。”《鄘風·載馳》篇“言采其蝱”，傳云：“蝱，貝母也。采其蝱者，將以療疾。”蝱，與“莔”同。正義引《義疏》云：“蝱，今藥草貝母也。其葉如栝樓而細小；其子在根下如芋子，正白，四方連累相著，有分解。”《神農本草》云：“貝母，一名空草。”《名醫别録》云：“一名藥實，一名商草。”“商”字即“莔”字之誤也。陶注云：“形似聚貝子，故名貝母。”蘇頌《圖經》云：“二月生苗，莖細，青色；葉亦青，似蕎麥，葉隨苗出；七月開花碧緑色，如鼓子花。陸機云：‘貝母，葉如栝樓。’今近道出者正類此。郭璞云：‘白華，葉似韭。’此種罕復見之。”

王連，〔黄連也〕。

各本脱“黄連也”三字。《神農本草》云：“黄連，一名王連。”《御覽》引《廣雅》云：“王連，黄連也。”今據補。《齊民要術》引崔寔《四民月令》：“五月五日，合止痢黄連圓，殆養生者所必用與！”《藝文類聚》引江淹《黄連頌》云：“黄連上草，丹沙之次。禦孽辟妖，長靈久視。其爲用重矣。”《御覽》引《范子計然》云：“黄連出蜀都，黄肥堅者善。”《名醫别録》云：“生巫陽川谷及蜀郡大山。”《蜀本圖經》云：“苗似茶，花黄，叢生，一莖生三葉，高尺許，冬不凋。江左者節高若連珠，蜀都者節下不連珠，今秦地及杭州、柳州者佳。”《藥性論》云：“黄連，一名支連。”

蕀苑，遠志也。其上謂之小草。

《爾雅》“葽繞，蕀蒬”，郭注云：“今遠志也，似麻黄，赤華，葉鋭而黄。其上謂之小草。見《廣雅》。”蒬，與“苑”通。上，謂臺也。《爾雅》“莞，苻蘺。其上蒚”，郭注云：“謂其頭臺首也。”是也。《急就篇》云：“遠志續斷參土瓜。”《神農本草》云：“遠志，葉名小草。一名棘菀，一名葽繞，一名細草。”《名醫别録》云：“生太山及冤句川谷。”陶注云：“小草，狀似麻黄而青。”《博物志》云：“苗曰小草，根曰遠志。”《世説·排調》篇：“郝隆譏謝安云：‘處則爲遠志，出則爲小草。’”又《御覽》引《魏氏春秋同異》云：“但有遠志，不見當歸。”蓋昔人多假借“遠志”之名以爲喻，然命名之本義，或未必然也。

黄良,大黄也。

《神農本草》云:“大黄,生河西。”《御覽》引《吴普本草》云:“大黄,一名黄良,一名火參,一名膚如;或生蜀郡北部,或隴西。二月生黄赤葉,四四相當,黄莖,高三尺許;三月華黄,五月實黑。”《唐本草》注云:“葉、子、莖並似羊蹄,但麤大而厚。其根細者亦似宿羊蹄;大者乃如椀,長二尺。”《水經·灅水》注引《魏土地記》云:“到刺山有佳大黄。”

菦蒩、黄文、内虚,黄芩也。

《説文》:“莶,黄莶也。”莶,與“芩”同。《急就篇》云:“黄芩伏苓礜茈胡。”《神農本草》云:“黄芩,一名腐腸,生秭歸川谷。”陶注云:“彭城鬱州亦有之,圓者名子芩,破者名宿芩。其腹中皆爛,故名腐腸。”《御覽》引《范子計然》云:“黄芩,出三輔,色黄者善。”又引《吴普本草》云:“一名黄文,一名妬婦,一名虹腸,一名經芩,一名印頭,一名内虚。二月生赤黄葉,兩兩四四相值,莖空中,或方員,高三四尺;四月華紫紅赤,五月實黑,根黄。”案:“虹腸”之“虹”與“紅”同。紅,亦腐也。《名醫别録》作“空腸”。吴氏云“其莖空中”,此“内虚”之名所由起矣。

昀案:菦蒩未作疏證。

因塵,馬先〔也〕。

各本脱“也”字,今補。

因塵,與“茵蔯”同。《神農本草》“茵蔯”在上品,“馬先”在中品,云:“茵蔯蒿,生太山。馬先蒿,一名馬屎蒿,生南陽川澤。”《御覽》引《吴普本草》云:“因塵生田中,葉如藍。”陶注云:“茵蔯,似蓬蒿而葉緊細,莖冬不死,春又生。”“馬先,一名爛石草。”《小雅·蓼莪》正義引《義疏》云:“蔚,牡蒿也,三月始生,七月華,華似胡麻華而紫赤,八月爲角,角似小豆角,鋭而長。一名馬新蒿。”馬新,即馬先也。諸家無以“因塵”爲馬先者。此云“因塵,馬先”,或時驗亦通稱,如飛廉、扇蘆,茈葳、麥句薑,皆異物同名。此俱是蒿,稱名尤易相假也。

虵粟、馬牀,虵牀也。

《爾雅》“盱,虺牀”,郭注云:“蛇牀也,一名馬牀。見《廣雅》。”

《淮南·氾論訓》云:“夫亂人者,芎藭之與藁本也[①],蛇牀之與麋蕪也,此皆相

---

① 藁,原譌作“藁”。

似。"《説林訓》云:"蛇牀似麋蕪而不能芳。"《神農本草》云:"蛇牀子,一名蛇米,生臨淄川谷。"《御覽》引《吳普本草》云:"一名蛇珠。"《名醫别録》云:"一名蛇粟,一名虺牀,一名思益,一名繩毒,一名棗棘,一名牆蘼。"陶注云:"近道田野墟落閒甚多,花、葉正似蘼蕪。"《蜀本圖經》云:"似小葉芎藭,花白,子如黍粒,黄白色,生下濕地。"虵床子如黍粒,故謂之虵米,又謂之虵粟。謝靈運《山居賦》"五華九實",自注以"蛇牀實"爲"九實"之一,即"虵粟"也。粟,各本譌作"栗",今據《名醫别録》訂正。牀,俗書作"床",字與"麻"相近,故"馬牀"之"牀"各本譌作"麻",今訂正。

葽,莠也。

《豳風·七月》篇"四月秀葽",傳云:"葽,葽草也。"箋云:"《夏小正》'四月王萯秀',葽其是乎!"《毛鄭詩考正》云:"葽者,幽莠也。"《戰國策》云:"幽莠之幼也似禾。"《夏小正》:"四月秀幽。"幽、葽,語之轉耳。《通蓺録》云:"此蓋本《廣雅》'葽,莠也'之云。余目驗之,不然也。莠於夏至前後始作采,小暑、大暑之閒乃其正秀之時。是秀於六月,非秀於四月也。《説文》云:'《詩》"四月秀葽",劉向説,此味苦,苦葽也。'今莠,余試嘗之,甘。鄭氏《詩》箋疑'葽'爲王萯,亦不以爲莠。'莠、葽'相轉,殆未可以聲定之。"今案:草木多異實而同名者。莠一名葽,非謂《詩》之"秀葽"也。《穆天子傳》"珠澤之藪,爰有萑葦、莞蒲、茅萯、蒹葽",郭璞注云"葽,莠屬",引《詩》:"四月秀葽。"則莠屬本有"葽"名,但不當以爲《詩》之"秀葽"耳。《御覽》引韋曜《毛詩荅雜問》云:"'甫田維莠',今之狗尾也。"《説文繫傳》引《字書》云:"葽,狗尾草也。"是"葽"與"莠"同。

常蓼、馬尾,蔏陸也。

《爾雅》"蓫薚,馬尾",郭注云:"《廣雅》曰:'馬尾,蔏陸。'《本草》云:'别名薚。今關西亦呼爲薚,江東爲當陸。'"①"薚"與"蔏"、"蓫"與"陸",聲相近。常蓼、蔏陸、當陸,聲亦相近也。《玉篇》云:"章柳,當陸别名。"又云:"蓟,章陸也。"章、蔏,古同聲;柳、蓟、陸,三字古亦同聲也。《神農本草》云:"商陸,一名葛根,一名夜呼,生咸陽川谷。"《蜀本圖經》云:"葉大如牛舌而厚脆,有赤花者根赤,白花者根白,今所在有之。"《齊民要術》引《詩義疏》云:"蓫,或謂之荻,至秋堅成即刈,謂之萑,三

① "爲當陸"前似脱一"呼"字。

月生;初生,其心挺出其下,本大如箸,上鋭而細,有黄黑勃,箸之汙人手;把取正白,噉之甛脆。一名蘧蒻,揚州謂之馬尾,故《爾雅》云'蘧蒻,馬尾'也。幽州謂之旨苹。"案:蓫、荻、雚,不與蘧蒻、馬尾同物。乃以所見之馬尾,與"蓫謂之荻,堅成謂之雚"者,合爲一類,誤矣。《夬》九五"莧陸夬夬",子夏傳云:"莧陸,木根草莖,剛下柔上也。"馬融、鄭玄、王肅皆云:"莧陸,一名商陸。"宋衷云:"莧,莧菜也。陸,商陸也。"荀爽云:"莧者,葉柔,根堅且赤。陸,亦取葉柔根堅也。去陰遠,故言陸,言差堅于莧。莧根小,陸根大。三體乾剛在下,根深,故謂之陸也。"

鬼桃、銚弋,羊桃也。

《爾雅》"萇楚,銚芅",郭注云:"今羊桃也,或曰鬼桃,葉似桃,華白,子如小麥,亦似桃。"《説文》云:"萇楚,銚弋,一名羊桃。"《檜風・隰有萇楚》篇"隰有萇楚,猗儺其枝",傳云:"萇楚,銚弋也。猗儺,柔順也。"箋云:"銚弋之性,始生正直,及其長大,則其枝猗儺而柔順,不妄尋蔓草木。"正義引《義疏》云:"今羊桃是也。葉長而狹,華紫赤色,其枝莖弱,過一尺,引蔓於草上。今人以爲汲罐,重而善没,不如楊柳也。近下根,刀切其皮,箸熱灰中脱之,可韜筆管。"《中山經》云:"豐山,其木多羊桃,狀如桃而方莖,可以爲皮張。"郭注云:"一名鬼桃,治皮腫起。"《神農本草》云:"羊桃,一名鬼桃,一名羊腸,生山林川谷。"《名醫别録》云:"一名萇楚,一名御弋,一名銚弋。"陶注云:"山野多有,似家桃,又非山桃,子小細,苦不堪噉,花甚赤。《詩》云'隰有萇楚'者,即此也。"案:《毛詩疏》"羊桃,華紫赤",《爾雅》注云"華白",則有二種也。其枝條柔弱蔓生,故《詩》"猗儺其枝",傳、箋並以"猗儺"爲"柔順"。但下章又云"猗儺其華""猗儺其實"。華與實不得言"柔順",而亦云"猗儺",則"猗儺"乃美盛之貌矣。《小雅・隰桑》篇"隰桑有阿,其葉有難",傳云:"阿然美貌,難然盛貌。"阿難,與"猗儺"同。

虎蘭,澤蘭也。

《士喪禮記》"茵箸用荼,實綏澤焉",注云:"澤,澤蘭也,取其香且御溼。"《神農本草》云:"澤蘭,一名虎蘭,一名龍棗,生汝南,又生大澤旁。"《名醫别録》云:"一名虎蒲。"陶注云:"今處處有,多生下濕地,葉微香,可煎汕;或生澤傍,故名澤蘭,亦名都梁香。又作浴湯,人家多種之,而葉小異。今山中又有一種甚相似,莖方,葉小强,不香。既云澤蘭,又生澤傍,故山中者爲非。"唐本注云:"澤蘭,莖方,節紫色,葉似蘭草而不香。陶云'都梁香',乃蘭草爾,花白紫,萼莖圓,殊非澤蘭也。"

案:《吳普本草》云:"澤蘭,一名水香,生下地水傍,葉如蘭,二月生香,赤節,四葉相值枝節閒。"澤蘭即水香,故鄭氏《儀禮》注云:"澤蘭,取其香且御溼。"不得以方莖、紫節、不香者當之也。李當之云:"蘭草,是今人所種,似都梁香草。"與《毛詩義疏》"蘭草,似藥草澤蘭"之説合。是"都梁香"即澤蘭,蘭草但似都梁耳;不得謂"都梁香"爲蘭草,非澤蘭也。蘇頌《圖經》謂澤蘭葉似薄荷,寇宗奭《衍義》謂葉似菊,皆謬于古,殆不可信。

裹,續斷也。

《急就篇》云:"遠志續斷參土瓜。"顔師古注云:"續斷,一名接骨,即今所呼續骨木也。又有草續斷,其葉細而紫色,根亦入藥用。"《神農本草》云:"續斷主傷折跌,續筋骨,一名龍豆,一名屬折。"《名醫别録》云:"一名接骨,一名南草,一名槐,生常山山谷。"槐,與"裹"同。陶注云:"《桐君藥録》云:'續斷,生蔓延,葉莖如荏,大根,本黄白有汁;七月、八月採根,今皆用莖葉。節節斷、皮黄皺、狀如鷄腳者,又呼爲'桑上寄生。'恐皆非真。時人又有接骨樹,高丈餘許,葉似蒴藋,皮主療金瘡。有此'接骨'名,疑或是。而廣州又有一藤名續斷,一名諾藤,斷其莖,器承其汁歙之,療虚損絶傷;用沐頭,又長髮;折技插地即生,恐此又相類。李云是'虎薊',與此大乖。而虎薊亦自療血爾。"唐本注云:"葉似苧而莖方,根如大薊,黄白色。"《御覽》引《范子計然》云:"續斷,出三輔。"又引《范汪方》云:"續斷,即是馬薊,與小薊葉相似,但大於小薊耳①。葉似旁翁菜,但小厚,兩邊有刺刺人,其華紫色。"

地髓,地黄也。

《爾雅》"苄,地黄",郭注云:"一名地髓,江東呼苄。"《淮南·鑒冥訓》云:"地黄主屬骨,而甘草主生肉之藥也。"《神農本草》云:"地黄,一名地髓。"《名醫别録》云:"一名苄,一名芑,生咸陽川澤黄土地者佳。"陶注云:"生渭城者,乃有子實,實如小麥。"蘇頌《圖經》云:"二月生,葉似車前,葉上有皺文而不光,高者及尺餘,低者三四寸。其華似油麻花而紅紫色,亦有黄花者;其實作房如連翹,子甚細而沙褐色;根如人手指,通黄色。"《公食大夫禮》"鉶芼、牛藿、羊苦、豕薇",注云:"苦,苦荼

① 小薊,原譌作"小蘇"。

也。今文苦爲苄。"《説文》云"苄,地黄也",引《禮》曰:"鈃芼、牛藿、羊苄、豕薇。"案:古人飲食無用地黄者。苄,乃"苦"之假借也。

薰草,蕙草也。

僖四年《左傳》"一薰一蕕",杜注云:"薰,香草。"《西山經》云:"浮山有草焉,名曰薰草,麻葉而方莖,赤華而黑實,臭如蘼蕪,佩之可以已癘。古者祭則煮之以祼。"《周官·鬱人》疏引《王度記》云:"天子以鬯,諸侯以薰,大夫以蘭芷。"是也。或以爲香燒之。《淮南·説林訓》云:"腐鼠在壇,燒薰於宫。"《漢書·龔勝傳》云:"薰以香自燒。"是也。《離騷》云:"豈惟紉夫蕙茝。"王逸注云:"蕙,香草也。"《西山經》云:"天帝之山,下多菅蕙。"《藝文類聚》引《廣志》云:"蕙草,緑葉紫華,魏武帝以爲香燒之。"《名醫别録》云:"薰草,一名蕙草,生下濕地。"陶注云"俗人呼燕草狀如茅而香者爲薰草,人家頗種之",引《藥録》云:"葉如麻,兩兩相對。"陳藏器云:"即是零陵香。"薰草,人家種之,《離騷》所謂"樹蕙之百畝"者矣。

茯神,茯苓也。

苓,與"苓"同。《吕氏春秋·精通》篇云:"人或謂兔絲無根。兔絲非無根也,其根不屬也。伏苓是。"《淮南·説山訓》云:"千年之松,下有伏苓,上有兔絲。"高誘注云:"伏苓,千歲松脂也。"苓,亦作"靈"。褚少孫《續龜筴傳》云:"傳曰:'下有伏靈,上有兔絲。'所謂伏靈者,在兔絲之下,狀似飛鳥之形。新雨已,天清静無風,以夜捎兔絲去之,即以篝燭此地,燭之火滅,即記其處,以新布四丈環置之,明即掘取之。入四尺至七尺,得矣;過七尺,不可得。伏靈者,千歲松根也,食之不死。"《神農本草》云:"茯苓,一名茯菟。"《名醫别録》云:"其有抱根者名茯神,生太山山谷大松下。"陶注云:"今出鬱州。自然成者,大如三四升器;外皮黑細皺,内堅白,形如鳥獸龜鼈者良。"《御覽》引《范子計然》云:"茯苓,出嵩高、三輔。"又引《典術》云:"松脂入地,千歲而爲茯苓,望松樹赤者下有之。"

茈葳、麥句薑,蘧麥也。

《神農本草》云:"紫葳,一名陵苕,一名芰草,生西海。"陶注引李當之云:"是瞿麥根。"《御覽》引《吳普本草》云:"紫威,一名瞿麥。"紫葳,即"茈葳";瞿麥,即"蘧麥"。是李當之、吳普並以"茈葳"爲蘧麥也。陶注云:"《博物志》云:'郝晦行華草於太行山北[①],得紫萎華,必當奇異。'今瞿麥華乃可愛而處處有,不應乃在太行山北;且其樹有莖葉,恐亦非瞿麥根。"案:《本草》"紫葳,一名陵苕",即《名醫别録》"鼠尾,一名陵翹"者。《詩義疏》云:"陵苕,一名鼠尾,七八月中華紫。"是也。《本草》"瞿麥、紫葳"分見,則不以"紫葳"爲瞿麥。然李當之言"紫葳"是瞿麥根,則目驗當時瞿麥根亦有名"紫葳"者。吴普云"一名瞿麥",蓋以瞿麥有"紫威"之名矣。紫葳以色得名。《小雅·苕之華》箋云:"陵苕之華,紫赤而繁。"故陵苕謂之紫葳。陶注《本草》"瞿麥"云:"花紅紫赤可愛。"故瞿麥亦謂之紫葳。草木異物而同名者,正多此類。

麥句薑,當爲"巨句麥"。《本草》云:"瞿麥,一名巨句麥。""天名精,一名麥句薑。"二物不同。巨句麥、麥句薑之名相混,因誤以麥句薑爲蘧麥。郭璞注《爾雅》"大菊,蘧麥"云:"一名麥句薑。"即仍此誤也。各本"麥句薑"作"陵苕",蓋後人不知"麥句薑"當爲"巨句麥",又不知陵苕、蘧麥俱名"紫葳"而不同,遂據《本草》"紫葳,一名陵苕"改之矣。《爾雅》釋文引《廣雅》:"茈萎、麥句姜,蘧麥也。"今據以訂正。

女蘿,松蘿也。

此言"女蘿",下文言"兔絲",别二物也。《神農本草》"松蘿,一名女蘿",在木部;"菟絲,一名菟蘆",在草部。《名醫别録》云:"松蘿生熊耳山川谷松樹上。""菟絲生朝鮮川澤田野,蔓延草木之上,色黄而細者爲赤網,色淺而大爲菟虆。"陶注云:"松蘿多生雜樹上,而以松上者爲真。""菟絲浮生藍紵麻蒿上。"《小雅·頍弁》正義引陸氏《義疏》云:"菟絲蔓連草上生,黄赤如金,合藥菟絲子是也,非松蘿。松蘿自蔓松上生,枝正青,與菟絲殊異。"釋文云:"在草曰兔絲,在木曰松蘿。"然則女蘿、松蘿與菟絲爲二物矣。但此二物,究亦同類。《吕氏春秋·精通》篇云:"人或謂兔絲無根。兔絲非無根也,其根不屬也。伏苓是。"《淮南·説山訓》云:"千年之松,下有茯苓,上有菟絲。"則菟絲亦生於松上。《漢書·禮樂志》云:"豐草葽,女蘿施。"則女蘿亦生於草上。古詩云:"與君爲新婚,菟絲附女蘿。"《博物志》云:"女蘿寄生菟絲,菟絲寄生木上。"則二物以同類相依附也,故女蘿、菟絲,亦得通稱。《廣雅》云:"女蘿,松蘿也。""兔邱,兔絲也。"而《爾雅》云:"唐蒙,女蘿;女蘿,菟絲。"

① 據《證類本草》所引,"華草"前疑脱一"覓"字。

猶《説文》云:"在壁曰蝘蜓,在艸曰蜥易。"而《爾雅》云:"蠑螈,蜥蜴;蜥蜴,蝘蜓;蝘蜓,守宫。"同類者,並得同名也。《小雅·頍弁》篇"蔦與女蘿,施于松柏",傳云:"女蘿,菟絲,松蘿也。"《楚詞·九歌》云:"被薜荔兮帶女蘿。"王逸注云:"女蘿,菟絲也,無根,緣物而生。"高誘注《吕氏春秋》《淮南子》亦云:"菟絲,一名女蘿。"此則皆本《爾雅》,合爲一類。或主統同,或主辨異,義得兩通也。

陵澤,甘遂也。

《神農本草》云:"甘遂,一名主田。"《名醫别録》云:"一名甘藁,一名陵藁[①],一名陵澤,一名重澤,生中山川谷。"陶注云:"第一本出太山。江東比來用京口者,大不相似。赤皮者勝。白皮者,都下亦有,名'草甘遂',殊惡。"唐本注云:"草甘遂,乃蚤休也,療體全别。真甘遂苗如澤漆;草甘遂苗一莖,莖端六七葉,如蓖麻、鬼臼葉。真甘遂皮赤,肉白,作連珠實,重者良,亦無皮白者。皮白者乃是蚤休,俗名重臺也。"《御覽》引《范子計然》云:"甘遂,出三輔。"又引《吴普本草》云:"一名甘澤,一名鬼醜,一名苦澤。"

馬唐,馬飯也。

《名醫别録》云:"馬唐,一名羊麻,一名羊粟,生下濕地,莖有節,生根。"陳藏器云:"生南土廢稻田中,節節有根,箸土如結縷,堪飼馬。""馬飯"之名,或以此與!

山薑,茉也。

《爾雅》"朮,山薊",郭注云:"今朮似薊而生山中。"《中山經》云:"首山,其陰多茉芫。"又云:"女凡之山,其草多菊茉。"《神農本草》云:"朮,一名山薊,生鄭山。"《藝文類聚》引《范子計然》云:"朮,出三輔,黄白色者善。"又引《吴普本草》云:"朮,一名山連,一名山芥,一名天蘇,一名山薑。"《名醫别録》云:"生漢中南鄭。"陶注云:"今處處有,以蔣山、白山、茅山者爲勝,多脂膏而甘,去水。朮乃有兩種:白朮,葉大有毛而作椏,根甜而少膏;赤朮,葉細無椏,根小苦而多膏。"蘇頌《圖經》云:"苗青色,榦青赤色,華紫碧色。"庾肩吾《荅陶隱居賚朮煎啟》云:"緑葉抽條,生於首峯之側。紫華標色,出自鄭巖之下。"是也。《圖經》又云:"葉似薊,根似薑。"

---

① 藁,似爲"藁"之譌。

然則山薊以葉得名,山薑以根得名也。《抱朴子·僊藥》篇云:"术,一名山精。故《神藥經》云:'必欲長生,常服山精。'"此方術家語耳。然《藝文類聚》引崔寔《四民月令》云:"二月採术。"則古人多有服食之者。

地血、茹藘,蒨也。

藘,各本譌作"蘆",今訂正。《爾雅》"茹藘,茅蒐",郭注云:"今之蒨也,可以染絳。"《説文》云:"茅蒐,茹藘,人血所生,可以染絳。"又云:"茜,茅蒐也。"茜,與"蒨"同。《鄭風·東門之墠》篇"茹藘在阪",正義引《義疏》云:"一名地血。齊人謂之茜,徐州人謂之牛蔓。"《中山經》云:"釐山,其陰多蒐。"郭注云:"茅蒐,今之蒨草也。"《史記·貨殖傳》云:"千畝卮茜。"徐廣云:"茜,一名紅藍,其花染繒赤黄也。"《御覽》引《范子計然》云:"蒨根出北地,赤色者善。"《蜀本草圖經》云:"染緋草也。葉似棗葉,頭鋭下闊,莖葉俱澀,四五葉對生節閒,蔓延草木上,根紫赤色。"《周官》"掌染草",鄭注云:"染草,藍蒨、象斗之屬,古衣服旌旗多用其色者。"《鄭風·出其東門》篇"縞衣茹藘",傳云:"茹藘,茅蒐之染女服也。"箋云:"茅蒐,染巾也。"《小雅·瞻彼洛矣》篇"韎韐有奭",傳云:"韎韐者,茅蒐染草也。一曰韎韐,所以代韠也。"箋云:"韎韐,茅蒐染也。茅蒐,'韎韐'聲也。韎韐,祭服之韠,合韋爲之。"正義引鄭《駁五經異義》云:"韎,草名。齊魯之閒言'茅蒐',聲如'韎韐',陳留人謂之蒨。"《士冠禮》"韎韐",注云:"士染以茅蒐,因以名焉。今齊人名蒨爲韎韐。"《晉語》"韎韋之跗注",韋昭注云:"茅蒐,今絳草也。急疾呼'茅蒐'成'韎'也。"《説文》云:"綪,赤繒也。以茜染,故謂之綪。"定四年《左傳》"綪茷旃旌",杜注云:"綪茷,大赤,取染草名也。"《述異記》云:"洛陽有卮茜園。《漢官儀》云:'染園出卮茜,供染御服。'是其處也。"

兔邱,兔絲也。

《中山經》云:"姑媱之山,帝女死焉,化爲䔄草,其實如菟邱。"郭注云:"菟邱,菟絲也。見《廣雅》。"餘詳"女蘿,松蘿也"下。

地筋,枸杞也。

即前"椅乳,苦杞也"。椅乳,以子得名。地筋,以根得名,猶言"地骨"也。《神農本草》:"枸杞,一名地骨。"《詩義疏》同。

地毛,莎隋也。

《爾雅》云:"薃,侯莎;其實媞。"《夏小正》云:"正月緹縞。"傳云:"縞也者,莎隨也;緹也者,其實也。"隋,與"隨"同。《楚詞·招隱士》云:"青莎雜樹兮,薠草靃靡。"《淮南·覽冥訓》云:"路無莎薠。"皆是也。説者以爲"莎"即《爾雅》"臺,夫須"。《小雅·南山有臺》義疏云:"舊説:夫須,莎草也,可爲蓑笠。"《御覽》引《廣志》云:"莎,可以爲雨衣。"雨衣,即蓑也。《唐本草》注云:"莎草,根名香附子,一名雀頭香,所在有之。莖、葉都似三稜,根若附子,周帀多毛,交州者最勝。大者如棗,近道者如杏仁許。荆襄人謂之莎草根。"

美丹,甘草也。

《爾雅》所謂"蘦,大苦也"。《邶風·簡兮》篇"隰有苓",苓,與"蘦"同。傳云:"苓,大苦。"正義引孫炎《爾雅注》云:"《本草》云:'蘦,今甘草。'是也。蔓延生,葉似荷,青黄,其莖赤有節,節有枝相當。或云蘦似地黄。"郭璞注同。案:大苦者,大苄也。《爾雅》云:"苄,地黄。"苄、苦,古字通。《公食大夫禮》"羊苦",今文"苦"爲"苄"。是也。蘦似地黄,故一名"大苦"。沈括《筆談》云:"郭璞注乃黄藥也,其味極苦,故謂之大苦,非甘草也。甘草枝、葉悉如槐。"案:《宋本草圖經》謂"甘草葉如槐",與古相違,殊不足信。苦,乃"苄"之假借,非以其味之苦也。據《圖經》,黄藥葉似蕎麥,而大苦葉乃似荷,似地黄,形狀亦不同。不審括何以知爲"黄藥"。《淮南·覽冥訓》云:"甘草,主生肉之藥。"《神農本草》亦云:"甘草味甘,主長肌肉。一名蜜甘,一名美草。"美草,與"美丹"同意,殆取其味之甘美與!孫炎據《本草》,以"蘦"爲甘草。今《本草》無復"蘦"名,蓋傳者失之。《名醫别録》云:"一名蜜草,一名蕗草,生河西川谷、積沙山及上郡。"又云:"木甘草生木間,三月生大葉如蛇牀,四四相值。"然則木甘草亦是枝葉相當。孫炎謂甘草"枝相當",得其實矣。

苦萃,款凍也。

款,或作"欵";凍,或作"涷"。《爾雅》"菟奚,顆涷",郭注云:"款冬也。紫赤華,生水中。"《西京雜記》云:"董仲舒曰:葶藶死於盛夏,款冬華於嚴寒。"《藝文類聚》引《述征記》云:"洛水至歲末凝厲,則款冬茂悦曾冰之中。"又引《范子計然》云:"款冬,出三輔。"《神農本草》云:"款冬花,一名槖吾,一名顆冬,一名虎鬚,一名兔奚。"《名醫别録》云:"一名氐冬,生常山山谷及上黨水旁。"《急就篇》云:"款東貝母蘲狼牙,半夏皁莢艾橐吾。”則是款凍、橐吾爲二物,與《本草》異也。顔師古注云:“款東,即款冬;亦曰款凍,以其凌寒叩冰而生,故爲此名也。生水中,華紫赤色,一名兔奚,亦曰顆東。橐吾,似款冬而腹中有絲,生陸地,華黄色,一名獸須。”案:《楚詞·九懷》云:“款冬而生兮,凋彼葉柯。”王逸注云:“物叩盛陰,不滋育也。”顔師古本其訓,故以“款凍”爲“叩冰”。然反覆《九懷》文義,實與王注殊指。其云“款冬而生兮,凋彼葉柯。瓦礫進寶兮,捐棄隨和。鉛刀厲御兮,頓棄大阿”,總言小人道長,君子道消耳。“款冬、瓦礫、鉛刀”喻小人,“葉柯、隨和、大阿”喻君子。言陰盛陽窮之時,款冬微物,乃得滋榮;其有名材柯葉茂美者,反凋零也。“款冬而生”,指款冬之草,不得以爲物叩盛陰。草之名“款冬”,其聲因“顆涷”而轉,更不得因文生訓。《釋魚》云:“科斗,活東。”舍人本作“顆東”。科斗豈冬生之物,而亦名“顆東”!則謂取叩冰凌寒之意者謬矣。傅咸《款冬花賦》云①:“維兹奇卉,款冬而生。”亦仍王逸之誤。又案:《藝文類聚》引《吴普本草》云:“款冬,十二月花,黄白。”陶隱居《本草注》云:“款冬,第一出河北,其形如宿蓴未舒者佳,其腹裏有絲。”然則腹有絲而華黄者,即是款冬。顔師古以此爲橐吾,亦未審所據。

黄精,龍銜也。

《名醫别録》云:“黄精,一名重樓,一名菟竹,一名雞格,一名救窮,一名鹿竹,生山谷。”陶注云:“今處處有。二月始生,一枝多葉,葉狀似竹而短,根似萎蕤。萎蕤根如荻根及菖蒲,概節而平直。黄精根如鬼臼、黄連,大節而不平。”《藝文類聚》引《漢武内傳》云:“下藥有巨勝、黄精。”《御覽》引《廣志》云:“黄精,葉似小黄。”

細條、少辛,細辛也。

《管子·地員》篇云:“其山之淺,羣藥安生,小辛、大蒙。”小辛,即少辛。《中山經》云:“浮戲之山,東有虵谷,上多少辛。”郭注云:“少辛,細辛也。”《經》又云:“虵山,其草多嘉榮、少辛。”《神農本草》云:“細辛,味辛温,一名小辛,生華陰。”《御覽》引《范子計然》云:“細辛,出華陰,色白者善。”又引《吴普本草》云:“細辛,如葵,葉赤黑,一根一葉相連。”蘇頌《圖經》云:“其根細而味極辛,故名之曰細辛,今人多以杜蘅當之。”蓋二物相似,故《博物志》云“杜蘅亂細辛”也。

① 傅,原譌作“傳”。

昀案:細條未作疏證。

菝挈,狗脊也。

《御覽》引《春秋運斗樞》云:"機星散爲拔葜。"拔葜,與"菝挈"同。《博物志》作"拔揳",云:"拔揳與萆薢相亂,一名狗脊。"《御覽》引《吳普本草》云:"狗脊如萆薢。"是"菝挈"即狗脊也。亦名"菝菰"。挈、菰,聲相近也。《玉篇》云:"菝菰,狗脊根也。"《廣韻》云:"菝菰,狗脊根,可作飮。"菝菰、狗脊同物,而云"菝菰,狗脊根",猶葯、芷同物,而云"葉謂之葯";薰、蕙同物,而云"根謂之薰"也。《名醫别録》作"菝葜",陶注云:"此有三種,大略根苗並相類。菝葜莖紫短小,多細刺,小減萆薢而色深,人用作飲。"《御覽》引《吳普本草》云:"狗脊,一名狗青,一名萆薢,一名赤節,一名强膂。如萆薢,莖節如竹有刺,葉員青赤,根黄白。"《本草》"狗脊",陶注云:"狗脊與菝葜相似而小異,其莖葉小肥,其節疏,其莖大,直上有刺,葉圓有赤脈,根凹凸巃嵸如羊角細强者是。"皆其形狀也。《御覽》引《廣雅》"菝"作"薜",鄭注《月令》作"萆"。

蔆、芰,薢茩也。

蔆,或作"淩",或作"菱"。《爾雅》云:"淩,蕨攈。"郭璞注云:"今水中芰。"又"薢茩,英光",郭注云:"英明也。葉鋭,黄赤華,實如山茱萸,或曰蔆也。關西謂之薢茩。"案:《説文》云:"淩,芰也。楚謂之芰,秦謂之薢茩。"《楚詞・離騷》"製芰荷以爲衣兮",王逸注云:"芰,蔆也。秦人曰薢茩。"是蔆名"薢茩",相承自古。《爾雅・釋草》如"蘱,烏蘋""澤,烏蕵""唐蒙,女蘿""蒙,王女"之類,多同實異名,而前後分見。"薢茩,英光""淩,蕨攈",或亦是也。"蕨攈"之"攈",孫炎作"攗",音居郡反,又居羣反。蕨攈、英光、薢茩,正一聲之轉矣。《周官・籩人》"加籩之實,淩芡栗脯",鄭注云:"淩,芰也。"《楚語》"屈到嗜芰",韋注云:"芰,淩也。"徐鍇《説文繫傳》因《周官》加籩有"淩",而《楚語》屈建有羊饋而無芰薦,二者不合,遂謂屈到所嗜芰,非水中之淩;又因《爾雅》"薢茩,英光"注兼存"決明"及"蔆"之説,遂謂屈到嗜芰爲決明之菜。案:決明名"芰",于古無徵。《周官》《楚語》,不必悉合。徐説疏矣。蘇頌《本草圖經》云:"菱,葉浮水上,花黄白色,花落而實生,漸向水中乃熟。實有二種:一種四角,一種兩角。"是則蔆之形狀雖殊,稱名則一。而《酉陽雜俎》引王安貧《武陵記》"四角三角曰芰,兩角曰蔆",强爲分别,其説非也。

各本“苢”作“苟”,音狗。案:“苟”字不須作音,諸書“薢苢”字亦無作“苟”者。蓋字本作“苢”,曹憲音苟,寫者因音内“苟”字而誤寫正文作“苟”,後人又見正文與音内字重複,遂改音内“苟”字爲“狗”耳。《爾雅》釋文引《廣雅》云:“蔆、芰,薢苢。”今據以訂正。

茯明,羊角也。

郭璞注《爾雅》“英光”云:“英明也。葉鋭,黄赤華,實如山茱萸。”英,與“茯”同,亦作“決”。《神農本草》“決明子”,陶隱居注云:“葉如茳芏,子形似馬蹄,呼爲馬蹄決明。又别有草決明,是萋蒿子。”《蜀本圖經》云:“葉似苜蓿而闊大,夏花,秋生子作角。”皆其形狀也。《御覽》引《吴普本草》云:“決明子,一名草決明,一名羊明。”羊明,當依此作“羊角”,因上兩“明”字而誤也。陶隱居謂草決明别是一種,吴普則謂決明子一名草決明,蓋同類者亦得通稱。

苓耳、〔蒼耳〕、葹、常枲、胡枲,枲耳也。

《爾雅》云:“菤耳,苓耳。”郭璞注云:“《廣雅》云‘枲耳也,亦云胡枲。江東呼爲常枲,或曰苓耳,形似鼠耳,叢生如盤’。”釋文引《廣雅》云:“苓耳、蒼耳、葹、常枲、胡枲,枲耳也。”《列子·楊朱》篇釋文引《倉頡篇》云:“枲,𦼮耳也,一名蒼耳。”(307)各本俱脱“蒼耳”二字,今據補。

《楚詞·離騷》云:“資菉葹以盈室兮。”王逸注云:“葹,枲耳也。”常枲,一作“常思”。思、枲,古聲相近。胡枲,一作“胡葸”。葸,與“枲”同音。《神農本草》云:“葈耳,一名胡葈,一名地葵。”《名醫别録》云:“一名葹,一名常思。”陶注云:“此是常思菜,傖人皆食之。以葉覆麥作黄衣者,一名羊負來。昔中國無此,言從外國逐羊毛中來。”《御覽》引《博物志》云:“洛中人有驅羊如蜀者,胡葸子箸羊毛,蜀人取種之,因名羊負來。”案:負來,疊韻字,無煩曲説。草名取於牛馬羊豕雞狗者,不必皆有實事。況“采采卷耳”,《周南》所詠,又不得言中國無此草也。《淮南·覽冥訓》云:“夫瞽師庶女,位賤尚葈。”高誘注云:“尚,主也。葈,葈耳,菜名也。幽冀謂之檀菜,洛下謂之胡葈。主是官者,至微賤也。”案:主枲耳之官,書傳未聞。尚葈,蓋即《周官》“典枲,下士二人”者。典,亦主也;言典枲本賤官,瞽師、庶女,則又賤於典枲。葈,謂麻枲,非謂枲耳也。《齊民要術》引崔寔《四民月令》云:“五月五日採葸耳。”即枲耳也。《玉篇》蒒,且已切,“枲耳也”。蒒,當爲“𦼮”字之誤。𦼮,蓋從茻，囟聲。䓾從囟聲而讀如臬，猶"恖"從囟聲而讀如司。《廣韻》《集韻》"胡臬"並作"胡葈"，葈，即"䓾"字，筆劃小異耳。《列子》釋文引《倉頡篇》"臬耳"之"臬"作"䕵"，亦"䓾"之誤。臬耳，别名"菤"。《説文》云："菤，卷耳也。"又名"璫草"，又名"爵耳"。《詩·卷耳》正義引陸機疏云："卷耳，葉青白，色似胡荽，白華，細莖，蔓生，可煮爲茹，滑而少味，四月中生子，如婦人耳中璫。今或謂之璫草，幽州謂之爵耳。"

雞狗獳，哺公也。

諸書無言哺公草者。《古今注》云："燕支花似蒲公。"《唐本草》云："蒲公草，一名耩耨草。"獳，曹憲音奴侯反。耩，《集韻》音古項切，又音居侯切。狗獳、耩耨，聲正相近；哺公、蒲公，聲亦相近，其是與？但"雞、狗獳"三字不相連，疑"雞"下脱去一字。《唐本草》注云："蒲公草，葉似苦苣，花黄，斷有白汁，人皆噉之。"宋蘇頌《圖經》云："俗呼爲蒲公英，語譌爲僕公罂。"寇宗奭《衍義》云："今地丁也。四時常有花，花罷飛絮，絮中有子，落處即生。"又案：《玉篇》薅，乃侯切，"草也"。《集韻》："薅，奴侯切；草名。"蓋"獳"或作"薅"。

羊蹢躅，英光也。

此與《爾雅》"薢茩，英光"同名異實，非謂蔆與決明也。蹢躅，亦作"躑躅"。《神農本草》云："羊躑躅，味辛温。"《名醫别録》云："一名玉支。"陶注云："花苗似鹿葱，羊誤食其葉，躑躅而死，故以爲名。"《古今注》云："羊躑躅，花黄，羊食之則死。羊見之，則躑躅分散，故名羊躑躅也。"二説小異。《唐本草》注云："花似旋蒚花色黄者。"《蜀本圖經》云："樹生高二尺，葉似桃葉，花黄似瓜花。"《御覽》引《吴普本草》云："羊躑躅生淮南。"又引《建康記》云："建康出躑躅。"

堇[①]，藋也。

今之灰藋也。《説文》云："藋，堇草也。"《大雅·緜》篇釋文云："《廣雅》云：'堇，藋也。'今三輔之言猶然。一名拜，一名蔏藋。"《爾雅》云："拜，蔏藋。"郭注云："蔏藋亦似藜。"陳藏器《本草》云："灰藋，生熟地，葉心有白粉似藜，子炊爲飯香滑。"案：灰藋，今處處原野有之。四月生苗，有紫紅線棱，葉端有缺，面青，背有白灰，莖心嫩葉背面全白。野人多以爲蔬，南方婦女用以煮線，或以飼豕。八九月中結

---

① 據曹憲音，此"堇"字當作"堇"形。

子如莧,其紅灰者古謂之藜。《淮南·修務訓》:"藜藿之生,蠉蠉然日加數寸,不可以爲櫨棟,易成者名小也。"藜藿多生不治之地。昭十六年《左傳》云:"斬之蓬蒿藜藿。"

革,藜也。

藜,藿之赤者也。《史記·太史公自序》正義云:"藜,似藿而表赤。"陳藏器《本草》云:"灰藿,生熟地,葉心有白粉似藜。藜心赤,莖大,堪爲杖,入藥不如白藿也。"案:《莊子·讓王》篇云:"原憲杖藜而應門。"則陳氏所説者不誤。又《爾雅》"竹,萹蓄",郭注云:"似小藜,赤莖節。"《史記·留侯世家》正義引孔文祥云:"黄石公杖丹藜,履赤舄。"庾信《竹杖賦》云:"秋藜促節,白藿同心。"是古人皆以白者爲藿,赤者爲藜矣。别一種名"萊",似菉蓐草。《玉篇》《廣韻》並云:"萊,藜草也。"《小雅·南山有臺》篇"北山有萊",《齊民要術》引陸氏《義疏》云:"萊,藜也,莖葉皆似菉王芻。今兖州人蒸以爲茹,謂之萊蒸。"案:《爾雅》"菉,王芻",郭注云:"菉,蓐也。"《唐本草》注云:"藎草,俗名菉蓐草。葉似竹而細薄,莖亦圓小。"此其狀不類灰藿。陸云"藜草似菉王芻",蓋藜之别種也。高誘注《淮南·時則訓》云:"藜,荒穢之草也。"今野地多生藜,俗謂之紅灰藿,與白者皆可食。古者用以爲羹。《墨子·非儒》篇云:"藜羹不糂。"

寄屑,寄生也。

即《釋木》所云:"宛童,寄生樢也。"屑,各本譌作"屏"。案:《神農本草》云①:"桑上寄生,一名寄屑。"《廣韻》十二曷注云:"寄生,又名寄屑。""屑"與"屏"字形相似而譌,今訂正。《爾雅》云:"寓木,宛童。"郭注云:"寄生樹,一名蔦。"《小雅·頍弁》篇"蔦與女蘿",傳云:"蔦,寄生也。"《説文》云"蔦"或從木,作"樢"。寓木,故從木耳。樢之言擣也。《方言》云:"擣,依也。"郭注云:"謂可依倚之也。"依倚樹上而生,故謂之樢矣。《中山經》云:"龍山上多寓木。"郭注云:"寄生也。"《漢書·東方朔傳》"箸樹爲寄生,盆下爲窶數",皆其異名也。《詩·頍弁》正義引陸機疏云:"寄生,葉似當盧;子如覆盆子,赤黑甛美。"陶隱居《本草注》云:"生樹枝閒,寄根在皮節之内;葉圓,青赤,厚澤;易折,旁自生枝節。冬夏生,四月花,五月實赤,大如小豆。"皆其形狀也。陶注又云:"桑上者,名'桑上寄生'。《詩》云:'施于松

---

① 本,原譌作"木"。

上。'方家亦用生楊上、楓上者。"《名醫别録》"占斯"，陶注引李當之云："是樟樹上寄生。"則寄生木上多有之，今俗謂"寄生草"是也。

犁如，桔梗也[1]。

《神農本草》："桔梗，一名利如，生山谷。"利、犁，古字通。又名"盧如"。盧、犁，聲之轉也。《御覽》引《吳普本草》云："桔梗，一名符蔰，一名白藥，一名利如，一名梗草，一名盧如。葉如薺苨，莖如筆管，紫赤，二月生。"《本草》陶注云："葉名'隱忍'，可煮食之。"《唐本草》注云："葉有差互者，亦有三四對者，皆一莖直上。"案：《説文》云："桔，直木也。"《爾雅》云："梗，直也。""桔梗"之名，或取義於直與！《管子·地員》篇云"五位之土，羣藥安生，薑與桔梗。"《莊子·徐无鬼》篇云"藥也，其實堇也，桔梗也，雞廱也，豕零也，是時爲帝者也"，司馬彪注云："桔梗治心腹血瘀瘕痺。"《齊策》云："今求柴葫、桔梗於沮澤，則累世不得一焉；及之睪黍、梁父之陰，則郤車而載耳。"高誘注云："桔梗，山生之草也。"

白茶，牡丹也。

茶，與"术"同。《名醫别録》云："芍藥，一名白术。"《御覽》引《吳普本草》，亦以"白术"爲芍藥一名。此云"白茶，牡丹也"者，牡丹，木芍藥也，故得同名。蘇頌《本草圖經》引崔豹《古今注》云："芍藥有二種，有草芍藥、木芍藥。木者花大而色深，俗呼爲牡丹，非也。"據此，則古方俗相傳以木芍藥爲"牡丹"，故《本草》以白术爲"芍藥"，而《廣雅》又以爲牡丹異名。蓋其通稱已久，不自崔豹時始矣。陶注《本草》云："芍藥，今出白山、蔣山、茅山最好，白而長大。"《唐本草》注云："牡丹，劒南所出者，根似芍藥，肉白，皮丹。"然則芍藥、牡丹之共稱"白术"，皆以白得名。蓋以其皮丹，則謂之牡丹；以其肉白，則謂之白术矣。《神農本草》云："牡丹，一名鹿韭，一名鼠姑。"《御覽》引《吳普本草》云："牡丹，葉如蓬相值，黄色，根如指，子黑，中有核。"又引《范子計然》云："牡丹，出漢中、河北，赤色者亦善。"蘇頌《本草圖經》云："山牡丹，二月梗上生苗，三月開花，其花葉與人家所種者相似，但花瓣止五六葉爾；五月結子，黑色，如雞頭子大；根黄白色，可五七寸長，如筆管大。"

---

① 梗，原作"梗"，《疏證》作"梗"。

龍木,龍須也。

龍須,莞屬。《中山經》云"賈超之山,其中多龍脩",郭注云:"龍須也。似莞而細,生山石穴中,莖倒垂,可以爲席。"龍脩、龍須,聲之轉也。須,一作"鬚"。《神農本草》云:"石龍蒭,一名龍鬚,一名草續斷,一名龍珠。"《御覽》引《吳普本草》云:"龍蒭,一名龍鬚,一名龍木,一名草毒,一名龍華,一名懸莞,生梁州。"龍須似莞,斯有"懸莞"之稱矣。《名醫别録》云:"石龍蒭,九節多味者良。"陶注云:"莖青細相連,實赤。今出近道水石處,似東陽龍鬚以作席者,但多節爾。"《蜀本圖經》云:"莖如綖,叢生,俗名龍鬚草。今人以爲席者,所在有之。别一種名鼠莞。"《爾雅》云"蔁,鼠莞",郭注云:"亦莞屬也。纖細似龍須,可以爲席。"是也。崔豹《古今注》云:"龍鬚草,一名縉雲草。"《水經·河水》注云:"自洮強南北三百里中地,草徧是龍須。"

桼莖,澤桼也。

桼,與"漆"同。《神農本草》云:"澤漆味苦。"《名醫别録》云:"一名漆莖。大戟苗也,生太山川澤。"陶注云:"大戟苗生時,摘葉有白汁,故名澤漆,亦能嚙人肉。"張仲景《金匱玉函要略方》:"欬而脈沈者,澤漆湯主之。"

顛棘,女木也。

《爾雅》云"髦,顛蕀",郭注云:"細葉有刺,蔓生,一名商棘。《廣雅》云:'女木也。'"《御覽》引孫炎注云:"一名白棘。"《神農本草》云:"天門冬,一名顛勒。"勒、棘,古同聲。"顛棘"之作"顛勒",若《小雅·斯干》"如矢斯棘",《韓詩》"棘"作"朸"矣。《名醫别録》云:"營實,一名牛勒,一名山棘。"亦與此同也。陶注引《博物志》云:"天門冬,逆捋有逆刺。若葉滑者,名絺休,一名顛棘,可以浣縑素,白如絨。金城人名爲浣草,擘其根温湯中挼之,以浣衣,勝灰。此非門冬,但相似爾。"又引《桐君藥録》云:"葉有刺,蔓生,五月花白,十月實黑,根連數十枚。"然則顛棘以刺得名。棘,亦刺也,故陶注云:"俗人呼苗爲棘刺。"又云:"有百部,根相類。"此則《博物志》云"百部似門冬"者也。蘇頌《圖經》云:"春生藤蔓,大如釵股,高至丈餘,葉滑有逆刺,亦有澀而無刺者。夏生白花,亦有黄色者。秋結黑子,伏後無花。其根白,或黄紫色,大如手指。"

陵遊,龍膽也。

《神農本草》云:"龍膽,味苦澀,一名陵游,生齊朐山谷。"陶注云:"今出近道吳興爲勝，狀似牛膝，味甚苦，故以膽爲名。”蘇頌《圖經》云：“宿根黄白色，下抽根十餘本，大類牛膝，直上生苗，高尺餘，四月生葉而細，莖如小竹枝，七月開花如牽牛花，作鈴鐸形，青碧色，冬後結子，苗便枯。俗呼草龍膽。浙中又有山龍膽，味苦澀。”《抱朴子·黄白》篇云：“俗人見方用龍膽、虎掌，皆謂之血氣之物也。”

鹿腸，玄蔘也。

蔘，與“参”同。《神農本草》云：“玄参，味苦，一名重臺，生河閒川谷。”陶注云：“莖似人参而長大，根甚黑，外微香。道家時用，亦以合香。”《御覽》引《吴普本草》云：“玄参，一名鬼藏，一名正馬，一名鹿腸，一名端，一名玄臺，或生冤句山陽。二月生，葉如梅，有毛，四四相值似芍藥，黑莖，莖方，高四五尺，華赤，生枝閒，四月實黑。”又引《范子計然》云：“玄参，出三輔，青色者善。”又引《建康記》云：“建康出玄参。”

葠、地精，人蔘也。

各本俱作“地精，人葠也”。《御覽》引《廣雅》作“葠、地精，人蔘也”。蓋“葠”即“蔘”字，後人病其重複而删改之耳。案：古人詁訓之體，不嫌重複。如：“崇高”字或作“嵩”，而《爾雅》云：“嵩、崇，高也。”“篤厚”字，《説文》作“竺”，而《爾雅》云：“篤、竺，厚也。”《字林》以“瑳”爲古“嗟”字，而《爾雅》云：“瑳，嗟也。”孫炎以“遹”爲古“述”字，而《爾雅》云：“遹，述也。”若斯之類，皆所以廣異體也。“鹿腸，玄蔘也”“葠、地精，人蔘也”“苦心，沙蔘也”，三“蔘”字正同一例，不得獨改此條“蔘”字爲“葠”。今據《御覽》訂正。

《説文》“葠”作“蓡”，云：“人蓡，藥艸，出上黨。”《神農本草》云：“人参，味甘，一名人銜，一名鬼蓋，生上黨山谷。”《御覽》引《范子計然》云：“人参，出上黨，狀類人者善。”又引《吴普本草》云：“人参，一名土精，一名神草，一名黄参，一名血参，一名人微，一名王精。或生邯鄲。三月生，葉小鋭，核黑，莖有毛，根有頭、足、手、面、目如人。”是人参以形得名。土精，猶地精也，色黄，故又名黄参。陶注《本草》云：“上黨人参，形長而黄，狀如防風，多潤實而甘。百濟者形細而堅白，高麗者形大而虚軟，並不及上黨者。人参生一莖直上，四五相對生，花紫色。高麗人作讚曰：‘三椏五葉，背陽向陰。欲來求我，椵樹相尋。’椵樹蔭廣，則多生陰地也。”“人参”之名，始著於緯書。《御覽》引《春秋運斗樞》云：“摇光星散爲人参。廢江淮山瀆之利，則摇光不明，人参不至。”又引《禮斗威儀》云：“乘木而王，有人参至。”則西漢時已貴重之。《潛夫論·思賢》篇云:"治疾當真人參,反得支羅服;當麥門冬,反得蒸穬麥。"人參、麥門冬,皆《本草》上品也。

苦心,沙蔘也。

《神農本草》云:"沙參,一名知母,味苦。"此"苦心"之所以名也。《御覽》引《吴普本草》云:"沙參,一名苦心,一名識美,一名虎須,一名白參,一名志取,一名文希,生河内川谷,或般陽續山。三月生,如葵,葉青,實白如芥,根大白如蕪菁。"又引《范子計然》云:"沙參,出雒陽,白者善。"案:沙之言斯白也。《詩·小雅·瓠葉》箋云:"斯,白也。"今俗語"斯白"字作"鮮",齊魯之閒聲近"斯"。斯、沙,古音相近。實與根皆白,故謂之白參,又謂之沙參。《周官·内饔》"鳥皫色而沙鳴",鄭注云:"沙,嘶也。""斯"之爲"沙",猶"嘶"之爲"沙"矣。

其蒿,青蓑也。

蓑,與"莎"同音。青蓑,即青莎也。蒿,當讀爲薃。《爾雅》云:"薃,侯莎。"是也。詳見上文"地毛,莎隋也"下。惟其字未審何字之誤耳。

飛芝,烏毒也。

未詳。

楚蘅,杜蘅也。

《爾雅》"杜,土鹵",郭注云:"杜衡也。似葵而香。"衡,與"蘅"同。《楚詞·離騷》云:"畦留夷與揭車兮,雜杜衡與芳芷。"王注云:"杜衡、芳芷,皆香草也。"《西山經》云:"天帝之山有草焉,其狀如葵,其臭如蘼蕪,名曰杜衡。可以走馬,食之已癭。"《名醫别録》云:"杜蘅,香人衣體。"陶注云:"根、葉都似細辛,惟氣小異爾。"唐本注云:"葉似槐,形如馬蹄,故俗云'馬蹄香'。"《史記·司馬相如傳》索隱引《博物志》云:"杜衡,一名土杏。其根一似細辛,葉似葵。"案:"杜衡"與"土杏",古同聲。"杜衡"之"杜"爲"土",猶《毛詩》"自土沮漆",《齊詩》作"杜"也。"衡"從行聲而通作"杏",猶《詩》"荇菜"字從行聲,而《爾雅》《説文》作"莕"也。又《神農本草》别有"杜若",一名"杜蘅"。陶注謂"根似高良薑",與此同名而異實。《廣韻》云:"杜蘅,香草,大者曰杜若。"司馬相如《子虛賦》亦以"衡、蘭、芷、若"並言[①],則杜若

① 子虛,原譌作"于虛"。

之外，别有名“杜蘅”者，所謂楚蘅是也。《御覽》引《范子計然》云：“楚蘅，出楚國。”又引云：“杜若，出南郡、漢中，大者善。”明“楚蘅”不與“杜若”同物也。蘇頌《本草圖經》謂“杜若”即《廣雅》“楚蘅”，非是。

葃菇、水芋，烏芋也。

葃菇，亦作“藉姑”。《名醫别録》云：“烏芋，一名藉姑，一名水萍。二月生葉如芋。”陶注云：“今藉姑生水田中，葉有椏，狀如澤瀉，不正似芋。其根黄，似芋子而小，煮之亦可噉。疑其有烏者，根極相似，細而美，葉、華異，狀如莧草，呼爲鳧茨。恐此也。”唐本注云：“此草一名槎牙，一名茨菰，生水中，似錍箭鏃，澤瀉之類也。”蘇頌《圖經》云：“今鳧茨也。苗似龍鬚而細，正青色，根黑如指大。《爾雅》謂之芍。”寇宗奭《衍義》云：“今人謂之葧臍。”案：鳧茨，俗所謂蒲薺也，或謂之必薺。生下田中，無葉，以莖爲葉，全不似芋。《别録》云“烏芋，二月生葉如芋”，則非鳧茨也。茨菰生水中，葉本有椏，根黄如芋子而小，與陶注前説同狀，蓋“烏芋”即此也。葃菇、茨菰，正一聲之轉矣。且草類名烏者，多非黑色，若垣衣色青而名“烏韭”，射干色黄而名“烏蒲”是也，又不得以鳧茨根黑而輒當“烏芋”爾。《御覽》及《齊民要術》引《廣雅》並作“藉姑，水芋也，亦曰烏芋”。案：《廣雅》之文，無言“亦曰”者，蓋誤引。

龍沙，麻黄也。

《神農本草》云：“麻黄，一名龍沙，生晉地。”蘇頌《圖經》云：“麻黄，苗春生，至夏五月，則長及一尺已來，稍上有黄花，結實如百合瓣而小。又似皂莢子，味甜，微有麻黄氣，外紅皮，裏仁子黑，根紫赤色。俗説有雌雄二種。雌者於三月、四月内開花，六月内結子，雄者無花，不結子。”《御覽》引《吳普本草》云：“麻黄，一名卑相，一名卑鹽。或生河東，立秋采莖。”即下文云“麻黄莖，狗骨”也。《酉陽雜俎續集》云：“麻黄，莖端開花，花小而黄，蔟生，子如覆盆子，可食，至冬枯死如草，及春卻青。”皆其形狀也。張仲景《傷寒論》云：“太陽病無汗而喘者，麻黄湯主之。”

無心，鼠耳也。

《御覽》引《廣志》云：“鼠耳，葉如耳，縹色。”《名醫别録》云：“鼠耳，一名無心，生田中下地，厚葉肥莖。”《酉陽雜俎》云：“蚍蜉，酒草。一曰鼠耳，象形也。亦曰无心草。”

女腸,女菀也。

紫菀之白者名女菀。《急就篇》云:“牡蒙甘草菀藜蘆。”顏師古注云:“菀,謂紫菀,女菀之屬也。”《神農本草》云:“女菀,味辛温,生漢中川谷。”《御覽》引《吳普本草》云:“女菀,一名白菀,一名織女菀。”《雷公炮炙論》云:“紫菀有白如練色者,號曰羊鬚草。”陶注《本草》“紫菀”云:“紫菀白者名白菀。”唐本注云:“白菀,即女菀也。”(308)

天豆,雲實也。

《神農本草》云:“雲實,味辛温,生河閒川谷。”《御覽》引《范子計然》云:“雲實,出三輔。”又引《吳普本草》云:“雲實,一名員實,一名天豆。葉如麻,兩兩相值,高四五尺,大莖空中,六月花,八月、九月實。”陶注《本草》云:“雲實,子細如葶藶子而小,其實亦類莨菪。”唐本注云:“雲實,大如黍及大麻子等,黄黑似豆,故名天豆。叢生澤傍,高五六尺,葉如細槐,亦如苜蓿,枝閒微刺,俗謂苗爲草雲母。陶云‘似葶藶’,非也。”

薸,蓱也。

薸,與“藻”同。蓱,與“萍”同。各本“蓱”譌作“蓱”,今訂正。

《爾雅》云“苹,蓱”,郭注云:“水中浮蓱。江東謂之薸。”《詩·召南·采蘋》釋文引《韓詩》云:“沈者曰蘋,浮者曰薸。”《吕氏春秋·季春紀》云:“萍始生。”高誘注云:“萍,水薸也。”字又作“蔈”。《淮南·墬形訓》云:“容華生蔈,蔈生蘋藻,蘋藻生浮草。”高誘注云:“蔈,流也。無根,水中草。”案:薸之爲言漂也。《説文》云:“漂,浮也。”薸,以“瓢”爲聲。《秦策》“百人輿瓢”,《淮南·説山訓》作“百人抗浮”。則“瓢、浮”古同聲,蓱、浮故謂之薸矣。蓱、薸,一聲之轉。“蓱”之爲“薸”,猶“洴”之爲“漂”。《莊子·消摇遊》篇“世世以洴澼絖爲事”,李頤注云:“漂絮於水上。”是其例也。浮萍,淺水所生,有青、紫二種,或背紫面青。俗謂楊花落水,經宿爲萍。其説始於陸佃《埤雅》及蘇軾《再和曾仲錫荔枝》詩。案:楊花之飛,多在晴日;浮萍之生,恒於雨後。稽之物情,頗爲不合。且楊花飛於二月、三月,而《夏小正》云:“七月,湟潦生苹。”則時無楊花,萍亦自生,足以明其説之謬矣。

竺,竹也。

《説文》“竺”從竹聲,《玉篇》丁沃切,又音竹,則“竺、竹”同聲字。方言有重輕,故又謂竹爲竺也。《爾雅》所釋“萑,蓷”“蓄,蓄”“蓧,蓨”“藨,麃”“茦,刺”

"蒹,薕"之屬,諧聲並同,音讀相近,是其例也。《廣韻》云:"竺姓出東莞。後漢擬陽侯竺晏,本姓竹,報怨有仇,以胄始名賢,不改其族,乃加'二'字以存夷齊。"則即借"竺"爲"竹"之證。"竺"本《説文》"篤厚"字。"竺"之爲"竹",猶"篤"之爲"竹"也。《漢書·地理志》:"沛郡竹,莽曰篤亭。"竹,今所在有之,南方尤盛。《説文》云:"竹,冬生艸也;象形,下垂者箁箬也。"又云:"竹,物之多筋者也。"《初學記》引戴凱之《竹譜》云:"竹之别類有六十一焉。"

其表曰筤。

竹外青皮也。《説文》"筤,竹膚也",徐鍇傳云:"竹青也。""筤"之轉聲爲"篾"。《衆經音義》卷十引《埤倉》云:"篾,析竹膚也。"《顧命》"敷重蔑席",鄭注云:"蔑,析竹之次青者。"今順天人呼竹篾爲"竹筤",聲如泯。又轉而爲"篃",音彌。《説文》:"篃,筡也。""筡,析竹筤也。"《衆經音義》卷十引《聲類》云:"篃,篾也。"又云:"今蜀土及關中皆呼竹篾爲篃,又名筠。"《禮器》云:"如竹箭之有筠也。"正義云:"筠是竹外青皮。《顧命》云:'敷重筍席。'鄭云'筍,析竹青皮也',引《禮記》曰:'如竹箭之有筠。'"筠,通作"䇹"。鄭衆注《考工記·梓人》云:"䇹,讀爲竹中皮之䇹,又名箁。"《士喪禮下》篇注云:"笠,竹箁蓋也。"疏云:"箁,竹之青皮。"《集韻》音敷,聲與"膚"相近,即《説文》所云"筤,竹膚"也。又名竹茹。《名醫别録》云:"竹皮茹微寒。"

其裹曰笨。

竹内白皮也。《説文》云:"笨,竹裹也。"徐鍇傳云:"竹白也。"戴凱之《竹譜》云:"竹之大體多空中,而時有實,十或一耳。"笨,影宋本、皇甫本、畢本譌作"苯",吴本以下又譌作"本",今訂正。

篙簸、箹篅,桃支也。

箹篅,與"鉤端"同。支,與"枝"同。

《爾雅》云"桃枝,四寸有節",郭注云:"今桃枝節間相去多四寸。"《廣韻》云:"篅,竹名,出南嶺。"《西山經》云:"嶓冢之山,其上多桃枝、鉤端。"郭注云:"鉤端,桃枝屬。"鉤端爲桃枝之屬,因而亦得稱桃枝矣。又《中山經》云:"驕山,其木多桃枝、鉤端。""龍山,其草多桃枝、鉤端。"或以爲木,或以爲草者,以桃枝是竹,竹之爲物,亦草亦木也。《竹譜》云:"篔簹、射筒、箖箊、桃枝,數竹皮葉相似,桃枝是其中最細者。皮赤,編之滑勁,可以爲席。"案:《周官·司几筵》"加次席黼純",鄭注云:"次席,桃枝席,有次列成文。"《御覽》引《東觀漢紀》云:"馬稜爲會稽太守,詔詰會稽,車牛不務堅强,車皆以桃枝細簟。"是也。又可爲杖。《御覽》引魏武帝《與楊彪書》云:"今賜足下銀角桃杖一枚。"左思《蜀都賦》云:"靈壽桃枝。"劉逵注云:"桃枝,竹屬也,出墊江縣,可以爲杖。"是也。

昀案:篙簝未作疏證。

箭①、𥳑、𥳄也。

《爾雅》云:"篠,箭。"《説文》云:"箭,矢竹也。"《御覽》引《字統》云:"箭者,竹之别。大身小葉曰竹,小身大葉曰箭。箭竹主爲矢,因謂矢爲箭。"《竹譜》云:"箭竹高者不過一丈,節閒三尺,堅勁中矢。江南諸山皆有之,會稽所生最精好。故《爾雅》云:'東南之美者,有會稽之竹箭也。'"劉逵《吴都賦》注云:"箭竹細小而勁實,可以爲箭,通竿無節。江東諸郡皆有之。"據此,則箭竹有二種:一種節閒三尺,一種通竿無節也。

《西山經》云:"英山,其陽多箭𥳑。"郭注云:"今漢中郡出𥳑竹,厚裹而長節,根深,筍冬生地中,人掘取食之。"《中山經》云:"求山多𥳑。"郭注云:"篠屬。"《竹譜》引《山經》"𥳑"作"篃",云:"篃,亦篃徒,概節而短,江漢之閒謂之䈽竻。"又云:"篃,生非一處,江南山谷所饒也。故是箭竹類,一尺數節,葉大如履,可以作蓬,亦中作矢,其筍冬生。《廣志》云:'魏時漢中太守王圖每冬獻筍,俗謂之䈽竻。'"據此,則𥳑亦有二種:一種長節,一種概節而短也。《初學記》引《廣志》云:"篃竹宜爲屋椽。"此於二種中未知屬何種。

𥳄,各本譌作"𥳊"。字書、韻書無"𥳊"字。《集韻》《類篇》並引《廣雅》:"箭、𥳑,𥳄也。"今據以訂正。

菌,薰也。其葉謂之蕙。

上文云:"薰草,蕙草也。"則薰即是蕙。此又以葉爲蕙者,從《離騷》注也。《離騷》云:"雜申椒與菌桂兮。"王逸注云:"菌,薰也。葉曰蕙,根曰薰。"洪興祖補注云:"下文别言'蕙茝',又云'矯菌桂以紉蕙',則'菌桂'自是一物。《本草》有'菌

① 箭,原作"篛",《疏證》作"箭"。

桂’,花白蘂黄,正圓如竹。菌,一作箘,其字從竹。五臣以爲香木,是矣。”案:洪説是也。“申椒”與“菌桂”對文,“菌桂”之不分爲二,猶“申椒”也。左思《蜀都賦》云:“菌桂臨崖。”劉逵注云:“《神農本草經》曰:‘菌桂,出交趾,員如竹,爲衆藥通使。一曰:菌,薰也。葉曰蕙,根曰薰。”劉氏引《本草》“菌桂”,是也;其以“菌”爲“薰”,亦仍王逸之誤。《西山經》云:“嶓冢之山有草焉,其葉如蕙。”郭注云:“蕙,香草,蘭屬也。或以蕙爲薰葉,失之。”則薰葉爲“蕙”,郭氏又已駁正也。

蘧,芋也。其莖謂之蔌。

芋之大根曰蘧。蘧者,巨也。或謂之芋魁,或謂之莒。《後漢書·馬融傳》云:“蘘荷、芋渠。”李賢注云:“芋渠,即芋魁也。”渠,與“蘧”同。渠、魁,一聲之轉,而皆訓爲大。杜子春注《周官·鐘師》引吕叔玉説云:“渠,大也。”前《釋詁》云:“魁,大也。”《漢書·翟方進傳》云:“飯我豆食、羹芋魁。”顔師古注云:“羹芋魁者,以芋根爲羹也。”是芋之大根名渠,又名魁也。渠、莒,古同聲,故又名莒。莒之爲言猶渠也。《説文》云:“齊人謂芋爲莒。”《藝文類聚》引《孝經援神契》云:“仲冬昴星中,收莒芋。”莒,亦芋也。莒,或爲“梠”。陶隱居注《名醫别録》云:“種芋三年不採,成梠芋。”蘇頌《圖經》云:“《説文解字》云‘莒’,陶云‘梠’,二音相近,蓋南北之呼不同耳。”《魏志·王朗傳》注引《魏略》云:“隗禧每以採梠餘日誦習經書。”又通作“旅”。《博物志》云:“家芋種之,三年不收,後旅生。”是也。《説文》云:“芋,大葉實根,駭人,故謂之芋也。”徐鍇傳云:“芋,猶言吁也。吁,驚詞。則芋之爲名,即是驚異其大。”《小雅·斯干》毛傳云:“芋,大也。”古聲義同矣。

蔌之爲言猶莖也。莖亦可食。《齊民要術》引《廣志》云:“蜀漢既繁芋,民以爲資。凡十四等。有淡善芋魁,大如瓶,少子,葉如繖蓋,紺色,紫莖長丈餘,易熟,長味,芋之最善者也;莖可作羹臛,肥澀,得飮乃下。青芋、素芋,子皆不可食,莖可爲菹。”是也。《管子·輕重甲》篇云:“春日傳耜,次日獲麥,次日薄芋。”古教民種芋者,始此矣。又《史記·貨殖傳》“汶山之下,沃野下有踆鴟,至死不飢”,集解引《漢書音義》云:“水鄉多鴟,其山下有沃野灌溉。一曰大芋。”左思《蜀都賦》云:“蹲鴟所伏。”劉逵注云:“蹲鴟,大芋也。其形類蹲鴟。”案:《貨殖傳》云“至死不飢”,則蹲鴟似可禦飢之物,“大芋”之説近之矣。然《易林·豫之旅》云:“文山蹲鴟,肥腯多脂。”芋雖大,不得有脂。《易林》所云,又似指鳥言之。疑莫能明也。

蘻、茆①,凫葵也。

《説文》云:"蘻,凫葵也。"

《魯頌·泮水》篇"薄采其茆",傳云:"茆,凫葵也。"正義引陸機疏云:"茆,與荇菜相似,葉大如手②,赤圓;有肥者,箸手中,滑不得停。莖大如匕柄,葉可以生食,又可鬻③,滑美。江南人謂之蓴菜,或謂之水葵,諸陂澤水中皆有。"釋文云:"干寶云:'茆,今之鳧䶂草,堪爲菹,江東有之。'何承天云:'此菜出東海,堪爲菹醬也。'鄭小同云:'江南人名之蓴菜,生陂澤中。'《草木疏》同。"又云:"或名水葵,一云今之浮菜,即豬蓴也。《本草》有'凫葵',陶宏景以入'有名無用品'。解者不同,未詳其正。沈以小同及《草木疏》所説爲得。"《周官·醢人》"朝事之豆,其實茆菹",鄭注云:"茆,凫葵也。"《西山經》云:"陰山,其草多茆蕃。"郭注與鄭同。又名"屏風"。《楚詞·招魂》"紫莖屏風,文緣波些",王逸注云:"屏風,水葵也,生於池中,其莖紫色。風起水動,波緣其葉上而生文也。"《後漢書·馬融傳》"桂荏、凫葵",李賢注云:"凫葵,葉團似蓴,生水中。今俗名水葵。"案:此分"凫葵"與"蓴"爲二,與鄭小同及《草木疏》異者,蓋唐代方言不稱凫葵爲"蓴",異於古也;又或江南名之爲"蓴",他處則否。蓴、團,古同聲。凫葵葉團,故江南名之爲"蓴"矣。《廣韻》云:"蒓,水葵也。"蒓,與"蓴"同。《齊民要術》云:"四月,蓴生莖而未葉,名雉尾蓴,葉舒長足,名曰絲蓴。"是也。又案:《詩·關雎》稱"荇",《泮水》稱"茆",陸氏《義疏》分釋之,則"凫葵"與"荇"實二物也。《唐本草》謂"凫葵"即"荇菜",失之。

莀,蓸也。

《説文》云:"虈,艸也。"《玉篇》云:"虈,香草也。或作莀。"《廣韻》云:"莀,香草也。"《楚詞·七諫》云:"莀蕗雜於黀蒸兮。"王逸注云:"莀蕗,香直之草。"

荆葵,荍也。

《爾雅》云:"荍,蚍衃。"郭注云:"今荆葵也。似葵,紫色。謝氏云:'小草,多華,少葉,葉又翹起。'"《陳風·東門之枌》篇"視爾如荍",箋云:"美如芘芣之華。"

---

① 茆,原作"茒",《疏證》同。
② 葉,原譌作"菜"。
③ 鬻,底本字形模糊難辨。當是"鬻"。

然正義引陸機疏云:"芘芣,一名荆葵,似蕪菁,華紫緑色,可食,微苦。"《古今注》云:"荆葵,一名戎葵,一名芘芣。華似木槿而光色奪目,有紅、有紫、有青、有白、有赤,莖、葉不殊,但花色異耳。一曰蜀葵。"羅願《爾雅翼》云:"《釋草》云'菺,戎葵',郭氏曰'今蜀葵也';又云'荍,芘芣',郭氏曰'今荆葵也'。其所來各不同。《古今注》説戎葵、蜀葵之狀可也,混荆葵、芘芣之名于内者非也。"

苉,蓂也。

《玉篇》《廣韻》並云:"苉,蓂莢實也。"則"蓂"下似脱"莢實"二字。《論衡·是應》篇云:"夫蓂草之實也,猶豆之有莢也。"《説文》云:"莢,艸實也。"《玉篇》《廣韻》又有"蒖"字,云:"苉也。"《集韻》云:"蒖,艸名,皃葵也。一曰蓂莢實也。""蒖"字俗書作"蒖",與"蓂"字字形相近,疑有誤。但又以爲"皃葵",不知何據。豈以皃葵名茆,"茆、苉"字形相近而誤説與!

苞,藵也。

《説文》云:"苞,草也。南陽以爲麤履。"《漢書·司馬相如傳》"其高燥則生葴、析、苞、荔",張氏彼注云:"苞,藨也。"與此同異未審。

水苜,蓸〔茵〕也。

《廣韻》云:"蓸茵,水草也。出《埤倉》。"則"蓸"下有"茵"字,今補。水苜,疑當爲"水茵",隸書"因"字多作"囙",形與"目"字相似而譌也。曹憲音目,當亦"囙"字之譌。"水芓,烏芓也""水茵,蓸茵也",文義正同矣。

屈居,盧茹也。

盧,與"蕳"同。《神農本草》云:"蕳茹,味辛寒,生代郡川谷。"陶注云:"今第一出高麗,色黄,初斷皆汁出,凝黑如漆,故云'漆頭';次出近道,名'草蕳茹',色白,皆燒鐵爍頭令黑,以當漆頭,非真也。葉似大戟,花黄,二月便生。"《御覽》引《吳普本草》云:"閭茹,一名離樓,一名屈居,葉員黄,高四五尺,葉四四相當,四月華黄,五月實黑,根黄有汁亦同。黄黑頭者良。"盧茹、離樓,一聲之轉也。又引《范子計然》云:"閭茹,出武都,黄色者善。"又引《建康記》云:"建康出草盧茹。"

醜、蔆,菝葀也。

各本俱作"醜菝,蔆葀也"。案:《玉篇》云:"醜,菝葀也。""菝葀,瑞草。"《廣韻》云:"馡,瑞草也。""葀,瑞草也。"皆以"菝、葀"連文,"葀"字亦無從禾作"秳"者。今並訂正。《漢書·揚雄傳》云:"攢并閭與茇苦兮。"茇苦,與"菝葀"同。菝、葀,疊韻字也。

蔆,曹憲音綏。諸書無音"蔆"爲綏者,未審"蔆"爲何字之譌。

蒿子,菜也。

《齊民要術》引《廣志》云:"蒿子,生可食。"又云:"作醬法,曝草蒿,令極乾燥,大率蒿子三指一撮。"注云:"蒿令醬芬芳。"是蒿子氣香之菜矣。此當釋"蒿子"爲某菜,不應但釋爲菜也。"菜"上蓋有脱文。

山茝、蔚香,藁本也[①]。

《管子·地員》篇云:"五沃之土,五臭疇生,蓮與蘪蕪、藁本、白芷。"《荀子·大略》篇云:"蘭、茝、槀本,漸於蜜醴,一佩易之。"《淮南·氾論訓》云:"夫亂人者,芎藭之與藁本也,蛇牀之與麋蕪也。此皆相似。"《神農本草》云:"藁本,一名鬼卿,一名地新,生崇山山谷。"陶注云:"《桐君藥録》説芎藭苗似藁本,論説花、實皆不同,所生處又異。"唐本注云:"根上苗下似藁根,故名藁本。"則藁本以根得名,故《中山經》云:"青要之山有草焉,其本如藁本。"郭注云:"根似藁本也。"又《西山經》云:"皋塗之山有草焉,其狀如槀茇。"郭注云:"槀茇,香草。"又注《上林賦》云:"槀本,槀茇也。"本、茇,聲之轉,皆訓爲根。下文云:"茇,根也。"

貫節,貫衆也。

《爾雅》云:"篃、荮止、濼,貫衆。"《神農本草》云:"貫衆,一名貫節,一名貫渠,一名百頭,一名虎卷,一名扁苻,生玄山山谷,亦生宛句。"《名醫别録》云:"此謂草鴟頭也。"陶注云:"葉如大蕨,其根形、色、毛、芒全似老鴟頭,故呼爲草鴟頭。"《御覽》引《吴普本草》云:"貫衆,一名貫耒,一名貫中,一名渠母,一名貫鍾,一名伯芹,一名藥藻,一名扁苻,一名黄鍾。葉青黄,兩兩相對;莖黑,毛聚生。冬夏不死,四月華白,七月實黑,聚相連卷旁生。"

薏、起實,啻目也。

啻目,與"薏苡"同。《説文》云:"目,賈侍中説,意目實也;象形。""蓸,薏苢

① 香,原作"𩡧",《疏證》作"香"。藁,原譌作"槀"。《疏證》部分大多亦然。

也。""蘱,艸也。一曰薏苡。"《神農本草》云:"薏苡,久服輕身益氣,一名解蠡,生真定平澤。"《名醫别録》云:"一名屋菼,一名起實,一名贛。"贛,與"蘱"同。陶注云:"近道處處有,多生人家。交阯者子最大,彼土呼爲簳珠,馬援大取將還,人讒以爲珍珠也。實重累者良。"案:《後漢書・馬援傳》云:"初,援在交阯,常餌薏苡。南方薏苡實大,援欲以爲種。軍還,載之一車。"是其事。簳、蘱,聲之轉也。蘱,或爲"䆡"。《雷公炮炙論》云:"䆡米顆大無味,時人呼爲粳䆡;薏苡仁,顆小色青,味甘,粘人齒。"則後人專以大者爲蘱也。蘇頌《圖經》云:"春生苗,莖高三四尺,葉如黍,開紅白花,作穗子,五月、六月結實,青白色,形如珠子而稍長,故呼意珠子。"《御覽》引《淮南萬畢術》云:"門冬、赤黍、薏苡爲丸,令婦人不妬。"則西漢時即已入藥。又引《禮含文嘉》云:"夏姒氏祖以薏苡生。"《論衡・奇怪》篇云:"儒者稱禹母吞薏苡而生禹,故夏姓曰姒;卨母吞燕卵而生卨,故殷姓曰子。今燕之身不過五寸,薏苡之莖不過數尺,二女吞其卵實,安能成七尺之形乎!"

女青,烏葛也。

《神農本草》云:"女青,一名雀瓢,生朱崖川谷。"《名醫别録》云:"蛇銜根也。"陶注云:"若是蛇銜根,不應獨生朱崖。俗用是草葉,别是一物。未詳孰是。"唐本注云:"此草即雀瓢也。葉似蘿摩,兩葉相對,子似瓢形,大如棗許,故名雀瓢,根似白薇,生平澤,莖葉並臭。其蛇銜根都非其類。又《别録》云:'葉嫩時似蘿摩,圓端大莖,實黑,莖葉汁黄白。'亦與前説相似。若是蛇銜根,何得苗生益州,根在朱崖,相去萬里餘也?《别録》云:'雀瓢白汁,主蟲蛇毒。'即女青苗汁也。"

巴尗,巴豆也。

《神農本草》云:"巴豆,一名巴菽,生巴郡川谷。"菽,與"尗"同。尗,亦豆也。《淮南・説林訓》云:"魚食巴菽而死,鼠食之而肥。"《博物志》云:"鼠食巴豆三年,重三十斤。"又云:"《神農經》云:藥種有五物,二曰巴豆,藿汁解之。"《論衡・言毒》篇云:"草木之中,有巴豆、野葛,食之湊懣,頗多殺人。蓋巴豆有大毒故也。"左思《蜀都賦》云:"其中則有巴菽、巴戟。"《華陽國志》云:"江陽郡有巴菽。"《御覽》引《吴普本草》云:"巴豆,葉如大豆。"《唐本草》注云:"巴豆樹高丈餘,葉似櫻桃,葉頭微赤,十二月葉漸凋,至四月落盡,五月葉漸生,七月花,八月結實,其子三枚共蔕,各有殼裹。"是其狀也。

烏眼,〔蘞〕也。

《唐風·葛生》篇"蘞蔓于野",釋文:"蘞,音廉。"陸機疏云:"蘞,似栝樓,葉盛而細,其子正黑如燕薁,不可食也。幽州人謂之烏眼,其莖葉煑以哺牛,除熱。"蘞,曹憲音廉。各本脱去"蘞"字,音内"廉"字又誤入正文。今據《詩疏》訂正。

蘞有三種:一爲《爾雅》"萰,菟荄",《玉篇》云:"萰,白蘞也。"《神農本草》"白蘞,一名菟核",陶注云:"作藤生根如芷。"是也。一爲赤蘞,蘇頌《本草圖經》云:"赤蘞,與白蘞花、實相類,但表裏俱赤。"是也。一爲烏蘞苺,《唐本草》云:"烏蘞苺蔓生,葉似白蘞。"是也。此三者未知孰當《廣雅》之"蘞"。

燕薁,蘡舌也。

即蘡薁也。蘡、燕,聲之轉。《豳風·七月》篇"六月食鬱及薁",傳云:"薁,蘡薁也。"正義云:"蘡薁者,亦是鬱類而小别耳。"晉《宫閣銘》云:"華林園中,有車下李三百一十四株、薁李一株。"車下李即鬱,薁李即薁,二者相類而同時熟,是正義以薁爲樹名也。今案:薁李樹不名蘡薁。蘡薁自是蒲萄之屬,蔓生結子者耳。《齊民要術》引陸機《詩義疏》云:"櫻薁實大如龍眼,黑色,今車鞅藤實是。"又引《疏》云:"櫐似燕薁,連蔓生。"《御覽》引《毛詩題綱》云:"藟,一名燕薁藤。"郭璞《上林賦》注云:"蒲陶似燕薁,可作酒。"《廣韻》云:"蘡,蘡薁藤也。"是蘡薁有藤,蒲陶之屬。故謝靈運《山居賦》云"野有蔓草,獵涉蘡薁"也。《唐本草》注云:"蘡薁,與葡萄相似,然蘡薁是千歲虆。"《宋開寶本草》注云:"蘡薁是山葡萄,亦堪作酒。"毛公釋《詩》,正謂此草也。蘡薁之子滑澤,故人食之。《中山經》云:"泰室之山有草焉,白華黑實,澤如蘡薁。"郭注云:"言子滑澤也。"

茈莀,茈草也。

茈,與"紫"同。《説文》云:"莀,艸也,可以染留黄。其染緑者謂之緑莀,染紫者謂之紫莀。"前《釋器》云:"緑綟、紫綟,綵也。"《續漢書·輿服志》注引徐廣云:"綟,草名也,以染似緑,又云似紫。"則染草之莀,本有緑、紫二色。莀,與"盭"通。《漢書·百官公卿表》"金璽盭綬",晉灼注云:"盭,草名,出琅邪平昌縣,似艾,可染緑,因以爲綬名。"此緑莀也。《史記·司馬相如傳》"攢戾莎",徐廣注云:"草,可染紫。"此紫莀也。莀,通作"茢"。《周官》"掌染草",鄭注云:"染草,茅蒐、橐蘆、豕首、紫茢之屬。"疏云:"紫茢,即紫莀也。"《爾雅》云:"藐,茈草。"郭注云:"可以染紫,一名茈莀。見《廣雅》。"《西山經》云:"勞山多茈草。"《神農本草》云:"紫草,一名紫丹,一名紫芺,生碭山山谷。"陶注引《博物志》云:"平氏山陽紫草特好,魏國以染,色殊黑。"《齊民要術》引《廣志》云:"隴西紫草,紫之上者。"皆其出處也。《御覽》引《吴普本草》云:"紫草節赤,二月花。"《唐本草》注云:"紫草,苗似蘭香,莖赤,節青,花紫白色而實白。"皆其形狀也。

葰、芡,雞頭也。

葰,或作"葰"。《方言》云:"葰、芡,雞頭也。北燕謂之葰;青徐淮泗之閒謂之芡;南楚江湘之閒謂之雞頭,或謂之鴈頭,或謂之烏頭。"郭注云:"今江東亦名葰耳。"《神農本草》云:"雞頭,一名鴈喙。"陶注云:"此即今蔿子,形上花似雞冠,故名雞頭。"陳士良云:"有軟根名葰菜。"蘇頌《圖經》云:"盤花下結實,形類雞頭,故以名之。其莖菽之嫩者名蔿菽,人採以爲菜茹。"案:葰,曹憲音悦椉反。葰、蔿,聲近而轉也。葰,從役聲;蔿,從爲聲。"葰"之轉爲"蔿",猶"爲"之轉爲"役"。《表記》鄭注云:"役之言爲也。"《周官·籩人》"加籩之實,蔆芡栗脯",鄭注云:"芡,雞頭也。"疏云:"今人或謂之鴈頭。"《吕氏春秋·恃君》篇"夏日則食蔆芡",高注云:"芡,雞頭也,一名鴈頭,生水中。"《淮南·説山訓》"雞頭已瘻",高注云:"雞頭,水中芡。幽州謂之鴈頭。"羅願《爾雅翼》云:"案:上下文:'狸頭愈鼠,雞頭已瘻,䖟散積血,斲木愈齲,此類之可推者。'詳書本意,皆謂此禽蟲平日所啄食,故能治此病,類可推尋。雞頭似不謂此也。"雞頭,一名雞廱。《莊子·徐無鬼》篇云:"藥也。其實堇也,桔梗也,雞廱也,豕零也,是時爲帝者也。"司馬彪注云:"雞廱,即雞頭也,一名芡。與藕子合爲散,服之延年。"《周官·大司徒》"其植物宜膏物",鄭注云:"膏,當爲櫜。蓮芡之實有櫜韜。"疏云:"皆有外皮櫜韜其實。"今芡實有梂彙自裹,所謂櫜韜也。《古今注》云:"芡葉似荷而大,葉上蹙皺如沸,實有芒刺,其中如米,可以度饑也。"

周麻,〔升麻〕也。

各本俱脱"升麻"二字。《神農本草》云:"升麻,一名周麻,主解百毒,生益州山谷。"《御覽》引《廣雅》云:"周麻,升麻也。"今據補。升麻,或謂之牧麻。《漢書·地理志》"益州郡牧靡",李奇注云:"靡,音麻,即升麻,殺毒藥所出也。"《水經·若水》注云:"涂水,出建寧郡之牧靡縣南山。縣、山並即草以立名。山生牧靡,可以解毒。百卉方盛,鳥多誤食烏喙,口中毒,必急飛往牧靡山,啄牧靡以解毒也。"《本草》陶注云:"升麻好者,細削,皮青緑色,謂之雞骨升麻。"蘇頌《圖經》云:"春生苗,高三尺以來,葉似麻葉,並青肥;四月、五月箸花,似粟穗,白色;六月以後結實,黑色;根紫如蒿根,多鬚。"

土瓜,芴也。

《爾雅》云"菲,芴",郭注云:"即土瓜也。"本此爲説也。《邶風·谷風》篇"采葑采菲,無以下體",傳云:"葑,須也。菲,芴也。下體,根莖也。"箋云:"此二菜者,蔓菁與葍之類也。皆上下可食,然而其根有美時,有惡時,采之者不可以根惡時并棄其葉。"正義云:"《釋草》云:'菲,芴也。'郭璞曰:'土瓜也。'孫炎曰:'葍類也。'《釋草》又云:'菲,葸菜。'郭璞曰:'菲草,生下濕地,似蕪菁,華紫赤色,可食。'陸機云:'菲,似葍,莖麤葉厚而長,有毛。三月中蒸鬻爲茹,滑美,可作羹,幽州人謂之芴。'《爾雅》謂之葸菜,今河内人謂之宿菜。《爾雅》'菲,芴'與'葸菜'異釋,郭注似是别草。如陸機之言,又是一物。某氏注《爾雅》,二處引此詩。即菲也、芴也、葸菜也、土瓜也、宿菜也,五者一物也。其狀似葍而非葍,故云'葍類'也。"案:陸《疏》説菲芴似葍,與鄭氏《詩》箋、孫氏《爾雅》注合,又考之方言,得之目驗,爲可據也。但陸不云菲菜名"土瓜",此云"土瓜,芴也",則未知即《爾雅》之"菲芴",抑别爲一物耳[309]。《神農本草》稱王瓜一名"土瓜",意土瓜必甚似王瓜,故王瓜得與同名。且下文"王瓜"與此條相次,當是連類而及也。《御覽》引崔寔《四民月令》云:"二月盡三月,可采土瓜根。"則漢時多有用之者,然未知今何草。

藈菇、瓠瓤,王瓜也。

《爾雅》云:"鉤,藈姑。"郭注云:"瓠瓤也,一名王瓜。實如瓝瓜,正赤,味苦。"釋文引《字林》云:"瓠瓤,王瓜也。"《字林》《爾雅注》皆本此爲説也。《本草》陶注云:"王瓜,生籬院閒,亦有子,熟時赤如彈丸。《禮記·月令》云:'王瓜生。'此之謂也。鄭玄云'萆葜',殊爲謬矣。"案:《月令》鄭注云:"王瓜,萆挈也。"萆挈,與"萆葜"同。正義云:"王瓜,萆挈。《魯本草》文。"是萆挈一名"王瓜",《本草》家即有是説。草木多異物而同名者,此類是也。上文已云:"萆挈,狗脊也。"則此"王瓜"當如郭璞所云,不謂萆挈矣。《吕氏春秋·孟夏紀》"王菩生",高注云:"菩,或作瓜,瓠瓤也。"又注《淮南·時則訓》云:"王瓜,括樓也。"瓠瓤,與"括樓"同。如高注,則《爾雅》“果羸之實括樓”,即王瓜也。案:《本草》陶注謂栝樓狀如王瓜,《唐本草》注謂王瓜葉似栝樓,則括樓、王瓜本相類,故高注以王瓜爲括樓。然《神農本草》:“栝樓生洪農川谷,王瓜生魯地平澤田野。”陶注謂括樓葉有叉,唐注謂王瓜葉無叉,則括樓、王瓜究爲二物。又《豳風·東山》正義引孫炎《爾雅》注云:“括樓,齊人謂之天瓜。”而不云名“王瓜”。《御覽》引《吳普本草》云:“栝樓,一名澤姑。”而不云名“藤姑”。則王瓜、藤姑明不與栝樓同,故《廣雅》專釋“藤菇、瓟瓡”爲王瓜,不混“括樓”之名於内也。《急就篇》説藥云:“遠志續斷參土瓜。”土瓜,即王瓜也。《神農本草》云:“王瓜,一名土瓜,味苦寒,主消渴内痺。”是入藥之土瓜,乃王瓜也。此與上文“土瓜,芴”同名而異物。顔師古《急就篇》注謂土瓜一名“菲”,一名“芴”,殆于《本草》之文有未檢也。

玉延[①]、藷藇,署預也。

今之山藥也,根大,故謂之藷藇。藷藇之言儲與也。《淮南·俶真訓》“儲與扈冶”,高誘注云:“褒大意也。”署預,猶藷藇耳。《北山經》云:“景山,其上多藷藇。”藷,與“藷”同。郭注云:“根似羊蹄,可食。”“曙豫”二音,今江東單呼爲“藷”,音儲,語有輕重耳。《廣韻》:“藷,署魚切;似薯蕷而大。”則後人又單呼其大者爲“藷”。蘇頌《本草圖經》云:“江湖閩中出一種薯蕷,根如薑芋之類而皮紫,極有大者,彼土人單呼爲藷,音若殊,亦曰山藷也。”《神農本草》云:“薯蕷,一名山芋,生嵩高山谷。”《御覽》引《吳普本草》云:“署豫,一名諸署,秦楚名玉延,齊趙名山芋,鄭越名土藷,一名脩脆,一名兒草,或生臨朐鍾山。始生赤莖細蔓,五月華白,七月實青黄,八月熟落,根中白皮黄,類芋。”《名醫别録》亦云:“秦楚名玉延。”延,名本譌作“廷”,今訂正。藷藇,通作“儲餘”。《御覽》引《范子計然》云:“儲餘,本出三輔,白色者善。”蘇頌《本草圖經》云:“薯蕷,葉青,有三尖角,似牽牛,更厚而光澤,夏開細白花,大如棗花。梁江淹《薯蕷頌》所謂‘花不可炫,葉不足憐’者也。”寇宗奭《衍義》云:“薯蕷,上一字犯宋英宗諱;下一字曰蕷,唐代宗名豫,故改下一字爲藥,今人遂呼爲山藥。”此謂“藥”字改於唐,“山”字改於宋也。案:韓愈《送文暢師北遊詩》云:“山藥煮可掘。”則唐時已呼“山藥”。别國異言,古今殊語,不必皆爲避諱也。

---

① 據《爾雅翼》等,當作“玉延”,原作“王延”。《疏證》部分亦然。鍾宇訊已正。

恆山[①],蜀桼也。

即常山也。葉曰恆山,苗曰蜀桼,其實一物也。桼,與"漆"同。《御覽》引《吳普本草》云:"蜀漆,葉一名恆山。如漆,葉與藍菁相似。"《名醫别録》云:"蜀漆,常山苗也。"《蜀本草圖經》乃謂常山葉名蜀漆,《本草衍義》又謂常山爲蜀漆根,皆誤矣。《神農本草》云:"常山,一名互草,生益州川谷。蜀漆生江林山川谷。"《漢書·地理志》"武陵郡很山",孟康云:"音恆。出藥草恆山。"《御覽》引《遊名山記》云:"橫陽諸山,草多恆山。"又引《范子計然》云:"蜀漆出蜀郡。"又引《建康記》云:"建康出蜀漆。"皆其出處也。《唐本草》注云:"常山,葉似茗,狹長,莖圓,兩葉相當,三月生白花青萼,五月結實青圓,三子爲房,生山谷閒,高者不過三四尺。"皆其形狀也。《金匱玉函要略方》云:"瘧多寒者,蜀漆散主之。"

藟,藤也。

藟,與"櫐"同。《爾雅》云"諸慮,山櫐",郭注云:"今江東呼櫐爲藤,似葛而麤大。"又"攝,虎櫐",注云:"今虎豆。纏蔓林樹而生,莢有毛刺。今江東呼爲欇櫑。"藟似葛,故古人以"葛、藟"並稱。《困》上六"困于葛藟",釋文引《毛詩草木疏》云:"藟,一名巨荒,似蘡薁,連蔓而生。幽州人謂之推虆。"《周南·樛木》篇"葛藟纍之",釋文引《草木疏》云"藟,葉似艾,白色,其子赤,可食。"文七年《左傳》云:"葛藟猶能庇其本根,故君子以爲比。"王逸注《九歎》云:"藟,葛荒也。"藟之與葛,其類同也。《名醫别録》謂之"千歲虆,一名虆蕪"。陶注云:"作藤生樹如葡萄,葉如鬼桃,蔓延木上,汁白。"案:藟之言纍也,藤之言縢也。纏蔓林樹,故謂之藟,亦謂之藤。《小雅·南有嘉魚》傳云:"纍,蔓也。"《秦風·小戎》傳云:"縢,約也。"約,亦纏也。《中山經》云:"卑山,其上多櫐。"郭注云:"今虎豆、貍豆之屬。櫐,一名縢。"是"藟"亦作"櫐","藤"亦作"縢",故其義同矣。《玉篇》云:"今揔呼草蔓延如藟者爲藤。"

石髮,石衣也。

《爾雅》云"薄,石衣",郭璞注云:"水苔也。一名石髮。江東食之,或曰藫。葉似䪤而大,生水底,亦可食。"案:藫,釋文音徒南反。藫、苔,一聲之轉也。郭璞《江賦》云:"緑苔鬖髿乎研上。"李善注引《風土記》云:"石髮,水苔也,青緑色,皆生於

① 恆,原作"恒",《疏證》同。

石。"又引《通俗文》云:"髮亂曰鬖髿。"蓋以其似髮,故有"石髮"之名也。《御覽》引《異物志》云:"石髮,海草,在海中石上藂生,長尺餘,大小如韭,葉似蕭莞而株莖無枝。以肉雜而蒸之,味極美。"此與《爾雅注》"似䰂而大,生水底,亦可食"者,或是一物,又石髮之别種矣。梁元帝《玄覽賦》云:"水底石髮。"倘亦是此也。水苔,或謂之水衣,或謂之水垢,或謂之魚衣。《説文》云:"菭,水衣也。"菭,與"苔"同。《淮南·泰族訓》"窮谷之汙,生以青苔",高誘注云:"青苔,水垢也。"《周官·醢人》"箈菹",鄭衆注云:"箈,水中魚衣也。"箈,與"苔"亦同。釋文云:"沈云:箈,北人音丈之反。"又《爾雅》釋文云:"菭,或音丈之反。"是"菭"與"治"古同音。故疾言之則爲"菭",徐言之則爲"陟釐"。陟釐正切"菭"字。《名醫别録》云:"陟釐,生江南池澤。"唐本注云:"此物乃水中苔。今取以爲紙,名苔紙,青黄色,體澀。"《小品方》云:"水中麤苔也。"《范東陽方》云:"水中石上生,如毛緑色者。"《藥對》云:"河中側梨。"側黎①、陟釐,聲相近也。王子年《拾遺記》云:"張華撰《博物志》,上晉武帝。武帝嫌繁,命削之,賜華側理紙萬張。子年云:'陟釐,紙也。此紙以水苔爲之。溪人語譌,謂之側理也。'"案:《御覽》"苔"下引《拾遺記》與此略同;其"紙"下所引則又云:"南人以海苔爲紙,其理縱横衺側,因以爲名。"與今本《拾遺記》合。"縱横衺側"之説,未免穿鑿,不若"語譌"之説爲善矣。石髮生山中石上者,别名"烏韭"。《神農本草》云:"烏韭,生山谷石上。"唐本注云:"此物即石衣也,亦曰石苔,又曰石髮,生巖石陰不見日處。"陳藏器云:"青翠茸茸,似苔而非苔也。"

采、蕖,采也。

采"字不應重出,上"采"字蓋衍文也。曹憲于上"采"字音似醉反。《爾雅·釋草》釋文亦引《廣雅》:"采、蕖,采也。"則隋唐閒已誤衍此字。《説文》云:"蕖,禾也。"引司馬相如《封禪書》云:"蕖一莖六穗。"又云:"采,禾成秀也;從禾,爪聲。俗作穗。"《廣韻》引《字林》亦云:"蕖,禾一莖六穗也。"案:《史記·司馬相如傳》正作"蕖",徐廣云:"蕖,瑞禾也。"《漢書》則作"導",鄭氏云:"導,擇也。"《顔氏家訓》以《封禪書》"導"字不當訓禾,云:"《封禪書》:'導,一莖六穗於庖。犧,雙觡共抵之獸。'此'導'訓擇,《光武詔》云:'非徒有豫養導擇之勞。'是也。而《説文》云'導'是禾名,引《封禪書》爲證,無妨自當有禾名'導',非相如所用也。'禾一莖六穗於

① 黎,似當依引文作"梨"。

庖',豈成文乎！縱使相如天才鄙拙,强爲此語,則下句當云'麟雙觡共抵之獸',不得云'犧'也。吾嘗笑許純儒,不達文章之體。如此之流,不足憑信。"徐鍇《説文繫傳》又以顏氏爲非,云:"'導'訓擇治,乃從寸,故漢有導官,不從禾也。相如云'導,一莖六穗於庖',猶言此禾也,則有一莖六穗在庖;此犧也,則有雙觡共抵之獸。上句末有'於庖'字,乃云'禾一莖六穗於庖'。下句末有'之獸'字,所以云'犧,雙觡共抵之獸',猶言殺此雙觡共抵之獸,交互對之爾。"引之案:《封禪書》云:"然後囿騶虞之珍羣,徼麋鹿之怪獸,導一莖六穗於庖,犧雙觡共抵之獸,獲周餘珍放龜於岐,招翠黄乘龍於沼。"首一字文義皆下屬。如云"此囿也,則有騶虞之珍羣",即與"然後"之文隔閡;云"此獲也,則有周餘珍放龜在岐",愈不辭矣。顏氏之説是也。䆃從禾而訓擇禾,於義甚允。"䆃、導"同聲而通訓,於音尤協。《封禪書》云:"䆃一莖六穗於庖。"崔駰《七依》云:"乃導玄山之粱①,不周之稻。"其義一也。《説文》引"䆃一莖六穗"而遺脱"於庖"二字,則知失檢原文,致有此錯。《字林》以下,相承不改,又曲爲之説,固非許氏之意。以許氏爲不達文章之體,亦未之細審也。《説文》"一莖六穗",乃説䆃之形狀,非謂穗一名䆃也。此云:"䆃,采也。"似又誤會《説文》矣。

秆、稈、稭,稾也。

秆、稭、稾,一聲之轉也。秆、稭、稾、稈,一聲之變轉也。

《説文》云:"稈,禾莖也。《春秋傳》曰:'或投一秉稈。'或從干作秆。"《説文》所引,乃昭二十七年《左傳》文。今本作"秆"字,杜預注云:"秆,稾也。"《孫子·作戰》篇云:"萁秆一石。"魏武帝注與杜預同。案:秆之言榦也,禾之榦也。今北方人謂禾莖曰秆草,以飼馬牛,又以爲簾薄。

《玉篇》云:"稈,稻稈也。"

《説文》又云:"稭,禾稾去其皮,祭天以爲席。"《漢書·郊祀志》"席用苴稭",應劭注與《説文》同。字或作"秸",或作"鞂"。《禹貢》云:"三百里納秸服。"釋文云"秸,本或作稭",引馬融注云:"去其穎也。"是馬以有莖無穗者爲稭也。《禮器》云:"莞簟之安而稾鞂之設。"鄭注云:"穗去實曰鞂。"是鄭又以有穗無實者爲稭也。案:《禹貢》"納總、納銍、納秸"相承,則"總"爲有莖有穗,"銍"爲有穗無莖,"秸"爲有莖無穗。《禮器》以"稾鞂"與"莞簟"對言,則"稾"爲有莖無穗,"鞂"爲有穗無

① 粱,原譌作"梁"。

實,於文各有所便也。"稾、䅌"對文則異,散文則通耳。"稭"爲禾稈之稱,因而麻稈亦謂之稭。《廣韻》:"藍,麻稈也;古諧切。或作稭。"是也。今江淮之閒,則又通呼秫莖爲秫稭,豆莖爲豆稭,麥莖爲麥稭,聲正如"皆"矣。

《衆經音義》卷十七引《倉頡篇》云:"稾,禾稈也。"《周官·封人》云:"共其水稾。"《吕氏春秋·任地》篇云:"子能使稾數節而莖堅乎?"今江淮閒以稻稈爲席薦,謂之稾薦,是稻稈亦稱"稾"也。稾,各本譌作"稟",今訂正。

黍穰謂之䅘。

《説文》云:"黍,禾屬而黏者也。以大暑而穜,故謂之黍。"《齊民要術》引《氾勝之書》云:"黍者,暑也,種者必以暑。"是《説文》所本也。《説文》又云:"梨,黍穰也。""穰,黍梨已治者。"梨[①],即"䅘"字。《廣韻》云:"穰,禾莖也。"則禾莖亦名爲"穰"。下文"稻穰、稷穰",皆假借名莖,惟"䅘"之名專在黍也。䅘,通作"茢"。襄二十九年《左傳》云:"使巫以桃茢先祓殯。"杜預注云:"茢,黍穰。"正義云:"《檀弓》云:'以巫祝桃茢執戈。'鄭玄云:'茢,萑苕,謂藡穗也。'杜云'茢,黍穰'者,今世苕帚,或用藡穗,或用黍穰,是二者皆得爲之也。"鄭衆注《周官·喪祝》作"桃厲"。厲,與"穲"同。《玉篇》《廣韻》並云:"䅘,或作穲。"《御覽》引《風俗通義》云:"燒穰殺瓠。俗説家人燒黍穰,則使田中瓠枯死也。"

稻穰謂之稈。

上文云:"秆[②],稾也。"秆,與"稈"同。昭二十七年《左傳》:"楚鄢將師令攻郤氏,且爇之。或取一編菅焉,或取一秉秆焉。"案:楚於職方屬荆州,其穀宜稻。所謂秆者,稻穰也。今江淮閒謂稻稈爲穰草,以炊飯,亦以飼馬牛。《本草拾遺》云:"稻穰主黄病。"(310)

稷穰謂之䅳。

稷莖之名"䅳",猶麻莖之名"䕻",蒲莖之名"蒻"也。《玉篇》云:"䕻,麻莖也。古文作䕻。"《士喪禮記》云:"御以蒲菆。"鄭注云:"蒲菆,牡蒲莖也。古文菆作蒻。"䕻、蒻、䅳,三字並以"芻"爲聲,義相近矣。《通藝録·九穀考》云:"稷、粱二穀見於

① 梨,原譌作"梸"。
② 秆,原誤作"稈"。

經者,判然兩事。若《詩·鴇羽》之'不能蓺黍稷''不能蓺稻粱';《周官·食醫》之'豕宜稷,犬宜粱';《聘禮》之'稷兩簠,粱在北''稷兩簠,粱在西','黍、粱、稻'皆二行,'稷'四行;《公食大夫禮》之'設黍稷六簋''授公飯粱';《禮記·内則》之'飯黍、稷、稻、粱";《玉藻》之'沐稷而靧粱';《喪大記》之'君沐粱,大夫沐稷,士沐粱',皆是也。秦漢以後多溷二穀而一之,舉'粱'者輒逸'稷',舉'稷'者又逸'粱'。粱者,粟之米也;粟者,禾之實也。《逸周書》言五方之穀,有'粟'無'稷';《吕氏春秋·審時》篇有'禾'無'稷',則舉'粱'而逸'稷'者也。《吕氏春秋·十二紀》《禮記·月令》《淮南·時則訓、天文訓、墬形訓、主術訓》《内經·素問·金匱真言論、五常政大論》《史記·天官書》皆言'稷'而不言'粱'。又若高誘《淮南·脩務訓》注、王逸《楚詞·大招》注亦有'稷'無'粱',則舉'稷'而逸'粱'者也。舉'粱'者非不知有'稷',直謂'稷'爲'粱'也;舉'稷'者非不知有'粱',直謂'粱'爲'稷'也。至韋昭《國語注》,則竟云:'稷,粱也。'顯與經相戾矣。惟後鄭注《太宰》'九穀',易司農'黍、稷、秫'爲'黍、稷、粱',蓋知'稷、粱'之不可以相兼,故並舉之。吾於是服康成之識之卓也。粱,今人謂之小米;稷,今人謂之高粱。高粱之種,先於諸穀。故《月令》'孟春,首種不入',注引舊説以'首種'爲'稷'也。《管子書》:'日至七十日,陰凍釋而蓺稷。''日至七十日',乃八九之末,俗謂'九裏種高粱',是也。高粱實最麤大,故謂之疏。疏,猶麤也。《論語》云:'疏食菜羹。'《玉藻》云:'稷食菜羹。'二經皆與'菜羹'並舉,則'疏、稷'一物,'疏'言其形,'稷'舉其名也。或即謂之麤。《左傳》云:'粱則無矣,麤則有之。''麤'對'粱'言之,正謂稷也。"引之案:此説析繆解紛,郅爲精卓,窮物之情,復經之舊,援古證今,其辨明矣。原説甚詳,今録其略焉。《廣雅》之"稷",蓋亦誤指"粱"言之。下文"藋粱,木稷",方是古之"稷"耳。

麻黄莖,狗骨也。

詳見上文"龍沙,麻黄也"下。

白芷,其葉謂之葯。

芷,與"茝"古同聲。芷,即茝也。《説文》云:"茝,繭也。楚謂之蘺,晉謂之繭,齊謂之茝。"《内則》云:"婦或賜之茝蘭。"釋文云:"茝,本又作芷。"《楚詞·離騷》云:"扈江離與辟芷兮。"王逸注云:"辟,幽也。芷幽而香。"《招魂》云:"菉蘋齊葉兮白芷生。”白芷，以根白得名也。蘇頌《本草圖經》云：“白芷，根長尺餘，白色，粗細不等，枝榦去地五寸已上，春生葉，相對婆娑，紫色，闊三指許。”是白芷根與葉殊色，故以“白芷”名其根，又别以“葯”名其葉也。若然，則《九歌》云：“辛夷楣兮葯房，芷葺兮荷屋。”《七諫》云：“捐葯芷與杜衡兮。”《九懷》云：“芷閭兮葯房。”當並是根、葉分舉矣。但芷、葯雖根、葉殊稱，究爲一草，故王逸《九歌》注云：“葯，白芷也。”《西山經》“虢山，其草多葯”，《淮南・脩務訓》“身若秋葯被風”，郭璞、高誘注並與王逸同。是白芷亦得通稱爲“葯”也。白芷葉，又名蒚麻。《名醫别録》云：“白芷，一名白茝，一名虈，一名莞，一名苻蘺，葉名蒚麻。”蓋即以爲《爾雅》之“莞，苻蘺。其上蒚”矣。

公蕡、〔蘸〕葇、蕭、𦯬、荏，蘇也。

《爾雅》云：“蘇，桂荏。”郭注云：“蘇，荏類，故名桂荏。”《方言》云：“蘇，荏也。關之東西或謂之蘇，或謂之荏；周鄭之閒謂之公蕡；沅湘之南或謂之𦯬，其小者謂之蘸葇。”郭注云：“今江東人呼荏爲䓗，長沙人呼野蘇爲𦯬。蘸葇，薰葇也，亦蘇之種類，因名云。”案：蘸葇，即香葇也。郭注云“薰葇”，薰，亦香耳。《玉篇》云：“葇，香葇菜，蘇類也。”《集韻》云：“葇，菜名，似蘇。”《名醫别録》作“香薷”，陶注云：“家家有此。惟葉生食。”蘇頌《圖經》云：“似白蘇而葉更細。一作香葇，俗呼香茸。又有一種石上生者，莖葉更細而辛香彌甚，謂之石香薷。”《開寶本草》云：“石香葇，一名石蘇。”據此，則“香葇”即蘇之别種，莖葉小於蘇，故《方言》云“其小者謂之蘸葇”也。香葇、香茸，聲之轉。孟詵《食療本草》謂之“香戎”，“戎”與“茸”同聲。顏師古《匡繆正俗》云：“戎，即葇也。俗語變譌，謂之戎耳，猶今之香葇謂之香戎也。”蘸，曹憲音穰。各本脱去“蘸”字，音内“穰”字又誤入正文。《集韻》《類篇》“蘸”音汝兩切，引《廣雅》：“蘸葇，蘇也。”今據以訂正。

諸書無言蘇名“蕭”者，“蕭”上當有“葶”字。《中山經》云：“熊耳之山有草焉，其狀如蘇而赤華，名曰葶蕭，可以毒魚。”葶蕭似蘇而以爲蘇，猶蘸葇矣。

𦯬，荏屬也。荏，白蘇也。《名醫别録》陶注云：“蘇葉下紫而氣甚香。其無紫色，不香似荏者，名野蘇。”此即《方言注》所云“長沙人呼野蘇爲𦯬”者也。陶注又云：“荏，狀如蘇高大，白色，不甚香。其子研之雜米作糜，甚肥美，東人呼爲䓗。”此即《方言注》所云“江東人呼荏爲䓗”者也。蘇頌《圖經》云：“蘇有魚蘇、山魚蘇，皆是荏類。魚蘇似茵蔯，大葉而香，吴人以煮魚者，一名魚蓉。生山石間者名山魚蘇。"案："魚、蕉"同聲，以是荏類，故亦得名魚耳。鄭注《内則》"薌無蓼"云："薌，蘇荏之屬也。"枚乘《七發》云："秋黄之蘇，白露之茹。"張衡《南都賦》云："蘇蔱紫薑，拂徹羶腥。"蓋其氣辛香，故用之也。今人多種院落中，有青、紫二種，子皆生莖節間。古單呼紫者爲"蘇"，今則通稱耳。《齊民要術》引《氾勝之種植書》云："區種荏，令相去三尺。"

秈，稉也。

《説文》云："秔，稻屬。"俗作"稉"。《衆經音義》卷四引《聲類》云："秔，不黏稻也。江南呼秔爲秈。"《漢書·東方朔傳》云："馳騖禾稼稻秔之地。"《齊民要術》引崔寔《四民月令》云："三月可種稉稻。"《御覽》引《廣志》云："稉有烏稉、黑穬、青幽、白夏之名。"是稉之屬非一種也。《周官·食醫》"牛宜稌"，鄭衆注云："稌，稉也。"蓋專以"稌"之名屬稉。然《爾雅》"稌、稻"自是大名，"稉"特其不黏者耳。今江北呼秈稻聲如"宣"。秈凡數種，惟白秈至八月熟，最遲，亦最美。北方人呼之爲稉米。《九穀考》云："稉之爲言硬也，不黏者也。"今案：秈之爲言宣也，散也，不相黏箸之詞也。秈，從禾，山聲。山、宣、散，三字古聲義相近。《説文》云："山，宣也，宣氣散生萬物。"是其例矣。《説文》又云："穬，稻紫莖不黏者。""穅，稻不黏者。"亦秈之類也。

秫，稬也。

《爾雅》云："粢，稷。衆，秫。"《説文》云："秫，稷之黏者。""稬，沛國謂稻曰稬。"《爾雅》釋文引《字林》云："糯，黏稻也。"糯，與"稬"同。是"秫"爲黏稷，"稬"爲黏稻，二者本不同物。故經傳言"秫"，無一是黏稻者。但以稬、秫俱黏，故後世稱稬者亦得假借稱"秫"。《唐本草》注引《氾勝之種植書》云："三月種秔稻，四月種秫稻。"《晉書·陶潛傳》云："五十畝種秫，五十畝種秔。"崔豹《古今注》云："稻之黏者爲秫。"《世説·任誕》篇云："今年田得七百斛秫米，不了麴糵事。"《名醫别録》云："秫米味甘微寒，止寒熱，利大腸，療漆瘡。"唐本注云："此米功用是稻秫也。今大都呼稻秫爲糯矣。"《爾雅》釋文云："江東人皆呼稻米爲秫米，嚼稻米以治漆瘡亦驗。"皆是也。《名醫别録》又别有"稻米"，《匡謬正俗》云："今稬米也。許氏《説文解字》曰：'稻，稌也。沛國謂稻爲稬。'又《急就篇》：'稻黍秫稷粟麻秔。'左太沖

《蜀都賦》曰:‘粳稻漠漠。’益知‘稻’即稉,共‘粳’並出矣。然後以‘稻’是有芒之穀,故於後或通呼粳、稉揔謂之稻。孔子曰:‘食夫稻。’《周官》有‘稻人’之職,漢置‘稻田使者’。此並非指屬稻稉之一色,所以後人混稉,不知‘稻’本是稉耳。”《九穀考》云:“《七月》之詩:‘十月穫稻,爲此春酒,以介眉壽。’《月令》:‘仲冬,乃命大酋,秫、稻必齊。’《内則》《雜記》並有‘稻醴’。《左傳》:‘進稻醴、粱糗。’《内經》:‘黄帝問爲五穀湯液及醪醴,岐伯對曰:必以稻米,炊之稻薪。’皆言釀稻爲酒醴。是以‘稻’爲黏者之名,黏者以釀也。《内則》‘糁酏用稻米’,《籩人》職之‘餌餈’,注亦以爲用稻米,皆取其黏耳。而《食醫》之職‘牛宜稌’,鄭司農説‘稌,粳也’,又引《爾雅》云:‘稌,稻。’是又以‘粳’釋‘稻’。粳,其不黏者也。孔子曰‘食夫稻’,亦不必專指黏者言。《職方氏》揚、荆諸州,亦但云‘其穀宜稻’,吾是以知‘稌、稻’之爲大名也。”引之案:《詩》以“黍、稷、稻、粱”並舉,明皆大名也。稻之不黏者名“秔”,後遂專呼黏者爲“稻”。猶黍之不黏者名“穄”,後遂專呼黏者爲“黍”耳。

䵖、穈、穄稈,穄也。

䵖,舊本作“䵖”,此曹憲避隋文帝諱而缺其末畫也。䵖,與“鏖”同。穈,與“糜”同。

《衆經音義》卷十一引《倉頡篇》云:“穄,大黍也。”又云:“似黍而不黏。關西謂之糜。”《説文》云:“糜,穄也。”

穄稈,穀名。《玉篇》云:“鏖,糜也。”《吕氏春秋·本味》篇云:“飯之美者,陽山之穄。”高誘注云:“穄,關西謂之糜,冀州謂之鏖。”《穆天子傳》云:“赤烏之人獻穄麥百載。”郭璞注云:“穄,似黍而不黏。”《後漢書·烏桓傳》云:“其土地宜穄。”陳藏器《本草拾遺》云:“糜、穄一物,性冷,塞北最多,如黍黑色。”案:《隋書·禮儀志》云:“北齊藉於帝城東南千畝,内種赤黍、黑穄。”則穄自有黑者,然此特其中一種耳。《齊民要術》引《廣志》云:“穄有赤、白、黑、青、黄,凡五種也。”《九穀考》云:“《説文》以禾況黍,謂黍爲禾屬而黏者,非謂禾爲黍屬而不黏者也。是故禾屬而黏者黍,則禾屬而不黏者糜。對文異,散文則通稱黍,謂之禾屬。要之,皆非禾也。《古今注》言禾之黏者爲黍,亦謂之穄,亦曰黄米,則是以黍爲禾之黏者,其不粘者即禾也。失之遠矣。糜之稱黍,其證有五:《爾雅》:

‘秬，黑黍。’《内則》‘飯黍、稷、稻、粱、白黍、黄粱’，鄭氏注：‘黍，黄黍也。’《韓非子》：‘吴起欲攻秦小亭，置一石赤黍東門外。’經傳中見‘黑黍、白黍、黄黍、赤黍’，不見‘黑糜、白糜、黄糜、赤糜’，則知散文通稱黍也，此一證也。嘗索取農人所藏黍種，有赤、白、青、黑之别，而獨無黄黍；惟糜則類多黄者，且色愈黄則愈不黏。然則《内則》注所云‘黄黍’者，糜也，穄也；而《内則》則直謂之黍，此二證也。古以黏黍釀酒及爲餌、餈、酏、粥之屬，其爲飯則用不黏者。不黏者糜也，故《特牲饋食禮》有‘摶黍’之儀；以其不相黏箸，故摶之也。所用是糜，而經文則稱爲黍，此三證也。《周官·土訓》‘掌道地圖，以詔地事’，注云：‘説九州所宜。若云荆揚地宜稻，幽并地宜麻。’釋文云：‘麻，一本作麖[①]。’余案此字必‘糜’字之譌。蓋鄭注所謂‘若云’者，實據《職方氏》。《職方》‘荆揚’但云‘宜稻’，與此注合；而‘幽州’‘宜三種’，‘并州’‘宜五種’，注皆有‘黍’無‘麻’，是‘麻’當爲‘糜’，糜即謂黍也，此四證也。《夏小正》、伏生《尚書大傳》、《淮南子》、劉向《説苑》皆云‘大火中種黍菽’，而《吕氏春秋》則云‘日至樹麻與菽’。麻生於二三月，夏至後則刈麻矣。今云‘日至樹麻’，其爲‘樹糜’之譌無疑。《夏小正》諸書並云‘黍菽’，吕氏言‘糜菽’，是‘糜、黍’互通之確據也，此五證也。然則糜爲黍之一種，顯然甚明。而唐蘇恭乃云：‘《本草》載稷不載穄，稷即穄也。今楚人謂之稷，關中謂之糜，呼其米爲黄米，與黍爲秈秫。’則是以黏者爲黍，不黏爲稷也。不知黍中之有穄，猶稷中之有秫、稻中之有秔。一穀自兼二種，安可以黍之不黏者爲稷乎？今太原以東呼黏者爲黍子，不黏者爲糜子。武邑人亦呼之曰‘黍子、糜子’，而呼黍之米曰‘黄米’、糜之米曰‘穄米’。穄，音與‘稷’相近，此後人之所以誤指‘穄’爲‘稷’也。《説文》‘糜、穄’互釋，‘稷、齋’互釋，其爲二物甚明。以‘穄’冒‘稷’，豈不謬哉！”

引之案：今北人呼糜爲“糜黍”，亦稱“穄子”。“穄、稷”之音相似而不同，雖今江淮之閒亦呼爲穄米，無作“稷”稱者。蘇恭所言“楚人謂之稷”，恐楚人自是呼“穄”，蘇氏誤聽以爲“稷”耳。稷種於孟春，故《月令》謂之“首種”；穄與黍五月始種，故《齊民要術》云：“夏種黍穄。”“穄”之不得爲稷明矣。至李時珍以“穄”爲稷，以“糜”爲黍。穄、糜一物而二之，此則蘇恭未有之誤，不足深辨者也。

---

① 本，原譌作“木”。

䕸,〔麻也〕。

各本脱去"麻也"二字,遂與下"𪎭也"混爲一條。《集韻》《類篇》引《廣雅》:"䕸,𪎭也。"則宋時《廣雅》本已譌。案:諸書無訓"䕸"爲𪎭者。《御覽》《藝文類聚》並引《廣雅》:"䕸,麻也。"今據以補正。

《爾雅》"黂,枲實",《齊民要術》引孫炎注云:"黂,麻子也。"釋文云:"黂,本或作蕡。"《説文》則作"萉",云:"萉,枲實也。或從麻賁作䕸。"《周官·籩人》"朝事之籩,其實麷蕡",鄭衆注云:"熬麥曰麷,麻曰蕡。"《少牢下》篇"麷蕡坐設於豆西",鄭注云:"蕡,熬枲實也。"案:䕸者,實之貌也。《周南·桃夭》篇"有蕡其實",傳云:"蕡,實貌也。"是其義矣。麻子名䕸,因名有子之麻爲䕸。《淮南·説林訓》云:"黂不類布而可以爲布。"高誘注云:"黂,麻之有實者。"是也。麻有䕸者即稱爲䕸,猶麻盛子者即稱爲芓。《爾雅》云:"莩,麻母。"《齊民要術》引孫炎注云:"莩,苴麻盛子者。"《説文》"莩"作"芓",是也。麻子名䕸,因名有子之麻爲䕸,猶麻子名苴,因名有子之麻爲苴。《豳風·七月》篇"九月叔苴",傳云:"苴,麻子也。"《喪服》"苴絰",傳云:"苴,麻之有蕡者。"是也。䕸、藴,聲相近,故䕸又謂之藴。《齊民要術》引崔寔《四民月令》云:"苴,麻之有藴者,莩麻是也。一名黂。"《御覽》引《吴普本草》云:"麻子,一名麻藴,一名麻蕡。"是"䕸"即"藴"也。麻子謂之藴,亦謂之䕸。因而麻蒸謂之藴,亦謂之䕸;因而碎麻謂之藴,亦謂之䕸。《漢書·蒯通傳》"即束緼請火於亡肉家",謂束麻蒸取火也。《説文》云:"熜,然麻蒸也。"《管子·弟子職》篇"昏將舉火,執燭隅坐。錯總之法,横於坐所。蒸閒容蒸,然者處下",總,與"熜"同。是古人取火多用麻蒸。《周官·司烜氏》"凡邦之大事,共墳燭庭燎",故書"墳"爲"蕡",鄭衆注云:"蕡燭,麻燭也。"《淮南·説林訓》云:"黂燭捔,膏燭澤。"亦謂麻蒸爲燭耳。是麻蒸謂之藴,亦謂之䕸也。《論語·子罕》篇"衣敝緼袍",孔傳云:"緼,枲著也。"皇侃義疏云:"以碎麻著裹也。"碎麻曰緼。《列子·楊朱》篇"宋國有田夫,常衣緼黂",張湛注云:"黂,亂麻也。"亂麻,猶碎麻耳。是碎麻謂之藴,亦謂之䕸也。《神農本草》"麻子"外别出"麻蕡",云:"一名麻勃。"《名醫别録》云:"此麻花上勃勃者。"則又以"蕡"爲花,與傳注異。《御覽》引《吴普本草》以"麻子"爲"麻蕡",以"麻勃"爲"麻花",斯得其實矣。

麻也。

各本“麻”下有“誅”字之音。案:《説文》《玉篇》《廣韻》並無“麻”字,正文及音皆不知何字之譌。其字之上下亦不知脱去何字。

大豆,尗也。

尗,本豆之大名也。《説文》:“尗,豆也;象尗豆生形。”字又作“菽”。《藝文類聚》引楊泉《物理論》云:“菽者,衆豆之摠名。”《管子·地員》篇云:“五觳之狀婁婁然。不忍水旱,其種大菽、細菽。”《吕氏春秋·審時》篇云:“大菽則圓,小菽則摶以芳。”是大小豆皆名菽也。但小豆別名爲荅,而大豆仍名爲菽,故“菽”之稱專在大豆矣。陶宏景注《名醫别録》“稷米”引董仲舒云:“菽是大豆,有兩種。”《小雅·采菽》箋云:“菽,大豆也,采其葉以爲藿。”又《小宛》云:“中原有菽,庶民采之。”正義云:“菽者,大豆也。”《魯頌·閟宫》“稙稺菽麥”,《檀弓》“啜菽飲水”,釋文並云:“菽,大豆也。”《春秋》定公元年“隕霜殺菽”,《漢書·五行志》載之,劉向以爲“菽,草之彊者”。顔師古注云:“菽,大豆也。”大豆春、夏皆可種。《齊民要術》引《氾勝之種植書》云:“大豆保歲易爲宜,古之所以備凶年也。三月榆莢時有雨,高田可種大豆。”又云:“夏至後二十日尚可種,戴甲而生,不用深耕。”是也。鄭衆注《太宰》“九穀”,大豆與居一焉,蓋自古重之矣。大豆又名“荏菽”,聲轉而爲“戎菽”。《大雅·生民》云:“蓺之荏菽。”傳用《爾雅》云:“荏菽,戎菽也。”箋云:“戎菽,大豆也。”正義云:“《釋草》云:‘戎菽謂之荏菽。’孫炎曰:‘大豆也。’”此箋亦以爲大豆。樊光、舍人、李巡、郭璞皆云:“今以爲胡豆。”璞又云:“《春秋》‘齊侯來獻戎捷’,《穀梁傳》曰:‘戎菽也。’《管子》亦云:‘北伐山戎,出冬蔥及戎菽,布之天下。’今之胡豆是也。”案:《爾雅》“戎菽”皆爲大豆,注《穀梁》者亦以爲大豆也;郭璞等以“戎菽”爲胡豆。后稷種穀,不應捨中國之種而種戎國之豆。即如郭言,齊桓之伐山戎,始布其豆種,則后稷之所種者,何時絶其種乎,而齊桓復布之?《禮》有“戎車”,不可謂之“胡車”。明“戎菽”正大豆是也。《九穀考》云:“《爾雅·釋詁》壬、戎皆訓爲大。‘壬’與‘荏’字可通,荏菽、戎菽,大豆之稱也。《管子》書‘戎菽’,或别是一種,非后稷之所樹者。”

小豆,荅也。

《説文》云:“荅,小尗也。”陶宏景注《别録》“稷米”引董仲舒云:“小豆,一名荅,有三四種。”鄭衆注《周官·掌客》云:“秅,讀爲‘秅、秭、麻、荅’之秅。”《九章算術·粟米》章云:“菽、荅、麻、麥各四十五。”李籍音義云:“菽,大豆也。荅,小豆也。”漢《婁壽碑》“麤絺大布之衣,𥻆糙疏菜之食”,𥻆糙,與“糲荅”同。小豆,古投壺之禮用之。《投壺》云:“壺中實小豆焉,爲其矢之躍而出也。”鄭注云:“實以小豆,取其滑且堅。”鄭衆注《太宰》“九穀”並列“大、小豆”,則小豆之重等於大豆也。小豆種於四五月。《齊民要術》云“小豆夏至後十日種者爲上時”,引《氾勝之種植書》云:“小豆不保歲難得,椹黑時注雨種,畝一升。”又引崔寔《四民月令》云:“四月時雨降,可種大小豆。美田欲稀,薄田欲稠。”

豍豆、豌豆,蹓豆也。

《齊民要術》引崔寔《四民月令》云:“正月可種春麥、豍豆,盡二月止。”案:今北方人種豌豆在正月中,與《四民月令》相符,故北方農人爲之語云“豌豆、大麥不出九”也。南方人種之則於八九月。此土地異宜,故遲速不齊也。豌豆枝莖柔弱,布地而生,葉閒有鬚連卷然,葉形頗圓,兩兩相值。初生時肥嫩可食,南方人多摘以爲蔬,味極美;三四月放小花四辦,向内者二,向外者二,亦皆相對,花色淡紫可愛;四五月作莢,長寸餘,莢中子皆圓如珠子,煮食之香美,亦可以爲醬,大抵與麥偕熟耳。《齊民要術》云:“豍豆,大豆類也。豌豆,小豆類也。”則是分豍豆、豌豆爲二,與《廣雅》異,所未詳也。

胡豆,䜢𧯠也。

《御覽》引《神農本草》説“生大豆”云:“張騫使外國,得胡豆,或曰戎菽。”《大雅·生民》正義引舍人、樊光、李巡三家《爾雅》注,皆謂:“戎菽,今以爲胡豆。”郭璞《爾雅注》、孟康《漢書·天文志》注、徐邈《穀梁》莊三十一年《傳》注亦同。依徐邈《穀梁傳》注,則胡豆之來,在齊桓之世;依《本草》,則在漢武之時。説之當否,皆未可定。要自舍人《爾雅注》,始見“胡豆”之名也。《本草》所説張騫得“胡豆”,在“生大豆”條下,則是即以“胡豆”爲大豆。案:《齊民要術》引《廣志》云:“大豆有黄落豆,有御豆。”又云:“胡豆有青有黄者。”則大豆、胡豆爲二物。故舍人、樊光等以《爾雅》“戎菽”爲“胡豆”,而孫炎則改從《詩》箋釋以“大豆”。《御覽》又引郭璞注,不從孫炎“大豆”,而訂爲“胡豆”之説,明“胡豆”非大豆也。《名醫别録·序例》云:“丸藥如胡豆者,即今青斑豆也,以二大麻子準之。"孫思邈《千金備急方》云:"青小豆,一名胡豆。"陳藏器《本草拾遺》云:"胡豆,苗似豆,生野田閒,米中往往有之。"則"胡豆"正是小豆之屬,故《廣雅》"大豆、胡豆"不同釋也。

大麥,麰也。

此與下"小麥,麳也"俱釋《周頌》"來牟"之義。《周頌·思文》云:"貽我來牟。"傳云:"牟,麥也。"箋云:"武王渡孟津,後五日,火流爲烏,五至,以穀俱來。此謂'貽我來牟'。"又《臣工》"於皇來牟",箋云:"於美乎赤烏以牟麥俱來。"是不以"來"爲麥也。《漢書·劉向傳》引《詩》作"釐麰"而釋之云:"釐麰,麥也,始自天降。"則"來、牟"俱是麥,於文義爲允也。《説文》云"來,周所受瑞麥來麰,一麥二鏠,象芒刺之形。天所來也,故爲'行來'之來",引《詩》曰:"詒我來麰。"又云:"齊人謂麥爲秾。"秾,與"來"通。又云:"麰,來麰,麥也。"則亦以"來、麰"爲麥,與劉向同,但不言大小耳。李善注《典引》,引《韓詩》薛君《章句》云:"麰,大麥也。"麰,與"麰"同。《孟子·告子》篇"今夫麰麥,播種而耰之,其地同,樹之時又同,浡然而生,至於日至之時皆熟矣",趙岐注云"麰麥,大麥",引《詩》云:"貽我來麰。""來、麰"對文,"麰"爲大,則"來"爲小矣。古謂大爲牟。《御覽》引《淮南子注》云:"牟,大也。"大麥,故稱"牟"也。《玉篇》云:"麰,春麥也。""麷,大麥也。"麷,與"穬"通。案:《齊民要術》引崔寔《四民月令》云:"凡種大小麥,得白露節可種薄田,秋分種中田,後十日種美田。唯穬早晚無常,正月可種春麥,盡二月止。"是穬麥、春麥,皆與大麥異物。然蕭炳《四聲本草》云:"穬麥,大麥之類,山東、河北人正月種之,名春穬,形狀與大麥相似。"云"春穬","正月種",則即崔寔所謂"正月種春麥"者矣;"形與大麥相似",故《玉篇》以爲"麰"也。今北方人種春麥者,多是小麥。別有一種大麥,二月種之,三月即熟,濟南人謂之三月黄,亦"春穬"之類也。《御覽》引《吴普本草》云:"大麥,一名穬麥。"蓋二麥相類,故亦得通名。陳藏器《本草拾遺》乃云:"大麥是麥米,穬麥是麥殻。"案:《四民月令》"大小麥"外别言"種穬",《藝文類聚》引《魏黄觀奏》亦云:"小麥略盡,惟穬麥、大麥頗得半收。"則大麥、穬麥,自是二種,陳説非也。蘇恭《本草》注則又以"大麥"爲"青稞麥"。案:《齊民要術》云:"青稞麥與大麥同時熟。"其爲二物甚明,蘇説亦非也。大麥之熟,先於小麥。《吕氏春秋·任地》篇云:"孟夏之昔,殺三葉而穫大麥。"高誘注云:"是月之季,大麥熟而可穫。大麥，旋麥也。"案：孟夏之季，始穫大麥，則小麥猶未熟。《月令》"孟夏之月，農乃登麥"，當是大麥矣。今大麥、小麥各有有芒、無芒二種，無芒者良。大麥可煮食，小麥則作餅用之。鄭注《月令》云："麥者，接絶續乏之穀，尤重之。"故《周官·太宰》"九穀"鄭衆注以"大、小麥"並言，蓋"貽我來牟"，有不可偏廢者耳。

小麥，麳也。

説詳上文"大麥，麰也"下。

葤、菘，茅穗也。

茅穗，茅秀也。

葤，與"荼"同。《鄭風·出其東門》篇"有女如荼"，傳云："荼，英荼也，言皆喪服也。"箋云："荼，茅秀，物之輕者，飛行無常。"正義云："言'荼，英荼'者，《六月》云'白旆英英'，英是白貌，茅之秀者，其穗色白，言女皆喪服，色如荼然。"《吴語》"白常、白旗、素甲、白羽之矰，望之如荼"，韋昭云："荼，茅秀。"亦以白色爲"如荼"，與此傳意同。案：《考工記》"鮑人之事，望而眂之，欲其荼白也"，鄭注云："當如茅秀之色。"《漢書·禮樂志》"顔如荼"，應劭注云："荼，野菅，白華也。言此奇麗，白如荼也。"野菅，即茅屬。《説文》云："菅，茅也。"是茅穗名"荼"，義取白色也。蘇頌《本草圖經》云："茅，春生苗布地如針，夏生白花茸茸然。"即所謂荼矣。古者用荼以爲席箸。《夏小正》云："四月取荼。"傳云："荼也者，以爲君薦蔣也。"《士喪禮記》云："茵箸用荼。"鄭注云："荼，茅秀也。"《周官·掌荼》"掌以時聚荼以共喪事"，鄭注云"共喪事者，以箸物也"，引《士喪禮記》："茵箸用荼。"皆是也。

《説文》云："菘，茅秀也；從艸，私聲。"案：《説文》云："私，禾也，北道名禾主人曰私主人。"私，與"菘"同聲，當亦是禾秀之稱，後乃通名禾爲"私"耳。私、穗，正一聲之轉也。茅穗名"菘"，禾穗亦名"私"，猶茅穗名"葤，禾穗亦名"葤"。《廣韻》云："稌，穗也。"《集韻》云："禾穗曰稌。或從斜作葤。"《玉篇》《廣韻》並云："葤，穗也。"不言"茅穗"，則爲禾穗可知。故禾穗之亦名"菘"，可以"葤"定之也。葤、菘，亦一聲之轉。

蒲穗謂之蕁。

《廣韻》云："蕁，蒲秀也。"秀，亦穗也。《爾雅》云："莞，苻蘺，其上蒚。"郭注云："今西方呼蒲爲莞蒲，蒚謂其頭臺首也。"臺首，即其作穗處矣。《玉篇》云："蒚，謂今蒲頭有臺,臺上有重臺,中出黄,即蒲黄也。"《神農本草》有"蒲黄",陶注云:"此即蒲釐花上黄粉也。"蘇頌《圖經》云:"蒲,今處處有之,春初生嫩葉,未出水時紅白,色茸茸然;至夏抽梗於叢葉中,花抱梗端,如武士棒杵,故俚俗謂蒲槌,亦謂之蒲釐花。黄,即花中蘂屑也,細若金粉,當其欲開時,有便取之,市廛閒亦採,以蜜搜作果食貨賣,甚益小兒。"案:今蒲草初作穗時,有黄籜裹之,穗上有重臺;長大則籜拆裂,隨風落去,穗上重臺亦漸枯;其穗皆紫茸四周,密密相次,長五六寸,形正圓,高郵人謂之蒲棒頭,以其形似之也。謝靈運《於南山往北山經湖中瞻眺》詩云:"新蒲合紫茸。"李善注云:"謂蒲華也。"謝朓《詠蒲》詩云:"暮蕊雜椒塗。"亦是此耳。蒲穗形圓,故謂之蓴。蓴之爲言團團然叢聚也。《説文》云:"蓴,蒲叢也。"蒲草叢生於水,則謂之蓴;蒲穗叢生莖末,亦謂之蓴。訓雖各異,義實相近也。

箘、簬、簣、䉋笴、籣、籥,箭也。

《説文》云:"簬,古文作簵。"《禹貢》云:"惟箘簵楛,三邦底貢。"鄭注云:"箘簵,聆風也。"又注《考工記》"妢胡之笴",云"妢胡,胡子之國,在楚旁。笴,矢幹也",引《禹貢》:"荆州貢箘簵楛。"是箘簵、楛皆可爲箭,故《趙策》云:"襄子無矢,發楛而試之,其堅則箘簬之勁不能過也。"箘簵,一名聆風,故馬融《長笛賦》云:"特箭稾而莖立兮,獨聆風於極危。"言"箭稾"而及"聆風",明其可以爲箭也。箘簬,或作"筤簬",《楚辭·七諫、哀時命》並云"筤簬雜於黀蒸兮";又作"宛路",《吕氏春秋·直諫》篇云"荆文王得茹黄之狗,宛路之矰",《説苑·正諫》篇"宛路"作"箘簬"。"茹黄"與"箘簬"對言,"茹黄"是一狗之名,則"箘簬"亦似是一竹之名。戴凱之《竹譜》從《禹貢》傳以"箘簵"爲二竹,而亦不能分何者爲箘,何者爲簵,但云"是會稽箭類,皮特黑澀"而已。然《淮南·本經訓》云:"松柏菌露,宛而夏槁。"高注云:"菌露,竹筅也。"菌露,與"箘簵"同。"松柏、箘簵"對文,則"箘"之與"簵",猶"松"之與"柏",一種之中少有不同也。又《中山經》云:"暴山,其木多竹箭䉋箘。"郭注云:"箘,亦篠類,中箭。"單言"箘",則别有"簵"可知也。箘之言圓也。《説文》云:"圜謂之困,方謂之京。"是"困、圓"聲近義同。箭竹小而圓,故謂之箘也。竹圓謂之箘,故桂之圓如竹者,亦謂之箘。《名醫别録》云:"菌桂正圓如竹。"是也。竹圓謂之箘,故簙箸形圓亦謂之箘。《方言》云:"簙,或謂之箘,或謂之箭裏,或謂之夗專,或謂之匳璇,或謂之棊。"案:夗專、匳璇,皆圓之貌。夗專,猶宛轉也。箄𥰭謂之箭,亦謂之箘;竹謂之箭,亦謂之箘;箄箭謂之箘,亦謂之宛轉;箭竹謂之箘簬,亦謂之宛簬,其義一也。

簸笴,即鏑竹。詳見上文"箭、鏑,簌也"下。

簫,古"篠"字。馬融《長笛賦》云:"林簫蔓荆。"李善注云:"簫,與篠通。"《爾雅》云:"篠,箭。"《説文》"篠"作"筱",云"箭屬,小竹也。筱可爲矢",引《夏書》:"瑶、琨、筱、簜。"今本"筱"作"篠"。篠之爲言猶小也。

《竹譜》云:"篽,細竹也,出《蜀志》,薄肌而勁,中三續射博箭。篽,音衛。見《三倉》。"字通作"衛"。《淮南·原道訓》云:"射者扜烏號之弓,彎綦衛之箭。"《兵略訓》云:"括淇衛箘簵。"淇,與"綦"同。"淇衛、箘簵"對文,皆箭竹之名也。《方言》云:"箄,或謂之箭裹,或謂之𥰭。"《竹譜》云:"篽,竹中博箭。"是篽與𥰭一物也。𥰭、綦,古同聲。以"篽"爲博箭謂之𥰭,以"篽"爲射箭,則亦謂之綦耳。綦者,箭莖之名。《説文》云:"萁,豆莖也。"《孫子·作戰》篇"萁秆一石",魏武帝注云:"萁,豆稭也。"稭,猶莖也。豆莖謂之萁,箭莖謂之綦,聲義並同矣。乃高誘注《原道訓》云:"綦,美箭所出地名也。衛,利也。"注《兵略訓》云:"淇衛,箘簵、箭之所出也。"《竹譜》引《淮南子》而釋之云:"淇園,衛地,《毛詩》所謂'瞻彼淇奥,緑竹猗猗'是也。"案:淇特衛之水名,先言"淇"而後言"衛",則不詞矣。晉有澤曰董,蒲之所出也,然不得曰"董晉之蒲";楚有藪曰雲,竹箭之所生也,然不得曰"雲楚之竹箭"。且淇水之地,去堯都非甚遠,當禹作貢時,何反不貢箘簵,而貢者乃遠在荆州乎!

箭,矢竹也。亦詳上文"箭、鏑,簌也"下。

昀案:簀未作疏證。

蕪、奚毒,附子也。一歲爲萴子,二歲爲烏喙,三歲爲附子,四歲爲烏頭,五歲爲天雄。

蕪,《玉篇》作"蘺"。奚毒,一作"鷄毒"。《淮南·主術訓》云:"天下之物,莫凶於鷄毒,然而良醫槖而藏之,有所用也。"附子可以殺人。《漢書·外戚傳》云:"即擣附子,齎入長定宫。"是也。又可以爲糞田之用。《齊民要術》引《氾勝之種植書》云:"取骨汁以漬附子。"是也。

"萴子"以下五等之名,説者不一,皆與此殊。《吳普本草》云:"烏頭,正月始生,葉厚,莖方,中空,葉四四相當,與蒿相似,十月採,形如烏頭;有兩岐相合,如烏之喙者,名曰烏喙。"又云:"側子,八月採。是附子角之大者。"側,與"萴"同。《名醫别録》云:"烏頭長三寸已上爲天雄。"此皆以形狀爲别者也。《御覽》引《博物志》云:"物有同類而異用者。烏頭、天雄、附子一物,春夏秋冬採之各異。"《名醫别録》云:"冬月採爲附子,春採爲烏頭。"此皆以時候爲别者也。蘇頌《圖經》云:"烏頭、烏喙、天雄、附子、側子,五品都是一種。冬至種之,次年八月後方成。《廣雅》云:'一歲爲萴子,二歲爲烏喙,三歲爲附子,四歲爲烏頭,五歲爲天雄。'今一年種之,便有此五物,豈今人種蒔之法,用力倍至,故爾繁盛也?雖然,藥力當緩於歲久者耳。"今案:"萴子、烏喙"諸名,對文則異,散文則亦有通者。《廣雅》言:"奚毒,附子也;三歲爲附子,四歲爲烏頭。"而高誘注《淮南・主術訓》云:"鷄毒,烏頭也。"《神農本草》亦云:"烏頭,一名奚毒。"是"附子"即"烏頭"也。《廣雅》言"一歲爲萴子,二歲爲烏喙",而《説文》云"萴,烏喙也"。是"萴子"即"烏喙"也。《鹽鐵論・誅秦》篇云:"如食萴之充腸也,欲其安存,何可得也!"《燕策》云:"人之饑所以不食烏喙者,以爲雖偷充腹,而與餓死同患也。"《後漢書・霍諝傳》云:"猶療飢於附子。"食萴,猶言食烏喙也;饑食烏喙,猶言療飢於附子也。此萴子、烏喙、附子三者通稱之證也。《神農本草》云:"烏頭,一名烏喙,一名即子。"即子,與"萴子"同。《御覽》引《神農本草》,"即"正作"萴"。謝靈運《山居賦》云:"三建異形而同出。"自注云:"三建,附子、天雄、烏頭也。"不言"萴子"與"烏喙"者,蓋以其即是"烏頭"矣。此萴子、烏喙、烏頭三者通稱之證也。又《墨子・雜守》篇云:"令邊縣豫種畜烏喙。"陸羽《茶經》引《凡將篇》云:"烏喙、桔梗。"《晉語》"置堇於肉",《大雅・緜》篇正義引賈逵注云:"堇,烏頭也。"《爾雅》云:"芨,堇草。"郭璞注云:"即烏頭也。江東呼爲堇。"《御覽》引崔寔《四民月令》云:"三月可採烏頭。"凡言"烏喙、烏頭"者,似亦通稱,不以歲分矣。其有對文異者。《淮南・繆稱訓》云:"天雄、烏喙,藥之凶毒者也,良醫以活人。"則天雄與烏喙異也。《急就篇》云:"烏喙、附子、椒、芫華。"則烏喙與附子異也。《博物志》引《神農經》云:"藥種有五物,四曰天雄、烏頭,大豆解之。"則天雄與烏頭異也。或以辨異,或以統同,義得兩通耳。

蘤、葩、菁、蘂、花,華也。

《後漢書・張衡傳》云:"百卉含蘤。"李賢注引張氏《字詁》云:"蘤,古花字也。"含蘤,即含華。《南都賦》云:"芙蓉含華。"是也。蘤之言芛也。《玉篇》云:

“蘤，華榮也；爲詭切。”《爾雅》云：“荂、皇、華，榮。”郭注云：“今呼草木華初生者爲荂，音貓豬。”釋文羊捶反。“荂”與“蘤”，聲義正相近矣。“蘤”字從艸、從白，爲聲。古音“爲”如“化”，故“花”字從化聲，而古作“蘤”。《堯典》“平秩南訛”，《史記·五帝紀》作“南爲”，《漢書·王莽傳》作“南僞”，是其例也。從白，與“皅”同義。《説文》云“皅，草華白也；從白，巴聲”“葩，華也；從艸，皅聲”，徐鍇傳云：“今謂草華房爲葩也。”《高唐賦》云：“葩葉覆蓋。”字通作“芭”。《夏小正》“三月拂桐芭”①，傳云：“言桐芭始生，貌拂拂然也。”《月令》云：“季春之月，桐始華。”是也。葩之言鋪也。干寶注《説卦傳》云：“鋪爲花貌謂之藪。”《衆經音義》卷七引《聲類》云：“葩，盛貌也。”

《高唐賦》又云：“江蘺載菁。”李善注引《廣雅》云：“菁，華也。”菁之言菁菁然盛也。《衛風·淇奧》篇“緑竹青青”，傳云：“青青，茂盛貌。”釋文云：“青，本或作菁。”《唐風·杕杜》篇“其葉菁菁”，傳云：“菁菁，葉盛也。”葉盛謂之菁，華盛謂之菁，其義一也。菁，又爲䪥、韭、蕎三種華之稱。詳見下文。

《離騷》云：“貫薜荔之落蕊。”王注云：“蕊，實貌也；貫累香草之實。”吕延濟注云：“蕊，花心也。”案：上文言“餐秋菊之落英”，此言“貫薜荔之落蕊”，英、蕊蓋俱是華。“積累香草之華”，文義亦通耳。蕊之言蕤也。《説文》云：“蕤，草木華垂皃。”“甤，草木實甤甤也。”劉逵《蜀都賦》注云：“蕊者，或謂之華，或謂之實。一曰花鬚頭點也。”《廣韻》云：“花外曰萼，花内曰蕊。”實謂之甤，亦謂之蕊；華謂之蕤，亦謂之蕊，皆垂之貌也。《説文》云：“縈，垂也。”“縈”與“蕊”，聲義正同。故《南都賦》“敷華蕊之蓑蓑”，李善注云：“蓑蓑，下垂貌矣。”

《玉篇》云：“花，今爲華荂字。”顧炎武《唐韻正》云：“考花字自南北朝以上，不見於書。《隋書·禮儀志》梁武帝引孔氏《尚書》‘山龍華蟲’傳曰：‘華者，花也。’今傳無此語，而朱子固已疑此傳爲非漢人之作矣。晉以下書中閒用‘花’字，或是後人改易。惟《後魏書·李諧傳》載其《述身賦》曰：‘樹先春而動色，艸迎歲而發花。’又曰：‘肆雕章之腴旨，咀文苑之英華。’‘花’字與‘華’並用。而《五經》《楚辭》、諸子、先秦兩漢之書，皆古本相傳，凡‘華’字未有改爲‘花’者。又考太武帝始光二年三月，初造新字千餘，頒之遠近，以爲楷式。如‘花’字之比，得非造於魏晉

① “三月”前原衍一“月”字。

昀案：萌、芽未作疏證。

蘇、茉、芥、莽、蘆、毛，草也。

《方言》云："蘇、芥，草也。江淮南楚之閒曰蘇；自關而西或曰芥，或曰茉；南楚江湘之閒謂之莽。"郭注云："蘇，猶蘆。語轉也。"

《列子·周穆王》篇云："其宫榭若累塊積蘇焉。"《素問·移精變氣論》云："十日不已，治以草蘇。"草謂之蘇，因而取草亦謂之蘇。《莊子·天運》篇"蘇者取而爨之"，李頤注云："蘇，草也，取草者得以炊也。"

茉，草多之貌。《説文》云："茉，耕多艸也。"草多謂之茉，故耕多草亦謂之茉也。茉，各本譌作"菜"。案：曹憲音力内反，正"茉"字之音，非"菜"字之音。《玉篇》"茉"音來潰切，《廣韻》音盧對切，並與力内同。今據《方言》《説文》及曹憲音訂正。

《説文》云："丰，艸蔡也；象艸生之散亂；讀若介。"丰，與"芥"同。哀元年《左傳》云："以民爲土芥。"字通作"介"。《孟子·萬章》篇"一介不以與人"，趙注云："一介草不以與人。"芥，各本譌作"芬"。蓋隸書"介"字多作"兮"，"分"字多作"兮"，二形相亂而誤也。今訂正。

《説文》云："茻，衆艸也；從四中。""莽，南昌謂犬善逐菟於艸中爲莽；從犬，從茻，茻亦聲。"經典通用"莽"爲"茻"。《同人》"伏戎于莽"，集解載虞翻注云："《震》爲草莽。"昭元年《左傳》云："是委君貺于草莽也。"莽之言莽莽也。杜預注哀元年《左傳》云："草之生於野莽莽然，故曰草莽。"如淳注《漢書·景帝紀》云："草深曰莽也。"草多謂之莽，因而木多亦謂之莽。《易·同人》鄭注云："莽，叢木也。"《淮南·時則訓》"山雲草莽"，高誘注云："山中氣出雲似草木。"則"莽"又爲草木衆盛之通稱，故《楚詞·九章》云"草木莽莽"也。

"莽"之轉聲爲"毛"。隱三年《左傳》云："澗谿沼沚之毛。"杜注云："毛，草也。"《召南·采蘩》傳云："沼沚谿澗之草。"是也。草謂之毛，因而菜茹亦謂之毛。《楚詞·大招》"吳酸蒿蔞"，王逸注云："蒿，菜也。"《御覽》引作"毛"。是也。菜茹謂之毛，因而五穀亦謂之毛。宣十二年《公羊傳》云："錫之不毛之地。"何注云："墝埆不生五穀曰不毛。"是也。穀謂之毛，因而桑麻亦謂之毛。《周官·載師》"凡宅不毛者有里布"，鄭衆注云："宅不毛者，謂不樹桑麻。"是也。桑麻俱是毛，則"毛"

之名，可因草而通之於木。昭七年《左傳》云："食土之毛。"蓋兼草木而言之者。范邵注《穀梁》定元年《傳》亦云："凡地之所生者謂之毛也。"

蘆，"草"之轉聲也，字或作"苴"。《管子·地圖》篇："苴草、林木、蒲葦之所茂。"《靈樞經·癰疽》篇："草蘆不成，五穀不殖。"草謂之蘆，因而枯草亦謂之蘆。《廣韻》："蘆，草死也。"《衆經音義》云："蘆，枯草也。"今陜以西言草"蔡"，江南、山東言草"蘆"。《楚詞·九章》"草苴比而不芳"，王逸注云："生曰草，枯曰苴。"《大雅·召旻》篇"如彼棲苴"，傳云："苴，水中浮草也。"

草藂生爲薄。

前《釋詁》云："叢、薄，聚也。"藂，與"叢"同。藂生，聚生也。《淮南·原道訓》云："隱於榛薄之中。"高誘注云："藂木曰榛，深草曰薄。"又爲草木交錯之稱。《楚詞·九章》云："露申、辛夷，死林薄兮。"王逸注云："叢木曰林，草木交錯曰薄。"

蓍，耆也。

《曲禮》正義引劉向云："蓍之言耆，龜之言久。龜千歲而靈，蓍百年而神，以其長久，故能辨吉凶也。"《御覽》引《洪範五行》傳云："龜之言久也，千歲而靈。此禽獸而知吉凶者也。蓍之爲言耆。百年，一本生百莖。此草木之壽知吉凶者也。聖人以問鬼神焉。"《白虎通義》云："乾艸枯骨，衆多非一，獨以蓍龜何？此天地之閒壽考之物，故問之也。龜之爲言久也，蓍之爲言耆也，久長意也。"《論衡·卜筮》篇云："子路問孔子曰：'豬肩羊膊，可以得兆；雚葦藁芼，可以得數，何必以蓍龜？'孔子曰：'不然。蓋取其名也。夫蓍之爲言耆也，龜之爲言舊也。明狐疑之事，當問耆舊也。'"

益母，充蔚也。

《爾雅》云："萑，蓷。"郭注云："今茺蔚也。葉似荏，方莖，白華，華生節閒。《廣雅》又名'益母'。"

《毛詩》"萑"作"鵻"。《王風·中谷有蓷》篇"中谷有蓷，暵其乾矣""中谷有蓷，暵其脩矣""中谷有蓷，暵其濕矣"，傳云："蓷，鵻也。暵，菸貌。陸草生於谷中，傷於水。""脩，且乾也。""鵻遇水則濕。"箋云："鵻之傷於水，始則濕，中而脩，久而乾。"案：《説文》云"暵，乾貌也"，引《説卦傳》："燥萬物者，莫暵乎火。"則暵即是乾。乾之與濕，正相反也。既云"暵其乾矣"，而又云"暵其濕矣"，於義固不可通。

草傷于水,先濕後乾,而《詩》乃先“乾”後“濕”,於文亦復不順。且《神農本草》云:“茺蔚,一名益母,生海濱池澤。”則此草性亦不畏濕也。此由誤解“濕”爲水濕,故致多所抵捂。《説文》云“灘,水濡而乾也”,引《詩》:“灘其乾矣。”蓋亦承毛公之誤而爲説耳。今案:濕,當讀爲曝。曝,亦且乾也。前《釋詁》云:“曝,曝也。”《衆經音義》引《通俗文》云:“欲燥曰曝。”《玉篇》邱立切,云:“欲乾也。”曝,與“濕”聲近,故通。“暵其乾矣”“暵其脩矣”“暵其濕矣”,三章同義。草乾謂之脩,亦謂之濕,猶肉乾謂之脩,亦謂之䐑。《釋名》:“脯,搏也,乾燥相搏著也。”又云:“脩,脩縮也,乾燥而縮也。”《玉篇》䐑,邱及切,“胸脯也”。是其例矣。

蓷者,“充蔚”之合聲。充蔚者,“臭穢”之轉聲。《韓詩》云:“蓷,茺蔚也。”陸機《詩疏》云:“舊説及魏博士濟陽周元明皆云‘菴蕳’是也[①]。《韓詩》及《三倉》説悉云‘益母’,故曾子見益母而感。案:《本草》云:‘益母,茺蔚也。’故劉歆云:‘蓷,臭穢。’臭穢,即茺蔚也。”李巡《爾雅》注亦同劉歆。案:今益母草氣惡近臭,故有“臭穢”之稱。曹植《籍田説》云:“藜蓬、臭蔚,棄之乎遠疆。”臭蔚,猶臭穢也。古音“蔚”如“鬱”。前《釋器》云:“鬱,臭也。”故茺蔚之草,一名鬱臭。陳藏器《本草拾遺》云:“茺蔚,田野閒人呼爲鬱臭草。”是也。此草高者三尺以來,其莖四方而葉三岐,五月作花,辦鋭而小,叢生莖節閒。郭璞《爾雅注》言“華白”,今則亦有紅者。江淮之閒通謂之益母草。

菅,茅也。

《爾雅》“白華,野菅”,郭注云:“菅,茅屬。”又“藗,牡茅”,注云:“白茅屬。”《小雅·白華》篇“白華菅兮,白茅束兮”,傳云:“白華,野菅也。已漚爲菅。”箋云:“人刈白華於野,已漚名之爲菅。菅柔忍中用矣,而更取白茅收束之,茅比於白華爲脆。”是菅與茅不同物也。但菅、茅同類,亦可通名。故《説文》以“菅、茅”互釋,而王逸注《楚詞·招魂》亦云:“菅,茅也。”菅可爲索,《陳風·東門之池》篇“東門之池,可以漚菅”,陸機疏云:“菅,似茅而滑澤無毛,根下五寸中有白粉者,柔韌宜爲索,漚乃尤善矣。”又可爲筲,《士喪禮下》篇云:“菅筲三,其實皆瀹。”又可爲席,《南山經》云:“白菅爲席。”又案:《東門之池》釋文云:“茅已漚者爲菅。”正義云:“白華。”箋云:“人割白華於野,已漚之,名之爲菅。”然則“菅”者已漚之名,未漚則但名

① 濟陽,疑爲“濟陰”之誤。

爲"茅"也。釋文、正義之説,非箋意也。《白華》箋所云"已漚名之爲菅",與傳同意。傳云:"白華,野菅也。已漚爲菅。"菅,對"野菅"言之,非對"茅"言之也。彼正義云:"漚之柔韌,異其名謂之爲菅,因謂在野未漚者爲野菅。"斯得之矣。

粢、黍、稻,其采謂之禾。

《説文》云:"采,禾成秀也;從禾,爪聲。俗作穗,從惠聲。""禾,嘉穀也。二月始生,八月而孰,得時之中和,故謂之禾。禾,木也,木王而生,金王而死;從木,從𠂹省,𠂹象其穗。"《管子・小問》篇:"苗,始其少也,眴眴乎何其孺子也!至其壯也,莊莊乎何其士也!至其成也,由由乎茲免,何其君子也!天下得之則安,不得則危,故命之曰禾。"《淮南・繆稱訓》"夫子見禾之三變也",高誘注云:"三變,始於粟,生於苗,成於穗也。"則"禾"乃苗穗之總名,"穗"特禾之秀也。徧考經傳,言"禾"者皆穀名,無以"禾"爲穗者。此"禾"字疑當作"秀",脱去"乃"字而爲"禾"耳。"秀"爲穗之通稱。而云"粢、黍、稻,其穗謂之秀",猶"菁"爲華之通稱,而下文云"韭、䪥、蕎,其華謂之菁"也。然《太平御覽》《藝文類聚》引《廣雅》並作"禾",則其誤久矣。《爾雅》云:"粢,稷。"《左傳》桓二年正義引舍人注云:"粢,一名稷。稷,粟也。"《齊民要術》引孫炎注同。《廣雅》之"粢",蓋亦指粟言。粟之米即粱也,以粢爲粟,是以稷爲粱矣。上文"稷穰謂之䅉"下已辨其誤。

豆角謂之莢,其葉謂之藿。

《説文》云:"莢,艸實也。"《吕氏春秋・審時》篇云:"得時之菽,其莢二七以爲族。"《齊民要術》引《氾勝之種植書》云:"穫豆之法,莢黑而莖蒼輒穫穫無疑。"莢之言夾也,兩旁相夾,豆在其中也。豆莢長而耑鋭,如角然,故又名"豆角"。"豆角",今通語耳。

藿,《説文》作"藿",云:"尗之少也。""藿"爲豆葉而云"尗之少"者,尗之少時,葉嫩可食。或以物言,或以時言,其實一也。《小雅・白駒》篇"食我場苗""食我場藿",傳云:"藿,猶苗也。"是尗之少名"藿"也。《公食大夫禮記》"鉶芼、牛藿、羊苦、豕薇",鄭注云:"藿,豆葉也。"《易林・漸之乾》云:"旦種菽豆,暮成藿葉。"是豆之葉名"藿"也。或即謂之菽。《小雅・小宛》篇"中原有菽,庶民采之",傳云:"菽,藿也。"正義云:"經言采之,明采取其葉,故言藿也。"《采菽》篇"采菽采菽,筐之筥之",傳云:"菽,所以芼太牢而待君子也。羊則苦,豕則薇。"箋云:"菽,大豆也。采之者,采其葉以爲藿。三牲牛、羊、豕,芼以藿。王饗賓客,有牛俎,乃用鉶羹,故使采之。"又《豳風·七月》篇"七月亨葵及菽",釋文云:"菽,藿也。"皆是也。藿可芼羹,亦可用以爲羹。《韓非子·五蠹》篇云:"堯之王天下也,糲粢之飯,藜藿之羹。"《韓策》云:"民之所食,大抵豆飯藿羹。"

英菂,蒻也。

菂,《玉篇》《廣韻》作"葹",云:"英蒻也。"《集韻》云:"葹,草名,蒻也。"又云:"葹蒻,豆也。"偏考諸書,無以"蒻"爲豆者,恐因上文説"豆角、豆葉"而誤耳。草之名蒻者四:一爲蒲本。《説文》云:"蒻,蒲子,可以爲苹席。""蒢,蒲蒻之類也。"《急就篇》云:"蒲蒻藺席帳帷幢。"《顧命》"敷重蔑席",馬融注云:"蔑,纖蒻也。"《大雅·韓奕》"維筍及蒲",傳云:"蒲,蒲蒻也。"陸機疏云:"蒲始生,取其心中入地蒻,大如匕柄,正白,生噉之甘脆,鬻而以苦酒浸之,如食筍法。"鄭注《醢人》"深蒲"云:"鄭司農云:'深蒲,蒲蒻,入水深,故曰深蒲。'玄謂深蒲,蒲始生水中子。"又注《司几筵》云:"繅席削蒲蒻展之,編以五采。"又注《輪人》云:"今人謂蒲本在水中者爲弱。"是也。一爲荷本,《爾雅》"荷,芙蕖。其本蔤",郭璞注云:"莖下白蒻在泥中者。"是也。一爲蒻頭,左思《蜀都賦》云:"其園則有蒟蒻、茱萸。"劉逵注云:"蒻,草也。其根名蒻頭,大者如斗,其肌正白,可以灰汁煮則凝成,可以苦酒淹食之,蜀人珍焉。"《華陽國志》云:"園有芳蒻。"《古今注》云:"揚州人謂蒻爲班杖,不知食之。"《開寶本草》云:"蒻頭,葉似由跋半夏,根大如椀,一名蒟蒻。又有班杖,苗相似,根如蒻頭。"是也。一爲芸蒻。《齊民要術》引《倉頡解詁》云:"芸蒿,葉似斜蒿,可食;春秋有白蒻,可食之。"是也。此四者未知孰當《廣雅》之"蒻"。下文即云:"菡萏,芙蓉也。"以類取之,或當是荷莖下白蒻耳。

菡萏,芙蓉也。

菡,各本譌作"莟"。莟,即"萏"字,不得重出,蓋"菡"字隸或作"菡",與"莟"相似而誤也。今訂正。

《説文》云:"菡萏,芙蓉華。未發爲菡萏,已發爲芙蓉。"《御覽》引《毛詩義疏》云:"芙蕖,華未發爲菡萏,已發爲扶蕖。"是菡萏與芙蓉有别,故《易林·訟之困》云:"菡萏未華。"《楚詞·招魂》云:"芙蓉始發。"明未發爲菡萏,已發爲芙蓉也。劉歆《甘泉宫賦》云:"芙蓉菡萏,菱荇蘋蘩。"劉楨《公讌》詩云:"芙蓉散其華,菡萏溢金塘。”曹植《芙蓉賦》云:“芙蓉蹇産,菡萏星屬。”皆以菡萏、芙蓉爲二,意與《説文》同。菡蔄之言㔾嘾也。《説文》云:“㔾,嘾也,艸木之華未發圅然;象形;讀若含。”“嘾,含深也。”芙蓉之言敷蕍也。郭璞《爾雅注》云:“敷蕍,花之貌。”《説文》云:“荂,華葉布;讀若傅。”聲義與“芙”同矣。又云:“甬,艸木華甬甬然也。”聲義與“蓉”同矣。但“菡蔄、芙蓉”,散文亦通。《爾雅》云:“荷,芙蕖。其華菡萏。”《陳風·澤陂》篇“有蒲菡萏”,傳云:“菡萏,荷華也。”則即以“菡萏”爲芙蓉也。《離騷》云:“櫐芙蓉以爲裳。”王注云:“芙蓉,蓮華也。”《陳風》正義引郭璞《爾雅音義》云:“今江東人呼荷華爲芙蓉。一作夫容。”《漢書·司馬相如傳》云:“外發夫容蔆華。”

韭、𩐁、蕎,其華謂之菁。

《爾雅》云:“𩐁,鴻薈。”郭注云:“即𩐁菜也。”《説文》云:“韭,菜名。一種而久者,故謂之韭。象形,在一之上;一,地也。”“𩐁,菜也,葉似韭;從韭,㕡聲。”“菁,韭華也。”《衆經音義》引《三倉》云:“韭之英曰菁。”《周官·醢人》“朝事之豆,其實菁菹”,鄭衆注云:“菁菹,韭菹。”《齊民要術》引崔寔《四民月令》云:“七月藏韭菁。”案:韭菜華白,今人多以鹽水浸之,可案酒。𩐁,今之小蒜,北方人謂之窄蒜,有赤白二種,葉極似韭,華亦白色。

蕎,蓋亦韭𩐁之屬。陳藏器《本草拾遺》云:“蓼蕎,生高原,如小蒜而長。”其是與!

蘬,葵也。

蘬、葵,古同聲,方言有重輕耳。葵性向日。成十七年《左傳》云:“鮑莊子之知不如葵,葵猶能衞其足。”杜注云:“葵傾葉向日,以蔽其根。”《淮南·説林訓》云:“聖人之于道,猶葵之與日也。雖不能與終始哉,其鄉之誠也。”葵可烹食。《豳風·七月》篇云:“七月烹葵及菽。”古者或以爲滑,《士虞禮記》云:“鉶芼用苦若薇,有滑,夏用葵,冬用荁。”鄭注云:“夏秋用生葵,冬春用乾荁。”又以爲菹,《周官·醢人》:“朝事之豆,其實葵菹。”

藋粱,木稷也。

今之高粱,古之稷也。秦漢以來,誤以粱爲稷,而高粱遂别名木稷矣。又謂之蜀黍。《博物志》云:“地三年種蜀黍,其後七年多蛇。”王楨《農書》云:“蜀黍,一名高粱,一名蜀秫,一名蘆穄,一名蘆粟,一名木稷,一名荻粱。以種來自蜀,形類黍稷,故有諸名。"《九穀考》辨之云:"蜀人云,彼土最宜稻。高粱惟高岡種之,專用以造酒,謂其味濇,民俗不食。夫苟爲彼地之種,其民安得不食?今乃苦其味濇而不以作飯,而直隸、山東、山西、河南、陝西爲種之來自彼地者,反爲賤者之常食,此事之必不然者也。且種來自蜀之說,考之傳記,未有確證,知其爲臆說,不足憑矣。余案:《方言》云:'蜀,一也,南楚謂之獨。'蜀有獨義,故《爾雅·釋山》云:'獨者,蜀。'物之獨者或且大,故因之有大義。《釋獸》云:'雞大者,蜀。'此蜀黍、蜀葵爲獨大者之明證也。"引之案:高粱莖長丈許,實大如椒,故謂之蜀黍。又謂之木稷,言其高大如木矣。高粱不黏者,《爾雅》所謂"粢,稷也";其黏者,《爾雅》所謂"衆,秫也"。故俗又謂之秫。秫以黏者釀酒,不黏者作飯,亦以飼馬牛。稷、粱之辨,已詳上文"稷穰謂之穄"下。

蒚藸,蔥也。

《齊民要術》引《廣志》云:"蔥有冬春二種;有胡蔥、木蔥、山蔥。"又引崔寔《四民月令》云:"二月别小蔥,六月别大蔥。夏蔥曰小,冬蔥曰大。"此蒚藸蔥未知何種也。

蒚,《玉篇》《廣韻》作"薵";藸,《廣韻》《集韻》作"藸"。

蓊,薹也。

郭璞注《爾雅》"莞,苻蘺。其上蒚"云:"蒚,謂其頭臺首也。"又注"鉤芺"云:"莖頭有臺。"又注"芺、薊,其實荂"云:"芺與薊,莖頭皆有蓊臺。"臺,與"薹"同。今世通謂草心抽莖作華者爲薹矣。蓊之言鬱蓊而起也。凡上起謂之鬱,亦謂之蓊。《西都賦》云:"神明鬱其特起。"《説文》云:"滃,雲氣起也。"《廣韻》云:"塕埲,塵起也。"《風賦》云:"塕然起於窮巷之閒。"聲義並同耳。

莞,藺也。

《爾雅》云:"莞,苻蘺。"《小雅·斯干》正義引某氏注云:"《本草》云:'白蒲,一名苻蘺。楚謂之莞蒲。'"《藝文類聚》引舊注云:"今水中莞蒲,可作席也。"郭璞注云:"今西方人呼蒲爲莞蒲,江東謂之苻蘺。"《説文》云:"蔇[1],夫蘺也。""莞,艸也,

① 蔇,原譌作"蔇"。

可以作席。""藺,莞屬也。"《玉篇》云:"莞,似藺而圓,可爲席。""藺,似莞而細,可爲席。"《鹽鐵論・散不足》篇云:"大夫、士蒲平單莞,庶人單藺蘧蒢。"是莞與藺異也。但二者形狀相似,爲用又同,故亦得通名耳。《御覽》引《范子計然》云:"六尺藺席,出河東。"《急就篇》云:"蒲蒻藺席帳帷幢。"是藺席人所常用,而古經傳多言"莞席",少言"藺席",豈非"莞"之名足以兼藺與!《小雅・斯干》篇"下莞上簟",箋云:"莞,小蒲之席也。"釋文云:"莞草叢生水中,莖圓,江南以爲席,形似小蒲而實非也。"莞草性堅,故《周官・司几筵》"諸侯祭祀席,蒲筵繢純,加莞席紛純",鄭注云:"不莞席加繅者,繅柔𠷣,不如莞清堅,又於鬼神宜也。"莞,又名葱蒲。下文云:"葱蒲,莞也。"《穆天子傳》云:"珠澤之藪,爰有萑葦莞蒲。"郭璞注云:"莞,葱蒲。或曰莞蒲,齊名耳。關西云莞。"《漢書・東方朔傳》云:"莞蒲爲席。"顔師古注云:"莞,夫離也,今謂之葱蒲。"《衆經音義》云:"莞草外似葱,内似蒲而圓,今亦名莞子。"

菰,蔣也。其米謂之〔彫〕胡。

菰,與"苽"同。《説文》云:"苽,雕苽,一名蔣。"苽、胡,古聲相近;雕苽,即彫胡也。《周官・膳夫》"食用六穀",鄭衆注云:"六穀,稌、黍、稷、粱、麥、苽。苽,雕胡也。"《食醫》"凡會膳食之宜,牛宜稌,羊宜黍,豕宜稷,犬宜粱,鴈宜麥,魚宜苽",鄭衆注云:"苽,彫胡也。"《内則》"蝸醢而苽食雉羹",鄭注亦云:"苽,彫胡也。"《楚詞・大招》"五穀六仞,設菰粱只",王逸注云:"菰粱,蔣實,謂雕葫也。"則"菰"即蔣草之米,後又以"菰"爲大名耳。高誘注《淮南・原道訓》云:"菰者,蔣實也。其米曰蘼胡。"注《天文訓》"苽封熯"云:"苽,蔣草也。"故《西京雜記》云:"菰之有米者,長安人謂之雕胡。"張氏注《上林賦》"蔣芧青薠"云:"蔣,菰也。"注《子虛賦》"東薔彫胡"云:"彫胡,菰米也。"皆以"菰、蔣"爲大名,"彫胡"爲米名也。菰草可飼畜,《開寶本草》引别本注云:"菰,蔣草也,江南人呼爲茭草,秣馬甚肥。今江淮閒亦以飼牛。"是也。又可作席,《齊民要術》引《廣志》云:"菰可食。以爲席,温於蒲。生南方。"是也。菰之可食者,小曰"菰菜",蘇頌《本草圖經》所云"茭白"是也;大曰"菰首",《爾雅》所云"出隧蘧蔬"、《西京雜記》所云"緑節",是也。二者皆可爲蔬,而惟菰米可以作飯,故鄭司農以爲"六穀"之一,後鄭注《太宰》"九穀",亦云"有粱苽"也。宋玉《諷賦》云:"爲臣炊雕胡之飯。"《淮南・詮言訓》云:"菰飯犓牛,弗能甘也。"蓋古者以爲美饌焉。《本草衍義》云:"菰,花如葦,結青子,細若青麻黄,長幾寸。"是其狀也。

各本俱脱"彫"字,今據《齊民要術》《藝文類聚》及《御覽》引《廣雅》補。

葒、蘢、蘱,馬蓼也。

葒,與"紅"同。《爾雅》云:"紅,蘢古。其大者蘬。"郭注云:"俗呼紅草爲龍鼓,語轉耳。"《鄭風·山有扶蘇》篇"隰有游龍",傳云:"龍,紅草也。"箋云:"游,猶放縱也。紅草放縱枝葉於隰中。"陸機疏云:"一名馬蓼。葉大而赤白色,生水澤中,高丈餘。"《玉篇》云:"蘢,馬蓼也。"蓼,與"蓼"同。又謂之"鴻藹"。鴻,與"葒"同;藹,與"蘱"同。《名醫别録》云:"葒草,一名鴻蘱。如馬蓼而大,生水傍。"陶注云:"今生下濕地,極似馬蓼,甚長大。"據《别録》,則馬蓼别爲一種,非葒草也。然陶注《本草》"馬蓼"云:"馬蓼,生下濕地,莖班,葉大,有黑點,亦有兩三種。其最大者名蘢薣,即是葒草。"然則葒草即馬蓼之大者。馬蓼,其總名也。且陶注之所謂"最大名蘢薣"者,正《爾雅》所謂"其大者蘬",則陶注之所謂"馬蓼"者,即《爾雅》所謂"紅,蘢古"矣。《唐本草》注云:"葒草有毛,花紅白。"蘇頌《圖經》云:"即水葒也。"《名醫别録》又有"天蓼",一名石龍,生水中。《本草拾遺》以爲即水葒,一名遊龍也。案:《别録》"葒草"無毒,"天蓼"有毒,《拾遺》合之,非也。《蜀本草圖經》云:"木蓼,一名天蓼。"蓋别是一物耳。

蕒,蘪也。

此苦菜之一種也。蘪,或作"蘪",或作"苣"。《説文》云:"蘪,菜也,似蘇者。"《玉篇》云:"蘪,今之苦蘪。江東呼爲苦蕒。"蕒,苦蕒菜也。《廣韻》云:"蕒,吴人呼苦蘪。"《顔氏家訓》云:"苦菜,葉似苦苣而細。"是苦苣即苦菜之屬也。蘪、芑,聲之轉,故蘪又謂之芑。《小雅·采芑》傳云:"芑,菜也。"《齊民要術》引《詩義疏》云:"蘪,似苦菜,莖青,摘去葉,白汁出,甘脆可食,亦可爲茹。青州謂之芑。西河鴈門蘪尤美,時人戀戀不能出塞。"又云:"蘪,收根畦種,常令足水,性易繁茂而甛脆,勝野生者。白蘪尤宜糞,歲常可收。"《嘉祐本草》云:"苦苣,即野苣也。野生者又名褊苣,今人家常食爲白苣。江外、嶺南吴人無白苣,嘗植野苣以供廚饌。"又云:"苦蕒,蠶蛾出時切不可折取,令蛾子青爛。野苦蕒五六回拗後,味甘滑于家苦蕒。"據此,則苦蘪與苦蕒不同。而《玉篇》《廣韻》則皆以苦蘪、苦蕒爲一物。蓋苦蘪亦苦蕒之一種，故或即謂之苦蕒，又或否耳。今北方處處原野生之。家中種者，莖葉闊大，北方人皆謂之蒙蕒菜。此苦蒙即苦蕒之明證也。曹憲音義云："張揖云：'蕒，藘也。'案：白藘與苦蕒大異。恐非。"引之案：《本草拾遺》云："白苣，如萵苣，葉有白毛。"自别是一種。但《廣雅》之"蕒藘"謂苦蒙，非謂白蒙也。《嘉祐本草》謂吴人無白苣，《廣韻》謂吴人呼苦蒙爲蕒，然則名"苦蕒"者，惟苦蒙耳。苦蒙亦可單名爲"蒙"，故云："蕒，藘也。"曹氏執"白藘"以疑《廣雅》，失之矣。

繁母，蒡葧也。

繁母，疊韻也。蒡葧，雙聲也。古"敏、每"之聲皆如"母"。《説文》"緐"從每聲，經傳作"繁"，從敏聲，則"繁"之與"母"，聲亦相近也。繁之爲言皤也。《爾雅》云："蘩，皤蒿。"《説文》作"蘇"，云："白蒿也。"又云："皤，老人白也。"白謂之皤，又謂之繁。繁、皤，聲正相近。"皤"之爲"繁"，猶"皤"之爲"蹯"也。《賁》六四"賁如皤如"，釋文："皤，白波反。荀作波；鄭、陸作蹯，音煩。"是其例也。皤、繁、蒡，聲亦相近。"皤"之爲"繁"，又爲"蒡"，猶"披"之爲"藩"，又爲"防"也。《士喪禮下》篇"設披"，今文"披"皆爲"藩"。《周官・喪祝》"掌大喪勸防之事"，杜子春云："防，當爲披。"是其例也。

"蒡"之聲轉而爲"葧"，因並稱"蒡葧"。"蒡"之與"葧"，猶"仿"之與"佛"、"滂"之與"沛"耳。《召南・采蘩》篇"于以采蘩，于沼于沚。于以用之，公侯之事"，傳云："公侯夫人執蘩菜以助祭。"箋云："執蘩菜者，以豆薦蘩菹。"隱三年《左傳》所謂"蘋蘩薀藻之菜，可薦於鬼神，可羞於王公"者也。彼正義引陸機疏云："凡艾白色者爲皤蒿。"今白蒿也，春始生，及秋香美，可生食，又可蒸。一名遊胡。北海人謂之旁勃，故《大戴禮・夏小正》傳曰"蘩，遊胡。遊胡，旁勃"也。遊胡，即《爾雅》"蘩，由胡"也。今本《夏小正》傳亦作"由"，云："二月榮堇采蘩。"堇，菜也。蘩，由胡。由胡者，蘩母也。蘩母者，旁勃也。皆豆實也，故記之。蘩爲豆實，故《詩》箋云"以豆薦蘩菹"也。又可以生蠶。《豳風・七月》篇"采蘩祁祁"，傳云："蘩，所以生蠶。"正義云："今人猶用之。"是也。旁勃，一作"彭敦"。《御覽》引《神仙服食經》云："十一月採彭敦。彭敦，白蒿也。"《夏小正》言"二月采蘩"；詩人言之，亦于春日。此乃云"十一月採"，豈亦如茵蔯蒿，經冬不死與？蘇頌《本草圖經》謂階州以白蒿爲茵蔯蒿，苗、葉亦相似。《服食經》所言，蓋即此矣。"旁勃"之聲，又轉而爲“蓬”。《本草》別本注云:“白蒿,葉似艾,葉上有白毛,錯澀,俗呼爲蓬蒿。”是也。

菈遾,蘆菔也[①]。

菔,各本譌作“菝”,今訂正。

《爾雅》云:“葵,蘆萉。”郭璞注云:“萉,宜爲菔。蘆菔,蕪菁屬,紫華,大根,俗呼雹葖。”案:萉、菔,字形相似,郭氏此説似得之矣。及以《爾雅》異物同名之例求之,而後知其不然也。《爾雅》所釋,或蟲與鳥同名,“密肌,繫英”“翰,天雞”,是也;或木與蟲同名,“諸慮,山櫐”“諸慮,奚相”,是也;或草與蟲同名,“莪蘿”之與“蛾羅”、“蚍衃”之與“蚍衃”、“果贏”之與“果贏”、“蘆萉”之與“蠦蜰”,是也。凡此者,或同聲同字,或字小異而聲不異,蓋即一物之名,而他物互相假借者,往往而有。故觀於“蠦蜰”,而知“蘆萉”之必不誤也。“萉”與“菔”,特一聲之轉耳。自郭氏誤以“萉”宜爲“菔”,而後世遂直讀爲“菔”,無作“肥”音者。蓋古義之失久矣。

《方言》云:“蕪菁,紫華者謂之蘆菔,東魯謂之菈遾。”郭注云:“今江東名爲温菘。實如小豆。”蘆菔,音羅匐。《説文》亦云“蘆菔,似蕪菁,實如小尗”者,《後漢書·劉盆子傳》“掘庭中蘆菔根食之”是也。《名醫別録》云:“蘆菔,味苦温。”陶注云:“蘆菔,是今温菘,其根可食,葉不中噉。”蘇頌《圖經》云:“此有大小二種。大者肉堅,宜蒸食;小者白而脆,宜生啖。吳人呼楚菘,廣南人呼秦菘。”蘆菔,一作“羅服”。《潛夫論·思賢》篇云:“治疾當得真人參,反得支羅服。”言其性相反也。今俗語通呼“羅匐”,聲轉而爲“萊菔”。《唐本草》云:“萊菔根,味辛甘温,擣汁,主消渴。其嫩葉爲生菜食之,大葉熟噉,消食和中。”是也。

蘴、蕘,蕪〔菁〕也。

蘴,與“葑”同。《爾雅》云:“須,葑蓯。”《齊民要術》引舊注云:“江東呼爲蕪菁。”或爲“菘”。菘、須,音相近。《方言》云:“蘴、蕘,蕪菁也。陳楚之郊謂之蘴,魯齊之郊謂之蕘,關之東西謂之蕪菁,趙魏之郊謂之大芥。其小者謂之辛芥[②],或謂之幽芥。”郭璞注云:“蘴,舊音蜂,今江東音嵩,字作菘也。”案:菘者,“須”之轉聲;蕪者,“蘴”之轉聲也。“蕪”之聲又轉而爲“蔓”。《邶風·谷風》篇“采葑采菲,無

① 菔,原作“蔙”,《疏證》作“菔”。
② 芥,原譌作“芬”。

以下體”，傳云：“葑，須也。菲，芴也。下體，根莖也。”箋云：“此二菜者，蔓菁與葍之類也。皆上下可食，然而其根有美時，有惡時。采之者，不可以根惡時並棄其葉。”釋文云：“葑，《字書》作蘴。《草木疏》云：‘蔓菁也。’郭璞云：‘今菘菜也。’案：江南有菘，江北有蔓菁，相似而異。”引之案：古草木之名同類者，皆得通稱。《吕氏春秋·本味》篇“菜之美者，具區之菁”，高誘注云：“具區，澤名，在吳越之閒。菁，菜名。”是則江南之菘，亦得稱“菁”，郭氏所説不誤也。陸機《詩疏》云：“葑，蕪菁也。幽州人謂之芥。”則呼“芥”者，不獨趙魏之郊也。鄭注《坊記》云：“葑，蔓菁也。陳宋之閒謂之葑。”則呼“蘴”者，不獨陳楚之郊也。蘴又爲蕪菁之苗。《齊民要術》引《字林》云：“蘴，蕪菁苗。”此猶葯即白芷，而云白芷葉謂之葯；菰即彫胡，而云菰米謂之彫胡也。或爲大名，或爲專稱，蓋古今方俗語有異耳。陶宏景注《名醫别録》云：“蕪菁細於温菘，而葉似菘，好食。”唐本注云：“北人又名蔓菁。”《本草拾遺》云：“今并汾河朔閒燒食其根，呼爲蕪根。”猶是“蕪菁”之號。蕪菁，南北之通稱也。

蕪菁可以爲菹。《周官·醢人》“朝事之豆，其實菁菹”，後鄭注云：“菁，蔓菁也。”徐邈“蔓”音蠻。聲轉而爲“蕒”，鄭注《公食大夫禮》“菁菹”云：“菁，蕒菁菹也。”又轉而爲“門”，又轉而爲“芴”。《北户録》云：“蕪菁，《凡將篇》謂爲‘門菁’，《證俗音》曰‘冥菁’，《小學篇》曰‘芴菁’。”《急就篇》“老菁蘘荷冬日藏”，顔師古注云：“菁，蔓菁也。一曰冥菁，又曰芴菁。”是也。老菁，冬日所藏，故《南都賦》云：“秋韭冬菁。”《齊民要術》引《四民月令》亦云：“蕪菁，十月可收矣。”《要術》又引《廣志》云：“蕪菁有紫花者、白花者。”案：今蔓菁菜乃是黄花，惟蘿蔔花有紫、白二種。然則《廣志》之“蕪菁”即指蘿蔔言之。《方言》云：“蕪菁紫華者謂之蘆菔。”則蘆菔之白華者，即蕪菁矣。《名醫别録》以“蕪菁”與“蘆菔”同條，意亦同也。乃《齊民要術》注深疑《方言》之説，以爲蘆菔非蕪菁；蘇恭《本草》注亦謂蕪菁、蘆菔全别，與《别録》相違，其意皆專以今之蔓菁菜爲蕪菁，不知蘆菔之白華者，古亦名蕪菁！《方言》《别録》皆不誤也[(311)]。

菁，曹憲音精。各本脱去“菁”字，音内“精”字又誤入正文，今訂正。

匏，瓠也。

《説文》云：“匏，瓠也；從夸，包聲，取其可包藏物也。”《邶風·匏有苦葉》篇傳云：“匏謂之瓠。瓠葉苦，不可食也。”陸機疏云：“匏葉少時可爲羹，又可淹煮，極美,故《詩》曰:‘幡幡瓠葉,采之亨之。’今河南及揚州人恆食之。八月中堅强不可食,故云‘苦葉’。”據此,則瓠葉先甘而後苦也。今案:瓠自有甘、苦二種:瓠甘者葉亦甘,瓠苦者葉亦苦。甘者可食,苦者不可食。《邶風》云:“匏有苦葉。”《魯語》云:“苦匏不材於人,共濟而已。”韋注云:“材,讀若裁也。不裁於人,言不可食也。共濟而已,佩匏可以渡水也。”《神農本草》云:“苦瓠味苦寒,主大水面目四肢浮腫;下水,令人吐。”陶注云:“瓠苦者如膽,不可食。”此皆瓠之苦者也。《小雅·南有嘉魚》篇“南有樛木,甘瓠纍之”;《瓠葉》篇“幡幡瓠葉,采之亨之”,傳云:“幡幡,瓠葉貌,庶人之菜也。”箋云:“亨,孰也。孰瓠葉者,以爲飲酒之菹也。”《新序·刺奢》篇云:“日晏進糲餈之食、瓜瓠之羹。”此皆瓠之甘者也。聞北方農人云:瓠之甘者,次年或變爲苦。欲辨之者,于弱蔓初生時,嚼其莖葉以驗之,苦即拔去。然則瓠之苦葉者,少時已然,陸氏之説失之矣。匏可爲酒器,《大雅·公劉》篇“酌之用匏”,箋云:“酌酒以匏爲爵,言忠敬也。”《郊特牲》説“郊”云“器用陶匏,以象天地之性也”;説“婚禮”云“器用陶匏,尚禮然也”;“三王作牢,用陶匏”,注云:“言太古無共牢之禮,三王之世作之而用太古之器,重夫婦之始也。”又可爲樂器,《周官·大師》:“播之以八音:金、石、土、革、絲、木、匏、竹。”《郊特牲》云:“歌者在上,匏竹在下。”鄭注並云:“匏,笙也。”《大師》疏謂“笙,插竹於匏”,是也。《樂記》云:“弦、匏、笙、簧。”則匏與笙又似二物矣。

瓠,通作“壺”,《豳風·七月》篇“八月斷壺”,傳云:“壺,瓠也。”又作“華”,《郊特牲》云“天子樹瓜華,不斂藏之種也”,注云:“華,果蓏也。”案:華,當讀爲瓠。瓠、華,古同聲。“華”之爲“瓠”,猶“華”之爲“荂”。荂、瓠,皆以夸爲聲。《爾雅》:“華、荂,榮也。”《説文》“雩”或作“荂”,是其例也。“匏”之轉聲爲“瓢”,“瓠”之疊韻爲“瓠𤬏”。《周官·鬯人》“禜門用瓢齎”,杜子春云:“瓢,瓠蠡也。”後鄭云:“取甘瓠割去柢,以齊爲尊。”《蜀本草》引《切韻》云:“瓢,匏也。”《玉篇》云:“瓢,瓠瓜也。”《廣韻》云:“瓠𤬏,瓢也。”然則匏也、瓢也、瓠也、瓠𤬏也,實一物也。瓠𤬏,或作“壺盧”,或作“瓠𤬁”。《古今注》則謂壺盧爲瓠之無柄者,有柄者爲懸匏。陶宏景《本草注》則謂瓠𤬁亦是瓠類,小者名瓢。《集韻》則謂匏而圓者爲瓠𤬏。今江淮之閒則謂細腰者爲瓠𤬏,長柄、短柄者皆爲瓢。京師人則通謂之瓠𤬏,而以瓠𤬏之已剖者爲瓢。此皆後世方言之錯出不齊者,古人則通謂之匏瓠耳。故《魯語》言“苦匏不材於人,共濟而已”,而《莊子·消搖遊》篇亦言“五石之瓠,慮以爲大樽而浮乎江湖”,明“匏”之與“瓠”,皆屬大名,更無别異。乃《唐本草》專以形似越瓜、夏中便熟者爲瓠;《廣韻》别出“瓟”字,云:“似瓠,可爲飲器。”已未免强爲分别。至陸佃則直以《詩》傳“匏謂之瓠”爲誤,而云:“長而瘦上曰瓠,短頸大腹曰匏。”真不通之論矣。

冬瓜,𦼮也。

蘇恭《本草》注引《廣雅》:“冬瓜,一名地芝。”案:《齊民要術》引《廣志》云:“冬瓜蔬𦼮,《神仙本草》謂之地芝也。”則此乃《廣志》説,蘇氏誤耳。《要術》“種冬瓜法”云:“正月晦日種,八月斷其梢,減其實,十月霜足收之,削去皮子,於芥子醬中或美豆醬中藏之佳。”又云:“冬瓜十月區種,如區種瓜法,種於十月,收於十月,此冬瓜之所以名也。冬瓜色白,故謂之白冬瓜,又謂之白瓜。”《名醫别録》云:“白冬瓜味甘微寒。”《開寶本草》注云:“此物經霜後,皮上白如粉塗,故云白冬瓜。”《别録》又云:“白瓜子,冬瓜仁也。”

水芝,瓜也。其子謂之瓣。

《神農本草》云:“瓜,一名水芝。蓋以其瓤中多水,故得此名也。又謂之土芝。”稽含《瓜賦序》云[①]:“甘瓜普植,用薦神祇,其名龍膽[②],其味亦奇,是謂土芝。”是也。瓜子今有紅、黑、白三種。《神農本草》云:“瓜子,味甘平,主令人悦澤好顔色。又謂之瓣。”《説文》:“瓣,瓜中實也。”《御覽》引《吴普本草》云:“瓜子,一名瓣,七月七日採,可作面脂。又謂之瓤。”《爾雅·釋草》釋文引《三倉》云:“瓤,瓜中子也。”

龍蹏、虎掌、羊骹、兔頭、桂支、蜜筩、𤬪瓠、貍頭、白觚、無餘、縑,瓜屬也。

《要術》《御覽》並引《廣志》云:“瓜之所出,以遼東、廬江、燉煌之種爲美,有縑瓜、貍頭瓜、蜜筩瓜、龍蹏瓜;陽城有桂枝瓜,長二尺餘。”張載《瓜賦》云:“羊骹虎掌,桂枝蜜筩,累錯觚子,温屯蘆江。”温屯,與“𤬪瓠”同。蘆江,即廬江也。白觚,觚子之白者,其黄者謂之黄觚。《玉篇》云:“觚,白觚,瓜也。”《廣韻》云:“黄觚,瓜名。”字亦作“扁”。陸機《瓜賦》云:“括樓定陶,黄扁白摶。玄骭素腕,貍首虎蹯。”貍首,即貍頭也。虎蹯,即虎掌也。《廣韻》引《廣雅》“桂支”作“桂髓”,云“桂髓蜜

① 稽含,一作“嵇含”,下同。“序”字疑衍。
② 龍膽,原譌作“孔膽”。

篣”,下又有“小青大班”四字,而無“瓟瓡”以下諸名。案:《初學記》《齊民要術》引《廣雅》並無“小青大班”四字。其“桂支”,《初學記》作“桂枝”,“枝、支”通用字。是“髓”字及“小青大班”四字皆原文所無也。陸機《瓜賦》云:“金叉蜜篣,小青大班。東陵出於秦谷,桂髓起於巫山。”則“桂髓、小青、大班”皆《瓜賦》文,《廣韻》誤記耳。

昀案:兔頭、無餘未作疏證。

狗蝨、鉅勝[①]、藤宏,胡麻也。

《神農本草》云:“胡麻,一名巨勝。”巨,與“鉅”同。《御覽》引《吳普本草》云:“胡麻,一名方莖,一名狗蝨。方莖以莖形得名,狗蝨以實形得名也。”《本草序例》云:“凡丸藥有云如細麻者,即胡麻也,不必扁扁,但令較略大小相稱爾,此以胡麻子形扁故也。今狗蝨形正扁,胡麻子極與相似,因以名矣。”《御覽》又引《孝經援神契》云“巨勝延年”,宋均注云:“世以巨勝爲狗杞子。”案:諸書無言枸杞子名“巨勝”者。狗杞,當爲“狗蝨”,後人改之也。《列仙傳》:“關令尹喜與老子俱遊流沙,服苣勝實。”苣,與“鉅”通。鉅勝、胡麻本是一物,而《本草》諸家説者,各各不同。陶宏景則謂淳黑者名巨勝;又謂莖方名巨勝,圓名胡麻。雷斅則謂七棱者爲巨勝。蘇恭則謂八棱者爲巨勝,四棱者爲胡麻。蘇頌則據仙方服食胡麻、巨勝二法,功用小别,以爲一物而種之有異,如天雄、附子之類;又據葛稚川説,以爲胡麻中有一葉兩莢者爲巨勝。蓋皆以巨勝、胡麻爲二矣。今案:《神農本草經》明云:“胡麻,一名巨勝。”則二者均屬大名,更無别異。諸説與古相違,不足據也。《齊民要術》引《四民月令》云:“二月、三月、四月、五月時雨降,可種胡麻。”又云:“今世有白胡麻、八棱胡麻。白者油多。”案:今人通謂之脂麻。脂,亦油也。有黑、白、紅三種。高者四五尺以來,其莖皆方。紅、白二種皆四棱,黑者獨六棱。夏秋閒作黄華,九月收實,白者子多,作油甚香美;黑者不及而入藥則良。

各本俱脱“藤”字。今據《齊民要術》《初學記》《太平御覽》《開寳本草注》諸書引《廣雅》補。

昀案:藤宏未作疏證。

芥蒩,水蘇也。

---

① 勝,原作“𦚾”,《疏證》作“勝”。

《神農本草》云:"水蘇,味辛微温,主下氣,辟口臭,去毒辟惡氣,久服通神明,輕身耐老,一名芥葅,生九真池澤。"《名醫别録》云:"一名雞蘇,一名勞葅,一名芥苴。"案:"苴"與"葅",古同聲;芥苴,即芥葅耳。又名荣,《齊民要術》引陸機《詩義疏》云:"譙沛人謂雞蘇爲荣。"是也。《唐本艸》注云:"此蘇生下濕水側,苗似旋復,兩葉相當,大香馥。青齊河閒人名爲水蘇,江左名爲薺薴,吴會之閒謂之雞蘇。"《本草拾遺》云:"水蘇葉有雁齒,香而氣辛。"蜀本注云:"花生節閒,紫白色。"

芥,各本譌作"芬",今訂正。

當道,馬舄也。

《爾雅》云:"芣苢,馬舄;馬舄,車前。"郭注云:"今車前草,大葉長穗,好生道邊,江東呼爲蝦蟆衣。"《廣韻》云:"芣苢好生道閒,故曰當道。"《周南·芣苢》篇《序》云:"芣苢,后妃之美也。和平,則婦人樂有子矣。"傳云:"芣苢,馬舄,車前也,宜懷妊焉。"陸機疏云:"馬舄,一名車前,一名當道,喜在牛跡中生,故曰車前、當道也。今藥中車前子是也。幽州人謂之牛舌草。可鬻作茹,大滑。其子治婦人難産。"《韓詩》云:"直曰車前,瞿曰芣苢。"是此草又有二種,然《本草》諸家莫有言及者。《神農本草》云:"車前子,一名當道,味甘平,久服輕身耐老,生真定平澤。"《名醫别録》云:"養肺,强陰,益精,令人有子。一名牛遺,一名勝舄。"案:《别録》所説,正合《毛詩》"樂有子"之義。陸疏言"其子治婦人難産",特要其終言之耳,非毛公本旨也。勝舄,即陵舄。《莊子·至樂》篇"生於陵屯,則爲陵舄",司馬彪注云:"生於陵屯,化作車前,改名陵舄。"是也。"陵"與"勝",古聲相近,故勝舄一名陵舄。"勝、栚"皆以龹爲聲。"勝"之爲陵,猶"栚"之爲陵也。高誘注《淮南·時則訓》云:"栚,讀南陽人言'山陵'同。"是其例矣。蘇頌《本草圖經》云:"車前,春初生苗,葉布地如匙面,累年者長及尺餘,如鼠尾,花甚細,青色微赤,結實如葶藶子,赤黑色。"

朝菌,朝生也①。

《莊子·消摇遊》篇"朝菌不知晦朔",司馬彪云:"大芝也。天陰生糞上,見日則死,一名日及,故不知月之終始。"崔譔云:"糞上芝。朝生暮死,晦者不及朔,朔者不及晦。"梁簡文云:"欻生之芝也。朝菌朝生暮死,故以'朝生'爲名矣。"又支遁

① 二"朝"字,原作"䑣",《疏證》作"朝"。

云："朝菌，一名舜英，朝生暮落。"潘尼云："木槿也。"案：高誘注《秦策》云："朝生，木堇也，朝榮夕落。"又注《吕氏春秋·仲夏紀》云："木堇，朝榮夕落，雒家謂之朝生。"《鄭風·有女同車》正義引樊光《爾雅注》、陸機《毛詩疏》並云："木堇華朝生暮落。"是木堇亦名朝生也。但"木堇"樹名，無由稱"菌"。《莊子》言"朝菌不知晦朔，蟪蛄不知春秋"，皆謂死之速者。木堇之華，朝榮夕落，而枝葉猶存，非其取義也。《列子·湯問》篇云："朽壤之上有菌芝者，生於朝，死於晦。"是朝菌爲芝之明證。《名醫别録》云："鬼蓋，一名地蓋，生垣牆下，叢生，莖赤[①]，旦生暮死。"陶注云："一名朝生，疑是今鬼繖也。"陳藏器云："鬼蓋名爲鬼屋，如菌，生陰濕處，蓋黑，莖赤。"杜正倫云："鬼繖，夏日得雨，聚生糞堆，見日消黑。"此與司馬彪、崔譔之説正相合矣。《説苑·善説》篇："夫以秦楚之强而報讐於弱薛，譬之猶摩蕭斧而伐朝菌也，必不留行矣。"蓋以菌芝脆耎易斷，故云然也。《抱朴子·論僊》篇："蜉蝣校巨鼇，日芨料大椿，豈所能及哉？"日芨，與"日及"同，司馬彪所謂"大芝見日則死，一名日及"者也。

徐長卿，鬼督郵也。

《神農本草》云："徐長卿，味辛温，主鬼物百精蠱毒疫疾邪惡氣温瘧，久服强悍輕身，一名鬼督郵，生太山山谷。"又云："石下長卿，味鹹平，主鬼疰精物邪惡氣，殺百精蠱毒老魅狂易亡走啼哭悲傷恍惚，一名徐長卿，生隴西池澤。"則徐長卿有二種也。《御覽》引《吴普本草》云："徐長卿，一名石下長卿，或生隴西。"蓋同類者得通名也。陶宏景注《本草》云："鬼督郵之名甚多，今俗用徐長卿者，其根正如細辛，小短扁扁爾，氣亦相似。今狗脊散用鬼督郵，當取其强悍宜腰腳，所以知是徐長卿，而非鬼箭、赤箭。"唐本注云："此藥葉似柳，兩葉相當，有光澤，所在川澤有之，根如細辛微麤而有臊氣。"《蜀本圖經》云："苗似小麥，子似蘿藦子而小。"皆其形狀也。《神農本草》别有"赤箭"，一名鬼督郵；《唐本草》又有"鬼督郵"，一名獨摇草，其主殺鬼精物皆與此同。"鬼督郵"之名，豈以此與！下文"鬼箭"，《神農本草》亦謂"殺鬼毒"。命名之義，與此略同矣。《抱朴子·雜應》篇云："辟疫用徐長卿散。"《黄白》篇云："俗人見方用'徐長卿'，則謂人之姓名也。蓋此藥爲方家所必用云。"

---

① 莖，原脱。

〔丁父〕、附支，蓪草也。

各本俱脱“丁父”二字。《御覽》引《廣雅》云：“丁父、附支，蓪草也。”今據補。

《神農本草》云：“通草，一名附支，生石城山谷。”《御覽》引《吴普本草》云：“通草，一名丁翁，葉青，蔓還樹生，汁白。”案：附支者，附樹枝而生也。丁翁，猶言丁父也。“丁翁”之爲“丁父”，猶“丁公寄”之爲“丁父”。《名醫别録》云：“丁公寄，一名丁父。”陳藏器云：“即丁公藤。”是其例也。

通草以莖得名。陶注《本草》云：“今出近道，繞樹藤生，汁白，莖有細孔，兩頭皆通。含一頭吹之，則氣出彼頭者良。或云即葍藤莖。”唐本注云：“此物大者徑三寸，每節有二三枝，枝頭有五葉，其子長三四寸，核黑，穰白，食之甘美。南人謂爲燕覆，或名烏覆，今言葍藤。”葍、覆，聲相近爾。《食性本草》云：“燕覆莖名木通。”案：陶宏景所説“汁白，莖有細孔”者，與《吴普本草》合。“兩頭皆通”，正“通草”所以命名之義也。乃後世《本草》諸家，無能證明其説者，而但取或説之“葍藤”爲據，蓋其失傳久矣。《御覽》引《范子計然》云：“通草出三輔。”又引《建康記》云：“建康出通草。”皆此草所出之處也。今世所謂通草，則與此異。《本草拾遺》云：“通脱木，生山側，葉似革麻，心中有瓤，輕白可愛，女工取以飾物。”《爾雅》云：“離南，活脱也。”今俗亦名“通草”是也。《爾雅》又謂之“倚商”，《中山經》謂之“寇脱”，然非古之所謂通草也。

鬼箭，神箭也①。

《神農本草》云：“衛矛，味苦寒，主女子崩中下血，腹滿汗出，除邪，殺鬼毒蠱疰，一名鬼箭，生霍山山谷。”《御覽》引《吴普本草》云：“鬼箭，葉如桃，如羽②，或生野田。”陶宏景云：“山野處處有。其莖有三羽，狀如箭羽，俗皆呼爲鬼箭。”然則鬼箭以形得名也。箭羽名衛，故鬼箭又名衛矛。《釋名》云：“矢旁曰羽，如鳥羽也，齊人曰衛，所以導衛矢也。”《士喪禮記》“翭矢一乘，骨鏃短衛”，鄭注云：“凡爲矢，五分笴長而羽其一。”疏云：“謂之衛者，以其無羽則不平正，羽所以防衛其矢，不使不調，故名羽爲衛。”《考工記・矢人》“設羽，夾而摇之，以眂其豐殺之節也”，鄭注云：“今人以指夾矢儛衛是也。”案：羽、衛，聲之轉。衛之言翽也。前《釋器》云：“翽，羽也。”羽謂之翽，箭羽謂之衛，聲義同矣。蘇頌《本草圖經》云：“鬼箭，三月以後生

① 二“箭”字，原作“箾”，《疏證》作“箭”。

② 如羽，似當作“莖如箭羽”，脱“莖、箭”二字。

莖,苗長四五尺許,其榦有三羽,狀如箭翎,葉亦似山茶,青色。"《本草衍義》云:"衞矛,葉絶少,其莖黄褐色若檗皮,三面如鋒刃,人家多燔之遣祟。"案:此以衞矛殺鬼毒故也。"鬼箭、神箭"之名,或又取此與!《抱朴子·黄白》篇云:"俗人見方用大戟、鬼箭、天鉤,則謂之鐵器也。"

葥盆、陸英,苺也。

葥,各本譌作"蒛",今訂正。《爾雅》云:"堇,葥葐。"郭璞注云:"覆盆也。實似苺而小,亦可食。"《御覽》引孫炎注云:"青州曰堇。"案:堇、葥,古聲相近。《士冠禮》"緇布冠缺項",鄭注云:"缺,讀如'有頍者弁'之頍。"釋文:"頍,依注音去蘂反,又音跬。"是其例也。《御覽》又引《吳普本草》云:"缺盆,一名決盆。"缺、決,古同聲。《説文》云:"苺,馬苺也。"《御覽》引《甄權本草》云:"覆盆子,一名馬瘻,一名陸荆。"馬瘻,猶馬苺也;陸荆,猶陸英也。又謂之"蓬虆"。《神農本草》云:"蓬虆,味酸平,主安五藏,益精氣,久服輕身不老,一名覆盆,出荆山平澤。"《名醫别録》云:"一名陵虆,一名陰虆,生冤句。"又云:"覆盆子,味甘平無毒,主益氣輕身,令髪不白,五月採。"據此,則覆盆有味酸、味甘二種。然二者究爲一物,故蓬虆、覆盆子,皆主輕身益氣。又《别録》於蓬虆不言某月採,於覆盆子不言出某處,明是一物而味有異,故互文以見之爾。《本草經》之"蓬虆"一名覆盆,則《别録》之"覆盆子"亦即蓬虆。或舉酸者言之,或舉甘者言之,其實一物也。李當之云:"蓬虆是人所食苺。"又云:"覆盆子是苺子,乃似覆盆之形,而以浸汁爲味,其核微細。"案:"人所食苺",即苺子耳。《蜀本草》引《切韻》云:"苺子,覆盆也。"郭注《爾雅》云:"葥葐,覆盆也。"此云:"葥盆,苺也。"李云:"蓬虆是苺。"然則苺也、苺子也、葥盆也、覆盆也、蓬虆也,名異而實同也。陶宏景集名醫之説,而時或不得其解,乃云:"蓬虆是根,覆盆是實。"其説與《本草經》"蓬虆,一名覆盆"者顯然不合。《蜀本草》《開寶本草》則又小變其説,以"蓬虆"爲覆盆之藤蔓。至《食性本草》《本草拾遺》《本草衍義》諸家乃竟以蓬虆、覆盆爲二草,説之愈詳,而失之愈遠矣。惟蘇恭《本草》注云:"生沃地則子大而味甘,瘠地則子小而味酸。"斯言近之。

海蘿,海藻也。

上文云:"石髮,石衣也。"此亦其類也。《爾雅》云:"薚,海藻。"郭注云:"藥草也。一名海羅,如亂髮,生海中,見《本草》。"案:孫炎注《爾雅》"薚,石衣”云：“藫，古藫字。”則“藫，海藻”之“藫”，正與“藫，石衣”之“藫”同字。蓋同類者得通稱也。《神農本草》云：“海藻，味苦寒，一名落首，生東海池澤。”陶注云：“生海島上，黑色，如亂髮而大少許，葉大都似藻葉。”《本草拾遺》云：“馬尾藻，生淺水，如短馬尾細，黑色，用之當浸去鹹水。”“大葉藻，生深海中及新羅國，如水藻而大。海人取大葉藻，正在深海底，以繩繫腰没水下，刈得，旋繫繩上。五月已後，當有大魚傷人，不可取也。”蘇頌《圖經》云：“又有一種海帶，似海藻而粗且長。登州人取乾之，柔韌可以繫束物。”是海藻有三種也。又謂之海苔。《吳都賦》云：“海苔之類。”劉逵注云：“海苔，生海水中，正青，狀如亂髮，乾之赤，鹽藏有汁，名曰濡苔，臨海出之。”《初學記》引沈懷遠《南越志》云：“海藻，一名海苔，或曰海羅，生研石上。”案：“苔”之轉聲爲“藫”，故《爾雅》云“藫，海藻”也。

地葵，地膚也。

《神農本草》云：“地膚子，味苦寒，一名地葵，生荆州平澤。”《御覽》引《本草經》云：“地膚，一名地華，一名地脈，一名地葵。”《名醫别録》云：“一名地麥。”陶注云：“今田野間亦多，皆取莖苗爲掃箒，子微細。”唐本注云：“地膚子，田野人名爲地麥草，葉細，莖赤，多出熟田中，苗極弱，不能勝舉。今云堪爲掃箒，恐又未識之。北人亦名涎衣草。”《蜀本圖經》云：“葉細，莖赤，初生薄地，花黄白，子青白色。”《日華子本草》云：“又名落帚，子色青，似一眠起蠶沙矣。”蘇頌《圖經》云：“初生薄地五六寸，根形如蒿，莖赤，葉青，大似荆芥，三月開黄白花，或云其苗即獨掃，一名鴨舌草。密州所生者，其説益明，云：‘根作叢生，每窠有二三十莖，莖有赤有黄，七月開黄花，其實地膚也，至八月而藍蔾成可採。’正與此地獨掃相類。蘇云‘苗弱不能勝舉’，恐西北所出者短弱爾。”案《爾雅》“葥，王蔧”，郭注云：“王帚也。似藜，其樹可以爲掃彗，江東呼之曰落帚。”郭注云“樹”，則落帚必甚高大，地膚或是其小者耳。

狼毒也。

“狼毒”上蓋脱“續毒”二字。《神農本草》云：“狼毒，味辛平，一名續毒，生秦亭山谷。”《名醫别録》云：“狼毒有大毒，生奉高，二月、八月採根陰乾，陳而沈水者良。”陶注云：“與防葵同根類，但置水中沈者便是狼毒，浮者則是防葵。”唐本注以陶注爲非，云：“此物與防葵都不同類也。”案：《博物志》云：“房葵似狼毒。”則二物本相類,故陶注云然。《博物志》又引《神農經》云:"藥種有五物。一曰狼毒,占斯解之,物類之性各相制也。"《蜀本草圖經》云:"葉似玄參,浮虚者爲劣。"《開寳本草》注云:"葉似商陸及大黄,莖葉上有毛,根皮黄肉白,以實重者爲良。"蘇頌《圖經》云:"四月開花,八月結實。"《抱朴子·雜應》篇云:"耳既聾者,以狼毒、冶葛合内耳中,則愈也。"(312)

葸、苹,蔄蒻也。

《玉篇》《廣韻》並云:"葸,蔄蒻藥也。"則蔄蒻一名葸,一名苹也。《衆經音義》引張氏《埤倉》云:"蔄蒻,毒草也。"蔄,各本譌作"蘭",今訂正。蔄蒻,或作"莨菪",或作"狼蓎"。《神農本草》云:"莨菪子,味苦寒,一名横唐,生海濱川谷。"《别録》云:"莨菪子有毒,一名行唐,生雍州。"陶注云:"今處處有,子形頗似五味核而極小,今方家多作'狼蓎'。"《蜀本圖經》云:"葉似王不留行、菘藍等,莖葉有細毛,花白,子殼作罌子形,實扁細若粟米許,青黄色。"蘇頌《圖經》云:"苗莖高二三尺,四月開花,紫色,五月結實。"皆其形狀也。《史記·倉公傳》云:"菑川王美人懷子而不乳,臣意飲以莨蒻藥一撮,以酒歓之,旋乳。"是蔄蒻治婦人不産也。然《本草别録》及後世醫家曾無言及者,蓋古方之失傳者多矣。

莨,鉤吻也。

《神農本草》云:"鉤吻,味辛温,一名野葛,生傅高山谷。"《吴普本草》云:"秦鉤吻,一名毒根,有毒殺人,生南越山或益州,葉如葛,赤莖大如箭,根黄,正月採。"案:鉤吻莖、葉、根、苗皆毒,不得專以毒根爲名。蓋"根、莨"古同聲,假借字耳。陶宏景注"鉤吻"云:"或云鉤吻是毛莨。"蘇氏非之,以爲"毛莨"是有毛石龍芮,無干"鉤吻"也。案:草木多異物而同名者。石龍芮有毛者名"毛莨",鉤吻有毛者亦名"毛莨",兩不相妨也。《葛洪方》云:"鉤吻與食芹相似,而生處無他草,其莖有毛,誤食之殺人。"《雷公炮炙方》云:"鉤吻,葉似黄精,而頭尖處有兩毛若鉤。"是鉤吻本有毛也。且莨者,毒草之稱。《吴普本草》云:"附子,一名莨。"陳藏器《本草》引《葛洪方》云:"菜中有水莨,葉圓而光,有毒,生水旁。"則毒草多名"莨"者。陳藏器又云:"毛莨,似石龍芮而有毒。"則毛莨之爲"莨",即以毒得名;鉤吻之名"毛莨",亦猶是矣。陶氏所存或説,殆非無據也。《名醫别録》云:"鉤吻折之青烟出者,名固活。"唐本注以爲"鉤吻"之經年者,折之有塵起。然則固活亦即鉤吻。鉤吻、固活,聲之轉耳。《御覽》引桓譚《新論》云:"鉤吻不與人相宜,故食則死,非爲殺人生也。"《論衡·言毒》篇云:"草木之中有巴豆、野葛,食之湊懣,頗多殺人。"蓋毒藥之烈者,莫此爲甚矣。鉤吻有蔓生、直生二種。《炮炙方》所云"鉤吻葉似黄精",陶注"鉤吻"所云"葉似黄精而莖紫,當心抽花,黄色。初生既極類黄精,故以爲殺生之對",此其直生者也。稽含《南方草木狀》云:"冶葛,蔓生,葉如羅勒,光而厚,一名胡蔓草。寘毒者[①],多雜以生蔬進之。悟者速以藥解;不爾,半日輒死。山羊食其苗,即肥而大。"此其蔓生者也。《唐本草》專以蔓生者爲"鉤吻",《開寶本草》專以直生者爲"鉤吻",皆一偏之説,未足據也。

昔邪,烏韭也。在屋曰昔邪[②],在牆曰垣衣。

皆苔屬也。

《西山經》云:"小華之山,其草有萆荔,狀如烏韭。"郭注云:"烏韭,在屋者曰昔邪,在牆者曰垣衣。"本此以釋之也。《酉陽雜俎》引梁簡文帝《咏薔薇》詩云:"依簷映昔邪。"亦本《廣雅》以在屋者爲"昔邪"也。又名"屋遊"。《名醫别録》云:"屋遊,生屋上陰處。"陶注云:"此瓦屋上青苔衣也。"《酉陽雜俎》云:"《廣志》謂之蘭香,生於久屋之瓦。"《名醫别録》云:"垣衣,一名昔邪,一名烏韭,一名垣嬴,一名天韭,一名鼠韭,生古垣牆陰或屋上。"則"昔邪、垣衣"又可通稱也。然"垣、牆"同義,"垣衣"之名本以在牆耳。又生石上者亦名"烏韭",已見上文"石髮,石衣也"下。

馬巔,茘也。

《月令》"仲冬之月,茘挺出",鄭注云:"茘挺,馬巔也。"則茘草又名"茘挺"也。《顔氏家訓》云:"《説文》云:'茘,似蒲而小,根可爲刷。'《廣雅》云:'馬巔,茘也。'《通俗文》亦云'馬藺'。《易統通卦驗玄圖》云[③]:'茘挺不出,則國多火灾。'蔡邕《月令章句》云:'茘似挺。'高誘注《吕氏春秋》云:'茘草挺出也。'然則《月令》注'茘挺'爲草名,誤矣。"案:如高氏所説,則是茘草挺然而出也。檢《月令》篇中,凡言"萍始生、王瓜生、半夏生、芸始生",草名二字者,則但言"生";一字者,則言"始生"以足其文,未有狀其生之貌者。倘經意專以"茘"之一字爲草名,則但言"茘始

① 寘,原譌作"真"。

② 二"昔"字,原作"昝",《疏證》作"昔"。

③ 統,疑爲"緯"之譌。

出"可矣,何煩又言"挺"也?且據顔氏引《易通卦驗》"荔挺不出",則以"荔挺"二字爲草名者,自西漢時已然。又《逸周書·時訓》篇"荔挺不生,卿士專權",亦與《通卦驗》同。鄭氏注殆相承舊説,非臆斷也。莛、挺,古同聲而通用。《説文》云:"莛,莖也。"荔草抽莖作華,因謂之"荔莛"矣。《神農本草》謂之"蠡實",《名醫别録》謂之"荔實",《御覽》引《吳普本草》謂之"劇荔華",而《月令》則謂之"荔莛"。或以實名,或以華名,或以莖名,義有專屬而名則通稱也。故荔莛始出,猶未有莛也,而名爲"荔莛",則曰"荔莛出",猶王瓜始生,猶未有瓜也,而名爲"王瓜",則曰"王瓜生"耳。《月令》自言"荔莛",他書自言"荔",兩不相妨也。

顔氏又云:"馬薤,河北平澤率生之,江東頗有此物。人或種於階庭,呼爲旱蒲。"蓋荔草似蒲而生旱地,故以爲名。《説文》所云"荔似蒲而小",《子虚賦》所云"高燥則生葴析苞荔者也",《齊民要術》引《廣州記》云"東風草,香氣似馬蘭",則荔亦香草之屬。故《月令》"芸始生,荔挺出",皇侃疏云:"以其俱香草,故應陽氣而出也。"蘇頌《本草圖經》云:"蠡實,馬藺子也。北人音譌,呼爲馬楝子。葉似薤而長厚,三月開紫碧花,五月結實作角,子如麻大而赤色有稜,根細長,通黄色,人取以爲刷。"案:蠡、藺、荔,一聲之轉,故張氏注《子虚賦》謂之"馬荔",馬荔,猶言馬藺也。荔葉似薤而大,則"馬薤"之所以名矣。

水衣,落也。

詳見上文"石髮,石衣也"下。

麦菜,藻也。

鄭注《昏義》云:"蘋藻爲羹菜。"隱三年《左傳》正義引陸機《詩疏》云:"藻,可蒸爲茹。"是藻爲水菜也。然諸書無言藻名"麦菜"者,"麦"字未審何字之譌。

蘘荷,蓴苴也。

《説文》云:"蘘荷,一名蓴葙。"蓴葙,與"蓴苴"同。亦名"苴蓴",《楚詞·大招》云:"醢豚苦狗,膾苴蓴只。"王注云:"苴蓴,蘘荷也。雜用膾炙,切蘘荷以爲香,備衆味也。"或作"蓴菹",《九歎》云:"耘藜藿與蘘荷。"王注云:"蘘荷,蓴菹也。"或作"蒩苴",或作"覆葅"。《古今注》云:"蘘荷,似蒩苴而白。蒩苴色紫,花生根中,花未散時可食,久置則消爛不爲實矣。"《名醫别録》云:"白蘘荷微温,主中蠱及瘧。"陶注云:"今人乃呼赤者爲蘘荷,白者爲覆葅。葉同一種爾,於人食之,赤者爲勝,藥用白者。"《古今注》以紫爲蕁苴,白爲蘘荷;《别録》注以赤爲蘘荷,白爲蕁苴,二説不同。《廣韻》則云:"蕁苴,大蘘荷名。"是又以大小分也。其實"蘘荷、蕁苴"皆大名,後世説者多岐耳。或作"猼且",或作"巴且"。《史記·司馬相如傳》"諸蔗猼且",《漢書》作"巴且",張氏注云:"蕁苴,蘘荷也。"文穎云:"巴且,一名巴蕉。"顔師古云:"文説巴且是也。且音子余反,蕁音普各反,蕁苴自蘘荷耳,非巴且也。"案:巴、蕁,古同聲,"蕁苴"正可通作"巴且"。且張云"蕁苴,蘘荷也",蓋一本有作"蕁苴"者。故《史記》索隱引郭璞《子虛賦》注云:"巴且,蘘荷屬。"則亦以巴且爲蕁苴也。顔師古言蕁苴非巴且,殆不通假借之例耳。

蘘荷之草,性宜陰地。《古今注》云:"葉似薑,宜陰翳地種之,常依陰而生。"《齊民要術》云:"蘘荷,二月種之,宜在樹陰下。"《閒居賦》所謂"蘘荷依陰"者也。蘘荷葉似薑,故古人多與"薑"並言。《漢書·司馬相如傳》云:"茈薑蘘荷。"《齊民要術》引崔寔《四民月令》云:"九月藏茈薑蘘荷。其歲若温,皆待十月。"是則蘘荷又可爲禦冬之菜,故《急就篇》云"老菁蘘荷冬日藏",而蘇頌《本草圖經》亦引《荆楚歲時記》云"仲冬以鹽藏蘘荷"也。或單謂之"荷",《七諫》云:"列樹芋荷。"謂芋渠與蘘荷也。《後漢書·馬融傳》云:"蘘荷芋渠。"是也。又謂之嘉草,《周官·庶氏》:"掌除毒蠱,以嘉草攻之。"《御覽》引干寶《搜神記》云:"今世攻蠱多用蘘荷根,往往有驗。"蘘荷,或謂嘉草,蓋此即干氏《周官》注説,又於此言之耳。蘇頌《本草圖經》引《荆楚歲時記》,亦與《搜神記》同。

藨,鹿藿也。

《説文》云:"藨,鹿藿也。"徐鍇傳云:"《爾雅》:'鹿藿,鹿豆也。一名薗。'《爾雅》'藨,麃',注云:'即莓也。'字與鹿豆相近,疑《説文》注誤以'藨麃'爲'鹿藿'字也。"案:如鍇之説,則是許氏誤讀"麃"爲"鹿"也。草之名鹿者,若"鹿蒢"爲王芻、"鹿腸"爲玄參之類多矣。但言"藨鹿",何以知爲"鹿藿"?即令許氏善於附會,亦不至謬妄如此。且《説文》所用《爾雅》與今不合者,如"蘬,薺實""蔓,灌渝"之屬,皆句讀之異耳,未有誤讀本文之字,而又率意增之者也。以理度之,"藨"爲"鹿藿",必非《爾雅》"藨麃"之誤,乃鹿藿自有此名耳。《説文》之訓,或敘述經文,或原本師説,或雜採方俗之所傳。其所取者博矣,何必《爾雅》所有者而後見之於書哉!徐氏之説,淺於窺測矣。郭璞《爾雅注》云:"鹿藿,今鹿豆也,葉似大豆,根黄而香,蔓延生。"《神農本草》云:"鹿藿,味苦平。生汶山山谷。"唐本注云:"此草所在有之。苗似豌豆,有蔓而長大,人取以爲菜,亦微有豆氣,名爲鹿豆也。"梁簡文帝《勸醫論》云:"胡麻鹿藿,纔救頭痛之痾。"蓋醫方所常用者矣。

鳶尾、烏萐,射干也。

《神農本草》云:"鳶尾,生九疑山谷。""射干,一名烏扇,一名烏蒲,生南陽川谷。"《名醫别録》云:"鳶尾,一名烏園。""射干,一名烏翣,一名烏吹,一名草薑。"是鳶尾與射干異也。陶注云:"方家云鳶尾是射干苗。射干苗無'鳶尾'之名,主療亦異,當别一種物。方亦有用鳶頭者,即應是其根。"又云:"射干,即是烏翣根,庭臺多種之,黄色。方多作'夜干'字,今'射'亦作'夜'音。人言其葉是'鳶尾',而復又有'鳶頭',此蓋相似爾。恐非。烏翣者,即其葉名矣。"唐本注云:"鳶尾,葉似射干而闊短,不抽長莖,花紫碧色,根似高良薑,皮黄肉白。""射干,花紅,抽莖長,根黄有白。"是鳶尾、射干,一種而小異,故鳶尾亦得謂之射干。《廣韻》引郭璞云:"鳶尾草,一名射干。"是也。蘇頌《圖經》云:"葉似蠻薑而狹長,横張,疎如翅羽狀,故一名烏翣,謂其葉耳。"案:翣,與"萐"通。翣、扇,一聲之轉。高誘注《淮南·説林訓》云:"扇,楚人謂之翣。"字亦作"箑"。《方言》云:"扇,自關而東謂之箑。"箑、萐,皆從疌聲。射干之葉横張如扇,故謂之烏扇,又謂之烏萐也。《説文》云:"萐莆,瑞草也,堯時生於庖廚,扇暑而涼。"瑞草扇暑而涼,謂之萐莆;烏扇之草謂之烏萐,又謂之烏蒲,其義一也。《高唐賦》"青荃射干",李善引郭璞《上林賦》注云:"射干,今江東呼爲烏萐。"

烏,各本譌作"鳥"。萐,曹憲音所夾反,各本譌作"蓮"。今並訂正。

《荀子·勸學》篇云:"西方有木焉,名曰射干,莖長四寸,生於高山之上,而臨百仞之淵。"楊倞注云:"《本草》藥名有'射干',在草部中,又生南陽川谷。此云'西方有木',未詳。或曰'長四寸',即是草;云'木',誤也。蓋生南陽,亦生西方也。"案:《唐本草》云:"射干抽莖長。"《蜀本圖經》云:"高二三尺。"而此乃云"莖長四寸",豈古之射干甚小,後世所説者,非其實與?抑或《荀子》所言,别爲一物,偶然同名也?射干之草,應陽氣而生,《上林賦》云:"槀本射干。"郭璞注云:"射干,十一月生,香草也。"《易通卦驗》云:"冬至,蘭、射干生。"《後漢書·陳寵傳》云:"冬至之節,陽氣始萌,故十一月有蘭、射干、芸、荔之應。"皆是也。陶宏景云:"别有射干相似而花白，似射人之執竿者，故阮公詩云：‘射干臨層城。’”蘇頌云：“今觀射干之形，其莖梗疎長，正如長竿狀，得名由此耳。”案：《子虚賦》云：“騰遠射干。”張氏彼注云：“射干似狐，能緣木。”“射干”之獸，不得謂之狀如竿。則“射干”之草，亦不如陶氏、蘇氏所説也。蓋草木之名，多取雙聲疊韻。射、干，疊韻字也。“射”字古音在虞部，“干”字之聲亦有轉入此部者。《禹貢》“惟箘簵楛”，《史記·五帝紀》别本“楛”作“杆”。徐廣云：“杆，音楛。”是也。

木實、酸木，狐桃也。

“狐桃”之名，未聞所出。《開寶本草》有“獼猴桃”，“味酸甘寒，無毒，一名藤梨，一名木子，一名獼猴梨，生山谷，藤生箸樹，葉圓有毛，其形似雞卵大，其皮褐色，經霜始甘美可食”。《衍義》云：“十月爛熟，色深緑，生則極酸，子繁細，其色如芥子，枝條柔弱，高二三丈，多附木而生。淺山傍道，則有存者；深山，則多爲猴所食。”“木子”之名，正與“木實”相合；“味酸”之説，又與“酸木”相當，其是與？

烏麩[①]，蕾也。

烏麩，影宋本譌作“烏黲”，皇甫以下諸本“黲”字又譌作“麩”。今據曹憲音及《御覽》引《廣雅》作“烏麩”訂正。

《爾雅》云：“蕾，蓄。”郭注云：“大葉，白華，根如指，正白可啖。”又“蕾，蔓茅”，注云：“蕾，華有赤者爲蔓。蔓、蕾，一種耳，亦猶蔆、苕華，黄白異名。”《説文》云：“蔓茅，蕾也。一名舜。”又云：“舜，艸也。楚謂之蕾，秦謂之蔓。蔓地連華，象形。”《小雅·我行其野》篇“言采其蕾”，傳云：“蕾，惡菜也。”《齊民要術》引《義疏》云：“河東關内謂之蕾，幽兖謂之燕蕾。一名爵弁，一名蔓。根正白，箸熱灰中温噉之。饑荒，可蒸以禦饑。漢祭甘泉或用之。其華有兩種：一種莖葉細而香，一種莖赤有臭氣。”據此，則“蕾，蔓茅”即《爾雅》“莬，雀弁”也。釋文“莬，悦轉反，又古本反”；又云：“蔓，詳兖反。”蔓、莬，聲近而通耳。《廣韻》云：“蕾蕉，菜名。”蕉，徂兖切，聲亦相近也。《管子·地員》篇云：“山之側，其草蕾與蔞。”則山旁亦有生者。《集韻》云：“蕾，或作蘠。”《玉篇》云：“蘠，子可食。”是也。别有蔓生樹上者，亦名“蕾”。《齊民要術》引《風土記》云：“蕾，蔓生被樹而升，紫黄色，子大如牛角，形如蟦，二三同[②]，葉長七八

① 麩，原作“麩”，《疏證》作“麩”。
② 此處似有誤。不可考。

寸,甘如蜜,其大者名抹。"

白苙、芁,賌也。

《玉篇》:"苙,閭及切,又音及。"白苙,即白及也。《玉篇》《廣韻》並云:"芁,白苙也。"是白苙或名"芁",或名"賌"也。《神農本草》云:"白及,味苦平,一名甘根,一名連及草。生北山川谷。"《御覽》引《吳普本草》云:"白及,一名白根,莖、葉如生薑、藜蘆也,十月華,直上,紫赤,根白[①]。生宛句。"又謂之白給。給,與"及"同聲。《名醫别録》云:"白給,生山谷,如藜蘆,根白相連。"陶宏景《本草注》云:"近道處處有之。葉似杜若,根形似菱米,節閒有毛,可以作糊。"《蜀本圖經》云:"葉似初生栟櫚及藜蘆,莖端生一薹,四月開生紫花,七月實熟,黄黑色,冬凋,根似菱,三角,白色,角頭生芽。"案:白苙以根白得名也。根有三角,故一名芁,一名賌。《秦風·小戎》篇"厹矛鋈錞",傳云:"厹,三隅矛也。"聲義正與"仇"同。《爾雅》"茨,蒺藜",郭注云:"子有三角,刺人。"《離騷》"茨"作"賌",亦與此同義也。《御覽》引《晉宫閣名》云[②]:"華林園白及三株。"倘以其莖、葉可玩而植之與!

馬帚、屈,馬第也。

《爾雅》云:"荓,馬帚。"郭注云:"似蓍,可以爲埽篲。"邢疏云:"荓,草似蓍者,今俗謂蓍荓。可以爲埽篲,故一名馬帚。"《夏小正》"七月荓秀",傳云:"荓也者,馬帚也。"(313)

"屈"與"馬第"之名,未詳所出。《神農本草》有"屈草","味苦,主胸脅下痛邪氣,腸閒寒熱陰痺,久服輕身益氣耐老。生漢中川澤"。陶注云:"方藥不復用,俗無識者。"豈即是馬帚與?《説文》云:"荑,艸也。"《玉篇》《廣韻》並作"苐"。"苐"與"第",聲相近,形又相似也。

蔥蒲,莞也。

詳見上文"莞,藺也"下。

矜,禽也。

未詳。

---

① "根白"下原誤衍一"連"字。

② 名,當讀爲"銘"。今《御覽》卷九九〇引文作"晉宫閣名曰華林白及三株",恐有誤。

釋　木

楚,荆也。

《説文》云:“楚,叢木,一名荆也;從林,疋聲。”案:楚之言楚楚然衆也。《小雅·楚茨》篇“楚楚者茨,言抽其棘”,傳云:“楚楚,茨棘貌。”其義同也。楚莖堅彊,故謂之荆。荆、彊,古聲相近。《禹貢》正義引李巡《爾雅》注云:“荆,彊也。”

牡荆,曼荆也。

牡荆、曼荆,一種而小異,稱名可以互通也。牡,各本譌作“壯”,今訂正。

《漢書·郊祀志》云:“以牡荆畫幡,日月、北斗、登龍,以象太一三星。”李奇注云:“牡荆作幡柄也。”如淳云:“牡荆,荆之無子者。皆絜齊之道。”晉灼云:“牡荆,節間不相當也,月暈刻之,以畏病者。”案:《名醫别録》云:“牡荆,實味苦温無毒,生河間、南陽、冤句山谷,或平壽都鄉高岸上及田野中,八月、九月採實陰乾。”是牡荆有子,不如如淳所説也。陶宏景《别録》注亦以牡荆不應有子爲疑,不知草木之名“牡”者,不必皆以無子爲義。《御覽》引《吴普本草》云:“牡丹子黑中有核。”是其證也。《御覽》引《淮南萬畢術》云:“南山牡荆,指病自愈。節不相當,有月暈時刻之。”此晉灼注所本也。但《淮南》云“牡荆節不相當”,而陶注《别録》引“仙方”説則云:“枝枝相對者爲牡荆。”二説各異,未知孰是耳。

《神農本草》云:“蔓荆實味苦微寒,小荆實亦等。”蔓,與“曼”同。陶注云:“小荆,即應是牡荆。牡荆子大於蔓荆子,而反呼爲小荆,恐或以樹形爲言。”陶之此説,亦未敢決。而以牡荆子大於蔓荆,則得之目驗,非虚言也。唐本注乃謂子小而作樹者爲牡荆,以合“小荆爲牡荆”之説;子大而蔓生者爲蔓荆,以合“蔓荆”之名。其後《本草》諸家皆承用之。案:《藝文類聚》引《廣志》云:“赤莖大實者名曰牡荆。”陶注“牡荆”亦云:“蔓荆子殊細,正如小麻子,色青黄。牡荆子如烏豆大,正圓黑。”又陶氏《登真隱訣》云:“天監三年,上將合神仙飯,奉勑論牡荆,曰①:‘荆花白,多子,子麤大,歷歷疎生,不過三兩。’”此皆牡荆子大於蔓荆之明證。唐注以牡荆子小,蔓荆子大者,舛矣。且蔓荆倘是蔓生,則《本草》當入草部,今乃列之木部上品,明

① 曰,原譌作“白”。

非蔓生之物。《本草》木部有"蜀椒",又有"蔓椒",豈得謂蔓椒蔓生哉?唐注以蔓生者爲蔓荆,尤爲乖謬也。牡荆、蔓荆皆樹生,類甚相近,故牡荆亦得爲"蔓荆"也。牡荆實苦而華獨甛。《登真隱訣》云:"蜂多採牡荆,牡荆汁冷而甛。"又云:"餘荆被燒則煙火氣。若牡荆,體慢汁實,煙火不入其裏。"蓋其性之堅固有如此者。又可爲履,《藝文類聚》引《廣州記》云:"白荆堪爲履。"是也。

榖,楮也。

《説文》云:"榖,楮也;從木,㱿聲。"今江淮之閒謂之㱿樹,音苦角反。《小雅·鶴鳴》篇"其下維榖",傳云:"榖,惡木也。"陸機疏云:"幽州人謂之榖桑,荆揚人謂之榖,中州人謂之楮。殷中宗時桑、榖共生是也。今江南人績其皮以爲布,又擣以爲紙,謂之榖皮紙,絜白光煇,其裏甚好。其葉初生,可以爲茹。"《韓非子·喻老》篇云:"宋人有爲其君以象爲楮葉者,三年而成,豐殺莖柯,豪芒繁澤,亂之楮葉之中而不可别也。"則榖之稱"楮",其來久矣。《管子·地員》篇云:"五位之土,其林其漉,其柞其榖。"《西山經》云:"鳥危之山,其陰多檀、楮。"蓋此樹雖處處田野有之,而其疇生之地,又各有宜焉。榖、構,古同聲,故榖一名"構"。陶宏景《别録》注云:"榖,即今構樹也。"《埤雅》引《物類相感志》云:"其膠可以團丹砂。語曰,構膠爲金石之漆。是也。今人亦取其漿以書竹帛,歲久不落,如膠漆焉。"《齊民要術》云:"今世人名之曰'角楮'。"蓋"角、榖"聲相近,因譌耳。蘇頌《本草圖經》云:"楮有二種:一種皮有斑花文,謂之斑榖,今人用爲冠者。一種皮無花,枝葉大相類,但取其葉似蒲萄葉作辦而有子者爲佳。其實初夏生,如彈丸,青緑色,至六七月漸深紅色,乃成熟也。"楮即是榖。而《酉陽雜俎》乃謂葉有辦曰楮,無曰構;《日華子本草》又謂皮斑者是楮,皮白者是榖,皆强爲區别耳。

栝,柏也[①]。

栝,與"檜"同。《爾雅》云:"檜,柏葉松身。"是栝即柏之别種,故以栝爲"柏"也。對文則"栝"與"柏"異。《禹貢》云:"杶榦栝柏。"馬融注云:"栝,白栝也。"栝可以爲舟楫,《衛風·竹竿》篇"檜楫松舟",是也。又可爲屋材,《齊書·王儉傳》云:"栝、柏、豫章雖小,已有棟梁氣。"是也。《爾雅翼》云:"檜,今人謂之圓柏。"

道梓,松也。

未詳。

---

① 柏,原作"栢",《疏證》作"柏"。

椑棗,檡〔也〕。

各本"椑"譌作"梈",又脱"也"字。《玉篇》云:"檡,椑棗也。"今據以訂正。

《説文》云:"椑,棗也,似柹。"《漢書·司馬相如傳》云:"椑棗楊梅。"又云:"樝梨椑栗。"張氏注云:"椑,椑棗也。"顔師古云:"今之梬棗也。"《御覽》引《古今注》云:"梬棗,葉如柹,實亦如柹而小,味甘美。"又引《廣志》云:"梬棗,味如柹。晉陽梬肌細而厚,以供御。"是也。梬,又作"輭",賀氏《内則》疏云:"栭,輭棗也。"蘇頌《本草圖經》云:"小柹謂之輭棗,俗呼牛奶柹,一名檡棘。"《士喪禮》云:"決用正王棘若檡棘。"鄭注云:"王棘與檡棘,善理堅刃者,皆可以爲決。世俗謂王棘矺鼠。"釋文云:"矺,劉音託。"《周官·繕人》注引《士喪禮》"檡棘"釋文云:"檡,一音徒洛反。"然則"矺、檡"聲近,"矺鼠"或即"檡棘"之别名耳。

栟櫚,椶也。

栟櫚,與"并閭"同。《西山經》云:"石脆之山,其木多椶。"郭注云:"椶樹高三丈許,無枝條,葉大而員,枝生梢頭,實皮相裹上行一皮者爲一節,可以爲繩,一名栟櫚。"《藝文類聚》引《廣志》云:"椶,一名并閭,葉似車輪,乃在顛,下有皮纏之,附地起,二旬一採,轉復上生。"蘇頌《本草圖經》云:"六七月生黄白花,八九月結實,作房如魚子,黑色。"皆其狀也。枚乘《七發》云:"梧桐并閭,極望成林。"《漢書·司馬相如傳》云[①]:"仁頻并閭。"《南都賦》李善注引張氏注云:"并閭,椶也,皮可以爲索。"《説文》云:"椶,栟櫚也,可作萆。"萆,雨衣也。今人園林中,多剥取椶皮以覆屋。雨水漸漬,不爲損壞,故可以作萆矣。椶之言總也。皮如絲縷,總總然聚生也。《説文》云:"總,聚束也。"又云:"布之八十縷爲稯。"《召南·羔羊》篇:"素絲五總。"《史記·孝景紀》云:"令徒隸衣七緵布。"《西京雜記》云:"五絲爲䋤,倍䋤爲升,倍升爲緎,倍緎爲紀,倍紀爲緵。"聲義並相近也。"栟櫚"之聲,合之則爲"蒲"。《玉篇》《廣韻》並云:"椶櫚,一名蒲葵。"是也。今人多取栟櫚葉作扇。《晉書·謝安傳》"蒲葵扇五萬",即是此矣。

楉榴、〔石榴〕,柰也。

楉,與"若"同。若、石,聲相近,故若榴又謂之"石榴"。各本脱"石榴"二字。《藝

① "相如"二字原脱。

文類聚》《太平御覽》及李善《南都賦》注並引《廣雅》云:"若榴,石榴也。"今據補。

《玉篇》云:"楉榴,柰屬也。"《初學記》引《埤倉》云:"石榴,柰屬也。"則"楉榴、石榴"之爲"柰",以同類而通稱也。《南都賦》云:"梬棗若榴。"蔡邕《翠鳥》詩云:"庭陬有若榴,緑葉含丹榮。"《藝文類聚》引陸機《與弟雲書》云:"張騫爲漢使外國十八年,得塗林安石榴也。"《御覽》引《廣志》云:"安石榴有甜、酢二種。"《酉陽雜俎》云:"石榴,一名丹若,甜者謂之天漿。"

林,棤也。

《說文》云:"棤,木也。讀若皓。"又云:"稽,讀若皓,賈侍中說。木名也。"《爾雅》云:"狄臧槔。"舍人本"槔"作"皋",樊本作"棤",同音羔。郭璞云:"未詳也。"

含桃,櫻桃也。

《月令》"仲夏之月,天子乃以雛嘗黍,羞以含桃,先薦寢廟",鄭注云:"含桃,今之櫻桃也。"正義云:"《月令》無薦果之文,此獨羞含桃者,以此果先成,異於餘物,故特記之,其實諸果於時薦也。"《史記·叔孫通傳》云:"孝惠帝曾出游離宫,叔孫生曰:'古者有春嘗果。方今櫻桃孰,可獻。願陛下出,因取櫻桃獻宗廟。'上迺許之。諸果獻由此興。"則此禮至漢猶行。但漢春獻櫻桃,正當始孰之時,而《月令》仲夏始薦者,本因嘗黍而薦含桃,非特獻,故不嫌遲也。《月令》釋文云:"含,本又作圅。""圅"與"櫻",皆小之貌。圅,若《爾雅》云:"蠃小者蜬。"櫻,若小兒之稱"嬰兒"也。櫻,或作"鸎"。高誘注《吕氏春秋·仲夏紀》云:"含桃,鸎桃也。"蓋"櫻、鸎"同聲,古字通用耳。而高誘乃謂"鸎鳥所含,故言含桃",失之於鑿矣。諸說"含桃"者,皆即是櫻桃,而《西京雜記》說上林苑桃十種,有"含桃",又有"櫻桃",則是分爲二物,所未審也。一名荊桃,《爾雅》"楔,荊桃",郭注云:"今櫻桃也。"又名朱櫻,《蜀都賦》云:"朱櫻春孰。"《御覽》引《吳普本草》云:"櫻桃,味甘,主調中益脾氣,令人好顔色,美志氣,一名朱桃,一名麥英也。"又引《廣志》云:"櫻桃,大者如彈丸,有長八分者,白色多肌者,凡三種。"

山李、〔爵〕某、爵〔李〕①,〔鬱〕也。

爵某,與"雀梅"同。《論語·子罕》篇正義引《召南·何彼襛矣》篇義疏云:"唐

① 二"爵"字,本作"𠦪",《疏證》作"爵"。

棣，奥李也，一名雀梅，亦曰車下李，所在山皆有。其華或白或赤，六月中熟，大如李子，可食。"《齊民要術》引《豳風·七月》篇義疏云："鬱樹，高五六尺，實大如李，正赤色，食之甛。《廣雅》曰一名雀李。又名車下李，又名郁李，亦名棣，亦名奥李。"《神農本草》云："郁李，一名爵李。"《御覽》引《吴普本草》云："郁李，一名車下李，一名棣。"然則棣也、唐棣也、奥李也、郁李也、車下李也、雀李也、雀梅也、鬱也，一物也。奥李，所在山皆有，則又"山李"之所以名也。"爵某"之"爵"，曹憲音雀。各本脱去"爵"字，音内"雀"字誤入正文，"雀"字又譌作"崔"，"爵"下"某"字又譌作"其"。今並改正也。上"李、鬱"二字，各本皆脱，今據《詩義疏》引《廣雅》補。《爾雅》云："時，英梅。"郭注云："雀梅也。"《名醫别録》云："雀梅，味酸寒，有毒，主蝕惡瘡，一名千雀，生海水石谷閒。"陶注云："葉與實俱如麥李。"案：陶氏所説，蓋即奥李。但《名醫》云"有毒，主蝕惡瘡"，恐别一物，非人所食之雀梅也。鬱者，棣之類。《豳風·七月》傳云："鬱，棣屬也。"故古人多以二物並言。《史記·司馬相如傳》云"隱夫鬱棣"，《漢書》作"薁棣"。《御覽》引曹毗《魏都賦》云："若榴郁棣。"皆是也。薁、郁，古同聲。鬱、薁，聲之轉也。薁李、車下李爲一物。而《豳風》正義引《晉宫閣銘》云："華林園中有車下李三百一十四株，薁李一株。"則是一種之中，又復有異，但稱名可以互通耳。

梖、榝、檔、越椒，茱萸也。

陸羽《茶經》引《凡將篇》云："菖蒲芒消，莞椒茱萸。"則茱萸可以入藥也。《急就篇》云："芸蒜薺芥茱萸香。"則又可以供食也。《藝文類聚》引《洞林》云："子如小鈴含玄珠，案文言之是茱萸。"則其形狀也。

諸書無以"梖"爲茱萸者。梖，當讀爲椈。椈，蔓椒也。《神農本草》云："蔓椒，一名家椒，生雲中川谷。"《名醫别録》云："一名豬椒，一名彘椒，一名狗椒。"陶注云："一名豨椒，山野處處有，俗呼爲椈，似椒薰小不香爾。"薰，與"檔"同。云"似椒檔"，則即茱萸之屬也。椈，《證類本草》音居虯切；梖，《廣韻》音居六切，古音正同耳。

榝，亦茱萸之屬也。《楚詞·離騷》云："椒專佞以慢慆兮，榝又欲充夫佩幃。"王注云："榝，茱萸也，似椒而非也。"榝子皆房生。《爾雅》云："椒榝醜，莍。"《唐風·椒聊》篇正義引李巡注云："榝，茱萸也。椒、茱萸皆有房，故曰捄。捄，實也。"郭璞注云："莍萸，子聚生成房貌。"今江東亦呼"莍"。榝似茱萸而小，赤色。《説文》云:"樧,似茱萸,出淮南。"又云:"莍,椒樧實裹如裘者。"然則樧與茱萸,一種小異,稱名之例,可以互通耳。樧,一名"藙"。《説文》作"藾",云:"煎茱萸也。《漢律》:'會稽獻藾一斗。'"《内則》云:"三牲用藙。"鄭注亦云:"藙,煎茱萸也。漢律,會稽獻焉。《爾雅》謂之樧。"賀氏疏云:"煎茱萸,今蜀郡作之,九月九日取茱萸折其枝,連其實,廣長四五寸,一升實可和十升膏,名之藙也。"案:鄭云《爾雅》謂之樧,則未煎時已名爲"藙"。《神農本草》云:"吴茱萸,一名藙。"是也。樧,又作"菽"。《南都賦》云:"蘇菽紫薑,拂徹羶腥。"字形與"藙"相近。而陶氏《本草》注乃謂"俗中呼菽子者,爲不識藙字",宜唐本注以爲誤也。

《玉篇》云:"欓,茱萸類也。"《御覽》引《風土記》云:"三香,椒、欓、薑也。"又引《宋春秋》云:"義熙八年,太社欓樹生於壇側。"陳藏器《本草拾遺》云:"欓子,味辛辣如椒,木高大,莖有刺。"蘇頌《圖經》云:"藙子,出閩中、江東,其木似樗,莖有刺,子辛辣如椒,南人淹藏以作果品,或以寄遠。蓋其氣馨香中食,故人多重之也。"

"越椒"之名,未見所出。春秋時,楚有鬭越椒,字伯棼,又字子越。棼,與"芬"通;越者,言其香之散越也。《荀子·禮論》云:"椒蘭芬苾。"《高唐賦》云:"越香掩掩。"《上林賦》云:"衆香發越。"茱萸之名"越椒",或即此義與!椒,亦芬香之名也。《陳風·東門之枌》篇傳云:"椒,芬香也。"《周頌·載芟》篇云:"有椒其馨。"

桗,株也。

《廣韻》云:"桗,木本也。"《説文》云:"株,木根也。"[①]是桗即株也。《爾雅》云:"柢,本也。"柢、桗,聲之轉耳。

梡,支也。

梡,曹憲音緩。各本譌作"梡",今訂正。《集韻》《類篇》"梡",胡昆切,引此云:"梡,枝也。"徧考諸書,無以"梡"爲枝者。"支"字,未審何字之誤。

枚、桀,條也。

《説文》云:"枚,榦也,可爲杖。""條,小枝也。"《周南·汝墳》篇傳云:"枝曰條,榦曰枚。"是枚與條異也。散文則枝亦稱"枚"。《玉篇》《廣韻》並云:"枚,枝也。"

① 根,原譌作"稂"。

昀案：桊未作疏證。

梢、校、椒，柴也。

《説文》云："柴，小木散材也。"《月令》鄭注云："小者合束謂之柴。"案：柴之爲言佌佌然小也。《爾雅》云："佌佌，小也。"《淮南·兵略訓》"曳梢肆柴"，高注云："梢，小柴也。"案：稍之爲言稍稍然小也。前《釋訓》云："稍稍，小也。"

諸書無以"校"爲柴者。上"梢"字，曹憲音稍交反。疑因此誤衍"交"字，後又加木旁也。《集韻》引《廣雅》："校、椒，柴也。"則宋時本已然。

《説文》云："椒，木薪也。"薪，亦柴也。凡薪蒸之屬多名"椒"。《説文》云："菆，麻蒸也。"《廣韻》云："箃，竹柴别名。"聲義並同矣。

蕉[①]，薪也。

蕉，各本作"樵"，字頗不成體。蓋"蕉"字書作"蕉"，後誤而爲"樵"耳。《爾雅·釋木》釋文云："樵，字又作蕉。"《墨子·備城門》篇云："爲薪蕉挈。"今訂正。《説文》云："樵，散木也。"《月令》鄭注云："大者可析謂之薪。"《列子·周穆王》篇："鄭人有薪於野者，遇駭鹿，御而擊之，斃之，藏諸隍中，覆之以蕉。"蕉，與"樵"同。薪謂之樵，因而取薪亦謂之樵。《史記·淮陰侯傳》集解引《漢書音義》云："樵，取薪也。"《小雅·白華》篇："樵彼桑薪。"(314)

笴、枳、叉、股，枝也。

各本"枝"字誤在"股"上，今訂正。

笴，當讀爲柯。《玉篇》云："柯，枝也。"《廣韻》云："柯，枝柯也。"柯本莖名，因而枝亦通稱。柯、股，聲之轉也。

枳，與"枝"同聲。《爾雅》云："中有枳首蛇焉。"孫炎音支，云："蛇有枝首。"郭璞巨宜反，云："岐頭蛇也。""岐"與"枝"，聲亦相近。岐生莖旁，故謂之枝，又謂之枳矣。《説文》云："枝木别生條也。"是其義也。

叉，與"杈"同。《説文》云："杈，杈枝也。"杈之言錯也。《説文》云："叉，手指相錯也。"手指相錯謂之叉，樹枝相錯謂之杈，其義一也。今俗語猶謂樹枝錯出者曰杈頭；楚嫁反。

---

① 蕉，原作"蕉"，《疏證》作"蕉"。

柯,莖也。

柯,榦也。古聲"柯"與"榦"同,故鄭注《考工記》云:"笴,矢榦也。"《廣韻》:"笴,古我切,又公旱切;箭莖也。"箭莖謂之榦,亦謂之笴;樹莖謂之榦,亦謂之柯,聲義並同也。樹莖名柯,因而草莖亦以爲名。《爾雅》云:"荷,芙蕖。其莖茄。"茄,猶柯耳。

本,榦也。

榦,亦莖也。前《釋詁》云:"莖、榦,本也。"本,各本譌作"夲"。蓋"本"字俗作"夲",故譌耳。今訂正。

肄[1],枿也。

詳見《釋詁》"朡、枘、肄,枿也"下。

橧、椸、櫙,棕也。

《集韻》云:"棕,乃計切;木立死也。"棕之言歺也。前《釋詁》云:"歺,死也。"亦言尼也。《爾雅》云:"尼,止也。"言其止息不復生也。《玉篇》《廣韻》並云:"椸,柰也。"《齊民要術·種柰林檎》篇注引《廣雅》云:"橧、椸、蘲,柰也。"則是以"棕"爲果名也。案:上已云"楉榴、石榴,柰也",此不應重出。又自"棵,株也"至"木藂生曰榛",皆統言木之形狀,不得雜以果名。且上句"肄,枿也"是伐木之餘,下句"蘱、蘀,落也"是木葉之隕,則此句當爲死木也。以"柰"字俗亦有作"棕"者,故誤以"棕"爲果耳。

橧,與"檣"同。《玉篇》云:"檣,木瘤也。"則橧爲瘣木。《爾雅》"瘣木,苻婁",樊光注云:"苻婁,尪傴內病,磈磊無枝也。"郭璞注云:"謂木病尪傴癭腫無枝條也。"木病腫謂之橧,因而死木亦謂之橧。橧之言殄也。鄭注《周官·稻人》云:"殄,病也,絕也。"

椸之言奄也。《白虎通義》云:"薨,奄然亡也。"

蘊之言邱也。賈逵說"九邱"云:"九州亡國之戒也。"孟康注《漢書·楚元王傳》云:"西方謂亡女壻爲邱婿。"皆死之義也。

椸、蘊,各本譌作"掩、蘊",惟影宋本、皇甫本不譌。

蘱、蘀,落也。

---

① 肄,原作"隸",《疏證》同。

蘀之言剥也。馬融注《剥》卦云:“剥,落也。”鄭注云:“陰氣侵陽,上至於五,萬物零落,故謂之剥也。”《説文》云:“梟,木葉陊也;讀若薄。”亦聲近而義同。

《豳風·七月》傳云:“蘀,落也。”《説文》云“艸木皮葉落陊地爲蘀”;又云:“凡艸曰零,木曰落。”

木蘗生曰榛。

《説文》云:“榛,菆也。”菆,與“蘗”同。《淮南·原道訓》云:“隱於榛薄之中。”高誘注云:“蘗木曰榛,深草曰薄。”字亦作“蓁”。《莊子·徐无鬼》篇云:“逃於深蓁。”蓁之爲言蓁蓁然也。王逸注《楚詞·招魂》云:“蓁蓁,積聚之貌。”

樝、楟,梨也。

樝之言酢也。《説文》云:“樝,果似梨而酢。”亦作“楂”。《内則》“楂梨薑桂”,鄭注云:“楂,梨之不臧者。”正義云:“楂,梨屬。其味不善,故云‘不臧’也。”亦作“柤”。《莊子·天運》篇云:“柤梨橘柚,其味相反而皆可於口。”《齊民要術》引《風土記》云:“柤,梨屬,肉堅而香。”陳藏器《本草拾遺》云:“樝,子小於榅桲而相似。”王氏《農書》云:“樝似小梨,西山唐鄧閒多種之,味劣於梨與木瓜,而入蜜煮湯,則香美過之。”

《漢書·司馬相如傳》云:“亭柰厚朴。”張氏注云:“亭,山梨也。”《史記》“亭”作“楟”,索隱引司馬彪注云:“上黨謂之楟。”《初學記》引《序志》云:“上黨楟梨小而甘。”是也。左思《蜀都賦》云:“橙柿梬楟,則亦生蜀中。”楟,一名檖。《秦風·晨風》篇“隰有樹檖”,傳釋以《爾雅》云:“檖,赤羅也。”陸機疏云:“一名山梨,實如梨,但小耳。一名鹿梨,一名鼠梨。極有脆美者,亦如梨之美者。”

亲,栗也。

《説文》云:“亲,實如小栗;從木,辛聲。”亲之言辛,物小之稱也,若《方言》“蕪菁小者謂之辛芥”矣。字通作“榛”。左思《招隱》詩注引高誘《淮南注》云:“小栗、小棘曰榛。”《御覽》引陸機《詩義疏》云:“榛,栗屬,有兩種:其一種大小皮葉皆如栗,其子小,形如杼子,味亦如栗,所謂‘樹之榛栗’者也。其一種枝莖如木蓼,生高丈餘,作胡桃味,遼代上黨皆饒。”古者以榛爲女摯,莊二十四年《左傳》云:“女摯不過榛栗棗脩,以告虔也。”又以爲籩實,《周官·籩人》:“饋食之籩,其實榛實。”又以爲庶羞,《内則》“椇棗栗榛”,鄭注云:“皆人君燕食所加庶羞也。”字又作“樼”。楊雄《蜀都賦》云:"杜樼栗棕。"

橡,柔也。

橡、柔,聲之轉也。柔[1],與"杼"同,各本譌作"柔",惟影宋本、皇甫本不譌。

《爾雅》云:"栩,杼。"郭注云:"柞樹也。"《唐風·鴇羽》篇"集于苞栩",陸機疏云:"今柞櫟也。徐州人謂櫟爲杼,或謂之爲栩。其子爲皁斗;其殼爲汁可以染皁,今京洛及河内多言'杼汁'。謂櫟爲杼,五方通語也。"(315)杼,一作"芧"。《莊子·齊物論》"狙公賦芧",司馬彪注云:"芧,橡子也。"橡,一作"樣",一作"象"。《説文》云:"樣,栩實也。"又云:"草斗,櫟實也。一曰象斗。"鄭注《周官·掌染草》云:"藍蒨、象斗之屬。"橡子可染,又可食。《大戴禮·曾子制言》篇云:"聚橡栗藜藿而食之。"《吕氏春秋·恃君》篇"冬日則食橡栗",高誘注云:"橡,皁斗也,其狀似栗。"案:今江淮之閒通言"橡栗",其實如小栗而微長,近蔕處有梂彙自裹,《爾雅》所謂"櫟,其實梂"也,田野人多磨粉食之,凶年可以救饑。《韓非子·外儲説》篇云:"秦大饑,應侯請曰:'五苑之草箸疏菜、橡果棗栗,足以活民,請發之。'"是也。其材中車轂。《淮南·時則訓》"十二月,其樹櫟",高注云:"櫟,可以爲車轂。木不出火,唯櫟爲然,亦應除氣也。""杼"之聲轉而爲"采"。高誘注《淮南·本經訓》云:"杼,采實也。"《史記·李斯傳》"采椽不斲",徐廣注云:"采,一名櫟。"《漢書·司馬相如傳》"沙棠櫟櫧",應劭注云:"櫟,采木也。"

柚,椄也[2]。

《禹貢》"揚州,厥包橘柚錫貢",傳云:"小曰橘,大曰柚。"字亦作"櫾"。《中山經》云:"荊山多橘櫾。"郭注云:"櫾,似橘而大也,皮厚味酸。"《御覽》引《風土記》云:"柚,大橘,赤黄而酢也。"《漢書·司馬相如傳》"黄甘橙椄。張氏注云:"椄,小橘也,出武陵。"是柚大而椄小,不得以"柚"爲"椄"也。疑"柚、椄"下脱去"橘"字。大橘曰柚,小橘曰椄,故云:"柚、椄,橘也。"猶上文"樝、梈"二種,皆訓爲梨耳。

柚,《爾雅》謂之"條"。"條"與"柚",古音相近也。《説文》云:"柚,似橙而酢。"《莊子·天運》篇云:"柤、梨、橘、柚,其味不同而皆可於口。"[3]以梨、橘味甘,

---

① 柔,原譌作"柔"。

② 椄,原作"榛",乃"椄"之譌。《疏證》同。

③ 依《莊子》原文,"不同"當作"相反"。

柤、柚味酸也。《列子·湯問》篇云："吴楚之國有大木焉，其名爲櫾，碧樹而冬生，實丹而味酸。食其皮汁，已憤厥之疾，齊州珍之。渡淮而北而化爲枳焉。"案：《考工記》云："橘踰淮而北爲枳。"與此同。蓋"橘"之與"柚"，散文則通矣。郭璞注《上林賦》云："楱，亦橘之類也。"《吕氏春秋·本味》篇云："果之美者，雲夢之柚。"張協《七命》云："漢皋之楱。"則二物多生江漢之閒也。雷斅《炮炙論》云："凡使橘皮，勿用柚皮、皺子皮。"皺，與"楱"同。楱，各本譌作"榛"，今訂正。

雨〔師〕、檉，楨也。

《爾雅》云："檉，河柳。"《大雅·皇矣》篇"其檉其椐"，正義引某氏《爾雅注》云："河柳，謂河傍赤莖小楊也。"陸機《詩疏》云："河柳，皮正赤如絳，一名雨師，枝葉似松。"是雨師即檉也。雨，各本譌作"而"，又脱"師"字，今訂正。檉，音勑貞反。檉之言赬也。《周南·汝墳》篇傳云："赬，赤也。"河柳莖赤，因名爲"檉"，故江淹《檉頌》云"碧葉菴藹，赬柯翕赩"也。一名"朱楊"，《漢書·司馬相如傳》云："欃離朱楊。"《史記》索隱引郭璞注云："朱楊，赤莖柳，生水邊。《爾雅》云：'檉，河柳。'是也。"又名"檉柳"，《漢書·西域傳》云："鄯善國多檉柳。"顔師古注云："檉柳，河柳也。今謂之赤檉。"《開寶本草》云："赤檉，木中脂，一名檉乳，生河西沙地，皮赤色，葉細。"《本草衍義》云："赤檉木又謂之三春柳，以其一年三秀也，花内紅色，成細穗，人取滑枝爲鞭。"案：今人庭院中多植之，葉形似柏，而長絲下垂則如柳，北方人謂之三川柳。三川，即"三春"之轉也。或謂之娑娑柳，聲如"酸酸"。

杆，柘也。

杆，與"榦"同。《禹貢》"荆州，厥貢杶榦栝柏"，《考工記》疏引鄭注云："榦，柘榦也。"又注《考工記》"荆之榦"云："榦，柘也，可以爲弓弩之榦。"又《弓人》："凡取榦之道七，柘爲上。"此柘之所以名"榦"也。高誘注《淮南·原道訓》云："烏號柘桑，其材堅勁，伐其枝以爲弓。"《齊民要術》云："柘十五年任爲弓材，亦堪作履，二十年好作犢車材；柘葉飼蠶；絲可作琴瑟等弦，清鳴響徹，勝於凡絲遠矣。"案：《月令》"季春，命野虞毋伐桑柘"，鄭注云："愛養蠶食也。"今柘桑上多野蠶食葉。絲之堅韌，遠過家蠶，俗所謂"雙絲繭"也。柘又可爲矢榦，《投壺》云："矢以柘若棘，毋去其皮。"鄭注云："取其堅且重也。"又可以染，《御覽》引《四民月令》云："柘，染色黄赤，人君所服。"鄭注《月令》云："鞠衣，黄桑之服。"或是此與？

杜仲,曼榆也。

《神農本草》云:“杜仲,味辛平,一名思仙,生上虞山谷。”《御覽》引《吳普本草》云:“一名思仲,一名木綿。”陶注《本草》云:“出建平宜都者,狀如厚朴,折之多白絲爲佳。”《古今注》亦云:“杜仲,皮中有絲,折之則見也。”《蜀本草圖經》云:“生深山大谷,樹高數丈,葉似辛夷。”蘇頌《圖經》云:“江南人謂之櫋。初生葉嫩時可食,謂之櫋芽;木可作履,益腳。”案:“綿”與“曼”,古同聲。故杜仲謂之櫋,或謂之木綿,或謂之曼榆也。

重皮,厚朴也。

《説文》云:“重,厚也。”“朴,木皮也。”重皮,厚朴,其義一也。《急就篇》云:“芎藭厚朴桂栝樓。”顔師古注云:“凡木皮皆謂之朴。此樹皮厚,故以‘厚朴’爲名。”(316)《御覽》引《吳普本草》云:“厚朴,一名厚皮,生交阯。”又引《范子計然》云:“厚朴,出宏農。”《名醫别録》云:“一名赤朴。其樹名榛,其子名逐折。”陶注云:“今出建平宜都者極厚,肉紫色爲好,殼薄而白者不如。”蘇頌《圖經》云:“木高三四丈,徑一二尺,春生葉如柳葉,四季不凋,紅花而青實,皮極鱗皺而厚,紫色多潤者佳。”李時珍云:“五六月開細花,細實如冬青子,生青熟赤,有核,七八月采之,味甘美。”案:厚朴子甘美可食,則亦果之一種,故《史記·司馬相如傳》云“枇杷橪柿,楟榛厚朴”也。

木欄,桂欄也。

欄,與“蘭”同。《離騷》云:“朝搴阰之木蘭兮,夕攬洲之宿莽。”王逸注云:“木蘭去皮不死,宿莽遇冬不枯。以喻讒人雖欲困己,己受天性,終不可變易也。”案:下文云:“朝歙木蘭之墜露兮,夕餐秋菊之落英。”文義正與此同。皆言其志絜而行芳耳。木欄,芳木也。《漢書·司馬相如傳》云:“桂椒木蘭。”顔師古注云:“木蘭皮似桂而香,可作面膏藥。”《史記》集解引郭璞注云:“木蘭樹皮辛香可食。”劉逵注《蜀都賦》云:“木蘭,大樹也。葉似長生,冬夏榮,常以冬華,其實如小柿,甘美,南人以爲梅,其皮可食。”成公綏《木蘭賦》云:“諒抗節而矯時,獨滋茂而不雕。”蓋木蘭非獨皮形似桂,其性之冬榮亦復不殊,是以有“桂蘭”之名也。木蘭可以調食。《史記·滑稽傳》云:“齎以薑棗,薦以木蘭。”桓麟《七説》云:“河黿之羹,齊以蘭梅。”張衡《七辯》云:“芳以薑椒,拂以桂蘭。”皆是也。《神農本草》云:“木蘭,一名林蘭。”

林蘭，猶言木蘭也。《名醫别録》云："一名杜蘭，似桂而香。"杜，當爲"桂"字之誤也。陶注云："零陵諸處皆有。狀如楠樹，皮甚薄而味辛香，今益州有之[①]，皮厚，狀如厚朴，而氣味爲勝。"《蜀本圖經》云："樹高數仞，葉似菌桂，葉有三道縱文，皮如板桂，有縱横文。"皆其狀矣。

益智，龍眼也。

《神農本草》云："龍眼，一名益智，生南海山谷。"《齊民要術》引《吴普本草》云："龍眼，一名益智，一名比目。""益"與"智"，古音同在支部，蓋疊韻字也。而《開寶本草》乃以爲"味甘歸脾而能益智"，其説鑿矣。《御覽》引《東觀漢記》云："單于來朝，賜橙、橘、龍眼、荔枝。"又引謝承《後漢書》云："交阯七郡獻龍眼。"蓋龍眼之見珍，自漢已然。《御覽》又引《廣志》云："龍眼，樹葉似荔枝，蔓延緣木生，子大如酸棗，色黑，純甜無酸。"蘇恭《本草》注云："龍眼，樹似荔枝，葉若林檎，花白色，子如檳榔，有鱗甲，大如雀卵，味甘酸。"皆其形狀也。龍眼，又名"龍目"。左思《蜀都賦》云："旁挺龍目，側生荔枝。布緑葉之萋萋，結朱實之離離。"是也。今人則謂之圓眼。李賢注《和帝紀》引《廣州記》云："龍眼子似荔枝而圓。"此"圓眼"之所以名也。别有"益智"，與此同名而異物。《藝文類聚》引《廣志》云："益智，葉似蘘荷，長丈餘，子大如棗；中辮黑，皮白核小者，名曰益智也。"

山榆，毋估也。

毋估，與"無姑"同。《爾雅》云："無姑，其實夷。"郭注云："無姑，姑榆也，生山中，葉圓而厚，剥取皮合漬之，其味辛香，所謂蕪荑。"毋，又作"无"。《頤》九二"枯楊生荑"，鄭讀"枯"爲"姑"，云："无姑，山榆。荑，謂山榆之實也。"估，又作"橭"。《秋官・壺涿氏》"掌除水蟲。欲殺其神，則以牡橭午貫象齒而沈之"，杜子春云："橭，讀爲枯。枯榆，木名。"案：《神農本草》云："蕪荑，一名無姑，主去三蟲。"陶注云："狀如榆莢，氣臭如犼，以作醬食之。性殺蟲，置物中亦辟蛀。"陳藏器云："此山榆仁也，作醬食之，氣膻者良。"蘇頌《圖經》云："大類榆類而差小。"然則無姑自有二種：一種莢氣辛香，郭注《爾雅》所言者是也；一種莢臭，《本草》所言者是也。而莢臭者獨有殺蟲之用。壺涿氏除水蟲以枯榆，或是其臭者與？

---

① 之，原誤脱。

柘榆，梗榆也。

《爾雅》云："藲，荎。"郭注云："《詩》曰'山有藲'，今之刺榆。"疏引陸機《詩疏》云："其針刺如柘，其葉如榆，瀹爲茹，美滑。"針刺如柘，故有"柘榆"之稱矣。荎之爲言挃也。前《釋詁》云："挃，刺也。"梗，亦刺之義也。《方言》云："凡草木刺人者，自關而東，或謂之梗。"郭注云："梗，今之梗榆也。"《説文》云："梗，山枌榆有朿，莢可爲蕪荑也。"案：陳藏器《本草拾遺》云："刺榆秋實。"即《説文》所云"莢可爲蕪荑"者也。《急就篇》云："蕪荑鹽豉醯酢醬。"顔師古依郭璞《爾雅注》，以爲"蕪荑，無姑之實也"。但刺榆亦可以爲蕪荑。《急就篇》所云，不必專指山榆也。刺榆又中車材。《齊民要術》云："刺榆木甚牢肕，可以爲犢車材。凡種刺榆、挾榆兩種者，利爲多。"

梔子，桶桃也。

《説文》云："桅，黄木可染者也。"桅，與"梔"同，字一作"巵"。《漢書·貨殖傳》云："千畝巵茜。"孟康注云："茜草、巵子，可用染也。"《述異記》云："洛陽有巵茜園。《漢官儀》云：'染園出巵茜，供染御服。'是其處也。"又名鮮支。《史記·司馬相如傳》云："鮮支、黄礫。"索隱引司馬彪云："鮮支，即今支子也。"支，與"梔"亦同。又名林蘭。謝靈運《山居賦》"林蘭近雪而揚猗"，自注云："林蘭，支子也。"《神農本草》云："梔子，一名木丹，生南陽川谷。"《名醫别録》云："一名越桃，九月採實。"陶注云："處處有，亦兩三種小異。以七棱者爲良，經霜乃取之。今皆入染，用於藥甚稀。"《御覽》引《吴普本草》云："支子，葉兩頭尖如樗蒲，剥其子如蠒而黄赤。"《酉陽雜俎》云："諸花少六出者，唯梔子花六出。陶真白言梔子剪花六出，刻房七道，其花香甚，相傳即西域瞻蔔花也。"

宛童，寄生樢也。

詳見《釋草》"寄屑，寄生也"下。

秀龍，巢也。

未詳。

下支謂之㯅㰌。

支，與"枝"同。《玉篇》云："㯅㰌，木下枝也。"凡木枝多向上，故於其向下者别爲之名也。亦單謂之㯅。《廣韻》云："㯅，木枝下也。"㯅之言卑也，以其卑下也。

廣雅疏證　卷第十下

引之述

釋　蟲

蚑、蛣，蟬也。

蚑、蛣，聲之轉也。《方言》云："蟬，楚謂之蜩，秦晉之閒謂之蟬，海岱之閒謂之蚑。"郭璞注云："齊人呼爲巨蚑。"蛣，曹憲音去結反。《玉篇》"蛪"古頡切，《廣韻》苦結切，並云："蛪蚼，似蟬而小。""苦結"之音與"去結"同，疑"蛪"即"蛣"也。

闇蜩，蠦也。

闇，與"瘖"同。蠦之爲言猶瘖也。《方言》云："蠦謂之寒蜩。寒蜩，瘖蜩也。"郭璞注云："按，《爾雅》以蜺爲寒蜩，《月令》亦曰'寒蜩鳴'，知寒蜩非瘖者也。寒蜩，螿也，似小蟬而色青。"據此，則寒蜩非瘖蜩矣。而《後漢書·杜密傳》"劉勝知善不薦，聞惡無言，隱情惜己，自同寒蟬"，李賢注云"寒蟬，謂寂默也"，引《楚詞·九辨》曰："悲哉秋之爲氣也，蟬寂寞而無聲。"則寒蜩、瘖蜩又似無别。瘖蜩，一名瘂蟬。《本草》"蚱蟬"，陶注云："蚱蟬，即是瘂蟬。瘂蟬，雌蟬也，不能鳴者。"

蟧、蝒[①]，馬蜩也。

蜩之大者也。

《爾雅》"蝒，馬蜩"，郭璞注云："蜩中最大者爲馬蟬。"《方言》"蟬，楚謂之蜩。其大者謂之蟧，或謂之蝒馬"，郭璞注云："按，《爾雅》蝒者，馬蜩，非别名'蝒馬'也，此方言誤耳。"馬蜩，一名馬蟧。《廣韻》云："馬蟧，大蟬也。"蘇頌《本草圖經》云："今夏中所鳴者，比衆蟬最大。"

---

① 蝒，原作"蝈"，《疏證》作"蝒"。

蛔,各本譌作"蜖",今訂正。

蛥蚗,蛰也。

《方言》云:"蛥蚗,楚謂之蟪蛄,或謂之蛉蛄;秦謂之蛥蚗;自關而東謂之虭蟧,或謂之蝭蟧。"又云"蟬,其小者謂之麥蛰,有文者謂之蜻蜻",郭璞注云:"《爾雅》云:即蛰也。"是蛥蚗爲蛁蟟,不與蛰同也。《廣雅》之訓,多本《方言》,則"蛥蚗"當入下條"蛁蟟也"内,無由得訓爲蛰。疑"蛰"上本有二字,而今脱去。"蛥蚗"二字,則又從下文竄入此條耳。

蛥蚗,一名蚜蚗。《説文》云:"蚜蚗,蛁蟟也。"(317)《夏小正》"四月鳴札",傳云:"札者,寧縣也。鳴而後知之,故先'鳴'而後'札'。"札,與"蛰"同。《衛風·碩人》篇"螓首蛾眉",傳云:"螓首,顙廣而方。"箋云:"螓,謂蜻蜻也。"正義云"此蟲額廣而且方",引舍人《爾雅》"蛰,蜻蜻"注云:"小蟬色青青者。"又引某氏云:"鳴蛰蛰者。"

蟪蛄、蛉蛄、蝭蟧,蛁蟟也。

《方言》"蝭"作"蝭","蛁蟟"作"虭蟧"。四者皆蛥蚗别名也。

《莊子·逍遥遊》篇"蟪蛄不知春秋",司馬彪注云:"蟪蛄,寒蟬也,一名蝭蠑(318)。春生夏死,夏生秋死。"崔譔注云:"蛁蟟也,或曰山蟬。秋鳴者不及春,春鳴者不及秋。"《夏小正》"七月寒蟬鳴",傳云:"寒蟬也者,蝭蠑也。"蝭蠑,與"蝭蟧"同,"蛁蟟"之轉聲也。今揚州人謂此蟬爲"都蟟",亦"蛁蟟"之轉聲也。郭注《方言》云:"江東人呼嗅蟧。"又"蛁蟟"之變轉矣。《太玄·飾》次八"蛁鳴喁喁",范望注云:"蛁,蟬也,恆託於木。"《本草》"蚱蟬",陶注云:"七月鳴者,名蛁蟟,色青。"

昀案:蛉蛄未作疏證。

蛾蛘、玄蚼、〔蚼〕蟓、蟼蜉,螘也。

螘,與"蛾"同,俗作"蟻"。《爾雅》"蚍蜉,大螘;小者,螘",郭璞注云:"齊人呼螘爲蛘。"《方言》"蚍蜉,齊魯之閒謂之蚼蟓,西南梁益之閒謂之玄蚼,燕謂之蛾蛘",郭璞注云:"蚍蜉,亦呼蟼蜉。"案:"蚍"與"蟼",一聲之轉;蟼、蜉,亦一聲之轉也。

蚼,與"駒"通。《夏小正》"十有二月,玄駒賁",傳云:"玄駒也者,螘也。賁者,何也?走于地中也。"《法言·先知》篇:"吾見玄駒之步,雉之晨雊也,化其可以已矣哉！"

蟓，一作"蛘"。《廣韻》云："蚼蛘，蚍蜉也。"

各本"蟓"上脱"蚼"字，今據《方言》補。

蟒，蛾也。

《爾雅》云："蛬，羅。"《説文》云："蛬，蠶化飛蟲也。"蛬，與"蛾"同。《御覽》引《廣志》云："凡草木蟲以蛹化爲蛾甚衆。"《古今注》云："飛蛾善拂鐙，一名火花，一名慕光。"

地膽、虵要、青蠚，青蠵也。

下文云："盤蝥，晏青也。"此亦其類也。

《本草》"地膽，一名蚖青"，陶注云："狀如大馬蟻，有翼。僞者即斑貓所化，狀如大豆。"又注《别録》"葛上亭長"云："二月、三月在芫花上，即呼芫青；四月、五月在王不留行上，即呼王不留行蟲；六月、七月在葛花上，即呼爲葛上亭長；八月在豆花上，即呼斑貓；九月、十月欲還地蟄，即呼爲地膽。"斑貓，即盤蝥也。《御覽》引《本草》亦云："春食芫華，故云元青；秋食葛華，故云葛上亭長。"然則此蟲常食草花，故有"盤蝥、青蠚"之稱。蝥、蠚、蟊，古字通用。《爾雅》云："食苗根，蟊。"義可互通矣。《御覽》引《吴普本草》云："地膽，一名青蛙。"蛙、蠵，聲近而字通①。《御覽》又引《吴普本草》云："班貓，一名晏青。"晏，與"晏"同。《本草》"斑貓"，陶注云："豆花時取之，甲上黄黑斑色如巴豆大者是也。"以有黄黑斑，故曰"盤蝥"。盤，猶斑也。《説文》"蝥"作"蝥"，云："盤蝥，毒蟲也。"

昀案：虵要未作疏證。

杜伯、蠚、蠆、〔蠇〕、〔蚳〕、〔蚉〕，蠍也。

《御覽》引《詩義疏》云："蠆，一名杜伯，幽州謂之蠍。"(319)《説文》"蠆"作"萬"，云："毒蟲也；象形。"《小雅·都人士》釋文引《通俗文》云："長尾爲蠆，短尾爲蠍。"案：蠚、蠆、蠇，皆毒螫傷人之名。蠚之言憯也，蠆之言怛也，蠇之言瘌也。《釋詁》云："毒、憯、怛、瘌，痛也。"是其義矣。蠇，一作"厲"。《莊子·天運》篇"其知憯於厲蠆之尾"，郭向"厲"音賴，即"蠇"字也。釋文以爲上當作"蠆"，下當作

① 字，原譌作"孚"。

“蠍”,失之。

《說文》:“蠆,蠆也。”“蚔,蠆也。”蠆,亦毒螫傷人之名。《史記·律書》“北至于奎。奎者,主毒螫殺萬物也”,徐廣云:“奎,一作蠆。”是其證。《釋魚》云:“虵,蝰也。”虵毒謂之蝰,猶蠍毒謂之蠆也。《孟子·公孫丑》篇有“蚔鼃”,爲齊士師。蚔鼃,即蚔蠆,猶春秋時鄭大夫名公孫蠆也。“鼃”與“蠆”,同聲假借耳。“蚔”字當從氏聲,音巨支反。釋文“虫”旁作“氏”,音遲,失之。

各本脱“蛪、蚔、蠆”三字。《御覽》引《廣雅》:“杜伯、蝨、蠆,蠍也。”則宋時本已然。案:《衆經音義》卷五、卷七、卷十五、卷二十並引《廣雅》:“蠆、蛪、蚔、蠆,蠍也。”《集韻》引《廣雅》:“蛪,蠆也。”今補。

景天、螢火,𧍧也。

螢,一作“熒”。𧍧,一作“燐”。《豳風·東山》篇“熠燿宵行”,傳云:“熠燿,燐也。燐,螢火也。”正義云:“《釋蟲》云:‘螢火,即炤。’舍人云:‘夜飛有火蟲也。’《本草》:‘螢火,一名夜光,一名熠燿。’案:諸文皆不言螢火爲燐。《淮南子》云:‘久血爲燐。’許慎云:‘謂兵死之血爲鬼火。’然則燐者,‘鬼火’之名,非螢火也。陳思王《螢火論》曰:‘《詩》云熠燿宵行,《章句》以爲鬼火,或謂之燐,未爲得也。天陰沈數雨,在於秋日,螢火夜飛之時也,故云宵行。然則毛以螢火爲燐,非也。’”今案:正義所云,未爲通論。燐之爲言燐燐然也。《説文》云:“粦,鬼火也。”“閵,火皃;讀若粦。”粦,與“燐”同。楊雄《劇秦美新》“炳炳麟麟”,李善注云:“麟麟,光明也。”麟,與“燐”古字同用。是燐者,火光明也。鬼火有光謂之燐,則螢火有光亦得謂之燐矣。《説文》云:“熒,鐙燭之光。”而《爾雅》云:“熒火,即炤。”鐙燭有光謂之熒,熒火有光亦謂之熒,猶鬼火有光謂之燐,熒火有光亦謂之燐也。若謂熒火與鬼火不得同名爲燐,則熒火與鐙燭之光亦不得同名熒乎?且熒火爲燐,必非無據,或本古訓,或用方言,皆未可知。區區《本草》之文、《淮南·氾論訓》之注,未足以定前人之得失也。若陳王作《論》,乃駁“熠燿”之爲鬼火,而非難螢火之名燐。辨《韓詩章句》之疏,而非救毛公詁訓之失,抑又不足以爲據矣。

《蓺文類聚》引《吳普本草》云:“螢火,一名景天。”景天,亦以其光名之也。《説文》云:“景,光也。”《月令》云:“季夏之月,腐草爲螢。”《本草》“熒火”,陶注云:“腐草及爛竹根所化。”(320)

蛭蛒、蛬蠾、地蠶、蠹、蟦，蠀螬〔也〕。

蠀，與“蠐”同。《爾雅》“蟦，蠐螬”，郭璞注云：“在糞土中。”“蝤蠐，蝎”，注云：“在木中。今雖通名爲蝎，所在異。”“蝎，蛣蝠”，注云：“木中蠹蟲。”“蝎，桑蠹”，注云：“即蛣蝠。”《方言》云：“蠀螬謂之蟦。自關而東謂之蝤蠀，或謂之卷蠾，或謂之蝖螜；梁益之閒謂之蛒，或謂之蝎，或謂之蛭蛒；秦晉之閒謂之蠹。”郭璞注云：“亦呼當齊，或呼地蠶，或呼蟦蝖。”是土中之蟦、木中之蠹，同類而通名。故《衛風·碩人》篇“領如蝤蠐”，正義引《爾雅》釋之，以爲蟦也、蠐螬也、蝤蠐也、蛣蝠也、桑蠹也，一蟲而六名也。《本草》云：“蠐螬，一名蟦蠐。”蠐、螬，雙聲字；蟦、蠐，疊韻字也。單言之則或爲“蟦”，或爲“螬”。《爾雅》“蟦，蠐螬”，《孟子·滕文公》篇“井上有李，螬食實者過半矣”，是也。《名醫别録》云：“一名蜰齊，一名教齊。”蜰齊，與“蟦蠐”通，聲轉而爲“教”耳。《莊子·至樂》篇“烏足之根爲蠐螬”，司馬彪本作“螬蠐”，云：“蝎也。”螬蠐，即蝤蠐。蝤、螬，聲相近也。《論衡·無形》篇云：“蠐螬化而爲復育，復育轉而爲蟬。”《御覽》引《博物志》云：“蠐螬以背行，駛於用足。”皆其情狀也。

各本脱“也”字，今補。

蛝蠼、蚰蜒、蛈蚭，蚰蜒也。

《爾雅》“螾衙，入耳”，郭璞注云：“蚰蜒也。”邢昺疏云：“此蟲象蜈蚣，黄色而細長，呼爲吐古，喜入耳者也。”陳藏器《本草拾遺》云：“蚰蜒，色正黄，大者如釵股，其足無數。此蟲好脂油香，能入耳及諸竅中，以驢乳灌之，化爲水。”是其性也。《方言》云：“蚰蜒，自關而東謂之螾蜇，或謂之入耳，或謂之蛝蠼；趙魏之閒或謂之蛈蚭；北燕謂之蚰蜒。”郭璞注云：“江東又呼蜇。”《淮南·泰族訓》“昌羊去蚤蝨而人弗席者，爲其來蚙窮也”，《御覽》引高誘注云：“蚙窮，幽冀謂之蛷蛷，入耳之蟲也。”案：“蛷蛷”與“蚰蜒”，聲相近；“蚰蜒”與“螾蜇”，聲之轉。謂之蚰蜒者，言其行蜿蜒然也。鄭注《考工·梓人》云：“卻行[①]，螾衍之屬。”釋文云：“此蟲能兩頭行，是卻行也。”

蛛蝥、冈工、蠾蝓，蟳蜍也。

蛛，一作鼄。蝥，一作蝨。蝓，一作蝓。《爾雅》“次蜇，鼅鼄；鼅鼄，鼄蝥”，郭璞

---

① 卻，原譌作“郤”。下處之“卻”同。

注云:"今江東呼蝃蝥。"《説文》"蝃"作"鼅",云:"鼅鼄,作罔蛛蝥也。""蛛"與"蝃",聲之轉耳。《方言》"鼅鼄,鼄蝥也。自關而西,秦晉之閒謂之鼄蝥;自關而東,趙魏之郊謂之鼅鼄,或謂之蠾蝓。蠾蝓者,'侏儒'語之轉也。北燕朝鮮洌水之閒謂之蝳蜍",郭璞注云:"齊人又呼社公,亦言罔工。"罔,與"冈"同。各本"冈"譌作"冈",今訂正。罔工,以作罔得名也。《賈子·禮》篇云:"蛛蝥作罟。"《太玄·務》次五:"蜘蛛之務,不如蠶之緰。測曰:蜘蛛之務,無益人也。"《玉篇》云:"蝳蜍,肥大蜘蛛。"蝳蜍、蠾蝓,聲亦相近耳。

蛺蜨,蛪蛈也[①]。

蜨,與"蝶"同。《説文》:"蛺,蛺蜨也。"《莊子·至樂》篇"烏足之根爲蠐螬,其葉爲胡蝶。胡蝶,胥也",司馬彪注云:"胡蝶,蛺蝶也。"《古今注》云:"蛺蝶,一名野蛾,一名風蝶,江東呼爲撻末,色白背青者是也。其大如蝙蝠者,或黑色,或青斑,名爲鳳子,一名鳳車,一名鬼車,生江南柑橘園中。"

蛩、趗織、蚟孫,蜻蛚也。

蛩,一作"蛬",一作"蛩"。趗,一作"促"。蚟,一作"王"。《爾雅》云:"蟋蟀,蛬。"《唐風·蟋蟀》篇"蟋蟀在堂",正義引李巡《爾雅》注云:"蛬,一名蟋蟀;蟋蟀,蜻蛚也。"《月令》"季夏之月,蟋蟀居壁",正義引孫炎《爾雅》注云:"蟋蟀,蜻蛚也。梁國謂蛬。"《方言》:"蜻蛚,楚謂之蟋蟀,或謂之蛬;南楚之閒謂之蚟孫。"《古今注》云:"蟋蟀,一名吟蛩,一名蛩。"蛩,與"蛩"同。今人謂之"屈屈",則"蛩"之轉聲也。陸機《詩義疏》云:"蟋蟀,似蝗而小,正黑,有光澤如漆,有角翅,一名蛬,一名蜻蛚。楚人謂之王孫,幽州謂之趨織。里語曰:'趨織鳴,嬾婦驚。'是也。"古詩云:"促織鳴東壁。"李善注引《春秋考異郵》"立秋趣織鳴",宋均注云:"趣織,蟋蟀也。立秋女功急,故趣之。"《御覽》引《春秋説題詞》云:"趣織之爲言趣織也。織興事遽,故趣織鳴,女作兼也。"《鹽鐵論·論菑》篇"涼風至,蜻蛚鳴",一作"精列"。《考工記·梓人》"以注鳴者",鄭注云:"注鳴,精列屬。"

炙鼠、津姑、螻蜮、蟓蛉、蛞螻,螻姑也。

姑,一作"蛄"。《爾雅》"蝚,蛖螻",郭璞注云"蛖螻,螻蛄類";"螜,天螻",注

---

① 蛈,原譌作"蛺"。據曹憲音正。

云"螻蛄也",引《夏小正》曰:"螜則鳴。"《埤雅》引孫炎《爾雅》正義云:"螜是雄者,喜鳴善飛。雌者腹大羽小,不能飛翔,食風與土也。"

炙鼠,蘇頌《本草圖經》引作"碩鼠"。炙、碩,聲相近也。各本"炙"譌作"灸",今訂正。字一作"石",一作"鼫"。《廣韻》:"螻蛄,一名仙蛄,一名石鼠。"《晉》九四"晉如鼫鼠",正義云"鼫鼠,有五能而不成伎之蟲也",引蔡邕《勸學篇》云:"鼫鼠五能,不成一伎。"又引王注云:"能飛不能過屋,能緣不能窮木,能游不能度谷,能穴不能掩身,能走不能先人。《本草經》云:'螻蛄,一名鼫鼠。'謂此也。"《蓺文類聚》引《魏風·碩鼠》篇義疏云:"碩鼠,樊光謂即《爾雅》'鼫鼠'也。許慎云:'鼫鼠,五伎鼠也。'今之河東有碩鼠,大能人立,交前兩腳於頭上,跳舞善鳴,食人禾稼,逐則走入樹空中,亦有五伎。或謂雀鼠,其形大,故敘云'大鼠'也。魏,今河東河北縣也。《詩》言其方物,宜謂此鼠。《本草》又謂螻蛄爲石鼠,亦五伎。古今方土名蟲鳥,物異名同,故記也。"然則螻蛄亦名"碩鼠",同有五伎。《詩》言"無食我黍",乃專譏田鼠之貪。《易》言"晉如鼫鼠",或可以螻蛄爲説耳。

螻蛄,疊韻字,聲轉而爲"螻蟈";倒言之則爲"蛞螻"矣。《方言》云:"螻螲謂之螻蛄,或謂之蟓蛉。南楚謂之杜狗,或謂之蛞螻。"今人謂此蟲爲"土狗",即"杜狗"也;順天人謂之"拉拉古",即"螻蛄"之轉聲也。其單言之則或爲"螻"。《吕氏春秋·應同》篇"黄帝之時,天先見大螾、大螻",高誘注云:"螻,螻蛄也。"《慎小》篇"巨防容螻",注云:"隄有孔穴,容螻蛄也。"或又謂之蟉蛄。《埤雅》引《廣志·小學篇》云:"螻蛄,會稽謂之蟉蛄。"《孟子·滕文公》篇"蠅蚋姑嘬之",釋文云:"蚋,諸本或作蟉。一説云,蟉蛄即螻蛄也。""蟉"與"螻",聲正相近矣。螻蛄短翅四足,穴土而居,至夜則鳴,聲如蚯蚓(321)。

昀案:津姑未作疏證。

蛆蝶、馬蚿,馬蚿也。

即下文"馬蚿,蠀蛆也"。"蚿"與"蚿",聲之轉;"蠀蛆"與"蛆蝶",聲之遞轉也。《爾雅》云:"蛝,馬蚿。""蛝"與"蚿",亦聲之轉。《方言》"馬蚿,北燕謂之蛆蝶。其大者謂之馬蚰",郭璞注云:"今關西云'馬蚰'。"蚰,與"蚿"同,字通作"軸"。《御覽》引《吴普本草》云:"馬蚿,一名馬軸,又謂之馬陸。"《本草》云:"馬陸,一名百足。"馬陸,猶言馬蚿也。草名蓫薚,一名商陸;蟲名馬蚿,一名馬陸,皆聲近而轉耳。"蛆蟝"之轉聲爲"蠽蛆",又轉而爲"秦渠"。高誘注《吕氏春秋·季夏紀》云:"馬蚿,幽州謂之秦渠。"是也。又轉而爲"商蚷"。《莊子·秋水》篇"使商蚷馳河,必不勝任矣",司馬彪注云:"商蚷,蟲名。北燕謂之馬蚿。"是也。"蚿"之轉聲爲"蜫",又轉而爲"蠲",爲"蚼"。《説文》云"蠲,馬蠲也",引《明堂月令》云:"腐艸爲蠲。"郭璞注《爾雅》"馬蝬"云:"馬蠲,蚼也,俗呼馬蜒。"是也。又轉而爲"蠸",爲"蚈"。《吕氏春秋·季夏紀》"腐草化爲蚈",高誘注云:"蚈,馬蚿也。蚈,讀'蹊徑'之'蹊'。"《御覽》引許慎《淮南·時則訓》注云:"草得陰而死,極陰中反陽,故化爲蚈。蚈,馬蠸也。"(322)是也。《莊子·秋水》篇:"夔憐蚿,蚿憐蛇。夔謂蚿曰:'吾以一足,跉踔而行。今子之使萬足,獨柰何?'蚿謂蛇曰:'吾以衆足行,而不及子之無足,何也?'"司馬彪注云:"蚿,馬蚿蟲也。"夔一足,蚿多足,蛇無足。故《淮南·氾論訓》云:"蚈足衆而走不若蛇,物固有衆不若少者也。"《李當之本草》云:"此蟲長五六寸,狀如大蛩,夏月登樹鳴,冬則蟄。今人呼爲飛蚿蟲。"故《宋書·王素傳》云:"山中有蚿蟲聲清長,聽之使人不厭也。"蘇恭《本草》注云:"襄陽人名爲馬蚿,亦呼馬軸,亦名刀環蟲,以其死側臥狀如刀環也。"寇宗奭云:"即今百節蟲。"

蠓螉、〔蜂*〕,蜂也。

《説文》:"蠭,飛蟲螫人者。"蠭,與"蜂"同。《爾雅》"土蠭",郭璞注云:"今江東呼大蠭在地中作房者爲土蠭。啖其子,即馬蠭也,今荆巴閒呼爲蟺。""木蠭",注云:"似土蠭而小,在樹上作房,江東亦呼爲木蠭,人食其子。"《方言》:"蠭,燕趙之閒謂之蠓螉。"

《檀弓》"范則冠而蟬有緌",《内則》"爵鷃蜩范",鄭注並云:"范,蜂也。"《蓺文類聚》引《廣雅》:"范,蜂也。"《集韻》引作"蜂"。今本脱"蜂"字。

蠮,螠也。

即下文"蠮,螉也"。螠,或作"蠤"。《玉篇》:"螠,小蜂也。""蠤,小蜂也。""蠮,蠮螉也。""蠮,同上。"各本"蠮"譌作"蠌",今訂正。《方言》:"蠭,其小者謂之蠮螉,或謂之蚴蜕。"蚴蜕也,蠮螉也,螠也,一聲之轉也。《爾雅》"果蠃、蒲盧、螟蛉,桑蟲",郭璞注云:"果蠃,即細腰蜂也,俗呼爲蠮螉。"《説文》"蜾蠃,蒲盧,細要土蠭也。天地之性,細要純雄無子",引《小雅·小宛》篇:"螟蠕有子,蜾蠃負之。"

《小宛》箋云:"蒲盧取桑蟲之子,負持而去,煦嫗養之以成其子。"《御覽》引《義疏》云:"蜾蠃,土蜂,一名蒲盧,似蜂而小腰,取桑蟲負之於木空中、筆筒中,七日而化其子。里語曰:'祝云,象我象我也。'"《法言·學行》篇亦云:"螟蠕之子,殪而逢蜾蠃,祝之曰:'類我類我。'久則肖之矣。"又《列子·天瑞》篇"純雄,其名稺蜂",張湛注云:"稺,小也。此無雌而自化。"《莊子·天運》篇"細要者化",司馬彪注云:"蜂之屬也,取桑蟲祝使似己也。"《庚桑楚》篇"奔蜂不能化藿蠋",司馬彪云:"奔蜂,小蜂也,一云土蜂。"是舊説皆言此蜂取他蟲爲子也。而《本草》"蠮螉",陶注云:"今一種黑色,腰甚細,銜泥於人壁及器物邊,作房如併竹管;其生子如粟米大,置中,乃捕取草上青蜘蛛十餘枚,滿中,仍塞口,以擬其子大爲糧也。其一種入蘆竹管中者,亦取草上青蟲,一名蜾蠃[①]。詩人云:'螟蛉有子,蜾蠃負之。'言細腰物無雌,皆取青蟲教祝,便變成己子。斯爲謬矣。"蘇頌《圖經》云:"物類變化,固不可度。蚱蟬生於轉丸,衣魚生於瓜子,龜生於蛇,蛤生於雀;白鶂之相視,負螽之相應,其類非一。若桑蟲、蜘蛛之變爲蜂,不爲異矣。如陶所説,卵如粟者,未必非祝蟲而成之也。"蠮螉銜土作房,故又有"土蜂"之名。與《爾雅》"土蠭,地中作房"者同名而異實。陶氏云:"雖名土蜂,不就土中爲窟。謂摙土作房爾。"

尺蠖,蠀蝛也。

《爾雅》"蠖,尺蠖",釋文引《字林》云:"蝍蝛,蚇蠖也。"蝍,與"蠀"同。蚇,與"尺"同。《方言》"蠀蝛謂之蚇蠖",郭璞注云:"又呼步屈。"《衆經音義》卷十八云"尺蠖,一名尋桑",引《纂文》云:"吴人以'步屈'名桑闔。"是其異名也。《説文》:"尺蠖,屈申蟲也。"《繫辭傳》云:"尺蠖之屈,以求信也。"《考工記·弓人》"麋筋斥蠖灂",鄭注云:"斥蠖,屈蟲也。"斥,與"尺"同。尺蠖之行,屈而後申,故謂之步屈,又謂之蠀蝛。蠀蝛者,"趑趄"之轉聲。《説文》云:"趑趄,行不進也。"《廣韻》"蝛"作"蝺",音縮,云:"蝍蝺,尺蠖也。"則"蝍蝺"之名,正以退縮爲義矣。《御覽》引舍人《爾雅》注云:"螟蛉,桑小青蟲也,似步屈。"是尺蠖與桑蟲同類,故有"尋桑、桑闔"之名。《晏子春秋·外篇》云:"尺蠖食黄則黄,食倉則蒼。"謂其食樹葉也。《埤雅》云:"蚇蠖,似蠶,食葉,老亦吐絲作室,化而爲蝶。"各本"蠖"字誤在"蠀"字下,今訂正。

---

① 蠃,原譌作"羸"。下所引詩中之"蠃"同。

蚴蜕、土蜂，蠮螉也。

詳見上文"蟋，蟷也"下。

芈芈、齕肬，螗蜋也。

《爾雅》"不過，蟷孃。其子蜱蛸"，郭璞注云："蟷孃，螗蜋别名。蜱蛸，一名螵蟭，蟷孃卵也。""莫貈、螳蜋，蛑"，注云："螳蜋，有斧蟲。江東呼爲石蜋。"《方言》"螳蜋謂之髦，或謂之虰，或謂之蝆蝆"，注云："又名齕肬。"《集韻》："蝆，母婢切；蝆蝆，螗蜋也。"蝆，與"芈"同。各本"芈"譌作"芉"，今訂正。《説文》："堂蜋，一名斫父。"《月令》"仲夏之月，螳蜋生"，鄭注云："螳蜋，螵蛸母也。"《藝文類聚》引《鄭志·荅王瓚問》云："今沛魯以南謂之蟷孃，三河之域謂之螳蜋，燕趙之際謂之食肬，齊濟以東謂之馬敫；然名其子，則同云'螵蛸'，是以注云'螳蜋，螵蛸母'也。"高誘注《吕氏春秋·仲夏紀》云："螳蜋，一曰天馬，一曰齕疣。兖州謂之拒斧。"疣，與"肬"同。肬，從尤聲，古音當爲羽其反。食肬、齕肬，皆疊韻字也。各本"肬"譌作"耽"，今訂正。諸書寫此字或作"朧"者，"肬"之譌；或作"厖"者，"疣"之譌也。《本草》云："桑螵蛸，一名蝕肬。"蝕，與"食"同。食肬，螳蜋别名，非螵蛸也，《本草》誤耳。螳蜋(323-1)，今謂之刀蜋，聲之轉也(323-2)。其性鷙悍，喜搏擊。《莊子·人閒世》篇"女不知夫螳蜋乎，怒其臂以當車轍，不知其不勝任也"，《山木篇》"覩一蟬方得美蔭，螳蜋執翳而搏之"，是也。《御覽》引《范子計然》云"螵蛸，出三輔"；又引《吳普本草》云："桑螵蛸，一名冒焦。"冒焦、螵蟭，皆"螵蛸"之轉聲也。《蜀本草圖經》云："螵蛸多在小桑樹上、叢荆棘閒，並螳蜋卵也。三月、四月中，一枝出小螳蜋數百枚。"

螵蟭、烏洟、冒焦，螵蛸也①。

詳見上條。

昀案：烏洟未見於上條。

蝭蟧，蚩也。

即下文"螽，蝗也"。《説文》"螽"作"蠡"，云："蠡，蝗也。"《爾雅》："蛗螽，蠜。"《召南·草蟲》篇"趯趯阜螽"，正義引李巡《爾雅》注云："阜螽，蝗子也。"《義疏》云："今人謂蝗子爲螽子。兖州人謂之螣。"許慎云："蝗，螽也。"蔡邕云："螽，蝗

① 蟭、焦、螵，原作"蟭、隻、螵"，《疏證》作"蟭、焦、螵"。

也。”明一物。《方言》“蟒，宋魏之閒謂之蟘；南楚之外謂之蟅蟒，或謂之蟒，或謂之螣”，郭璞注云：“即蝗也。亦呼虴蛨。”案：虴蛨，猶言蟅蟒也。蟘，猶言螣也，方俗語有重輕耳。蟘，一作“蟦”。《爾雅》：“食葉，蟦。”《小雅·大田》篇“去其螟螣”，正義引舍人《爾雅》注以“螣”爲蝗也。《月令》“百螣時起”，鄭注云：“螣，蝗屬。言百者，明衆類並爲害。”高誘注《吕氏春秋·仲夏紀》云：“百螣，動股之屬。兖州人謂蝗爲螣。”又注《淮南·時則訓》云：“百螣、動股，蝗屬也。”是鄭以“螣”爲蝗名，高以“百螣”爲蝗名也(324)。案：百、蛨，聲相近。蝗謂之螣，又謂之虴蛨，因又謂之百螣與！

《春秋》桓公五年“螽”，杜預注云：“螽，蚣蝑之屬。爲災，故書。”《藝文類聚》引《洪範五行傳》云：“介蟲，有甲能蜚揚之類，陽氣所生，於春秋爲螽，今謂之蝗。”又引《春秋佐助期》云：“螽之爲蟲，赤頭甲身而翼，飛行，陰中陽也。螽之爲言衆，暴衆也。”案：螽之言衆多也。醜類衆多，斯謂之螽矣。顔師古注《文帝紀》云：“蝗，即螽也，食苗爲災，今俗呼爲簸蟑。”簸蟑，即“阜螽”之轉聲也。嚴粲《詩緝》云：“《周南》‘螽斯羽，詵詵兮’，螽斯，蝗也，即阜螽也；斯，語助也，猶‘鷽斯、鹿斯’也，非《七月》所謂‘斯螽’也。螽蝗生子最多，信宿即羣飛，因飛而見其多，故以‘羽’言之，喻子孫之衆多也。今考《爾雅》云：‘阜螽，蠜。’李氏、陸璣、許氏、蔡邕之説，阜螽即蝗也，蠜也，螣也，同是一物。《爾雅》又云：‘蜇螽，蜙蝑。’此别是一物，蝗之類也。螽斯即阜螽，非蜇螽也。毛氏誤以此‘螽斯’爲蚣蝑，孔氏因之，遂以螽斯、斯螽爲一物。”今案：嚴氏以“斯”爲語辭，“螽”爲阜螽，是也。其仍謂之“螽斯”，則非也。“螽斯羽”，猶言“麟之趾”耳。“斯、之”二字，用以足句，非謂螽爲“螽斯”、麟爲“麟之”也。《詩》言“如鳥斯翼”矣，又言“有兔斯首”矣，豈得謂之“鳥斯、兔斯”哉？

蚣蝑，蚕蠢也。

聲之轉也。蚣，與“蚣”同。《爾雅》“蜇螽，蚣蝑”，郭璞注云：“蚣蜙也。俗呼蝽蟋。”《方言》“舂黍謂之螢蝑”，注云：“又名蚣螢。江東呼虴蛨。”《豳風·七月》篇“五月斯螽動股”，傳云：“斯螽，蚣蝑也。”《周南·螽斯》篇正義引《義疏》云：“幽州人謂之舂箕。舂箕，即舂黍，蝗類也，長而青，長角，長股，股鳴者也；或謂似蝗而小，班黑，其股似瑇瑁文，五月中以兩股相切作聲，聞數十步。”《考工記·梓人》“以股鳴者”，鄭注云：“蚣蝑，動股屬。”今揚州人謂色青者爲青抹札，班黑者爲土抹札。土抹札，蓋即《爾雅》之“土螽，蠰谿”也。郭璞注“土螽”云：“似蝗而小。”正與《詩義疏》相合矣。蜄,各本譌作"蚻",今訂正。

蝍蛆,吳公也。

吳公,一作"蜈蚣"。《爾雅》:"蒺蔾,蝍蛆。"《玉篇》:"蝍蟍,蝍蛆,能食蛇,亦名蜈蚣。"《莊子·齊物論》篇"蝍蛆甘帶",司馬彪注云:"帶,小蛇也,蝍蛆好食其眼。"(325)釋文引《廣雅》:"蝍蛆,蜈公也。"《淮南·説林訓》云:"騰蛇游霧而殆於蝍蛆。"《御覽》引《春秋考異郵》云"土勝水,故蝍蛆搏蛇",宋均注云:"蝍蛆,生於土。蛇,藏物,屬於坎;坎,水也,爲隱伏。"《本草》"蜈蚣",陶注云:"一名蝍蛆。其性能制蛇,見大蛇便緣而噉其腦。"是也。郭璞注《爾雅》"蝍蛆"云①:"似蝗而大腹,長角,能食蛇腦。"與《廣雅》説異。案:蔡邕《短人賦》云:"蟄地蝗兮蘆蝍蛆,視短人兮形若斯。""蝗"與"蝍蛆"並稱,明爲二物相類。且似蝗大腹,體甚局促,故以況短人之狀。若蜈蚣似蚰蜒而長大,不得謂之爲"短"。是蔡邕《賦》"蝍蛆",正與郭注相合。但蜈蚣同名"蝍蛆",食蛇之技相等,則未知《爾雅》所云,當爲確指何物也。《開元占經·蟲蛇占》引京房云:"見山蝍蛆入于邑。"此則生於山者。《爾雅翼》云:"蜈蚣生深山枯木中者,遇天將雨,羣就最高處,作拏空欲奮之狀。"

馬蠽,蠽蛆也。

詳見上文"馬蚿也"下。蠽,各本譌作"踐",今訂正。

蜻蛉、蝍蛉,倉螘也。

《爾雅》"虰蛵,負勞",郭璞注云:"或曰即蜻蛉也。江東呼狐黎。"《方言》"蜻蛉謂之蝍蛉",注云:"六足四翼蟲也。淮南人呼蠊蛜。"《説文》:"蛉,蜻蛉也,一名桑根。"《淮南·齊俗訓》"水蠆爲蟌",高誘注云:"蟌,青蛉也。"又注《吕氏春秋·精諭》篇云:"蜻蜓,小蟲,細腰四翅,一名白宿。"《列子·天瑞》篇"厥昭生乎濕",釋文引《曾子》云:"狐蔾,一名厥昭,恆翔繞其水,不能離去。"又引師説云:"狐蔾,蜻蛉蟲也。"《古今注》云:"蜻蛉,一名青亭,色青而大者是也;小而黄者曰胡梨。一曰胡離;小而赤者曰赤卒,一名絳騶,一名赤衣使者,一名赤弁丈人,好集水上。"案:此蟲色青者爲蜻蛉。蜻蛉之言蒼筤也。《説卦傳》"《震》爲蒼筤竹",《九家易》云:"蒼筤,青也。"故又謂之倉螘,又謂之蟌。倉,猶蒼也。蟌,猶蔥也。《爾雅》云:"青

① "郭"字前原誤衍一"其"字。

謂之蔥。”由“蜻蛉”轉之,則爲“蝍蛉”,爲“蜻蜓”;又轉之,則爲“桑根”。桑根,猶言蒼筤耳。《楚策》云:“蜻蛉六足四翼,飛翔乎天地之閒,俛啄蚉宝而食之,仰承甘露而飲之。”此其情狀也。《御覽》引《尸子》云:“荆莊王命養由基射蜻蛉,拂左翼。”蜻蛉身輕翼薄,故中之爲難矣。今人通呼蜻蜓,順天人謂之流離,或謂之馬郎。

蛷螋,蛷蝣也。

蛷,一作“蠱”。《説文》:“蠱,多足蟲也。”《衆經音義》卷九引《通俗文》云:“務求謂之蚑蛷。關西呼蚉螋爲蚑蛷。”務求,與“蛷蝣”同。《周官·赤犮氏》“凡隙屋,除其貍蟲”,鄭注云:“貍蟲,蟨、肌求之屬。”釋文:“求,本或作蛷。”疑即蚑蛷也。“蚑”與“肌”,聲之轉耳。《博物志》云:“蠼螋蟲溺人影,隨所箸處生瘡。”《本草拾遺》云:“蠼螋蟲能溺人影,令發瘡如熱沸而大,繞腰。蟲如小蜈蚣,色青黑,長足。”蠼螋、蛷螋,亦聲之轉耳。今揚州人謂之蓑衣蟲,順天人謂之錢龍,長可盈寸,行於壁上,往來甚捷。

蠭、䖠,蝱也。

《説文》:“蝱,齧人飛蟲也。”

《玉篇》:“蠭,小蝱也。”“䖠,似蝱而小,青班色,齧人。”《淮南·説林訓》“兔齧爲䖠”,高誘注云:“兔所齧草,靈在其心中,化爲䖠。一説:兔齧,蟲名。”䖠,與“䖠”同,一名爲蛔。《玉篇》云:“蛔,班身小蝱也。”其有小蝱齧牛馬者,别名蠁。《楚語》云:“譬之如牛馬,處暑之既至,蠁蝱之既多而不能掉其尾。”韋昭注云:“大曰蝱,小曰蠁。”《本草》“木蝱,一名魂常”,陶注云:“此蝱不噉血,狀似蝱而小。”蘇恭注云:“小蝱名鹿蝱,大如蠅,齧牛亦猛。”

蛪蟥,蜚也。

即下文“飛蟅,飛蠊也”。《爾雅》:“蜚,蠦蜰。”《説文》:“蠹,臭蟲,負蠜也。”《漢書·五行志》云:“莊公二十九年有蜚。劉歆以爲負蠜也,性不食穀,食穀爲災,介蟲之孼。劉向以爲蜚色青,近青眚也,非中國所有;南越盛暑,男女同川澤,淫風所生,爲蟲臭惡。”《本草》謂之“蜚蠊”,陶注云:“形似䗪蟲而輕小能飛,本在草中,八月、九月知寒,多入人家屋裹逃爾。有兩三種,以作廉薑氣者爲真,南人亦噉之。”蘇恭注云:“此蟲味辛辣而臭,漢中人食之,言下氣,名曰石薑,一名盧蜰,一名負盤。”《别録》云:“形似蠶蛾,腹下赤。此即南人謂之滑蟲者也。”《别録》又有“行夜蟲,一名負盤",陶注云:"今小兒呼氣盤,或曰屭盤蟲者也。"陳藏器云:"竈盤蟲,一名負盤。蜚蠊,又名負盤,雖則相似,非一物。戎人食之,味極辛辣。竈盤蟲有短翅,飛不能遠,好夜中行,觸之氣出也。"

朝蜏,孳母也。

蜏,一作"秀"。《莊子·逍遥遊》篇"朝菌不知晦朔",《淮南·道應訓》引作"朝秀",高誘注云:"朝秀,朝生暮死之蟲也,生水上,似蠶蛾,一名孳母。海南謂之蟲邪。"案:"菌"者,"蜏"之轉聲。《莊子》"朝菌不知晦朔,蟪蛄不知春秋",皆謂蟲也。上文云"之二蟲者,又何知",謂蜩與學鳩;此云"不知晦朔",亦必謂朝菌之蟲。蟲者,微有知之物,故以"知不知"言之。若草木無知之物,何須言"不知"也?訓爲芝菌者,失之矣。《藝文類聚》引《廣志》云:"蜉蝣在水中,翕然生覆水上,尋死隨流。"與高注相合,其即朝秀與?

孑孓,蜎也。

《爾雅》"蜎,蠉",郭璞注云:"井中小蛣蟩赤蟲。《廣雅》云:'一名孑孓。'"釋文:"孑,紀列反。孓,九月反。"各本"孓"譌作"孑",今訂正。《説文》:"肙,小蟲也。"肙,與"蜎"同。《莊子·秋水》篇"還虷蟹與科斗",釋文云:"虷,井中赤蟲也,一名蜎。"《淮南·説林訓》"孑孓爲蟁",高誘注云:"孑孓,結䘇,水上到跂蟲。"《衆經音義》卷三引《通俗文》云:"蜎化爲蚊。"案:到跂蟲,今止水中多生之,其形首大而尾鋭,行則掉尾至首,左右回環;止則尾浮水面,首反在下,故謂之到跂蟲。《爾雅翼》云:"俗名釘到蟲。"即到跂之義。釘到之言顛到也。今揚州人謂之翻跟頭蟲。將爲蚊,則尾端生四足,蜕于水面而蚊出焉。《考工記·廬人》"刺兵欲無蜎",鄭注云:"蜎,掉也,謂若井中蟲蜎之蜎。"蜎蟲屈曲摇掉而行,故舉以相況與!蜎之言冤曲也,蠉之言回旋也,蛣蟩之言詰屈也,皆象其狀。孑孓,猶蛣蟩耳。

螽,蝗〔也〕。

詳見上文"蟅蟒,蝗也"下。

各本俱脱"也"字,今補。

蚯蚓、蜿蟺、〔蚼*〕,引無也。

《爾雅》"螼蚓,蜸蚕",郭璞注云:"即蜜蟺也。江東呼寒蚓。"螼蚓、蚯蚓,聲之轉也；又轉而爲"曲蟺"。《古今注》云："蚯蚓，一名蜿蟺，一名曲蟺，善長吟於地中。江東謂之歌女，或謂之鳴砌。"一作"蛐蟮"。郭璞注《方言》"螾塲謂之坥"云："螾，蛐蟮也。"又轉而爲"蠢蟤"，爲"朐䏰"。高誘注《淮南・時則訓》云："邱螾，蠢蟤也。"《後漢書・吳漢傳》注："朐䏰縣屬巴郡。《十三州志》，朐音蠢，䏰音閏。其地下溼，多朐䏰蟲，因以名焉。"今揚州人謂之寒蟪，即寒蚓也。《廣韻》云："蟪，蚯蚓也。吳楚呼爲寒蟪。"《大戴禮・易本命》篇"食土者無心而不息"，盧辯注云："蚯蚓之屬不氣息也。"《孟子・滕文公》篇"夫蚓，上食槁壤，下飲黄泉"，是其食土也。《月令》"孟夏之月，邱蚓出；仲冬之月，邱蚓結"，蔡邕《章句》云："結，猶屈也；邱蚓屈首下嚮陽氣，氣動則宛而上首，故其結而屈也。"邱蚓之形屈曲，故謂之蜿蟺，又謂之蚼。蜿蟺之言宛轉也，蚼之言曲也。

各本俱脱"蚼"字。《集韻》引《廣雅》："蚼，蜿蟺也。""蜿蟺"下無"引無"二字，諸書亦無言蚯蚓名引無者。疑"蜿蟺"下有"蜑"字，曹憲音引典；《集韻》所引《廣雅》本，正文已脱"蜑"字，其後音内"引典"二字遂誤入正文，"典"字又譌爲"無"也。《考工記・梓人》"卻行仄行"①，鄭注云："卻行，螾衍之屬。"劉昌宗云："螾衍，或作衍蚓，今曲蟮也。"是曲蟮一名衍蚓。衍，與"蜑"同。典、無，字形相亂，若《大戴禮・千乘》篇"典命"，今本譌作"無命"也[326]。

負蠜，蟅也②。

蠜，一作"蟠"。《爾雅》"蟠，鼠負"，郭璞注云："瓮器底蟲。""蛜威，委黍"，注云："舊説鼠婦别名。"《説文》："蛜威，委黍；委黍，鼠婦也。"又云："蟠，鼠婦也。"《御覽》引《説文》作："蟠、蟅，鼠婦也。"《豳風・東山》篇"伊威在室"，《義疏》云："伊威，一名委黍，一名鼠婦，在壁根下甕底土中生，似白魚者也。"《本草》云："鼠婦，一名負蟠，一名蛜蝛。"又云："䗪蟲，一名地鼈。"《名醫别録》云："一名土鼈。"陶注云："形扁扁如鼈，故名土鼈，而有甲不能飛，小有臭氣。"蘇恭注云："此物好生鼠壤土中及屋壁下，狀似鼠婦而大者寸餘，形小似鼈，無甲，但有鱗也。"然則䗪蟲與鼠婦，一種而小異，故鼠婦謂之負蠜，亦謂之蟅。《説文》"蟠、蟅，鼠婦也"，《玉篇》"蟅、鼠婦，負蠜也"，皆通釋之也。"負"與"婦"、"黍"與"鼠"，古字通用，非有意

① 卻，原譌作"郤"。下句鄭注之"卻"同。

② 蟅，原作"蝂"，《疏證》作"蟅"。

義。而《本草》陶注乃謂"鼠在坎中,背負此蟲",因以作"婦"字爲乖理!案:阜螽名蠜,蛗蟲名負蠜,豈得謂之背負阜螽邪?陶之所説,未爲通曉也。蛗蟲,粉白色,背有横文,腹下多足,多生大水瓨底,或牆根濕處,故又謂之貍蟲。《周官·赤犮氏》"凡隙屋,除其貍蟲",鄭注云:"貍蟲,蛗、肌求之屬。"

飛蠊,飛蠊也。

詳見上文"蛪蛝,蜚也"下。

虎王,蝟也①。

《爾雅》"彙,毛刺",郭璞注云:"今蝟,狀似鼠。"《説文》:"彙,蟲似豪豬。或從虫作蝟。"《廣韻》引《説文》作:"彙,蟲也,似豪豬而小。"《御覽》引《孝經援神契》云:"蝟多刺,故不使超踰抑揚。"《淮南·説山訓》云:"膏之殺鼈,鵲矢中蝟。"高誘注云:"中,亦殺也。"《史記·龜策傳》"蝟辱於鵲",集解引郭璞曰:"蝟能制虎,見毛仰地。"所引蓋郭氏《爾雅贊》也。《易林·豫之比》云:"虎飢欲食,爲蝟所伏。"《本草》"蝟皮",陶注云:"田野中時有此獸,人犯近,便藏頭足,毛刺人,不可得捉;能跳入虎耳中,而見鵲便自仰受啄。物有相制,不可思議爾。"然則蝟能制虎,故有"虎王"之名。《説苑·辨物》篇則云:"鵲食蝟,蝟食鵔鸃,鵔鸃食豹,豹食駮,駮食虎。"是蝟又制鵔鸃,不獨制虎也(327)。謂之彙者,言其毛刺外向有梂彙也。孫炎注《爾雅》"櫟,其實梂"云:"有梂彙自裹。"義通於此矣。"彙"在《爾雅·釋獸》,此入《釋蟲》者,以其微小,則謂之蟲。《説文》云:"物之微細,或行或飛,或毛或蠃,或介或鱗,以蟲爲象。"故"彙"字或從虫作"蝟",而以爲"蟲,似豪豬"也。《本草》"蝟皮"列在"蟲魚中品",義亦與此同。

沙蝨,蝙蝂也。

《御覽》引《廣志》云:"沙蝨,色赤,大不過蟣,在水中,入人皮中,殺人。"又引《淮南萬畢》云:"沙蝨,一名蓬活,一名地脾。"蓬活,即"蝙蝂"之轉聲也。蝙蝂之言便旋也。《方言》"膍,短也",郭璞注云:"便旋,庳小貌也。"《抱朴子·登涉》篇云:"沙蝨,新雨後及暑暮前,踐沙必箸人,其大如毛髮之端,初箸人便入其皮裹。其所在如芒刺之狀,小犯大痛,可以針挑取之,正赤如丹,箸爪上行動。若不挑之,蟲鑽

① 蝟,原作"蝟",《疏證》作"蝟"。

至骨,便周行走入身。其與射工相似,皆殺人。"(328)是其情狀也。《本草》又有"石蠶",一名沙蝨。李當之云:"草根類蟲,形如老蠶,生附石。"陶云:"是生氣物,猶如海中蠣蛤輩,附石生。亦皆活物也。"

天社,蜣螂也。

《爾雅》"蛣蜣,蜣蜋",郭璞注云:"黑甲蟲,噉糞土者。"《説文》"蝍"字注云:"渠蝍,一曰天社。"《集韻》《類篇》引《説文》作"渠蝍蜋";《御覽》引作"蝍蜋",無"渠"字。案:《説文》:"蛶,蠹蛶也。一曰蜉蝣,朝生莫死者。"是《爾雅》之"蜉蝣,渠略",《説文》作"蠹蛶",不作"渠蝍"也,"蝍"上不當有"渠"字。又《玉篇》蜣,邱良切,"蜣蜋,啖糞蟲也"。蝍,與"蜣"同;又其虐切。《廣韻》:"蝍,其虐切;天社蟲也。又邱良切。"是"蜣"字或作"蝍"也。此文"天社,蜣螂也",及《玉篇》《廣韻》之訓,俱本《説文》,則《説文》"蝍"下當有"蜋"字,《御覽》所引者是也。社,各本譌作"杜",今訂正。《古今注》云:"蜣蜋能以土苞糞,推轉成丸,圓正無斜角,一名弄丸,一名轉丸。"《爾雅翼》云:"蜣蜋似有雌雄,以足撥取糞,頃之成丸,相與遷之。其一前行,以後兩足曳之,其一自後而推致焉,乃掘地爲坎,納丸其中,覆之而去。不數日,而丸中若有動者;又一二日,則有蜣蜋自其中出而飛去。蓋是孚乳其中,以此覆裹之,藉之以生。然或言蜣蜋能化爲蟬;所爲轉丸,藉以變化也。"蛣蜣謂之蜣蜋,故似蛣蜣者謂之渠略。渠略、蜣蜋,語之轉也。郭璞注《爾雅》"蜉蝣,渠略",云:"似蛣蜣。"

白魚,蛃魚也。

《爾雅》"蟫,白魚",郭璞注云:"衣書中蟲,一名蛃魚。"《本草》云:"衣魚,一名白魚。"蘇頌《圖經》云:"今人謂之壁魚。"白魚能齧書及衣,故又名蠹魚。《玉篇》:"蠹,白魚也。"《周禮·翦氏》"掌除蠹物",鄭注云:"蠹物,穿人器物者。"蠹魚亦是也。《穆天子傳》"蠹書於羽陵",郭璞注云:"暴書蠹蟲,因曰蠹書也。"《鄭風·溱洧》篇《義疏》云:"蘭,香草,藏衣箸書中,辟白魚。"《爾雅翼》云:"衣書中蟲,始則黄色,既老而身有粉,視之如銀,故名曰白魚。""白"與"蛃",聲之轉。蛃之爲言猶白也。《淮南·原道訓》"馮夷大丙之御",高誘注云:"丙,或作白。"是其例也。蟫之爲言蟫蟫然也。《後漢書·馬融傳》"蝡蝡蟫蟫",李賢注云:"動貌。"

土蛹,蠁蟲也。

《爾雅》"國貉,蟲蠁",郭璞注云"今呼蛹蟲爲蠁",引《廣雅》:"土蛹,蠁蟲也。"

《説文》:"蠁,知聲蟲也。司馬相如作'蚼'。"又云:"禹,蟲也;象形。"《玉篇》云:"蠁,禹蟲也。"案:蠁之言響也,"知聲"之名也;禹之言聥也,亦"知聲"之名也。《説文》云:"聥,張耳有所聞也。"是其義矣。《鹽鐵論·散不足》篇説富者所食云:"豐奕耳菜,毛果蟲貉。"蓋即《爾雅》所釋者。《埤雅》云"蠁善令人不迷",引《類從》云:"帶蠁醒迷,繞祠解惑也。"

樗鳩,樗鶏也。

《爾雅》"螒,天雞",郭璞注云:"小蟲,黑身赤頭,一名莎雞,又曰樗雞。"《豳風·七月》篇"六月莎雞振羽",傳云:"莎雞羽成而振訊之。"正義引李巡《爾雅》注云:"一名酸雞。"陸機《義疏》云:"莎雞,如蝗而班色,毛翅數重,其翅正赤,或謂之天雞;六月中飛而振羽,索索作聲,幽州人謂之蒲錯。"《御覽》引《廣志》云:"莎雞,似蠶蛾而五色,亦曰犨雞。"《名醫别録》云:"樗雞,生河内川谷樗樹上。"陶注云:"形似寒螿而小。"蘇頌《圖經》引《爾雅》郭注而釋之云:"今所謂莎雞者,生樗木上,六月便出,飛而振羽,索索作聲,人或畜之樊中。但頭方腹大,翅羽外青内紅,而身不黑,頭亦不赤。此殊不類,蓋别一種而同名也。今在樗木上者,人呼紅娘子,頭翅皆赤,乃如郭説,然不名'樗雞',疑即是此。蓋古今之稱不同耳。"據此,則樗雞有二種也。

盤蝥,晏青也。

詳見上文"青蠵也"下。

蝮蛸,蜕也。

蜕之言脱也。《説文》:"蜕,蛇蟬所解皮也。秦謂蟬蜕曰蛩。"《衆經音義》卷十三引《字林》云:"蝮蛸,蟬皮也。"《論衡·無形》篇云"蠐螬化爲復育,復育轉而爲蟬。蟬生兩翼,不類蠐螬";《奇怪》篇云:"夫蟬之生復育也,闓背而出。"《論死》篇云:"蟬之未蜕也,爲復育;已蜕也,去復育之體,更爲蟬之形。"復育,與"蝮蛸"同。蟬之未蜕,則未蜕者爲蝮蛸;及其已蜕,則所蜕者爲蝮蛸,故以"蝮蛸"爲"蜕"也。今樹下蟬皮皆背裂者,知其闓背而出,如蛹之爲蛾矣。蘇頌《本草圖經》云:"蟬所蜕殼,又名枯蟬。本生於土中,云是蜣蜋所轉丸,久而化成此蟲,至夏便登木而蜕。今蜀中有一種蟬,其蜕殼頭上有一角,如花冠,謂之蟬花。"

蟅蝑、魚伯,青蚨也。

《説文》:“青蚨,水蟲,可還錢。”《御覽》引《淮南萬畢術》“青蚨還錢”:“青蚨,一名魚伯,以其子母各等,置瓮中,埋東行陰垣下,三日復開之,即相從。以母血塗八十一錢,亦以子血塗八十一錢,以其錢更互市,置子用母,置母用子,錢皆自還也。”陳藏器《本草拾遺》引《搜神記》云:“南方有蟲名𧑓蝺,如蟬而大,辛美可食,其子如蠶種。取其子歸,則母飛來。雖潛取,必知處。殺其母塗錢,子塗貫,用錢則自還。”《初學記》引云:“其子箸草葉如蠶種,淮南術以之還錢,名曰青鳧。”鳧,與“蚨”同。《南海藥譜》引《異物志》云:“青蚨,生南海諸山,雄雌常處不相捨。”

《抱朴子·對俗》篇云:“魚伯識水旱之氣,蜉蝣曉潛泉之地。”

蚲、𧍙、蟷蠩,蛘也。

《楚語》云:“譬之如牛馬,處暑之既至,𧍙䖟之既多,而不能掉其尾。”韋昭注云:“大曰䖟,小曰𧍙。”上文“䗊、䗪,䖟也”,已舉“小䖟”之名,則此“𧍙”非復䖟蟲矣。

《爾雅》“蛄𧐐,强蛘”,郭璞注云:“今米穀中蠹,小黑蟲是也。建平人呼爲蛘子;音芈姓。”釋文云:“蛘,郭音芈,亡婢反。”本或作“芈”。《説文》作“羊”,《字林》作“蛘,弋丈反”,或是此與?

釋　魚

鯸鮐,魺〔也〕。

鮐,一作“鮐”。《北山經》“敦薨之水,其中多赤鮭”,郭璞注云:“今名鯸鮐爲鮭魚。音圭。”《吴都賦》“王鮪鯸鮐”,劉逵注云:“鯸鮐魚,狀如科斗,大者尺餘,腹下白,背上青黑,有黄文,性有毒,雖小獺及大魚,不敢餤之。蒸煮餤之肥美,豫章人珍之。”《論衡·言毒》篇云:“毒螫渥者,在魚則爲鮭與鯵䱍,故人食鮭肝而死。”《本草拾遺》云:“䲅魚,肝及子有大毒,一名鶘夷魚;以物觸之,即嗔腹如氣毬,亦名嗔魚。腹白,背有赤道,如印魚,目得合,與諸魚不同。”䲅,即“鮭”之俗體。鶘夷,即“鯸鮐”之轉聲。今人謂之河豚者是也。河豚善怒,故謂之鮭,又謂之魺。鮭之言恚,魺之言訶。《釋詁》云:“恚、訶,怒也。”魺,曹憲音河。

各本脱去“魺”字,音内“河”字遂誤入正文;句末又脱“也”字,與下文“䱽、魧、䲓,䱽也”混爲一條。案:諸書無以“鯸鮐”爲䱽者。䱽爲黄頰魚,非鯸鮐也。《玉篇》魺,户多切,"魚名",正與"河"字同音;又云:"鯸鮔,魺也,食其肝殺人。"是鯸鮔名"魺",不名"魠","魺"字從魚不從水也。《集韻》"鮔"字引《博雅》"鯸鮔,魠也";"鯫"字引《博雅》"河鯫,魠也";"魺"字引《廣雅》"魺,魠也"。則宋時《廣雅》本已脱"也"字,惟"魺"字尚有不誤者耳。今據《玉篇》訂正。

鯫、魧、鰖,魠也。

《説文》:"魠,哆口魚也。"《史記·司馬相如傳》"鰅鰫鰬魠",徐廣注與《説文》同;《漢書》注載郭璞注云:"魠,鱤也,一名黄頰。"《東山經》"番條之山,減水出焉。其中多鱤魚",注亦云:"一名黄頰。"又謂之鱨。《小雅·魚麗》篇"鱨鯊",傳云:"鱨,揚也。"《義疏》云:"今黄頰魚也。似燕頭魚身,形厚而長大,頰骨正黄,魚之大而有力解飛者。徐州人謂之揚。黄頰,通語也。今江東呼黄鱨魚,亦名黄頰魚,尾微黄,大者長尺七八寸許。"李時珍云:"鱤,生江湖中,體似鯼而腹平,頭似鯇而口大,頰似鮎而色黄,鱗似鱒而稍細,大者三四十斤,啖魚,甚毒。池中有此,不能畜魚。"案:頰黄,故一名黄頰;口大,故謂之哆口魚。《韓詩外傳》引傳曰:"魚之侈口垂腴者,魚畏之。"侈,與"哆"同。蓋哆口者恒能食魚,魠亦是也。

鮷、鯷,鮎也。

鮷,一作鮧。《爾雅》"鰋,鮎",孫炎云:"鰋,一名鮎。"郭璞以爲二魚,注"鮎"云:"别名鯷。江東通呼鮎爲鮧。"釋文引《字林》云:"鯷,青州人呼鮎也。"《蜀都賦》"鮷鱧魦鱨",李善注云:"鮷,似鰌。"《名醫别録》陶注云:"鮧,即鯷也。今人皆呼慈音,即是鮎魚,作臛食之。"是"鮷、鯷"皆鮎之别名也。若以形體言之,則鮎之大者乃名爲"鮷"。《説文》:"鮷,大鮎也。"《廣韻》:"鮷,大鱧也。"大鮎謂之鮷,大鱧亦謂之鮷。爲類雖殊,其命名之義則一也。《爾雅》"魾,大,鳠;小者,鮡",《衆經音義》卷十一引孫炎注云:"鳠,似鮎而大,色白。"釋文:"鳠,下化反,又音獲。"鳠,即鮷也。《御覽》引《廣志》云:"鳠魚似鮎大口。"大口,故名爲"鳠"。《周頌·絲衣》篇釋文引何承天云:"魚之大口者名吴。胡化反。"案:其字當作"鳠",音義皆協。承天不達字體,乃臆撰"吴"字,從口下大,斯爲妄矣。今揚州人謂大鮎爲鳠子,聲如"獲",古方言之存者也。《爾雅翼》云:"鮧魚,偃額,兩目上陳,頭大尾小,身滑無鱗。謂之鮎魚,言其黏滑也。"案:鯷,亦黏滑之稱。鯷之言粍。《釋詁》云:"粍,黏也。"《廣韻》"鯷、粍"並音是義切,云:"粍,黏貌。"《楚辭·九思》云:"鱣鮎兮延延。”鱣，與“鱓”同。鱓、鮎，皆魚之無鱗者。延延，長貌也。

鱺、鰑，鮦也。

鱺，一作“鱧”，一作“鱶”。《爾雅》“鱧，鯇”，舍人云：“鱧，一名鯇。”郭璞以爲二魚，云：“鱧，鮦也。”邢昺疏云：“今鱷魚也。”“鮦”與“鱷”，音義同。又“鰹，大，鮦；小者，鮵”，注云：“今青州呼小鱺爲鮵。”《說文》云：“鱶，鮦也。”《小雅·魚麗》篇“魚麗于罶，魴鱧”，傳云：“鱧，鮦也。”陸氏《義疏》云：“似鯉，頰狹而厚。”《本草》“蠡魚，一名鮦魚”，蠡，與“鱶”同。陶注云：“舊言是公蠣蛇所變。然亦有相生者，至難死，猶有蛇性。”《埤雅》云：“鱧，今玄鱧是也。諸魚中，惟此魚膽甘可食，有舌，鱗細有花文，一名文魚；與蛇通氣，其首戴星，夜則北向。”案：今人謂之烏魚，首有班文，鱗細而黑，故名鱺魚。鱺之言驪也。《說文》云：“驪，馬深黑色。”《韓詩外傳》“南假子過程本，本爲之烹鱺魚。南假子曰：‘聞君子不食鱺魚，豈以其有蛇性而惡之與？’”

《玉篇》《廣韻》並云：“鰑，赤鱺也。”鰑之言陽，赤色箸明之貌。《豳風·七月》篇“我朱孔陽”，傳云：“陽，明也。”《釋器》云：“赤銅謂之鍚。”聲義亦同。

鰿[①]，鮒也。

《井》九二“井谷射鮒”，劉逵《吳都賦》注引鄭注云：“所生無大魚，但多鮒魚耳，言微小也。”《楚辭·大招》“煎鰿脽雀”，王逸注云：“鰿，鮒也。”鰿之言茦也。《方言》云：“茦，小也。”《爾雅》云：“貝大者魧，小者鰿。”又云：“蜠大而險，蟦小而橢。”“蟦、鰿”同義。小貝謂之鰿，猶小魚謂之鰿也。今鰿魚形似小鯉，色黑而體促，腹大而脊高，所在有之。《說文》作“鰶”字。

鰱，鱮也。

《齊風·敝笱》篇“其魚魴鱮”，箋云：“鱮，似魴而弱鱗。”《義疏》云：“鱮，似魴而頭大，魚之不美者，故里語曰：‘網魚得鱮，不如啗茹。’其頭尤大而肥者，徐州人謂之鰱，或謂之鱅；幽州人謂之鴞鴞，或謂之胡鱅。”鱅，一作“鰫”。《漢書·司馬相如傳》“鰅鰫鰬魠”，郭璞注云：“鰫，似鰱而黑。”《江賦》云：“鯪鰩鯩鰱。”《埤雅》云：“鱮魚色白，北土皆呼白鱮。”故《西征賦》曰“華魴躍鱗，素鱮揚鬐”也。今人通呼“鰱子”。

① 鰿，原作“鱝”，《疏證》作“鰿”。

鯕,鯤也。

《玉篇》:"鯤,大魚也。"《廣韻》:"鯕,鯤魚子也。"宋玉《對楚王問》云:"鯤魚朝發崑崙之墟,暴鬐於碣石,暮宿於孟諸。"《本草拾遺》云:"鯕魚,生南海,有肉翅,尾長二尺,刺在尾中,逢物以尾撥之。食其肉而去其刺。"

鮊,鱎也。

鮊之言白也。《玉篇》:"鱎,白魚也。"郭璞《爾雅注》云:"鰋,今鰋額白魚。"《周頌·思文》篇正義引《太誓》云:"太子發升舟,中流,白魚入於王舟。"鮊,一作"鮊"。《石鼓文》"又鱄又鮊",鄭樵云:"即鮊字。"鱎,一作"橋"。《説苑·政理》篇:"夫扱綸錯餌,迎而吸之者,陽橋也。其爲魚薄而不美。"鱎之言皜也。趙岐《孟子·滕文公》篇注云:"皜皜,甚白也。"今白魚生江湖中,鱗細而白,首尾俱昂,大者長六七尺,一名鮣。《説文》:"鮣,白魚也。"《古今注》云:"白魚赤尾者曰魟,一曰魧。或云:雌者曰白魚,雄者曰魟。"

鮎,鯠也。大鯠謂之鮍。

《小雅·魚麗》傳:"鱧,鮦也。"正義云:"本或作'鱧,鯠'。"《説文》云:"鯠,鱧也。""鱧,鱯也。"《廣韻》云:"鯠,魚似鮎也。"據此,則"鯠"即《爾雅》之"鱯",《衆經音義》卷十一引孫炎注所云"似鮎而大"者也。大鯠謂之鮍,亦即《爾雅》之"魾,大鱯"矣。《漢書·司馬相如傳》"鰅鰫鮍魠",郭璞注云:"鮍,似鱓。"《史記》集解引《漢書音義》云:"鮍,似鯠而大。"據此,則鯠爲鱓魚,鮍爲鰻鱺魚。鮍似鯠而大,故云"大鯠謂之鮍"。《名醫别録》陶注所云"鰻鱺魚,形似鱓"者也,未知孰是。

鱄鯆,鰗也。

《説文》:"鰗,魚也,出樂浪番國。一曰鰗出九江,有兩乳。一曰溥浮。"溥浮,與"鱄鯆"同(329)。《玉篇》:"鱄鯆魚,一名江豚,欲風則踊。"鱄,一作"鯆"。《晉書·夏統傳》"初作鯔鷂躍,後作鯆鯆引",何超音義引《埤倉》云:"鯆鯆,鰗魚也。一名江豚,多膏少肉。""鱄鯆"之轉語爲"鯆鰤"。《説文》:"鰤,魚也,出樂浪番國。"《御覽》引魏武《四時食制》云:"鯆鰤魚,黑色,大如百斤豬,黄肥不可食;數枚相隨,一浮一沈,一名敷,常見首,出淮及五湖。"郭璞《江賦》云:"魚則江豚海狶。"李善注引《南越志》云:"江豚,似豬。"《本草拾遺》云:"江豘,狀如豘,鼻中爲聲,出没水上。舟人候之,知大風雨。"案:即今之江豬是也。海豬似江豬而大,一名奔鯆。

《江賦》注引《臨海水土記》云:“海豨,豕頭,身長九尺。”《本草拾遺》云:“海豘,生大海水中,候風潮出没,形如豘,鼻中爲聲,腦上有孔,噴水直上,百數爲羣。”《酉陽雜俎》云:“奔䱐,一名瀱,大如船,長二三丈,色如鮎,有兩乳在腹下,頂上有孔通頭,氣出嚇嚇作聲,必大風,行者以爲候。”案:《説文》鰤“有兩乳”,此奔䱐“有兩乳在腹下”,則即鰤魚也。奔䱐、鱄䱐,語之轉耳。郭璞注《爾雅》“鱀是鱁”云:“尾如鰤魚,鼻在額上,能作聲,少肉多膏。”情狀與江豚相近,蓋亦鰤之類也。

鰤,各本譌作“鱗”,惟影宋本不譌。

石首,鰺也。

郭璞《江賦》“鰺鮆順時而往還”,李善注云“常以三月、八月出,故曰順時”,引《字林》云:“鰺魚,出南海,頭中有石,一名石首。”《尚書大傳》“北海魚石”,鄭注云:“魚石,頭中石也。”《晉語》“黿鼉魚鼈,莫不能化”,韋昭注云:“化,謂蛇成鼈黿,石首成鴖之類也。”舊音云:“鴖,音鴨。”《初學記》引《吴地志》云:“石首魚至秋化爲冠鳧,冠鳧頭中猶有石也。”又引《臨海異物志》云:“石首小者名踏水,其次名春來,石首異種也。又有石頭,長七八寸,與石首同。”又引《南越志》云:“䱉魚,似石首,或曰雄石首也。”劉恂《嶺表録異》云:“石頭魚,狀如鱅魚,隨其大小,腦中有二石子如蕎麥,瑩白如玉。”案:今石首供食者有二種:小者名黄花魚,長尺許;大者名同羅魚,長二三尺。皆生海中,弱骨細鱗,首函二石,鱗黄如金,石白如玉也。《開寶本草》云:“石首魚,初出水能鳴,夜視有光。”

魶,鯢也。

《爾雅》“鯢大者謂之鰕”,郭璞注云:“今鯢魚似鮎,四脚,前似獮猴,後似狗,聲如小兒啼,大者長八九尺。”《史記·司馬相如傳》“禺禺鱋魶”,徐廣注云:“魶,一作鰨。”裴駰引《漢書音義》云:“魶,鯷魚也。”案:《漢書》正作“鰨”。郭璞注云:“鰨,鯢魚也,似鮎,有四足,聲如嬰兒。”本《廣雅》爲訓也。《水經·伊水》注引《廣志》云:“鯢魚,聲如小兒嗁,有四足,形如鯪鯉,可以治牛,出伊水也。”注又云:“司馬遷謂之人魚,故其著《史記》曰:‘始皇帝之葬也,以人魚膏爲燭。’徐廣曰:‘人魚,似鮎而四足。’即鯢魚也。”案:所引《史記》,《秦始皇本紀》文也。然“人魚”之名,不始于此。《北山經》“決決之水多人魚,其狀如鯑魚,四足,其音如嬰兒,食之無癡疾”,郭璞注云:“鯑,見《中山經》。或曰人魚,即鯢也,似鮎而四足,聲如小兒啼。今亦呼鮎爲鮷。"是鯢魚古謂之人魚也。《本草拾遺》云:"鯢魚在山溪中,似鮎,有四腳,長尾,能上樹,天旱則含水上山,葉覆身,鳥來飲水,因而取之,伊洛閒亦有。聲如小兒啼,故曰鯢魚,一名䱱魚,一名人魚;膏然燭不滅,秦始皇塚中用之。"皆其情狀也。《嶺表録異》云:"盤龍山靈水溪中有魚,脩尾,四足。《爾雅》曰:'鯢,似鮎,四足,聲如小兒。'今商州山溪内亦有此魚,謂之魶魚。"則鯢之名魶,後世方言且然矣。《逸周書·王會》篇云:"穢人前兒,前兒若彌猴立行,聲似小兒。"此亦鯢之類也。又云:"於越納。""納、魶"同聲,或即是與?《玉篇》云:"魶,鯨也。"案:宣十二年《左傳》云:"古者明王伐不敬,取其鯨鯢而封之,以爲大戮。"杜預注云:"鯨鯢,大魚,以喻不義之人吞食小國。"正義引裴淵《廣州記》云:"鯨鯢,長百尺,雄曰鯨,雌曰鯢。"又引周處《風土記》云:"鯨鯢,海中大魚也,俗説出入穴即爲潮水。"劉逵《吳都賦》注云:"鯨猶言鳳,鯢猶言皇也。"是則雌鯨之爲鯢,猶雌虹之爲蜺,其實一物耳。依《玉篇》之訓,則魶又爲海中鯨鯢也。義亦通。

竹頭,䱴也。

遼釋行均《龍龕手鑑》云:"䱴,魚名也,長頭。"案:《嶺表録異》云:"竹魚,産江溪閒,形如鱧魚,大而少骨,青黑色,鱗下閒以朱點,鬛可翫,或烹以爲羹臛,肥而美。"范成大《桂海虞衡志》云:"竹魚,出灕水,狀似青魚,味如鱖魚,南中以爲珍。"或是此與?

鰅,鯛〔也〕。

《集韻》"鰅"或作"鱳",云:"鰅鱡,魚名,皮有文。"《説文》:"鱳,魚也,出樂浪番國。"又云:"鯛,魚也,皮有文,出樂浪東暆。神爵四年,初捕取輸考工。周成王時,揚州獻鯛。"今《逸周書·王會》篇"鯛"作"禺"。《漢書·司馬相如傳》"鯛鰫鰬魠",郭璞注云:"鯛魚有文采。"又注"禺禺魼鰨"云:"禺禺,魚皮有毛,黄地黑文。"亦鯛之類也。又案:《漢書·百官公卿表》:"少府掌山海池澤之稅,以給共養,屬官有考工室。武帝太初元年,更名考工室爲考工。"《續漢書·百官志》:"考工令一人,主作兵器,弓弩、刀鎧之屬。"然則鯛魚之輸考工,蓋用其皮飾兵器也。又謂之班魚。《魏志·東夷傳》云①:"濊自單單大山領以西屬樂浪,其海出班魚皮。"《御覽》

① 東夷,原譌作"東邊"。後仍有此誤,徑改,不再出校。

引魚豢《魏略》云:"濊國出班魚皮,漢時恆獻之。"又引《廣志》云:"班文魚出濊,獻其皮。"正與《説文》相合矣。

各本"鰅"下脱"也"字,與下"鯙,䱗也"混爲一條。案:鮧䱗小魚,皮無文采,不可以飾器,又所在皆有,非必樂浪番國,知非鰅魚也。今訂正。

鯙,䱗也。

《廣韻》:"䱗,鮧䱗,魚名。"《集韻》:"鮧,魚名,善醒酒。"孟詵《食療本草》云:"黄賴魚,一名鮧䱗,醒酒,亦無鱗,不益人也。"李時珍云:"身尾俱似小鮎,無鱗,腹下黄,背上青黄,腮下有二横骨,兩鬚,有胃,羣游作聲,性最難死。"案:此魚今所在有之,長不盈尺,揚州人謂之鮧斯魚,順天人謂之枷魚。

黑鯉謂之鯶。

《爾雅》"鯉,鱣",舍人注云:"鯉,一名鱣。"郭璞以爲二魚,云:"鯉,今赤鯉魚。"《玉篇》云:"鯉,今赤鱓也。"《北户録》引陳思王云:"五尺之鯉,一寸之鯉,但大小殊而鱗之數等。"《酉陽雜俎》云:"鯉脊中鱗一道,每鱗有小黑點,大小皆三十六鱗。"《齊民要術》引《養魚經》云:"鯉不相食,又易長也。"《古今注》云:"兖州人呼赤鯉爲赤驥,青鯉爲青馬,黑鯉爲玄駒,白鯉爲白騏,黄鯉爲黄雉。"是鯉有黑色者也。

鰌、鰍、鰽,鰌也。

鰌,與"鰌"同。郭璞注《東山經》云:"今蝦鰌字亦或作鰌。"又注《爾雅》"鰼鰌"云:"今泥鰌。"邢昺疏云:"穴於泥中,因以名之。"釋文引《字林》云:"鰌,似鱓短小也。"(330)

《玉篇》云:"鰽,小鰌也。""鰽"與"鰍",聲之轉。鰍之言幼也,小也。《説文》"鰍"讀若幽,若《方言》"蕪菁小者謂之幽芥"矣。鰌,亦短小之稱也。《考工記·廬人》"酋矛常有四尺",鄭注訓"酋"爲短,云:"酋之言遒也。"聲義正相合也。《莊子·庚桑楚》篇"尋常之溝,巨魚無所旋其體,而鯢鰌爲之制",釋文云:"謂小魚得曲折也。"又謂之委蛇。《達生》篇"以鳥養養鳥者,宜食之以委蛇",司馬彪注云:"委蛇,泥鰌也。"今泥鰌鋭首,無鱗,身青黑色,以涎自染,滑不可握,亦善作聲,其情狀也。

各本"鰌也"二字誤入曹憲音内,"鰌"字又譌爲"蝤"。《集韻》"鰌、鰍"二字並引《博雅》:"鰝、鰌,鰕也。"則所見已是誤本。今訂正。

鯪,鯉也。

《楚詞·天問》"鯪魚何所",王逸注云:"鯪魚,鯉也;一云,鯪魚,鯪鯉也。有四足,出南方。"鯪,一作"陵"。《吴都賦》"陵鯉若獸",劉逵注云:"陵鯉,有四足,狀如獺,鱗甲似鯉,居土穴中,性好食蟻。"《名醫别録》陶注云:"鯪鯉能陸能水,出岸開鱗甲,伏如死,令蟻入中,忽閉而入水,開甲,皆浮出,於是食之。故主蟻瘻。"是其情狀也。今人謂其甲爲穿山甲,以其穿穴山陵也。在陵,故謂之鯪矣。

〔蛤〕解、蠦蠷、蚵蠪,蜤蜴也。

《爾雅》:"蠑螈,蜥蜴。蜥蜴,蝘蜓。蝘蜓,守宫也。"《方言》"守宫,秦晉西夏謂之守宫,或謂之蠦蠷,或謂之刺易。其在澤中者謂之易蜴,南楚謂之蛇醫,或謂之蠑螈;東齊海岱謂之螔蜍,北燕謂之祝蜓",郭璞注云:"刺易,南陽人又呼蝘蜓。螔蜍,似蜤易而大,有鱗,今所在通言蛇醫耳。"《説文》:"易,蜥易,蝘蜓,守宫也;象形。"又云:"在壁曰蝘蜓,在草曰蜥易。"又云:"榮蚖,蛇醫,以注鳴者。"《小雅·正月》篇"胡爲虺蜴",傳云:"蜴,螈也。"箋云:"虺蜴之性,見人則走。"《義疏》云:"蜴,一名榮原,水蜴也,或謂之螔蜼,或謂之蛇醫,如蜥蜴,青緑色,大如指,形狀可惡也。"《漢書·東方朔傳》射守宫覆云"臣以爲龍又無角,謂之爲蛇又有足,跂跂脈脈善緣壁,是非守宫即蜥蜴",顔師古注云:"跂跂,行貌也。脈脈,視貌也。《爾雅》曰:'蠑螈,蜥蜴;蜥蜴,蝘蜓,守宫。'是則一類耳。"《古今注》云:"蝘蜓,一名龍子,一曰守宫,善上樹捕蟬食之。其長細五色者名爲蜥蜴;短大者名蠑螈,一曰蛇醫。大者長三尺,其色玄紺,善螫人;一名玄螈,一曰緑螈。"皆其一種而小異者也。

蛤蚧,以聲得名。《方言》"桂林之中,守宫大者而能鳴謂之蛤解",郭璞注云:"似蛇醫而短,身有鱗采,江東人呼爲蛤蚧。"《南海藥譜》引《廣州記》云:"蛤蚧,生廣南水中,有雌雄,狀若小鼠,夜即居於榕樹上,投一獲二。"唐劉恂《嶺表録異》云:"蛤蚧,首如蝦蟇,背有細鱗如蠶子,土黄色,身短尾長,多巢於樹中;端州古牆内,有巢於廳署城樓閒者,旦暮則鳴自呼,'蛤蚧'是也。"各本"解"上脱"蛤"字,今據《方言》補。

昀案:蚵蠪未作疏證。

虺,螫也。

《爾雅》"蝮,虺,博三寸,首大如擘",《説文》"虺"作"虫",云:"虫,一名蝮,博三寸,首大如擘指;象其卧形。"《小雅·斯干》篇"爲虺爲蛇",正義引舍人《爾雅》注云:"蝮,一名虺。江淮以南曰蝮,江淮以北曰虺。"又引孫炎注云:"江淮以南謂虺爲蝮,廣三寸,頭如拇指,有牙,最毒。"《吳語》"爲虺弗摧,爲蛇將若何",韋昭注云:"虺小蛇大也。"螫者,毒螫傷人之名。説見《釋蟲》"蠆,蠍也"下。字一作"蛙"。《名醫別録》陶注云:"蝮蛇,黄黑色,黄頷,尖口,毒最烈。虺,形短而扁,毒不異於蚖;中人不即療,多死。蛇類甚衆,惟此二種及青蛙爲猛。"然則虺、蝮、青螫,衹是一類,故云:"虺,螫也。"《蓺文類聚》引《廣志》云:"蝮虵與土色相亂,長三四尺;其中人,以牙櫟之,裁斷皮出血,則身盡痛,九竅血出而死。"故《漢書·田儋傳》云:"蝮蠚手則斬手,蠚足則斬足,何者?爲害于身也。"《論衡·言毒》篇云:"蝮有利牙,龍有逆鱗。"又云:"陽物懸垂,故蜂蠆以尾刺;陰物柔伸,故蝮虵以口齰。"又云:"蝮虵多文,文起於陽。"皆道其情狀也。今江淮之閒謂之土骨虵。

其大虵有毒與虺同者,亦名蝮虺。《楚辭·招魂》"蝮蛇蓁蓁",王逸注云:"蝮,大蛇也。"《南山經》"猨翼之山多蝮虫",郭璞注云:"蝮虫,色如綬文,鼻上有鍼,大者百餘斤,一名反鼻。"虫,古"虺"字。此則殊方異産,非《爾雅》《廣雅》所謂"虺"矣。

有鱗曰蛟龍,有翼曰應龍,有角曰虬龍,無角曰䴇龍。龍能高能下,能小能巨,能幽能明,能短能長,淵深是藏,敷和其光①。

《楚辭·天問》"河海應龍",王逸注云:"有鱗曰蛟龍,有翼曰應龍。"案:蛟爲龍屬,不得即謂之龍。古書言蛟龍,皆爲二物,無稱蛟爲蛟龍者。且龍皆有鱗,而云"有鱗曰蛟龍",非確訓也。《淮南·覽冥訓》"服應龍",高誘注云:"駕應德之龍。一説,應龍,有翼之龍也。"班固《荅賓戲》云:"應龍潛於潢汙,魚黿媟之,不覩其能奮靈德,合風雲,超忽荒而躆昊蒼也。故夫泥蟠而天飛者,應龍之神也。"項岱注云:"天有九龍,應龍有翼。"《説文》"虯,龍子有角者。螭,若龍而黄,北方謂之地螻。或曰,無角曰螭"[331-1],虯,與"虬"同;螭,與"䴇"同。《漢書·司馬相如傳》"蛟龍赤螭",文穎注云:"龍子爲螭。"張注云:"赤螭,雌龍也。"又"六玉虯",張注云:"龍子有角曰虯。"然則有角者雄,無角者雌也。《離騷》"駟玉虯以乘鷖兮",《天問》

① 敷,原作"敷"。

"焉有虯龍,負熊以遊",王逸注並云:"有角曰龍,無角曰虯。"高誘注《淮南·覽冥訓》亦如王注,皆與《説文》《廣雅》異説。未知孰是。《衆經音義》卷一引熊氏《瑞應圖》云:"虯龍身黑,無鱗甲。"《吕氏春秋·舉難》篇"龍食乎清而游乎清,螭食乎清而游乎濁",高誘注云:"螭,龍之别也。"故《楚辭·九歌》云"駕兩龍兮驂螭"也。《説文》:"龍,鱗蟲之長,能幽能明,能細能巨,能短能長,春分而登天,秋分而潛淵。"《管子·水地》篇云:"龍生於水,被五色而游,故神。欲小,則化如蠶蠋;欲大,□則藏於天下(331-2);欲上,則凌於雲氣;欲下,則入於深淵。"《説苑·辨物》篇云:"神龍能爲高,能爲下,能爲大,能爲小,能爲幽,能爲明,能爲短,能爲長;昭乎其高也,淵乎其下也;薄乎天光,高乎其箸也;一有一亡,忽微哉斐然成章;虚無則精以和,動作則靈以化。"

爪,龜也。

未詳。

鼃、蟈,長股也。

《説文》:"鼃,蝦蟇也。"鄭注《考工記·梓人》云:"脰鳴,鼃黽屬。"一作"蛙"。《周官·蟈氏》"掌去蛙黽",鄭注云:"齊魯之閒謂鼃爲蟈。黽,耿黽。蟈與耿黽尤怒鳴;爲聒人耳,去之。"又《敘官·蟈氏》注:"鄭司農云:'蟈,當爲蜮。蜮,蝦蟇也。《月令》曰:"螻蟈鳴。"故曰"掌去蛙黽"。蛙黽,蝦蟇屬。書或爲"掌去蝦蟇"。'玄謂蟈,今御所食蛙也,字從虫,國聲。蜮乃短狐與?"案:"蟈、蜮"同字。《説文》:"蜮,短狐也。或從國作'蟈'。"然則短狐之"蜮"可作"蟈",蝦蟇之"蟈"亦可作"蜮",不當字别爲義也。《夏小正》"四月鳴蜮",傳云:"蜮也者,或曰屈造之屬也。""二月有鳴倉庚",傳云:"倉庚者,商庚也;商庚也者,長股也。"莊氏寶琛云:"倉庚不名長股。'長股也'三字當在'鳴蜮'傳'蜮也者'下。蜮,與'蟈'同。《廣雅》'蟈,長股也',本此。"案:莊説是也。《名醫别録》云:"鼃,一名長股,生水中。"陶注云:"大而青脊者,俗名土鴨,其鳴甚壯。又一種黑色,南人名爲蛤子,食之至美。又一種小形善鳴喚,名鼃子,此則是也。"《急就篇》"水蟲科斗鼃蝦蟇",顔師古注云:"鼃,一名螻蟈,色青,小形而長股。蝦蟇,一名螯,大腹而短腳。"是鼃蟈股長,故謂之長股也。蝦蟆,亦或謂之蟆。《爾雅》"鼇蟆",郭璞注云:"蛙類。"蟆者,"黽"之轉聲;鼇蟆者,"耿黽"之轉聲也。"黽"與"蜢"同聲,故"蝦蟆"之轉聲爲"胡蜢"。《爾雅》"在水者黽",郭注云:“耿黽也。似青蛙,大腹,一名土鴨。”《説文》:“黽,蛙黽也;從它,象形,黽頭與它頭同。”即胡蜢也。其在陸地者爲詹諸。《爾雅》“鼁䵹,蟾諸”,郭注云:“似蝦蟆,居陸地,淮南謂之去父。”父,與“蚥”同。《説文》:“圥鼁,詹諸也。其鳴詹諸,其皮鼁鼁,其行圥圥。”又云:“䵹黿,詹諸也。”又云:“蝌鼁,詹諸,以脰鳴者。”《名醫别録》“蝦蟇,一名蟾蜍,一名䵹,一名去甫,一名苦蠪”,甫,亦與“蚥”同。陶注云:“此是腹大皮上多痱磊者。”《衆經音義》卷十云:“山東謂之去蚥,江南俗呼蟾蠩。”

〔去〕蚥、苦蠪、胡蜢、鼁,蝦蟆也。

詳見上條。

各本脱“去”字,今補。

蛦、蟹,蛫也。其雄曰鯢鱧,其雌曰博帶。

鄭注《考工記・梓人》云:“仄行,蟹屬。”《大戴禮記・勸學》篇云:“蟹二螯八足,非蛇䱇之穴而無所寄託者,用心躁也。”《玉篇》:“蛦,蛦蝑蟹也。”《廣韻》:“蛦,小蟹也。”《北户録》引《廣志》云:“蛦,小蟹,大如貨錢。”《酉陽雜俎》云:“千人捏,形似蟹,大如錢,殼甚固,壯夫極力捏之不死;俗言千人捏不死,因名焉。”蓋即蛦也。《説文》:“蛫,蟹也。”《集韻》:“蛫,蟹六足者。”蘇頌《本草圖經》云:“蟹六足者名蛫,四足者名北,皆有大毒,不可食。”今人辨蟹,以長臍者爲雄,團臍者爲雌。

蛙、䖴,蒲盧也。

《爾雅》“蛙,蜃”,郭璞注云:“今江東呼蚌長而狹者爲蜃。”釋文引《字林》云:“蛙,小蛤也。”《説文》“蛙”作“陛”,云:“蜃,陛也。脩爲蜃,圜爲蠇。”《玉篇》云:“蛙,蚌長者也。”蛙、蜃,聲之轉耳。《周官・鼈人》“祭祀,共蠯蠃蚳以授醢人”,鄭司農云:“蠯,蛤也。”杜子春云:“蠯,蜯也。”《名醫别録》“馬刀,一名馬蛤”,李當之云:“生江漢中,長六七寸,漢閒人名爲‘單姥’,亦食其肉,肉似蜯。”《蜀本圖經》云:“生江湖中細長小蚌也,長三四寸,闊五六分。”其即所謂“蚌長而狹者”與?

䖴之言合也,兩殼相合也。《説文》:“䖴,蜃屬,有三,皆生於海。䖴厲,千歲雀所化,秦人謂之牡厲;海蛤者,百歲燕所化也;魁䖴,一名復累,老服翼所化。”《本草》陶注云:“牡蠣,是百歲鵰所化;魁蛤,是老蝙蝠化爲者。”與《説文》或同或異。《夏小正》:“九月,雀入于海爲蛤。”是其證也。魁䖴,《爾雅》謂之“魁陸”。郭璞注云:“《本草》云:‘魁,狀如海䖴,圓而厚,外有理縱横。即今之蚶也。”《本草》又云:

“海蛤,一名魁蛤;牡蠣,一名蠣蛤。”又有蛤梨,亦蛤之類。《淮南・道應訓》“若士方倦龜殼而食蛤梨”,高誘注云:“蛤梨,海蚌也。”《中山經》“青要之山,南望墠渚,是多僕纍、蒲盧”,郭璞注云:“僕纍,蝸牛也。《爾雅》曰:‘蒲盧者,螟蛉也。’”所引《爾雅》當云:“果蠃,蒲盧;螟蛉,桑蟲。”文有脱誤耳。案:蒲盧,蜃也。僕纍、蒲盧,水中蠃蚌,故墠渚生之。若果蠃、蒲盧,爲細腰土蜂,非水濱所宜産也。《夏小正》“十月玄雉入于淮爲蜃”,傳云:“蜃者,蒲盧也。”《月令》鄭注云:“大蛤曰蜃。”是蒲盧亦盒屬,故云“蜌、盒,蒲盧”也。“蒲盧”之轉聲爲“蒲蠃”。《吴語》“其民必移就蒲蠃於東海之濱”,蒲蠃,即蒲盧也。韋昭注云“蠃,蚌蛤之屬”,是也;其云“蒲,深蒲也”,則非。“深蒲”與“蠃”,於文既爲不類,且深蒲所在皆有,不必海濱;若蚌蛤之屬,則海濱爲多,故《説文》云“蛤有三,皆生於海”也。

蠡蠃、蝸牛,螔蝓也。

《爾雅》“蚹蠃,螔蝓”,郭璞注云:“即蝸牛也。”《説文》:“蝸,蠃也。”“蠃,虒蝓也。”《玉篇》:“蠃,蜯屬。”《廣韻》:“蝸牛,小螺也。”螺,與“蠃”同。《周官・鼈人》“共蠯蠃蚳以授醢人”,鄭注云:“蠃,螔蝓也。”《士冠禮》“葵菹蠃醢”,鄭注云:“今文‘蠃’爲‘蝸’。”《内則》“蝸醢”以下二十六物,鄭以爲皆人君燕所食也。《尚書大傳》“鉅定蠃”,鄭注云:“蠃,蝸牛也。”《莊子・則陽》篇“有所謂蝸者,君知之乎?有國於蝸之左角者曰觸氏,有國於蝸之右角者曰蠻氏”,釋文引李頤注云:“蝸蟲有兩角,俗謂之蝸牛。”又引《三倉》云:“小牛螺也。一云,俗名黄犢。”裴松之注《魏志・胡昭傳》云:“案:《魏略》云:‘焦先及楊沛,並作瓜牛廬,止其中。’瓜,當作‘蝸’。蝸牛,螺蟲之有角者也,俗或呼爲黄犢。先等作圜舍,形如蝸牛殼,故謂之蝸牛廬。”《古今注》云:“蝸牛,陵螺也,形如螔蝓,殼如小螺,熱則自縣於葉下。”《本草》云:“蛞蝓,一名陵蠡。”《别録》云:“一名土蝸,一名附蝸。生太山池澤及陰地沙石垣下。”陶注云:“蛞蝓無殼。”又注《别録》“蝸牛”云:“俗呼爲瓜牛。生山中及人家,頭形如蛞蝓,但背負殼爾。”《蜀本圖經》云:“蛞蝓,即蝸牛也。形似小螺,白色,生池澤草樹閒,頭有四角,行則出,驚之則縮,首尾俱能藏入殼中。”案:蝸牛有殼者,四角而小,色近白;無殼者,兩角而大,色近黑,其實則一類耳。謂之蝸牛者,有角之稱。《日華子本草》謂之“負殼蜒蚰”。蜒蚰,即“螔蝓”之轉聲矣。《淮南・俶真訓》“梣木已青翳,蠃蠡瘉蝸睆。此皆治目之藥也”,高誘注云:“蠃蠡,薄蠃也。蝸晥，目疾也。"《御覽》引作"蠃孋愈燭晥"；又引注云："蠃，附蠃；孋，細長蠃也。燭晥，目中疾。"與高注不同，蓋許慎注也。然蠃蠡止是一種螺名，不分爲二。《名醫别録》云："蝸籬，味甘無毒，主燭館，明目，生江夏。"蝸籬，即蠃蠡也。燭館，即燭晥也。高誘以"蠃蠡"爲"薄蠃"。薄蠃，即"附蠃"之轉聲，又轉而爲"僕纍"。《中山經》"青要之山，南望墠渚，是多僕纍、蒲盧"，郭璞注云："僕纍，蝸牛也。或謂之蠃母。"《西山經》"邱時之水，其中多蠃母"，郭注云："即蜾螺也。"今順天人謂之水牛，揚州人謂之旱蠃。

鮃，鯈也。

《爾雅》"鮂，黑鰦"，郭璞注云："即白鯈魚。江東呼爲鮂。"又注《北山經》云："小魚曰鯈。"《廣韻》："鮂，鮋，小魚也。"《周頌・潛》篇"鰷鱨鰋鯉"，箋云："鰷，白鰷也。"鰷，與"鯈"同。《莊子・秋水》篇"鯈魚出游從容，是魚樂也"，李頤注云："白魚也。"鯈，一作"鮴"。《至樂》篇："以鳥養養鳥者，食之之鰌鮴。"《荀子・榮辱》篇："鯈鉌者，浮陽之魚也。胠於沙而思水，則無逮矣。"《淮南・覽冥訓》"不得其道，若觀鯈魚"，高誘注云："鯈魚，小魚也。在水中，可觀見，見而不可得。道亦如之。"《埤雅》云："鰷魚，形狹而長，江淮之閒謂之餐魚。"今餐魚長僅數寸，鱗細而整，性好羣游，往來儵忽，故《莊子》歎出游之樂矣。各本"鯈"譌作"儵"，今據曹憲音條訂正。

《廣韻》："鮃，鯈、鮪别名。"《龍龕手鑑》："鮃，鮍、鮪别名。"是"鮃"又爲鮪魚也。未詳所出。

射工、短狐，蜮也。

《説文》："蜮，短狐也。似鼈，三足，以氣射害人。"《小雅・何人斯》篇"爲鬼爲蜮，則不可得"，傳云："蜮，短狐也。"箋云："使女爲鬼爲蜮也，則女誠不可得見也。"《御覽》引《韓詩傳》云："短狐，水神也。"《毛詩義疏》云："短狐，一名射景。江淮水中皆有之，人在岸上，景見水中，投人景則殺之，故曰射景。南人將入水，先以瓦石投水中，令水濁然後入。或曰，含沙射人皮肌，其創如疥。"《疏》引"或曰"者，服虔《左傳》注也。《春秋》莊十八年"秋有蜮"，《左氏傳》云："爲災也。"《周禮・敘官》"蟈氏"疏引服虔注云："短狐，生南方，盛暑所生，其狀如鼈，古無今有，含沙射入人皮肉中，其創如疥，徧身中濩濩蜮蜮，故曰災。"《穀梁傳》云：

“一有一亡曰有。蜮,射人者也。蜮能射人,故謂之射景,又謂之射工矣。”《左氏》《穀梁》釋文並云:“蜮,《本草》謂之射工。”今《本草》《别録》無“射工”條,豈有脱落邪?《左傳》正義引《洪範五行傳》云:“蜮,如鼈三足,生於南越。南越婦人多淫,故其地多蜮,淫女惑亂之氣所生也。”《漢書·五行志》云:“劉向以爲,蜮生南越,亂氣所生,故聖人名之曰蜮。蜮,猶惑也。在水旁,能射人,射人有處,甚者至死。南方謂之短弧,近射妖,死亡之象也。劉歆以爲,蜮,盛暑所生,非自越來也。”顔師古注云:“即射工也,亦呼水弩。”案:“短弧”之“弧”,諸書多從犬作“狐”,惟《漢書·五行志》及杜預《左傳》注從弓作“弧”。《玉篇》云:“蜮,似鼈,含沙射人,爲害如狐也。”則似當從犬作“狐”矣。然以“射工、水弩”之名取之,則從弓作“弧”,于義爲長耳。《楚辭·大招》“鰅鱅短狐,王虺騫只。魂乎歸來,蜮傷躬只”,王逸注云:“鰅鱅,短狐類也。短狐,鬼蜮也。鰅鱅鬼蜮,射傷害人。蜮,短狐也。《詩》曰:‘爲鬼爲蜮。’言魂乎無敢南行,水中多蜮鬼,必傷害於爾躬也。”“鬼、蜮”皆訓爲短狐,與《毛詩》異,殆取諸三家與?《博物志》云:“江南山谿水中射工蟲,甲類也,長一二寸,口中有弩形,氣射人景,隨所箸處發創,不治則殺人。”《抱朴子·登涉》篇云:“短狐,一名蜮,一名射工,一名射景,其實水蟲也。狀如鳴蜩,大似三合盃,有翼能飛,無目而利耳,口中有横物;如聞人聲,緣口中物如角弩,以氣爲矢,則因水而射人。”諸家説短狐之狀,或云狀如鼈,或云狀如鳴蜩;或云以氣射人,或云含沙射人。未知孰是也。又謂之狐蜮。《周禮·壺涿氏》“掌除水蟲”,鄭注云:“水蟲,狐蜮之屬。”

附引《廣雅》一條

〔魾,鮤也。〕

見《爾雅》釋文。《爾雅》“魴,魾;鮤,鮛”,郭璞注云:“江東呼魴魚爲鯿。鮤、鮛,未詳。”是郭以鮤、鮛非魴、魾也。釋文引《埤倉》云:“鮤、鮛,魾也。”與《廣雅》同。是張以鮤、鮛即魾也。蓋《爾雅》舊注,有謂魾一名鮤、一名鮛者,而張用其説。亦如“嶲周、燕燕,鳦”,舍人、孫炎以爲嶲周一名燕燕,一名鳦爾。案:鮤、鮛,聲之轉。《爾雅》以“鮛”釋“鮤”,非以“鮤鮛”釋“魾”也。《廣韻》《龍龕手鑑》並云:“鰻鮛,魚名。”或是此與?“鰻鮛”者,“鰻鱺”之轉聲也。詳見“鮨,鯠也”下。

釋　鳥

玄鳥、朱鳥，燕也。

《爾雅》"燕燕，鳦"，《御覽》引舊注云："齊曰燕，梁曰鳦。"《說文》："乙，燕燕，玄鳥也。齊魯謂之乙，取其鳴自呼；象形也。或從鳥作鳦。"又云："《明堂月令》：玄鳥至之日，祠于高禖以請子，故乳字從乙。請子必目乙至之日者，乙春分來，秋分去，開生之候。玄鳥，帝少昊司分之官也。"又云："燕，玄鳥也。籋口，布翅，枝尾，象形。"案：《邶風·燕燕》篇"燕燕于飛，差池其羽"，箋云："差池其羽，謂張舒其尾翼。"此足與叔重之解相發明也。《夏小正》"二月，來降燕乃睇室"，傳云："燕，乙也。降者，下也。言來者，何也？莫能見其始出也，故曰來降。言乃睇，何也？睇者，眄也；眄者，視可爲室者也。百鳥皆曰巢。室，穴也。謂之室，何也？操泥而就家，入人内也。""九月，陟玄鳥蟄"，傳云："陟，升也。玄鳥者，燕也。先言陟而後言蟄，何也？陟而後蟄也。"蓋不知其所從出入而神異之，則言"陟、降"以歸之天。故《商頌·玄鳥》篇云"天命玄鳥，降而生商"也。鄭注《月令》"玄鳥至"云："燕以施生時來，巢人堂宇而孚乳，嫁娶之象也，媒氏之官以爲候。"又注"玄鳥歸"云："歸，謂去蟄也。凡鳥隨陰陽者，不以中國爲居。"以今驗之，蟄燕多藏深山大空木中，無毛羽，或在坻岸中。故《蓺文類聚》引《晉中興書》云："百姓饑饉，掘蟄燕食之。"燕之所居，不在異域也。昭十七年《左傳》"玄鳥者，司分者也"，杜預注云："以春分來，秋分去。"

故《法言·問明》篇云"朱鳥翾翾，歸其肆矣"，又云"時來則來，時往則往。能來能往者，朱鳥之謂與"，李軌注云："朱鳥，燕别名也。"宋咸以爲燕黑鳥，非朱鳥。朱鳥，謂鴈也，鴈以時來時往。案：燕頷下色赤，故謂之朱鳥。且《說文》云："翾，小飛也。"《韓詩外傳》云："翾翾十步之雀。"是"翾翾"爲小鳥翻飛之貌，惟燕雀之屬爲然，故晉夏侯湛《玄鳥賦》云"擢翾翾之麗容，揮連翩之玄翼"也。若雁色徧體蒼黑，不得言朱鳥；又翰飛戾天，不得言翾翾矣。咸説非也。《本草》陶注云："燕有二種，紫胸輕小者是越燕，胸班黑聲大者是壺燕。"今揚州人謂小者爲草燕，大者爲盧燕。《莊子·山木》篇謂之"鷾鴯"也。

鸖鴂、鸎鷂,子嶲也。

嶲,與"巂"同,或作"規"。《爾雅》"巂周",郭璞注云:"子巂鳥,出蜀中。"《説文》:"巂,周燕也;從隹,中象其冠也。"今子巂毛色慘黑,頭有小冠,一如叔重之説矣。

《玉篇》:"鸖,鸖鸛也。或作'巂'。"又云:"鸖鴂,又名杜鵑。"

《廣韻》:"鶗鴂鳥,春三月鳴也。"又云:"鶗鴂,即杜鵑也。"《離騷》"恐鵜鴂之先鳴兮,使夫百草爲之不芳",王逸注云:"鵜鴂,一名買鶬,常以春分鳴。"《漢書·揚雄傳》"鵜鴂"作"鸖鴂",枚乘《梁王菟園賦》作"蝭蛙",張衡《思玄賦》作"鶗鴂"。李善注《思玄賦》云:"服虔曰:'鶗鴂,一名鵙,伯勞也,順陰氣而生,賊害之鳥也。王逸以爲春鳥,繆也。'"案:服意蓋謂春分之時,衆芳始盛,不得云'百草不芳',因以爲五月始鳴之鵙。五月陰氣生而鵙鳴,百草爲之不芳,是服之意也。今案:《離騷》言此者,以爲小人得志,則君子沈淪;野鳥羣鳴,則芳草衰謝。此乃假設爲文,不必實有其事,亦如《九章》云"鳥獸鳴以號羣兮,草苴比而不芳"耳,豈謂鳥獸羣號之時,實有不芳之草哉?若然,則子嶲爭鳴,而衆芳歇絶,可無以"春鳥"爲疑矣。況"鸖鴂、杜鵑",一聲之轉,方俗所傳,尤爲可據也。而顔師古《漢書注》乃牽就其説,云:"鸖鴂常以立夏鳴,鳴則衆芳皆歇。"《思玄賦》舊注則云:"鶗鴂以秋分鳴。"《廣韻》又云:"鶗鴂春分鳴則衆芳生,秋分鳴則衆芳歇。"此皆于王、服兩家不能決定,故爲游移兩可之説,而不知鸖鴂春月即鳴,不得遲至立夏;物候皆言其始,又不得兼言秋分也。

鸎鷂,顔師古《漢書注》作"買鵍"。子嶲,劉逵《蜀都賦》注引《蜀記》作"子規",《御覽》引《蜀王本紀》作"子鴂",《華陽國志》作"子鵑"。案:蕭該《漢書音義》云:"蘇林'鸖鴂'音殄絹。"是"鴂、鵑"同聲也。"子嶲"之轉聲,則爲"姊歸"。《高唐賦》"姊歸思婦,其鳴喈喈",李善注引郭璞釋《爾雅》"巂周"云:"或曰即子規,一名姊歸。"今《爾雅注》無之,蓋《音義》之文也。《御覽》引《臨海異物志》云:"鸖鴂,一名杜鵑,春三月鳴,晝夜不止;至當陸子孰,鳴乃得止耳。"《本草拾遺》云:"杜鵑鳥小似鷂,鳴呼不已,出血聲始止。"皆其情狀也。又《玉篇》云:"巂,即布穀也。""鸎,布穀也。""鷂,布穀也。"《後漢書·張衡傳》注引《廣雅》:"鸖鴂,布穀也。"則與下文"布穀"混爲一條矣。案:《龍龕手鑑》云:"子雉鳥大如布穀。"不得即以爲布穀也,今不從。

擊穀、鴶鵴,布穀也。

《爾雅》"鳲鳩,鴶鵴",郭璞注云:"今之布穀也。江東呼爲穫穀。"《説文》:"秸鵴,尸鳩也。"鴶鵴、秸鵴,字異而義同。一作"結誥"。《方言》:"布穀,自關而東,梁楚之閒謂之結誥,周魏之閒謂之擊穀;自關而西謂之布穀。"擊穀、鴶鵴,聲之轉耳。鴶鵴,又作"秸鞠"。《召南·鵲巢》篇"維鵲有巢,維鳩居之",傳云:"鳩,鳲鳩,秸鞠也。鳲鳩不自爲巢,居鵲之成巢。"《義疏》云:"今梁宋之閒謂布穀爲鴶鵴,一名擊穀,一名桑鳩。"又《曹風·鳲鳩》篇"鳲鳩在桑,其子七兮",傳云:"鳲鳩,秸鞠也。鳲鳩之養其子,朝從上下,莫從下上,平均如一。"故昭十七年《左傳》"鳲鳩氏,司空也",正義引樊光《爾雅》注云:"鳲鳩心平均,故爲司空也。"鳲鳩與鷹轉相變化。《夏小正》"正月鷹則爲鳩,五月鳩爲鷹",傳云:"鷹則爲鳩,善變而之仁也;鳩爲鷹,變而之不仁也。"《月令》"鷹化爲鳩",鄭注云:"鳩,搏穀也。"正義云:"布、搏,聲相近。"高誘注《淮南·時則訓》云:"鷹化爲鳩,喙正直,不鷙搏也。"鳩,謂布穀也,故《列子·天瑞》篇云:"鷂之爲鸇,鸇之爲布穀,布穀久復爲鷂也。"古者或以布穀飾杖首。《續漢書·禮儀志》云:"仲秋之月,年始七十者,授之以玉杖,端以鳩鳥爲飾。鳩者,不噎之鳥也,欲老人不噎。"又謂之雄鳩。《淮南·天文訓》"孟夏之月,以孰穀禾,雄鳩長鳴,爲帝候歲",高誘注云:"雄鳩,布穀也。"此則《後漢書·襄楷傳》所謂"布穀鳴於孟夏"者矣。《本草拾遺》云:"布穀,江東呼爲郭公,北人云撥穀。似鷂,長尾。"《六書故》云:"其聲若曰'布穀',故謂之布穀。又謂勃姑,又謂步姑。"郭公者,"擊穀"之轉聲;撥穀、勃姑、步姑者,"布穀"之轉聲也。今揚州人呼之爲卜姑,德州人呼之爲保姑。身灰色,翅末、尾末並雜黑毛,以三四月閒鳴也。

各本"鵴"譌作"鵴",今訂正。

鷩[①]、鷒、鷙,鷙,鵰也。

《説文》:"鷙,鳥,黑色多子。師曠曰:'南方有鳥,名曰羌鷙,黄頭赤目,五色皆備。'一曰雕。"又云:"雕,鷻也。籀文從鳥作'鵰'。"鷻,與"鷙"同。又云"鷻,鵰也",引《詩》曰:"匪鷻匪鳶。"又云"鳶,鷙鳥也;從鳥,屰聲。音與專切",徐鉉云:"屰非聲,疑從萑省。今俗别作鳶,非是。"戴侗《六書故》云:"鳶非'與專'之聲,此即'鷒'字,孫音誤也。《説文》無'鳶'字。"今案:戴説是也。引之聞于父曰:"《説

① 鷙,原作"鵻",《疏證》作"鷙"。

文》'罗、蝷、鸑'三字以屰爲聲,則'鸑'字當與'罗、蝷'二字同音五各反。祇緣《小雅·四月》篇'匪鶉匪鳶',《說文》引作'匪𪂺匪鸑',後人遂以'鸑'爲'鳶',而不知諧聲之不可通也。"《玉篇》"鸑"次"鳶"下,云:"同上。"則已誤讀爲"鳶"。而《廣韻》"與專切"内有"鳶"無"鸑",《集韻》"逆各切"内"鶚、鸑"並見,則韻書尚有不誤者。其"鳶"字《說文》未載,以諧聲之例求之,則當從鳥、戈聲,而書作"鳶"。"鳶"字古音在元部,古從戈聲之字多有讀入此部者。故《說文》"閺"從戈聲而讀若縣,"戊"從戈聲而讀若環。"鳶"之從戈聲而音與專切,亦猶是也。此聲之相合者也。"鳶"字上半與"武"字上半同體,故隸書減之則譌爲"鳶",增之則又譌爲"鳶"。《急就篇》"鳶鵲鴟梟驚相視",皇象碑本"鳶"作"鳶"(332-1)。昭十五年《左傳》"以鼓子鳶鞮歸",釋文云:"鳶,本又作鳶。"(332-2)《漢書·五行志》"泰山山桑谷,有鳶焚其巢",《地理志》"交趾郡朱鳶縣",《梅福傳》"鳶鵲遭害",《張公神碑》"鳶鴟勳兮乳徘徊",皆"鳶"之譌也(332-3)。此文之可考者也(332-4)。後人以"鸑"爲"鳶",失之遠矣。《小雅·四月》傳云:"鶉,雕也。雕,貪殘之鳥也。"釋文云:"鶉,或作'鷻'。"案:"鷻"從敦聲,"敦"與"雕",古聲相近,故雕謂之鷻。《大雅·行葦》篇"敦弓既堅",《周頌·有客》篇"敦琢其旅",正義並云:"敦、雕,古今字。"是其例也。《御覽》引《倉頡解詁》云:"鶚,金啄鳥也,能擊殺獐鹿。"《爾雅》"鵙鳩,王鵙",郭璞注云"雕類。今江東呼之爲鶚,好在江渚山邊食魚",引《周南·關雎》傳云:"鳥摯而有別。"《毛詩義疏》云:"鵙鳩,大小如鴟,深目,目上骨露。幽州謂之鷲。"《魯語》"有隼擊於陳侯之庭而死",韋昭注云:"隼,鷙鳥,今之鶚也。"《西山經》云:"欽䲹化爲大鶚,其狀如鵰而黑文。"郭璞注云:"鶚,鵰屬也。"《漢書·鄒陽傳》"鷙鳥絫百,不如一鶚",孟康注云:"鶚,大鵰也。"《史記·李廣傳》索隱引服虔《漢書》注云:"雕,鶚也。"

《廣韻》"鷲,鶚別名",引李槩《音譜》云:"鷲,似雕而班白。"《大戴禮·曾子疾病》篇"鷹鶽以山爲卑而曾巢其上",《說苑·說叢》篇引作"鷹鷲";又《雜言》篇云:"飛鳥成列,鷹鷲不擊。"字或作"就",《中山經》"暴山,其鳥多就",郭璞注云:"就,鵰也。見《廣雅》。"《漢書·匈奴傳》"匈奴有斗入漢地,生奇材木、箭竿、就羽",顏師古注云:"就,大鵰,黃頭赤目,其羽可爲箭。"《玉篇》:"雕,鷲也。能食草。"《穆天子傳》"舂山,有白鶽青鵰,執犬羊,食豕鹿",郭璞注云:"今之鵰亦能食獐鹿。"又注《南山經》云:"雕,似鷹而大尾長翅。又謂之沸波。"《淮南·說林訓》"鳥有沸波者,河伯爲之不潮，畏其誠也"，高誘注云："鳥，大鵰也，翱翔水上，扇魚令出，沸波攫而食之。故河伯深藏于淵，畏其精誠，爲不見也。"《埤雅》云："鵰，能食草，似鷹而大，黑色，俗呼皁鵰。"《爾雅翼》云："鵰，土黄色，健飛擊沙漠中，空中盤旋，無細不覩也。"

肥鵂、鴟鵂，怪鴟也。

《爾雅》"怪鴟"，郭璞注云："即鴟鵂也。見《廣雅》。今江東通呼此屬爲怪鳥。"《衆經音義》卷十七引舍人注云："謂鵂鶹也。南陽名鉤鵅。其鳥晝伏夜行，鳴爲怪也。"又"鵅，鵋鵙"，郭注云："今江東呼鵂鶹爲鵋鵙，亦謂之鴝鵅。"又"萑，老鵵"，郭注云："木兔也。似鴟鵂而小，兔頭，有角，毛腳，夜飛，好食雞。"《説文》："雖，鵻也。籀文從鳥作'鴟'。"又云："舊，鴟舊，舊留也；從萑，臼聲。或從鳥，休聲，作'鵂'。"又云："𦫳，鴟舊頭上角𦫳也。"又云："萑，鴟屬也；從隹，從𦫳；有毛角，所鳴其民有旤。"又云："鸜，鴟也。"《廣韻》云："鵋鵙，鵂鶹鳥，今之角鴟也。"《大雅·瞻卬》篇"爲梟爲鴟"，箋云："梟鴟，惡聲之鳥。"《莊子·秋水》篇"鴟夜撮蚤，察豪末；晝出，瞋目而不見邱山"，司馬彪"蚤"作"蚤"，云："鴟，鵂鶹也，夜取蚤食。"崔譔作"爪"，云："鵂鶹夜聚人爪於巢中也。"案：高誘注《淮南·主術訓》云："鴟，鴟鵂也，謂之老菟，夜鳴人屋上也；夜則目明，合聚人爪以箸其巢中。"此崔譔所本也。《莊子》釋文引許慎《淮南注》云："鴟夜聚食蚤蝨不失也。"與高誘異説。"蚤、爪"二體，古雖通用，揆之事理，則許注爲雅馴耳。鴟鵂晝無所見，異於衆鳥，故《淮南·氾論訓》云："鴟目大而眎不若鼠，物固有大不若小者也。"

"鴟鵂"之"鵂"，古作"舊"；"舊"與"久"，聲相近，故又謂之鴟久。《海外南經》"湯山有鴟久"，郭璞注云："鴟久，鵂鶹之屬。"又《大荒南經》"蒼梧之野有鴟久"，郭注云："即鵂鶹也。"《衆經音義》云："鵂鶹，關西呼訓侯，山東謂之訓狐。"案："訓侯"之轉聲爲"訓狐"，其合聲則爲"鵂"矣。《本草拾遺》云："鉤鵅入城城空，入室室空，怪鳥也；似鴟，有角，夜飛晝伏。北土有訓狐，二物相似。'訓狐'聲呼其名，兩目如貓兒，大於鴝鵅。又有鵂鶹，亦是其類，微小而黄。"案：怪鴟，頭似貓而夜飛，今揚州人謂之夜貓。所鳴有旤，一如昔人之説。故《周禮·庭氏》"掌射國中之夭鳥。若不見其鳥獸，則以救日之弓與救月之矢射之"，鄭注云："不見鳥獸，謂夜來鳴呼爲怪者。"即此屬矣。又謂之老鵵者，鵵，與"兔"通，兔頭有角，因以名云。《酉陽雜俎》云："北海有木兔，似鵂鶹也。"

昀案:肥鵂未作疏證。

〔鵂鶹〕、鶜鴟,鴹〔也〕。

鶜,與"茅"同。《爾雅》"狂,茅鴟",郭璞注云:"今鴹鴟也。似鷹而白。"案:鴹者,白色之名。《爾雅》説馬云:"面顙皆白,惟駹。""駹"與"鴹",聲義正同。茅、鴹,則聲之轉耳。《太玄·聚》次八"鴟鴹在林,咙彼衆禽",范望注云:"咙,怒也。鴟鴹,賊鳥,所在衆禽所避也。"襄二十八年《左傳》"使工爲之誦《茅鴟》",杜預注云:"《茅鴟》,逸詩,刺不敬。"蓋以鳥名篇,若《雄雉》《鳲鳩》之等矣。又以爲鵂鶹者。《御覽》引孫炎《爾雅》注云:"茅鴟,大目鵂鶹也。"如孫注,則亦怪鴟之屬,但目大爲異耳。鶹,曹憲音盧休反。各本脱去"鵂鶹"二字,音内"盧休"二字遂誤入正文。句末又脱"也"字。《御覽》引《廣雅》:"盧休、茅鴟,鴹也。"則宋時首二字已脱誤,惟"也"字未脱耳。案:《衆經音義》卷一、卷十七、卷十九、卷二十三、卷二十四並引《廣雅》:"鵂鶹,鴹鴟也。"《爾雅》釋文引《廣雅》:"茅鴟,鴹也。"今據以訂正。

鵩、鴟,老鵵也。

詳見上文"怪鴟也"下。

背竈、皁帔,雚雀也。

雚,與"鸛"同。《説文》"雚,小爵也",引《豳風·東山》篇:"雚鳴于垤。"案:"小"當爲"水",形相近而誤也。《東山》傳云:"垤,螘塚也。將陰雨,則穴處先知之矣。鸛好水,長鳴而喜也。"箋云:"鸛,水鳥也,將陰雨則鳴。"李善《張華〈情詩〉》注引《韓詩》亦云:"鸛,水鳥也。巢處知風,穴處知雨。天將雨而蟻出壅土,鸛鳥見之,長鳴而喜。"諸家皆以"鸛"爲水鳥,足正今本《説文》之誤矣。《毛詩義疏》云:"鸛,鸛雀也,似鴻而大,長頸,赤喙,白身,黑尾翅,樹上作巢,大如車輪,卵如三升杯;望見人,案其子令伏,徑舍去。一名負釜,一名黑尻,一名背竈,一名皁裙。又泥其巢一旁爲池,含水滿之,取魚置池中,稍稍以食其雛。若殺其子,則一村致旱災。"案:竈,與"竈"同。背竈,猶言負釜也。皁裙,猶言黑尻也;黑尾在下似裙,因以爲名。裙,與"帬"同。《釋器》云:"帔,帬也。"故又謂之皁帔矣。《博物志》云:"鸛伏卵時,取礜石周繞卵,以時助燥氣,故方術家以鸛巢中礜石爲真。"《名醫别録》陶注云:"鸛有兩種:似鵠而巢樹者爲白鸛,黑色曲頸者爲烏鸛。"《酉陽雜俎》云:"江淮謂羣鸛旋飛爲鸛井,必有風雨。"皆其情狀也。鸛,或通作"觀"。《莊子·寓言》篇

“彼視三釜三千鍾，如觀雀蚊虻相過乎前”，釋文作“鸛”，云：“本或作‘觀’。”司馬彪注云：“鸛雀飛疾，與蚊相過，忽然不覺也。”又作“冠”。《御覽》引華嶠《後漢書》云“有鸛雀銜三鱣魚飛集講堂前”，今《後漢書・楊震傳》作“冠”，是也。昭二十一年《左傳》“鄭翩願爲鸛，其御願爲鵝”，杜預注云：“鸛、鵝，皆陳名。蓋陳形似之，若朱鳥、青龍之等矣。”

鴸、鴄、鸋、鳧、鶩，鴨也。

“鴸”與“鶩”，聲之轉也。

鴄，通作“匹”。《曲禮》“庶人之摯匹”，鄭注云：“説者以‘匹’爲鶩。”此鄭訓“匹”爲鶩，非讀“匹”爲鶩也。陸德明未達鄭意，乃云：“匹，依注作‘鶩’，音木。”宜《羣經音辨》以陸爲誤也。曹憲音匹。各本“鴄”譌作“鴌”，音内“匹”字又譌作“迮”。《集韻》二十陌“鴌”，側格切，引《博雅》：“鴸、鴌，鴨也。”則宋時《廣雅》本已有與今本同誤者。案：《説文》《玉篇》《廣韻》俱無“鴌”字。《玉篇》鴄，音匹，“鴨也”。鴨，與“鴨”同。《羣經音辨》引《廣雅》“鴸、鴄，鴨也”，云：“古字‘鴄’省作‘匹’。”《集韻》五質“鴄”，僻吉切，引《廣雅》“鴄，鴨也”；十三末又引《博雅》：“鴸、鴄，鴨也。”《埤雅》引《廣雅》“鴸、鴄，鴨也”，“鴸”下旁注“末”字，“鴄”下旁注“匹”字，皆本曹憲之音。今據以訂正。

《集韻》：“鸋，小鴨也。”(333-1)亦謂之羅鸋。《史記・楚世家》“小臣之好射鵙鴈羅鸋”，集解引吕静《韻集》云：“鸋，野鳥也。”索隱引劉伯莊云(333-2)：“鸋，小鳥也。”皆未明訓爲鴨，殆于《廣雅》之文失檢耳。

《爾雅》“鳧，雁醜，其足蹼，其踵企”，郭璞注云：“腳指閒有幕蹼屬相箸，飛即伸其腳跟企直也。”又“舒鳧，鶩”，郭注云：“鴨也。”《本草拾遺》引《尸子》云：“野鴨爲鳧，家鴨爲鶩。”與《爾雅》之訓相發明也。《説文》：“鳧，舒鳧，鶩也；從鳥，從几，几亦聲。”“几，鳥之短羽飛几几，象形。”《大雅・鳧鷖》篇傳云：“鳧，水鳥也。”《義疏》云：“鳧，大小如鴨，青色，卑腳，短喙，水鳥之謹愿者也。”

《周禮・大宗伯》“庶人執鶩”，鄭注云：“鶩，取其不飛遷。”《説苑・脩文》篇亦説其義云：“鶩者，鶩鶩也，鶩鶩無他心，故庶人以鶩爲摯。”《周禮》言“鶩”，《曲禮》言“匹”，明爲一物，故鄭注《曲禮》云“説者以‘匹’爲鶩”也。

鴚鵝、倉鴚，鴈也。

鳫,與"鴈"同,或作"雁"。《爾雅》"舒鴈,鵝",郭璞注云"今江東呼鳴",引《聘禮記》云:"出如舒鴈。"李巡注云:"野曰鴈,家曰鵝。"案:"鴈"之與"鵝",對文則異,散文則通。《莊子·山木》篇云:"命豎子殺鴈而烹之。"是家畜者亦稱鴈也。《説文》:"鴈,鵝也。""鴚,鴚鵝也。"宋祁《漢書·揚雄傳》校本引《字林》云:"鴚鵝,鳥似鴈。"《方言》:"鴈,自關而東謂之鴚鵝;南楚之外謂之鵝,或謂之倉鴚。"鴚,或作"駕"。《楚辭·七諫》云:"畜鳬駕鵝。"是也。春秋時,魯大夫有榮駕鵝,亦以爲名。"鳴鵝"以象其聲,"倉鳴"則兼指其色。《齊民要術》引晉沈充《鵞賦序》云:"太康中,得大蒼鵞,體色豐麗。"《本草拾遺》云:"蒼鵝食蟲,白鵝不食蟲。主射工當以蒼者良。"蒼,與"倉"通。其有在野而飛者,《爾雅》所謂"鵱鷜,鵝"也,亦謂之駕鵝。《蓺文類聚》引《廣志》云:"駕鵝,野鵝也。"《本草》陶注云:"野鵝大於鴈,猶似家蒼鵝,謂之駕鵝。"《中山經》"青要之山,北望河曲,是多駕鳥",郭璞注云:"駕,宜爲鴐。鴐,鵞也。"《史記·司馬相如傳》云:"弋白鵠,連駕鵝。"皆謂野鵝也。

〔雔〕,鶉也[①]。

鶉,與"鴽"相似,故此及下文分別釋之。

《爾雅》"鷯,鶉。其雄鶛,牝庳",郭璞注云:"鶉,鴽屬。"又"鴽,鴾母",郭注云:"鵪也,青州呼鴾母。"又"鶉子,鳼;鴽子,鸋",郭注云:"別'鵪,鶉雛'之名。"《説文》"鶉"作"雗","鴽"作"翟",云:"雔,或作'隼';從隹一。一曰'雗'字。""雗,鴽屬也。""雜[②],雗屬也。一曰牟毋,一曰鵞。籀文從鳥作'鴽'。""翟,牟毋也。或從鳥作'鵞'。"是"雔"爲鶉,"鵞"爲鴽也。《公食大夫禮》"上大夫庶羞二十,加於下大夫,以雉、兔、鶉、鴽",鄭注云:"鴽,母無也。"《内則》"鶉羹、雞羹,鴽釀之蓼",鄭注云:"鴽在羹下,烝之不羹也。"是鶉與鴽不同物也。《鄘風·鶉之奔奔》篇《韓詩》云:"奔奔,乘匹之貌。"《表記》引《詩》作"賁賁",鄭注云:"賁賁,爭鬭惡貌也。"鶉性健鬭,故鄭云然。《夏小正》"三月田鼠則爲鴽,八月鴽爲鼠",傳云:"鴽,鵪也。"鵪,與"鴽"同,或作"鴿"。高誘注《吕氏春秋·季春紀》云:"鴽,鴿也。青州謂之鴾鴾,周雒謂之鴽,幽州謂之鴿。"《淮南·時則訓》注與此略同。而今本《淮南》注"鴿"皆作"鶉",淺學人改之也。《楚辭·九思》云"鶉鴽兮甄甄",注云:"甄甄,小

① 鶉,原作"鶉",《疏證》作"敦"。
② 雜,原誤作"鴿"。

鳥飛貌。”則鶉、鴽二鳥，情狀相似，故對文則“鶉”與“鴽”異，散文則通。《夏小正》言“田鼠爲鴽”，《列子·天瑞》篇則云“田鼠爲鶉”。《淮南·齊俗訓》“蝦蟇爲鶉”，高誘注云：“鶉，鴽也。”皆是也。

鵻，曹憲音隹。各本脱去“鵻”字，音内“隹”字遂誤入正文。《衆經音義》卷十五引《廣雅》“鵻，鶉也”，云：“鵻，音隹。”今據以訂正。

鴑，鴽也。

詳見上條。

鳻鶞，鳩也。

鳩之總名曰鳻鶞。其大而有班者謂之鳻鳩，小而無班者謂之鵴鳩，故此及下文分别釋之。

《方言》：“鳩，自關而東，周鄭之郊、韓魏之都謂之鳻鶞。”是“鳻鶞”爲鳩之總名也。《方言》又云：“其鸊鳩謂之鸊鶞。自關而西，秦漢之閒謂之鵴鳩；其大者謂之鳻鳩，其小者謂之鸊鳩，或謂之鵁鳩，或謂之鶌鳩，或謂之鶻鳩；梁宋之閒謂之鷦。”郭璞注云：“鳻，音班。鸊鳩，今荆鳩也。”是“鳻鳩”即班鳩；字或作“鳻”，鳩之大者也。鸊鳩、鸊鶞、鵴鳩、鵁鳩、鶌鳩，則鳩之小者也。鳩之大者，《爾雅》所謂“鷗鳩，鶻鵃”也。舍人注云：“鷗鳩，一名鶻鵃，今之班鳩。”樊光引昭十七年《春秋傳》云：“鶻鳩氏司事，春來冬去。”孫炎云“鶻鵃，一名鳴鳩”，引《月令》云：“鳴鳩拂其羽。”《衛風·氓》篇傳云：“鳩，鶻鳩也。”《小雅·小宛》傳云：“鳴鳩，鶻雕也。”雕，與“鵃”通。《義疏》云：“班鳩也。桂陽人謂之班隹，似鶌鳩而大，項有繡文班然，故曰班鳩。”高誘注《吕氏春秋·季春紀》云：“鳴鳩，班鳩也。是月拂擊其羽，直刺上飛，數十丈乃復者是也。”《夏小正》云：“三月鳴鳩。”《東京賦》云：“鶻鵃春鳴。”是班鳩繡項而能鳴，故晉傅咸《班鳩賦》云“體郁郁以敷文，音邕邕而有序”也。凡此皆謂鳩之大者也。鳩之小者，《爾雅》所謂“鵻其，鴩鴀”也。李巡注云：“鴩鴀，一名鵻，今楚鳩也。”樊光引《春秋傳》云：“祝鳩氏司徒。”祝鳩，即“鵻其，鴩鴀”。孝，故爲司徒。郭璞注云：“今鶌鳩也。”鶌之爲言猶鴩鴀也。《説文》云：“鵻，祝鳩也。”《衆經音義》卷十六引《通俗文》云：“隹其謂之鵴鳩。”《小雅·四牡》篇“翩翩者鵻”，傳云：“鵻，夫不也。”箋云：“夫不，鳥之慤謹者，人皆愛之。”《南有嘉魚》篇傳云：“鵻，壹宿之鳥也。”箋云：“壹宿者，壹意於其所宿之木也。”《義疏》云：“鵻，今小鳩也，一名𪁉鳩。幽州人或謂之鶻鵃,梁宋之閒謂之隹,揚州人亦然。”又云:“𪁉鳩,灰色,無繡項,陰則屏逐其匹,晴則呼之。語曰‘天將雨,鳩逐婦’是也。”𪁉鳩小於班鳩,故謂之䳢鳩,亦若小矛謂之殺矣。舍人謂之楚鳩,郭璞謂之荆鳩,荆猶楚也。《水經·濟水》注引《廣志》云:“楚鳩,一名嗥啁。”《高唐賦》云:“正冥楚鳩。”又謂之學鳩。《莊子·逍遥遊》篇“蜩與學鳩”,司馬彪云:“學鳩,小鳩也。”凡此皆謂鳩之小者也。諸書以“鶻鳩”爲班鳩,乃是鳩之大者。而《方言》云:“其小者或謂之鶻鳩。”《爾雅》釋文引《字林》亦云:“鶻鵃,小種鳩也。”與《廣雅》異。《左傳》正義引郭璞《爾雅音義》云:“鶻鵃,今江東亦呼爲鶻鵃,似山鵲而小,短尾,青黑色,多聲,即是此也。舊説及《廣雅》皆云‘班鳩’,非也。”亦與《廣雅》異,未知孰是。

鶻鵃,鶌鳩也。

䳢鳩、鵴鳩、鷎鶨、𪁉鳩,鵻鳩也。

並詳見上條。

𪁉,各本作“䳕”,此因曹憲音内“浮”字而誤。《集韻》《類篇》“𪁉”或作“䳕”,又因誤本《廣雅》而誤。考《説文》《玉篇》《廣韻》皆無“䳕”字。今訂正。

鷐鵙、鷂子、籠脱,鷂也。

《説文》:“鷂,鷙鳥也。”《急就篇》云:“鷹鷂鴇䳄翳雕尾。”鷂之言摇,急疾之名。《方言》云:“摇,疾也。”或名爲鷣。鷣、鷂,聲之轉也。《爾雅》“鷣,負雀”,郭璞注云:“鷣,鷂也。江南呼之爲鷣,善捉雀,因名云。”其屬則有鷐鵙、鷂子、籠脱。鷐鵙,隼也。《爾雅》“鷹隼醜,其飛也翬”,舍人注云:“謂隼鷂之屬也。翬翬,其飛疾羽聲也。”《九家易》説解“射隼”云:“隼,鷙鳥也,今捕食雀者。”《毛詩義疏》云:“隼,鷂屬也。齊人謂之擊征,或謂之題肩,或謂之雀鷹,春化爲布穀者是也。”此屬數種皆爲隼。題肩,與“鷐鵙”同。《大射儀》鄭注云:“正,鳥名。齊魯之閒名題肩爲正,鳥之捷黠者也。”《月令》“季冬之月,征鳥厲疾”,鄭注云:“征鳥,題肩也。齊人謂之擊征,或名曰鷹。仲春化爲鳩。”是則題肩、布穀,轉相變化。故《列子·天瑞》篇云:“鷂之爲鸇,鸇之爲布穀,布穀久復爲鷂也。”《周頌·小毖》篇箋云:“鳩之所爲鳥,題肩也。”則又爲桃蟲所化矣。《御覽》引《春秋考異郵》云:“陰陽貪,故題肩擊。題肩有爪芒,陽中陰,故擊殺也。”又引《廣志》云:“鷂子,大如壺燕,色似鷂,食雀。籠脱,擊鳩鵲。”是題肩之外,又有此二種也。

戴鳻、戴絍、鶝鵖、澤虞、鵀鶝、尸鳩,戴勝也。

絍,與“鵀”通。《集韻》引《廣雅》作“鵀”。《爾雅》“鵖鴔,戴鵀”,郭璞注云:“鵀,即頭上勝,今亦呼爲戴勝。”鵖鴔,猶鶝鶝,語聲轉耳。

《方言》:“鳲鳩,燕之東北、朝鮮洌水之閒謂之鶝鵖;自關而東謂之戴鵀;東齊海岱之閒謂之戴南,南猶鵀也,或謂之鵀鸅,或謂之戴鳻,或謂之戴勝;東齊吴揚之閒謂之鵀;自關而西謂之服鶝,或謂之鶝鶝;燕之東北、朝鮮洌水之閒謂之鵀。”鵖,與“鵖”同;鸅,與“澤”同;鳲,與“尸”同。高誘注《淮南·時則訓》云:“載任,戴勝鳥也。《詩》曰:‘尸鳩在桑。’是也。”《月令》正義引孫炎《爾雅》注云:“鳲鳩,自關而東謂之戴鵀。”並與《方言》相合。《毛詩義疏》辨之云:“鳲鳩,一名擊穀。案:戴勝,自生穴中,不巢生。而《方言》云‘戴勝’,非也。郭璞《方言注》亦云:‘按:《爾雅》鳲鳩即布穀,非戴勝也。’又云:‘按:《爾雅》説戴鵀下,鵀鸅自別一鳥名。’《方言》似依此義,又失也。”然則《爾雅》之“鳲鳩、鵠鷑、鵀、澤虞”,《方言》皆誤以爲戴勝矣。此云“澤虞、尸鳩,戴勝也”,亦沿《方言》之誤。

《方言》之“服鶝”,猶鶝鶝也;轉之則爲“鶝鵖”,其變轉則爲“鵀鶝”。《廣韻》“鵀、鶝”二字注並云:“鶝鵀,鳥也,即鵀鶝也。”《廣雅》此條,悉本《方言》。疑《方言》“謂之鵀”下亦有“鶝”字,寫者脱落耳。

《月令》“季春之月,戴勝降于桑”,鄭注云:“戴勝,織紝之鳥,是時恆在桑。言降者,若時始自天來,重之也。”《御覽》引《春秋考異郵》云:“載絍出,蠶期起。”載,與“戴”同。《方言》注説“戴勝”云:“勝,所以纏絍。”是解“絍”爲機縷之紝,“勝”爲持經之縢。《説文》云:“紝,機縷也。”“縢,機持經者也。”亦猶鄭云“織紝之鳥”也。其《爾雅》注則云:“鵀,即頭上勝。”是又解爲“華勝”之勝。《廣韻》亦云:“鵀,戴勝鳥也,頭上毛似勝也。”案:此鳥又名戴鳻,莫詳所以。則戴絍之義,亦安可諦知?古今聲音遞轉,假借滋多,未必如諸家所説也。《吕氏春秋·季春紀》注云:“戴勝剖生於桑,是月其子彊飛,從桑空中來下。”此則戴勝生於桑空,故《毛詩義疏》云“戴勝自生穴中”矣。《魏志·管寧傳》云:“戴鵀,陽鳥也。”《爾雅翼》云:“似山鵲而尾短,青色,毛冠俱有文。”

鷦鵬、鷾鳺、果贏、桑飛、女鴎,工雀也。

《爾雅》:“鴟鴞,鸋鴂。”又云:“桃蟲,鷦。其雌,鴱。”郭璞注云:“鷦鷯,桃雀也,俗呼爲巧婦。”《方言》:“桑飛,自關而東謂之工爵,或謂之過鸁,或謂之女匠。自關而東謂之鸋鴂;自關而西謂之桑飛,或謂之懱爵。”爵,與“雀”同;過,與“果”同;匠,與“鴎”同。郭注云:“即鷦鷯也。又名鷦鸎,今亦名爲巧婦,江東呼布母。”懱爵,言懱截也。《説文》:“鸈鷚,桃蟲也。”《玉篇》:“女鴎,巧婦也,又名鴎雀。”鷦鸎者,“鷦鷯”之轉聲。鷦鸎、鷦鷯,皆小貌也。小謂之糕,一目小謂之眇,茆中小蟲謂之蛁蟟,剖葦小鳥謂之鷦鷯,聲義並同矣。果鸁,亦小貌。小蜂謂之果鸁,小鳥謂之果鸁,其義一也。以其巧於作巢,故又有“女鴎、工雀”之名。李善《檄吳將校部曲》注引《韓詩》云:“‘鴟鴞鴟鴞,既取我子,無毀我室’,鴟鴞,鸋鴂,鳥名也。鴟鴞所以愛養其子者,適以病之。愛憐養其子者,謂堅固其窠巢;病之者,謂不知託於大樹茂枝,反敷之葦蔄,風至蔄折巢覆,有子則死,有卵則破,是其病之也。”《荀子·勸學》篇“南方有鳥,名曰蒙鳩,以羽为巢,編之以髮,繫之葦苕。風至苕折,卵破子死。巢非不完也,所繫者然也”,楊倞注云“蒙鳩,鷦鷯也。苕,葦之秀也。今巧婦鳥之巢至精密,多繫於葦竹之上,是也”,引《説苑》:“鷦鷯巢於葦之苕,箸之以髮,可謂完堅矣。大風至則苕折卵破者,何也?所託者然也。”《易林·噬嗑之涣》亦云:“桃雀竊脂,巢於小枝。摇動不安,爲風所吹。”是鷦鸎、桃蟲,即《荀子》之“蒙鳩”。或謂之蒙鳩,或謂之鷦鸎,或謂之懱雀。鸎、懱、蒙,一聲之轉,皆小貌也。故《方言》“懱爵”注云:“言懱截也。”謂懱截然小也。木細枝謂之蔑,小蟲謂之蠛蠓,小鳥謂之懱雀,又謂之蒙鳩,其義一也。或以爲“鷦鷯”非蒙鳩者,失之。《莊子·逍遥遊》篇“鷦鷯巢於深林,不過一枝”,《吕氏春秋·求人》篇“鷦鷯”作“啁噍”,皆“鷦鸎”之變轉也。《毛詩義疏》云:“鴟鴞似黄雀而小,其喙尖如錐,取茅莠爲巢,以麻紩之,如刺襪然,縣箸樹枝,或一房,或二房。幽州人謂之鸋鴂,或曰巧婦,或曰女匠,或曰巧女。”又《周頌》“肇允彼桃蟲,拚飛維鳥”,傳云:“桃蟲,鷦也,鳥之始小終大者。”箋云:“鷦之所爲鳥,題肩也,或曰鴞,皆惡聲之鳥。”《義疏》云:“今鷦鷯是也。微小於黄雀,其雛化而爲鵰,故俗語鷦鷯生鵰。”焦貢《易林》亦謂桃蟲生鵰。或云布穀生子,鷦鷯養之。案:鷦鷯之鳥,今揚州謂之柳串,毛色青黄,目閒有白色如銀,數編麻爲巢于竹樹枝閒,條理緻密,莫能尋其端緒;時則雌雄交鳴,聲小而清徹。“始小終大”之説,則未之驗也。郭璞注《爾雅》“鴟鴞,鸋鴂”云“鴟屬”;又注《方言》“鸋鴂”云:“按:《爾雅》‘鸋鴂、鴟鴞’,鴟屬,非此小雀明矣。”郭意以《爾雅》“鴟鴞”與

"狂,茅鴟""怪鴟""梟鴟"連類而及,故斷以爲鴟屬。案:賈誼《弔屈原文》云:"鸞鳳伏竄兮,鴟梟翱翔。"蔡邕《弔屈原文》云:"鸋鴂軒翥,鸞鳳挫翮。"似以"鸋鴂"爲鴟梟之屬矣,而昔人說《詩》則皆以爲鷦鷯,未知孰是。

蠃,各本譌作"嬴",今訂正。《集韻》引《廣雅》"果"作"鵰"。

城旦、倒縣、鶡鴠、定甲、獨舂,䳏鴠也。

《方言》"䳏鴠,周魏齊宋楚之閒謂之定甲,或謂之獨舂;自關而東謂之城旦,或謂之倒縣,或謂之䳏鴠;自關而西,秦隴之内謂之鶡鴠",郭璞注云:"鳥似雞,五色,冬無毛,赤倮,晝夜鳴。獨舂,好自低仰也。城旦,言其辛苦,有似於罪讁者。倒縣,好自縣於樹也。"《月令》"仲冬之月,鶡旦不鳴",鄭注云:"鶡旦,夜鳴求旦之鳥也。"《吕氏春秋・仲冬紀》注云:"鶡鴠,山鳥,陽物也。是月陰盛,故不鳴也。"《鹽鐵論・利議》篇云:"鶡鴠夜鳴,無益於明。"亦謂其求旦也。鶡,或作"渴"。《説文》:"鴠,渴鴠也。"或作"盇"。《坊記》引詩云:"相彼盇旦,尚猶患之。"鄭注云:"盇旦,夜鳴求旦之鳥也。求不可得也,人猶惡其欲反晝夜而亂晦明。"䳏,或作"鳱"。《七發》云:"朝則鸝黄鳱鴠鳴焉。"或作"侃"。《御覽》引《廣志》云:"侃旦,冬毛希,夏毛盛,後世則謂之寒號蟲。"《嘉祐本草》云:"寒號蟲,四足,有肉翅,不能遠飛。"

碣鳥、精列、鵬鶏,雃也。

《説文》:"雃,石鳥。一名雝渠,一曰精列。"石,與"碣"同。雝渠,與"鵬鶏"同。精列者,"鶺鴒"之轉聲也。《爾雅》"鶺鴒,雝渠",郭璞注云:"雀屬也。"或作"脊令"。《小雅・常棣》篇"脊令在原",傳云:"脊令,雝渠也,飛則鳴,行則摇,不能自舍耳。"箋云:"雝渠,水鳥,而今在原矣。其常處則飛則鳴求其類,天性也。"《小宛》篇"題彼脊令,載飛載鳴",傳云:"脊令不能自舍,君子有取節爾。"箋云:"則飛則鳴,翼也口也,不有止息。"《義疏》云:"大如鷃雀,長脚,長尾,尖喙,背上青灰色,腹下白,頸下黑如連錢,故杜陽人謂之連錢。"《廣韻》:"鶺鴒,又名錢母,大於燕,頸下有錢文。"《埤雅》引《物類相感志》云:"俗呼雪姑,其色蒼白似雪,鳴則天當大雪。"是其情狀也。脊令不能自舍,故《漢書・東方朔傳》云:"日夜孳孳,敏行而不敢怠,辟若鶺鴒飛且鳴矣。"顔師古注云:"鶺鴒,雍渠,小青雀,飛則鳴,行則摇。言其勤苦也。"

慈鳥,烏也。

《爾雅》:"鸒,烏醜,其飛也翔。"《説文》:"烏,孝鳥也;象形。"《蓺文類聚》引

《春秋元命包》云:"火流爲烏。烏,孝鳥也。"《初學記》引《春秋運斗樞》云:"飛翔羽翮爲陽,陽氣仁,故烏哺公也。"《後漢書・趙典傳》云:"烏烏反哺報德。"《小爾雅》云:"純黑而反哺者謂之慈烏。"《易林・隨之大壯》云:"慈烏、鳴鳩,執一無尤。"案:善于父母謂之孝,亦謂之慈,故孝烏謂之慈烏。《内則》云:"昧爽而朝,慈以旨甘。"《齊語》云:"不慈孝於父母。"《莊子・漁父》篇云:"事親則慈孝。"是慈即孝也。《孟子・離婁》篇"孝子慈孫",猶《祭統》言"孝子孝孫"也。

鶖子、鶖、鷇,雛也。

《方言》:"雞雛,徐魯之閒謂之鶖子。"鶖之言揫也。《釋詁》云:"揫,小也。"揫,或作"秋"。高誘注《淮南・原道訓》云:"屈,讀'秋雞無尾,屈'之屈。"雞雛無尾,故以爲屈。《説文》云:"屈,無尾也。"今高郵人猶謂雞雛爲鶖雞,聲正如"秋"矣。

《玉篇》:"鶖,雀子也。"《廣韻》:"鶖,雞雛也。"是雀子、雞雛俱謂之鶖也。雀子、雞雛謂之鶖,猶羊羔謂之𦍩耳。

《爾雅》"生哺,鷇",郭璞注云:"鳥子須母食之。"鷇,與"鷇"同。又"生噣,雛",郭注云:"能自食。"釋文云:"鳥子須哺而食者,燕雀之屬也。"《史記》云:"趙武靈王探雀鷇而食之。"是也。鳥子生而能自啄者,《禮記》云:"雛尾不盈握弗食。"是也。《説文》:"鷇,鳥子生哺者。""雛,雞子也。"案:"鷇"與"雛",對文則異,散文則通。《方言》云:"爵子及雞雛謂之鷇。"郭注云:"關西曰鷇。"是雞子生噣亦謂之鷇也。《易林・訟之睽》云:"秋冬探巢,不得鵲雛。"是鳥子生哺亦謂之雛也。鷇之言穀也。《説文》云:"穀,乳也;從子,𣪊聲。"司馬彪注《莊子・齊物論》篇云:"鷇,鳥子欲出者。"則在卵已謂之鷇。《魯語》云:"鳥翼鷇卵。"《管子・五行》篇云:"不癘雛鷇。"皆連類而舉矣。

鷇,影宋本譌作"鷇",各本又譌作"鶴"。案:《集韻》《類篇》"鷇"或作"鷇"。今訂正。

鳱鵲,䧿也。

《爾雅》"鵲,鶪醜,其飛也翪",郭璞注云:"竦翅上下。"《説文》:"舄,䧿也;象形。篆文從隹,昔聲,作'䧿'。"舄、䧿,並與"鵲"同。

鄭注《大射儀》云"鵠,鳥名。射之難中,中之爲俊,是以所射於侯取名也",引《淮南子》曰:"鳱鵠知來。"鳱,與"鳱"同。今《淮南・氾論訓》作"乾",云:"乾鵠知來而不知往。”高誘注云:“乾鵠,鵲也。人將有來事憂喜之徵則鳴,此知來也。知歲多風,卑巢於木枝,人皆探其卵,故曰不知往也。”又謂之乾鵲。《西京雜記》:“陸賈曰:‘乾鵲噪而行人至。’”今人則通呼喜鵲。《名醫別録》陶注云:“一名飛駮烏也。”《説文》又云:“鵻鷽,山鵲,知來事鳥也。”“鵻鷽”與“鳱鵠”,聲相近。《廣韻》亦云:“鳱鵠,鳥名,似鵲。”據此,則“鳱鵠”爲山鵲,與鵲相似,非即是鵲。《爾雅》“鷽,山鵲”,郭注云:“似鵲而有文彩,長尾,觜、腳赤。”是也。但一種而小異,稱名可以互通耳。

野鷄,鴙也。

鴙,與“雉”同。《史記·封禪書》“文公獲若石于陳倉北阪,城祠之。其神從東南來,集于祠城,則若雄雞,其聲殷云,野雞夜雊”,集解引如淳云:“野雞,雉也。吕后名雉,故曰‘野雞’。”《漢書·郊祀志》“雄雞”作“雄雉”,“雊”作“鳴”,顔師古注云:“野雞,亦雉也。避吕后諱,故曰‘野雞’。上言‘雄雉’,下言‘野雞’,史駁文也。”案:《史記·殷本紀》“有飛雉登鼎耳而呴”,《屈原傳》“雞雉翔舞”,《淮南王安傳》“守下雉之城”,皆不爲吕后諱,不應于《封禪書》獨諱之也。《漢書·五行志》:“有飛雉集于庭。”又云:“天水冀南山大石鳴,壄雞皆鳴。”一篇之中,既言“雉”,又言“野雞”,與《郊祀志》同,不應駁文如是之多也。今案:《易林·睽之大壯》云:“鷹飛雉遽,兔伏不起,狐張狼鳴,野雞驚駭。”則“野雞”之非雉明甚。又案:《急就篇》説飛鳥云“鳳爵鴻鵠鴈鶩雉”;其説六畜則云“豭豶狡犬野雞雛”。則“野雞”爲常畜之雞矣。謂之野雞者,野鄙所畜之雞。野雞夜鳴者,猶《淮南·泰族訓》云“雄雞夜鳴”耳。《郊祀志》之“雄雉、野雞”,《五行志》之“野雞、飛雉”,皆判然兩物。謂“野雞”避吕后諱者,不得其解而爲之辭也。此云“野雞,鴙也”,亦誤矣。顔師古《急就篇》注又云:“野雞生在山野,鷮雞、鶡雞、天雞、山雞之類。”如此,則非復常畜者矣,何以《急就篇》數六畜而及之哉?其《史記》“雊”字,集解、正義、索隱俱無音注,當亦是“鳴”字,後人改之耳。

伏翼、飛鼠、仙鼠,蚨蠌也。

伏,與“服”同。蚨,與“蟙”同。《爾雅》“蝙蝠,服翼”,郭璞注云:“齊人呼爲蟙蠌,或謂之仙鼠。”《方言》:“蝙蝠,自關而東謂之服翼,或謂之飛鼠,或謂之老鼠,或謂之僊鼠;自關而西,秦隴之閒謂之蝙蝠,北燕謂之蟙蠌。”《李當之本草》云:“伏翼，即天鼠也。"《新序·雜事》篇云："黄鵠、白鶴，一舉千里，使之與燕、服翼試之堂廡之下、廬室之閒，其便未必能過燕、服翼也。"曹植《蝙蝠賦》云："二足爲毛，飛而含齒。巢不哺鷇，空不乳子。不容毛羣，斥逐羽族。下不蹈陸，上不馮木。"是其情狀也。

今蝙蝠似鼠，黑色，翅與足連，棲于屋隙，黄昏出飛，故鮑照《飛蛾賦》云"仙鼠伺闇，飛蛾候明"矣。

鸓鴨，飛鸓也。

鸓，或作"蠝"。《漢書·司馬相如傳》"蜼玃飛蠝"，張注云："飛蠝，飛鼠也。其狀如兔而鼠首，以其頓飛。"郭璞云："蠝，鼯鼠也，毛紫赤色，飛且生，一名飛生。"又注《爾雅》"鼯鼠，夷由"云："狀如小狐，似蝙蝠肉翅，翅、尾、項、脅毛紫赤色，背上蒼艾色，腹下黄，喙、頷雜白，腳短，爪長，尾三尺許，飛且乳，亦謂之飛生，聲如人呼，食火煙，能從高赴下，不能從下上高。"又爲贊云："鼯之爲鼠，食煙棲林。載飛載乳，乍獸乍禽。皮藉孕婦，人爲大任。"是郭以"飛鸓"爲鼯鼠，與張異也。案：《説文》："鸓，鼠形，飛走且乳之鳥也。"《本草》"鸓"作"鼺"，云："鼺鼠主墮胎，令産易。"陶注云："鼺是鼯鼠，一名飛生，狀如蝙蝠，大如鴟鳶，毛紫色，闇夜行，飛生；人取其皮毛以與産婦持之，令兒易生。"並與郭説相合，則"飛鸓"爲鼯鼠矣。飛鸓夜出飛鳴，故馬融《長笛賦》云"猿蜼晝鳴，鼯鼠夜叫"也。劉逵《吴都賦》注云："鼯，大如猿，東吴諸郡皆有之。"

鷿鷉，鵖鷉也。

《爾雅》"鷉，須羸"，郭璞注云："鷉，鷿鷉，似鳧而小，膏中瑩刀。"《方言》："野鳧，其小而好没水中者，南楚之外謂之鷿鷉，大者謂之鶻蹏。"蹏，與"鷉"通。《廣韻》："鷿鷉，鳥名，似鳧而小，足近尾。"《本草拾遺》云："鷿鷉，水鳥也，如鳩鴨，腳連尾，不能陸行，常在水中，人至即沈，或擊之便起。"是其情狀也。鷉，或作"鵜"。《南都賦》云："鷞鸘鷿鵜。"或作"鵜"。蔡邕《短人賦》云："雄荆雞兮鶩鷿鵜。"

各本"鵖"譌作"鵧"，或譌作"鵲"，今訂正。

鴆鳥，其雄謂之運日，其雌謂之陰諧。

此用《淮南注》也。《淮南·繆稱訓》"暉日知晏，陰諧知雨"，高誘注云："暉日，鴆鳥也。晏，無雲也。天將晏静，暉日先鳴也。陰諧，暉日雌也，天將陰雨則鳴。"

暉,與"運"同。《中山經》"女几之山,其鳥多鴆",郭璞注云:"鴆,大如鵰,紫緑色,長頸,赤喙,食蝮虵頭;雄名運日,雌名陰諧也。"《廣韻》引《廣志》云:"鴆鳥,大如鶚,紫緑色,有毒,頸長七八寸,食蛇蝮;雄名運日,雌名陰諧。"皆用《淮南注》也。案:《繆稱訓》云:"鵲巢知風之所起,獺穴知水之高下,暉日知晏,陰諧知雨。"四句各舉一物,四物各爲一類,"鵲"與"獺"非牝牡,"暉日"與"陰諧"非雌雄也。徧考諸書,言鴆鳥別名者多矣。《説文》云:"鴆,毒鳥也,一名運日。"《史記・魯世家》集解引服虔《左傳》注云:"鴆鳥,一曰運日鳥。"王逸《離騷》注云[334-1]:"鴆,運日也[334-2],羽有毒,可殺人。"《御覽》引《吳普本草》云:"運日,一名羽鴆。"運,或作"䲰"。《名醫別録》云:"鴆鳥,毛有大毒,一名䲰日,生南海。"陶注云:"䲰日鳥,大如黑傖雞,作聲似云'同力',故江東人呼爲同力鳥。"運,又作"雲"。劉逵《吳都賦》注云:"鴆鳥,一名雲日。"凡此皆言"運日"而不及"陰諧",亦可知鴆鳥無"陰諧"之號,而《繆稱訓》注非確詁矣。今案:《御覽》引《淮南子》逸文曰:"蝔知將雨。"又引高誘曰:"蝔,蟲也,大如筆管,長三寸餘。"《廣韻》"蝔"音皆,又音諧,引《淮南子》曰:"蝔知雨至。蝔蟲大如筆管,長三寸,世謂之猥狗,知天雨,則於草木下藏其身。"《集韻》"蝔"音皆,"蟲名,猥狗也,知雨則翳葉";又音諧,"蟲名,將雨輒出,淮南呼爲雨母"。然則"蝔"與"諧"同音,"陰諧"即是"蝔"。舉其本名,則謂之蝔;能知陰雨,則又謂之陰諧。陰諧之義,猶雨母耳。下文云:"人智不如鳥獸。"鳥謂鵲與運日,獸謂獺與陰諧。《考工記》云:"天下之大獸五,脂者、膏者、臝者、羽者、鱗者。"則"獸"爲鳥獸、昆蟲之通稱。又云:"小蟲之屬,以爲雕琢。"此互文耳。大獸,猶言大蟲;小蟲,猶言小獸也。故《曲禮》"朱鳥、玄武、青龍、白虎",鄭注謂之四獸。

鳳皇,鷄頭燕頷,虵頸鴻身,魚尾骿翼,五色以文:〔首文〕曰德,翼文曰順,背文曰義,腹文曰信,膺文曰仁。雄鳴曰即即,雌鳴曰足足,昏鳴曰固常,晨鳴曰發明,晝鳴曰保長,舉鳴曰上翔,集鳴曰歸昌。

《爾雅》:"鶠,鳳。其雌,皇。"《説文》云:"鳳,麐前鹿後,蛇頸魚尾,龍文龜背,燕頷雞喙,五色備舉。"《韓詩外傳》云:"鳳象,鴻前而麟後,蛇頸而魚尾,龍文而龜身,燕頷而雞喙。"《史記・司馬相如傳》正義引京房《易傳》云:"鳳皇,鴈前麟後,雞喙燕頷,蛇頸龜背,魚尾駢翼。"駢,與"骿"同。《説苑・辨物》篇云:"鳳,鴻前麟後,蛇頸魚尾,龍文龜身,燕喙雞噣,駢翼而中注。"《蓺文類聚》引《樂汁圖》云:"鳳皇,雞頭燕喙,蛇頸龍形,麟翼魚尾,五采。"諸説並與《廣雅》小異。郭璞《南山經》注引《廣雅》"鴻身"作"龜背"。案:"身"與"文"爲合韻,今本是也。《南山經》云:"丹穴之山有鳥焉,其狀如鶴,五采而文,名曰鳳皇。首文曰德,翼文曰順,背文曰義,膺文曰仁,腹文曰信。"是《廣雅》所本也。今本《南山經》作"翼文曰義,背文曰禮"(335-1)。案"順、仁、信"三字爲韻,如今本則失其韻矣。考《海内經》作"翼文曰順,背文曰義",《書序》正義、《大雅·卷阿》正義、莊二十二年《左傳》正義、《周禮·樂師》疏、《史記·司馬相如傳》正義、《蓺文類聚》《太平御覽》引《南山經》,並作"翼文曰順,背文曰義",惟《埤雅》云"翼文曰禮,背文曰義",乃知宋時《山海經》本始改"順"爲"禮",今又改爲"翼文曰義,背文曰禮"矣。其《逸周書·王會》篇云:"鳳鳥者,戴仁抱義掖信。"《韓詩外傳》云:"鳳,戴德負仁,抱忠挾義。"《説苑·辨物》篇云:"鳳,首戴德,頂揭義,背負仁,心信智。"《書序》正義引《陰陽書》云:"鳳皇,首戴德,背負仁,頸荷義,膺抱信,足履政,尾繫武。"《初學記》引《帝王世紀》云:"鳳,首文曰順德,背文曰信義,膺文曰仁智。"與《廣雅》或同或異,皆以意説,無正文也。

各本"曰德"上脱"首文"二字,今補。

即即,或作"節節"。《御覽》引《韓詩外傳》云:"鳳鳴,雄曰節節,雌曰足足,昏鳴曰固常,晨鳴曰發明,晝鳴曰保章,舉鳴曰上翔,集鳴曰歸昌。"《説苑·辨物》篇"保章"作"保長"。《毛詩義疏》則云:"朝鳴曰發明,晝明曰上翔,夕鳴曰滿昌,昏鳴曰固常,夜鳴曰保長。"《初學記》引《論語摘衰聖》則云:"行鳴曰歸嬉,止鳴曰提扶,夜鳴曰善哉,晨鳴曰賀世,飛鳴曰郎都。"此則一鳥之鳴耳,既以"節""足"爲異,又復數更其響,乃至應候而殊聲,成文以協韻。語由增飾,事涉虚誣,識者所不取也(335-2)。

翳鳥,鸞鳥,鸍鴺,鸑鷟,䴅鵍,鵕鸃,廣昌,鷫明①,鳳皇屬也。

《海内經》"虵山有五彩之鳥,飛蔽一鄉,名曰翳鳥",郭璞注云"鳳屬也",引《離騷》云:"駟玉虬而乘翳。"今《離騷》"翳"作"鷖",王逸注云:"鳳皇别名也。"

《説文》:"鸞,赤神靈之精也,赤色,五采,雞形,鳴中五音,頌聲作則至。周成王時,氐羌獻鸞鳥。""氐羌獻鸞鳥",《逸周書·王會》篇文,孔晁注云:"鸞大於鳳,

① 鷫,原作"鷞",《疏證》作"鷫"。

亦歸於仁義者也。"《西山經》云:"女牀之山有鳥焉,其狀如翟而五彩文,名曰鸞鳥。"《藝文類聚》引《決疑注》云:"象鳳多青色者鸞也。"《説文》:"五方神鳥,東方發明,南方焦明,西方鷫鷞,北方幽昌,中央鳳皇。"焦,與"鷦"同。鷞,或作"鸘"。《續漢書·五行志》注引《樂叶圖徵》云:"似鳳有四:一曰鷫鸘,鳩喙,圓目;身義,戴信,嬰禮,膺仁,負智。二曰發明,烏喙,大頸,大翼,大脛;身仁,戴信,嬰智,膺義,負禮。三曰焦明,長喙,疏翼,圓尾;身禮,戴信,嬰仁,膺智,負義。四曰幽昌,鋭目,小頭,大身,細足,脛若鱗葉;身智,戴信,嬰義,膺禮,負仁。"李善注江淹《雜體詩》引宋均《樂緯》注云:"鷦明,身禮,質赤色。"然則鷦明爲南方神鳥。以此推之,則鷫鷞,身義,白色,屬西方;發明,身仁,青色,屬東方;幽昌,身智,黑色,屬北方;鳳皇,備五德而兼五色,屬中央。是爲五方神鳥也。《隋書·經籍志》,《樂緯》三卷,宋均注:"梁有《樂五鳥圖》一卷,亡。"五鳥,蓋即五方神鳥矣。然古書言鳳鳥者,不聞各以方色。《樂緯》所云,乃後人附會之詞,不足據也。

《楚辭·大招》"鴻鵠代遊,曼鷫鷞只",王逸注云:"鷫鷞,俊鳥也。"高誘注《淮南·原道訓》云:"鷫鷞,鳳皇之别名也。"《楚辭·九歎》"從玄鶴與鷦明",王注云:"鷦明,俊鳥也。"《上林賦》云:"捷鵷雛,掩焦明。"

《説文》:"鸑鷟,鳳屬,神鳥也。"《周語》"周之興也,鸑鷟鳴於岐山",賈、虞、唐三君注云:"鸑鷟,鳳之别名。"《後漢書·賈逵傳》云:"昔武王終父之業,鸑鷟在岐。"與《周語》注相發明也。《藝文類聚》引《決疑注》云:"似鳳多紫色者爲鸑鷟。"

《御覽》引《倉頡解詁》云:"鵕鸃,神鳥,飛竟天。漢以爲侍中冠。"又引《雜字解詁》云:"鵕鸃,似鳳皇。"《九歎》"撫朱爵與鵕鸃",王注云:"鵕鸃,神俊之鳥也。"《子虚賦》"射鵕鸃",郭璞注云:"似鳳,有光彩。"

鴇箭、廣昌,皆未詳也[336]。

鶇鷵、鴩離、延居、鵛雀,怪鳥屬也。

《玉篇》:"鶇鷵,東邊鳥名。"又云:"鴩離鳥自爲牝牡。"又云:"鵹,鴩鵹也。"郭璞《南山經》注引《廣雅》"離"作"鵹","鴩鵹"下有"鷦明"二字。案:上文已云"鷦明,鳳皇屬",不應又以爲"怪鳥",或郭氏誤記耳。

延居,《南山經》注作"爰居"。案:《爾雅》"爰居,雜縣",李巡注云:"海鳥也。"樊光云:"似鳳皇。"郭璞云:"《國語》曰:'海鳥爰居,漢元帝時,琅邪有大鳥如馬駒,時人謂之爰居。'"司馬彪注《莊子·至樂》篇云:"爰居,舉頭高八尺。"是也。

鶚,《南山經》注作"鴟"。案:"鴟"字隸或作"鵄","鶚"字隸或作"鵄",形相近而亂耳(337)。

鶅①,禽也。

未詳。

車搹,鶅杔也。

鈔本《御覽》引《廣雅》作"車搹,鶅礼也";刻本作"車搹,雗禮也"。案:"礼"與"札",字形相似。蓋此字本作"札",今本《廣雅》譌而爲"杔",鈔本《御覽》譌而爲"礼",刻本又改爲"禮"耳。《釋詁》:"札,甲也。"札,譌作"禮"。《莊子·人閒世》篇"名也者,相札也",崔譔云:"札,或作禮。"並與此同。《淮南·説林訓》"月照天下而蝕於詹諸,騰蛇游霧而殆於蝍蛆,烏力勝日而服於雗禮",下、諸、霧、蛆,四字爲韻,獨"日、禮"之聲不諧。竊謂"禮"字亦當爲"札"。成十六年《左傳》"七札"之"札",徐邈音側乙反,則其聲正與"日"字相諧。蓋亦是初作"札",譌作"礼",因又改作"禮"耳。

鶅、雗,二字往往相亂。《説文》云:"雗,祝鳩也。"昭十七年《左傳》注則云:"祝鳩,鶅鳩也。"然則《廣雅》之"鶅札",即《淮南》之"雗札"矣。高誘《淮南注》云:"《爾雅》謂之裨笠,秦人謂之祝祝,鼃時晨鳴人舍者,鴻鳥皆畏之。"今《爾雅》"裨"作"鵧",云:"鴗鳩,鵧鴗。"郭璞注云:"小黑鳥,鳴自呼,江東呼爲烏鴭。"

鷩鳥,鴞也。

鷩,與"繁"通。《楚辭·天問》"何繁鳥萃棘,負子肆情",王逸注云:"言解居父聘吴,過陳之墓門,見婦人負其子,欲與之淫泆,肆其情欲。婦人則引詩刺之曰:'墓門有棘,有鴞萃止。'故曰'繁鳥萃棘'也。"是"繁鳥"即鴞也。"繁"與"鷩",俱從敏聲而音爲煩,曹憲乃云:"鷩字人多作煩音,失之。"是直不知"鷩鳥"之爲繁鳥也。鷩,或作"蕃",《北山經》"涿光之山,其鳥多蕃",郭璞注云:"或云即鴞也,音煩。"又其一證矣。《陳風·墓門》傳云:"鴞,惡聲之鳥也。"《義疏》云:"鴞,大如班鳩,緑色,惡聲之鳥也,入人家則凶。賈誼所賦'服鳥'是也。其肉甚美,可爲羹臛,又可

① 鶅,原作"鶅",下條同。下條《疏證》作"鶅"。

爲炙。漢供御各隨其時,惟鴞冬夏尚施之,以其美故也。"《莊子・齊物論》篇"見彈而求鴞炙",司馬彪注云:"小鳩,可炙。"又《天地》篇云:"鳩鴞之在於籠。"郭璞《西山經》注亦云:"鴞,似鳩而青色。"則鴞爲鳩類矣。又一種似雞者,亦名爲鴞。《史記・賈生傳》"楚人命鴞爲服",索隱引鄧展云:"似鵲而大。"又引晉灼云:"《巴蜀異物志》云:'有鳥小雞,體有文色,土俗因形名之曰服,不能遠飛,行不出域。'"又引《荆州記》云:"巫縣有鳥如雌雞,其名爲鴞,楚人謂之服,是也。"

伯趙,鶪也。

《爾雅》"鵲,鶪醜,其飛也翪",郭璞注云:"竦翅上下。"又"鶪,伯勞也",樊光注引昭十七年《左傳》"伯趙氏司至",又釋之云:"伯趙,鶪也,以夏至來,冬至去。"郭璞云:"似鶷鶡而大。《左傳》曰'伯趙'是。"《月令》"仲夏之月,鶪始鳴",《左傳》正義引蔡邕《章句》云:"鶪,伯勞也。一曰伯趙,應時而鳴,爲陰候也。"《吕氏春秋・仲夏紀》注云:"是月,陰作於下,陽發於上,伯勞夏至後應陰而殺蛇,磔之於棘而鳴於上。傳曰:'伯趙氏,司至者也。'"是"伯趙"即鶪也。謂之鶪者,以聲得名。《豳風・七月》正義引陳思王《惡鳥論》云:"伯勞以五月鳴,其聲鶪鶪,故以其音名云。"鶪,或作"鴂"。《夏小正》"五月鴂則鳴",傳云:"鴂者,百鷯也。鳴者,相命也。"鶪鳴始于五月,而《豳風・七月》篇言"七月鳴鶪"者,鄭箋云:"伯勞鳴,將寒之候也。五月則鳴,豳地晚寒,鳥物之候,從其氣焉。"正義云:"王肅云'蟬及鶪皆以五月始鳴。今云七月,其義不通也。古五字如七'。肅之此説,理亦可通,但不知經文實誤否耳。"今按:是詩紀月之例,或次第相因,"七月流火,八月萑葦""四月秀葽,五月鳴蜩"之類是也;或相距一月,"七月流火,九月授衣""八月其穫,十月隕籜"之類是也。其有相距不止一月者,則於第三句始得轉韻爲之,如:"七月流火"與"八月萑葦"韻也,而下句"蠶月條桑"則與"取彼斧斨"爲韻;"四月秀葽"與"五月鳴蜩"韻也,而下句"八月其穫"則與"十月隕籜"爲韻。蓋八月之去蠶月,五月之去八月,中閒甚遠,則必轉韻以别之。此《七月》一篇之例也。若作"五月鳴鶪",則與"八月載績"相距兩月。文甫二句,而義已參差,韻復無别,於例爲不倫矣。肅説非是。

附引《廣雅》一條

〔白鷹,鷹也。〕

見《初學記》《太平御覽》。《爾雅》:"鷹,鶆鳩。"又云:"鷹,隼醜,其飛也翬。"又云"鵟,白鷢",郭璞注云:"白鷢,似鷹,尾上白。"《廣韻》云:"白鷢,一名鵟,似鷹,尾上白,善捕鼠也。"《御覽》引《古今注》云:"白鷢,似鷹而尾上白,亦號爲印尾鷹。"案:鷢,與"臀"通。《釋親》云:"臀,臀也。"臀,或作"翠"。臀,或作"橛"。《内則》注云:"翠,尾肉也。"《素問·骨空論》注云:"尾窮謂之橛。"然則"鷢"爲尾後之稱,故尾上白謂之白鷢也。又《説文》云:"白鷢,王鴡也。"《周南·關雎》篇《義疏》云:"雎鳩,揚雄、許慎皆曰:'白鷢,似鷹,尾上白。'"案:《爾雅》雎鳩自名王雎,鵟自名白鷢,明非一鳥也。

釋　獸

於䖘、李耳,虎也。

《説文》:"虎,山獸之君,從虍;虎足象人足,象形。"《方言》"虎,陳魏宋楚之閒或謂之李父;江淮南楚之閒謂之李耳,或謂之於䖘;自關東西或謂之伯都",郭璞注云:"於,音烏。今江南山夷呼虎爲䖘[①],音狗竇。"䖘,或作"菟"。宣四年《左傳》云:"楚人謂虎於菟。"釋文:"菟,音徒。"案:於䖘,虎文貌。《説文》:"𤘅,黄牛虎文;讀若涂。"䖘、𤘅,聲義並同。虎有文謂之於䖘,故牛有虎文謂之𤘅。《春秋傳》楚鬭穀於菟字子文,是其證也。《説文》又云:"虍,虎文也。""於䖘"與"虍",聲近而義同。單言之則爲虍;重言之則爲於䖘耳。於䖘、李耳,皆疊韻字。李耳、李父,語之變轉。而《御覽》引《風俗通義》云:"俗説虎本南郡中廬李氏公所化爲,呼李耳因喜,呼班便怒。"《方言》注又云:"虎食物值耳即止,以觸其諱故。"皆失之鑿矣。《易林·隨之否》云:"鹿求其子,虎廬之里。唐伯李耳,貪不我許。"豈更有唐氏公所化哉!

貔、貍,貓也。

貍之搏鼠者曰貓。《郊特牲》云:"迎貓,爲其食田鼠也。"《御覽》引《尸子》云:"使牛捕鼠,不如貓狌之捷。"《莊子·秋水》篇云:"騏驥驊騮,一日而馳千里,捕鼠不如貍狌。"是貓亦稱貍也。

諸書無言貓名"貔"者。據《方言》,"貔、豾"皆貍之别名,則"貔"字當在下條

---

① 山夷,原譌作"山邊"。

内，寫者誤耳。

貀，貍也。

《爾雅》"貍、狐、貒，貈醜。其足蹯，其跡内"，郭璞注云："皆有掌蹯。内，指頭處也。"又"貍子，隸"，郭注云："今或呼貀貍。"釋文引《字林》云："貀，貍也。"貀，或作"貊"。《方言》："貔，陳楚江淮之閒謂之䊵，北燕朝鮮之閒謂之貊，關西謂之貍。"《大射儀》鄭注云："貍之言不來也。""不"與"貀"、"來"與"貍"，古並同聲。《説文》："貍，伏獸似貙也。"《周官·射人》"以貍步張三侯"，鄭注云："貍，善搏者也，行則止而擬度焉，其發必獲，是以量侯道法之也。"今貍有二種，或似豹文，或似虎文，其皮可以爲裘，故《禹貢》"梁州，厥貢熊羆狐貍織皮"也。

貒，貛也。

《爾雅》"貍、狐、貒、貈醜"，《説文》引作"狐、貍、貛，貉醜"。又"貒子，貗"，郭璞注云："貒豚，一名貛。"釋文引《字林》云："貒，獸似豕而肥。"《方言》："貛，關西謂之貒。"《説文》："貛，野豕也。"《淮南·脩務訓》"貛貉爲曲穴"，《御覽》引作"貒知曲穴"。《楚辭·九思》"貒貉兮蟫蟫"，注云："蟫蟫，相隨之貌也。"貛，通作"貆"。《周官·草人》"鹹潟用貆"，鄭注云："貆，貒也。"《淮南·齊俗訓》"貆貉得埵防，弗去而緣"，高誘注云："貆，貆豚也。"《本草衍義》云："貒肥矮，毛微灰色，頭連脊毛一道黑，觜尖黑，尾短闊；蒸食之極美。"案：今貛有二種，或如豬，或如狗，皆穴于地中，夜出食人雞鴡。

猱、狙，獼猴也。

《齊策》云："猿獮猴錯木據水，則不若魚鼈。"《楚辭·招隱士》云："獼猴兮熊羆，慕類兮以悲。"獮、獼，並與"獼"同，聲轉而爲"母"。《説文》："爲，母猴也，其爲禽好爪。爪，母猴象也，下腹爲母猴形。"《吕氏春秋·察傳》篇"玃似母猴，母猴似人"，是也。又轉而爲"沐"。《漢書·項籍傳》"人謂楚人沐猴而冠"，張晏注云："沐猴，獼猴也。"

《爾雅》"猱，蝯，善援"，《初學記》引孫炎注云："猱，母猴也。"郭璞注云："善攀援。"又注"蒙頌，猱狀"云："猱，亦獼猴之類。"《小雅·角弓》篇"毋教猱升木"，傳云："猱，猨屬。"箋云："猱之性善登木。"《義疏》云："猱，獮猴也。"猱，或作"夒"。《説文》："猴，夒也。""夒，母猴，似人；從頁，巳止夊，其手足。"又作"獿"。《樂記》

鄭注云:“獶,獮猴也。”郭璞《南山經》注引《尸子》云:“左執太行之獶。”聲轉而爲“戎”。顏師古《匡繆正俗》云:“或問曰:今之戎獸皮可爲褥者,古號何獸?荅曰:李登《聲類》‘夒’音人周反,字或作‘猱’。左思《吳都賦》劉逵注云:‘猱,似猴而長尾。’驗其形狀,戎即猱也。此字既有柔音,俗語變轉謂之戎耳,猶今之香葇謂之香戎也。”

《説文》:“狙,玃屬。”“玃,大母猴也。”《莊子·齊物論》篇云:“狙公賦芧。”

貄,貁也。

《爾雅》釋文引《字林》云:“貁謂之貄。”《衆經音義》卷二十一引《倉頡篇》云:“貁,似貓,搏鼠,出河西。”《後漢書·班固傳》注、《文選·西都賦》注並引《倉頡篇》云:“貁,似貍。”據此,則貁乃貍屬,非猨狖之狖也。猨狖之狖,自似獮猴,不似貍,故《廣雅》“貄,貁也”“臭,貗也”二條相連。貗與貁皆貍屬也。其似獮猴之狖,則于下文始釋之。訓則此爲貄,彼爲蜼;字則此從豸,彼從犬,所以爲别也。郭璞《爾雅注》云:“今江東呼貉爲貗貄。”蓋狸、狐、貒、貉,類相近而名相假,亦若貍與白狐同名爲貔也。此足以證貄、貁之非猴類矣。李賢、李善引《倉頡篇》以釋猨狖之狖,失之[338]。

臭,貗也。

《玉篇》《廣韻》並云:“臭,獸似貍。”《爾雅》疏引《字林》云:“貗,貍類。”是臭即貗也。《廣韻》又云:“貗,貉屬。”則此獸亦近于貉。故郭璞《爾雅注》云:“今江東呼貉爲貗貄。”同類而通稱耳。《説文》云:“臭,獸名,似狌狌。”“狌狌”二字疑有誤。

豨、豠、豭、彘,豕也。

《爾雅》“豕子,豬”,郭璞注云:“今亦曰彘,江東呼豨,皆通名。”《方言》:“豬,北燕朝鮮之閒謂之豭;關東西或謂之彘,或謂之豕;南楚謂之豨。”《説文》:“豕,彘也,竭其尾,故謂之豕;象毛足而後有尾;讀與豨同。”然則“豨、豕”古同聲。故《史記·天官書》“奎曰封豕”,《漢書·天文志》作“封豨”。李頤注《莊子·知北遊》云:“豨,大豕也。”鄧展注《漢書·高祖紀》云:“東海人名豬曰豨。”《墨子·耕柱》篇云:“狗豨猶有鬭。”

《説文》又云:“豠,豕屬也。”[339]“豭,牡豕也。”隱十一年《左傳》“鄭伯使卒出豭”,正義云:“豭,謂豕之牡者。”《爾雅·釋獸》:“豕牝曰豝。”豝者是牝,知豭者是牡。祭祀例不用牝，且宋人謂宋朝爲“艾豭”，明以雄豬喻也。案：《爾雅》“鹿，牡麚，牝麀”，釋文：“麚，音加。”牡鹿之名麚，猶牡豕之名豭也。豭爲牡豕，又爲豕之通稱，猶豬爲豕子，又爲豕之通稱矣。

《説文》又云：“豲，豕也，後蹏廢謂之豲。”

豯、豱，豘也。

豘，與“豚”同。《方言》：“豬，其子謂之豚，或謂之豯。”《説文》“豘，小豕也。篆文從肉、豕作豚”“豯，生三月豚，腹豯豯皃也；從豕，奚聲”，徐鍇傳云：“奚，腹大也。”

《玉篇》：“豱，小豚也；莫丁切。”豱之言冥也。《爾雅·釋言》云：“冥，幼也。”

貁，蜼也。

《爾雅》“蜼，卬鼻而長尾”，郭璞注云：“蜼，似獼猴而大，黄黑色，尾長數尺似獺，尾末有歧，鼻露向上；雨即自縣於樹，以尾塞鼻，或以兩指；江東亦取養之，爲物捷健。”釋文：“蜼，音誄。《字林》余繡反，或餘季、餘水二反。”“余繡”之音，正與“貁”同。《淮南·覽冥訓》“猨貁顛蹶而失木枝”，高誘注云：“貁，猨屬也，長尾而昂鼻。貁，讀中山人相遺物之遺。”又與“餘季”之音相合。是“貁、蜼”聲義皆同也。蜼，又音誄，故通作“狖”。《御覽》引《異物志》云：“狖之屬捷勇於猨，鼻微倒向上，尾端分爲兩條；天雨便以插鼻孔中，水不入；性怯畏人，見則顛倒投擲，或墮地奔走，無所迴避，觸樹動石，或至破頭折脛，故俗人罵人云：癡如狖。”古者或刻尊彝以象之。《周官·司尊彝》云：“祼用虎彝、蜼彝。”性善嘯如猨，故《九歌》云“猨啾啾兮狖夜鳴”也。

㲉、豥，豭也。

諸書無訓“㲉”爲豭者。《説文》：“㲉，小豚也。”則當入上文“豚也”條内。

又案：豥，通作“艾”。定十四年《左傳》“既定爾婁豬，盍歸吾艾豭”，杜預注云：“艾，老也。”釋文引《字林》“艾”作“豥”，“三毛聚居者”。據此，則“豭”爲牡豕之名，“豥”乃豕之情狀，不得訓“豥”爲豭也。疑“㲉”字從上文“豚也”條内竄入此條，“豥豭”下則又有“豕牡”二字與下條“豕牝”相對，寫者脱去矣。《集韻》云：“㲉、豥，豭也。”則所用已是誤本。

豰、貗，豕牝也。

《玉篇》："豰，老母豕也。""貗，小母豬也。"《初學記》引《纂文》云："齊徐以小豬爲貗。"

橧，圈也。

《爾雅》"豕所寢，橧"，舍人注云："豕所寢草爲橧。"某氏云："臨淮人謂野豬所寢爲橧。"郭璞云："橧，其所臥蓐。"橧之言增累而高也。《禮運》"夏則居橧巢"，鄭注云："暑則聚薪柴居其上。"人居薪上謂之橧，猶豕居草上謂之橧也。橧，本圈中臥蓐之名，因而圈亦謂之橧。《方言》："豬，吳揚之閒謂其檻及蓐曰橧。"檻，即圈也。《説文》："圈，養畜之閑也。"《玉篇》："圈，牢也。"今人通呼豕牢爲圈，聲如卷。

麇，麞也。

《説文》："麇，麞也。籀文作麕。""麞，麇屬也。"《召南·野有死麕》義疏云："麕，麞也。青州人謂之麕。"麞，或作"獐"。《考工記》"畫繢之事，山以章"，鄭注云："章，讀爲獐。齊人謂麇爲獐。"《吕氏春秋·博志》篇云："使獐疾走，馬弗及也。而得之者，其時顧也。"《御覽》引《伏侯古今注》云："麞有牙而不能噬，鹿有角而不能觸。"

麇，各本譌作"麋"，今訂正。

麛，麑也。

《爾雅》："鹿，其子麛。"《周官·迹人》"禁麛卵者"，鄭注云："麛，麇鹿子。"是"麛"爲鹿子之名，麇子亦得借稱也。麛，或作"麑"。《魯語》"獸長麑䴠"，韋昭注云："鹿子曰麑。"《論語·鄉黨》篇"素衣麑裘"，皇侃疏云："麑，鹿子。鹿子近白，與素微相稱。"麑之言兒也，弱小之稱也。麑之言偄也，亦弱小之稱。《説文》："麌，鹿麛也；讀若'偄弱'之偄。"麌，與"麑"同。《玉篇》音奴亂切。凡字之從而聲、耎聲、需聲者，聲皆相近。小栗謂之栭，小魚謂之鮞，小雞謂之䨲，小兔謂之䨲，小鹿謂之麑，其義一也。《吳都賦》云："翳薈無麑鷚。"

㲋、娩、䨲，兔子也。

《廣韻》："㲋，㲋䨲也。"《爾雅》："兔子，嬎。"《説文》"嬎"作"娩"。娩，曹憲音匹萬。娩者，新生弱小之稱[340-1]。《内則》"兔薨"，鄭注云："兔，新生者。"釋文：

"免,音問。"《大戴禮·公冠》篇:"推遠稚免之幼志",盧辯注云:"免,猶弱也。"聲義與"娩"相近(340-2)。郭璞注《爾雅》"兔子,嬎"云:"俗呼曰䨲。"《集韻》云:"江東呼兔子爲䨲。"《論衡·奇怪》篇:"兔吮豪而懷子。及其子生,從口而出也。"

狦,狼也。

《廣韻》:"狦,獸名,似狼。"《説文》:"狼,似犬,鋭頭白頰,高前廣後。"《毛詩義疏》云:"其鳴能小能大,善爲小兒啼聲以誘人,去數十步止。其勇捷者人不能制,雖善用兵者不能克之。其膏可以煎和,其皮可以爲裘。"

獱,獺也。

《説文》:"猵,獺屬也。或從賓作獱。"又云:"獺,如小狗,水居,食魚。"李善《羽獵賦》注引郭璞《三倉解詁》云:"獱,似狐,青色,居水中,食魚。"《孟子·離婁》篇"爲淵毆魚者,獺也",趙岐注云:"獺,獱也。"《吕氏春秋·孟春紀》"獺祭魚",高誘注云:"獺,獱,水禽也;取鯉魚置水邊,四面陳之,世謂之祭魚。"《淮南·兵略訓》"畜池魚者必去猵獺",爲其害魚也。故《鹽鐵論·輕重》篇云:"水有猵獺而池魚勞。"《御覽》引《博物志》云:"獱,頭如馬頭,腰以下似蝙蝠,毛似獺,大可五六十斤。"《名醫别録》陶注亦云:"獺有兩種。獱獺形大,頭如馬,身似蝙蝠。"則"獱"乃獺之大者,而顔師古注《漢書·揚雄傳》,以"獱"爲小獺,非也。

蹏、蹢、蹻、蹯,足也。

《説文》:"蹏,足也。"字亦作"蹄"。《釋名》:"蹄,底也,足底也。"

蹢之爲言猶蹏也。《爾雅》:"馬四蹢皆白,肯。""豕四蹢皆白,豥。"《小雅·漸漸之石》篇"有豕白蹢",傳云:"蹢,蹄也。"《爾雅》"貍、狐、貒,貈醜。其足蹯",《説文》"蹯"作"番",云:"獸足謂之番;從釆,田象其掌。或從足從煩作蹞;古文作𤰕。"徐鍇傳云:"象獸掌形也。"文元年《左傳》"請食熊蹯",杜預注云:"熊掌也。"

騭、牡、犒、特、羝、豭、犃①,雄也。

《邶風·匏有苦葉》傳"飛曰雌雄,走曰牝牡",正義云:"此定例耳,若散則通。故書曰'牝雞之晨',傳曰'獲其雄狐',是也。"然則走者亦得稱雌雄。《小雅·無羊》云:"以雌以雄。"謂牝牡也。

---

① 犃,原作"犕"。

騭之爲言猶特也。《爾雅》"馬牡曰騭",郭璞注云:"今江東呼父馬爲騭。"字通作"陟"。《夏小正》"四月,執陟攻駒",陟,謂牡馬也;執,與"縶"通。《月令》"游牝别羣,則縶騰駒",是其事。傳訓"陟"爲升,云:"執而升之君。"於義疏矣。

《説文》:"牡,畜父也。"

《玉篇》:"犕,特牛也。"

《説文》又云:"朴特,牛父也。"《急就篇》云:"犙𤘽特犗羔犢駒。"特,爲牛父之名,馬父亦得稱之。《周官·校人》"凡馬特,居四之一",鄭衆注云:"三牝一牡也。"

《釋畜》云:"吳羊牡三歲曰羝。"《衆經音義》卷十四引《三倉》云:"羝,特羊也。"《大壯》九三"羝羊觸藩",張璠注云:"羝羊,羖羊也。"《大雅·生民》篇"取羝以軷",傳云:"羝,牡羊也。"

豭,爲牡豕之名。詳見上文"豭,豕也"下。

昀案:犃未作疏證。

牸、牸、牝,雌也。

《爾雅》"馬牝曰騇",郭璞注云:"草馬名。"騇,與"犞"同。

《玉篇》:"牸,母牛也。"《易林·訟之井》云:"大牡肥牸,惠我諸舅。"《説苑·政理》篇:"臣故畜牸牛,生子而大,賣之而買駒。"或通作"字"。《史記·平準書》:"衆庶街巷有馬,阡陌之閒成羣。而乘字牝者,儐而不得聚會。"是母馬亦謂之牸也。牸之言字,生子之名。《釋詁》云:"字,生也。"牛母謂之牸,猶麻母謂之芓矣。今高郵人謂牝牛爲牸牛。

《説文》:"牝,畜母也。"

騬、犗、羯、羠、豶、猗、劅、攻,犍也。

《説文》:"騬,犗馬也。""犗,騬牛也。"《玉篇》犗,加敗切。犗之言割也,割去其勢,故謂之犗。《莊子·外物》篇"五十犗以爲餌",郭象云:"犗,犍牛也。"犍,與"犍"同。其轉聲則爲"羯"。《説文》:"羯,羊羖犗也。"《急就篇》云:"牂羖羯羠𦍩羝羭。"《史記·貨殖傳》"羯羠不均",徐廣注云:"羯、羠,皆健羊也。"案:健,當爲"犍"字之誤也。

《廣韻》:"羠,牯羊也。"牯,與"羖"同。《衆經音義》卷五引《三倉》云:"羖,羯也。"

《爾雅》説“豕”云：“豬，豶。”《説文》：“豶，羠豕也。”《大畜》六五“豶豕之牙”，劉表注云：“豕去勢曰豶。”(341)

《説文》：“猗，犗犬也。”

《釋言》：“劚，攻也。”曹憲音止善、鋤限二反。《廣韻》：“劚，以槌去牛勢也。”劚之言鐔也。《説文》：“鐔，伐擊也。”《玉篇》之善切，“割也”。今俗語謂去畜勢爲扇，即“劚”聲之變轉矣。

《周官·校人》“頒馬攻特”，鄭衆注云：“攻特，謂騬之。”

犗，曹憲音居言。字或作“犍”，或作“劇”。《衆經音義》卷十一引《通俗文》云：“以刀去陰曰劇。”卷十四引《字書》云：“犍，割也。”《廣韻》：“劇，以刀去牛勢也。”劇之言虔也。《方言》：“虔，殺也。”義與“割”通。今俗謂牡豬去勢者曰犍豬，聲如建。

麐，狼題肉角，含仁懷義，音中鐘吕，行步中規，折還中榘，遊必擇土，翔必後處，不履生蟲，不折生草，不羣居，不旅行，不入陷穽，不羅罘罔，文章彬彬。

《爾雅》“麐，麕身，牛尾，一角”，李巡注云：“麐，瑞應獸名。”孫炎云：“靈獸也。”字或作“麟”。哀十四年《公羊傳》“麟者，仁獸也”，何休注云：“狀如麕，一角而戴肉，設武備而不爲害，所以爲仁也。《詩》云：‘麟之角，振振公族。’是也。”《周南·麟之趾》箋亦云：“麟角之末有肉，示有武而不用。”《初學記》引《孝經古契》云：“吾所見一禽如麕，羊頭，頭上有角，其末有肉。”則緯家已爲此説也。哀十四年《左傳》正義引京房《易傳》云：“麟，麕身牛尾，狼額馬蹄，有五采，腹下黄，高丈二。”額，即題也。《爾雅》“定，題也”，郭璞注云“題，額也”，引《詩》云：“麟之定。”張注《上林賦》亦云：“雄曰麒，雌曰麟。其狀，麇身牛尾，狼題一角。”是也。《説苑·辨物》篇：“麒麟，麕身牛尾，員頂一角，含仁懷義，音中律吕，行步中規，折旋中矩，擇土而踐，位平然後處，不羣居，不旅行，紛兮其有質文也。”“紛”與“彬”，聲相近。《蓺文類聚》引《説苑》作“彬彬然”。《周南·麟之趾》義疏云：“麟，角端有肉，音中鐘吕，行中規矩，遊必擇地，詳而後處，不履生蟲，不踐生草，不羣居，不侣行，不入陷穽，不罹羅網，王者至仁則出。”亦與《廣雅》同。

各本“行步”譌作“步行”，“陷穽”譌作“穽陷”，“章”譌作“彰”，“彬彬”譌作

“彬也”。案:《説苑》作“行步中規”,《詩義疏》作“不入陷穽”,《左傳》正義引《廣雅》“行步中規,不入陷穽,文章斌斌”,《禮運》正義引“不入檻穽,文章斌斌”,《初學記》引“行步中規,不犯陷穽,文章彬彬”。今據以訂正。又《左傳》正義、《禮運》正義引《廣雅》“麔”上有“麒”字,“狼題”作“狼頭”。“翔必後處”,《左傳》正義作“翔必有處”,《禮運》正義作“翔而後處”①。“不羅罘罔”作“不入羅網”②,《初學記》作“不罹罘罔”。案:“罹”與“羅”,古字通。

鼲鼠。

《説文》:“鼠,穴蟲之摠名也;象形。”《方言》“宛野謂鼠爲鼲”,郭璞注云:“宛、新野,今皆在南陽。音錐。”《玉篇》云:“南陽呼鼠爲鼲。”本《方言》注也。

各本“鼠“字誤入曹憲音内。《埤雅》引《廣雅》:“鼲鼠。”今據以訂正。

鼩鼠,鼫鼠。

《爾雅》“鼫鼠”,孫炎注云:“五技鼠也。”郭璞云:“形大如鼠,頭似兔,尾有毛,青黄色,好在田中食粟豆。關西呼爲鼩鼠。見《廣雅》。音雀。”《説文》:“鼫,五技鼠也,能飛不能過屋,能緣不能窮木,能游不能渡谷,能穴不能掩身,能走不能先人。”《晉》九四“晉如鼫鼠”,《九家易》云:“鼫鼠,喻貪也,五伎皆劣。四爻當之。”《荀子·勸學》篇“梧鼠五技而窮”,《大戴禮》作“鼫鼠”。字通作“碩”。《魏風·碩鼠》篇:“碩鼠碩鼠,無食我黍。”正義引舍人、樊光《爾雅》注,以《詩》“碩鼠”爲彼五技之鼠。《義疏》云:“今河東有大鼠,能人立,交前兩腳於頸上跳舞,善鳴,食人禾苗,人逐則走入樹空中,亦有五技,或謂之雀鼠。其形大,故序云‘大鼠’也。”雀,與“鼩”通。

各本“鼩”下“鼠”字誤入曹憲音内。《埤雅》引《廣雅》:“鼩鼠,鼫鼠。”今據以訂正。

鼹鼠,鼢鼠。

《爾雅》“鼢鼠”,郭璞注云:“地中行者。”《説文》:“鼢,地中行鼠,伯勞所化也。一曰偃鼠。或從虫作蚡。”偃,與“鼹”通。《莊子·逍遥遊》篇:“偃鼠飲河,不過滿腹。”是也。“偃”之轉聲則爲“隱”。《名醫别録》“鼹鼠在土中行”,陶注云:“俗中

① 翔,原譌作“詳”。

② “作”前疑脱“《左傳》正義、《禮運》正義”。

一名隱鼠，一名蚡鼠，形如鼠大而無尾，黑色，長鼻，甚强，常穿地中行。"《蓺文類聚》引《廣志》云："鼢鼠，深目而短尾。"案：此鼠所在田中多有之，尾長寸許，體肥而匾，毛色灰黑，行於地中；起土上出，若螘之有封。故《方言》"蚍蜉、犂鼠之塲謂之坻"，郭璞注云："塲，音傷。犂鼠，蚡鼠也。"《爾雅》疏云："謂起地若耕，因名云。"今順天人猶呼鼢鼠。《莊子》釋文引《説文》："舊音鼢，扶問反。"正與俗音相合矣。

鼹，各本譌作"鼴"。《説文》《玉篇》《廣韻》《集韻》《類篇》俱無"鼴"字，《集韻》"鼹"或作"鼲"。今訂正。

鼠狼，鼬。

《爾雅》"鼬鼠"，郭璞注云："今鼬似貂，赤黄色，大尾，啖鼠。江東呼爲鼪。"《説文》："鼬，如鼠，赤黄而大，食鼠者。"《夏小正》"九月鼶鼬則穴"，傳云："穴也者，言蟄也。"《莊子・徐無鬼》篇："藜藋柱乎鼪鼬之逕。"《秋水》篇："騏驥驊騮，一日而馳千里，捕鼠不如狸狌。"崔本"狌"作"鼬"。鼬善捕鼠，故有"鼠狼"之名。《蓺文類聚》引《廣志》云："黄鼠善走，凡狗不得，惟鼠狼能得之。"今俗通呼黄鼠狼，順天人呼之黄鼬，好夜中食人雞。人捕取之，以其尾毛爲筆。

陽鼠。

諸書無言"陽鼠"者。《玉篇》鷌，音惕，"鼠也"。疑"陽"字本作"鷌"，曹憲音惕，正文脱去"鷌"字，音内"惕"字誤入正文，"惕"又譌爲"陽"也。

鼤鼠。

《説文》："鼤，鼠屬也。"《龍龕手鑑》："鼤，小鼠也。"《玉篇》以爲即"鼩鼠"，音如勇切。

鼩鼠。

《説文》："鼩，鼩令鼠也。"

鼹鼠。

《説文》："鼹，鼠屬也。或從豸作貖。"

鼸鼬。

《説文》："斬鸕，鼠黑身，白腰若帶，手有長白毛，似握版之狀，類蝯蜼之屬。"斬，與"鼸"同。《廣韻》："鼸鼬，似猨，黑身白腰，手有長白毛，善超坂絶巖也。"《玉篇》鑯,士緘切;鼬,户吳切。《漢書·司馬相如傳》"獑鼬穀蛫",張注云:"獑鼬,似彌猴,頭上有髮,要以後黑。"郭璞:"獑,音讒。"《史記》作"蟖",徐廣音在廉反,"似猨黑身也"。《西京賦》"杪木末,擭獑鼬",薛綜注云:"獑鼬,猨類而白,腰以前黑。"諸家或云腰以前黑,或云腰以後黑,或云黑身白腰。未知誰得其實也。

鱄鼪。

《玉篇》鱄,布各切;鼪,徒當切。《廣韻》:"鱄鼪鼠,一月三易腸。"鼪,或作"唐"。《蓺文類聚》引《梁州記》云:"壻水北壻鄉山,有仙人唐公房祠。山有易腸鼠,一月三吐易其腸,束廣微所謂唐鼠者也。"又引《博物志》云:"唐房升仙,雞狗並去,唯以鼠惡不將去。鼠悔,一月三出腸。"《水經·沔水》注亦云:"公房白日升天,雞鳴天上,狗吠雲中,惟以鼠惡,留之。鼠乃感激,以月晦日吐腸胃更生。故時人謂之唐鼠。"案:此曲説也。漢《仙人唐公房碑》云:"鼠齧輀車被具,公房乃畫地爲獄,召鼠誅之。"又云:"公房妻子、屋宅、六畜,翛然與之俱去。"是殺鼠與升仙,各爲一事,後人乃合二事,以爲此説耳。唐鼠自是山中異産,不以唐公房也。

鼩鼢。

《玉篇》:"鼩,公熒切;班鼠也。""鼢,力丁切;鼩屬。"又云:"鼤,班尾鼠。"《廣韻》:"鼩鼢,班鼠。"又云:"鼤,班鼠也。""鼤,鼠文也。"則鼩鼢即《爾雅》之"鼤鼠"矣[342]。

各本"鼩"譌作"鼩",今訂正。

白鼶。

《説文》:"鼶,鼠也;讀若樊。"《玉篇》:"鼶,白鼠也。"《初學記》引《晉起居注》云:"白鼠一見東宫。"《蓺文類聚》引《地鏡圖》云:"黄金之見,爲火與白鼠。"又引《廣志》云:"白猨,長尾白腹,善緣登,若家鼠小異者。"鼶之言皤也。《釋器》云:"皤,白也。"

鼤。

《玉篇》公禄切,"鼬鼠也"。

鼸鼣。

未詳。

鼨鼠。

《廣韻》:"鼨,子峻切;石鼠,出蜀,毛可作筆。"

䶘〔鼠〕。

《北山經》："丹熏之山有獸焉，其狀如鼠而菟首麋身，其音如獋犬，以其尾飛，名曰耳鼠；食之不脎，又可以禦百毒。"郭璞贊云："蹠實以足，排虚以羽，翹尾翻飛，奇哉耳鼠。厥皮惟良，百毒是禦。"(343)耳，與"䶘"通。

各本"䶘"下脱"鼠"字。《集韻》："䶘鼲，鼠屬也。"則所見已是誤本。今據《北山經》訂正。

鼲鼠。

《説文》："鼲鼠，出丁零國，皮可爲裘。"《玉篇》"鼲"胡昆、古魂二切。《鹽鐵論·力耕》篇："鼲鼦狐貉，充於内府。"字通作"昆"。《魏志·烏丸鮮卑東夷傳》注引《魏略》云①："丁令國出名鼠皮，青昆子、白昆子皮。"昆子，即鼲子也。《後漢書·鮮卑傳》云："鮮卑有貂、豽、鼲子，皮毛柔蠕，故天下以爲名裘。"其尾又可以飾冠。《魏志·王粲傳》注引《典略》云："鼲貂之尾，綴侍臣之幘。"

鼢鼠。

即鼸鼠也。《爾雅》"鼸鼠"，孫炎注云："鼸者，頰裏也。"郭璞云："以頰内藏食也。"釋文："鼸，下簟反。""鼸"與"鼢"，聲近義同。鼸之言嗛也。《爾雅》"寓鼠曰嗛"，郭注云："頰裏貯食處。"是也。故"鼸"或作"嗛"。《夏小正》"正月，田鼠出"，傳云："田鼠者，嗛鼠也。"《墨子·非儒》篇"鼸鼠藏而羝羊視"，蓋謂其藏食也。《説文》："鼸，鼢也。""鼢，鼸屬；讀若含。"鼢，與"鼢"同。鼢之爲言含食也。《龍龕手鑑》云："鼢，似鼠無耳。"

鼦鼠。

《説文》："鼦，竹鼠也，如犬。"《玉篇》鼦，力久切，"似鼠而大"。《廣韻》："鼦，食竹根鼠也。"《蓺文類聚》引劉欣期《交州記》云："竹鼠如小狗子，食竹根，出封溪縣。"鼦，或作"貁"。《莊子·天地》篇"執留之狗"，釋文："留，本又作貁。"司馬彪云："貁，竹鼠也，後世謂之竹鼦，出南方，居土穴中，大如兔；人多食之，味如鴨肉。"揚雄《蜀都賦》云："春羔秋鼦。"《埤雅》引《燕山録》云："煮羊以鼦，煮鼈以蚊。"

鼠　屬

① 夷，原作"邊"。

獸一歲爲豵,二歲爲豝,三歲爲肩,四歲爲特。

《説文》"豵,一歲豚,尚藂聚也";"豝,二歲豕,能相把拏",引《召南·騶虞》篇曰"一發五豝";"豜,三歲豕,肩相及者",引《齊風·還》篇曰:"並驅從兩豜兮。"豜,與"肩"通。《騶虞》篇"壹發五豵",傳云:"一歲曰豵。"正義云:"傳以《七月》云'言私其豵,獻豜於公',《大司馬》云'大獸公之,小禽私之',豵言私,明其小,故彼亦云'一歲曰豵'。獻豜於公,明其大,故彼與《還》傳皆云'三歲曰豜'。《伐檀》傳云'三歲曰特'。蓋異獸别名,故三歲者有二名也。"《毛詩》"肩、特"皆三歲者,此云"四歲爲特",與毛異。鄭衆注《大司馬》引《詩》"言私其豵,獻肩于公"而釋之云:"一歲爲豵,二歲爲豝,三歲爲特,四歲爲肩,五歲爲慎。"此云"三歲爲肩,四歲爲特",亦與鄭異。

附引《廣雅》一條

〔貀,豹也。〕

見《太平御覽》。

貀,亦豹之屬也。《爾雅》"貀,無前足",郭璞注云:"晉太康七年,召陵扶夷縣檻得一獸,似狗,豹文,有角,兩脚,即此種類也。或説,貀似虎而黑,無前兩足。"釋文引《字林》云:"獸無前足,似虎而黑。"即郭氏所引或説也。《説文》"貀,獸無前足",引《漢律》:"能捕豺貀,購百錢。"字亦作"豽"。《廣韻》:"豽,獸名,似貍蒼黑,無前足,善捕鼠。"

釋　嘼

白馬黑脊,驙。

脊,各本譌作"眚"。今訂正。

白馬朱鬣,駇。

定十年《左傳》釋文引舍人《爾雅》注云:"鬣,馬鬉也。"駇,各本譌作"駱"。段先生若膺云:"《爾雅》:'白馬黑鬣,駱。'駱非朱鬣之馬。駱,當爲駇。《逸周書·王會》篇'犬戎文馬,赤鬣縞身,目若黄金,名吉黄之乘',《説文》'文'作'駇'。《海内北經》亦云:'犬戎有文馬,縞身朱鬣,目若黄金,名曰吉量,乘之壽千歲。'郭璞注云:‘縞身,色白如縞也。’”今從段説訂正(344)。

飛黄。

一名“乘黄”。《逸周書·王會》篇:“白民乘黄。乘黄者,似騏,背有兩角。”《海外西經》“白民之國有乘黄,其狀如狐,其背上有角,乘之壽二千歲”,郭璞注引《周書》“似騏”作“似狐”,云:“即飛黄也。”《淮南·覽冥訓》“青龍進駕,飛黄伏皁”,高誘注云:“飛黄,乘黄也,出西方,狀如狐,背上有角,乘之壽三千歲。”《初學記》引《符瑞圖》云:“騰黄者,神馬也,其色黄,一名乘黄,亦曰飛黄,或曰吉黄,或曰翠黄,一名紫黄。”

騶吾。

《海内北經》“林氏國有珍獸,大若虎,五采畢具,尾長于身,名曰騶吾,乘之日行千里”,郭璞注云:“《六韜》云:‘紂囚文王,閎夭之徒詣林氏國,求得此獸獻之。紂大悦,乃釋之。’《周書》曰:‘夾林酋耳。’酋耳若虎,尾參於身,食虎豹,《大傳》謂之怪獸。吾,宜作虞也。”又爲贊云:“怪獸五采,尾參於身。矯足千里,儵忽若神。是謂騶虞,《詩》歎其仁。”

吉量。

量,與“量”同。詳見上文“白馬朱鬣,駮”下。

朱駮。

《爾雅》“駵白,駁”,孫炎注云:“駵,赤色也。駁,與“駮”同。《開元占經·馬占》引《禮斗威儀》云:“君乘火而王,其政和平,則南河輸駮馬。”注云:“駮馬者,黄赤色馬也。”謝莊《舞馬賦》云:“方疊鎔於丹縞,亦聯規於朱駮。”

飛兔。

《吕氏春秋·離俗覽》“飛兔、要褭,古之駿馬也”,高誘注云:“飛兔,要褭,皆馬名也,日行萬里,馳若兔之飛,因以爲名也。”《開元占經·馬占》引《瑞應圖》云:“飛兔者,馬名也,日行三萬里。禹治水勤勞,捄民之害,天眷其德而至。”

金喙、騕褭①。

騕,或作“要”。《漢書·司馬相如傳》“羇要褭”,張注云:“要褭,馬金喙赤色,

① 褭,原作“褭”,《疏證》作“褭”。

一日行萬里者。"是金喙者爲騕褭也(345)。《開元占經·馬占》引應劭《漢書注》云:"騕褭,古駿馬,赤喙玄身,日行一萬五千里。"與張注小異。餘見上條。

走狐①。

未詳所出。

駃騠。

《説文》:"駃騠,馬父贏子也。"《逸周書·王會》篇云:"正北以野馬騊駼駃騠爲獻。"(346-1)《史記·匈奴傳》索隱云:"《發蒙記》(346-2):'駃騠刳其母腹而生。'(346-3)《列女傳》云:'生七日,超其母。'"騠,或作"題"。《御覽》引《尸子》云:"文軒六駃題,無四寸之鍵,則車不行。"駃之言赽,騠之言踶,疾走之名也。《釋詁》云:"赽,疾也。"《釋宫》云:"駃,奔也。"《説文》:"趹,馬行貌。""赽,踶也。"高誘注《淮南·脩務訓》云:"踶,趍走也。"

飛鴻。

《御覽》引《東方朔傳》云:"騏驎、緑耳、蜚鴻、華騮,天下良馬也。"蜚,與"飛"同。

野麋、腹丹。

皆未詳所出。

騏驥。

《説文》:"騏,馬青驪文如綦也。""驥,千里馬也,孫陽所相者。"《論語·憲問》篇"驥不稱其力,稱其德也",鄭注云:"德者,謂調良之德也。"《穆天子傳》"天子之駿赤驥",郭璞注云:"世所謂騏驥。"《莊子·秋水》篇"騏驥、驊騮,一日而馳千里",騏,或作"騹"。《荀子·性惡》篇"驊騮、騹驥、纖離、緑耳,此皆古之良馬也",楊倞注云:"騹,讀爲騏。"

騄駬。

或作"緑耳"。《竹書紀年》:"穆王八年,北唐來賓,獻一驪馬,是生騄耳。"《穆天子傳》"天子之駿緑耳",郭璞注云:"魏時鮮卑獻千里馬,白色而兩耳黄,名曰黄耳。即此類也。"《商子·畫策》篇:"騏驎,騄耳,每一日走千里,有必走之勢也。"

---

① 走,原作"丟"。

驊騮。

《説文》:"騮,赤馬黑髦尾也。"驊,或作"華"。《穆天子傳》"天子之駿華騮",郭璞注云:"色如華而赤。今名馬驃赤者爲棗騮。騮,馬赤也。"餘見上文"騏驥"下。

駣騨。

《史記·秦本紀》"造父得驥温驪",徐廣云:"温,一作盜。"索隱云:"鄒誕生本作駣,音陶。"則"盜驪"即此"駣騨"也。《爾雅》云:"小領盜驪。"《穆天子傳》"天子之駿盜驪",郭璞注云:"爲馬細頸。驪,黑色也。"《玉篇》作"桃騨"。《御覽》引《廣雅》亦作"桃"。《集韻》云:"駣騄,獸名,似馬。"

汗血。

《史記·樂書》"太一貢兮天馬下,霑赤汗兮沫流赭",集解引應劭《漢書注》云:"大宛馬汗血霑濡也,流沫如赭。"又引應劭云:"大宛舊有天馬種,蹋石汗血,汗從前肩膊出如血,號一日千里。"《大宛傳》"大宛多善馬,馬汗血。其先,天馬子也",集解引《漢書音義》云:"大宛國有高山,其上有馬,不可得。因取五色母駒置其下與交,生駒汗血,因號曰天馬子。"《藝文類聚》引《神異經》云:"西南大宛宛邱有良馬,其大二丈,鬣至膝,尾委於地,蹄如升腕可握,日行千里,至日中而汗血。乘者當以緜絮纏頭腰小腹以避風病,其國人不纏也。"

驒騱。

《説文》:"驒騱,野馬屬。"司馬相如《上林賦》"蛩蛩驒騱",郭璞注云:"驒騱,駏驉類也。"驒,音顛;騱,音奚。《史記·匈奴傳》:"其奇畜則橐駞、驢、鸁、駃騠、騊駼、驒騱。"

巨虚。

《爾雅·釋地》"西方有比肩獸焉,與邛邛岠虚比。爲邛邛岠虚齧甘草,即有難,邛邛岠虚負而走。其名謂之蟨",孫炎注云:"邛邛岠虚,狀如馬,前足鹿,後足兔,前高不得食而善走。"岠,與"巨"通,或作"距"。《逸周書·王會》篇"獨鹿邛邛距虚善走也";"孤竹距虚",孔晁注云:"距虚,野獸,驢騾之屬。"《穆天子傳》"邛邛距虚走百里",郭璞注云"亦馬屬",引《尸子》云:"距虚不擇地而走。"《漢書·司馬相如傳》“蛩蛩,蟒距虚”,張注云:“蛩蛩,青獸,狀如馬。距虚,似贏而小。”郭璞云:“距虚,即蛩蛩,變文互言耳。”李善《七發》注引《范子》云:“千里馬必有距虚。”

騀鹿。

《韓子·外儲説》篇“夫馬似鹿者,題之千金”,謂此類也。《御覽》引《廣雅》“騀”作“娥”。

馬　屬

郭犐、丁犖。

《集韻》:“大牡謂之犐。”《説文》:“犖,駁牛也。”《蓺文類聚》引桓譚《新論》云:“夫畜生賤也,然有尤善者,皆見記識,故馬稱驊騮、驥騄,牛譽郭枓、丁櫟。”枓,與“犐”通。櫟,與“犖”通。郭,即“郭”字。

各本“郭”譌作“鄗”,“犐”譌作“料”,今訂正(347)。

牛　屬

吴羊牡一歲曰牡羜,三歲曰羝;其牝一歲曰牸羜,三歲曰牂。吴羊犗曰䍮,羖羊犗曰羯。

《爾雅》“羊,牡羒;牝牂。夏羊,牡羭;牝羖”,郭璞注“羊,牡羒”云:“謂吴羊白羝。”注“夏羊”云:“黑羖羺也。”注“牝羖”云:“今人便以牂、羖爲白、黑羊名。”是羊之白者爲吴羊,其牝爲牂;黑者爲夏羊,其牝爲羖。又或通稱白羊爲牂羊,黑羊爲羖羊。《小雅·賓之初筵》篇“俾出童羖”,箋云:“羖羊之性,牝牡有角。”是黑羊牝牡皆得稱羖也。《説文》:“羜,羊未卒歲也。”《玉篇》音雉矯切。羜之言肇,始生之名也。《爾雅》:“肇,始也。”前《釋獸》云:“羝,雄也。”“牸,雌也。”《大壯》九三云:“羝羊觸藩。”《小雅·苕之華》云:“牂羊墳首。”《釋獸》云:“羯,犍也。”《説文》:“羯,羊羖犗也。”

各本牡羜“羜”譌作“翔”,吴羊犗“犗”作“羠”。《説文》《玉篇》《廣韻》俱無“羠”字,今並據《初學記》、《御覽》所引訂正。

羍、犛、羜、䍸,羔也①。

① 羔,原作“美”,《疏證》作“羔”。下條同。

《説文》:“羍,小羊也;讀若達。”《大雅・生民》箋云:“達,羊子也。”正義引薛琮《荅韋昭》云:“羊子初生達,小名羔,未成羊曰羜,大曰羊,長幼之異名也。”

《説文》:“羍,六月生羔也;讀若霧。”小羊謂之羍,猶小雞謂之雂矣。

《爾雅》:“未成羊,羜。”《説文》:“羜,五月生羔也;讀若煮。”《小雅・伐木》篇云:“既有肥羜,以速諸父。”

顏師古《匡謬正俗》云:“今謂小羊未成爲旋子,何也？荅曰:按吕氏《字林》云:‘羻,音選;未晬羊也。’今言旋者,蓋語譌耳,當言羻子也。”晬,《玉篇》音子對切,“周年也”。《説文》云:“羊未卒歲曰㸹。”是也。羻之言臇。《方言》“臇,短也”,郭璞注云:“便旋,庳小皃也。”

《後漢書・王涣傳》注引《韓詩章句》云:“小者曰羔,大者曰羊。”

羔皮、泠角。

泠,與“羚”通,或作“羚”。羔羊之皮,可以爲裘;泠羊之角,可以療疾。《召南・羔羊》篇“羔羊之皮,素絲五紽”,傳云:“古者素絲以英裘,不失其制,大夫羔裘以居。”《周官・司服》“王祀昊天上帝,則服大裘而冕”,鄭衆注云:“大裘,羔裘也。”《爾雅》“羚,大羊”,郭璞注云:“羚羊,似羊而大,角員鋭,好在山崖閒。”《説文》:“羚,大羊而細角。”《西山經》云:“翠山多旄牛、羚、麝。”《本草》“羚羊角”,陶注云:“羚羊,今出建平、宜都諸蠻中及西域,多兩角,一角者爲勝,角甚多節,蹙蹙圓繞。”陳藏器《拾遺》云:“羚羊角有神,夜宿以角挂樹,不著地,角彎中深鋭緊小,猶有挂痕,耳邊聽之集集鳴者良。”

羊　屬

頓丘。

此蓋頓丘之良豕,即以“頓丘”爲名。其詳則未聞也。

梁豱。

《初學記》引《纂文》云:“梁州以豕爲豱;之涉反。”《玉篇》:“豱,良豬也。”《廣韻》:“豱,梁之良豕也。”

重䫶。

未詳。

貆。

《説文》:"貆,逸也;讀若桓。"《六書故》引唐本《説文》作:"貆,豕屬也。"《逸周書·周祝解》云:"狐有牙而不敢以噬,貆有蚤而不敢以撅。"《玉篇》:"豲,與貆同。"《西山經》"竹山有獸焉,其狀如豚而白毛大如笄而黑端,名曰豪彘",郭璞注云:"豲,豬也,夾髀有麤豪長數尺,能以脊上豪射物,亦自爲牝牡,吴楚呼爲鸞豬。"亦此類也。

豕 屬

殷虞。

《爾雅》釋文引《廣雅》"殷虞、晉獒、楚獷、韓獹、宋浞"而釋之云:"皆良犬也。"此"殷虞"當爲殷之良犬名虞,然未詳所出。

晉獒。

《爾雅》:"狗四尺爲獒。"宣二年《左傳》説晉靈公將攻趙盾云:"公嗾夫獒焉。"杜預注云:"獒,猛犬也。"宣六年《公羊傳》"靈公有周狗謂之獒",何休注云:"周狗,可以比周之狗,所指如意。"案:獒者,大犬之名。《釋詁》云:"驐,大也。"聲義與"獒"同。

楚黄。

《吕氏春秋·直諫》篇:"荆文王得茹黄之狗、宛路之矰,以畋於雲夢。"

韓獹。

《初學記》引《字林》云:"獹,韓良犬也;浞,宋良犬也。"獹,通作"盧"。《齊風·盧令》篇傳云:"盧,田犬也。"《秦策》云:"譬若馳韓盧而逐蹇兔也。"《少儀》"守犬、田犬則授擯者。既受,乃問犬名",鄭注云:"名,謂若韓盧、宋鵲之屬。"正義云:"《戰國策》云:'韓子盧者,天下之壯犬也。'桓譚《新論》云:'夫畜生賤也,然其尤善者,皆見記識,故犬道韓盧、宋浞。'又魏文帝説諸方物亦云:'狗於古則韓盧、宋鵲。'則'浞、鵲'音同字異耳。"《孔叢子·執節》篇:"申叔問曰:'犬馬之名,皆因其形色而名焉,唯韓盧、宋鵲獨否,何也?'子順荅曰:'盧,黑色;鵲,白黑色。'"

宋浞。

詳見上條。

狼狐。

未詳。

狂、獖。

《説文》："狂，黄犬黑頭也；讀若注。"

《初學》引《纂文》云[①]："守犬爲獖；扶本反。"

犬　屬

辟䧱，鷄也。

《方言》"雞，陳楚宋魏之閒謂之鸊鷉"，郭璞音避祇。鸊鷉，與"辟䧱"同。

杜艾、季蜀。

《蓺文類聚》引桓譚《新論》云："馬稱驊騮、驥騄，牛譽郭犐、丁櫟。"《少儀》正義引桓譚《新論》云："犬道韓盧、宋猔。"此上文"郭犐、丁犖、韓獹、宋猔"所本也。"杜艾、季蜀"，文正與之相似，且"騄、櫟、猔、蜀"，句末爲韻，疑"杜艾、季蜀"亦《新論》之文。蓋"杜艾、季蜀"皆良雞，杜、季乃畜雞者之姓氏，猶"郭犐、丁犖"矣。《爾雅》"雞大者蜀"，郭璞注云："今蜀雞。"

鷄　屬

① "初學"後似脱"記"字。

博雅音卷第一[1]

高郵王念孫校

釋　詁

黿[户瓜反]　䢦[律]

豊[豐]　䫻[苦雷反]　粗[在户反]　沛[浦會反]　袥[音託]　齡[矜]　夸[苦瓜]　匯[乎對反、胡磊反、胡罪反]　㪇[扶弗反]　庈[赤以反]　㧊[布萌反]　㔜[布蔑]　朴[普木]　訏[吁]　夤[以真反]　誧[鋪]　奲[昌者反]　顥[考]　顝[苦骨反]　魁[苦磊反]　敦[敦]　芓[吁]　䏆[彫]　顤[許堯反]　䐗[竹家反]　䫨[五高反]

巃[音籠]　員[負]

假[格]　軫[苦禮]

艾[五害反,又刈]

撳[陟履反]　岠[巨]　摵[就夙反,又子六,又似育]　扺[多禮反]　翳[於兮反]

徃[歸往反]　迋[于放反]

忏[汗]　惢[素果反,又才累反]　嫧[側革反]　娕[測角反]　㜸[如小]　馴[旬音,《説文》字巛反]　孎[竹緑反]　睩[禄]

嘘[去焉]　悰[在宗反]　比[鼻]

聆[禮丁]

娓[媚]　揗[循]

捄[巨菊、巨牛反,又俱]　臬[魚列]　灋[法]

甬[勇]

棃[離]　傻[蘇苟]　叡[大到反]　者[點]

欵[款]

軫[軨]　㚇[火逼反]　椝[俱雨反]　隒[苦檢、居斂、語險三反]

---

① 曹憲音釋部分(包含少量釋義、標出處等非釋音内容)原爲雙行小字,今以同等字號加方括號“[　]”表示;圓圈“○”爲王氏所用符號,表示其識語;闕文處原爲空格,今以“□”表示;原按卷(上下卷不分)連排,卷内不分條,今按條分列,每卷之開空行隔開;條内音釋若不止一項,項間界限以空格表示。

䥶[乃頻]

𠢻[冰] 㦪[苦賴] 悀[勇] 刎[刃] 愊[皮逼] 窒[丁一] 屯[大村○當音張倫反。説見《疏證》] 饎[於敬] 鉠[乙丈] 臆[憶] 穌[蘇]

迦[勿] 釗[昭音。世人以"釗、釗"失爲一字] 迂[紆] 夐[吁性] 逴[丑卓○各本"丑"譌作"尹",今訂正] 邌[逝]

䩞[牒音,又齒廉反] 懕[一占] 寋[細則反] 宓[眉筆反。世人以山如堂者"密"作"祕宓"字,失之矣] 毒[毒] 嗼[莫,又亡白] 湛[丈減] 倓[達濫反] 便[房連] 纗[亡彼反] 眯[米] 侎[亡是] 媞[狄叶反,又之移、上支二反○叶音稽。各本"叶"譌作"計",今訂正] 尼[女一] 澹[大闞]

佾[逸] 併[步憐]

袒[丑丈] 亨[呼行]

憋[景] 懍[力甚反] 浚[三閏] 悛[此緣反]

拌[普干,又音伴] 墽[苦孝,又苦交] 捐[音沿] 覂[甫奉,又方犯] 撍[緣虆反]

抗[口葬] 犽[於娱反,又口孤反] 幠[呼] 磔[竹戹反] 彀[古候反] 彉[廓郭] 攄[丑於反] 遬[丑力] 瞋[嗔]

躔[直然] 趨[七于] 徥[直駭,又仕紙] 遻[魚輂] 蹠[只石] 逯[鹿] 躯[示亦] 逭[乎館反。《尚書》曰"逭,逃也"] 遀[育] 踚[倫音,《方言》爲藥○案:當作《方言》爲"踚",音藥]

稘[基○各本"基"譌作"其",今訂正]

殔[死二反,又資利反] 殲[羅外反,又力臥] 殨[才賜] 殛[例] 殙[昏] 殟[温] 殜[葉] 殗[於業反] 疛[吁] 疥[介] 疫[役] 邛[巨恭] 瘳[女乙] 矮[委媚、於爲] 痡[符命,又補命] 瘚[九劣、苦悦] 瘁[揆季] 痞[猶,又夷狩] 癭[於整] 疛[胄○各本"胄"譌作"曹",辨見《疏證》] 疝[所澗] 齲[區禹] 瘀[仄已] 瞖[古内] 瘍[亦] 癇[閑] 痳[林] 瘷[斯] 痿[於危] 瘚[巨月,又厥] 痔[跱] 瘀[於去] 瘱[始藥、以灼] 疓[女駭、而亥] 痾[阿] 疕[尼八] 痟[消] 瘍[於發,又渴] 皯[居滿] 皰[白教] 炈[丸] 瘤[留] 痒[羊] 馗[求] 疢[勑鎮。今"疹"字] 疰[注]

痂[加] 瘃[陟録] 瘙[素刀] 癘[丁世] 瘍[陽] 癬[四淺] 瘙[三到]

　瘺[鹽]　瘱[苦夾、工洽]　胗[軫]　痞[普迴]　瘍[馬嫁]　創[初良]

椉[乘]

亯[響]　頤[夷]

委[一僞]　冣[在遇]　嗇[色]　茨[材咨]　壘[力水]　稽[在兹,又子私]　寖[子鴆]　揲[臣熱]　秭[咨履]　稨[父]　棰[垂毁、丁禾]　積[子賜、子亦]

慖[欺革、九力]　憮[武]　惓[於檢、於劒]

倰[陵]　噁[隱]

敓[徒活]　掇[知劣,又丁活]　搴[九件]　摭[之亦]　芼[亡報]　摡[許既]　扱[初洽]　扼[烏革]　擿[陟革]　擥[力甘、力敢]　索[所白]　撈[牢,又力幺]　撟[几小、几消○各本兩"几"字並譌作"凡",今訂正]　摣[仄加○各本"仄"譌作"反",今訂正]　摷[力刀]　撩[力幺]　探[天含]　担[莊加、子冶]　捕[步]　揥[帝]　汲[九及]　撤[徹]　挻[式延、丑延]　摻[所減]　銛[他點]　抍[之丞]　攟[舉藴]　剿[策交、初孝]　撏[才含]　捊[皮侯]

殧[凶穢]　甈[苦計]　殃[桂]　殀[他計]　殦[甓]　殈[晳,三歷]　殙[昏]　殟[温]　歺[五達]　亢[乎郎○各本"乎"譌作"呼",今訂正。《廣雅》訓"亢"爲極,則當音口浪反]　羸[力追]　劵[去願○案:"劵極"之"劵"字從力,音巨眷反;"契券"之"券"字從刀,音去願反。《廣雅》訓"劵"爲極,而曹憲音去願,則是誤以爲"契券"字矣]　㕁[巨略、去逆]　欬[烏嫁]　憊[皮怪]

噬[上世]　醮[在焦]　悴[才遂]　怛[丁達]　惴[拙瑞]　憿[於聊、於流]　悺[貫][1]　忦[公拜]　慭[辨,婢典○各本"辨"字誤入正文,辨見《疏證》]　愓[傷]　惂[坎]　慁[乎困]　憖[牛覲]　瞀[才念]　惄[泥歷]　溼[濕]

礐[口沃]　劈[普狄]　擘[補革○各本正文脱去"擘"字,其"補革"之音遂溷入上文"劈"字下,"補"字又譌作"普"。辨見《疏證》]　析[三亦]　篨[塗]　别[彼列]　剫[徒各]　刋[布仁、普真反]

隓[許規]　隤[穨]　陁[大何、大可反]　阤[直紙]　陊[達可]　靡[莫知]　潵[散音]

---

[1] "悺"字前原誤衍"悺[去弓]"。

揨[宅耕] 撞[直江] 鈌[決] 挃[知帙○各本"帙"譌作"佚",今訂正] 剹[衝] 狃[女六] 独[大鴻] 撆[禱] 钊[居祈,又公内] 扰[丁感] 劃[牒] 撴[丁几○各本脱去"撴"字,其"丁几"之音遂溷入"劃"字下,"几"字又譌作"凡"。辨見《疏證》] 抵[底] 抋[邲,普必、白必○各本"白"譌作"自",今訂正] 掙[楚耕] 鍼[針] 刺[七亦]

刵[耳志] 劊[古外] 刓[五丸] 剸[尊本] 剶[楚律] 刌[村本] 刜[拂] 剒[仄略]① 截[慈頡] 剌[拙兗、大丸] 劗[楚芮、楚刮○影宋本、皇甫録本、畢效欽本"刮"字並譌作"乱",吳琯本遂改爲"亂",而諸本皆從之。今訂正] 刏[彫] 刎[亡粉] 剿[在侯] 剽[栗] 剬[拙兗] 銛[他點,又息廉反○當音古活反。説見《疏證》] 劆[才彫] 剳[苦拜] 斵[拙兗] 刈[乂] 劖[士咸] 劙[力涉] 劓[牛二]

僝[仕緘] 頪[雷對] 倐[叔] 儵[叔] 倢[慈葉] 朓[天弔] 蹂[爾帚] 躁[子到] 駛[山吏] 獧[絹] 挑[大了] 拊[方宇] 勮[其御] 輕[去力○各本脱去"輕"字,其"去力"之音遂溷入"勮"字下。辨見《疏證》] 汩[于筆] 儵[音叔○各本此下有"一作儵"三字,蓋校書者所記。案:"儵"即"儵"之俗字。考諸書無訓"儵"爲疾者,今删] 颮[忽] 赽[公穴] 鬻[仕林,灊,《説文》讀若岑○各本"林"譌作"休","若"譌作"蒙",今訂正] 跋[火月] 越[于月]

腆[土典○各本"土"譌作"士",今訂正] 爈[烏縑、烏檢] 醇[純○各本"純"譌作"紕",今訂正] 裂[列] 臟[子冉] 貼[大念] 膪[子荏] 膻[代紺] 賁[布魂反。彼寄反,失之矣] 琇[秀] 恬[大嫌] 烝[旨升] 暟[凱] 豔[豔] 珇[祖]

痗[每磊] 赧[女板] 怍[昨] 忝[土典] 㐱[之忍] 毖[祕] 懵[莫贈] 慝[天德反] 恧[女六反] 怩[尼] 慼[子六反] 恧[女六反]②

豤[苦恨,如上聲道之]

瘥[楚嫁] 瘉[移主]

---

① 《疏證》正文字作"斮",同。

② 以上卷第一上。

慫[悚]　慂[勇]　勵[厲]

儓[臺]

婘[拳]　嬴[盈]　娃[烏佳]　嫷[大果]　孌[力兗]　嬳[權]　姚[遥]　娧[通外]　珇[祖]　眊[莫對]　婠[一丸、一刮]　妦[丰○各本"丰"譌作"半",辨見《疏證》]　忓[汗]　妧[玩]　媌[莫交、莫絞]　婘[魚件○各本"件"譌作"伴",今訂正]　媜[楚革○各本"革"譌作"草",今訂正]　鮮[思延]　頔[狄]　嫱[休六]　嫮[乎故]　鈔[七小]　嫽[了]　姣[古卯]　袾[充朱、竹瑜]　儕[側皆]　媉[握]　嫡[於支]　瞴[亡宇]　曧[於鹽、烏頰]　姝[充朱、竹瑜]　嬀[牛危]　姽[牛果]　嫿[獲]　嬻[贊、才旦]　婍[綺]　嘏[古雅]　嬥[徒聊、徒了]　嫙[旋]　娙[五朾、乎丁○各本"朾"譌作"丁",今訂正]　蓏[託陋]　䄎[才牢]　祖[才吕]　裓[且六]　娞[而兗]　婟[子六,又才久○各本"久"譌作"反",惟影宋本、皇甫本不譌]　妊[赴乏,又乞乏、芳乏]　嫪[仄救]　嫈[螢瑩]　嫛[揆]　覣[於皮]　婥[綽]　嫵[武]　嬛[淵]　姗[素丹]

榫[峯]　耑[端]　標[必沼]　杓[旳,又片幺○各本"片"譌作"斥","幺"譌作"久"。《説文繫傳》"杓"音片幺反,今據以訂正]　懱[蔑]

矡[已禹]　懩[乎郭]　癦[詣]　愕[吾各]　逴[勑略]　獡[式若]　忄勺[灼]　透[音叔。世人以此爲"跳透"字,他候反,未是矣]　趯[他旳]　憚[大汗]

摯[貞二,又至○當音充世反。辨見《疏證》]　蕆[勑輦]　俙[許皆]　屬[時欲]　蜕[土會○各本"土"譌作"七",今訂正]　毦[孚]　毷[門悼反,"冒"字也,必無"毟"字邊;從毛,吐外反,形聲。不然或未○案:此注譌脱甚多,不可校正。毷,音他臥反。曹憲以爲"毻"字,非是。辨見《疏證》]　劇[口白、口郭]　劙[力支]

躡[女涉]　蹬[丁鄧]　跂[去豉○各本"豉"譌作"鼓",今訂正]　蹫[藥]　跈[才殄,又乃展反,今之"踐"字也]　蹀[牒]　蹍[女展]　蹈[道]　蹂[如酉]　蹋[徒臘]　跐[側買]　蹠[之石]

駮[支,又巨支反]　剄[古鼎○案:剄,當作"勁",曹憲音古鼎反,非是。辨見《疏證》]　韇[巨媿]　鬒[之忍]　勥[巨月]　犳[牟]　憸[七漸、四廉]　擿[魯]　怏[於亮]　强[巨兩]

隉[五結]　阽[鹽]　刖[一刮,一音月,又五刮]　殜[宜及]　傒[兮]　鎌[力霑]　漻[力彫、兮巧]　淑[孰]　湜[音寔]　洌[列]　澂[直陵]　濘[那定]　澈[匹妙]　滃[力感]　潚[肅]　溓[廉○各本脱去“溓”字,“廉”字又誤入正文。辨見《疏證》]　㵝[乙厥○各本“厥”譌作“厥”,今訂正]

穌[蘇]　秳[乎括]　㲉[奴候。春秋之㲉烏菟○“烏”與“於”同。各本“烏”譌作“鳥”,又脱去“菟”字,今依段氏若膺校本補正]

莲[楚驟]　倅[寸對]

揣[初毀,又丁果、尺兖○各本“又”譌作“反”,今訂正]　硂[七全]　泚[且禮]　謜[元]　擭[於縛、於號、居縛○各本“於縛”之“於”譌作“于”,今訂正]

凑[七候]　蝱[莫郎]　趣[趨娶○各本“趨”譌作“趍”,“娶”譌作“趣”,辨見《疏證》]　務[無住○各本脱去“務”字,其“無住”之音遂溷入“趣”字下,“住”字又譌作“在”。辨見《疏證》]

褊[必善]　僁[械]　隘[烏賣]　窄[側白]　陿[匣]

揥[帝]　敕[勅]　謸[烏報]　眡[示]

蔚[慰]　薈[烏外]　㾱[於幾]

罭[彥陳]　怐[苦候○各本“苦”譌作“若”,今訂正]　愗[茂]　娍[越]　戇[竹降]　惷[式鍾]

券[去卷]　御[巨腳]　犒[苦告]　勦[子小反,又楚交反,疑誤也。《禮記》曰:“毋勦説。”鄭注云:“勦,由擥也,謂取人之説。”《春秋左傳》“無及於鄭而勦民,焉用之”,杜訓爲勞。是則“勦”從刀而“勦”從力明矣○自“疑誤也”以下,蓋校書者所記。各本“於鄭”譌作“於其”,“於”字上脱去“春秋左傳無及”六字,又誤衍“訓爲勞是則”五字,“民”字上又脱去“而勦”二字,今俱訂正]

涅[乃結]　湮[因]　渨[烏回]

諑[卓]　讁[徒革]

題[大兮]　覩[子才]　瞟[七祭、楚札]　窺[苦垂]　覘[恥淹]　覩[時]　睍[耄]　闞[苦暫]　盻[乎計]　竀[恥敬]　覵[古莧]　脈[麥]　睍[乎典]　晩[亡限]　睊[居恚]　䚂[司]　覓[麥○各本此下有“一覔”二字,當是“一作覔”三字之脱文。案:“覔”即“覓”之省文,非異文也,蓋校書者不明字體而並記之,今删]　睩[力惟]　覿[狄○當音七亦反。説見《疏證》]　睥[普計]　睨[五計]　眄[亡見]　睞[來代]　瞰[苦蹔]　睇[弟]　䁱[堪]　眡[支]　瞗[彫]　矕[馬板]　瞍[走公]　瞏[烏見]　矆[虎縛○影宋本、皇甫本“虎”譌作

"霈",諸本又譌作"需",今訂正]　瞍[呼懸]　瞀[口計]　眑[祕]　覰[且居、七絮]　䀹[以戰]　診[真敏,又陣]　覞[五買]

枉[於往]　橈[女孝]　盭[戾]　蟠[步干]　冤[烏園○各本"園"譌作"困",自宋時本已然,故《集韻》"冤"字有"烏困"之音。考諸書"冤"字無音"烏困反"者。卷四"冤,詘也",曹憲音於袁反。"於袁"與"烏園"同音,今據以訂正]　觠[古免]　骫[委]　傴[依矩反]　僂[力雨]　絭[古萬]　迟[隙]

剶[勑傳]　剫[落]　剃[他帝]　剔[他覓]

緶[婢延]　緝[七立]　繬[資]　緁[且立]

踊[勇]　陞[升]　弼[備筆]

䋊[逕]

誂[大鳥]　誀[如志]　訹[戌]　謏[[素了、三六、三西、所六○此八字各本誤入"誘"字下,今訂正]

嬹[虚膺]　忒[敷]　忔[許乞]　欯[虚一]　婜[丈例]

謣[呼瓜]　吁[虚于,又于○各本"又"譌作"反",今訂正]　欸[哀]　瞖[於兮]　訡[於麗]

睎[希]　睢[鶴]　㷣[峯。今之"烽火"字宜作此"㷣"[1]○各本"字"字誤在"今"字上,"字"上又衍"子"字,今訂正]

糅[女又]　穰[女亮]　櫟[力昀]

媮[他侯]　涼[良音。世人作"涼薄"之"涼",水傍著京,失之矣○各本"薄"譌作"薄","京"譌作"凉",今訂正。又案:"涼"字經傳皆作"涼",《説文》亦訓"涼"爲薄,非後人之失也]　磷[吝]　襌[丹]　福[口革]　菲[佛匪反。世人以此爲"芳馡"之"馡",失之矣○各本"馡"譌作"菲",今訂正。又案:《説文》無"馡"字,古但作"菲",此亦非後人之失也]　沾[他縑反。世人水傍著忝,失之;又以此"沾"字爲"霑",亦失之也。"霑"字宜然○各本"沾字"之"沾"譌作"占",影宋本不譌]　薄[步各反。世人作"襌薄"之"薄",艸下著溥,亦失之矣○各本"薄"譌作"薄","艸"譌作"草","溥"譌作"溥",今訂正。又案:《説文》無"薄"字,古但作"薄",亦非後人之失也]

① 烽,原譌作"峯"。

絅[古熒反〇各本"反"譌作"字",今訂正] 獧[俱面反,又俱眄反] 慓[匹昭] 陖[先訊] 陗[且肖] 怦[普衡、普耕] 窘[逵殞] 趗[祖迴反。《字書》《聲類》音爲局促促長〇若膺云:"當作'《字書》《聲類》音局、促,促爲長'。趗、促,古通用,故以音促爲長"] 迺[徐留] 蹙[子六] 笘[苦] 搄[公鄧] 亟[幾憶] 緊[居忍]

捏[呈] 掄[崘] 撟[矯] 捎[所交] 擲[雀] 揀[柬〇各本"柬"譌作"揀",今訂正]

摳[苦侯] 掀[虚言反。出《春秋》,亦訓爲舉] 擎[渠迎] 拲[拱] 翻[子恆] 翥[之預反。《方言》爲署音〇各本"方"譌作"亦"。卷三"翥"字下云:"《方言》音曙。"今據以訂正] 扛[江] 偁[齒升] 搴[騫] 梮[俱録] 抍["蒸"之上聲。四聲蒸、抍、證、職] 揭[竭] 舉[悆] 舁[餘]

窪[烏瓜] 窆[碑豔] 窊[烏瓜] 埝[乃頰] 𥥛[都念] 墊[除立] 隤[穨]

跰[步田] 跇[弋豉] 坿[扶,又附] 埤[符彌] 貱[方寄] 䝮[以瑞] 賰[思俊] 隅[罵] 潼[童]

沮[子悆] 湆[泣] 洳[如悆] 淖[女孝。《莊子》亦以此字爲"淖"]

頷[五感] 慂[勇] 勨[蕩] 撼[乎感] 抆[謂] 擡[臺] 揌[素來] 扮[伏粉] 揮[暉] 揣[初委] 撡[力刁] 抏[弋選、弋芮〇各本"選"譌作"巽",今訂正] 搈[容] 蝡[如兗]

搯[力合] 踦[於皮] 擖[公八〇擖,當爲"擸",音獵。曹憲音公八反,非是。説見《疏證》] 抈[月] 擠[吕闔]

儇[許綿] 憭[了] 譑[他和] 謑[莫佳、莫諧] 諽[革] 詖[彼寄]

欬[呵苔] 咍[同上] 唏[許几、許冀] 谷[巨略] 听[魚隱] 嗞[子慈] 唹[乙餘] 嗔[引] 嗢[乙滑] 𠰏[火雅] 咦[火尸] 吲[與"哂"同] 啞[烏格]

廝[斯音] 任[平聲]

婚[休六] 嫪[力高、力報] 嫭[乎故] 妎[械] 娼[亡篤]

劮[逸] 婸[大朗]

駇[素迺]

䡖[苦耕] 賚[乎閒〇各本"乎"譌作"呼",今訂正] 侄[質] 確[口卓] 碻

［牛衣、牛哀］　鍇［楷，又公諧〇各本“楷”譌作“揩”，今訂正］　鏥［啟］

毳［出允］　茁［側劣］

殫［丹］　滲［所蔭〇各本“所蔭”二字誤入正文，辨見《疏證》］　涸［鶴］　汔［許乞］　焪［去鳳］　澌［斯］　涖［力二反］　釂［子曜］　糞［方問］　髻［都果、徒果］　煎［子延］　鋌［達鼎〇各本“達”譌作“逵”，今訂正］

軥［衢］　輗［兒］　輓［晚］　摯［至〇當音充世反，辨見《疏證》］　扽［頓］　拕［達可］　拫［乎根］　攎［盧］　扔［仍］　扱［楚洽］　摍［縮］　捈［途音］　控［苦貢］　抓［烏麻］　彎［關，又烏還］

尻［而兗反。呂靜音碾］　闟［乃弟］　懦［奴玩、奴臥］　恁［而審反，疑之］　媆［女寸、而兗］　嬈［女孝］　脆［七歲］　栠［又荏、如甚］　銋［如深〇各本脱去“銋”字，其“如深”之音遂溷入“栠”字下。辨見《疏證》］　愞［乃臥］　偄［乃翫］　軜［納］

欿［口感］　歛［呼濫、呼甘］　欲［呼縑］①

博雅音卷第二

釋　詁

檤［亡旦、亡丸］　撋［宣］　挴［母磊］　忨［翫］　懆［操］　饕［他高］　飻［鐵］　歖［阿㦒、於既］　歁［苦感〇各本“苦”譌作“若”，今訂正］　欿［口感］　婪［來南］　遴［力晉］　茹［如與］　慘［七感］　餫［苑袁］

踞［巨勿］　劤［靳］

偵［勑驚〇當音貞。説見《疏證》］　詇［映，又於兩］　詵［史巾］

踇［丑世］

靚［才性反］

譊［女交］　嗃［虎各］　譹［奐］　訆［叫］　獆㖃［上豪，下虎苟］　評［虎都］　嘹［力弔］

銛［辭廉］　衮［恩］　熠［丈入］　燿［曜］　煠［弋涉、士洽、丑涉〇各本“士洽”譌作“土合”，今訂正。影宋本惟“洽”字不譌］　爚［藥］

---

① 以上卷第一下。

倛[平] 敇[恥力反。案:《説文》從攴朿聲。今"勑"字,"勞勑"字,力代反]

幎[亡狄反]

䏔[俎雅、才智反] 熯[而善反,又罕] 焟[昔] 爇[五高] 煼[初絞] 炕[抗] 暵[漢,又呼但] 稫[貧力] 熭[衞] 鐰[曹,才刀反] 燩[口擊〇各本"擊"譌作"繫",惟影宋本不譌] 焇[消] 殆[枯] 殦[苦老] 濾[巨] 烼[許勿] 焪["穹"之去聲] 炒[火交]

㬬[泣] 膊[普各] 咈[拂] 煬[恙] 晒[歌鄧] 瞟[匹妙] 曬[所賣] 拸[與紙、與支二音]

甈[去滯] 罅[虎嫁] 璺[問] 甓[補買] 㧊[必麥] 捇[呼號反] 剅[多矦] 掝[呼麥] 扣[呼没,又乎没] 劈[普歷] 擳[衞] 劃[口穫〇各本"口穫"作"呼獲",蓋因下文"劐"字音呼獲而誤,今據《玉篇》《廣韻》《集韻》《類篇》訂正] 㿿[弋櫱] 劐[呼獲,又口獲]

鬜[揩瞎] 鬝[口八〇各本"八"譌作"入",今訂正] 鬠[瞎] 頽[口本、口骨]

喛[呼館、虎元二反,《方言》音段〇各本"段"譌作"叚",今訂正]

齘[械] 苛[何] 嫳[篇悦,又普列] 覣[於危〇覣,當作"娶",音羌箠反。曹憲音於危反,非是。説見《疏證》] 顙[巨錦、渠領] 倈[戾] 娺[陟衞] 怴[呼述] 訮[虚妍] 訶[火哥] 䖛[苦暫] 噈[虚葛] 譇[時] 訙[血] 詌[魚刮] 哯[涅] 喤[户盲]

恫[勑公] 忄勺[灼] 痨[老到,又力彫] 憯[七點] 蛆[那達] 憡[策] 瘌[羅達] 藃[丑略,又呼各] 䖈[案:此"䖈"字,張揖出重耳〇各本"重"譌作"里",今訂正。"藃、䖈"同字,故云重] 疼[彤] 痠[酸]

喙[凶穢〇各本"凶"譌作"又"。案:"喙"與"㹕"同音。前卷一内"㹕"音凶穢反,今據以訂正] 咶[虎夬] 忥[虚氣] 欬[虎夾][1] 欪[漢佳〇各本"佳"譌作"家",辨見《疏證》] 欨[苦訝] 䶐[姑]

炎[淫] 烔[同] 焯[之藥反] 煦[火遇] 炘[虚隱] 煆[呼嫁] 炔[哀] 爆[布角、普角、步角] 焫[而悦] 爇[然] 爟[古亂]

鄙[多朗] 尻也[上古魚反。尻,案:《説文》從尸几聲。今"居"字乃"箕居"字也,

① 此依正文,原譌作"欬"。

古慮反○“上古魚反”,各本“反”皆作“切”。案:“反切”之名,自南北朝以上皆謂之反,孫愐《廣韻》則謂之切。唐玄度《九經字樣·序》云:“聲韻謹依《開元文字》,避以反言。”是則變“反”言“切”,始自開元。曹憲爲隋唐閒人,不宜有此。凡《廣雅音》中有言“某切”者,皆是後人所改,今訂正。“《説文》從尸几聲”,各本脱“從”字,今補]

㥿[退]　緆[他丁]　紿[待]　繟[闡○各本“闡”字誤入正文,辨見《疏證》]　譠[託山]　縩[昌善]

娤[莊]　襐[蕩]　賁容[上奔音。《周易·賁》卦,今人多“彼寄反”,失之]

捈[塗]　搯[他刀]　掏[憲案:即上“搯”字]　舀[臾]　戽[虎]　攣[拘萬]　抖[呼括]　抒[侍與]

厺[去○各本“去”字誤入正文,辨見《疏證》]

摫[規]

腬[柔]　膢[攘]　僗[苦交]　泡[白交]　傀[古迴]　膞[孚二、扶四○各本“扶”皆作“狀”。“扶”譌爲“状”,故又譌而爲“狀”,今訂正]　腯[突]　㱿[火計]

嫢[具癸、聚惟]　摻[所艦]　纖[死簷]　麼[莫可]　尛[獘]　莜[悦]　杪[弥沼]　尐[子列]

倰[來登]　儠[力葉]　橢[大果]　僓[潰]　暢[悵]　脡[恥延]　鋋[恥輦]　隑[牛哀反]

蹻[巨略]　猤[口堯]　犺[抗]　慼[户湛]　魈[巢○各本“巢”字誤入正文,辨見《疏證》]　獜[力仁、力忍]

妓[古委]　蛬[恭録]

繝[弋冉]　剿[魚劫,又且葉]　撚[乃典]　㯻[粟]

癘[力計、力翅]　癤[節]　痤[坐戈反]

肬胮[上尤音,下扶江○各本“扶”譌作“狀”,今訂正]　肛[虎江]　膫[匹聊]　膮[呼堯]　胅痕[上大結,下互根反○各本“互”譌作“五”,今訂正]　尰[時勇]　尳[曜]

紕[布寐、扶規]　督[篤○各本“篤”字誤入正文,辨見《疏證》]　摞[力維]

艴[勃]　艵[片鼎]　嘔[於句]　煦[虚于○各本“于”譌作“去”,今訂正]　繻[死俞]

譙[慈曜]　諯[釧,又至緣][1]

澇[老刀]　灡[簡]　淅[桑狄]　滌[蕩]　溞[素高]　澡[早]　湔[子堅]　沬[呼内]

𠛱[結]　刌[寸本]　𠜾[初律]

闄[於小]　儌[要,又音也,正音計堯〇案:儌,音計堯反,又音要,故曹憲云然。各本"要又音也正音"六字誤入上"闄"字下,"又"字又誤作"口"字。考《廣雅音》内"又"字多誤作"口",又考《玉篇》《廣韻》《集韻》《類篇》"闄"字俱無"要"音,今訂正]　迣[制]

荼[塗]

䥑[旻]　䅂[似亦反]　耝[士魚反]　稩[酒胄]　賩[在宗]　𤼵[方乂]

𢇍[於輒]　䌶[魚劫]　組[直莧〇各本"直"譌作"亘",辨見《疏證》]　繬[色〇各本"色"字誤入正文,辨見《疏證》]　縪[畢]

縹[隱靳]　絣[布耕]　絽[吕]　縩[略]　絣[百猛、布耕]

絎[下孟]　紕[符夷]　純[之□、諸尹〇各本"之"字與"諸"字相連,"諸"字又譌作"洎"。考《鄉射禮記》及《曲禮》釋文,"純"音之閏、諸允二反。"諸允"與"諸尹"同音,是今本"之"下脱一字,而"洎尹"爲"諸尹"之譌,今訂正]

顮[頻]　㵴[亡本、滿〇各本"亡本"二字誤入上文"憫"字下,"本"字又誤作"木"。辨見《疏證》]

䫗[苦昆]　退[退]　掊[步侯]　㧒[所斤]　刮[古滑]　攽[筆貧]　𡲢[古巷]　㾓[衰]

㳄[隨絹]　縻[目羈]　紖[直引]

隋[大果反]

抮[顯]　盭[戾]　菲[乖]　舛[侈遠]　遣[採各]　偭[面]

𢅅[逐由反]　幏[蒙]　幎[覓]　幔[莫汗]　帲[福郢]　葺[子立、且立二音]　蕁[此寢去]　㬋[悼]　幠[呼]

魕[魚記]　儑[充涉]　忦[公八、公械]　咺[火袁]　謾[鑾]　台[夷]　蛩[拱]

---

① 以上卷第二上。

烘[恭]　征[征音]　伀[鍾]　恎[多結]　佟[冬]　遽[其去]

麥[亡咸]

攓[苦懷]　抆[吻]　挸[古典]　揤[子翼]　撨[嘯]

㔋[鑑,又音檻]　籤[七廉]　剡[易斂]　鋭[役桂]　銛[纖]

抓[壯孝]　撅[厥]　擖[落合○當音公八、口八二反。説見《疏證》]　揢[可瞎]　擿[恥革]

餥[非音,又匪]　飵[昨,又似故]　飿[女霑,又如甘]　啖[噉]　饂[烏困,又於恨]　饐[五困]　飡[錯寒]　餔[逋]　啜[時月、褚芮]　饌[士眷]

儽[六罪、力維○各本"罪、維"二字並譌作"羅"。案:《釋訓》篇"儽儽,疲也",曹憲音力罪、力追二反,《玉篇》《廣韻》並同。"力罪"與"六罪"同音,"力追"與"力維"同音,今據以訂正]　鬡[女革]　嬾[洛滿]

晻[烏感]　薆[愛]　薈[烏鱠]

瀧[籠]　涿[陟角]　淦[落感]　浸[子禁]　瀸[作廉]　溓[廉]　漚[惡候反○各本"候"譌作"侯",今訂正]　澆[計堯]　濯[口角]　淳[市倫]　沃[屋]　淙[士降]　湓[蒲悶]　淋[林]　灌[觀]　灓[鸞]　濧[徒内]　瀀[憂]　浞[士角反]

踏[他帀]　蹠[只易]　踰[遥,又曜]　踋[拂]　蹳[陟劣]　蹶[厥]　踥[勑例]　傺[恥制]　眙[恥利]

礹[盈]

崒[萃]

憛[他紺○各本"紺"譌作"甘",今訂正]　恁[稔,又如深]　侖[淪]

仳[鼻之]　倠[許惟]　娸[欺]　媄[陪]　儓[臺]　䏬[蒲北]　顙[爽,又差丈反]　頚[丁可]　嗝[欽危]　臛[權]　睽[逵]　頦[該]　顝[苦没]　頗[欺]

諀[匹爾]　訾[子移,又紫]　誹[福尾]　詆[嫡禮]　譭[毁音,即"譭謗"之"譭"。今"毁"乃訓壞○案:"譭"字古通作"毁",故《説文》無"譭"字。必謂"譭謗"之"譭"不當作"毁",則泥矣]

鏊[思列]　鐇[甫袁]　錎[於檢]　敤[苦果,又口臥]　豥[卓]　鍛[短館]　椎[直追]

台[夷]　抎[云粉]

戻[矢]　鋪[判逋]

嫽[了]　誂[大鳥]　透[叔]　揥[帝○當讀爲擿,説見《疏證》]　嬈[那鳥]

戲[慭一]　欷[許謁]

讓[居免]　軋[於八]　吃[棘乞]

慭[魚靳]

逞[勑領反]　恔[校]　怏[可怪反]

䴡[精禮]　湑[思吕]　滰[巨仰]　潷[筆]　笮[側白]　篨[士宜、士疑、勑之反]　灑[子紹、子肖]　釃[所佳、所飢]　逯[禄]

㹀[苦檥]　㺳[喙]　犤[布兮]　犍[子兮]　㹄[坐禾]　癠[在細]　觜[藉禮]　痔[於綺]　府[附俱、付禹]　旋[旋]　羅[步楷○各本"楷"譌作"揩",今訂正]　䟴[竹律、徵劣]　㕟[彫]　孑[吉□○"吉"下脱一字]　孓[居闕]

拱[俱隴]　鉼[丙]

懯[普旳]　朴[普卜、普角]　越[七咨,又步末]　屌[即同上音]　造[七到]　蕖[渠]　猝[錯忽反]

陠[布乎]　奊[胡結]　頼[卑啟]　彼[化彼草木][1]　鼓[韋]　陂[必何]　陀[大哥]　戲[羲]　偏[匹緣]　迤[亦音陀]　哨[七笑]　哇[於家]　差[策霞]　剌[落末]　隤[徒回]　䫳[俄]

訽[鈎儐]　譙[誑]　詒[與之]　諼[許袁]　謬[靡幼]　嚜[眉北]　尿[恥梨]　憎[力兮]　他[虎兮]　謾[莫干]　譠[託寒]　謱[達各]　詿[乖賣]　詑[湯陁]

葳[恥輦]　晐[該]

餞[殘]　肄[弋至○各本"弋"譌作"戈",惟影宋本不譌]

俜[普經]　侹[他鼎]　挑[大了○各本"大"譌作"夲",今訂正]

豉[昌樹]　倮[果]　仡[魚乙]

蹵[酒六]　躓[竹利]　蹸[才他]　跐[吳買,又子爾○各本"吳"譌作"㕣"。卷一內"跐"字音側買反,"側、吳"同音,今據以訂正]　党[敞]　跈[丁戾]　踳[詩容]　蹋[大臘反。今人作"蹹"字如此,失之矣○各本皆脱"作"字。《釋器》篇

---

① 此曹説與注音無涉,疑有誤,不可考。

"腅"字下云:"今人作鮭字如此,失之。"今據補]

黝[烏減]　俺[於劒]　維[聿醉]　悆[以去]　慌[呼晃反]　詄[徒結]　悈[退]

註[只屢]　栞[刊]

塌[徒盍]　疊[徒葉]　髻[都果]　雺[廣音音洛][1]

博雅音卷第三

釋　詁

倢[字獵]　佴[如志]　坒[毗利、毗栗]　笓[毗利]　差[初宜]

惎[巨記]　恉[旨]

輸[臾]　劈[先列]　殂[在安]　剟[例]　菆[側流]

饋[遺]　棬[去晚]　樀[摘,又竹戹]　掓[竹利]　摶[大丸]

粲[錯汙]　彰[落汙]　彪[必鄒]　辬[班]　璘[鄰]　虨[迫姦]　彬[福巾]　彧[於菊]　昈[户]

倢[勑達]

攋[頃]　盻[介]　䀪[古朖○朖,與"朗"同。《玉篇》"䀪"音古莽切,《廣韻》音各朗切,並與"古朖"同音。各本"朖"譌作"浪",自宋時本已然。故《集韻》《類篇》"䀪"字又音居浪切。考《玉篇》《廣韻》皆無此音,後《釋宫》篇"䀪,道也",《釋地》篇"䀪,池也",曹憲並音古朖反,今據以訂正]　殄[終]　猝[卒]

傅[敷]　譙[子佳]

梱[苦本]　㢋[託歷]　刲[苦圭]　刳[看姑]

翬[呼韋]　翽[即恆]　翥[諸悆。《方言》音曙]　翾[火仙]　翧[喧]　翷[鄰]　翃[宏]　䎘[呼麥]　䎆[連]　翾[吁緣]　翋[力合]　䎣[大合]　鴥[聿]　翻[三六]

鑿[昨]　矞[聿述,又市出]　欮[居月]　扫[乎没]　斛[他聊]　抉[於穴]　竄[毳,又穿絹]

搒[彭]　撅[居月]　妭[本作"犮",未詳。弋音]　擿[雉戟]

---

[1] 以上卷第二下。

翕[虚及] 焕[哀] 煜[夷六] 熺[晞]

悲[翡,又芳尾]

怤[孚] 愉[以珠] 兑[度外]

僄[匹妙] 媥[篇] 娍[曰○各本"曰"譌作"日",今訂正] 傷[以豉] 仉[凡]

窴[田]① 羞[士佳,又七咨] 坡[杜] 敜[乃結、乃頰] 昏[下刮○各本"下刮"譌作"丁列"。《集韻》《類篇》"昏"陟列切,引《廣雅》:"昏,塞也。""陟列"與"丁列"同音,則宋時《廣雅》本已誤。《玉篇》《廣韻》並云:"昏,下刮切。"今據以訂正] 竅[千外] 瞎[一活、女刮]

礱[落東] 甐[叉佳○各本"叉"譌作"又",今訂正] 甐[爽] 剴[五哀] 扢[古礙、古對○各本"礙"譌作"擬",惟影宋本不譌] 擎[研] 揩[看皆] 硐[同] 摧[口淮] 鎣[胡冥] 磃[斯] 扨[七結] 砥[止]

訋[弔] 訍[丑加] 譼[羊瑞] 惹[汝奢、汝灼] 譣[於劒] 誳[女家] 拏[女家]

媱[遥] 惕[陽] 嬉[虚之] 勄[逸○各本"逸"譌作"浼",今訂正] 契[孤八]

踼[腸] 嵍[務] 捧[布界反]

倸[巨恭○各本"恭"譌作"工",今訂正] 倯[春] 詢[呼遘、乎遘、居候三反] 剔[天歷]

攍[盈] 捹[鄧] 擔[帶甘]

縻[靡皮] 蠭[普衡] 胹[而] 餁[而枕] 饎[充志] 稭[酷] 酋[似流] 粟[研] 熟[孰。憲案:《説文解字》從丮𦎫,即"孰"字也,與"孰誰"之"孰"無異。唯顧野王《玉篇》加"火",未知所出]

愋[爰] 憏[邃] 緹[低] 惼[革] 竚[竹吕,又音佇○各本脱去"又"字,"音"字又譌作"立",影宋本"音"字不譌] 諝[思與、思余]

垤[徒結] 坻[直尸] 塲[傷]

蹻[虚虐] 遴[良鎮] 翜[師急○各本"急"譌作"𢚩",今訂正]

絓[口乖] 挈[古八] 儳[瓊] 寡[寞]

惃[衮、昆二音] 憝[勃] 眠[迷殿] 愮[遥] 攖[嬰] 撓[乃飽、乃孝] 慁

① 此依正文,原譌作"寘"。

［乎困］　攪［古巧］　緼［於昆、於粉］　惷［嗔允］　妄［望］　怓［女交］　憒［古每］

蹇［蹇］　妯［抽］　獿［奴絞、乎絞○各本"奴"譌作"叔"，今訂正］　獪［柯邁］　躁［作誥，竈］

逴［勑角，一音卓○各本脱"音"字，今補］　綦［巨基］　趠［勑角］　跛［布可］　踦［居綺］　腌［烏感、烏含、烏洽三反］

衙［乎麵○各本"麵"皆作"典"。考《玉篇》《廣韻》《集韻》《類篇》，"衙"字俱無"乎典"之音，後《釋言》篇"衙"音乎麵反，"衙"與"衙"同，今據以訂正］　詅［力政］　賬［居］　賣［麥嫁反］

彙［謂］　穜［種］

疙［居乙、魚乙］　騃［魚駭○各本"駭"譌作"該"，今訂正］　惛［昏］　誖［蒲没］　胥［旨升］　眂［莫鄧］　瘍［易］

愓［揚，一本作"傷"］　矯［居夭］　揉［而手○各本"手"譌作"毛"，惟影宋本、皇甫本不譌］　侹［達鼎］

煖［暖］　㷷［女涉］　焫［奴本］　曣［於見］　曕［乃見］　暍［於曷］　曩［乃旦、乃達］　燠［於菊］　燂［潛］　煗［奴管］

比侹［上鼻，下大鼎○各本"鼎"譌作"鼻"，惟影宋本不譌］　佽［次］　跆［劫］　遞［狄邐］　迭［狄頡］

鋡［含］　龕［堪］　盛［平聲］

氾［敷劒］　醃［滿］　洼［烏蛙、㐌家反］　瀾［剡］　濩［乎郭］

匋［桃○各本"桃"譌作"挑"，今訂正］　奞［歡］　譁［五瓜○各本"五"譌作"一"。《方言》"蔿、譌、譁、涅，化也"，譁，音五瓜反。《廣雅·釋言》"蔿、譌，譁也"，譁，亦音五瓜反。今據以訂正］　蔿［于彼］　匕［化］

蠡［力移］　孳［兹○各本"兹"譌作"慈"，今訂正］　僆［輦］　顥［䌛］　孿也［上山患反］

撊［下板］　梗［介猛］

賸［以證］　庇［不異］　寓［儀注］　侂［託］

害［乎割○各本"乎割"二字誤入下文"曷"字下。案："害"有二音，音乎蓋反者，訓爲傷；音乎割反者，訓爲何。《廣雅》訓"害"爲何，故以乎割反别之；若"曷"字，則

不煩音釋。今訂正]

刊[可寒]　㓹[竹劣]　㓼[力活]　剽[匹妙]　剗[楚簡]　劚[獵]

炅[桂〇各本"桂"譌作"柱",惟影宋本、皇甫本不譌]　覞[古刀]　僎[士眷、士免〇各本"眷"譌作"春",今訂正]　䙶[式冉]

寥[聊]　㚻[乃頰]　穵[乙八]　䆻[力彫]　崝[士耕]　峵[宏]　洿[烏]　窱[天了]　掊[步侯]

䨨[力救]

秝[歷]

擐[乎慢、官□〇"官"下脱一字。《玉篇》"擐"音胡慢、公患二切]　蘺[麗]　壓[戹匣]　摶[團]　著[丈略]

頯[俱遺反]　圜[還]　圓[旋]　梋[沿]　團[市宣]

壤[而養]　堁[苦臥]　㙪[於奚]　坌[普寸,又步頓]　塺[磨〇各本"磨"下並云:"恐埋字。"此校書者所記,謂"磨"字恐是"埋"字之譌耳。蓋俗讀"塵塺"之"塺"聲如埋,故以爲當音埋,不知"塺"音莫臥、莫杯二反,入過、灰二韻;"埋"音莫皆反,入皆韻。今删]　坺[末]　坺[步葛]

詇[於敬、於兩]　謸[烏到]　䁤[乃□、尼□〇"乃"下、"尼"下各脱一字。《玉篇》"䁤"音乃經、乃定二切]　諅[忌]

撎[直利,《說文》直二]　萳[亡殄、亡安]　儓[臺]　亢[抗]

聳[竦,《方言》音雙講]　聹[宰]　聐[五八]　聃[宏]　聵[五怪]

縳[篆]　緯[韋貴、韋鬼]　稛[苦本]　穜[之善]　繃[布耕]　縡[衮]　潔[下結]　圛[苦本]　摎[九流]　輹[福]　笿[落]　繶[憶]　絯[該]　箕[古典]

嗢[凱]

譩[於計]　誃[狄麗]　諟[帝]

緡[亡巾]　戲[許寄]

担[亶]　擆[竹略]　扚[竹歷]　打[鼎]　拋[片交]　揙[布音,又普乎]　抰[於兩]　抶[恥栗]　撆[芳舌、普結]　捨[者]　攙[步結、普奚]　撓[影]　拍[普柏]　㧾[苦忽]　抋[步必]　摽[孚堯、怖交二反]　擈[普角、步角]　拍[忘革]　攩[臀〇各本"臀"譌作"殿",今訂正]　搒[彭]　挨[烏駭]　敋[格]　批[普迷]　掫[布后]　摢[墟]　持[他得]　拘[吁縣]　揊[普力]　敤[口果○各本"果"譌作"杲",辨見《疏證》]　敂[口]　擨[五葛]　敵[索董]　㩉[許義○各本"義"譌作"美",今訂正]　拊[方主、芳主]　摵[所革]　捭[布蟹]　攷[考]　擎[口弔]　攩[幌]　弢[弼]　㪃[口餓、火可]　擽[歷]　操[勞]　擴[山育]　擊[卻閑、卻賢]　搉[苦學]

淟[他典]　涊[那典]　溾[烏回]　浽[烏禾]　澣[乎管]　洿[烏]　淖[孃教]　淈[古没]　澳[於六]　濊[穢,火末]　淰[詠感]　溷[乎困反]

俌[蒲]　竣[七旬]　跧[壯拳]

厭[於甲○當音"厭足"之"厭",説見《疏證》]　愿[苦挾]　喊[呼感○各本"呼"譌作"乎",今訂正]　哿[可我]　侻[他括]

錭[桃]　鈯[大兀]　但[度滿○但,本作"伹",音"癰疽"之"疽",説見《疏證》]　拙[織厥]

欷[許記]　㖫[去亮]　喨[亮]

胺[烏葛○各本"葛"譌作"臈",今訂正]　餧[諾每]　黲[七敢]　黴[眉]　漫[莫旦]　穤[每]　殃[央]　殕[敷九]　腐[父]　殀[朽]　浟[敝]　殜[來旦]

贅[只歲]　訛[匹夷○各本"夷"譌作"荑",今訂正]　效[教]

堅[邱殄]　牭[四]　恎[質,又多結反]　愎[符逼]　很[乎懇]

窊[乎化]

夾[古匣]

擠[子詣]　抵[丁禮]　㧝[戎][1]

襩[直龍]　䪥[逵]

輯[魂]　軌[抗]　轎[奇廟、奇朝]　軻[五浪]

㲉[苦大]

姘[靜]

獑[山減]

涂[塗]　娉[聘]

① 以上卷第三上。

掕[落登,又陵○此言"掕"音落登反,又音陵也。影宋本以下"又"字譌作"乂",郎本遂改爲"義",謬甚。今訂正] 竣[此循] 綝[恥林] 処[昌汝反。憲案:《説文解字》從夂几○各本"昌"譌作"曷","夂"譌作"文",影宋本惟"昌"字不譌[1]] 咹[遏,又音稱。案○各本"又"譌作"口",今訂正。"案"上不當有"稱"字,未審何字之譌] 跱[直李○各本"直"譌作"宜",今訂正] 根[雉庚] 渟[亭] 懫[質] 趕[畢] 蹭[蠶,又音所甘○各本"又"譌作"口",今訂正] 抳[女几、女禮] 驜[煩] 駤[致] 躇[徒加] 券[羌萬]

䳃[烏孔] 䵶[奴孔] 錁[乎果] 矮[委] 孩[口才] 䛡[棄] 䎃[那] 辡[莘] 䎂[浮] 敊[之豉] 䏁[丁含]

蓴[祖本○各本"本"譌作"木",今訂正] 蕁[大丸] 嵏[走公] 嶲[俊] 灇[湊] 贅[織芮] 洿緦[上烏,下思][2] 翕[許及] 輸[始朱] 聚[慈愈]

蕺[慈頡] 撥[博葛] 繕[時扇] 竘[口] 捲[權] 搖[亦咲反○各本此三字誤入正文,辨見《疏證》]

蹴[子六] 綫[居件○各本"居"譌作"启",今訂正] 瘀[子就○各本"就"譌作"訧",今訂正] 膲[子笑] 綰[彎板] 搊[抽音。憲案:即"抽"字也] 緛[而兗]

贅[紙袂]

憍[嬌] 怚[子絮] 慢[麥澗] 傷[余賜]

眒[無巾] 猴[侯○各本"侯"譌作"候",辨見《疏證》]

庱[素高、色鄒] 譞[呼縣○各本"呼"譌作"乎",惟影宋本、皇甫本不譌。下"呼詺"同] 詷[呼詺] 匃[各末] 拊[拂舞] 絿[求] 募[暮]

陶[桃] 埽[素考] 擎[步干] 摒[必政] 箯[婢繇] 拺[呼高] 撥[博葛]

蹲[存] 踦[夷] 㞕[夷]

歛[呼濫、呼甘○各本"甘"作"嵌",因"歛、欿"二字而誤,今訂正] 欯[居乙] 匄[葛] 訑[於劒] 禆[浮夷] 乞[去乙]

闕[口決] 霝[零] 罚[天鼎] 零[冷] 宎[呼穴] 䆗[寮] 豁[火活] 坍

① 宋,原譌作"本"。

② "緦"乃"總"之譌。辨見《疏證》。

［乃挾○各本“乃”譌作“仍”，今訂正］　邱［邱］①　窾［款］　甹［由］

貿［莫救○各本“救”譌作“故”，今訂正］　施［失異反］　詨［火教］　敫［亦豉］

搜［所鄒］　卉［呼尾］

沘［圼］　沚［止］

魁［苦迴］　摡［許既］

摣［去牛］

齰［士白］　齺［士角］　齮［五綺］　齕［乎謁］　齜［士乙］　齦［苦限］　齵［欺］

齖［邱牙］　齸［丁皆、多来］　齹［竹加］　齰［士滑］　咥［狄頡］　齩［五巧］

啄［陟學］

限［乎簡］

搴［蹇］　夭［於表］　捽［蒲骨］　揠［於八］　擢［濁］　踚［藥］　抍［“蒸”之上

聲］

鋪［浦乎○各本“乎”譌作“手”，今訂正］　散［散］　䶑［麗。《説文》李衣］　捬

［片乎］

挼［作爲，又子寸，又子迴○各本上“又”字譌作“文”，今訂正］　擪［於涉、乙甲］

攤［乃旦］　攎［譏去］　按［安去］

掫［壯后］　烎［然］　絃［呼縣。今人以爲乎烟，失之矣。凡弓弩琴瑟弦皆從弓○

各本“弦”譌作“絃”，今訂正］

歁［苦簞］　堇［謹○當讀爲僅，説見《疏證》］　媘［生景］　屌［楚立］　戹［丈立，

又音雉立○各本“又”譌作“口”，今訂正］

屯［陟倫］　驙［知焉］　蹇［寋］　訒［刃］　赾［謹］　憎［增］　懹［人尚］　遴［間

慎］

諄［之閏○各本“閏”譌作“問”，今訂正］　訧［尤］　櫱［御別］　蹙［子六］

搑［而容］　扱［初匣］　抍［“蒸”之上聲］　擓［古會］

餅［必井○餅，當爲“餠”；餠，與“飯”同，説見《疏證》］　餌［耳意○各本“意”譌作

“音”，今訂正］

䚃［恥敬］　䁅［眉］　閈覗［上孤限，下司］

① 注音字疑爲“丘”字之譌。

粱[卬]

矇[蒙] 瞍[蘇苟]

蔚[慰] 縟[辱] 劬[其俱] 驟[仕究○各本"仕究"譌作"在九",又誤入"劬"字下,今訂正]

嫴[姑] 媮[偷]

撮[錯括] 搕[烏革] 操[錯高] 捦[琴] 搞[厄] 拈[念甜] 抩[而鹽] 掫["鄹"之上聲] 蒦[於縛、居博、於虢] 攋[獵] 齎[子兮]

啜[時月] 嚌[在細] 啐[倉快]

泚[子尔、子米] 搖[岳] 嶢[堯] 搣揹[上滅,下且定] 捽[旬律]

挅[都果] 舁[臾甫○各本"臾"譌作"央",今訂正] 斛[昀] 斠[角]

繂[子代]

棚[步宏,又負萌] 榫[苟八] 磯[子田] 豉[古彼]

濘[寧定]

妠[奴闇]

印[於信反]

毖[祕] 比["比方"之"比"、"一鄰比"之"比"○各本"方"譌作"木",今訂正]

忋[古亥反,又改音]

婞[幸]

軼[逸○各本"逸"字誤入正文,辨見《疏證》]

悛[七緣] 懌[亦] 諽[革] 硟[失氈,又以戰]

迲[企]

皽[之善] 皷[晚] 渙[喚] 憰[乎圭] 昫[火甫]

彌[弥] 追[遲] 腆[土典○各本"土"譌作"中"。卷一内"腆,美也",曹憲音土典反,今據以訂正]

憝[度會] 慝[土勒] 虘[虐] 訧[尤] 慜[俾列、芳列○各本"俾"譌作"埤",今訂正] 讟[讀] 愖[才周] 鉗[奇炎] 憚[大汗] 疲[拂飯] 痓[叱至] 羸[力追] 貉[麥] 傄[三盍、索合] 倈[爽] 憎[烏外] 孱[士虔,又士簡]

嘐[乎孝] 論[曜] 詄[逸] 挩[奪○各本"奪"字誤入正文,辨見《疏證》] 誎[賚] 諀[布兮] 詿[卦]

訂[田鼎]　準[准]　廷[于放○此音誤,辨見《疏證》]　枰[平命]

捭[布買]　撦[充野]　坼[勑格,疑即□字也○“疑即”下脱一字,各本“勑格”二字誤在“疑即”下,今訂正]　闢[辟]　闖[爲靡]　闓[苦每○各本“苦”譌作“古”,今訂正]

殙[谷]　殐[速]　殲[甓○各本“甓”譌作“壁”。《集韻》《類篇》“殲”音甓,又音壁,引《廣雅》“殲𣩠,歺也”,則所見已是誤本。考《玉篇》《廣韻》,“殲”字皆無壁音。卷一内“殲、𣩠,極也”,曹憲音甓,今據以訂正]　𣩠[析]　殙[昏]　殯[方問]　歺[五葛]

儐[賓音○各本無“音”字,影宋本有]

竘[口]　妖[倚嬌]　媮[偷]

躔[馳輂]　踈[匹迹]①　迒[乎郎]　踵[之隴]　蹤[子龍]

錘[直危]　鬲[鼎]　錪[腆]

紉[女珍]　緂[切]②

博雅音卷第四

釋　詁

措[錯故]　弛[失旨反]　寘[摯]　罬[即古文“置”也]　鉒[霔]　署[辰豫]

斡[意括]　攙[短]　逌[育]　敄[尹豉○各本“尹”譌作“丑”,惟影宋本不譌]　搃[毗]

甾[昊儀○各本“昊”譌作“昦”,今訂正]　扲[鉗]　紬[直留]

贅[旨歲]　嘆[亡各]

鮀[烏革]　餒[奴罪]

戔[殘]　瘌[力達]　劌[寄衛反,《字林》音邱計]　凋[多聊反。憲案:《説文解字》凋落“凋”字從仌,彫刻“彫”字從彡,雕鷲“雕”字從隹○各本脱“彡、雕”二字,今補]　痍[夷]

斀[卓]　揑[大結]　擿[池戟反。今人以爲“摘”[竹革]字如此,失之○各本脱

① 依《補正》所引段玉裁《説文注》,“踈”字當作“踈”。

② 以上卷第三下。

"失之"二字,今補]

詼[苦迴] 啁[竹交] 謔[乎濫○各本"乎"譌作"呼",今訂正] 諴[咸] 譺[魚記] 調[達弔]

鬬[流]

齗[謹] 銖[口音,無誅] 敎[汝] 黐[竹革] 黐[恥知] 䵑[日] 黏[女霑]

貲[訾○影宋本以下"訾"譌作"貲",與正文相複。郎本改作"資",尤非。資,音即夷反,入六脂;貲、訾,並音即移反,入五支。今訂正]

敔[魚與] 炈[多感]

僷[葉] 襞[必益] 襵[之涉] 冤[於袁] 枉[於冈] 拳[俱萬]

袷[古狹] 絼[以豉] 複[復○各本脱去"複"字,"復"字又誤入正文,辨見《疏證》] 重[直用]

朏[斐,又普骨] 昕[許斤] 昞[丙] 較[角] 炗[淫] 炤[照] 燿[耀] 冏[古丙] 烜[咺] 晃[晃] 僤[達汗] 彰[落汗] 皉[邲夷] 睪[亦] 曳[曳] 晣[制] 昱[夷六] 晤[悞] 的[的] 旭[勖,又忽老] 焞[他魂] 闓[看每] 粲[錯汗] 烓[烏攜、烏缺、圭惠、口井四音]

瀞[錯定] 泂[乎茗] 淬[七碎]

惲[於汶]

尋[宣] 逡[七循] 揞[無巾]

襮[博]

踦[邱知]

嬴[力果] 裎[呈]

窌[溜,又普孝] 墊[多念] 庰[必整] 宲[保] 揞[阿感] 揜[弇] 寥[歷]

黴[麗] 紽拙[上大河,下夷細]

譏[楚譖] 譣[魚殮反,又魚劒反。今人以馬旁"驗"字爲"證譣",失之矣]

締[第] 緭[骨]

嬺[撟] 赳[糾○各本脱去"赳"字,"糾"字又誤入正文,辨見《疏證》]

娌[里]

遺["遺與"之"遺"]

攄[勑魚] 摛[勑離] 霱[芋]

挩[五禮]

獪[瓜邁]　猾[滑]　獿[奴牢]　謬[奴絞、乎絞]

婳[初洽]　愶[脅]　恇[匡]　恗[看孤]　怯[去劫]

嬗[十扇]　娙[五丁]　娭[熙]

綦[己足]　綴[陟月]

掍[混]

黮[勑感、都甚]　黤[尨]

聰[錯公]　聆[郎丁]　瞟[匹照]　瞭[七祭]　瞑[馬年]

抐[而袂]　揾[於粉]　搙[奴遘]　擩[而主○各本脱去"擩"字,"而主"二字誤入正文,又譌作"揷拄",辨見《疏證》]

謑[乎啟、呼介○各本"呼介"二字誤入下文"詬"字下,"呼"字又誤作"乎",今訂正]

誟[乎孟]　吪[吾禾]

誧[普乎]　証[征]　諭[諭]

譔[助轉]

趞[户格]　趚[山格]　僵[薑]

悓[吁請]　痳[恥律]　瘨[丁田]　姰[旬音,又縣音]　瘸[弔]　僪[巨出]　猘[古制]　獟[五校]　倀[長]

訂[田鼎]

倗[朋,又普等]　粃[彼、比,俱得]

魕[牛志]

綦[俱緑]　綄[緩]　繚[了]　紿[待]　縏[酌]

遻[禮兮]

寠[古候]

昒[勿]　晻[烏感]

雺[忽]　寣[忽]　害[即"寤"字]　梗[梗]

倚[於綺]　蒔[時志]　隑[巨代]　全[棄,即古文"企"字]

愇[瑋]　像[乎佳]　悇[采]　忦[介,又公八]　懟[直耒]　憾[乎淡]　佷[很]

限[限]　竱等[上都奂,又端]　掤[巨殞]　砡[牛六]　婩[魚淺]　嫧[楚革]

珵[楚角] 洒[思禮]

諄[之閏○各本"閏"譌作"閨",今訂正] 悈[下代] 勩[曳] 癉[多賀]

礦[孤猛] 韇[巨位]

悛[且全、子眷] 悈[居力] 忦[五介○各本脱去"忦"字,"五介"二字又誤入"悈"字下,辨見《疏證》] 慬[謹]

勬[眷] 劼[公八] 勖[苦没] 仂[力,又勒]

橐[毳] 穰[而羊] 祰[公老、公篤] 禱[禱] 賕[求][①]

砰[普耕] 磅[普行] 砿[宏] 礚[苦大] 䃓[彤] 硠[力當、力蕩] 砏[普斤] 磤[隱] 錞[苦萌] 鎗[測庚○各本"測"譌作"側",今訂正] 鍠[横] 錚[楚耕] 玲[吕丁] 嘈[曹] 哳[咋末○各本"末"譌作"未",今訂正]

䫻[謂] 飂[流] 飇[必昭] 颮[忽] 颭[呼律] 颰[呼越] 飅[思六] 飉[遼] 颸[楚飢] 飀[逐留] 颮[步力]

繕[膳] 緻[致] 衲[納] 鞔[亡干] 靪[□珽○"珽"上脱一字。《玉篇》"靪"音丁冷切] 絧[辭] 茵[丈例] 鞴[五革] 鞔[兑] 䙽[卓]

擣[擣] 溘[苦合] 任[託]

緫[忽] 紗[□少○"少"上脱一字。《集韻》《類篇》"紗"弭沼切,"微也"] 糸[覓] 紋[蔑]

髆[付] 鬢[邱位] 鬃[且代] 髽[側瓜] 髮[案:《說文》即籀文"髻"字也]

韍[韋] 軭[匡] 弧[乎] 咈[佛] 抮[顯] 徦[很] 盭[麗]

獿[奴絞] 獿[遶] 狡[絞] 訬[士交] 㲋[讒]

辟[浦壁○各本"浦壁"二字誤入下文"片"字下,今訂正] 胖[判]

齁[俱] 妁[酌]

些[先計]

威滅也[威,翾悦反]

恬[大嫌] 倓[大濫,又達甘] 憺[徒敢、徒濫] 怕[普白] 怗[他頰、都簟] 募[莫] 坍[乃頰]

① 以上卷第四上。

龏[力恭]　覒[乎的]

攙[士銜]　捈[塗]　剡[琰音。今會稽有剡縣,音舌染反,未知此音出何文字]　鑯[子廉]

拔[博末]　榜[彭]

臿[初洽]　鎈[祚何]　䤇[敷穢]　鍚[蕩]　鑿[子洛]　捶[之㷊]　鵃[丁老]　㽸[楚芮]　碏[沓]　舂[失鍾]

巉[士衫]　巖[五銜]　崟[吟]　巑[在丸]　嶕[辭焦]　嶢[堯]　阢[兀]　嵬[牛迴、牛尾]　顤[堯]　顤[五高]　嶚[遼]　巢[巢]　陗[且咲]　㨮[七消]　亢[苦浪]　喬[橋○影宋本“橋”作“槗”,乃隸書之譌,各本又譌作“槁”,今訂正]　崒[子恤反]

叡[下邁]　侑[又]

撣[檀○各本“檀”譌作“擅”,今訂正]

㔷[乙牙]　剄[古鼎]

剾[烏侯]　剷[頭]　削[淵]　剜[烏桓]

妊[任]　娠[振身]　㛮[壯救]　傓[身]

偁[“稱”之平聲]　奬[弊○弊,俗“獘”字。曹憲每用俗字爲音,取其易曉也。各本“弊”作“獘”,與正文相複。《釋器》篇“簩,籠也”,曹憲音弊,今據以訂正]　譝[繩]　與[輿○各本“輿”下有“疑”字,乃校書者所記,今删]

皃[陌豹]

廋[所留]

羼[古巷]　差[楚儀反]

頍[規]

歿[没]

揄[以珠]

餔[蒲乎、薄故]　醵[巨略]　吸[許急]　㴸[弭]

趠[卓]　撥[逋末]　殚[卒]

頀[護]

㹕[謹]

𥢢[聾]　䄮[輔]　秎[浮問]　秧[煩]　穧[在細]

磺[遘] �[的]

韗[魂] 般[班]

鯚[才兀] 勡[步器]

謣[莖] 摹[莫乎] 劅[烏角]

漫[憂]

低[都犂] 弛[失以反]

倈[來] 伸[申]

佻[鳥] 絓[乎卦]

韞[藴] 裝[莊] 幰[於問]

搷[田]

箋[牋] 衺[表] 敕[勑] 標[必饒] 諫[七賜] 檄[乎歷] 書[書]

餑[勃] 餽[息] 銚[道] 镺[烏老]

剆[魚既] 刵[耳志]

檢[撿]

夌[陵]

衄[女六] 祡[醉檠] 銋[壬] 幰[於問] 韏[卷]

粈[女又]

踦[居綺] 隒[檢]

冒[墨] 搪[唐] 敞[長庚] 揬[突]

歉[口限] 宊[救]

燇[子栗] 夷[燼] 熷[遭] 炧[囚者]

熝[烏高] 煾[恩] 煨[烏回] 烼[呼勿] 煴[於云]

歕[普頓] 嘫[乎萬] 啯[巨殞] 哯[乎典] 昀[鈞峻] 唷[有六] 飲[其表] 歐[於苟] 嗀[許角]

埳[苦敢] 隵[仕陷] 麙[口減]

懠[在細] 慅[草]

厖[亡江、亡項]

蔫[於然] 菸[於去] 痿[於危] 葱[於元]

錞[是聞] 輖[周] 摯[竹利] 鮨[啟]

嵪[橋]　埤[必耳]

䚈[恥敬]　郵[尤]　驛[譯][1]

博雅音卷第五

釋　言

䚆[覓]　幔[莫汗]　闇[淹〇當音奄,説見《疏證》]

靚[恥敬反。亦爲"靚莊"之靚,似政反。"恥敬"則"召靚"之靚也。今多云"靚師僧",則其字矣〇各本"莊"譌作"在"。"莊"字俗書作"庄",故譌而爲"在"。"恥敬則召靚之靚也",各本"敬"上脱"恥"字,"敬"下衍"疑"字,"召"字又譌作"屈"。今俱訂正]

羑[誘]

揾[烏没、烏困]　抐[奴没]　擩[而専。《周禮》:"六曰擩祭。"]

娋[索教]

訡[於禮]　諴[咸]　謷[五牢、五交]

皸[軍]　皵[昔]　皵[錯古]

摵[乎感]

揣[測委、丁果]

刜[拂]　剅[卓]

𩰲[普衡]　䰩[傷]　飪[荏]

瀉[悉也]

糗[去久]　麨[叱少]

夗[苑]　専[轉〇各本"轉"字誤入正文,辨見《疏證》]

泚[千禮]　溉[才代,又音賊]

譀[乎闇]

鄉[許養反]

愇[瑋]

閧[乎絳,又乎貢]

---

① 以上卷第四下。

陬[側侯反]

柧[孤] 棱[力曾]

晐咸[上古來反]

燀爨[上闡音,下如字]

譠[寧定]

拍[溥麥]

悎[徒落] 忩[乂]

慎[工]

廪[稟]

碻[昀] 沰[託] 磓[對回]

渮[歌] 溏[唐] 淖[女孝]

膢[渠]

蔿[花] 譌[五戈] 譁[五瓜]

跧[莊□○"莊"下脱一字。各本"莊"字誤入正文,辨見《疏證》]

眳[茗] 睛[七挺] 譲[齒真反。今人作"嗔"字如此,失之○各本"嗔"譌作"息",又脱去"字"字,今訂正]

霤[含] 霻[士林]

恑[古彼]

攋[賴]

奥[逵]

癄[才尹] 痠[辞翦○各本"翦"譌作"箭",今訂正] 蛘[音養]

趲[作滿,正音作但] 猲[式藥] 虘[在何]

紕[布兮]

餫[運]

著[張慮反]

跡[方] 跻[巨追] 躂[他達○各本"他"皆作"俱",此因上文"並、偕,俱也"而誤,今訂正]

謦[苦鼎]

劕穫[上才彫,下乎郭]

詆［底］

懟［直類○各本“直”譌作“止”，今訂正］

諫［七剌反］

鎗［苦莖］　摐［楚江］

稙［陟］

譔［士眷、此專反］

頪［雷對］

諫［促］　督［篤］

嗀［奴口］

禔［大兮］

馺馳［上素合］

抵觸［上嫡禮］

𥝣［米○各本“米”作“寐”，此因正文“𥝣”字而誤。《集韻》《類篇》“𥝣”又音寐，引《廣雅》“𥝣，厭也”，則所見已是誤本。案：《説文》“𥝣”字從“米”得聲，《玉篇》《廣韻》並音米，不音寐。《西山經》及《莊子·天運》篇作“眯”，郭璞、李軌亦音米，今據以訂正］　窾［丁念、丁頰］

齌［子兮］

僞言［上魚軌］

遝［待合］

緯［于鬼○各本“于”譌作“丁”，惟影宋本、皇甫本不譌］

痎［古來］　痁［失占］　瘧［虐○各本“虐”譌作“瘧”，今訂正］

痡［步］　瘧［路］　痞［否］

瘖［普來］　疕［匹弭］　痂［加］

竈［作告］

僞［魚美］

噴［浦悶］

愈［夷主］

攍［盈］

犀緦［上西，下思］

㬻[導]

賝[恥林]

貰[世,又常夜]

賜[詭□○"詭"下脱一字。《廣韻》"賜"音詭僞切]　賭[都古]

挂[卦]

䋣[再]

伶[力政]

擘[古萬]

嶠[邱遥]　誺[力代]

㕒也[上宜]

滲[色譖]

胅[淩]　夊[祕憑]

蹪[徒迴]　疐[陟利]

駔[在古反,在朗反]　會[古外]

焠[村對]　鋻[古現]

鷉[楚師]

摎[流]　捋[落末]

摻[索減]

柲[必寄]

叉[□家○"家"上脱一字]

括[居滑]

搯[抽]

妊[任]　娠[織刃。疑即"身"也]

尿[年弔]　溲[所流]

漂[匹照]

蹷[古越][1]　踶[徒計]

趺[徒結]　蹶[古越]

① 正文字作"蹶"。

埻[織允]

扒[八]　擘[班格]

抵[丁禮]

畣[多合。今人以"荅"字爲"對畣",失之矣○各本"畣"譌作"荅",又脱去"之"字,今訂正。又案:《説文》無"畣"字,古但作"荅",非後人之失也]

蒫[才荷]

沾[天聒。今人以"沾"爲"霑"[知鹽反]字,失之矣○各本"沾、霑"二字互譌,又脱去"以"字,"知鹽反"三字又誤入音内正文,今訂正]

抍["蒸"之上聲]　陞[升]

溱[湊]

罨[遷]

培[片回]

慘[錯感]　愒[苦大]

憚[大汗]

瀲[匹照]

叓[更]

亯[響]

嶢[堯]

趉[渠屈]

儭[親刃]

姣[古卯]

將[七將]

捐[□元○脱上一字]

覂[付奉]

唵[乙感]

啐[倉未、倉快]　歃[所夾]

傎[顛]

怕[片麥]

袧[口豆]

穽[辭政]

鈔[策教]

褿[曹]

劮[逸]

敁[丁禮]

脰[豆]

啽[於含、於今] 唶[子夜]

噭[古弔] 嘹[了□○案:《玉篇》《廣韻》《集韻》《類篇》"嘹"字皆不音了。音内"了"字當是"了弔"二字之脱文。前卷二内"噭、嘹,鳴也",嘹,音力弔反,是其證]

軫[敐] 礙[五代]

腒[巨居]

偲[七來][1]

嫭也[上子庶反○各本脱去"上"字,其"子庶反"三字遂移入"嫭"字下,今據影宋本訂正。下"素乎反"同]

嫮[互] 嫪[力高、力到]

穌也[上素乎反]

遣[錯音○各本"音"譌作"二",今訂正] 逄[交]

普[潘户]

操[七高]

俰[迴過]

劁[在堯] 弸[彫]

樘[丈盲、達郎]

閡[五代]

鐫[醉全、醉兖]

睉[吳權] 矆[虚葉]

剿[子紹]

① 以上卷第五上。

巸[烏鉤]　俞[頭]

諟[庶子]　是[疑上字即是“是”也。《書》曰:“先王顧諟。”]

僾[愛]

轔[力鎮]　轢[歷]

謶[之若]

憤[符粉反]

鐮[古點]　嘰[祈○各本脱去“嘰”字,“祈”字又誤入正文,辨見《疏證》]

傃[素]

踋[浦迷,又音普計,正音○謂“踋”字正音普計反,又音浦迷反也。各本“又”譌作“口”,今訂正。篇内“又”字多有譌作“口”者,皆隨條改正,不復覼縷]　踦[車美]

掍[乎本]　拑[巨炎]

隑[恐代]　陭[於靡]

悟[誤]

鍒[七嬌]　燥[素晧]

瓛[魚别]

囮[由○當音譌,辨見《疏證》]　圝[由]

拼[布莖]

購[古候]

絜缺[上音結○各本“苦”譌作“若”,今訂正]

臎[翠]

儷[力計、即儷○各本“儷”皆作“麗”,惟影宋本作“儷”]　扶[蒲滿]

庳[婢]

綢[他高]

跑[步卓]

妨[訪]　娉[聘]

鼎[古堯]　礫[丁格]

辟[符役]

墾[苦很]

過[禍]

俚[吏、里二音]

騎[寄]

煨[限]

涑[素侯]

絜[苦計]

劀[乎圭反] 削[烏涓○各本"涓"譌作"倨",今訂正]

刲[苦攜反]

豆[多侯] 拘[鉤,又圭音]

謯[嗟] 詠[禄]

蹯[藉]

漱[所救]

潠[遜]

譜[普○各本"普"譌作"譜",今訂正]

慄[栗]

辟[匹亦]

誇譀[上苦瓜反]

牴[多禮反]

貳[女史]

燃[然]

掘[渠勿]

葸[死]

姤[遘,又音后○各本"又"字譌作"古"。"又"錯在"遘"字上,又譌作"口",故復譌而爲"古",今訂正]

憒[責]

筡[塗,又恥於反]

菽[莫老] 葆[保]

誔[挺]

扼[乃罪] 摘[擿]

蔿[花] 譌[五瓜]

欒[力捐]

善["膳"字,"夸嫸"之善]

纔[才]　暫[去][1]

晐[古孩]

跠[夷]　蹲[存]

諳[烏甘]

押[匣,又烏甲]

軋[烏八]

孳[玆]

紐[尼手]

目[以]

荄[古來]

僐[膳]

佼[交]

寱想[上莫洞反。今人以"夢"爲"寱",失之矣○各本脱"爲"字,今補]

逪[錯]

瘨[愚]　疣[尤]

詅[力政,令]　衙[乎麵○各本"乎"譌作"呼",今訂正]

匌[苦合]

懲[衞]　寱[詣]

慌[荒,晃]

嬈苛[上泥了反,下河]

媟[薛]　嬻[讀]

痔[於綺]

鈲[正音竹涉反]　鉆[正音巨炎反]

嫴[姑]　榷[角]

① 依例,"去"後似脱"聲"字。

晵[口戾反]①

詤[呼晃反]

僦[子溜]

扴[古八]

嗟[知栗] 咄[都没]

蠢[蠢]

胯[枯]

鈋[五戈] 刓[五丸]

櫱[宜别。《書》曰"天作櫱"也〇各本"天作櫱也"四字誤入下"菑"字音内,又脱去"書曰"二字,今訂正。櫱,各本皆作"孼",惟影宋本作"櫱"] 菑[阻師。疑爲灾音]

尯[去僞]

將[子良]

掜[魚禮]

諀[匹爾反] 訾[紫,又子弟反]

剹[力咨,又音犂] 勑[力咨]

瘱[乎計] 瘲[足用]

嗺[慈欒]

慴[之葉反]

嬾[力但,又音魯滿反] 懈[懈]

欨[呼虞〇各本"呼"譌作"乎",今訂正] 欪[許戾]

棓[婆講]

揧[力達反] 掔[研]

粹[力達反]

縻[靡宜,又音無悲]

瘰[力代] 癘[例]

抾[去劫] 挹[於立]

① 晵,原譌作"胥"。辨見《疏證》。

窇[步角]　窖[古皃反]

𤻮[璧○各本"璧"譌作"壁",今訂正]　癃[隆]

㾈[伏富]　㾕[諶]

訳[支]　詞也[有本作"只,詞也"]

屎[勑吏,又音絺]

餩[於北反,又音烏克○各本"北"譌作"此",惟影宋本不譌]　餲[於結]

抵[紙音○各本"紙"上有"只"字,蓋因上文"只,詞也"而衍,今删]

咀嚼[上慈與,下慈藥]

渫[思熱反。《説文》相列反]

觡[格]

剗[止善反,又音鋤限]

惕[蕩]

衄[女六]

噞[儼,又音魚淹反]　喁[五恭反]

攓[去焉]

崽子[上所佳反,又音死○各本"佳"譌作"隹",今訂正]

袄[於嬌]　殀[於表]

鍣[旻]

俾[俾○各本"俾"譌作"卑",今訂正]

肬[尤]

禒[蕩]

蹽[了]　蹻[巨小]

痹[必異]

瘃[直慮]　尰[時勇]

難[而絹,又音而緣○各本"緣"下衍"音"字,今删]　㸸[溜]

焥[哀]　烗[可拜]

鐮[廉]　柧[孤][①]

① 以上卷第五下。

博雅音卷第六

釋　訓

洞洞[同董]　誾誾[魚斤反○各本"反"皆作"切",此後人所改,説見卷二"尻,古魚反"下。後皆放此]

𩞾𩞾[魚列反]　甈甈[兀]　嶢嶢[堯]

虩虩[所革反]

䍐䍐[翦]　勍勍[巨京反]　仡仡[魚乙]

矍矍[許縛]　昒昒[亡内、亡八]　眈眈[多含]　矕矕["蠻"之上][①]　晩晩[莫限]　瞀瞀[柈]　脈脈[亡革]　眓眓[呼活]　睊睊[公縣]

繾繾[囚淺、治善○各本"善"作"羨",因正文"繾"字而誤,今訂正]　繟繟[闡]　扏扏[求]

嘔嘔[烏侯]　嗎嗎[許連]　忥忥欯欯[上許氣,下許一]　㹌㹌[至]

唏唏[虚几、虚冀]　欨欨[呼可○各本"呼可"譌作"乎下","下"字因下文"火下"而譌,今訂正]　嗢嗢[火下]　呵呵[虚多]　詌詌[口]　啞啞[於百]

慅慅[草]　怮怮[於柳、於流]　㦺㦺[彤]　栔栔[挈]　𡰪𡰪[古兀、呼兀二反]　怛怛[多達]

巘巘[五葛反]　嶭嶭[讒]　阢阢[兀]　嵬嵬[牛回、牛尾二反]　岌岌[魚及]　圪圪[五乙]

雱雱[普光]　瀌瀌[彼苗○各本此下正文有"雪雪"二字,乃"雪也"之譌。曹憲音有"林"字,乃因下文"林"字而衍。辨見《疏證》]

霅霅[素合、徒甲二反]　霃霃[士林]　溯溯[小篤]　湒湒[子立]　驟驟[林]　零零[落]　雴雴[丑入]　霫霫[先入]　霥霥[蒙]　霵霵[狄]

颼颼[所留]　飀飀[留]　飉飉[遼]　瀏瀏[留]

瀼瀼[而羊]　霳霳[奴容、奴冬二反]　湛湛[直減、牒琰反]　泥泥[那禮。今人以此爲"埿"[那低],失之○各本"那低"二字誤入音内正文,今訂正。又案:《説文》無"埿"字,古但作"泥",非後人之失也]

① 依例,"上"後當脱"聲"字。

渾渾［魂］　顐顐［曷］

粲粲［而審］　嫋嫋［那鳥］　姌姌［如琰，又乃點○各本“又”皆作“切”，此因“又”字譌作“反”，後人遂改“反”爲“切”耳。今訂正］

詪詪［古很］　訔訔［魚斤］　詻詻［額］　譆譆［呼氣、呼几二反○各本“呼氣”之“呼”譌作“乎”，今訂正］　譊譊［女交］

慛慛［才回］

暤暤［昦］　皠皠［鵠］　皭皭［字爵］

窱窱［眺］

瘆瘆［吐安、吐案、吐佐三反］　騑騑［妃］　傫傫［力罪、力追二反］

彶彶［急］　俇俇［其往］　勮［其去］

亹亹［尾］

拳拳［卷權］

悾悾［控］　愨愨［苦角］　懇懇［苦很反○各本“很”譌作“艮”，今訂正］　斷斷［都玩］

翸翸［匹人］　翃翃［宏］　翩翩［匹延］　翓翓［火宏］　翽翽［火外］　翝翝［火宏］　翾翾［呼鞭○各本“呼”譌作“乎”，惟影宋本、皇甫本不譌］　翲翲［匹鐃］　翓翓［曳］　翽翽［肅］　翁翁［紛］　翬翬［暉］　翧翧［火元］

煌煌［皇］　焆焆［謂］　倏倏［叔］　炯炯［公迥］　熒熒［乎扃○各本“扃”譌作“扁”，今訂正］

晻晻［烏感］

娗娗［大丁、唐鼎］　彧彧［於鞠］　嬛嬛［淵］　娓娓［渥］　夭夭［於苗］　偞偞［丑葉］

駓駓［步悲］　颿颿［扶嚴、扶泛］　驫驫［香幽、必幽反］　檾檾［古永］　趽趽［方孟］　從從［先拱］　蹡蹡［七羊反］

馥馥［伏］　馞馞［步没］　馦馦［呼廉］　馣馣［烏含］　馛馛［步葛］　馤馤［匹結］　馡馡［拂非］　菽菽［設］

眐眐［征］　跂跂［企，又巨支］　遥遥［遥］　施施［余□○“余”下脱一字］　奕奕［亦］　趫趫［去遥］　徲徲［夷］　儦儦［必嬌］　趞趞［錯］　趿趿［且及］　踥踥［七葉］

憧憧[處鐘]　嫛嫛[柈○各本“柈”字誤入正文,又誤作“拌拌”二字,辨見《疏證》]
徲徲[丈尸○各本“尸”譌作“尺”,惟影宋本、皇甫本不譌]

腜腜[梅]　腬腬[如掌]　昚昚[呼計]　臔臔[呼典]

泡泡[白交、普交]　淘淘[陶○當讀爲滔,説見《疏證》]　洋洋[陽○各本“陽”字誤入正文,又衍作“陽陽”二字,辨見《疏證》]　洹洹[丸]　湯湯[傷]　泱泱[於董]　湝湝[諧]　潒潒[蕩]　泧泧[于密]　浪浪[郎]　油油[由]　泧泧[許活]　滮滮[蒲彪]

汎汎[扶弓○各本“扶弓”二字誤入正文内,又誤作“莩莩”二字,辨見《疏證》]　氾氾[孚劒○各本脱去“氾氾”二字,“孚”字又譌作“扶”,辨見《疏證》]

轒轒[苦莖]　硠硠[郎,又力蕩]

葟葟[皇]　苨苨[那禮]　菶菶[布孔]　芊芊[千]　芾芾[不味]　薿薿[擬]　渒渒[匹制]　茀茀[弗]　媄媄[於苗]　幪幪[莫□○“莫”下脱一字,各本“莫”字誤入正文,又衍作“莫莫”二字,辨見《疏證》]　葑葑[徒内]　務務[亡豆、亡老]
葆葆[保]　蕣蕣[莽]

湛湛[大含、大感二反]　靄靄鑣鑣[上音曖,下音不袄○各本“下音”之“音”譌作“二”,今訂正]　藐藐[亡角]　煒煒[韋鬼]　鐬鐬[呼會]　騤騤[逵]

僔僔[尊本]　伾伾[芬悲]　逯逯[鹿、録二音]　嘽嘽[他安反]　滻滻[産]　噳噳[虞羽]

呦呦[於虯]　嚶嚶[烏梟○各本“烏”譌作“鳥”,今訂正]　譻譻[烏耕]　唶唶[側格]　嘖嘖[責]　嘒嘒[呼惠]

輷輷[呼紘]　轞轞[艦]　丁丁[竹耕]　鼘鼘[淵]　轀轀[隱]　韸韸[蓬]　橐橐[託]　轔轔[鄰]

混混沌沌[上乎悃,下大悃]

烟烟[因]　煴煴[於分]　睢睢[許隹]　盱盱[吁]

衯衯[紛]　憒憒[憒]　怴怴[呼述○各本“呼”譌作“乎”,惟影宋本、皇甫本不譌。下“呼昆”同]　惽惽[呼昆]　忞忞[武粉]

僛僛[欺]　僊僊傞傞[上音仙,下素何反]

蜿蜿[一音烏丸○“一音”上有脱文。《玉篇》音於阮、於元、於丸三切]　蝹蝹[温]

誇誇[苦瓜]

趯趯[佗狄]

嬥嬥[湯的]

呱呱[孤]

踧踧[徒鼎]

頻頻[符賓]

嚻嚻[呼嬌○各本"呼"譌作"吽",惟影宋本、皇甫本不譌]

斤斤[靳]

蒸蒸[旨升反○各本此三字誤入下文"孝也"二字下,今訂正]

駸駸[楚吟]

眊眊[亡到反,亡角反]

諓諓[翦]

僀僀[都計反]

䰫[女交、奴孔二反]

輆軩[上亥,下待]

撟[居夭]

墆[帝]

崢[士耕]　峵[宏]

踸[勑錦]　踔[勑角]

伒[征]　伀[鍾]

悇[悆,又他乎反]　憛[與占反,他紺反]

儴[襄]

倨[其往]　躟[而羊]

曖[愛]　睫[逮]

撣[蟬]

躅[逐由]　躇[直魚]

蹢[馳戟]　躅[逐録]　跢[池]　跦[廚]

跾[子六]　踖[迹]

緭[骨]

裮被[上昌○"上昌"下當有"下披"二字]

䩉[牛力]

敂[揮] 㦦[呼獲○各本“呼”譌作“乎”,惟影宋本、皇甫本不譌]

俶儻[上汀歷,下他朗]

漼[摧] 溰[五哀,五非]

迩[七咨] 雎[七魚]

琦[奇]

抁[尹] 捎[悉蕉]

掉撨[上大弔,下嘯]

匔[邱六] 匑[邱弓]

委[於悲○各本“於悲”二字誤入下文“窊”字下,“窊”字又誤作“逶”,辨見《疏證》]

潢[乎光,又音晃] 潒[蕩]

搌[展] 撍[膳。吕静音己善反]

惆[謂] 恲[普耕]

徜[常]

覝[戚] 䚀[失之][1] 僬[《説文》無立人旁焦,唯有“僥”字,止云“焦僥,短人也”] 僥[堯] 瘂[烏下反] 瘖[音] 聵[五怪]

瀏[呼旳]

讕[蘭] 哰[牢] 謰[連] 謱[力主]

㦬[力兮] 㥣[許兮]

譮[潰] 諤[乎報]

觠[權] 跧[壯拳]

鞅罔[上烏郎,下罔○各本“罔”譌作“岡”,今訂正]

眱[夷]

搉[角] 嫜[辜] 榷[口角] 堤[時][2]

釋　親

爸[步可] 爹[大可] 奢[止奢]

---

① 䚀,原譌作“䪪”,辨見《疏證》。

② 以上卷第六上。

媓[皇]　媤[子我,又子倚]　嬶[畢]　嬭[乃弟,又奴解]　媪[烏道]　姐[案:《字書》即前“媤”字]

娋[所交]

娟[謂]　娣[徒麗]

妯[逐]　娌[里]　姒[似○各本脱去“姒”字,“似”字又誤入正文,辨見《疏證》]

榘[矩]

孜[滋]

㲉[乃口]　婗[吳鷄]

䅳[多可,亦音多]

嬬[須、儒二音]

倩[取令]

殪[古來]　䐈[媒]

𩓐[之然]

顱[力乎]

頏[乎郎]　頷[翁]　頳[成]

顄[乎感]　頤[以時]　頜[閤]

顴[權]　頄[求]　頞[烏葛]　顓[音拙]

柴[子欒]　噣[竹救]

咡[耳志]

齔[叉瑾]

噱[劇○各本“劇”字誤入正文,辨見《疏證》]　圅[含]

嗌[益]

髃[火代]　骬[于]　胹[弋]

肊[於力]　臆[憶]

胳[各]

髈[步光]　胠[袪音,又可慮]　胉[布各○各本“各”譌作“冬”,惟影宋本、皇甫本不譌]

肋[勒]

肺[忿廢]

裨[卑〇各本脱去“裨”字,“卑”字又誤入正文,辨見《疏證》]

腎[時忍]

膀[傍〇各本“傍”字誤入“胱”字下,今訂正] 胱[光] 脬[片交]

肑[百卓]

骶[帝]

胂[申] 脢[梅]

臎[翠] 髁[口外、口臥二音]

臀[屯] 脽[誰〇各本“誰”譌作“佳”,今訂正]

腓[肥] 膂[啟] 腨[時兖]

踦[居綺] 胻[乎當]

膕[古獲] 朏[篤骨]

髖[苦丸、苦魂] 豚[卓,又多鹿反] 臀[豚]

髋[五丸] 骯[苦黄] 髖[力岡] 骺[括] 脯[甫] 髖[寬] 骬[苦亞]①

博雅音卷第七

高郵王念孫校

釋宫

庌[雅] 櫳[籠] 庉[徒困] 庲[來] 康[七粟〇“康”當作“康”,音七賜反。此音七粟反,乃後人所改,辨見《疏證》] 庵[烏含] 㢋[先見〇各本“先”譌作“光”,今訂正]

堭[皇] 壂[殿]

坫[多念] 塼[序]

㾴[徒] 𢉖[蘇] 廔[魯] 廌[罵] 粗[才祖] 㢓[來達]

橧[似陵反,又音曾]

棚[步萌,又負宏] 棼[墳] 栽[才□〇“才”下脱一字]

寤[悟]

窻[悤] 堗[突]

甄[只賓] 匋[桃] 窯[遥]

① 以上卷第六下。

櫓櫺[上簷,下零]

榱[楚悲]　橑[魯好]　桷[角]　棟[恥緑,又且足○各本"緑"譌作"緣",惟影宋本、皇甫本不譌]　椽[直緣]

檼[於靳]

甑[溜]

欂[步各、步革]　枅[鷄,又古研。亦有本作"榍",此一本耳○各本脱"又"字,"研"字又譌作"斫",今訂正。若膺云:"'此一本耳',本,當爲字。枅,一作榍,故云此一字耳。"

欒[鸞]

榕[節]　笮[俎格]

礎[楚]]、磌[真,又徒年]　礩[質]

闞[虚亮]

丰[蜂]

坻[除離]

窋[猛]　窇[步角]　窌[丈革]　寱[扶福]

廘[鹿]　廥[古外]　匰[貢]　廯[鮮踐]

甂[潘]　瓳[胡]　瓦[亭]　甄[真]　甐[力隹]　瓯[夷耳]　瓴甋[零上旳下]

甓[□壁○"壁"與"甓"不同音,"壁"字當是反語之下一字]　甂[鹿]　甎也[上音專]

甗[同]　瓸[百]　甃[側溜]

欄[蘭]　檻[乎減]　槃[籠]　梐[布犂]

閑[乎計、乎介]

柣[帙]　戺[仕巳,又音士][1]　橉[力忍]

橜[巨月][2]　朱[苦木]

罦[浮]　罳[思]

闟[藥]　鍵[奇辨]　扊[及]

闟[大臘]

---

① 又,原譌作"手"。

② 音内"巨月"前原有"手音"二字,當爲因上"戺"音之"手音士"而誤衍。

塎[力彫]　隊[篆]　院[桓]　廦[壁。案:即“壁”]

埤[普計]　垷[五計]

欞[巨於]　栫[在見]　篳[必]　欏[羅]　簬[洛]　杝[離○各本“離”字誤作“籬”,又誤入正文内,辨見《疏證》]

栅[策]　槊[朔]

黝[於糾、於久]　堊[惡,又烏故]　垷[峴音,乎典]　墀[遲]　塈[虚既]　㙞[奴回]　壟[力奉]　㺲[古湛]　塓[莫典]　培[裴]

椴[都館]　橛[居月,又巨月]　楬[竭]　櫫[豬]　牂[臧]　牁[歌]　牐[洞]　栅[策]　杙[弋]

墿[亦]　堩[古鄧]　甿[古朖]　远[上乎郎,下音千○各本“郎”皆作“朗”,此因上文“甿”音古朗反而誤①,自宋時本已然,故《集韻》《類篇》“远”字又音下朗切。考《玉篇》《廣韻》《方言注》《爾雅釋文》,“远”字並音乎郎反,不音乎朗反,前卷三内“远,迹也”,曹憲亦音乎郎反,今據以訂正]

駃[決]　鴷[例]　趭[子肖]　䟌[千繡]　辵[勑略]

塍[視陵]　埒[力闋]　堢[保]　堨[多老]　隓[唐]　隉[音照,之曜]　隄[低,一音度兮○各本脱“音”字,今補]

柤[士家]　浩[倉故]　隁[於建]

榷[角]　彴[灼]

徛[居義,音寄]

鞋[土斗○各本“土”譌作“士”,今訂正]②

釋　器

盎[烏浪]

瓿[部]　甌[偶]　罏[盧]

甈[弟]　甌[一侯]　甂[邊]

甎[棟]　甈[去滯]　甑[初鑑]

甇[多朖○各本“朖”譌作“眼”,惟影宋本、皇甫本不譌]　瓨[杜]　甓[乎暫]

---

① 上文“甿”音記作古朖反。

② 以上卷第七上。

甇[士江]　甈[牛志]　甊[鄭]　瓻[容]　瓬[剛]　瓭[多感]　瓿[部]　甊[來後]　瑶[由]　甀[直類]　甒[廡]　瓮[一洞]　罌[一正]　甔[多甘]　瓶[殊]　甋[臾]　瓺[腸,又音悵○各本“腸”譌作“暢”,“又”譌作“口”,今訂正]　瓾[所猛]　瓬[方往○各本“往”譌作“住”,今訂正]　瓵[他臘]　甕[於龍]　甗[斯]　甂[步美]　罃[烏行]　瓨[下江]　罏[需]　甈[苦計]

錪[土典○各本“土”譌作“士”,今訂正]　鉼[必整]　鬷[蟻]　鏤[盧后○各本“后”譌作“舌”,惟影宋本、皇甫本不譌]　鬲[歷]　鍑[富]　鑣[烏高]　鍪[茂]　鬵[矩皮]　鬹[畀]　錡[奇綺]　鬴[扶宇]　鐈[橋]　鬷[子工]

鋗[呼元]　銚[遥。今人多作大弔反]

鎢[烏]　錥[育]　銼[坐戈]　鑹[力戈]

匾[布典]　榼[苦臘]　椑[步兮]

盩[敦]　槤[牋典]　盌[安]　盞[殘]　銚[遥]　櫂[直皃]　柽[七緣]　枖[決]　盉[橋]　䀉[拳,又眷]

櫑[又章]　㦖[摩]　椷[古咸○各本“古”譌作“苦”,今訂正]　盄[雅]　閜[呼雅]　盞[側限]　温[凡]

斝[古馬]　醆[側眼]

䑈[拙兗]　艆[多旦]　卮[支]

瓠[回故]　卺[居隱]　甗[魚偃]

䈞[乎江]　篆[舉]

籯[盈]　筲[所交]　桶檧[上天孔,下思□○“思”下脱一字。《廣韻》“檧”音先孔、蘇公二切]　籫[作管]　箸[馳慮]

柶[四]　匙[是支]

筴[夾]

枓[主]

柶[頤]

焅[苦篤]　煝[媚]

繫[溪][1]　䍓[桂]　筲[所交]　篆[吕]

---

① 繫,原譌作“嵠”,以下“䍓、䍐、䍡、䍢”諸字原皆譌從由。

簛[甫袁]

䃒[扶] 䶵[諸庶○各本"諸"譌作"栢",惟影宋本不譌] 㼲[徒弔] 䶑[步丁] 畚[本]

筕[斫] 籯[攘] 篗[蘇苟] 㔰[泉,正音旋] 篔[於鞠]

筅[素典○各本脱去"筅"字,"素典"二字又誤入下文"籥"字下,辨見《疏證》]

籥[素管] 㔯[弁] 匰[丹]

匱[巨位]

椷[咸、緘二音] 定[帶定]

槈[乃后]

櫡[張略] 钁[九縛]

錍[方支] 銛[他點]

篝[溝] 筌[七緣] 笓[婢之、布兮]

罶[柳]

籓[捉] 籗[苦郭] 篖[堂] 箪[珍教]

涔[字廉] 栫[才見]

罼[畢] 罓[女洽] 旝[於劫,又於檢]

罟[互○各本"互"譌作"牙",辨見《疏證》] 罦[肥無]

罥[泫] 欚[禮]

軥[衢] 輗[兒]

䩵[兆] 䩷[裴] 鞭[鞭] 鞧[之句、徒侯二反]

著[直藥]

綮[苦侯、苦茂二反] 繱[蔥,又揔]

繰[早]

繂[力出反]

纉[辭足]

紨[敷] 綐[徒外] 纚[式支、赤移二反○各本"支"下衍"又"字,今删] 絓[乖,又空淮反] 䋎[刮]

纀[苦木反] 綃[悉遥]

綱[阿] 緻[直異] 約[藥]

襺[古典]　絖[曠]

編[必延]　繶[憶]　紃[循]　絛[滔]

縹[音栗]　幑[鬼音]　幃[韋]　麴[去菊]　綟[麗]　縹[渠]

追[多回]　纝[況羽]

纁[邱拳○各本"邱"譌作"兵",今訂正]　帉[芳云反○"帉"當作"帉",音介,說見《疏證》]

䯱[副]

籣[公誨]　帨[兒]

幎[辰]　帤[乃可]

帉[紛]　帉[刃]　帥[山律]　幋[盤]　帣[之利]　幏[蒙]　幣[辭廉]

帍[户]　裱[筆廟]

幘[責]

屣[失豉○各本"失"譌作"夫",惟影宋本、皇甫本不譌。下"失俞"同]　㡏[失俞]

帞[陌]　帑[七見,又七年]　鬢[去位]　鬃[采]　幧[七消]

裨[作潰]　褷[子冢]　褋[牒]　襌[單]

襱[常凶]　褣[容]　袛[低]　裯[刀]　襜褕[上昌占,下臾○各本"占"譌作"古",惟影宋本、皇甫本不譌]

襋[棘]　衱[劫]　褗[於𢡟]

衿[領]　幓[於例]

襗[亦]　襡[蜀]

襜[尺占]

裿[居綺]　裨[脾、卑二音]

襸[豎]

襂[衫]

裲[兩]　襠[上音當]　袙[陌]

帔[匹媚]

褘[韋,又暉]　袡[尔占]　襜[昌占]　祓[不勿]　䘏[悉]　韍[弗]　縪[必]

纗[允恚、乎卦○各本"允"譌作"九",今訂正]　緄[衮○各本脱去"緄"字,"衮"字又誤入正文,辨見《疏證》]　韈[誕]

紟[騎禁]

裪[桃] 襦[決] 袿[圭] 襡[大口] 裺[含] 褓[姤禾] 袔[賀] 被[亦]

袘[夷] 袼[各] 褭[胡] 褑[乎佳]

裀[因] 袾[姝、株二音] 袀[弓] 裑[身]

褾[必照] 褯[布蔑] 袹[布末〇各本"末"譌作"未",今訂正] 褑[乎佳]

綃[七霄] 袩[多頰]

褸[樓]

衩[楚械] 衸[械] 袥[他各] 裲膝[上七益]

韂[許嚴]

襈[去乾] 絝[袴]

綰[管]

袑[時沼] 衳[七勇] 襣[步寐反]

裑[度没]

襧[天帝] 褓[保]

緊[烏雞] 袼[落] 褔[烏苟]

褿[七刀] 袚[不勿] 袸[子肩] 褯[慈夜]

袺[古頡] 䙊[胡] 襭[頡]

幭[無髮] 襎[樊] 裷[於飜反] 帍幞[上荒音,下扶欲反]

幬[池流]

幒[布迷] 帴[叱占] 幨[廉]

髩[舜]

舄[昔] 屟[他梅] 鞨[乎末] 靮[五郎] 鞙[士角] 屣[所爾] 鞮[低]

緤[其於]

紟[渠禁]

韇[古匣] 靿[沙] 鞢[素落] 韡[大洛] 靸[素合] 屨[靴]

屐[乎馬] 屐[渠戟] 屩[腳]

緻[直利] 緶[部典]

緉[兩] 緛[爽] 絞[古爪]

縝[勑真] 縷[力主] 纑[來乎]

韠[婢亦]　衰[散禾]

簦[登]

幢[直江]　翿[大告]

幨[侈占]　幰[火偃]

籞[語]　篨[力枕]

幖[必昭]　徽[吁飛]　帾[帶古]　幯[子堅]　帤[憶]　幡[翻]

裛[於劫]

帣[卷]　帗[大河]

絭[苦員]　纕[相]

篋櫛[上音姬]

韘[丑列]

韅[低]　籫[作甘]

幟[啼]　帟[在故]

縢[大能]　絜[朔]　緘[古咸]　絏[思列]　紘[宏甍]　緢[覓]　縙[而勇]
　紩[直乙]　絃[呼眄反。今人以此爲“弓弦”,失之也○各本“弦”譌作“絃”,今訂正]　縻[無悲]　紖[直忍]　縋[直僞]　縿[力冉]　繏[思絹]　纆[墨]
　綯[陶]　筊[肴]　纍[力追]

繑[橋]　絡[洛]　綆[古猛]

絫[力追]　繯[泫,又乎串反]

軲[枯,又姑]　轉[片各]　轀輬[上温,下涼]　轒[墳]　輓[於云]　輧[蒲眠]
　輀[而]　軺[彫]　輂[己足]　軗[陽]　䡈[烏]　軥[衢○當讀爲鉤,説見《疏證》]

罌[嬰]　鈁[方]

縗[素對]

軒[于]

輯[子入○“輯”當爲“輯”,音户犬反,説見《疏證》]　轙[解]

弸[冰]

輫[俳]　轓[甫袁]

䡓[扶福]

軓[反]

幢[直江] 幏[蒙]

靯[杜] 鞲[步各] 鞇[因]

幦[覓]

轗[彌忍] 轒[扶欲] 軥[允] 兔[太故]

軑[達計、達蓋二反] 轗[摠] 軽[舟]①

軝[渠夷]

輻[士山] 轗[九縛] 轗[渠] 輮[如酉] 鞏[俱勇]

軺[牛殞]

鍋[古臥] 錕[古本]

轆[籠] 轎[五弔] 轊[衛]

鍊[諫] 鏅[大罪○各本"大"譌作"天",惟影宋本、皇甫本不譌] 鈦[太] 錧[館]

枸[俱] 簍[縷] 篌[公悔] 簝[穹] 籠[龍] 畚[步本]

筤[良、郎二音] 笶[瞽]

箹[步角、叉角二反○各本"叉"譌作"又",今訂正] 篢[覓]

綯[桃] 緧[秋]

箳[瓶] 篁[星] 簹[當]

鞹[古核]

繮[薑]

靶[巴化]

鞠[巨駒] 鞢[曳] 騂[汗]

鞈[公洽]

韉[所垂] 鞘[所交]

綇[須宇]

楱[叉溝] 桊[眷]②

① 舟,疑爲"全"之譌。
② 桊,原譌作"桊"。

樎［縮］

帵［烏含］　篼［多鉤］　帪［真］①

博雅音卷第八

釋　器

骸［乎皆］　骼［格］　骹［苦交〇各本皆作“苦弔”，此因下文“覈”音苦弔反而誤。考《玉篇》《廣韻》《集韻》《類篇》及《爾雅》釋文，“骹”字並音苦交反，不音苦弔反，今訂正］　覈［苦弔〇案：蔡邕注《典引》云：“肉曰肴，骨曰覈。”《廣雅》“覈，骨也”“肴，肉也”，義本於此。覈，即《詩》“殽核維旅”之“核”，不當音苦弔反，“苦弔”乃“竅”字之音也］

衁［荒］　蠛［蔑，又陌曷］　䏧［苦暗〇各本譌作“言暗”也，辨見《疏證》］

膎［乎結］　䐿［弱］　膜［莫］

腅［達濫］　䐹［乎佳反。今世人作“鮭”字如此，失之］　䑐［兩］　䐞［若］　膂［旅］　腱［居言］　脤膰［上時忍，下音煩］

脀［之丞］　臉［七潛反］　𦟜［熟］

䔲［之丞］　葅［阻居］

胾［側事］　膞［拙兖］　臠［劣兖］

肶［泣］

鮗［岑，又才感反〇各本“岑”譌作“鮗”，惟影宋本、皇甫本不譌］　鮨［耆］　鯗［臭下〇各本“臭”譌作“昊”，今訂正］

鱐［繡留］　脘［丸、管二音］　膊［普各］　腊［昔］　膴［呼，又凶宇〇各本“宇”譌作“字”，今訂正］　胏［壯里］　腒［巨於］　腩［南感］

臇［子兖］　膹［扶粉］　䐣［損］　臛［呼各］

膍［毗］　胵［齒之］

胘［弦］

胓［平］　膷［折］　膌［思節］　膋［聊］

䵍［旳］

---

① 以上卷第七下。

餾[溜]　飵[才故]　槥[衞]

饋[沸云反○各本"沸"譌作"費",今訂正]　餈[脩酒]

焷[婢亦,又毗支○各本"支"譌作"反",今訂正]　炰[不]

麮[毗]　黎[棃]　麴[齒沼]

糗[去久]　糇[侯]

粰[浮]　粇[流]　糈[所居、師舉反]

麲[素果]　䴌[蒙]　粿[乎寡]　麶[狄、謫二音]　糜[無悲]　糏[思節]

糲[亡達]　麪[匹眄反,音面]

饔[於恭]

餻[高]　餈[才辭]　餄餣[上零,下於劫反]　餏[五丸]

餦[張]　餭[皇]　飴[弋之]　餩[該]　餹[堂]　餳[辭精]

餚[髓]　餲[於勿、於月二反○各本"月"譌作"日",今訂正]

餰[居言]　餰[居六]　粘[乎]　粻[媚,又未]　粖[亡達、亡結]　粰[浮]　毇[毀]　糮[艦]

湩[竹用,又棟○各本"竹用"二字合譌爲"筩"字。考諸書"湩"字皆無"筩"音,又考《史記》索隱引《字林》"湩"竹用反,又《廣韻》《衆經音義》及《列子·力命》篇釋文、《漢書·匈奴傳》注、《後漢書·獨行傳》注、《文選·孫楚〈爲石仲容與孫晧書〉》注[1],"湩"字並音竹用反,今據以訂正]

醪[牢]　醍[體○各本"體"譌作"醴",今訂正]　瀝[歷]　湉[乃口]　醝[才何]　酎[治九]　酏[移]　醾[塗]

酪[洛]　醆[昨再、祖戴二反○各本"祖"譌作"且",今訂正]　醇[良]

醶[所艦]　醶[且冉]　醶[初艦]　酮[動、同二音○各本"動"譌作"洞",今訂正]

醞[蘊]　醋[汝吏]　釀[尼尚]　酘[豆]

䤊[且林]　䤊[音]

寖[寖]　醺[才心]　辟[匹亦]

麬[疾災]　麧[滑]　麪[卑]　麰[牟]　麴[苦木]　䴌[蒙]

齺[消]　齺[且豆]　齺[楚快]　齫[於昆]　齴[步典]

---

① 晧,通常作"皓"。

醯[蜜]　䤙[在細]　醟[莫候]　醶[頭]　醓[他感]　醹[巨出]　醇[涼]

鼇[子兮]　䵚[達内]　䕰[攘]　蒛[庫]　蒸[旨升]　醃[於炎]　藍[藍○各本脱去"藍"字,"藍"字又誤入正文,辨見《疏證》]　蒞[緇疏]

甛[大嫌]　甙[代]　醰[大紺,又大含○各本"大含"之"大"譌作"紺",今訂正]

穅[康]　稭[居列、居曷]

泔[甘]　潘[孚袁]

潲[稍]　濯[直皃]　滫[息朽]

澱[殿]　滓[俎使]

菸[依譽○各本"譽"譌作"與",今訂正]　餥[之舌,又之世反]　餧[乃每]　饘[書延]　餲[許戒]　餩[於劫]　餸[穢]　焦[蕉]　饡[織]

馣[烏含○各本"烏含"作"呼舍","呼"字因下文"呼含反"而誤,今訂正。影宋本、皇甫本惟"含"字不誤]　馝[匕節,邲]　馦[許堯]　馢[虚縑]　馠[呼含]　馫[香]　䭯[詡云○各本皆闕"詡"字,惟影宋本、皇甫本有]　馪[必昭]　馛[步曷反]

鼐[乃代]　鼒[資]　鑴[攜,又呼規]　鏏[衛]　鬻[辱]

鬵[潛]　鬸[咨應]

羻[貍]　氂[毛]

𩉶[汗]

䩞[奴感]　䩨[狎]　䩗[侯]　䩡[惠]

鞹[革]　䩴[翅]

毻[唐]　毦[二○畢本"二"譌作"三",吳本以下又譌作"毛",惟影宋本、皇甫本不譌]　毨[布莽]　毼[曷]　毴[方文]　毭[豆]　毾[足凶反]　氍[衢]　毹[粟]　氄[而恭]　毲[鮮]　毰[支]　氀[力于]

鋈[沃]

澒[乎孔]

礦[正謂之口[1],音雖無,疑即礦也]

鏈[連]

---

① 此處似有誤,不可考。

鏅[脩] 鋇[貝音] 鋁[似] 鉿[工納、口帀]

戉[曰]

鏦[初江] 斨[千羊]

鑱[讒] 鈹[披]

鐫[醉全、子兗] 鏨[慙□□敢,又漸○"敢"上蓋脱"又才"二字。《玉篇》"鏨"才敢切;《廣韻》"鏨"音慙,又才敢切,又音漸]

銍[誅失] 刉[工]

划[工臥] 鉊[昭] 釖[鉤] 鍥[結] 鏺[撥] 鎌[廉]

銃[充仲○各本"仲"譌作"中",今訂正] 銎[去恭]

鍱鋂[上牒,下梅] 鏌[夢] 鐶[環]

觡[格] 鐖[微] 釣[弔]

鏶[集] 鍱[葉]

籤[且廉] 鑳[叉展○各本"叉"譌作"又",今訂正]

栓[所權] 櫭[巨例]

鍤[測夾○各本"測"譌作"側",惟影宋本不譌] 鉥[音述] 緦[忌]

鏽[大罪、徒果] 鐧[澗] 鎝[他合]

銓[七緣]

錘[直危、直僞]

鍴[端] 鑽[子貫○各本"子"譌作"了",惟影宋本、皇甫本不譌]

鑴[況規] 鍣[昭] 鋟[子廉,又子甚]

鋁[力庶] 錯[采古]

碫[都玩] 礛[力甘] 礑[諸] 磫[足恭] 礭[衢] 砥[砥細於礪] 磏礪[上音廉]

鋡[含] 鑰[彤]

錤[基] 鎛[博]

錠[定] 鐙[登]

杙[勑]

簙[博] 箸[馳慮]

篗[大故] 簪[載甘]

箮[居勿]　刷[所滑]

㪻[亦灼]

桫[素戈]

縢[升證]

榬[袁]　篗[于縛、縈碧]

㞙[㔉利]

杓[子允]

篙[乎旳]

桶[大籠、亦勇]

笆[大本]　篅[上沿]

㡇[丈旬、豬旬]　褻[畏]　篽[陟吕]

篑[苦怪]　篣[彭]　筬[女加、奴慕]　簝[力幺]　籯[盈]　篝[溝]　笭[零]
　籠[力公]

熏[纁]　篝[溝]

箪[丹]　籚[來乎]　籃[來甘]

籅[餘]　箈[滔]　箄[俾]　篓[縷]　篆[舉]

㯲[帶]　橛[朕]　杈[叉○各本"叉"譌作"叉",辨見《疏證》]　持[竹革]　桷[角]
　　植[直吏]　柈[羊]　槌[逐累○各本"累"譌作"畏",今訂正]

笛[曲]

箻[獘]　籥[藥]　箕[㔉葉,又餘涉]　籩[辯]　笘[丁頰]　篻[力第○各本
　"第"譌作"第",今訂正]　箛[孤]

篛[司夜]

篃[苦典]　簈[先典]　篁[皇]　牌[步佳]

㞙[㔉利]　矜[巨斤]　柌[詞]　橿[薑]　柲[祕]　弣[撫]

杬[五丸]　椹[知今反。今人以爲"桑葚",失之]

柊[終]　楑[葵]　敤[苦果]　櫌[憂]　椎[逐隹。世人以此爲"錐"字,失之○各
　本"錐"譌作"隹","字"譌作"子",今訂正]

鞮[他禮]　棓[步講、步項]　桲[步没]　棁[吐活,又杜活]　柍[於兩]　欇[攝]
　殳[是珠]

簻[拙欒]　篕[走公]　箊[竹花]

籧[才六]　笡[七夜]

柤[士加]　樘[掌○各本"掌"譌作"堂",今訂正]

梏[古篤]　栭[乎格○各本"乎"譌作"平",惟影宋本、皇甫本不譌]

篵[方千、婢年○各本"婢"譌作"俾",影宋本、皇甫本不譌]　梞[俱緑○各本"俱"譌作"具",今訂正]

鍏[瑋]　畚[本]　敵[插○敵,本作"敨",音"嫣汭"之"嫣",説見《疏證》]　梩[駭]　梟[七遥]

鏵[乎瓜]　鎵[蒙]　鐅[普結]

杷[蒲加]

柫[拂]　枷[加]

箻[乎江]　筞[姝]

佯[羊]　篖[唐]　筕[衡]

筎[之舌]　蕟[廢]　簟[大點]　笛[曲]　丙[天念。亦有本"茵"字代"丙"]　篣[子養]　篋[三果○各本"三"譌作"二",今訂正]

簋[乎臘]　篸[琰]

篂[呈,又汀]

篅[醉欒]

瓡[顈。或從壺]　梔[瓦]

砮[奴]　臒[烏郭,又于縛反]

彃[致]　彈[大汗]

帥[升芮]　蕢[墳]

綃[戈宰○各本"戈"譌作"弋",今訂正]

韝[溝]　韘[攝]

彇[蕭]　弳[絹]　韠[臂]

鞬[居言]　韔[暢]

掤[冰]　医[於計]　韇[讀]　韛[備]　韍[叉○各本"韍、叉"二字誤在"韛"字之上,今訂正]

瓻[莫耕]　矰[曾]　笰[拂,又音也;弗,正音○各本"又"譌作"口",今訂正]

鈀[普加]　錍[片兮]　鉀[牢〇鉀,當作"鉀",音甲,説見《疏證》]　鏃[七木、七候、子谷三反]

袪[扶][1]　襓[饒]　袚[陳律〇袚,本作"朮",曹憲音"陳律反",非是,辨見《疏證》]

鐔[淫]

鞞[布鼎]　靳[之舌、之逝二反]

釾[以邪]

剞[車奇]　劂[歸衞]

錟[談,又音他甘反〇各本"又"譌作"口",今訂正。又各本"音"字誤在"他"字下,惟影宋本不誤]　鏦[初江]　穊[己偃]　稍[朔]　稚[虵]　穆[呼覓]

穳[子段]　鋋[蟬]

稂[郎]　稭[苦大]

鏔[寅]　孑[雞節]　鏝[莫干]　釨[孑]　戛[古八]

敿[遨]

戫[辱]

匽[於攄]

鐓[敦]　釬[汗]　鐏[存頓]

瞂[伐]　樐[音虜]　戰[干]

錎[含]

鞏[牟]

鎨[烏牙]　鍜[乎加]　鏂[烏侯]　鍭[侯]

鉦[征]　鑮[步各]

鈕[尼手]

綸[古頑]　紱[不勿]

琽[書]　珽[他冷]

箓[禄]　簶[鹿]　簛[滿]　箰[緩]　箁[部]

梡[苦緩]　棵[口卵]　橛[劂]　杫[賜]　虡[巨音。今人"虍"下作"兵",失之〇各本"虍"譌作"虞",今訂正]　桯[餘征、餘經二音,又呈]　㮛[尸賜]

---

① 袪,正文字作"夫"。

柖[紹]

簀[責○各本"責"譌作"素",今訂正]　第[側里]　杠[江]

榻[他臘]　枰[平]

蹄[逵]　櫝梂[上墳,下巨鳩、巨菊反]　柎[付于]

菆[側求]

箷[移]　枷[嫁]

軖[狂]　笠[護]

爟[灌]　熜[青工,又揔○各本"又"字誤在"青"字上,今訂正]

舁[庾]

筥[舉]　稯[子公]　秅[妬]

觚[孤]　觶[之豉]　散[素但]

綃[消]

縓[請絹]

縹[匹紹]　繰[早]　綠[緑]　緅[側留]　緫[采公]

赩[虚力]　赬[恥京]　烊[小營]　緹[他禮]　焃[呼狄]　赭[者]

黈[他口]　黊[乎馬、乎卦]　黟[老]　黮[齒善]　黇[他丸]　黏[他廉]　黔[今]　黗[屯]　黋[統音。亦有本作"黋",口浪]　黱[下悔,又于鄙]

皔[汗]　皛[乎了,又乎灼反○各本"乎灼"皆作"乎烔"。"烔"與"灼"草書相似,故"灼"字譌而爲"烔"。《集韻》"皛"字又音户茗切,引《廣雅》:"皛,白也。"户茗與乎烔同音,則宋時《廣雅》本已誤。案:《説文》"皛"讀若皎,"皎"與乎烔聲不相近,今本《廣雅》"皛"音乎了、乎烔二反,乎了與乎烔聲亦不相近,故《玉篇》《廣韻》"皛"字皆無乎烔之音。又案:《玉篇》"皛"乎了切,又乎灼切,《廣雅音》即本於此,則"烔"字當爲"灼"字之譌。乎灼與乎了古聲相近,故字之從勺聲者,亦有乎了之音。《爾雅》"芍,鳧茈",芍,音户了反;又"蓮,其中的",的,音丁歷反,又户了反,皆其證也。自《廣雅音》"乎灼"譌爲"乎烔",而《集韻》以下皆仍其誤,且不復知有乎灼之音矣。今據《玉篇》訂正]　晢[制○晢,本作"晳",音析,説見《疏證》]　嘵[呼了]　皭[在爵]　皠[乎告]　皚[牛哀]　皏[普幸]　皜[呼曷]　皤[布何、步何]　皎[古了○各本"古"譌作"占",惟影宋本、皇甫本不譌]　礐[學]

黝[於糾、於柳]　黦[於物]　黯[烏減]　黶[烏點]　默[墨]　黰[工典]　黓[弋]　皁[徂早][1]　黫[於閒、於真]　涅[乃結]　緇[淄]　黸[力胡]　黮[勑感、都甚二反]　蕉[焦]　黔[琴、巨廉]　黱[己證]　黴[明飢]　黣[亡再]　黵[烏外]　黚[古闇]　縝[之忍]　黳[於兮]　黗[他孫]　黲[七敢]　黟[伊]

梢[衞]　櫝[讀]　櫬[楚覲]　櫺[導]

秝[禾][2]

釋　樂

六謌[莖。顓頊樂]　五韺[英。帝俈樂]　大章[堯樂]　簫韶[舜樂]　大夏[禹樂○各本脱"大夏禹樂"四字,今據上下文補]　大護[湯樂]　大武[武王樂○各本脱"武王樂"三字,今補]　勺[只藥。周公樂也,斟酌文武之道]　大予[漢明帝永平三年秋八月戊辰,改大樂爲大予樂]

足鼓[夏后氏鼓,四足也]　植鼓[見《禮明堂記》。《詩》"植我鞉鼓"]　縣鼓[《禮記》曰"周縣鼓"。鄭注云"縣於栒虡也"]　雷鼓[《周禮》"雷鼓,鼓神祀",鄭注曰"雷鼓八面"]　靈鼓[《周禮》"靈鼓,鼓社祭",鄭注曰"靈鼓六面也"]　路鼓[《周禮》"路鼓,鼓鬼享",鄭注"路鼓四面"]　鼖鼓[《周禮》"鼖鼓,鼓軍事",鄭注"大鼓也,長八尺"]　鼛鼓[《周禮》"鼛鼓,鼓役事",《考工記》"長尋有四尺也"]　晉鼓[《周禮》"晉鼓,鼓金奏",鄭注"長六尺六寸也"]　鼜鼓[《周禮》"凡軍旅,夜鼓鼜",鄭云"夜戒守鼓"。音"造次"之"次"○各本"夜鼓"下有"曰"字,乃淺學人以意加之,今刪]　鼙鼓[《周禮》"旅帥執鼙"○各本"旅帥"作"師旅"字,亦淺學人所改,今訂正]　鞀鼓[《周禮》"小師之職掌鼓鼗"。《釋名》云"鞀,導也"]　應槺[《詩》云"應槺縣鼓"]　拊搏[《禮記》"拊搏",鄭注"以韋爲之,充之以糠,形如小鼓,以節樂"○各本"拊搏"譌作"博搏","搏"下又衍"琴"字,今訂正]

伏羲氏瑟長七尺二寸,上有二十七弦[見《世本》]

桶[動]　陞[升]

---

① 皁,正文字作"早"。

② 以上卷第八上。

敔[魚吕]

倕氏鍾十六枚[《世本》:"倕造鍾。"倕,舜臣]

毋句氏磬十六枚[《世本》:"毋句作磬。"毋句,堯臣也]

塤[許圓] 象稱錘,以土爲之,有六孔[《古史考》曰"有塤尚矣。周幽王時,暴辛公善塤"○各本"王"字或譌作"曰",或譌作"田",又脱去"暴"字,今訂正。影宋本、皇甫本"王"字不譌]

篪[池] 以竹爲之,長尺四寸,有八孔[前有一孔,上有三孔,後有四孔,頭有一孔○此十六字各本誤入正文,辨見《疏證》]

籟[賴]

篪[池]

𠴷[洞] 歈[頭][1]

博雅音卷第九

釋 天

太初,氣之始也,生於酉仲,清濁未分也。太始,形之始也,生於戌仲[八月酉仲,號爲太初,屬雄;九月戌仲,號爲太始,屬雌○各本"爲太初"上脱"號"字,"太始"上脱"爲"字,今據上下文補],清者爲精,濁者爲形也。太素,質之始也,生於亥仲,已有素朴而未散也。三氣相接,至於子仲,剖判分離,輕清者上爲天,重濁者下爲地,中和爲萬物[《詩緯》曰"陽本爲雄,陰本爲雌,物本爲魂。雄雌俱行三節而雄合物魂,號曰太素也。三氣未分别,號曰渾淪"○各本"俱"譌作"但",又脱去"氣"字,今訂正]

天地辟,設人皇以來,至魯哀公十有四年,積二百七十六萬歲,分爲十紀,曰:九頭、五龍、攝提、合雒、連通、序命、循蜚、因提、禪通、疏訖[《帝王世紀》"自天地闢、設人皇以來,迄魏咸熙二年,凡二百七十二代,積二百七十六萬七百四十五年,分爲十紀,一曰九頭,至十曰疏訖"○各本"帝"上衍"記"字,"世紀"之"紀"譌作"記","十曰疏訖"脱"曰"字,"疏訖"譌作"流記",今俱訂正。影宋本惟"紀"字不譌]

---

① 以上卷第八下。

格［乎格］　擇［宅］　祲［子枕］

濛［莫孔］　澒［乎孔］　淪［倫○各本“倫”字誤作“隃”，又誤入正文，辨見《疏證》］　沆［乎朗］　瀣［乎戒］

歁［苦簟反］　歋［康］

淍［彫］

离［敕支］

獖［墳］

霣［于慜］　靁［追］

椝［俱雨反］

荓［蒲形］

歲星謂之重華，或謂之應星［木宿也］

熒惑謂之罰星，或謂之執法［火宿也］

鎮星謂之地侯［土宿也］

太白謂之長庚，或謂之大囂［金宿也。晨見東方爲啟明，昏見西方爲長庚○各本脱去“金宿也”三字，下“水宿也”同，今並據上文補。“長庚”下又有“案金星”三字，乃校書者所記，今删］

辰星謂之爨星，或謂之兔星[1]，或謂之鉤星［水宿也］

禮［士駕反］　禮［曹］　䘹［七外］　祱［税］　褸［力侯反］　禊［乎計］　餟［知税○各本“知”譌作“和”，惟影宋本不譌］　祼［古奂反］　軷［步末］　禼［毳］　祊［布庚］　祾［陵，又力登］　禖［梅］　祧［他聊］　醮［子咲反］　禬［古外］　禨［巨衣］　禂［倒］

夏曰清祀［○《禮運》正義引《廣雅》云：“以清潔而祭祀。”蓋曹憲注文。《通典》引《廣雅》同］　殷曰嘉平［○《禮運》正義引《廣雅》云：“嘉，善也；平，成也。以歲終萬物善成，就而報其功。”《通典》同］

毆［欺于］　垝［車美］

軹［紙］[2]

---

① 兔，原譌作“免”。正文同。

② 以上卷第九上。

釋　地

吭[古朗]　埏[延〇各本"延"譌作"廷",辨見《疏證》]　皋[古豪]

原[原][1]　毗[符夷]　沛[盃妹]

珩[衡]　璇[旋]　琜[來]　瓄[瀆]　璐[音路]　瑭[唐]　琙[渠憖]

玫[梅]　瑰[古回]　隋侯[隋侯見虵傷治之,後虵銜珠以報]

碝[而兖]　玟[忙巾]　硨[車]　磲[渠]　碼[馬]　碯[奴道]　琨[昆]　珸[吾]　瑊[古咸,又咸〇各本"又咸"之"咸"譌作"威",今訂正]　玏[勒]

鮯[古合]　鷩[必舌]　鵃[付于反〇各本"于"譌作"予",今訂正]　玃[九縛]　繇[由]

八家爲鄰,三鄰爲朋,三朋爲里,五里爲邑,十邑爲都,十都爲師,州十有二師焉[見《尚書》]

䐓[柔]　䁆[奴戈〇各本此下有"臤"字,音堅。"臤"字係曹憲避諱而缺其下畫,"堅"字則後人所加,辨見《疏證》]　甄[古賢]　埴[時識]　塿[樓]　垟[息營]　壚[來乎]　賦[付]

辈[沸]　䵷[才心]　耩[講]　耭[弋]　稡[突]　䅲[側基]　藨[布苗]　䝢[披]　秴[乎荅]　䎱[碑]　䎣[步侯]　耉[局]　䅍[漢]

稍[所交反]　䅥[亡旦]　䅦[叉江]　穪[他戾]　䅽[一劫]　積[牀責〇各本"牀"譌作"壯",今訂正]　埶[魚世]　穞[祇〇各本"祇"譌作"祗",今訂正]　㵒[派]　蒔[時志]　種[之用]

釋　邱

祕[祕]

隤[大迴反]

堬[以珠]　埰[采]　墦[煩]　埌[浪]　培[步苟]　塿[來苟]

垗[兆]　塋[營]

隇[威]　陝[夷]

隥[多鄧]　陘[形]

隒[檢、斂二音〇各本"斂"譌作"飲",今訂正]　澳[於六]　㶁[蘗]　浖[劣]　漘

[1] 原,正文字作"原"。

［脣］　垠［吳根］

廋［所流］　埱［菊］

釋　山

岣［古候反○各本“候”譌作“侯”，今訂正］　嶁［力候］

岍［牽］

柘［石］

确［學］

峬［烏元］　畎［古犬］　嶰［乎買］

釋　水

濆［墳］

渚［直尸］

僩［謂］

磯［機］　磧［七旳］

阦［洪］　澻［遂］　埂［古杏反］　窞［徒感］　臽［陷］

滈［大高○各本“大”作“太”，因下文“太”字而誤，今訂正］　汏［太］

舸［彫］　艬［士巖］　艜［帶］　艒［目］　艢［夙］　艀［蒲故］　艒［甲，又狎○各本此下誤衍“舴艋”二字，辨見《疏證》］　艆［力唐］　艒［壯尤］　舳［鉤○各本“鉤”譌作“鈎”，今訂正］　艣［鹿］　艑［步典］　艖［楚加、徂多二反］　舼［丁計］　艡［當］　艂［扶江］　舡［呼江反○各本“呼”譌作“乎”，惟影宋本、皇甫本不譌］　艞［滔］　舸［古可○各本“古”譌作“苦”，惟影宋本、皇甫本不譌］　艠［撥］　艛［力侯］　艔［又］　艐［苦計］　艐［其］　艃［貍］　艜［零］　舶［白］　艀［扶鳩○各本“扶”譌作“狀”，今訂正］　艦［“銜”之上聲］　舼［洪］　艇［挺］　艅［餘］　艎［黃］　艨［蒙］　艟［衝］　艗［五旳］　艏［首］　舴［側格］　艋［猛］　艬［禮］

簰［薄佳］　䈝［敷］　潢［橫］　筏［伐］

舤［凡］　舷［賢］

艙［倫］　桄［光］

陬［子侯，又鄒］

礐[乎角、呼篤] 汾[墳][1]

博雅音卷第十

釋草

䓘[高] 菩[高]

蕺[集] 菩[負,又部□○案:《玉篇》《廣韻》《集韻》《類篇》"菩"字皆不音部,"部"下當脱一字。《玉篇》"菩"音步亥切]

萯[負]

蒩[子乎]

藜[力兮] 蕳[那甘]

葍[疇] 蒢[除]

藁[力甚反]

蘱[力對] 芓[才] 蔽[苦拜反]

葰[雖]

蒳[之舌]

堇[丑六○各本"丑"譌作"刃",今訂正]

豨[徒昆反。世人作"豨"字,或"豘",或"豚",或"肫",並失之○各本脱"字"字,今補。又案:《説文》"豚",篆文"豨"字,非後人之失也]

菥[析] 蓂[覓]

蒣[舒] 蔀[部,又步古]

薺[齊底反。憲案:《説文》以此爲"薺蒺藜"之"薺"字[自資]○各本"此"字皆作"底",因上文"齊底反"而誤,"自資"二字又誤入音内正文,今俱訂正] 藶[歷]

薖[狄] 萑[丸]

蘄[芹]

芪[祇○各本"祇"譌作"祗",今訂正]

蔏[商] 蓫[六]

筋[居勤反]

---

① 以上卷第九下。

菝[拔]

藒[古買反,又古埋反○各本"埋"譌作"理",今訂正]　茩[苟○各本"茩"譌作"苟",音内"苟"字又譌作"狗",辨見《疏證》]

獳[奴侯]

蔐[直戟]　蓫[逐録○各本"録"譌作"銀",惟影宋本不譌]

堇[謹音。世人作"堇"字如此,失之○各本脱"堇"字,今補]　藋[徒弔]

苿[住律反。世人作"术"字如此,失之。术,古文"秫"字。○各本前"术"字譌作"木",又脱去後"术"字。影宋本、皇甫本前"术"字不譌]

須[思臾反。案:《説文》"須"從彡,世人作"鬚"字如此,失之矣]

蕶[所今]

蓑[素禾]

葃[音昨]　菇[音姑]

瓢[婢昭]

筤[民忍]

笨[步本]

篸[素但]　簕[鉤]　簖[端]

簫[媚]　箣[至]

蘧[渠]

虊[劣船反,又力眷]

菎[古本]

莜[巨遥]

茚[邛]

苜[目]　蓸[習]

䔍[醜]　萎[緌]

蕎[橘]

藾[貢]　啬[憶]

蘞[廉○各本脱去"蘞"字,"廉"字又誤入正文,辨見《疏證》]

薁[奥]

莜[悦㮾]　芡[儉]

蔡[苦圭]　瓠[古侯○各本“侯”譌作“候”，下“鹿侯反”同。《集韻》“瓠、瓡”二字皆有平、去兩聲，其去聲下引《廣雅》：“瓠瓡，王瓜也。”則所見已是誤本。考《玉篇》《廣韻》《爾雅釋文》，“瓠、瓡”二字皆有平聲，無去聲，今據以訂正]　瓡[鹿侯]

蘦藇[上市兪反，下羊恕反]

藟[力水]

釆[似醉]①

秆[古旱]　稑[空，又苦江]　秸[古八]

秵[例]

穛[莊于]

葯[約]

蕡[浮沸、符分]　蘵[穰○各本脱去“蘵”字，“穰”字又誤入正文，辨見《疏證》]　葇[柔]　蘔[乃頂]　萅[轄]

秈[仙]

秫[述]　稬[奴臥]

糉[口見、口殄○各本“殄”譌作“於”，今訂正]　穈[亡皮]　穧[旁]　稈[皇]　穄[祭]

穦[扶云]

麻[誅]

踔[布兮]　豌[烏丸]　蹓[留]

跭[乎江]　豑[雙]

豍[牟]

麳[來]

蒣[斜]　菘[私]　穗[似醉]

蓴[大丸]

簬[路]　箕[真]　篏[苦拜]　笴[公但]　簩[衞]

蕉[捉]

---

① 釆，原譌作“采”。

蘬[爲詭]

棓[步項]　葰[乎巧]　芨[撥]　荄[古來反]

蓨[弋筆、素筆]

茮[力内]　蘆[千古]

采[辭醉]

薢[胡戒]　蕎[橋]

蘬[歸]

蕮[丈牛]　藸[直魚]

薹[臺]

藺[吝]

菰[孤]　蔣[子良]

葒[紅]　蕌[乎結○各本“結”譌作“吉”，今訂正]

蕢[麥蟹。張揖云：“蕢，蘮也。”案：白蘮與苦蕢大異，恐非○各本“蘮也”之“蘮”譌作“蘆”，今訂正]　蘮[巨]

葧[步没]

菈[力合]　蓫[逐]

蘴[豐，又嵩○各本“豐”譌作“蘴”，“嵩”譌作“蒿”，影宋本“嵩”字不譌]　蕘[女交反。世人以此爲“芻蕘”之“蕘”，未知孰是○各本脱“人”字，今補]　菁[精○各本脱去“菁”字，“精”字又誤入正文，辨見《疏證》]

菰[及]

瓠[力占]

瓟[温]　瓠[徒昆]　瓠[步田]

長[丁丈反]

蒠[去用，又去拱]　苹[平]　蔏[浪]　蕩[宕]

茛[古根]

蒪[普各]　苴[子魚]

蔦[悦專]　蓮[所夾]

麩[可與]　蕌[腹]

莞[丸]

釋　木

栝[古末]

檡[宅]

楙[武蓋○各本"蓋"譌作"盍",今訂正]

爵[雀○各本脱去"爵"字,"雀"字誤作"崔",又誤入正文内,辨見《疏證》]

梍[考]

椊[丁戈]

梡[緩]

梢[稍交○各本"稍"譌作"梢",惟影宋本、皇甫本不譌]　椒[叉苟○各本"叉"譌作"又",影宋本、皇甫本不譌]

樿[之善]

蘱[浦莫○各本"浦"譌作"蒲",今訂正]

橡[象]　柔[常與]

棱[七候]

欇[恥京]　樍[子狄]

杆[古旦]

梔[支]　梋[爻]

樢[鳥]

榑[扶支]　榹[西][1]

釋　蟲

蛴[伎]　蛣[去吉]

螪[膺]

蟧[遼]　蝒[緜]

蛥[折]　蚗[穴]

螮[帝]　蛁[彫]

蛾[五何]　蛘[羊掌]　蟞[匹結]　蜉[浮]　螘[五綺]

蛢[鷄]

---

① 以上卷第十上。

地[〇各本此下曹憲音有"虵"字,乃因下文"虵"字而衍,今删]　虵[蛇]　蝨[茅]　蠵[攜]

蝨[七漬]　蠆[丑介]　蠍[歇]

蟒[力刃]

蛭[質]　蛒[胡格]　蚕[眷]　蠶[雜含反。世人作"蠶"字,或"蝅",或"蚕",如此,並失之矣〇各本音内"蠶"字譌作"蚕","或蚕"上脱去"或蝅"二字,又誤衍"如蠆"二字。"如"字因下文"如"字而誤,"蠆"字因與後"蠭,蚌也"之"蠭"字相似而誤,今訂正]　蠹[妬]　蟦[浮沸,又肥]　螬[疾資]　螬[曹]

蝖[腸]　蠣[力支]　蚭[女六〇各本"六"作"支",因上"力支反"而誤。《玉篇》《廣韻》"蚭"字並女六切,今據以訂正]　蚭[尼]　蚗[臭]　蚪[紂]　蚰[由]　蜒[延]

蝥[牟]　蠾[燭]　蝡[臾]　蝳[毒]　蜍[餘]

蛺[夾]　蜨[山頰]　蛈[鐕]

蛩[恭勇]　蜫[促]　蜻[精]

螻[樓]　蜮[古麥]

蛆[子魚]　蟝[渠]　蟋[逐]　蚿[弦]

蠓[蒙]　螉[翁]

蠮[一結]　螠[憶]

蠀[即]　蝛[酒六]

蚴[幽]　蜕[悦]　蠮[烏結]　螉[翁]

齕[痕之]

蜅[博]　蟭[焦]　洟[他帝]　蟱[婢消]　蛸[消]

蟅[柘]　蟒[猛]　蟘[他則]

螸[粟容]　蝑[胥,又思吕反]　蝽[春][①]　蝚[黍]

蝍[即]　蛆[子餘]

蝬[士板〇各本"士"譌作"土",惟影宋本、皇甫本不譌]　蠽[節]

蛷[求]　螋[所留]　蟧[霧]　蛷[求]

① 春,原譌作"舂"。蘇本作"春"。

蠠[女陟] 蠈[乃得] 蝱[盲]

蛪[錫,又七亦] 蟔[覓] 蜰[肥]

蜏[秀] 螆[兹○各本"兹"譌作"慈",今訂正]

蜎[烏泫]

螽[之戎反] 蝗[皇,又華孟]

蚯[邱] 蚓[引] 蜿[宛] 蟺[時沔]

蠜[煩] 蟅[之夜]

蠊[廉]

蝟[謂]

蝡[便] 蜁[旋]

蛃[步幸]

蛹[勇] 蠁[許兩○各本"兩"譌作"雨",今訂正]

蝥[班] 蝥[茅]

蝮[扶福] 蜟[育] 蜕[始悦、始芮]

蟱[無] 蝺[牛俱] 蚨[附于○各本"附"譌作"付",今訂正]

蚲[平音] 蜼[羊悸] 蠤[古臘反] 蜡[大臘] 蛘[羊掌]

釋 魚

鯸[侯] 鮐[頤] 鮦[河○各本脱去"鮦"字,"河"字又誤入正文,辨見《疏證》]

鯳[齒之] 魧[航] 鰟[唐] 魠[託]

鮷[啼] 鯷[締○各本"啼"譌作"締","締"譌作"啼"。《集韻》《類篇》"鮷"田黎切,又大計切,即因此而誤。考《玉篇》《衆經音義》,"鮷"音啼,不音締;"鯷"音締,不音啼;《廣韻》"鯷"字有啼音,而"鮷"字無締音;《太平御覽》引《廣雅》"鮷、鯷,鮎也。鮷音提,鯷音遞",今據以訂正] 鮎[那縑]

鱺[離,又力兮] 鰑[陽] 鮦[重]

鰿[積] 鮒[附]

鰱[力延] 鱮[嶼]

鮔[居豖]

鮊[音白] 鱎[奇兆]

鮜[乎豆]　鰥[乎寡]　鮍[虔]

鯆[普姑]　鮄[副周]　鵴[菊]

鯼[子公]

鈉[那臘]　鯢[五兮]

鯖[側耕]

鰝[來旳]　鰅[魚恭]

鯙[亭]　魟[於八]

鯶[步佳]

鰌[秋]　鰴[要]　鰂[奧〇各本此下衍一“奧”字，今删。“奧”下又有“蝤也”二字，係正文誤入音内，辨見《疏證》]

鯪[陵]

蠦[力乎]　蠦[廛]　蚵[何]　蠪[龍]　蜇[析〇各本“析”譌作“折”，今訂正]

蛙[口圭]

蠪[巨彪]　蛇[恥支]

蠹[獲叉〇各本“叉”譌作“又”，惟影宋本、皇甫本不譌]　蟈[古獲]

蚁[甫]　蜢[孟]　蝦[霞]　蟆[麻]

蜅[甫]　蟹[乎買]　蛫[古彼〇各本“彼”譌作“皮”，今訂正]　蜋[郎]　螘[下哀]

蜌[陛]　螸[閤]

蠡[力兮]　蠃[洛戈]　蝸[瓜]　螔[移]　蝓[瑜]

蜶[子律]　蜩[條]

蜮[域]

釋　鳥

鷤[弟，又啼]　鴂[古惠、古二]　鷶[買]　鵗[古彼]　鳺[規]

鴶[古八、居一反]　鵴[菊]

鶩[團]　鶚[五各]　鷖[塹]　鷲[就]　鵬[彭]

鵂[休]　鴟[齒之]

鸕[盧休〇各本脱去“鸕”字，“盧休”二字又誤入正文，辨見《疏證》]　鶜[茅]　鴋[莫講]

鵬[閑]　鵵[兔○各本“兔”譌作“免”,今訂正]

鴸[末○各本“末”譌作“未”,今訂正]　鳴[匹○各本“匹”皆作“迮”。匹,俗作“疋”,因譌而爲“迮”。辨見《疏證》]　鸗[龍]　鴨[於甲。亦有“鴨”字如此]

鴐[加]　鴈[五諫。案:“雁”字亦如此①,又“鴈”字]

雔[隹○各本脱去“雔”字,“隹”字又誤入正文,辨見《疏證》]

鴽[如]　鵮[烏含]

䳖[郎]　鷎[高]

鶻[滑骨]　鵃[鵰,又竹交]　鵭[瓫○瓫,與“盆”同,各本譌作“瓮”,今訂正]

鵔[役]　鶟[葵]　鴀[浮]　鵴[菊]

鶙[帝、啼二音]　鷸[述]　鷂[筵照○各本“照”譌作“昭”,今訂正]

鶝[福]　鴀[不尤]

鷦[焦]　鷯[弭沼]　鸋[乃定]　鴃[決]　鸁[力果]　鴟[匠]

鶡[曷]　鴠[旦]　鳱[苦汗]　鴠[旦]

碩[石]　鶅[邕]②　鶋[渠]　雃[邱莖○各本“邱”譌作“五”,今訂正]

鵻[子幽]　鶩[務]　瞉[苦候]

鵠[古篤]

蟘[尸墨]　蠌[音墨]

鶹[留]　鵯[仲]　鸓[力追]

鸊[布獲反,又步覓]　鷉[梯]

鴆[“沈”之去聲]

鴰[古活○各本“活”譌作“沽”,今訂正]　箽[動]

鶈[妻]　鵳[餘占反]

搹[隔]

鷩[敏音。人多作煩音,非也○案:曹説非是,辨見《疏證》。各本“煩”譌作“頃”,今訂正]

釋　獸

於[烏]　䖘[塗]

① 雁,原譌作“雁”。
② 鶅,《疏證》正文作“鶅”。

貔[毗]

豾[丕]

貒[湍]　貛[歡]

狙[七餘]

貏[山吏]

臭[決]　貁[烏郎]

豠[才胡]

貕[奚]　貘[瞑]　豘[屯]

貁[柚]　蜼[誄]

豰[乎谷〇各本"乎"譌作"平",惟影宋本、皇甫本不譌]　豥[艾]

獲[山甲]　貜[仕禹]

橧[繒]　圈[奇勉]

麛[迷]　麑[奴侯]

䴥[五丸]　娩[匹萬]　䨲[乃侯]

狦[所姦]

獱[頻]　獺[勑轄,又闥]

蹏[啼]　蹢[旳]　躅[鄹]　蹯[煩]

犒[狄]　豭[加]　犃[部]

犃[舍]

騬[酬陵、似陵二反]　羚[缽]　豶[墳]　猗[於宜]　劅[叉進]　羯[居言]

鼲[隹]

鼩[爵]

鼢[墳]

鼬[由溜]

鼧[如勇]

鼭[瓶]

鼸[於革]

鼶[讒]　鼸[乎]

鼱[博]　鼶[唐]

䮷[古熒] 䡼[零]

䮳[煩]

𩧢[谷]

䮫[卜] 𩣡[音支○支,音普木反,各本譌作"攴",今訂正]

駿[音俊]

䮴[耳]

驒[古門]

䮧[胡貪]

駵[柳○各本"柳"譌作"抑",今訂正]

釋 嘼

驙[大安、知連]

駃[決] 騠[蹄]

騼[力兮]①

驒[顛]

犗[古轄] 犝[博] 羖[古]

羍[撻] 犘[務] 羻[辛兗]

羚[零]

𤞞[之涉]

獹[盧]

𤢏[原]

楚黃[楚有犬名如黃○各本"犬"譌作"大",惟影宋本、皇甫本不譌]

𤞑[七勺反]

狂[霍] 獖[扶粉]

辟[避] 雖[渠夷]②

① 騼,《疏證》正文作"驪"。

② 以上卷第十下。

廣雅疏證補正[①]

高郵　王念孫

(1)自序　(－1)“凡字之譌者五百八十”,改“五百七十八”。(－2)“脱者四百九十”,改“四百九十一”。

(2)上廣雅表　(－1)“以釋其意義”注,乙“神仙傳”二十六字,改:《爾雅·釋訓》釋文引張揖《雜字》云:“訓者,謂字有意義也。”襄二十九年《穀梁傳》云:“此致君之意義也。”　(－2)“文不違古”注,乙“後漢書曹褒傳”十九字,改:臧氏在東曰:“張稚讓言,叔孫通撰置《禮記》,不違《爾雅》。然則《大戴禮記》中當有《爾雅》數篇爲叔孫氏所取入。故《白虎通義》引《禮親屬記》‘男子先生稱兄,後生稱弟;女子先生爲姊,後生爲妹’,文出《釋親》。《風俗通義》引《禮樂記》‘大者謂之產,其中謂之仲,小者謂之箹’,文出《釋樂》。《公羊》宣十二年注引‘禮,天子造舟,諸侯維舟,卿大夫方舟,士特舟’,文出《釋水》。《孟子》‘帝館甥于貳室’趙注引《禮記》‘妻父曰外舅。謂我舅者,吾謂之甥’,文出《釋親》。則《禮記》中之有《爾雅》,信矣!”

卷第一上

釋詁

(3)業,始也。　注“業猶創也”下補:《莊子·秋水》篇云:“將忘子之故,失子之業。”

(4)令、龍,君也。　(－1)注“令君也”下補:《韓子·初見秦》篇云:“立社稷主,置宗廟令。”　(－2)乙“賈子容經篇云”十四字,改:《吕氏春秋·介立》篇注云:“龍,君也。”

(5)方、旁、袞,大也。　(－1)注“方者”下乙“堯典云”二十字。　(－2)於“方大也”下補:《墨子·非攻》篇云:“其土之方,未至有數百里也;人民之衆,未至有數十

---

① 王氏於《補正》内容或加注語,以“(　)”表示。今於王氏《補正》或在文字上有所補充,以“〔　〕”表示。標點符號適當省簡。

萬也。"《楚策》"方船積粟",《史記·張儀傳》"方"作"大"。是"方"與"大"同義。

(-3)"旁"注加墨籤云:《逸周書·世俘解》"旁生魄",孔晁注云:"旁,廣大,月大時也。" (-4)"衮"注乙"後漢書馮緄"十二字,改:《吕氏春秋·大樂》篇注云:"渾,讀如'衮冕'之衮。"

(6)仁、虞,有也。 (-1)〔"仁"〕注加墨籤云:《廣韻》:"仭,則臥切;有也。""仁"字疑"仭"字之譌。 (-2)〔"虞"注加墨籤云〕:《一切經音義》三之六、七之十二、十三之五引《白虎通》"虞樂",言天下之民皆有樂也。

(7)抵、薦,至也。 (-1)注"抵雲陽抵與氐通",改:《河渠書》"自中山西邸瓠口爲渠",氐、邸,並與"抵"通。 (-2)"義並與抵通",改:義亦與"抵"同。 (-3)"臻至也"下補:《藝文類聚》引《書大傳》云:"薦,至也。"

(8)乃、昔、迋,往也。 (-1)注"是乃爲往也"下補:阮籍《爲鄭沖勸晉王牋》"聖上覽乃昔以來禮典舊章",乃昔,謂往昔也。 (-2)"聲並相近"下補:《楚語》"左史倚相廷見申公子亹",韋昭注云:"廷見,見於廷也。"長子引之云:"下文云:'子亹不出',則在家非在朝也,不得言'廷見'。廷,當爲'迋'。迋,往也;謂往至子亹之家而請見。故下文云'子亹不出'也。下文又云:'鬬且廷見令尹子常。'廷,亦'迋'之譌。"

(9)黨、敐,善也。 (-1)注"史記夏紀作美言黨讜昌聲近義同",改:《管子·霸形》篇云:"仲父盍不當言。"黨、讜、當、昌,並聲近而義同。 (-2)"慤謹也"下補:《祭義》云:"慤善不違身。"

(10)聆,從也。 (-1)注"古通作令"下補:《商子·算地》篇云:"故國有不服之民,主有不令之臣。" (-2)"吕氏春秋爲欲篇"下補"云"字。

(11)悌、倫,順也。 (-1)注"心順行篤也"下乙"孝經云"三十三字,改:《孟子·滕文公》篇注云:"悌,順也。"《荀子·修身》篇云:"端慤順弟。"弟,與"悌"同。 (-2)"倫之言順也"下補:《莊子·天運》篇云:"夫至樂者一盛一衰,文武倫經。"謂順其經也。

(12)容、類、棱,灋也。 (-1)注"與鍾會同"下補:《太玄·中》次三"首尾信可以爲庸",范望注云:"庸,法也。"庸,與"容"通。 (-2)"拱捄者"下乙"長子"二字。 (-3)"類"注加墨籤云:《太玄·毅》次七"觬羊之毅,鳴不類測",曰觬羊之毅,言不法也。 (-4)"謂之棱頭是也"下補:棱猶憲也。《管子·宙合》篇云:"迹求履之憲。"憲、楥,語之轉耳。

(13)**期、頤,老也。** 注"養道而已"下補:《古辭·滿歌行》"百年保此期頤",亦以"期、頤"二字連讀。

(14)**款,誠也。** 注"款誠重也"下乙"楚辭"十五字,改:《荀子·修身》篇云:"愚款端慤。"

(15)**厲,方也。** 注"其義一也"下補:故《魏風·伐檀》篇"寘之河之側兮",傳云:"側猶厓也。"毛。(下接"以厲爲水旁,得之"。)

(16)**榦,正也。** (-1)注"貞正也"下補:《文選·西京賦》注引薛君《韓詩章句》云:"榦,正也。" (-2)"虞翻注"下乙"云榦正也"四字,改:與薛君同。

(17)**愾、臆,滿也。** (-1)注"許氣二反"下乙"謂氣滿也"四字。 (-2)"廣雅作嘅"下乙"説文鎎怒戰也"五十八字,改:《哀公問》"君行此三者,則愾乎天下矣",鄭注云:"愾猶至也。"《家語·大婚解》與此同,王肅注云:"愾,滿也。"案:愾,訓爲滿,於義爲長。"行此三者,則愾乎天下",猶《孔子閒居》言"致五至而行三,無以横於天下"也。 (-3)"憑噫即愊臆之轉"下乙"説文十萬曰意"百五十五字,改:《小雅·楚茨》篇"我倉既盈,我庾維億",億、盈,亦語之轉也。《易林·乾之師》云:"倉盈庾億。"漢《巴郡太守樊敏碑》云:"持滿億盈。"是億即盈也。"我黍與與,我稷翼翼",翼翼,猶與與也。"我倉既盈,我庾維億",維億,猶既盈也。此"億"字但取盈滿之義,而非紀其數,與"萬億及秭"之"億"不同。傳以萬萬爲億,箋以十萬爲億,皆失之。襄二十五年《左傳》"今陳介恃楚衆以馮陵我敝邑,不可億逞",億逞,即億盈,言其欲不可盈滿也。文十八年《傳》云:"侵欲崇侈,不可盈厭。"意與此同。"盈"與"逞",古同聲而通用。左氏《春秋》昭二十三年"沈子逞",穀梁作"沈子盈";左氏《傳》"欒盈",《史記》作"欒逞";又左氏《傳》昭四年"逞其心以厚其毒",《新序·善謀》篇"逞"作"盈",皆其證也。杜注訓"億"爲度,"逞"爲盡,皆失之。《漢書·賈誼傳》"衆人惑惑,好惡積意",意者,滿也;言好惡積滿於中也。李奇云:"所好所惡,積之萬億。"薛瓚云:"衆懷好惡,積之心意。"皆失之。

(18)**極,遠也。** 注"極遠也"下補:《史記·三王世家》云:"極臨北海。"

(19)**隱,安也。** 注"據定也"下補:漢《析里橋郙閣頌》云:"改解危殆,即便求隱。"

(20)**畏、亟,敬也。** (-1)注"畏者"下補:鄭注《曲禮》云:"心服曰畏。"《孟子·公孫丑》篇云:"吾先子之所畏也。" (-2)"謹重皃"下補:漢《成陽靈臺碑》云:"齊革精誠。" (-3)"亟愜"下補"革"字。

(21)要,棄也。 (-1)注"莊子天地篇"下乙"子往矣"七字。 (-2)"乏廢也"下補:僖十年《左傳》云:"失刑乏祀。"

(22)從、隨、駕,行也。 (-1)"服字並譌作般今俱訂正"下補:從者,《夏小正》"嗇人不從",傳云:"不從者弗行。" (-2)"逯然而往"下補:隨者,《皋陶謨》"隨山刊木",《史記·夏本紀》"隨"作"行"。 (-3)"駕者"下補:張注《漢書·司馬相如傳》云:"駕,行也。" (-4)"金口而木舌"下乙"是駕爲行也"五字。

(23)疥、瘕、邛[1]、疛、痳,病也。 (-1)注"旴與疛通疥讀爲痎",自"讀爲痎"乙八十七字,改:義見下條。 (-2)"亦孔之邛"下乙"巧言篇"七字。 (-3)"毛傳"下乙"鄭箋並"三字。 (-4)"邛病也"下補:《韓詩外傳》云:"《詩》曰:'匪其止共,惟王之邛。'言不共其職事而病其主也。" (-5)"説文疛"下"小腹痛也"改"心腹病也",下又乙"玉篇云"七字。 (-6)"今據以訂正"下補:凡隸書從寸之字或書作"木",故"疛"字或作"痳",因譌而爲"痳"。漢《衛尉衡方碑》"遵尹鐸之導","導"字作"槼";《廣雅·釋言》篇"刌,切也","刌"字作"刌",是其例也。 (-7)"瘕女病也",改:瘕,瑕也。 (-8)"痕脹張並通府者",府,改作"疛"。

(24)乘,弍也。 (-1)"乘"注加墨籤云:《方言》六之五:"物無耦曰特,嘼無耦曰介,飛鳥曰隻,鴈曰乘。"《管子·地員》篇"有三分而去其乘"[2],尹知章注:"乘,三分之一也。"揚雄《解嘲》:"乘鴈集不爲之多,隻鳧飛不爲之少。" (-2)"蜀義相因也"下乙"管子形勢篇"三十字。

(25)將、陶、旅,養也。 (-1)注"將養也"下乙"淮南子原道訓云"十三字,改:《墨子·尚賢》篇云:"食饑息勞,將養其萬民。" (-2)"方言陶養也秦曰陶"下補:《太玄·玄攡》"資陶虚無而生乎規",范望注云:"陶,養也。"旅者,《漢書·武帝紀》云:"旅耆老,復孝敬。"旅耆老,即《王制》所謂"養耆老"也。顔師古注云:"加惠於耆老之人若賓旅。"失之。

---

① 邛,原譌作"卭"。條内皆然。
② "有"字前原有兩短横,無謂。此處當脱"不無"二字。

(26)哀也。　注“哀愛也”下乙“檀弓云”十四字,改:《樂記》“肆直而慈愛者”,鄭注云:“愛,或爲哀。”

(27)撟、酥、攄、抍,取也。　(-1)注“撟取也”下補:漢《竹邑侯相張壽碑》云:“略涉傳記,矯取其用。”矯,與“撟”通。　(-2)“酥猶部斂之也”下補:《管子·法禁》篇云:“漁利蘇功。”　(-3)“索亦取也”下乙“史記淮陰侯傳”二十二字。　(-4)“今俗語猶呼五指取物曰攄”下補:《墨子·天志》篇云:“踰人之牆垣,担格人之子女。”　(-5)“抍”注加墨籤云:《大戴禮·禮察》篇“人主胡不承殷周秦事以觀之乎”,承,取也。《漢書·賈誼傳》“承”作“引”,引,亦取也。故《晉語》“引黨以封己”,韋昭注云:“引,取也。”(原注在“擵者”上。)

(28)殢,極也。　注加墨籤云:《吕刑》:“人極于病。”

(29)惏、慆,憂也。　(-1)注“惏與惏同”下補:《賈子·容經》篇云:“喪紀之容惏然懾然若不還。”　(-2)“愁貌也”下補:《太玄·内》次三“坎我西堦”,范望注云:“坎,憂也。”　(-3)“欿與慆通”改:欿、坎,並與“慆”通。

(30)坼,分也。　(-1)“坼”改“折”,下補注“坼”字。　(-2)注“甈甕破也義並與斯通”下乙“坼各本譌作折”四十四字,改:折者,《鄉飲酒禮》“乃設折俎”,鄭注云:“牲體枝解節折在俎。”《少儀》“以牛左肩臂臑折九个”,注云:“折,斷分之也。”《楚辭·九章》“令五帝以折中兮”,王注云:“折,猶分也。”　(-3)“班與斑通”下補:坼者,《説文》:“坼,裂也。”《解》釋文引《廣雅》:“坼,分也。”《衆經音義》卷一、卷六、卷十七引《廣雅》,並與釋文同。今本脱“坼”字。

(31)靡,壞也。　注“靡損也”下補:《淮南子·説山訓》云:“比干以忠靡其體。”

(32)侚、摇,疾也。　(-1)注“史記五帝紀幼而徇齊集解云徇急齊速也”,二“徇”字均改作“侚”。　(-2)“楚辭九章”下補“云”字。　(-3)“願摇起而横奔兮”下補:《淮南子·原道訓》云:“疾而不摇。”

(33)沃,美也。　注“沃美也”下補:襄二十五年《左傳》注云:“衍沃,平美之地。”

(34)敵,輩也。　注“秦晉之閒物力同者謂之臺敵”下乙“耦也”二字①。

(35)怍,慙也。　注“荀子儒效篇無所疑怍”下補:《莊子·讓王》篇“行修於内者,無位而不怍”。

① “力”字原誤脱。

卷第一下

釋詁

(36)慫慂,勸也。　注"聳獎也"下補:"獎"與"將",古字通,故《方言》作"將"。《史記·衡山王傳》"日夜從容勸之",《漢書》作"將養"。將養,即"慫慂"之轉。

(37)僕,臣也。　注"臺給臺下微名也","微名"改"徵召"。

(38)嬌、婁,好也。　(-1)注"畜君何尤即好君何尤"下補:《吕氏春秋·適威》篇"民善之則畜也,不善則讎也",高誘注云:"畜,好也。"　(-2)"説文婁媞也"下乙"秦晉謂細要曰婁"七字。

(39)蜕、毻,解也。　(-1)注"今俗語猶謂鳥獸解毛爲毻毛"下乙"毻毻"六字,又補"矣"字。　(-2)"方言擠易也擠脱也"下補改:《論衡·道虚》篇云:"龜之解甲,蛇之脱皮,鹿之墮角。"隋、擠、墮,義並與"毻"相近。

(40)駮,强也。　注"駮同也"下補:《莊子·齊物論》篇"大勇不忮","忮"與"駮",亦聲近義同。

(41)孺,生也。　注"李頤注云孚乳而生也"下補:《大荒東經》云:"東海之外大壑,少昊孺帝顓頊于此。"

(42)福,盈也。　注"福字當從衣今本從示亦傳寫誤也"下補:《韓詩外傳》"福乎天地之閒者,德也",謂盈乎天地之閒也。今本"福"字亦誤從示。

(43)謜、蘉、隱,度也。　(-1)注"神女賦云志未可乎得原"下補:《韓子·主道》篇云:"掩其跡,匿其端,下不能原。"　(-2)"文選座右銘"下乙"隱心而後動"七字,"引"上補"注"字。　(-3)"爾雅隱占也"下乙"郭璞注亦云"七字,改:《管子·禁藏》篇"下觀不及者,以自隱也",郭璞、尹知章注並與劉熙同。

(44)指,語也。　注加墨籤云:指王翳曰:"此項王也。"①

(45)祕,勞也。　注"傳云無勞于憂"下補改:又,"天閟毖我成功所",《漢書·翟方進傳》"毖"作"勞",毖,與"祕"通。

(46)過,責也。　注"唯大王有意督過之也"下補:引之云:《商頌·殷武》篇"勿予禍適",予,猶施也;禍,讀爲過;適,與"讁"通。勿予過讁,謂不施譴責也。《史記·吴王濞傳》云:"賊臣鼂錯擅適過諸侯。"是"過、適"皆責也。"禍"與"過",古字通。

---

① 語出《史記·項羽紀》或《漢書·項籍傳》,"指"前脱出處字。

《荀子·成相》篇説刑云:“罪禍有律,莫得輕重。”罪禍,即罪過也。

(47)目、診,視也。　(-1)注“目視也”下乙“史記項羽紀云”十二字,改:宣十二年《左傳》云:“目于眢井而拯之。”　(-2)“説文診視也”下乙“史記扁鵲傳云”十一字,改:《楚辭·九懷》“乃自診兮在茲”,王逸注云:“徐自省視至此處也。”

(48)迟,曲也。　“迟”注加墨籤云:《漢書·韓長孺傳》“廷尉當恢迟橈,當斬”,服虔曰:“迟,音企。”應劭曰:“迟曲,行避敵也;橈,顧望也。軍法語也。”又朱籤云:同查明板《漢書》《史記》皆作“逗橈”,注皆引“音豆”之説。

(49)貢,上也。　注“珇與祖義亦相近”下補:貢,亦謂自下而上也。漢《郎中鄭固碑》“貢計王庭”,謂上計也;《泰山都尉孔宙碑》“貢登王室”,謂上登也;《涼州刺史魏元丕碑》“貢躡帝宇”,謂上躡也。

(50)休,喜也。　(-1)注“韋昭注云休喜也”下補:《楚語》云:“教之世,而爲之昭明德而廢幽昏焉,以休懼其動。”　(-2)“釋文正義並訓休爲美失之”下補:引之云:《吕刑》云:“雖畏勿畏,雖休勿休。”謂雖喜勿喜也。“休”與“畏”,正相反。傳訓“休”爲美,亦失之。

(51)睎、虞、候,望也。　(-1)注“或操表掇以善睎望”下乙“莊子讓王篇”十七字,改:《管子·君臣》篇云:“上下相希,若望參表。”　(-2)“案虞望也言日望四邑之至也”下乙“虞候皆訓爲望”四十七字。

(52)陗、清,急也。　(-1)注“瓚曰陗峻也”下補:《韓詩外傳》云:“故吴起峭刑而車裂,商鞅峻法而支解。”　(-2)“百官以峭法斷割於外”下乙“王褒四子講德論云”十六字[①]。　(-3)“激清也”下補:《莊子·齊物論》篇“廉清而不信”,郭象注云:“激然廉清,貪名者耳,非真廉也。”

(53)糾、檐,舉也。　(-1)注“糾者”下補:《周官》“鄰長掌相糾相受”,注云:“相糾,相舉察。”　(-2)“説文儋何也”下乙“管子七法篇云”二十二字。

(54)貤,益也。　(-1)注“駢與跰通”下補:貤,曹憲音弋豉反。　(-2)“施于孫子”下乙“義與貤同”四字,改:施,與“貤”通。貤,又爲“饒益”之益。《郊特牲》云:“順成之方,其蜡乃通,以移民也。”鄭注云:“移之言羨也。”釋文:“移,以豉反。”移,亦與“貤”通。羨者,饒益之意,正與上文“謹民財”相對。正義以爲使民歆羨,失其指矣。

① 斷割,原誤作“斷絶”。

(55)捎、衝,動也。　(-1)注"賈逵注云掉搖也"下補:《文選·長笛賦》"纖末奮箾",李善注引《方言》云:"捎,動也。"箾,與"捎"同。　(-2)"衝亦動也方俗語有輕重耳"下乙"釋訓云衝衝行也"七字,改:《易是類謀》"萌之衝",鄭注云:"萌之始動。"　(-3)"咸九四憧憧往來皆動貌也","皆"字改"亦"。

(56)制,折也。　(-1)注"制獄即折獄也"下補:《吕刑》"制以刑",《墨子·尚同》篇"制"作"折"。　(-2)"論語爲政篇"改"《顏淵》篇"。

(57)娟,妬也。　注加墨籤云:《逸周書·祭公》篇"女無以嬖御固莊后",《緇衣》"固"作"疾"。

(58)挀,引也。　注"今吴楚俗猶謂牽引前卻爲挀挌"下補:《太玄·玄圖》云:"寅贊柔微,拔挀于元。"

卷第二上

釋詁

(59)咨,問也。　(-1)"咨"改"資"。　(-2)注"幾與譏通"下乙"咨各本譌作資"九字,改:資,即"咨"字也。《表記》"事君先資其言",鄭注云:"資,謀也。"《周語》"事莫若咨",《賈子·禮容語》篇作"資"。是"咨、資"古通用。　(-3)墨籤云:《表記》"事君先資其言",鄭注:"資,謀也。"是"咨"字古通作"資",非傳寫之誤。　(-4)《周語》"事□大若咨",《賈子·禮容語》篇作"資"①。

(60)扣、劃,裂也。　(-1)注"猶溝洫之通作淢矣"下補:扣者,《荀子·議兵》篇云:"君臣上下之閒,滑然有離德。"滑,與"扣"通。　(-2)"所中霍然即破裂也"下補:《荀子·議兵》篇云:"霍然離耳。"

(61)愁,恚也。　注"謂上下相恚也"下補:《淮南子·詮言訓》云:"己之所生,乃反愁人。"

(62)馮,怒也。　注"猶淜河之淜通作馮也"下補:故《史記·田完世家》之"韓馮",《韓策》作"韓朋"。

(63)𪊥②,息也。　注加墨籤云:《思玄賦》:"姑純懿之所廬。"③

---

① 正文惟兩處加圈識,《補正》(1)(2)是。(3)(4)大致是因(1)(2)而誤衍。(4)所引《周語》不可據。殆因"莫"字譌分爲上下二形,下形"大"是也,上形本非字,不可辨識,故記爲闕文。

② 𪊥,原譌作"䖔"。

③ 下似脱"姑,與𪊥通"一語。

(64)煬,爇也。　注加墨籤云:"燎之方揚",《谷永傳》作"陽"。《漢書·敘傳》:"炎炎燎天,亦允不陽。"

(65)延,徧也。　注"爾雅宣徧也"下乙"吕刑云"十二字,改:《漢書·禮樂志·郊祀歌》"焫膋蕭延四方",謂馨香徧達於四方也。

(66)於、落,凥也。　(-1)注"於其國曰君之類是也"下乙"於與居聲相近"六字,改:《賈子·大政》篇云:"居官之道不過於居家。故不肖者之於家也,不可以居官。"是"於"與"居"同義。故《序卦傳》"物不可以久居其所",晁説之云:"鄭作'物不可以終久於其所'。"　(-2)"二年成邑三年成都"下乙"落亦聚也"下二十字,改:《列女傳·賢明傳》云:"一年成落,三年成聚。"

(67)挺,緩也。　注加墨籤云:"雖有槁暴,不復挺"[①],《晏子·雜》篇上"挺"作"羸"。

(68)役,助也。　(-1)注"埤𥜽裨並通役者"下補:《周官》"薙氏遂役之",鄭注云:"役之,使助之。"　(-2)"少儀云"乙"云"字。　(-3)"謂之社稷之役鄭注云"乙"鄭"字。

(69)揩,插也。　(-1)眉批云:《漢書·蒯通傳》云:"將爭接刃於公之腹。"(-2)"管仲詘纓插衽","插"改"捷"。　(-3)"插臿扱捷"下補"接"字。

(70)薀、茂,盛也。　注加墨籤云:《方言》:"薀,饒也。""饒"與"盛、茂"亦相近[②]。

(71)尐[③],小也。　(-1)注乙"説文秦晉謂細要曰嫢"九字。　(-2)"説文鬣束髮少小也","少"改"尐"。

(72)尋,長也。　注"凡物長謂之尋"下補:漢李尋字子長。

(73)犺、怒,健也。　(-1)"犺"注加墨籤云:《朱博傳》注:"伉,健也。"　(-2)"怒其臂以當車轍"下補:《史記·虞卿列傳》云:"天下將因秦之彊怒,乘趙之弊。"

(74)屬,續也。　注加墨籤云:《鄉飲酒禮》"皆不屬焉",注:"不屬者,不相續也。"

(75)讀,説也。　注"三公進而讀之讀之謂説之也","説"改"道",下補:《莊子·則陽》篇云:"今計物之數不止於萬,而期曰萬物者,以數之多者號而讀之也。"

---

① 語出《荀子·勸學》,"雖"前脱出處字。槁,原譌作"搞"。

② "亦"字前似脱"義"字。

③ "尐"字前似脱"嫢"字。

卷第二下

釋詁

(76)灡,洒也。　注"説文灡澌也"下補:《秦策》"簡練以爲揣摩",高注云:"簡,汏也。"簡,與"灡"同。

(77)且,借也。　(-1)注"且與借聲相近"下乙"檀弓"下三十四字,改:隱元年《公羊傳》"且如桓立",何休注云:"且如,假設之辭。"　(-2)"何氏隱義"改"《音義隱》"。

(78)賨,税也。　注"説文賨南蠻賦也"下補:《晉書·李特載記》云:"巴人呼賦爲賨。"

(79)罷,歸也。　注"襄三十年左傳云皆自朝布路而罷",乙"云"字,"罷"下補:謂分散而歸也。《吳語》"遠者罷而未至",韋昭注云:"罷,歸也。"

(80)幔,覆也。　注"説文幔幕也","幕"改"幎"。

(81)遽,懼也。　注"玉篇恠忪惶遽也"下乙"遽謂惶遽也"五字[1],改:遽者,襄三十一年《左傳》注云:"遽,畏懼也。"

(82)疲,嬾也。　(-1)注"疲嬾也"下補:即今俗語所謂"疲玩"也。　(-2)"有似於罷"下補:《齊語》云:"罷士無伍,罷女無家。"

(83)淋,漬也。　注"玉篇云雨淋淋下也義並相近"下補:漢李翕《析里橋郙閣頌》云:"涉秋霖漉。"霖,與"淋"同。淋漉,猶瀧漉,語之轉耳。

(84)彇、裔,習也。　(-1)注"謂玩習也"下補:《漢書·五帝紀》"怵於邪説",怵,一本作"忕",服虔云:"忕,音裔。"應劭曰:"狃忕也。"　(-2)"爾雅釋言狃復也"乙"釋言"二字。　(-3)"狃忕前事復爲也"下乙"釋詁釋文云"十二字。

(85)待也。　注"跱止也下"下補:《素問·脈要精微論》"數動一代",王冰注云:"代,止也。""代"與"待",亦聲近而義同。

(86)既,失也。　注"駘與台聲義相近"下補:《史記·太史公自序》云:"不既信,不倍言。"是"既"爲失也。

(87)孑孓,短也。　注"爾雅檝謂之杙","杙"改"杙"。

(88)陠、俄、差、險,衺也。　(-1)注"玉篇陠衺也"下補:漢李翕《析里橋郙閣頌》

① 恠,原譌作"怪"。

説郙閣之狀云:"緣崖鑿石,處隱定柱,臨深長淵三百餘丈。蓋閣傾衺不平,因謂之郙閣矣。"郙,與"陠"同。　(-2)"義字亦是傾衺之意"下補:《大戴禮·千乘》篇説司寇治民煩亂之事云:"作於財賄六畜五穀曰盜;誘居室家有君子曰義;子女專曰媄;飭五兵及木石曰賊;以中情出小曰閒,大曰諜;利辭以亂屬曰讒;以財投長曰貸。"以上八者,皆寇賊姦宄之事。義,即鴟義,姦宄之義也。　(-3)"解者皆失之"下乙"昭三十一年左傳"三十五字。　(-4)"説文差貳也","貳"改"貣"。(-5)"皆傾衺之義也"下補:《荀子·性惡》篇云:"人無師法,則偏險而不正。"

(89)遁,欺也。　注"遁者"下補:《管子·法禁》篇云:"遁上而遁民者,聖王之禁也。"

(90)遊,俠也。　注"漢紀遊俠論云","遊俠論"改"武帝紀"。

(91)精,論也。　注"誦論也"下補:精者,微之論也。凡約言大要謂之粗略,討論祕旨謂之精微。漢《小黄門譙敏碑》云:"深明篻隩讖録圖緯,能精微天意。"精微,即講論之意,故漢人講學處謂之精舍。《後漢書·黨錮傳》"劉淑隱居立精舍講授諸生"是也。

(92)墮也。　墨籤云:"前有墮珥,後有遺簪"(《史記·滑稽傳》)。

卷第三上

釋詁

(93)幓,餘也。　注"説文幓殘帛也"下補:又云:"帴,幓裂也。"

(94)翋䎕,飛也。　注"吴都賦云𧼲𧾷翋䎕"下補:漢《鐃歌·思悲翁》篇云:"拉沓高飛暮安宿。"

(95)欮,穿也。　注"左傳闕地及泉"下乙"逸周書"十五字,改:《大戴禮·曾子疾病》篇"魚鼈黿鼉以淵爲淺而蟨穴其中",《潛夫論·貴忠》篇"蟨"作"穿"。闕、蟨。

(96)撅,投也。　注"捞各本譌作榜今訂正"下補:撅者,《方言》"楚凡揮棄物謂之敲",郭璞注云:"敲,今汝潁閒語亦然,或云撅也。"《大荒東經》"橛以雷獸之骨",郭注云:"猶擊也。"橛,與"撅"通。

(97)娍,輕也。　(-1)注"説文娍輕也"下乙"爾雅越揚也"二十四字,改:《吕氏春秋·本味》篇注云:"越越,輕易之貌。"是"越"與"娍"同義。《緇衣》引《太甲》曰:"毋越厥命,以自覆也。若虞機張,往省括于厥度,則釋越輕易也。"言毋輕發汝之政令以自敗也,必度於道而行之,若射之省矢括於其度而後釋,正見發令之不可輕易也。上文云:“小人溺於水,君子溺於口,大人溺於民,皆在其所褻也。故君子不可以不慎也。”曰“在其所褻”,曰“不可不慎”,皆戒其輕易也。鄭注以“越”爲顛蹷,失之。《荀子·非相》篇“筋力越勁”,亦謂輕勁也。(-2)“以越爲過人”下補“亦”字。

(98)錯、鑿,磨也。(-1)注“八卦相錯”下“李鼎祚注云”改“虞翻注云”。(-2)“鑿者”下乙“玉篇音”三十二字,改:《爾雅·釋鳥》注“鶩鷊膏中鑿刀”,釋文云:“鑿,磨鑿也。”

(99)旅,擔也。　墨籤云:《干禄字書》:“旅,俗作㧘。”

(100)孤、寡,獨也。　注加墨籤云:《管子·入國》篇:“丈夫無妻曰鰥,婦人無夫曰寡。取鰥寡而合和之,此之謂合獨。”

(101)賬,賣也。(-1)注“懋遷有無化居”下乙“史記吕不韋傳云”十二字,改:《晉語》云:“假貸居賄。”(-2)“與賬通”下補:字又作“舉”,《史記·越世家》云:“父子耕畜廢居,候時轉物。”《仲尼弟子傳》云:“子貢好廢舉,與時轉貨貲。”廢舉,即廢居也。(-3)“居”注加墨籤云:“使夷吾得居楚之黄會,吾能令農毋耕而食,女毋織而衣”(《管子·輕重》篇)。

(102)疙,癡也。　墨籤云:相如賦“訖以治儗”①,仡、疙,義相近。

(103)矯、侹、當,直也。(-1)注“矯菌桂以紉蕙兮”下乙“王逸注”三字,改:《淮南子·説山訓》“始調弓矯矢”,王逸、高誘注並。(-2)“爾雅頲直也”下乙“襄五年”十八字,改:《考工記·弓人》“於挺臂中有柎焉”,鄭注云:“挺,直也。”(-3)“當者”下乙“説文當田相直也”七字,改:《管子·霸形》篇“仲父盍不當言”,當言,直言也。

(104)曣,㬒也。(-1)注“日出清濟爲晏”下乙“晏而温”三字,改:《韓子·外儲説》云:“雨霽日出,視之晏陰之閒。”(-2)“曣”注加墨籤云:《晉書·左貴嬪傳·悼后頌》“曣晛沾濡”②,用《韓詩》也。

(105)氾,汙也。　注“皭然氾而不俗”,“然”改“焉”。

(106)匋、流,匕也。(-1)墨籤云:《淮南子·主術訓》“禽獸昆蟲與之陶化”,《文

① 訖,似爲“仡”之譌。
② 晛,原譌作“晛”。

子·精誠》篇“陶化”作“變化”。 (-2)“流者”下乙“莊子逍遥遊”三十一字,改:《漢書·董仲舒傳》“《書》曰:‘有火復于王屋,流爲烏’”,是“流”爲化也。

(107)盇,何也。 注“爾雅盇曷也”改“曷,盇也”。

(108)農,勉也。 注“農猶努也語之轉耳”下乙“洪範云”十三字。

(109)藏,深也。 (-1)注“藏者”下補:《素問·長刺節論》“頭疾痛爲藏鍼之”,王冰注云:“藏,猶深也。” (-2)“藏猶深也”改:奥藏,猶奥深也。

(110)䴵,少也。 (-1)注“説文作䴵”下補:《吕氏春秋·仲夏紀》注云:“雛,春鷚也。” (-2)“䴵䴵也”下乙“玉篇云”七字。

(111)秝,疏也。 (-1)注“季孫意如會晉荀躒于適歷是也”下補:《管子·地員》篇:“赤壚歷彊肥。” (-2)“李善注云歷猶疏也”改:李善、尹知章注並云:“歷,疏也。”又下乙“古詩云”八字。

(112)著也。 注加墨籤云:《華嚴經音義》上引《廣雅》:“置,著也。”

(113)堅、坌、坺,塵也。 (-1)注“説文堅塵埃也”下補:《玉篇》於奚、於計二切。《淮南子·説山訓》注云:“埵堁,猶塵翳也。”翳,與“堅”同。《説文》“壒,天陰塵起也”,義與“堅”亦相近。 (-2)“坋塵也”下乙“高誘注”三字。 (-3)“齊俗訓云”,“訓”下補“注”字。 (-4)“塵起也”下補:《易稽覽圖》云:“黄之色悖如麴塵。” (-5)“揚雄蜀都賦埃敦塵拂敦與埻通”,“賦”下補“云”字,“拂”下補“悖”字,“敦”下補“並”字。

(114)稽、亢,當也。 (-1)注“當順古之道也”下補:《王莽量銘》云:“同律度量衡,稽當前人。” (-2)“亢”注加朱籤云:宣十三年《左傳》:“晉以衛之救陳也,討焉。孔達曰:‘我則爲政,而亢大國之討,將以誰任? 我則死之。’”案:亢者,當也。大國之討,謂晉討衛之救陳也。言我實掌衛國之政,而當晉之討,不得委罪於他人也。前年宋伐陳衛,孔達救陳,曰“若大國討我,則死之”,是其證也。杜訓“亢”爲禦,以“亢大國之討”爲禦宋討陳,皆失之。

(115)瞶,聾也。 注加墨籤云:《易林·家人之咸》:“心狂志悖,視聽聳顡。”

(116)帶、徽,束也。 (-1)注“是束之義也”下補:襄十年《左傳》“帶其斷以徇於軍”,謂束其斷布以徇也。 (-2)“兩股爲纆”下補:《太玄·養》次七云:“小子牽象,婦人徽猛。”

(117)爲,施也。 注“麗兵於王尸者盡加重罪”下補:爲者,《吕氏春秋·長利》篇注云:“爲,施也。”今俗語猶云“施爲”矣。

(118)担、剥,擊也。 (-1)注“廣雅作笪”下補:《古辭·婦病行》云:“有過慎莫笪笞。” (-2)“剥與扑聲義同”下補:《説文》作“攴”。

(119)攻,伏也。 注“陽氣伏於下也”下補:諸書無訓“攻”爲伏者。“攻”當爲“㕘”字之誤也。隸書“氐”或作“互”,“工”或作“互”。二形相似,故“㕘”誤爲“攻”。漢李翕《析里橋郙閣頌》“挍致攻堅”,“攻”字作“玫”,是其證也。《淮南子·説林訓》“使工厭竅”,今本“工”誤作“氏”。《大戴禮·帝繫》篇“青陽降居江水”,今本“江”誤作“泜”。是從工、從氏之字多因形近而譌也。㕘,《玉篇》音丁禮切。㕘者,伏藏之名。襄二十九年《左傳》“若泯棄之物,乃坻伏”,釋文:“坻,音旨,又丁禮反。”《後漢書·馬融傳》“駭恫底伏”,李賢注云:“底伏,猶滯伏也。”坻、底,並與“㕘”通。是“㕘”與“伏”同義。王褒《四子講德論》“雷霆必發而潛底震動”,潛底,猶潛伏也。“伏”與“隱”,義相近,故《釋言》又云:“㕘,隱也。”《論衡·感虚》篇云:“夏末政衰,龍乃隱伏。”即《傳》所云“物乃坻伏”也。

(120)竇,道也。 (-1)注“竇者”下補:《檀弓》“喪人無寶,仁親以爲寶”,鄭注云:“寶謂善道可守者。” (-2)墨籤云“知其所知之謂知道;不知其所知之謂棄寶”(《吕氏春秋·侈樂》篇)。《晉書·石季龍載記》:“季龍下書曰:懷道迷邦。”

(121)銖,鈍也。 注“淮南子齊俗訓其兵戈銖而無刃”乙“戈”字。

(122)伐、淹,敗也。 (-1)注加墨籤云:《一切經音義》引《白虎通》曰:“伐者何?伐,敗也,欲敗去之。” (-2)“鄭注云淹謂浸漬之”下補:《後漢書·安帝紀》云:“秋稼垂可收穫,而連雨未霽,懼必淹傷。”

(123)窕,寬也。 注加墨籤云:“百工將時斬伐,佻其期日而利其巧任”(《荀子·王霸》篇),注:“佻,緩也,謂不迫促也。”案:佻,與“窕”同。

卷第三下

釋詁

(124)䣊,厚也。 注加墨籤云:“其飲食不溽。”①

(125)庸,和也。 注“各本譌作庸”,改:各本皆作庸。下補:《干禄字書》“庸”俗作“庸”,故譌而爲“庸”。韋昭注《周語》云:“庸,和用也。”

---

① “其”字前似脱:《禮記·儒行》;後似脱:溽,與“䣊”通。

(126)**戮,辱也。** 注"濩與獲古亦同聲"下補:戮者,《周官》"掌戮"注云:"戮,猶辱也。"又加墨籤云:《晉語》"請殺其生者而戮其死者",韋注:"陳尸爲戮。"《史記·張儀傳》"中國無事,秦得燒掇焚杅君之國",《秦策》作"秦且燒焫獲君之國";焚杅,讀爲煩汙。

(127)**潔也。** 注加墨籤云:《周語》"靜其巾冪",注:"靜,絜也。"

(128)**沈、驎、駐,止也。** (-1)注加墨籤云:《家語·七十二弟子》篇"公皙哀字季次",今本"次"譌作"沉"。[①] (-2)"説文樊騺不行也"下補:魏阮瑀《駕出北門行》云:"馬樊不肯馳。" (-3)"史記晉世家云惠公馬騺不行"下補:《太玄·玄錯》云:"進欲行,止欲騺。" (-4)"騺與駐同","騺"下補"並"字。

(129)**蘵、對、澡,治也。** (-1)注"截然整齊而治"下補:漢《啟母廟石闕銘》"九域尐其脩治",尐,與"截"通。 (-2)"説文討治也"下乙"玉篇廣韻並同"六字,改:宣十二年《左傳》"其君無日不討國人而訓之",杜預注與《説文》同。 (-3)"澡者治去莩垢"下補:《士虞禮》"澡葛絰帶",鄭注云:"澡,治也。"

(130)**縹,縮也。** 注"需人兗反義亦與縹同"下補:字又作"儒"。《管子·宙合》篇云"此言聖人之動靜開闔詘信浧儒取與之必因於時也","浧"與"盈"同,"儒"與"縹"同。盈縹,猶盈縮也。

(131)**猴、素,本也。** (-1)注"數羽稱其本猶數草木稱其根株今據以訂正"下補:《後漢書·南蠻傳》"雞羽三十鍭",鍭,與"猴"通。李賢注以爲"鍭矢",失之。
(-2)"鄭注云地質之所本始也"下補:《説苑·反質》篇云:"是謂伐其根素,流於華葉。"

(132)**窾[②],空也。** 注"崔譔注云窾空也"下補:《管子·國蓄》篇云:"大國内款,小國用盡。"

(133)**奪,敓也。** (-1)注"夷詑爲平易之易"下補:"假"爲"相假易"之易。 (-2)"相親信無後患之辭"下補:《易乾鑿度》云:"光明四通,佼易立節。" (-3)"是佼與夷同義"下補:"假"訓爲易者,易謂相寬假也。桓十三年《左傳》"見莫敖而告諸天之不假易",謂天道之不相寬假也。僖三十三年《左傳》云:"敵不可縱。"《史記·春申君

① 此與原文無涉,似誤記。
② 窾,及下崔注之字形,《疏證》皆作"窾"。

傳》"敵不可假",《秦策》作"敵不可易"。是"假、易"皆寬縱之意也。杜注謂"天不借貸慢易之人",失之。

(134)宗,衆也。　(-1)注"同人于宗"下補:《逸周書·程典解》:"商王用宗讒。"　(-2)"荀爽王逸注","逸"下補"孔晁"二字。

(135)尚、質,主也。　(-1)注"尚之言掌也"乙"之言掌也"四字,改"者"字。　(-2)"尚主也"下補:"尚"與"掌",聲近而義同,故《吕氏春秋·驕恣》篇"遽召掌書",《新序·刺奢》篇"掌"作"尚"。　(-3)"杜預注云"改"杜預、郭象注並云"。　(-4)眉批云:《莊子·庚桑楚》篇:"因以己爲質。"

(136)夭、揠,拔也。　注加墨籤云:夭揠,猶夭闕。

(137)焱、爲、名,成也。　(-1)注"武王踐阼篇云"乙"云"字。　(-2)乙"毋曰胡害其禍將大"八字,改:謂其禍將成也。《楚辭·遠遊》"無滑而魂兮,彼將自然",謂彼將自成也。　(-3)"泰族訓云"乙"云"字。　(-4)"天地正其道而物自然是然爲成也"乙"是然爲"三字,改"謂物自成也"。　(-5)"韋昭注云爲成也"下補:《月令》"閉塞而成冬",《吕氏春秋·音律》篇作"閉而爲冬"。　(-6)"春秋説題辭云名成也"下補:《法言·五百》篇"或性或彊,及其名一也",名者,成也,猶《中庸》言"及其成功一也"。李軌注以"名"爲"名譽"之名,失之。

(138)堇,少也。　(-1)注"射義云蓋廟有存者"下補[1]:《墨子·辭過》篇云:"謹此則止。"　(-2)"多者不獨衍少者不獨饉","饉"改"勤"。

(139)屯,難也。　注"説文駗馬載重難行也",乙"行"字。

(140)戮,辠也。　注"今俗語猶云辠孽矣"下補:戮者,襄二十六年《左傳》云:"專録以周旋戮也。"是"戮"爲辠也。

(141)枚,收也。　注"是鳩救古通用"下補:"救、枚"形相近,故"救"譌作"枚"。《史記·淮南衡山傳》"江都人救赫",《漢書》作"枚赫",是其例也。

(142)贚,覗也。　注"謂自察而不察人也"下乙"史記"十九字,改:《楚策》云:"君不如使人微要靳尚而刺之。"

(143)頻,比也。　注"頻者"下補:《大雅·桑柔》箋云:"頻,猶比也。"

---

① 義,原譌作"儀"。

(144)**更,過也。** 注"經①,與徑同"下補:更者,《史記·秦本紀》"秦兵遂東更晉地",更,過也。

(145)**彌,久也。** 注"説文镾久長也"下補:《逸周書·謚法解》云:"彌,久也。"

(146)**踈、踵,迹也。** 墨籖云:段氏《説文注》云:"踈,當作踈。"曹憲音匹迹反。《集韻》云:"迹,或作踈。"《釋獸》"鹿,其跡速",速,亦當爲"速"。《説文》:"徸,相迹也。"另行有"齊師敗績,公將馳之",蓋"馳,逐也"條下文。

(147)**馳,逐也。** 注加墨籖云:"北地郡歸德,洛水出北蠻夷中,入河",河,本作"渭"②。

(148)**紉,索也。** (-1)注"紉索也"下補:《惜誓》注云:"單爲紉,合爲索。"墨籖云:《離騷》"豈惟紉夫蕙茝"注:"紉,索也。"《御覽》(七百六十六)引《通俗文》:"單口曰紉。" (-2)《史記·倉公傳》正義引《素問》云:"脉短實而數,有似切繩,名曰緊。"

卷第四上

釋詁

(149)**廢、鉒,置也。** (-1)注加墨籖云:《莊子·徐無鬼》篇:"於是乎爲之調琴,廢一於堂,廢一於室。" (-2)注"是注爲置也"下乙"注與鉒通"四字,改:《荀子·榮辱》篇"則君子注錯之當,而小人注錯之過也",楊倞注云:"注錯與措置義同。"注亦鉒也,錯亦措也,故《廣雅》"措、鉒"同訓爲置矣。 (-3)"是其證也"改:是"鉒"與"注"通。

(150)**職,業也。** 注加墨籖云:《管子·明法解》篇:"孤寡老弱不失其所職。"

(151)**據,定也。** 注"據猶安也"下乙"釋名云"十字,改:襄九年《穀梁傳》"恥不能據鄭也",言諸侯不能定鄭也。《史記·白起傳》"趙軍長平,以按據上黨民",按據,猶安定也。《鹽鐵論·繇役》篇云:"四支强而躬體固,華葉茂而本根據。"

(152)**石,擿也。** 注"石者"下乙"新書"二字,補:《史記·王翦傳》云:"方投石超距。"《漢書·甘延壽傳》云:"投石拔距,絶於等倫。"石者,擿也;投石,猶言投擿。距,如"距躍三百"之"距"。應劭以"拔距"爲超踰,司馬貞以"超距"爲跳躍,皆是

① 經,原文作"徑"。

② 此與原文無涉,疑誤增。

也。"投石超距、投石拔距",皆四字平列。石亦投也,距亦超也,超亦拔也。應劭云:"投石,以石投人也。"劉逵注《吳都賦》云:"拔距,謂兩人以手相案能拔引之也。皆非是。賈子。

(153)躄、結,詘也。 (-1)注"辟卷不開也"下乙"皆詰屈之意也"六字,改:高誘注《西周策》云:"山形屈辟,狀如羊腸。" (-2)墨籤云:《易林·姤之豫》云:"躄屈復伸。" (-3)"結之言詰屈也"下補:《月令》云:"蚯蚓結。"

(154)緣,循也。 注"順循也"下乙"急就篇"二十一字,改:《列御寇》篇"緣循偃佒困畏不若人",郭象注云:"緣循仗物而行者也。"《韓詩外傳》"緣理而行",《説苑·雜言》篇》"緣"作"循"。

(155)襮,表也。 (-1)注"臣請爲襮"下補:高誘注云"襮,表也",《新序·義勇》篇"襮"作"表"。 (-2)"曹大家及高誘注並云襮表也"改"曹大家注與高誘同",乙"並云襮表也"五字。

(156)奧,藏也。 (-1)注"其義一也奧"下乙"之言幽也"二十二字,下補"者"字。 (-2)"厥民奧"下補:《老子》"道者,萬物之奧",河上公注云:"奧,藏也。"

(157)括,結也。 注加墨籤云:衛北宫括字子結(《左》襄三十年注)。

(158)摛、緩,舒也。 (-1)注"猶分析其辭句失之"下補:張衡《思玄賦》"離朱脣而微笑兮",亦以"離"爲摛也。 (-2)"緩"注加墨籤云:"武車綏旌"①,注:"綏,謂垂舒之也。"《洞簫賦》"時恬淡以綏肆",注:"綏,遲也。"

(159)竊,私也。 注"竊者"下乙"王逸注"十字,改:《吕氏春秋·知士》篇注云:"竊,私也。"

(160)恥也。 "吝"注加墨籤云:吝,恥也。《後漢·楊賜傳》注、《張衡傳》注②。

(161)膚,傳也。 (-1)注"説文膚籀文臚字"下乙"晉語"十五字。 (-2)"周禮司儀旅擯"下乙"鄭衆注云"十五字③,改:鄭司農云:"旅,讀爲'旅於泰山'之旅;謂九人傳辭。"後鄭讀爲"鴻臚"之"臚"。臚,陳之也。《士冠禮》"旅占",古文"旅"作"臚"。臚、旅,古通用。襄十四年《左傳》"史爲書,瞽爲詩,工誦箴,諫大夫規誨,士傳言,庶人謗,商旅於市",杜預注云:"旅,陳也;陳其貨物以示時所貴尚。"引之云:

① 車,原譌作"王"。"武車綏旌"語出《禮記·曲禮上》。
② "後漢"前依例當脱一"見"字。
③ 周禮,原作"周官"。

“旅,讀‘鴻臚’之臚,陳言也,傳言也。《晉語》‘風聽臚言於市’,韋昭注云:‘臚,傳也;采聽商旅所傳善惡之言。’是也。《周語》云‘庶人傳語’,此傳云‘士傳言’,並與‘臚言’同義。韋注‘庶人傳語’云:‘庶人卑賤,見時得失,不得達傳,以語士也。’杜注‘士傳言’云:‘士卑,不得徑達,聞君過失,傳告大夫。然則商人亦卑賤,不能徑達,故傳言於市,以待上之風聽而已。’《漢書·賈山傳》云:‘史在前書過失,工誦箴諫,瞽誦詩諫,公卿比諫,士傳言諫過,庶人謗於道,商旅議於市。’彼文皆取此《傳》爲之,而末云‘商旅議於市’,則是以‘旅’爲商,殆由誤讀《傳》文而然。然於‘於市’之上增一‘議’字,亦足證商人之以言諫,而非以貨諫矣。”

(162)**愛、人,仁也。** (-1)墨籤云:《方言》十:“凡言相憐哀,九疑湘潭之閒謂之人兮。” (-2)“人即仁也”下補:穀梁《春秋》莊九年“夫人孫於齊”,《傳》云:“孫之爲言猶孫也,諱奔也。”“接練時,録母之變,始人之也”,録,亦謂閔録之也;人之者,仁之也,謂於練時閔録夫人之不與祭,於是始仁之也。《公羊傳》云:“夫人固在齊矣,其言‘孫於齊’何?念母也。”彼言“念母”,此言“人之”,其義一也。范甯謂“始以人道録之”,非是。

(163)**邌、逋,遲也。** (-1)注“然後天明也”下乙“史記衛將軍傳”二十四字。(-2)“字亦作犁”下補[①]:《史記·南越傳》“犁旦,城中皆降伏波”,犁,一作“比”;《漢書》作“遲”。是“遲、犁”二字,並與“比”同義。 (-3)“以犂明爲比明其説是也”下乙“僖二十三年”三十字,改:《史記·晉世家》“重耳謂其妻曰:‘待我二十五年不來,乃嫁。’其妻笑曰:‘犁二十五年,吾冢上柏大矣。’”義亦同也。 (-4)“淮南子天文訓作去稽留”下補:《太玄·耎》:“測云:‘縮失時,坐逋後也。’”

(164)**愇、吝,恨也。** (-1)注“違很也很亦恨也”下補:《楚辭·九章》“懲連改忿兮,抑心而自强”,連,當從《史記·屈原傳》作“違”。違,恨也;言止其恨,改其忿也。王逸注以“連”爲留連,失之。 (-2)“説文吝恨惜也”下補:《屯》六三“往吝”,馬融注云:“吝,恨也。”

(165)**嫧、斷、琝,齊也。** (-1)注“所以爲嘖也”下補:《太玄·玄掜》云:“嘖以牙者童其角。” (-2)“嘖與嫧通”,“嫧”下補“並”字。 (-3)“斷與剬聲近而義同”下乙“今人狀物之齊”十三字,改:《荀子·君道》篇云:“其知慮足以決疑,其齊斷足

① 犁,原文作“犂”。

以距難。"是"斷"爲齊也。 (-4)"義並與琝同"下補:褚少孫《續滑稽傳》"騶牙者,其齒前後若一,齊等無牙,故謂之騶牙",索隱云:"以有九牙齊等,故謂之騶牙,猶騶騎然也。""騶"與"琝",亦聲近而義同。

(166)病,苦也。 注"吕刑云人極于病"下補:病,猶苦也,故《吕氏春秋·貴卒》篇"皆甚苦之",高誘注云:"苦,病也。"

卷第四下

釋詁

(167)嘈,聲也。 注"東京賦云奏嚴鼓之嘈囐"下乙"周天大象賦云"十三字。

(168)颼,風也。 注"劉逵蜀都賦注引","蜀"改"吳"。

(169)緫[①]、�,微也。 (-1)注"皆微之義也"下補:《大戴禮·文王官人》篇"微忽之言",忽,亦微也。盧辯注云:"謂微細及忽然之語。"失之。 (-2)"言追學文武之微德也"下補:宋玉《小言賦》云:"纖於毳末之微蔑。"

(170)髻也。 注加墨籤云:《招魂》"激楚之結",注:"結髪也。"

(171)宋,靜也。 注"蟬宋漠而無聲"下乙"淮南子俶真訓云"十一字,改:《吕氏春秋·審分覽》云:"意氣得遊乎寂寞之宇。"

(172)榜,輔也。 注加墨籤云:《大戴禮·保傅》篇"成王生,仁者養之,孝者襁之,四賢傍之",傍,輔也。

(173)毇、捶,舂也。 (-1)注加墨籤云:孫瑴《古微書》引《春秋説題辭》云:"孔子言曰:'七變入臼米出甲。'謂磑之爲糲米也,舂之則粺米也,師之則鑿米也,舀之則毇米也,又簞擇之暘暟之則爲晶米。"[②] (-2)"捶"注加墨籤云:《内則》"捶反側之",注:"捶,擣之也。"

(174)巉巖[③]、岑,高也。 (-1)注"谽谷嶄巖兮水横波"下乙"淮南子覽冥訓云"十五字。 (-2)墨籤云:《管子·宙合》篇:"陵岑巖。"墨籤云:《説文》:'黝,赤黑也;餘竟切。"[④]

(175)刑,剄也。 注"説文刑剄也"下補:"刑"與"剄",古同聲而通用。《史記·

① 緫,原譌作"總"。
② 暘,原譌作"暍"。
③ 巖,原文作"巘"。
④ 後一墨籤於正文無謂,當爲誤衍。

淮南厲王傳》“令從者魏敬剄之”,《漢書》“剄”作“刑”。

(176)奕,容也。　注“奕奕容也”下補:《賈子·道術》篇云:“包衆容易謂之裕。”《荀子·非十二子》篇“遇賤而少者,則脩告導寬容之義”,《韓詩外傳》“容”作“裕”。

(177)跌,差也。　注“穀梁傳跌作失”下補:《荀子·王霸》篇云:“楊子哭衢塗曰:此夫過舉蹞步而跌千里者夫!”

(178)揄,脱也。　注“若愉之轉爲悦矣”下補:《太玄·格》次三“裳格鞶鉤渝”,范望注云:“渝,解也。”“渝”與“揄”,義亦相近。又加墨籤注云:《淮南子·道應訓》“敖幼而好游,至長不渝”,《蜀志·郤正傳》引作“不喻解”,《論衡·道虚》篇作“不偷解”。

(179)緼,饒也。　注“字書温有兩義”,“温”改“煴”。

(180)仾,舍也。　注“弛爲放舍之舍”下乙“仾讀爲氐”六十七字,改:仾者,《楚辭·招魂》“軒輬既低”,王逸注云:“低,屯也。”屯,亦舍也。《九章》“邸余車兮方林”,王注云:“邸,舍也。”邸,一作“低”。

(181)抗、絓,縣也。　(-1)注“聲相近也”下補:僖元年《公羊傳》云:“於是抗輈經而死。”是“抗”爲縣也。　(-2)“絓者楚辭九章”,自“者”字乙十九字,改:絓,與“挂”通。

(182)跳、趴,長也。　注加墨籤云:《文子·上仁》篇:“不掩羣而取趴跳。”

(183)倚,因也。　注“依與因同義”下補:《老子》“禍兮福之所倚”,河上公注云:“倚,因也。”

(184)必,敕也。　注“謹與敕同義”下補:必,當爲“密”。《繫辭傳》云:“君子慎密而不出。”是謹敕之意也。字通作“宓”。蜀秦宓字子勑;勑,與“敕”通。《論衡·問孔》篇云:“周公告小材勑,大材略。”勑謂密也,略謂疏也。或曰。

(185)穷,貧也。　注“是穷爲貧也”下補:《莊子·讓王》篇“内省而不窮於道”,《吕氏春秋·慎人》篇“窮”作“疚”。“窮”與“貧”,義相近。

(186)熄,灺也。　注“堲謂燭盡堲與熄通”,乙“與”上“堲”字,改:《檀弓》釋文引《管子》作“即”。“堲、即”並。

(187)蔫,葾也。　(-1)注“用兵篇草木殨黄”,改“百草殨黄”。　(-2)“毛傳云宛死貌”下補:《淮南子·俶真訓》“形傷於寒暑燥溼之虐者,形苑而神壯”,高誘注云:"菀,枯病也。"

(188)輊,低也。　注"輕輊墊摯並通"下補:《樂記》云:"武坐致右憲左。"致,亦與"輊"通。憲,與"軒"通。

卷第五上

釋言

(189)曼,無也。　(-1)注"猶曼與莫之同訓爲無也"下補:"無"之轉爲"曼",猶"蕪菁"之轉爲"蔓菁"也。　(-2)"曼"注加墨籤云:《漢書·高帝紀》注云:"曼丘、毋丘,本一姓也,語有緩急耳。"

(190)廩,治也。　此段注全乙,改:桓十四年《公羊傳》注云:"廩者,釋治穀名。"

(191)磃、泧,磓也。　注加墨籤云:《四民月令》引農家諺云:"上火不落,下火滴沰。"

(192)與,如也。　(-1)注"對曰弗如也"下乙"王曰"二十一字。　(-2)"皆訓爲當也"下補:《史記·匈奴傳》"單于自度,戰不能如漢兵",《漢書》"如"作"與"。

(193)恑,反也。　(-1)注"詭反也"下補:《韓子·詭使》篇云:"下之所欲,常與上之所以爲治相詭。"　(-2)"賈子傅職篇反作詭"下乙"漢書武五子傳"十一字①。

(194)穌,寤也。　注"寤通作寤"下補:《楚辭·九章》"蘇世獨立",王逸注云:"蘇,寤也。"

(195)跻、踦,蹐也。　注"讀若逵"下乙"漢書"下一百三十字。

(196)譏、諫,怨也。　注"是怨與譏刺同意"下補:襄二十七年《左傳》:"伯有賦'鶉之賁賁',趙文子告叔向曰:'伯有志誣其上而公怨之,以爲賓榮。'"怨,亦謂譏刺也。

(197)竈,造也。　注"是竈與造通"下補:《吳越春秋·夫差内傳》"勒馬銜枚,出火於造",即《吳語》所謂"係馬舌,出火竈"也。

(198)己,紀也。　注加墨籤云:桓二年《穀梁傳》"己即是事而朝之",范甯注云:"己,紀也。"

(199)馮,登也。　注"以視天文之次序"下補:《荀子·宥坐》篇"百仞之山,而豎子馮而游焉",《韓詩外傳》"馮"作"登"。

---

① 傳,原譌作"傳"。

(200)摎,捋也。　注"此云摎捋也義並相通"下補:《爾雅》:"流,求也。"張衡《思玄賦》舊注云:"摎,求也。"是"摎、流"古通用。

(201)蹶,踶也。　(-1)注"説文趣蹠也"下補:《史記·夏侯嬰傳》云:"漢王常蹶兩兒,欲棄之,故曰蹶張。"　(-2)"淮南子"下乙"説林訓云"十三字。

(202)綏,育也。　注"史記樂書遂作育"下補:《齊語》"犧牲不略,則牛羊遂",《管子·中匡》篇"遂"作"育"。

(203)任,保也。　(-1)注"説文任保也"上補:《周語》"亹亹怵惕,保任戒懼",任,亦保也。保、任①、戒、懼,四字平列。　(-2)"不能保任其父之勞"下補:是其證。韋昭訓"任"爲職,失之。

(204)應,受也。　此段注全乙,改:引之云:"《康誥》'應保殷民',應,受也。《周頌·賚》篇云:'我應受之。'襄十三年《左傳》云:'應受多福。'《周語》'叔父實應且憎',韋昭注云:'應,猶受也。'《楚辭·天問》'鹿何膺之',王逸注云:'膺,受也。'膺,與應通;應保,即膺保也。《周語》云:'膺保明德。'是也。膺保,猶受保也。《士冠禮》字辭云:'永受保之。'是也。或言'承保'。《洛誥》云:'承保乃文祖受命民。'承,亦受也。傳云:'上以應天,下以安我所受殷之民衆。'戾於經文矣。"

(205)襛,祜也。　此段注全乙,改:襛,當爲"襩";祜,當爲"袥"。《説文》:"襩,峻也。""峻,帬也。""袥,衣衸也。""衸,袥也。"徐鍇引《字書》云:"衸,補袇褎也。"是"襩"與"袥"皆帬之異名。袥,譌爲"祐",又譌爲"祜"耳。《集韻》《類篇》並云:"襩,袥也。"是其證。

(206)淫,游也。　此段注全乙,改:王逸注《招魂》云:"淫,游也。"《管子·明法》篇"不淫意於法之外",尹知章注與王逸同。《説苑·反質》篇"丹朱傲虐好慢淫",即《皋陶謨》所謂"慢遊是好,敖虐是作"也。遊,與"游"同。

(207)敀,隱也。　此段注全乙,改:説見卷三"攻,伏也"下。

(208)蓋,黨也。　補墨籤注云:寶應朱氏武曹云:昭二十年《左傳》:"君子不蓋不義。"

(209)腒,央也。　(-1)注"腒或作渠又作巨"下補"詎"字②。　(-2)"古辭相逢

① 任,原譌作"愼"。
② 原文"或"字上有"字"字。

行云”,“辭”字下補:《長安有狹邪行》云:“調弦未詎央。”

(210)非,違也。　注加墨籤云:昭元年《左傳》云:“小國爲蘩,大國省穡而用之,其何實非命?”言不敢違命也。故杜注云:“何敢不從命。”

卷第五下

釋言

(211)免,隤也。　注“未詳”二字乙,改:諸書無訓“免”爲隤者。免,當爲“臽”。臽,古“陷”字也,《說文》本作“臽”。隸或作“臽”,與“免”字上半相似,因譌而爲“免”。臽,今通作“陷”。《說文》:“陷,高下也。一曰陊也。”又云:“隤,隊下也。”韋昭注《魯語》云:“陷,墜也。”《玉篇》:“陷,隤也。”《廣韻》:“陷,入地隤也。”《淮南子·原道訓》云:“先者隤陷,則後者以謀。”是“陷”與“隤”同義。

(212)謂,指也。　此段注全乙,改:《華嚴經音義》引《漢書音義》云:“謂者,指趣也。”

(213)已,似也。　注“未詳”二字乙,墨籤改注云:“於穆不已”[①],疏引孟仲子作“於穆不似”。又《詩》:“教誨爾子,式穀似之。”

(214)臬,跌也。　注“天文志作跌”下補:《太玄·將》次六“日失烈烈”,並字異而義同。

(215)資,操也。　注“資與齎通”上補:《考工記》“或通四方之珍異以資之”,《喪服四制》“資於事父,以事君,而敬同”,鄭注並云:“資,操也。”

(216)徇,營也。　注乙“衆經音義”十四字[②],改:《漢書·賈誼傳》“貪夫徇財”,應劭注云:“徇,營。”

(217)僷,經也。　注加墨籤云:漢《博陵太守孔彪碑》:“無偏無党,王道之素。”

(218)乍,暫也。　注“詐卒也”下補:襄二十九年《公羊傳》“今若是迮而與季子,季子猶不受也”,迮,亦與“乍”同。

(219)驙,企也。　注加墨籤云:萱齡按:韓勑《禮器碑》:“莫不驙思歎仰。”

(220)煨,火也。　加墨籤注云:《說文》:“煨,盆中火也。”

(221)踐,蹯也。　注加墨籤云:“踐之者,籍之也”(《破斧》正義引《詩大傳》)。

---

① 引文出自《詩·周頌·維天之命》,此脱出處字。

② 所乙者實十五字。

(222)酌，漱也。 (-1)"酌"改"酌"。 (-2)注"未詳"二字乙，改：各本"酌"譌作"酌"。錢氏晦之云："酌，當爲酌。《説文》：'酌，少少飲也。'《玉篇》：'酌，余振切。''酳，同上。'《廣韻》：'酳，酒漱口也。'案：《士虞禮》《少牢饋食禮》注並云：'古文酳爲酌。'《特牲饋食禮》注云：'今文酳爲酌。'酌，皆當爲'酌'。顔師古注《漢書·賈山傳》云：'酳者，少少飲酒，謂食已而蕩口也。'"念孫案：《士昏禮》"酌酳主人"，鄭注云："酳，漱也。酳之言演也，安也；漱所以絜口且演安其所食。"酳，與"酌"同，此"酌"訓爲漱之明證也。今訂正。

(223)貳，汙也。 此段注全乙。

(224)貳，然也。 注"未詳"二字乙，改：公羊《春秋》莊二十三年"公會齊侯，盟於扈"，《傳》云："桓之盟不日，此何以日？危之也。何危爾？我貳也。"何休注云："莊公有汙貳之行。"是"貳"訓爲汙也。下文云："魯子曰：'我貳者，非彼然，我然也。'"注云："非齊惡我也，我行汙貳，動作有危，故曰之也。"據此，則《傳》云"非彼然，我然也"者，猶言非彼實使然，乃我實使然耳，非訓"貳"爲然也。此云"貳，然也"，蓋誤會《傳》意耳。

(225)律，率也。 (-1)注加墨籤云：《爾雅》："律，述也。" (-2)"述與率通"下乙"中庸"七字，改"爾雅"二字①。

(226)菽，葆也。 注"草叢生曰葆"下補：《太平御覽》引《通俗文》云："生茂曰葆。"

(227)箋，云也。 注"未詳"二字乙，改：諸書無訓"箋"爲云者，疑"志"字之誤。《説文》："箋，表識書也。""識"與"志"，古字通。草書"云"字作"𠀇"，"志"字作"𠀇"，二形相近而誤。

(228)譏，譴也。 此段注全乙，改：隱二年《公羊傳》"此何以書譏"，何休注云："譏，猶譴也。"

(229)柰，那也。 (-1)注"單言之則曰柰"下補：《淮南子·兵略訓》云："唯無形者無可柰也。" (-2)"人莫予柰是也"，乙"是也"二字。

(230)楊，揚也。 此段注全乙，改：臧氏在東云："《尚書·禹貢》《周禮·職方氏》《爾雅·釋地》凡'揚州'字，舊本皆從木。《佩觿》云：'楊，柳也。亦州名。'

① 乙改後與(1)重複。

又云:‘按《禹貢》“淮海惟楊州”,正義云:“江南其氣燥勁,厥性輕揚”,則非當從木。’據此,則郭氏所見《尚書》尚從木旁也。漢《曹全碑》‘兗、豫、荆、楊’,字亦從木。《隸釋》載《石經·魯詩》殘碑《唐風》‘揚之水’字作‘楊’,《王風》‘揚之水’釋文曰:‘揚,如字;激揚也。或作楊木之字,非。’然《藝文類聚》引《王風》,《太平御覽》引《唐風》,則皆作‘楊之水’,與陸氏所見本正合,不得議其非矣。李巡注《爾雅》云:‘江南其氣燥勁,厥性輕揚,故曰楊州。’《毛詩》以‘激揚’訓楊,李巡以‘輕揚’訓楊,皆可爲《廣雅》‘楊,揚也’之證。”墨籤云:文八年《左傳》晉“解揚”,《史記·十二諸侯年表》作“解楊”;《衞世家》莊公揚,《十二諸侯表》作“楊”;襄三年晉侯之弟揚干,《古今人表》作“楊干”。案:此籤旁有朱書“存以備考,不必補入”八字。

(231)匪,彼也。　注“小雅四月篇”,自“四月”乙一百三十八字。

(232)抪,抵也。　(-1)注“讀若抵掌之抵”下補:《晉書音義》引《字林》云:“抵,側擊也;之爾反。”　(-2)《秦策》“抵掌而言”下補:《太玄·翕》上九“撣其角維用抵族”,范望注云:“抵,擊也。”釋文云:“抵,音紙。”　(-3)“文選皆譌作抵”,“文”字上補“太玄”二字。

(233)毓,長也。　注“爾雅育長也”下乙“邶風谷風篇”四十三字,改:《大雅·生民》篇“載生載育”,毛傳云:“育,長也。”

(234)毓,稚也。　(-1)注乙“豳風鴟鴞篇”下三十八字。　(-2)“説見上文漠怕也下”下補:引之云:“《堯典》‘教胄子’,《説文》及《周官·大司樂》注並引作‘教育子’,《史記·五帝紀》作‘教稺子’。案:育子,稺子也。育,字或作毓,通作鬻,又通作鞠。《邶風·谷風》篇‘昔育恐育鞠’,鄭箋解‘昔育’云:‘育,稚也。’正義以爲《爾雅·釋言》文。今《爾雅》育作鞠,郭璞音義云:‘鞠,一作毓。’《豳風·鴟鴞》篇‘鬻子之閔斯’,毛傳云:‘鬻,稚也。’釋文:‘鬻,由六反。徐居六反。’是育、鞠同聲同義。古謂稺子爲育子,或曰鞠子。《堯典》之‘育子’即《豳風》之‘鬻子’,亦即《康誥》所謂‘兄亦不念鞠子哀’、《顧命》所謂‘無遺鞠子羞’者也。《王制》注引《尚書》傳云:‘年十五始入小學,十八入大學。’《内則》云:‘十有三年,學樂,誦《詩》,舞《勺》;成童,舞《象》。’是入學習樂在未冠之時。凡未冠者,通謂之稺子,或曰育子,故曰‘命女典樂教育子’。西漢經師如夏侯、歐陽必有訓‘育子’爲稺子者,故史公以稺代育,蓋有所受之也。《大司樂》釋文云:‘育,音胄。’是育、胄古同聲。作胄者,假借字耳。《逸周書·大子晉》篇‘人生而重丈夫,謂之冑子;冑子成人能治上官,謂之士’,亦謂未冠者爲冑子也。自馬注訓‘冑’爲長,鄭、王訓‘冑子’爲國子,後人咸用其説,而《史記》之‘教穉子’遂莫有能通其義者矣。”

(235)**意,疑也。** 此段注全乙,改:《長楊賦》及《魯靈光殿賦》注引《廣雅》並同。《漢書·文三王傳》“於是天子意梁”,顏師古注云:“意,疑也。”《韓子·説疑》篇“上無意,下無怪”,《吕氏春秋·去尤》篇“人有亡鈇者,意其鄰之子”,《史記·張儀傳》“楚相亡璧,門下意張儀”,意,皆謂疑也。《陳丞相世家》“項王爲人意忌信讒”,謂疑忌也。《荀子·賦》篇“暴至殺傷而不億忌”,億,與“意”同。

(236)**噶,嘶也。** 注“嗌與噶同”下補:《莊子·庚桑楚》篇“兒子終日嗥而嗌不嗄”,嗄,崔譔本作“噶”。

卷第六上

釋訓

(237)衎衎,和也。 注“侃侃和樂之貌”下補:漢《成陽令唐扶頌》“衎衎誾誾”,衎衎,即侃侃也。

(238)曠曠,大也。 注“重言之則曰曠曠”下乙“荀子”十四字,改:《莊子·天道》篇云:“廣廣乎其無不容也。”

(239)晣晣,明也。 注“明星哲哲”下補:通作“逝”。《太玄·爻》次六“獨爻逝逝”,范望注云:“逝逝,明也。”

(240)**伋伋、𧻓𧻓,劇也。** (-1)注“如有所追而弗及也”下乙“汲與伋通”四字[1],改:《莊子·盜跖》篇“狂狂汲汲”,釋文云:“汲,本亦作伋。”《賈子·匈奴》篇云:“人人伋伋,唯恐其後來至也。”並字異而義同。 (-2)“迋與𧻓通”下補:《莊子》“狂狂汲汲”[2]。 (-3)“恇與𧻓亦聲近義同”,“恇”改“並”,乙“亦”字。

(241)**蒸蒸,孝也。** (-1)注“光燿於天地”下補:《後漢紀·靈帝紀》:“崇有虞之孝,昭蒸蒸之仁。” (-2)“奉蒸嘗與禴祠”下補:《巴郡太守張納碑》:“膺大雅之淑姿,脩蒸蒸之孝友。” (-3)“孝章皇帝大孝蒸蒸”下乙“家語六本篇”二十一字,改:《魏志·甄皇后傳》注引“三公奏”云:“至孝蒸蒸,通於神明。” (-4)“盡孝於

① 《疏證》正文“追”字前原無“所”字。
② 此處文字已見於上,疑有誤。

田隴烝烝不違仁”下補:《家語・六本》篇云:“瞽瞍不犯不父之罪而舜不失蒸蒸之孝。”

(242)偃蹇,夭撟也。　注“撟字或作蟜又作矯”下補:《淮南子・脩務訓》云:“龍夭撟,燕枝拘。”

(243)崢嶸,深冥也。　注“王廙注云冥深也”下乙“楚辭九章”十八字,改:《論衡・道虚》篇云:“其書深冥奇怪。”

(244)躊躇,猶豫也。　注“單言之則曰猶曰豫”下補:《管子・君臣》篇云:“民有疑惑貳豫之心。”

(245)從容,舉動也。　(-1)注“此皆昔人謂舉動爲從容之證”下補:舉動謂之從容,跳躍謂之竦踊,聲義並相近,故“竦踊”或作“從容”。《新序・雜事》篇云:“玄蝯居桂林之中,峻葉之上,從容游戲,超騰往來。”從容,即竦踊也。　(-2)“動人謂之慫慂聲意並相近”①,“並”改“亦”字。

(246)軫軳,轉戾也。　(-1)注“多轉入職德緝合諸韻”,乙“緝合諸”三字。　(-2)“亦有異位而相轉者”下乙“續漢書五行志”五十八字,改:《説苑・敬慎》篇“曾子有疾,曾元抱首”,《大戴禮・曾子疾病》篇“抱首”作“抑首”。是“抱、抑”聲相近,故“抱首”之“抱”或作“抑”。

(247)揚推、無慮,都凡也。　(-1)注“故廣雅訓爲都几也”,“几”改“凡”字,下補:張晏注《漢書・古今人表》云:“略舉揚較,以起失謬。”較,與“推”通。　(-2)“續漢書律曆志云”,“曆”改“厤”。　(-3)“左思吳都賦云商推萬俗是也”下補:《中山策》云:“商敵爲質。”敵,亦與“推”通。　(-4)“諸凡猶都凡耳”下補:鄭注《儒行》云:“妄之言無也。”　(-5)“李賢注云謂請園陵都凡制度也無慮之轉”下補:爲“勿慮”,《大戴禮・曾子立事》篇云:“君子爲小由爲大也,居由仕也,備則未爲備也,而勿慮存焉。”勿慮,即“無慮”,言居家理則治可移於官道,雖未備而大較已存乎此也。盧辯不曉其義,乃以“勿慮存”爲不忘危,其失也鑿矣。又轉之爲“摹略”,《墨子・小取》篇“摹略萬物之然,論求羣言之比”,摹略者,總括之辭,猶言無慮也。又轉之。　(-6)“不委細之意”下乙“莫絡孟浪無慮”六字,改:無慮、勿慮、摹略、莫絡、孟浪。

---

① 意,《疏證》正文作“義”。

卷第六下

釋親

(248)**姓,子也。** 注"振振公姓"下補:《特牲饋食禮》"子姓兄弟如主人之服",鄭注云:"言子姓者,子之所生。"

(249)**妻謂之嬬。** 注"説文嬬下妻也"下補:《歸妹》六三"歸妹以須",釋文云:"須,荀、陸作嬬;陸云:'妾也。'"

(250)**踦,脛也。** 注"小鼅鼄長腳者"下補:《管子·侈靡》篇云:"其獄一踦腓一踦屨而當死。

卷第七上

釋宫

(251)**廊,舍也。** 注加墨籤云:《韓非子·有度》篇:"遠在千里外,不敢易其辭;勢在郎中,不敢蔽善飾非。"《外儲説左上》:"於是日郎中莫衣紫,其明日國中莫衣紫,三日境内莫衣紫。"《秦策》:"今臣處郎中。"

(252)**寝,窟也。** 注"寝之言複也"下補:錢氏晦之云:"究,疑當作宄。《玉篇》:'宄,五丸切。宄,窟也。'"

(253)**治、甄,甎也。** 注加墨籤云:《晏子春秋·諫》篇:"景公令兵摶治,當臘冰月之閒,而寒民多凍餒,而功不成。"《隋書·百官志》太府寺有掌治甄官。

(254)**檻,牢也。** 注加墨籤云:《吕氏春秋·順説》篇云:"管子得於魯,魯束縛而檻之。"①

(255)**槷、機,朱也。** 注"不出其機化導宣暢"下補:槷謂之機,亦謂之閣。《爾雅》"所以止扉謂之閣",郭注云:"門辟旁長槷也。"漢《博陵太守孔彪碑》有五官掾劉機字□閣②,義取諸此也。

(256)**樣,杝也。** 注"芭與杷義亦相近也"下補:引之云:"《周官·掌固》'掌修城郭溝池樹渠之固',渠,與樣同,謂籬落也。因樹木以爲籬落,故曰樹渠。《司險》職云:'設國之五溝五涂而樹之林,以爲阻固。'鄭注云:'樹之林,作藩落也。'是其證矣。城、郭爲一類,溝、池爲一類,樹、渠爲一類。賈疏以爲'渠上有樹',失之。"

---

① 縛,原譌作"縳"。

② 碑文原闕一字。不可考。

(257)術、隊、陌,道也。 (-1)注"内經間術外爲阡陌"下補:《墨子·明鬼》篇"道路率徑",率,與"術"通。 (-2)"左傳夙沙衛連大車以塞隧是也"下乙"文十六年傳"六十六字,改:《商子·算地》篇"都邑遂路",遂,亦與"隧"通。 (-3)"南北曰阡東西曰陌"下補:《管子·四時》篇作"阡伯"。

(258)趡,犇也。 "或爲醮史記"下補:《高祖紀》"襄城無遺類",遺,一作"噍"。

(259)廟,天子五。 注加墨籤云:《吕氏春秋·論大》篇"《商書》曰:'五世之廟,可以觀怪'",《尚書後案》第八《咸有一德》"七世之廟,可以觀德"下引證甚詳。此條須改。

案:《尚書後案》辨曰:《吕覽》卷十三《論大覽》引《商書》云:"五世之廟,可以觀怪;萬夫之長,可以生謀。"莫知爲何篇語也。作僞者取其文而加以改竄,不知七廟始於周,夏商以前未有也。《王制》云:"天子七廟,三昭三穆,與太祖之廟而七。"鄭云:"此周制。七者,太祖及文王、武王之祧與親廟四。太祖,后稷。殷則六廟,契及湯與二昭二穆。夏則五廟,無太祖,禹與二昭二穆而已。"鄭《禮緯稽命徵》及《鉤命決》云[①]:"唐虞五廟,親廟四,與始祖五。禹四廟,至子孫五。殷五廟,至子孫六。周六廟,至子孫七。故七廟獨周制爲然。蓋禹之時衹有高祖以下四親廟,至子孫并禹則五矣;湯之時衹有契及四親,至子孫并湯則六矣;周文武之廟不毁,以爲二祧,始祖之廟亦不毁,則爲七矣。"此不易之論也。《書》云"五世之廟",此湯之時也。王肅議《禮》必反鄭玄,此僞《書》及傳正王肅之徒所爲,故宗其説。

(260)獄,犴也。 (-1)注"淮南子説林訓"下乙"亡犴不可再"七字。 (-2)"注云犴獄也"下補:《荀子·宥坐》篇:"獄犴不平。" (-3)"漢書刑法志"下乙"云獄豻不平"五字,改"作豻"二字。 (-4)"令敵禁也"下乙"或但謂"二十七字。

卷第七下

釋器

(261)瓬、甈、罌、甀,瓶也。 (-1)注"今江東通呼大瓮爲瓬"下補:《晉書·五行志》:"建興中江南謡歌曰:'訇如白坑破,合集持作甒。揚州破換敗,吴興覆瓿甊。'"坑,與"瓬"同。 (-2)"甈"注加墨籤云:《大宗師》"皆在鑪捶之閒耳",崔

① "鄭"字後似脱"注"字。

譔注:"捶,當作甀。" (-3)"甔字通作儋又作擔"下補:又作"檐",《吕氏春秋·異寶》篇"禄萬檐",高誘注云:"萬檐,萬石也。" (-4)"罌"注加墨籤云:《穆天子傳》二:"天子乃賜之黄金之罌三六。"

(262)案謂之稿。 注"若今人持承槃"下乙"漢書外戚傳"十七字,改:《史記·田叔傳》云:"高祖過趙,趙王張敖自持案進食。"

(263)椀,盂也。 注"盌與椀同"下補:《賈子·時變》篇云:"母取瓢椀箕帚。"

(264)槾,杯也。 注"説文梧匴也"下補:《太平御覽》引《風俗通義》云:"吴郡名酒杯爲槾。"《説文》。

(265)欘謂之钁。 注"淮南子兵略訓奮儋钁"改:《淮南子·精神訓》"揭钁臿"。

(266)犧、象,罇也。 注"則與鷄鳥諸彝之制不合"下乙"其不可信一也"一百八十二字①,改:且《莊子》云:"百年之木,破爲犧尊。"《淮南子》云:"百圍之木,斬而爲犧尊。"則古人以木爲犧尊明矣。今魯郡所得犧尊,在地中七百餘年而完好可辨,以木爲之乎,抑以金爲之乎?以木爲之,則不能經七百年而不壞;以金爲之,則又與《莊子》"破木爲尊"之説不合,無一可者也。

(267)紈、繛,素也。 注加墨籤云:《聘禮》"賄用束紡",鄭注云:"紡,紡絲爲之,今之縳也。"②

(268)麴塵,綵也。 注"麴塵亦染黄也"下補:《易稽覽圖》云:"黄之色悖如麴塵。"

(269)襋衱謂之褗。 注"説文褗樞領也","樞"改"褗"。

(270)繞領、帔,帬也。 注加墨籤云:段注《説文》七下説"繞領、帔"之義甚是,當據改。

案:《説文解字》段氏注云:"《方言》:'繞衿謂之帬。'《廣雅》本之,曰:'繞領(句)、帔(句),帬也。'衿、領,今古字。領者,劉熙云:'總領衣體爲端首也。'然則繞領者,圍繞於領。今男子、婦人披肩,其遺意。劉熙曰:'帔,披也,披之肩背不及下也。'蓋古名帬,宏農方言曰帔,若常則曰下帬,言帬之在下者,亦集衆幅爲之,如帬之積衆幅被身也。如李善引《梁典》'任昉諸子冬月著葛巾、帔、練裙',自是上下三

① 鷄,《疏證》原文作"雞"。
② 此處與原文無涉,疑有誤。

物。《水經注》'淮南王廟安及八士像皆羽扇裙帔、巾壺枕物,一如常居',亦'帬、帔'並言。自《釋名》'裙'系下,'帔'系上,後人乃不知帔、帬之别,擅改《説文》矣。"

(271)衽,袖也。 注"衽亦袂也"下補:《管子·弟子職》篇云:"攝衽盥漱。"又云:"振衽埽席。"《趙策》云:"攝衽抱几。"

(272)褙謂之袩。 注"褙衣衽也"下補:《太玄·玄挩》云:"垂褙爲衣,襞幅爲裳。"

(273)褯謂之褓。 (-1)注"褓小兒衣也"下乙"漢書宣帝紀"十三字,改:《吕氏春秋·明理》篇"道多褓襁",高誘。 (-2)"賈誼傳作緥抱"上補:《宣帝紀》作"襁褓"。

(274)鞜靸,履也。 注加墨籤云:《説文》:"鞅韆,鞅沙也。"鞅沙,與"鞜靸"同。

(275)襜謂之襛。 注"然猶不能獨穿也"下補:《墨子·備城門》篇云:"城上之備渠襜籍車。"

(276)徽、帾、幟,幡也。 (-1)注"徽識也目絳徽帛著于背",乙"徽"字。 (-2)"説文隸人給事者衣爲卒",乙"衣"字。 (-3)"以絳徽帛謂之帾",乙"徽"字,"帛"下補"著背"二字。 (-4)"六月篇織文鳥章鄭箋云織徽織也",三"織"字並改"識"。 (-5)"張旗志幟織識志並通"①,乙"織"字。

(277)幃謂之幐。 注加墨籤云:《商子·賞刑》篇云:"贊茅岐周之粟,以賞天下之人,不得一幐。"《韓子·外儲説左》篇云:"猶贏幐而履蹻。"《秦策》:"贏縢履蹻,負書擔橐。"《趙策》:"贏幐負書擔橐。"

(278)緪,索也。 注"説文緪大索也"下補:《魏志·王昶傳》"兩岸引竹絚爲橋",絚,與"緪"同。

(279)絡也。 注加墨籤云:《易林·訟之蠱》:"衣敝如絡。"

(280)輼、柳,車也。 (-1)注"而非喪車明矣"下補:《史記·齊世家》"桓公載温車中馳行",温,與"輼"通。 (-2)"士喪禮下篇注云",乙"下篇"二字,改"記"字。

(281)錧也。 注"説文輨轂耑錔也"下補:《士喪禮記》云:"主人乘惡車木錧。"

(282)畚也。 注"淮陽名車穹隆轒"下乙"四民月令"十六字,改:《管子·度地》

---

① "識"後原脱"志"字,據《疏證》補。

篇“土車什一、雨傘什二”,尹知章注云:“車傘,所以禦雨,故曰雨傘。”

卷第八上

釋器

(283)鏤謂之錯。　注加墨籤云[①]:《晉語》“文錯其服”,注:“錯,錯鏤也。”是“錯”與“鏤”同義。《御覽》七百五十六引《通俗文》云:“金銀要飾謂之錯鏤。”

(284)柅謂之椱。　注加墨籤云:《易林·訟之涣》[②]:“機杼榺複,女功不成。”

(285)柱,距也。　注加墨籤云:《漢書·朱雲傳》注:“拄,刺也,距也。”[③]

(286)矢,箭也。　注加墨籤云:《墨子·備穴》篇:“爲短戈、短戟、短弩、寅矢。”

(287)錍、鏃,鏑也。　注加墨籤云:《唐六典》引《通俗文》云:“骨鏃曰骲,鐵鏃曰鏑,鳴箭曰骹,霍葉曰鈚。”鈚,與“錍”同。

(288)簀,第。　注加墨籤云:《釋名》:“舟中牀以薦物者曰笭,言但有簀如笭牀也。”

(289)丹,赤也。　注加墨籤云:《鄉射記》“凡畫者丹質”,注:“丹淺於赤。”

(290)黎、黳,黑也。　注加墨籤云:《衆經音義》卷十二引《通俗文》云:“面黎黑曰皯黳。”

卷第九上

釋天

(291)譎、冠、珥。　注加墨籤云:《莊子·天下》篇“俱誦《墨經》,而倍譎不同”,記其各守所見,分離乖異也。如淳以“鐍”爲抉,失之。譎、子[④],義相近。抱珥、背鐍,皆外向之名。背鐍,即“倍譎”。冠、珥,皆内向之名。如淳説非也。

(292)朱明,日也。　注加墨籤云:“朱明承夜”[⑤],注:“朱明,日也。”

(293)參伐謂之大辰。　注加墨籤云:《夏小正》傳:“參也者,伐星也。”

(294)北辰謂之曜魄。　注加墨籤云:《楚辭·遠遊》“綴鬼谷於北辰兮”[⑥],注:“北辰,北極星也。”《遠逝》“引日月以指極兮”[⑦],注:“極,北辰星也。”魏明帝《長歌

① 此五字似誤。依其意,當按例改作:此段注全乙,改。
② 涣,原譌作“漁”。
③ 此下似脱:拄,與“柱”通。
④ 子,似爲“鐍”字之譌。
⑤ 此出處爲《楚辭·招魂》,失記。
⑥ “兮”字當爲誤衍。
⑦ 遠逝,原記作闕文。

行》："仰首觀靈宿，北辰奮休榮。"《春秋繁露·深察名號》篇云："正朝夕者視北辰。"《晏子春秋·雜》篇："古之立國者，南望南斗，北戴樞星，彼安有朝夕者哉！"

(295)肆兵。　注加墨籤云：《周官·小宗伯》"肄儀爲信"，故書"肄"爲"肆"。"大夫與士肄"[①]，肄，本作"肆"。

卷第九下

釋地

(296)町、斥、澤，池也。　(-1)注加墨籤云：《王制》正義(北監本第八頁)引《□義》左氏説[②]："賦法，積四十五井，除山川坑岸三十六井，定出賦者九井。"　(-2)"澤"注加墨籤云："□斥澤則亟去無留"(《孫子·行軍》篇)[③]，"去菹萊、鹹鹵、斥澤、山閒、堁壖不爲用之壤"(《管子·輕重》篇)。

(297)埴，土也。　注加墨籤云：《衆經音義》(十三)引《淮南》許注："埴，土也。"《齊俗訓》："若璽之印埴。"

(298)蟆，耕也。　注加墨籤云：《説文》："暵，耕暴田曰暵。"《魏志·司馬芝傳》："耕熯種麥。"《晉書·傅休奕傳》："耕暵不熟。"

釋丘

(299)邱上有木爲柲邱。　注加墨籤云：《抱朴子·正郭》篇："高潔之條貫[④]，爲祕邱之俊民。"

(300)墳、陵，冢也。　注加墨籤云：《唐律疏義·衛禁》篇引《三秦記》云："秦謂天子墳曰山，漢曰陵。"

(301)塋，葬地也。　注加墨籤云：《漢書·哀帝紀》："田非冢塋，皆以賦貧民。"

(302)厓也。　注加墨籤云：孟康注《漢書·司馬相如傳》云："厓，廉也。"

釋山[⑤]

(303)嶰、谿，谷〔也〕。　注加墨籤云："伶倫自大夏之西[⑥]，乃之阮隃之陰，取竹於

---

① "大夫"前脱"禮記曲禮"四字。

② 王，原譌作"五"。闕文當爲"異"字。

③ 闕文當爲"絶"字。

④ 之，原譌作"三"。又，"高潔"前似脱一"廁"字。

⑤ 下條原本屬《釋山》，非屬《釋丘》。標題字原闕。

⑥ 自，原譌作"目"。

嶰谿之谷。”①

釋水

(304)**灑,理也**。 注加墨籤云:“胡取禾三百廛兮”②,廛,本亦作“壥”。《管子·小匡》篇③:“壥而不税。”《干禄字書》“廛”通作“厘”。

(305)**波也**。 注加墨籤云:“波者,涌起。”(《人閒訓》注)《西京賦》:“河渭爲之波盪。”

(306)**舶,舟也**。 注加墨籤云:《華陽國志》:“周赧王七年,司馬錯率巴蜀衆十萬、大舶船萬艘,浮江伐楚。”

卷第十上

釋草

(307)**蒼耳,枲耳也**。 注加墨籤云:《金匱要略》云:“飲酒食生蒼耳,令人心痛。”今順天人皆謂之蒼耳。

(308)**女菀也**。 注加墨籤云:菀,通作“宛”,《魏志·華佗傳》:“有四物女宛丸。”

(309)**土瓜,芴也**。 注加墨籤云:《金匱要略》有“土瓜根散”。

(310)**稻穰謂之稈**。 注加墨籤云:墐塗,塗有穰草也。《金匱要略》云:“飲酒食猪肉臥秫稻穰中,則發黄。”

(311)**蕪菁也**。 注加墨籤云:世所云蔓菁者,今始見之。其根葉皆似蘿蔔,但蘿蔔根長,其味辛;蔓菁根圓④,其味甘。蘿蔔葉小而四布,蔓菁葉大而上竦。夏秋閒發芽,至春抽臺,花小而黄,子如蘿蔔而小。至結子時,根即枯朽而不可食,故《詩》言“采葑采菲,無以下體”也。其根葉花亦與芥相似,故又有“大芥”之名。固安人皆謂之蔓菁,聲如蠻。蔓菁、蘿蔔、芥菜、白菜皆以六月下種。諺云:“頭伏蘿蔔二伏菜,三伏種蕎麥(莫代反)。”

(312)**狼毒也**。 注加墨籤云:《文選·陳琳〈爲袁紹檄豫州〉》注引《漢書》“誅翟義,夷滅三族,皆至同坑,以五毒參并葬之”,如淳曰:“野葛、狼毒之屬。”《漢書·翟方進傳》“以棘五毒并葬之”,如淳曰:“野葛、狼毒之屬也。”

---

① 此引文出自《吕氏春秋·仲夏紀·古樂》。此前脱出處字。

② 此引文出自《詩·魏風·伐檀》。此前脱出處字。

③ 小,原譌作“心”。

④ “菁”字原脱。

(313)馬帚,馬第也。　注加墨籤云:順天人謂馬帚爲埽帚菜。

釋木[1]

(314)蘸,薪也。　注加墨籤云:《干禄字書》"樵"俗作"蘸"。桓七年《公羊傳》"焚之者何? 樵之也",注:"樵,薪也。以樵燒之故,因謂之樵之。"

(315)橡,柔也。　注加墨籤云:"上斵輪軸,下采杼栗"(《管子·輕重》篇)。

(316)重皮,厚朴也。　注加墨籤云:朴之言附也。《史記·惠景閒侯者年表》"諸侯子弟若肺附",索隱:"附,木皮也。"

卷第十下

釋蟲

(317)蛥蚗,蛰也。　注"説文云蛜蚗蛁蟟也"下補:《楚辭·九思》云:"蛜蚗兮噍噍。"

(318)蛉蛄,蛁蟟也。　注"一名蝭蟧","蟧"改"蟧"字。

(319)杜伯,蠍也。　注"幽州謂之蠍"下補:崔瑗《草書勢》云:"絶筆收勢,餘綖糾結,若杜伯揵毒緣巇。"

(320)景天、螢火,燐也。　注加墨籤云:段氏《説文》"粦"字注云:"《詩》傳:'燐,熒火也。'熒火,謂其火熒熒閃睗,猶言鬼火也。陳思王曰:'熠燿宵行,章句以爲鬼火。或謂之燐。'章句者,謂薛君章句。是則毛、韓古無異説。《毛詩》字本作熒,或乃以《釋蟲》之'熒火'即炤當之,且或改熒爲螢,改燐爲蟒,大非《詩》義。"

(321)螻姑也。　注加墨籤云:《御覽》"螻蛄"條不全,當借查。

(322)馬蠿,馬蚿也。　注"蚈馬蠸也"下補:《説苑·雜言》篇:"馬蚈折而復行者,何以輔足衆也?"

(323)螗蜋也。　(-1)注"本草誤耳螳蜋"下乙"今"字,補:有斧蟲,故一名斫父,江東呼爲石蜋。石、斫,聲相近。今高郵人或謂之斫蜋。　(-2)又"謂之刀蜋聲之轉也"乙"聲之轉也"四字。

(324)蟅蟒,蚮也。　注加墨籤云:《管子·七臣七主》篇"苴多螣蟇,山多蟲蟁",蟇,與"蟒"同。百螣,即蟇螣。

(325)蝍蛆,吳公也。　注加墨籤云:王逸《九思》"哀感蝍蛆兮穰穰",注:"將

[1] 此標題字原脱。

變貌。"

(326)引無也。　注加墨籤云:漢《益州太守高頤碑》"游心典籍"字作"無"。

(327)虎王,蝟也。　注加墨籤云:"蝟令虎申,蛇令豹止",旁夾注:"手抄本有之。"

(328)沙蝨,蝡蝂也。　注"與射工相似皆殺人"下乙"是其情狀也"五字,改:故晉車永《與陸雲書》云:"鄮縣既有短弧之疾,又有沙蝨害人。"

釋魚

(329)鯆、鮃,鰗也。　注加墨籤云:《史記·伍子胥傳》"縣吳東門之上",正義曰:"東門,鱔門,謂鮃門也。鱔,音普姑反。鮃,音覆浮反。越軍開示浦,子胥濤盪羅城開此門[①],有鱔鮃隨濤入,故以名門。顧野王云:'鱔魚,一名江豚,欲風則涌也。'"

(330)鱮,鰌也。　注"鰌似鱓短小也"下補:《華陽國志·漢中志》云:"度水有二源,清水出鱮,濁水出鮒。"

(331)無角曰㕙龍。　(-1)注加墨籤云:《白帖》九十五引此,"無角曰螭龍"下有"未升天曰蟠龍"。　(-2)"龍"注"欲大□則藏於天下",加墨籤注云:手抄本"大"字下亦係"則"字,此乃重寫"則"字。

釋鳥

(332)鶚,鵰也。　(-1)注"皇象本鳶作鳶"下補[②]:《中庸》"鳶飛戾天",《爾雅》"鳶,烏醜",釋文並云:"鳶,字又作鳶。"　(-2)"釋文云鳶本又作鳶"下補:《史記·穰侯傳》魏將"暴鳶",《韓世家》"鳶"作"鳶"。　(-3)墨籤云:段以"鳶"爲《夏小正》"鳴弋"之"弋",又以"鳶"爲"鵰"之俗字,大謬。　(-4)又籤云:隸書從戈之字或省從弋。《曹全碑》"威牟諸貢,攻城壄戰",是也。此可爲"鳶"字作"鳶"之例。又《李翊夫人碑》"世有皇兮氣所裁",《吳仲山碑》"惑憊",《張遷碑》"開定畿寓",亦均省"戈"作"弋"。

(333)鳴、鷿,鴦也。　(-1)注"集韻鷿小鴡也"改:《玉篇》:"鷿,梟也。"　(-2)"吕静韻集云鷿野鳥也索隱引劉伯莊云","鳥"字改"梟",乙"索隱引"下二十六字。

(334)鳩鳥,其雄謂之運日。　(-1)注"王逸離騷注云","注"字下補"韋昭《晉語》

---

① 此,原譌作"北"。

② 《疏證》原文"本"字上有一"碑"字。

注並”六字。 (-2)“鳩運日也”下乙“羽有毒”六字。

(335)翼文曰順。 (-1)注加墨籤云:《白帖》九十四引《山海經》作:“翼文曰禮,背文曰義。” (-2)又籤云:《論衡·講瑞》篇引《禮記·瑞命》篇云:“雄曰鳳,雌曰皇。雄鳴曰即即,雌鳴曰足足。”

(336)鳳皇屬也。 注加墨籤云:《論衡·講瑞》篇:“五鳥之記[1],四方中央,皆有大鳥。其出,衆鳥皆從,小大毛色類鳳皇。”

(337)鴮雀[2],怪鳥屬也。 注加墨籤云:《玉篇》“鴮,亡俱切;雀也”,《廣韻》“鴮,鳥名,雀屬”,即《廣雅》之“鴮雀”。

釋獸

(338)貄,貁也[3]。 注加墨籤云:貁,或作“狖”。《魏志·東逶傳》:“夫餘大人加狐狸、狖、白黑貂之裘。”又云:“出貂狖。”蓋狖亦狐狸之屬,可以爲裘,故《傳》以“狐狸、狖”並言之。貁,或譌作“豽”。《魏志·鮮卑傳》注引《魏書》:“鮮卑有貂豽鼲子,皮毛柔蠕,故天下以爲名裘。”《後漢書·鮮卑傳》同。又《東逶傳》:“夫餘出貂豽。”字皆作“豽”。蓋“貁”從穴聲,《廣韻》“穴,而隴切。或作内”,其形與“内”相似,故“貁”字譌而爲“豽”。李賢注《後漢書》不知釐正,乃音奴八反,云:“似豹無前足。”又云:“豽,猴屬也。”案:《爾雅》:“貀,無前足。”本又作“豽”,女滑反。郭璞云“似狗,豹文”,又用《字林》説云“似虎而黑”,不言皮可爲裘,亦不以爲猴屬。李注非也。又案:《廣韻》:“豽,獸名,無前足。《説文》作貀。女滑切。”又云:“似貍蒼黑,善捕鼠。”依“女滑”之音,則爲《爾雅》之“豽”;依“似貍”之解,則又爲《倉頡篇》之“貁”矣。蓋“貁、豽”譌混已久,爲韻書者莫能辨正,而誤合之。不知似貍之獸,其字作“貁”、作“狖”,不作“豽”;音余叔切,不音女滑切。

(339)豥,豕也。 注“説文又云貑豕屬也”下乙“豥牡豕也”一百十字,改:豥,疑當作“豛”。《説文》云:“上谷名豬豛,從豕,役省聲。”《玉篇》音營隻切。“豥”字俗書作“豧”,兩旁皆與“豛”相似。世人多見“豥”少見“豛”,故“豛”字譌而爲“豥”。此言豕之通名,下文方釋豕之牝牡。下既有“豭豥”之文,則此文不得作“豥”也。

(340)娩,兔子也。 (-1)注“娩者,新生弱小之稱”下補:《小雅·采薇》篇“薇亦

① 五鳥,原譌作“王鳥”。

② “雀”字原脱。

③ 貁,《疏證》正文作“貁”。

柔止”,毛傳云:“柔謂脆脕之時。”①釋文:“脕,音問。” (−2)“聲義與娩相近”,“義”字下補“並”字。

(341)豶,羯也。 注“豕去勢曰豶”下補:虞翻云:“劇豕稱豶。”劇,與“羯”同。豶,字或作“豮”。《韓子·十過》篇云:“豎刁自豶②,以爲治内。”

(342)鼨鼢。 注“爾雅之鼨鼠矣”下補:《北户録》引《廣志》云:“蚵蛉鼠毛可以爲筆。”蚵蛉,與“鼨鼢”同。

(343)鼭鼠。 注加墨籤云:《爾雅·釋獸》釋文引《博物志》云:“鼷鼠之最小者,或謂之耳鼠。”

釋嘼

(344)白馬朱鬣,駁。 注加墨籤云:《爾雅·釋言》釋文引《廣雅》曰:“白馬朱鬣曰駱。”與今本同。蓋三家《詩》説,不必改“駁”。《續漢書·禮儀志》“立秋之日,乘輿御戎駱白馬朱鬣”,即《月令》之“乘白駱”也。

(345)金喙、騕褭。 注“金喙者爲騕褭也”下乙“開元占經”二十五字,改:《武帝紀》“更黄金爲麟趾褭蹏”,應劭注云:“古有駿馬名要褭,赤喙黑身,一日行。”

(346)駃騠。 (−1)注“以野馬騊駼駃騠爲獻”下補:《列女傳·辯通傳》云:“駃騠生七日而超其母。” (−2)“匈奴傳索隱云發蒙記”,“云”改“引”字,“記”下補“云”字。 (−3)“刳其母腹而生”下乙“列女傳云”十字。

(347)郭犐、丁犖。 注加墨籤云:犐,當爲“犐”③。《集韻》“犐”苦禾切,引《博雅》:“郭犐,牛屬。”《玉篇》《廣韻》並云:“犐,牛無角也。”桓譚《新論》作“郭椒”,乃“科”之誤。蓋“科”作“秌”,與隸書“椒”字作“栤”者相似,故誤爲“椒”也。《淮南子·説山》:“髡屯犂牛,既科以橢。”段氏《説文》“犖”字注引此二書,謂“科、椒”同韻,非也。

① 脕,原誤作“脕”。下同。
② 豎,原譌作“豎”。
③ 犐,原譌作“科”。下同。

跋

王懷祖先生《廣雅疏證》刊成後，補正數百事，皆細書刊本上，或别籤夾入書中，蓋意欲改刊而未果也。其手校補本舊在淮安黄惠伯海長家，後歸上虞羅叔言參事，余前在大雲書庫見之。書眉行間朱墨爛然，間有出伯申尚書手者，不盡先生筆也。光緒庚子，黄氏曾寫出爲一卷，刊於淮陰，印書二十部，而板燬於寇，故世罕知此書者。余以黄刊本校原書，則原書朱墨籤間有奪落，已不如二十年之完善①，故亟刊黄本而識其可貴者於後。

丁巳八月，海甯王國維

① 年，似爲"部"之譌。

跋

此《廣雅疏證》殆刻成後覆加勘定之本，朱墨燦列，凡所删補，無慮四百餘條，皆精詳確當。卷五《釋言》"酌，漱也"下，朱筆補疏有"念孫案"三字，知爲石臞先生親自考訂者。其補自文簡者，則冠以"引之曰"。卷七《釋宫》"廟，天子五"下墨籤云："《尚書後案》第八《咸有一德》'七世之廟，可以觀德'，引證甚詳。此條當改。"[①]《釋器》"繞領、帔，帬也"下墨籤云："段氏《説文》七下説'繞領、帔'之義甚是[②]，當據改。"則是待改而未改者。八、九兩卷獨無一字，則是待校而未及校者。統觀諸條，的係先生親自脩定之藁。嗣是曾否補完，曾否再刻，或祇此本，或尚有傳録之本，無從徵考，不能臆測。阮文達刊入《學海堂經解》，揚州淮南書局光緒重鋟悉據原疏本，似都未見此册。無論世閒有無第二本，而此册信可寶貴已，獨不識何以流傳在外。入清河汪氏所藏，有"汪氏珍藏"、"桃花潭水"二印。汪葵田先生名汲，春園先生名椿，祖孫咸精經學，有箸述，雖不若高郵王氏父子之盛，亦學人也。書賈獲自汪裔，索價頗昂。余初見，謂朱墨爲汪氏所加；繼而諦審，始辨是王家故物。直端午得錢極艱，迺嗇縮米薪，力購得之。暇當遍質通人，設法流布。儻是孤本，斷不敢自我韜其寶氣也。

光緒庚子五月，古襄平黄海長謹識

---

① 當改，《補正》原文作"須改"。

② 段氏，《補正》原文作"段注"。

跋

光緒戊戌春在滬江，揚州書估夏炳泉挾書求售，中有《廣雅疏證》。書中夾墨籤甚多，閒有朱書，偶見"念孫案"字。夏估疑是石臞先生手筆，索價至奢。予時未見石臞先生書迹，而加籤處固極精密，微石臞先生，當世殆無其人，惜少八、九兩卷，因許以善價。夏估云，兩卷聞尚在某故家，當爲覓之，因挾其書去。及明年夏，予返淮陰寓居。漢軍黄蕙伯姻丈觴予於河下飲渌草堂，酒半，出新得書見示，謂是書當爲王石臞先生手校而未敢遽定。予取觀，蓋即夏估挾至滬上者。予假歸，一夕盡讀之，決爲出石臞先生手，因勸黄丈條録付梓。其年秋，黄丈乃手編爲《補正》，以新刊本見贈。又數年，丈卒於淮安，後嗣零替，鬻所藏書。予得書十餘種，石臞先生是書在焉，而《補正》刊版則不可知。丁巳，在海東，海甯王忠慤公（國維）從予假黄氏本刊入雜誌中，且爲之跋。及予由海東返寓津沽，得王氏手稿及雜書一笥，中有《疏證》初印本，已佚數册，而卷八、九獨存，中夾墨籤，適足補曩本之闕，因命兒子福頤移黏舊得本上。黄丈所録，閒有遺漏，因據原書重加校録，共得五百有一則，視黄丈所録增數十則，而一仍黄丈舊名，重爲印行，並録黄丈原《跋》，以記是書之得流傳自黄丈始也。至八、九兩卷，予初見時本佚去，後夏估以他本足之，黄《跋》遂誤認爲待校而未校。至校正各條，皆出自石臞先生，忠慤謂閒有伯申尚書手①，不盡先生筆，其言殊渾淪。今案其實，則朱書爲文簡所清寫，墨籤則文簡尚未清寫者也。爰於書首仍署石臞先生名。至此書佚卷，南北千餘里，後先廿餘年，終爲延津之合，殆石臞先生所陰相歟！謹書卷末，以志欣慰。

戊辰八月，上虞羅振玉

① "有"後似脱"出"字。

附録

《廣雅疏證》引用資料録

《廣雅疏證》之主要内容是引用資料，以爲訓詁證明或校勘依據。少數場合，亦援引其誤者、非者而辯駁之，以助確立其觀點。

這裡的《廣雅疏證》引用之資料，都是直接引用者；間接引用者，概不問。

輯録工作兼顧《廣雅疏證》正文與《補正》部分。

於名稱不一者，輯録一般取其常稱而不取變稱，取其易曉之稱而不取其不易曉之稱，取其全稱而不取簡稱，如：取《周禮》而不取《周官》，取《新書》而不取《賈子》，取《毛詩草木鳥獸蟲魚疏》而不取《詩疏》《詩義疏》《毛詩義疏》《草木疏》等。文獻名稱用字不同者，亦取其常用者，如：取《楚辭》而不取《楚詞》。

《廣雅疏證》於文獻或不出其名稱而僅稱其作者，例如："澤蘭也"（卷十上《釋草》）引李當之云："蘭草，是今人所種，似都梁香草。"實出東漢李當之《神農本草注》。"胡麻也"（同上）條謂"雷斆則謂七棱者爲苣勝"，雷氏語實出南朝宋雷斆《雷公炮炙論》。"引無也"（卷十下《釋蟲》）引劉昌宗云："螾衍，或作衍蚓，今曲蟮也。"實出西晉劉昌宗《周禮音》。登録皆並出其文獻名稱。

泛言而不確指其文獻名稱者不録，如"乘，二也"（卷四上《釋詁》）條："凡經言'乘禽、乘矢、乘壺、乘韋'之屬，義與此（指乘馬）同也。"不按引文所屬之《周禮》《左傳》等登録其"經"。

作爲典故而常在詩文中提及者不録，如："築也"（卷八上《釋器》）條："禰衡撃鼓爲漁陽三檛，是也。"兹不去追尋典故所出之文獻而登録之。

《廣雅疏證》引用之資料，可分爲五部分：

一、文獻資料録

文獻，含文獻本體和文獻注釋。文獻注釋隨文獻本體輯録，但作者自注（如謝靈運《山居賦》自注，陶弘景《名醫別録》自注）不另行輯録。

輯録文獻,按例是以書爲單位。文獻單位,齊全者可分書、部、篇、節,有的在節下還分小節等。實際上,文獻大多是書下分篇的形態;篇上有部、篇下有節或更有小節等細小單位者是少數。《廣雅疏證》所引用之文獻資料,其所標明的,可分爲七種情況:(1)書名加篇名,如《孟子·萬章》《莊子·天地》。(2)僅是書名,如《方言》《説文》。(3)僅是篇名,如《皋陶謨》,《書》之篇目;《禮運》,《禮記》之篇目。(4)書名加部名,如《晏子春秋·外篇》《韓非子·外儲説》。(5)部名加篇名,如《大雅·皇矣》《小雅·斯干》,皆屬於《詩》。(6)僅是部名,如《周語》,屬於《國語》;《中山策》,屬於《戰國策》。(7)篇名加節名,如《訟》上九,屬於《易》;《澤陂》二章,屬於《詩》。標明書名者,照録;標明屬於某書之篇名者,則僅録其所歸屬之書名;標明書名加篇名者,則僅録其書名。至於部、節以及小節等,概不在録名範圍。

《廣雅疏證》所標明的篇名,或爲不止一部書收入,不定屬於某書,如西漢賈誼《過秦論》,可屬於《新書》,也可屬於《文選》《漢魏六朝百三家集》等;揚雄《長楊賦》,可屬於《揚子雲集》,也可屬於《文選》以及《古今事文類聚》《古賦辯體》《漢魏六朝百三家集》等。《廣雅疏證》所標明的篇名,或本是可獨立行世的單篇,如《石鼓文》。

凡爲《四庫全書》收入之文獻,按其體系歸類。未爲《四庫全書》收入(含拒收、失收與未及收)之文獻,比照收入者歸類,如唐釋玄應《衆經音義》(通稱《一切經音義》),歸入子部·釋家類;清任大椿《深衣釋例》(作者署曰任幼植),歸入經部·禮類·禮記之屬;東漢范邵《穀梁傳注》,歸入經部·春秋類·穀梁傳之屬。是爲"四庫文獻録"。凡不定屬於某書或可獨立行世而不屬於任何書的單篇另行輯録,是爲"單篇文獻録"。另外,《廣雅疏證》所引用的少量器銘,通常都以單篇見引,亦納入此録。

《廣雅疏證》所引用之文獻資料,大半以上屬於四庫文獻範圍,如《廣雅》卷一上《釋詁》之首"始也"條,《疏證》先後共引用了24條文獻資料:①《[詩]·魯頌》,②[《詩·魯頌》]毛傳,③《[書]·皋陶謨》,④《[書]·禹貢》,⑤《[史記]·夏本紀》,⑥《吕氏春秋·大樂》篇高誘注,⑦《孟子·萬章》篇,⑧《[禮記]·禮運》,⑨《[書]·盤庚》,⑩《方言》,⑪《説文》,⑫《[楚辭]·九章》王逸注,⑬《周官(即周禮)·樂師》,⑭[《周官·樂師》]鄭(玄)注,⑮《説文》,⑯《方言》,⑰《莊子·天地》篇,⑱《莊子》司馬彪注本,⑲《漢書·揚雄傳》,⑳[《漢書·揚雄傳》]劉德注,㉑《[國語]·齊語》,㉒[《國語·齊語》]韋昭注,㉓《莊子·秋水》篇,㉔《史記·太史公自序》。其中,③④⑤⑧⑨是篇名,⑩(⑯重出,不計)、⑪(⑮重出,不計)、⑱是書名,①㉑是部名,⑦⑬⑰⑲㉓㉔是書名加篇名,②⑥⑫⑭⑳㉒是注釋性資料。我們據此可録出書名18種:《詩》《詩毛傳》《書》《史記》《吕氏春秋高誘注》《孟子》《禮記》《方言》《説文》《楚辭王逸注》《周禮》《周禮鄭玄注》《莊子》《莊子司馬彪注》《漢書》《漢書劉德注》《國語》《國語韋昭注》。

《廣雅疏證》所引用之四庫文獻達486種,其中有些文獻頻繁被引用。如以下表中列出的30種,引用都超過100次。

説明:

(1)同一條疏證中重提前面所引用之文獻内容者,不予統計,如"數也"(卷四上《釋詁》)條前引《召南·羔羊》篇"素絲五紽""素絲五緎""素絲五總",後謂"故《詩》先言'五紽',次言'五緎',次言'五總'也",前算後不算。

(2)雖提及文獻名稱然實未引用其内容者,不予統計,如"折也"(卷一下《釋詁》)條:"《玉篇》搹字亦不訓爲折。"不算引用《玉篇》一次。

(3)引用其内容而未出其文獻名稱者,按其文獻納入統計,如"擿也"(卷四上《釋詁》)條補正:"距如'距躍三百'之距。""距躍三百"實出《左傳·僖公二十八年》,故按《左傳》統計。"歌也"(卷八下《釋樂》)條:"詠之言永也,所謂'歌永言'也。""歌永言"實出《書·堯典》,故按《書》統計。

(4)於同一文獻,連續引用兩處或多處内容,或將兩處或多處内容合並引用,皆算兩次或多次,如"至也"(卷一上《釋詁》)條引《説文》:"軫,礙也。""礙,止也。"算引用《説文》兩次。"跳也"(卷二下《釋詁》)條:"《説文》蹠、蹃、踂三字,訓與《方言》同。"算引用《説文》三次。

(5)次數統計結合翻檢情況而定,如"闇也"(卷五下《釋言》附載)條:"懵,《集韻》又謨蓬、謨中、彌登、母亙四切。"四切分别在四處,引《集韻》算四次。"詖也"(同上)條:"譣,《玉篇》音虚儉、息廉二切。"二切在同一字頭下,引《玉篇》算一處。"藺也"(卷十上《釋草》)條:"《説文》芎、藭、藺、蘺四字連文,别出茅、菅二字於後。"連文者算一次,别出者算一次,引《説文》共算兩次。

(6)於所引用文獻的不同傳本不予另行輯録,如"塞也"(卷三上《釋詁》)條指出,今本《既濟》六四作“繻有衣袽”,子夏作“茹”,京房作“絮”。只算引《易》一次,不算三次。

(7)文獻排列以引用次數之多少爲序。

序號	文獻名稱	援引次數	序號	文獻名稱	援引次數
1	説文	3587	16	太平御覽	364
2	玉篇	985	17	集韻	362
3	爾雅	954	18	書	304
4	方言	898	19	莊子	280
5	漢書	713	20	儀禮	261
6	禮記	692	21	國語	257
7	詩	656	22	易	234
8	廣韻	611	23	吕氏春秋	180
9	楚辭	517	24	管子	169
10	左傳	498	25	類篇	169
11	衆經音義	494	26	荀子	145
12	史記	462	27	戰國策	137
13	釋名	455	28	孟子	124
14	淮南子	420	29	論語	106
15	周禮	381	30	文選	103

(一)四庫文獻資料録

説明:

(1)由某文獻别出而獨立行世者,與某文獻並録,如《中庸》《大學》與《禮記》並録。雖可併入某文獻,但通常多單稱者,亦與其文獻並録,如《考工記》與《周禮》並録。

(2)既引某注(含傳、解等)、某校,又引某注本、某校本者,歸併録某注本、某校本,如既引"《易》某注",又引"《易》某注本",概録作"《易》某注本";既引"《漢書》某校",又引"《漢書》某校本",概録作"《漢書》某校本"。

(3)録細不録粗,如録左、公、穀三家《春秋經》,不録混稱之《春秋經》。"衺也"(卷二下《釋詁》)條引《漢書·司馬相如傳》"罷池陂陁,下屬江河",郭璞注云:"言旁積也。"録《子虛賦注》,不録《漢書注》。"卿大夫七斿至軹"(卷九上《釋天》)條引《禮緯》謂"卿大夫之旒齊較"云云,何《緯》不詳,按引文出處明孫瑴《古微書》録。"尗也"(卷十上《釋草》)條謂"《禮》有戎車",查《周禮·夏官》"戎右掌戎車之兵革使",故按《周禮》録。

(4)按引用先後爲序排列,引用不止一次者以首次爲準。圓括號"( )"表示頁碼。頁碼前加三角號"△"者表示《序》與《上廣雅表》部分。後加"補"字表示所録内容屬《補正》部分。

(5)《録》中書名號"《》"與專名號"__"省去,方括號"[ ]"表示作者之時代,問號"?"表示時代不明或時代和作者皆不明。

第(4)(5)規則亦適用於後面各《録》,後不再説明。

四庫文獻資料共486種

經部　凡227種

易類　凡36種

易(2)　易注[東漢]馬融(4)　易注本[三國·吴]虞翻(8)　易注本[東晉]干寶(8)　易釋文[唐]陸德明(14)　易注本[東漢]荀爽(23)　京氏易傳本[西漢]京房(24)　易注本[東漢]鄭玄(28)　陸氏易解本[三國·吴]陸績(28)　易注本[三國·吴]姚信(49)　易劉氏章句[東漢]劉表(49)　易孟氏章句[西漢]孟喜(59)　易注本[三國·魏]王肅(66)　周易集解[唐]李鼎祚(66)　周易述[清]惠棟(66)　易乾鑿度(66)　京氏易傳注[三國·吴]陸績(68)　易正義[唐]孔穎達(68)　京氏易傳解[北宋]耿南仲(68)　易是類謀(89補)　易是類謀注[東漢]馬融(89補)　易通卦驗(118)　録古周易[北宋]晁説之(122補)　易注[三國·魏]王弼(148)　易九家注本 荀爽、京房、馬融、鄭玄、宋衷、虞翻、陸績、姚信、翟子玄(183)　易子夏傳本 舊題[春秋]卜子夏(188)　易稽覽圖(210補)　易乾鑿度注[東漢]鄭玄(241)　易注[東晉]孔晁(247補)　易注[三國·魏]韓康伯

(281)　易蜀才注本[十六國・成]范長生(300)　易注本[北宋]王嗣宗(384)　易注[東晉]王廙(462)　易通卦驗玄圖(731)　易注[東漢]宋衷(741)　易注[西漢]劉向(789)　易注[西晉]張璠(890)

書類　凡 14 種

書(1)　尚書大傳 舊題[西漢]伏生(10)　書注本[東漢]馬融(10)　書傳 僞託[西漢]孔安國(11)　書注本[東漢]鄭玄(12)　書正義[唐]孔穎達(13)　書注本[三國・魏]王肅(16)　尚書音[東晉]徐邈(一説僞託)(44)　尚書大傳注[東漢]鄭玄(74)　尚書古文疏證[清]閻若璩(157)　尚書後案[清]王鳴盛(518 補)　尚書帝命驗(518)　尚書帝命驗注[東漢]鄭玄(518)　禹貢錐指[清]胡渭(696)

詩類　凡 18 種

詩(1)　詩毛傳[西漢]毛亨(1)　詩經音[東晉]徐邈(邈或作藐)(4)　詩韓傳本[西漢]韓嬰(4)　詩鄭箋[東漢]鄭玄(4)　詩釋文[唐]陸德明(6)　詩正義[唐]孔穎達(12)　韓詩外傳[西漢]韓嬰(13)　毛鄭詩考正[清]戴震(20)　魯詩説(91)　毛詩古義[清]惠棟(125)　詩注[南朝・梁]崔靈恩(170)　毛詩草木鳥獸蟲魚疏[西晉]陸機(208)　詩注[三國・魏]王肅(237)　詩注[東漢]馬融(245)　詩注[西晉]孫毓(524)　齊詩(756)　詩緝[北宋]嚴粲(841)

禮類　凡 51 種

周禮之屬　22 種

周禮(1)　周禮注[東漢]鄭玄(1)　考工記(5)　考工記注[東漢]鄭衆(5)　考工記注[東漢]鄭玄(14)　周禮注[東漢]杜子春(15)　考工記疏[唐]賈公彦(15)　周禮疏[唐]賈公彦(24)　周禮注[東漢]鄭衆(25)　周禮釋文[唐]陸德明(31)　考工記音[西晉]劉昌宗(45)　考工記釋文[唐]陸德明(63)　周禮隱義[南朝・梁]何胤(88)　周禮注[南朝・梁]沈重(113)　周禮注[東漢]鄭興(165)　周禮音[東晉]徐邈(265)　周禮故書(265)　考工記注[東漢]杜子春(277)　周禮考工記補注[清]戴震(526)　周禮音[西晉]劉昌宗(545)　周禮故書注[東漢]杜子春(571)　考工記車制圖解[清]阮元(576)

儀禮之屬　6 種

儀禮注[東漢]鄭玄(△5)　儀禮(2)　古文儀禮(26)　儀禮疏[唐]賈公彦(98)

儀禮釋文[唐]陸德明(126)　今文儀禮(490)

禮記之屬　19 種

大戴禮記[西漢]戴德(△4)　大戴禮記注[西魏]盧辯(△4)　禮記(1)　禮記注[東漢]鄭玄(2)　禮記正義[唐]孔穎達(16)　禮記大全[明]胡廣等(18)　禮記注[三國・魏]王肅(26)　夏小正(28 補)　夏小正戴氏傳[北宋]傅崧卿(28 補)　禮記隱義[南朝・梁]何胤(88)　禮記音[東晉]徐邈(128)　禮記音義隱[三國・吳]謝慈(144 補)　禮記注[東漢]盧植(171)　禮記目録[東漢]鄭玄(326)　月令章句[東漢]蔡邕(503)　深衣釋例[清]任幼植(大椿)(552)　禮記義疏[南朝・梁]皇侃(597)　大戴禮記永樂大典本(598)　禮記疏？賀氏(819)

三禮總義之屬　1 種

三禮圖集注[北宋]聶崇義(527)

通禮之屬　1 種

禮書[北宋]陳祥道(687)

雜禮書之屬　2 種

禮緯注[東漢]鄭玄(518 補)　靈憲 [東漢]張衡(666)

春秋類　凡 27 種

左傳之屬　13 種

左傳(3)　左傳注[西晉]杜預(5)　左氏春秋經(21 補)　左傳釋文[唐]陸德明(29)　左傳正義[唐]孔穎達(47)　春秋左氏傳解誼[東漢]服虔(56)　春秋左氏傳解詁[東漢]賈逵(91)　左傳注[東漢]延篤(245)　左傳注[西晉]郭象(248 補)　左傳杜解補正[清]顧炎武(414)　左傳注[東漢]鄭衆(463)　左傳音義[三國・魏]嵇康(492)　左傳音[東晉]徐邈(邈或作藐)(882)

公羊傳之屬　6 種

公羊傳(△4)　公羊傳注[東漢]何休(3)　公羊傳疏[唐]徐彦(27)　公羊傳釋文[唐]陸德明(30)　公羊氏春秋經(65)　公羊傳舊本(82)

穀梁傳之屬　6 種

穀梁傳(△4 補)　穀梁氏春秋經(21 補)　穀梁傳注[東晉]范甯(22)　穀梁傳疏[唐]楊士勛(194)　穀梁傳注[東晉]徐邈(781)　穀梁傳注[東漢]范邵(791)

附録　2 種

春秋元命包(△4)　春秋繁露[西漢]董仲舒(3)

孝經類　凡 5 種

孝經疏[北宋]邢昺(183)　孝經(477)　孝經孔氏傳舊題[西漢]孔安國(477)　孝經述義[隋]劉炫(477)　孝經鉤命決(656)

五經總義類　凡 2 種

經典釋文敘録[唐]陸德明(△4)　古微書[明]孫瑴(317 補)

四書類　凡 19 種

大學之屬　2 種

大學(4)　大學注[東漢]鄭玄(4)

中庸之屬　2 種

中庸(10)　中庸注[東漢]鄭玄(86)

論語之屬　11 種

論語(10)　論語注[東漢]鄭玄(12)　古論語傳[西漢]孔安國(15)　論語包氏章句[西漢]包咸(22)　論語注[三國・魏]王肅(26)　論語注[東漢]馬融(56)　論語集解[三國・魏]何晏(92)　論語義疏[南朝・梁]皇侃(95)　論語注[三國・魏]陳羣(160)　論語古本(170)　論語釋文[唐]陸德明(647)

孟子之屬　4 種

孟子(1)　孟子音義[北宋]孫奭(9)　孟子注[東漢]趙岐(10)　孟子音義本[唐]丁公著(40)

小學類　凡 55 種

訓詁之屬　30 種

廣雅影宋本(△4)　爾雅疏[北宋]邢昺(△4)　爾雅釋文[唐]陸德明(△4 補)　爾雅(△4)　方言[西漢]揚雄(1)　廣雅音[隋]曹憲(3)　釋名[東漢]劉熙(3)　爾雅釋文[唐]陸德明(4)　方言注[東晉]郭璞(4)　爾雅注本[三國・魏]孫炎(5)　爾雅注[東晉]郭璞(5)　小爾雅或託名[秦]孔鮒(9)　爾雅注[西漢]犍爲舍人(32)　爾雅正義[清]邵二雲(晉涵)(44)　匡謬正俗[唐]顔師古(70)　方言疏證[清]戴震(104)　廣雅皇甫録本(109)　爾雅注[東漢]樊光(142)　爾雅注[東漢]李巡(148)　廣雅吴琯本(217)　廣雅畢效欽本(242)　廣雅胡文焕本

(242)　爾雅注[東漢]賈逵(482)　爾雅注[東漢]鄭玄(482)　音學五書[清]顧炎武(538)　爾雅注[南宋]鄭樵(727)　爾雅翼[北宋]羅願(727)　埤雅[北宋]陸佃(758)　羣經音辨[北宋]賈昌朝(869)　爾雅注？某氏(888)

字書之屬　19 種

説文解字(△5)　説文解字繫傳[南唐]徐鍇(3)　玉篇[南朝・梁]顧野王(3)　類篇[北宋]司馬光(3)　急就篇[西漢]史遊(33)　急就篇注[唐]顔師古(33)　通俗文[東漢]服虔(60)　急就篇皇象碑本[三國・吴]　皇象(145)　字類？(176)　干禄字書[唐]顔元孫(192 補)　古文四聲韻[北宋]夏竦(245)　説文解字注[清]段玉裁(269 補)　龍龕手鏡[遼]釋行均(393)　五經文字[唐]張參(446)　纂文[南朝・宋]何承天(522)　佩觿[北宋]郭忠恕(527)　六書故[元]戴侗(727)　字林[西晉]吕忱(755)　字詁[三國・魏]張揖(788)①

韻書之屬　6 種

集韻[北宋]丁度等(4)　廣韻[北宋]陳彭年等(6)　聲類[三國・魏]李登(176)　五音集韻[金]韓道昭(695)　五音篇海(695)　唐韻正[清]顧炎武(787)

史部　凡 89 種

正史類　凡 49 種

魏書[北齊]魏收(△4)　漢書敘例[唐]顔師古(△4)　三國志注[南朝・宋]裴松之(△4)　後漢書[南朝・宋]范曄(△4)　史記[西漢]司馬遷(1)　漢書[東漢]班固(1)　漢書注[東漢]劉德(1)　漢書注[唐]顔師古(4)　漢書注[東漢]應劭(6)　漢書注[三國・魏]孟康(9)　漢書注[三國・魏]鄧展(11)　史記集解[南朝・宋]裴駰(12)　漢書注[三國・吴]韋昭(13)　舊唐書[後晉]劉昫等(14)　史記索隱[唐]司馬貞(14)　漢書注[東漢]文穎(16)　漢書注[東漢]李奇(21 補)　漢書注？薛瓚(21 補)②　漢書注[東漢]鄭玄(22)　漢書注[三國・魏]張揖(28 補)　後漢書注[唐]李賢(45)　漢書音義[三國・魏]如淳(45)　漢書校本[北宋]宋祁(46)　史記舊本(48)　史記音義[東晉]徐廣(70)　三國志[西晉]陳壽(75)　漢書注[西晉]晉灼(76)　漢書注[東漢]服虔(77 補)　漢書同查明板？

① 據《魏書・江式傳》《隋書・經籍志》,書全名爲《古今字詁》;據《舊唐書・經籍志》,爲《古文字詁》。
② 其爲注署曰"臣瓚",或以爲于姓,或以爲傅姓,今從酈道元《水經注》。瓚疑爲西晉人。

(77 補) 史記同查明板?(77 補) 續史記[西漢]褚少孫(79) 漢書注[三國・魏]蘇林(85) 後漢書補注[南朝・梁]劉昭(108) 漢書音義[隋]蕭該(112) 晉書[唐]房玄齡等(144 補) 漢書注[東漢]李斐(210) 史記正義[唐]張守節(309) 兩漢刊誤補遺[南宋]吴仁傑(327) 晉書音義[唐]何超(416 補) 隋書[唐]魏征等(505 補) 南史[唐]李延壽(584) 續史記音義[東晉]徐廣(597) 宋書[南朝・梁]沈約(663) 新唐書[北宋]歐陽修等(671) 梁書[唐]姚思廉(720) 陳書[唐]姚思廉(720) 晉書(776) 史記别本(815) 南齊書[南朝・梁]蕭子顯(818)

編年類 凡 3 種

竹書紀年(38) 漢紀[東漢]荀悦(175) 後漢紀[東晉]袁宏(459 補)

别史類 凡 7 種

逸周書(5) 逸周書注[東晉]孔晁(5 補) 續漢書[西晉]司馬彪(113) 續漢書注[南朝・梁]劉昭(207) 東觀漢記舊題[東漢]劉珍(371) 路史[南宋]羅泌(702) 後魏書[唐]張太素(787)

雜史類 凡 10 種

國語(2) 國語注[三國・吴]韋昭(2) 戰國策(4 補) 戰國策注[東漢]高誘(4) 戰國策校本[南宋]姚宏(46) 國語舊音(115)① 國語注[東漢]賈逵(321) 拾遺記[東晉]王嘉(771) 國語注[三國・吴]虞翻(881) 國語注[三國・吴]唐固(881)

傳記類 凡 2 種

名人之屬 1 種

晏子春秋(3)

總録之屬 1 種

列女傳[西漢]劉向(52)

載記類 凡 3 種

越絶書[東漢]袁康(16) 吴越春秋[東漢]趙曄(359 補) 華陽國志[東晉]常璩(722 補)

① 見録於北宋宋庠《國語補音》。

地理類 凡7種

都會郡縣之屬 1種

元和郡縣志[唐]李吉甫(696)

河渠之屬 1種

水經注[北魏]酈道元(270)

雜記之屬 5種

北户録[唐]段公路(352) 北户録注[南宋]龜圖(590) 南方草木狀[西晉]嵇含(811) 嶺表録異[唐]劉恂(853) 桂海虞衡志[南宋]范成大(854)

職官類 凡1種

官制之屬 1種

唐六典(628補)

政書類 凡3種

通志之屬 1種

通典[唐]杜佑(656)

儀志之屬 1種

漢舊儀 一説[東漢]衛宏(353)

法令之屬 1種

唐律疏義?(708補)

目録類 凡4種

經籍之屬 1種

直齋書録解題[南宋]陳振孫(△5)

金石之屬 3種

隸釋[南宋]洪适(361) 熹平石經(455) 石鼓文考[南宋]鄭樵(852)

子部 凡157種

儒家類 17種

荀子(4) 新書[西漢]賈誼(5) 鹽鐵論[西漢]桓寬(12) 法言[西漢]揚雄(14) 法言注[唐]李軌(16) 荀子注[唐]楊倞(16) 説苑[西漢]劉向(17) 孔子家語?(20補) 孔子家語傳[三國·魏]王肅(20補) 新序[西漢]劉向(21補) 法言注[北宋]宋咸(100) 新語[西漢]陸賈(119) 潛夫論[東漢]王符

(126) 荀子注[唐]韓愈(160) 法言音義?(221) 法言注[北宋]吴祕(459) 孔叢子 舊題[秦]孔鮒(902)

兵家類 6 種

孫子兵法(27) 吳子(78) 尉繚子(131) 孫子兵法注[三國·魏]曹操(153) 司馬法?(154) 六韜 託名[西周]吕尚(353)

法家類 6 種

韓非子(2 補) 管子(3) 管子注[唐]尹知章(9) 商君書(409) 鄧析子(577) 管子手抄本(858 補)

農家類 6 種

齊民要術[後魏]賈思勰(26) 四民月令[東漢]崔寔(346 補) 通藝録[清]程易疇(瑶田)(501) 范子計然?託名范蠡問計然答(728) 茶經[唐]陸羽(737) 農書[元]王楨(795)

醫家類 35 種

靈樞經(4) 素問(30) 素問注[唐]王冰(113) 傷寒論[東漢]張仲景(414) 神農本草經(580) 唐本草注[唐]蘇恭(589) 嘉祐補注本草[北宋]掌禹錫(603) 圖經本草[北宋]蘇頌(603) 名醫別録[南朝·梁]陶弘景(653) 名醫別録注[唐]蘇恭(699) 南海藥譜?(701) 本草綱目[明]李時珍(727) 吳普本草[東漢]吳普(727) 神農本草經集注[南朝·梁]陶弘景(728) 本草拾遺[唐]陳藏器(728) 蜀本草圖經?(730) 桐君藥録[唐]桐君(731) 本草衍義[北宋]寇宗奭(732) 藥性論?(738) 神農本草注[東漢]李當之(742) 宋本草圖經?(747) 金匱玉函要略[東漢]張仲景(754) 雷公炮炙論[南朝·宋]雷斆(758) 小品方[唐]陳延之(771) 范東陽雜藥方?范東陽(771) 雷公藥對[唐]徐之才(771) 開寶本草[北宋]馬志等(775) 食療本草[唐]孟詵(775) 千金備急方[唐]孫思邈(782) 四聲本草[唐]蕭炳(782) 本草別本?(800) 蜀本草[十國·後蜀]韓保昇(802) 食性本草[後唐]陳士良(807) 日華子本草[西晉]日華子(809) 葛洪方(810) 證類本草[南宋]唐慎微(821)

天文演算法類 凡 6 種

推步之屬 2 種

周髀算經(354) 周髀算經注[三國·魏]趙爽(478)

算書之屬 4 種

九章算術(241) 九章算術注[三國・魏]劉徽(241) 孫子算經?(309) 九章算術音義[唐]李籍(781)

術數類 凡 5 種

數學之屬 3 種

太玄[西漢]揚雄(3) 太玄注[西晉]范望(15 補) 太玄釋文?(137)

占候之屬 1 種

開元占經[唐]瞿曇悉達(69)

占卜之屬 1 種

易林 舊題[西漢]焦延壽(21 補)

藝術類 凡 1 種

書畫之屬 1 種

草書勢[東漢]崔瑗(833 補)

譜録類 凡 2 種

器物之屬 1 種

宣和博古圖[北宋]王黼(525)

草木禽魚之屬 1 種

竹譜[東晉]戴凱之(759)

雜家類 凡 23 種

雜學之屬 11 種

吕氏春秋注[東漢]高誘(1) 吕氏春秋(2) 淮南子[西漢]劉安(3) 墨子(4 補) 淮南子注[東漢]高誘(6) 鬼谷子(90) 人物志[三國・魏]劉邵(96) 鶡冠子(131) 吕氏春秋舊本(157) 鬼谷子注[南朝・梁]陶弘景(408) 顔氏家訓[北齊]顔之推(731)

雜考之屬 7 種

白虎通義[東漢]班固(5) 獨斷[東漢]蔡邕(17) 風俗通義[東漢]應劭(62) 古今注 舊題[西晉]崔豹(170) 釋繒[清]任幼植(大椿)(342) 通雅[明]方以智(722) 陶氏登真隱訣[南朝・梁]陶弘景(818)

雜説之屬　3 種

論衡［東漢］王充(3)　夢溪筆談［北宋］沈括(747)　新論［東漢］桓譚(900 補)

雜編之屬　2 種

典引［東漢］班固(159)　典引注［東漢］蔡邕(159)

類書類　凡 8 種

藝文類聚［唐］歐陽詢等(△4)　初學記［唐］徐堅(7)　太平御覽［北宋］李昉等(27)　初學記注［北宋］宋均(168)　北堂書鈔［唐］虞世南(361)　玉海［南宋］王應麟(660)　白帖［唐］白居易(857 補)　鈔本太平御覽(882)

小説家類　凡 11 種

雜事之屬　3 種

西京雜記　舊題［西漢］劉歆(234)　世説新語注［南朝・梁］劉孝標(688)　世説新語［南朝・宋］劉義慶(738)

異聞之屬　5 種

山海經(20)　山海經注［東晉］郭璞(20)　穆天子傳(143)　穆天子傳注［東晉］郭璞(143)　漢武洞冥記　舊題［東漢］郭憲(727)

瑣記之屬　3 種

酉陽雜俎［唐］段成式(153)　博物志［西晉］張華(580)　酉陽雜俎續集［唐］段成式(757)

釋家類　凡 5 種

衆經音義［唐］釋玄應(7)　華嚴經音義［唐］釋慧苑(49)　法華文句記［唐］釋湛然(69)　止觀輔行傳宏决［唐］釋湛然(73)　法苑珠林［唐］釋道世(666)

道家類　凡 26 種

莊子(1)　莊子注本［西晉］司馬彪(1)　老子(2)　莊子注［唐］李軌(3)　莊子注本［西晉］向秀(6)　文子［周］辛鈃(10)　老子注［魏］鍾會(15)　莊子釋文［唐］陸德明(26)　列子(32)　老子注本［西漢］河上公(35)　莊子注義疏［南朝・宋］王叔之(47)　莊子注［南朝・梁］簡文帝(49)　莊子注［西晉］李頤(50)　列子注［東晉］張湛(59)　列子釋文［唐］殷敬慎(70)　老子注［南朝・齊］顧懽(85)　莊子注本［西晉］崔譔(89)　莊子注［西晉］郭象(129)　老子注［三國・魏］王弼(165)　老子釋文［唐］陸德明(220)　列子注［西晉］郭象(284 補)　抱

朴子[東晉]葛洪(707 補) 列仙傳 舊題[西漢]劉向(804) 莊子注[東晉]支道林(805) 莊子注[西晉]潘尼(806) 莊子校注[北魏]崔頤(882)

集部 凡 13 種

楚辭類 凡 6 種

楚辭注[東漢]王逸(1) 楚辭(3) 楚辭注[西晉]司馬彪(61) 楚辭一本?(110) 楚辭注[清]戴震(117) 楚辭補注[北宋]洪興祖(760)

總集類 凡 5 種

文選注[唐]李善(3) 文選[南朝・梁]蕭統(7) 文選五臣注本[唐]吕延濟、劉良、張銑、吕向、李周翰(89) 文選注[唐]尹知章(208 補) 玉台新詠[南朝・陳]徐陵(726)

詩文評類 凡 2 種

中山詩話 [北宋]劉攽(538) 文心雕龍 [南朝・梁]劉勰(616)

(二)單篇文獻録

單篇文獻資料共 230 種

西京賦[東漢]張衡(6) 幽通賦注[東漢]曹大家(6) 上林賦[西漢]司馬相如(7) 上林賦注[東晉]郭璞(7) 爲鄭沖勸晉王箋[三國・魏]阮籍(10 補) 琴賦[三國・魏]嵇康(13) 古辭滿歌行(18 補) 蘇武詩(18)① 古詩(18)② 顯志賦[東漢]馮衍(21) 長門賦[西漢]司馬相如(21) 神女賦[西漢]宋玉(23) 洞簫賦[西漢]王褒(23) 甘泉賦[西漢]揚雄(25) 七發[西漢]枚乘(26) 風賦[西漢]宋玉(34) 長楊賦[西漢]揚雄(38) 豫州牧箴[西漢]揚雄(41) 子虚賦[西漢]司馬相如(41) 子虚賦注[東晉]郭璞(41) 廣成頌[東漢]馬融(43) 高唐賦(50) 魏都賦[西晉]左思(53) 封禪文[西漢]司馬相如(54) 吳都賦[西晉]左思(57) 吳都賦注[西晉]劉逵(57) 舞賦 [東漢]傅毅(59) 東都賦[東漢]班固(62) 江賦[東晉]郭璞(64) 西京賦注[三國・吳]薛綜(70) 魏公卿上尊號奏(70) 東京賦注[三國・吳]薛綜(70) 古詩(75)③ 王孫賦[東漢]王延壽(76) 漢律賦[東漢]蔡邕(76) 大人賦[西漢]司馬相如(78) 西都賦[東

① 《燭燭晨明月》篇。

② 南朝齊江淹《古别離》篇。

③ 《凜凜歲雲暮》篇。

漢]班固(78) 羽獵賦[西漢]揚雄(80) 四子講德論[西漢]王褒(82) 長笛賦[東漢]馬融(83) 詩序(90) 思玄賦[東漢]張衡(92) 思玄賦舊注(92) 豪士賦[西晉]陸機(117) 九思[東漢]王逸(119) 登徒子好色賦[西漢]宋玉(125) 蜀都賦[西晉]左思(127) 山居賦[南朝・宋]謝靈運(127) 上林賦注[三國・魏]張揖(131) 魏都賦注[西晉]張載(132) 赭白馬賦[南朝・宋]顔延之(136) 非有先生論[西漢]東方朔(141) 南都賦[東漢]張衡(153) 夢賦[東漢]王延壽(156) 魯靈光殿賦注[西晉]張載(156) 燕歌行[三國・魏]文帝(159) 思遊賦[西晉]摯虞(159) 大暑賦[西晉]夏侯湛(159) 荅劉歆書[西漢]揚雄(159) 兩都賦序[東漢]班固(159) 與山巨源絶交書[三國・魏]嵇康(162) 酒賦[西漢]鄒陽(165) 聲無哀樂論[三國・魏]嵇康(166) 短人賦[東漢]蔡邕(168) 漢書・司馬相如傳注[東晉]郭璞(171) 歸田賦[東漢]張衡(171) 子虛賦注[西晉]司馬彪(171) 景福殿賦[三國・魏]何晏(181) 梁王兔園賦[西漢]枚乘(184) 漢鐃歌思悲翁篇(184 補) 遊天台山賦[東晉]孫綽(185) 北征賦[東漢]班彪(186) 漢瑟調曲隴西行(186) 補亡詩[東漢]束晳(190) 招隱詩[西晉]左思(190) 辨亡論[西晉]陸機(194) 藉田賦[西晉]潘岳(194) 漢郊祀歌(196) 司馬相如賦訖以洽儗(199 補)① 與蘇武詩 託名[西漢]李陵(204) 魯靈光殿賦[東漢]王延壽(207) 蜀都賦[西漢]揚雄(208) 王莽量銘(211 補) 古辭病婦行(215 補) 東京賦[東漢]張衡(219) 機賦[東漢]王逸(219) 左思蜀都賦注[西晉]劉逵(227) 駕出北門行[三國・魏]阮禹(231 補) 子虛賦注[三國・魏]張揖(239) 幽憤詩[三國・魏]嵇康(240) 射雉賦[西晉]潘岳(242) 射雉賦注[南朝・宋]徐爰(242) 哀二世賦[西漢]司馬相如(245) 幽通賦注[隋]項岱(262) 幽通賦[東漢]班固(263) 幽通賦注[東漢]曹大家(263) 獄中上梁王書[西漢]鄒陽(281) 鵩鳥賦[西漢]賈誼(288) 劇秦美新[西漢]揚雄(290) 聖主得賢臣頌[西漢]王褒(304) 上林賦注[西晉]司馬彪(305) 小言賦[西漢]宋玉(309 補) 石鼓文[春秋](313) 河東賦[西漢]揚雄(318) 解難[西漢]揚雄(318) 遂初賦[西漢]劉歆(319) 祭古冢文[南朝・宋]謝惠連(333) 九歎[西漢]劉向(356) 竇車騎將軍北征頌[東漢]班固(361)

① 題名不可考。

薦邊讓書［東漢］蔡邕（368） 北征頌［東漢］崔駰（369） 古辭長安有狹邪行（382補） 古辭相逢行（382） 齊侯鎛鐘銘（383） 微繇鼎銘（383） 㬩敦銘（383） 廷尉箴［西漢］揚雄（409） 祭鱷魚文［唐］韓愈（427） 愁霖賦［三國・魏］曹植（432） 述行賦［東漢］蔡邕（432） 迅風賦［東漢］趙壹（432） 鸚鵡賦［東漢］禰衡（432） 贈從弟詩［三國・魏］劉楨（432） 白頭吟［西漢］卓文君（433） 迷迭香賦［東漢］王粲（434） 九懷［西漢］王褒（435） 蘇武詩（435）[①] 適吳詩［東漢］梁鴻（437） 報任少卿書［西漢］司馬遷（438） 定情詩［三國・魏］繁欽（438） 秋興賦［西晉］潘岳（439） 青衣賦［東漢］蔡邕（441） 氣出唱樂府［三國・魏］曹操（449） 琴賦［東漢］蔡邕（450） 東巡頌［東漢］崔駰（455） 鼙舞歌［三國・魏］曹植（460） 達旨［東漢］崔駰（461） 大人賦注［三國・魏］張揖（462） 圍棊賦［東漢］馬融（464） 嘯賦［東晉］成公綏（466） 贈五官中郎將詩［三國・魏］劉楨（470） 從軍詩［東漢］王粲（472） 熏爐銘［西漢］劉向（474） 吳趨行［西晉］陸機（476） 養生論［三國・魏］嵇康（476） 自悼賦［西漢］班倢伃（496） 大言賦［西漢］宋玉（509） 上始皇帝書［秦］李斯（524） 七命［西晉］張協（538） 與鍾大理書［三國・魏］文帝（545） 古詩陌上桑（551） 古辭孤兒行（554） 七啟［三國・魏］曹植（555） 雀釵賦［西晉］夏侯湛（556） 僮約［西漢］賈誼（562） 諷賦［西漢］宋玉（567） 解嘲［西漢］揚雄（569） 九辯［西漢］宋玉（571） 焦山鼎銘跋尾［清］錢曉徵（大昕）（580） 焦仲卿妻詩（584） 輕薄篇［西晉］張華（593） 王仲宣誄［三國・魏］曹植（599） 七辯［東漢］張衡（599） 椒贊［東晉］郭璞（599） 神武賦［東漢］陳琳（602） 七諫［西漢］東方朔（606） 過秦論［西漢］賈誼（618） 黄鉞銘［東漢］蔡邕（625） 浮淮賦［三國・魏］文帝（631） 秦女休行詩［三國・魏］左延年（632） 博弈論［三國・吳］韋昭（642） 登樓賦［東漢］王粲（654） 閒居賦［西晉］潘岳（655附） 詰咎文［三國・魏］曹植（675） 洛神賦［三國・魏］曹植（675） 春秋緯（682）[②] 長歌行［三國・魏］明帝（682補） 魯都賦［三國・魏］劉楨（699） 子虛賦注［西晉］晉灼（700） 車渠椀賦［三國・魏］文帝（701） 馬腦勒賦［三國・魏］文帝（701） 玄居釋［西晉］束晳（706） 権

① 《黄鵠一遠别》篇。
② 何《緯》不詳。

論[西晉]張載(720)　石城樂[南朝・宋]臧質(721)　釋舟[清]洪亮吉(稚存)(723)　磐石篇[三國・魏]曹植(723)　報龐惠恭書[東漢]應瑒(726)　酬從弟惠連詩[南朝・宋]謝靈運(727)　子虛賦注[東漢]伏儼(734)　子虛賦注[東漢]文穎(734)　子虛賦注[三國・吳]韋昭(734)　荅陶隱居賚术煎啟[南朝・梁]庾肩吾(745)　款冬花賦[西晉]傅咸(748)　竹杖賦[南朝・梁]庾信(752)　再和曾仲錫荔枝詩[北宋]蘇軾(758)　晉宮閣銘(766)　送文暢師北遊詩[唐]韓愈(769)　玄覽賦[南朝・梁]元帝(771)　七依[東漢]崔駰(772)　於南山往北山經湖中瞻仰詩[南朝・宋]謝靈運(784)　詠蒲詩[南朝・齊]謝朓(784)　離騷注[唐]吕延濟(787)　誡子詩[西漢]東方朔(788)　藉田説[三國・魏]曹植(792)　甘泉宮賦[西漢]劉歆(794)　公讌詩[三國・魏]劉楨(794)　芙蓉賦[三國・魏]曹植(795)　瓜賦序[西晉]稽含(803)　瓜賦[西晉]張載(803)　瓜賦[西晉]陸機(803)　勸醫論[南朝・梁]簡文帝(814)　翠鳥詩[東漢]蔡邕(820)　樫頌[南朝・齊]江淹(827)　木蘭賦[東晉]成公綏(828)　七説[西漢]桓麟(828)　古詩促織鳴東壁(836)　説苑手抄本(846 補)　與陸雲書[西晉]車永(846 補)　西征賦[西晉]潘岳(851)　對楚王問[西漢]宋玉(852)　荅賓戲[東漢]班固(857)　荅賓戲注[隋]項岱(857)　玄鳥賦[西晉]夏侯湛(863)　班鳩賦[西晉]傅咸(871)　弔屈原文[西漢]賈誼(874)　弔屈原文[東漢]蔡邕(875)　蝙蝠賦[三國・魏]曹植(878)　飛蛾賦[南朝・宋]鮑照(878)　舞馬賦[東晉]謝莊(897)

二、碑銘類資料録

碑銘類資料共 50 種

《廣雅疏證》在引用文獻書證之外，還先後引用了一批碑銘類資料，凡 50 種。所引之碑，除個别外，皆爲漢物。其所引内容絶大多數可查驗。其所引文句大多出自南宋洪适《隸釋》；所引隸字大多出自南宋婁機《漢隸字源》與元佚名《漢隸分韻》，且多爲蔡邕所書（見於《蔡中郎集》）。惟五篇出處不明（前加“＊”號標明）。

白石神君碑（3）　張平子碑（12）　韓敕碑（15）　曹全碑（15）　司隸校尉魯峻碑（20）　巴郡太守樊敏碑（21 補）　（李翕）析裡橋郙閣頌（24 補）　成陽靈台碑（25 補）　衛尉衡方碑（31 補）　竹邑侯相張壽碑（39 補）　尹宙碑（70）　郎中鄭固碑

(78 補) 泰山都尉孔宙碑(78 補) 涼州刺史魏元丕碑(78 補) 小黄門譙敏碑(177 補) (王儉)褚淵碑(177) *處士圈叔則碑(181)[①] 司徒袁公夫人馬氏靈表(181) 博陵太守孔彪碑(202) 繁陽令楊君碑(211) *啟母廟石闕銘(237 補)[②] 司隸校尉楊孟文石門頌(264) *斥彰長田君碑(361)[③] 堂邑令費鳳碑(361) 冀州從事張表碑(416) 祝睦後碑(426) 劉脩碑(426) 成陽令唐扶頌(430 補) 先生郭輔碑(441) 九疑山碑(459) 巴郡太守張納碑(460 補) 高陽令楊著碑(460) 陳留太守胡公碑(460) 朱公叔墳前石碑(460)[④] 金鄉長侯成碑(467) 司隸從事郭究碑(467) *劉寬碑(467)[⑤] 酸棗令劉熊碑(471) 孟郁脩堯廟碑(505) 帝堯碑(599) *郭林宗碑(706)[⑥] 汝南周巨勝碑(706) 童子逢盛碑(724) 婁壽碑(781) 益州太守高頤碑(845 補) 張公神碑(866) 李翊夫人碑(866 補) 故民吳仲山碑(866 補) 張遷碑(866 補) 仙人唐公房碑(894)

三、零星資料録

零星資料共 37 種

《廣雅疏證》所引用者有的是書名、篇名等皆未標出,比如“𡱂也”(卷二上《釋詁》)條引晁説之云:“鄭作‘物不可以終久於其所’。”本出自北宋晁説之《録古周易》。“曜魄”(卷九上《釋天》)條引“梁祖暅測不動處,距紐星一度有餘”,本出自清《續通志》卷九十八(原作“梁祖暅之測紐星,離不動處距一度有奇”)。“梔桃也”(卷十上《釋木》)條引陶真白言:“梔子剪花六出,刻房七道,其花香甚,相傳即西域瞻蔔花也。”本出自南宋潘自牧《紀纂淵海》卷九十三(原“瞻”作“薝”,且無“花”字)。這些資料,除個别涉事類之外,基本上涉言類。涉言類大多是“某曰、某云、某謂、某説”等形式(其“某”若指同時代人,比如段玉裁、臧庸、邵晉涵等,此類

① 《漢魏六朝百三家集》卷十九《蔡邕集》“圈”字作“图”,《四庫全書考證》卷九十四《集部》載其名稱,考證“图”爲“圈”字之譌。

② 清厲鶚《樊榭山房集》卷一載其四句銘文,但王氏所引不在其中。

③ 清吳玉搢《别雅》有記載,但未涉及王氏所引銘文。

④ 所引内容實亦出自《陳留太守胡公碑》。

⑤ 名稱出處不明;清顧炎武《唐韻正》卷十四“扑”字條提及“漢太尉劉寬碑”。

⑥ 南宋趙明誠《金石録》等載其名稱,但未載其銘。清倪濤《六藝之一録》卷一一六謂:“此碑久已不存。”疏證所引蔡邕所書銘文,當出於後人杜撰。

書證則很可能只是采擷於往來書札或言談中,原本無書籍出處可説);這裡概以“説”字稱舉(一人對同一部書的不同内容的説法算一種)。

説《大戴禮記》中有《爾雅》[清]臧在東(庸)(△4補) 説《爾雅》之著傳[清]邵二雲(晉涵)(△5) 説《禮記》“幼學”[南宋]朱熹(18) 説《廣雅》“集”字或爲“臬”之譌?陳觀樓(19) 説“朓”[西漢]劉向(49) 説《史記》“駘”字[三國·魏]蘇林(64) 説《史記》“毋侗好佚”[西漢]褚少孫(134) 説《禮記》鄭注之“芟殺”[清]段若膺(玉裁)(179) 説“温蠖”即“汙”之反語?陳觀樓(202) 説“九邱”[東漢]賈逵(245), 説《左傳》“召”字 [北魏]闞駰(319) 説古文《尚書》“塗”與“懌”皆作“斁”[清]莊寶琛(323) 説《廣雅》“札”字譌作“禮”[清]段若膺(玉裁)(330) 説《廣雅》衍“莊”字 [清]段若膺(玉裁)(348) 説“易”字 [清]宋定之(348) 説《廣雅》“跋”字爲“跡”之譌 [清]錢曉徵(大昕)(352) 説“蓋”字 [清]朱武曹(381補) 説“豈”字?萱齡(396補) 説《廣雅》“酌”字爲“酌”之譌 [清]錢晦之(大昭)(398補) 説“揚、楊”二字通用 [清]臧在東(庸)(411補) 説《廣雅》“究”字疑爲“宄”之譌 [清]錢晦之(大昭)(503補) 説《詩經》“跂”字 [西晉]孫毓(524) 説《廣雅音》“言暗”當爲“苦暗”[清]段若膺(玉裁)(584) 説秦前後印璽制 [東漢]衞宏(638) 梁祖暅測不動處之距紐星(682) 説《廣雅》“大當”或譌作“大堂、天堂”[清]錢曉徵(大昕)(682) 説《名醫别録》之“空腸”?吳氏(739) 説《爾雅》“茇”字?謝氏(762) 説《廣雅》“莅”字?陳士良(767) 説今《易》“箕子”作“荄滋”[西漢]劉向(789) 説《詩經》“萑”字 [西漢]劉歆(792) 農諺一條(801補) 説《莊子》“朝菌”[西晉]潘尼(806) 説《名醫别録》陶注之“鬼繖”?杜正倫(806) 説《夏小正》文字竄亂 [清]莊寶琛(858) 説《爾雅》“駱”字當爲“駮”[清]段若膺(玉裁)(896) 説“宋鵲、宋猽”音同字異 [三國·魏]文帝(902)

四、古人名字互證資料録

古人名字資料共29種,附2種

引用古人名字,以名與字互證,這是《廣雅疏證》的一個疏證手段。

春秋曹公子欣時字子臧(11) 春秋宋公子説字好父(57) 漢李尋字子長(135補) 魯公山不狃字子洩(157) 後漢荀彧字文若(181) 春秋魯公子翬、公孫揮皆字羽(183)　春秋晉胥童字子昧(199)　(魯)南宫縚字容(225)　春秋伍員字子胥(246)　春秋陳公子佗字五父(288)　衛北宫括字子結(288 補)　春秋鄭公孫僑字子産,一字子美(289)　春秋楚屈巫字子靈(315)　蜀秦宓字子勑(332 補)　春秋宋公孫周字子高(337)　?劉機字□閣(508 補)①　春秋衛庾公差字子魚(586)　孔子弟子公孫龍字子石,又鄭印段、宋褚師段皆字子石(608)　春秋齊陳書字子占(616)　鄭公孫黑字子晳,楚公子黑肱字子晳,孔子弟子狄黑字晳,曾點字晳(650)　春秋晉蔡黯字墨(651)　春秋楚鬬越椒,字伯棼,又字子越(822)　《春秋傳》楚鬬穀於菟字子文(884)

附記:《廣雅疏證》還引用了《漢書》劉屈氂(600)、春秋魯大夫榮駕鵝(870)的資料,是爲名内二字互證。

五、俗語資料録

俗語資料共 117 種

《廣雅疏證》引俗語一般用"今俗語謂之某、今江淮閒謂之某、今揚州人謂之某、今高郵人謂之某"等語式。兹從簡列出:

安穩(24)　將養、將息(35)　呼入水取物爲撈(38)　呼五指取物曰擄(39)　呼手裂物爲斯(44)　蜕皮(63)　毻毛(64)　呼一襲爲一福衣(70)　剃頭(78)　謂急爲快(82)　呼對舉物爲扛(85)　謂物堅不可拔曰艮(96)　謂人財盡曰醮(98)　謂引繩曰頓(100)　謂牽引前卻爲挹挌(100)　謂力爲劤(104)　呼乾煎物曰炒(110)　呼火乾曰炕(110)　言疼聲如騰(118)　酸痛(118)　呼搯取物爲掏(126)　舀水(126)　戽水(126)　謂小雞爲稚子(133)　謂以財租物爲賃(143)　呼刺縫爲紨(145)　謂覆物爲蒙(148)　謂覆物爲幬(149)　疲玩(153 補)　漚(155)　謂疾爲快(164)　謂漉乾漬米爲澆乾(165)　滰(米湯)(166)　笮酒、笮油(166)　謂短見爲拙見(167)　呼鳥獸之短尾者爲屈尾(169)　狀聲響之急速者曰懸朴(169)　謂欺曰詑(174)　謂踢曰跐(176)　謂相摩近爲剴(189)　謂亂爲攪(196)　謂束物爲稛(212)　綳(小兒)(212)　施爲(215 補)　謂食物壅滯臭敗爲遏(222)　敗露(223)　謂水漬物爲淹,又謂以鹽漬魚肉爲醃(223)　謂物不伸

① 《隸釋》卷八漢《故博陵太守孔彪碑陰》載五官掾博陵安國劉機之字,"閣"前原爲闕文,不可考。

曰瘀(239)　抹(草)(242)　俗語"齦"猶音口很切(249)　齩(骨)(249)　臯孽(253)　謂兩指取物爲拈(256)　謂兩指取物爲撚(256)　謂稱量輕重曰敁敠,或曰敁掇(258)　謂裂帛爲撦(268)　謂刀傷曰剌(274)　黐膠(277)　摺(衣)、疊(衣)(278)　謂手覆物爲揞(287)　謂聽裁聞或行聽曰聴(292)　謂内物水中爲搵(293)　偃臥(295)　鍋梡(297)　梗直(300)　整現(301)　衲頭(308)　補丁(308)　謂嘗酒爲泯(324)　謂縣物爲弔(329)　熝(肉)(334)　謂煻火爲煨(334)　以"个"言物數(345)　謂撫曰摸(376)　謂掌進食曰唵(378)　謂爭色曰嫭(384)　謂揣度事宜曰母量(478)　腿肚(493)　謂杙爲橛(513)　謂以斧斫物曰釘(535)　靸俗呼謂之跣子(563)　謂馬上連囊曰鞑(566)　謂以繩有所縣鎮曰縋(569)　俗言人家無儲蓄爲無朡活(584)　謂臿爲鏵鍫(622)　謂打穀器爲連皆(623)　呼掘地爲鉋(705)　謂枸杞子爲狗嬭子(730)　謂凫茨爲蒲薺(757)　通呼秫莖爲秫稭,豆莖爲豆稭,麥莖爲麥稭(773)　以稻稈爲席蓐謂之稾薦(773)　謂稻稈爲穰草(773)　穄米(778)　蒲穗謂之蒲棒頭(784)　茺蔚通謂之益母草(792)　蘆菔通呼羅匐(800)　匏細腰者謂爲瓠爐,長柄、短柄者皆謂爲瓢(802)　榖謂之彀樹(818)　謂樹枝錯出者曰杈頭(823)　橡通言"橡栗"(826)　謂蛁蟟爲都蟟(832)　螗蜋或謂之斫蜋,又謂之刀蜋(840 補)　謂蚣蝑色青者爲青抹劄,班黑者爲土抹劄(841)　蠼螋謂之蓑衣蟲(843)　孑孓謂之翻跟頭蟲(844)　蚯蚓謂之寒蟺(845)　謂大鮎爲鱯子(850)　鱴鮆謂之鱴斯魚(855)　鰒謂之土骨鮑(857)　蠃母謂之旱蠃(861)　謂燕小者爲草燕,大者爲盧燕(863)　呼布穀爲卜姑(865)　怪鴟謂之夜貓(867)　鷦鷯謂之柳串(874)　謂牝牛爲牸牛(890)　謂去畜勢爲扇(891)　謂牡豬去勢者曰犍豬(891)

後 記

本世紀初，我決心下二十年的死功夫、笨功夫，系統地學習高郵王氏四種，進而確立了高郵王氏四種學習系列這個龐大而艱難的寫作任務。2009年出版了系列之一的《〈廣雅疏證〉導讀》，2013年出版了系列之二的《〈讀書雜志〉研究》。2013年春，《〈讀書雜志〉研究》交稿後，我便開始了系列之三《〈經義述聞〉討論》的謀劃與草創。《討論》剛開了個頭，接中華書局來函，稱欲整理出版《廣雅疏證》，以便於學界特别是年輕人的學習，希望我擔當此任。我想，《廣雅疏證》本不易讀，而現有的本子，包括中華書局1983年出的據王氏家刻本影印的本子，於閱讀又確實甚有所不便；倘若有個較便於閱讀的本子，則於這部名著之研究，於傳統文化之繼承與發展，當皆有其積極意義。再則，整理《廣雅疏證》，這與"學習系列"的寫作也是血脈相通，有自然互助的關係。於是，我欣然從命，暫停了《討論》的工作，投入到整理《廣雅疏證》的新工作中。

這次整理選用的底本是中華書局1983年本。這次要做的有五件事：施加標點符號；校勘；將疏證部分分節；調整内容；改動字形。後三件完全是新的舉動，前兩件是就前點校者之所爲加以改進和細化。

整理工作的第一要務是校勘。校勘工作，貴在一個"細"字。當初撰寫《導讀》，我曾用了太多的時閒與精力閱讀其書，於閱讀而論，不妨説已經做到了一個"細"字。但是，那主要是"細"在求理會和發掘其思想内容方面，而不是"細"在檢查其字句語有無譌、衍、脱、倒問題方面。所以，雖通過閱讀，也發現了一些譌誤，且因之做了些勘正譌誤的工作(《〈廣雅疏證〉校勘記》，《古籍整理研究學刊》2010年第1期)，但是還有大量譌誤未能發現。總的來説，是發現者少而未發現者多。這次整理，不僅要查找和勘正譌、衍、脱、倒類問題，而且要彌補字面上的其他缺限。凡應予勘正和改進之處，力求無遺漏。借成語爲説，是錙銖必較，以求毫釐不失，力爭推出一個精善的《廣雅疏證》新本。

從事訓詁，瞭解訓詁學和訓詁學史，決不能不讀一讀《廣雅疏證》，這當是學界的一條基本常識。然而在一些洋学者和崇洋疑古的人那裡,我們先人傳下來的古學經典往往遭蔑視,《廣雅疏證》也似乎被説得無甚價值,甚而被置於否定和排斥之列。我們倒真的懷疑這些人究竟認真讀過《廣雅疏證》没有。不下千尋海,焉能得夜光!若没認真讀過,自不能看到它的璀璨光輝,其高論不過是信口雌黄而已。若是認真讀過,又怎麽能不折服於其博大精深呢!可以相信,推出一個《廣雅疏證》的好本子,讓這部經典因較便於閱讀而擁有更多的讀者,這對於批駁有關謬論,也當有其積極意義。

去年10月,我把"整理説明"和部分樣稿恭呈郭錫良先生審閲,且求賜序。郭老學高德劭,爲當今學界所景仰,我私淑於老先生久矣。老先生肯定了我做的工作,慨允賜序,這給了我莫大的鼓舞,也是對我進一步做好工作的深切督責。郭老在序中對於《廣雅疏證》作了極爲簡要精當的評議,也針砭了對於這部訓詁和樸學名著的荒唐否定。我想,所有從事訓詁和樸學研究——是腳踏實地的真研究,而不是賣弄花拳繡腿的假研究——的人,都會認同郭老的話。

北京大學孫玉文教授對此次點校工作給予了大力支持,兹表示衷心感謝。

限於水準,雖經十二分之努力,但亦不敢保證整個工作做得無可挑剔,尚望專家和讀者們不吝斧正。

張其昀

草於揚州武塘俋耕室

2015年6月18日

音序索引

愚若　編

本索引按漢語拼音順序排列,同音字按筆畫多少依次排列;多音詞按出現先後次序依次排列於首字下或者徑按首字讀音和筆畫排列。《廣雅疏證》音注比較複雜,本索引是爲方便檢索而設,故不對讀音作嚴格的考證。

C

W

wā

哇 170
娃 57
洼 201
窊 85
窪 85
鼃 1
858
859

wǎ

柧 624

wà

誀 115
嗢 92
矚 211

wài

外 284

wān

婠 57
蜿蜿 457
蜿蟺 844
豌豆 781
彎 99

wán

丸 331
刓 46
421
忨 103
紈 542
浼 888
頑 72
221
骩 495

wǎn

宛童 830
晚 336
脘 586
婉 14
琬琰 697
椀 527
輓 99
綰 238
饅 263

wàn

妧 57
萲 151
萬 2
翫 157

wāng

汪汪 433

wáng

王 2
王宮 683
王白 727
王連 738
亡 263
虹孫 836

wǎng

罔象 673
罔工 835
枉 77
278
枉矢 668
往 9
73
126

wàng

妄 195
迋 10
147
望 9
74
254
684
望舒 675

wēi

危 19
676
委蛇 471
威 104
373
484
烓 279
隇陕 709
渨 73
微 130
263
煨 334
396
覣 57

wéi

唯 194
帷 560
惟 283
313
圍 182
329
圍棊 343
嵬 317
嵬嵬 431
爲 55
215
251
湋 719
違 147
263
423
韙 170
311
韙憒 469
維 146
417
蓶 789
韡 621
讙 182
贜 254
鐡 605

wěi

尾 309
336
676
委 26
36
389
委皃 546
娓 14
唯 80
撱 26
痿 29
336
骫 77
猥 246
409
愇 300
343
瑋 270
痿 29
煒煒 449
僞 173
260
358
360
406
蔿 202
緯 212
358
鮪 649
鍡鑸 469
韙 402
韡 128
蘤 786
闒 267
亹亹 437
癟 112

wèi

未 137
405
676
位 386
畏 25
150
252
253
264
296
375
畏畏 426
胃 676
渭 716
憒悀 472
娟 481
彙 198
熭熭 440
蔚 72
255
蔚蔚 447
蔚香 764
蘔 109
磑 95
遺 243
289
慰 23
121
緭 544
餧 254
謂 93
141
383
懀 264
懲 407
褽 612
颶 307
繐 176
鏏 600
螱 849
篃 784
鱥 598
黵 651

wēn

温 11
200
殟 29

筆畫索引

愚若　編

本索引按漢字筆畫多少爲序排列,同筆畫者按横竪撇點折的次序排列;多音詞按照次字筆畫多少爲序依次排列於首字下或徑按首字筆畫排列。

一　畫

二　畫

三　畫

四　畫

五　畫

七　畫

十六畫

十七畫

十八畫

二十畫

二十一畫

二十二畫

二十三畫